Kessler/Sauter
Handbuch Stock Options

Handbuch Stock Options

Rechtliche, steuerliche und bilanzielle Darstellung
von Stock-Option-Plänen

herausgegeben von

Dr. Manfred Kessler
Diplom-Kaufmann, Rechtsanwalt
und Steuerberater, Stuttgart

Thomas Sauter
Rechtsanwalt, Wirtschaftsprüfer
und Steuerberater, Frankfurt

Verlag C. H. Beck München 2003

Verlag C. H. Beck im Internet:
beck.de

ISBN 3 406 49398 X

© 2003 Verlag C. H. Beck oHG
Wilhelmstraße 9, 80801 München
Druck: fgb · freiburger graphische betriebe
Bebelstraße 11, 79108 Freiburg
Satz: Fotosatz Otto Gutfreund GmbH, Darmstadt

Gedruckt auf säurefreiem, alterungsbeständigem Papier
(hergestellt aus chlorfrei gebleichtem Zellstoff)

Herausgeber

Dr. Manfred Kessler
Rechtsanwalt, Steuerberater, Dipl.-Kfm., Stuttgart

Thomas Sauter
Rechtsanwalt, Wirtschaftsprüfer, Steuerberater, Frankfurt am Main

Autoren

Dr. Mathias Babel
Dipl.-Kfm., Frankfurt am Main

Dr. Sylke Baumunk
Steuerberaterin, Dipl.-Kffr., Frankfurt am Main

Dr. Corinna Bihn
Rechtsanwältin, Köln

Dr. Christof Dietborn
Rechtsanwalt, Stuttgart

Dr. Manfred Kessler
Rechtsanwalt, Steuerberater, Dipl.-Kfm., Stuttgart

Jens Koch
Dipl.-Kfm., Stuttgart

Dr. Peter Krüger
Rechtsanwalt, Leipzig

Dr. Wolfgang Mohr
Rechtsanwalt, Fachanwalt für Arbeitsrecht, Köln

Lutz Nebeling
Steuerberater, Wirtschaftsprüfer, Dipl.-Kfm., Stuttgart

Dr. Claudia-Regine Nerius
Rechtsanwältin, Leipzig

Dr. Norbert Roß
Wirtschaftsprüfer, Steuerberater, Dipl.-Hdl., Frankfurt am Main

Thomas Sauter
Rechtsanwalt, Wirtschaftsprüfer, Steuerberater, Frankfurt am Main

Dr. Oliver Strnad
Rechtsanwalt, Steuerberater, Stuttgart

Dr. Stefan Wilhelm Suchan
Rechtsanwalt, Stuttgart

Dr. Frank Wiesmann
Rechtsanwalt, Steuerberater, Leipzig

Im Einzelnen haben bearbeitet:

A. bis E.I. . . . . Sauter/Babel
E.II. . . . . Kessler/Babel
F.I. bis L.I. Grundlegende Beschreibung. . . . Suchan/Baumunk
F.II. bis L.II. Gesellschaftsrecht . . . . Kessler/Suchan
F.III. bis L.III. Bilanzierung HGB . . . . Roß/Baumunk
F.IV. bis L.IV. Bilanzierung US-GAAP, IAS . Roß/Baumunk
F.V.1. bis L.V.1. Steuerrecht Unternehmen . . . Wiesmann
F.V.2. bis L.V.2. Steuerrecht Arbeitnehmer. . . Kessler/Strnad
M. Kapitalmarktrecht . . . . Dietborn
N. Arbeitsrecht . . . . Mohr/Bihn
O. Schuldrecht I. AGB . . . . Mohr/Bihn
O. Schuldrecht II. Besonderheiten bei AOP . Kessler/Suchan
O. Schuldrecht III. Sonstige Aspekte. . . . . . . Kessler/Suchan
P. Unternehmensbewertung . . . . Nebeling/Koch
Q.I. SOP bei Start Ups . . . . Krüger/Nerius
Q.II. SOP in der Pre-IPO-Phase. . . . . Suchan
R. Besteuerung AN bei Auslandsbezug . . . . Strnad

Vorwort

Mitarbeiter durch Stock-Option-Pläne am Unternehmenserfolg zu beteiligen ist mittlerweile auch in Deutschland gängige Praxis. Ursprünglich wurden sie von US-amerikanischen Unternehmen eingeführt, um hochqualifizierte Führungskräfte zu motivieren und an das Unternehmen zu binden. In der Folgezeit sind auch europäische Unternehmen dazu übergegangen, diese Instrumente einzusetzen – inzwischen bilden sogar nichtbörsennotierte Gesellschaften Stock-Option-Pläne nach oder führen verwandte Vergütungssysteme ein.

Die deutsche Praxis war zunächst damit konfrontiert, dass entsprechende Regelungen in den einschlägigen Gesetzen fehlten. Mit der Änderung des Aktiengesetzes durch das Gesetz zur Kontrolle und Transparenz im Unternehmensbereich (KonTraG) vom 27. April 1998 wurden erstmals gesetzliche Rahmenbedingungen zur Implementierung von Stock-Option-Plänen bei Aktiengesellschaften geschaffen.

Hinsichtlich der steuerlichen Behandlung von Stock Options auf Unternehmens- und Mitarbeiterseite haben Rechtsprechung und Finanzverwaltung für einige Klärung gesorgt, wenn auch in vielen Bereichen noch unzureichend. Trotz mehrerer Anläufe ist der Gesetzgeber auf diesem Gebiet bislang jedoch untätig geblieben.

Bewegung gibt es hingegen im Bereich der Bilanzierung. So liegen beispielsweise der Entwurf E-DRS 11 des Deutschen Rechnungslegungs Standards Committee e.V. (DRSC) sowie ein vom IASC herausgegebenes Discussion Paper der G4+1 vor, die diese Fragen mit dem Ziel einer verbindlichen Regelung diskutieren. Darüber hinaus sind im Rahmen des Transparenz- und Publizitätsgesetzes Änderungen bzgl. der Angabepflichten für Aktienoptionspläne eingeführt worden.

Das Handbuch soll ein griffiges und dennoch wissenschaftlich fundiertes Nachschlagewerk für den Praktiker sein – weder Lehrbuch noch Kommentar. Es übernimmt zwar systematische Grundzüge dieser Darstellungsformen, unterscheidet sich aber von beiden: Vom Lehrbuch durch einen praxisorientierten Aufbau und vom Kommentar durch die sachbezogene Erörterung der einschlägigen Fragen und Probleme. Besonders an diesem Handbuch sind zum einen seine praxisrelevanten fachlichen Schwerpunkte in den Bereichen Gesellschafts-, Bilanz- und Steuerrecht. Zum anderen, dass es übergreifende Fragestellungen des Kapitalmarkt- und des Arbeitsrechts sowie Bewertungsfragen behandelt. In einem umfangreichen Anhangteil finden sich nach Vorbild eines Vertragshandbuchs Formulierungsvorschläge für verschiedene Gestaltungsformen von Stock-Option-Plänen. Wir hoffen, auf diesem Wege ein einheitliches Thema in seinen vielschichtigen betriebswirtschaftlichen, rechtlichen, steuerlichen und bilanziellen Aspekten zu verdeutlichen.

Dank für ihre wertvolle Unterstützung gilt den folgenden Damen und Herren: StB/Dipl.-Finw. Roswitha Schelp, RAin Fariba Peykan Sepahi, RA/StB Dipl.-Kfm. Ulrich Ackermann, RA Martin Maurer, Dipl.-Kfm./Dipl.-Ing. Dr. Jens Kengelbach, Christoph Dänzer sowie Jens Lange und Maik Ringel. Besonderer Dank an Herrn Ref. jur. Detmar Loff für die Überlassung seiner empirischen Arbeitsergebnisse.

Das vorliegende Handbuch hat den Bearbeitungsstand Sommer 2002.

Die Herausgeber

Inhaltsübersicht

	Seite
A. Zielsetzungen von Stock-Option-Plänen; betriebswirtschaftliche Grundlagen	
I. Ausgangssituation in Deutschland	1
II. Der Shareholder-Value-Ansatz	2
III. Der Principal Agent-Konflikt	6
IV. Klassifizierung wertorientierter Anreizsysteme	9
V. Vermutete Auswirkungen von Stock-Option-Plänen auf das Managerverhalten	12
B. Entscheidungsparameter zur Gestaltung von Stock-Option-Plänen	
I. Der Kreis der Berechtigten	18
II. Der Aktienkurs als Maßstab der Performance-Messung	19
III. Laufzeit und Ausübungsbedingungen	22
IV. Wirtschaftlichkeit	23
V. Zusammenfassung der wesentlichen Gestaltungsparameter	24
C. Entwicklungen in der Unternehmenspraxis – Eine empirische Studie	
I. Hintergrund	26
II. Ergebnisdarstellung der Indizesuntersuchung	27
III. Tendenzen	30
D. Neuere Entwicklungen in der Steuergesetzgebung	
I. Einführung	31
II. Einkunftsart	32
III. Besteuerungszeitpunkt	32
IV. Ausblick	36
E. Überblick zu Ausgestaltungsformen von Stock-Option-Plänen	
I. Stock-Option-Pläne in Deutschland	38
II. Exkurs: Stock-Option-Pläne in der amerikanischen Praxis	38
F. Aktienoptionspläne nach § 192 Abs. 2 Nr. 3 AktG	
I. Grundlegende Beschreibung	45
II. Gesellschaftsrecht	48
III. Bilanzierung nach deutschen GoB	70
IV. Bilanzierung nach international anerkannten Rechnungslegungsvorschriften	88
V. Steuerrecht	99
G. Aktienoptionspläne i.V.m. einer Wandelanleihe/Optionsanleihe	
I. Grundlegende Beschreibung	136
II. Gesellschaftsrecht	139
III. Bilanzierung nach deutschen GoB	145

Inhaltsübersicht

	Seite
IV. Bilanzierung nach international anerkannten Rechnungslegungsvorschriften	154
V. Steuerrecht	162

H. Bedienung von Aktienoptionsplänen durch eigene Aktien des Unternehmens

I. Grundlegende Beschreibung	170
II. Gesellschaftsrecht	172
III. Bilanzierung nach deutschen GoB	180
IV. Bilanzierung nach international anerkannten Rechnungslegungsvorschriften	192
V. Steuerrecht	194

J. Kauf eines Aktienoptionsplans von einem Dritten (Programmkauf)

I. Grundlegende Beschreibung	202
II. Gesellschaftsrecht	203
III. Bilanzierung nach deutschen GoB	204
IV. Bilanzierung nach international anerkannten Rechnungslegungsvorschriften	205
V. Steuerrecht	206

K. Wertsteigerungsrechte ohne Dividendenkomponente (Stock Appreciation Rights – SARs)

I. Grundlegende Beschreibung	210
II. Gesellschaftsrecht	211
III. Bilanzierung nach deutschen GoB	213
IV. Bilanzierung nach international anerkannten Rechnungslegungsvorschriften	225
V. Steuerrecht	232

L. Wertsteigerungsrechte mit Dividendenkomponente (Phantom Stocks)

I. Grundlegende Beschreibung	235
II. Gesellschaftsrecht	236
III. Bilanzierung nach deutschen GoB	238
IV. Bilanzierung nach international anerkannten Rechnungslegungsvorschriften	242
V. Steuerrecht	243

M. Kapitalmarktrecht

I. Insiderhandelsverbot	245
II. Stock-Option-Pläne und Ad-hoc-Publizität	257
III. Börsenzulassung	261
IV. Informationspflichten außerhalb des Börsenzulassungsverfahrens	268

N. Arbeitsrecht

I. Einleitung	275
II. Rechtsgrundlagen für die Gewährung von Optionen	275

	Seite
III. Kreis der bezugsberechtigten Mitarbeiter	278
IV. Verfall- und Bindungsklauseln	286
V. Anpassung von Stock-Option-Plänen	294
VI. Optionen und § 613 a BGB	312
VII. Optionen und Tarifvertragsrecht	318
VIII. Optionen und betriebliche Mitbestimmung	322
IX. Rechtsweg	339

O. Schuldrechtliche Aspekte

I. AGB-Recht	341
II. Besonderheiten bei Aktienoptionsplänen (auf gesellschaftsrechtlicher Basis)	348
III. Sonstige schuldrechtliche Aspekte	363

P. Methoden der Unternehmensbewertung

I. Einführung	369
II. Methodenüberblick	369
III. Ertragswertverfahren und DCF-Verfahren	371
IV. Marktorientierte Bewertungsverfahren	389

Q. Stock-Option-Pläne bei Start Ups bzw. in der Pre-IPO-Phase

I. Stock-Option-Pläne bei Start Ups	394
II. Stock-Option-Pläne in der Pre-IPO-Phase	404

R. Besteuerung der Arbeitnehmer bei Sachverhalten mit Auslandsbezug

I. Steuerliche Behandlung in Deutschland	409
II. Steuerliche Behandlung in allen Staaten, mit denen die Stock Options in Berührung stehen könnten	410
III. Internationales Steuerrecht	412
IV. Verbleibende steuerliche Konsequenzen in Deutschland	417
V. Gesichtspunkte der Steuerplanung und Gestaltung	417

Anlagen

1. Einfacher Stock-Option-Plan	421
2. Komplexer Stock-Option-Plan	444
3. Wandelanleihen	462
4. Stock Appreciation Rights – Optionsbedingungen	478
5. Genussrechte	490

Anhang

E-DRS 11	527

Sachverzeichnis 565

Inhaltsverzeichnis

A. Zielsetzungen von Stock-Option-Plänen; betriebswirtschaftliche Grundlagen

	Seite
I. Ausgangssituation in Deutschland	1
II. Der Shareholder-Value-Ansatz	2
III. Der Principal Agent-Konflikt	6
IV. Klassifizierung wertorientierter Anreizsysteme	9
V. Vermutete Auswirkungen von Stock-Option-Plänen auf das Managerverhalten	12
1. Stock-Option-Pläne als Mittel zur Reduzierung des Principal Agent-Konflikts	12
2. Investitionsentscheidungen und Risikobereitschaft	12
3. Stock-Option-Pläne als Instrument zur Mitarbeiterrekrutierung und -bindung	14
4. Berücksichtigung von Dividenden	15
5. Underwater Repricing	15
6. Free Rider-Problematik	16

B. Entscheidungsparameter zur Gestaltung von Stock-Option-Plänen

I. Der Kreis der Berechtigten	18
II. Der Aktienkurs als Maßstab der Performance-Messung	19
1. Festlegung des Ausübungspreises	19
2. Indexanbindung des Ausübungspreises	20
III. Laufzeit und Ausübungsbedingungen	22
IV. Wirtschaftlichkeit	23
V. Zusammenfassung der wesentlichen Gestaltungsparameter	24

C. Entwicklungen in der Unternehmenspraxis – Eine empirische Studie

I. Hintergrund	26
II. Ergebnisdarstellung der Indizesuntersuchung	27
1. Häufigkeit und Ausgestaltung der Stock-Option-Pläne	27
2. Finanzierung der Stock-Option-Pläne	27
3. Berechtigtenkreis	28
4. Sperrfristen	28
5. Tranchen der Stock-Option-Pläne	29
6. Ausübungskriterien / Erfolgsziele	29
7. Änderungswünsche	29
III. Tendenzen	30

D. Neuere Entwicklungen in der Steuergesetzgebung

I. Einführung	31
II. Einkunftsart	32
III. Besteuerungszeitpunkt	32
1. Besteuerung bei Gewährung der Aktienoptionen (Anfangsbesteuerung)	32

	Seite
2. Besteuerung bei erstmaliger Ausübbarkeit der Optionen	34
3. Besteuerung bei tatsächlicher Ausübung der Optionen (Endbesteuerung)	35
IV. Ausblick	36

E. Überblick zu Ausgestaltungsformen von Stock-Option-Plänen

I. Stock-Option-Pläne in Deutschland	38
II. Exkurs: Stock-Option-Pläne in der amerikanischen Praxis	38
1. Incentive Stock-Option-Pläne (ISOP)	38
2. Non-Qualified Stock-Option-Pläne (NQSOP)	40
3. Restricted Stock Plan	41
4. Performance Units	42
5. Phantom Stocks	42
6. Performance Shares	43
7. Stock Appreciation Rights (SARs)	43

F. Aktienoptionspläne nach § 192 Abs. 2 Nr. 3 AktG

I. Grundlegende Beschreibung	45
II. Gesellschaftsrecht	48
1. Allgemeine gesellschaftsrechtliche Aspekte	48
a) Pflicht des Vorstandes zur Wahrung des Gesellschaftsinteresses	48
b) Begrenzung durch die Vergütungsgrundsätze der §§ 86, 87 AktG	48
c) Grundsatz der beschränkten Amtszeit	50
2. Überblick über die Organkompetenzen im Zusammenhang mit der Ein- und Durchführung eines Aktienoptionsplans	51
3. Hauptversammlungsbeschluss	52
a) Möglicher Kreis der Begünstigten	52
b) Allgemeine aktienrechtliche Vorgaben für eine bedingte Kapitalerhöhung	53
c) Weitergehende aktienrechtliche Anforderungen bei Aktienoptionsplänen	56
aa) Aufteilung der Bezugsrechte auf Mitglieder der Geschäftsführungen und Arbeitnehmer	57
bb) Erfolgsziele	57
cc) Erwerbs- und Ausübungszeiträume	59
dd) Wartezeit für die erstmalige Ausübung	60
d) Weitere aktienrechtliche Maßgaben für den Hauptversammlungsbeschluss	61
e) Regelung sonstiger Plandetails	62
4. Umsetzung des Hauptversammlungsbeschlusses	62
a) Ausgabe der Bezugsrechte	62
b) Ausübung der Bezugsrechte	63
5. Fragen gerichtlicher Kontrolle	64
a) Gerichtliche Kontrolle des Hauptversammlungsbeschlusses	64
aa) Kontrolle des gesetzlich vorgegebenen Inhalts	64
bb) Materielle Kontrolle des Bezugsrechtsausschlusses?	65
cc) Rechtsfolgen	66

	Seite
b) Organhaftung	66
6. Besonderheiten im Konzern	68
III. Bilanzierung nach deutschen GoB	70
1. Eigene Auffassung	70
2. Andere Auffassungen	71
a) Passivierung von Verbindlichkeitsrückstellungen aufgrund eines Erfüllungsrückstandes	71
b) Aufwandswirksame Buchung gegen die Kapitalrücklage	71
c) Beispiel	73
d) Kritik	74
aa) Vorbemerkung	74
bb) Aktienrechtliches Trennungsprinzip	74
cc) Leistung einer Einlage	75
dd) Weitere Einwände	77
3. Tandem Plan	78
a) Wahlrecht der Gesellschaft	78
b) Wahlrecht der Mitarbeiter	79
4. Anhangangaben	79
a) Bezüge für die Mitglieder des Geschäftsführungsorgans	79
b) Löhne und Gehälter	82
c) Angabepflichten nach § 264 Abs. 2 Satz 2 HGB	82
d) Weitere Angabepflichten	82
5. Aktienrechtliche Angabepflichten	83
6. Lagebericht	83
7. Änderung des HGB durch das Transparenz- und Publizitätsgesetz	84
a) Gesetzesvorhaben	84
b) Würdigung	85
aa) Konstitutive oder deklaratorische Neuregelung?	85
bb) Anknüpfungspunkt und Umfang einer aufwandsunabhängigen (konstitutiven) Anhangangabe	85
(1) Problemfelder	85
(2) Eigene Auffassung	86
8. Aktienoptionspläne im Konzern	87
a) Ausgabe von Optionen durch die Muttergesellschaft	87
b) Ausgabe von Optionen durch die Tochtergesellschaft	87
c) Konzernabschluss	87
IV. Bilanzierung nach international anerkannten Rechnungslegungsvorschriften	88
1. Bilanzierung nach US-GAAP	88
a) Maßgebliche Verlautbarungen	88
b) Unterscheidung zwischen *compensatory plans* und *noncompensatory plans*	89
c) APB 25	89
d) SFAS 123	91
e) Wahlrecht nach SFAS 123 zugunsten der *intrinsic value based method* nach APB 25	92
aa) Vorbemerkungen	92

	Seite
bb) *Fixed plans* nach APB 25 unter besonderer Berücksichtigung des deutschen Aktienrechts	93
f) Disclosures	95
2. Aktienoptionspläne im Konzern	96
3. Bilanzierung nach IAS	97
a) Ansatz und Bewertung	97
b) Disclosures	98
4. Exkurs: Bilanzierung nach dem G4+1 Positionspapier	98
V. Steuerrecht	99
1. Unternehmensebene	99
a) Einführung	99
b) Ausarbeitung, Implementierung und Verwaltung des Aktienoptionsplans	100
c) Laufende Umsetzung des Aktienoptionsplans	101
aa) Darstellung der herrschenden Meinung	101
bb) Steuerliche Würdigung der abweichenden neueren Auffassung	102
cc) Mögliche Auswirkungen der Inhalte des Entwurfs des Deutschen Rechnungslegungsstandards 11 (E-DRS 11) „Bilanzierung von Aktienoptionsplänen und ähnlichen Entgeltformen" auf Handels- und Steuerbilanz	103
dd) Doppelbesteuerung aufgrund fehlenden Korrespondenzprinzips	104
d) Ausübung, Verfall der Aktienoptionen	105
e) Aktienoptionspläne im Konzern	105
aa) Bedienung des Aktienoptionsplans durch Aktien der Muttergesellschaft unter Kostenerstattung durch die Tochtergesellschaft	106
(1) Steuerliche Behandlung auf der Ebene des Mutterunternehmens	106
(2) Ebene der Tochterunternehmen	110
bb) Aktienausgabe durch Muttergesellschaft ohne Kostenerstattungsvertrag	112
(1) Ebene des Mutterunternehmens	112
(2) Ebene der Tochterunternehmen	112
f) Umsatzsteueraspekte der bedingten Kapitalerhöhung	112
2. Arbeitnehmerebene	113
a) Einkunftsart	113
b) Zeitpunkt des Zuflusses	115
aa) Standpunkt der Rechtsprechung	115
bb) Standpunkt der Finanzverwaltung	117
cc) Standpunkte der Literatur	117
dd) Résumé	118
ee) Stellungnahme	118
c) Bewertung	121
d) Freibeträge	122
e) Steuertarifermäßigung aus § 34 EStG	123
f) Lohnsteueraspekte	125
g) Exkurs: Lohnsteuereinbehalt bei Optionen einer Konzernobergesellschaft	127

	Seite
h) Besteuerung der Ausübung, Veräußerungsgewinne und Dividenden	129
i) Cash Settlement	131
j) Verfall der Optionen	131
k) Entgeltlicher Verzicht auf Optionen	132
l) Rückfall der Aktien (Rückfallklauseln)	133
m) Besonderheiten bei entgeltlich eingeräumten Optionen	133
n) Internationales Besteuerungsrecht	134

G. Aktienoptionspläne i.V.m. einer Wandelanleihe/Optionsanleihe

I. Grundlegende Beschreibung	136
II. Gesellschaftsrecht	139
1. Allgemeine gesellschaftsrechtliche Aspekte	139
2. Beschlussfassung der Hauptversammlung	140
a) Beschlussfassung über die Ausgabe von Wandelschuldverschreibungen	140
b) Ausschluss des Bezugsrechts der Aktionäre	141
c) Bedienung der Wandlungsrechte aus einem bedingten Kapital	142
3. Fragen gerichtlicher Kontrolle	143
a) Gerichtliche Kontrolle der Beschlussfassung der Hauptversammlung	143
b) Organhaftung	144
III. Bilanzierung nach deutschen GoB	145
1. Vorbemerkung	145
2. Eigene Auffassung	145
a) Bilanzielle Folgen der Ausgabe von Wandelanleihen	145
aa) Anwendung der allgemeinen Grundsätze zur Bilanzierung von Wandelanleihen	145
bb) Mögliche Formen der Bedienung der Wandlungsrechte und deren Auswirkung auf die Bilanzierung	147
b) Bilanzierung über die Laufzeit der Anleihe	147
c) Bilanzierung bei Ausübung/Nichtausübung der Wandlungsrechte	148
d) Beispiel	148
3. Andere Auffassungen	149
a) Verknüpfung von Bilanzierungsgrundsätzen für Wandelanleihen mit den Bilanzierungsgrundsätzen für Aktienoptionspläne nach § 192 Abs. 2 Nr. 3 AktG	149
b) Beispiel	150
4. Angabepflichten	152
a) Handelsrechtliche Angabepflichten	152
aa) Verbindlichkeit aus der Anleihe	152
bb) Bezüge der Mitglieder des Geschäftsführungsorgans	152
cc) Löhne und Gehälter	153
b) Aktienrechtliche Angabepflichten	153
c) Zusätzliche Angaben nach § 264 Abs. 2 Satz 2 HGB	154
5. Lagebericht	154
6. Sonstige Berichtpflichten	154
IV. Bilanzierung nach international anerkannten Rechnungslegungsvorschriften	154
1. Bilanzierung nach US-GAAP	154

	Seite
a) Vorbemerkung	154
b) Bilanzierung bei Ausgabe	155
aa) Bilanzierung der Anleihe	155
bb) SFAS 123	155
cc) APB 25	156
c) Bilanzierung während der Laufzeit der Wandlungsrechte	156
d) Bilanzierung bei Ausübung/Nichtausübung der Wandlungsrechte	156
e) Angabepflichten	157
2. Bilanzierung nach IAS	158
a) Bilanzierungsgrundsätze für Wandelanleihen	158
b) Beispiel	159
aa) Sachverhalt	159
bb) Restwertberechnung	160
cc) Optionspreismodell	160
c) Angabepflichten	160
3. Exkurs: Bilanzierung nach dem G4+1 Positionspapier	161
V. Steuerrecht	162
1. Unternehmensebene	162
a) Laufende Umsetzung des Aktienoptionsplans	162
aa) Bezugsrechtsverzicht der Altaktionäre bei Einräumung	162
bb) Auffassungen zur steuerlichen Behandlung eines offenen oder verdeckten Aufgelds	163
cc) Eigene Auffassung	164
dd) Steuerfolgen während der Laufzeit	165
b) Ausübung, Verfall der Wandlungsrechte	166
c) Aktienoptionspläne im Konzern	166
2. Arbeitnehmerebene	166
a) Zeitpunkt des lohnsteuerlichen Zuflusses	166
b) Bewertung, Werbungskosten	168
c) Weitere steuerliche Konsequenzen	169

H. Bedienung von Aktienoptionsplänen durch eigene Aktien des Unternehmens

I. Grundlegende Beschreibung	170
II. Gesellschaftsrecht	172
1. Allgemeine gesellschaftsrechtliche Aspekte	172
a) Vereinbarkeit von Aktienoptionsplänen mit allgemeinen Vorschriften	173
b) Zuständigkeiten im Zuge der Ein- und Durchführung des Aktienoptionsplans	173
2. Maßgaben des Hauptversammlungsbeschlusses	174
a) Allgemeine Anforderungen gem. § 71 Abs. 1 Nr. 8, Abs. 2–4 AktG	174
b) Besondere Anforderungen für Aktienoptionspläne	175
3. Weitere Voraussetzungen des zulässigen Erwerbs eigener Aktien	177
4. Fragen gerichtlicher Kontrolle	177
a) Gerichtliche Kontrolle des Hauptversammlungsbeschlusses	177
b) Organhaftung	178
5. Erwerb der Aktien ohne Hauptversammlungsbeschluss	179

	Seite
III. Bilanzierung nach deutschen GoB	180
1. Notwendigkeit einer Rückstellungsbildung/Rückstellungsarten	180
a) Notwendigkeit einer Rückstellungsbildung	180
b) Rückstellungsarten	180
2. Eigene Auffassung	181
a) Bilanzierung bei Ausgabe der Optionen	181
b) Bilanzierung während der Laufzeit der Optionen	182
aa) Bildung einer Verbindlichkeitsrückstellung	182
bb) Vorliegen eines Erfüllungsrückstandes	182
cc) Bewertung der Verbindlichkeitsrückstellung	183
c) Bilanzierung bei Ausübung der Optionen	184
3. Andere Auffassungen	185
a) Andere Rückstellungsart: Drohverlustrückstellung	185
b) Andere Rückstellungsbemessung: Gesamtwert	186
c) Keine Rückstellungsbildung	186
4. Anhangangaben	187
a) Bezüge der Mitglieder des Geschäftsführungsorgans	187
b) Löhne und Gehälter	188
c) Aktienrechtliche Angabepflichten	188
d) Weitere Angabepflichten	188
5. Lagebericht	189
6. Sicherungsgeschäfte	189
a) Sicherungsmöglichkeiten	189
b) Erwerb eigener Aktien	190
c) Erwerb einer Kaufoption	191
IV. Bilanzierung nach international anerkannten Rechnungslegungsvorschriften	192
1. Bilanzierung nach US-GAAP	192
2. Bilanzierung nach IAS	193
3. Exkurs: Bilanzierung nach dem G4+1 Positionspapier	194
V. Steuerrecht	194
1. Unternehmensebene	194
a) Laufende Umsetzung des Aktienoptionsplans	195
aa) Rückkauf im Zeitpunkt der Optionsgewährung	195
bb) Rückkauf während der Laufzeit des Aktienoptionsplans	196
cc) Rückkauf im Zeitpunkt der Ausübung	197
b) Verfall der Aktienoptionen	198
c) Sicherungsgeschäfte	198
d) Aktienoptionspläne im Konzern	198
aa) Mit Kostenerstattungsvertrag	199
bb) Ohne Kostenerstattungsvertrag	200
2. Arbeitnehmerebene	201
J. Kauf eines Aktienoptionsplans von einem Dritten (Programmkauf)	
I. Grundlegende Beschreibung	202
II. Gesellschaftsrecht	203
1. Allgemeine gesellschaftsrechtliche Aspekte	203

		Seite
	2. Besonderheiten des Programmkaufs	204
III.	Bilanzierung nach deutschen GoB	204
IV.	Bilanzierung nach international anerkannten Rechnungslegungsvorschriften	205
V.	Steuerrecht	206
	1. Unternehmensebene	206
	2. Arbeitnehmerebene	206
	a) Allgemein	206
	b) Einräumung entgeltlich erworbener Optionen	207
	c) Besonderheiten bei Optionen an Aufsichtsräte und Berater	208
	d) Exkurs: Von den Altgesellschaftern eingeräumte Optionen	208

K. Wertsteigerungsrechte ohne Dividendenkomponente (Stock Appreciation Rights – SARs)

I.	Grundlegende Beschreibung	210
II.	Gesellschaftsrecht	211
	1. Allgemeine gesellschaftsrechtliche Aspekte	211
	2. Besonderheiten virtueller Stock-Option-Pläne	212
III.	Bilanzierung nach deutschen GoB	213
	1. Notwendigkeit einer Rückstellungsbildung/Rückstellungsarten	213
	a) Notwendigkeit einer Rückstellungsbildung	213
	b) Rückstellungsarten	213
	aa) Rückstellung für drohende Verluste	214
	bb) Rückstellung für ungewisse Verbindlichkeiten	215
	2. Eigene Auffassung	215
	a) Bilanzierung bei Ausgabe der SARs	215
	b) Bilanzierung während der Laufzeit der SARs	215
	c) Bilanzierung bei Ausübung/Nichtausübung der SARs	217
	3. Andere Auffassungen	217
	4. Tandem Plan	217
	a) Wahlrecht der Gesellschaft	217
	b) Beispiel	218
	c) Wahlrecht der Mitarbeiter	219
	5. Beispiel	219
	a) Ausgangsdaten	219
	b) Bilanzierung nach Variante A (Auffassung von *Herzig*)	220
	c) Bilanzierung nach Variante B (Auffassung von *Pellens/Crasselt*)	220
	6. Anhangangaben	220
	a) Bezüge der Mitglieder des Geschäftsführungsorgans	220
	b) Löhne und Gehälter	222
	7. Lagebericht	222
	8. Sicherungsgeschäfte	222
	a) Sicherungsmöglichkeiten	222
	b) Erwerb eigener Aktien	222
	c) Erwerb einer Kaufoption	223
	9. Ausgabe von SARs im Konzern	224
	a) Ausgabe von SARs durch die Muttergesellschaft	224

	Seite
b) Ausgabe von SARs durch die Tochtergesellschaft	224
c) Konzernabschluss	225
IV. Bilanzierung nach international anerkannten Rechnungslegungsvorschriften	225
1. Bilanzierung nach US-GAAP	225
a) APB 25	225
aa) Bilanzierung bei Ausgabe der SARs	225
bb) Bilanzierung während der Laufzeit der SARs	226
cc) Bilanzierung bei Ausübung/Nichtausübung der SARs	226
b) SFAS 123	226
c) Beispiel	227
d) Tandem Plan	227
aa) Wahlrecht der Mitarbeiter	227
bb) Wahlrecht der Gesellschaft	228
e) Sicherungsgeschäfte	228
f) Angabepflichten	229
2. Bilanzierung nach IAS	229
3. Exkurs: Bilanzierung nach dem G4+1 Positionspapier	231
V. Steuerrecht	232
1. Unternehmensebene	232
a) Laufende Umsetzung	232
b) Aktienoptionsplan im Konzern	233
c) Tandem Plan/Combination Plan	233
d) Sicherungsgeschäfte	233
2. Arbeitnehmerebene	233

L. Wertsteigerungsrechte mit Dividendenkomponente (Phantom Stocks)

I. Grundlegende Beschreibung	235
II. Gesellschaftsrecht	236
1. Phantom Stocks bei börsennotierten Unternehmen	236
2. Phantom Stocks bei nicht börsennotierten Unternehmen	237
III. Bilanzierung nach deutschen GoB	238
1. Eigene Auffassung (Bilanzierungskonzept von *Schruff/Hasenburg*)	238
a) Bilanzierung bei Ausgabe der Phantom Stocks	238
aa) Relevante Komponenten	238
bb) Virtuelle Dividende	238
cc) Veränderungsbetrag	239
dd) Sockelbetrag	239
b) Bilanzierung über die Laufzeit der Phantom Stocks	239
aa) Virtuelle Dividende	239
bb) Veränderungsbetrag	239
cc) Sockelbetrag	240
c) Bilanzierung bei Ausübung der Phantom Stocks	240
2. Andere Auffassungen	240
3. Angabepflichten	241
4. Lagebericht	241
5. Sicherungsgeschäfte	241

	Seite
a) Sicherungsmöglichkeiten	241
b) Erwerb eigener Aktien	241
c) Erwerb einer Kaufoption	242
IV. Bilanzierung nach international anerkannten Rechnungslegungsvorschriften	242
1. Bilanzierung nach US-GAAP	242
a) Grundsätzliches	242
b) Tandem Plan	242
aa) Wahlrecht der Mitarbeiter	242
bb) Wahlrecht der Gesellschaft	243
2. Bilanzierung nach IAS	243
3. Exkurs: Bilanzierung nach dem G4+1 Positionspapier	243
V. Steuerrecht	243
1. Unternehmensebene	243
2. Arbeitnehmerebene	244

M. Kapitalmarktrecht

I. Insiderhandelsverbot	245
1. Vorbereitung und Beschlussfassung über den Stock-Option-Plan	246
2. Vereinbarung über die Gewährung der Optionen mit den Begünstigten	247
3. Zuteilung der Optionen	249
4. Optionsausübung	251
5. Veräußerung der bezogenen Aktien	253
6. Erwerb eigener Aktien durch das Unternehmen	253
7. Vorkehrungen zur Vermeidung von Insiderverstößen	254
a) Zuteilung und Ausübung der Optionen	254
b) Verkauf der bezogenen Aktien	255
8. Virtuelle Stock-Option-Pläne (Wertsteigerungsrechte ohne [Stock Appreciation Rights] und mit Dividendenkomponente [Phantom Stocks])	256
II. Stock-Option-Pläne und Ad-hoc-Publizität	257
1. Die Implementierung eines Stock-Option-Plans als kursbeeinflussende Tatsache	257
2. Zeitpunkt und Umfang der Ad-hoc-Veröffentlichungspflicht	258
a) Entscheidung über die Implementierung eines Stock-Option-Plans	258
b) Umfang	260
c) Einzelmaßnahmen während der Laufzeit des Stock-Option-Plans	260
d) Meldepflicht nach § 71 AktG	261
III. Börsenzulassung	261
1. Grundsätzliches	261
2. Zulassungsvoraussetzungen	262
a) Prospektpflicht nach dem Börsengesetz	262
b) Freie Handelbarkeit der Wertpapiere	263
3. Emissionsgeschäft	265
4. Initial Public Offering	266
a) Lock-up-Verpflichtung	266
b) Weitere wertpapierhandels- oder börsenrechtliche Anforderungen	267
IV. Informationspflichten außerhalb des Börsenzulassungsverfahrens	268
1. Verkaufsprospekt nach dem Verkaufsprospektgesetz	268

	Seite
2. Börsentermingeschäftsfähigkeit	269
a) Börsengesetz in der Fassung vom 9. 9. 1998	269
b) Änderungen durch das 4. Finanzmarktförderungsgesetz	271
3. Haftung des Unternehmens	272

N. Arbeitsrecht

I. Einleitung	275
II. Rechtsgrundlagen für die Gewährung von Optionen	275
1. Einzelvertragliche Zusage	276
2. Gesamtzusage	276
3. Betriebsvereinbarung	277
4. Tarifvertrag	277
5. Betriebliche Übung	277
III. Kreis der bezugsberechtigten Mitarbeiter	278
1. Gleichbehandlungsgrundsatz	279
2. Differenzierung nach Betrieb, Unternehmen und Konzern	280
3. Differenzierung nach Arbeitszeit	281
4. Differenzierung nach Hierarchieebenen	282
5. Differenzierung nach Arbeitern/Angestellten	283
6. Differenzierung nach sog. Stichtagen	283
7. Differenzierung im Hinblick auf das Ruhen des Anstellungsverhältnisses und auf Fehltage	284
8. Geschlechterbezogene Differenzierung	285
9. Differenzierung im Hinblick auf ausländische Mitarbeiter	285
10. Differenzierung im Hinblick auf Auszubildende	285
11. Sonstige Differenzierungsmöglichkeiten	286
IV. Verfall- und Bindungsklauseln	286
1. Entgeltcharakter von Optionen	287
a) Optionen als Vergütungsbestandteil	287
b) Verfall von Vergütungsbestandteilen	288
2. Bindungscharakter von Optionen	290
3. Prämiencharakter von Optionen	292
4. Mischcharakter von Optionen	293
5. Länge der Verfallfrist	294
V. Anpassung von Stock-Option-Plänen	294
1. Individualrechtliche Grundlage	295
a) Freiwilligkeitsvorbehalt	295
b) Widerrufsvorbehalt	296
c) Befristung	298
d) Änderungskündigung	300
e) Besonderheiten bei einer betrieblichen Übung	303
f) Gesamtzusagen	304
g) Ablösung durch Betriebsvereinbarung	305
2. Kollektivrechtliche Grundlage	306
a) Optionen und nachvertragliche Wettbewerbsverbote	308
b) Nachvertragliches Wettbewerbsverbot	308
aa) Anwendungsbereich der §§ 74 ff. HGB	308

	Seite
bb) Voraussetzungen einer nachvertraglichen Wettbewerbsabrede ...	309
cc) Karenzentschädigung	310
dd) Unwirksamkeit einer nachvertraglichen Wettbewerbsabrede	310
c) Verlust der Optionen bei nachvertraglicher Konkurrenztätigkeit	311
d) Erwerb neuer Optionen bei Wettbewerbsenthaltung	312
e) Wettbewerbsverbot wegen ausgeübter Optionen	312
VI. Optionen und § 613 a BGB	312
1. Anwendungsbereich des § 613 a BGB	313
2. Vertragliche Vereinbarung	315
3. Ergänzende Vertragsauslegung	317
a) Optionen ohne Entgeltcharakter	317
b) Optionen mit Entgeltcharakter	317
4. Umwandlung in virtuelle Optionen	318
VII. Optionen und Tarifvertragsrecht	318
1. Flächentarifvertrag	319
2. Firmenbezogener Verbandstarifvertrag	320
3. Haustarifvertrag	320
4. Schuldrechtliche Vereinbarungen zwischen Tarifvertragsparteien	322
VIII. Optionen und betriebliche Mitbestimmung	322
1. § 87 Abs. 1 Nr. 10 BetrVG	323
a) Persönlicher Anwendungsbereich des § 87 Abs. 1 Nr. 10 BetrVG	324
b) Sachlicher Anwendungsbereich des § 87 Abs. 1 Nr. 10 BetrVG	326
c) Ausübung des Mitbestimmungsrechts	329
2. Rechtsfolgen eines Verstoßes gegen das Mitbestimmungsrecht	330
a) § 87 Abs. 1 Nr. 8 BetrVG	331
b) § 88 Nr. 3 BetrVG	331
c) Freiwillige und erzwingbare Beteiligung bei Optionen	333
d) Weitere Schranken der betrieblichen Mitbestimmung	334
aa) Tarifvorrang als Schranke der Mitbestimmung	334
bb) Regelungskompetenz der Betriebsparteien als Schranke der Mitbestimmung	335
cc) Verfügung über Arbeitsentgelt	336
e) Mitwirkungsrechte des Sprecherausschusses	336
f) § 106 BetrVG	338
g) Empfehlung für die betriebliche Praxis	338
IX. Rechtsweg	339

O. Schuldrechtliche Aspekte

I. AGB-Recht	341
1. Allgemeine Geschäftsbedingungen	341
2. Die Bereichsausnahmen nach § 310 Abs. 4 BGB	342
a) Vertrag auf dem Gebiet des Gesellschaftsrechts	342
b) Verträge auf dem Gebiet des Arbeitsrechts	344
aa) Tarifverträge und Betriebsvereinbarungen	345
bb) Arbeitsverträge	345
cc) Rechtslage vor dem 1. 1. 2002	346

Inhaltsverzeichnis

	Seite
II. Besonderheiten bei Aktienoptionsplänen (auf gesellschaftsrechtlicher Basis)	348
1. Einführung	348
2. Verteilung der Optionen	349
a) Erwerb der Optionen	350
aa) Dogmatische Einordnung des die Option begründenden Vertrages	350
bb) Umsetzung in der Praxis	352
b) Erwerb der Aktien	353
c) Einzelheiten zur Ausgestaltung der Optionsbedingungen	355
aa) Absicherung der Optionen	355
(1) Absicherung über ein bestimmtes bedingtes Kapital	355
(2) Absicherung über den Rückerwerb eigener Aktien	356
(3) Wahlweise Absicherung über ein bedingtes Kapital oder eigene Aktien	357
bb) Ersetzung der Aktienausgabe durch Barzahlung	358
cc) Bedingungen und Befristungen der Optionen	358
(1) Bedingungen für den Fall des Scheiterns der Bereitstellung von Aktien	359
(2) Bedingungen und Befristungen aufgrund der Vorgaben des Beschlusses der Hauptversammlung	361
dd) Verfügungsbeschränkungen	361
(1) Verfügungsbeschränkungen über Optionen	361
(2) Verfügungsbeschränkungen über Aktien	361
d) Besonderheiten im Konzern	362
III. Sonstige schuldrechtliche Aspekte	363
1. Strukturmaßnahmen	364
2. Veräußerungssperren	366
3. Teilunwirksamkeit von Stock-Option-Plänen	367
4. Gerichtsstandsklausel	368

P. Methoden der Unternehmensbewertung

I. Einführung	369
II. Methodenüberblick	369
III. Ertragswertverfahren und DCF-Verfahren	371
1. Konzeption	371
2. Bewertungsrelevante Überschussgrößen	372
3. Kapitalisierungszinssatz	373
a) Grundsätzliche Vorgehensweise	373
b) Kapitalisierungszinssatz und Verschuldungsgrad	376
c) Problemfelder	377
4. Ertragswert- und DCF-Verfahren	380
a) Ertragswertverfahren	380
b) Equity-Methode	381
c) Entity-Methode	382
d) APV-Methode	383
e) Fallbeispiel Equity-, WACC- und APV-Ansatz	384
f) Zusammenfassung	389

	Seite
IV. Marktorientierte Bewertungsverfahren	389
1. Konzeption	389
2. Ausgewählte Multiplikatoren	390
3. Problemfelder	392
4. Zusammenfassung	393

Q. Stock-Option-Pläne bei Start Ups bzw. in der Pre-IPO-Phase

I. Stock-Option-Pläne bei Start Ups	394
1. Einführung	394
2. Möglichkeiten der Implementierung von Stock-Option-Plänen bei Start Ups	394
a) Formale Beteiligung am Unternehmen	394
b) Informelle Beteiligung am Unternehmen	395
c) Implementierung eines virtuellen Stock-Option-Plans bei einer GmbH am Beispiel eines Plans mit Ausgabe von Genussrechten	396
aa) Begriffsbestimmung	397
bb) Entstehung von Genussrechten	397
cc) Rechtsnatur und Inhalt der Genussrechte	398
dd) Genussrechtskapital als Eigenkapital	399
(1) Begriff und Funktion des Eigenkapitals	399
(2) Eigenkapitalcharakter bei Genusskapital	400
(a) Voraushaftung	400
(b) Nachrangigkeit	400
(c) Verlustbeteiligung	401
(d) Erfolgsabhängigkeit der Vergütung	401
(e) Längerfristigkeit der Kapitalüberlassung	401
d) Umsetzung von Wandlungsrechten in der GmbH	401
aa) Wandlungsrechte für bestehende Geschäftsanteile	402
bb) Wandlungsrechte für noch zu schaffende Geschäftsanteile	402
(1) Stimmrechtsvereinbarung zwischen den Gesellschaftern	402
(2) Vereinbarung zwischen Gesellschaftern und den Inhabern der Wandlungsrechte	403
cc) Ausübung der Wandlungsrechte	403
II. Stock-Option-Pläne in der Pre-IPO-Phase	404

R. Besteuerung der Arbeitnehmer bei Sachverhalten mit Auslandsbezug

I. Steuerliche Behandlung in Deutschland	409
II. Steuerliche Behandlung in allen Staaten, mit denen die Stock Options in Berührung stehen könnten	410
III. Internationales Steuerrecht	412
1. Doppelbesteuerungsabkommen	412
a) Art. 15 Abs. 1 MA	412
aa) „Beziehen" der Vergütungen	412
bb) „aus unselbständiger Arbeit"	413
cc) Ort der „Ausübung" der Arbeit	413
dd) Fallbeispiele zu Art. 15 Abs. 1 MA	414
b) Art. 13 Abs. 4 MA	415
c) Rechtsfolgen kollidierender oder fehlender Besteuerung	416

		Seite
	2. Unilaterale deutsche Vorschriften	416
IV.	Verbleibende steuerliche Konsequenzen in Deutschland	417
V.	Gesichtspunkte der Steuerplanung und Gestaltung	417
	1. Steueroptimierende Planung	417
	2. Kommunikation	418
	3. Tax Equalization	418

Anlagen

1. Einfacher Stock-Option-Plan	421
2. Komplexer Stock-Option-Plan	444
3. Wandelanleihen	462
4. Stock Appreciation Rights – Optionsbedingungen	478
5. Genussrechte	490

Anhang

| E-DRS 11 | 527 |

Sachverzeichnis 565

Abbildungsverzeichnis

		Seite
Abbildung 1:	Das Shareholder-Value-Netzwerk.	5
Abbildung 2:	Überblick zu Bewertungsverfahren	369
Abbildung 3:	Komponenten des Betafaktors	376

Tabellenverzeichnis

Tabelle 1:	Wichtige Parameter zur Gestaltung von Stock-Option-Plänen . .	25
Tabelle 2:	Rücklaufquote der zweiten Befragung Herbst 2000	26
Tabelle 3:	Verbreitungsgrad von Stock-Option-Plänen (Befragung Herbst 2000)	26
Tabelle 4:	Arten der Stock-Option-Pläne	27
Tabelle 5:	Finanzierung von Stock-Option-Plänen	27
Tabelle 6:	Berechtigtenkreis bei Stock-Option-Plänen	28
Tabelle 7:	Sperrfristen im Rahmen von Stock-Option-Plänen	28
Tabelle 8:	Anzahl der Tranchen bei Stock-Option-Plänen	29
Tabelle 9:	Erfolgsziele bei Stock-Option-Plänen.	29
Tabelle 10:	Argumente für reale und virtuelle Eigenkapitalinstrumente	39
Tabelle 11:	Eckdaten Aktienoptionsplan nach § 192 Abs. 2 Nr. 3 AktG	47
Tabelle 12:	Eckdaten Aktienoptionsplan i.V.m. einer Wandelanleihe	138
Tabelle 13:	Buchungen am 1. Januar 2001	148
Tabelle 14:	Buchungen zum 31. Dezember 2001	148
Tabelle 15:	Buchungen bei Rückzahlung am 31. Dezember 2002	149
Tabelle 16:	Buchungen bei Ausübung am 31. Dezember 2002	149
Tabelle 17:	Buchungen zum 1. Januar 2001	151
Tabelle 18:	Buchungen zum 31. Dezember 2001 (Zinsaufwand)	151
Tabelle 19:	Buchung zum 31. Dezember 2001 (Personalaufwand)	151
Tabelle 20:	(zusätzliche) Buchungen zum 31. Dezember 2006	151
Tabelle 21:	Eckdaten Aktienoptionsplan mittels Rückerwerb eigener Aktien	172
Tabelle 22:	Eckdaten eines Aktienoptionsplans, der im Wege des Programmkaufs aufgelegt wird	203
Tabelle 23:	Eckdaten eines virtuellen Stock-Option-Plans bei Ausgabe von Stock Appreciation Rights	211
Tabelle 24:	Rückstellung in Höhe des inneren Wertes zum Bilanzstichtag. . .	220
Tabelle 25:	Rückstellung in Höhe des zeitanteiligen Optionsgesamtwertes zum Bilanzstichtag	220
Tabelle 26:	Rückstellung in Höhe des zeitanteiligen inneren Wertes zum Bilanzstichtag.	227
Tabelle 27:	Rückstellungsbildung nach IAS 37 im Lichte der Interpretation durch Schmidbauer	231
Tabelle 28:	Eckdaten Phantom Stocks.	236
Tabelle 29:	Bewertungsverfahren in der Praxis	370

Tabellenverzeichnis

		Seite
Tabelle 30:	Durchschnittliche nominale Renditen und nominale Marktrisikoprämien	374
Tabelle 31:	Steuerbelastung im Halbeinkünfteverfahren	378
Tabelle 32:	Marktwert des Eigenkapitals in Abhängigkeit vom Fremdkapitalbestand	380
Tabelle 33:	Ausgangsdaten des Bewertungsbeispiels	385
Tabelle 34:	Berechnung des Unternehmenswerts nach dem Equity-Ansatz	386
Tabelle 35:	Berechnung des Unternehmenswerts nach dem WACC-Ansatz	387
Tabelle 36:	Ermittlung des Unternehmensteuereffekts	387
Tabelle 37:	Ermittlung des Einkommensteuereffekts	388
Tabelle 38:	Berechnung des Unternehmenswerts nach dem APV-Ansatz	389

Abkürzungsverzeichnis

a.A.	anderer Ansicht
a.a.O.	am angegebenen Ort
abl.	ablehnend
Abs.	Absatz
Abschn.	Abschnitt
Abt.	Abteilung
abw.	abweichend
ADS	Adler/Düring/Schmalz, Rechnungslegung und Prüfung der Unternehmen, 6. Aufl., 1995
a.F.	alte Fassung
AG	Aktiengesellschaft; Die Aktiengesellschaft (Zeitschrift); Amtsgericht
AktG	Aktiengesetz
allg.	allgemein
Alt.	Alternative
Anm.	Anmerkung
AO	Abgabenordnung
APB	Accounting Principle Board
ArbGG	Arbeitsgerichtsgesetz
Art.	Artikel
AStG	Außensteuergesetz
AT	außer Tarif
Aufl.	Auflage
BAG	Bundesarbeitsgericht
BAT	Bundesangestelltentarif
BB	Betriebs-Berater (Zeitschrift)
Bd.	Band
BE	Betriebseinnahme(n)
Beck Bil.-Komm.	Beck'scher Bilanzkommentar, 4. Aufl., 1999
BGB	Bürgerliches Gesetzbuch
BGHZ	Sammlung der Entscheidungen des Bundesgerichtshofs in Zivilsachen
BetrVG	Betriebsverfassungsgesetz
BewG	Bewertungsgesetz
BFA	Bankenfachausschuss
BFH	Bundesfinanzhof
BFH/NV	Sammlung amtlich nicht veröffentlichter Entscheidungen des Bundesfinanzhofs
BFuP	Betriebswirtschaftliche Forschung und Praxis (Zeitschrift)
BGB	Bürgerliches Gesetzbuch
BGBl.	Bundesgesetzblatt
BGH	Bundesgerichtshof
BMF	Bundesministerium der Finanzen

XXXI

Abkürzungsverzeichnis

BörsG	Börsengesetz
BörsZulV	Börsenzulassungsverordnung
BR-Drs.	Bundesrats-Drucksache
bspw.	beispielsweise
BStBl.	Bundessteuerblatt
BT-Drucksache	Bundestags-Drucksache
BuW	Betrieb und Wirtschaft
BVerfG	Bundesverfassungsgericht
BVerfGE	Amtl. Sammlung von Entscheidungen des BVerfG
bzgl.	bezüglich
bzw.	beziehungsweise
ca.	circa
DAV	Deutscher Anwaltsverein e.V.
DB	Der Betrieb (Zeitschrift)
DBA	Doppelbesteuerungsabkommen
DCF	Discounted Cash Flow
D/E/J/W	Dötsch/Eversberg/Jost/Witt, Kommentar zum KStG (Loseblatt)
ders.	derselbe
dies.	dieselbe
diff.	differenzierend
Diss.	Dissertation
DJZ	Deutsche Juristenzeitung
d.h.	das heißt
Drs.	Drucksache
DRSC	Deutsches Rechnungslegungs Standard Committee e.V.
DStJG, Bd.	Deutsche Steuerjuristische Gesellschaft e.V., Band
DSR	Deutscher Standardisierungsrat
DStR	Deutsches Steuerrecht (Zeitschrift)
DStRE	Deutsches Steuerrecht Entscheidungsdienst (Zeitschrift)
DStZ	Deutsche Steuer-Zeitung (Zeitschrift)
DTB	Deutsche Terminbörse
DVFA	Deutsche Vereinigung für Finanzanalyse und Asset Management
EFG	Entscheidungen der Finanzgerichte
EFZG	Entgeltfortzahlungsgesetz
EG	Europäische Gemeinschaft
EITF	Emergency Issue Task Force
EK	Eigenkapital
ESt	Einkommensteuer
EStB	Der Ertragsteuerberater (Zeitschrift)
EStDV	Einkommensteuer-Durchführungsverordnung
EStG	Einkommensteuergesetz
EStR	Einkommensteuer-Richtlinie
etc.	et cetera
EU	Europäische Union
EuGH	Europäischer Gerichtshof
e.V.	eingetragener Verein

evtl.	eventuell
EWiR	Entscheidungen zum Wirtschaftsrecht (Zeitschrift)
EzA	Entscheidungssammlung zum Arbeitsrecht
FAS	Financial Accounting Standard(s)
FASB	Financial Accounting Principle Board
FB	Finanzbetrieb (Zeitschrift)
f./ff.	folgende/fortfolgende
FG	Finanzgericht
FIN	FASB Interpretation
FK	Fremdkapital
FN	Fußnote
FN-IdW	Fachnachrichten des Instituts der Wirtschaftsprüfer
FR	Finanz-Rundschau (Zeitschrift)
FS	Festschrift
GBl.	Gesetzblatt
gem.	gemäß
GesR	Gesellschaftsrecht
GewO	Gewerbeordnung
GewStG	Gewerbesteuergesetz
GG	Grundgesetz
ggf.	gegebenenfalls
GK	Großkommentar
gl.A.	gleiche Auffassung
GmbH	Gesellschaft mit beschränkter Haftung
GmbHG	Gesetz betreffend die Gesellschaften mit beschränkter Haftung
GmbHR	GmbH-Rundschau (Zeitschrift)
GoB	Grundsätze ordnungsmäßiger Buchführung
grds.	grundsätzlich
GrS	Großer Senat
GuV	Gewinn- und Verlustrechnung
h.A.	herrschende Auffassung
Halbs.	Halbsatz
Hdb	Handbuch
HdB	Handbuch der Bilanzierung
HdJ	Handbuch des Jahresabschlusses in Einzeldarstellungen
HdR	Beck'sches Handbuch der Rechnungslegung
HFA	Hauptfachausschuss des IdW
HGB	Handelsgesetzbuch
h.M.	herrschende Meinung
HR	Handelsregister
Hrsg.	Herausgeber
IAS	International Accounting Standard
IASB	International Accounting Standard Board (ehemals IASC)
IASC	International Accounting Standard Committee
i.d.F.	in der Fassung
i.d.R.	in der Regel
i.d.S.	in diesem Sinne

Abkürzungsverzeichnis

IDW	Institut der Wirtschaftsprüfer in Deutschland e.V.
IDW-FN	IDW-Fachnachrichten
i.E.	im Einzelnen
i.H.	in Höhe
i.H.d.	in Höhe der/des
i.H.v.	in Höhe von
inkl.	inklusive
INF	Die Information über Steuer und Wirtschaft (Zeitschrift)
IPO	Initial Public Offering
i.S.	im Sinne
i.S.d.	im Sinne des/der
ISOP	Incentive Stock Option Plan
IStR	Internationales Steuerrecht (Zeitschrift)
i.S.v.	im Sinne von
i.V.m.	in Verbindung mit
IWB	Internationale Wirtschafts-Briefe (Loseblatt)
JbFSt	Jahrbuch der Fachanwälte für Steuerrecht
JZ	Juristenzeitung
KFR	Kommentierte Finanzrechtsprechung (Loseblatt)
KG	Kammergericht, Kommanditgesellschaft
KGaA	Kommanditgesellschaft auf Aktien
KonTraG	Gesetz zur Kontrolle und Transparenz von Unternehmen
KoR	Kapitalmarktorientierte Rechnungslegung (Zeitschrift)
KSchG	Kündigungsschutzgesetz
KSt	Körperschaftsteuer
KStG	Körperschaftsteuergesetz
KStR	Körperschaftsteuerrichtlinien
LAG	Landesarbeitsgericht
lit.	litera
LStDV	Lohnsteuer-Durchführungsverordnung
LStR	Lohnsteuerrichtlinien
lt.	laut
m.a.W.	mit anderen Worten
Mio.	Million
Mrd.	Milliarde
m.w.N.	mit weiteren Nachweisen
MünchKommAktG	Münchener Kommentar zum Aktiengesetz
n.F.	neue Fassung
NJW	Neue Juristische Wochenschrift (Zeitschrift)
Nr.	Nummer
Nrn.	Nummern
NWB	Neue Wirtschaftsbriefe (Loseblatt)
NZA	Neue Zeitschrift für Arbeitsrecht
NZG	Neue Zeitschrift für Gesellschaftsrecht
o.Ä.	oder Ähnliches
OECD-MA	OECD-Musterabkommen zur Vermeidung der Doppelbesteuerung des Einkommens und des Vermögens
OFD	Oberfinanzdirektion

Abkürzungsverzeichnis

o.g.	oben genannt
ÖStZ	Österreichische Steuerzeitung
o.V.	ohne Verfasser
R	Richtlinie
RdA	Recht der Arbeit
Rn.	Randnummer
Reg	Regierung
RegE	Regierungsentwurf
RG	Reichsgericht
RIW	Recht der internationalen Wirtschaft (bis 1974: AWD)
Rz.	Randziffer
S.	Satz, Seite
SAR(s)	Stock Appreciation Right(S)
Schr.	Schreiben
SEC	Security Exchange Commission
SFAS	Statement of Financial Accounting Standard
s.o.	siehe oben
sog.	so genannt
SolzG	Solidaritätszuschlagsgesetz
SOP	Stock-Option-Plan
SprAuG	Sprecherausschussgesetz
StÄndG	Steueränderungsgesetz
StB	Der Steuerberater (Zeitschrift)
StEntlG	Steuerentlastungsgesetz
StEK	Steuerkasse in Karteiform, hrsg. von Felix/Carle
StGB	Strafgesetzbuch
str.	strittig
StSenkG	Gesetz zur Senkung der Steuersätze und zur Reform der Unternehmensbesteuerung
StuB	Steuern und Bilanzen (Zeitschrift)
StuW	Steuer und Wirtschaft (Zeitschrift)
StWa.	Steuer-Warte (Zeitschrift)
TVG	Tarifvertragsgesetz
Tz.	Textziffer
u.a.	unter anderem, und andere
u.Ä.	und Ähnliche(s)
u.E.	unseres Erachtens
UmwG	Umwandlungsgesetz
UntStFG.	Unternehmensteuerfortentwicklungsgesetz
UR	Umsatzsteuer-Rundschau (Zeitschrift)
US-GAAP	United States Generally Accepted Accounting Principles
usw.	und so weiter
u.U.	unter Umständen
v.	von
v.a.	vor allem
VfG	Verfügung
vEK	verwendbares Eigenkapital
VermBG	Vermögenbildungsgesetz

Abkürzungsverzeichnis

VGA	Verdeckte Gewinnausschüttung
vgl.	vergleiche
v.H.	von Hundert
wg.	wegen
WM	Wertpapier-Mitteilungen (Zeitschrift)
WPH, WP-Handbuch	Wirtschaftsprüfer-Handbuch
WpHG	Wertpapierhandelsgesetz
WPg	Die Wirtschaftsprüfung (Zeitschrift)
z.B.	zum Beispiel
ZfB	Zeitschrift für Betriebswirtschaft
ZfbF	Zeitschrift für betriebswirtschaftliche Forschung
ZGR	Zeitschrift für Unternehmens- und Gesellschaftsrecht
ZHR	Zeitschrift für das gesamte Handels- und Wirtschaftsrecht
ZIP	Zeitschrift für Wirtschaftsrecht und Insolvenzpraxis
ZPO	Zivilprozessordnung
zzgl.	zuzüglich

Literaturverzeichnis

Aam-Müller/Wangler, Das Positionspapier der Arbeitsgruppe Stock Options des Deutschen Standardisierungsrates. Implikationen für Bilanzierung und Besteuerung, KoR 2001, S. 1.
Achleitner/Achleitner, Ansatzpunkte unternehmerischer Erfolgsstrategien, in: Achleitner/Thoma (Hrsg.), Handbuch Corporate Finance. Konzepte, Strategien und Praxiswissen für das moderne Finanzmanagement, Köln 1998.
Achleitner/Wichels, Stock Option-Pläne als Vergütungsbestandteil wertorientierter Entlohnungssysteme. Eine Einführung, in: Achleitner/Wollmert (Hrsg.), Stock Options. Finanzwirtschaft, Gesellschaftsrecht, Bilanzierung, Steuerrecht, Unternehmensbewertung, Stuttgart 2000, S. 1.
Ackermann/Strnad, Betriebsausgabenabzug des Arbeitgebers bei Stock Options, DStR 2001, S. 477.
Adams, Stellungnahme zur Aktienrechtsreform 1997, AG 1997, Sonderheft August 1997: Die Aktienrechtsreform 1997, S. 9.
Aders/Gali/Wiedemann, Unternehmenswerte auf der Basis der Multiplikatormethode?, FB 2000, S.197.
Adler/Düring/Schmaltz, Rechnungslegung und Prüfung der Unternehmen. Kommentar zum HGB, AktG, GmbHG, PublG nach den Vorschriften des Bilanzrichtlinien-Gesetzes, neu bearbeitet von Forster, et al., 6. Aufl., Stuttgart 1998.
Aerssen, van, Erwerb eigener Aktien und Wertpapierhandelsgesetz: Neues von der Schnittstelle Gesellschaftsrecht/Kapitalmarktrecht. Zugleich Anmerkungen zum Schreiben „Erwerb eigener Aktien nach § 71 Abs. 1 Satz 1 Nr. 8 AktG" des Bundesaufsichtsamts für den Wertpapierhandel vom 28. Juni 1999, WM 2000, S. 391.
Afhüppe, Wachstumsparty im Ausland, Wirtschaftswoche Nr. 25 vom 15. 6. 2000, S. 22.
Afhüppe/Leendertse/Losse, Fünf neue Modelle, Wirtschaftswoche Nr. 25 vom 15. 6. 2000, S. 18.
Arbeitsgruppe „Stock Options" des Deutschen Standardisierungsrates (DSR) beim DRSC, Positionspapier „Bilanzierung von Aktienoptionsplänen und ähnlichen Entlohnungsformen", Juni 2000, abrufbar unter http://www.drsc.de.
Arbeitskreis „Externe Unternehmensrechnung" der Schmalenbach-Gesellschaft, Behandlung „eigener Aktien" nach deutschem Recht und US-GAAP unter besonderer Berücksichtigung der Änderungen des KonTraG, DB 1998, S. 1673.
Arnold, Fallbeispiele zur steuerlichen Gestaltung bei Vergütungen für mehrjährige Tätigkeit (Stock Options), WiB 1996, S. 820.
Arnold, Lohnsteuerliche Behandlung von Stock Options – Ein Überblick über die Praxis, NZG 2001, S. 215.
Ascheid/Preis/Schmidt, Großkommentar zum Kündigungsrecht, München 2000.
Assmann/Schneider (Hrsg.), Wertpapierhandelsgesetz, Kommentar, 2. Aufl., Köln 1999.
Assmann/Schütze, Handbuch des Kapitalanlagerechts, 2. Aufl., München 1997.
Assmann/Schütze, Handbuch des Kapitalanlagerechts, Ergänzungsband, 2. Aufl., München 2001.
Auge-Dickhut/Moser/Widmann, Die geplante Reform der Unternehmensbesteuerung. Einfluss auf die Berechnung und die Höhe des Werts von Unternehmen, FB 2000, S. 362.
Austmann/Müller-Bonanni, Corporate-Governance-Codex regelt Leistungen für Vorstände und Aufsichtsräte. Mehr Raum für erfolgsbezogene Vergütung, Handelsblatt Nr. 46 vom 6. 3. 2002, S. R 2
Aweh, Beraterhinweis zu BFH, Urteil vom 20. 6. 2001, VI R 105/99, EStB 2001, S. 333.
Baeck/Diller, Arbeitsrechtliche Probleme bei Aktienoptionen und Belegschaftsaktien, DB 1998, S. 1405.
Baetge/Niemeyer/Kümmel, Darstellung der Discounted-Cash-Flow-Verfahren (DCF-Verfahren) mit Beispiel, in: Peemöller (Hrsg.), Praxishandbuch der Unternehmensbewertung, Herne/Berlin 2001, S. 263.
Ballwieser, Adolf Moxter und der Shareholder Value Ansatz, in: Ballwieser, et.al. (Hrsg.), Bilanzrecht und Kapitalmarkt, Festschrift für Adolf Moxter, Düsseldorf 1994, S. 1377.
Ballwieser, Aktuelle Aspekte der Unternehmensbewertung, WPg 1995, S. 119.
Ballwieser, Die Wahl des Kalkulationszinsfußes bei der Unternehmensbewertung unter Berücksichtigung von Risiko und Geldentwertung, BFuP 1981, S. 97.

Literaturverzeichnis

Ballwieser, Eine neue Lehre der Unternehmensbewertung? Kritik an den Thesen von Barthel, DB 1997, S. 185.
Ballwieser, Methoden der Unternehmensbewertung, in: Gebhardt/Gerke/Steiner (Hrsg.), Handbuch des Finanzmanagements, München 1993, S. 151.
Ballwieser, Unternehmensbewertung mit Discounted Cash Flow-Verfahren, WPg 1998, S. 81.
Ballwieser, Verbindungen von Ertragswert- und Discounted-Cashflow-Verfahren, in: Peemöller (Hrsg.), Praxishandbuch der Unternehmensbewertung, Herne/Berlin 2001, S. 361.
Bankrechtshandbuch, Schimansky, et al. (Hrsg.), 2. Aufl., München 2001.
Barthel, Unternehmenswert. Die zuschlagsorientierten Bewertungsverfahren – Vom Buchwert-Zuschlagsverfahren zur strategischen Unternehmensbewertung, DB 1996, S. 1349.
Barthelmeß/Braun, Zulässigkeit schuldrechtlicher Verfügungsbeschränkungen über Aktien zugunsten der Aktiengesellschaft, AG 2000, S. 172.
Bassen, Die Einführung von Stock Options aus Aktionärssicht, in: Achleitner/Wollmert (Hrsg.), Stock Options. Finanzwirtschaft, Gesellschaftsrecht, Bilanzierung, Steuerrecht, Unternehmensbewertung, Stuttgart 2000, S. 279.
Bassen/Koch/Wichels, Variable Entlohnungssysteme in Deutschland – Eine empirische Studie, FB 2000, S. 9.
Bauer, Rechtliche und taktische Erwägungen zum Auflösungsantrag, DB 1985, S. 1180.
Bauer/Diller, Indirekte Wettbewerbsverbote, DB 1995, S. 426.
Bauer/Diller, Karenzentschädigung und bedingte Wettbewerbsverbote bei Organmitgliedern, BB 1995, S. 1134.
Bauer/Göpfert/Steinau-Steinrück, Aktienoptionen bei Betriebsübergang, ZIP 2001, S. 1129.
Baumann, Steuerliche Behandlung von im Privatvermögen gehaltenen Aktien-, Aktienindex- und Währungs-Optionsscheinen, DStZ 1992, S. 321.
Baumbach/Hueck, GmbH-Gesetz, 17. Aufl., München 2000.
Baumbach/Lauterbach/Albers/Hartmann, Zivilprozeßordnung, 59. Aufl., München 2001.
Baums (Hrsg.), Bericht der Regierungskommission Corporate Governance – Unternehmensführung, Unternehmenskontrolle, Modernisierung des Aktienrechts, Köln 2001.
Baums, Aktienoptionen für Vorstandsmitglieder, in: Martens/Westermann/Zöllner (Hrsg.), Festschrift für Carsten Peter Claussen, Köln, et.al. 1997, S. 3.
Baums, Stellungnahme zur Aktienrechtsreform 1997 von Prof. Dr. Theodor Baums, AG 1997, Sonderheft August 1997: Die Aktienrechtsreform 1997, S. 26.
Beck'scher Bilanz-Kommentar, Handels- und Steuerrecht – §§ 238 bis 339 HGB, 4. Aufl., München 1999.
Beck'sches Handbuch der GmbH, Gesellschaftsrecht, Steuerrecht, W. Müller/Hense (Hrsg.), 2. Aufl., München 1999.
Becker, Anreizsysteme für Führungskräfte. Möglichkeiten zur strategisch-orientierten Steuerung des Managements, Stuttgart 1990.
Becker, et al., Gemeinschaftskommentar zum Kündigungsschutzgesetz (KR) und zu sonstigen kündigungsschutzrechtlichen Vorschriften, 6. Aufl., Neuwied 2001.
Beisse, Die paradigmatischen GoB, in: Hommelhoff/Zätzsch/Erle (Hrsg.), Gesellschaftsrecht, Rechnungslegung, Steuerrecht, Festschrift für Welf Müller, München 2001, S. 731.
Berger/Klotz, Steuerliche Behandlung der Emittenten von Optionsanleihen bei Nichtausübung der Optionsrechte, DB 1993, S. 953.
Bernhardt, Stock Options – Modalitäten der Besteuerung, Bewertung und Offenlegung im internationalen Kontext, FB 2001, S. 427.
Bernhardt/Witt, Stock Options und Shareholder Value, ZfB 1997, S. 85.
Bertl/Hirschler, Wirtschaftliches Eigentum bei Mitarbeiterbeteiligungen, RWZ 1999, S. 230.
Bestman, Finanz- und Börsenlexikon, 4. Aufl., München 2000.
Biener/Berneke, Bilanzrichtlinien-Gesetz, Düsseldorf 1986.
Birkhan, Besteuerung von Stock Options (Passivierung beim Arbeitgeber/Arbeitnehmerbesteuerung), JbFSt 1999/2000, S. 703.
Black/Wright/Bachman, Shareholder Value für Manager. Konzepte und Methoden zur Steigerung des Unternehmenswertes, Frankfurt am Main/New York 1998.
Blümich, EStG, KStG, GewStG, Kommentar, Loseblatt, München.
Böcking/Nowak, Marktorientierte Unternehmensbewertung, FB 1999, S. 169.
Boesebeck, Aufnahme von Wandeldarlehen durch eine GmbH, GmbHR 1962, S. 2.

Bogenschütz, Stock Options und ähnliche Mitarbeiterbeteiligungsstrukturen im deutschen Steuer-, Gesellschafts-, Bilanz- und Arbeitsrecht, JbFSt 1998/99, S. 546.
Boldt/Neukirchen/Student/Werres, Cash as cash can, Managermagazin, Heft 8/2001, S. 48.
Bordewin, Keine Rückstellungen für drohenden Verlust in der Steuerbilanz, FR 1998, S. 226.
Borggräfe/von Einem, Stock Options im inländisch grenzüberschreitenden Konzern. Strukturen, Gesellschafts-, Bilanz- und Steuerrecht, JbFSt 1998/1999, S. 618.
Born, Rechnungslegung International. Einzel- und Konzernabschlüsse nach IAS, US-GAAP, HGB und EG-Richtlinien, 3. Aufl., Stuttgart 2002.
Bosch/Groß, Das Emissionsgeschäft, 2. Aufl., Köln 2000.
Bosse, Handel in eigenen Aktien durch die Aktiengesellschaft, WM 2000, S. 806.
Brackert/Prahl/Naumann, Neue Verfahren der Risikosteuerung und ihre Anwendung auf die handelsrechtliche Gewinnermittlung. Ein Plädoyer für die Zulässigkeit von imperfekten Mikro-Bewertungseinheiten und Makro-Bewertungseinheiten auf modifizierter Mark-to-Market-Basis, WPg 1995, S. 544.
Bredow, Anmerkung zu FG Köln, Urteil v. 9. 9. 1998 – 11 K 5153/97 – (Besteuerung eines geldwerten Vorteils aus der Einräumung/Ausübung von „Stock Options"), DStR 1999, S. 371.
Bredow, Mustervereinbarung zu Aktienoptionsplänen für das Management und leitende Angestellte (Stock-Option-Plans), DStR 1998, S. 380.
Bredow, Steuergünstige Gestaltung von Aktienoptionen für leitende Angestellte („stock options"), DStR 1996, S. 2033.
Bredow, von, Aktienwertsteigerungsrechte (stock appreciation rights): Virtuelle Kapitalbeteiligungen für Führungskräfte und Mitarbeiter, FB 1999, S. 232.
Bühner, Das Management-Wert-Konzept. Strategien zur Schaffung von mehr Wert im Unternehmen, Stuttgart 1990.
Bundesaufsichtsamt für den Wertpapierhandel, Bekanntmachung zum Verkaufsprospektgesetz vom 15. April 1996.
Bundesaufsichtsamt für den Wertpapierhandel, Schreiben zum Erwerb eigener Aktien nach § 71 Abs. 1 Satz 1 Nr. 8 AktG vom 28. Juni 1999.
Bundesaufsichtsamt für den Wertpapierhandel, Schreiben zum Missbrauch der Ad-hoc-Publizität nach § 15 Wertpapierhandelsgesetz (WpHG) vom 22. März 2000.
Bundesaufsichtsamt für den Wertpapierhandel, Schreiben zur insiderrechtlichen Behandlung von Aktienoptionsprogrammen für Führungskräfte, 1. 10. 1997.
Bundesaufsichtsamt für den Wertpapierhandel/Deutsche Börse AG, Insiderhandelsverbote und Ad-hoc-Publizität nach dem Wertpapierhandelsgesetz, 2. Aufl., Frankfurt 1998.
Bundesjustizministerium, Referentenentwurf zur Änderung des Aktiengesetzes („KonTraG"), ZIP 1996, S. 2129.
Bundesregierung, Entwurf und Begründung eines Gesetzes zur Kontrolle und Transparenz im Unternehmensbereich (KonTraG), BR-Drs. 872/97; BT-Drs. 13/9712; ZIP 1997, S. 2059.
Bundesverband der Deutschen Industrie (BDI), Positionspapier „Verbesserung der steuerlichen Rahmenbedingungen für Aktienoptionen" vom 11. September 2000.
Busch, Aktienoptionspläne – arbeitsrechtliche Fragen, BB 2000, S. 1294.
Busse von Colbe, Was ist und was bedeutet Shareholder Value aus betriebswirtschaftlicher Sicht?, ZGR 1997, S. 271.
Busse von Colbe/Großfeld/Kley/Martens/Schlede, Bilanzierung von Optionsanleihen im Handelsrecht, Heidelberg 1987.
Casper, Insiderverstöße bei Aktienoptionsprogrammen, WM 1999, S. 363.
Claussen, Aktienoptionen – eine Bereicherung des Kapitalmarktrechts, WM 1997, S. 1825.
Copeland/Koller/Murrin, Valuation. Measuring and Managing the Value of Companies, 2. Aufl., New York, et al. 1994.
Copeland/Weston, Financial Theory and Corporate Policy, 3. Aufl., Reading (Massachusetts) 1998.
Crezelius, Leistungen an und durch Dritte im Lohnsteuerrecht, in: Stolterfoht (Hrsg.), Grundfragen des Lohnsteuerrechts, DStJG 9 (1986), S. 85.
Dautel, Besteuerung von Mitarbeiterbeteiligungen, BB 2000, S. 1757.
Dautel, Möglichkeiten zur steueroptimierten Beteiligung von Mitarbeitern an einer GmbH, INF 1999, S. 684.
Dautel, Steueroptimale Gestaltung von Mitarbeiter-Aktienoptionen, INF 1999, S. 368.
Dautel/Schäfer, Erwiderung zu Haas/Pötschan (DB 1998, S. 2138), DB 1999, S. 824.

Literaturverzeichnis

de Bourmont/Guillaume, Länderbericht Frankreich, IStR 2001, S. 2.
Debatin/Wassermeyer, Doppelbesteuerung, Kommentar, Loseblatt, München.
DeFusco/Johnson/Zorn, The Effect of Executive Stock-Option-Plans on Stockholders and Bondholders, in: Journal of Finance 1990, S. 617.
Degner, Vinkulierte Namensaktien: börsenfähig oder nicht ?, WM 1990, S. 793.
Deutsche Börse AG, Rundschreiben Listing 3/2001: Neuer Markt – Meldepflichtige Wertpapiergeschäfte (Ziffer 7.2. ZulBedNM) vom 21. Februar 2001.
Deutscher Anwaltsverein e.V., Stellungnahme des Deutschen Anwaltsvereins e.V. zur Anwendung des § 15 WpHG bei mehrstufigen Entscheidungsprozessen, NZG 1998, S. 136.
Deutscher Standardisierungsrat (DSR) beim DRSC, Entwurf eines Rechnungslegungsstandards E-DRS 11 „Bilanzierung von Aktienoptionsplänen und ähnlichen Entgeltformen", Juni 2001, abrufbar unter http://www.drsc.de.
Deutsches Aktieninstitut e.V., Der Umgang von Führungskräften mit Aktien des eigenen Unternehmens im Rahmen von Aktienoptionsprogrammen, Empfehlungen des Deutschen Aktieninstituts e.V., Frankfurt am Main 1998.
Deutsches Aktieninstitut/Hewitt, Beteiligungssysteme für breite Mitarbeiterkreise. Ergebnisse einer Umfrage, Studien des Deutschen Aktieninstituts, Heft 13, Frankfurt am Main 2001.
Deutschmann, Anmerkung zu: BFH, U. v. 24.1.2001 – I R 100/98 – (Besteuerung von Aktienoptionen bei unbeschränkt Steuerpflichtigem mit teilweise steuerfreier Auslandstätigkeit), und BFH, U. v. 24.1.2001 – I R 119/98 – (Besteuerung von Aktienoptionen bei beschränkt Steuerpflichtigen, DStR 2001, S. 938.
Deutschmann, Es ist nicht alles Gold, was glänzt: Stock Options in den USA – das gelobte Land für vergütungshalber gewährte Aktienoptionen?, IStR 2001, S. 385.
Deutschmann, Vergütungshalber gewährte Aktienoptionen im deutschen und US-amerikanischen Steuerrecht, Deutsches, Europäisches und Vergleichendes Wirtschaftsrecht, Band 7, Baden-Baden 2000 (zugl. Diss. Konstanz 2000).
Dieterich/Hanau/Schaub, Erfurter Kommentar zum Arbeitsrecht, 2. Aufl., München 2001.
Diller, Gesellschafter und Gesellschaftsorgane als Arbeitnehmer, Köln 1994.
Djanani/Hartmann, Die Ausgabe von Stock-Options zur Mitarbeiterentlohnung: Personalaufwand im Ausgabezeitpunkt?, StuB 2000, S. 359.
Döllerer, Einlagen bei Kapitalgesellschaften nach Handelsrecht und Steuerrecht – Unter besonderer Berücksichtigung des Bilanzrichtlinien-Gesetzes –, BB 1986, S. 1857.
Dörner/Luczak/Wildschütz, Arbeitsrecht in der anwaltlichen und gerichtlichen Praxis, 2. Aufl., Neuwied 1999.
Dötsch/Pung, Ausgewählte Fragen zur letztmaligen Anwendung des Anrechnungsverfahrens und erstmaligen Anwendung des Halbeinkünfteverfahrens, GmbHR 2001, S. 641.
Dötsch/Pung, Steuersenkungsgesetz: Die Änderungen bei der Körperschaftsteuer und bei der Anteilseignerbesteuerung, DB 2001, S. 1.
Dötsch/Eversberg/Jost/Witt, Die Körperschaftsteuer, Kommentar zum Körperschaftsteuergesetz, Umwandlungssteuergesetz und zu den einkommensteuerrechtlichen Vorschriften der Anteilseignerbesteuerung, Loseblatt, Stuttgart.
Dreyer/Herrmann, Die Besteuerung von Aktien-, Wandel- und Umtauschanleihen, BB 2001, S. 705.
Dross, Genussrechte, München 1996.
Drukarczyk, DCF-Methoden und Ertragswertmethode – einige klärende Anmerkungen, WPg 1995, S. 329.
Drukarczyk, Unternehmensbewertung, 3. Aufl., München 2001.
Drukarczyk, Zur Bewertung von Verlustvorträgen, DStR 1997, S. 464.
Drukarczyk/Honold, Unternehmensbewertung. DCF-Methoden und der Wert steuerlicher Finanzierungsvorteile, ZBB 1999, S. 333.
Düring, Einräumung einer Option auf Aktien an Arbeitnehmer, WPg 1955, S. 163.
DVFA-Methodenkommission, Info 8/2000 – Zum Ergebnis nach DVFA/SG: Behandlung von Stock Options und Wandelschuldverschreibungen im Ergebnis nach DVFA/SG, FB 2001, S. 304.
Ebenroth/Boujong/Joost (Hrsg.), Handelsgesetzbuch, Bd. 1, München 2001.
Eberhartinger/Engelsing, Zur steuerrechtlichen Behandlung von Aktienoptionen bei den optionsberechtigten Führungskräften, WPg 2001, S. 99.
Eckert, Grundsatzurteil des Bundesfinanzhofs beantwortet nicht Frage nach Behandlung frei und begrenzt handelbarer Arbeitnehmer-Optionen, Handelsblatt vom 12.9.2001, S. R1.

Eckert, Besteuerung von Stock Options, DB 1999, S. 2490.
Egner/Wildner, Besteuerung von Stock Options – Überbesteuerung oder Besteuerungslücke?, FR 2001, S. 62.
Einem, von/Pajunk, Zivil- und gesellschaftsrechtliche Anforderungen an die Ausgestaltung von Stock Options nach deutschem Recht und deren Ausstrahlungswirkung auf die steuerliche und bilanzielle Behandlung, in: Achleitner/Wollmert (Hrsg.), Stock Options. Finanzwirtschaft, Gesellschaftsrecht, Bilanzierung, Steuerrecht, Unternehmensbewertung, Stuttgart 2000, S. 85.
Einem, von, Stock Options und ähnliche Mitarbeiterbeteiligungsstrukturen im deutschen Steuer-, Bilanz- und Arbeitsrecht, VIII. Pflichten nach dem Wertpapierhandelsgesetz in Zusammenhang mit Stock-Options, JbFSt 1998/1999, S. 640.
Eisolt, Bilanzierung von Stock Options nach US-GAAP und IAS, IStR 1999, S. 759.
Eisolt/Wickinger, Mitarbeiterbeteiligungen: Endbesteuerung auch im Fall von Wandelschuldverschreibungen?, BB 2001, S. 122.
Emmerich/Habersack, Aktien- und GmbH-Konzernrecht, 2. Aufl., München 2001.
Engelsing, Anmerkungen zu BFH, Beschluss vom 23.7.1999, VI B 116/99, StuB 1999, S. 1054–1055.
Erman, Bürgerliches Gesetzbuch, Handkommentar mit AGBG, EGBGB, ErbbauVO, HausratsVO, HausTWG, ProdHaftG, SachenRBergG, SchuldRAnpG, VerbrKrG, Westermann (Hrsg.), Band 1: §§ 1–853, HausTWG, ProduktHaftG, SchuldRAnpG, VerbrkrG, Band 2: §§ 854–2385, AGBG, EGBGB, ErbbauVO, HausratsVO, SachenRBerG, Münster/Köln, 10. Aufl., 2000.
Ernst/Seibert/Stuckert, KonTraG, KapAEG, StückAG, EuroEG – Textausgabe mit Begründungen der Regierungsentwürfe, Stellungnahmen des Bundesrates mit Gegenäußerungen der Bundesregierung, Berichten des Rechtsausschusses des Deutschen Bundestages, Düsseldorf 1998.
Eschbach, Anmerkungen zum DRSC-Positionspapier „Bilanzierung von Aktienoptionsplänen und ähnlichen Entlohnungsformen", DB 2001, S. 1373.
Esterer/Härteis, Die Bilanzierung von Stock Options in der Handels- und Steuerbilanz, DB 1999, S. 2073.
Ettinger, Stock Options: Gesellschaftsrechtliche Rahmenbedingungen und einkommensteuerliche Behandlung von Aktienoptionen als Vergütungsbestandteil, Band 10 der „Steuerfragen der Wirtschaft", Köln 1999 (zugl. Diss. Augsburg 1999).
Evers, Stand und Entwicklung variabler Vergütungssysteme für Führungskräfte in Deutschland, in: von Eckardstein (Hrsg.), Handbuch Variable Vergütung für Führungskräfte, München 2001, S. 27.
Fabricius, et al., Betriebsverfassungsgesetz, Gemeinschaftskommentar, 7. Aufl., Neuwied 2002.
Fama/French, The Cross-Section of Expected Stock Returns, The Journal of Finance 1992, S. 427.
Fasold, Steuerfreiheit von Gewinnen aus Ankaufs- und Vorvertragsrechten (Replik auf den Diskussionsbeitrag von Achim Voss), DB 1964, S. 277.
Feddersen, Aktienoptionsprogramme für Führungskräfte aus kapitalmarktrechtlicher und steuerlicher Sicht, ZHR 161 (1997), S. 269–299.
Feddersen/Pohl, Die Praxis der Mitarbeiterbeteiligung seit Einführung des KonTraG, AG 2001, S. 26.
Fischer, Zulässigkeit und Grenzen des Betriebsausgabenabzugs der inländischen Tochtergesellschaften bei der Umsetzung internationaler Stock Option-Pläne in Deutschland, DB 2001, S. 1003.
Fischer, Wettbewerbsverbot im internationalen Konzern bei Ausübung von Aktienoptionen durch Arbeitnehmer, DB 1999, S. 1702.
Fitting/Kaiser/Heither/Engels, Betriebsverfassungsgesetz mit Wahlordnung. Handkommentar, 21. Aufl., München 2002.
Flick, Gestaltung von Wandelanleihen für US-Angestellte: US-Steuerliche Behandlung entspricht der von Stock Options, IStR 1997, S. 525.
Fohrmann, Der Arbeitnehmer als Gesellschafter, Köln 1982.
Fox/Hüttche/Lechner, Mitarbeiterbeteiligung an der GmbH – Aktuelle Entwicklung, steuerliche Aspekte, Gestaltungsmöglichkeiten, GmbHR 2000, S. 521.
Friedrichsen, Aktienoptionsprogramme für Führungskräfte. Gesellschaftsrecht – Kapitalmarkt-

Literaturverzeichnis

recht – Steuerrecht – Bilanzrecht, Band 120 der „Abhandlungen zum deutschen und europäischen Handels- und Wirtschaftsrecht", Hueck, Lutter, Zöllner (Hrsg.), Köln, et al. 2000 (zugl. Diss. Hamburg 1999).

Fröhlich/Hanke, Zur Berücksichtigung des impliziten Verwässerungseffekts bei der Bewertung virtueller Optionsprogramme, WPg 2000, S. 647.

Frystatzki, Die Besteuerung von Aktienoptionen als Arbeitslohn – Geklärte Fragen und verbleibende Gestaltungsmöglichkeiten, EStB 2001, S. 396.

Fuchs, Betriebliche Sozialleistungen beim Betriebsübergang, Köln 2000.

Fuest/Huber, Zur steuerlichen Behandlung von Mitarbeiter-Aktienoptionen, Wirtschaftsdienst 2001, S. 155.

Fürhoff, Insiderrechtliche Behandlung von Aktienoptionsprogrammen und Management Buy-Outs, AG 1998, S. 83.

G4+1-Group, Accounting for share-based payment, IASC (Hrsg.), London 2000.

Gahleitner/Moritz, The Tax Treatment of Stock Options in Austria, International Bureau of Fiscal Documentation Bulletin 2001, S. 147.

Gail, Bilanzpolitik nicht börsennotierter Kapitalgesellschaften bei zunehmender Trennung von Handels- und Steuerbilanz, in: Hommelhoff/Zätzsch/Erle (Hrsg.), Festschrift für Welf Müller, München 2001, S. 575.

Geib/Wiedmann, Zur Abzinsung von Rückstellungen in der Handels- und Steuerbilanz, WPg 1994, S. 369.

Gelhausen/Hönsch, Bilanzierung aktienkursabhängiger Entlohnungsformen, WPg 2001, S. 69.

Geßler/Hefermehl/Eckardt/Kropff, Aktiengesetz, Band II, §§ 76–147, München 1973, 1974; Band IV, §§ 179–191, München 1989, §§ 192–206, München 1993, §§ 221–240, München 1994.

Göttsche, Wohnsitzverlagerung natürlicher Personen ins Ausland, Neuwied, et. al. 1997.

Großkommentar zum Aktiengesetz, Hopt/Wiedemann (Hrsg.), 4. Aufl., 18. Lieferung: §§ 192–206, Berlin, et al. 2001.

Großkommentar zum Aktiengesetz, Barz, et al. (Hrsg.), III. Band, Lieferung 1 (§§ 179–240), 1971, Berlin, et al. 1973.

Grune, Stock Options – Besteuerung von Aktienoptionen als Arbeitslohn, AktStR 2001, S. 403.

Günther, Unternehmenswertorientiertes Controlling, München 1997.

Günther/Muche/White, Bilanzielle und steuerrechtliche Behandlung des Rückkaufs eigener Anteile in den U.S.A. und in Deutschland, WPg 1998, S. 574.

Haarmann, Bilanzierungsfragen bei der Vergütung durch Stock Options in Deutschland, in: Achleitner/Wollmert (Hrsg.), Stock Options. Finanzwirtschaft, Gesellschaftsrecht, Bilanzierung, Steuerrecht, Unternehmensbewertung, Stuttgart 2000, S. 113.

Haarmann, Steuer- und Bilanzierungsfragen bei der Vergütung durch Stock Options in Deutschland, in: Breuninger/W. Müller/Strobl-Haarmann (Hrsg.), Steuerrecht und europäische Integration, Festschrift für Albert Rädler, München 1999, S. 229.

Haas/Pötschan, Ausgabe von Aktienoptionen an Arbeitnehmer und deren lohnsteuerliche Behandlung, DB 1998, S. 2138.

Haas/Pötschan, Lohnsteuerliche Behandlung verschiedener Formen der Mitarbeiterbeteiligung, DStR 2000, S. 2018.

Hachenburg, Gesellschaften mit beschränkter Haftung (GmbHG), 8. Aufl., Erster Band, §§ 29–32 (6. Lieferung) 1992, Berlin, et al. 1992.

Hachmeister, Die Abbildung der Finanzierung im Rahmen verschiedener Discounted Cash Flow-Verfahren, ZfbF 1996, S. 251.

Hachmeister, Möglichkeiten und Grenzen wertorientierter Steuerungskennzahlen als Bemessungsgrundlage der Entlohnung für Führungskräfte, in: von Eckardstein (Hrsg.), Handbuch Variable Vergütung für Führungskräfte, München 2001, S. 47.

Hagen, Besteuerung von Aktienoptionen als Arbeitslohn bei einem unbeschränkt Steuerpflichtigen, FR 2001, S. 726.

Hamacher, Reverse Convertible Bonds, Umtauschanleihen und Partizipationsscheine, DB 2000, S. 2396.

Hamacher/Balmes, Allerlei Eigenaufwand, unechter und echter Drittaufwand – Folgerungen für die Steuer-Praxis, FR 2000, S. 600.

Hanau, Arbeitsrechtliche Probleme der Vermögensbeteiligung der Arbeitnehmer, ZGR 1985, 5. Sonderheft, S. 111.

Harrer, Börsen- und kapitalmarktrechtliche Aspekte, in: Harrer (Hrsg.), Mitarbeiterbeteiligungen und Stock-Option-Pläne, München 2000, S. 120.
Hartmann, Unentgeltliche Zuwendungen an Arbeitnehmer unterliegen der Schenkungsteuer – zugleich ein Beitrag zur Besteuerung von Aktienoptionen an leitende Mitarbeiter, FR 2000, S. 1014.
Hartz/Meeßen/Wolf (Hrsg.), ABC-Führer Lohnsteuer, Loseblatt, Stuttgart.
Häuselmann, Wandelanleihen in der Handels- und Steuerbilanz des Emittenten, BB 2000, S. 139.
Häuser, Außerbörsliche Optionsgeschäfte (OTC-Optionen) aus der Sicht des novellierten Börsengesetzes, ZBB 1992, S. 249.
Hein, Die Besteuerung des Aufgeldes bei Optionsanleihen beim Emittenten, FR 1986, S. 421.
Heitzer/Dutschmann, Unternehmensbewertung bei autonomer Finanzierungspolitik, ZfB 1999, S. 1463.
Heizmann/Schroeder, Bedeutung und steuerliche Behandlung sog. Stock Options, Steuer-Stud 2001, S. 175.
Hellner/Steuer, Bankrecht und Bankpraxis, Loseblattsammlung, Köln.
Henssler, Der Arbeitsvertrag im Konzern, Berlin 1983.
Herdt, Im Mittelpunkt der Aktionär, WM 1998, S. 648.
Herrmann/Heuer/Raupach, Einkommensteuer- und Körperschaftsteuergesetz, Kommentar, Loseblatt, 21. Aufl., Köln.
Herzig, Arbeitsunterlagen zum Vortrag „Moderne Vergütungssysteme", Münchner Steuerfachtagung 2001.
Herzig, Steuerliche und bilanzielle Probleme bei Stock Options, in: Bühler/Siegert (Hrsg.), Unternehmenssteuerung und Anreizsysteme, Stuttgart 1999, S. 279.
Herzig, Steuerliche und bilanzielle Probleme bei Stock Options und Stock Appreciation Rights, DB 1999, S. 1.
Herzig, Steuerliche Konsequenzen von Aktienoptionsplänen (Stock Options), in: Pellens (Hrsg.), Unternehmenswertorientierte Entlohnungssysteme, Stuttgart 1998, S. 161.
Herzig/Lochmann, Der Besteuerungszeitpunkt von Stock Options – Zugleich Anmerkung zu den BFH-Urteilen vom 24.1. 2001 I R 100/98 und I R 119/98 –, DB 2001, S. 1436.
Herzig/Lochmann, Bilanzierung von Aktienoptionsplänen und ähnlichen Entlohnungsformen. Stellungnahme zum Positionspapier des DRSC, WPg 2001, S. 82.
Hess/Lüders, Mitarbeiteroptionen steigern den ausgewiesenen Gewinn: Eine Studie des NASDAQ 100, KoR 2001, S. 12.
Heuermann/Wagner (Hrsg.), Lohnsteuer, Loseblatt, München.
Heurung, Zur Unternehmensbewertung bei Spaltungsprozessen mit Kapitalstrukturproblemen, WPg 1998, S. 201.
Heymann, B 231: Eigenkapital, in: Beck'sches Handbuch der Rechnungslegung, München 1996.
HFA, Berichterstattung über die 176. Sitzung, FN 2001, S. 191.
HFA, Stellungnahme 1/1994: Zur Behandlung von Genussrechten im Jahresabschluss von Kapitalgesellschaften, WPg 1994, S. 419.
Hoffmann, Zur Lohnbesteuerung von Stock Options in der Baisse, DStR 2001, S. 1789.
Hoffmann, Die Unmaßgeblichkeit der GoB für die Steuerbilanz, StuB 2000, S. 1039.
Hoffmann-Becking (Hrsg.), Münchner Handbuch des Gesellschaftsrechts, Band 4, Aktiengesellschaft, 2. Aufl., München 1999.
Hoffmann-Becking, Gestaltungsmöglichkeiten bei Anreizsystemen, NZG 1999, S. 797.
Holland, Aktienoptionspläne. Eine finanzwirtschaftliche Analyse der Auswirkungen auf Manager und Kapitalgeber, Frankfurt am Main 2000.
Hopf/Moritz, Die bilanzielle und steuerliche Behandlung von Stock Options aus der Sicht des Arbeitgebers, ÖStZ 2000, S. 169.
Hopt, Grundsatz- und Praxisprobleme nach dem Wertpapierhandelsgesetz – insbesondere Insidergeschäfte und Ad-hoc-Publizität, ZHR 159 (1995), S. 135.
Hoyningen-Huene, von, Vergütungsregelungen und Mitbestimmung des Betriebsrats (§ 87 Nr. 10 BetrVG), NZA 1998, S. 1081.
Hoyningen-Huene, von, Kurzkommentar zu BAG Urteil v. 23.9.1992 – 5 AZR 569/91, ZIP 1993, 528 LAG München, EWiR 1993, S. 379.
Hromadka, Sprecherausschussgesetz, Neuwied 1991.
Huber, Rückkauf eigener Aktien, in: Forster, et al. (Hrsg.), Aktien- und Bilanzrecht, Festschrift für Bruno Kropff, Düsseldorf 1997, S. 116.

Hüffer, Aktiengesetz, Kommentar, 4. Aufl., München 1999.
Hüffer, Aktienbezugsrechte als Bestandteil der Vergütung von Vorstandsmitgliedern und Mitarbeitern – gesellschaftsrechtliche Analyse, ZHR 161 (1997), S. 214.
Immenga, Vertragliche Vinkulierung von Aktien?, AG 1992, S. 79.
Institut der Wirtschaftsprüfer in Deutschland e.V. Stellungnahme zum RefE TransPuG, WPg 2002, S. 146.
Institut der Wirtschaftsprüfer in Deutschland e.V., Rechnungslegungshinweis: Zur Bilanzierung strukturierter Produkte, WPg 2001, S. 916.
Institut der Wirtschaftsprüfer in Deutschland e.V., Bilanzierung von Aktienoptionsplänen und ähnlichen Entlohnungsformen, WPg 2000, S. 1079.
Institut der Wirtschaftsprüfer in Deutschland e.V., IDW Standard: Grundsätze zur Durchführung von Unternehmensbewertungen (IDW S1), WPg 2000, S. 825.
Institut der Wirtschaftsprüfer in Deutschland e.V. (Hrsg.), WP-Handbuch, Band I, 12. Aufl., Düsseldorf 2000.
Institut der Wirtschaftsprüfer in Deutschland e.V. (Hrsg.), WP-Handbuch, Band II, Düsseldorf 1998.
Jacobs, Das KonTraG und die steuerliche Behandlung von Stock Options Plans in Deutschland, in: Dörner/Menold/Pfitzer (Hrsg.), Reform des Aktienrechts, der Rechnungslegung und Prüfung, Stuttgart 1999, S. 101.
Jacobs/Portner, Die steuerliche Behandlung von Stock Option-Plans in Deutschland, in: Achleitner/Wollmert (Hrsg.), Stock Options. Finanzwirtschaft, Gesellschaftsrecht, Bilanzierung, Steuerrecht, Unternehmensbewertung, Stuttgart 2000, S. 173.
Jensen/Meckling, Theory of the Firm. Managerial Behavior, Agency Costs and Ownership Structure, Journal of Financial Economics 1976, S. 305.
Kallmeyer, Aktienoptionspläne für Führungskräfte im Konzern, AG 1999, S. 97.
Kallmeyer, in: GmbH-Handbuch – Band I, Centrale für GmbH Dr. Otto Schmidt (Hrsg.), 15. Aufl., Köln 1998.
Kallmeyer, Umwandlungsgesetz, 2. Aufl., Köln 2001.
Kania, Flexible Vergütungsgestaltung, DB 1998, S. 2418.
Kanzler, Kommentar zu BFH, Urteil vom 24. 1. 2001, I R 100/98, FR 2001, S. 741.
Kanzler, Kommentar zu BFH, Urteil vom 24. 1. 2001, I R 119/98, FR 2001, S. 747.
Kau/Kukat, Aktienoptionspläne und Mitbestimmung des Betriebsrats, BB 1999, S. 2505.
Kau/Leverenz, Mitarbeiterbeteiligung und leistungsgerechte Vergütung durch Aktien-Options-Pläne, BB 1998, S. 2269.
Kempen/Zachert, Tarifvertragsgesetz. Kommentar für die Praxis, begründet von Christian Hagemeier, 3. Aufl., Köln 1997.
Kengelbach, Unternehmensbewertung bei internationalen Transaktionen, München 2000.
Kerber, Dürfen vinkulierte Namensaktien zum Börsenhandel zugelassen werden? Ein Beitrag zum Spannungsverhältnis von Vinkulierung und Fungibilität, WM 1990, S. 789.
Kessler/Strnad, Kommentar zu BFH, Urteil vom 20. 6. 2001, VI R 105/99, FR 2001, S. 902.
Kessler/Strnad, BFH festigt Rechtsprechung zur Besteuerung von Stock Options – Anmerkung zu den BFH-Urteilen vom 24. 1. 2001 – I R 100/98, I R 119/98 , StuB 2001, S. 652.
Kessler/Strnad, Der Besteuerungszeitpunkt bei Stock Options nächste Runde, BB 2000, S. 641.
Kessler/Strnad, Lohnsteuerlicher Zufluss bei Wandelschuldverschreibungen – Anmerkungen zum Urteil des FG München vom 24. 6. 1999, 10 K 3851/94, INF 2000, S. 486.
Kessler/Strnad, Stock Options im Konzern als lohnsteuerlicher Drittlohn (§ 38 Abs. 1 Satz 2 EStG)?, StuB 2000, S. 883.
Kessler/Suchan, Erwerb eigener Aktien und dessen handelsbilanzielle Behandlung, BB 2000, S. 2529.
Kiem, Der Erwerb eigener Aktien bei der kleinen AG, ZIP 2000, S. 209.
Kiem/Kotthoff, Ad-hoc-Publizität bei mehrstufigen Entscheidungsprozessen, DB 1995, S. 1999.
Kieso/Weygandt/Warfield, Intermediate Accounting, 10th ed., 2001.
Kindl, Der Erwerb eigener Aktien nach dem KonTraG, DStR 1999, S. 1276.
Kirchhof/Söhn/Mellinghoff (Hrsg.), Einkommensteuergesetz, Kommentar, Loseblatt, Heidelberg.
Kirnberger, Gestaltungsmöglichkeiten mit Optionen – Ein- und Auswirkung auf die Spekulationsbesteuerung –, EStB 2000, S. 69.
Kittner/Zwanziger, et al., Arbeitsrecht – Handbuch für die Praxis, Frankfurt/Main 2001.
Klahold, Aktienoptionen als Vergütungselement, Frankfurt am Main, et al. 1999 (zugl. Diss. Münster 1998).

Klawitter/Waskönig, Besonderheiten des Einsatzes von Stock Options im Konzern und in international tätigen Unternehmen, in: Achleitner/Wollmert (Hrsg.), Stock Options. Finanzwirtschaft, Gesellschaftsrecht, Bilanzierung, Steuerrecht, Unternehmensbewertung, Stuttgart 2000, S. 69.

Klingberg, Der Aktienrückkauf nach dem KonTraG aus bilanzieller und steuerlicher Sicht, BB 1998, S. 1575.

Kluge, Das Internationale Steuerrecht, 4. Aufl., München 2000.

Kluge, Valuing the Potential Acquisition, in: *Bibler* (Hrsg.), The Arthur Young Management Guide to Mergers and Acquisitions, New York, et al. 1989, S.35.

Knobbe-Keuk, Bilanz- und Unternehmenssteuerrecht, 9. Aufl., Köln 1993.

Knobbe-Keuk, Steuerrechtliche Fragen der Optionsanleihen, ZGR 1987, S. 312.

Knoll, Stock Options: Beurteilung fiskalischer Effekte – Finanzwirtschaftliche versus „steuerlich-sachliche" Perspektive, FB 2000, S. 765.

Koch/Vogel, Zur handels- und steuerrechtlichen Behandlung von Optionsanleihen, BB 1986, Beilage 10.

Kohl/Schulte, Ertragswertverfahren und DCF-Verfahren – Ein Überblick vor dem Hintergrund der Anforderungen des IDW S1, WPg 2000, S. 1153.

Köhler, Mitarbeiterbeteiligung aus Sicht einer beratenden Bank, in: Harrer (Hrsg.), Mitarbeiterbeteiligungen und Stock-Option-Pläne, München 2000, S. 181.

Kohler, Stock Options für Führungskräfte aus der Sicht der Praxis, ZHR 161 (1997), S. 246.

Kölner Kommentar zum Aktiengesetz, Zöllner (Hrsg.), Band 1, 2. Aufl., §§ 1–22, Stand 1986, Köln, et al. 1988; Band 2, 2. Aufl., §§ 76–94, Stand 1988, Anh. § 94, §§ 95–117, Anh. § 117, Stand 1995, Köln, et al. 1996; Band 5/1, 2. Aufl., §§ 179–220, Stand 1989, Nachtrag § 186, Stand 1994, §§ 221–240, Stand 1993, Köln, et al. 1995.

König/Zeidler, Die Behandlung von Steuern bei der Unternehmensbewertung, DStR 1996, S. 1098.

Korn (Hrsg.), Einkommensteuergesetz, Kommentar, Loseblatt, Bonn/Berlin.

KPMG (Hrsg.), Rechnungslegung nach US-amerikanischen Grundsätzen. Grundlagen der US-GAAP und SEC-Vorschriften, 2. Aufl., Düsseldorf 1999.

KPMG (Hrsg.), Stock Options für Führungskräfte, 2000.

Kraft/Altvater, Die zivilrechtliche, bilanzielle und steuerliche Behandlung des Rückkaufs eigener Aktien, NZG 1998, S. 448.

Kramarsch, Bilanzierung von vergütungshalber gewährten Aktienoptionen, KoR 2001, S. 49.

Kramarsch, Aktienbasierte Managementvergütung, Stuttgart 2000.

Kruschwitz/Löffler, Sichere und unsichere Steuervorteile bei der Unternehmensbewertung I, Arbeitspapier, Berlin 1999, veröffentlicht unter: http://www.wiwiss.fu-berlin.de/w3/w3krusch/pub/.

Kühnberger/Keßler, Stock option incentives – betriebswirtschaftliche und rechtliche Probleme eines anreizkompatiblen Vergütungssystems, AG 1999, S. 453.

Kümpel, Bank- und Kapitalmarktrecht, 2. Aufl., Köln 2000.

Kümpel/Ott, Kapitalmarktrecht. Ergänzbares Rechtshandbuch für die Praxis, Berlin 1971.

Kunzi/Hasbargen/Kahre, Gestaltungsmöglichkeiten von Aktienoptionsprogrammen nach US-GAAP, DB 2000, S. 285.

Kürsten, Stock Options, Managerentscheidungen und (eigentliches) Aktionärsinteresse. Korrekturbedarfe einer fehlgeleiteten Diskussion um ‚anreizkompatible' Vergütungsdesigns, ZfB 2001, S. 249.

Kußmaul/Weißmann, Zur steuerrechtlichen Behandlung von Stock Options – Steuerrechtliche Behandlung beim Begünstigten (Teil I), StB 2001, S. 449.

Kußmaul/Weißmann, Zur steuerrechtlichen Behandlung von Stock Options – Steuerrechtliche Behandlung beim Begünstigten (Teil II), StB 2002, S. 14.

Kußmaul/Weißmann, Stock-Option-Plans und ihre gesellschaftsrechtlichen Voraussetzungen (Teil I), StB 2001, S. 300.

Kußmaul/Weißmann, Zur handelsrechtlichen Bilanzierung von Stock Options – Aktuelle Überlegungen (Teil I), StB 2001, S. 382.

Kusterer, Mitarbeiterbeteiligung bei Start-up Unternehmen. Was für eine erfolgreiche Ausgestaltung zu beachten ist, EStB 2001, S. 111.

Kusterer/Götz, Gestaltungsmöglichkeiten mit Call-/Put-Optionen. Wo liegen die Unterschiede im Hinblick auf § 17 EStG?, EStB 2000, S. 441.

Literaturverzeichnis

Küting, Möglichkeiten und Grenzen der Bilanzanalyse am Neuen Markt (Teil II), FB 2000, S. 674.
Küting/Weber (Hrsg.), Handbuch der Rechnungslegung. Kommentar zur Bilanzierung und Prüfung, Band I a , 4. Aufl., Stuttgart 1995.
Küttner, Personalbuch 2001. Arbeitsrecht, Lohnsteuerrecht, Sozialversicherungsrecht, 8. Aufl., München 2001.
Labude/Wienken, Die Bilanzierung von Derivaten und Sicherungsbeziehungen nach SFAS No. 133, WPg 2000, S. 11.
Lademann, Kommentar zum Einkommensteuergesetz, Loseblatt, Heidelberg/Stuttgart.
Lampe/Strnad, Stock Options: Besteuerung, Glattstellung und „gehedgter Arbeitslohn", DStR 2000, S. 1117.
Lange, Rückstellungen für Stock Options in Handels- und Steuerbilanz, StuW 2001, S. 137.
Laux, Unternehmensrechnung, Anreiz und Kontrolle. Die Messung, Zurechnung und Steuerung des Erfolges als Grundprobleme der Betriebswirtschaftslehre, 2. Aufl., Berlin, et al. 1999.
Leffson, Die Grundsätze ordnungsmäßiger Buchführung, 7. Aufl., Düsseldorf 1987.
Legerlotz/Laber, Arbeitsrechtliche Grundlagen bei betrieblichen Arbeitnehmerbeteiligungen durch Aktienoptionen und Belegschaftsaktien, DStR 1999, S. 1658.
Lembke, Die Ausgestaltung von Aktienoptionsplänen in arbeitsrechtlicher Hinsicht, BB 2001, S. 1469.
Leopold, Wandelungsgewinne als Einkünfte aus Nichtselbständiger Arbeit bei Wandelschuldverschreibungen an Arbeitnehmer, FR 2000, S. 1332.
Leuchten, Widerrufsvorbehalt und Befristung von Arbeitsvertragsbedingungen, insbesondere Provisionsordnungen, NZA 1994, S. 721.
Leuner/Radschinsky, Duale Stock Option-Modelle als effektiver Weg zur Bindung und Motivation von Mitarbeitern in Deutschland und in USA, FB 2001, S. 362.
Lingemann/Diller/Mengel, Aktienoptionen im internationalen Konzern – ein arbeitsrechtfreier Raum?, NZA 2000, S. 1191.
Linscheidt, Die steuerliche Behandlung des Genußrechtskapitals der Kapitalgesellschaft, DB 1992, S. 1852.
Littmann/Bitz/Pust (Hrsg.), Das Einkommensteuerrecht, Kommentar, Loseblatt, Stuttgart.
Loesche, Die Erheblichkeit der Kursbeeinflussung in den Insiderhandelsverboten des Wertpapierhandelsgesetzes, WM 1998, S. 1849.
Loff, Mitarbeiterbeteiligungssysteme bei börsennotierten Unternehmen, Mitarbeiterbeteiligungssysteme bei börsennotierten Unternehmen II, http://www.jura.uni-marburg.de/sonstiges/studpub.html, Stand 17. 2. 2001.
Lorenz, Rückstellungsbildung bei Stock Options, DStR 2000, S. 1579.
Loritz, Betriebliche Arbeitnehmerbeteiligungen in Tarifverträgen und Betriebsvereinbarungen, DB 1985, S. 531.
Lotze, Die insiderrechtliche Beurteilung von Aktienoptionsplänen, München 2000 (zugl. Diss. Dresden 2000).
Löwisch, Die Änderung von Arbeitsbedingungen auf individualrechtlichem Wege, insbesondere durch Änderungskündigung, NZA 1088, S. 633.
Löwisch, Kommentar zum Sprecherausschussgesetz, 2. Aufl., Heidelberg 1994.
Löwisch/Rieble, Tarifvertragsgesetz. Kommentar, München 1992.
Luehrmann, Using APV. A Better Tool for Valuing Operations, Harvard Business Review 1997, Vol. 75, S.145.
Lutter, Aktienoptionen für Führungskräfte – de lege lata und de lege ferenda, ZIP 1997, S. 1.
Lutter, Stellungnahme zur Aktienrechtsreform 1997 von Prof. Dr. Dr. h.c. Marcus Lutter, AG 1997, Sonderheft August 1997: Die Aktienrechtsreform 1997, S. 52.
Lutter, Umwandlungsgesetz, Band 1, §§ 1-151, 2. Aufl., Köln 2000.
Lutter/Hommelhoff, GmbH-Gesetz, Kommentar, 15. Aufl., Köln 2000.
Mandl/Rabel, Unternehmensbewertung, Wien/Frankfurt 1997.
Markowitz, Portfolio-Selection, Journal of Finance 1952, S. 77.
Martens, Erwerb und Veräußerung eigener Aktien im Börsenhandel, AG 1996, S. 337.
Maunz/Dürig, Grundgesetz, Kommentar, 39. Aufl., München 2001.
Mechlem/Melms, Verfall- und Rückzahlungsklauseln bei Aktienoptionsplänen, DB 2000, S. 1614.
Mengele, Shareholder-Return und Shareholder-Risk als unternehmensinterne Steuerungsgrößen. Wertsteigerungs- und risikoorientierte Unternehmensführung auf Basis des Shareholder-Value-Konzepts, Stuttgart 1999.

Literaturverzeichnis

Menichetti, Aktien-Optionsprogramme für das Top-Management, DB 1996, S. 1688.
Meyers, Interactions of Corporate Finance and Investment Decisions – Implications for Capital Budgeting, Journal of Finance 1974, S. 5.
Michalski, Funktion, Arten und Rechtswirkungen von Ersetzungsklauseln, NZG 1998, S. 7.
Michalski/Römermann, Die Wirksamkeit der salvatorischen Klausel, NJW 1994, S. 886.
Mick, Aktien- und bilanzsteuerrechtliche Implikationen beim Einsatz von Eigenkapitalderivaten beim Aktienrückkauf, DB 1999, S. 1201.
MIT, Anmerkung zu BFH, Beschluß vom 23. 7. 1999, VI B 116/99, DStR 1999, S. 1526.
MIT, Anmerkung zu BFH, Urteil vom 20. 6. 2001, VI R 105/99, DStR 2001, S. 1342.
Mohr, Gestaltungsfragen der Mitarbeiterbeteiligung bei der GmbH, GmbH-StB 2000, S. 216.
Mössner, Generalbericht (deutsche Fassung), in: IFA (Hrsg.), Cahiers de Droit Fiscal International, Band 85b (2000), Den Haag 2000, S. 21.
Moxter, Missverständnisse um das Maßgeblichkeitsprinzip, DStZ 2000, S. 49.
Moxter, Zur Abgrenzung von Verbindlichkeitsrückstellungen und (künftig grundsätzlich unzulässigen) Verlustrückstellungen, DB 1997, S. 1477.
Moxter, Bilanzrechtsprechung, 5. Aufl., Tübingen 1999.
Moxter, Grundsätze ordnungsmäßiger Unternehmensbewertung, Wiesbaden 1983.
Moxter, Wirtschaftsprüfer und Unternehmensbewertung, in: *Seicht* (Hrsg.), Management und Kontrolle, Festschrift für Erich Loitlsberger zum 60. Geburtstag, Berlin 1991, S. 409.
Münchener Handbuch zum Arbeitsrecht, Richardi/Wlotzke (Hrsg.), Bd. 1: Individualarbeitsrecht I (§§ 1–113), Bd. 2: Individualarbeitsrecht II (§§ 114–239), Bd. 3: Kollektives Arbeitsrecht (§§ 240–394), 2. Aufl., München 2001.
Münchener Handbuch des Gesellschaftsrechts, Hoffmann-Becking (Hrsg.), Bd. 4: Aktiengesellschaft, 2. Aufl., München 1999.
Münchener Kommentar zum Aktiengesetz, Kropff/Semler (Hrsg.), Bd. 1, §§ 1–53, 2. Aufl. 2000; Bd. 7, §§ 222–277, München 2001.
Münchener Kommentar zum Bürgerlichen Gesetzbuch, Rebmann/Säcker (Hrsg.), Bd. 1, Allgemeiner Teil §§ 1–240, AGB-Gesetz, 4. Aufl., München 2001; Bd. 2, Schuldrecht, Allgemeiner Teil §§ 241–432, FernAbsG, 4. Aufl., München 2001; Bd. 4 Schuldrecht, Besonderer Teil II, §§ 607–704, 3. Aufl., München 1997.
Mutter/Mikus, Das „Stuttgarter Modell": Steueroptimierte Stock Option-Programme ohne Beschluss der Hauptversammlung, ZIP 2001, S. 1949.
Naumann, Zur Bilanzierung von Stock Options. Erwiderung und Replik zu dem Beitrag von Pellens/Crasselt, DB 1998, S. 1428.
Neyer, Arbeitnehmer-Aktienoptionen bei grenzüberschreitender Tätigkeit, BB 1999, S. 503.
Neyer, Arbeitnehmer-Aktienoptionen: Betriebsausgabenabzug beim Arbeitgeber, BB 1999, S. 1142
Niehus/Thyll, Konzernabschluß nach US-GAAP: Grundlagen und Gegenüberstellung mit den deutschen Vorschriften, 2. Aufl., Stuttgart 2000.
Oltmanns, Stock Options für Aufsichtsräte?, in: Achleitner/Wollmert (Hrsg.), Stock Options. Finanzwirtschaft, Gesellschaftsrecht, Bilanzierung, Steuerrecht, Unternehmensbewertung, Stuttgart 2000, S. 213.
Oser/Vater, Bilanzierung von Stock Options nach US-GAAP und IAS, DB 2001, S. 1261.
Otto, Gebundene Aktien: Vertragliche Beschränkungen der Ausübung und Übertragbarkeit vom Mitgliedschaftsrechten zugunsten der Aktiengesellschaft, AG 1991, S. 369.
o.V., Anmerkung zu BFH, Beschluss vom 23. 7. 1999 VI B 116/99, INF 1999, S. 669.
Palandt, Bürgerliches Gesetzbuch, 61. Aufl., München 2002.
Pauly, Analoge Anwendung des AGB-Gesetzes auf Formulararbeitsverträge?, NZA 1997, S. 1030.
Pellens/Crasselt, Aktienkursorientierte Entlohnungsinstrumente im Jahresabschluß, in: Pellens (Hrsg.), Unternehmenswertorientierte Entlohnungssysteme, Stuttgart 1998, S. 125.
Pellens/Crasselt/Rockholtz, Wertorientierte Entlohnungssysteme für Führungskräfte Anforderungen und empirische Evidenz , in: Pellens (Hrsg.), Unternehmenswertorientierte Entlohnungssysteme, Stuttgart 1998, S. 1.
Pellens/Crasselt, Bilanzierung von Stock Options, DB 1998, S. 217.
Pellens/Crasselt, Replik, DB 1998, S. 1431.
Pellens/Schremper, Theorie und Praxis des Aktienrückkaufs in den USA und in Deutschland, BFuP 2000, S. 132.

Pellens/Tomaszewski/Weber, Wertorientierte Unternehmensführung in Deutschland – Eine empirische Untersuchung der DAX 100-Unternehmen, DB 2000, S. 1825.

Perridon/Steiner, Finanzwirtschaft der Unternehmung, 10. Aufl., München 1999.

Pertl/Koch/Santorum, Aktienoptionspläne und EVA®, in: Achleitner/Wollmert (Hrsg.), Stock Options. Finanzwirtschaft, Gesellschaftsrecht, Bilanzierung, Steuerrecht, Unternehmensbewertung, Stuttgart 2000, S. 259.

Petersen, Aktienoptionsprogramme zur Mitarbeiterbeteiligung. Eine Analyse aus Sicht der Aktiengesellschaft und deren Anteilseigner, Band 2755 Europäische Hochschulschriften Reihe V Volks- und Betriebswirtschaft, Frankfurt a. M., et al. 2001 (zugl. Diss. Saarbrücken 2000).

Portner, Neueste Rechtsprechung des BFH zur Besteuerung von Arbeitnehmer-Aktienoptionen – sind damit die steuerlichen Fragen beantwortet? Ein Kommentar zu den Urteilen des BFH vom 24. 1. 2001 und vom 20. 6. 2001, DStR 2001, S. 1331.

Portner, Besteuerung des Arbeitnehmers als Optionsinhaber bei grenzüberschreitenden Sachverhalten, FB 2001, S. 289.

Portner, Steuerrechtliche und bilanzielle Aspekte, in: Harrer (Hrsg.), Arbeitnehmerbeteiligungen und Stock-Option-Pläne, München 2000, S. 64.

Portner, Stock Options – (Weitere) lohnsteuerliche Fragen, insbesondere bei Expatriates, DStR 1998, S. 1535.

Portner, Lohnsteuerliche Behandlung der Gewährung von Stock Options durch die ausländische Muttergesellschaft, DStR 1997, S. 1876.

Portner, Mitarbeiter-Optionen (Stock Options): Gesellschaftsrechtliche Grundlagen und Besteuerung, DStR 1997, S. 786.

Portner/Bödefeld, Besteuerung von Arbeitnehmer-Aktien-Optionen, DStR 1995, S. 629.

Prahl/Naumann, Financial Instruments, in: von Wysocki/Schulze-Osterloh (Hrsg.), Handbuch des Jahresabschlusses in Einzeldarstellungen, Abt. II/10, Köln 2000.

Pratt, Valuing a Business. The Analysis and Appraisal of Closely Held Companies, 2. Aufl., Homewood (Illinois), et al. 1989.

Preis, Grundfragen der Vertragsgestaltung im Arbeitsrecht, Neuwied 1993.

Prinz, Steuerbegünstigte Abfindungen – aktuelle Rechts- und Gestaltungsfragen, DStR 1998, S. 1585.

PwC Deutsche Revision (Hrsg.), IAS für Banken, Frankfurt am Main 1999.

Rabenhorst, DTB-gehandelte Optionen und Futures im Jahresabschluß, Frankfurt am Main 1999.

Rammert, Die Bilanzierung von Aktienoptionen für Manager. Überlegungen zur Anwendung von US-GAAP im handelsrechtlichen Jahresabschluß, WPg 1998, S. 766.

Rappaport, Shareholder Value. Ein Handbuch für Manager und Investoren, 2. Aufl., Stuttgart 1999.

Rappaport, Shareholder Value. Wertsteigerung als Maßstab für die Unternehmensführung, Übersetzung von Wolfgang Klien, Stuttgart 1994.

Rappaport, Creating Shareholder Value: The New Standard for Business Performance, New York/London 1986.

Reiserer, Ausschluss- und Rückzahlungsklauseln bei Gratifikationen bei betriebsbedingter Kündigung, NZA 1992, S. 436.

Reiß, Vorsteuerabzug aus Emissionsaufwendungen beim Börsengang, UR 2000, S. 41.

Richardi, Betriebsverfassungsgesetz mit Wahlordnung, Kommentar, 8. Aufl., München 2002.

Richter, Konzeption eines marktwertorientierten Steuerungs- und Monitoringsystems, 2. Aufl., Frankfurt am Main 1999.

Richter, Die Finanzierungsprämissen des Entity-Ansatzes vor dem Hintergrund des APV-Ansatzes zur Bestimmung von Unternehmenswerten, ZfbF 1996, S. 1076.

Ricken, Gewinnbeteiligung im Arbeitsverhältnis, NZA 1999, S. 236.

Rid-Niebler, Genussrechte als Instrument zur Eigenkapitalbeschaffung über den organisierten Kapitalmarkt für die GmbH, Köln 1989.

Röder, Die Beteiligung von Arbeitnehmern am Unternehmen, NZA 1987, S. 799.

Röder/Göpfert, Aktien statt Gehalt. Aktienoptionszusagen und Festgehalt nach dem Kurseinbruch am Neuen Markt, BB 2001, S. 2002.

Rohler, Besteuerung von Aktienoptionen bei teilweiser Auslandstätigkeit – BFH-Urt. v. 24. 1. 2001 – I R 100/98 und I R 119/98, NWB Fach 6, S. 4235.

Roschmann/Erwe, Gesellschaftsrechtliche Aspekte, in: Harrer (Hrsg.), Mitarbeiterbeteiligungen und Stock-Option-Pläne, München 2000, S. 43.

Rosen, von, Aktienoptionen für Führungskräfte und Insiderrecht, WM 1998, S. 1810.

Roß/Pommerening, Bilanzierung von Mitarbeiterbeteiligungsprogrammen auf Basis von Wandelanleihen, WPg 2001, S. 644.

Runge, Internationaler Arbeitnehmerverleih und Personalentsendung: Der Arbeitgeberbegriff in Art. 15 OECD-Musterabkommen, IStR 2002, S. 37.

Sarrazin, Genußscheine und Gesellschafterdarlehen – steuerlich günstige Finanzierungen?, StbJb 1985/1986, S. 135.

Sauter/Heurung, Errichtung steuerlicher Organschaften aufgrund Unternehmenssteuerreform, GmbHR 2001, S. 165.

sch, Anmerkung zu: BFH, U. v. 24.1.2001 – I R 100/98 – (Besteuerung von Aktienoptionen bei unbeschränkt Steuerpflichtigem mit teilweise steuerfreier Auslandstätigkeit), und BFH, U. v. 24.1.2001 – I R 119/98 – (Besteuerung von Aktienoptionen bei beschränkt Steuerpflichtigem), DStR 2001, S. 939.

Schaefer, Aktuelle Probleme der Mitarbeiterbeteiligung nach Inkrafttreten des KonTraG, NZG 1999, S. 531.

Schäfer (Hrsg.), Wertpapierhandelsgesetz, Börsengesetz mit BörsZulV, Verkaufsprospektgesetz mit VerkProspV, Kommentar, Stuttgart/Berlin/Köln 1999.

Schander/Lucas, Die Ad-hoc-Publizität im Rahmen von Übernahmevorhaben, DB 1997, S. 2109.

Schanz, Börseneinführung. Recht und Praxis des Börsengangs, 2. Aufl., München 2002.

Schanz, Mitarbeiterbeteiligungsprogramme, NZA 2000, S. 626.

Scharpf/Luz, Risikomanagement, Bilanzierung und Aufsicht von Finanzderivaten, 2. Aufl., Stuttgart 2000.

Schätzle, Start-ups: Hohes Risiko. Worauf Manager bei der Gestaltung ihres Einkommens achten müssen, Managermagazin, Heft 9/2000, S. 246.

Schaub, Änderungskündigung und Kündigungsschutz bei Betriebsvereinbarungen, BB 1990, S. 289.

Schaub, Arbeitsrecht-Handbuch, 9. Aufl., München 2000.

Schaumburg, Internationales Steuerrecht, 2. Aufl., Köln 1998.

Scheffler, in: Lutter/Scheffler/Schneider (Hrsg.), Handbuch der Konzernfinanzierung, Köln 1998.

Schelle, Praxis des Außensteuerrechts, Stuttgart 1997.

Scherer, Aktienoptionen in Wachstumsunternehmen, in: Achleitner/Wollmert (Hrsg.), Stock Options. Finanzwirtschaft, Gesellschaftsrecht, Bilanzierung, Steuerrecht, Unternehmensbewertung, Stuttgart 2000, S. 61.

Schiffers, Die vGA im Halbeinkünfteverfahren. Beratungskonsequenzen aus den veränderten Steuerwirkungen, GmbH-StB 2000, S. 242.

Schild, Die Bilanzierung von Stock Options bei Zuteilung und Ausübung/Nichtausübung der Option, JbFSt 1998/99, S. 607.

Schildbach, US-GAAP. Amerikanische Rechnungslegung und ihre Grundlagen, München 2000.

Schildbach, Zur Behandlung von realen Stock Options nach den Vorstellungen der Arbeitsgruppe des Deutschen Standardisierungsrates, StuB 2000, S. 1033.

Schlüter, Der Anwendungsbereich des § 23 Abs. 1 Satz 1 Nr. 4 EStG bei der Besteuerung von Optionsgeschäften, DStR 2000, S. 226.

Schmid/Wiese, Bilanzielle und steuerliche Behandlung eigener Aktien, DStR 1998, S: 993.

Schmidbauer, Virtuelle Aktienoptionsprogramme im deutschen Handels- und Steuerrecht sowie nach US-GAAP und IAS, DStR 2000, S. 1487.

Schmidbauer, Vergleich der wertorientierten Steuerungskonzepte im Hinblick auf die Anwendbarkeit im Konzern-Controlling, FB 1999, S. 365.

Schmidt, L. (Hrsg.), Einkommensteuergesetz, Kommentar, 20. Aufl., München 2001.

Schmidt, K., Gesellschaftsrecht, 4. Aufl., Köln/Berlin/Bonn/München 2002.

Schmidt, K., Die Eigenkapitalausstattung der Unternehmen als rechtspolitisches Problem, JZ 1984, S. 771.

Schmidt, K., Konzernrechtliche Wirksamkeitsvoraussetzungen für typische stille Beteiligungen an Kapitalgesellschaften?, ZGR 1984, S. 295.

Schmitt/Hörtnagl/Stratz, Umwandlungsgesetz, Umwandlungssteuergesetz, 3. Aufl., München 2001.
Schmitz, Verdeckte Gewinnausschüttungen im Konzern und systemgerechte Besteuerung nach der Unternehmenssteuerreform?, DB 2001, S. 1166.
Schneider, Aktienoptionen als Bestandteil der Vergütung von Vorstandsmitgliedern, ZIP 1996, S. 1769.
Schneider/Zander, Erfolgs- und Kapitalbeteiligung, Stuttgart 2001.
Schockenhoff/Wagner, Ad-hoc-Publizität beim Aktienrückkauf, AG 1999, S. 548.
Scholz, Kommentar zum GmbH-Gesetz, Band I, §§ 1–44, Anh. Konzernrecht, 9. Aufl., Köln 2000; Band II, §§ 45–85, 8. Aufl., Köln 1995.
Scholz, Stock Options in Deutschland und den USA, Wiesbaden 2001 (zugleich Diss. Mannheim 2000).
Schruff, Zur Bilanzierung von Stock Options, in: Hommelhoff/Zätzsch/Erle (Hrsg.), Festschrift für Welf Müller, München 2001, S. 219.
Schruff/Hasenburg, Stock Option-Programme im handelsrechtlichen Jahresabschluß, BFuP 1999, S. 616.
Schubert, Die Überlassung von Stock Options ist bereits lohnsteuerpflichtig, FR 1999, S. 639.
Schumacher, Besteuerung von Umtauschanleihen und vergleichbaren Anlageformen – Anmerkungen zum BMF-Schreiben vom 24. 5. 2000 –, DStR 2000, S. 1218.
Schwark, Börsengesetz. Kommentar zum Börsengesetz und den börsenrechtlichen Nebenbestimmungen, 2. Aufl., München 1994.
Schwetzler, Gespaltene Besteuerung. Ausschüttungssperrvorschriften und bewertungsrelevante Überschüsse bei der Unternehmensbewertung, WPg 1998, S. 695.
Schwetzler/Darijtschuk, Unternehmensbewertung und Finanzierungspolitiken, ZfbF 2000, S. 117.
Schwitters/Bogajewskaja, Bilanzierung von derivativen Finanzinstrumenten, in: Beck'sches Handbuch der Rechnungslegung, EL 14, München 2000.
Seibert, Stock Options für Führungskräfte – zur Regelung im Kontrolle- und Transparenzgesetz (KonTraG), in: Pellens (Hrsg.), Unternehmenswertorientierte Entlohnungssysteme, Stuttgart 1998, S. 29.
Semler, Geschäfte einer Aktiengesellschaft mit Mitgliedern ihres Vorstands – Gedanken zu § 112 AktG –, in: Pfeiffer/Wiese/Zimmermann (Hrsg.), Festschrift für Heinz Rowedder zum 75. Geburtstag, München 1994, S. 441.
Semler/Volhard (Hrsg.), Arbeitshandbuch für die Hauptversammlung, München 1999.
Seppelfricke, Moderne Multiplikatorverfahren bei der Aktien- und Unternehmensbewertung, FB 1999, S. 300.
Sethe, Genussrechte: Rechtliche Rahmenbedingungen und Anlegerschutz (I), AG 1993, S. 293.
Sharpe, Capital Asset Prices: A Theory of Market Equilibrium Under Conditions of Risk; Journal of Finance 1964, S. 425.
Sharpe/Alexander/Bailey, Investments, 5. Aufl., New Jersey 1995.
Siddiqui, Erwiderung zu *Haas/Pötschan* (DB 1998, S. 2138), DB 1999, S. 823–824.
Sieben, Der Substanzwert der Unternehmung, Wiesbaden 1963.
Siegel, Bilanzierung von Optionen und der Charakter eigener Aktien, in: U. Wagner (Hrsg.), Zum Erkenntnisstand der Betriebswirtschaftslehre am Beginn des 21. Jahrhunderts, Festschrift für Erich Loitlsberger, Berlin 2001, S. 345.
Siepe, Die Berücksichtigung von Ertragssteuern bei der Unternehmensbewertung (Teil II), WPg 1997, S. 37.
Sigloch/Egner, Bilanzierung von Optionen und ähnlichen Entlohnungsformen. Stellungnahme zum Positionspapier der DSR-Arbeitsgruppe „Stock Options", BB 2000, S. 1878.
Simons, Erfolgsneutrale oder erfolgswirksame Buchung von Aktienoptionsprogrammen?, Eine gegenüberstellende Bewertung anhand eines Beispiels, WPg 2001, S. 90.
Sontheimer, Die steuerliche Behandlung von Genußrechten, BB 1984, Beilage 19, S. 1.
Speiger, Die Reduzierung von Gratifikationsleistungen durch betriebliche Übung, NZA 1998, S. 510.
Spenner, Aktienoptionen als Bestandteil der Vergütung von Vorstandsmitgliedern. Eine Analyse der rechtlichen Rahmenbedingungen für Aktienoptionsmodelle nach bisherigem Aktienrecht und nach dem KonTraG, Göttingen 1999 (zugl. Diss. Köln 1999).
Spierts, Besteuerung von Arbeitnehmer-Optionen in den Niederlanden, IStR 1999, S. 585.

Sprenger, Wirkungslos und teuer. Über Unsinn, der nicht dadurch sinnvoll wird, dass ihn jedermann im Munde führt, Wirtschaftswoche Nr. 11 vom 8. 3. 2001, S. 80.

Staudinger, Kommentar zum Bürgerlichen Gesetzbuch. Mit Einführungsgesetz und Nebengesetzen, §§ 134–163 (13. Bearbeitung), Berlin 1996; §§ 255–314 (Neubearbeitung), Berlin 2001; §§ 328–361b (Neubearbeitung), Berlin 2001; §§ 362–396 (Neubearbeitung), Berlin 2000; §§ 433–534. (13. Bearbeitung), Berlin 1995; §§ 620–630 (13. Bearbeitung), Berlin 1995; AGBG (13. Bearbeitung), Berlin 1998.

Stege/Weinspach, Betriebsverfassungsgesetz, 8. Aufl., Köln 1999.

Steiner/Bruns, Wertpapiermanagement, 5. Aufl., Stuttgart 1996.

Stevens/Lohuis, Länderbericht Niederlande, IStR 2000, Heft 13, S. 2.

Streck/Mack/Schwedhelm, Steuerrechtliche Probleme bei der Mitarbeiterbeteiligung, AG 2001, S. 260.

Strnad/Schneider, Österreich: Neues Steuer- und Gesellschaftsrecht zu Stock Options – Erste Übersicht , IStR 2001, S. 246.

Strnad/Suchan, Nochmals: Lohnsteuerliche Aspekte bei Aktienoptionen – Replik zu Thomas, DStZ 1999, S. 710 ff., DStZ 2000, S. 486.

Strunz, Die Besteuerung von Mitarbeiteraktien und -optionen in der Schweiz, RIW 1993, S. 399.

Sweeney, Stock Option Pitfalls and Strategies Du Jour, Journal of Accountancy 2001, S. 49.

Talos/Konezny, Steuer- und buchmäßige Behandlung von Stock Options, in: Institut Österreichischer Wirtschaftsprüfer (IWP) (Hrsg.), Wirtschaftsprüfer-Jahrbuch, Wien 2000, S. 285.

Technau, Rechtsfragen bei der Gestaltung von Übernahmeverträgen („Underwriting Agreements") im Zusammenhang mit Aktienemissionen, AG 1998, S. 445.

Thiede/Steinhauser, Vorsteuerabzug bei Gründung, Umstrukturierung und Börsengang, DB 2000, S. 1295.

Thiel, Bilanzielle und steuerrechtliche Behandlung eigener Aktien nach der Neuregelung des Aktienerwerbs durch das KonTraG, DB 1998, S. 1583.

Thomas, Arbeitslohn aus Arbeitnehmer-Aktienoptionen, KFR F: 6 EStG § 19, 2/01, S. 371.

Thomas, Lohnsteuerliche Aspekte bei Aktienoptionen, DStZ 1999, S. 710–714.

Thomas, Einige Anmerkungen zu § 19a EStG und zum BFH-Beschluß v. 8. 8. 1991, VI B 109/90, DStR 1991, S. 1405.

Tobin, Liquidity Preference as Behavior Towards Risk. Review of Economic Studies 1958, Vol. 25 No. 2, S. 65.

Ulmer, Das AGB-Gesetz: ein eigenständiges Kodifikationswerk, JZ 2001, S. 491.

Ulmer/Brandner/Hensen, AGB-Gesetz. Kommentar zum Gesetz zur Regelung des Rechts der Allgemeinen Geschäftsbedingungen, 9. Aufl., Köln 2001.

ur, Besprechung zu FG Köln, Urteil vom 9. 9. 1998, 11 K 5153/97, Beilage EFG 23/1998, S. 91–92.

Valentin, Anmerkung zu FG Düsseldorf, Beschluss vom 11. 4. 2001, 3 V 6028/00 A (L), EFG 2001, S. 969.

Vater, Das „Passauer Modell" zur bilanziellen Abbildung von Stock Options im handelsrechtlichen Jahresabschluß (I), BuW 2001, S. 441.

Vater, Stock Options im Lichte der Tarifvorschrift des § 34 EStG, FB 2001, S. 433.

Vater, Bilanzielle und körperschaftsteuerliche Behandlung von Stock Options, DB 2000, S. 2177.

Vater, Besteuerung von Stock Options – Replik zu der Erwiderung von Leonhard Knoll, FB 2000, S. 767.

Vater, Stock Options für Führungskräfte, Marburg 2000 (zugl. Dipl. Passau 2000).

Verdingh, Belgium: New Fiscal Regime for Stock options, Intertax 1999, S. 460.

Vogel, Aktienoptionsprogramme für nicht börsennotierte AG – Anforderungen an Hauptversammlungsbeschlüsse, BB 2000, S. 937.

Vogel, DBA, Kommentar, 3. Aufl., München 1996.

Vollmer, Der Genussschein – ein Instrument für mittelständische Unternehmen zur Eigenkapitalbeschaffung an der Börse, ZGR 1983, S. 445.

Vorwold, Das Modell „FASB" in den USA – Ein Fehlschlag, IStR 2000, S. 599.

Vosen, Die Besteuerung von Stock Options in Großbritannien – steuerliche Relevanz in Fällen der Personalentsendung, IStR 2000, S. 167.

Voss, Zur einkommensteuerlichen Behandlung von Ankaufs- (Options-) und ähnlichen Rechten, DStR 1964, S. 576.

Wagner, Ergebnisorientierte variable Vergütungen, BB 1997, S. 150.
Wagner, Kapitalanlagerechtliche Aufklärungspflichten bei betrieblichen Mitarbeiter-Kapitalbeteiligungen und Private Equity-Beteiligungen im Mittelstand ?, WM 2002, S. 17.
Wagner, Kapitalbeteiligung von Mitarbeitern und Führungskräften. Möglichkeiten, Chancen, Visionen, Heidelberg 1999.
Wahrenburg/Kramarsch, Jedes Vertragsdetail kann den Wert der Option beeinflussen, Handelsblatt vom 17.4.2000, S. 53.
Wallmeier, Kapitalkosten und Finanzierungsprämissen, ZfB 1999, S.1473.
Weber-Grellet, Der Maßgeblichkeitsgrundsatz im Lichte aktueller Entwicklungen, BB 1999, S. 2695.
Weilep, Möglichkeiten der Mitarbeiterbeteiligung nach dem KonTraG. Ausgabe von Stock Options, NWB, Fach 18, S. 3667.
Weiß, Aktienoptionsprogramme nach dem KonTraG, WM 1999, S. 353.
Weiß, Aktienoptionspläne für Führungskräfte, Band 101 der „Rechtsfragen der Handelsgesellschaften", Köln 1999 (zugl. Diss. Tübingen 1998).
Wenger, Aktienoptionsprogramme für Manager aus der Sicht des Aktionärs, in: Meffert/ Backhaus (Hrsg.), Stock Options und Shareholder Value, Dokumentation des 33. Münsteraner Führungsgesprächs vom 9./10. Oktober 1997, Dokumentationspapier Nr. 116, Wissenschaftliche Gesellschaft für Marketing und Unternehmensführung e.V., Münster 1998, S. 51.
Wenger, Im Selbstbedienungsladen des Konzernmanagements wird der Privatanleger noch immer verhöhnt, Wirtschaftsdienst 1997, S. 254.
Wenger, Kartell der Abkassierer, Euro-Wirtschaftsmagazin 1999, S. 121.
Wenger/Knoll, Aktienkursgebundene Management-Anreize. Erkenntnisse der Theorie und Defizite der Praxis, BFuP 1998, S. 565.
Wichmann, Verdeckte Gewinnausschüttung an Nichtgesellschafter ?, DB 1994, S. 2101.
Widmann, Zurechnungsänderungen und Umqualifikationen durch das nationale Recht in ihrem Verhältnis zum DBA-Recht, DStJG 8 (1985), S. 235.
Widmann/Mayer, Umwandlungsrecht, Band 2: §§ 1-78 UmwG, 62. Aktualisierung, Bonn/ Berlin 2002.
Wiedemann, Kommentar zum Tarifvertragsgesetz, 6. Aufl., München 1999.
Wiedmann, Bilanzrecht, Kommentar zu den §§ 238 bis 342a HGB, München 1999.
Wiedmann, Die Bewertungseinheit im Handelsrecht, in: Ballwieser, et al. (Hrsg.), Bilanzrecht und Kapitalmarkt, Festschrift für Adolf Moxter, Düsseldorf 1994, S. 453.
Wiese, KonTraG: Erwerb eigener Aktien und Handel in eigenen Aktien, DB 1998, S. 609.
Wilke, Lehrbuch des internationalen Steuerrechts, 7. Aufl., Herne/Berlin 2002.
Willemsen, et al., Umstrukturierung und Übertragung von Unternehmen, München 1999.
Windmöller/Breker, Bilanzierung von Optionsgeschäften, WPg 1995, S. 389.
Winnefeld, Bilanzhandbuch. Handels- und steuerrechtliches, rechtsformspezifisches Bilanzrecht, bilanzielle Sonderfragen, Sonderbilanzen. IAS/ US-GAAP, 2. Aufl., München 2000.
Winter, Aktienoptionspläne und Motivationseffekte, in: von Eckardstein (Hrsg.), Handbuch Variable Vergütung für Führungskräfte, München 2001, S. 85.
Winter, Anreize zur Risikoübernahme durch Aktienoptionspläne, Forschungsbericht Nr. 97-4, Humboldt-Universität zu Berlin, Wirtschaftswissenschaftliche Fakultät, Institut für Management, Berlin 1997.
Winter, Steuerliche Behandlung von Genußrechten, GmbHR 1993, S. 31.
Wochinger, (Hrsg.), Verdeckte Gewinnausschüttungen und verdeckte Einlagen, Berlin 2001.
Wohlfarth/Brause, Die Emission kursorientierter Wertpapiere auf eigene Aktien Zur Auslegung des § 221 AktG -, WM 1997, S. 397.
Wolf/Horn/Lindacher, AGB-Gesetz. Gesetz zur Regelung des Rechts der Allgemeinen Geschäftsbedingungen, Kommentar, 4. Aufl., München 1999.
Wollmert/Mantzell, Bilanzierung von Stock Options nach internationalen Grundsätzen (US-GAAP und IAS), in: Achleitner/Wollmert (Hrsg.), Stock Options. Finanzwirtschaft, Gesellschaftsrecht, Bilanzierung, Steuerrecht, Unternehmensbewertung, Stuttgart 2000, S. 133.
Wulff, Aktienoptionen für das Management. Deutsches und Europäisches Recht, Band 119 der „Abhandlungen zum deutschen und europäischen Handels- und Wirtschaftsrecht", Hueck, Lutter, Zöllner (Hrsg.), Köln, et al. 2000 (zugl. Diss. Bonn 1999).
Wullenkord, New Economy Valuation, FB 2000, S. 522.
Zehetner/Wolf, Die Besteuerung von Stock Options, ecolex 2001, S. 24.

Zilias/Lanfermann, Die Neuregelung des Erwerbs und Haltens eigener Aktien (II), WPg 1980, S. 89.

Zimmer, Die Ausgabe von Optionsrechten an Mitglieder des Aufsichtsrats und externe Berater, DB 1999, S. 999.

Zitzewitz, Konzernrechtliche Probleme bei Stock Options, NZG 1999, S. 698.

Zöllner, Die Anpassung dividendenbezogener Verpflichtungen von Kapitalgesellschaften bei effektiver Kapitalerhöhung, ZGR 1986, S. 288.

Zöller, Zivilprozessordnung, 21. Aufl., Köln 1999.

Zöllner/Winter, Folgen der Nichtigerklärung durchgeführter Kapitalerhöhungsbeschlüsse, ZHR 158 (1994), S. 59.

A. Zielsetzungen von Stock-Option-Plänen; betriebswirtschaftliche Grundlagen

I. Ausgangssituation in Deutschland

Stock-Option-Pläne gewinnen als Vergütungsinstrument zunehmend auch in Deutschland an Attraktivität und Bedeutung. Während jedoch der Einsatz von Stock-Option-Plänen als zusätzliches (variables) Vergütungsinstrument in den angloamerikanischen Ländern eine lange Tradition aufweist,[1] hat sich dieser Trend in Deutschland erst in jüngster Zeit entwickelt. Die Diskussion aktienbasierter Vergütungsinstrumente und ähnlicher Entlohnungsformen lässt in Deutschland grundsätzlich drei Phasen erkennen: die Zeit vor 1996, bis Mai 1998 sowie den daran anschließenden Zeitraum. Vor 1996 waren diese Instrumente so gut wie unbekannt. Lediglich Führungskräfte in Tochterunternehmen US-amerikanischer Konzernmütter kamen mitunter in den Genuss dieser Vergütungsform, sofern sie direkt am Vergütungssystem der Konzernmutter partizipierten.[2] Im Jahr 1996 schließlich begannen die ersten Unternehmen, darunter der damalige Daimler-Benz-Konzern und die Deutsche Bank, mit der Einführung von Stock-Option-Plänen,[3] seinerzeit noch in Verbindung mit Wandelschuldverschreibungen, da die Ausgabe reiner bzw. nackter Optionen nach den aktienrechtlichen Vorschriften der bedingten Kapitalerhöhung nicht zulässig war. Dies änderte sich mit Inkrafttreten des Gesetzes zur Kontrolle und Transparenz im Unternehmensbereich (KonTraG)[4] im Mai 1998. Nunmehr gestattet § 192 Abs. 2 Nr. 3 AktG bedingte Kapitalerhöhungen „zur Gewährung von Bezugsrechten an Arbeitnehmer und Mitglieder der Geschäftsführung der Gesellschaft oder eines verbundenen Unternehmens".[5] Zusätzlich müssen gemäß § 193 Abs. 2 Nr. 4 AktG „bei Beschlüssen nach § 192 Abs. 2 Nr. 3 auch (...) Erfolgsziele, Erwerbs- und Ausübungszeiträume sowie die Wartezeit für die erstmalige Ausübung (mindestens zwei Jahre)" in den Beschluss über die bedingte Kapitalerhöhung aufgenommen werden. Mittels dieser Erfolgsziele sollte zugleich auch der Bereicherungsvorwurf gegen das bezugsberechtigte Management entkräftet werden, dem eine Selbstbedienungsmentalität vorgeworfen wurde.[6] Die Begründung zum Gesetzentwurf KonTraG der Bundesregierung hebt die gesetzgeberische Intention hervor, einer leistungslosen Bereicherung des Managements vorzubeugen: „Da die begünstigten Organe befangen sein dürften, müssen die für die Anteilseigner wesentlichen Eckdaten des Bezugsrechts im Hauptversammlungsbeschluss geregelt sein. (...) Die

---

[1] Vgl. *Becker*, 1990, S. 36 ff.; *Bernhardt/Witt*, ZfB 1997, S. 85 ff.
[2] Vgl. *Kramarsch*, 2000, S. 1.
[3] Vgl. *Achleitner/Wichels* in: Achleitner/Wollmert, 2000, S. 2; *Bernhardt*, FB 2001, S. 427; *Evers* in: von Eckardstein, 2001, S. 40.
[4] Vgl. BR-Drucksache 872/97 vom 7. 11. 1997.
[5] Vgl. auch *Evers* in: von Eckardstein, 2001, S. 40 f.; ferner *Achleitner/Wichels* in: Achleitner/Wollmert, 2000, S. 14.
[6] Vgl. *Wenger*, Euro-Wirtschaftsmagazin 1999, S. 121; *Wenger* in: Meffert/Backhaus, 1998, S. 51.

Zulassung von Aktien-Optionen für Führungskräfte steht (...) im engen Zusammenhang mit der Funktionsfähigkeit der Eigentümerkontrolle über die Hauptversammlung und die Kapitalmärkte."[7]

2   Die zunehmende Verbreitung aktienbasierter Vergütungsinstrumente oder ähnlicher Entlohnungsformen wurzelt im Shareholder-Value-Gedanken[8], dem zufolge Kontroll- und Steuerungsinstrumente der Unternehmensführung an der Wertentwicklung des Unternehmens auszurichten sind.[9] Vor allem institutionelle Kapitalanleger fordern seit Anfang der neunziger Jahre eine am Shareholder-Value-Konzept ausgerichtete sog. *wertorientierte* Unternehmensführung,[10] wonach sich die Ausrichtung von Unternehmen zwar nicht ausschließlich, aber doch vorrangig an den Zielsetzungen der sie finanzierenden Eigenkapitalgeber zu orientieren hat. Eine erfolgreiche Implementierung und Umsetzung wertorientierter Unternehmensführung ist aber nur dann gewährleistet, wenn die Steigerung des Unternehmenswerts für die betrieblichen Vergütungssysteme auch tatsächlich einen zentralen Parameter darstellt. Stock-Option-Pläne im Allgemeinen sind hier ein besonders effizientes Instrument, da sie die Entlohnung am Aktienkurs und damit unmittelbar an der Wertentwicklung des Unternehmens ausrichten.

II. Der Shareholder-Value-Ansatz

3   In den siebziger und achtziger Jahren fokussierte die strategische Unternehmensführung beinahe ausnahmslos auf die Erzielung von Wettbewerbsvorteilen. Umsatz- und Gewinnsteigerung standen im Mittelpunkt des Interesses. Sichtbares Ergebnis dieser Ausrichtung der Unternehmensführung war etwa das Entstehen großer, stark diversifizierter Konglomerate. Freilich führen Umsatz- und Gewinnsteigerung nicht zwingend auch zur Schaffung ökonomischer Werte für die Anteilseigner. Dieser Einsicht folgend tritt heute daher an die Stelle einseitiger Wettbewerbsorientierung zunehmend eine konsequente und systematische Ausrichtung auf den Unternehmenswert (wertorientierte Sichtweise) und damit auf die Interessenlage der Anteilseigner.[11] Dahinter steckt natürlich „keine Herzensangelegenheit, in- und ausländischen Aktionären vor allem eine Freude zu machen. Man braucht sie einfach, und das kostet Geld, wie auch jeder Kredit Geld kostet."[12]

4   Die Kritik von *Rappaport*[13] an den seinerzeit verbreiteten Unternehmensführungskonzepten und seine Forderung einer stärkeren Ausrichtung der Unternehmensführung an den Interessen der Eigenkapitalgeber führte zu einem nachhalti-

---

[7] *Begründung zum Entwurf eines Gesetzes zur Kontrolle und Transparenz im Unternehmensbereich (KonTraG)*, BR-Drucksache 872/97, S. 61, 64, BT-Drucksache 13/9712, S. 23 f.

[8] Vgl. zum Shareholder Value grundlegend *Rappaport*, 1986; *Rappaport*, 1994.

[9] Vgl. *Achleitner/Wichels* in: Achleitner/Wollmert, 2000, S. 2; *Pellens/Crasselt/Rockholtz* in: Pellens, 1998, S. 3.

[10] Vgl. hierzu z.B. *Bühner*, 1990; *Ballwieser*, FS Moxter, 1994, S. 1377 ff.; *Busse von Colbe*, ZGR 1997 S. 271 ff.

[11] Vgl. *Achleitner/Wichels* in: Achleitner/Wollmert, 2000, S. 4; *Wulff*, 2000, S. 4.

[12] So pointiert *Herdt*, WM 1998, S. 648.

[13] Vgl. *Rappaport*, 1986; *Rappaport*, 1994.

II. Der Shareholder-Value-Ansatz

gen Paradigmenwechsel.[14] Ausschlaggebend war nicht zuletzt die Kritik an den bis dahin verwendeten Erfolgsgrößen zur Messung des Unternehmenserfolgs und zur Bemessung der Managementvergütung. Die wertorientierte Unternehmensführung im Sinne des Shareholder-Value-Ansatzes rückt die Interessen der Eigenkapitalgeber (Aktionäre) in den Mittelpunkt des Zielsystems der Unternehmung: Das Management soll potenzielle wie aktuelle Geschäftsstrategien nach den Wirkungen auf den Marktwert, d.h. den Börsenwert des Eigenkapitals, beurteilen.[15] Nach *Rappaport* bemisst sich der Wert eines Unternehmens aus der Summe der künftigen, auf den Bewertungszeitpunkt abgezinsten Free Cash Flows; man spricht daher auch vom Discounted Cash-Flow-Ansatz (DCF). Da regelmäßig kein unendlicher Prognosezeitraum betrachtet wird, errechnet sich der Unternehmenswert aus dem Barwert der Free Cash Flows über den Prognosezeitraum plus dem sog. Residualwert am Ende des Prognosezeitraums. Unternehmen finanzieren sich typischerweise über Eigen- und Fremdkapital. Shareholder Value bezeichnet in der Modellwelt von *Rappaport* den Anteil des Eigenkapitals. Der Shareholder Value entspricht also dem Unternehmenswert abzüglich Fremdkapital. Cash Flows verkörpern regelmäßig Einzelhandelsüberschüsse, die künftig zur Verteilung an Eigen- und Fremdkapitalgeber zur Verfügung stehen. Free Cash Flows werden demgegenüber unter der Fiktion vollständiger Eigenfinanzierung der Unternehmung ermittelt, die Existenz von Fremdkapital findet erst im Diskontierungssatz (WACC; s.u.) Berücksichtigung. Die an sich rein zahlungsorientierten Free Cash Flows können auch aus den Zahlen des Rechnungswesens errechnet werden.[16]

Der Bewertung des Eigenkapitals durch den Markt liegt folgender Mechanismus zugrunde: Der Markt als Gesamtheit der in ihm agierenden Personen und Institutionen schätzt die zu erwartenden Free Cash Flows und transformiert diese mittels eines risikoadjustierten Zinssatzes in einen Barwert; dieser Barwert entspricht dem Unternehmenswert; zieht man hiervon den Marktwert des Fremdkapitals ab, erhält man den Wert des Eigenkapitals. Als Zinssatz wird der gewichtete durchschnittliche Kapitalkostensatz (Weighted Average Cost of Capital – WACC) herangezogen. Dieses Konzept berücksichtigt anteilig gemäß Kapitalstruktur die Kosten von Eigen- und Fremdkapital und erhöht jeweils den risikofreien Zinssatz um eine (aus Markt- und Unternehmensrisiko bestehende) Risikoprämie.[17] Eigenkapitalkosten resultieren daraus, dass Aktionäre für die Zurverfügungstellung von Kapital eine angemessene Rendite fordern, und die Risikoprämie erklärt sich daraus, dass die Anleger wegen der Unsicherheit über den genauen Verlauf ihrer Investitionsrendite gegenüber der Rendite für z.B. festverzinsliche Anleihen einen Zuschlag auf den *sicheren* Kapitalmarktzins fordern. Da erwirtschaftete Einnahmenüberschüsse (Cash Flows) Ausschüttungspotenzial darstellen, werden sich all jene Strategien positiv auf den Marktwert des Eigen-

---

[14] Vgl. *Friedrichsen*, 2000, S. 16 f. m.w.N., insbesondere mit dem Hinweis darauf, dass erste Ansätze eines wertorientierten Konzepts in Deutschland bereits in den sechziger Jahren zu finden gewesen sein sollen; in diesem Sinne auch *Ballwieser*, FS Moxter, 1994, S. 1379 ff.
[15] Vgl. z.B. *Black/Wright/Bachman*, 1998, S. 27.
[16] Vgl. hierzu ausführlich z.B. *Mengele*, 1999, S. 36. Zur „explizite[n] Orientierung an den erwarteten *zukünftigen* Überschüssen des Leistungsbereichs" versus Orientierung „an *zukünftigen* Periodenerfolgen" sowie der Verwendung von Rechengrößen der Vergangenheit vgl. *Laux*, 1999, S. 187 f.
[17] Vgl. z.B. *Kramarsch*, 2000, S. 22 f.; zur Bestimmung von Risikoprämien im Konzept des Capital Asset Pricing Model (CAPM) vgl. z.B. *Black/Wright/Bachman*, 1998, S. 47 ff.

A. Zielsetzungen von Stock-Option-Plänen

kapitals auswirken, deren diskontierte Cash Flows eine Steigerung des Unternehmens(bar)werts erwarten lassen. Marktwertorientierte Unternehmensführung bedeutet, diesen Bewertungsprozess des Marktes zu simulieren, also
- die Cash Flows verschiedener Strategien zu prognostizieren,
- mit Hilfe eines risikoadjustierten Zinssatzes in Beiträge zum Unternehmenswert zu überführen,
- um schließlich ein den Marktwert des Eigenkapitals maximierendes Strategieportfolio zusammenzustellen.

6   Gegenüber einer buchhalterisch ausgerichteten Erfolgsbeurteilung weist der DCF-Ansatz drei wesentliche Veränderungen auf:
- Der DCF verwendet den Cash Flow, nicht den Gewinn.
- Der DCF orientiert sich an zukünftigen, nicht an vergangenen Renditeerwartungen.
- Der DCF berücksichtigt mit der Verwendung der WACC auch das Risiko des Investors.

7   Es gehört zu den zentralen Erkenntnissen des Shareholder-Value-Ansatzes, dass Strategien und Projekte, die den Gewinn erhöhen oder das Unternehmen wachsen lassen, nicht ohne weiteres auch den Unternehmenswert erhöhen. Unternehmensführung im Sinne des Shareholder-Value-Konzepts bedeutet, nur solche Strategien zu realisieren, deren Rendite über dem Satz liegt, zu dem der Markt erwartete Cash Flows in den gegenwärtigen Marktwert überführt. Dieser Diskontierungssatz ist die vom Markt geforderte Mindestrendite, zu der ein typischer Anteilseigner sein Geld bei gegebenem Risiko anderweitig anlegen kann. Denn immer dann, wenn die Cash-Flow-Rendite unter den gewichteten durchschnittlichen Kapitalkosten (WACC) liegt, wird der Wert des Unternehmens verringert. Die Unternehmensführung muss ihre Investitionsentscheidung an den bei gegebenem Risiko erzielbaren Alternativrenditen der Anteilseigner ausrichten. Sofern diese Alternativrenditen in der Unternehmung nicht erwirtschaftet werden können, verlangt der Shareholder-Value-Ansatz eine Ausschüttung der Mittel an die Anteilseigner.

8   Der Shareholder-Value-Ansatz nach *Rappaport* verknüpft die Zielsetzung des Unternehmens, gemessen am geschaffenen Shareholder Value, der sich zusammensetzt aus dem Wertzuwachs der Anteile (Aktien) und den ausgeschütteten Gewinnen (Dividenden), mit sog. Werttreibern oder Wertgeneratoren (vgl. unten Abbildung 1). Als Wertgeneratoren haben all jene Variablen zu gelten, die einen signifikanten Einfluss auf den Marktwert des Unternehmens ausüben; sie können in Bezug auf kleinere Entscheidungsbereiche (Profitcenter, Abteilungen etc.) sukzessive aufgeschlüsselt werden. Die Unternehmensführung kann diese Wertegeneratoren *durch operative Investitions- und Finanzierungsentscheidungen* steuern und damit den Shareholder Value nachhaltig beeinflussen.[18]

9   Nicht übersehen werden dürfen natürlich die Probleme der praktischen Umsetzung. Die Literatur befasst sich intensiv mit der Bestimmung der Free Cash Flows und der Risikoanalyse einzelner Strategien. Schwierigkeiten bereitet einerseits die Berechnung des Residualwerts am Ende des Prognosezeitraums; dieser lässt sich entweder als Barwert einer ewigen Rente von im Zeitablauf gleich bleibenden Free Cash Flows oder durch Vereinfachungsverfahren wie etwa die

---

[18] Vgl. *Achleitner/Wichels* in: Achleitner/Wollmert, 2000, S. 4f.

II. Der Shareholder-Value-Ansatz

Anwendung eines Multiplikators auf den Gewinn errechnen. Kritisch zu sehen ist hierbei aber die Unterstellung gleich bleibender Cash Flows und stabiler Kapitalstrukturen. Andererseits bringen auch die Risikoanalyse und die Ermittlung risikoangepasster Abzinsungsfaktoren gravierende und bislang nicht zufrieden stellend gelöste Probleme mit sich. Der Markt wird unterschiedliche Risiken bei der Bewertung berücksichtigen, und eine Strategiebeurteilung, die diese Marktbewertung kopieren will, muss sich um eine angemessene Risikoerfassung bei der Ermittlung von Abzinsungsfaktoren bemühen.

Das Shareholder Value-Konzept impliziert nicht die ausschließliche Orientierung an den Aktionärsinteressen. Wenn auch vorrangig die Mehrung des Anteilseignervermögens im Vordergrund steht, so kann diese Zielsetzung langfristig nur dann erreicht werden, wenn auch den Interessen der übrigen Anspruchsgruppen (stakeholders, z.B. Fremdkapitalgeber, Kunden, Lieferanten, Arbeitnehmer) Rechnung getragen wird.[19]

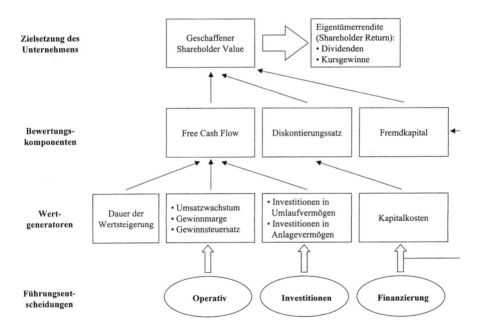

Abbildung 1: Das Shareholder-Value-Netzwerk[20]

---

[19] Vgl. *Achleitner/Achleitner*, S. 7; *Achleitner/Wichels* in: Achleitner/Wollmert, 2000, S. 5; *Friedrichsen*, 2000, S. 20–22; *Laux*, S. 7.

[20] Vgl. vor allem *Rappaport*, 1999, S. 68; *Rappaport*, 1994, S. 79.

A. Zielsetzungen von Stock-Option-Plänen

III. Der Principal-Agent-Konflikt

11   Als Ursache für die häufig mangelnde Orientierung des Managements an den Zielen der Aktionäre (Wertsteigerung des Unternehmens, Shareholder Value) hat vor allem das Potenzial divergierender Interessen zwischen Management und Aktionären zu gelten. Das moderne Wirtschaftsleben ist geprägt durch Auftragsbeziehungen, durch die Beschaffung benötigter Leistungen (Produktions-, Arbeits-, Beratungsleistungen etc.) von zu ihrer Erbringung besser qualifizierten Anbietern. Eine in diesem Sinne seitens der Anteilseigner vorgenommene Delegation von Entscheidungsbefugnissen an ein professionelles Management erschließt „große Vorteile durch Arbeitsteilung, Spezialisierung und Risikodiversifizierung". Indes kommt es gerade bei der modernen Publikumsgesellschaft „zu einer Atomisierung der Aktionärsinteressen", die es für den einzelnen Aktionär uninteressant erscheinen lässt, seine Stimm- und Kontrollrechte tatsächlich wahrzunehmen, und damit zu einer ausgeprägten Trennung von Eigentum auf der einen, Handlungsmacht und Kontrolle auf der anderen Seite.[21] Die Heterogenität der Eigentumsverhältnisse führt zumeist zu einem deutlichen Machtzuwachs der Unternehmensführung, weil vor dem Hintergrund breit gestreuten Anteilsbesitzes eine einheitliche Willensbildung der Eigentümer de facto überhaupt nicht mehr möglich ist.

12   Man bezeichnet diese Situation auch als *Principal-Agent-* oder *Agency-Beziehung*. Sie wird typischerweise definiert als ein Vertrag, in dem mindestens eine Person (Principal) unter Delegation von Entscheidungsbefugnissen mindestens eine Person (Agent) beauftragt, bestimmte Leistungen zu erbringen; der Agent hat dabei Entscheidungen zu treffen, die regelmäßig nicht nur sein eigenes, sondern auch das Wohl des Principal berühren.[22] Gegenstand der Principal-Agent- oder Agency-Theorie ist die Analyse und Gestaltung solcher Vertragsbeziehungen.

13   Die Agency-Theorie geht davon aus, dass der Agent über die von ihm und im Interesse des Principal durchzuführenden Tätigkeiten besser informiert ist als sein Principal. Es herrscht folglich eine *asymmetrische Informationsverteilung* zugunsten des Agent. Aus der Perspektive des Principal sollen die Entscheidungsträger diesen Informationsvorsprung zum Vorteil ihres Principal nutzen. Daher sind ausschließlich explizite Verhaltensnormen verfehlt, die dem Agent eindeutig und vollständig vorschreiben, welche Entscheidungen er in welcher Weise treffen soll; der für (optimale) explizite Verhaltensnormen notwendige Informations-, Planungs- und Qualifizierungsaufwand für den Principal würde die gesamte Entscheidungsdelegation und den Wert der Agency-Beziehung in Frage stellen, denn der Principal könnte die Aufgabe dann selbst erledigen. Deshalb ist ein Mindestumfang an impliziten Verhaltensnormen in Agency-Beziehungen zu erwarten; der Agent soll im Rahmen einer Zielvorgabe in eigener Verantwortung darüber entscheiden, welche Maßnahmen ihm im Hinblick auf die Zielerreichung am besten geeignet erscheinen.

14   Bei einem Informationsvorsprung des Agent sowohl bezüglich der zu erwartenden Entscheidungsergebnisse als auch bezüglich des von ihm gewählten An-

---

[21] *Weiß*, 1999, S. 39.
[22] Vgl. hierzu grundlegend *Jensen/Meckling*, Journal of Financial Economics 1976, S. 308.

III. Der Principal-Agent-Konflikt

strengungsniveaus ergibt sich jedoch ein Problem für den Principal: Unter diesen Bedingungen kann der Agent seinen Informationsvorsprung nutzen, um persönliche Ziele auch zum Nachteil des Principal zu verfolgen, und zwar sogar dann, wenn der Principal Handlungsergebnisse des Agent beobachten könnte. Denn der Agent kann Informationen über den Umfang seiner Handlungsmöglichkeiten und deren Risiken vor dem Principal verbergen („*hidden information*") oder gezielt Handlungsalternativen wählen, bei denen sein Verhalten für den Principal vermutlich nicht beobachtbar ist („*hidden action*").

Der Principal sieht somit allein das Ergebnis der Handlungen und die Konsequenzen dieses Ergebnisses für ihn selbst, er ist jedoch nicht in der Lage, zwischen Entscheidungsrisiko (schlechte Konjunkturlage, schwirige Branche etc.) und Verhaltensrisiko (kein zielentsprechendes Handeln des Agent für den Auftraggeber) zu differenzieren.[23] In dieser Situation kann der Agent seine Verhaltensspielräume zur Verfolgung von Eigeninteressen entgegen den Zielen des Principal nutzen („*moral hazard*"). Interessendivergenzen zwischen den Aktionären (Principal) und dem Management (Agent) äußern sich vor allem in folgenden Bereichen:[24]

— *Leistungsanreizproblem*: Leistung wird in aller Regel nur in solchem Ausmaß erbracht, wie es sich für das Management persönlich auch tatsächlich lohnt. Besteht für das Management kein Anreiz zur Verfolgung marktwertsteigernder Strategien, weil es im Verhältnis zu seinen Anstrengungen nur unterproportional oder gar nicht an dieser Marktwertsteigerung partizipiert, so wird es stattdessen vermehrt eigene Ziele verfolgen.

— *Nutzenpräferenzproblem*: Das Management kann aus Konsumausgaben einen höheren Nutzen als die Eigner ziehen, so beispielsweise aus einer besonders eleganten, aber eben auch teuren Büroeinrichtung oder aus attraktiven ‚dienstlich veranlassten' Auslandsreisen.

— *Risikopräferenzproblem*: Unterstellt, dass das Management den Hauptanteil seines Einkommens über das Gehalt bezieht, wird es zur Sicherung dieser Einnahmequelle weniger Risikobereitschaft als die Aktionäre zeigen. Denn das Management kann das sog. unsystematische (unternehmensspezifische) Risiko nicht in gleichem Umfange durch Diversifikation am Kapitalmarkt eliminieren wie die Aktionäre. Diese von dem Wunsch nach Sicherung von Arbeitsplatz und Einkommen getragene Risikoeinstellung des Managements äußert sich vor allem in nachfolgenden Handlungen:

 — Diversifikation der Geschäftsfelder, um auf diese Weise *innerhalb der Unternehmung* eine Verringerung des unsystematischen Risikos zu erreichen. Freilich widerspricht dieses Verhalten den Zielen der Aktionäre, da die Diversifikation effizienter, transparenter und mit geringeren Kosten am Kapitalmarkt vorgenommen werden kann.

 — Ausbau bestehender und damit in ihrer Ertragskraft besser einschätzbarer Produktlinien zu Lasten der Entwicklung innovativer, aber mit höherem Risiko verbundener Produkte.

 — Voreilige und überhöhte Bildung von Rückstellungen (Gewinnermittlung/-minderung) und Rücklagen (Gewinnverwendung).

---

[23] Vgl. auch *Weiß*, 1999, S. 45.
[24] Vgl. *Achleitner/Wichels* in: Achleitner/Wollmert, 2000, S. 6; *Bassen* in: Achleitner/Wollmert, 2000, S. 281f.

A. Zielsetzungen von Stock-Option-Plänen

- Geringere Verschuldung zur Senkung des Risikos. Dadurch steigen jedoch mit dem Anteil des prinzipiell teureren Eigenkapitals die Finanzierungskosten bei gleichzeitiger Erhöhung auch der Steuerlast, da durch das Fehlen der steuerwirksamen Fremdkapitalzinsen der Steuersenkungseffekt (Tax Shield) entfällt.
- *Zeitpräferenzproblem*: Management und Eigner gehen bei ihren Entscheidungen von unterschiedlichen Zeithorizonten aus. Während sich der Unternehmenswert (der Wert der Aktien) für die Aktionäre aus künftigen Zahlungsüberschüssen und damit aus einer langfristigen Betrachtung ergibt, richtet sich die Perspektive des Managements nach dem Zeitraum der Anstellung und damit nach einem in der Regel deutlich kürzeren Zeitraum; die Kurzfristigkeit der Managemententscheidungen tritt umso mehr in den Vordergrund, je näher der Zeitraum des Ausscheidens aus dem Unternehmen (Kündigung, Pensionierung) rückt. Diese Fokussierung auf kürzere Zeiträume kann beispielsweise zur Folge haben, dass zugunsten der aktuellen Gewinnsituation und zuungunsten künftiger Gewinne auf für die weitere Wettbewerbsfähigkeit wichtige, kurzfristig aber gewinnmindernde Forschungs- und Entwicklungsaufwendungen verzichtet wird.[25] Ein solches Verhalten wäre nur dann mit den Renditeerwartungen der Aktionäre zielkonform, wenn auch diese ein nur kurzfristiges (etwa spekulatives) Anlageinteresse hegen.
- *Überinvestition*: Orientieren sich Ansehen und Vergütung des Managements in erster Linie an rechnungswesengestützten Kennzahlen wie Umsatz oder Bilanzsumme, kann dies dazu führen, dass Überschüsse thesauriert und mit diesen Investitionen getätigt werden, die zwar die Größe des Unternehmens steigern, deren Rendite aber unterhalb der risikoadjustierten Alternativrendite der Eigenkapitalgeber liegt (und die mithin einen negativen Kapitalwert aufweisen) oder sogar die gewichteten durchschnittlichen Kapitalkosten unterschreitet.

16 Ziel der Agency-Überlegungen ist es, nach einer optimalen institutionellen Ausgestaltung der Agency-Beziehung zu suchen. Dabei ist ein *Anreizsystem für den Agent* zu finden, das unter Ausnutzung seines Eigeninteresses Entscheidungen sicherstellt, die sich möglichst weitgehend mit den Interessen des Principal decken. Bei fehlender Beobachtbarkeit des Verhaltens des Agent hat der Principal zwei Möglichkeiten, dies bereits bei der Vertragsgestaltung zu berücksichtigen:
- Es können Anreizsysteme direkt mit solchen Ergebnissen des Entscheidungsträgers verknüpft werden, die in der Regel mit geringem Aufwand und exakt zu beobachten sind.
- Der Principal versucht, sich durch den Ausbau von Informations- und Kontrollsystemen (zusätzlich) Kenntnis über das Verhalten des Agent zu verschaffen.

Sämtliche Kosten, die aus opportunistischem Verhalten des Managements zu Lasten der Eigner entstehen,[26] wie auch Kosten von Informations- und Kontrollsystemen zur Überwachung des Verhaltens der Unternehmensführung werden als *Agency-Kosten* bezeichnet. Die Agency-Kosten der Informationsgewinnung bringen zugleich den Nutzen mit sich, dass der Agent durch daran anknüpfende

---

[25] Vgl. auch *Weiß*, 1999, S. 91.
[26] Vgl. diverse Beispiele hierzu bei *Weiß*, 1999, S. 41–43.

Anreizsysteme zu einem Handeln im Interesse des Principal bewegt werden kann. Bei der Einrichtung von Informations- und Kontrollsystemen geht es somit um eine Abwägung von Kosten und Nutzen.

Die Eigner verfolgen somit insbesondere das Ziel, die Agency-Kosten zu minimieren. In der Modellwelt der Agency-Theorie können die Agency-Kosten modellmäßig definiert werden, sie sind aber faktisch nicht beobachtbar, da zu ihrer quantitativen Ermittlung auf den lediglich fiktiv vorstellbaren ‚Idealzustand' zurückgegriffen werden muss, in dem sämtliche Agency-Probleme beseitigt sind. Da die Aufteilung des Gesamtergebnisses der Entscheidungen auf Principal und Agent zugleich Anreizfunktionen für den Agent hat, geht es in der Agency-Theorie sowohl um die Aufteilung als auch um die Größe des verteilbaren Kuchens. Die Ungewissheit der erwarteten Umweltzustände hat zudem zur Folge, dass es nicht allein um den Umfang des Arbeitseinsatzes, des Konsums am Arbeitsplatz oder des Einsatzes finanzieller Mittel für die Interessen des Principal geht, sondern auch um die Risikoaufteilung zwischen Principal und Agent als Folge der ergebnisorientierten Anreize. 17

Die grundsätzlich bestehende Interessendivergenz der fraglos zweckmäßigen Funktionstrennung zwischen Unternehmenseignern (Aktionäre = Principals) und Unternehmensführung (Management = Agents) kann am wirkungsvollsten und mit den geringsten Agency-Kosten durch *anreizkompatible Vergütungssysteme* überbrückt werden. „Je härter die negativen Konsequenzen, mit denen eine Führungskraft, die das Vermögen der Eigentümer reduziert, rechnen muss, desto geringer ist die Wahrscheinlichkeit, dass diese Führungskraft auch tatsächlich gegen die Interessen der Eigentümer handelt."[27] 18

IV. Klassifizierung wertorientierter Anreizsysteme

Die Ausrichtung der Unternehmensführung am Shareholder-Value-Ansatz wird dann konsequent verfolgt und die Interessendivergenz in der Agency-Beziehung von Anteilseignern und Management wirkungsvoll überbrückt, wenn Anknüpfungspunkt für Anreiz- und Entlohnungssysteme die Maximierung des Unternehmenswerts (Shareholder Value) ist.[28] Als Maß für die Unternehmenswertsteigerung und unternehmenswertorientierte Bezugsgröße für Anreiz- und Entlohnungssysteme kommen verschiedene Kennzahlen in Betracht. Unverzichtbare Voraussetzung ist ihre positive Korrelation mit dem Unternehmensziel „Steigerung des Unternehmenswerts". Dahinter steht die Annahme, dass eine Steigerung der wertorientierten Kennzahl stets auch zumindest langfristig eine Steigerung des Aktienkurses erwarten lässt. 19

Traditionelle, häufig an Jahresabschlussgrößen oder Kostenrechnungsdaten orientierte Kennzahlen wie Jahresüberschuss, Umsatz, Eigenkapitalrendite (ROE – return on equity), Rendite auf das investierte Kapital (ROI – return on investment) etc. scheiden zur Umsetzung einer wertorientierten Unternehmensführung als nicht zweckadäquat aus, „da ihnen der Bezug zum eingesetzten Eigen- 20

---

[27] *Rappaport*, 1994, S. 7.
[28] Vgl. *Rappaport*, 1994, S. 179; ferner auch *Achleitner/Wichels* in: Achleitner/Wollmert, 2000, S. 7 f.; *Pellens/Crasselt/Rockholtz* in: Pellens, 1998, S. 3–10;.

A. Zielsetzungen von Stock-Option-Plänen

kapital fehlt und sie durch buchhalterische Konventionen verzerrt sind".[29] Zwar sind sie leicht zu ermitteln, und die schnelle Verfügbarkeit der schon aus handelsrechtlichen Gründen bereitzustellenden Daten sorgt gleichzeitig „für die lernpsychologisch wichtige möglichst zeitnahe Koppelung von Leistung und Honorierung".[30] In der Regel vernachlässigen sie aber eben die Renditeerwartungen der Eigenkapitalgeber, das Risiko des Unternehmens und auch die Opportunitätskosten nicht durchgeführter Investitionsprojekte.[31] Selbst wenn aber in diesem Sinne die risikoadjustierte Alternativrendite der Eigenkapitalgeber durch Einrechnung kalkulatorischer Zinsen Berücksichtigung findet, bleiben die aus den Konventionen der Rechtsvorschriften zur Jahresabschlusserstellung resultierenden Verzerrungen nach wie vor bestehen. Jahresabschlussgestützte Kennzahlen werden damit letztlich zum „Spielball der Bilanzierungsexperten",[32] zu einem weiteren Ansatzpunkt für „creative accounting".[33] Insgesamt zeichnen sich buchhalterische Performancegrößen somit zwar durch leichtere Messbarkeit und eine zeitnahe Koppelung von Leistung und Belohnung aus, es verbleibt aber als entscheidender Nachteil „das Fehlen eines signifikanten Zusammenhangs zur Entwicklung des Aktienkurses und damit auch zur Veränderung des Eigentümervermögens".[34] Zur unzureichenden Vermittlung der im Sinne des Shareholder Value richtigen Handlungsanreize hinzu tritt noch der „Makel einer starken Kurzfristorientierung".[35]

21 Als Reaktion auf die Ungeeignetheit rechnungswesengestützter Kennzahlen folgte die Entwicklung wertorientierter Performancemaße, die stärker an Zahlungsgrößen ausgerichtet sind und die einen expliziten Bezug zur Alternativrendite der Eigenkapitalgeber sowie tatsächlich auch eine signifikante Korrelation mit der Aktienrendite aufweisen.[36] Allgemein lassen sich zwei Ansatzpunkte für die Messung der Wertsteigerung des Unternehmens unterscheiden: das Unternehmen selbst sowie der Kapitalmarkt (Aktienmarkt).[37] Wertorientierte Kennzahlen folgen stets dem gleichen Prinzip: Eine Ergebnisgröße wird unter Berücksichtigung von Eigen- und Fremdkapital zu den Kapitalkosten ins Verhältnis gesetzt und daraus eine Wertsteigerungsrate errechnet.

– Zur Gruppe der *Kapitalrenditen* zählt der Cash-Flow Return on Investment (CFROI). Bei den Kapitalrenditen wird eine Ergebnisgröße zum eingesetzten *Buch*vermögen ins Verhältnis gesetzt. Daher steigen Kapitalrenditen bei gleich bleibenden Ergebnisgrößen erst im Zeitablauf, wenn sich das eingesetzte Buchvermögen durch planmäßige Abschreibungen vermindert. „Entscheidungsträger erhalten dadurch erst relativ spät ihre Prämie."[38] Der CFROI soll diesem Problem entgegenwirken; er ist definiert als „Zahlungsüberschuss abzüglich einer ökonomischen Abschreibung bezogen auf die Anschaffungsaus-

---

[29] *Pellens/Crasselt/Rockholtz* in: Pellens, 1998, S. 18; vgl. auch *Bühner*, 1990, S. 13 ff.
[30] *Weiß*, 1999, S. 66 f.
[31] Vgl. *Becker*, 1990, S. 30.
[32] *Kramarsch*, 2000, S. 19.
[33] *Weiß*, 1999, S. 69.
[34] *Achleitner/Wichels* in: Achleitner/Wollmert, 2000, S. 9.
[35] *Weiß*, 1999, S. 87.
[36] Vgl. *Achleitner/Wichels* in: Achleitner/Wollmert, 2000, S. 9; *Pellens/Crasselt/Rockholtz* in: Pellens, 1998, S. 18.
[37] Vgl. *Rappaport*, 1994, S. 184.
[38] *Hachmeister* in: von Eckardstein, 2001, S. 52.

IV. Klassifizierung wertorientierter Anreizsysteme

zahlung"[39] und wird den Kapitalkosten (WACC) gegenübergestellt. Übersteigt der CFROI die WACC, kommt es zu einer Wertsteigerung des Unternehmens, anderenfalls zu einer Wertvernichtung.
- Eine weitere Gruppe der wertorientierten Kennzahlen sind die *Value-Added-Konzepte*.
  - Der Economic Value Added (EVA) ist ein Residualgewinn, bei dem vom operativen Gewinn (Betriebsergebnis) vor Zinsen und nach Steuern die gewichteten durchschnittlichen Kapitalkosten (WACC) abgezogen werden. Das Konzept soll verdeutlichen, dass Shareholder Value erst dann geschaffen (und nicht vernichtet) worden ist, wenn das investierte Kapital eine über den Gesamtkapitalkosten (WACC) liegende Rendite erwirtschaftet hat.[40]
  - Der Cash Value Added (CVA) ist der Überschuss des CFROI über die WACC, multipliziert mit der Anschaffungsauszahlung, also mit dem eingesetzten Buchvermögen.[41]

Alle der vorgenannten wertorientierten Konzepte weisen als wesentlichen Nachteil auf, dass sie stichtagsorientiert und vergangenheitsbezogen sind sowie aus einperiodigen (und damit kurzfristig ausgerichteten) Daten berechnet werden. Ein weiterer Kritikpunkt besteht darin, dass die benötigten Ergebnisgrößen jeweils aus Daten des Rechnungswesens abgeleitet werden und damit buchhalterischen Konventionen entspringenden Verzerrungen ebenso unterliegen wie einer nicht zu unterschätzenden Manipulationsanfälligkeit.
- Der Discounted Cash Flow (DCF) verkörpert ein modernes Verfahren der Unternehmensbewertung. Er verarbeitet im Gegensatz zu EVA, CVA und CFROI nicht stichtagsorientiert Daten der Vergangenheit, sondern geht von einer Prognose künftiger Free Cash Flows aus; freilich bringt diese Zukunftsorientierung Probleme hinsichtlich der Objektivität der Berechnungen und im Zuge dessen auch eine nicht unerhebliche Manipulationsanfälligkeit mit sich. Die Free-Cash-Flow-Konvergenzmethode verzichtet bereits wieder auf eine explizite Planung künftiger Free Cash Flows und verwendet stattdessen eine standardisierte Cash-Flow-Projektion auf der Basis von Ist-Daten.

Im Falle der Börsennotierung kann als externe Bezugsgröße eines anreizkompatiblen Entlohnungssystems unmittelbar der Aktienkurs herangezogen werden, sodass hierbei nicht mit möglichst hoch korrelierten *Hilfs*größen, sondern *direkt* über die Aktienkursentwicklung am Kapitalmarkt die Steigerung des Aktionärsvermögens gemessen wird. Der Aktienkurs kann mit Blick auf die Steigerung des Unternehmenswerts als geeignetes Performancemaß angesehen werden. Zwar ist nicht uneingeschränkt davon auszugehen, dass der Aktienkurs stets den hinsichtlich fundamentaler Rahmendaten „richtigen" Unternehmenswert widerspiegelt. Da jedoch die Preisbildung auf Märkten ein Fundamentalprinzip unserer markt-

---

[39] *Hachmeister* in: von Eckardstein, 2001, S. 52. Die ökonomische Abschreibung entspricht jenem jährlich gleichbleibenden (annuitären) Betrag, der zurückgelegt werden muss, um nach der geplanten Nutzungsdauer die Reinvestition in eine neue Anlage zu ermöglichen, wobei als Zinssatz zur ‚Verrentung' der Anschaffungsauszahlung die gewichteten durchschnittlichen Kapitalkosten (WACC) zugrunde gelegt werden [vgl. *Hachmeister* in: von Eckardstein, 2001, S. 52 f.].

[40] Vgl. *Achleitner/Wichels* in: Achleitner/Wollmert, 2000, S. 9; *Hachmeister* in: von Eckardstein, 2001, S. 53 f.; *Kramarsch*, 2000, S. 28 f.; *Pellens/Crasselt/Rockholtz* in: Pellens, 1998, S. 18; *Pertl/Koch/Santorum* in: Achleitner/Wollmert, 2000, S. 270 f.

[41] Vgl. hierzu und zur Abgrenzung vom EVA *Hachmeister* in: von Eckardstein, 2001, S. 54–58.

wirtschaftlichen Ordnung darstellt und sich gerade Finanzmärkte durch hohe Transparenz, schnellen Informationsfluss (Informationseffizienz) und damit durch eine effiziente Preisbildung auszeichnen, ist insgesamt „davon auszugehen, dass der Börsenkurs mittelfristig das beste Einzelmaß für den Unternehmenserfolg darstellt".[42] Eine direkte (durch Ausgabe von Aktien) oder indirekte (durch Optionen oder Wandelanleihen) Aktienbeteiligung ermöglicht daher eine unmittelbare Interessenharmonisierung zwischen Agent (Management) und Principals (Aktionären) in Richtung auf eine am Shareholder Value orientierte Unternehmensführung.

V. Vermutete Auswirkungen von Stock-Option-Plänen auf das Managerverhalten

1. Stock-Option-Pläne als Mittel zur Reduzierung des Principal-Agent-Konflikts

23 Die wichtigsten Einflussmöglichkeiten der Aktionäre, opportunistisches Verhalten von Führungskräften zu begrenzen, bestehen in der Kapitalbeteiligung des Managements und dem Abschluss anreizkompatibler Arbeitsverträge, in denen die Entlohnung an unternehmenszielkongruentes Handeln der Entscheidungsträger geknüpft wird. Beide Maßnahmen koppeln gleichermaßen die Vergütung an die Wertentwicklung des Unternehmens und lassen sich mit Hilfe von Stock Options in ein einziges Instrument integrieren.[43]

24 Die Anreizwirkung von Stock-Option-Plänen und damit die tatsächliche Umsetzung des Shareholder-Value-Gedankens hängt entscheidend von der Ausgestaltung der Pläne, insbesondere den Ausübungsbedingungen ab. Hinsichtlich der Anreizsignale unzureichend konzipierte Pläne verursachen lediglich Kosten ohne eigentlichen Nutzen.[44]

2. Investitionsentscheidungen und Risikobereitschaft

25 Eine erste Vermutung zur Wirkungsweise von Stock-Option-Plänen nimmt den Wirkungsmechanismus von Optionen zum Ausgangspunkt ihrer Überlegungen. *Unentgeltlich* überlassene Optionen (z.B. auf Grundlage eines Hauptversammlungsbeschlusses nach § 192 Abs. 2 Nr. 3 AktG) bergen für die berechtigten Führungskräfte auf den ersten Blick keinerlei Verlustrisiko: ist die Option ‚in the money', liegt also der Aktienkurs über dem Ausübungspreis (auch Basispreis oder Strike Price) der Option (von Transaktionskosten abgesehen), kann die Option gewinnbringend ausgeübt werden; ist die Option ‚out of the money', liegt also der Aktienkurs unter dem Ausübungspreis der Option, so verfällt die Option, ohne dass der Optionsinhaber (wie etwa bei Future-Kontrakten) in irgendeiner Weise Nachschüsse zu leisten hätte. Für die optionsberechtigten Manager besteht

---

[42] *Weiß*, 1999, S. 81; vgl. auch die Argumentation auf den S. 74–80 und ferner S. 86 f. sowie *Friedrichsen*, 2000, S. 148 f.; *Pellens/Crasselt/Rockholtz*, in: Pellens, 1998, S. 14 f.

[43] Sehr kritisch hierzu z.B. *Kürsten*, ZfB 2001, S. 249 ff.; *Sprenger*, Wirtschaftswoche Nr. 11 vom 8. 3. 2001, S. 80.

[44] Für empirische Befunde zur Erfolgswirkung von Stock-Option-Plänen vgl. z.B. *Winter* in: von Eckardstein, 2001, S. 85 ff. m.w.N.

V. Vermutete Auswirkungen von Stock-Option-Plänen auf das Managerverhalten

infolge dieser asymmetrischen Risiko-Rendite-Situation gegenüber dem Fall ausschließlich nicht optionsbasierter (wertorientierter) Vergütung ein größerer Anreiz, unternehmerische Entscheidungen mit dem Ziel der Steigerung des Aktienkurses zu treffen. Grundsätzlich werden daher Führungskräfte als Stillhalter von Optionen auf Aktien ihrer Unternehmung risikoreichere Investitionsprojekte verfolgen. Die bereits diskutierte[45] Risikoeinstellung der Manager verändert sich in Richtung der Risikopräferenz eines diversifizierten Anteilseigners.

Die gewünschte Wirkung hängt entscheidend von zwei zentralen Stellgrößen **26** bei der Ausgestaltung des Stock-Option-Plans ab, nämlich
– der Anzahl der ausgegebenen Optionen und
– der Fixierung des Ausübungspreises.

Besteht die Haupteinnahmequelle der Führungskräfte in dem von der Unternehmung gezahlten Gehalt und wird ein wesentlicher Teil dieses Gehalts in Form von Aktienoptionen gezahlt, so ist die Entlohnung des Managements zunehmend von äußeren Einflüssen betroffen. Für das Management besteht dann angesichts drohender Gehaltsminderungen sehr wohl ein Verlustrisiko.[46] „Die Manager orientieren sich in diesem Fall nicht nur am Erwartungswert des Erfolges, sondern berücksichtigen gleichzeitig ihr Einkommensrisiko. Daraus resultieren in den Agencymodellen suboptimal niedrige Leistungsniveaus oder Investitionsentscheidungen, die nicht ausschließlich am Erwartungswert ausgerichtet sind."[47] Ein überhöhter Anteil der gewährten Optionen an der Gesamtvergütung kann daher nach im Schrifttum verschiedentlich geäußerter Auffassung eine Absenkung der Anreizwirkung und in der Folge gerade eine den Interessen der Aktionäre wiederum zuwiderlaufende risikoscheue und zurückhaltende Unternehmensführung mit sich bringen.[48]

Bei der Ausgestaltung von Stock-Option-Plänen ist daher ein besonderes Augenmerk auf das Verhältnis der Entlohnung durch Optionen zur Gesamtvergütung zu legen. Weiterhin kann auf die Risikoeinstellung des Managements durch die Festlegung des Basispreises, die Installierung von Ausübungshürden oder die Indexanbindung des Ausübungspreises Einfluss genommen werden.[49] Stock-Option-Pläne sind eben „nicht per se geeignet (...), die Folgen der Risikoaversion von Managern aufzuheben". Ihre Wirksamkeit im Interesse einer Steigerung des Shareholder Value hängt somit „sowohl vom Vergütungsmix als auch von der spezifischen Ausgestaltung des Optionsplanes ab".[50]

Nicht übersehen werden sollte, dass sich ein erhöhtes Risiko in einer höheren **27** Volatilität des Aktienkurses widerspiegelt. Aus diesem Grund werden die Eigenkapital- ebenso wie die Fremdkapitalgeber für die Zurverfügungstellung der finanziellen Mittel eine höhere Risikoprämie fordern.[51] Dadurch steigen insgesamt die Kapitalkosten der Unternehmung (WACC), weshalb aus Sicht der Aktionäre das Management, „um das gleiche Risiko-Rendite-Profil wie vor der Einführung von Stock Options abzubilden, das gestiegene Risiko durch höhere pro-

---

[45] Vgl. oben Rz. 15 zum Risikopräferenzproblem.
[46] Vgl. auch *Weiß*, 1999, S. 92; *Wulff*, 2000, S. 9.
[47] *Winter*, 1997, S. 2.
[48] Vgl. *Bassen* in: Achleitner/Wollmert, 2000, S. 290 f.; *Weiß*, 1999, S. 83 f.
[49] Vgl. dazu unten Rz. 42–48.
[50] *Winter*, 1997, S. 16 f. (beide Zitate).
[51] Vgl. empirisch hierzu z.B. *DeFusco/Johnson/Zorn*, Journal of Finance 1990, S. 617 ff.

gnostizierte Cash Flows auffangen muss. (...) Um eine positive Bewertung von Stock Options vornehmen zu können, muss das erhöhte Risiko durch geeignete Maßnahmen sogar überkompensiert werden."[52]

3. Stock-Option-Pläne als Instrument zur Mitarbeiterrekrutierung und -bindung

28 Stock-Option-Pläne werden stets auch als Instrument im härter werdenden Wettbewerb um qualifizierte Führungskräfte genannt, der sich gerade auch infolge der Globalisierung und steigenden Mobilität der Manager verschärft. Dabei geht es sowohl um die Gewinnung neuer als auch die Bindung der eigenen Führungskräfte. Insbesondere für Start-up-Unternehmen wie auch Unternehmen in forschungs- und entwicklungsintensiven Wachstumsbranchen bieten sich angesichts hoher Anlaufkosten und Investitionsauszahlungen Stock-Option-Pläne als Vergütungsalternative an, da sie einerseits die (ohnehin angespannte) Liquidität schonen[53] und andererseits überhaupt erst die Verpflichtung hoch qualifizierter und spezialisierter (Führungs-)Kräfte erlauben.[54]

29 Letztendlich hat die Entlohnung für das Management angesichts Risiko, Fähigkeiten und Arbeits- sowie evtl. auch Kapitaleinsatz angemessen zu sein. Gemäß § 87 Abs. 1 AktG sollen die Gesamtbezüge des Vorstandsmitglieds in angemessenem Verhältnis zu seinen Aufgaben und zur Lage der Gesellschaft stehen. Zunehmend werden aber inzwischen durch Stock-Option-Pläne ausgelöste Gehaltsexzesse beklagt. Insbesondere seien „die nachgerade absurden Einkommenszuwächse amerikanischer Managergehälter in den letzten Jahren (...) so zu erklären".[55] Allerdings existieren für die USA auch Erklärungsansätze zur Begründung der hohen Entlohnung:
– In den USA erfolgt ein hohes undiversifiziertes Investment des Managements in die eigene Firma.
– Die Securities Regulation erschwert einen Verkauf der Anteile.
– Durch hohe Einkommen wird das hohe Risiko des Arbeitsplatzverlustes infolge feindlicher Übernahmen (hostile takeover) kompensiert.
– Hohe CEO-Gehälter sind das Preisgeld eines internen Wettbewerbs (tournament theory).

30 Dennoch provozieren in Deutschland die exorbitant hohen Vergütungen in den USA – getragen von der Befürchtung ihres Übergreifens auch auf die deutsche Entlohnungspraxis – unverändert Kritik. So sei beispielsweise eine Vergütung von 317,9 Mio. US-$ durch Aktienoptionen für den CEO von Walt Disney *Eisner* „eine durch nichts zu rechtfertigende Ausplünderung des Unternehmens und eine gleichzeitige Verhöhnung all derjenigen Mitarbeiter, die für Promillesätze dieses Gehalts in den Vergnügungsparks den Mickey machen müssen".[56]

---

[52] *Bassen* in: Achleitner/Wollmert, 2000, S. 291.
[53] Eine Schonung der Liquidität ist natürlich nur bei Stock-Option-Plänen auf Basis eines bedingten Kapitals gegeben. Differenziert zum Argument der Liquiditätsschonung *Weiß*, 1999, S. 102 f.
[54] Vgl. z.B. *Boldt/Neukirchen/Student/Werres*, Managermagazin, Heft 8/2001, S. 49; *Scherer* in: Achleitner/Wollmert, 2000, S. 62 ff.
[55] *Sprenger*, Wirtschaftswoche Nr. 11 vom 8.3.2001, S. 80; vgl. auch *Wulff*, 2000, S. 7.
[56] *Adams*, AG-Sonderheft Aktienrechtsreform 1997, S. 21. Vgl. dazu *Sprenger*, Wirtschaftswoche Nr. 11 vom 8.3.2001, S. 80: „Empfundene Fairness beeinflusst die intrinsische Motivation. Ver-

4. Berücksichtigung von Dividenden

Grundsätzlich ist ein Kursanstieg oder verhinderter Kursabschwung aus dem Blickwinkel des Shareholder Value positiv zu beurteilen. Daher muss eine Thesaurierung der Gewinne eine Reinvestition im Unternehmen ermöglichen, die eine Verzinsung mindestens in Höhe der bei gegebenem Risiko erzielbaren Alternativrenditen der Anteilseigner erwarten lässt, muss also die Wertsteigerung oder verhinderte Wertminderung des Unternehmens den Ausschüttungsverzicht der Aktionäre überkompensieren. Anderenfalls verlangt das Shareholder-Value-Konzept eine Ausschüttung der Mittel an die Anteilseigner. Zu berücksichtigen ist, dass gerade Kleinaktionäre Bedarf an Liquidität in Form der Dividende haben und bei Ausbleiben von Dividendenzahlungen zum Verkauf eines Teils ihrer Aktien gezwungen sein könnten.

Das Topmanagement ist in aller Regel in der Lage, auch über die Höhe der Dividendenzahlungen Einfluss auf den Aktienkurs zu nehmen. Als Optionsinhaber erhalten sie keine Dividende, wohl aber sinkt mit der Ausschüttung von Gewinnen an die Aktionäre (zunächst) der Börsenkurs der Aktien.[57] Tatsächlich scheint empirisch nach Auflage von Stock-Option-Plänen ein Zurückbleiben der gezahlten hinter der erwarteten Dividende beobachtbar zu sein.[58]

Eine Ausübungsbedingung könnte deshalb darin bestehen, die tatsächlich gezahlten Dividenden mit den Kapitalkosten aufzuzinsen und einer als Ausübungshürde im Stock-Option-Plan installierten Mindeststeigerung des Aktienkurses (z.B. gemessen an der Kursperformance einer Vergleichsgruppe) gegenüberzustellen. Auf diese Weise würde die Thesaurierung von Gewinnen verhindert, deren Reinvestition lediglich eine unter den Kapitalkosten liegende Rendite erwarten lässt. Durch eine im Interesse der Aktionäre liegende Ausschüttungspolitik wird der Ausübungsgewinn der optionsberechtigten Führungskräfte gesteigert: Nur wenn die mit den einbehaltenen Mitteln erzielbare Rendite die (risikoäquivalenten) Kapitalkosten übersteigt, ist der erzielbare Kurszuwachs höher als die aufgezinste Ausschüttung.[59]

5. Underwater Repricing

Die Einflussnahme auf das Rechnungswesen kann dem Vorstand trotz Zuständigkeit des Aufsichtsrats für die Festlegung der Vorstandsvergütung (§§ 84 Abs. 1, 87, 112 AktG) ermöglichen, de facto nicht unerheblichen Einfluss auf seine eigene Vergütung zu nehmen. Bei Stock-Option-Plänen besteht regelmäßig die Gefahr, dass die Optionen lediglich den Interessen des Managements dienen und die Steuerung der Ausübungsbedingungen einer quasi sicheren Gehaltserhöhung gleichkommt. Eine besondere Manipulationsquelle kann das sog. *underwater repricing* sein, wenn eine nachträgliche, für den Optionsinhaber vorteilhafte Anpassung der Optionsbedingungen bei Nichterreichen der Ausübungsvoraussetzun-

---

schiebt man die Gleichgewichte unverhältnismäßig, hat das erhebliche Auswirkungen auf Einstellung und Verhalten der Mitarbeiter."

[57] Vgl. *Menichetti*, DB 1996, S. 1689; *Pellens/Crasselt/Rockholtz* in: Pellens, 1998, S. 16; *Weiß*, 1999, S. 101 f.; *Wulff*, 2000, S. 8 f.
[58] Vgl. *Bassen* in: Achleitner/Wollmert, 2000, S. 287 f. m.w.N.
[59] Vgl. *Menichetti*, DB 1996, S. 1690.

gen vorgenommen wird.⁶⁰ Eine derartige Möglichkeit zur Nachbesserung von Stock-Option-Plänen ist hinsichtlich der beabsichtigten Anreizwirkung grundsätzlich kontraproduktiv, da auch im Falle schwacher Leistungen das dann einfach niedriger anzusetzende Ausübungsziel erreicht werden kann. Unter dem Blickwinkel des Shareholder Value muss Repricing daher unterbunden werden, denn „je härter die negativen Konsequenzen, mit denen eine Führungskraft, die das Vermögen der Eigentümer reduziert, rechnen muss, desto geringer ist die Wahrscheinlichkeit, dass diese Führungskraft auch tatsächlich gegen die Interessen der Eigentümer handelt".⁶¹

35 Ein nachträgliches Herabsetzen des Ausübungspreises kann z.B. auch nicht dadurch gerechtfertigt werden, dass das Management keine Schuld an einer veränderten wirtschaftlichen Situation trifft, denn hier hätte von vornherein durch Vereinbarung einer relativen Kurshürde gegengesteuert werden können. „Die nachträgliche Herabsetzung des Basispreises erscheint vielmehr als Versuch, das Management sogar noch für eine falsche Unternehmensleitung zu belohnen" und würde dem Management eine „Selbstbedienung" ermöglichen.⁶² Eine spätere Abänderung der in § 193 Abs. 2 AktG genannten Bedingungen des Stock-Option-Plans allein wegen schlechter Kursentwicklung liegt aus diesem Grunde ausschließlich in der Kompetenz der Hauptversammlung.⁶³

36 Letztlich handelt es sich hier aber um keinen spezifischen Nachteil von Stock-Option-Plänen, weil alternativ bei entsprechendem Einfluss auf die Vergütungsvereinbarungen genauso gut überhöhte Festgehälter vereinbart werden könnten.

6. Free-Rider-Problematik

37 Als problematisch wird empfunden, dass der Aktienkurs als Performance- und Vergütungsmaß keine Rückschlüsse auf die Wertbeiträge jedes einzelnen Optionsberechtigten zulässt. Da im Rahmen der Entlohnung einer Gesamtleistung weder herausragende Einzelleistungen gewürdigt noch unterdurchschnittliche Beiträge mit Sanktionen belegt werden, könnte dies eine Trittbrettfahrer-Mentalität Einzelner begünstigen, sich auf dem Engagement der Kollegen unter Minderung der eigenen Arbeitsleistung auszuruhen. Infolge mangelnder Individualisierbarkeit der Leistungsmessung und -entlohnung wird eine Reduzierung der mit Stock-Option-Plänen gerade verfolgten Anreizwirkung befürchtet. Aus einem Free-Rider-Verhalten gegenüber den Aktionären könne sich somit ein Free-Rider-Verhalten gegenüber den Kollegen entwickeln.

38 Ein derartiges Verhalten führt allerdings nur zum Erfolg, sofern es nicht gleichzeitig von einem größeren Teil der Optionsberechtigten adaptiert wird.

---

⁶⁰ Vgl. auch *Sweeney*, Journal of Accountancy 2001, S. 49 ff.
⁶¹ *Rappaport*, 1994, S. 7 (vgl. dazu schon oben Rz. 18).
⁶² *Friedrichsen*, 2000, S. 179 f. Ablehnend auch *Deutscher Corporate Governance Kodex*, 2002, Abschnitt 4.2.3, S. 6: „Eine nachträgliche Änderung der Erfolgsziele soll ausgeschlossen sein." Vgl. in diesem Zusammenhang auch schon den eindeutigen Titel eines Beitrags von *Wenger*, Im Selbstbedienungsladen des Konzernmanagements wird der Privatanleger noch immer verhöhnt, Wirtschaftsdienst 1997, S. 254–258.
⁶³ Vgl. *Begründung zum Entwurf eines Gesetzes zur Kontrolle und Transparenz im Unternehmensbereich (KonTraG)*, BR-Drucksache 872/97, S. 61, BT-Drucksache 13/9712, S. 23: „Da die begünstigten Organe befangen sein dürften, müssen die für die Anteilseigner wesentlichen Eckdaten des Bezugsrechts im Hauptversammlungsbeschluss geregelt sein"; ferner *Friedrichsen*, 2000, S. 180; im Ergebnis auch *Bernhardt*, FB 2001, S. 432.

V. Vermutete Auswirkungen von Stock-Option-Plänen auf das Managerverhalten

Genau dies ist von neueren theoretischen Arbeiten auf dem Gebiet dynamischer Teamprozesse unter Einbeziehung von Spiel- und Transaktionskostentheorie erkannt worden. Entsprechend sind „Koordinations- und Überwachungsaktivitäten innerhalb des Teams zu erwarten, um den gemeinsamen Erfolg und damit die Gesamtvergütung zu maximieren".[64]

Die vorstehende Argumentation impliziert auch die Entscheidung über den Kreis der Vergütungsberechtigten, da mit abnehmender Führungsebene die Anzahl der betroffenen Personen sprunghaft zunimmt, gleichzeitig sich die internen Kommunikations- und Koordinationsprozesse abschwächen, sodass vermehrt mit Free-Rider-Verhalten zu rechnen ist. Dies ist vor allem bei der Diskussion zu berücksichtigen, ob auch solche Mitarbeiter(gruppen) mit Optionen ausgestattet werden sollten, die ohnehin keinen nennenswerten Einfluss auf die Entwicklung des Aktienkurses ausüben können.[65] **39**

---

[64] *Weiß*, 1999, S. 88 m.w.N.
[65] Vgl. *Friedrichsen*, 2000, S. 38 f.; *Pellens/Crasselt/Rockholtz* in: Pellens, 1998, S. 15; *Wenger* in: Meffert/Backhaus, 1998, S. 64.

B. Entscheidungsparameter zur Gestaltung von Stock-Option-Plänen

I. Der Kreis der Berechtigten

40 Zunächst stellt sich die Frage, ob die Teilnahme am Stock-Option-Plan dem oberen Management vorbehalten bleibt oder einem größeren Kreis von Mitarbeitern bis hin zur gesamten Belegschaft offen stehen soll. Gesetzlich ist in § 192 Abs. 2 Nr. 3 AktG eine Beschränkung nicht vorgesehen. Die Zielsetzung von Stock Options, einen Anreiz zur Unternehmensführung im Sinne der Aktionäre und damit zur Maximierung des Shareholder Value zu geben, spricht für die Vergabe von Stock Options nur an solche Mitarbeiter, die auf die Entwicklung des Aktionärsvermögens auch maßgeblichen Einfluss ausüben können. Daher sollten Stock Options „lediglich einem begrenzten Kreis von oberen Führungskräften" gewährt werden.[1] *Rappaport* meint sogar, dass sich Stock-Option-Pläne gerade wegen ihrer Orientierung am Aktienkurs letztlich nur für das Management der Gesamtunternehmung eigneten; die Ausübbarkeit der Optionen aller übrigen Führungskräfte sei von deren Unternehmensführung abhängig. Könne daher trotz eigener hervorragender Leistungen die Option nicht ausgeübt werden, verkehre sich das angestrebte Motivationsziel leicht ins Gegenteil.[2]

41 Die Vergütung von Aufsichtsratsmitgliedern durch Stock Options ist gesetzlich (bei Bedienung durch bedingtes Kapital § 192 Abs. 2 Nr. 3 AktG, durch eigene Anteile § 71 Abs. 1 Nr. 8 S. 5 AktG) nicht vorgesehen.[3] Organisatorisch möglich und rechtlich zulässig kann es aber sein, Aufsichtsratsmitglieder durch Ausgabe von Wandelschuldverschreibungen oder Optionsanleihen an der Wertentwicklung des Unternehmens zu beteiligen. Eine Abkopplung der Vergütung des Aufsichtsrats vom Unternehmenserfolg ist vor dem Hintergrund der durch

---

[1] *Pellens/Crasselt/Rockholtz* in: Pellens, 1998, S. 15: „Ein unmittelbarer Einfluss der Begünstigten auf die Aktienkursentwicklung ist wenn überhaupt wohl nur für Führungskräfte der obersten Hierarchieebene zu vermuten. Für Führungskräfte mittlerer und unterer Hierarchieebenen sowie für die übrigen Mitarbeiter ist ein derartiger Einfluss insgesamt zwar gegeben, aber bezogen auf die individuellen Leistungen kaum messbar."

[2] Vgl. *Rappaport*, 1999, S. 138 ff. Eine über die oberen Hierarchiestufen eines Unternehmens hinausgehende Ausdehnung des Kreises der Begünstigten wird denn auch als „Ausfluss falsch verstandener Sozialromantik" kritisiert, zumal dieser Personenkreis in aller Regel den Hauptanteil seines Einkommens über das Gehalt beziehe, sodass es durch die Beteiligung am Stock-Option-Plan zu einer nicht sinnvollen Übertragung des unsystematischen Risikos komme [*Wenger* in: Meffert/Backhaus, 1998, S. 64; vgl. zur Übertragung des unsystematischen Risikos auch schon oben Rz. 15]. „Der verbreitete Einsatz von Belegschaftsaktien für alle Mitarbeiter dient deshalb auch weniger als unmittelbares Anreizinstrument", sondern der „Stärkung der Identifikation mit dem Unternehmen" [*Pellens/Crasselt/Rockholtz* in: Pellens, 1998, S. 15] oder auch lediglich schlichter Einkommensverbesserung. Angesichts der am Markt für qualifizierte Spezialisten und Führungskräfte aller Ebenen gebotenen Gehälter besteht gerade für Wachstumsunternehmen mitunter die einzige Möglichkeit darin, über die Begebung eines Stock-Option-Plans eine marktübliche Vergütung in Aussicht zu stellen; vgl. schon oben Rz. 28.

[3] Vgl. z.B. *Friedrichsen*, 2000, S. 196 m.w.N.

das KonTraG gewollten Intensivierung der Aufsichtsratstätigkeiten und -funktionen auch sicherlich nicht wünschenswert.[4] Man muss sich aber auch fragen, in welchem Maße eine Vergütung der Aufsichtsratsmitglieder durch Stock Options nicht am Ende mit der Aufsichts- und Kontrollfunktion konfligieren kann.[5]

Zum Kreis der Begünstigten aus gesellschaftsrechtlicher Sicht vgl. Rz. 135.

II. Der Aktienkurs als Maßstab der Performance-Messung

1. Festlegung des Ausübungspreises

Grundvoraussetzung des Stock-Option-Plans als Anreizsystem ist die unmittelbare Anknüpfung der Belohnung an die Leistung. Da unternehmerisches und wertorientiertes Verhalten und die Bereitschaft zur Übernahme unternehmerischen Risikos gefördert werden sollen, ist es von besonderer Bedeutung, dass der Entscheidungsträger den Maßstab seiner Entlohnung auch tatsächlich beeinflussen kann und ihm die Ergebnisse seiner individuellen Leistung auch zugerechnet werden können.[6] Zumindest langfristig gilt der Aktienkurs als geeignete Maßgröße für die Unternehmensperformance, also die Steigerung des Shareholder Value.[7] Infolge dieser im Aktienkurs widergespiegelten langfristigen Ertragsprognose wird beim Management eine auch über die eigene Unternehmenszugehörigkeit hinausgehende langfristige Ausrichtung der Unternehmensführung gefördert. Schon mit Blick auf die angestrebte Langfristigkeit unternehmerischer Entscheidungen ist es empfehlenswert, der Vergütungsbemessung grundsätzlich keine Stichtagskurse, sondern über einen längeren Zeitraum ermittelte Durchschnittskurse zugrunde zu legen.

42

Der Ausübungspreis bestimmt zusammen mit der Anzahl der eingeräumten Optionen die Gewinnhöhe der Optionsberechtigten. Von ihm hängt (unmittelbar bei Aktienoptionsplänen nach § 192 Abs. 2 Nr. 3 AktG, mittelbar bei Bedienung der Optionen durch Aktienrückkauf) der Grad der Kapitalverwässerung für die Altaktionäre ab. Für die Festlegung des Ausübungspreises kommen zunächst drei Szenarien in Betracht:[8]
– Festlegung des Ausübungspreises auf Höhe des aktuellen Börsenkurses am Tag der Begebung des Stock-Option-Plans (sog. At-the-Money-Option).
– Festlegung des Ausübungspreises über dem aktuellen Börsenkurs (sog. Out-of-the-Money-Option); die erste Kurssteigerung kommt damit ausschließlich den Aktionären zugute.
– Festlegung des Ausübungspreises unterhalb des aktuellen Börsenkurses (sog. In-the-Money-Option). Da hier ohne jede Leistung sofort die Begünstigten zu Lasten der Eigentümer profitieren (es also widersinnigerweise mit Installierung des wertorientierten Anreizsystems erst einmal zur Vernichtung von Shareholder Value kommt), erscheint diese Variante ausnahmsweise nur im

43

---

[4] Vgl. *Seibert* in: Pellens, 1998, S. 42 f., und umfassende Erörterung bei *Friedrichsen*, 2000, S. 195–203.
[5] Vgl. auch *Oltmanns* in: Achleitner/Wollmert, 2000, S. 213 ff.
[6] Vgl. schon oben Rz. 22 f., 40; *Pellens/Crasselt/Rockholtz* in: Pellens, 1998, S. 14 f.
[7] Vgl. schon oben Rz. 22.
[8] Vgl. auch *Achleitner/Wichels* in: Achleitner/Wollmert, 2000, S. 19.

Falle von Sanierungsgesellschaften gerechtfertigt, da hier die Bekanntgabe der Sanierungsnotwendigkeit in der Regel starke und nachhaltige Kurseinbrüche induziert.[9]

44 Nach Ablauf der Sperrfrist können die Optionen im Regelfall sofort zum Ausübungspreis ausgeübt werden; bestehen keine Haltefristen der bezogenen Aktien, kann die Differenz zwischen Ausübungspreis und aktuellem Börsenkurs sofort realisiert werden. Wurde im Stock-Option-Plan eine Indizierung des Ausübungspreises und damit die Koppelung an eine angestrebte Mindestperformance vorgenommen, so fällt der mögliche Ausübungsgewinn von vornherein geringer aus.[10] Der Vorteil dieser Ausgestaltungsvariante liegt (wie schon erwähnt) darin, dass nicht eine Gesamtperformance seit Auflegung des Stock-Option-Plans, sondern wunschgemäß lediglich die höhere Performance gegenüber dem Vergleichsmarkt vergütet wird.[11]

45 Aus verschiedenen Gründen kann eine nachträgliche Anpassung des Ausübungspreises erforderlich werden:[12]
– Der Ausübungspreis ist entsprechend herabzusetzen, sofern während der Laufzeit des Plans junge Aktien, Wandelschuldverschreibungen, Optionsanleihen, etc. ausgegeben werden und die Optionsberechtigten keine Bezugsrechte erhalten.
– Die Zahlung von Dividenden muss bei der Ausgestaltung des Stock-Option-Plans entweder durch Erhöhung des Börsenkurses oder Abschlag vom Ausübungspreis berücksichtigt sein.
– Umgekehrt muss wegen der Kursbeeinflussung beim Erwerb eigener Aktien entweder der Börsenkurs nach unten bereinigt oder der Ausübungspreis entsprechend heraufgesetzt werden.

Zu gesellschaftsrechtlichen Fragen der Festlegung des Ausübungspreises im Einzelnen vgl. Rz. 140 ff.

2. Indexanbindung des Ausübungspreises

46 Im Falle der Optionsausübung nur auf die absolute Höhe bzw. Entwicklung des Aktienkurses abzustellen, wurde in jüngerer Zeit allgemein abgelehnt, da hierbei die Entwicklung von Vergleichsmärkten nicht berücksichtigt ist. Da aber gerade die Leistung des Managements gemessen und ggf. honoriert werden soll, muss die Entwicklung des Aktienkurses um solche (externen) Faktoren bereinigt werden, die nicht im Einflussbereich des Managements gelegen haben. Auf diese Weise können unternehmensextern induzierte Zufallsgewinne (sog. windfall profits) wie Zufallsverluste (sog. windfall losses) des Aktienkurses von der Vergütung ausgenommen werden.[13] Auch wird eine Möglichkeit der Einflussnahme bei Stock-Option-Plänen darin gesehen, dass entsprechende Pläne vom Vorstand (und damit den (Haupt-)Optionsberechtigten) dann aufgelegt werden, wenn die

---

[9] Vgl. *Friedrichsen*, 2000, S. 172, 175 f.
[10] Vgl. *Achleitner/Wichels* in: Achleitner/Wollmert, 2000, S. 19; *Friedrichsen*, 2000, S. 169-177; *Menichetti*, DB 1996, S. 1690 f.; *Pellens/Crasselt/Rockholtz* in: Pellens, 1998, S. 15; *Wenger* in: Meffert/Backhaus, 1998, S. 60 f.
[11] Vgl. ergänzend die Ausführungen in Fußnote 19 (Rz. 47).
[12] Vgl. *Friedrichsen*, 2000, S. 178 f.
[13] Vgl. *Bernhardt*, FB 2001, S. 432; *Pellens/Crasselt/Rockholtz* in: Pellens, 1998, S. 15; *Seibert* in: Pellens, 1998, S. 44 f.

II. Der Aktienkurs als Maßstab der Performance-Messung

Aktienkurse allgemein sehr niedrig sind und damit die Ausübungsgewinne mutmaßlich sehr hoch ausfallen werden.

Um derartigen Zufälligkeiten wie auch Einflussnahmen seitens des begünstigten Managements zu begegnen, hatte sich zwischenzeitlich allgemein die Koppelung des Ausübungspreises der Optionen an einen *Vergleichsindex* durchgesetzt;[14] dabei werden überwiegend Branchen- oder Gesamtmarktindizes herangezogen. „Solche relativen Kursziele sind vom Gesetzgeber nicht zwingend vorgegeben, sie sind aus Sicht der Anteilseigner aber besonders sinnvoll."[15] Je stärker ein Unternehmen diversifiziert ist, desto breiter muss letztendlich der verwendete Index angelegt sein; umgekehrt darf eine Indizierung nicht so umfassend sein, dass sie Charakteristika der jeweiligen Branche vernachlässigt.[16] Eine Ausübung der Option ist nur dann zulässig, wenn sich der Aktienkurs des Unternehmens (evtl. um einen festgelegten Mindestprozentsatz) besser entwickelt hat als der Vergleichsmarkt. Diese Regelung kann auf Zeiten schlechter Wirtschaftslage und sinkender Kurse ausgedehnt werden, wenn der Aktienkurs des Unternehmens weniger stark rückläufig als der Vergleichsmarkt gewesen ist; auf diese Weise bleibt gerade auch in Krisensituationen eine Anreizwirkung von Stock-Option-Plänen erhalten. Zugleich wird hierin aber die Gefahr gesehen, „neben den branchenexogenen Faktoren (…) auch die Managementleistung in der Branche" auszublenden[17] und dem Management fälschlicherweise einen Anreiz dafür zu geben, in einem rückläufigen Marktsegment mit schlechten Zukunftsprognosen nur deshalb zu verharren, weil immer noch besser als der Index abgeschnitten wird.[18] Dieser drohenden Fehlallokation von Kapital könnte etwa dadurch begegnet werden, dass neben die relative zusätzlich noch eine absolute Kurshürde gestellt würde.[19] **47**

Im Unterschied zur oben befürworteten Indizierung empfiehlt der mit Datum vom 26. Februar 2002 vorgelegte Deutsche Corporate Governance Kodex im Rahmen der Ausübungsbedingungen von Stock Options als „festgelegte Vergleichsparameter (…) die Wertentwicklung von Aktienindices oder das Erreichen bestimmter Kursziele".[20] Die Vorversion des Kodex nannte in Adaption der Forderungen von Aktionärsvertretern lediglich Indizierungen als Performancemaße **48**

---

[14] Auf diese Weise wird aus dem späteren Ausübungsgewinn der allgemeine Marktaufschwung herausgefiltert und mithin nur die Überperformance der Aktienkursentwicklung des Unternehmens belohnt; vgl. hierzu z.B. *KPMG*, 2000, S. 15.

[15] *Begründung zum Entwurf eines Gesetzes zur Kontrolle und Transparenz im Unternehmensbereich (KonTraG)*, BR-Drucksache 872/97, S. 63, BT-Drucksache 13/9712, S. 24. „Sie helfen, eine Ausübung bei haussierender Börse aber gleichzeitiger Unterperformance der konkreten Gesellschaft (windfall profits) zu vermeiden" [*ebenda*].

[16] Zur Besonderheit eines den Vergleichsindex maßgeblich prägenden Unternehmens, das durch eigene gute Leistungen auch seine ‚benchmark' stetig erhöht, sowie zu internationalen und stark diversifizierten Unternehmen vgl. *Friedrichsen*, 2000, S. 158, 160 f.

[17] *Weiß*, 1999, S. 95.

[18] Vgl. *Bassen* in: Achleitner/Wollmert, 2000, S. 285; *Baums*, FS Claussen, 1997, S. 13; *Friedrichsen*, 2000, S. 159; *Rappaport*, 1999, S. 137; *Weiß*, 1999, S. 95; *Wenger* in: Meffert/Backhaus, 1998, S. 61.

[19] Kritisch zu sehen ist allerdings die Ausgestaltung der relativen Kurshürde als ‚Freigrenze': Denn in der Regel profitiert dann das Management bei Überschreiten dieser Hürde nicht nur von der gegenüber dem Vergleichsmarkt *mehr* geschaffenen Steigerung des Unternehmenswerts, sondern von der Gesamtsteigerung und damit auch von unternehmensexogen kursbildenden Faktoren. Als Lösung bietet sich an, von vornherein den Ausübungspreis zu indizieren.

[20] Vgl. *Deutscher Corporate Governance Kodex*, 2002, Abschnitt 4. 2. 3, S. 6; der Kodex unterscheidet gemäß seiner Präambel (S. 2) zwischen *Empfehlungen* und *Anregungen*. Von Empfehlungen

und schloss damit das Erreichen absoluter Kursziele als Ausübungsbedingungen aus. „Nachdem der Kodex nunmehr ausdrücklich auch Kursziele als geeignete Vergleichsparameter nennt, dürften es Aktionärsvertreter in Zukunft schwerer haben, diese Gestaltungen anzugreifen."[21]

Zu gesellschaftsrechtlichen Fragen der Festlegung von Erfolgszielen vgl. Rz. 144 ff.

III. Laufzeit und Ausübungsbedingungen

49 Auf einem vollkommenen Kapitalmarkt entspricht der Aktienkurs den leistungswirtschaftlichen Cash Flows des Unternehmens, diskontiert mit der bei alternativer Kapitalverwendung durch die Aktionäre erzielbaren Rendite (Alternativrendite). In der Realität jedoch sind Kapitalmärkte nicht vollkommen, sodass „zumindest kurzfristig Kursentwicklungen eintreten können, die aufgrund der Unternehmensperformance nicht erklärbar sind. Langfristig wird davon ausgegangen, dass der Aktienkurs eine vom Markt objektivierte Kenngröße für die Unternehmensperformance darstellt."[22] Schon aus dieser ökonomischen Überlegung heraus sollten die Optionsempfänger für einen Mindestzeitraum dem Kursrisiko ausgesetzt, also hinsichtlich der Ausübbarkeit der zugewandten Stock Options entsprechende Sperrfristen vorgesehen werden.

50 Die ökonomische Einschätzung deckt sich im Wesentlichen mit den einschlägigen Rechtsvorschriften. Das Gesetz sieht für die Ausübung von nackten Optionen im Rahmen einer bedingten Kapitalerhöhung wie auch bei Rückkauf eigener Aktien bereits eine zweijährige Sperrfrist vor (§§ 193 Abs. 2 Nr. 4, 71 Abs. 1 Nr. 8 S. 5 AktG). Diese Sperrfrist sollte bei Auflegung eines Stock-Option-Plans eher noch überschritten werden, um bei den Entscheidungsträgern eine langfristige Ausrichtung auf die Unternehmensziele und eine langfristige Bindung an das Unternehmen zu bewirken. Hier bietet es sich zur Sicherung der Anreizkompatibilität auch an, den Führungskräften in regelmäßigen Zeitabständen neue Optionen zu gewähren, um deren langfristige Identifikation mit den Zielen des Unternehmens zu sichern und kursmanipulierendes Verhalten zu unterbinden.[23] Um sogar über die eigene Amtszeit hinaus langfristiges Denken zu fördern, wäre zu überlegen, auch noch für eine gewisse Dauer nach Ausscheiden aus dem Unternehmen eine Ausübung der erworbenen Optionsrechte zu gewähren. Virtuelle Stock-Option-Pläne unterliegen von vornherein keiner gesetzlichen Ausübungshürde, doch sollte im Interesse der Anreizkompatibilität des Plans auch hier eine solche vorgesehen werden.[24]

51 Um die intendierte Anreizwirkung des Stock-Option-Plans auf die Managementleistung nicht zu untergraben, ist es aus Sicht der Eigner erforderlich, ähnlich wie schon in den USA üblich, Gegengeschäfte (Hedging) zu untersagen.

---

kann abgewichen werden, diese Abweichung ist dann aber offen zu legen. Von Anregungen ist eine Abweichung demgegenüber auch ohne Offenlegung zulässig.

[21] *Austmann/Müller-Bonanni*, Handelsblatt Nr. 46 vom 6. 3. 2002, S. R 2.
[22] *Pellens/Crasselt/Rockholtz* in: Pellens, 1998, S. 15; vgl. auch *Friedrichsen*, 2000, S. 148 f.; *Weiß*, 1999, S. 74–81.
[23] Vgl. *Achleitner/Wichels* in: Achleitner/Wollmert, 2000, S. 20.
[24] Vgl. *Pellens/Crasselt/Rockholtz* in: Pellens, 1998, S. 15.

Durch (Weiter-)Verkauf der Optionen des Unternehmens am Kapitalmarkt oder Vereinbarung von Termingeschäften könnte das Management anderenfalls nämlich sein Einkommen auch ohne Implementierung der mit dem Stock-Option-Plan verfolgten wertorientierten Unternehmensführung erhöhen.[25]

Auch nach Ausübung der Optionen kann es im Sinne des Unternehmensziels (Maximierung des Shareholder Value) und damit der Aktionäre sein, eine Sperrfrist für die dann gehaltenen Aktien vorzusehen, um wiederum die Herbeiführung kurzfristiger Kursschwankungen durch gezielte Informationspolitik und/oder deren bloße Ausnutzung zu unterbinden. Nicht übersehen werden sollte jedoch, dass Stock Options einen nicht unwesentlichen Anteil des Gehalts ausmachen können, weshalb es sinnvoll und notwendig sein kann, die Mindesthaltefrist auf einen bestimmten Anteil der Aktien zu beschränken. Dies muss bereits deshalb gelten, weil der Ausübungsgewinn regelmäßig der Lohnsteuer unterliegt und sichergestellt sein muss, dass zum Zeitpunkt des Lohnsteuereinbehalts hinreichende Mittel zur Erfüllung dieser gesetzlichen Verpflichtung zur Verfügung stehen. 52

Auch bei Stock-Option-Plänen mit feststehenden, evtl. indizierten, jedoch unveränderlichen Ausübungsbedingungen besteht die Möglichkeit, dass die Optionsberechtigten durch gezielte Streuung von Informationen den Aktienkurs zum Ausübungszeitpunkt ihrer Optionen zu manipulieren versuchen.[26] Bei zufrieden stellend funktionsfähigen Kapitalmärkten – diese wird man in den großen Industrienationen voraussetzen dürfen – und damit hinreichender (sog. halbstrenger) Kapitalmarkteffizienz ist freilich davon auszugehen, dass derartige Manipulationshandlungen mindestens mittelfristig erkannt und mit der Sanktion von Kursverlusten belegt werden.[27] Schon wegen dieser mittelfristigen Reaktionsgeschwindigkeit funktionierender Kapitalmärkte sollte zur Vermeidung derartiger Manipulationsmöglichkeiten durch Insiderkenntnisse das Recht zur Veräußerung der bezogenen Aktien an eine Sperrfrist geknüpft sein. Zusätzlich sollte der Verkauf nur innerhalb vorab feststehender *Handelsfenster* (sog. Trading Windows) zulässig sein; es bieten sich hier mehrwöchige Zeitspannen direkt im Anschluss an die Hauptversammlung oder sonstige die Öffentlichkeit informierende Pflichtberichterstattungen an, da in diesen Zeiträumen für alle Kapitalmarktteilnehmer eine hinreichende Mindestinformation gewährleistet ist.[28] 53

Zu gesellschaftsrechtlichen Fragen der Plangestaltung im Übrigen vgl. Rz. 150 ff.

IV. Wirtschaftlichkeit

Die Einführung von Stock-Option-Plänen muss aus dem Blickwinkel der Aktionäre betrachtet in jedem Fall wirtschaftlich sein, d.h. der Nutzen des Stock-Option-Plans muss dessen Kosten übersteigen. Von den Aufwendungen zur eigentlichen Auflage des Plans abgesehen, entstehen den Aktionären weitere 54

---

[25] Vgl. *Kühnberger/Keßler*, AG 1999, S. 455; *Wenger/Knoll*, BFuP 1998, S. 567 f.
[26] Vgl. *Friedrichsen*, 2000, S. 29, 57; *Winter*, 1997, S. 4; *Wulff*, 2000, S. 8.
[27] Vgl. *Friedrichsen*, 2000, S. 29; *Weiß*, 1999, S. 99 f.
[28] Vgl. *KPMG*, 2000, S. 15.

Kosten nur dann, wenn der am Aktienkurs gemessene Unternehmenswert tatsächlich gesteigert wurde (gestiegen ist). Die Kosten für die Unternehmenseigner resultieren entweder
- bei echten Eigenkapitalinstrumenten (aktienbasierten Stock-Option-Plänen) aus der *Kapitalverwässerung* ihrer Anteile, da sie beispielsweise an der zur Bedienung des Managements notwendigen Kapitalerhöhung nicht teilnehmen, oder
- bei virtuellen Eigenkapitalinstrumenten (virtuellen Stock-Option-Plänen, wie z.B. Phantom Stocks, Stock Appreciation Rights) aus dem *Liquiditätsabfluss* (was infolge der damit verbundenen Minderung des Aktionärsvermögens im Ergebnis eine mittelbare Kapitalverwässerung bedeutet).[29]

Die Auflage eines Stock-Option-Plans ist also nur dann sinnvoll für die Aktionäre, wenn die Unternehmenswertsteigerung die Kosten des Stock-Option-Plans in Form von Kapitalverwässerung oder Liquiditätsabfluss zuzüglich der Kosten für die Planimplementierung deutlich übersteigt.

55   Die Kosten der Kapitalverwässerung errechnen sich aus der Differenz zwischen dem aktuellen Marktpreis der Aktien bei Ausübung und dem Ausübungspreis der Option; freilich steht dieser Marktpreis erst bei Ausübung fest und mithin für die Kalkulation der Kosten des Stock-Option-Plans nicht zur Verfügung. Um dennoch die Wirtschaftlichkeit des Stock-Option-Plans im Vorhinein (ex ante) beurteilen zu können, ist im Zeitpunkt der Optionseinräumung der Marktwert der Optionen zu ermitteln; dieser Marktwert verkörpert gemäß dem Opportunitätskostengedanken die den Aktionären entgangenen Erträge, weil die Optionen nicht am Kapitalmarkt begeben, sondern dem Management zugewandt worden sind.

56   Stock-Option-Pläne sollen das Management veranlassen, aus eigenem Interesse auch im Interesse der Anteilseigner zu handeln, insbesondere höher rentierliche und damit aber auch risikoreichere Investitionen durchzuführen. Dabei muss bedacht werden, dass Eigen- wie Fremdkapitalgeber wegen des höheren Risikos eine höhere Verzinsung ihrer Kapitalvergabe fordern werden, wodurch aber die Kapitalkosten und damit auch die durch eine Aktienkurssteigerung überzukompensierenden Kosten des Stock-Option-Plans steigen. Mit anderen Worten muss durch das Tätigen risikoreicherer Investitionen die Renditesteigerung höher ausfallen als die dadurch ausgelöste Erhöhung der Kosten des Stock-Option-Plans.[30]

V. Zusammenfassung der wesentlichen Gestaltungsparameter

57   Aus der Diskussion von Shareholder-Value-Ansatz, Principal-Agent-Theorie und der daraus abgeleiteten Zielsetzung der Anreizkompatibilität von Management-Vergütungskonzepten ergeben sich folgende Anforderungen für die Auflage eines Stock-Option-Plans:

---

[29] Vgl. *Pellens/Crasselt/Rockholtz* in: Pellens, 1998, S. 16 f.
[30] Vgl. schon oben Rz. 27.

V. Zusammenfassung der wesentlichen Gestaltungsparameter

Eckpunkte von Stock-Option-Plänen

1. Der Ausübungspreis sollte an einem *Vergleichsindex* ausgerichtet sein. Dabei sollte es sich möglichst um einen Branchenindex handeln, um solche Entwicklungen im Kapitalmarkt auszugleichen, für die die Vorstände/Führungskräfte eines einzelnen Unternehmens nicht verantwortlich sind.
2. Der Ausübungspreis sollte eine Unternehmensentwicklung voraussetzen, die *über dem Vergleichsindex* liegt, um sicherzustellen, dass nur überdurchschnittliche Leistungen mit Aktienoptionen vergütet werden.
3. Zusätzlich sollte neben die durch Indexanbindung erzielte relative noch eine absolute Kurshürde gestellt werden.
4. Die Beurteilung der Unternehmensentwicklung im Vergleich zum Index sollte *auf langfristigen Durchschnittswerten* beruhen, um zu verhindern, dass kurzfristige Marktschwankungen einen bestimmenden Einfluss erlangen.
5. Im Falle von Kapital- und Strukturmaßnahmen sind die Ausübungsbedingungen der Optionen entsprechend anzupassen.
6. Der Optionsplan sollte die Höchstzahl der Aktien/Optionen festlegen, die den einzelnen Vorständen/Führungskräften und Mitarbeitern innerhalb eines bestimmten Zeitraums eingeräumt werden.
7. Aktienoptionspläne sollten angemessene Wartefristen, Laufzeiten und ggf. mehrere Tranchen aufweisen, damit sie Anreize für dauerhaft den Unternehmenswert erhöhende Strategien schaffen.
8. Aktienoptionen sollten nur innerhalb vordefinierter Handelsfenster (z.B. kurz nach Hauptversammlungen etc.) ausgeübt werden dürfen, um die Ausnutzung von Insiderwissen seitens optionsberechtigter Führungskräfte zu verhindern.

Tabelle 1: Wichtige Parameter zur Gestaltung von Stock-Option-Plänen[31]

---

[31] Vgl. auch *Bernhardt*, FB 2001, S. 432.

C. Entwicklungen in der Unternehmenspraxis – Eine empirische Studie[1]

I. Hintergrund

58   Die nachfolgenden Darstellungen basieren auf einer in zwei zeitlich getrennten Abschnitten durchgeführten Erhebung; diese erstreckte sich ausschließlich auf Stock-Option-Pläne börsennotierter Unternehmen. Der ersten, mittels Fragebogen durchgeführten Erhebung im Herbst 1999 folgte im Herbst 2000 eine zweite, ergänzende Befragung. In die Erhebung einbezogen wurden sämtliche Unternehmen des DAX 30, des MDAX und des NEMAX.

	DAX 30	MDAX	NEMAX
Antwortende Unternehmen (in %)	50,0 %	45,7 %	37,9 %
Antwortende Unternehmen (absolut)	15	32	112

Tabelle 2: Rücklaufquote der zweiten Befragung Herbst 2000

59   Die Verbreitung von Stock-Option-Plänen bei den Unternehmen der einzelnen Indizes ergibt folgendes Bild:

	DAX 30	MDAX	NEMAX
Unternehmen mit Stock-Option-Plan (in %)	93,3 %	46,9 %	82,1 %
Unternehmen mit Stock-Option-Plan (absolut)	14	15	92

Tabelle 3: Verbreitungsgrad von Stock-Option-Plänen (Befragung Herbst 2000)

60   Immerhin wiesen zum Zeitpunkt der ersten Studie gerade einmal 26,7 % der antwortenden MDAX-Unternehmen Stock-Option-Pläne auf, was verdeutlicht, dass derartige Pläne mittlerweile auch bei den MDAX-Unternehmen auf dem Vormarsch sind, wenngleich hier ihre Verbreitung bei weitem nicht an die Umfrageergebnisse bei DAX 30- und NEMAX-Unternehmen heranreicht.

61   Die zugrunde gelegte statistische Masse lässt eine Einstufung der Untersuchung als repräsentativ zu. Die Angaben der Unternehmen wurden zudem durch Veröffentlichungen im Bundesanzeiger und weitere, öffentlich zugängliche In-

---

[1] An dieser Stelle sei Herrn *Detmar Loff* für die Erhebung der Daten und die Überlassung der Ergebnisse herzlich gedankt. Vgl. für den folgenden Abschnitt insgesamt *Loff*, Mitarbeiterbeteiligungsprogramme bei börsennotierten Unternehmen, sowie *Loff*, Mitarbeiterbeteiligungsprogramme bei börsennotierten Unternehmen II, veröffentlicht unter: http://www.jura.uni-marburg.de/sonstiges/studpub.html.

formationen der Gesellschaften verifiziert. Eine Einschränkung erfuhr die Untersuchung dahingehend, dass Formen der Mitarbeiterbeteiligung i.S.d. § 19a EStG und so genannte Friends-and-Family-Programme nicht betrachtet wurden.

II. Ergebnisdarstellung der Indizesuntersuchung

1. Häufigkeit und Ausgestaltung der Stock-Option-Pläne

Die Ausgestaltungen der Stock-Option-Pläne der Unternehmen in den einzelnen Indizes sind durchaus verschieden. Insgesamt wird jedoch deutlich, dass die am stärksten vertretene Form von Plänen auf der Ausgabe von Aktienoptionen nach § 192 Abs. 2 Nr. 3 AktG basiert. Die nachfolgende Tabelle gibt die relativen Häufigkeiten von Stock-Option-Plänen je Index wieder. Mehrfachnennungen waren möglich, da sich aber (von Rundungsdifferenzen abgesehen) die Angaben je Index immer zu 100% addieren, erfolgt die Bedienung der ausgegebenen Optionen bei den teilnehmenden Unternehmen offensichtlich stets nach nur einem einzigen der möglichen Verfahren.

	DAX 30	MDAX	NEMAX
Aktienoptionspläne nach § 192 Abs. 2 Nr. 3 AktG	71,0 %	60,0 %	87,2 %
Aktienoptionspläne i.V.m. Wandel- oder Optionsanleihen	7,1 %	20,0 %	11,6 %
Stock Appreciation Rights (SARs)	21,4 %	20,0 %	1,2 %

Tabelle 4: Arten der Stock-Option-Pläne

2. Finanzierung der Stock-Option-Pläne

Die Finanzierung der Stock-Option-Pläne ist in den einzelnen Börsensegmenten sehr unterschiedlich ausgeprägt. Die unten stehende Tabelle gibt einen Überblick über die Art der Bedienung von Stock Options in den jeweiligen Marktsegmenten (da hier einige der antwortenden DAX 30-Unternehmen keine Angaben machten, addieren sich die Zahlen in der Tabelle nicht zu 100%). Auffällig ist, in welch hohem Maße Unternehmen des NEMAX ihre Stock-Option-Pläne über eine bedingte Kapitalerhöhung finanzieren (70,7%), während andere Finanzierungsformen mit 7,3 % (ordentliche Kapitalerhöhung), 18,3 % (Erwerb eigener Aktien) und 3,7 % (Barzahlung) deutlich in den Hintergrund treten:

	DAX 30	MDAX	NEMAX
Bedingte Kapitalerhöhung	35,7 %	53,3 %	70,7 %
Ordentliche Kapitalerhöhung	7,1 %	6,7 %	7,3 %
Erwerb eigener Aktien	26,8 %	13,3 %	18,3 %
Barzahlung	26,8 %	26,7 %	3,7 %

Tabelle 5: Finanzierung von Stock-Option-Plänen

C. Entwicklungen in der Unternehmenspraxis

Ein Erklärungsansatz für diese unterschiedliche Form der Bedienung von Stock-Option-Plänen mag sein, dass die Unternehmen des DAX 30 und MDAX oftmals über ausreichend liquide Mittel verfügen, den Stock-Option-Plan über den Erwerb eigener Aktien oder Barzahlung zu bedienen. Im Einzelfall mag auch eine Rolle spielen, dass die 10 %-Grenze der bedingten Kapitalerhöhung bereits voll ausgeschöpft ist.

3. Berechtigtenkreis

64 Auch hinsichtlich des Kreises der Berechtigten variieren die Stock-Option-Pläne der Unternehmen beachtlich. Die folgende Tabelle gibt einen Überblick, in welchem Maße welche Hierarchieebenen in den Unternehmen der drei Börsenindizes mit Stock Options vergütet werden.

	DAX 30	MDAX	NEMAX
1. und 2. Führungsebene	85,7 %	73,3 %	25,0 %
alle Mitarbeiter	14,3 %	26,7 %	63,4 %

Tabelle 6: Berechtigtenkreis bei Stock-Option-Plänen

Ein Ansatzpunkt für eine mögliche Interpretation dieses Ergebnisses könnte in der unterschiedlichen hierarchischen Struktur der jeweiligen Unternehmen liegen. Während bei den Unternehmen des NEMAX zumeist wenige Mitarbeiter in zudem flachen Hierarchien tätig sind, ist bei den Unternehmen der sog. Old Economy eine Beteiligung aller Mitarbeiter aufgrund der zahlreichen Hierarchiestufen und abgegrenzten Verantwortlichkeiten kaum zweckmäßig.[2]

4. Sperrfristen

65 Weiterhin sind die Sperrfristen für die erstmalige Ausübung der Optionen in den einzelnen Plänen unterschiedlich ausgestaltet. Am häufigsten vertreten ist die gesetzlich vorgesehene Mindestsperrfrist von 2 Jahren gemäß § 193 Abs. 2 Nr. 4 AktG, wie unten stehende Tabelle zeigt.

	DAX 30	MDAX	NEMAX
2 Jahre	50,0 %	53,3 %	70,1 %
3 Jahre	35,7 %	46,6 %	15,3 %

Tabelle 7: Sperrfristen im Rahmen von Stock-Option-Plänen

66 Eine über drei Jahre hinausgehende Wartezeit spielt bei den untersuchten Unternehmen eine nur untergeordnete (DAX 30, NEMAX) oder gar keine Rolle (MDAX).[3]

---

[2] Vgl. hierzu schon oben Rz. 40. Die Unternehmen des NEMAX sehen zudem gezielte Stock-Option-Pläne für ausgewählte Mitarbeiter, insbesondere bestimmte Fachkräfte vor (daher addieren sich die Angaben in der Spalte „NEMAX" auch nicht zu 100%).

[3] Bei Unternehmen mit mehreren Beteiligungsprogrammen wurde keine Aussage darüber getroffen, welcher Stock-Option-Plan welche Sperrfrist beinhaltet.

5. Tranchen der Stock-Option-Pläne

Ebenso wie die vorstehenden Planparameter variiert auch die Zahl der in den Plänen vorgesehenen Tranchen.

	DAX 30	MDAX	NEMAX
2 Tranchen	35,7 %	33,3 %	16,3 %
3 Tranchen	-	-	49,0 %
4 Tranchen	-	-	10,2 %
5 Tranchen	50,0 %	33,3 %	8,2 %

Tabelle 8: Anzahl der Tranchen bei Stock-Option-Plänen

Von Unternehmen des NEMAX wurden vereinzelt auch mehr als fünf Tranchen angegeben.

6. Ausübungskriterien / Erfolgsziele

Für alle Unternehmen ist der prozentuale Anstieg des Aktienkurses das vorrangig maßgebliche Ausübungskriterium. Daneben kommt auch dem prozentualen Anstieg gegenüber einem definierten Referenzindex (unternehmensindividuell ermittelter Referenzindex oder von der Deutschen Börse errechnete Referenzen) starke Bedeutung zu.

	DAX 30	MDAX	NEMAX
Prozentualer Anstieg des Aktienkurses	57,1 %	40,0 %	66,7 %
Entwicklung des Aktienkurses gegenüber Referenzindex	35,7 %	20,0 %	14,0 %

Tabelle 9: Erfolgsziele bei Stock-Option-Plänen

Demgegenüber erlangten eigene, vom Aktienkurs oder Referenzindex unabhängige Unternehmenskennzahlen oder persönliche Leistungsvereinbarungen keine überragende Bedeutung.

7. Änderungswünsche

Sowohl Unternehmen des DAX 30 (14,3 %) als auch des NEMAX (ca. 25 %) gaben an, dass bzgl. der bestehenden Stock-Option-Pläne Änderungs- bzw. Verbesserungsbedarf besteht. Diese Änderungswünsche beziehen sich hauptsächlich auf die Art des Plans, die Ausübungskriterien sowie die bilanziellen Konsequenzen:
– Art des Plans:
  – Verzicht auf sog. Restricted Stocks (Belegschaftsaktien);
  – stärkerer Einsatz von nackten Optionen;
  – Verzicht auf Stock Appreciation Rights zugunsten von nackten Optionen.

- Ausübungskriterien:
    - Verzicht auf persönlich verhandelbare Erfolgsziele;
    - Verzicht auf unternehmensinterne, buchhaltungsorientierte Kennzahlen als Maßgröße;
    - objektive, „verhandlungsunabhängige" Ausübungskriterien.
- Ausrichtung an bilanziellen Folgen des Programms:
    - Anpassung an Vorschriften nach US-GAAP zur Vermeidung von Personalaufwand.

III. Tendenzen

70 Die Ergebnisse der im Abstand von einem Jahr (Herbst 1999 bzw. 2000) durchgeführten Befragungen legen drei Tendenzen nahe:
- Steigende Bedeutung der Ausrichtung von Stock-Option-Plänen an den Erfordernissen der US-amerikanischen Rechnungslegung als dem maßgeblichen Normengerüst.
- Zunehmende Bedienung der Pläne über eigene Aktien oder Abgeltung der Wertsteigerung in Geld vor allem bei Unternehmen des DAX 30 und MDAX.
- Rückgang von Aktienoptionsplänen i.V.m. Wandelanleihen aufgrund der durch das KonTraG geschaffenen Möglichkeit der Ausgabe nackter Optionen.

71 Gegen die dritte Aussage finden sich in der Literatur bereits Kritiker, die die Auflage von Aktienoptionsplänen i.V.m. Wandelanleihen als attraktive Alternative zu Aktienoptionsplänen nach § 192 Abs. 2 Nr. 3 AktG betrachten. Vorteile von Aktienoptionsplänen i.V.m. Wandelanleihen werden dabei aufgrund folgender Gesichtspunkte gesehen:[4]
- keine zwingende Anwendung des § 193 Abs. 2 Nr. 4 AktG auf Beschlüsse nach § 192 Abs. 2 Nr. 3 AktG (Ausgabe von Wandelanleihen);[5]
- flexiblere Ausgestaltung des Stock-Option-Plans durch die Ausgabe von Wandelschuldverschreibungen mangels Bindung der Begründung des Bezugsrechtsausschlusses an die Vorgaben des § 193 Abs. 2 Nr. 4 AktG (bspw. kann auf die zweijährige Wartezeit verzichtet bzw. diese durch andere Komponenten wie Haltefristen für die mit Ausübung der Wandlungsrechte erworbenen Aktien ersetzt werden);
- ggf. Möglichkeit der Ausrichtung an steuerlichen Gesichtspunkten;
- Erweiterung des Kreises der Berechtigten unter Beachtung der gesellschaftsrechtlichen Vorschriften (so können etwa auch Aufsichtsräte in einen Stock-Option-Plan einbezogen werden).

---

[4] Vgl. bspw. *Roß/Pommerening*, WPg 2001, S. 645, 647 f. m.w.N.

[5] Die Anwendung des § 193 Abs. 2 Nr. 4 AktG auf Wandelschuldverschreibungen ist auch nicht erforderlich, da der gem. §§ 221 Abs. 4 Satz 2, 186 Abs. 4 Satz 2 AktG erforderliche Bericht des Vorstandes über den Bezugsrechtsausschluss bei der Ausgabe von Wandel- und Optionsanleihen den mit § 193 Abs. 2 Nr. 4 AktG angestrebten Schutz vor Kapitalverwässerung gewährleistet. Vgl. bspw. *Roß/Pommerening*, WPg 2001, S. 645 sowie *Feddersen/Pohl*, AG 2001, S. 29.

D. Neuere Entwicklungen in der Steuergesetzgebung[1]

I. Einführung

Aktienoptionen sowie vergleichbare Rechte sind heute wichtige Bestandteile 72
moderner Vergütungssysteme und international längst weit verbreitet. In den
USA haben sie stellenweise schon den Status eines Zahlungsmittels erreicht; so
lassen sich etwa Vermieter gewerblicher Immobilien, Anwaltskanzleien, Headhunter oder Public Relations-Spezialisten nicht selten mit Aktienoptionen statt
in bar entlohnen.[2] Zunehmend werden Aktienoptionen als wichtiger Wettbewerbsfaktor gerade für Start-up-Unternehmen genannt, die bei gleichzeitiger
Schonung ihrer (in der Gründungsphase typischerweise angespannten) Liquidität
den von ihnen umworbenen Spitzenkräften dennoch ein attraktives Gehaltsangebot unterbreiten können. Die Vergütung mittels Aktienoptionen sei für diese
Unternehmen daher von geradezu „vitaler Bedeutung".[3] Bis vor drei oder vier
Jahren ist Deutschland freilich in der Anwendung dieser Vergütungsform ein
Entwicklungsland gewesen,[4] und entsprechend existiert nach wie vor keine besondere gesetzliche Regelung für die Besteuerung dieser Entlohnungsformen.
Die derzeit praktizierte Besteuerung jedenfalls wird vom Deutschen Industrie-
und Handelstag (DIHT) wie auch von der Bundesvereinigung der Deutschen
Arbeitgeberverbände (BDA) offen als „Hemmschuh" kritisiert.[5] Auch die CDU/
CSU-Bundestagsfraktion hat Anfang 2001 die Bundesregierung in einem parlamentarischen Antrag aufgefordert, die Steuerbelastung von Mitarbeiter-Aktienoptionen zu verringern.[6]

Die Diskussion um die sachgerechte Besteuerung von Aktienoptionen kreist 73
vorwiegend um zwei Fragen:
– Welcher Einkunftsart sollen aktienbasierte Vergütungen zugerechnet werden?
– Zu welchem Zeitpunkt ist die Einräumung der Option steuerlich als Zufluss
  eines geldwerten Vorteils zu erfassen, und welcher Tarif ist auf die Vergütung
  anzuwenden?

---

[1] Die steuerliche Behandlung der einzelnen Modelle wird im Detail in den Abschnitten F. ff. ausgeführt.

[2] Vgl. Frankfurter Allgemeine Zeitung vom 21. 6. 2000, S. 26.

[3] Vgl. z.B. Frankfurter Allgemeine Zeitung vom 29. 5. 2000, S. 17; vom 2. 8. 2000, S. 17; vom 17. 8. 2000, S. 13.

[4] Vgl. schon oben Rz. 1 sowie Tabelle 3.

[5] Vgl. Frankfurter Allgemeine Zeitung vom 2. 8. 2000, S. 17; *Beise*, Süddeutsche Zeitung vom 8. 2. 2001, S. 23: „Die Diskussion ist heftig entbrannt, es geht um viel Geld, um Steuersystematik und um die Attraktivität des Standorts".

[6] Vgl. Frankfurter Allgemeine Zeitung vom 15. 2. 2001, S. 19.

II. Einkunftsart

74 Hinsichtlich der betroffenen Einkunftsart wurde vereinzelt etwa von Vertretern des Deutschen Industrie- und Handelstags (DIHT)[7] die Auffassung geäußert, Gewinne aus Aktienoptionen nicht als Einkünfte aus nichtselbständiger Arbeit (Arbeitseinkommen), sondern als Einkünfte aus Kapitalvermögen und somit nach dem Halbeinkünfteverfahren zu besteuern. Auch der nordrhein-westfälische Wirtschaftsminister Ernst Schwanhold (SPD) äußerte sich in dieser Richtung; dadurch werde dem erhöhten Risiko-Charakter der Aktienoptionen steuerlich Rechnung getragen.[8] Damit einher ginge der angenehme (Neben-)Effekt, dass diese Einkünfte nicht der Sozialversicherungspflicht unterlägen.

75 Die Mehrzahl der Stimmen hält jedoch die Besteuerung als Arbeitseinkünfte für sachgerecht, was aber keinesfalls die Anwendung des Halbeinkünfteverfahrens ausschließt. Denn die Aktienoptionen gehen einem späteren Anteilsbesitz voraus oder können auch bereits als ‚werdende Gesellschafterrechte'[9] angesehen werden. Dieser Zusammenhang würde die gesetzestechnisch unumgängliche Erweiterung der bisherigen Tatbestandsvoraussetzungen in § 3 Nr. 40 EStG rechtfertigen. Systemgerecht ist dann natürlich das hälftige Abzugsverbot des § 3c Abs. 2 EStG für mit dem Options- und späteren Anteilserwerb zusammenhängende Aufwendungen anzuwenden. Die Besteuerung als Einkünfte aus nichtselbständiger Arbeit sollte vom Gesetzgeber durch eine entsprechende Ergänzung in der Aufzählung des § 19 Abs. 1 Satz 1 Nr. 1 EStG klar geregelt werden. Eine spätere Veräußerung der Anteile durch den begünstigten Arbeitnehmer unterliegt dann aber fraglos nicht mehr den Einkünften aus nichtselbständiger Arbeit, weshalb eine etwaige Steuerpflicht nur noch aus den §§ 17, 22, 23 EStG resultieren kann.

III. Besteuerungszeitpunkt

1. Besteuerung bei Gewährung der Aktienoptionen (Anfangsbesteuerung)

76 Kontrovers diskutiert wurde und wird nach wie vor der Besteuerungszeitpunkt. Teilweise wird die Auffassung vertreten, eine sog. *Anfangsbesteuerung* vorzunehmen, also bereits die Gewährung der Option als Zufluss eines geldwerten Vorteils zu besteuern; spätere Wertsteigerungen der Aktienoption stellen in diesem Fall jenseits der Spekulationsfrist einen nicht steuerbaren Vermögenszuwachs im Privatvermögen des Mitarbeiters dar. Die Frage nach der Bemessungsgrundlage wird unterschiedlich beantwortet:
– Regelmäßig besteht der geldwerte Vorteil für den Begünstigten in der Differenz zwischen Bezugspreis und Börsenkurs bei Ausübung der Option, der zukünftige Börsenkurs ist aber unbekannt. Für Zwecke der Anfangsbesteuerung

---

[7] Vgl. hierzu z.B. Frankfurter Allgemeine Zeitung vom 2. 8. 2000, S. 17.
[8] Vgl. Handelsblatt vom 30. 5. 2001, S. 5.
[9] Vgl. hierzu § 17 Abs. 1 Satz 3 EStG: „Anwartschaften auf (...) Beteiligungen".

III. Besteuerungszeitpunkt

kann der Wert der Option im Begebungszeitpunkt ermittelt werden.[10] Hierbei stellt sich allerdings ein massives Bewertungsproblem. Die viel zitierte *Black/ Scholes*-Formel berücksichtigt den Spezialfall einer europäischen Standardoption, die nur zum Ende ihrer Laufzeit ausgeübt werden kann. Die für deutsche Aktienoptionspläne charakteristischen Designparameter (Sperrfristen, absolute und relative Erfolgsziele, Ausübungszeitfenster, Regelungen bei Beendigung des Arbeitsverhältnisses, etc.) bedingen eine wesentlich komplexere Struktur der zugrunde liegenden Optionen, nehmen aber auf einen nach *Black/Scholes* errechneten Optionswert keinerlei Einfluss. Die Optionsbewertung erscheint daher als grundsätzlich ungeeignet zur Ermittlung einer Bemessungsgrundlage für Zwecke der Besteuerung. Bemerkenswert ist, dass in den USA nach IRC Sec. 83 und Reg. Sec. 1.83-7 hohe Anforderungen an die Bestimmung eines fair value für nicht börsennotierte Optionen gestellt werden und die Berechnung von Optionswerten durch Optionspreismodelle in solchen Fällen höchstrichterlich explizit abgelehnt worden ist.[11]

– Mehrfach vorgeschlagen wurde auch, für handelbare[12] Optionen dem belgischen Staffelmodell zu folgen; dieses sieht im Zeitpunkt der Optionseinräumung eine Bewertung bestimmter begünstigter, nicht handelbarer Optionen mit 7,5 Prozent bzw. sonstiger Optionen mit 15 Prozent des Werts der Aktie sowie je nach Laufzeit der Option entsprechend gestaffelte Zuschläge vor.[13]

Die Besteuerung im Zeitpunkt der Optionsgewährung wird von der Rechtsprechung[14] und weiten Teilen der Literatur[15] abgelehnt. Entscheidend sei, „dass für Bar- wie Sachlohn nach gefestigter höchstrichterlicher Rechtsprechung das Realisierungsprinzip gilt, wonach nicht schon das Einräumen von Ansprüchen, sondern erst deren Erfüllung einen Zufluss bewirkt".[16] „Dementsprechend fließt bei dem Versprechen des Arbeitgebers, dem Arbeitnehmer einen Gegenstand (...) zuzuwenden, Arbeitslohn nicht bereits mit wirksamer Zusage, sondern erst in dem Zeitpunkt zu, in dem der Arbeitgeber dem Arbeitnehmer das wirtschaftliche Eigentum verschafft (...). Solange der Berechtigte aber infolge der Unübertragbarkeit und der Verwertungshindernisse nicht in der Lage ist, diesen Wert zu realisieren, ist er für ihn ohne jeden Nutzen. (...) Wie bei anderen bereits vorhandenen, aber noch nicht erfüllten Ansprüchen auch kommt es sonach weder darauf an, ob ein Anspruch des Arbeitnehmers gegen den Arbeitgeber ein Wirtschaftsgut darstellt, noch darauf, wie schwer er zu bewerten ist; vielmehr ist ein-

77

---

[10] Vgl. ehemals *Haas/Pötschan*, DB 1998, S. 2138; dazu Erwiderungen von *Siddiqui*, DB 1999, S. 823 und *Dautel/Schäfer*, DB 1999, S. 824.
Die Differenz zwischen Bezugspreis und Börsenkurs (sog. *innerer Wert* der Option) beträgt im Ausgabezeitpunkt der Optionen regelmäßig null. Positiv ist aber der Zeit- und damit der Gesamtwert der Option; der *Zeitwert* verkörpert die Ausübungsgewinnerwartungen und lässt sich auch bei nicht börsennotierten Optionen mit diversen Berechnungsverfahren (Black/Scholes-Modell, Binominal-Modell etc.) approximieren.
[11] Vgl. die Nachweise bei *Deutschmann*, 2000, S. 221–223.
[12] Vgl. dazu unten Rz. 78.
[13] Vgl. z.B. *Bernhardt*, FB 2001, S. 428.
[14] Vgl. BFH, Urteil v. 20.6.2001 VI R 105/99, DStR 2001, S. 1341; BFH, Urteil v. 24.1.2001 I R 100/98, DStR 2001, S. 931; BFH, Urteil v. 24.1.2001 I R 119/98, DStR 2001, S. 934; BFH, Beschluss v. 23.7.1999 VI B 116/99, BStBl. II 1999, S. 684.
[15] Vgl. z.B. *Haas/Pötschan*, DStR 2000, S. 2019 f.; *Herzig/Lochmann*, DB 2001, S. 1436 f.; *Kessler/Strnad*, StuB 2001, S. 655.
[16] BFH, Urteil v. 20.6.2001 VI R 105/99, DStR 2001, S. 1341.

heitlich auf den Zufluss abzustellen."¹⁷ Die Zielsetzung der Optionsbegebung besteht in einer Erfolgsmotivation für die *Zukunft.* Deshalb erachtet es auch der BFH als geradezu paradox, wie ein *schon versteuerter* Arbeitslohn Anreize für *künftige* Arbeitsleistungen liefern soll.¹⁸ Ökonomisch betrachtet birgt eine Anfangsbesteuerung überdies die Gefahr der Besteuerung von „Vorteilen", die sich tatsächlich niemals realisieren,¹⁹ was vielen Optionsinhabern nach massiven Kurskorrekturen gerade am Neuen Markt schmerzhaft ins Bewusstsein gerückt wurde. Nicht zuletzt diese Erfahrung, aber auch die Erkenntnis, dass ein zu hoher Anteil von Aktienoptionen an der Gesamtvergütung sich kontraproduktiv auf das Entscheidungsverhalten der (leitenden) Mitarbeiter auswirken kann,²⁰ hat einen Bewusstseinswandel angestoßen, die Entlohnung der Mitarbeiter „nicht mehr auf Gedeih und Verderb an die wechselhafte Entwicklung der Börse" zu koppeln.²¹

78 Umstritten und höchstrichterlich ungeklärt bleibt die Frage, ob eine Handelbarkeit von Aktienoptionen (die aber bei Aktienoptionsplänen typischerweise ausgeschlossen ist) den Zufluss eines geldwerten Vorteils bereits im Zeitpunkt der Einräumung induziert. Demgegenüber geht die Finanzverwaltung gemäß der (bundesweit abgestimmten) Verfügung der OFD Berlin²² bei „marktgängigen" Optionen von einem Zufluss des geldwerten Vorteils bereits mit Einräumung der Option aus.²³ Marktgängigkeit erfordert nach Auffassung der OFD-Verfügung die freie, unbeschränkte Handelbarkeit der Aktienoptionen an einem *vorhandenen und für alle zugänglichen Markt.* An dieser engen Voraussetzung wird zu Recht Kritik geäußert. „Derartige Einschränkungen lassen sich grundsätzlich nicht mit dem Zuflussprinzip in Einklang bringen, da es nicht auf einen entwickelten Markt für geldwerte Güter ankommt."²⁴ Entscheidend sei, „ob die Handelbarkeit grundsätzlich ausgeschlossen oder ermöglicht ist. (...) Auch die Finanzverwaltung wird wohl nicht behaupten, dass beispielsweise wertvolle Antiquitäten nicht handelbar seien, weil der Markt hierfür klein ist."²⁵

2. Besteuerung bei erstmaliger Ausübbarkeit der Optionen

79 Die Meinungen hinsichtlich Zufluss und Besteuerung des geldwerten Vorteils *bei erstmaliger Ausübbarkeit* der Aktienoptionen nach Ablauf der Sperrfrist (und Erreichen der Erfolgsziele) sind geteilt. Nach einer in der Literatur vertretenen Auffassung vermitteln ausübbare Aktienoptionen „keinen sicheren Anspruch auf eine Vergütung dem Grund und der Höhe nach", „der Leistungserfolg steht damit vor der Ausübung noch nicht fest". Erfolge zudem „nach Ablauf der Sperrfrist

---

[17] BFH, Urteil v. 24.1.2001 I R 100/98, DStR 2001, S. 931.
[18] Vgl. BFH, Urteil v. 24.1.2001 I R 100/98, DStR 2001, S. 931, und BFH, Urteil v. 24.1.2001 I R 119/98, DStR 2001, S. 934, unter Verweis auf *Deutschmann*, 2000, S. 56.
[19] Vgl. auch *Herzig/Lochmann*, DB 2001, S. 1440; *Kessler/Strnad*, StuB 2001, S. 655.
[20] Vgl. schon oben Rz. 26.
[21] *Schätzle*, Managermagazin, Heft 9/2000, S. 247. Vgl. auch *Keuchel*, Handelsblatt vom 25.5.2001, S. 11: „Aktienoptionen als Lohnbestandteil stehen zurzeit weder bei Unternehmen noch Arbeitnehmern hoch im Kurs."
[22] Vgl. OFD Berlin, Verfügung vom 25.3.1999 St 423 – S 2347 – 1/99, DB 1999, S. 723.
[23] Zur Kritik an der Bestimmung des Besteuerungszeitpunkts nach dem Kriterium der Handelbarkeit vgl. z. B. Handelsblatt vom 27.2.2001, S. 5.
[24] *Herzig/Lochmann*, DB 2001, S. 1440.
[25] *Eckert*, Grundsatzurteil des Bundesfinanzhofs beantwortet nicht Frage nach Behandlung frei und begrenzt handelbarer Arbeitnehmer-Optionen, Handelsblatt vom 12.9.2001, S. R1.

III. Besteuerungszeitpunkt

eine Besteuerung zum Gesamtwert der Option (...), so muss der Mitarbeiter offensichtlich einen geldwerten Vorteil versteuern, der höher als sein Ausübungsvorteil" ist, den er bei tatsächlicher Ausübung mit Ablauf der Sperrfrist (in Höhe der Differenz zwischen Basispreis der Option und Kurswert des Basiswerts) erzielen würde.[26]

Die Gegenmeinung argumentiert gleichfalls mit dem Eintritt des Leistungserfolgs oder der Möglichkeit seiner Herbeiführung durch den Begünstigten, und gerade letzteres Kriterium könne mit dem Entfallen der Verfügungsbeschränkungen erfüllt sein.[27] „Im Einklang mit §§ 8, 11 EStG und dem Leistungsfähigkeitsprinzip muss die ‚zugeflossene' Forderung aber eine liquide sein, d. h. jederzeit und *ohne weiteres* nutz- oder verwertbar."[28] Aktienoptionen fließen demnach „spätestens dann zu, wenn der Arbeitnehmer sie ohne weiteres z.B. ausüben oder veräußern kann".[29] Wertveränderungen der Option nach deren Zufluss spielten sich demzufolge im privaten Vermögensbereich des Arbeitnehmers ab und sind nicht mehr einkommensteuerbar. „Nichts anderes wäre es, wenn der Arbeitnehmer Barlohn erhalten hätte und dieser kraft Inflation entwertet würde, bevor der Arbeitnehmer das Geld ausgegeben o. ä. hätte."[30] **80**

Zur Besteuerung von Aktienoptionen auf Arbeitnehmerebene im Einzelnen vgl. Rz. 321 ff.

3. Besteuerung bei tatsächlicher Ausübung der Optionen (Endbesteuerung)

Nach erst jüngst ergangener Rechtsprechung des BFH[31] erfolgt eine sog. *Endbesteuerung* des geldwerten Vorteils erst bei Ausübung der Option. Wie bereits unter Rz. 75 erwähnt, wird de lege ferenda allerdings vorgeschlagen, nicht den vollen Steuersatz anzuwenden, sondern den geldwerten Vorteil in Höhe der Differenz zwischen dem Ausübungspreis der Option und dem Kurswert der betreffenden Aktien bei Ausübung der Option dem Halbeinkünfteverfahren und damit den Regelungen der §§ 3 Nr. 40, 3c Abs. 2 EStG zu unterwerfen; eine darüber hinausgehende Steuerbegünstigung ist nicht gerechtfertigt und daher auch § 34 EStG nicht anzuwenden (dies deckt sich systematisch mit der Regelung in § 34 Abs. 2 Nr. 1 EStG n.F.). Im Ergebnis entspräche dies der in Österreich durch das Kapitalmarktoffensive-Gesetz (KMOG) eingeführten Begünstigung gemäß § 3 Abs. 1 Z 15 lit c EStG, die allerdings über einen Zeitraum von fünf Jahren und auch nur dann greift, sofern der Wert der Beteiligung im Zeitpunkt der Gewährung der Option € 36.400 nicht übersteigt. Ob bei Anwendung des Halbeinkünfteverfahrens die hälftige Steuerfreiheit des geldwerten Vorteils wie in Österreich auch für die Sozialversicherungspflicht Gültigkeit beanspruchen könnte (sofern die Beitragsbemessungsgrenze nicht ohnehin bereits durch die anderen Lohnbestandteile überschritten ist), erscheint sozialversicherungsrechtlich jedoch fraglich.[32] **81**

---

[26] *Herzig/Lochmann*, DB 2001, S. 1438 f.
[27] Vgl. *Kessler/Strnad*, BB 2000, S. 644; *Portner*, DStR 2001, S. 1333.
[28] *Kessler/Strnad*, BB 2000, S. 645.
[29] *Kessler/Strnad*, StuB 2001, S. 655.
[30] *Kessler/Strnad*, BB 2000, S. 646.
[31] Vgl. schon oben Fn. 14 (Rz. 77).
[32] Generell für eine Sozialversicherungsfreiheit vgl. Positionspapier „Verbesserung der steuerlichen Rahmenbedingungen für Aktienoptionen" des Bundesverbands der Deutschen Industrie (BDI) vom 11. 9. 2000, S. 3.

Vereinzelt wird die beabsichtigte Einbeziehung der Optionsbesteuerung in das Halbeinkünfteverfahren als „steuersystematisch nicht sauber" und „unsinnige neue Form der Subventionierung" eingestuft.³³ Demgegenüber wurde aber bereits oben unter Rz. 75 erläutert, dass die Besteuerung von Aktienoptionen systematisch sehr wohl mit dem Halbeinkünfteverfahren in Verbindung gebracht werden kann. Solange Deutschland an der überholten steuerlichen Behandlung der Aktienoptionen festhalte und den neuen Entwicklungen in den Entlohnungsstrukturen nicht Rechnung trage, werde es trotz Green-Card-Initiative im Wettbewerb um die weltweit knappen Spezialisten kaum mithalten können.³⁴

82 Problematisch an der Besteuerung bei Ausübung der Option ist, dass die Optionsberechtigten die durch den begünstigten Aktienerwerb erworbene Beteiligung an ihrem Unternehmen oft nicht aufrechterhalten können, da sie aufgrund der zu zahlenden Einkommensteuer auf den geldwerten Vorteil in der Regel gezwungen sein dürften, die Anteile sofort wieder zu verkaufen.³⁵ Aus diesem Grunde wird auch die Auffassung geäußert, eine Steuerpflicht erst im Zeitpunkt der Veräußerung der begünstigt erworbenen Aktien eintreten zu lassen.³⁶

IV. Ausblick

83 Auf dem Höhepunkt des Börsenbooms vor knapp zwei Jahren hatten sich 40 am Neuen Markt gelistete Unternehmen der Informations- und Kommunikationstechnologie zu einer Initiative zusammengeschlossen und Bundeskanzler Gerhard Schröder schriftlich zum Handeln aufgefordert.³⁷ Vor allem Unternehmen der New Economy könnten „wegen der oft dünnen Kapitaldecke keine hohen Gehälter zahlen, stehen aber im Wettbewerb mit US-Firmen, die mit attraktiven Stock-Option-Programmen winken".³⁸ Im Übrigen sei bei dieser Vergütungsform die Benachteiligung von Arbeitnehmern gegenüber Kapitalgebern nicht gerechtfertigt, denn wie Kapitalgeber trügen auch die Mitarbeiter im Vergleich zu einer festen höheren Gehaltszusage ein Kursrisiko, da die erhoffte Wertsteigerung ausbleiben könne.³⁹ „Der Markt, Risikokapital und die steuerliche Situation

---

³³ *Afhüppe/Leendertse/Losse*, Wirtschaftswoche Nr. 25 vom 15.6.2000, S. 21, mit Verweis auf den Ökonom *Hans-Werner Sinn*.
³⁴ Vgl. Handelsblatt vom 30.5.2001, S. 5, unter Verweis auf Aussagen des nordrhein-westfälischen Wirtschaftsministers *Ernst Schwanhold* (SPD).
³⁵ Vgl. hierzu etwa die Kritik von *Schindler* in: *Afhüppe/Leendertse/Losse*, Wirtschaftswoche Nr. 25 vom 15.6.2000, S. 19; *Schätzle*, Managermagazin, Heft 9/2000, S. 246; Positionspapier „Verbesserung der steuerlichen Rahmenbedingungen für Aktienoptionen" des Bundesverbands der Deutschen Industrie (BDI) vom 11.9.2000, S. 3.
³⁶ Vgl. z.B. Handelsblatt vom 27.2.2001, S. 5.
³⁷ Vgl. z.B. Frankfurter Allgemeine Zeitung vom 29.5.2000, S. 17; jüngst nochmals Handelsblatt vom 25.5.2001, S. 4.
³⁸ *Afhüppe/Leendertse/Losse*, Wirtschaftswoche Nr. 25 vom 15.6.2000, S. 19; vgl. auch Handelsblatt vom 30.5.2001, S. 5.
³⁹ Vgl. u.a. Positionspapier „Verbesserung der steuerlichen Rahmenbedingungen für Aktienoptionen" des Bundesverbands der Deutschen Industrie (BDI) vom 11.9.2000, S. 3; Frankfurter Allgemeine Zeitung vom 27.3.2001, S. 33, unter Hinweis auf den Geschäftsführenden Vorstand des Deutschen Aktieninstituts (DAI) *Rüdiger von Rosen*.

IV. Ausblick

für die stark gesuchten Mitarbeiter sind hier ausschlaggebend."[40] Prinzipiell sei es daher sogar begründbar, Wertsteigerungen von Mitarbeiteroptionen wie schon Wertsteigerungen von Aktien nach Ablauf der gesetzlichen Spekulationsfrist steuerfrei zu stellen.[41] In seinem Antwortschreiben dämpfte der Bundeskanzler seinerzeit allerdings die Erwartungen. Aufgrund der „unterschiedlichen steuerpolitischen Beurteilung von Arbeitnehmeraktienoptionen innerhalb der Bundesregierung" könne er das Anliegen der Initiative „nicht vorbehaltlos unterstützen". Nicht zuletzt sei auch schwer vermittelbar, Aktienoptionen als Teil des Arbeitsentgelts steuerlich zu privilegieren, während gleichzeitig Arbeitnehmer ohne Einbindung in Aktienoptionspläne regulär der Einkommensteuer unterlägen.[42]

---

[40] Der nordrhein-westfälische Wirtschaftsminister *Ernst Schwanhold* (SPD), Handelsblatt vom 30. 5. 2001, S. 5.

[41] Vgl. auch *Schindler* in Handelsblatt vom 25. 5. 2001, S. 4: „Nach dem Gleichbehandlungsgrundsatz ist es gerechtfertigt, eine Wertsteigerung von Aktienoptionen ebenso wie eine Kurssteigerung von Aktien nach Ablauf der Spekulationsfrist steuerfrei zu stellen."

[42] Vgl. Frankfurter Allgemeine Zeitung vom 17. 8. 2000, S. 13. Kritisch auch *Fuest/Huber*, Wirtschaftsdienst 2001, S. 155–158.

E. Überblick zu Ausgestaltungsformen von Stock-Option-Plänen

I. Stock-Option-Pläne in Deutschland

84   Die auf Seite 39 stehende Tabelle 10 vermittelt einen kurzen Überblick zu den Ausgestaltungsmöglichkeiten von Stock-Option-Plänen und listet wesentliche Vor- und Nachteile der jeweiligen Ausgestaltungsformen auf. Die eingehende Diskussion der unterschiedlichen Ausgestaltungsformen von Stock-Option-Plänen ist Gegenstand der nachfolgenden Kapitel.

II. Exkurs: Stock-Option-Pläne in der amerikanischen Praxis

85   Die nachfolgenden Ausführungen haben die unterschiedlichen Gestaltungsmöglichkeiten der Stock-Option-Pläne, wie sie in der amerikanischen Praxis in Erscheinung treten, zum Gegenstand. Dabei sollen Begriffe erläutert sowie einige rechtliche, steuerliche und bilanzielle Aspekte kurz beleuchtet werden.

1. Incentive Stock-Option-Pläne (ISOP)

86   Im Rahmen sog. Incentive Stock-Option-Pläne erhalten Mitarbeiter Optionen, die sie berechtigen, Aktien zu einem im Voraus festgelegten Ausübungspreis, der nicht unter dem Marktwert liegen darf, innerhalb einer bestimmten Frist (maximal zehn Jahre) zu erwerben. Die Ausübung der Optionen kann dabei jederzeit erfolgen, die Veräußerung der erworbenen Aktien darf jedoch frühestens zwei Jahre nach Gewährung der Optionen und ein Jahr nach deren Ausübung erfolgen. ISOP sind als sog. Qualified Stock-Option-Pläne besonders steuerbegünstigt und daher neben den soeben genannten zwingenden Voraussetzungen an weitere unabdingbare Bedingungen geknüpft. So ist zu beachten, dass der Optionsberechtigte pro Jahr nur so viele Optionen steuerbegünstigt ausüben darf, dass der Marktwert der damit beziehbaren Aktien maximal $ 100.000 zuzüglich eines Restbetrags (carryover amount) nicht übersteigt. Das heißt, pro Jahr dürfen Optionen auf Aktien im Wert von $ 100.000 zuzüglich Restbetrag ausübbar werden. Zum Zeitpunkt der Optionsbegebung darf der Optionsberechtigte maximal zehn Prozent der stimmberechtigten Aktien des Unternehmens halten, wobei diese Beschränkung nicht gilt, wenn der Ausübungspreis mindestens 110 % des Marktpreises der zugrundeliegenden Aktien zum Ausgabezeitpunkt beträgt und wenn die Optionen erst mehr als fünf Jahre nach ihrer Gewährung ausgeübt werden dürfen. Die Optionsbedingungen müssen zudem festlegen, dass die Optionen außer von Todes wegen nicht übertragbar sind und dass sie abgesehen vom Erbfall nur vom Begünstigten selbst ausgeübt werden können. Werden hingegen Vereinbarungen getroffen, die diesen Qualifikationsmerkmalen widersprechen, so verliert der ISOP seine Eigenschaft als solcher.

II. Exkurs: Stock-Option-Pläne in der amerikanischen Praxis

Stock-Option-Pläne			
Aktienbasierte Stock-Option-Pläne		Virtuelle Stock-Option-Pläne	
Aktienoptionspläne nach § 192 Abs. 2 Nr. 3 AktG (vgl. Rz. 114 ff.)	Aktienoptionspläne i.V.m. Wandel- oder Optionsanleihen (vgl. Rz. 412 ff.)	Stock-Option-Pläne unter Ausgabe von Wertsteigerungsrechten (vgl. Rz. 680 ff.)	Stock-Option-Pläne unter Ausgabe von Genussrechten (vgl. Rz. 782 ff.)
(Aktienbereitstellung durch bedingte Kapitalerhöhung)	(Aktienbereitstellung durch bedingte Kapitalerhöhung)	Wertsteigerungsrechte ohne Dividendenkomponente (Stock Appreciation Rights) (vgl. Rz. 680 ff.)	Mit Eigenkapitaleinsatz der Begünstigten (z.B. durch Einzahlung eines Genussrechtskapitals)
Aktienbereitstellung in beiden Fällen auch durch Aktienrückkauf möglich (vgl. Rz. 545 ff.) Sonderfälle: – Aktienbereitstellung durch genehmigtes Kapital (vgl. Rz. 568) – Programmkauf (vgl. Rz. 652 ff.)		Wertsteigerungsrechte mit Dividendenkomponente (Phantom Stocks) (vgl. Rz. 777 ff.)	Ohne Eigenkapitaleinsatz der Begünstigten (z.B. durch Gewährung von Erfolgsbeteiligungsrechten in Abhängigkeit von Unternehmenskennzahlen)
– Gemeinsames Interesse der Aktionäre und Begünstigten an Aktienkurssteigerungen. – Nutzung eines durch den Markt objektivierten Performancemaßes, wobei jedoch offen bleibt, ob der Börsenkurs die Leistung der Manager objektiv widerspiegelt. – Bei fehlender Indexierung besteht die Gefahr der Belohnung von ‚windfall profits' bzw. zu geringer Belohnung infolge ‚windfall losses'. – Kürzung des Fixgehalts durch aktienkursorientierte Entlohnung führt zu einer Erhöhung des (unsystematischen) Risikos für das Management. – Steigerung der Identifikation der Führungskräfte mit dem Unternehmen. – Steigerung der Unternehmensattraktivität auf dem internationalen Markt für Führungskräfte. – Möglichkeit der längerfristigen Bindung der Begünstigten an das Unternehmen.			
– Je nach Ausgestaltung keine steuerliche Abzugsfähigkeit der Plankosten. – Rechtliche Komplexität wegen des Erfordernisses von Hauptversammlungsbeschlüssen. – Entlohnung wird durch Verwässerung des Aktienkurses unmittelbar von den Aktionären getragen. – Liquiditätszufluss durch die Kapitalerhöhung zur Ausgabe der Aktien bzw. Bedienung der Optionen. – Kapitalerhöhung verursacht geringe Transaktionskosten.		– Steuerliche Abzugsfähigkeit als Personalaufwand.★ – Rechtlich einfache Konstruktionsmöglichkeiten.★ – Die Entlohnung führt am Ende des Plans zu einem Liquiditätsabfluss.★ – Keine unmittelbare Verwässerung des Aktienkurses (wohl aber mittelbare Verwässerung wegen des Liquiditätsabflusses und der damit verbundenen Minderung des Aktionärsvermögens).★ – Es erfolgt keine Zuführung neuen Eigenkapitals.★	

★ Im Einzelfall gilt die Aussage bei Genussrechten u.U. nicht.

Tabelle 10: Argumente für reale und virtuelle Eigenkapitalinstrumente[1]

---

[1] Nach *Pellens/Crasselt/Rockholtz* in: Pellens, 1998, S. 17 m.w.N.; ferner auch *Achleitner/Wichels* in: Achleitner/Wollmert, 2000, S. 16.

87 Das Ergebnis der Gesellschaft wird durch einen ISOP nicht belastet, erforderlich ist aber die Offenlegung der Auswirkung auf den Gewinn im Anhang des Jahresabschlusses.

88 Steuerlich sind die Vorteile aus einem ISOP bei den Optionsberechtigten erst mit Veräußerung der durch die Optionen bezogenen Aktien zu berücksichtigen. Die Wertsteigerung der Aktien seit der Einräumung der Optionen bis zur Veräußerung ist zu niedrigeren Steuersätzen als Capital Gain zu versteuern, vorausgesetzt, die Ausübungssperrfrist wurde eingehalten. Die Gesellschaft kann weder bei der Einräumung der Optionen noch zum Ausübungszeitpunkt Steuerabzüge geltend machen. Ein Steuerabzug kommt nur dann in Betracht, wenn der Optionsberechtigte die Ausübungssperrfrist nicht einhält.

89 Vorteil eines ISOP ist somit zum einen, dass die Versteuerung des finanziellen Vorteils der Optionsberechtigten aus dem ISOP bis zur Veräußerung der Aktien hinausgeschoben wird (gegebenenfalls muss jedoch Alternative Minimum Tax [AMT] gezahlt werden), zum anderen kann der Optionsberechtigte aufgrund des langen Ausübungszeitraums flexibel auf den Aktienkurs reagieren und mit der Ausübung der Optionen zuwarten. Zusätzlich kommt der Optionsberechtigte durch die Erzielung eines Capital Gain in den Genuss eines erheblich günstigeren Steuersatzes. Ferner werden die Gewinne der Gesellschaft durch den ISOP nicht belastet. Die Gesellschaft verliert jedoch nach US-amerikanischem Steuerrecht auch die Möglichkeit des Steuerabzugs, die sie ansonsten hätte.

2. Non-Qualified Stock-Option-Pläne (NQSOP)

90 Im Rahmen von Non-Qualified Stock-Option-Plänen erhalten die Mitarbeiter ebenfalls Optionen, die sie berechtigen, Aktien zu einem im Voraus festgelegten Ausübungspreis innerhalb eines vorgegebenen Ausübungszeitraumes zu erwerben. Hierbei müssen jedoch nicht die zwingenden gesetzlichen Anforderungen der ISOP erfüllt werden, was auch der Grund für ihre Verbreitung trotz mangelnder steuerlicher Begünstigung ist. Die oben dargestellten Beschränkungen finden somit keine Anwendung. Die Optionen sind frei übertragbar und sofort nach ihrer Gewährung in vollem Umfang ausübbar.

91 Eine Ergebnisbelastung der Gewinne des Unternehmens findet bei den NQSOP – wie auch bei einem ISOP – nicht statt, es sei denn, der Ausübungspreis ist variabel oder beträgt zum Zeitpunkt der Einräumung der Optionen weniger als 100 % des Marktwertes der zu gewährenden Aktien. Die Auswirkungen auf den Gewinn müssen als fiktiver Aufwand im Anhang des Jahresabschlusses ausgewiesen werden, wenn die Optionen ausgeübt wurden.

92 Der Optionsberechtigte versteuert die Wertsteigerungen vom Zeitpunkt der Einräumung der Optionen bis zum Ausübungszeitpunkt als normales Einkommen, die Wertsteigerungen vom Ausübungszeitpunkt der Optionen bis zum Veräußerungszeitpunkt der Aktien dagegen – zu niedrigeren Steuersätzen – als Capital Gain.

93 Die Gesellschaft kann steuerlich bei der Ausübung der Optionen Personalaufwand in Höhe der Wertsteigerung der Optionen geltend machen. Bei Einräumung der Optionen und dem Verkauf der Aktien durch den Optionsberechtigten findet ein Steuerabzug jedoch noch nicht bzw. nicht mehr statt.

II. Exkurs: Stock-Option-Pläne in der amerikanischen Praxis

Der Vorteil eines NQSOP liegt für ein Unternehmen in der Möglichkeit des steuerlichen Abzugs von Personalaufwand, obwohl der handelsrechtliche Gewinn nicht durch den NQSOP belastet wird. Vorteil für die Optionsberechtigten ist, dass lange Ausübungszeiträume möglich sind, durch die gewährleistet ist, die Optionen entweder sofort auszuüben oder je nach Einschätzung des Optionsberechtigten mit der Ausübung zuzuwarten, weil z.B. ein steigender Aktienkurs erwartet wird. Im Gegensatz zu den ISOP gibt es ferner keine wertmäßigen Beschränkungen bei der Optionsausübung. Nachteilig wirkt sich für die Optionsberechtigten aus, dass die Vorteile aus dem NQSOP erstmals bereits bei Optionsausübung zu versteuern sind. **94**

3. Restricted Stock Plan

Im Rahmen eines Restricted Stock Plan werden den Mitarbeitern sofort (unentgeltlich) Aktien gewährt, allerdings verbunden mit Verkaufs-, Übertragungs- und Verpfändungsbeschränkungen. Je nach Vereinbarung erlöschen diese Beschränkungen nach Ablauf eines gewissen Zeitraums (z.B. nach 3–5 Jahren) mit der Folge, dass der Begünstigte dann unbeschränkt über die Aktien verfügen kann. Wird das Arbeitsverhältnis des Mitarbeiters beendet, verfallen alle verfügungsbeschränkten Aktien. Während des Zeitraums der Verfügungsbeschränkung kann der Mitarbeiter dennoch wie ein gewöhnlicher Aktionär sein Stimmrecht ausüben und hat ein Recht auf Zahlung von Dividenden. **95**

Handelsrechtlich entsteht in Höhe des Verkehrswerts der Aktien im Gewährungszeitpunkt Personalaufwand. Dieser ist über den Zeitraum, für den die Verfügungsbeschränkungen bestehen, zu verteilen. Nachträgliche Wertsteigerungen der Aktien wirken sich auf das handelsrechtliche Ergebnis nicht mehr aus. **96**

Im Zeitpunkt der Gewährung der Aktien hat der Begünstigte den daraus resultierenden Vorteil noch nicht zu versteuern. Erst im Zeitpunkt des Erlöschens der Verfügungsbeschränkungen wird der aktuelle Verkehrswert der nunmehr frei veräußerlichen Aktien als normales Einkommen versteuert, ebenso wie die während des Zeitraums der Verfügungsbeschränkung bezogenen Dividenden. Werden die Aktien später veräußert, ist der ggf. entstehende Capital Gain – zu niedrigeren Steuersätzen – zu versteuern. **97**

Die Gesellschaft kann nicht bereits bei Gewährung der Aktien, sondern analog zum Besteuerungszeitpunkt beim Begünstigten erst mit Wegfall der Verfügungsbeschränkung steuerlich in entsprechender Höhe Personalaufwand geltend machen. Im Zeitpunkt des späteren Verkaufs der Aktien durch den Begünstigten fällt kein weiterer, steuerlich berücksichtigungsfähiger Personalaufwand mehr an. Während des Zeitraums der Verfügungsbeschränkung von der Gesellschaft gezahlte Dividenden sind bereits bei Auszahlung steuerlich abzugsfähig. **98**

Vorteil eines Restricted Stock Plan für das Unternehmen ist, dass zwar die Ausgabe der Aktien das handelsrechtliche Ergebnis des Unternehmens belastet, dieser Aufwand jedoch bereits zum Zeitpunkt der Gewährung der Aktien feststeht. Steuerlich abzugsfähig ist deshalb – bei steigenden Kursen – regelmäßig ein höherer Betrag, da der Besteuerungszeitpunkt beim Begünstigten und damit der Zeitpunkt des Betriebsausgabenabzugs beim Unternehmen erst mit Wegfall der Verfügungsbeschränkungen eintritt. Bei fallenden Kursen kann sich dieser Vorteil allerdings auch in einen eklatanten Nachteil umkehren. Nachteilig für die **99**

Mitarbeiter ist, dass diese die Einkünfte aus dem Plan im Zeitpunkt des Wegfalls der Verfügungsbeschränkungen zu versteuern haben, d.h. die Steuerbelastung entsteht ggf. vor Veräußerung der Aktien.

4. Performance Units

100 Bei der Gewährung von Performance Units werden dem Mitarbeiter (unentgeltlich) sog. Units mit absolutem Dollar-Wert eingeräumt, die bei Erreichen eines vorher festgesetzten Erfolgszieles innerhalb eines bestimmten Zeitraumes (üblicherweise 3–5 Jahre) in bar und/oder in Form von Aktien ausbezahlt werden. Werden die vereinbarten Ziele jedoch verfehlt, so verfallen die Units.

101 Der Wert der Performance Units belastet die Gewinne des Unternehmens in der Höhe, in der die Ziele innerhalb des Leistungszeitraums erreicht werden.

102 Der Mitarbeiter hat zum Zeitpunkt der Gewährung der Units keine Steuern zu bezahlen, er muss aber im Falle der Auszahlung den Betrag als normales Einkommen versteuern. Das Unternehmen kann die Zahlungen auf die Units im Zeitpunkt der Auszahlung wie Personalaufwand geltend machen. Bei Einräumung der Units ist hingegen noch kein Steuerabzug möglich.

103 Nachteilig für das Unternehmen ist hier wiederum die handelsrechtliche Gewinnbelastung. Steuerlich ist der Aufwand jedoch berücksichtigungsfähig. Nachteilig für den Begünstigten ist, dass die aus den Units resultierenden Vorteile wie normales Einkommen – d. h. nicht mit einem ermäßigten Steuersatz – besteuert werden.

5. Phantom Stocks

104 Nach US-amerikanischen Plänen ausgegebene Phantom Stocks gewähren den Begünstigten innerhalb eines vorher festgelegten Zeitraums (z.B. 5–10 Jahre) regelmäßig einen Anspruch auf die Wertsteigerung fiktiver Aktien oder sonstiger fiktiver Anteile, die dem Börsenwert einer gleichen Anzahl an Aktien entsprechen. Handelt es sich um ein nicht börsennotiertes Unternehmen, kann die Wertsteigerung des Anteils auch nach den Grundsätzen der Unternehmensbewertung errechnet werden. Die Auszahlung der Wertsteigerung kann dann in bar und/ oder in Form von Aktien erfolgen. Mit dem Begünstigten kann (zusätzlich) eine Vereinbarung über dividendenähnliche Ausschüttungen getroffen werden. Auch hier sind – wie bei den oben dargestellten Stock-Option-Plänen – Ausgestaltungsvarianten, wie beispielsweise die Vereinbarung von Sperrfristen hinsichtlich der Barauszahlung, möglich.

105 Handelsrechtlich muss die Wertsteigerung beim Unternehmen gewinnmindernd berücksichtigt werden.

106 Der Begünstigte muss die ausgezahlte Differenz zwischen dem Wert des fiktiven Anteils im Ausgabezeitpunkt und im Auszahlungszeitpunkt, d.h. die Wertsteigerung, als normales Einkommen versteuern. Das Unternehmen kann korrespondierend hierzu die ausgezahlten Wertsteigerungsbeträge steuerlich als Personalaufwand geltend machen.

107 Vor- und Nachteile in handels- und steuerrechtlicher Sicht sind mit denen der Performance Units vergleichbar. Konzeptionell wirkt sich hingegen – anders als bei Performance Units – nachteilig aus, dass die Gewinnbelastung durch die Phantom Stocks nicht im Voraus berechenbar ist und somit zu einem erheblichen

Mittelabfluss beim Unternehmen führen kann. Negativ zu bewerten ist häufig ferner, dass der Bewertungsstichtag im Voraus festgelegt ist, es somit auch keinen „Ausübungszeitraum" gibt. Hierdurch fehlt es meist auf Seiten der Begünstigten an der entsprechenden Flexibilität in der Ausübung der Rechte aus den Phantom Stocks.

6. Performance Shares

Im Rahmen von Performance Shares wird dem Mitarbeiter zu Beginn eines festgelegten Leistungszeitraums (üblicherweise 3–5 Jahre) (unentgeltlich) ein Aktienkontingent in Aussicht gestellt. Der Bezug der Aktien wird dabei vom Erreichen bestimmter operativer Leistungsziele innerhalb festgelegter Zeiträume abhängig gemacht. Entsprechend dem Ausmaß der Zielerreichung erhält der Berechtigte dann diese oder das Mehrfache der ursprünglich gewährten Aktien, wobei die Auszahlung des Vorteils auch in bar erfolgen kann. Werden die gesetzten Ziele nicht mindestens erreicht, verfallen die Performance Shares, unabhängig davon, wie günstig sich der Aktienkurs im entsprechenden Zeitraum entwickelt hat. 108

Der handelsrechtliche Gewinn des Unternehmens wird in Höhe des Werts der Performance Shares belastet. Hierbei sind auch Wertveränderungen der Performance Shares über den Leistungszeitraum hinweg zu berücksichtigen. 109

Der Begünstigte hat die Performance Shares erst zum Auszahlungszeitpunkt als normales Einkommen zu versteuern. Entsprechend hat das Unternehmen die Möglichkeit, den Wert der Performance Shares steuerlich als Aufwand geltend zu machen. 110

7. Stock Appreciation Rights (SARs)

Im Rahmen US-amerikanischer Stock-Option-Pläne werden Stock Appreciation Rights (sog. Wertsteigerungsrechte) üblicherweise zusammen mit Aktienoptionen gewährt. Sie können daher Bestandteil der Vereinbarungen im Zusammenhang mit einem ISOP oder einem NQSOP sein (sog. Tandem Plans). SARs verbriefen das Recht des Begünstigten, an den Aktienkurssteigerungen in Form von Barzahlungen zu partizipieren. Der Kursgewinn der SARs ergibt sich aus dem innerhalb eines vorher festgelegten Zeitraums entstandenen Wertzuwachs einer bestimmten Anzahl von Aktien des Unternehmens. Zudem kann die Ausübung der Rechte, wie bei den oben dargestellten Stock-Option-Plänen, an das Erreichen operativer oder sonstiger Erfolgsziele gekoppelt werden. Dadurch wird gewährleistet, dass der Begünstigte an einer positiven Unternehmensentwicklung interessiert ist. Die SARs können so ausgestaltet sein, dass der Begünstigte bei der Ausübung der SARs die Wahl hat, in Höhe der Wertsteigerung der Aktie zwischen dem Zeitpunkt der Gewährung der SARs und deren Ausübung Aktien oder stattdessen eine Barzahlung zu verlangen. Die Barauszahlung bei Einlösung der SARs wird häufig zur Finanzierung des zu zahlenden Ausübungspreises für die im Zusammenhang mit einem ISOP oder NQSOP gewährten Optionen genutzt. SARs können jedoch auch isoliert eingeräumt werden, so dass die Begünstigten ausschließlich einen Barabgeltungsanspruch in Höhe der Wertsteigerung haben. Dann unterscheiden sie sich von 111

E. Überblick zu Ausgestaltungsformen von Stock-Option-Plänen

Phantom Stocks nur insoweit, als sie nicht zusätzlich ein Recht auf dividendenähnliche Zahlungen gewähren.

112 Handelsrechtlich führt die Gewährung von SARs in Höhe ihres inneren Werts zu Aufwand des Unternehmens.

113 Die Wertsteigerung der SARs unterliegt beim Begünstigten mit der Auszahlung als normales Einkommen der Besteuerung. Entsprechend kann das Unternehmen den ausgezahlten Betrag im Jahr der Zahlung steuerlich als Aufwand geltend machen.

F. Aktienoptionspläne nach § 192 Abs. 2 Nr. 3 AktG

I. Grundlegende Beschreibung

In Deutschland werden Stock-Option-Pläne für börsennotierte Unternehmen derzeit überwiegend auf Grundlage der Vorschrift des § 192 Abs. 2 Nr. 3 AktG aufgelegt, d.h. unter Ausgabe von Bezugsrechten (sog. „nackte Optionen"), für deren Ausübung Aktien durch eine bedingte Kapitalerhöhung bereitgestellt werden. Die bedingte Kapitalerhöhung wird nur insoweit durchgeführt, wie von den Bezugsrechten auf neue Aktien Gebrauch gemacht wird. Aktienoptionspläne zielen demnach auf die Überlassung von Aktien ab und gehören damit zu den realen Eigenkapitalinstrumenten.

Die gesellschaftsrechtliche Grundlage für diese Form der Mitarbeiterbeteiligung wurde im Rahmen des KonTraG[1] durch Änderung des § 192 AktG geschaffen, der aufgrund der neugefassten Nr. 3 nunmehr die Möglichkeit bietet, Bezugsrechte an Arbeitnehmer und Mitglieder der Geschäftsführung der Gesellschaft oder eines verbundenen Unternehmens auszugeben. Über die Ausgabe von Bezugsrechten gem. § 192 Abs. 2 Nr. 3 AktG können damit Mitarbeiter in- und ausländischer verbundener Unternehmen in einen Aktienoptionsplan eingebunden werden. Eine Muttergesellschaft mit Sitz in Deutschland kann einen Aktienoptionsplan bspw. derart ausgestalten, dass ausgewählten oder sämtlichen Mitarbeitern konzernweit Optionen auf den Erwerb von Aktien der Muttergesellschaft eingeräumt werden. Zu beachten sind hier jedoch weitere gesellschafts- sowie bilanz- und steuerrechtliche Problemfelder.

Mit Einräumung der Optionen erhält der Berechtigte das Recht, bei Erfüllung vorab festgelegter Voraussetzungen Aktien der Gesellschaft zu einem unter dem aktuellen Aktienkurs bei Ausübung liegenden Ausübungspreis zu zeichnen. Der Ausübungspreis entspricht dabei in den meisten Fällen dem Kurs der Aktie der ausgebenden Gesellschaft bei Einräumung der Option.

Die Einräumung der Optionen erfolgt im Regelfall unentgeltlich. Denkbar ist jedoch auch die Vereinbarung eines sog. Eigeninvestments, das von den im Rahmen des Aktienoptionsplans berechtigten Mitarbeitern zu leisten ist. Ein solches Eigeninvestment kann bspw. darin bestehen, dass die Gewährung von Aktienoptionen an den vorherigen Erwerb von Aktien des Unternehmens anknüpft, d.h. eine Teilnahme am Aktienoptionsplan durch den Mitarbeiter nur dann möglich ist, wenn durch den Erwerb von Anteilen bereits ein gewisses Risiko übernommen wurde.

Bei der Ausgestaltung von Aktienoptionsplänen auf der Basis eines bedingten Kapitals gilt es zu beachten, dass der Gesetzgeber in § 193 AktG Eckdaten festgehalten hat, die sich in jedem Aktienoptionsplan finden müssen. So sind in den nach § 192 Abs. 1 AktG zu fassenden Beschluss der Hauptversammlung über die Schaffung des bedingten Kapitals insbesondere aufzunehmen:

---

[1] BR-Drucksache 872/97 v. 7.11.1997.

- der Kreis der möglichen Berechtigten sowie die Aufteilung der Optionen innerhalb dieses Kreises,
- der Betrag, der bei Ausgabe der Aktien zu zahlen ist (Ausübungspreis),
- Erfolgsziele, deren Erreichung Voraussetzung für die Optionsausübung ist,
- Erwerbs- und Ausübungszeiträume sowie
- Wartezeiten für die erstmalige Ausübung (mindestens zwei Jahre).

Für Aktienoptionspläne auf Basis eines bedingten Kapitals existiert somit ein enger aktienrechtlicher Rahmen, demgemäß insbesondere auf die Vorgabe von Erfolgszielen und auf eine Mindestsperrfrist von zwei Jahren für die erstmalige Ausübung der Optionen nicht verzichtet werden kann.

119 Die Ausgestaltung der Erfolgsziele ist auf vielfältige Weise möglich. Neben Erfolgszielen, die eine Bedingung für die Ausübung der Optionen bilden, sind bspw. auch Erfolgsziele für die Zuteilung denkbar. So kann neben der Ausgabe aller Optionen zu einem bestimmten Zeitpunkt auch eine Ausgabe in Tranchen vereinbart werden, wobei die Ausgabe weiterer Optionen im Anschluss an die erste Tranche an die Entwicklung des Aktienkurses, bestimmter Unternehmenskennzahlen o. Ä. anknüpfen kann. Vorteilhaft kann eine solche Gestaltung bspw. sein, sollen Optionen an Mitarbeiter von Tochtergesellschaften begeben werden; eine Zuteilung kann dann in Abhängigkeit von Erfolgszielen erfolgen, die sich auf die Performance der Tochtergesellschaft beziehen.

120 Da bei Aktienoptionsplänen nach § 192 Abs. 2 Nr. 3 AktG zu keinem Zeitpunkt Barmittel aus der Gesellschaft abfließen, sondern die berechtigten Mitarbeiter bei Ausübung der Optionen den festgelegten Zeichnungsbetrag an die Gesellschaft zu entrichten haben, stellen sie vor allem für junge Unternehmen mit dünner Kapitaldecke ein Instrument der unternehmenswertorientierten Vergütung dar. Dass diese Pläne die Liquidität der Gesellschaft schonen, dürfte ein wesentlicher Grund für deren Verbreitung bei Unternehmen am Neuen Markt sein.

121 Nicht abschließend geklärt ist die bilanzielle Behandlung von Aktienoptionsplänen nach § 192 Abs. 2 Nr. 3 AktG bei der ausgebenden Gesellschaft. Üben die berechtigten Mitarbeiter ihre Optionen aus und erwerben Aktien der Gesellschaft zu einem unter dem aktuellen Börsenkurs liegenden Preis, tritt wegen des Bezugsrechtsausschlusses für Altaktionäre[2] regelmäßig eine Verwässerung der Anteile der Altaktionäre ein. Zwar darf gemäß § 192 Abs. 3 S. 1 AktG der Nennbetrag des nach § 192 Abs. 2 Nr. 3 AktG beschlossenen Kapitals den zehnten Teil des Grundkapitals, das zur Zeit der Beschlussfassung über die bedingte Kapitalerhöhung vorhanden ist, nicht übersteigen (Kapitalverwässerungsschutz), doch bis zu dieser Höchstgrenze tragen die Altaktionäre die in der Verwässerung konkretisierten Kosten des Aktienoptionsplans. Diskutiert wird in diesem Zusammenhang, ob die Gesellschaft einen entsprechenden Aufwand zu Lasten ihres Periodenergebnisses auszuweisen hat. Dies wird näher im Rahmen der Darstellung zur Bilanzierung zu erörtern sein. Die wohl herrschende Meinung kommt hier zu dem Ergebnis, dass die Gesellschaft durch die Ausgabe von Optionen zunächst nicht berührt wird, so dass der Aufwandsausweis unterbleiben kann. Dementsprechend spricht für Aktienoptionspläne nach § 192 Abs. 2 Nr. 3 AktG neben der Tatsache, dass keine Liquidität aus dem Unternehmen abfließt, die vorteilhafte Behandlung im Jahresabschluss – das Periodenergebnis wird durch ein entspre-

---

[2] Vgl. z.B. *Friedrichsen*, 2000, S. 89–106, insbesondere S. 89 f.

I. Grundlegende Beschreibung

chendes Vergütungsmodell nicht belastet. Für junge Unternehmen wird auch dies von Bedeutung sein. Demgegenüber mag für ertragsstarke Unternehmen eine – steuerlich anerkannte – aufwandswirksame Erfassung im Einzelfall günstiger sein.

Nachteile birgt diese Form der Mitarbeiterbeteiligung vor allem aufgrund der geringen Flexibilität in der Ausgestaltung des Plans. Die o.g. Vorgaben des Aktiengesetzes erlauben bspw. weder die Einbeziehung von Mitgliedern des Aufsichtsrates der Gesellschaft noch von freien Mitarbeitern oder Beratern in den Aktienoptionsplan. Auch kann die Pflicht zur Vereinbarung einer zweijährigen Wartefrist für die erstmalige Ausübung zu steuerlichen Nachteilen für die Mitarbeiter führen. So stellt der Verkauf der mit Ausübung der Optionen erworbenen Aktien ein privates Veräußerungsgeschäft i.S.d. § 23 Abs. 1 Nr. 2 EStG dar, sollten die Aktien innerhalb eines Jahres nach Anschaffung veräußert werden. Je früher die Optionen ausgeübt werden, desto früher beginnt und endet diese Spekulationsfrist. **122**

Im Folgenden gilt es die einzelnen Fragestellungen im Zusammenhang mit Aktienoptionsplänen nach § 192 Abs. 2 Nr. 3 AktG näher darzustellen. Ein solcher Aktienoptionsplan mag dabei folgende Eckdaten aufweisen: **123**

Berechtigte:	Geschäftsleitung und zwei weitere Führungsebenen
Optionsanzahl:	abgestuft nach Hierarchieebenen, ggf. zusätzlich in Abhängigkeit von der Erreichung von Erfolgszielen
Ausübungspreis:	Börsenkurs im Zeitpunkt der Begabe der Option
Wartezeit:	für 50 % der Optionen 2 Jahre, für jeweils weitere 25 % 3 bzw. 4 Jahre
Erfolgskriterium:	Outperformance gegenüber Vergleichsindex und absolute Steigerung des Börsenkurses um 30 %
Erwerbszeiträume:	Begabe jährlicher Tranchen von max. 40 % des Gesamtvolumens
Ausübungszeiträume:	jeweils 20 Börsenhandelstage, beginnend mit dem sechsten Börsenhandelstag nach Veröffentlichung des Quartalsberichts
Übertragbarkeit der Optionen:	nein

Tabelle 11: Eckdaten Aktienoptionsplan nach § 192 Abs. 2 Nr. 3 AktG

II. Gesellschaftsrecht

1. Allgemeine gesellschaftsrechtliche Aspekte

124 Der Schwerpunkt der gesellschaftsrechtlichen Fragestellungen im Zusammenhang mit Aktienoptionsplänen hat sich spätestens mit der Neufassung der §§ 192, 193 AktG durch das KonTraG[3] verlagert von der Frage, ob derartige Pläne überhaupt im Einklang mit dem AktG stehen, hin zu Kontrolle der konkreten Ausgestaltung des Aktienoptionsplans. Wenn auch der Schwerpunkt der Darstellung auf jene Vorgaben gelegt werden sollte, die das AktG in den §§ 192, 193 AktG für Aktienoptionspläne bereithält, seien dennoch einige allgemeine Überlegungen vorangestellt.

a) Pflicht des Vorstandes zur Wahrung des Gesellschaftsinteresses

125 § 76 Abs. 1 AktG verpflichtet den Vorstand zur eigenverantwortlichen Leitung unter Beachtung des Gesellschaftsinteresses. Im Rahmen des Gesellschaftsinteresses zu berücksichtigen sind die Interessen der verschiedenen am Unternehmen beteiligten Gruppen, d.h. die Interessen der Anteilseigner, der Arbeitnehmer und der Allgemeinheit. Durch die Ausgabe von Aktienoptionen im Rahmen eines umfassenden, auf dem Shareholder-Value-Ansatz basierenden Führungskonzepts kommt es zu einer stärkeren Betonung der Anteilseignerinteressen.[4] Dies kann jedoch nicht die grundsätzliche Unzulässigkeit solcher Pläne begründen. Vielmehr obliegt es der eigenen Verantwortung des Vorstandes, eine Gewichtung zwischen den möglicherweise widerstreitenden Interessen vorzunehmen. Sofern sich der Aktienoptionsplan in einem angemessenen und üblichen Rahmen bewegt, dürften daher keine Bedenken bestehen.[5] § 76 Abs. 1 AktG kann demnach gegenüber der übersteigerten einseitigen Verfolgung von Aktionärsinteressen Schrankenfunktion entfalten, ohne jedoch in der Regel einer Verfolgung des Shareholder-Value-Ansatzes und einer damit zusammenhängenden Einführung eines Aktienoptionsplans entgegenzustehen.

b) Begrenzung durch die Vergütungsgrundsätze der §§ 86, 87 AktG

126 Einen inhaltlichen Rahmen von Aktienoptionsplänen ziehen die §§ 86, 87 AktG.[6] § 86 AktG enthält Vorgaben für die Gewinnbeteiligung von Vorstandsmitgliedern, § 87 AktG normiert allgemeine Grundsätze für die Bezüge der Vorstandsmitglieder. Diese Vorschriften gilt es dementsprechend zu beachten, da regelmäßig Mitglieder des Vorstandes in Aktienoptionspläne einbezogen werden.

---

[3] Gesetz zur Kontrolle und Transparenz im Unternehmensbereich v. 30. 4. 1998, BGBl. I, S. 786–794, abgedruckt mit Begründung bei *Ernst/Seibert/Stuckert*, 1998, S. 12 ff.

[4] Vgl. *Hüffer*, ZHR 161 (1997), S. 217; *Friedrichsen*, 2000, S. 44.

[5] Vgl. *Hüffer*, ZHR 161 (1997), S. 218; *Friedrichsen*, 2000, S. 45 f.

[6] Vgl. *Hüffer*, ZHR 161 (1997), S. 218 f.; ders., AktG, 4. Aufl. 1999, § 87 Rz. 2a; jüngst *Baums* (Hrsg.), 2001, Rz. 44; siehe auch *Hoffmann-Becking*, NZG 1999, S. 802, Fn. 30: „im Rahmen des Verwaltungsvorschlags an die Hauptversammlung keine Bindung des Aufsichtsrats an § 87 AktG". Normadressat der Vorschriften ist zwar allein der Aufsichtsrat; hält sich der Aktienoptionsplan jedoch nicht innerhalb des durch die §§ 86, 87 AktG gezogenen Rahmens, kann der Aufsichtsrat den Plan im Hinblick auf die Mitglieder des Vorstands nicht umsetzen; vgl. *Hüffer*, a.a.O.

II. Gesellschaftsrecht

Gem. § 86 Abs. 1 S. 1 AktG kann den Vorstandsmitgliedern für ihre Tätigkeit eine Beteiligung am Gewinn gewährt werden. Diese „soll in der Regel in einem Anteil am Jahresgewinn der Gesellschaft bestehen". Aus diesem Wortlaut kann nicht geschlossen werden, dass lediglich erfolgsabhängige Vergütungen im Form von Gewinnbeteiligungen zulässig sind. Vielmehr weist § 86 Abs. 1 AktG im Wesentlichen deshalb auf den Jahresgewinn hin, weil diese Bezugsgröße den Gesamterfolg des Unternehmens ausdrückt und damit ein der Gesamtverantwortung des Vorstandes entsprechendes Leistungsmaß begründet.[7] In Abhängigkeit von einer solchen, den Gesamterfolg des Unternehmens ausdrückenden Bezugsgröße vergüten auch Aktienoptionspläne die Leistung der Berechtigten, indem sie gewöhnlich an den Wert der Aktie der Gesellschaft anknüpfen. Auch im Übrigen erscheint der Aktienkurs als eine Messgröße, die der des Jahresgewinns durchaus vergleichbar ist, da sich im Wert der Aktie regelmäßig die Lage und Entwicklung der Gesellschaft widerspiegelt. Dies war auch die Sichtweise des Gesetzgebers.[8] Die Regelung des § 192 Abs. 2 Nr. 3 AktG wurde primär mit dem Ziel eingefügt, Aktiengesellschaften zu ermöglichen, Führungskräfte – und insbesondere auch Vorstände, wie die Neufassung von § 192 Abs. 2 Nr. 3 AktG zeigt – in Abhängigkeit von der Kursentwicklung der Aktie der Gesellschaft zu vergüten.[9] Ist aber der Aktienkurs letztlich nichts anderes als ein der Gesellschaft durch die Börse beigemessener (Gesamt-)Unternehmenswert, sind folgerichtig auch andere Formen der Vergütung von Führungskräften anzuerkennen, sofern diese nur die Unternehmenswertentwicklung reflektieren. Soweit Aktienoptionspläne an der Entwicklung des Unternehmenswertes oder der Entwicklung von für den Unternehmenswert maßgeblichen Parametern anknüpfen und damit den Gesamterfolg nur in einer anderen Messgröße als dem Jahresgewinn erfassen, sind sie in der Regel mit § 86 Abs. 1 AktG vereinbar.[10]

127

Nach § 87 Abs. 1 AktG ist der Aufsichtsrat verpflichtet, bei Festsetzung der Gesamtbezüge des einzelnen Vorstandsmitglieds dafür zu sorgen, dass die Gesamtbezüge in einem angemessenen Verhältnis zu den Aufgaben des Vorstandsmitglieds sowie zur Lage der Gesellschaft stehen. Der Maßstab der Angemessenheit lässt Raum für die Berücksichtigung von Faktoren wie z.B. die Marktüblichkeit des Umfangs der Vergütung.[11] Bei der notwendigen Prüfung durch den Aufsichtsrat muss im Hinblick auf die Vergütungshöhe auch die Vergütung, die den Vorstandsmitgliedern in Form des Wertzuwachses der Rechte aus dem Aktien-

128

---

[7] Vgl. *Hüffer*, ZHR 161 (1997), S. 219; *Hefermehl*, G/H/E/K, AktG, 1973, 1974, § 86 Rz. 5; *Weiß*, 1999, S. 130.

[8] Vgl. Begründung zum RegE zu § 192 AktG n.F., abgedruckt bei *Ernst/Seibert/Stuckert*, 1998, S. 78.

[9] Im Regierungsentwurf war ausdrücklich noch von „Kurszielen" die Sprache – die allgemeinere Formulierung „Erfolgsziele" wurde erst durch den Rechtsausschuss eingefügt, vgl. Begründung zum RegE zu § 192 AktG n.F., abgedruckt bei *Ernst/Seibert/Stuckert*, 1998, S. 78, 80; auch *Hüffer*, ZHR 161 (1997), S. 219; *ders.*, AktG, 4. Aufl. 1999, § 86 Rz. 4, § 87 Rz. 2a.

[10] I.E. ebenso *Weiß*, 1999, S. 130 f; *Friedrichsen*, 2000, S. 43; auch *Hüffer*, AktG, 4. Aufl. 1999, § 86 Rz. 4. – Zu recht verweisen die genannten Autoren auf den schon aus dem Wortlaut der Vorschrift ersichtlichen („soll in der Regel") nicht abschließenden Charakter des § 86 Abs. 1 AktG. Es sei darauf hingewiesen, dass die Regierungskommission Corporate Governance eine ersatzlose Streichung des nicht mehr zeitgemäßen § 86 AktG empfohlen hat; vgl. *Baums* (Hrsg.), 2001, Rz. 41.

[11] Vgl. *Mertens*, Kölner Kommentar AktG, 2. Aufl. 1996, § 87 Rz. 5; *Hüffer*, ZHR 161 (1997), S. 234 f.; *Weiß*, 1999, S. 137; *Wulff*, 2000, S. 19 f.

optionsplan zufließt, einbezogen werden. § 87 Abs. 1 AktG verpflichtet damit den Aufsichtsrat letztendlich, den voraussichtlichen Wertzuwachs der Optionen im Hinblick auf deren Ausgestaltung nach dem Aktienoptionsplan zu prognostizieren und die Angemessenheit der daraus resultierenden Vergütung im Rahmen seines pflichtgemäßen Ermessens zu prüfen.[12] Eine Pflicht des Aufsichtsrats, die Ausübung der im Rahmen des Aktienoptionsplans gewährten Rechte an einen Vergleichsindex zu binden, folgt daraus jedoch nicht.[13] Gleichwohl empfiehlt es sich dem Aufsichtsrat Vorkehrungen zu treffen, um die Angemessenheit auch bei unerwarteter Kursentwicklung zu wahren – anderenfalls setzt er sich dem Risiko von Schadenersatzforderungen gem. §§ 116, 93 AktG aus.[14]

129 Nach in den Gesetzesmaterialien geäußerter Auffassung sind bei Gewährung gewinnabhängiger Vergütungsbestandteile wie z.B. der Gewährung von Bezugsrechten im Rahmen von Aktienoptionsplänen die fixen Vergütungskomponenten entsprechend anzupassen.[15] Den fixen Vergütungsbestandteilen kommt dann regelmäßig die Funktion einer individuellen Leistungs- und Funktionsbewertung der einzelnen Vorstandsmitglieder zu, da eine solche Differenzierung durch einen Aktienoptionsplan kaum geleistet werden kann.[16]

130 Der Gesetzgeber folgert aus Vorstehendem, den Aktionären sei es erlaubt, im Rahmen ihres Auskunftsrechts gem. § 131 Abs. 1 AktG bei Beschlussfassung zu einem Aktienoptionsplan Erläuterungen hinsichtlich der Zusammensetzung der Vergütungskomponenten der Begünstigten zu verlangen.[17] Inwieweit diese Meinungsäußerung eine Umsetzung in der einer Offenlegung von Vergütungsfragen eher mit Zurückhaltung begegnenden Rechtsprechung[18] erfahren wird, bleibt der weiteren Entwicklung überlassen. Erforderlich erscheint es allenfalls, die relative Zusammensetzung der Vergütungskomponenten darzulegen, ohne jedoch absolute Beträge zu nennen.[19]

c) Grundsatz der beschränkten Amtszeit

131 Vorstandsmitglieder können gem. § 84 Abs. 1 AktG höchstens auf eine Dauer von fünf Jahren bestellt werden. Einer entsprechenden Laufzeitbeschränkung unterliegen die Anstellungsverträge mit Vorstandsmitgliedern. Vereinbarungen, die dieser dem Aufsichtsrat eingeräumten Entschlussfreiheit hinsichtlich der Weiterbeschäftigung der Vorstandsmitglieder zuwiderlaufen, sind gem. § 134 BGB nichtig.[20] Gleichwohl folgt daraus nicht zwingend, dass auch die Laufzeit von

---

[12] *Hüffer*, ZHR 161 (1997), S. 234; *Weiß*, 1999, S. 136 f.

[13] *OLG Stuttgart* v. 12.8.1998, AG 1998, S. 532; *Weiß*, 1999, S. 141 f.; a.A. wohl *Hüffer*, ZHR 161 (1997), S. 236.

[14] Für eine Ersatzpflicht im Einzelfall: *OLG Braunschweig* v. 29.7.1998, ZIP 1998, S. 1586; *Hüffer*, AktG, 4. Aufl. 1999, § 87 Rz. 5; *Weiß*, 1999, S. 142; *Wulff*, 2000, S. 21; *Friedrichsen*, 2000, S. 46. – Es sei darauf hingewiesen, dass eine Regelung über Anpassungsrechte des Aufsichtsrates oder Höchstbeträge andere Parameter des Aktienoptionsplans, bspw. den Charakter als „fixed plan" i.S. APB-Opinion 25 in Frage stellen können; vgl. die Darstellung zur Behandlung nach US-GAAP.

[15] Vgl. Begründung zum RegE zu § 192 AktG n.F., abgedruckt bei *Ernst/Seibert/Stuckert*, 1998, S. 79.

[16] *Hüffer*, ZHR 161 (1997), S. 235; ders., AktG, 4. Aufl. 1999, § 87 Rz. 2a.

[17] Vgl. Begründung zum RegE zu § 192 AktG n.F., abgedruckt bei *Ernst/Seibert/Stuckert*, 1998, S. 79.

[18] Vgl. *Weiß*, 1999, S. 279; *Semler*, Münch. Hdb. GesR IV, 2. Aufl. 1999, § 37 Rz. 12.

[19] So bspw. *Hüffer*, AktG, 4. Aufl. 1999, § 131 Rz. 18.

[20] Vgl. *Hüffer*, AktG, 4. Aufl. 1999, § 84 Rz. 6; *Weiß*, 1999, S. 142 f.

Aktienoptionsplänen für Vorstandsmitglieder einer entsprechenden zeitlichen Begrenzung unterliegt. Die begrenzte Laufzeit von Anstellungsverträgen verbietet es nicht, den Vorstandsmitgliedern Leistungen zuzusagen, die diesen erst nach Beendigung des Dienstverhältnisses zufließen.[21] Gerade im Hinblick auf die Zielsetzung von Aktienoptionsplänen, Anreize zu langfristigem Handeln zu setzen, erscheint die Gewährung langfristiger Ausübungsrechte notwendig.[22] Auch ist im Einzelfall eine über das Datum des Ausscheidens hinausreichende Laufzeit des Aktienoptionsplans zwingend erforderlich; anderenfalls ließe sich bspw. die Anreizwirkung des Aktienoptionsplans für jene Mitglieder des Vorstands, deren Ausscheiden wegen Erreichens des Pensionsalters als sicher erscheint, nicht aufrechterhalten.[23] Dabei ist jedoch nicht zu übersehen, dass es abgestufter Regelungen bedarf, um nicht durch die Zusage übermäßiger Leistungen für den Zeitraum nach Beendigung des Dienstvertrages den Aufsichtsrat faktisch zur Wiederbestellung zu zwingen.[24]

2. Überblick über die Organkompetenzen im Zusammenhang mit der Ein- und Durchführung eines Aktienoptionsplans

Im Hinblick auf die Ein- und Durchführung eines Aktienoptionsplans lässt sich die Verteilung der Zuständigkeiten auf die einzelnen Organe der Aktiengesellschaft wie folgt skizzieren: **132**
- Dem Vorstand obliegt:
  - gemeinsam mit dem Aufsichtsrat die Formulierung eines Beschlussvorschlags betreffend die bedingte Kapitalerhöhung gem. § 192 Abs. 2 Nr. 3 AktG;[25]
  - im Rahmen der Ermächtigung durch die Hauptversammlung die Entscheidung über das „Ob" der Einführung des Aktienoptionsplans (durch Vorstandsbeschluss);
  - die Ausgabe der Optionen an die Berechtigten, soweit es sich nicht um Vorstandsmitglieder der Gesellschaft handelt;
  - die Verwaltung des Aktienoptionsplans.
- Der Hauptversammlung obliegt:
  - die Beschlussfassung über die Gewährung von Optionen („Bezugsrechten", § 192 Abs. 2 Nr. 3 AktG) sowie die Bereitstellung eines bedingten Kapitals.
- Dem Aufsichtsrat obliegt:
  - gemeinsam mit dem Vorstand die Formulierung eines Beschlussvorschlags betreffend die bedingte Kapitalerhöhung gem. § 192 Abs. 2 Nr. 3 AktG;
  - die Entscheidung über das „Ob" der Einführung und die Ausgabe der Optionen, soweit es um Mitglieder des Vorstands geht (§ 84 Abs. 1 S. 5 i.V.m. § 112 AktG);

---

[21] *Hoffmann-Becking*, NZG 1999, S. 804, führt das Beispiel der Ruhegeldzusage an.
[22] Vgl. *Weiß*, 1999, S. 144.
[23] *Hoffmann-Becking*, NZG 1999, S. 804; *Weiß*, 1999, S. 144.
[24] Vgl. *Hüffer*, ZHR 161 (1997), S. 236; *Weiß*, 1999, S. 145; *Hoffmann-Becking*, NZG 1999, S. 804.
[25] Dabei bestehen u.E. keine Bedenken, dem Beschlussvorschlag ein Konzept des Vorstands zugrunde zu legen, sofern dieser Planentwurf zwingend dem Zustimmungsvorbehalt des Aufsichtsrats unterstellt wird; *Frey*, GK-AktG, 4. Aufl. 2001, § 192 Rz. 6; Bedenken bei *Friedrichsen*, 2000, S. 88 f. Jedoch sollte die im Rahmen des Beschlussvorschlags zu treffende Aufteilung der bedingten Kapitalerhöhung auf Mitglieder des Vorstands und weitere Planberechtigte der alleinigen Entscheidung des Aufsichtsrats obliegen; vgl. *Weiß*, 1999, S. 204 f.; *Friedrichsen*, a.a.O., S. 88 f.; *Hüffer*, ZHR 161 (1997), S. 233.

- die Entscheidung über den Kreis der Berechtigten, soweit es um den Vorstand geht; unzulässig wäre ein nach US-amerikanischem Vorbild eingesetztes Compensation Committee, das sich aus Mitgliedern des Aufsichtsrats und des Vorstands zusammensetzt;
- die Festlegung der Plandetails innerhalb des durch den Hauptversammlungsbeschluss gesetzten Rahmens.[26]

3. Hauptversammlungsbeschluss

133 Nach § 192 Abs. 1 AktG kann die Hauptversammlung eine Erhöhung des Grundkapitals beschließen, die nur so weit durchgeführt werden soll, wie von einem Bezugsrecht Gebrauch gemacht wird, das die Gesellschaft auf die neuen Aktien einräumt (bedingte Kapitalerhöhung). Eine solche bedingte Kapitalerhöhung kann nach § 192 Abs. 2 Nr. 3 AktG in der Fassung des KonTraG auch zur Gewährung von Bezugsrechten an Arbeitnehmer und Mitglieder der Geschäftsführung der Gesellschaft oder eines verbundenen Unternehmens im Wege des Zustimmungs- oder Ermächtigungsbeschlusses geschaffen werden. Die Neuerung ermöglicht u.a., dass nunmehr Optionen über den bisherigen Begünstigtenkreis der Arbeitnehmer hinaus auch an Vorstandsmitglieder gewährt werden können. Mithin wurde eine gesetzliche Grundlage geschaffen, um auf Aktienbezugsrechten basierende Aktienoptionspläne für das gesamte Management einzuführen.

134 Die bedingte Kapitalerhöhung bietet Vorteile gegenüber anderen gesellschaftsrechtlichen Maßnahmen zur Bereitstellung von Aktien für Aktienoptionspläne. Bspw. gilt die Fünfjahresfrist für die Ausübung eines genehmigten Kapitals nicht auch für die bedingte Kapitalerhöhung, so dass die bedingte Kapitalerhöhung insbesondere auch für langlaufende Aktienoptionspläne (die z.B. die Gewährung von Optionen in mehreren Tranchen vorsehen) geeignet ist. Ein weiterer Vorteil der bedingten Kapitalerhöhung gegenüber dem genehmigten Kapital liegt in dessen aktienrechtlicher Ausgestaltung; das Grundkapital ist bereits mit Ausgabe der Bezugsaktien erhöht (§ 200 AktG), während es bei der Ausnutzung eines genehmigten Kapitals der Eintragung der Durchführung der Kapitalerhöhung in das Handelsregister bedarf (§ 189 AktG i.V.m. § 203 Abs. 1 S. 1 AktG).[27] Die bedingte Kapitalerhöhung bietet somit für die Begünstigten den Vorteil, dass die jungen Aktien zeitnah veräußert werden können, um z.B. die bei Ausübung der Optionen regelmäßig anfallende Lohnsteuerschuld zu begleichen.

a) Möglicher Kreis der Begünstigten

135 Die Regelung des § 192 Abs. 2 Nr. 3 AktG sah bis 1998 die Möglichkeit der Ausgabe von Bezugsrechten nur an Arbeitnehmer der Gesellschaft vor. Durch die

---

[26] Auch insoweit erscheint es ausreichend, Vorschläge des Vorstands dem Zustimmungsvorbehalt des Aufsichtsrats zu unterstellen. Durch eine entsprechende Gestaltung ist den Maßgaben der aktienrechtlichen Zuständigkeitsregeln Genüge getan, da dem Aufsichtsrat die letzte Entscheidung zukommt. Vgl. zur Ausgestaltung von Optionsbedingungen: *Frey*, GK-AktG, 4. Aufl. 2001, § 192 Rz. 106; *Weiß*, 1999, S. 239; zu Stock-Option-Plänen auf Basis von Wandelschuldverschreibungen auch: *OLG Stuttgart* v. 12.8.1998, AG 1998, S. 530; *OLG Braunschweig* v. 29.7.1998, ZIP 1998, S. 1586; *Weiß*, 1999, S. 204 f.; *Kohler*, ZHR 161 (1997), S. 265 f.; einschränkend: *Hüffer*, ZHR 161 (1997), S. 232 f.; generell ablehnend: *Friedrichsen*, 2000, S. 86 ff.

[27] *Martens*, AG 1996, S. 346 f.; *Hüffer*, ZHR 161 (1997), S. 221, *Wulff*, 2000, S. 41 f.

II. Gesellschaftsrecht

Änderungen im Rahmen des KonTraG wurde der Kreis der möglichen Begünstigten auf die Mitglieder des Vorstands der Gesellschaft erweitert. Gleichzeitig wurde eine Erweiterung auf verbundene Unternehmen vorgesehen. Dementsprechend können heute im Rahmen eines Aktienoptionsplans nach § 192 Abs. 2 Nr. 3 AktG Optionen sowohl an Arbeitnehmer und den Vorstand der Aktiengesellschaft selbst als auch an Arbeitnehmer und Mitglieder der Geschäftsführung verbundener Unternehmen ausgegeben werden.[28] Maßgebend ist die Mitarbeiterstellung zum Zeitpunkt der Optionseinräumung; dabei sollten jedoch bereits feststehende künftige Entwicklungen wie bspw. der Verlust der Mitarbeiterstellung infolge Pensionierung berücksichtigt werden.[29]

Mit der Beschränkung auf Mitglieder der Geschäftsführung scheiden neben Beratern insbesondere auch Mitglieder des Aufsichtsrats der Gesellschaft aus dem Begünstigtenkreis aus. Eine im Referentenentwurf noch enthaltene allgemeinere Beschreibung des Begünstigtenkreises („Organmitglieder")[30] wurde aus Gründen der Klarstellung ersetzt durch den nun gültigen Wortlaut der Vorschrift. Von einer Einbeziehung des Aufsichtsrats wurde abgesehen, um die Festsetzung jener von der Hauptversammlung im Rahmen des Kapitalerhöhungsbeschlusses der Verwaltung zugewiesenen Detailregelungen nicht in die Hände eines gleichfalls befangenen, weil in eigenen Interessen berührten, Aufsichtsrats zu legen.[31] Zwingend notwendig erscheint der durch den Gesetzgeber gewählte Weg jedoch nicht, da es durchaus möglich wäre, die Hauptversammlung über sämtliche wesentlichen wertbildenden Kriterien eines Aktienoptionsplans selbst entscheiden zu lassen.[32] Insoweit bleibt Raum für eine Novellierung der Regelung, mit der jedoch in naher Zukunft nicht zu rechnen ist.[33]

136

b) Allgemeine aktienrechtliche Vorgaben für eine bedingte Kapitalerhöhung

Bei dem Beschluss der Hauptversammlung, der gem. § 193 Abs. 1 AktG mit einer Mehrheit von drei Vierteln des vertretenen Grundkapitals zu fassen ist, handelt es sich um einen Kapitalerhöhungsbeschluss. Dementsprechend sind die allgemeinen inhaltlichen Anforderungen zu beachten. So muss der Beschluss erkennen lassen, dass eine bedingte Kapitalerhöhung gem. § 192 Abs. 2 Nr. 3 AktG gewollt ist. Festzusetzen ist weiterhin ein Erhöhungsbetrag, der infolge seiner Bedingtheit – durch die Ausübung der Optionen – als Höchstbetrag zu verste-

137

---

[28] Vgl. *Krieger*, Münch. Hdb. GesR IV, 2. Aufl. 1999, § 63 Rz. 31; *Hüffer*, AktG, 4. Aufl. 1999, § 192 Rz. 19 f.; *Schröer*, ArbeitsHdb. HV, 1999, Rz. II J 47; einschränkend wohl *Hoffmann-Becking*, NZG 1999, S. 803, der die Arbeitnehmer verbundener Unternehmen nicht in den Kreis der Begünstigten einbezieht.

[29] Näher *Frey*, GK-AktG, 4. Aufl. 2001, § 192 Rz. 104.

[30] Vgl. Referentenentwurf des KonTraG, ZIP 1996, S. 2137 f; auch *Kohler*, ZHR 161 (1997), S. 265.

[31] Vgl. Begründung zum RegE zu § 192 AktG n.F., abgedruckt bei *Ernst/Seibert/Stuckert*, 1998, S. 80 f.

[32] So zu Recht *Weiß*, 1999, S. 212, der zugleich auf den „Ausweg" eines Plans auf Basis von Wandelschuldverschreibungen verweist (dazu näher unten, unter F.). Vgl. auch *Hüffer*, AktG, 4. Aufl. 1999, § 192 Rz. 21; *ders.*, ZHR 161 (1997), S. 244; *Krieger*, Münch. Hdb. GesR IV, 1999, § 63 Rz. 27.

[33] Die Regierungskommission Corporate Governance hat mit Verweis auf die bestehende Möglichkeit über die Begabe von Wandelschuldverschreibungen auf eine entsprechende Empfehlung verzichtet; *Baums* (Hrsg.), 2001, Rz. 64, 222, 225.

F. Aktienoptionspläne nach § 192 Abs. 2 Nr. 3 AktG

hen ist.[34] Auch hat der Kapitalerhöhungsbeschluss die Nennbeträge der neuen Aktien, bei Stückaktien deren Zahl und deren Art (Inhaber- oder Namensaktien) und Gattung zu nennen. Die Angaben sind entbehrlich, soweit die Satzung Vorgaben auch für künftige Aktien enthält.[35]

138 Im Zusammenhang mit der Angabe des Erhöhungsbetrages ist insbesondere auf die Regelung des § 192 Abs. 3 AktG hinzuweisen, der für Aktienoptionspläne nach § 192 Abs. 2 Nr. 3 AktG das Volumen der bedingten Kapitalerhöhung auf 10 % des bei Beschlussfassung über die bedingte Kapitalerhöhung vorhandenen Grundkapitals beschränkt.[36] Maßgebend für den zulässigen Umfang der bedingten Kapitalerhöhung ist damit das zum Zeitpunkt der Beschlussfassung bereits eingetragene Grundkapital der Gesellschaft; eine in derselben Hauptversammlung beschlossene reguläre Kapitalerhöhung zählt für den Höchstbetrag des bedingten Kapitals nicht mit.[37] Neben dieser speziellen Volumenbeschränkung gilt es, die allgemeine Hälftegrenze des § 192 Abs. 3 AktG zu wahren. Das gesamte nach den Vorschriften der § 192 Abs. 2 Nrn. 1–3 AktG bereitgestellte bedingte Kapital darf 50 % des bei Beschlussfassung über die bedingte Kapitalerhöhung vorhandenen Grundkapitals nicht übersteigen, so dass auch Nennbeträge aus früheren bedingten Kapitalerhöhungen, die noch nicht ausgeschöpft wurden, zu beachten sind.[38]

139 Die Regelung des § 192 Abs. 2 Nr. 3 AktG gibt der Hauptversammlung – ähnlich wie die Vorschriften zur genehmigten Kapitalerhöhung oder zur Ausgabe von Wandelschuldverschreibungen, jedoch ohne deren zeitliche Beschränkung auf fünf Jahre[39] – die Möglichkeit, die Verwaltung zur Durchführung eines Aktienoptionsplans auf Basis einer bedingten Kapitalerhöhung zu ermächtigen. Diese Gestaltung bietet gegenüber dem gleichfalls zulässigen Zustimmungsbeschluss den Vorteil höherer Flexibilität. Denn im Falle eines Ermächtigungsbeschlusses obliegt es Vorstand und Aufsichtsrat, über den Zeitpunkt der Durchführung des Aktienoptionsplans zu entscheiden oder von ihr ganz abzuse-

---

[34] Vgl. *Hüffer*, AktG, 4. Aufl. 1999, § 193 Rz. 4; *Krieger*, Münch. Hdb. GesR IV, 2. Aufl. 1999, § 57 Rz. 14.

[35] *Krieger*, Münch. Hdb. GesR IV, 2. Aufl. 1999, § 57 Rz. 14; *Hüffer*, AktG, 4. Aufl. 1999, § 193 Rz. 4, § 182 Rz. 13.

[36] Vgl. zum Verhältnis dieser Vorschrift zu § 71 Abs. 1 Nr. 8 AktG näher unten, Rz. 559.

[37] Vgl. *Hüffer*, AktG, 4. Aufl. 1999, § 192 Rz. 23 f., *Krieger*, Münch. Hdb. GesR IV, 2. Aufl. 1999, § 57 Rz. 10; *Frey*, GK-AktG, 4. Aufl. 2001, § 192 Rz. 138. Denkbar erscheint es jedoch, in derselben Hauptversammlung zunächst eine bedingte Kapitalerhöhung zu Zwecken eines Aktienoptionsplans und zeitlich dieser nachfolgend eine Kapitalerhöhung aus Gesellschaftsmitteln zu beschließen. Wird diese Reihenfolge bei Anmeldung und Eintragung beachtet, erhöht sich das bedingte Kapital gem. § 218 AktG entsprechend der Kapitalerhöhung aus Gesellschaftsmitteln; vgl. *von Einem/Pajunk* in: Achleitner/Wollmert, 2000, S. 94.

[38] Vgl. *Hüffer*, AktG, 4. Aufl. 1999, § 192 Rn. 23; *Krieger*, Münch. Hdb. GesR IV, 2. Aufl. 1999, § 57 Rz. 10. Zur Frage einer allgemeinen Volumenbegrenzung von Aktienoptionsplänen auf 10 % des Grundkapitals vgl. näher unten, Rz. 559.

[39] So die wohl überwiegende Auffassung; vgl. *Friedrichsen*, 2000, S. 82, Fn. 309. Nach a.A. soll sich die Beschränkung der Ermächtigung auf eine Fünfjahresfrist aus einer Analogie zu §§ 202 Abs. 1, 221 Abs. 2 ergeben; *Wulff*, 2000, S. 61 ff.; *Klahold*, 1999, S. 242 f.; für Mitglieder der Geschäftsführung auch *Frey*, GK-AktG, 4. Aufl. 2001, § 192 Rz. 113. Gegen eine (sinngemäße) Geltung spricht der eindeutige Wortlaut des § 192 Abs. 2 Nr. 3 AktG wie auch dessen Entstehungsgeschichte. Entgegen *Lutter*, AG 1997, August-Sonderheft, S. 52, 57, auf dessen Vorschlag die Möglichkeit eines Ermächtigungsbeschlusses zurückgeht, wurde gerade keine Höchstdauer der Ermächtigung vorgesehen.

hen.⁴⁰ Die sogleich näher dargestellten Eckpunkte des Aktienoptionsplans erfahren in diesem Fall im Hauptversammlungsbeschluss keine kalendermäßige Bestimmung; vielmehr genügen bestimmbare Zeitangaben.⁴¹

140 Für die bedingte Kapitalerhöhung statuieren § 193 Abs. 2 Nrn. 1–3 AktG weitere Voraussetzungen für den Beschlussinhalt. So muss der Beschluss gem. § 193 Abs. 2 Nr. 1 AktG den Zweck der bedingten Kapitalerhöhung konkret bezeichnen, d. h. auf die beabsichtigte Ausgabe von Aktienoptionen im Rahmen des im Hauptversammlungsbeschluss näher dargestellten Aktienoptionsplans Bezug nehmen.⁴² Weiterhin ist gem. § 193 Abs. 2 Nr. 2 AktG der Kreis der Bezugsberechtigten zu bezeichnen. Dabei genügt die eindeutige Bestimmbarkeit des Personenkreises („Mitglieder des Vorstands", „Arbeitnehmer der Gesellschaft") den Anforderungen.⁴³ Ferner muss der Beschluss gem. § 193 Abs. 2 Nr. 3 AktG den Ausgabebetrag („Ausübungs- oder Basispreis") je Aktie oder aber die Grundlagen, nach denen dieser Betrag errechnet wird, feststellen.⁴⁴ Einzubeziehen ist dabei nach einhelliger Auffassung auch das Bezugsverhältnis (bspw. „je Option eine Aktie").⁴⁵

141 Zulässig nach § 193 Abs. 2 Nr. 3 AktG ist grundsätzlich jeder Ausübungspreis, der zumindest dem Nennbetrag bzw. anteiligen Betrag des Grundkapitals der auszugebenden Aktien entspricht. Regelmäßig werden jedoch Optionen ausgegeben, die eine Ausübung zu einem Ausübungspreis vorsehen, der dem Unternehmenswert je Aktie zum Zeitpunkt der Ausgabe der Option entspricht oder sich anhand des Unternehmenswertes je Aktie zum Zeitpunkt der Ausübung der Option, abzüglich eines performanceabhängigen Abschlags, ermittelt.⁴⁶ Im Falle der Börsennotierung dient dabei als Unternehmenswert je Aktie der Aktienkurs. Im Übrigen bedarf es einer Unternehmensbewertung, die sich bspw. an den durch Dritte im Rahmen eines Aktienverkaufs oder einer Kapitalerhöhung gezahlten Beträgen orientieren kann.⁴⁷ Aktienrechtlich bestehen gegen ein solches Vorgehen keine Bedenken, da ohne weiteres die Grundlagen im Hauptversammlungsbeschluss festgesetzt werden können, nach denen sich der Ausübungspreis errechnet.⁴⁸ Aus dem gleichen Grunde ist auch die Festsetzung eines Ausübungspreises zulässig, der dem Börsenkurs der Aktie zum Zeitpunkt

---

⁴⁰ Vgl. Begründung zum RegE zu § 192 AktG n.F., abgedruckt bei *Ernst/Seibert/Stuckert*, 1998, S. 81; *Hüffer*, AktG, 4. Aufl. 1999, § 192 Rn. 22; *Krieger*, Münch. Hdb. GesR IV, 2. Aufl. 1999, § 63 Rz. 32.

⁴¹ Begründung zum RegE zu § 192 AktG n.F., abgedruckt bei *Ernst/Seibert/Stuckert*, 1998, S. 81.

⁴² Vgl. *Friedrichsen*, 2000, S. 75 f.; *Krieger*, Münch. Hdb. GesR IV, 2. Aufl. 1999, § 57 Rz. 15; *Lutter*, Kölner Kommentar AktG, 2. Aufl. 1995, § 193 Rz. 8.

⁴³ Vgl. *Friedrichsen*, 2000, S. 76; *Bungeroth*, G/H/E/K, AktG, 1993, § 193 Rz. 9; *Lutter*, Kölner Kommentar AktG, 2. Aufl. 1995, § 193 Rz. 9; auch *Krieger*, Münch. Hdb. GesR IV, 2. Aufl. 1999, § 57 Rz. 16.

⁴⁴ Nach dem Wortlaut der Vorschrift obliegt die Feststellung der Hauptversammlung. Dementsprechend dürfte die Angabe eines Mindestausgabebetrags im Hauptversammlungsbeschluss den gesetzlichen Anforderungen nicht genügen; *Krieger*, Münch. Hdb. GesR IV, 2. Aufl. 1999, § 57 Rz. 17; *Frey*, GK-AktG, 4. Aufl. 2001, § 193 Rz. 37, 51; a.A. *Weiß*, 1999, S. 214 f.

⁴⁵ So ausdrücklich: *Friedrichsen*, 2000, S. 76; *Hüffer*, AktG, 4. Aufl. 1999, § 193 Rz. 6; *Krieger*, Münch. Hdb. GesR IV, 2. Aufl. 1999, § 57 Rz. 17; *Lutter*, Kölner Kommentar AktG, 2. Aufl. 1995, § 193 Rz. 12.

⁴⁶ Vgl. nur *Frey*, GK-AktG, 4. Aufl. 2001, § 193 Rz. 53 f.

⁴⁷ Vgl. *von Einem/Pajunk* in: Achleitner/Wollmert, 2000, S. 100.

⁴⁸ Vgl. Begründung zum RegE zu § 192 AktG n.F., abgedruckt bei *Ernst/Seibert/Stuckert*, 1998, S. 79 f.; *Hüffer*, AktG, 4. Aufl. 1999, § 193 Rz. 6.

der Ausgabe zuzüglich eines prozentualen Aufschlags entspricht („Premium-Priced Model").[49] Demgegenüber wird von Teilen der Literatur eine Gewährung von Optionen als kritisch betrachtet, deren Ausübungspreis unter dem aktuellen oder zeitnah ermittelten Börsenkurs bei Ausgabe liegt.[50] U.E. kann ein striktes Verbot der Ausgabe von Optionen, die „im Geld" sind, dem Aktiengesetz nicht entnommen werden.[51] Es obliegt vielmehr der Hauptversammlung, einen entsprechenden Ausübungspreis vorzusehen oder aber einen entsprechenden Beschlussvorschlag abzulehnen. Auch aus der Gesetzesbegründung ergibt sich nichts anderes.[52] Doch gilt es bei der Festsetzung zu berücksichtigen, dass ein niedriger Ausübungspreis bei einem hohen Volumen des Aktienoptionsplans zu einer unangemessen hohen Verwässerung des Aktienwertes der Aktionäre führen kann. Deshalb erscheint es im Einzelfall angezeigt, einen deutlich unter dem Börsenkurs bei Ausgabe liegenden Ausübungspreis einer Angemessenheitskontrolle zu unterziehen.[53] Vergleichbar den Überlegungen zur materiellen Rechtfertigung eines Bezugsrechtsausschlusses sind der Verwässerung der Position der Altaktionäre die mit dem Aktienoptionsplan verbundenen Vorteile für das Unternehmen gegenüberzustellen. Ein besonders ambitioniertes Erfolgsziel mag dann einen niedrigen Ausübungspreis in einem anderen Licht erscheinen lassen.

Die Anforderungen an die Angaben zum Ausgabebetrag im Hauptversammlungsbeschluss dürfen dabei jedoch nicht überspannt werden. Zwar verlangt § 193 Abs. 2 Nr. 3 AktG im Grundsatz, dass der Hauptversammlungsbeschluss die Grundlagen festhält, nach denen sich der Ausgabebetrag ermittelt. Jedoch würde der Beschluss überfrachtet, hielte er bspw. alle Regelungen fest, die den Verwässerungsschutz von Optionsinhabern im Falle von künftigen Kapitalmaßnahmen bestimmen. Insoweit liegt die Zuständigkeit innerhalb des vom Hauptversammlungsbeschluss gesetzten Rahmens bei Vorstand und Aufsichtsrat.[54]

c) Weitergehende aktienrechtliche Anforderungen bei Aktienoptionsplänen

142 Über die allgemeinen Anforderungen an den Inhalt eines Hauptversammlungsbeschlusses zur bedingten Kapitalerhöhung hinaus gilt es im Rahmen einer Erhöhung gem. § 192 Abs. 2 Nr. 3 AktG die Vorschrift des § 193 Abs. 2 Nr. 4 AktG zu beachten. Der Beschluss muss zwingend[55] „auch die Aufteilung der Be-

---

[49] Vgl. bspw. den Aktienoptionsplan 2000 der DaimlerChrysler AG. Zu den bilanziellen Vorzügen eines solchen Modells nach US-GAAP siehe unten, Rz. 146 ff., 258 ff.

[50] Vgl. *Hoffmann-Becking*, NZG 1999, S. 803; auch *Schröer*, ArbeitsHdb. HV, 1999, Rz. II J 49; *Lutter*, ZIP 1997, S. 6.

[51] Ebenso *Krieger*, Münch. Hdb. GesR IV, 2. Aufl. 1999, § 63 Rz. 33; *Frey*, GK-AktG, 4. Aufl. 2001, § 193 Rz. 55; wohl auch *Hüffer*, AktG, 4. Aufl. 1999, § 193 Rz. 6.

[52] Vgl. Begründung zum RegE zu § 192 AktG n.F., abgedruckt bei *Ernst/Seibert/Stuckert*, 1998, S. 79 f. Zwar ist davon die Sprache, dass „üblicherweise der Kurs der Aktie zum Zeitpunkt der Einräumung der Option gewählt werde, aber auch ein höherer Betrag angesetzt werden könne", ohne jedoch explizit zu erklären, dass damit die Möglichkeiten der Gestaltung des Ausübungspreises abschließend aufgezählt sein sollen.

[53] Ähnlich *Krieger*, Münch. Hdb. GesR IV, 2. Aufl. 1999, § 63 Rz. 36; *Frey*, GK-AktG, 4. Aufl. 2001, § 193 Rz. 55; i.E. auch *Hüffer*, AktG, 4. Aufl. 1999, § 193 Rz. 6, § 255 Rz. 5.

[54] So zu Anpassungen bei zwischenzeitlichen Kapitalmaßnahmen die Begründung zum RegE zu § 192 AktG n.F., abgedruckt bei *Ernst/Seibert/Stuckert*, 1998, S. 81; wohl auch *Frey*, GK-AktG, 4. Aufl. 2001, § 192 Rz. 160, § 193 Rz. 46.

[55] *Hüffer*, AktG, 4. Aufl. 1999, § 193 Rz. 8.

II. Gesellschaftsrecht

zugsrechte auf Mitglieder der Geschäftführungen und Arbeitnehmer, Erfolgsziele, Erwerbs- und Ausübungszeiträume und Wartezeit für die erstmalige Ausübung (mindestens zwei Jahre)" feststellen.

aa) Aufteilung der Bezugsrechte auf Mitglieder der Geschäftsführungen und Arbeitnehmer

Der Hauptversammlungsbeschluss muss eine Aufteilung der Bezugsrechte auf Mitglieder der Geschäftsführung und Arbeitnehmer vornehmen. Trotz des klar erscheinenden Wortlauts finden sich im Schrifttum unterschiedliche Auffassungen über die sich aus dieser Vorschrift ergebenden Angabepflichten. Teilweise wird eine Aufteilung der Optionen lediglich auf zwei Gruppen befürwortet, da die Vorschrift alleine eine Unterscheidung zwischen Mitgliedern der Geschäftsführung und Arbeitnehmern verlange.[56] Andere sprechen sich mit Verweis auf die Gesetzesbegründung[57] für die Angabe von drei[58] bzw. vier Gruppen[59] aus. Der Wortlaut der Gesetzesbegründung spricht u.E. für das letztgenannte Verständnis. Dabei müssen jedoch nicht zwingend Optionen für alle vier Gruppen vorgesehen werden. Vielmehr ist es auch zulässig, eine Ausgabe von Optionen bspw. alleine an Arbeitnehmer der Gesellschaft zuzulassen.[60] Die Angabe der Gruppenaufteilung muss hinreichend klar erfolgen. Empfehlenswert erscheint es, Prozentsätze des bereitgestellten Gesamtvolumens oder aber die für jede Gruppe bereitgestellte Anzahl von Aktien anzugeben.[61] Können einzelne Berechtigte zwei Gruppen unterfallen (bspw. Arbeitnehmer der Aktiengesellschaft und zugleich Geschäftsführungsmitglied eines verbundenen Unternehmens), sollten doppelte Bezüge schon durch eine entsprechende Regelung im Hauptversammlungsbeschluss vermieden werden.[62]

143

bb) Erfolgsziele

Der Hauptversammlungsbeschluss hat Erfolgsziele festzulegen, die vor Ausübung der Optionen erreicht sein müssen.[63] Diese sollten geeignet sein, die Entwicklung des Unternehmenswertes widerzuspiegeln. Dementsprechend können sich Erfolgsziele am Börsenkurs, aber auch an anderen Kriterien wie z.B. dem Gewinn je Aktie oder der Eigenkapitalrendite orientieren.[64] Letztgenannte Erfolgsziele vermeiden die Beeinflussung des Aktienoptionsplans durch unternehmensexterne Einflüsse weitgehend und ermöglichen damit eine leistungsbezogene Vergütung.[65] Sie haben jedoch regelmäßig den Nachteil geringerer Transpa-

144

---

[56] So wohl *Krieger*, Münch. Hdb. GesR IV, 2. Aufl. 1999, § 63 Rz. 34.
[57] Begründung zum RegE zu § 192 AktG n.F., abgedruckt bei *Ernst/Seibert/Stuckert*, 1998, S. 80.
[58] *Hüffer*, AktG, 4. Aufl. 1999, § 193 Rz. 9: „(1) Vorstandsmitglieder der AG, (2) Geschäftsführungsmitglieder verbundener Unternehmen und (3) Arbeitnehmer sowohl der AG als auch der mit ihr verbundenen Unternehmen".
[59] *Weiß*, 1999, S. 216; *Friedrichsen*, 2000, S. 76 f.; *Frey*, GK-AktG, 4. Aufl. 2001, § 193 Rz. 59: „(1) Vorstandsmitglieder der AG, (2) Geschäftsführungsmitglieder verbundener Unternehmen, (3) Arbeitnehmer der AG und (4) Arbeitnehmer verbundener Unternehmen".
[60] Vgl. *Krieger*, Münch. Hdb. GesR IV, 2. Aufl. 1999, § 63 Rz. 34; *Weiß*, WM 1999, S. 356 f.
[61] *Krieger*, Münch. Hdb. GesR IV, 2. Aufl. 1999, § 63 Rz. 34; *Friedrichsen*, 2000, S. 76 f.
[62] Begründung zum RegE zu § 192 AktG n.F., abgedruckt bei *Ernst/Seibert/Stuckert*, 1998, S. 80; *Schröer*, ArbeitsHdb. HV, 1999, Rz. II J 48. Nach *Hüffer*, AktG, 4. Aufl. 1999, § 192 Rz. 20, soll ein Hauptversammlungsbeschluss, der insoweit keine Vorsorge trifft, anfechtbar sein.
[63] Es dürfte sich dabei nach allgemeinem Zivilrecht regelmäßig um eine aufschiebende Bedingung für die Entstehung der Option handeln; vgl. *Frey*, GK-AktG, 4. Aufl. 2001, § 193 Rz. 62. Näher unten zu schuldrechtlichen Fragestellungen Rz. 1218 ff.
[64] Zu den Grenzen des Begriffs „Erfolgsziel": *LG München* v. 7.12.2000, AG 2001, S. 377.
[65] Vgl. *Schröer*, ArbeitsHdb. HV, 1999, Rz. II J 50.

F. Aktienoptionspläne nach § 192 Abs. 2 Nr. 3 AktG

renz der Zielerreichung für die Optionsinhaber, so dass die Motivationswirkung der Pläne nicht zwingend in gleichem Maße gewährleistet ist.

145 Kursorientierte Erfolgsziele können auf die absolute Kurssteigerung der Aktie der Gesellschaft abstellen oder aber auf eine relative Kursentwicklung im Vergleich zu einem Aktienindex. Eine rechtliche Verpflichtung zur Indexierung besteht nicht.[66] Gleichwohl bietet die Anbindung an einen Vergleichsindex aus der Sicht der Aktionäre den Vorteil, dass sich aus einer allgemeinen Börsenhausse ergebende Zufallsvorteile (sog. „windfall profits") vermieden werden. Zudem bleibt der Aktienoptionsplan auch in Baisse-Zeiten für die Optionsinhaber lukrativ.[67] Als Vergleichsindex dienen kann dabei bspw. der DAX, ein Branchenindex oder eine individuelle Vergleichsgruppe von Aktien bestimmter Unternehmen.

146 Der Wahl eines Erfolgsziels in der Form einer absoluten Kurssteigerung kann – neben seiner Bestimmung als Indikator der Unternehmenswertsteigerung – eine weitere Motivation, die Vermeidung von Personalaufwand nach US-amerikanischen Rechnungslegungsvorschriften, zugrunde liegen. Ein kursorientiertes Erfolgsziel ist regelmäßig so ausgestaltet, dass die Erreichung eines bestimmten Aktienkurses rechtliche Voraussetzung für die Ausübung der Option ist. Die Vereinbarung eines rechtlichen Erfolgsziels führt jedoch regelmäßig dazu, dass ein Aktienoptionsplan bei Anwendung von APB 25 erfolgswirksam zu erfassenden Personalaufwand verursacht; denn aufgrund der Ungewissheit des Erreichens des Erfolgsziels ist die Anzahl der Aktien, die erworben werden dürfen, nicht bekannt, solange das Erfolgsziel nicht auch tatsächlich erreicht wurde. Das measurement date fällt daher auf den Zeitpunkt, an dem das Erfolgsziel erfüllt ist. Der innere Wert ist zu diesem Zeitpunkt jedoch größer als null, wenn als Ausübungspreis der Aktienkurs bei Gewährung der Optionen bestimmt und als Erfolgsziel die Steigerung des Aktienkurses (um X %) festgelegt wurde.

147 Bei Rückgriff auf APB 25[68] kann Personalaufwand nach US-GAAP vermieden werden, indem bereits im Zeitpunkt der Ausgabe der Optionen die Zahl der Aktien, die erworben werden dürfen, sowie der Ausübungspreis festgelegt werden. Der maßgebliche Zeitpunkt für die Beantwortung der Frage, ob Personalaufwand auszuweisen ist oder nicht (measurement date), fällt dann auf den Ausgabezeitpunkt (grant date). Entspricht der Ausübungspreis dem Aktienkurs bei Gewährung der Optionen, so ist der nach APB 25 entscheidende innere Wert der Optionen und somit der Personalaufwand gleich null.

148 Um bei Anwendung von APB 25 Personalaufwand zu vermeiden und dennoch den aktienrechtlichen Anforderungen gerecht zu werden, kann anstelle eines rechtlichen Erfolgsziels auch ein wirtschaftliches Erfolgsziel vereinbart wer-

---

[66] Vgl. Begründung zum RegE zu § 192 AktG n.F., abgedruckt bei *Ernst/Seibert/Stuckert*, 1998, S. 80; OLG Stuttgart v. 13.6.2001, ZIP 2001, S. 1370; LG Stuttgart v. 9.10.2000, ZIP 2000, S. 2113; *Krieger*, Münch. Hdb. GesR IV, 2. Aufl. 1999, § 63 Rz. 34; i.E. auch *Hüffer*, AktG, 4. Aufl. 1999, § 193 Rz. 9; für die Begabe von Wandelschuldverschreibungen: *OLG Braunschweig* v. 29.7.1998, ZIP 1998, S. 1589; OLG Stuttgart v. 12.8.1998, AG 1998, S. 532. Auch die Regierungskommission Corporate Governance hat von der Empfehlung, eine entsprechende gesetzliche Regelung einzufügen, abgesehen und die inhaltliche Fixierung von Erfolgszielen der Rechtsprechung sowie einem künftigen Corporate-Governance-Kodex überlassen; vgl. *Baums* (Hrsg.), 2001, Rz. 42 f.

[67] *Schröer*, ArbeitsHdb. HV, 1999, Rz. II J 50; *Frey*, GK-AktG, 4. Aufl. 2001, § 193 Rz. 65; *von Einem/Pajunk* in: Achleitner/Wollmert, 2000, S. 101.

[68] Zu dieser Regelung vgl. näher unten, Rz. 242 ff.

den („Premium-Priced-Model"). Wird als Ausübungspreis für Optionen bspw. der angestrebte Aktienkurs (Zielkurs) vereinbart, so ist eine Ausübung der Optionen aus Sicht des Mitarbeiters erst sinnvoll, wenn dieser Zielkurs überschritten wurde. Solange der Aktienkurs unterhalb des Zielkurses und damit unter dem Ausübungspreis liegt, ist eine Ausübung nicht lohnenswert. Die Optionen sind in dieser Konstellation rechtlich jederzeit ausübbar, wenngleich eine Ausübung wirtschaftlich nicht sinnvoll ist. Damit ist jedoch bereits bei Gewährung der Optionen bekannt, wie viele Aktien zu welchem Preis erworben werden dürfen. Am measurement date beträgt der innere Wert der Optionen null, so dass Personalaufwand nicht zu erfassen ist. Gegen die rechtliche Zulässigkeit eines solchen Vorgehens dürften keine Bedenken bestehen, da die Verhaltenssteuerung der einer rechtlichen Kurshürde entspricht.[69]

Fraglich erscheint es demgegenüber, ob auf ein Erfolgsziel gänzlich verzichtet werden kann. § 193 Abs. 2 Nr. 4 AktG dürfte nicht alleine im Sinne einer Kompetenzvorschrift zu verstehen sein, welche die Regelungskompetenz hinsichtlich der in der Vorschrift genannten Eckdaten der Hauptversammlung überantwortet.[70] Vielmehr gibt die Norm zugleich die notwendigen Mindestdaten des Hauptversammlungsbeschlusses vor.[71] U.E. kann dementsprechend auf die Angabe eines Erfolgszieles nicht mit dem Hinweis verzichtet werden, der Aktienoptionsplan sehe kein Erfolgsziel vor. Gestützt wird dieses Ergebnis, berücksichtigt man, dass die mit der bedingten Kapitalerhöhung zwingend verbundene Verwässerung der rechtlichen Position der Altaktionäre der materiellen Rechtfertigung bedarf. Sollte der Aktienoptionsplan Erfolgsziele festsetzen, dürfte eine (zumindest teilweise) Kompensation der wertmäßigen Verwässerung durch die mit der Zielerreichung in der Regel verbundene Wertsteigerung der Aktien sichergestellt sein.[72] **149**

cc) Erwerbs- und Ausübungszeiträume

Weiterhin sind im Hauptversammlungsbeschluss Beginn und Ende der Zeichnungsfrist für die Optionen festzulegen. Aus dem Wortlaut der Vorschrift („Erwerbszeiträume") ergibt sich, dass der Aktienoptionsplan dabei in mehrere Tranchen unterteilt werden kann.[73] Durch die Überantwortung der Regelungskompetenz an die Hauptversammlung möchte der Gesetzgeber der Gefahr vorbeugen, dass die Verwaltung durch eine geeignete Wahl des Zeitpunkts der Ausgabe der Optionen für die Optionsinhaber besonders günstige Konditionen wie bspw. einen niedrigen Ausübungspreis schafft.[74] Dementsprechend begegnet es auch Bedenken, sollte der Aktienoptionsplan lediglich einen Erwerbszeitraum vorsehen, **150**

---

[69] I.E. *OLG Stuttgart* v. 13.6.2001, ZIP 2001, S. 1370; *LG Stuttgart* v. 9.10.2000, ZIP 2000, S. 2113; *Friedrichsen*, 2000, S. 146 f; *Wulff*, 2000, S. 83 f.; *Kunzi/Hasbargen/Kahre*, DB 2000, S. 287; auch schon *Lutter*, ZIP 1997, S. 6; zweifelnd: *von Einem/Pajunk* in: Achleitner/Wollmert, 2000, S. 103 f.; zum Premium Priced Model vgl. auch Rz. 261.
[70] Vgl. *Hüffer*, AktG, 4. Aufl. 1999, § 193 Rz. 7.
[71] *Hüffer*, AktG, 4. Aufl. 1999, § 193 Rz. 5, 7; *Weiß*, 1999, S. 212 f.
[72] Vgl. *von Einem/Pajunk* in: Achleitner/Wollmert, 2000, S. 100 f; *Friedrichsen*, 2000, S. 145 f.
[73] *Weiß*, 1999, S. 216; *Frey*, GK-AktG, 4. Aufl. 2001, § 193 Rz. 69. Auch die Gesetzesbegründung spricht im Zusammenhang mit der Wartezeit von mehreren Tranchen: Begründung zum RegE zu § 192 AktG n.F., abgedruckt bei *Ernst/Seibert/Stuckert*, 1998, S. 80.
[74] Vgl. *Wulff*, 2000, S. 91 f; *Friedrichsen*, 2000, S. 252 f. Entgegen *Weiß*, 1999, S. 216 f, dürfte die Verhinderung von Insidergeschäften nicht alleiniger Gegenstand dieser Regelung sein – u.E. dürfte es regelmäßig schon an einem Insiderpapier fehlen (siehe unten, unter M).

F. Aktienoptionspläne nach § 192 Abs. 2 Nr. 3 AktG

der sich jedoch über eine längere Zeitspanne von bspw. drei Jahren erstreckt. Um sowohl den Interessen der Altaktionäre Rechnung zu tragen, als auch der Gesellschaft eine flexible Ausgabe zu ermöglichen,[75] sollte der Aktienoptionsplan u.E. innerhalb des Geschäftsjahres mehrere klar definierte Erwerbszeiträume vorsehen.

151 Die Zeiträume, in denen die Optionsinhaber zur Ausübung berechtigt sein sollen, bedürfen gleichfalls der Feststellung im Hauptversammlungsbeschluss. In der Literatur werden dabei weithin Regelungen befürwortet, die den Maßgaben des Insiderrechts entsprechen.[76] Ob dies zwingend erforderlich ist, erscheint fraglich, da es nicht der Hauptversammlung der Gesellschaft, sondern vielmehr dem einzelnen Optionsinhaber obliegt, die Vorgaben des Insiderrechts zu beachten.[77] Gleichwohl dürfte sich eine Regelung schon im Hauptversammlungsbeschluss empfehlen, um eine Umsetzung in den Optionsbedingungen zu gewährleisten. Letztlich dient dies dem Schutz der Optionsinhaber vor eigenem Fehlverhalten. Dabei sollten die Ausübungszeiträume nicht unmittelbar mit dem Datum der Veröffentlichung von Unternehmenszahlen beginnen, um eine Ausübung frei von kurzfristigen Kursveränderungen im Zusammenhang mit den Publizitätsmaßnahmen zu ermöglichen.[78]

dd) Wartezeit für die erstmalige Ausübung

152 Auf § 192 Abs. 2 Nr. 3 AktG basierende Aktienoptionspläne müssen eine Frist von zumindest zwei Jahren ab Vertragsschluss über die Einräumung der Option vorsehen, vor deren Ablauf die Optionsinhaber ihre Optionen nicht ausüben dürfen. Die gesetzlich vorgegebene Zeitdauer von zwei Jahren ist als Mindestfrist zu verstehen. Der Gesetzgeber erachtete eine Erstausübungsfrist von drei Jahren als angemessen, wollte aber Raum für flexible Lösungen lassen.[79] In der Literatur wird dementsprechend regelmäßig eine Wartezeit von drei Jahren befürwortet.[80] Dennoch bestehen keine Bedenken, mit der herrschenden Praxis die gesetzliche Mindestfrist von zwei Jahren zugrunde zu legen.[81] Dies gilt insbesondere dann, wenn der Aktienoptionsplan abgestufte Wartezeiten vorsieht, so dass nur ein Teil der begebenen Optionen nach Ablauf von zwei Jahren ausgeübt werden kann, die Ausübung der übrigen Optionen hingegen erst nach drei oder vier Jahren zulässig ist.[82] Regelmäßig wird durch eine solche Gestaltung eine hohe Bindung der Begünstigten erreicht, ohne jedoch aufgrund der langen Wartezeit die Motivationswirkung zu mindern. Es gilt dabei zu betonen, dass die im Gesetz ge-

---

[75] Bspw. zu Zwecken der Optionsbegabe an unterjährig neu hinzutretende Führungskräfte.
[76] *Weiß*, 1999, S. 219 f.; *Krieger*, Münch. Hdb. GesR IV, 2. Aufl. 1999, § 63 Rz. 34. Üblich sind fest benannte Ausübungszeiträume von bspw. 20 Börsenhandelstagen oder die Vorgabe von Sperrzeiträumen („blocking periods"), außerhalb derer die Ausübung jederzeit zulässig sein soll.
[77] So wohl auch Begründung zum RegE zu § 192 AktG n.F., abgedruckt bei *Ernst/Seibert/Stuckert*, 1998, S. 80. Etwas anderes dürfte nur gelten, sollte die Hauptversammlung Ausübungszeiträume vorgeben, die zwingend zu einem Konflikt mit den Insidervorschriften führen würden.
[78] Man denke an die mit der Bilanzpressekonferenz üblicherweise verbundenen Kursausschläge. *Hoffmann-Becking*, NZG 1999, S. 804, spricht in diesem Zusammenhang vom „Wunderkerzen"-Effekt.
[79] Begründung aus der Beschlussempfehlung des Rechtsausschusses zu § 193 AktG n.F., abgedruckt bei *Ernst/Seibert/Stuckert*, 1998, S. 82.
[80] *Hüffer*, AktG, 4. Aufl. 1999, § 193 Rz. 9.
[81] *Krieger*, Münch. Hdb. GesR IV, 2. Aufl. 1999, § 63 Rz. 34.
[82] Vgl. zu dieser Gestaltung *von Einem/Pajunk* in: Achleitner/Wollmert, 2000, S. 105 f.

nannte Wartezeit von zwei Jahren keinesfalls unterschritten werden darf; eine Durchschnittsbetrachtung i.S. einer Wartezeit von bspw. ein bis drei Jahren für jeweils ein Drittel der Optionen erlaubt die Regelung nicht.

Darüber hinaus sprechen sich Teile der Literatur dafür aus, dass der Hauptversammlungsbeschluss zwingend auch die Laufzeit der Optionen bestimmen müsse.[83] U.E. ist dies im Hinblick auf den Wortlaut der Vorschrift und dessen Entstehungsgeschichte abzulehnen. Der mit dem letztlich Gesetz gewordenen Wortlaut des § 193 Abs. 2 Nr. 4 AktG verfolgte Zweck, durch eine abschließende Aufzählung des Pflichtinhalts des Hauptversammlungsbeschlusses das Anfechtungsrisiko zu begrenzen,[84] würde anderenfalls verfehlt.[85] 153

d) Weitere aktienrechtliche Maßgaben für den Hauptversammlungsbeschluss

Im Rahmen des Hauptversammlungsbeschlusses zur bedingten Kapitalerhöhung bedarf es keines förmlichen Ausschlusses des Bezugsrechts der Aktionäre. Die bedingte Kapitalerhöhung kennt infolge ihrer Zweckgebundenheit kein gesetzliches Bezugsrecht der Aktionäre.[86] Dennoch wird in der Literatur vereinzelt ein förmlicher Bezugsrechtsausschluss befürwortet.[87] Dies wird man jedoch nur im Sinne der Notwendigkeit einer materiellen Rechtmäßigkeitskontrolle verstehen können.[88] Nach überwiegender Auffassung muss sich diese – sofern überhaupt zulässig – auf Ausnahmefälle beschränken, da der Gesetzgeber mit der Neufassung des § 192 Abs. 2 Nr. 3 AktG eine Abwägung zwischen den Interessen der Gesellschaft und widerstreitenden Aktionärsinteressen bereits vorgenommen hat.[89] Nur im Falle der eindeutigen Übervorteilung der Begünstigten bspw. durch Optionen, die ohne Sicherung der weiteren Verhaltenssteuerung übertragen werden können[90] oder schon bei Begabe deutlich „im Geld" sind, mag dann der Hauptversammlungsbeschluss angreifbar sein. 154

---

[83] *Weiß*, 1999, S. 220f.; *ders.*, WM 1999, S. 358.

[84] Vgl. *Seibert* in: Pellens, 1998, S. 41, Fn. 47; *Hüffer*, AktG, 4. Aufl. 1999, § 193 Rz. 8.

[85] I.E. ebenso *Krieger*, Münch. Hdb. GesR IV, 2. Aufl. 1999, § 63 Rz. 34, Fn. 108; *Frey*, GK-AktG, 4. Aufl. 2001, § 193 Rz. 69. Entgegen *Weiß* dürfte es sich nicht um ein Redaktionsversehen handeln. Vielmehr wurde die Laufzeitangabe in den Regierungsentwurf nicht übernommen, obwohl die Begründung zum Referentenentwurf des KonTraG betreffend den Pflichtinhalt des Hauptversammlungsbeschlusses die Laufzeit noch anführte; vgl. ZIP 1996, S. 2138.

[86] OLG Stuttgart v. 13.6.2001, ZIP 2001, S. 1370; *Bungeroth*, G/H/E/K, AktG, 1993, § 192 Rz. 40; *Lutter*, Kölner Kommentar AktG, 2. Aufl. 1995, § 192 Rz. 3; Begründung zum Referentenentwurf des KonTraG, ZIP 1996, S. 2138.

[87] *Lutter*, ZIP 1997, S. 7 ff.; auch *Wulff*, 2000, S. 102 ff; a.A. die ganz h.M., vgl. nur *Hüffer*, AktG, 4. Aufl. 1999, § 192 Rz. 18; *Krieger*, Münch. Hdb. GesR IV, 2. Aufl. 1999, § 63 Rz. 35, jeweils m.w.N.

[88] I.E. auch *Wulff*, 2000, S. 108 ff., der bei Beachtung der Beschlussinhalte gem. §§ 192 Abs. 2 Nr. 3, 193 Abs. 2 Nr. 4 AktG einen inzidenten Ausschluss des Bezugsrechts anerkennen will.

[89] Vgl. OLG Stuttgart v. 13.6.2001, ZIP 2001, S. 1370; *Krieger*, Münch. Hdb. GesR IV, 2. Aufl. 1999, § 63 Rz. 36; *Friedrichsen*, 2000, S. 134; i.E. auch *Frey*, GK-AktG, 4. Aufl. 2001, § 192 Rz. 125f.; *Bungeroth*, G/H/E/K, AktG, 1993, § 192 Rz. 43f.; *Lutter*, Kölner Kommentar AktG, 2. Aufl. 1995, § 193 Rz. 13; noch restriktiver *Hüffer*, AktG, 4. Aufl. 1999, § 192 Rz. 18; *Hoffmann-Becking*, NZG 1999, S. 802; *Weiß*, 1999, S. 226 ff.: „kein Erfordernis der sachlichen Rechtfertigung".

[90] Die Begründung zum RegE zu § 192 AktG n.F., abgedruckt bei *Ernst/Seibert/Stuckert*, 1998, S. 81, geht von der Unübertragbarkeit der Optionen aus; ebenso bspw. *Wulff*, 2000, S. 86 f; vgl. auch *Baums* (Hrsg.), 2001, Rz. 47, zu Glattstellungsgeschäften. U.E. ist es nicht zwingend erforderlich, die Übertragbarkeit der Optionen auszuschließen, sofern nur die Bindungswirkung auf andere Weise gesichert wird; vgl. auch *Friedrichsen*, 2000, S. 40, Fn. 163; *Weiß*, 1999, S. 100.

F. Aktienoptionspläne nach § 192 Abs. 2 Nr. 3 AktG

155 Nach h.M. bedarf es mangels Notwendigkeit des förmlichen Bezugsrechtsausschlusses ebenso wenig eines Vorstandsberichts.[91] Dies erscheint auch vor der Entscheidung des Gesetzgebers konsequent, die wesentlichen Eckpunkte des Aktienoptionsplans zum Gegenstand der Beschlussfassung zu machen. Einer zusätzlichen Information bedarf es dann, anders als bei der Beschlussfassung über die Ermächtigung zur Ausgabe von Wandelschuldverschreibungen, nicht mehr. Gleichwohl empfiehlt es sich u.E., mit der Tagesordnung Erläuterungen über die wesentlichen Inhalte des Aktienoptionsplans zu veröffentlichen und in der Hauptversammlung entsprechend zu berichten.[92] Dies insbesondere vor dem Hintergrund, dass den Aktionären in den Grenzen des § 131 AktG ein Auskunftsanspruch zusteht, der ihnen die sachgemäße Beurteilung der zur Abstimmung gestellten Beschlussinhalte erlauben soll.[93] Durch einen eigenen Bericht kann der Vorstand die Inhalte der Diskussion weitestgehend vorgeben und erhöht regelmäßig die Akzeptanz des Aktienoptionsplans bei den Aktionären. Auch mag damit Anforderungen Genüge getan werden, die sich in einem künftigen Corporate-Governance-Kodex finden können.[94]

e) Regelung sonstiger Plandetails

156 Die weiteren, in §§ 192, 193 AktG nicht erfassten Einzelheiten des Aktienoptionsplans können den für die Vergütung zuständigen Kompetenzebenen überantwortet werden.[95] Zu diesen Einzelheiten und weiteren Bedingungen zählen bspw. etwaige Veräußerungssperren und Bindungsfristen, Fragen der technischen Abwicklung, das Verfahren der Zeichnung und Ausübung, die Anpassungen bei zwischenzeitlichen Kapitalerhöhungen, die Übertragbarkeit der Optionen sowie Einzelfragen bei Ausscheiden, Eintritt in den Ruhestand und Todesfall des Berechtigten.[96]

4. Umsetzung des Hauptversammlungsbeschlusses

a) Ausgabe der Bezugsrechte

157 Mit Eintragung des Beschlusses der Hauptversammlung über die bedingte Kapitalerhöhung im Handelsregister können die Optionen wirksam begeben werden. Die Begründung der Option erfolgt durch Vertragsschluss zwischen der AG und dem Begünstigten. Wird die Vereinbarung vor Eintragung des Beschlusses getroffen, stehen die Optionen gem. § 197 S. 2 AktG unter der Bedingung der

---

[91] *OLG Stuttgart* v. 13.6.2001, ZIP 2001, S. 1371; *Hüffer*, AktG, 4. Aufl. 1999, § 192 Rz. 18; *Krieger*, Münch. Hdb. GesR IV, 2. Aufl. 1999, § 63 Rz. 35; *Weiß*, 1999, S. 236 ff.; *Frey*, GK-AktG, 4. Aufl. 2001, § 192 Rz. 120; *Baums* (Hrsg.), 2001, Rz. 45.

[92] Ebenso *Krieger*, Münch. Hdb. GesR IV, 2. Aufl. 1999, § 63 Rz. 35; *Weiß*, 1999, S. 238 f. *Friedrichsen*, 2000, S. 104 f., hält eine Begründung des Beschlussvorschlags sogar für zwingend erforderlich.

[93] Begründung zum RegE zu § 192 AktG n.F., abgedruckt bei *Ernst/Seibert/Stuckert*, 1998, S. 81; *Hüffer*, AktG, 4. Aufl. 1999, § 131 Rz. 18; *Weiß*, 1999, S. 236 f. Zu den Grenzen eines solchen Auskunftsanspruchs vgl. *OLG Stuttgart* v. 13.6.2001, ZIP 2001, S. 1371 f.

[94] Vgl. *Baums* (Hrsg.), 2001, Rz. 45. Die Regierungskommission Corporate Governance möchte dabei die Informationspflichten bspw. auf den Optionswert erstrecken.

[95] Vgl. Begründung zum RegE zu § 192 AktG n.F., abgedruckt bei *Ernst/Seibert/Stuckert*, 1998, S. 80 f.

[96] Dazu näher im Rahmen der schuldrechtlichen Darstellung.

II. Gesellschaftsrecht

Eintragung.[97] Bei Begründung der Optionen gilt es die Kompetenzregelungen für Vergütungsfragen zu beachten. Demgemäß vertritt der Aufsichtsrat die Gesellschaft bei Abschluss der Optionsverträge mit den Mitgliedern des Vorstandes.[98] Für die übrigen Begünstigten liegt die Zuständigkeit beim Vorstand. Entsprechendes gilt für die Aufteilung der Optionsrechte auf die einzelnen Begünstigten und die Wahl des Zeitpunkts ihrer Zuteilung. Innerhalb des durch die Hauptversammlung nach § 193 Abs. 2 Nr. 4 AktG[99] gezogenen Rahmens entscheiden daher die für die Vergütung zuständigen Organe, wie viele Optionen auf den einzelnen Begünstigten entfallen und zu welchem Zeitpunkt die Optionen zugeteilt werden.[100] Für die Mitglieder des Vorstands ergibt sich die zwingende Aufsichtsratszuständigkeit aus § 84 Abs. 1 S. 5 AktG.[101]

Es bietet sich an, die Optionen gestaffelt in mehreren Tranchen auszugeben.[102] **158** Zum einen kann hierdurch vermieden werden, dass die Wartefrist für das Gesamtvolumen an Optionen zeitgleich abläuft, um eine marktschonende Platzierung der bei Ausübung bezogenen Aktien zu gewährleisten. Zudem verstärkt die tranchenweise Zuteilung auch die langfristige Anreizwirkung des Aktienoptionsplans, da eine primär auf den ersten Ausübungstermin fokussierende Geschäftspolitik sich für nachfolgende Tranchen nachteilig auswirken würde.[103]

b) Ausübung der Bezugsrechte

Mit Ausübung der Option oder aber – je nach Ausgestaltung der Option[104] – **159** Annahme durch die Gesellschaft wird ein Zeichnungsvertrag über die im Wege der bedingten Kapitalerhöhung bereitgestellten Aktien zwischen Optionsinhaber und Gesellschaft geschlossen. Eine wirksame Ausübung setzt dabei voraus, dass die vereinbarten Erfolgsziele erreicht sind und die Ausübung innerhalb eines der definierten Ausübungszeiträume nach Ablauf der Wartezeit erfolgt. Zudem hat die Ausübungserklärung des Optionsinhabers den Vorgaben des § 198 Abs. 1 AktG, insbesondere des § 198 Abs. 1 S. 3 AktG zu entsprechen.[105]

---

[97] *Bungeroth*, G/H/E/K, AktG, 1993, § 197 Rz. 10; *Lutter*, Kölner Kommentar AktG, 2. Aufl. 1995, § 197 Rz. 9; *Hüffer*, AktG, 4. Aufl. 1999, § 197 Rz. 5 – etwas anderes kann gelten, wenn die Optionen bspw. auch durch zurückgekaufte Aktien bedient werden dürfen; vgl. *Frey*, GK-AktG, 4. Aufl. 2001, § 197 Rz. 39 f.
[98] Vgl. die zwingende Regelung des § 112 AktG.
[99] Vgl. oben, unter Rz. 143 Aufteilung der Bezugsrechte auf Mitglieder der Geschäftsführungen und Arbeitnehmer sowie Rz. 150 Erwerbs- und Ausübungszeiträume.
[100] Beide Variablen sind entscheidend für die Höhe der den Begünstigten zufließenden Vergütung. Für die Anzahl der Optionen ist dies offensichtlich. Doch auch der Zeitpunkt der Zuteilung bestimmt mittelbar den Optionswert, sollte sich der Ausübungspreis – wie in der Regel der Fall – anhand des Börsenkurses zum Zuteilungszeitpunkt ermitteln. Vgl. oben unter Rz. 140 f. sowie *Hüffer*, ZHR 161 (1997), S. 233; *Friedrichsen*, 2000, S. 137 f.
[101] *Hüffer*, ZHR 161 (1997), S. 232 f.; ders., AktG, 4. Aufl. 1999, § 84 Rz. 12; *Krieger*, Münch. Hdb. GesR IV, 2. Aufl. 1999, § 63 Rz. 27, 30; *Friedrichsen*, 2000, S. 137 f.
[102] Zur Zulässigkeit eines solchen Vorgehens schon oben, unter Rz. 150 Erwerbs- und Ausübungszeiträume.
[103] Vgl. *Friedrichsen*, 2000, S. 138 f.; *Weiß*, 1999, S. 216.
[104] Vgl. *Hüffer*, AktG, 4. Aufl. 1999, § 198 Rz. 2; *Krieger*, Münch. Hdb. GesR IV, 2. Aufl. 1999, § 57 Rz. 32.
[105] Aufgrund der Ergänzung des § 193 Abs. 2 AktG um die Nr. 4 bedarf es nach dem eindeutigen Wortlaut der Vorschrift der Aufnahme der wesentlichen Eckpunkte des Aktienoptionsplans in die Ausübungserklärung; ebenso *Frey*, GK-AktG, 4. Aufl. 2001, § 198 Rz. 28. *Vogel*, BB 2000, S. 940, spricht sich insoweit für eine teleologische Reduktion des § 198 Abs. 1 S. 3 AktG aus.

F. Aktienoptionspläne nach § 192 Abs. 2 Nr. 3 AktG

160 Die Ausübung der Option verpflichtet den Erklärenden, den nach Maßgabe des Hauptversammlungsbeschlusses – unter Berücksichtigung etwaiger Anpassung durch Verwässerungsschutzklauseln[106] – festgesetzten Ausübungspreis an die Gesellschaft zu leisten. Im Gegenzug hat die Gesellschaft die Aktien auszugeben. Regelmäßig wird dabei eine Verbriefung der Bezugsaktien in einer Globalurkunde erfolgen.[107] In Praxis besteht häufig ein Recht der Optionsinhaber oder aber der Gesellschaft, statt des (realen) Bezugs der Aktien die sofortige Auszahlung der Differenz zwischen Ausübungspreis und aktuellem Börsenkurs zu wählen. Dies bietet für die Begünstigten den Vorteil, dass die Aufbringung liquider Mittel zur Finanzierung des Ausübungspreises hierdurch entbehrlich wird. Bei der konkreten Ausgestaltung einer solchen „cash"-Variante ist gesellschaftsrechtlich jedoch streng zwischen der von der Gesellschaft ermöglichten sofortigen Veräußerung der bezogenen Aktien durch die Begünstigten und der Barzahlung i.H.d. Kursdifferenz unter Verzicht auf die Kapitalerhöhung zu trennen.[108] Die letztgenannte Gestaltung mag eine vereinfachte Abwicklung ermöglichen, führt jedoch zu Abfluss von Liquidität bei der Gesellschaft.

5. Fragen gerichtlicher Kontrolle

a) Gerichtliche Kontrolle des Hauptversammlungsbeschlusses

161 Der Beschluss der Hauptversammlung über die bedingte Kapitalerhöhung unterliegt im Rahmen der Anfechtungsklage wie auch der Nichtigkeitsklage der gerichtlichen Kontrolle. Die formalen und materiellen Anforderungen ergeben sich dabei jeweils aus den §§ 241 ff. AktG.[109]

aa) Kontrolle des gesetzlich vorgegebenen Inhalts

162 Fehlen zwingende Beschlussinhalte nach § 193 Abs. 2 AktG, führt dies – so die einhellige Auffassung zu § 193 Abs. 2 AktG a.F. – zur Nichtigkeit des Hauptversammlungsbeschlusses gem. § 241 Nr. 3 AktG. Die Regelung des § 193 Abs. 2 AktG dient dem öffentlichen Interesse, einen Missbrauch der gegenüber einer ordentlichen Kapitalerhöhung privilegierten bedingten Kapitalerhöhung zu verhindern.[110] An dieser Beurteilung hat sich nach h.M. nichts geändert, auch wenn § 193 Abs. 2 AktG im Rahmen des KonTraG um die Nr. 4 ergänzt wurde.[111] Nach anderer Auffassung soll das Fehlen von Angaben nach § 193 Abs. 2 Nr. 4 AktG oder der explizite Verzicht auf diese lediglich die Anfechtbarkeit des Hauptversammlungsbeschlusses

---

[106] Vgl. *Frey*, GK-AktG, 4. Aufl. 2001, § 198 Rz. 27.

[107] Vgl. *Krieger*, Münch. Hdb. GesR IV, 2. Aufl. 1999, § 57 Rz. 35; auch *Frey*, GK-AktG, 4. Aufl. 2001, § 199 Rz. 14, 19 f. Zur Frage, ob auf eine Verbriefung bei der bedingten Kapitalerhöhung gänzlich verzichtet werden kann: *Krieger*, Münch. Hdb. GesR IV, 2. Aufl. 1999, § 57 Rz. 35; *Hüffer*, AktG, 4. Aufl. 1999, § 199 Rz. 2.

[108] Vgl. *Friedrichsen*, 2000, S. 181 f.

[109] Vgl. den Überblick über die Vorschriften bei *Hüffer*, MünchKommAktG, 2. Aufl. 2001, § 241 Rz. 1 f; *Semler*, Münch. Hdb. GesR IV, 2. Aufl. 1999, § 41 Rz. 1 ff.

[110] *Lutter*, Kölner Kommentar AktG, 2. Aufl. 1995, § 193 Rz. 18; auch *Bungeroth*, G/H/E/K, AktG, 1993, § 193 Rz. 26.

[111] *Hüffer*, AktG, 4. Aufl. 1999, § 193 Rz. 10; *Krieger*, Münch. Hdb. GesR IV, 2. Aufl. 1999, § 57 Rz. 20; vgl. auch *Weiß*, 1999, S. 226, der die Nichtigkeit des Hauptversammlungsbeschlusses zudem annimmt, wenn die Feststellungen nach § 193 Abs. 2 AktG „inhaltlich völlig unbestimmt" sind. Nicht erfassen dürfte dies die Fälle einer klar bestimmten, jedoch materiell unzureichenden Angabe bspw. des Erfolgsziels – hier besteht noch keine Klarheit, ob der Hauptversammlungsbeschluss nichtig, lediglich anfechtbar oder aber überhaupt nicht fehlerhaft ist.

begründen können.[112] Aus der Vorschrift kann eine solche Differenzierung zwischen Beschlussinhalten, deren Fehlen zur Nichtigkeit führt, und solchen, deren Fehlen lediglich die Anfechtbarkeit begründet, jedoch nicht entnommen werden. Zwar legt die Entstehungsgeschichte des § 193 Abs. 2 Nr. 4 AktG nahe, dass die Frage der materiellen Rechtfertigung des Bezugsrechtsausschlusses über den Katalog des § 193 Abs. 2 Nr. 4 AktG zum Inhalt der Beschlussfassung gemacht wurde.[113] Dennoch erscheint es zweifelhaft, nur eine Anfechtung zuzulassen.[114] Der Gesetzgeber hat mit seiner Entscheidung, in § 193 Abs. 2 Nr. 4 AktG einen enumerativen Katalog aufzunehmen, nicht nur für diese Pflichtangaben die Rechtsfolgen verschärft. Vielmehr hat er im Gegenzug das Risiko einer Anfechtung infolge Fehlens sonstiger Eckpunkte des Plans minimiert. Die durch den Gesetzgeber getroffene Entscheidung dürfte daher zu respektieren sein.

Verstöße gegen die Volumenbeschränkung des § 192 Abs. 3 AktG führen gleichfalls zur Nichtigkeit des Hauptversammlungsbeschlusses.[115] Werden sonstige Vorgaben der §§ 192, 193 AktG nicht beachtet, dürfte der Hauptversammlungsbeschluss demgegenüber regelmäßig nur anfechtbar sein. So begründet bspw. eine bedingte Kapitalerhöhung zu einem anderen als den in § 192 Abs. 2 AktG genannten Zwecken nicht die Nichtigkeit des Beschlusses, sondern lediglich seine Anfechtbarkeit.[116] **163**

bb) Materielle Kontrolle des Bezugsrechtsausschlusses?

Wie oben bereits dargelegt, bedarf der Hauptversammlungsbeschluss gem. §§ 192, 193 AktG keines förmlichen Bezugsrechtsausschlusses und damit auch keines Vorstandsberichts. Nur in Ausnahmefällen ist daher auch Raum für eine materielle Rechtmäßigkeitskontrolle. Der Gesetzgeber hat mit der Neufassung des § 192 Abs. 2 Nr. 3 AktG die Abwägung zwischen den Interessen der Gesellschaften und widerstreitenden Aktionärsinteressen bereits vorgenommen.[117] **164**

Das Risiko der Anfechtbarkeit des Hauptversammlungsbeschlusses verbleibt gleichwohl, da eine Anfechtungsklage auch auf eine zu Unrecht verweigerte oder **165**

---

[112] *von Einem/Pajunk* in: Achleitner/Wollmert, 2000, S. 108; auch *Frey*, GK-AktG, 4. Aufl. 2001, § 193 Rz. 77.

[113] Insoweit ist *Vogel*, BB 2000, S. 938 f, zuzustimmen.

[114] Bedeutung hätte dies insbesondere im Hinblick auf einen einvernehmlichen Verzicht aller Aktionäre auf Pflichtinhalte nach § 193 Abs. 2 Nr. 4 AktG – die Wirksamkeit eines solchen Beschlusses könnte im Falle der Nichtigkeit auch durch später hinzutretende Aktionäre noch angegriffen werden; vgl. *Hüffer*, MünchKommAktG, 2. Aufl. 2001, § 241 Rz. 59. *von Einem/Pajunk* in: Achleitner/Wollmert, 2000, S. 109 f., und *Frey*, GK-AktG, 4. Aufl. 2001, § 193 Rz. 80, gehen fehl in ihrer Annahme, diese Aktionäre würden von der Schutzrichtung des § 193 Abs. 2 Nr. 4 AktG nicht erfasst. Vielmehr sichert die Annahme der Nichtigkeit des Beschlusses bei Fehlen von Pflichtangaben gerade die Interessen der neu hinzutretenden Aktionäre vor einer Verwässerung ihrer Position durch Ausgabe neuer Aktien im Rahmen eines Aktienoptionsplans, der nicht nach den Maßgaben des Aktienrechts beschlossen wurde.

[115] *Hüffer*, AktG, 4. Aufl. 1999, § 192 Rz. 23; *Frey*, GK-AktG, 4. Aufl. 2001, § 192 Rz. 143; *Bungeroth*, G/H/E/K, AktG, 1993, § 192 Rz. 55; *Lutter*, Kölner Kommentar AktG, 2. Aufl. 1995, § 192 Rz. 31.

[116] *Hüffer*, AktG, 4. Aufl. 1999, § 192 Rz. 8; *Lutter*, Kölner Kommentar AktG, 2. Aufl. 1995, § 192 Rz. 18; *Frey*, GK-AktG, 4. Aufl. 2001, § 192 Rz. 129. Ob daraus mit *Zimmer*, DB 1999, S. 1001, geschlossen werden kann, dass im Falle einer Zustimmung aller Aktionäre Bezugsrechte auch an Mitglieder des Aufsichtsrats begeben werden können, erscheint nicht gesichert. Dem könnte entgegengehalten werden, der Gesetzgeber habe den Kreis der Begünstigten für die Begabe „nackter" Bezugsrechte abschließend benannt.

[117] Vgl. die Nachweise oben unter Rz. 154.

F. Aktienoptionspläne nach § 192 Abs. 2 Nr. 3 AktG

unzureichende Auskunft gestützt werden kann, sollte ein Auskunftsverlangen nach § 131 AktG den Hauptversammlungsbeschluss über die bedingte Kapitalerhöhung zum Gegenstand haben.[118] Im Rahmen eines solchen Anfechtungsverfahrens ist gem. § 243 Abs. 4 AktG ohne Bedeutung, ob die den Hauptversammlungsbeschluss tragende Aktionärsmehrheit bei ordnungsgemäß erteilter Auskunft ebenso entschieden hätte. Um auf die Verletzung des Auskunftsrechts gestützte Anfechtungsklagen zu vermeiden, empfiehlt sich eine umfassende Erläuterung des Aktienoptionsplans. Berichtet der Vorstand freiwillig, dürfte für Auskunftsverlangen nur noch in geringem Maße Raum sein. Zudem dürfte ein entsprechender Bericht die Akzeptanz des Aktienoptionsplans bei den Aktionären regelmäßig erhöhen.[119]

cc) Rechtsfolgen

166 Mit einem die Nichtigkeit erklärenden (Anfechtungsklage) oder feststellenden (Nichtigkeitsklage) Urteil fehlt es an einer bedingten Kapitalerhöhung und somit an neuen Aktien zur Bedienung der Optionen. Treffen die Optionsbedingungen für diesen Fall keine Regelung und gelingt es auch nicht, mit den Begünstigten Aufhebungsvereinbarungen zu treffen, sieht sich die Gesellschaft regelmäßig Schadenersatzansprüchen der Begünstigten ausgesetzt. Vermeiden lassen sich Ersatzansprüche, sollte eine Aktienbeschaffung auf anderem Wege, bspw. durch Rückkauf von Aktien am Markt, möglich sein.[120] Schon aus diesem Grund bietet es sich an, ergänzend zu der bedingten Kapitalerhöhung den Vorstand gem. § 71 Abs. 1 Nr. 8 AktG durch Hauptversammlungsbeschluss zum Erwerb eigener Aktien zu ermächtigen.[121]

b) Organhaftung

167 Der Verwaltung ist es nur innerhalb des durch den Hauptversammlungsbeschluss über die bedingte Kapitalerhöhung gezogenen Rahmens erlaubt, Optionen an den Begünstigtenkreis auszugeben.[122] Dies folgt hinsichtlich des im Hauptversammlungsbeschluss festgesetzten Zwecks der bedingten Kapitalerhöhung mittelbar schon aus § 199 Abs. 1 AktG, ergibt sich im Übrigen aber aus der durch § 193 Abs. 2 AktG erfolgten Kompetenzzuweisung an die Hauptversammlung. Weichen Vorstand oder Aufsichtsrat von den Vorgaben des Hauptversammlungsbeschlusses ab, ist die abweichende Vereinbarung wegen § 78 AktG grundsätzlich wirksam, es sei denn, die Grundsätze zum Missbrauch der Vertretungs-

---

[118] *OLG Stuttgart* v. 13.6.2001, ZIP 2001, S. 1371; *Hüffer*, AktG, 4. Aufl. 1999, § 131 Rz. 44, § 243 Rz. 45; *Weiß*, 1999, S. 239.

[119] Ob mit *Friedrichsen*, 2000, S. 98, Fn. 380, angenommen werden kann, die Berichtspflichten im Rahmen des Auskunftsverlangens nach § 131 AktG seien geringer als jene im Rahmen eines Vorstandsberichts, erscheint zweifelhaft. Regelmäßig wird vom Vorstand zu verlangen sein, dass vor Hauptversammlung Fragen im Zusammenhang mit jenen wesentlichen Punkten des Aktienoptionsplans, die nach dem Verständnis der Rechtsprechung zu Aktienoptionsplänen auf Basis von Wandelschuldverschreibungen Gegenstand des Vorstandsberichts sein sollten, vorzubereiten sind.

[120] Dies muss nicht zwingend zum Liquiditätsabfluss bei der Gesellschaft führen. Zu denken wäre z.B. an die Finanzierung durch eine Emission neuer Aktien aus einem genehmigten Kapital.

[121] Zum Erwerb eigener Aktien näher unten, unter Rz. 545ff.

[122] *Lutter*, Kölner Kommentar AktG, 2. Aufl. 1995, § 197 Rz. 6; *Bungeroth*, G/H/E/K, AktG, 1993, § 197 Rz. 8, § 193 Rz. 9; *Krieger*, Münch. Hdb. GesR IV, 2. Aufl. 1999, § 57 Rz. 27; *Hüffer*, AktG, 4. Aufl. 1999, § 198 Rz. 5.

macht greifen ein.[123] Jedoch dürfen Vorstand bzw. Aufsichtsrat[124] im Falle der Ausübung dieser anweisungswidrig, aber wirksam eingeräumten Optionen gem. § 199 Abs. 1 AktG keine Aktien ausgeben.[125] Beachtet die Verwaltung § 199 Abs. 1 AktG, ist die Gesellschaft den Optionsinhabern schadenersatzpflichtig.[126] Im Rückgriff kann die Aktiengesellschaft gem. §§ 93, 116 AktG gegen Vorstand und Aufsichtsrat vorgehen.[127] Gibt die Verwaltung entgegen § 199 Abs. 1 AktG Aktien aus, kann sich eine Ersatzpflicht u.a. aus § 93 Abs. 3 Nr. 9 AktG ergeben.[128]

168 Den Aufsichtsrat bindet über den Hauptversammlungsbeschluss hinaus auch die Vorgabe des § 87 AktG, für die Angemessenheit der Vorstandsbezüge Sorge zu tragen.[129] Die über Aktienoptionen zufließende Vergütung ist hierbei einzubeziehen. Dem Aufsichtsrat ist damit aufgegeben, den voraussichtlichen Wertzuwachs der Optionen zu prognostizieren und die Angemessenheit der daraus resultierenden Vergütung im Rahmen seines pflichtgemäßen Ermessens zu prüfen. Wird er diesen Anforderungen nicht gerecht, setzt er sich dem Risiko von Schadenersatzforderungen gem. §§ 116, 93 AktG aus.[130]

169 Gibt die Gesellschaft an die Begünstigten Aktien aus, bevor der Hauptversammlungsbeschluss über die bedingte Kapitalerhöhung eingetragen ist, sind die ausgegebenen Aktien nichtig. Den daraus resultierenden Schaden inklusive eines etwaig entgangenen Gewinns[131] haben gem. § 197 S. 4 AktG die Ausgeber[132] den Inhabern der nichtigen Aktien zu ersetzen. Die Haftung setzt kein Verschulden voraus und trifft die Ausgeber – regelmäßig werden dies die Vorstandsmitglieder

---

[123] *Lutter*, Kölner Kommentar AktG, 2. Aufl. 1995, § 197 Rz. 8; *Hüffer*, AktG, 4. Aufl. 1999, § 198 Rz. 5.

[124] Abweichend vom Wortlaut des § 199 Abs. 1 AktG obliegt die Aktienausgabe an Vorstandsmitglieder dem Aufsichtsrat, da bei Ausgabe ein Begebungsvertrag zwischen Gesellschaft und Vorstand zu schließen ist, so dass es die zwingende Zuständigkeitsregelung des § 112 AktG zu beachten gilt; vgl. *Frey*, GK-AktG, 4. Aufl. 2001, § 199 Rz. 23; zur entsprechenden Problematik bei § 221 AktG: *Wulff*, 2000, S. 163; a. A. wohl *Weiß*, 1999, S. 203, der den „formal-technischen Akt" der Ausgabe vom Regelungsbereich des § 112 AktG ausnehmen möchte. Entgegen *Weiß* sind auch beim „formal-technischen Akt" der Ausgabe Ermessensentscheidungen denkbar, so dass der mit der Vorschrift verfolgte Zweck, der Gefahr einer nicht unbefangenen Vertretung zu begegnen, eine Anwendung des § 112 AktG gebietet. Zudem findet sich in der Rechtsprechung eine Auslegung der Vorschrift anhand des Gesetzeszwecks regelmäßig nur, soweit es um die Erstreckung der Vorschrift auch auf ausgeschiedene Vorstandsmitglieder geht; vgl. nur *BGH* v. 11. 5. 1981, WM 1981, S. 759; *BGH* v. 22. 4. 1991, WM 1991, S. 941; *BGH* v. 28. 4. 1997, WM 1997, S. 1210. Im Hinblick auf den Wortlaut des § 112 AktG, der jedes rechtsgeschäftliche Handeln gegenüber amtierenden Vorstandsmitgliedern erfasst, erscheint daher eine Vertretung durch den Aufsichtrat geboten; vgl. die Differenzierung bei *Semler*, FS Rowedder, 1994, S. 445 ff.

[125] *Frey*, GK-AktG, 4. Aufl. 2001, § 197 Rz. 43. Bedeutung hat dies insbesondere auch für die Person des Empfängers der Aktien; der Empfänger muss zu dem gem. § 193 Abs. 2 Nr. 2 AktG im Kapitalerhöhungsbeschluss genannten Kreis der Bezugsberechtigten gehören; vgl. *Bungeroth*, G/H/E/K, AktG, 1993, § 199 Rz. 6; *Frey*, GK-AktG, 4. Aufl. 2001, § 199 Rz. 27.

[126] Hierzu: *Zimmer*, DB 1999, S. 1002; *Hüffer*, AktG, 4. Aufl. 1999, § 199 Rz. 9.

[127] *Lutter*, Kölner Kommentar AktG, 2. Aufl. 1995, § 197 Rz. 8.

[128] Vgl. *Krieger*, Münch. Hdb. GesR IV, 2. Aufl. 1999, § 57 Rz. 38; *Hüffer*, AktG, 4. Aufl. 1999, § 199 Rz. 9. Zu einem Deliktsanspruch der Altaktionäre gegen den Vorstand vgl. *Lutter*, Kölner Kommentar AktG, 2. Aufl. 1995, § 199 Rz. 11.

[129] Siehe bereits oben, unter F.II.1.

[130] Vgl. *OLG Braunschweig* v. 29. 7. 1998, ZIP 1998, S. 1586; *Hüffer*, AktG, 4. Aufl. 1999, § 87 Rz. 5; *Weiß*, 1999, S. 142; *Wulff*, 2000, S. 21; *Friedrichsen*, 2000, S. 46, 162 f.

[131] *Hüffer*, AktG, 4. Aufl. 1999, § 197 Rz. 4, § 191 Rz. 6; *Hefermehl/Bungeroth*, G/H/E/K, 1993, § 197 Rz. 19, § 191 Rz. 23.

[132] Zu dem erfassten Personenkreis näher *Frey*, GK-AktG, 4. Aufl. 2001, § 197 Rz. 15 ff.

sein – persönlich.[133] Ist der Kapitalerhöhungsbeschluss nichtig, sollen vorgenannte Grundsätze entsprechende Anwendung finden.[134] Nach anderer Auffassung haften die Ausgeber im Falle eines nichtigen Hauptversammlungsbeschlusses nur bei schuldhafter Ausgabe „leerer" Aktienurkunden.[135] Dabei soll ein Verschulden jedoch zumindest dann anzunehmen sein, wenn der Ersterwerber über etwaig anhängige Anfechtungs- bzw. Nichtigkeitsklagen nicht informiert wurde.[136]

6. Besonderheiten im Konzern

170 Nach dem Wortlaut des § 192 Abs. 2 Nr. 3 AktG können Mitglieder der Geschäftsführung und Arbeitnehmer verbundener Unternehmen in den Aktienoptionsplan einbezogen werden. Trotz des umfassend gewählten Begriffs der verbundenen Unternehmen herrscht in der Literatur weithin Einigkeit, dass eine Einbeziehung von Konzerngesellschaften in den Aktienoptionsplan nur „nach unten" erfolgen darf.[137] Dies entspricht der Gesetzesbegründung, nach der die Regelung gerade keine Begabe von Optionen auf Aktien einer Tochtergesellschaft an Organe der Muttergesellschaft erlauben soll.[138] Rechnung getragen wird damit Bedenken, dass der Vorstand der Obergesellschaft in der über den Aktienoptionsplan beschlussfassenden Hauptversammlung der Tochtergesellschaft Planbedingungen durchsetzen kann, die primär seinen Interessen an einer ggf. hohen Vergütung entsprechen.[139]

171 Bei Einbeziehung von Konzerngesellschaften in den Aktienoptionsplan gilt es die rechtliche Trennung der einzelnen Konzerngesellschaften zu wahren. Die mit der Optionsgewährung regelmäßig bezweckte Ausrichtung der Geschäftsführung der Tochtergesellschaften auf die Steigerung des Unternehmenswertes der Konzernobergesellschaft erscheint vor diesem Hintergrund problematisch. Dies gilt insbesondere für Tochtergesellschaften in der Rechtsform der Aktiengesellschaft. Hier ist es grundsätzlich auch dem Alleinaktionär verwehrt, mittels der Tochtergesellschaft eigene Interessen zu verfolgen.[140] Dennoch begegnet die Ausrichtung auf eine Steigerung des Unternehmenswertes der Muttergesellschaft

---

[133] Vgl. *Hüffer*, AktG, 4. Aufl. 1999, § 197 Rz. 4, § 191 Rz. 5 f; *Hefermehl/Bungeroth*, G/H/E/K, AktG, 1993, § 197 Rz. 19, 1989, § 191 Rz. 18, 22.

[134] Vgl. *Lutter*, Kölner Kommentar AktG, 2. Aufl. 1995, § 197 Rz. 13, § 191 Rz. 5; *Hefermehl/Bungeroth*, G/H/E/K, AktG, 1989, § 189 Rz. 39.

[135] *Frey*, GK-AktG, 4. Aufl. 2001, § 197 Rz. 36, § 199 Rz. 25; *Zöllner/Winter*, ZHR 158 (1994), S. 76 f.; *Hüffer*, AktG, 4. Aufl. 1999, § 191 Rz. 7; *Krieger*, Münch. Hdb. GesR IV, 2. Aufl. 1999, § 56 Rz. 122.

[136] *Zöllner/Winter*, ZHR 158 (1994), S. 77; *Frey*, GK-AktG, 4. Aufl. 2001, § 197 Rz. 36.

[137] Vgl. *Hoffmann-Becking*, NZG 1999, S. 803; *Hüffer*, AktG, 4. Aufl. 1999, § 192 Rz. 20; *Frey*, GK-AktG, 4. Aufl. 2001, § 192 Rz. 99; *Friedrichsen*, 2000, S. 202; auch *Weiß*, 1999, S. 211; a.A. *Krieger*, Münch. Hdb. GesR IV, 2. Aufl. 1999, § 63 Rz. 31.

[138] Vgl. Begründung zum RegE zu § 192 AktG n.F., abgedruckt bei *Ernst/Seibert/Stuckert*, 1998, S. 80.

[139] Vgl. *Klawitter/Waskönig* in: Achleitner/Wollmert, 2000, S. 79 f. Nach *Frey*, GK-AktG, 4. Aufl. 2001, § 192 Rz. 100, sollen daher auch die Mitarbeiter der kapitalerhöhenden Konzerngesellschaft selbst von der Teilnahme ausgenommen werden, soweit diese zugleich Mitarbeiter in der Obergesellschaft sind.

[140] Anderes dürfte für Tochtergesellschaften in der Rechtsform der GmbH gelten. Hier ist ein von der Gesamtheit der Gesellschafterinteressen unabhängiges Gesellschaftsinteresse grundsätzlich nicht anzuerkennen; vgl. BGHZ 119, S. 259; BGHZ 122, S. 336; *Hueck/Fastrich*, Baumbach/Hueck, GmbHG, 17. Aufl. 2000, § 13 Rz. 21; *Lutter/Hommelhoff*, GmbHG, 15. Aufl. 2000, Anh. § 13 Rz. 41.

bei Vorliegen eines Beherrschungsvertrages keinen nachhaltigen Bedenken, da gem. §§ 291, 308 AktG das herrschende Unternehmen ohnehin befugt ist, die Leitung des abhängigen Unternehmens in vollem Umfang an sich zu ziehen.[141] Die Interessen Außenstehender werden in diesem Fall durch die Verpflichtung der Muttergesellschaft zum Verlustausgleich nach § 302 AktG sowie die Ausgleichspflichten nach §§ 304, 305 AktG gegenüber Minderheitsgesellschaftern der Tochter gewahrt. Fehlt ein Beherrschungsvertrag, ist der Muttergesellschaft eine nachteilige Einflussnahme auf die Leitung der abhängigen Gesellschaft nur erlaubt, sofern die hieraus erwachsenen Nachteile ausgeglichen werden. Finden diese Vorgaben Beachtung, bestehen u.E. keine Bedenken, auch Führungskräfte von Tochtergesellschaften in den Aktienoptionsplan mit einzubeziehen, mit denen lediglich ein Gewinnabführungsvertrag[142] besteht oder an denen die Muttergesellschaft die Mehrheitsbeteiligung[143] hält. Empfehlenswert erscheint aber in jedem Falle die Abstimmung des Aktienoptionsplans mit etwaigen Minderheitsgesellschaftern der Tochtergesellschaften.[144]

Neben diesen allgemeinen konzernrechtlichen Vorgaben sind spezielle Regelungen zu beachten, welche die für die Vergütung zuständigen Organe binden. So finden die §§ 86, 87 AktG Anwendung, sollte die Tochtergesellschaft in der Rechtsform der Aktiengesellschaft organisiert sein. Damit hat sich eine erfolgsabhängige Vergütung des Vorstands grundsätzlich am Erfolg der Tochtergesellschaft zu orientieren. Dennoch dürfte es zulässig sein, die Vorstandsvergütung in Abhängigkeit von der Aktienkurs- und Ergebnisentwicklung der Muttergesellschaft zu gestalten, sollte ein Beherrschungsvertrag mit der Tochtergesellschaft bestehen. Da der Vorstand der Tochtergesellschaft verpflichtet ist, auf entsprechende Weisungen der Konzernobergesellschaft in deren Interesse zu handeln, erscheint die Ausrichtung seiner Vergütung auf Aktienkursentwicklung und Ergebnis der Muttergesellschaft nur konsequent.[145] Im Übrigen dürften die Vorgaben der §§ 86, 87 AktG nur gewahrt sein, sofern sich im Aktienkurs bzw. Ergebnis der Muttergesellschaft die Ergebnisentwicklung der Tochtergesellschaft widerspiegelt.[146] Die ist u.E. der Fall, wenn das wirtschaftliche Ergebnis der Tochtergesell-

172

---

[141] I.E. Begründung zum RegE zu § 192 AktG n.F., abgedruckt bei *Ernst/Seibert/Stuckert*, 1998, S. 80; *Zitzewitz*, NZG 1999, S. 698, 700; *Friedrichsen*, 2000, S. 205; *Hüffer*, AktG, 4. Aufl. 1999, § 192 Rz. 20.

[142] Siehe Begründung zum RegE zu § 192 AktG n.F., abgedruckt bei *Ernst/Seibert/Stuckert*, 1998, S. 80 „Vertragskonzern"; ebenso *Seibert* in: Pellens, 1998, S. 42. Ein isolierter Gewinnabführungsvertrag begründet regelmäßig die Abhängigkeit der den Gewinn abführenden Gesellschaft und damit über § 18 Abs. 1 S. 3 AktG die Vermutung der Konzernierung; vgl. *Hüffer*, AktG, 4. Aufl. 1999, § 17 Rz. 12; *Emmerich*, Emmerich/Habersack, KonzernR, § 17 Rz. 22; *Koppensteiner*, Kölner Kommentar AktG, 2. Aufl. 1988, § 17 Rz. 45; a.A. *Bayer*, MünchKommAktG, 2000, § 17 Rz. 65.

[143] Hierzu *Krieger*, Münch. Hdb. GesR IV, 2. Aufl. 1999, § 63 Rz. 31; *Kallmeyer*, AG 1999, S. 102; für die grundsätzliche Zulässigkeit im Falle der Mehrheitsbeteiligung wohl auch Begründung zum RegE zu § 192 AktG n.F., abgedruckt bei *Ernst/Seibert/Stuckert*, 1998, S. 80; *Seibert* in: Pellens, 1998, S. 42; ablehnend *Hüffer*, AktG, 4. Aufl. 1999, § 192 Rz. 20; *Baums*, AG 1997, August-Sonderheft, S. 35; *Zitzewitz*, NZG 1999, S. 701.

[144] *Kallmeyer*, AG 1999, S. 102.

[145] Vgl. *Zitzewitz*, NZG 1999, S. 700; a.A. *Mertens*, Kölner Kommentar AktG, 2. Aufl. 1996, § 86 Rz. 9, für den Fall einer vom Konzernergebnis abhängigen Tantieme der Mitglieder des Vorstands der Tochtergesellschaft.

[146] Ergänzend kann die Vergütung von Mitarbeitern der Tochtergesellschaft über den Aktienoptionsplan von Erfolgszielen abhängig gemacht werden, die sich auf Unternehmensdaten der

schaft der Muttergesellschaft voll oder aber zumindest weitgehend zuzurechnen ist. Es bedarf daher eines Gewinnabführungsvertrages oder einer zumindest mehrheitlichen Beteiligung der Muttergesellschaft, um insoweit von der Zurechnung des Ergebnisses sprechen zu können.[147]

173   Aus der notwendigen Kompetenzabgrenzung folgt, dass im Rahmen der Umsetzung des Aktienoptionsplans hinsichtlich der Begünstigten der Tochtergesellschaften das jeweils für deren Vergütung zuständige Gesellschaftsorgan – Geschäftsführung für Arbeitnehmer, Aufsichtsrat bzw. Gesellschafterversammlung für Mitglieder der Geschäftsführung – einbezogen werden muss.[148] Dabei sollte sichergestellt werden, dass solche Führungskräfte, die sowohl in der Muttergesellschaft als auch in der Tochtergesellschaft tätig sind, Optionen nicht doppelt beziehen.[149] Es empfiehlt sich, dem schon durch eine Regelung im Hauptversammlungsbeschluss Rechnung zu tragen.

III. Bilanzierung nach deutschen GoB

1. Eigene Auffassung

174   Aktienoptionspläne nach § 192 Abs. 2 Nr. 3 AktG führen, abgesehen von administrativen Kosten für Entwurf, Implementierung und Verwaltung des Plans, nicht zu Personalaufwand. Da die bei Optionsausübung den Optionsberechtigten zu liefernden Aktien nicht am Markt erworben, sondern durch Erhöhung des Grundkapitals der Gesellschaft neu geschaffen werden, kommt es nicht zum Abfluss von Liquidität. Die in Form des Kapitalverwässerungseffektes entstehenden Kosten der bedingten Kapitalerhöhung werden allein von den Altgesellschaftern getragen.[150] Im Ausübungsfall fließt der Gesellschaft neues Kapital zu. Der der Gesellschaft bei Ausübung zufließende Betrag ist auf das gezeichnete Kapital und die Kapitalrücklage aufzuteilen.[151] Im Übrigen sind Aktienoptionspläne nach § 192 Abs. 2 Nr. 3 AktG, d.h. auf Grundlage eines bedingten Kapitals, bis zum Zeitpunkt der Optionsausübung bilanzunwirksam.[152]

Tochtergesellschaft beziehen; vgl. *Hüffer*, AktG, 4. Aufl. 1999, § 192 Rz. 20; *Frey*, GK-AktG, 4. Aufl. 2001, § 193 Rz. 68. Nicht zulässig erscheint es jedoch, die Ausübbarkeit ausschließlich an „tochterorientierte" Erfolgsziele zu knüpfen, da eine Verwässerung der Position der Altaktionäre nur durch die Gewährleistung einer entsprechenden Steigerung des Unternehmenswertes der die Optionen begebenden Muttergesellschaft zu rechtfertigen sein dürfte.

[147] I.E. wohl auch die oben genannten Stimmen, soweit diese die Zulässigkeit einer Einbeziehung von Konzerngesellschaften befürworten, obgleich es an einem Beherrschungsvertrag fehlt. Ausführungen zu § 86 AktG finden sich regelmäßig jedoch nicht.

[148] Vgl. näher *Kallmeyer*, AG 1999, S. 103; *Schröer*, ArbeitsHdb. HV, 1999, Rz. II J 56.

[149] Vgl. nur Begründung zum RegE zu § 192 AktG n.F., abgedruckt bei *Ernst/Seibert/Stuckert*, 1998, S. 80.

[150] Vgl. *Schruff/Hasenburg*, BFuP 1999, S. 641; *Wiedmann*, 1999, § 272 HGB Anm. 56; *Welf Müller* in: WP-Handbuch, Bd. I, 2000, S Tz. 43; *Lange*, StuW 2001, S. 146.

[151] Vgl. *Welf Müller* in: WP-Handbuch, Bd. I, 2000, S Tz. 43.

[152] Vgl. *Lange*, StuW 2001, S. 146.

III. Bilanzierung nach deutschen GoB

2. Andere Auffassungen

a) Passivierung von Verbindlichkeitsrückstellungen aufgrund eines Erfüllungsrückstandes

Nach Ansicht von *Förschle/Kropp* gelangt das Unternehmen bei Auflegung eines Aktienoptionsplans nach § 192 Abs. 2 Nr. 3 AktG in Höhe des mit der Gewährung von Optionen korrespondierenden teilweisen Gehaltsverzichts in einen Erfüllungsrückstand, der im handelsrechtlichen Jahresabschluss als Rückstellung für ungewisse Verbindlichkeiten abzubilden sei.[153] Der Erfüllungsrückstand entspreche dabei der Höhe nach dem jeweiligen inneren Wert der Optionen am Bilanzstichtag. Im inneren Wert am Bilanzstichtag komme die bis dahin von den Optionsberechtigten erbrachte Arbeitsleistung zum Ausdruck. 175

Gegen die Ansicht von *Förschle/Kropp* ist einzuwenden, dass sie mit dem unterstellten Gehaltsverzicht als Gegenleistung für die Einräumung von Optionen von einer Annahme ausgeht, die empirisch nicht belegt ist. In der Praxis wird die Partizipation an Aktienoptionsplänen in der Regel nicht von einer teilweisen Herabsetzung der Fixgehälter abhängig gemacht.[154] Darüber hinaus dürfte ein tatsächlich vorliegender Gehaltsverzicht, sofern er nicht vertraglich fixiert, sondern lediglich implizit vereinbart wird, nur schwer quantifizierbar sein.[155] Ein Mindestmaß an Quantifizierbarkeit ist aber für Bilanzierungszwecke unerlässlich. 176

Unabhängig davon, ob ein Gehaltsverzicht vorliegt und dieser auch hinreichend genau quantifiziert werden kann, ist Voraussetzung eines als Verbindlichkeitsrückstellung zu passivierenden Erfüllungsrückstandes, dass mit der rückständigen Leistung Personalaufwand abgebildet werden soll, der für das Unternehmen in Zukunft zu Ausgaben bzw. Auszahlungen führt. Dies ist bei der Lieferung junger Aktien aber gerade nicht der Fall. Ganz im Gegenteil: Bei Ausübung von Optionen fließt der Gesellschaft neues Kapital zu. 177

b) Aufwandswirksame Buchung gegen die Kapitalrücklage

Auch *Pellens/Crasselt* und ihnen folgend andere Autoren vertreten die Auffassung, Aktienoptionspläne nach § 192 Abs. 2 Nr. 3 AktG seien erfolgswirksam durch die Buchung von Personalaufwand zu erfassen.[156] Die Gegenbuchung solle jedoch in die Kapitalrücklage erfolgen, so dass sich der Buchungssatz „Personalaufwand an Kapitalrücklage" ergibt. Diese Buchung basiert u.a. auf der Annahme, 178
- dass die Altaktionäre ihre Bezugsrechte, auf die sie mit Fassung des Beschlusses nach § 192 Abs. 2 Nr. 3 AktG implizit verzichtet hätten,[157] in die Gesellschaft einlegen, und
- die spätere Bedienung von Bezugsrechten als vergütungshalber erfolgende Zuwendung der Bezugsrechte zu Personalaufwand führe.[158]

---

[153] Vgl. *Förschle/Kropp* in: Beck Bil-Komm., 4. Aufl. 1999, § 266 HGB Anm. 289, 292; ebenso wohl *Simons*, WPg 2001, S. 97 f.
[154] Vgl. *Roß/Pommerening*, WPg 2001, S. 650 m.w.N.
[155] So auch *Haarmann* in: Achleitner/Wollmert, 2000, S. 128.
[156] Vgl. *Pellens/Crasselt*, DB 1998, S. 223; *Pellens/Crasselt* in: Pellens, 1998, S. 140 ff., sowie die Zusammenstellung weiterer Fundstellen bei *Lange*, StuW 2001, 146 Fn. 133.
[157] Zum Begriff des impliziten Bezugsrechtsverzichts vgl. *Haarmann* in: Achleitner/Wollmert, 2000, S. 116; *Holland*, 2000, S. 57; *Esterer/Härteis*, DB 1999, S. 2074.
[158] Vgl. nur *Pellens/Crasselt*, DB 1998, S. 223.

F. Aktienoptionspläne nach § 192 Abs. 2 Nr. 3 AktG

179 Das Positionspapier „Bilanzierung von Aktienoptionsplänen und ähnlichen Entlohnungsformen" der *Arbeitsgruppe Stock Options des DSR* hat sich die Ansicht von *Pellens/Crasselt* zu Eigen gemacht.[159] Auch der vom *DSR* zur Diskussion gestellte Entwurf eines Rechnungslegungsstandards E-DRS 11 „Bilanzierung von Aktienoptionsplänen und ähnlichen Entgeltformen"[160] entspricht inhaltlich den Bilanzierungsvorschlägen von *Pellens/Crasselt*.

180 Wegen der in § 342 Abs. 1 Satz 1 Nr. 1 HGB vorgesehenen Beschränkungen des DRSC auf die „Entwicklungen von Empfehlungen zur Anwendung der Grundsätze über die Konzernrechnungslegung" darf die Zuständigkeit des Rechnungslegungsgremiums für die Bilanzierungsproblematik aktienbasierter Vergütungssysteme bereits im Grundsatz bezweifelt werden. Vielmehr handelt es sich – wohl unbestrittenermaßen – um ein primär einzelabschlussrelevantes Thema, welches sich lediglich über die Zusammenfassung der Einzelabschlüsse auf den Konzernabschluss auswirkt. Ungeachtet dieser dogmatischen Bedenken zur Zuständigkeit des DRSC dürfen die Ausführungen des *DSR* sowohl faktisch (Ausstrahlungswirkung) als auch materiell als Bereicherung der Diskussion angesehen werden.

181 Nach Ansicht des *DSR* ist der „Wert der erbrachten Arbeitsleistungen" der Optionsberechtigten in analoger Anwendung von § 272 Abs. 2 Nr. 2 HGB der Kapitalrücklage zuzuführen.[161] Dieser Wert stelle einen Betrag dar, den das Unternehmen durch die Ausgabe von Optionen erziele.[162] Dabei wird davon ausgegangen, dass die Gewährung von Optionen nach § 192 Abs. 2 Nr. 3 AktG als Gegenleistung für Arbeitsleistungen von Arbeitnehmern und Mitgliedern der Geschäftsführung erfolge.[163] Die Einstellung des Wertes der erbrachten Arbeitsleistungen in die Kapitalrücklage soll im Personalaufwand gebucht werden.[164] Ferner wird vorgeschlagen, dass die Bewertung mit dem nach finanzwirtschaftlichen Optionsbewertungsmodellen ermittelten Gesamtwert endgültig bei Gewährung erfolgen soll, und zwar ohne die Möglichkeit der Berücksichtigung späterer Änderungen des Optionsgesamtwertes.[165]

182 Der Buchungssatz „Personalaufwand an Kapitalrücklage" wird mit einer Analogie zur bilanziellen Behandlung niedrig- bzw. unverzinslicher, zu pari ausgegebener Options- oder Wandelanleihen begründet. Die als Gegenleistung für Optionen erbrachte bzw. zu erbringende[166] Arbeitsleistung soll wie der Zinsverzicht bei Options- oder Wandelanleihen gemäß § 272 Abs. 2 Nr. 2 HGB analog als mitgliedschaftsrechtlich bedingte Vermögensmehrung in die Kapitalrücklage einzustellen sein.[167]

---

[159] Vgl. *AG Stock Options des DSR*, Positionspapier Bilanzierung von Aktienoptionsplänen und ähnlichen Entlohnungsformen, Rz. 5, abrufbar unter http://www.drsc.de.
[160] Abrufbar unter http://www.drsc.de.
[161] Vgl. E-DRS 11.8.
[162] Vgl. E-DRS 11.8.
[163] Vgl. E-DRS 11.7.
[164] Vgl. E-DRS 11.7, B7.
[165] Vgl. E-DRS 11.10–12. Eine Ausnahme vom Grundsatz der Nichtberücksichtigung späterer Wertänderungen sieht E-DRS 11.12, 20 ff., für den Fall der Neufestsetzung des vereinbarten Bezugskurses (Repricing) eines bereits implementierten Aktienoptionsplans vor.
[166] So die Diktion der Begründung zum Positionspapier der *AG Stock Options*.
[167] Vgl. E-DRS 11.B9.

Werden Optionen für eine bereits erbrachte Tätigkeit des Berechtigten gewährt, so ist im Zeitpunkt ihrer Gewährung der gesamte Personalaufwand zu erfassen (E-DRS 11.18). 183

Stellen die Optionen einen Anreiz für künftig zu erbringende Arbeitsleistungen dar (wenn eine Ausübung bspw. erst nach einer Sperrfrist und bei Erreichen bestimmter Erfolgsziele möglich ist), so ist der Personalaufwand nach E-DRS 11.15 über den Leistungszeitraum zu verteilen. Als Leistungszeitraum ist nach E-DRS 11.15 dabei i.d.R. die Sperrfrist anzusehen. 184

Maßgeblich für die Ermittlung des Personalaufwandes ist demnach der Gesamtwert der ausgegebenen Optionen im Ausgabezeitpunkt. Der je Option ermittelte Gesamtwert ist mit der Anzahl der ausgegebenen Optionen zu multiplizieren, wobei nach E-DRS 11 ein Fluktuationsabschlag bei Optionsplänen nach § 192 Abs. 2 Nr. 3 AktG bei der erstmaligen Dotierung nicht vorzunehmen ist. Der Verzicht auf einen Fluktuationsabschlag ergibt sich laut E-DRS 11.28 daraus, dass eine Anpassung aufgrund der Entwicklung in den Folgejahren vorzunehmen ist. Scheidet ein Berechtigter aus dem Unternehmen aus bevor die Kapitalrücklage vollständig in Höhe des Wertes der ihm gewährten Optionen dotiert ist, werden keine weiteren Zuführungen zur Kapitalrücklage vorgenommen. Aufgrund der Verteilung des zu buchenden Personalaufwandes ist bei Ausscheiden eines Berechtigten eine Anpassung entsprechend der tatsächlichen Fluktuation somit über den Verteilungszeitraum möglich.[168] 185

c) Beispiel

In Anlehnung an E-DRS 11 folgendes Beispiel zur aufwandswirksamen Buchung:[169] 186

Ein Unternehmen entlohne seine Mitarbeiter mit Optionen auf der Grundlage von § 192 Abs. 2 Nr. 3 AktG. Der aktuelle Aktienkurs betrage 100 €, der Bezugskurs ebenfalls. Die Laufzeit der Optionen sei auf 8 Jahre begrenzt. Die Sperrfrist betrage 2 Jahre. Der Optionsgesamtwert betrage zum Zeitpunkt der Gewährung 24 €. Es werden 500.000 Optionen im Wert von insgesamt 12 Mio. € ausgegeben. 187

– Bei Gewährung liegt ein schwebendes Geschäft vor. Es erfolgt keine Buchung.
– Nach einem Jahr ist die Hälfte der Sperrfrist – die als Leistungszeitraum anzusehen ist – verstrichen. Dementsprechend wird die Hälfte des Optionsgesamtwerts, also 6 Mio. €, wie folgt gebucht:
Aufwand 6 Mio. € an Kapitalrücklage 6 Mio. €
– Am Ende des zweiten Jahres scheiden Mitarbeiter aus dem Unternehmen aus, die insgesamt 10 % der gewährten Optionen halten. In diesem Fall lautet die Buchung im zweiten Jahr:
Aufwand 5,4 Mio. € an Kapitalrücklage 5,4 Mio. €
Beachte: Eine Korrekturbuchung für die Vorjahre, in denen die Mitarbeiter Arbeitsleistungen für das Unternehmen erbracht haben, erfolgt – anders als nach SFAS 123 (vgl. Rz. 253) – nicht.

---

[168] Bei Aktienoptionsplänen, die mit eigenen Anteilen bedient werden, sind dagegen bereits bei der erstmaligen Bildung der Rückstellung Abschläge für Fluktuations- und Sterbewahrscheinlichkeiten vorzunehmen.
[169] E-DRS 11, Anhang E, Beispiel 1.

— Angenommen, 100.000 Optionen würden nach vier Jahren bei einem Aktienkurs von 140 € ausgeübt. Der Nennwert der Aktien betrage 5 €. Da das Unternehmen pro Aktie den vereinbarten Bezugskurs von 100 € erhält, lautet die Buchung in diesem Jahr:
Kasse 10 Mio. € an Gezeichnetes Kapital 0,5 Mio. € und Kapitalrücklage 9,5 Mio. €

d) Kritik

aa) Vorbemerkung

188 Die Diskussion der angemessenen bilanziellen Behandlung von Aktienoptionsplänen nach § 192 Abs. 2 Nr. 3 AktG nimmt im deutschen Schrifttum – durchaus im Einklang mit praktischen Bedürfnissen[170] – eine herausragende Rolle ein.[171] Nachfolgend soll daher in Auseinandersetzung mit den Argumenten der Befürworter einer aufwandswirksamen Buchung („Personalaufwand an Kapitalrücklage") der eigene Standpunkt näher begründet werden. Dies erscheint vor allem deshalb geboten, weil hier tradierte Grundsätze des Bilanz- und Gesellschaftsrechts auf dem Prüfstand stehen.

bb) Aktienrechtliches Trennungsprinzip

189 In der Begründung zum Entwurf eines Rechnungslegungsstandards E-DRS 11 wird darauf hingewiesen, dass die Arbeitsleistung der aus Aktienoptionsplänen Berechtigten unmittelbar der Gesellschaft und nur mittelbar den Gesellschaftern zugute käme. Ein in Form von Optionen gewährtes Entgelt berühre daher die Gesellschaftssphäre und könne bilanzielle Konsequenzen nach sich ziehen.[172] Mit dieser Argumentation soll dem gegen das Bilanzierungskonzept des *DSR* im Schrifttum erhobenen Einwand begegnet werden, die bilanzielle Abbildung von Aktienoptionsplänen nach § 192 Abs. 2 Nr. 3 AktG scheide wegen des aktienrechtlichen Prinzips der Trennung zwischen Gesellschafter- und Gesellschaftssphäre aus.[173]

190 Das aktienrechtliche Trennungsprinzip ist Ausdruck der *eigenständigen Rechtssubjektivität der Kapitalgesellschaft* und der *Haftungsbeschränkung auf das Gesellschaftsvermögen*. Für das gläubigerschutzgeprägte Rechnungslegungsrecht[174] bedeutet dies, dass Vermögensverschiebungen, die sich wie im Fall der Ausgabe von Bezugsrechten ausschließlich im Verhältnis zwischen den Gesellschaftern und den Arbeitnehmern der Gesellschaft vollziehen und folglich die Vermögenssphäre und damit das Schuldendeckungspotential der Gesellschaft nicht tangieren,[175] keinen Eingang in den Jahresabschluss finden. Die Argumentation des *DSR* führt letztlich zur Aufstellung einer konsolidierten Gesellschafter-Gesellschafts-Bilanz.[176] Eine derartige

---

[170] Die Mehrzahl der in Deutschland aufgelegten Aktienoptionspläne basiert auf einem bedingten Kapital gemäß § 192 Abs. 2 Nr. 3 AktG, vgl. dazu *Feddersen/Pohl*, AG 2001, S. 33; *Roß/Pommerening*, WPg 2001, S. 645; *Lange*, StuW 2001, S. 149.

[171] Vgl. dazu die umfangreichen Schrifttumsnachweise bei *Lange*, StuW 2001, S. 146 Fn. 133.

[172] Vgl. E-DRS 11, B8.

[173] In diesem Sinne *Naumann*, DB 1998, S. 1428; *Rammert*, WPg 1998, S. 771; *Schruff/Hasenburg*, BFuP 1999, S. 641; *Herzig/Lochmann*, WPg 2001, S. 86; *Lange*, StuW 2001, S. 146; *Vater*, DB 2001, S. 2178; *Schruff*, FS Welf Müller, 2001, S. 238; *Weilep*, NWB, Fach 18, S. 3676; *Wiedmann* in: Ebenroth/Boujong/Joost, Handelsgesetzbuch, Bd. 1, 2001, § 272 Anm. 47.

[174] Vgl. dazu *Beisse*, FS Welf Müller, 2001, S. 741 f.

[175] Vgl. nur *Friedrichsen*, 2000, S. 340.

[176] Krit. hierzu *Lange*, StuW 2001, S. 146; a.A. wohl aber *Sigloch/Egner*, BB 2000, S. 1880; vgl. auch den kritischen Hinweis von *Siegel*, FS Loitlsberger, 2001, S. 345, auf eine „Bilanz der Gesellschafter".

III. Bilanzierung nach deutschen GoB

Vermischung der Vermögenssphären von Gesellschaftern und Gesellschaft steht jedoch im Gegensatz zum geltenden, unter dem übergreifenden Gesichtspunkt des Gläubigerschutzes miteinander verzahnten Kapitalgesellschafts- und Rechnungslegungsrecht.

cc) Leistung einer Einlage

Ungeachtet dessen, dass die Befürworter einer aufwandswirksamen Buchung von Aktienoptionsplänen nach § 192 Abs. 2 Nr. 3 AktG die Ausgabe der Bezugsrechte in direktem Zusammenhang mit dem Leistungsprozess der Gesellschaft sehen,[177] bewegen sie sich argumentativ letztlich doch im Rahmen des aktienrechtlichen Trennungsprinzips. Denn die im E-DRS 11[178] sowie von Teilen der Literatur[179] unterstellte Einlage im Zusammenhang mit der Implementierung von Stock-Option-Plänen würde eine Vermögensmehrung auf Gesellschaftsebene bedeuten. Dies ließe eine spätere aufwandswirksame Zuwendung an die Optionsberechtigten möglich erscheinen. Voraussetzung einer solchen Konstruktion ist indes, dass der Gesellschaft anlässlich der Auflegung oder Durchführung eines Aktienoptionsplans ein *einlagefähiger Vermögensgegenstand durch die (Alt-)Gesellschafter* zugewendet wird. 191

Für den Regelfall einer unentgeltlichen Einräumung von Bezugsrechten als Anreiz- und Vergütungsinstrument ist eine Berührung der Gesellschaftssphäre allein in Gestalt einer Sacheinlage denkbar. Die Einlagefähigkeit ist dabei nach den einschlägigen aktienrechtlichen Vorschriften zu beurteilen. Gemäß § 27 Abs. 2 AktG können Sacheinlagen nur Vermögensgegenstände sein, deren wirtschaftlicher Wert feststellbar ist. 192

Gegen die Einlage von Bezugsrechten durch die Altaktionäre spricht bereits, dass das bedingte Kapital nach § 192 Abs. 2 Nr. 3 AktG ein gesetzliches Bezugsrecht nicht kennt.[180] Aus ökonomischer Sicht sind die Altaktionäre wegen der Kapitalverwässerungseffekte, die die verbilligte Ausgabe junger Aktien hervorruft, zwar in gleichem Maße schutzbedürftig wie im Falle einer regulären Kapitalerhöhung gegen Einlagen. Der Kapitalverwässerungsschutz, der im Rahmen einer regulären Kapitalerhöhung durch das Erfordernis der sachlichen Rechtfertigung eines etwaigen Bezugsrechtsausschlusses gewährleistet wird,[181] ist für die bedingten Kapitalerhöhungen nach § 192 Abs. 2 Nr. 3 AktG jedoch durch eine bereits vom Gesetzgeber in typisierender Weise vorgenommene Interessenabwägung ersetzt worden.[182] Nach den Vorstellungen des Gesetzgebers ist den Interessen der Aktionäre in hinreichender Weise Rechnung getragen, wenn der von der Hauptversammlung zu beschließende Stock Option Plan anreizkompatibel ausgestaltet ist. Unter dem Gesichtspunkt der Anreizkompatibilität ist insbesondere 193

---

[177] So etwa *Pellens/Crasselt*, DB 1998, S. 1431.
[178] Vgl. E-DRS 11.7, 8, B9.
[179] Vgl. *Pellens/Crasselt*, DB 1998, S. 223; *Pellens/Crasselt*, DB 1998, S. 1432; *Schild*, JbFSt 1998/99, S. 610; *Djanani/Hartmann*, StuB 2000, S. 360 ff.; *Haarmann* in: Achleitner/Wollmert, 2000, S. 115 ff.; *Esterer/Härteis*, DB 1999, S. 2075 f.; *Sigloch/Egner*, BB 2000, S. 1880; *Gelhausen* in: WP-Handbuch, Bd. I, 12. Aufl. 2000, F Tz. 124 ff.; für Österreich *Hopf/Moritz*, ÖStZ 2000, S. 173 f.
[180] So bereits *Haas/Pötschan*, DB 1998, S. 2141; *Herzig*, DB 1999, S. 7; *Schruff/Hasenburg*, BFuP 1999, S. 640; *Vater*, DB 2000, S. 2179; *Deutschmann*, IStR 2001, S. 389.
[181] Zu den Anforderungen an die sachliche Rechtfertigung eines Bezugsrechtsausschlusses nach § 186 Abs. 3, 4 AktG vgl. *Hüffer*, AktG, 4. Aufl. 1999, § 186 Rn 25 ff. m. N.
[182] Vgl. *Hoffmann-Becking*, NZG 1999, S. 802.

die Pflicht zur Festlegung von Erfolgszielen und Wartezeiten für die erstmalige Optionsausübung gemäß § 193 Abs. 2 Nr. 4 AktG von Bedeutung.

194 Daher ist es für Bilanzierungszwecke auch nicht zielführend, im Hinblick darauf, dass formalrechtlich ein Bezugsrecht der Altaktionäre kraft Gesetzes von vornherein nicht entsteht, auf die Figur eines „impliziten Bezugsrechtsverzichts" der Altaktionäre auszuweichen.[183] Denn der sich im Hauptversammlungsbeschluss nach § 192 Abs. 2 Nr. 3 AktG aus wirtschaftlicher Sicht manifestierende „implizite Bezugsrechtsverzicht" der Altaktionäre ist lediglich ein Reflex, resultierend aus dem Zusammenspiel der §§ 192 Abs. 2 Nr. 3, 193 Abs. 2 Nr. 4 AktG. Die Altaktionäre stimmen einem Stock Option Plan nur in der Erwartung zu, dass zu erwartende Kapitalverwässerungseffekte durch Kurssteigerungen zumindest kompensiert werden.[184] Dem kann ein rechtsgeschäftlicher Willen auf Leistung einer Einlage nicht entnommen werden.

195 Neben die Schwierigkeit, einen aktienrechtlichen Anknüpfungspunkt für die von den Altaktionären zu leistende Sacheinlage zu finden, tritt die Frage nach der Einlagefähigkeit von Bezugsrechten auf eigene Aktien der Gesellschaft. Letztlich handelt es sich dabei um die für das gesamte Kapitalaufbringungsrecht der Aktiengesellschaft relevante Frage nach der Einlagefähigkeit von eigenen Aktien. Wenn die Einlagefähigkeit von Bezugsrechten auf eigene Aktien bejaht wird, kann die Einlagefähigkeit eigener Aktien schwerlich verneint werden. Den kritischen Stimmen, die gegen die Einlage von Bezugsrechten auf eigene Aktien zu vernehmen sind, halten die Verfechter des Buchungssatzes „Personalaufwand an Kapitalrücklage" entgegen, dass in den Händen Dritter wertvolle Bezugsrechte auch für die Aktiengesellschaft selbst einen Wert haben müssten.[185] Mit dem Erwerb eigener Aktien wird der Gesellschaft indes kein neues Kapital zugeführt. Denn wirtschaftlich betrachtet handelt es sich bei einem Aktienrückkauf um eine Kapitalrückzahlung im Verhältnis zwischen der Gesellschaft und den ihre Aktien veräußernden Gesellschaftern. Daher erhöhen auch Bezugsrechte auf eigene Aktien das Gesellschaftsvermögen nicht. Eigene Aktien und Bezugsrechte auf eigene Aktien stellen keine einlagefähigen Vermögensgegenstände dar, weil der Gesellschaft aus ihnen keine wirtschaftlichen Vorteile zufließen. Vielmehr stehen der Gesellschaft nach § 71b AktG aus eigenen Aktien keine Rechte zu.[186]

196 Ein weiterer Argumentationsansatz, der die aufwandswirksame Behandlung eines Aktienoptionsplans nach § 192 Abs. 2 Nr. 3 AktG stützen soll, geht von einer *Einlage von Arbeitsleistungen durch die Optionsberechtigten* aus.[187] So nimmt E-DRS 11 eine Einlage des Wertes der von den Optionsberechtigten erbrachten Arbeitsleistungen in analoger Anwendung von § 272 Abs. 2 Nr. 2 HGB an.[188]

197 Gemäß § 27 Abs. 2 Halbs. 2 AktG können Verpflichtungen zu Dienstleistungen nicht Gegenstand einer Sacheinlage sein. Die aufwandswirksame Buchung von

---

[183] So aber *Haarmann* in: Achleitner/Wollmert, 2000, S. 116; *Esterer/Härteis*, DB 1999, S. 2074; *Gelhausen* in: WP-Handbuch, Bd. I, 12. Aufl. 2000, F Tz. 122.
[184] Vgl. *Schruff*, FS Welf Müller, 2001, S. 238; *Herzig/Lochmann*, WPg 2001, S. 84.
[185] So *Pellens/Crasselt*, DB 1998, S. 1432; *Djanani/Hartmann*, StuB 2000, S. 361.
[186] Ebenfalls auf § 71b AktG hinweisend *Naumann*, DB 1998, S. 1430.
[187] Vgl. *Pellens/Crasselt*, DB 1998, S. 1431 f.; *Esterer/Härteis*, DB 1999, S. 2075 f.; *Sigloch/Egner*, BB 2000, S. 1881; *Djanani/Hartmann*, StuB 2000, S. 362.
[188] Vgl. E-DRS 11.B9, B10; ebenso *Gelhausen* in: WP-Handbuch, Bd. I, 12. Aufl. 2000, F Tz. 126.

Aktienoptionsplänen nach § 192 Abs. 2 Nr. 3 AktG kann daher auch nicht mit einer gedanklichen Aufteilung des zu beurteilenden Sachverhalts in einerseits die Einlage von Arbeitsleistungen durch die Optionsberechtigten und andererseits die vergütungshalber erfolgende Einräumung von Optionen begründet werden.[189]

Die These, § 27 Abs. 2 AktG sei nur auf die Kapitalerhöhung zum Zwecke der Durchführung einer Nennkapitalerhöhung anwendbar, nicht aber auf Leistungen, die nach § 272 Abs. 2 Nr. 2 HGB in Kapitalrücklagen einzustellen sind,[190] vermag ebenfalls nicht zu überzeugen. Die durch § 150 AktG bewirkte Kapitalbindung, die sich auch auf die Kapitalrücklagen bezieht, sichert das dem Gläubigerschutz verpflichtete Kapitalerhaltungsrecht bilanztechnisch ab, indem durch Passivierung des gezeichneten Kapitals und der Kapitalrücklagen allein die Ausschüttung eines unter Gläubigerschutzgesichtspunkten unbedenklichen Bilanzgewinns möglich ist. § 150 AktG ist Ausdruck der engen Verzahnung von Kapitalgesellschafts- und Rechnungslegungsrecht; beide stehen unter dem Primat des Gläubigerschutzes. Es ist daher geboten, den Einlagenbegriff des § 27 Abs. 2 AktG im Rahmen von § 272 Abs. 2 Nr. 2 HGB anzuwenden. Anlässlich der Kommentierungen, die das Bilanzrichtlinien-Gesetz unmittelbar nach seinem Inkrafttreten im Schrifttum erfahren hat, war nicht zweifelhaft, dass der Einlagenbegriff des § 27 Abs. 2 AktG auch für § 272 Abs. 2 Nr. 2 HGB Geltung beansprucht, und dass insbesondere Dienstleistungsverpflichtungen im Anwendungsbereich von § 272 Abs. 2 HGB keine tauglichen Einlagen darstellen.[191] **198**

Die im Vergleich zum Positionspapier der *AG Stock Options* nunmehr abweichende Terminologie von E-DRS 11 bezüglich des Gegenstandes, der nach Auffassung des *DSR* als in die Gesellschaft eingelegt gelten soll, vermag an der aktienrechtlichen Unzulässigkeit der Einlage von Dienstleistungsverpflichtungen gemäß § 27 Abs. 2 AktG nichts zu ändern. E-DRS 11 geht anders als das Positionspapier der *AG Stock Options*, das auf den „Wert der Optionen" abstellte,[192] von der Einlage des „Wert(es) erbrachter Arbeitsleistungen" aus.[193] Der Wert erbrachter Arbeitsleistungen schlägt sich indes lediglich in einer nicht näher abgrenzbaren Erhöhung des Unternehmenswertes nieder. Die gesellschaftsrechtliche Einlage erbrachter Arbeitsleistungen entspricht letztlich einer Einlage originären Goodwills und verstößt damit gegen das dem Gläubigerschutz verpflichtete Prinzip der realen Kapitalaufbringung.[194] **199**

dd) Weitere Einwände

Aufgrund der fehlenden Auszahlungswirksamkeit von Aktienoptionsplänen nach § 192 Abs. 2 Nr. 3 AktG und der dessen ungeachtet eintretenden Ausschüttungssperre bzw. Verwendungsbeschränkung nach § 150 AktG würde eine aufwandswirksame Buchung unter Berührung der Kapitalrücklage die Anforderun- **200**

---

[189] So auch *Rammert*, WPg 1998, S. 774; *Schruff/Hasenburg*, BFuP 1999, S. 641; *Herzig*, DB 1999, S. 7; *Vater*, DB 2000, S. 2179; *Herzig/Lochmann*, WPg 2001, S. 84 und 86; *Roß/Pommerening*, WPg 2001, S. 649; *Vater*, BuW 2001, S. 448; *Schruff*, FS Welf Müller, 2001, S. 235; *Deutschmann*, 2000, S. 170 f.; *Portner* in: Harrer, 2000, S. 102 (Rz. 340 f.); *Friedrichsen*, 2000, S. 342.
[190] So aber *Gelhausen* in: WP-Handbuch, Bd. I, 12. Aufl. 2000, F Tz. 126.
[191] Vgl. dazu den kurzen Hinweis bei *Döllerer*, BB 1986, S. 1862.
[192] Vgl. *AG Stock Options des DSR*, Positionspapier „Bilanzierung von Aktienoptionsplänen und ähnlichen Entlohnungsformen", Rz. 5.
[193] Vgl. E-DRS 11.8.
[194] Vgl. *Schildbach*, StuB 2000, S. 1034; *Schruff*, FS Welf Müller, 2001, S. 235.

gen des geltenden Aktien- und Bilanzrechts an den Gläubigerschutz bei weitem übererfüllen. Dies geschähe zulasten der Ausschüttungsinteressen der Anteilseigner.[195] Darüber hinaus basieren die für eine Einlagefähigkeit vorgebrachten Argumente ohnehin nur auf Fiktionen. Dies erscheint bedenklich, weil Fiktionen außerhalb des gesetzlich vorgeschriebenen engen Rahmens (z.B. Verbrauchsfolgeverfahren) nicht zulässig sind, da sie die Realität nicht abzubilden vermögen, sondern tatsächlich eben nicht gegebene Sachverhalte lediglich unterstellen. Fiktionen sollten daher, wenn überhaupt, nur ausnahmsweise zur Grundlage bilanzieller Betrachtungen gemacht werden, wobei es sich dann aber um sachgerechte Fiktionen handeln muss.

201   Neben den bereits erläuterten Einwänden gegen den Buchungssatz „Personalaufwand an Kapitalrücklage" sprechen schließlich noch eine Reihe weiterer Erwägungen für die Bilanzunwirksamkeit von Aktienoptionsplänen nach § 192 Abs. 2 Nr. 3 AktG bis zu deren Ausübung.[196] So würde die Passivierung eines ausgabenlosen Aufwandes kein den tatsächlichen Verhältnissen entsprechendes Bild der Vermögens-, Finanz- und Ertragslage der Gesellschaft geben und gegen die GoB der Pagatorik und Kongruenz sowie gegen das Realisationsprinzip verstoßen.

3. Tandem Plan

a) Wahlrecht der Gesellschaft

202   In der Praxis finden sich Fälle, bei denen es der Gesellschaft überlassen bleibt, den Berechtigten entweder bestehende oder im Zuge der Ausübung eines bedingten Kapitals entstehende neue Aktien zu dem vereinbarten Bezugskurs zu überlassen oder eine Zahlung wie bei der Ausgabe von Stock Appreciation Rights (SARs) zu leisten. Solche Verbindungen zwischen einem Aktienoptionsplan und einem virtuellen Stock-Option-Plan unter Ausgabe z.B. von SARs (dazu Rz. 687 ff.) werden in der anglo-amerikanischen Terminologie auch als *„tandem plan"* bezeichnet.

203   Im Falle der Kombination realer, auf den Bezug von jungen Aktien gerichteter Eigenkapitalinstrumente mit virtuellen, auf Leistung einer Abgeltungszahlung in Form eines *Barausgleichs* gerichteter Eigenkapitalinstrumente in der Weise, dass der Gesellschaft bezüglich der Bedienung ein Wahlrecht eingeräumt ist, erscheint die angemessene bilanzielle Abbildung wegen der Unsicherheit der Bedienungsvariante problematisch.[197] Während einem (zwingenden) Barausgleich durch eine Rückstellungsbildung Rechnung zu tragen ist (vgl. Rz. 687 ff.), führt die Gewährung von Optionen auf junge Aktien aufgrund eines Aktienoptionsplans nach § 192 Abs. 2 Nr. 3 AktG nach der hier vertretenen Auffassung (vgl. Rz. 174) zu keiner Buchung bei Gewährung bzw. während der Laufzeit der Optionen.

204   Vor dem Hintergrund der kontroversen deutschen Diskussion ist zudem zu beachten, dass die vom E-DRS 11 vorgeschlagene Dotierung der Kapitalrücklage während der Sperrfrist bei Ausgabe junger Aktien wegen § 150 AktG irreversibel ist. E-DRS 11 empfiehlt daher, vor Ausübung des Wahlrechts durch die Gesellschaft zunächst – wie bei einem reinen virtuellen Stock-Option-Plan mit Aus-

---

[195] Vgl. *Rammert*, WPg 1998, S. 769 f.; *Herzig*, DB 1999, S. 6; *Roß/Pommerening*, WPg 2001, S. 649.

[196] Vgl. z.B. *Roß/Pommerening*, WPg 2001, S. 649.

[197] Vgl. *Lorenz*, DStR 2000, S. 1580.

gabe von SARs – eine Verbindlichkeitsrückstellung zu bilden, die gegebenenfalls in die Kapitalrücklage umzubuchen sei (siehe Beispiel Rz. 709).

Die Passivierung einer Verbindlichkeitsrückstellung ist indes nicht zu rechtfertigen, da wegen des Wahlrechts der Gesellschaft eine unvermeidbare Zahlungsverpflichtung gegenüber einem Dritten nicht besteht. In diesem Fall hätte die Rückstellung allenfalls den Charakter einer Aufwandsrückstellung im Sinne von § 249 Abs. 2 HGB,[198] die steuerrechtlich bekanntlich nicht geltend gemacht werden kann.[199] Folgerichtig sehen auch die US-amerikanischen Bilanzierungsregeln bei einem Wahlrecht des Unternehmens grundsätzlich keine Pflicht zur Rückstellungsbildung vor (vgl. Rz. 750), so dass der Vorschlag des E-DRS 11 auch vor dem Hintergrund der durch das DRSC verfolgten internationalen Harmonisierung nicht zu überzeugen vermag. Im Hinblick auf die Bilanzierung nach US-GAAP spielt es freilich für die Erfolgswirksamkeit des Vorgangs prinzipiell ohnehin keine Rolle, ob die Gegenbuchung unter Umgehung der Gewinn- und Verlustrechnung direkt in das Eigenkapital oder als Schuld erfolgt; es handelt sich insoweit um ein reines Ausweisproblem. Die vom DSR vorgeschlagene Vorgehensweise, deren Motiv zweifellos ebenfalls die Wahrung einer aufwandswirksamen Buchung (allerdings bei gleichzeitiger Achtung aktienrechtlicher Normen) ist, verdeutlicht vielmehr in trefflicher Weise, dass sich US-amerikanische Bilanzierungsweisen nicht immer ohne weiteres dem deutschen Rechtskreis überstülpen lassen. **205**

b) Wahlrecht der Mitarbeiter

Bei einem Wahlrecht der Mitarbeiter bestehen die vorstehenden Bedenken (vgl. Rz. 205) gegen eine Rückstellungsbildung nicht. Vielmehr dürfte im Zweifel anzunehmen sein, dass der Mitarbeiter einen Barausgleich anstrebt und deshalb dem mutmaßlichen künftigen Liquiditätsabfluss durch die Bildung einer Verbindlichkeitsrückstellung nach den Grundsätzen, die für virtuelle Stock-Option-Pläne gelten (siehe dazu Rz. 687 ff.), Rechnung zu tragen ist.[200] **206**

4. Anhangangaben

a) Bezüge für die Mitglieder des Geschäftsführungsorgans

Nach § 285 Nr. 9a Satz 1 HGB sind für die Mitglieder des Geschäftsführungsorgans für jede Personengruppe die gewährten Gesamtbezüge anzugeben. Nach dem Wortlaut des Gesetzes kommt es für die Angabe auf die *Gewährung* der Bezüge an. Die Gewährung liegt laut *ADS* vor, wenn die Zuteilung der Optionen durch den Aufsichtsrat als Bestandteil der Festsetzung der Vergütung erfolgt und der Rechtserwerb damit abgeschlossen ist.[201] **207**

---

[198] Gl.A. offensichtlich *IDW*, WPg 2000, S. 1080 (Verbindlichkeitsrückstellung sei „schwer begründbar").
[199] Vgl. nur *Weber-Grellet* in: Schmidt, EStG, 20. Aufl. 2001, § 5 Rz. 474.
[200] Zutreffend *IDW*, WPg 2000, S. 1080.
[201] Vgl. *ADS*, Ergänzungsband zur 6. Aufl. 2001, § 285 HGB n.F. Tz. 9. Die Erfüllung von Erfolgskriterien oder sonstiger Voraussetzungen nach Maßgabe des Bezugsrechtsvertrages (z.B. Ablauf der Wartezeit für die erstmalige Ausübung) steht somit einer Gewährung nicht entgegen. Gleiches gilt für die in Bezugsrechtsverträgen regelmäßig festgelegten Verfügungsverbote.

F. Aktienoptionspläne nach § 192 Abs. 2 Nr. 3 AktG

208 Die anzugebenden Gesamtbezüge umfassen u.a. Gehälter, Gewinnbeteiligungen, Provisionen und Bezugsrechte. Für die Anhangangabe nach § 285 Nr. 9a Satz 1 HGB ist es unbeachtlich, ob Geld-, Natural- oder Sachbezüge oder Bezüge in Form von Rechtsansprüchen gewährt werden oder ob es sich um geldwerte Vorteile handelt.[202] Nach Auffassungen im Schrifttum gehören Bezugsrechte i.S.d. § 192 Abs. 2 Nr. 3 AktG zu den Gesamtbezügen i.S.d. § 285 Nr. 9a HGB; sie stellen Nebenleistungen dar, die in die Pflicht zur Angabe einzubeziehen sind.[203] Während das Schrifttum eine Angabepflicht für Bezugsrechte nach § 192 Abs. 2 Nr. 3 AktG dem Grunde nach offensichtlich einhellig bejaht, sind Höhe und Zeitpunkt der Angabe umstritten.

209 Nach Auffassung von *Ellrott* ist – obgleich er eine Aufwandsbuchung ablehnt – der innere Wert der Bezugsrechte bei Gewährung, ggf. nach Ablauf der Wartefrist für die erstmalige Ausübung, anzugeben, d.h. die Differenz zwischen dem Aktienkurs am Tag der Gewährung (bzw. am Tag des Ablauf der Wartefrist) und dem Ausübungspreis.[204] Dabei kommt es laut *Ellrott* nicht darauf an, ob die Rechte später auch tatsächlich ausgeübt werden.

„In Frage kommt der Wert des Optionsrechts, den es im Zeitpunkt der Einräumung des Rechts, ggf. nach Ablauf der Wartezeit, hat, da es erst dann frei verfügbar ist. Der Wert ergibt sich aus der Differenz zwischen Ausübungspreis (Wandlungspreis bei einer Wandelschuldverschreibung) und dem Aktienkurs am Tage der Einräumung des Rechts bzw. der Beendigung der Wartezeit, unabhängig davon, ob tatsächlich gewandelt wird oder nicht, denn die Ausübung des Optionsrechts durch den Vorstand ist von objektiv nicht messbaren Annahmen abhängig, wie z.B. zukünftige Kursentwicklung der Aktien, tatsächlicher Ausübungszeitpunkt; sie betreffen die Privatsphäre des Vorstandsmitglieds und hängen von seinen individuellen Spekulationsneigungen ab, und liegen deshalb außerhalb der Sphäre der Kapitalgesellschaft (...); ..."[205]

210 *Pellens/Crasselt* fordern hingegen – aufgrund der Befürwortung der erfolgswirksamen Erfassung der Ausgabe von Bezugsrechten folgerichtig – eine Angabe in Höhe des nach optionspreistheoretischen Methoden ermittelten Gesamtwertes der Bezugsrechte im Zeitpunkt der Gewährung der Optionen.[206] Laut *ADS* ist dann, d.h. bei aufwandswirksamer Erfassung, eine Verteilung der Angabe über den Zeitraum zwischen Gewährung und erstmaliger Ausübungsmöglichkeit (i.d.R. Sperrfrist) vorzunehmen.[207] Auch der HFA plädiert für den Fall, dass eine aufwandswirksame Buchung erfolgt, nur für eine Angabe des (Teil-)Betrages, der in dem jeweiligen Jahr tatsächlich aufwandswirksam geworden ist.[208] Ggf. soll auch eine verbale Angabe der Bezugsrechte einschließlich Bezugsbedingungen ausreichend sein.[209]

211 Bei näherer Betrachtung der im Schrifttum genannten Voraussetzungen für die Angabepflicht nach § 285 Nr. 9a HGB ergeben sich jedoch Zweifel an der

---

[202] Vgl. *Ellrott* in: Beck Bil-Komm., 4. Aufl. 1999, § 285 HGB Anm. 167.
[203] Vgl. *Ellrott* in: Beck Bil-Komm., 4. Aufl. 1999, § 285 HGB Anm. 170; *ADS*, Ergänzungsband zur 6. Aufl. 2001, § 285 HGB n.F. Tz. 7.
[204] Vgl. *Ellrott* in: Beck Bil-Komm., 4. Aufl. 1999, § 285 HGB Anm. 170 (Stock Options).
[205] *Ellrott* in: Beck Bil-Komm., 4. Aufl. 1999, § 285 HGB Anm. 170 (Stock Options).
[206] Vgl. *Ellrott* in: Beck Bil-Komm., 4. Aufl. 1999, § 285 HGB Anm. 170 (Stock Options) m.w.N.
[207] Vgl. *ADS*, Ergänzungsband zur 6. Aufl. 2001, § 285 HGB n.F. Tz. 19.
[208] Vgl. *HFA*, Berichterstattung über die 176. Sitzung, FN 2001, S. 191.
[209] Vgl. WP-Handbuch 2000 Bd. I, S Tz. 44; ablehnend dazu aber *HFA*, Berichterstattung über die 176. Sitzung, FN 2001, S. 191.

III. Bilanzierung nach deutschen GoB

Angabepflicht bei Aktienoptionen nach § 192 Abs. 2 Nr. 3 AktG, was im Folgenden näher ausgeführt wird.

– Die Bezugsrechte müssen *unentgeltlich oder wenigstens teilentgeltlich zugeteilt* worden sein, denn nur dann liegt ein Vergütungsbestandteil vor. Erwirbt der Mitarbeiter das Bezugsrecht zu einem marktüblichen Preis, liegt ein gesondertes Vertragsverhältnis vor, so dass die Einräumung des Bezugsrechts nicht unter § 285 Nr. 9a HGB fällt.[210]
– Die Leistungen müssen *unmittelbar von der Gesellschaft* und auf der Grundlage des bestehenden Dienstverhältnisses erbracht worden sein.[211]
– Die Bezüge müssen *aus Sicht des Berechtigten* zu seinen Gesamtbezügen zählen.[212]

Darüber hinaus sind nur solche Leistungen zu erfassen, „die das Organmitglied von dem Unternehmen erhält und die dieses aufwandsmäßig belasten".[213] Die unterschiedlichen Auffassungen bzgl. der bilanziellen Behandlung von Aktienoptionsplänen nach § 192 Abs. 2 Nr. 3 AktG führen demzufolge zu unterschiedlichen Konsequenzen hinsichtlich der Angabepflichten nach § 285 Nr. 9a HGB.

212 Nach der hier vertretenen Auffassung berührt deshalb die Ausgabe von Aktienoptionsplänen nach § 192 Abs. 2 Nr. 3 AktG die Gesellschaft in bilanzieller Hinsicht nicht. Da eine aufwandswirksame Erfassung entfällt, scheidet folgerichtig auch eine Angabepflicht nach § 285 Nr. 9a HGB aus. Die Angabepflicht scheitert insbesondere daran, dass die Gesellschaft durch die Ausgabe der Bezugsrechte wirtschaftlich nicht belastet ist und auch keine unmittelbare Zuwendung durch die Gesellschaft vorliegt. Zwar stellt die Gewährung der Bezugsrechte aus Sicht der Berechtigten zweifellos einen Bezug i.S.d. § 285 Nr. 9a HGB dar[214], die Erfüllung dieses Kriteriums allein reicht für die Verpflichtung zur Angabe nach § 285 Nr. 9a HGB jedoch nicht aus. Die Verneinung der Erfassung von Personalaufwand aufgrund des Trennungsprinzips muss unter Beachtung der o.g. Voraussetzungen für die Angabepflicht nach § 285 Nr. 9a HGB auch zu einer Verneinung dieser Angabepflicht führen.

213 Folgt man indes *Ellrott*, der sich – trotz Ablehnung der Buchung „Personalaufwand an Kapitalrücklage" – für eine Angabe des inneren Wertes (1) zum Tag der Gewährung bzw. (2) nach Ablauf der Wartezeit ausspricht, führt dies ohnehin nicht zu einer Angabe, wenn der Ausübungspreis dem Kurs am Tag der Einräumung der Bezugsrechte entspricht und auf den Ausgabetag abgestellt wird. Da Bezugsrechte i.d.R. jedoch künftige Leistungen abgelten sollen und aufgrund der aktienrechtlichen Vorgaben regelmäßig einer Sperrfrist unterliegen, ist u.E. auf den Tag abzustellen, an dem diese Sperrfrist abgelaufen ist.[215]

214 Im *Konzernabschluss* entspricht dem § 285 Nr. 9a HGB die Regelung des § 314 Abs. 1 Nr. 6a HGB. Die Vorschrift betrifft die Mitglieder des Geschäftsführungsorgans (sowie eines Aufsichtsrats, eines Beirats oder einer ähnlichen Einrichtung) des *Mutterunternehmens*.

---

[210] Vgl. *ADS*, Ergänzungsband zur 6. Aufl. 2001, § 285 HGB n.F. Tz. 11.
[211] Vgl. *Ellrott* in: Beck Bil-Komm., 4. Aufl. 1999, § 285 HGB Anm. 169.
[212] Vgl. *Ellrott* in: Beck Bil-Komm., 4. Aufl. 1999, § 285 HGB Anm. 170 (Stock Options).
[213] *ADS*, Ergänzungsband zur 6. Aufl. 2001, § 285 HGB n.F. Tz. 17.
[214] So auch *HFA*, Berichterstattung über die 176. Sitzung, FN 2001, S. 191.
[215] Gl.A. *Ellrott* in: Beck Bil-Komm., 4. Aufl. 1999, § 285 HGB Anm. 170 (Stock Options).

F. Aktienoptionspläne nach § 192 Abs. 2 Nr. 3 AktG

215 Wird eine Angabepflicht nach § 285 Nr. 9a bzw. § 314 Abs. 1 Nr. 6a HGB bejaht, geht diese Angabe in den *Gesamt*bezügen für gewöhnlich unter. Deshalb ist eine freiwillige separate Angabe in Erwägung zu ziehen:[216]

„Das Gesetz sieht die Angabe aller Organbezüge in einem Gesamtbetrag vor. Dies schließt nicht aus, die Angabe für Bezugsrechte gesondert zu machen. Erfolgt dies im Rahmen einer Gesamtdarstellung der bestehenden Optionsprogramme an anderer Stelle des Anhangs, müssen die nach § 285 Nr. 9 Buchstabe a HGB bzw. § 314 Abs. 1 Nr. 6 Buchstabe a HGB angabepflichtigen Beträge eindeutig erkennbar sein; außerdem ist bei der Angabe der Organbezüge ein diesbezüglicher Verweis erforderlich."

b) Löhne und Gehälter

216 § 285 Nr. 9a HGB beinhaltet ausschließlich die Angabepflichten für Gesamtbezüge der in dieser Vorschrift genannten Organmitglieder. Es stellt sich somit die Frage nach handelsrechtlichen Angabepflichten für Bezugsrechte, die an Mitarbeiter ausgegeben wurden, die nicht zum Kreis der Geschäftsführung gehören.

217 Eine Angabepflicht kann sich aus § 285 Nr. 8b HGB (bzw. – Konzernanhang – aus § 314 Nr. 4 HGB) bei Anwendung des *Umsatzkostenverfahrens* ergeben, allerdings *nur bei erfolgswirksamer Buchung* „Personalaufwand an Kapitalrücklage".

218 Unterbleibt die erfolgswirksame Erfassung der Ausgabe von Bezugsrechten an Mitarbeiter, so ergeben sich auch aus § 285 HGB keine Angabepflichten.

c) Angabepflichten nach § 264 Abs. 2 Satz 2 HGB

219 Gem. § 264 Abs. 2 Satz 2 HGB sind im Anhang zusätzliche Angaben zu machen, wenn der Jahresabschluss aufgrund besonderer Umstände ein den tatsächlichen Verhältnissen entsprechendes Bild der Vermögens-, Finanz- und Ertragslage nicht vermittelt.

220 Da die Vermögens-, Finanz- und Ertragslage des Unternehmens durch die Gewährung von Bezugsrechten nach § 192 Abs. 2 Nr. 3 AktG selbst zunächst nicht berührt wird und die tatsächliche Ausgabe der jungen Aktien später als Kapitalerhöhung zu erfassen ist, kann eine Angabepflicht aufgrund § 264 Abs. 2 Satz 2 HGB nicht gesehen werden. Auch der DSR empfiehlt, Aktienoptionspläne im Anhang zum Jahresabschluss zu erläutern, da angesichts der Diskussion um solche Pläne ein über die Angaben nach § 285 Nr. 9a HGB hinausgehendes Informationsbedürfnis der Aktionäre besteht. Mit diesem Informationsbedürfnis begründet der DSR auch die weitgefassten Angabepflichten in seinem Standardentwurf E-DRS 11.

d) Weitere Angabepflichten

221 Der DSR verlangt in seinem Standardentwurf E-DRS 11 folgende Angaben unabhängig von der Form der Durchführung des Stock-Option-Plans:

„40.
Für Aktienoptionspläne sind im Anhang folgende Angaben zu machen:
a) eine generelle Beschreibung der einzelnen Programme mit wichtigen Eckdaten. Dazu zählen insbesondere der Bezugskurs, ggf. Erfolgsziele, die Anzahl der Rechte, die Laufzeit, die Sperrfrist, ggf. Ausübungsbedingungen sowie der rechnerische Wert der Rechte bei Gewährung;

---

[216] *HFA*, Berichterstattung über die 176. Sitzung, FN 2001, S. 191.

III. Bilanzierung nach deutschen GoB

b) die Summe des insgesamt in der Periode aus den Programmen entstandenen Aufwands. Der auf Organmitglieder des Unternehmens bzw. des Mutterunternehmens entfallende Betrag ist hierbei gesondert anzugeben. Existieren mehrere Programme, ist der Aufwand für jedes Programm getrennt anzugeben;

c) für jedes Programm die Anzahl der Optionen und der durchschnittliche Bezugskurs getrennt für alle
(1) zu Jahresbeginn ausstehenden,
(2) innerhalb des Jahres gewährten,
(3) ausgeübten,
(4) aufgrund von Ausübungsbedingungen erloschenen und
(5) am Ende der Laufzeit verfallenen sowie
(6) am Jahresende ausstehenden und
(7) am Jahresende ausübbaren Rechte;

d) der Gesamtwert (innerer Wert plus Zeitwert) aller innerhalb des Jahres als Entgelt gewährten Optionen. Der Wert der Optionen, die Organmitgliedern des Unternehmens bzw. des Mutterunternehmens gewährt wurden, ist hierbei gesondert anzugeben;

e) die Methode zur Bewertung der Optionen sowie die dabei verwendeten Parameter. Insbesondere sind die Annahmen über die Volatilität, die Dividendenrendite und den risikolosen Zinsfuß anzugeben sowie die vorgenommenen Modifikationen zur Berücksichtigung der eingeschränkten Handelbarkeit und von Erfolgszielen offen zu legen;

f) die durch die Neufestsetzung des Bezugskurses entstehende Werterhöhung von bereits gewährten Optionsrechten."[217]

222 Im Gegensatz zu den Regelungen nach den US-GAAP (vgl. Rz. 266) kommt eine Angabe zum inneren Wert nach E-DRS 11 nicht in Betracht.[218]

5. Aktienrechtliche Angabepflichten

223 Gem. § 160 Abs. 1 Nr. 5 AktG ist die Zahl der Bezugsrechte gem. § 192 Abs. 2 Nr. 3 AktG für Mitglieder der Geschäftsführung und Arbeitnehmer unter Angabe der Rechte, die sie verbriefen, im Anhang anzugeben. Anzugeben sind die am Abschlussstichtag bestehenden, noch nicht ausgeübten Bezugsrechte hinsichtlich Anzahl, Aufteilung auf Mitglieder der Geschäftsführung und Arbeitnehmer, Erwerbszeiträume, Kursziele, Wartezeiten für die erstmalige Ausübung und Ausübungszeiträume.[219]

6. Lagebericht

224 Gem. § 289 HGB ist im Lagebericht zumindest der Geschäftsverlauf und die Lage der Gesellschaft so darzustellen, dass ein den tatsächlichen Verhältnissen entsprechendes Bild der Vermögens-, Finanz- und Ertragslage vermittelt wird. Ob und in welcher Form genau ein Aktienoptionsplan nach § 192 Abs. 2 Nr. 3 AktG im Lagebericht abzubilden ist, ist im Schrifttum – soweit ersichtlich – nicht erörtert worden. Darzustellen sind jedoch u.a. Kapitalerhöhungen und ähnliche Maßnahmen sowie der Sozialbereich der Gesellschaft, d.h. bspw. Veränderungen in der Entlohnung, die Ausgabe von Belegschaftsaktien u.Ä.[220]

---

[217] E-DRS 11.40.
[218] E-DRS 11.D8.
[219] Vgl. *Ellrott* in: Beck Bil.-Komm., 4. Aufl. 1999, § 285 HGB Anm. 44.
[220] Vgl. *Ellrott* in: Beck Bil.-Komm., 4. Aufl. 1999, § 289 HGB Anm. 21f.

225 Aufgrund der Bedeutung von Aktienoptionsplänen und der kontroversen Diskussion bzgl. der bilanziellen Erfassung im Jahresabschluss der Gesellschaft ist womöglich über eine Darstellung des Aktienoptionsplans im Lagebericht nachzudenken. Die Möglichkeit erscheint bereits de lege lata durch den im Wortlaut des in § 289 Abs. 1 HGB verwendeten Ausdruck „zumindest" gegeben, denn dadurch wird deutlich, dass der Lagebericht auch für weitere Informationen offen steht.[221] Wenngleich dem Lagebericht in erster Linie die Funktion zukommt, zur Vermittlung eines den tatsächlichen Verhältnissen entsprechenden Bildes der Vermögens-, Finanz- und Ertragslage beizutragen, gibt § 289 HGB nur einen Mindestumfang an, der durchaus um freiwillige Angaben erweitert werden kann.[222] „Da die Zielvorstellungen der Adressaten des Lageberichts nicht eindeutig bestimmbar ... sind ..., bleibt ein erheblicher materieller und formeller Gestaltungsfreiraum, den die Kapitalgesellschaft nach pflichtgemäßem Ermessen auszufüllen hat." Gleichwohl kann dies nur eine Notlösung sein. Vielmehr ist einer Anhangangabe, freilich auf der Grundlage einer entsprechend kodifizierten Vorschrift, u. E. der Vorzug zu geben.

7. Änderung des HGB durch das Transparenz- und Publizitätsgesetz

a) Gesetzesvorhaben

226 Die bestehenden Unsicherheiten hinsichtlich der Angabepflichten für Stock-Option-Pläne wurden durch eine eindeutige gesetzliche Regelung beseitigt. Die im Rahmen des Gesetzes zur weiteren Reform des Aktien- und Bilanzrechts, zu Transparenz und Publizität (Transparenz- und Publizitätsgesetz – TransPuG)[223] vom 19. 7. 2002 vorgenommene Änderung der §§ 285 Nr. 9a, 314 Abs. 1 Nr. 6a HGB ist, soweit in ihr das Problembewusstsein zum Ausdruck kommt, fernab der Fokussierung auf die Bilanzierung auch die Angabepflichten zu regeln, zu begrüßen.

Artikel 2 Nr. 1 des TransPuG sieht unter Buchstabe a) folgende Ergänzung des Klammerzusatzes in § 285 Nr. 9a Satz 1 HGB vor:

„§ 285 wird wie folgt geändert:
In Nummer 9 Buchstabe a werden in der Klammerangabe nach dem Wort ‚Bezugsrechte' die Wörter ‚und sonstige aktienbasierte Vergütungen' eingefügt."[224]

Damit hat § 285 Nr. 9a Satz 1 HGB mit Inkrafttreten des Gesetzes folgenden vollständigen Wortlaut:

„Ferner sind im Anhang anzugeben für die Mitglieder des Geschäftsführungsorgans, eines Aufsichtsrats, eines Beirats oder einer ähnlichen Einrichtung jeweils für jede Personengruppe die für die Tätigkeit im Geschäftsjahr gewährten Gesamtbezüge (Gehälter, Gewinnbeteiligungen, Bezugsrechte und sonstige aktienbasierte Vergütungen, Aufwandsentschädigungen, Versicherungsentgelte, Provisionen und Nebenleistungen jeder Art)."

Artikel 2 Nr. 11 Buchstabe a) des TransPuG sieht eine entsprechende Änderung des § 314 HGB vor.

---

[221] Vgl. auch WP-Handbuch 2000, Bd. I, F Tz. 801 m.w.N.
[222] Vgl. *Ellrott* in: Beck Bil-Komm., 4. Aufl. 1999, § 289 HGB Anm 3.
[223] Im Folgenden kurz auch als TransPuG bezeichnet.
[224] TransPuG, Artikel 2 Nr. 1a, a.a.O. S. 9.

Nach der Begründung zum RegE TransPuG soll es sich dabei um eine *Klarstellung* handeln.[225] Damit wird das Ziel verfolgt, einen Beitrag zur Verbesserung der Transparenz der Anreizstrukturen in den Leitungsgremien zu leisten.[226] Nicht aufgegriffen wurde die Empfehlung der *Regierungskommission Corporate Governance*,[227] nach der neben den sonstigen Vergütungszusagen auch die Gewinne aus solchen Zusagen angegeben werden sollten.[228] Von vornherein nicht intendiert war von Seiten der Regierungskommission Corporate Governance eine Aufschlüsselung der Gesamtangabe als Pflichtangabe.[229] 227

b) Würdigung

aa) Konstitutive oder deklaratorische Neuregelung?

Unklar bleibt zunächst, ob es sich bei der vorgesehenen Regelung tatsächlich um eine reine Klarstellung handelt. Wie bereits aufgezeigt, knüpfen die bislang kodifizierten Angabepflichten im Anhang sehr wohl an Vorgänge an, welche die Bilanz bzw. Gewinn- und Verlustrechnung berührt haben. Wird demnach der h.A. gefolgt, die zumindest nicht jedwedem Aktionsoptionsplan eine Aufwandswirksamkeit zubilligt, läuft die im TransPuG vorgesehene Regelung teilweise ins Leere. Angabepflichten im Zusammenhang mit Aktienoptionsplänen, die durch eigene Aktien bedient werden, oder im Zusammenhang mit SARs, werden auch schon durch den bisherigen Wortlaut des § 285 Nr. 9a HGB, und zwar unstrittig, vollumfänglich abgedeckt. 228

Wäre darüber hinaus auch für aufwandsunwirksame Aktienoptionspläne eine Angabepflicht normiert worden, wäre die Neuregelung u.E. über eine reine Klarstellung hinausgegangen. Die gesetzgeberische Intention bleibt insoweit unklar. Es dürfte indes dem IDW beizupflichten sein, wenn es konstatiert, dass mit der getroffenen Regelung jedenfalls eine Aussage zu der Streitfrage einer aufwandswirksamen Erfassung von aktienbasierten Vergütungssystemen nicht intendiert ist.[230]

bb) Anknüpfungspunkt und Umfang einer aufwandsunabhängigen (konstitutiven) Anhangangabe

(1) Problemfelder. Gemessen an den eigenen Anforderungen, die nach der Gesetzesbegründung in der erhöhten Transparenz der Anreizstrukturen in den Leitungsgremien besteht, ist die Regelung im Übrigen völlig unzureichend. Es ist zu fragen, ob ausgerechnet § 285 Nr. 9a HGB den geeigneten Anknüpfungspunkt für eine Angabepflicht darstellen kann. Zum einen handelt es sich um eine undif- 229

---

[225] Vgl. Begründung RegE TransPuG, a.a.O., S. 61.
[226] Vgl. Begründung RegE TransPuG, a.a.O., S. 62.
[227] Vgl. *Baums* (Hrsg.), Bericht der Regierungskommission Corporate Governance, Köln 2001, Rn. 259.
[228] So auch noch der RefE TransPuG vom 26.11.2001 (abrufbar unter www.bmj.de) S. 8. Die Begründung des RegE TransPuG (a.a.O.) bezeichnet diesen Vorschlag als „noch nicht umsetzungsreif". Weiter wird ausgeführt: „Dies würde in Anbetracht der noch andauernden Diskussion auch auf internationaler Ebene um Ansatz und Bewertung aktienbasierter Vergütungskomponenten erhebliche Ermessensspielräume eröffnen und den Informationswert entsprechender Angaben in Frage stellen." Kritisch zu dieser ursprünglich geplanten Aufnahme der Gewinne in den Klammerzusatz des § 285 Nr. 9a Satz 1 HGB bereits *IDW-Stellungnahme zum RefE TransPuG*, WPg 2002, S. 148.
[229] Vgl. *Baums* (Hrsg.), Bericht der Regierungskommission Corporate Governance, Köln 2001, Rn. 259. Siehe auch Begründung RegE TransPuG, a.a.O., S. 62.
[230] Vgl. IDW-Stellungnahme, WPg 2002, S. 147.

ferenzierte Gesamtbetragsangabe.[231] Zum anderen beschränkt sich diese, auf europarechtlichen Vorgaben beruhende Rechtsnorm (Art. 43 Abs. 1 Nr. 12 Vierte EG-Richtlinie[232]) auf *Organbezüge*. Die in der Praxis vorzufindenden Pläne gehen jedoch oftmals weit über diesen Kreis hinaus. Wird die Information über aktienbasierte Vergütungssysteme wirklich angestrebt, ist deshalb die Beschränkung auf die oberste Führungsebene – auch im internationalen Vergleich[233] – unbefriedigend.

Unklar lässt das Gesetz des Weiteren auch die Höhe und den Zeitpunkt der Angabe. Das *IDW* schlägt – in seiner Stellungnahme zum RefE TransPuG – hierzu Folgendes vor: „Werden Vergütungen ... für in künftigen Perioden zu erbringende Leistungen der Organmitglieder gewährt, ist die Angabe für den auf das jeweilige Geschäftsjahr entfallenden Teilbetrag des Wertes der Bezugsrechte bzw. sonstigen aktienbasierten Vergütungen zu machen."[234] Als Bemessungsgrundlage des Wertes der Bezugsrechte soll in jedem Fall der Optionsgesamtwert der Rechte im Zeitpunkt der Gewährung herangezogen werden.[235]

230 *(2) Eigene Auffassung.* Zwar ist es zu begrüßen, dass sich der Berufsstand um eine Klärung der nach wie vor unklaren Deutung der gesetzlich geforderten Anhangangaben bemüht. Indes sind dem Abstellen auf den Gesamtwert der Rechte bei deren Gewährung Bedenken entgegenzuhalten.[236] Legt man der Beurteilung dieses Vorschlags zudem die Begründung zum RegE TransPuG zugrunde, so müsste sich der Vorschlag „zeitanteiliger Gesamtwert" an dem Kriterium der „erhöhten Transparenz der Anreizstruktur" messen lassen. Die Begrifflichkeit „Anreizstruktur" deutet eher auf die Perspektive des Berechtigten als die des Unternehmens hin. Unter dieser Prämisse galten dann auch folgende Einwände: Die Bezugsrechte sind im Regelfall nicht handelbar, so dass dem Organmitglied ein Vorteil innerhalb der Sperrfrist (als idealisierter Leistungszeitraum) noch gar nicht zufließen kann.[237] Weiterhin sind die Bezugsrechte im Regelfall erst ausübbar, wenn nach Ablauf einer Sperrfrist ein vorab festgelegtes Erfolgsziel erreicht worden ist. Schließlich ist auch zu berücksichtigen, dass der aus dem Recht erwachsende tatsächliche wirtschaftliche Vorteil (in Höhe der Differenz zwischen aktuellem Kurs der Aktie bei Ausübung und dem Ausübungspreis) den Anreiz für den Berechtigten darstellt, während der Gesamtwert der Rechte bei Einräumung für den Berchtigten eine untergeordnete Rolle spielen dürfte. Durch die Angabe eines nach optionspreistheoretischen Grundsätzen ermittelten Gesamtwertes kann daher die Tranzparenz der Anreizstrukturen in den Leitungsgremien wohl kaum verbessert werden, denn der Anreiz von Aktienoptionen liegt nicht in der Gewährung eines Rechts mit einem bestimmten Gesamtwert, sondern in der Möglichkeit, zu einem späteren Zeitpunkt einen möglichst hohen inneren Wert zu realisieren.

---

[231] Eine Aufschlüsselung der Gesamtbezüge wird in der Begründung zum Gesetzesentwurf sogar ausdrücklich ausgeschlossen; vgl. Begründung Entw TransPubG, a.a.O., S. 55.
[232] Vgl. *Biener/Berneke*, Bilanzrichtlinien-Gesetz, Düsseldorf 1986, S. 822.
[233] Siehe nur SFAS 123.45 ff.
[234] IDW-Stellungnahme, WPg 2002, S. 148.
[235] Vgl. IDW-Stellungnahme, WPg 2002, S. 147 f.
[236] Vgl. dazu auch *Roß/Pommerening*, WPg 2002, Heft 7 (im Erscheinen).
[237] Dies entspricht auch der Argumentation des BFH zugunsten einer Besteuerung bei Ausübung der Optionen. Vgl. BFH v. 23. 7. 1999, WPg 1999, S. 848.

Ungeachtet dieser Bedenken in Bezug auf eine Detailfrage (Gesamtwert versus innerer Wert) dürfte entscheidend sein, dass es überhaupt zu einer umfassenden und einheitlichen Regelung des bisher vernachlässigten Themas „Angabepflichten" gekommen ist. Entgegen der weit verbreiteten Ansicht reicht für eine derartige Angabepflicht das geltende Recht nicht aus; auch die klarstellende Regelung durch das TransPuG verschafft allein schon durch ihre Anknüpfung an § 285 Nr. 9a HGB insoweit keine Abhilfe, sondern wirft teilweise – wie dargelegt – neue Fragen auf. U.E. sollte deshalb über eine völlig neue, eigenständige Angabepflicht nachgedacht werden. Diese könnte sich dann durchaus an den recht umfangreichen, aber international bewährten Angaben, wie sie E-DRS 11 vorsieht, orientieren. Eine solche Vorschrift sollte auch Aufschluss darüber geben, welche freiwilligen Angaben in welcher Form ggf. neben den Pflichtangaben möglich sind. Dies würde die Vergleichbarkeit bei Anwendung einer solchen Spezialregelung erhöhen. 231

8. Aktienoptionspläne im Konzern

a) Ausgabe von Optionen durch die Muttergesellschaft

Vielfach sind Aktienoptionspläne von Konzernmuttergesellschaften derart ausgestaltet, dass auch Mitarbeitern von Tochterunternehmen Bezugsrechte nach § 192 Abs. 2 Nr. 3 AktG auf den Erwerb von Anteilen an der Muttergesellschaft gewährt werden. Wird die Muttergesellschaft dabei selbst Vertragspartner der Mitarbeiter des Tochterunternehmens und haben die Mitarbeiter ihre Ausübung gegenüber der Muttergesellschaft zu erklären sowie den Ausübungspreis an das Mutterunternehmen zu entrichten, ergeben sich keine Besonderheiten gegenüber den vorstehenden Grundsätzen. Der dem Mutterunternehmen zu zahlende Ausübungspreis ist in Höhe des Nennbetrages der Aktie in das gezeichnete Kapital, ein darüber hinausgehender Betrag in die Kapitalrücklage einzustellen. Da auf Ebene der Muttergesellschaft somit aufgrund der Ausgabe von Optionen kein Personalaufwand entsteht, ist eine Weiterbelastung an Tochterunternehmen insoweit nicht erforderlich. 232

b) Ausgabe von Optionen durch die Tochtergesellschaft

Gibt dagegen das Tochterunternehmen Optionen auf den Erwerb junger Aktien des Mutterunternehmens aus, so hat das Tochterunternehmen im Falle der Ausübung der Optionen durch die Mitarbeiter die Aktien zur Verfügung zu stellen. Das Tochterunternehmen wird somit die jungen Aktien zeichnen und diese an ihre berechtigten Mitarbeiter weiterveräußern. Entspricht der vom Tochterunternehmen zu entrichtende Zeichnungspreis dem Veräußerungspreis (= Ausübungspreis der Mitarbeiter), ergibt sich auch hier kein Personalaufwand, da weder das Mutter- noch das Tochterunternehmen die Kosten der verbilligten Ausgabe der Aktien trägt. 233

c) Konzernabschluss

Während sich aus der hier vertretenen Ansicht, Aktienoptionspläne auf Grundlage eines bedingten Kapitals führen nicht zu einer Buchung „Personalaufwand an Kapitalrücklage", im Rahmen der Konsolidierung keine Besonderheiten ergeben, wirft die Auffassung des DRSC zur aufwandswirksamen Erfassung spezifische, noch ungeklärte Probleme auf. 234

235 Zweifelsfragen treten insbesondere dann auf, wenn das Mutterunternehmen selbst Vertragspartner der Mitarbeiter des Tochterunternehmens wird. Das Mutterunternehmen wird sich in diesem Fall möglicherweise die Ausgabe der Optionen von der Tochter erstatten lassen.[238] Wirtschaftlich kommt dies dem Erwerb von Optionen durch das Tochterunternehmen gleich (Begebung gegen Barentgelt). Demnach ist das Mutterunternehmen nach Erhalt der Zahlung verpflichtet, diesen Betrag in die Kapitalrücklage einzustellen (§ 272 Abs. 2 Nr. 2 HGB).[239]

236 *Gelhausen/Hönsch* weisen nun mit Recht auf folgendes Problem hin:[240] Würde eine etwaige Barzahlung der Tochter- an das Mutterunternehmen eliminiert, was aus Konzernsicht folgerichtig erscheint, dürfte konsequenterweise aus Konzernsicht auch nur auf das Verhältnis der Konzernmutter zum jeweiligen Mitarbeiter abzustellen sein. Dies wiederum würde aber nach der vom DRSC u.a. vertretenen Auffassung zum Einzelabschluss implizieren, dass die Rücklage trotz erhaltener Barleistung der Tochtergesellschaft (Optionsprämie) – welche nichts anderes darstellt als das Entgelt für den Erwerb von (nackten) Optionen – nur *pro rata temporis* über die Laufzeit der Sperrfrist dotiert werden dürfte (vgl. Rz. 184), obgleich dies mit der zwingenden Regelung des § 272 Abs. 2 Nr. 2 HGB, den erhaltenen Betrag sofort *in voller Höhe* in die Kapitalrücklage einzustellen, kollidiert.

IV. Bilanzierung nach international anerkannten Rechnungslegungsvorschriften

1. Bilanzierung nach US-GAAP

a) Maßgebliche Verlautbarungen

237 Bei den für die Bilanzierung von Stock-Option-Plänen nach US-GAAP einschlägigen Statements handelt es sich um folgende Verlautbarungen:
- APB Opinion 25 „Accounting for Stock Issued to Employees" (1972) und
- SFAS 123 „Accounting for Stock-Based Compensation" (1995).

238 Die Verabschiedung von SFAS 123 im Jahr 1995 war motiviert durch die vom *FASB* angestrebte Einführung einer auf optionspreistheoretischen Modellen basierenden Optionsbewertung zum Gesamtwert. Das *FASB* fordert ausdrücklich zur Anwendung der von SFAS 123 etablierten *fair value based method* auf.[241] Als Ergebnis massiven politischen und lobbyistischen Druckes auf das *FASB*[242] gewährt SFAS 123 indes gleichzeitig ein Wahlrecht zugunsten der *intrinsic value based method*

---

[238] So *Gelhausen/Hönsch*, WPg 2001, S. 81. Ob es wirklich zutreffend ist, von einer Erstattungspflicht der Tochter auszugehen, obgleich die Mutter u.E. selbst keiner wirtschaftlichen Belastung ausgesetzt ist, soll hier nicht weiter vertieft werden; siehe aber Rz. 232 f.

[239] Vgl. *Gelhausen/Hönsch*, WPg 2001, S. 81.

[240] Vgl. *Gelhausen/Hönsch*, WPg 2001, S. 81, die übrigens selbst der (gesellschafts-)rechtlichen Regelung des § 272 Abs. 2 Nr. 2 HGB Vorrang einräumen. Die Vorschrift sei immer im Hinblick auf jenes rechtliche Zuordnungssubjekt anzuwenden, welches das bedingte Kapital geschaffen habe. Mithin sei auch im Konzernabschluss die Rücklage sofort und in voller Höhe zu bilden, sobald das Tochterunternehmen die Zahlung geleistet habe.

[241] Vgl. SFAS 123, Introduction; *Kieso/Weygandt/Warfield*, 2001, p. 866.

[242] Vgl. *Kieso/Weygandt/Warfield*, 2001, p. 871–872; *Pellens/Crasselt*, DB 1998, S. 219 f.; *Vorwold*, IStR 2000, S. 603; *Vater*, BuW 2001, S. 442; *Lange*, StuW 2001, S. 147.

gemäß APB 25, also zugunsten einer Bewertung von Optionen zum inneren Wert (SFAS 123.11). Die in den USA wie auch in Deutschland aus Unternehmenssicht große Bedeutung von APB 25 beruht darauf, dass bei Anwendung der *intrinsic value based method* unter bestimmten Voraussetzungen der Ausweis von Personalaufwand vermieden werden kann.[243]

b) Unterscheidung zwischen *compensatory plans* und *noncompensatory plans*

Sowohl APB 25 als auch SFAS 123 unterscheiden zwischen *compensatory plans* und *noncompensatory plans* (APB 25.7, 8; SFAS 123.23), wobei SFAS 123.23 diese Differenzierung nur im Zusammenhang mit *employee stock purchase plans* fortführt.[244] Nur *compensatory plans* fallen unter den Anwendungsbereich von APB 25 und SFAS 123.[245] Bei *noncompensatory plans* handelt es sich um Pläne, denen primär kein Entlohnungscharakter zukommt, sondern die anderen Unternehmenszielen dienen (Kapitalaufnahme, Mitarbeiterbeteiligung).[246] *Compensatory plans* werden nach US-GAAP demgegenüber als Stock-Option-Pläne aufgefasst, in deren Rahmen Eigenkapitalinstrumente als Entgelt für bereits erbrachte bzw. künftig noch zu erbringende Dienstleistungen gewährt werden.[247]

239

Pläne, die die in APB 25 aufgestellten kumulativen Voraussetzungen eines *noncompensatory plans* nicht erfüllen, gelten als *compensatory plans* (APB 25.8).[248] Im Einzelnen handelt es sich u.a. um die folgenden Voraussetzungen:
– „... *substantially all full-time employees meeting limited employment qualification may participate*" (APB 25.7(a)),
– „... *stock is offered to eligible employees equally or based on a uniform percentage of salary or wages* (APB 25.7(b)),
– „... *the time permitted for exercise of an option or purchase right is limited to a reasonable period*" (APB 25.7(c)),
– „... *the discount from the market price of the stock is no greater than would be reasonable in an offer of stock to stockholders or others*" (APB 25.7(d)).

240

Diese Voraussetzungen werden von nach dem KonTraG ausgegebenen Optionen regelmäßig nicht erfüllt.[249] Nach dem KonTraG aufgelegte Aktienoptionspläne dürften zumeist die Merkmale eines unter APB 25 bzw. SFAS 123 fallenden *compensatory plans* erfüllen.[250]

241

c) APB 25

Nach APB 25.23 ist die Ausgabe von Optionen in Höhe der *compensation cost* als Personalaufwand (*compensation expense*) zu erfassen.[251] Die Höhe des Personalaufwandes entspricht dem inneren Wert der Optionen am *measurement date* (APB 25.10), d.h. in dem Zeitpunkt, in dem erstmalig sowohl die Anzahl der von

242

---

[243] Vgl. *Haarmann*, FS Rädler, 1999, S. 233; *Hess/Lüders*, KoR 2001, S. 12.
[244] Vgl. auch *Eisolt*, IStR 1999, S. 760.
[245] Vgl. *Oser/Vater*, DB 2001, S. 1261.
[246] Vgl. *Rammert*, WPg 1998, S. 767; *Oser/Vater*, DB 2001, S. 1261; *Wollmert/Mantzell* in: Achleitner/Wollmert, 2000, S. 136.
[247] Vgl. *Eisolt*, IStR 1999, S. 760; *Oser/Vater*, DB 2001, S. 1261.
[248] Vgl. auch *Schruff*, FS Welf Müller, 2001, S. 225; *Kramarsch*, 2000, S. 112.
[249] Vgl. dazu auch *Eisolt*, IStR 1999, S. 760 m.w.N.
[250] So auch *Bogenschütz*, JbFSt 1998/99, S. 550.
[251] Vgl. auch *Oser/Vater*, DB 2001, S. 1263; *Schruff*, FS Welf Müller, 2001, S. 225.

jedem Bezugsberechtigten durch Ausübung seiner Optionen maximal erwerbbaren Aktien, wie auch der Ausübungspreis der Optionen feststeht (APB 25.10b).[252]

243　Im Anwendungsbereich von APB 25 ist für die bilanzielle Behandlung von Optionen die Differenzierung zwischen *fixed plans* und *variable plans* von besonderer Bedeutung.[253] Der Ausweis von Personalaufwand kann durch die Implementierung eines *fixed plan* vermieden werden. Dazu müssen am *grant date*, d. h. im Zeitpunkt der Optionsgewährung, die Anzahl der von jedem Begünstigten durch Optionsausübung erwerbbaren Aktien und der bei Ausübung zu entrichtende Ausübungspreis unwiderruflich feststehen (APB 25.24).[254] *Grant date* und *measurement date* müssen identisch sein.[255]

244　Werden als *fixed plan* ausgestaltete Aktienoptionspläne mit einem Ausübungspreis in Höhe des bei Einräumung aktuellen Aktienkurses, also mit einem inneren Wert von null gewährt, ist kein Personalaufwand auszuweisen.[256] Denn „*Total compensation cost is measured by the difference between the quoted market price of the stock at the date of grant or award and the price ... to be paid by an employee ...*" (APB 25.23).

245　Stehen Ausübungspreis und Anzahl der von jedem Bezugsberechtigten erwerbbaren Aktien am *grant date* noch nicht unwiderruflich fest, fallen demnach *grant date* und *measurement date* zeitlich auseinander, handelt es sich nach APB 25.29 um einen *variable plan*.[257] *Variable plans* kommen insbesondere in Gestalt von so genannten *performance awards* vor, die die Ausübbarkeit der eingeräumten Optionen und damit die Anzahl erwerbbarer Aktien durch Indexierung von der Erreichung bestimmter relativer oder absoluter Kurssteigerungen abhängig machen.[258] Im Rahmen eines *variable plans* ist der Ausweis von Personalaufwand geboten, wenn die Optionen in der Zeit zwischen *grant date* und *measurement date* einen inneren Wert angesammelt haben.

246　Änderungen des inneren Wertes bis zum *measurement date* sind durch entsprechende Anpassungen der zu verrechnenden *compensation cost* erfolgswirksam zu berücksichtigen (APB 25.12 f.).[259] Bemessungsgrundlage des endgültigen Personalaufwandes ist der innere Wert zum *measurement date* (APB 25.27).[260] Dieser ist aufwandswirksam auf die *service period*, d.h. auf den Zeitraum, während dem die Optionsberechtigten ihre Arbeitsleistungen erbringen (APB 25.12),[261] zu verteilen (APB 25.23, 27).[262] Wenn nicht anders bestimmt, wird nach FIN 28.3 angenom-

---

[252] Vgl. auch *Oser/Vater*, DB 2001, S. 1263.
[253] Vgl. *Schruff*, FS Welf Müller, 2001, S. 226.
[254] Vgl. auch *KPMG*, 1999, S. 126; *Bogenschütz*, JbFSt 1998/99, S. 547.
[255] Vgl. *Schruff*, FS Welf Müller, 2001, S. 226; *DVFA-Methodenkommission*, FB 2001, S. 304.
[256] Vgl. *Rammert*, WPg 1998, S. 768; *Kunzi/Hasbargen/Kahre*, DB 2000, S. 285 f.
[257] Vgl. auch *Kieso/Weygandt/Warfield*, 2001, p. 867; *Oser/Vater*, DB 2001, S. 1263.
[258] Vgl. *KPMG*, 1999, S. 126; *Schruff*, FS Welf Müller, 2001, S. 226; *Eschbach*, DB 2001, S. 1379; *Schildbach*, US-GAAP, 2000, S. 233; *Wollmert/Mantzell* in: Achleitner/Wollmert, 2000, S. 137; E-DRS 11.D5.
[259] Vgl. auch *Schildbach*, 2000, S. 241; *DVFA-Methodenkommission*, FB 2001, S. 304. Anders insoweit E-DRS 11.D8c), wo eine nachträgliche Korrektur der im Gewährungszeitpunkt bestimmten Höhe des Personalaufwandes wegen § 150 AktG (zu Recht) für nicht möglich gehalten wird; siehe Rz. 178 ff.
[260] Vgl. auch *Eisolt*, IStR 1999, S. 761; *Schruff*, FS Welf Müller, 2001, S. 226 f.
[261] Vgl. auch *Kieso/Weygandt/Warfield*, 2001, p.867; *Rammert*, WPg 1998, S. 768.
[262] Vgl. auch *Kieso/Weygandt/Warfield*, 2001, p. 867; *Eisolt*, IStR 1999, S. 761; *Schildbach*, US-GAAP, 2000, S. 240 f.; *DVFA-Methodenkommission*, FB 2001, S. 304.

men, dass die *service period* der *vesting period* (Sperrfrist), also dem Zeitraum zwischen *grant date* und Ablauf der Sperrfrist (erstmalige Ausübungsmöglichkeit), entspricht.[263]

Änderungen des inneren Wertes nach dem *measurement date* haben keinen Einfluss auf die Höhe des zu verrechnenden Personalaufwandes.[264] 247

Die Gegenbuchung zum Personalaufwand erfolgt in einer Kapitalrücklage für laufende Stock-Option-Pläne (*paid-in capital stock options*).[265] Bei Optionsausübung ist diese spezielle Kapitalrücklage aufzulösen. Der aufgelöste Betrag ist zusammen mit den von den Optionsberechtigten bei Ausübung entrichteten Einzahlungen auf das gezeichnete Kapital und gegebenenfalls auf die regulären Kapitalrücklagen aufzuteilen.[266] 248

d) SFAS 123

SFAS 123 erstreckt sich nach der „*summary*" auf „*all arrangements by which employees receive shares of stock or other equity instruments of the employer or the employer incurs liabilities to employees in amounts based on the price of the employer's stock*".[267] Umfasst werden demnach alle Vergütungsvereinbarungen, aufgrund derer Arbeitnehmern Aktien, Optionen auf Aktien oder ähnliche Eigenkapitalinstrumente gewährt werden.[268] Nach SFAS 123.16 entspricht der Wert der den Optionsberechtigten gewährten Optionen grundsätzlich einem Entgelt für bereits erbrachte oder künftig noch zu erbringende Arbeitsleistungen.[269] 249

Die Ausgabe von Optionen führt daher nach SFAS 123 stets zum Ausweis von Personalaufwand.[270] Dabei ist nach SFAS 123.96 zwischen der Zusage und der Ausgabe von Optionen zu unterscheiden.[271] Erst nach Ablauf der *vesting period* gelten die zugesagten Optionen als ausgegeben. Nur die tatsächlich ausgegebenen Optionen sind als Personalaufwand zu erfassen (SFAS 123.26–29).[272] Am *grant date* ist die noch unbekannte Zahl der ausgegebenen Optionen anhand von Erfahrungswerten zu schätzen und später an die tatsächliche Ausgabequote anzupassen.[273] 250

Die Höhe des Personalaufwandes entspricht dem *fair value* der ausgegebenen Optionen am *grant date* (SFAS 123.16). Auch Optionen mit einem inneren Wert von null führen daher zum Entstehen von Personalaufwand.[274] Die Bemessung des *fair value* hat gemäß SFAS 123.19 mittels anerkannten finanzwissenschaftlichen Optionspreismodellen zu erfolgen. In SFAS 123.115 ff. werden das *Black/Scholes-Modell* und das *Binominalmodell* diskutiert. Bei der Bestimmung des *fair value* ist das 251

---

[263] Vgl. auch *Kieso/Weygandt/Warfield*, 2001, p. 867; *Wollmert/Mantzell* in: Achleitner/Wollmert, 2000, S. 141.
[264] Vgl. *Wollmert/Mantzell* in: Achleitner/Wollmert, 2000, S. 139.
[265] Vgl. *Rammert*, WPg 1998, S. 768; *Bogenschütz*, JbFSt 1998/99, S. 549; *Schildbach*, US-GAAP, 2000, S. 244; *Schruff*, FS Welf Müller, 2001, S. 227.
[266] Vgl. *Schildbach*, US-GAAP, 2000, S. 244.
[267] Siehe auch SFAS 123.1.
[268] Vgl. *Eisolt*, IStR 1999, S. 760.
[269] Vgl. auch *Wollmert/Mantzell* in: Achleitner/Wollmert, 2000, S. 142.
[270] Vgl. *Oser/Vater*, DB 2001, S. 1262.
[271] Vgl. auch *Vater*, BuW 2001, S. 441.
[272] Vgl. auch *Rammert*, WPg 1998, S. 768.
[273] Vgl. *Pellens/Crasselt*, DB 1998, S. 219; *Rammert*, WPg 1998, S. 768.
[274] Vgl. *Oser/Vater*, DB 2001, S. 1262; *Wollmert/Mantzell* in: Achleitner/Wollmert, 2000, S. 142.

verwendete Bewertungsmodell den Besonderheiten von Aktienoptionsplänen anzupassen.[275]

252 Folgende Preisbildungsfaktoren müssen in das für die Schätzung des *fair value* herangezogene Modell einfließen:
- Ausübungspreis (*exercise price*),
- Laufzeit (*expected life of the option*),
- Aktienkurs bei Optionseinräumung (*current price of the underlying stock*),
- Volatilität (*expected volatility*),
- Dividende (*expected dividends on the stock*),
- Laufzeitadäquater risikoloser Zinssatz (*risk-free interest rate for the expected term*).
- Änderungen der Preisbildungsfaktoren dürfen nicht zur Änderung des am *grant date* ermittelten *fair value* führen (SFAS 123.19).[276]

253 Sollen mit den gewährten Optionen künftige Arbeitsleistungen entlohnt werden, ist der am *grant date* ermittelte Personalaufwand auf die *service period* zu verteilen (SFAS 123.30). Ist in den Bedingungen zum Stock-Option-Plan nicht anderes festgelegt, so entspricht laut SFAS 123.30 die *service period* dem Zeitraum zwischen *grant date* und der erstmaligen Ausübungsmöglichkeit durch die Optionsberechtigten. Nach dem *vesting date* ist eine nachträgliche Korrektur des zu verrechnenden Personalaufwandes bei Optionsverfall gemäß SFAS 123.26 unzulässig. Nach SFAS 123.26 ist vor Ablauf der *vesting period* der bei Optionsgewährung erwartete Personalaufwand (*compensation cost estimated at the grant date*) an veränderte Erwartungen hinsichtlich der Ausübungsquote anzupassen (*change in the estimated number of shares or options expected to vest*).

254 Die Gegenbuchung der *compensation cost* erfolgt nach SFAS 123.30 in einer gesonderten Position der Kapitalrücklagen (*paid-in capital – stock options*).[277] Sollen mit den ausgegebenen Optionen in künftigen Perioden zu erbringende Arbeitsleistungen entlohnt werden, besteht ein Wahlrecht zwischen einerseits der ratierlichen Erhöhung der Kapitalrücklage in Abhängigkeit des jeder Periode zuzurechnenden Personalaufwandes und andererseits der sofortigen Einstellung des gesamten Personalaufwandes in die Kapitalrücklage verbunden mit der Aktivierung eines zeitanteilig ertragswirksam aufzulösenden Korrekturpostens im Eigenkapital.[278]

255 Bei Optionsausübung ist die gesonderte Position der Kapitalrücklage aufzulösen und der so freigesetzte Betrag zusammen mit den von den Optionsberechtigten bei Ausübung geleisteten Einzahlungen in Höhe des Ausübungspreises auf das gezeichnete Kapital und die reguläre Kapitalrücklage zu verteilen.[279]

e) Wahlrecht nach SFAS 123 zugunsten der *intrinsic value based method* nach APB 25

aa) Vorbemerkungen

256 Die aufwandswirksame Buchung von Aktienoptionsplänen – sei es nach APB 25 oder nach SFAS 123 – kann zu einer deutlich negativen Beeinflussung

---

[275] Vgl. auch *Wollmert/Mantzell* in: Achleitner/Wollmert, 2000, S. 143.
[276] Vgl. auch *Pellens/Crasselt*, DB 1998, S. 220; *Eisolt*, IStR 1999, S. 761.
[277] Vgl. auch *Eisolt*, IStR 1999, S. 762; *Oser/Vater*, DB 2001, S. 1264; *Haarmann*, FS Rädler, 1999, S. 235.
[278] Vgl. *Kußmaul/Weißmann*, StB 2001, S. 383; *Rammert*, WPg 1998, S. 768; *Vater*, BuW 2001, S. 442.
[279] Vgl. *Vater*, BuW 2001, S. 442.

des Jahresergebnisses führen.[280] Nahezu alle US-amerikanischen Unternehmen üben daher das in SFAS 123.11 eingeräumte Wahlrecht zugunsten der *intrinsic value based method* nach APB 25.10 aus.[281] Die Bewertung von Optionen nach der *intrinsic value based method* in Verbindung mit der Ausgestaltung als *fixed plan* erlaubt es, den Ausweis von Personalaufwand zu vermeiden. Dazu müssen die eingeräumten Optionen am *measurement date* einen inneren Wert von null aufweisen.[282] Wegen der Funktion der US-amerikanischen Rechnungslegung als investororientiertes Kommunikationsmittel im Dienste der *decision usefulness* erscheint die Dominanz von APB 25 vor diesem Hintergrund nachvollziehbar. Freilich wird damit implizit eine geringe Kapitalmarkteffizienz unterstellt. Denn verständige Jahresabschlussadressaten werden in der Lage sein, einen nach SFAS 123 ausgewiesenen Personalaufwand als ausgabenlosen Aufwand zu identifizieren.

Auch die Mehrzahl der deutschen Unternehmen, die nach US-GAAP bilanzieren, üben das in SFAS 123 eingeräumte Wahlrecht zugunsten der *intrinsic value based method* nach APB 25 aus.[283] Die Ausgestaltung eines mit deutschem Aktienrecht kompatiblen *fixed plan* stellt daher eine bedeutsame Gestaltungsaufgabe von erheblicher praktischer Relevanz dar.[284] Dabei sind die Voraussetzungen eines *fixed plan* nach APB 25 mit den aktienrechtlichen Anforderungen an die Ausgestaltung von Aktienoptionsplänen, insbesondere dem Erfordernis der Definition von Erfolgszielen gemäß § 193 Abs. 2 Nr. 4 AktG, in Einklang zu bringen.[285] 257

bb) Fixed plans nach APB 25 unter besonderer Berücksichtigung des deutschen Aktienrechts

Voraussetzung eines *fixed plan* ist, dass *measurement date* und *grant date* identisch sind.[286] Bei Optionsgewährung müssen Anzahl der Aktien, die jeder Optionsberechtigte durch Ausübung der ihm gewährten Optionen erwerben kann, sowie der bei Optionsausübung zu entrichtende Ausübungspreis unwiderruflich feststehen (APB 25.24).[287] Nach deutschem Aktienrecht sind gemäß § 193 Abs. 2 Nr. 4 AktG im Beschluss über die bedingte Kapitalerhöhung u.a. Feststellungen über von den Optionsberechtigten zu erreichende *Erfolgsziele* zu treffen. 258

Der Konflikt zwischen APB 25 und deutschem Aktienrecht besteht darin, dass Aktienoptionspläne, deren Ausübbarkeit von der Erreichung bestimmter absoluter oder relativer Zielvorgaben abhängig ist, in der Gestalt von so genannten *performance awards* einen Anwendungsfall von *variable plans* darstellen.[288] Charakteristisch für *variable plans* ist die Ungewissheit bezüglich der Anzahl ausübbarer Optionen und damit der Anzahl beziehbarer Aktien oder/und die Ungewissheit bezüglich des bei Optionsausübung zu entrichtenden Ausübungspreises. Die Un- 259

---

[280] Vgl. *Simons*, WPg 2001, S. 91 f.; *Hess/Lüders*, KoR 2001, S. 15 ff.; *Lange*, StuW 2001, S. 148.
[281] Vgl. *Eisolt*, IStR 1999, S. 761; *Lange*, StuW 2001, S. 147; *Adam-Müller/Wangler*, KoR 2001, S. 6; *Kramarsch*, KoR 2001, S. 50; *Hess/Lüders*, KoR 2001, S. 15 ff.; *Kußmaul/Weißmann*, StB 2001, S. 384.
[282] Vgl. *Hess/Lüders*, KoR 2001, S. 14.
[283] Vgl. *Küting*, FB 2000, S. 677; *Egner/Wildner*, FR 2001, S. 73 f.; *Lange*, StuW 2001, S. 147.
[284] Vgl. *Kunzi/Hasbargen/Kahre*, DB 2000, S. 285.
[285] Vgl. *Lange*, StuW 2001, S. 148.
[286] Vgl. *Kieso/Weygandt/Warfield*, Intermediate Accounting, 2001, p. 867.
[287] Vgl. auch *KPMG*, 1999, S. 126.
[288] Vgl. *Schildbach*, US-GAAP, 2000, S. 233; *Schruff*, FS Welf Müller, 2001, S. 226; E-DRS 11.D5.

gewissheit beruht dabei regelmäßig auf Ereignissen, deren Eintritt bei Optionsgewährung noch unsicher ist. Die Definition von Erfolgszielen nach § 193 Abs. 2 Nr. 4 AktG dürfte daher regelmäßig nicht den Voraussetzungen eines *fixed plan* entsprechen, denn am *grant date* ist die künftige Ausübungsquote noch nicht absehbar. Diese für *variable plans* charakteristische Ungewissheit beruht darauf, dass bei Optionsgewährung noch unbekannt ist, ob die im Plan definierten Erfolgsziele erreicht werden.

260   Zur Frage, wie dem aktienrechtlichen Erfordernis der Definition von Erfolgszielen auch im Rahmen eines *fixed plan* genügt werden kann, finden sich im Schrifttum verschiedene *Gestaltungsempfehlungen*.[289] Inwieweit diese Empfehlungen in Einklang mit § 193 Abs. 2 Nr. 4 AktG stehen, kann erst vor dem Hintergrund künftiger, den unbestimmten Rechtsbegriff „Erfolgsziele" konkretisierender Rechtsprechung zuverlässig beurteilt werden. Die diesbezügliche Entwicklung bleibt daher abzuwarten.[290] In Betracht kommen folgende Gestaltungsvarianten:
– Premium Model,
– Accelerated Vesting Model,
– Aktienoptionspläne i.V.m. einer Wandelanleihe.

261   Nach dem *Premium Model* wird der durch das Erfordernis der Definition von Erfolgszielen nach § 193 Abs. 2 Nr. 4 AktG intendierte Verwässerungsschutz durch einen Preisaufschlag (Agio) auf den Ausübungspreis der Stock Options gewährleistet. Die Stock Options werden *out of the money* ausgegeben, mithin mit einem inneren Wert von null. Die Differenz zwischen Ausübungspreis und Referenzkurs am *grant date* fungiert als implizites Erfolgsziel, da eine Ausübung erst dann lohnenswert erscheint, wenn sich ein innerer Wert angesammelt hat.[291] Ausübungspreis und Anzahl ausübbarer Optionen bzw. beziehbarer Aktien stehen am *grant date* fest. Dass sich eine Ausübung am *grant date* wirtschaftlich nicht lohnt und daher nur theoretisch möglich, tatsächlich aber unwahrscheinlich ist, hat für die Charakterisierung als *fixed plan* keine Bedeutung.

262   Das *Accelerated Vesting Model* verbindet die Definition eines § 193 Abs. 2 Nr. 4 AktG genügenden Erfolgszieles mit dem den Optionsberechtigten gewährten Recht, die Optionen auch ohne Erreichen des Erfolgszieles am Ende einer i.d.R. langen Laufzeit ausüben zu dürfen. Eine Optionsausübung ist folglich spätestens am Laufzeitende möglich.[292] Werden die Erfolgsziele erreicht, können die Optionen bereits früher ausgeübt werden. Das Accelerated Vesting Model ist aktienrechtlich problematisch, da durch den Wegfall des Erfolgszieles der Plan möglicherweise gegen die aktienrechtlichen Vorgaben verstößt. Denkbar wäre es allerdings, das *Accelerated Vesting Model* als Aktienoptionsplan i.V.m. einer Wandelanleihe zu implementieren (vgl. dazu Rz. 412 ff.).

263   Letztlich könnte daran gedacht werden, einen *variable plan* aufzulegen, der mit einem Erfolgsziel ausgestattet ist und gleichwohl im (nach dem *grant date* liegenden) *measurement date* einen inneren Wert von null aufweist. Dazu müssen

---

[289] Vgl. *Kunzi/Hasbargen/Kahre*, DB 2000, S. 285 ff.; *Vater*, BuW 2000, S. 1033 ff.
[290] So auch *Kunzi/Harbargen/Kahre*, DB 2000, S. 287.
[291] Zum Premium Model vgl. *Kunzi/Hasbargen/Kahre*, DB 2000, S. 286 f.; *Vater*, BuW 2000, S. 1034.
[292] Zum Accelerated Vesting Model *Kunzi/Hasbargen/Kahre*, DB 2000, S. 287; *Vater*, BuW 2000, S. 1034 f.

IV. Bilanzierung nach international anerkannten Rechnungslegungsvorschriften

Zielkurs und Ausübungspreis identisch sein. Auch hierdurch ließe sich – trotz eines Auseinanderfallens von *grant date* und *measurement date* – die Buchung von Personalaufwand *(compensation cost)* vermeiden. Aus betriebswirtschaftlicher Sicht dürfte diese Gestaltung jedoch eher unbefriedigend sein, weil ein derartiger Plan keinerlei Anreizwirkungen entfaltet.

Sofern die aktienrechtlichen Unsicherheiten hinsichtlich der Verwirklichung **264** eines auf realen Aktien basierenden *fixed plan* vermieden werden sollen, bietet sich als eine Alternative unternehmenswertorientierter Entlohnung die Implementierung eines Aktienoptionsplans i.V.m. einer Wandelanleihe nach § 192 Abs. 2 Nr. 1 AktG an. Die Festlegung von Erfolgszielen ist dann nicht erforderlich, so dass ein *fixed plan accounting* möglich wäre.[293] Allerdings sind dann auch die formellen und materiellen Voraussetzungen eines Bezugsrechtsausschlusses zu erfüllen, was bei anreizkompatibel ausgestalteten Plänen indes regelmäßig unproblematisch sein dürfte.[294]

f) Disclosures

Unabhängig davon, ob Aktienoptionspläne nach APB 25 oder nach SFAS 123 **265** bilanziert werden, ergeben sich die nach US-GAAP obligatorischen Anhangangaben aus SFAS 123.46 ff.[295] Unternehmen, die das in SFAS 123.11 eingeräumte Wahlrecht zugunsten der *intrinsic value based method* nach APB 25 ausüben, haben die Höhe des Jahresergebnisses *(net income)* und den Gewinn je Aktie *(earnings per share)* als *pro forma disclosure* bezogen auf die *fair value based method* anzugeben.[296]

Die umfangreichen Angabepflichten nach SFAS 123.45 ff., die jedes Jahr ein- **266** zuhalten sind,[297] umfassen u.a. „die Zahl der Optionen, die am Anfang und am Ende des Jahres noch ausstehen, die am Jahresende noch ausübbar sind und die im Geschäftsjahr gewährt, ausgeübt, durch Ablauf der Optionsfrist oder durch Nichterfüllung von Ausübungsbedingungen verfallen sind. Darüber hinaus *muss* der durchschnittliche Fair Value der Optionen am Tag der Zusage angegeben werden, gesondert nach Optionen, deren Ausübungspreis gleich, kleiner oder größer als der Aktienkurs am Tag der Zusage ist. Weiterhin sind die Annahmen für die Berechnung der Optionswerte sowie der Gesamtbetrag des aufgrund des Incentive-Plans verbuchten Personalaufwands zu veröffentlichen. Für Optionen, die am Jahresende noch ausstehen, ist die Bandbreite der mit ihnen verbundenen Ausübungspreise anzugeben, die u.U. in sinnvolle Klassen zu unterteilen ist. Für jede Klasse sind die Anzahl, der durchschnittliche Ausübungspreis, die durchschnittlich noch verbleibende Optionsfrist sowie die Anzahl und der durchschnittliche Ausübungspreis der momentan ausübbaren Optionen zu publizieren."[298]

Zusammenfassend ergibt sich folgender Überblick über die wichtigsten An- **267** gabepflichten *(disclosures)* nach US-GAAP:[299]

---

[293] Vgl. *Kunzi/Hasbargen/Kahre*, DB 2000, S. 288.
[294] Vgl. *Hüffer*, AktG, 4. Aufl. 1999, § 192 Rn 9.
[295] Vgl. *Wollmert/Mantzell* in: Achleitner/Wollmert, Stock Options, 2000, S. 141; *Eisolt*, IStR 1999, S. 761.
[296] Vgl. APB 25.11, 45; *Niehus/Thyll*, Konzernabschluss nach US-GAAP, Grundlagen und Gegenüberstellung mit den deutschen Vorschriften, 2. Aufl. 2000, S. 442 (Rz. 1267).
[297] Vgl. dazu auch *KPMG*, 1999, S. 130; *Oser/Vater*, DB 2001, S. 1265.
[298] *Pellens/Crasselt*, DB 1998, S. 221.
[299] Siehe auch *Kramarsch*, 2000, S. 120 f. und *Born*, 1999, S. 364 f.

- Übersicht über alle Stock-Option-Pläne, einschließlich aller wichtigen Vertragsvereinbarungen, wie Ausübungsanforderungen, maximale Laufzeit und Gesamtzahl an gewährten Optionen;
- Anzahl und durchschnittlicher Ausübungspreis (gewichteter Durchschnitt) für jede der folgenden Optionsgruppen:
  - ausstehend zu Beginn des Jahres,
  - ausstehend am Jahresende,
  - ausübbar am Jahresende,
  - gewährt,
  - ausgeübt,
  - verfallen,
  - unausgeübt ausgelaufen innerhalb des Jahres;
- durchschnittlicher Marktwert (*fair value*) der im Laufe des Jahres gewährten Optionen (wenn der Ausübungspreis vom aktuellen Aktienkurs abweicht, dann getrennt nach Optionen, die über, zum oder unter dem aktuellen Kurs ausgegeben wurden);
- Anzahl und durchschnittlicher Marktwert ähnlicher Entlohnungsinstrumente;
- verwendete Methode zur Bestimmung des Marktwertes zusammen mit den Durchschnittswerten der enthaltenen unsicheren Variablen: risikofreier Zinssatz, erwartete Laufzeit der Optionen, Volatilität, erwartete Dividendenzahlungen;
- Gesamtsumme des ausgewiesenen und unter SFAS 123 fallenden Personalaufwandes;
- signifikante Modifikationen während der Bilanzperiode;
- bei Anwendung von APB 25: *pro forma net income* und *pro forma earnings per share* (EPS), d.h. der Angabe des Jahresüberschusses nach Steuern sowie des Gewinns je Aktie auf Basis der *fair value based method* anstatt der *intrinsic value based method*. Die Aufstellung ist zu ergänzen um die konkreten Differenzbeträge beim ausgewiesenen Personalaufwand und die daraus resultierenden Steuereffekte. Die Berechnung der EPS erfolgt im Übrigen verbindlich nach SFAS 128 „Earnings per Share".

2. Aktienoptionspläne im Konzern

268 Grundsätzlich ist die Regelung des APB 25 zur Abbildung von Aktienoptionsplänen, bei denen sich die aktienbasierte Vergütung nicht auf eigene Aktien, sondern auf Aktien anderer Konzernunternehmen bezieht, für den Einzelabschluss des Tochterunternehmens nicht einschlägig. FIN 44.14 führte jedoch eine eng begrenzte Ausnahme zu dieser Grundregel für den Einzelabschluss eines Tochterunternehmens ein:

"However, an exception is made to require the application of Opinion 25 to stock compensation based on stock of the parent company granted to employees of a consolidated subsidiary for purposes of reporting in the separate financial statements of that subsidiary. The exception applies only to stock compensation based on stock of the parent company (accounted for under Opinion 25 in the consolidated financial statements) granted to employees of an entity that is part of the consolidated group."

An gleicher Stelle wird klargestellt, dass APB 25 hinsichtlich zweier konzerninterner Sachverhalte im Einzelabschluss eines Tochterunternehmens (weiterhin) keine Anwendung findet:

"Opinion 25 does not apply in the separate financial statements of a subsidiary to the accounting for stock compensation granted (a) to the subsidiary's employees based on the stock of another subsidiary in the consolidated group or (b) by the subsidiary to employees of the parent or another subsidiary."

Für Fragen des Konzernabschlusses regelt FIN 44.11, dass alle *stock compensations*, die an Aktien eines Mitglieds des Konsolidierungskreises anknüpfen, nach APB 25 zu bilanzieren sind, wenn die Berechtigten die erforderliche Arbeitnehmereigenschaft in Bezug auf ein beliebiges Unternehmen des Konsolidierungskreises erfüllen. Voraussetzung hierfür ist mithin, dass es sich um ein vollkonsolidiertes Unternehmen handelt.

FIN 44 führt dazu aus:

"For example, Opinion 25 does not apply to the accounting by a corporate investor of an unconsolidated investee (or a joint venture owner) for stock options or awards granted by the investor (owner) to employees of the investee (joint venture) accounted for under the equity method because the grantees are not employees of the grantor ... In consolidated financial statements, the evaluation of whether a grantee is an employee under Opinion 25 is made at the consolidated group level and stock compensation based on the stock of a subsidiary is deemed to be stock compensation based on the stock of the consolidated group (the employer). Therefore, in the consolidated financial statements, stock of any consolidated group member shall be accounted for under Opinion 25 if the grantee meets the definition of an employee for any entity in the consolidated group...."[300]

3. Bilanzierung nach IAS

a) Ansatz und Bewertung

Die IAS enthalten keine Regelung zum Ansatz und zur Bewertung von aktienbasierten Stock-Option-Plänen.[301] IAS 19, dem die Bilanzierung von *„equity compensation benefits"*[302] an sich inhaltlich zuzuordnen wäre (IAS 19.4 (e)), stellt dies in par. 145 ausdrücklich klar. Es liegt daher nach IAS 1.22 im Ermessen des Managements, diejenige Bilanzierungsweise zu wählen, welche die Abschlussadressaten am aussagekräftigsten informiert.[303] Dabei ist zunächst auf Anforderungen und Hinweise in anderen IAS oder auf die Grundsätze des Framework abzustellen.[304]

Für die Bilanzierung von Aktienoptionsplänen bietet es sich an, nach IAS 1.22 (c) auf andere anerkannte Rechnungslegungsgrundsätze zurückzugreifen. Aufgrund der aktuellen Äußerungen des IASB[305] wird sich für die Praxis im Zweifel jedoch eine Adaption der US-GAAP empfehlen.[306] Dabei sollte u.E. nicht nur eine bloße Orientierung an nationalen Standards erfolgen,[307] sondern die jeweiligen Regelungen *vollumfänglich* angewandt werden.[308] Nur dies ent-

---

[300] FIN 44.10, 11.
[301] Vgl. *Eisolt*, IStR 1999, S. 763; *Wollmert/Mantzell* in: Achleitner/Wollmert, 2000, S. 145.
[302] Neben Optionen gehören hierzu auch SARs (IAS 19.144).
[303] So auch der Hinweis bei *Wollmert/Mantzell* in: Achleitner/Wollmert, 2000, S. 146.
[304] Vgl. IAS 1.22 (a), (b); *Wollmert/Mantzell* in: Achleitner/Wollmert, 2000, S. 146.
[305] Vgl. Project in Progress, Accounting for Share-Based Payment, abrufbar unter: http://www.iasb.org.uk/cmt/0001.asp, Stand 9.1.2002.
[306] So auch *Oser/Vater*, DB 2001, S. 1268; *Wollmert/Mantzell* in: Achleitner/Wollmert, 2000, S. 146. Die Zulässigkeit einer Orientierung an den US-GAAP bejaht auch *Eisolt*, IStR 1999, S. 763, freilich unter Hinweis darauf, dass dies nicht zwingend sei.
[307] So aber *Wollmert/Mantzell* in: Achleitner/Wollmert, 2000, S. 146.
[308] Ebenso *Oser/Vater*, DB 2001, S. 1268.

b) Disclosures

272 Unabhängig davon, nach welchen Grundsätzen die bilanzielle Abbildung von Aktienoptionsplänen nach IAS erfolgt, richten sich die Angabepflichten nach IAS 19, der insoweit eine abschließende Regelung trifft.[309]

273 Nach IAS 19.147 sind u.a. folgende Angaben zu machen:[310]
- Allgemeine Beschreibung des Aktienoptionsplans,
- die für den Aktienoptionsplan angewandte Bilanzierungs- und Bewertungsmethode,
- Anzahl und Bedingungen (u.a. Ausübungsmodalitäten, Sperrfrist, Erfolgsziele, Laufzeit) der ausgegebenen Optionen,
- Anzahl, Ausübungszeitpunkte und Ausübungskurse der in der jeweiligen Periode ausgeübten Optionen,
- Anzahl der in der jeweiligen Periode verfallenen Optionen.

274 Nach IAS 19 nicht anzugeben ist der beizulegende Zeitwert der Optionen bei Ausgabe.[311] IAS 19.148 nimmt Aktienoptionen (*share options*) ausdrücklich von der Pflicht zur Angabe des *fair value* aus.

4. Exkurs: Bilanzierung nach dem G4+1 Positionspapier

275 In dem vom IASB als Diskussionspapier veröffentlichten Positionspapier der G4+1 vom Juli 2000 wird weitgehend auf die bereits dargelegten Bilanzierungsgrundsätze nach SFAS 123 zurückgegriffen. Nach dem Positionspapier sei eine Darstellung von Optionen im Jahresabschluss erforderlich, weil jede Transaktion eines Unternehmens mit Dritten, die im Austausch von Waren oder Dienstleistungen besteht, aufwandswirksam zu behandeln sei.[312] Dies gelte auch für Vergütungen in Form von Optionen. Trotz der fehlenden Auszahlungswirkung sei die erfolgswirksame Behandlung von Optionen geboten, um den Verbrauch von Ressourcen, die als Gegenleistung für die Gewährung der Optionen bezogen werden, im Jahresabschluss abzubilden.[313]

276 Die vergütungshalber erfolgende Ausgabe von Optionen führt daher nach dem Positionspapier der G4+1 zur Entstehung von Personalaufwand. Die Bemessung der Höhe des Personalaufwandes soll zum *vesting date* (Datum, zu dem die Optionen als ausgegeben gelten, d.h. alle Ausübungsvoraussetzungen erfüllt sind[314]) mit dem *fair value* erfolgen. Zur Ermittlung des *fair value* sind finanzwissenschaftliche Optionspreismodelle zu verwenden.[315] Der so ermittelte Personalaufwand ist über die *service period*, also über den Zeitraum, während dem die Optionsberechtigten ihre Arbeitsleistungen erbringen (Leistungszeitraum), zu verteilen.[316]

---

[309] Vgl. *Wollmert/Mantzell* in: Achleitner/Wollmert, 2000, S. 147.
[310] Vgl. auch *Eisolt*, IStR 1999, S. 763.
[311] So aber *Wollmert/Mantzell* in: Achleitner/Wollmert, 2000, S. 147.
[312] Vgl. G4+1 Position Paper, p. 5; *Schruff*, FS Welf Müller, 2001, S. 232.
[313] Vgl. *Schruff*, FS Welf Müller, 2001, S. 233.
[314] G4+1 Position Paper, p. 6.
[315] Vgl. *Schruff*, FS Welf Müller, 2001, S. 233.
[316] Vgl. dazu auch *Schruff*, FS Welf Müller, 2001, S. 234. Im Unterschied dazu stellt US-GAAP nach SFAS 123 auf den Ausgabetag (*grant date*) bzw. nach APB 25 auf den *measurement date* ab.

Die vergütungshalber erfolgende Einräumung von Optionen auf Aktien des 277
Unternehmens ist im Eigenkapital als „Vorausleistung" der Optionsberechtigten
zu erfassen.[317] Im Ergebnis führt der Vorschlag des Positionspapiers damit zu
einer Buchung „Personalaufwand an Kapitalrücklage".

Die wesentlichen Punkte des Positionspapiers der G4+1 sind nachfolgend auf- 278
gelistet:

"Transactions between the entity and its employees, whereby the employees provide services in return for valuable shares or share options issued to them by the entity, should be recognised in the entity's financial statement, to reflect the receipt and consumption of employee services and issue of entity instruments."[318]

"Where the entity obtains services from employees by issuing shares or share options, these transactions should be measured at the Fair Value of the options or shares issued."[319]

"Where an observable price does not exist, the Fair Value of share options should be calculated using an option price model."[320]

"Thus, it is appropriate that a charge should be recognised over a period of service, whether that is defined as the period within which specified performance criteria have to be met or the period up to vesting date during which the employee has to remain with the entity."[321]

Der Vorschlag der G4+1 orientiert sich damit, bis auf die Festlegung des Be- 279
wertungszeitpunktes, sehr stark an SFAS 123; dies gilt vor allem im Hinblick auf
die Aufwandswirksamkeit.[322]

V. Steuerrecht

1. Unternehmensebene

a) Einführung

Weitestgehend geklärt scheint, dass der geldwerte Vorteil aus Aktienoptionen 280
bei dem Optionsempfänger grundsätzlich als Arbeitslohn zu versteuern ist. Die
Frage, ob bzw. wie der Arbeitgeber des Optionsempfängers steuermindernde Aufwendungen, d.h. Betriebsausgaben (§ 4 Abs. 4 EStG), aus der Optionsgewährung
geltend machen kann, wird erst in jüngster Zeit eingehender diskutiert.[323]

Ausgangspunkt der Betrachtungen ist dabei das sog. *Maßgeblichkeitsprinzip*, 281
welches in Deutschland die handels- und die steuerrechtliche Gewinnermittlung
eng miteinander verknüpft (§ 5 Abs. 1 Satz 1 EStG). Nach dem Maßgeblichkeitsprinzip bestimmt sich die Steuerbilanz „nach den handelsrechtlichen Grundsätzen ordnungsmäßiger Buchführung" – im Folgenden: GoB – soweit keine
steuerrechtlichen Ansatz- und Bewertungsvorbehalte greifen. Somit bildet die
Handelsbilanz die Grundlage für die steuerliche Gewinnermittlung.[324] Dies be-

---

[317] Vgl. G4+1 Position Paper, p. 50 f.
[318] G4+1 Position Paper, par. 3.27.
[319] G4+1 Position Paper, par. 4.42.
[320] G4+1 Position Paper, par. 4.44.
[321] G4+1 Position Paper, par. 6.1.
[322] Ähnlich *Schruff*, FS Welf Müller, 2001, S. 234.
[323] Siehe hierzu *Ackermann/Strnad*, DStR 2001, S. 477 ff.; *Fischer*, DB 2001, S. 1003 ff.; *Neyer*, BB 1999, S. 1143 ff.; *Herzig*, DB 1999, S. 1 ff.
[324] *Knobbe-Keuk*, 1993, § 2. I. 1.; nach a.A. hat das Maßgeblichkeitsprinzip keine Existenzbe-
rechtigung mehr bzw. sei es durch die bilanzsteuerrechtliche Rechtsprechung und aktuelle Entwicklungen als überholt anzusehen, so v.a. *Weber-Grellet*, BB 1999, S. 2659 ff.

deutet jedoch nicht, dass die konkrete Handelsbilanz oder die Vorschriften des HGB in ihrer Gesamtheit maßgeblich sind.[325] Ausnahmen von der Maßgeblichkeit der Handelbilanz für die Steuerbilanz folgen aus dem Zweck der steuerlichen Gewinnermittlung, den vollständigen Gewinn des Unternehmens zu erfassen und so die Besteuerung nach der tatsächlichen Leistungsfähigkeit sicherzustellen.[326] Funktion der Handelsbilanz ist es dagegen, Gewinnansprüche zu konkretisieren und Unterbewertungsspielräume zu begrenzen.[327]

282 Handelsrechtlicher (Personal-)Aufwand führt somit grundsätzlich zu steuermindernden Aufwendungen, d.h. Betriebsausgaben. Zu unterscheiden ist bei Aktienoptionsplänen jedoch zwischen der steuerlichen Berücksichtigung von Kosten der Plankonzeption, -implementierung sowie -durchführung einerseits, und andererseits den Vorgängen, die mit der Einräumung, Ausübung und dem Verfall der Optionen einhergehen.

b) Ausarbeitung, Implementierung und Verwaltung des Aktienoptionsplans

283 Die mit der Ausarbeitung, Einführung und Verwaltung des Aktienoptionsplans verbundenen Aufwendungen sind nach § 4 Abs. 4 EStG steuerlich als Betriebsausgaben abzugsfähig, wenn sie *betrieblich veranlasst* sind. Hierzu müssen die betreffenden Aufwendungen objektiv mit dem Betrieb zusammenhängen und subjektiv dazu bestimmt sein, dem Betrieb zu dienen.[328] Betriebswirtschaftliches Hauptziel eines Aktienoptionsplans ist die Verbesserung der Motivation der Optionsempfänger und deren Bindung an das Unternehmen, um somit langfristig den Unternehmenswert zu steigern.[329] Soweit Aktienoptionen auf Organe und Arbeitnehmer des den Aktienoptionsplan auflegenden Unternehmens entfallen, ist die betriebliche Veranlassung der von diesem Unternehmen getragenen Kosten des Aktienoptionsplans und damit der Betriebsausgabenabzug nach § 4 Abs. 4 EStG zu bejahen.

284 Die *Kosten der Plankonzeption, -implementierung und -verwaltung* sind auf der Basis der vorstehenden Überlegungen grundsätzlich als Betriebsausgaben abzugsfähig. Dies gilt i.Ü. unabhängig davon, ob die im Rahmen des Stock-Option-Plans ausgegebenen Optionen mittels Ausübung eines bedingten Kapitals oder durch Aktienrückkauf bedient werden, oder ob es sich um einen virtuellen Stock-Option-Plan handelt, bei dem die gewährten Wertsteigerungsrechte (Stock Appreciation Rights, Phantom Stocks) in bar abgegolten werden.

285 Dass die Aktionäre der Einführung eines Aktienoptionsplans regelmäßig in der Erwartung zustimmen, dass die mit dem Plan verknüpften Erfolgsziele (vgl. § 193 Abs. 2 Nr. 4 AktG) ihren Niederschlag in einer Unternehmenswertsteigerung finden werden, lässt die betriebliche Veranlassung unberührt. Die Erwartung einer – beispielsweise an gestiegenen Börsenkursen zu messenden – Unternehmenswertsteigerung stellt zwar aus Sicht der Altaktionäre unstreitig

---

[325] Vgl. *Weber-Grellet* in: Schmidt, EStG, 20. Aufl. 2001, § 5 Rz. 28.
[326] Vgl. BFH GrS vom 3. 2. 1969, BStBl. II 1969, S. 291.
[327] Vgl. *Moxter*, DStZ 2000, S. 161.
[328] Vgl. BFH vom 2. 11. 1983, BStBl. II 84, S. 160; während die subjektive Absicht der Förderung des Betriebes kein zwingendes Erfordernis darstellt, muss der objektive Zusammenhang stets gegeben sein, vgl. *Wacker* in: Blümich, EStG/KStG/GewStG, § 4 Rz. 252.
[329] Vgl. hierzu auch die amtliche Begründung zu § 192 Abs. 2 Nr. 3 AktG (BR-Drucksache 872/97 vom 7. 11. 1997, S. 59 ff.).

ein gesellschaftsrechtliches Motiv dar. Entscheidend aber ist, dass die erstrebte Unternehmenswertsteigerung lediglich Reflex erfolgreichen wirtschaftlichen Handelns ist. Die Altaktionäre stimmen der bedingten Kapitalerhöhung unter der Bedingung zu, dass die Organe und Arbeitnehmer nur nach Erbringung wertentsprechender Leistungen für die Gesellschaft mitgliedschaftliche Rechte erwerben können.[330] Solange diese betriebliche Primärkausalität nicht durch eine nichtbetriebliche, d.h. gesellschaftsrechtlich veranlasste Sekundärkausalität überholt wird, ist der betriebliche Zusammenhang und damit die objektive betriebliche Veranlassung zu bejahen.[331] Ein Aktienoptionsplan ist primär ein Instrument unternehmenswertorientierter Mitarbeiterführung[332] und die damit verbundenen Aufwendungen sind ungeachtet der gesellschaftsrechtlichen (Mit-) Motivation als betrieblich veranlasst zu betrachten. Eine gesellschaftsrechtliche Veranlassung im Sinne von § 8 Abs. 3 Satz 2 KStG ist – auch unter dem Aspekt des sog. Noch-nicht-Gesellschafters[333] im Hinblick auf die optionsberechtigten Organe und Arbeitnehmer – regelmäßig zu verneinen.[334]

Die mit der Bereitstellung und Ausübung eines bedingten Kapitals zusammenhängenden direkten Kosten (z.B. die Beurkundungs- und Eintragungskosten) sind gleichfalls Betriebsausgaben, d.h. stellen keine verdeckte Gewinnausschüttung an die Optionsberechtigten dar, auch wenn diese von der Gesellschaft getragen werden.[335]

c) Laufende Umsetzung des Aktienoptionsplans

aa) Darstellung der herrschenden Meinung

In Ermangelung spezieller gesetzlicher Regelungen zur steuerbilanziellen Behandlung von Aktienoptionen kommen die allgemeinen Grundsätze der steuerlichen Gewinnermittlung zum Tragen.

Die auf den Erwerb junger Aktien der ausgebenden Gesellschaft gerichteten Optionen verknüpfen regelmäßig die zukünftigen Arbeitsleistungen des Berechtigten mit der zukünftigen Gegenleistung des Unternehmens.[336] Arbeitsverhältnisse sind daher schwebende Dauerrechtsverhältnisse, die nicht bilanzierungsfähig sind, solange das Gleichgewicht aus Leistung und Gegenleistung nicht gestört ist oder zukünftige Verluste drohen. Die Rechtsprechung hat bei Arbeitsverhältnissen eine sehr weit gehende *Ausgeglichenheitsvermutung* aufgestellt.[337] Sollte diese Vermutung im (seltenen) Einzelfall widerlegt werden können und

---

[330] So auch *Herzig,* 2001, S. 19.
[331] Vgl. *Heinicke* in: Schmidt, EStG, 20. Aufl. 2001, § 4 Rz. 481; zu den Abgrenzungskriterien zwischen betrieblichem und außerbetrieblichem Bereich, vgl. BFH vom 31.7.1991, BStBl. II 1992, S. 375.
[332] Vgl. die amtliche Begründung zu § 192 Abs. 2 Nr. 3 AktG (BR-Drucksache 872/97, S. 59ff.), wonach ein Hauptziel von Aktienoptionsplänen die Langfristmotivation der Führungskräfte ist.
[333] Vgl. hierzu BFH vom 24.1.1989, BStBl. II 1989, S. 419.
[334] Zum Ausnahmecharakter des sog. Noch-nicht-Gesellschafters vgl. *Wichmann,* DB 1994, S. 2103.
[335] Vgl. BFH-Urteil vom 19.1.2000, BB 2000, S. 758.
[336] *Schruff/Hasenburg,* BFuP 1999, S. 638; auch der Gesetzgeber sieht als ein Hauptziel von Aktienoptionsplänen die Langfristmotivation der Führungskräfte, vgl. die amtliche Begründung zu § 192 Abs. 2 Nr. 3 AktG (BR-Drucksache 872/97, S. 59ff.).
[337] Vgl. BFH-Urteil vom 2.10.1997, BStBl. II 1998, S. 205. Allgemein dazu Hartung, Verpflichtungen im Personalbereich in der Handels- und Steuerbilanz sowie in der Vermögensaufstellung, 1987, S. 53ff.

F. Aktienoptionspläne nach § 192 Abs. 2 Nr. 3 AktG

dementsprechend die Voraussetzungen zur Bildung einer Drohverlustrückstellung vorliegen, so ist eine derartige aufwandswirksame Verlustantizipation in der Steuerbilanz in nach dem 31.12.1996 endenden Wirtschaftsjahren gleichwohl unzulässig (§ 5 Abs. 4a EStG).

289 Im *Zeitpunkt der Optionsgewährung* liegt somit nach derzeit h.M. regelmäßig ein nicht bilanzierungsfähiges schwebendes Geschäft vor. Eine passivierungspflichtige Verbindlichkeit kann trotz der Stillhalterverpflichtung des Unternehmens aus der Optionsgewährung nicht entstehen.[338] Auch die spätere Erfüllung der Stillhalterverpflichtung durch das Unternehmen durch Ausgabe der jungen Aktien aufgrund der Ausnutzung des bedingten Kapitals belastet nicht das Unternehmensvermögen, da damit kein Vermögensabfluss verbunden ist. Über den sog. Verwässerungseffekt werden allein die Altgesellschafter wirtschaftlich belastet (vgl. dazu ausführlich Rz. 174).

bb) Steuerliche Würdigung der abweichenden neueren Auffassung

290 Nach neuerer Auffassung[339] sind in Anlehnung an US-amerikanische Rechnungslegungsvorschriften zur Konzernrechnungslegung (SFAS 123) auch im Jahresabschluss eines deutschen Unternehmens Verpflichtungen aus einem Stock Option Plan als Personalaufwand auszuweisen. Diese Auffassung wird derzeit im Schrifttum kontrovers diskutiert (vgl. hierzu Rz. 175 ff.). Die Begründungen hierzu sind unterschiedlich. Zum Teil wird davon ausgegangen, dass die Altaktionäre mit der Fassung eines Hauptversammlungsbeschlusses über die Implementierung eines Aktienoptionsplans ihre Bezugsrechte in das Unternehmen (verdeckt) einlegen, zum Teil geht man von einer Einlage von Arbeitsleistungen durch die Optionsberechtigten aus.[340]

291 Zur Frage, ob die im Schrifttum gegebenen Begründungen zur Annahme einer Einlage handelsrechtlich tragen können, vgl. Rz. 188 ff. Steuerlich könnte jedenfalls allenfalls eine verdeckte Einlage anzunehmen sein. Mit der verdeckten Einlage i.S.d. § 4 Abs. 1 S. 5 EStG verfügt das Steuerrecht über einen Einlagebegriff, der über den des Handelsrechts hinausgeht und damit das Maßgeblichkeitsprinzip durchbricht.[341] Eine Einlage im steuerrechtlichen Sinne liegt vor, wenn ein Gesellschafter der Kapitalgesellschaft einen bilanzierungsfähigen Vermögensgegenstand außerhalb der gesellschaftsrechtlichen Einlagen zuwendet und ein fremder Dritter bei Anwendung der Sorgfalt eines ordentlichen Kaufmanns diesen Vermögensgegenstand der Gesellschaft nicht zugewendet hätte (gesellschaftsrechtliche Veranlassung).

Die verdeckte Einlage von Bezugsrechten durch die Altaktionäre scheitert bereits daran, dass bei einer bedingten Kapitalerhöhung nach § 192 Abs. 2 Nr. 3 AktG nach h.M. von vornherein kein Bezugsrecht der Altaktionäre entsteht (vgl. Rz. 293; es mangelt daher steuerlich bereits an einem einlagefähigen Wirtschaftsgut. Eine verdeckte Einlage der Optionsberechtigten in Form ihrer künftigen Arbeitsleistungen scheitert daran, dass Arbeitsleistungen nach überwiegender Meinung steuerlich nicht einlagefähig sind.[342] Auch *Herzig* erkennt eine ver-

---

[338] Vgl. *Herzig*, DB 1999, S. 6.
[339] Vgl. *Pellens/Crasselt*, DB 1998, S. 223.
[340] Vgl. hierzu die Nachweise Rz. 175 ff.
[341] Vgl. BFH vom 29.5.1996, BStBl. II 1997, S. 92.
[342] Vgl. *Heinicke* in: Schmidt, EStG, 20. Aufl. 2001, § 4 Rz. 309.

deckte Einlage nur dann an, wenn das Unternehmen durch die Einräumung der Optionen von einer bestehenden Lohnverbindlichkeit befreit wird.[343] Regelmäßig werden die Optionen jedoch als Gegenleistung für zukünftige Arbeitsleistungen eingeräumt.[344] Ferner wird es regelmäßig an der gesellschaftsrechtlichen Veranlassung fehlen, da die Optionsberechtigten im Zeitpunkt der Optionseinräumung zumeist nicht Gesellschafter sind.[345]

cc) Mögliche Auswirkungen der Inhalte des Entwurfs des Deutschen Rechnungslegungsstandards 11 (E-DRS 11) „Bilanzierung von Aktienoptionsplänen und ähnlichen Entgeltformen" auf Handels- und Steuerbilanz

292 Auch der Deutsche Standardisierungsrat vertritt in Anlehnung an SFAS 123 im Entwurf seines Deutschen Rechnungslegungsstandards 11 (E-DRS 11) „Bilanzierung von Aktienoptionsplänen und ähnlichen Entgeltformen" für den Bereich der Konzernrechnungslegung eine von der bislang h.M. abweichende Auffassung. Nach E-DRS 11 ist auch bei der Bedienung eines Aktienoptionsplans nach § 192 Abs. 2 Nr. 3 AktG mittels junger, durch Ausnutzung eines bedingten Kapitals geschaffener Aktien handelsrechtlich Personalaufwand in Höhe des Gesamtwerts der Optionen im Ausgabezeitpunkt zu erfassen. Sollte E-DRS 11 in der gegenwärtigen Entwurfsfassung durch das Bundesministerium der Justiz im Bundesanzeiger bekannt gemacht werden, so stellen die darin enthaltenen Bilanzierungsgrundsätze nach § 342 Abs. 2 HGB für die Konzernrechnungslegung zu beachtende GoB dar.

293 Fraglich ist, ob die Bekanntmachung von E-DRS 11 in seiner derzeitigen Fassung auch eine Ausstrahlungswirkung auf den Jahresabschluss entfalten würde. Dies kann aufgrund der aktuellen Diskussion im Schrifttum nicht ausgeschlossen werden, zumal der DSR selbst eine entsprechende Anwendung der Grundsätze als Leitlinien im Jahresabschluss anregt.[346] Hätte die Konzernrechnungslegung eine solche Ausstrahlungswirkung auf die Rechnungslegung im Jahresabschluss, würde sich weiter die Frage stellen, ob auch insoweit der Grundsatz der Maßgeblichkeit der Handelsbilanz für die Steuerbilanz gelten würde.

294 E-DRS 11 selbst setzt sich – seinem Anwendungsbereich entsprechend – mit der Frage einer evtl. Maßgeblichkeit nicht auseinander. *Herzig/Lochmann* verneinen diese unter Hinweis auf die mit rein kalkulatorischem Aufwand verbundenen Schätzungsspielräume.[347] Kalkulatorischen Charakter hat der Personalaufwand, sofern er nicht auf einer pagatorischen Grundlage beruht[348] bzw. kein Verzehr eines Wirtschaftsguts vorliegt, das ggf. verdeckt in das Unternehmen eingelegt wurde. Sie vermuten, dass die Finanzverwaltung sich aus Grün-

---

[343] Vgl. *Herzig,* DB 1999, S. 8 unter Verweis auf das sog. Japan-Urteil des BFH, der eine verdeckte Einlage von zusätzlichen Zahlungen eines japanischen Mutterunternehmens an Arbeitnehmer, die auf Zeit an inländische Tochtergesellschaften abgeordnet wurden, mit der Begründung ablehnte, dass die inländische Gesellschaft die Zusatzvergütungen nicht als Entlohnungsbestandteil schuldete; vgl. BFH vom 11. 4. 1984, BStBl. II 1984, S. 536 f.
[344] Vgl. *Herzig,* DB 1999, S. 9.
[345] Vgl. *Herzig,* DB 1999, S. 8.
[346] Vgl. E-DRS 11 B 3 „Bilanzierung von Aktienoptionsplänen und ähnlichen Entgeltformen", http://www.standardsetter.de/drsc/doc/11.html (Abruf vom 27. 8. 2001).
[347] Vgl. *Herzig/Lochmann,* WPg 2001, S. 87.
[348] Vgl. *Rammert,* WPg 1998, S. 772 f.

den der Gleichmäßigkeit der Besteuerung einer solchen Vorgehensweise nicht anschließen würde.[349] Für diese Annahme sprechen auch die Ausführungen zum Grundsatz der gleichmäßigen Besteuerung im Beschluss des Großen Senats des BFH zur phasengleichen Dividendenvereinnahmung.[350] Der BFH betont hierbei, dass die Höhe der Besteuerung – außer im Falle gesetzlich normierter Ausnahmen – nicht vom Willen des Steuerpflichtigen abhängig gemacht werden dürfe.[351] Angesichts dieser Abgrenzungstendenzen der höchstrichterlichen Rechtsprechung zum sachlichen Anwendungsbereich des Maßgeblichkeitsprinzips[352] dürfte die Finanzverwaltung bei einer entsprechenden Anwendung der Grundsätze von E-DRS 11 in der Handelsbilanz einer gleichmäßigen Besteuerung zuwider laufende Ermessensspielräume annehmen und dementsprechend einen Betriebsausgabenabzug unter Bemühung des sachlichen Anwendungsbereichs des Maßgeblichkeitsprinzips bei Aktienoptionsplänen nach § 192 Abs. 2 Nr. 3 AktG ablehnen.

295 Hinzu kommt, dass die Standards des DSR so genannte fachtechnisch verstandene GoB darstellen, die eine (dann zukünftige) Übung der Rechnungslegungspflichtigen wiedergeben.[353] Bezugspunkt des Maßgeblichkeitsprinzips können jedoch nur GoB im gesetzlichen Sinne sein, da nur sie als Ergebnis der Rechtsfindung die gebotene Rechtssicherheit und Rechtsklarheit gewähren.[354] Die Bekanntmachung eines dem E-DRS 11 entsprechenden Standards im Bundesanzeiger würde somit mangels handelsrechtlicher Bindungswirkung eine andere als die bisher von der h.M. vertretene steuerbilanzielle Behandlung eines Aktienoptionsplans nach § 192 Abs. 2 Nr. 3 AktG nicht zur Folge haben.

dd) Doppelbesteuerung aufgrund fehlenden Korrespondenzprinzips

296 Steuerliche Folge der – mangels (verdeckter) Einlage den Betriebsausgabenabzug bei Optionseinräumung verneinenden – h.M. ist die fehlende Korrespondenz zwischen Erfolgsbesteuerung beim Optionsberechtigten und Aufwandsverrechnung beim Unternehmen. Mit anderen Worten: Der Zufluss des geldwerten Vorteils, der bei Ausübung der Optionen beim Optionsberechtigten entsteht und dort der Lohnbesteuerung unterliegt, zieht im Regelfall beim Unternehmen keine korrespondierende Steuerentlastung nach sich.[355] Dies gilt ebenso für die Ebene der Altaktionäre. Auch auf der Ebene des Altaktionärs, der über den Verwässerungseffekt die wirtschaftliche Belastung aus der Stillhalterverpflichtung des den Stock-Option-Plan implementierenden Unternehmens trägt, ist nach dem derzeit gültigen Einkommensteuerrecht eine steuerliche Entlastung nicht möglich. Lediglich in den Fällen, in denen die Aktien zum Betriebsvermögen

---

[349] Vgl. *Herzig/Lochmann*, WPg 2001, S. 87.
[350] BFH vom 7. 8. 2000, BStBl. II 2000, S. 632 ff.
[351] BFH vom 7. 8. 2000, BStBl. II 2000, S. 638.
[352] Vgl. diesbezüglich auch die ablehnende Haltung von *Weber-Grellet*, Richter am BFH, welcher § 5 Abs. 1 Satz 1 EStG als Verweis „nur auf die Grundsätze und nicht auf die unterhalb dieser Grundsätze angesiedelten Normen" wertet; er sieht im Maßgeblichkeitsprinzip „ein Relikt aus dem 19. Jahrhundert", das „überholt" sei. *Weber-Grellet* in: Schmidt, EStG, 20. Aufl. 2001, § 5 Rz. 27 f.; *Weber-Grellet*, BB 1999, S. 2659. Kritisch zur zunehmenden „Unmaßgeblichkeit der GoB für die Steuerbilanz" und der künftigen Geltung von „Grundsätzen ordnungsgemäßer steuerlicher Bilanzierung (GosB)" *Hoffmann*, StuB 2000, S. 1039 f.
[353] Vgl. *Moxter*, DStZ 2000, S. 157 f.
[354] Vgl. *Moxter*, DStZ 2000, S. 157 f.
[355] In diesem Sinn wohl auch *Neyer*, BB 1999, S.1143.

des Unternehmens gehören, d.h. die im Rahmen des Stock-Option-Plans ausgegebenen Optionen durch Aktienrückkauf bedient werden, könnte der Verwässerungseffekt mittels einer Teilwertabschreibung abgebildet werden, wenn der Ausübungspreis der Optionen unter dem Buchwert der Aktien liegt.[356] Jedoch bleiben derartige Teilwertabschreibungen im Anwendungsbereich des Halbeinkünfteverfahrens ab dem Veranlagungszeitraum 2002 körperschaftsteuerlich unberücksichtigt (§ 8b Abs. 3 KStG n.F.).

Da das deutsche Einkommensteuerrecht grundsätzlich keine korrespondierende Behandlung bei Leistendem und Leistungsempfänger kennt,[357] scheint die bislang praktizierte steuerliche Behandlung steuersystematisch vertretbar. Allerdings ist zu berücksichtigen, dass im Ertragsteuerrecht auch das Leistungsfähigkeitsprinzip gilt.[358] Nach diesem ist ein Zuwachs an wirtschaftlicher Leistungsfähigkeit im Grundsatz nur einmal zu besteuern. Leistungen und Nutzungen dürfen daher grundsätzlich nicht doppelt erfasst werden. Mit *Esterer/Härteis* könnte in dem vorgenannten Ergebnis daher durchaus ein Verstoß gegen die Wertungen des Einkommensteuerrechts zu erblicken sein, die der Große Senat des BFH[359] in seiner Rechtsprechung für die Besteuerung von Nutzungen und den daraus erwirtschafteten Gewinnen statuiert hat.[360] Möglicherweise kann zur Begründung einer mindestens außerbilanziellen Korrektur des steuerlichen Gewinns auch das sachliche Veranlassungsprinzip herangezogen werden. Danach können selbst Aufwendungen der Aktionäre, zu deren Tragung die Tochtergesellschaft rechtlich nicht verpflichtet war, Betriebsausgaben der Tochtergesellschaft darstellen, wenn diese Aufwendungen durch den Betrieb der Tochtergesellschaft veranlasst waren.[361]

d) Ausübung, Verfall der Aktienoptionen

Die Ausübung der Optionen wird nach den allgemeinen Regeln, die für eine Kapitalerhöhung gelten, verbucht. Dem Zufluss der Barmittel stehen entsprechende ertragsteuerneutrale Erhöhungen des Nennkapitals und der (handelsrechtlichen) Kapitalrücklage gegenüber. Der den Nennwert der Aktien übersteigende Teil des Ausübungspreises ist somit in das steuerliche Einlagekonto des Unternehmens einzustellen. 297

e) Aktienoptionspläne im Konzern

Aktienoptionspläne nach § 192 Abs. 2 Nr. 3 AktG ermöglichen die konzernweite Ausgabe von Optionen. Üblicherweise werden Organmitgliedern und Mitarbeitern von Tochterunternehmen Optionen auf Aktien des Mutterunternehmens eingeräumt. Die steuerlichen Auswirkungen derartiger Aktienoptionspläne auf die beteiligten Unternehmen, insbesondere im Hinblick auf den Be- 298

---

[356] Vgl. *Egner/Wildner*, FR 2001, S. 71.
[357] *Drenseck* in: Schmidt, EStG, 20. Aufl. 2001, § 8 Rz. 27.
[358] Vgl. *Kirchhof* in: Kirchhof/Söhn, EStG, § 2 Rz. 68 ff.
[359] BFH vom 26.10.1987, BStBl. II 1988, S. 348 f.
[360] Vgl. *Esterer/Härteis*, DB 1999, S. 2076; für eine korrespondierende Behandlung sprechen sich ferner aus *Borggräfe/von Einem*, JbFSt 1998/99, S. 623.
[361] Dazu *Söhn* in: Kirchhof/Söhn, EStG, Dezember 2000, § 4 Rz. E 60 ff., hier insbesondere E 195, 197, 205; zu weiteren rechtsdogmatisch möglichen Ansätzen vgl. nachstehend unter Rz. 648 ff.

triebsausgabenabzug, sind in der Literatur bisher nur in Grundzügen aufgearbeitet.[362]

aa) Bedienung des Aktienoptionsplans durch Aktien der Muttergesellschaft unter Kostenerstattung durch die Tochtergesellschaft

299 *(1) Steuerliche Behandlung auf der Ebene des Mutterunternehmens.* In der Praxis wälzt das Mutterunternehmen in der Regel die Kosten, die ihr durch die Bedienung eines Aktienoptionsplans mit Aktien für die Optionsberechtigten des Tochterunternehmens entstehen, mittels einer Kostenerstattungsvereinbarung auf die jeweilige Tochtergesellschaft ab („*Rückbelastungsmodell*"). Dies ist insbesondere bei international tätigen Konzernen der Fall.[363] Zur steuerlichen Anerkennung derartiger Kostenerstattungsvereinbarungen sind die für verbundene Unternehmen geltenden allgemeinen Regeln zu beachten. So müssen die Verträge insbesondere dem Drittvergleich standhalten und im Vorhinein wirksam und klar (schriftlich) vereinbart sein. Ist dies nicht der Fall und die Zahlung als durch das Gesellschaftsverhältnis veranlasst anzusehen, kann diese eine verdeckte Gewinnausschüttung der Tochter- an die Muttergesellschaft darstellen. Auf Ebene der Tochtergesellschaft wird dann ein Betriebsausgabenabzug in Höhe der im Zuge der Kostenerstattung geleisteten Zahlungen abgelehnt. Für die empfangende Muttergesellschaft, welche nicht körperschaftsteuerlicher Organträger der leistenden Tochtergesellschaft ist, hat dies eine steuerliche Umqualifizierung der erhaltenen Zahlungen zur Folge.[364] Steuerpflichtiger Ertrag wird bei der empfangenden Mutterkapitalgesellschaft in steuerfreie Dividenden umqualifiziert (§ 8b Abs. 1 KStG).[365] Bei der Muttergesellschaft gegebenenfalls bestehende steuerliche Verlustvorträge bleiben insoweit ungenutzt. Hierauf ist bei verdeckten Gewinnausschüttungen im inländischen Konzernkreis bereits mit Wirkung ab dem Wirtschaftsjahr 2001 zu achten (§ 34 Abs. 10a S. 1 Nr. 2 KStG).[366] Bei internationalen Sachverhalten ist außerdem § 1 AStG zu beachten.

300 Die *Höhe steuerlich zulässiger Rückbelastung* ist derzeit noch weitestgehend ungeklärt.[367] Die anteilig auf die begünstigte Tochtergesellschaft entfallenden Kosten der Planimplementierung und -verwaltung sind dieser zuordenbar und folglich weiterbelastungsfähig. Problematischer ist die Frage, ob – und bejahendenfalls in welcher Höhe – der dem begünstigten Arbeitnehmer zugewandte geldwerte Vorteil weiterbelastungsfähig ist. Eine Weiterbelastung in Höhe der Differenz zwischen Marktwert der Aktien bei Ausübung und dem gezahlten Ausübungspreis lässt sich bei einem Aktienoptionsplan nach § 192 Abs. 2 Nr. 3 AktG nicht mit bei der Muttergesellschaft entstandenen Kosten begründen. Dies gilt zumindest auf der Grundlage eines pagatorischen Kostenverständnisses, wonach

---

[362] Vgl. *Ackermann/Strnad*, DStR 2001, S. 477; *Fischer*, DB 2001, S. 1003; *Neyer*, BB 1999, S. 1142.

[363] Vgl. *Portner* in: Harrer, 2000, S. 104 f.; zur weltweiten Praxis solcher Rückbelastungen bei Tochtergesellschaften vgl. *Hölscher* in: Harrer, 2000, S. 37.

[364] Zur Wirkung von verdeckten Gewinnausschüttungen zwischen Organgesellschaft und Organträger vgl. *Schmitz*, DB 2001, S. 1166.

[365] Zur Wirkung von verdeckten Gewinnausschüttungen im Anwendungsbereich des sog. Halbeinkünfteverfahrens vgl. *Schmitz*, DB 2001, S. 1166.

[366] Ausführlich zu den Übergangsfragen vom Anrechnungs- zum Halbeinkünfteverfahren vgl. *Dötsch/Pung*, GmbHR 2001, S. 641 ff.

[367] In diesem Sinn auch *Fischer*, DB 2001, S. 1005.

Opportunitätskosten nicht zu Aufwand führen können.³⁶⁸ Das deutsche Steuerrechtssystem kennt kein allgemein gültiges Korrespondenzprinzip des Inhalts, dass die Einnahmen des Arbeitnehmers den Aufwendungen des Arbeitgebers entsprechen müssen.³⁶⁹ Folglich lässt sich allein hieraus keine tragfähige Grundlage für eine Belastung in Höhe des geldwerten Vorteils herleiten.³⁷⁰ Somit bliebe die Rückbelastung auf der argumentativen Grundlage einer „Gewinnchance", welche die Muttergesellschaft bei einer fiktiven Emission auf der Grundlage des aktuellen Börsen- und damit Marktpreises hätte. Unklar ist, ob ein derartiger gedanklicher Ansatz den allgemeinen Fremdvergleichskriterien entspricht und nicht vielmehr als eine Leistung des Gesellschafters gegenüber der Gesellschaft zu überhöhten Preisen und somit als vGA angesehen werden könnte (Abschn. 31 Abs. 3 Nr. 6 KStR).³⁷¹

Gegen eine Belastung auf der Grundlage eines fiktiven Marktpreises könnte sprechen, dass Stock Options auf Aktien der Muttergesellschaft aus bedingtem Kapital nach § 192 Abs. 2 Nr. 3 AktG von vornherein keine Chance der Muttergesellschaft auf Realisierung eines Ausgabeaufgeldes entsprechend dem aktuellen Börsenkurs begründen. Dem lässt sich entgegenhalten, dass es durchaus marktüblich ist, die Stillhalterverpflichtung gegen Zahlung eines Programmpreises auf Dritte abzuwälzen.³⁷² Bei einer Kostenerstattungsvereinbarung auf der Grundlage eines derartigen Argumentationsansatzes bietet es sich an, die vereinbarte Preisfindung durch entsprechende Angebote fremder Dritter, z.B. eines Kreditinstitutes, zu unterlegen. **301**

Mit *Neyer*³⁷³ könnte die vorstehende Problematik dadurch für überwindbar zu halten sein, dass die Tochtergesellschaft im Zeitpunkt der Optionsausübung durch die (ehemaligen) Arbeitnehmer der Tochtergesellschaft die Aktien erwirbt („*Kaufmodell*"). Entscheidend soll dabei sein, dass die Optionszusage durch die Tochtergesellschaft für deren Mitarbeiter erteilt werde und diese folglich Stillhalter der (bedingten) Lieferverpflichtung ist. Dementsprechend würde die Muttergesellschaft die Aktien für Rechnung der Tochtergesellschaft zuteilen. Unmittelbar nach Ausübung der Option würde die Muttergesellschaft die jeweiligen Aktien an die inländische Tochter verkaufen; da sie die Aktienausgabe auf Rechnung der Tochter durchführt, habe sie alles, was sie hierbei erlangt hat, an diese nach Geschäftsführungsgrundsätzen herauszugeben.³⁷⁴ Ein derartiger – vertraglich unterlegter – Ansatz könnte die Berücksichtigung des vom Arbeitnehmer an die Muttergesellschaft gezahlten Ausübungspreises bei der Kaufpreisberechnung bewirken. Im wirtschaftlichen Ergebnis würde somit die Differenz zwischen Ausübungspreis und Marktwert in Rechnung gestellt. **302**

Unklar ist allerdings, ob sich vorstehende Ausführungen ohne weiteres auf Aktienoptionspläne nach § 192 Abs. 2 Nr. 3 AktG übertragen lassen. Denn das vor- **303**

---

³⁶⁸ Vgl. hierzu *Schruff/Hasenburg*, BFuP 1999, S. 640 m.w.N.
³⁶⁹ Vgl. BFH vom 13.12.1973, BStBl. II 1974, S. 211; vom 5.7.1996, BStBl. II 1996, S. 546.
³⁷⁰ Vgl. *Fischer*, DB 2001, S. 1005 mit Verweis auf die Rechtsprechung; zweifelnd *Esterer/Härteis*, DB 1999, S. 2076 unter Hinweis auf die Besteuerung nach Leistungsfähigkeit.
³⁷¹ Zweifelnd auch *Fischer*, DB 2001, S. 1005; zum Fremdvergleich vgl. *Dötsch/Eversberg/Jost/Witt*, Kommentar zum KStG/EStG, § 8 Abs. 3 KStG, Rn. 54.
³⁷² Vgl. *Herzig*, DB 1999, S. 11.
³⁷³ Vgl. *Neyer*, BB 1999, S. 1145.
³⁷⁴ So im Einzelnen *Fischer*, DB 2001, S. 1005.

F. Aktienoptionspläne nach § 192 Abs. 2 Nr. 3 AktG

stehend dargelegte Modell bezieht sich vorrangig auf ausländische Mutterunternehmen, klammert dementsprechend die Vorgaben deutschen Aktienrechts aus. § 192 Abs. 2 Nr. 3 AktG gestattet die Schaffung bedingten Kapitals zur Gewährung von Bezugsrechten an Mitarbeiter verbundener Unternehmen. Nach § 193 Abs. 2 Nr. 3 AktG ist dementsprechend der Kreis der Bezugsberechtigten im Kapitalerhöhungsbeschluss festzustellen. Das sog. Kaufmodell hätte zur Folge, dass die Übertragung der Aktien des Mutterunternehmens keine Leistung des Mutterunternehmens an die Mitarbeiter der Tochtergesellschaft, sondern rechtlich vielmehr eine Leistung der Tochter an deren Mitarbeiter aufgrund deren eigenem Optionsplan darstellen würde. Die Übertragung der Aktien des Mutterunternehmens an die Tochtergesellschaft wäre damit ein Fall des abkürzten Leistungsweges. Ob das hierzu wohl erforderliche mittelbare Bezugsrecht[375] der Tochtergesellschaft besteht, ist infolge des Wortlauts von § 192 Abs. 2 Nr. 3 AktG sowie mangels einer § 186 Abs. 5 Satz 1 AktG entsprechenden Vorschrift zweifelhaft. So wird die Tochtergesellschaft regelmäßig kein nach § 186 Abs. 5 Satz 1 AktG zulässiger Mittler, d.h. ein Kreditinstitut bzw. diesem gleichgestelltes Emissionsunternehmen sein; ferner wird die für ein mittelbares Bezugsrecht erforderliche Festsetzung im Kapitalerhöhungsbeschluss aufgrund des eindeutigen Wortlauts von § 192 Abs. 2 Nr. 3 AktG fehlen.[376] Das vorstehend skizzierte Kaufmodell erscheint damit bei einem Aktienoptionsplan deutschen Rechts auf der Grundlage bedingten Kapitals weder aktien- noch steuerrechtlich durchführbar.[377]

304 Kostenerstattungen der Tochtergesellschaft gegenüber der (deutschen) Muttergesellschaft auf der Grundlage eines Kostenerstattungsvertrages stellen bei Letzterer grundsätzlich steuerpflichtigen Ertrag dar. Ausnahmen gelten, soweit der Kostenerstattungsvertrag dem Fremdvergleich nicht standhält und die seitens der Tochtergesellschaft geschuldeten Leistungen in vGA umqualifiziert werden und damit nach § 8b Abs. 1 KStG bei der Muttergesellschaft steuerfrei sind.

305 Fraglich ist, ob eine Fremdvergleichsgrundsätzen genügende Kostenbelastung für die Stillhalterverpflichtung der Muttergesellschaft für diese gleichfalls betrieblichen Ertrag darstellt. *Esterer/Härteis*[378] verneinen dies offensichtlich unter Hinweis auf die Behandlung des Aufgelds bei der Emission von Optionsanleihen über Tochtergesellschaften, welches steuerneutral in die Kapitalrücklage der Muttergesellschaft nach § 272 Abs. 2 Nr. 2 HGB eingestellt wird. In Analogie hierzu wollen sie die von der Tochter erhaltene Optionsprämie als Entgelt für den mitgliedschaftlichen Nachteil aus der Stillhalterposition der Muttergesellschaft verstanden wissen. Diese Sichtweise begegnet Bedenken. Das nach § 272 Abs. 2 Nr. 2 HGB in die Kapitalrücklage einzustellende Aufgeld *muss* Gegenleistung für die Einräumung einer mitgliedschaftsrechtlichen Rechtsposition sein, d.h. muss Entgelt für die Anwartschaft auf das spätere Mitgliedschaftsrecht darstellen.[379] Ein derartiges Anwartschaftsrecht steht der Tochtergesellschaft mangels Bezugsberechtigung bereits aufgrund von § 192 Abs. 2 Nr. 3 AktG nicht zu. Hinzu kommen die aus § 56 Abs. 2 AktG resultierenden Einwände. Auf die Arbeitsleistung

---

[375] Vgl. zum mittelbaren Bezugsrecht die Nachweise bei *ADS*, 6. Aufl., § 272 HGB, Anm. 96 ff.
[376] Vgl. *Hüffer*, AktG, 4. Aufl. 1999, § 186 Rz 45.
[377] Zu beachten sind ferner die Restriktionen von § 56 Abs. 2 AktG.
[378] *Esterer/Härteis*, DB 1999, S. 2076.
[379] Ausführlich hierzu *ADS*, 6. Aufl., § 272 HGB Tz. 118 ff. m.w.N.

der mittelbar begünstigten Mitarbeiter abzustellen, dürfte sich gleichfalls verbieten: sowohl unter dem Aspekt der Nichteinlagefähigkeit von Dienstleistungen (§ 27 Abs. 2 AktG), als auch mangels des für § 272 Abs. 2 Nr. 2 HGB erforderlichen Zuflusses.[380]

Unzulässig erscheint ferner eine Umdeutung des Entgelts für die Stillhalterverpflichtung in ein Ausgabeagio, welches steuerneutral in die Kapitalrücklage nach § 272 Abs. 2 Nr. 1 HGB einzustellen wäre. Ein derartiges Agio wäre durch die Aktionäre, d. h. die bezugsberechtigten Mitarbeiter, zu bezahlen.[381] Diese jedoch entrichten allein den in den Optionsbedingungen festgelegten Bezugspreis, nicht mehr. Jeder darüber hinausgehende, seitens des Tochterunternehmens an die Muttergesellschaft aufgrund Kostenerstattungsvertrags entrichtete Betrag ist dieser Leistungsbeziehung und nicht der mitgliedschaftlichen Rechtsbeziehung zwischen bezugsberechtigtem Mitarbeiter und ausgebender Muttergesellschaft zuzurechnen. **306**

Soweit das Mutterunternehmen ihre *(inländischen) Tochtergesellschaften* nicht verursachungsgerecht mit den Kosten der Plankonzeption, -verwaltung und -implementierung belastet,[382] bleiben diese gleichwohl beim Mutterunternehmen als Betriebsausgaben steuerlich grundsätzlich abzugsfähig. Diese Kosten stellen allenfalls nichteinlagefähige Nutzungsvorteile dar und begründen damit keine nachträglichen Anschaffungskosten für die Tochtergesellschaft aufgrund einer (verdeckten) Einlage.[383] Grenzen des Betriebsausgabenabzugs können sich allerdings aus § 3c Abs. 1 EStG ergeben.[384] Dies vor dem Hintergrund, dass mit Wirkung ab dem Veranlagungszeitraum 2002 die Gewinnausschüttungen (inländischer) Kapitalgesellschaften an den körperschaftsteuerpflichtigen Dividendenempfänger grundsätzlich steuerfrei sind (§ 8b Abs. 1 KStG). Dementsprechend ist der hiermit „unmittelbar" verbundene Aufwand nicht steuermindernd geltend zu machen (§ 3c Abs. 1 EStG).[385] Die geforderte Unmittelbarkeit fehlt der Rechtsprechung zufolge,[386] wenn und soweit kein steuerfreier Dividendenertrag dem der Tochtergesellschaft zuordenbaren Aufwand gegenübersteht. Gleichwohl dürfte die von § 3c Abs. 1 EStG geforderte „Unmittelbarkeit" auch dann nicht ohne weiteres vorliegen, wenn Dividendenertrag steuerfrei vereinnahmt wird. Denn in aller Regel dient eine die Mitarbeiter von Tochterunternehmen begünstigende Optionsausgabe zumindest auch der Unternehmenswertsteigerung des ausgebenden Unternehmens und damit dessen eigenbetrieblichen Belangen. Dies wurde vom Gesetzgeber wohl insoweit indirekt anerkannt, als er die Schaffung **307**

---

[380] Zu letztgenanntem Aspekt vgl. *Simons,* WPg 2001, S. 96.
[381] Vgl. *Claussen,* Kölner Kommentar zum Aktiengesetz, § 272 HGB Tz. 34.
[382] Hierzu gehören neben den Kosten externer Berater insbesondere die (internen) anteiligen Verwaltungskosten.
[383] Zur Nichteinlagefähigkeit von Nutzungsvorteilen und deren steuerlicher Behandlung vgl. BFH vom 26. 10. 1987, BStBl. II 1988, S. 348.
[384] Vgl. hierzu allerdings die aktuellen Überlegungen, § 3c Abs. 1 EStG im Zusammenhang mit steuerfreien Inlandsdividenden nicht anzuwenden; BMF-Bericht zur Fortentwicklung des Unternehmenssteuerrechts vom 19. 4. 2001.
[385] Sofern die Muttergesellschaft ertragsteuerlicher Organträger ist, stellt sich diese Problematik allerdings nicht, da es insoweit keinen Zusammenhang von Betriebsausgaben mit steuerfreien Dividenden gibt, vgl. *Sauter/Heurung,* GmbHR 2001, S. 165 ff.
[386] Vgl. zu nach DBA steuerfreien Schachteldividenden BFH vom 29. 5. 1996, BStBl. II 1997, S. 63 unter Ablehnung einer „wirtschaftlich wertenden Betrachtung".

bedingten Kapitals zur Bedienung von Stock Options auch zugunsten der Mitarbeiter von Tochtergesellschaften gesellschaftsrechtlich für zulässig erklärte (§ 192 Abs. 2 Nr. 3 AktG).

308 Ob eine ungenügende bzw. unterbliebene Kostenbelastung gegenüber *ausländischen Tochtergesellschaften* Ergebniskorrekturen nach § 1 AStG auslösen kann, ist gegenwärtig gleichfalls nicht hinlänglich geklärt.[387] Gegen die Zulässigkeit einer derartigen Ergebniskorrektur sprechen zwei Einwände. Zum einen ist zu bezweifeln, ob die nach § 1 Abs. 4 AStG erforderliche „Geschäftsbeziehung" in einem derartigen Fall gegeben ist. So könnte möglicherweise im Kontext mit einem derartigen Aktienoptionsplan keine für die Annahme einer Geschäftsbeziehung erforderliche sog. Grundtätigkeit im Sinn eines Austauschverhältnisses zu erblicken sein.[388] Denn regelmäßig dürfte die Nichtweiterbelastung allein in der Nahestehensbeziehung begründet sein und deshalb dem Anwendungsbereich des § 1 AStG nicht unterfallen.[389]

309 Hinzu kommt die Sperrwirkung, welche § 8b Abs. 5 KStG in einem derartigen Fall möglicherweise gegenüber § 1 AStG entfaltet. Eine derartige Sperrwirkung könnte dann anzunehmen sein, wenn die Zulässigkeit der Ausgabe von Bezugsrechten zugunsten Mitarbeiter verbundener Unternehmen nach § 192 Abs. 2 Nr. 3 AktG dahingehend zu verstehen wäre, dass hinsichtlich des Aufwands, welcher verbundenen Unternehmen zuordenbar ist, Betriebsausgaben im Zusammenhang mit der Beteiligung vorliegen. Die Nichtabziehbarkeit von mit ausländischen Beteiligungen zusammenhängenden Betriebsausgaben bestimmt sich ausschließlich nach § 8b Abs. 5 KStG. Oder mit anderen Worten: Die pauschale Abgeltungsregelung von § 8b Abs. 5 KStG dürfte in deren inhaltlichem Anwendungsbereich § 1 AStG verdrängen.[390]

310 Die Muttergesellschaft kann auf ihren Erstattungsanspruch später verzichten. Dies hat nach den allgemeinen Grundsätzen eine verdeckte Einlage und damit eine nachträgliche Erhöhung der Anschaffungskosten der Beteiligung in Höhe der Werthaltigkeit der Forderung zur Folge.[391] Ein derartiger Forderungsverzicht wird allerdings mangels Ernsthaftigkeit nicht anzuerkennen sein (vgl. § 41 Abs. 2 AO), wenn die Muttergesellschaft die Forderung von Anfang an nicht geltend machen wollte.[392]

311 *(2) Ebene der Tochterunternehmen.* Der Tochtergesellschaft zulässigerweise (vgl. vorstehende Rz. 310) in Rechnung gestellte Kosten mindern als Betriebsausgabe deren steuerliches Ergebnis. Soweit die Kostenbelastung nach Fremdvergleichsgrundsätzen nicht anzuerkennen ist, liegt eine vGA vor. Insoweit nicht anzuerkennende Kosten mindern nach § 8 Abs. 3 Satz 2 KStG nicht das steuerpflichtige Einkommen der Tochterkapitalgesellschaft. Dies hat zur Folge, dass der Betrag

---

[387] Inwieweit § 1 AStG zudem eine europarechtlich unzulässige steuerliche Diskriminierung darstellt, bleibt abzuwarten; zweifelnd hinsichtlich der Vereinbarkeit mit Europarecht BFH-Beschluss vom 21. 6. 2001, DStR 2001, S. 1290.

[388] Das Beteiligungsverhältnis stellt für sich keine „Geschäftsbeziehung" dar, vgl. Tz. 1.4.2. BMF-Schreiben vom 2.12.1994 IV C 7 – S 1340 – 20/94 („Grundsätze zur Anwendung des Außensteuergesetzes"); in diesem Sinn auch BFH vom 29.11.2000, DB 2001, S. 904.

[389] Vgl. BFH vom 29.11.2000, DB 2001, S. 904 unter Hinweis auf *Baumhoff in:* Flick/Wassermeyer/Baumhoff, Außensteuerrecht, 5. Aufl., § 1 AStG Rn. 763.

[390] Vgl. zu § 8b Abs. 5 KStG *Dötsch/Pung*, DB 2000, S. 61.

[391] Vgl. BFH GrS vom 9.6.1997, BStBl. II 1998, S. 307.

[392] In diesem Sinn auch *Ackermann/Strnad*, DStR 2001, S. 477.

V. Steuerrecht

der vGA der normalen Ertragsteuerbelastung bei der Tochterkapitalgesellschaft unterliegt, nämlich der GewSt, KSt und SolZ. Diese Steuerbelastung wird im Anwendungsbereich des Halbeinkünfteverfahrens definitiv. Ferner sind ggf. Fluktuationsabschläge vorzunehmen.

Nach neuem Körperschaftsteuersystem erfolgt auf der Ebene der Tochterkapitalgesellschaft im Falle von Ausschüttungen keine Herstellung der Ausschüttungsbelastung. Jedoch kann in der 15-jährigen Übergangszeit das zum Zeitpunkt des Wechsels vom Anrechnungsverfahren auf das Halbeinkünfteverfahren[393] im verwendbaren Eigenkapital gespeicherte Anrechnungsguthaben von der ausschüttenden Körperschaft noch geltend gemacht werden.[394] Eine vGA kann dabei nicht nach § 37 Abs. 2 KStG n.F. zu einer Körperschaftsteuerminderung eines etwaig vorhandenen latenten Körperschaftsteuerguthabens führen, aber sehr wohl zu einer Körperschaftsteuererhöhung.[395] Eine Nachbelastung in Höhe von $3/7$ des als ausgeschüttet geltenden Betrages findet dann statt, wenn bei gleichzeitiger Existenz von Alt-EK 02 kein „neutrales" Vermögen (Neugewinne, bzw. ursprünglich gebildetes EK 30, EK 01, EK 03) vorhanden ist. Die Erhöhung greift dabei auch dann, wenn noch Körperschaftsteuerminderungspotenzial nach § 37 Abs. 1 KStG vorhanden ist. Allerdings kommt es zur Körperschaftsteuererhöhung nur dann, wenn die vGA mit einem Mittelabfluss verbunden ist.[396] **312**

Der Verzicht der Muttergesellschaft auf ihren Kostenerstattungsanspruch führt in Höhe des Teilwerts der Forderung zu einer steuerneutralen Einlage, im Übrigen hinsichtlich der Differenz zwischen Teilwert und Nennwert zu steuerpflichtigem Ertrag. Zu beachten ist, dass bei überschuldeter Tochtergesellschaft – die Überschuldung kann gerade auch durch einen solchen Erstattungsanspruch ausgelöst werden – der Teilwert der Einlage bis auf 0 Euro sinken kann.[397] In Höhe des Teilwerts geht die steuermindernde Wirkung der Verpflichtung zur Kostentragung nicht verloren. **313**

Vor Ausübung der Optionen durch den Begünstigten kann nach allgemeinen Grundsätzen bei der Tochtergesellschaft eine Rückstellung für die ungewisse Kostenerstattungsverpflichtung anzunehmen sein. Dem Merkmal der „wirtschaftlichen Verursachung" kommt in diesem Zusammenhang besondere Bedeutung zu. Zweifelhaft erscheint hierbei, ob im Verhältnis zwischen Mutter- und Tochtergesellschaft ein schwebendes Geschäft vorliegt.[398] Denn wenn die Muttergesellschaft gegenüber der Tochtergesellschaft nicht zur Ausgabe von Optionen (an deren Mitarbeiter) verpflichtet ist, dann fehlt es in diesem Verhältnis an einer Sach- oder Dienstleistungsverpflichtung, auf deren Leistungserbringung abzustellen wäre. **314**

Letztlich aber liegt nichts anderes als die Entgeltung von Arbeitsleistungen über einen Dritten – die Muttergesellschaft – vor. Damit dürfte im Rahmen der wirtschaftlichen Verursachung entsprechend auf die Bewertung eines Erfüllungs- **315**

---

[393] Regelmäßig der 31.12.2000; § 37 Abs. 1 KStG n.F. i.V.m. § 34 Abs. 1 und Abs. 10a KStG n.F.
[394] Übergangsregelung zum Halbeinkünfteverfahren in §§ 36ff. KStG n.F.
[395] Vgl. *Schiffers*, GmbH-StB 2000, S. 244.
[396] Vgl. *Schiffers*, GmbH-StB 2000, S. 244f.; *Hey*, GmbHR 2001, S. 4.
[397] Vgl. BFH GrS vom 9.6.1997, BStBl. II 1998, S. 307.
[398] In diesem Sinn auch *Ackermann/Strnad*, DStR 2001, S. 477; a.A. *IDW-FN* 1996, S. 405.

rückstandes im Arbeitsverhältnis zurückzugreifen sein.[399] Soweit daher Rückstellungen für ungewisse Verbindlichkeiten aus der Kostenersatzverpflichtung anzusetzen sind, sollten die Rückstellungen wie bei Stock Appreciation Rights sukzessive entsprechend deren innerem Wert aufgebaut werden.[400] Die solchermaßen gebildeten Rückstellungen sind bei einer Laufzeit von mehr als einem Jahr mit 5,5% abzuzinsen (§ 6 Abs.1 Nr. 3a lit. e EStG).

bb) Aktienausgabe durch Muttergesellschaft ohne Kostenerstattungsvertrag

316 (1) *Ebene des Mutterunternehmens.* Zum Betriebsausgabenabzug der Muttergesellschaft kann grundsätzlich auf vorstehende Ausführungen verwiesen werden (vgl. Rz. 299 ff.). Steuerliche Hauptfrage ist wiederum die Einlagefähigkeit des „Ausübungsvorteils" in Höhe der Differenz zwischen Aktienkurs und Ausübungspreis. Gegen eine verdeckte Einlage der Muttergesellschaft spricht, dass das (Betriebs-)Vermögen der Tochtergesellschaft nicht unmittelbar berührt wird. Eine mittelbare Zuwendung – von den Altaktionären über die Muttergesellschaft an die Tochtergesellschaft – begegnet den vorstehend geäußerten Bedenken im Hinblick auf ein identifizierbares einlagefähiges Wirtschaftsgut (vgl. Rz. 291). Anders als im Fall eines Aktienoptionsplans nach § 192 Abs. 2 Nr. 3 AktG ist bei einem Aktienoptionsplan, der mit rückerworbenen Aktien bedient wird, eine (fiktive) Einlage von Aktien der Muttergesellschaft in die Tochtergesellschaft nur schwerlich darstellbar.[401] Die den Mitarbeitern der Tochtergesellschaft bei Optionsausübung zugewiesenen Aktien berühren weder das (Betriebs-)Vermögen der Muttergesellschaft noch dasjenige des Tochterunternehmens.

317 (2) *Ebene der Tochterunternehmen.* Mangels Kostenbelastung hängt ein Betriebsausgabenabzug der Tochtergesellschaft von der Annahme einer (verdeckten) Einlage ab (vgl. vorstehend Rz. 307). Diese ist bei einem Aktienoptionsplan nach § 192 Abs. 2 Nr. 3 AktG, bei dem zur Bedienung der Optionen ein bedingtes Kapital genutzt wird, nicht erkennbar.

f) Umsatzsteueraspekte der bedingten Kapitalerhöhung

318 Die zur Bedienung des Aktienoptionsplans nach § 192 Abs. 2 Nr. 3 AktG erforderlichen jungen Aktien werden durch eine bedingte Kapitalerhöhung des Unternehmens geschaffen. Unklar ist derzeit, inwieweit Umsatzsteuern, welche im Zusammenhang mit dieser Kapitalerhöhung in Rechnung gestellt werden, zum Vorsteuerabzug zugelassen werden.

319 Nach derzeitiger Auffassung der Finanzverwaltung sind Kosten für die Ausgabe von Gesellschaftsanteilen anlässlich der Gründung eines Unternehmens oder der Umstrukturierung im Wege der Verschmelzung den künftigen Umsätzen des Unternehmens zuzuordnen. Infolgedessen werden die damit im Zusammenhang stehenden Kosten zum Vorsteuerabzug nach § 15 UStG zugelassen. Im Falle einer Kapitalerhöhung bzw. der Schaffung neuer Anteile eines bestehenden Unternehmens soll der Finanzverwaltung zufolge dieser Aspekt in den Hintergrund treten.[402]

---

[399] So auch *Ackermann/Stnad*, DStR 2001, S. 477.
[400] Dazu *Schruff/Hasenburg*, BFuP, S. 622 ff.; *Herzig/Lochmann*, DB 2001, S. 1437 sehen – unter Hinweis auf die BFH-Urteile vom 24.1.2001 I R 100/98 und I R 119/98 – diese Auffassung höchstrichterlich bestätigt.
[401] Möglicherweise a.A. *Fischer*, DB 2001, S. 1004, zu internationalen Stock-Option-Plänen, allerdings ohne auf Details der Aktienbeschaffung durch das Mutterunternehmen einzugehen.
[402] OFD Frankfurt a.M. vom 6.1.1999, UR 1999, S. 336.

Diese Ansicht hat im Schrifttum vielfach Kritik erfahren.⁴⁰³ Sie dürfte im Widerspruch zu den Vorgaben Europäischen Rechts stehen, welches bei der Auslegung des deutschen Umsatzsteuerrechts zwingend zu beachten ist. Dem Urteil des EuGH vom 22. Februar 2001 zufolge ist es willkürlich und mit dem Grundsatz der Neutralität des Mehrwertsteuersystems nicht vereinbar, zwischen Kosten für die Zwecke eines Unternehmens vor der tatsächlichen Aufnahme seiner Tätigkeit und solchen während seiner Tätigkeit unterscheiden zu wollen.⁴⁰⁴ Es erscheint daher folgerichtig, die Kosten für die bedingte Kapitalerhöhung als allgemeine Kosten des Unternehmens zu bewerten, die als solche in die Preise der Produkte des Unternehmens eingehen. Der direkte und unmittelbare Zusammenhang mit der gesamten wirtschaftlichen Tätigkeit des Unternehmens und – damit einhergehend – ein zulässiger Vorsteuerabzug nach allgemeinen Grundsätzen ist damit entgegen der Auffassung der Finanzverwaltung zu bejahen.

Gewichtiges Indiz für die Richtigkeit dieser Ansicht ist, dass das Finanzministerium der Republik Österreich in Umsetzung der vorgenannten EuGH-Entscheidung mit Erlass vom 6. April 2001 seine Umsatzsteuerrichtlinie 2000 dahingehend ergänzt hat, dass der Ausschluss vom Vorsteuerabzug u.a. nicht für Kosten im Zusammenhang mit der Ausgabe von Gesellschaftsanteilen und einer Kapitalerhöhung gilt. Offenbar kommen auch in der deutschen Finanzverwaltung Zweifel an der Richtigkeit der bisher vertretenen Rechtsauffassung auf. Denn mit Erlass vom 10. Juli 2001 hat das Finanzministerium Nordrhein-Westfalen bekannt gegeben, dass diese Thematik auf Bundesebene erneut diskutiert wird, weil sich einzelne Unternehmer auf die vorgenannte EuGH-Entscheidung und den Erlass des österreichischen Bundesfinanzministeriums berufen.⁴⁰⁵ **320**

2. Arbeitnehmerebene

Die Besteuerung der begünstigten Arbeitnehmer zählt oft zu den wichtigsten Gesichtspunkten bei der Implementierung eines Aktienoptionsplans.⁴⁰⁶ Gleichwohl blieben gerade die wesentlichen steuerlichen Fragen längere Zeit ungeklärt. Inzwischen liegen einige grundsätzliche BFH-Entscheide vor. Sie finden in der nachfolgenden Darstellung besondere Beachtung. **321**

a) Einkunftsart

Nach ganz herrschender Auffassung, darunter der Finanzrechtsprechung, unterfallen Vorteile der Arbeitnehmer aus Aktienoptionsplänen des Arbeitgebers grundsätzlich den Einkünften aus nichtselbständiger Arbeit, § 19 Abs. 1 Satz 1 Nr. 1 EStG.⁴⁰⁷ Vereinzelte Gegenstimmen in der Literatur vertreten die Qualifi- **322**

---

⁴⁰³ Vgl. *Reiß*, UR 2000, S. 41; *Thiede/Steinhauser*, DB 2000, S. 1295 ff.
⁴⁰⁴ Vgl. EuGH vom 22. 2. 2001, Abbay National plc, C-408/98.
⁴⁰⁵ Bis zu einer endgültigen Meinungsbildung sollen nun Entscheidungen über diese Rechtsfrage mit Einverständnis der betreffenden Steuerpflichtigen zurückgestellt werden; vgl. FinMin. NRW, Erlass vom 10. 7. 2001, DB 2001, S. 1645.
⁴⁰⁶ Dazu oben, Rz. 72.
⁴⁰⁷ Siehe nur: BFH vom 24. 1. 2001, I R 100/98, BStBl. II 2001, S. 510; BFH vom 24. 1. 2001, I R 119/98, BStBl. II 2001, S. 513; *Friedrichsen*, 2000, S. 297 ff.; *Thomas* in: Küttner, 8. Aufl. 2001, Rz. 5/13. – Diese Qualifikation ist auch nach neuem österreichischem Einkommensteuerrecht vorausgesetzt, dort § 3 Abs. 1 Z 15 lit. c) EStG. Dazu näher: österr. LStR Rz. 90a ff.; *Gahleitner/Moritz*, International Bureau of Fiscal Documentation Bulletin 2001, S. 147 ff.; *Strnad/Schneider*, IStR 2001, S. 246 ff.; *Zehetner/Wolf*, ecolex 2001, S. 24 ff.

kation als Einkünfte aus Leistungen, § 22 Nr. 3 EStG[408] oder gar Schenkungssteuerpflicht.[409]

323 Der herrschenden Meinung ist beizutreten. Die in § 192 Abs. 2 Nr. 3 AktG genannten Personen gelten einkommensteuerrechtlich als Arbeitnehmer i.S.v. § 19 EStG i.V.m. § 1 LStDV. Die Einräumung ihrer Aktienoptionen ist regelmäßig durch das Dienstverhältnis veranlasst. Denn die Begünstigten erhalten die Optionen im Wesentlichen aufgrund und zur Aufrechterhaltung ihres Dienstverhältnisses sowie als Entgelt für die im Rahmen des Dienstverhältnisses bewirkte (oder zumindest unterstellte) Wertsteigerung des Arbeitgeber-Unternehmens. Sie dürfen die Optionen selbst dann als Frucht ihrer Dienstleistung ansehen,[410] wenn man sie als Leistung der Gesellschafter versteht.

324 Nach h.M., darunter der Finanzrechtsprechung,[411] liegen auch dann Einkünfte gemäß § 19 EStG vor, wenn der Begünstigte seine Aktienoptionen unmittelbar von der Muttergesellschaft des Arbeitgeber-Unternehmens erhält. Dazu kommt es meist dann, wenn ein Mutterunternehmen einen konzernweiten Aktienoptionsplan auflegt.

325 Diese Qualifikation erscheint nicht zwingend. Denn die Einbeziehung der Arbeitnehmer der Tochtergesellschaft beruht primär auf der Konzernzugehörigkeit der Tochtergesellschaft. Welche Motive die ausgebende dritte Gesellschaft verfolgt, ist im Einzelfall zu ermitteln.[412] Der BFH stellte jetzt indessen klar, ein Zusammenhang mit dem Arbeitsverhältnis zur Tochtergesellschaft sei „erst auszuschließen, wenn zwischen der ausgebenden Konzernobergesellschaft und dem Mitarbeiter unmittelbar eigene rechtliche oder wirtschaftliche Beziehungen gegeben" seien.[413] Ein etwaiges Eigeninteresse der Muttergesellschaft an dem Mitarbeiter und damit der Ausgabe der Optionen erklärt der BFH ohne weiteres für unbeachtlich. In der Praxis ist damit anzunehmen, dass in Fällen von Aktienoptionen der Konzernobergesellschaft (Muttergesellschaft) regelmäßig Arbeitslohn i.S.v. § 19 EStG vorliegt.[414] Davon unabhängig ist die Frage, ob der Arbeitgeber zum Lohnsteuerabzug verpflichtet ist (dazu unten Rz. 376 ff.).

326 Einkünfte aus nichtselbständiger Tätigkeit aus dem Aktienoptionsplan beziehen auch der Arbeitnehmer nach seinem Ausscheiden aus dem Unternehmen des

---

[408] *Portner*, DStR 1997, S. 787 f. m.w.N.

[409] *Hartmann*, FR 2000, S. 1014 ff.; u.E. fern liegend, gleicher Ansicht *Drenseck* in: Schmidt, EStG, 20. Aufl. 2001, § 19 Rz. 50 „Ankaufsrecht".

[410] Zu diesem Kriterium statt vieler *Thürmer* in: Blümich, EStG/KStG/GewStG, Stand September 2000, § 19 Rz. 232 f. m.w.N.

[411] Z.B.: BFH, Beschluss vom 23.7.2001, VI B 63/99, BFH/NV 2001, S. 1557; BFH vom 24.1.2001, I R 100/98, BStBl. II 2001, S. 510 f.; BFH vom 24.1.2001, I R 119/98, BStBl. II 2001, S. 514 f.; BFH vom 20.6.2001, VI R 105/99, BFH/NV 2001, S. 1185 f.; FG München, Beschluss vom 12.3.1999, 8 V 239/99, n.v., bestätigt durch BFH, Beschluss vom 23.7.1999, VI B 116/99, BStBl. II 1999, S. 686; FG Köln vom 9.9.1998, 11 K 5153/97, EFG 1998, S. 1634 f.; FG München, Beschluss vom 11.1.1999, 8 V 3484/98, EFG 1999, S. 382; FG Rheinland-Pfalz vom 7.6.1999, 2 K 3337/98, DStRE 2000, S. 185; Niedersächsisches FG vom 19.8.1999, XIII 212/93, n.v.; Hessisches FG vom 21.12.2000, 10 K 2270/00, EFG 2001, S. 504.

[412] *Borggräfe/von Einem*, JbFSt 1998/99, S. 619 f.; *Kessler/Strnad*, StuB 2000, S. 884; *Kußmaul/Weißmann*, StB 2001, S. 451; *Portner*, 2000, Rz. 300; *Thürmer* in: Blümich, EStG/KStG/GewStG, Stand September 2000, § 19 Rz. 280 „Ankaufsrecht".

[413] BFH vom 24.1.2001, I R 100/98, BStBl. II 2001, S. 510; BFH vom 24.1.2001, I R 119/98, BStBl. II 2001, S. 514. Zustimmend *Deutschmann*, DStR 2001, S. 938.

[414] *Kessler/Strnad*, StuB 2001, S. 653; *Kußmaul/Weißmann*, StB 2001, S. 451 f.

V. Steuerrecht

Arbeitgebers (§ 24 Nr. 2 EStG mit § 2 Abs. 2 Nr. 2 LStDV) sowie der Rechtsnachfolger des Arbeitnehmers (§ 24 Nr. 2 EStG mit § 1 Abs. 1 Satz 2 LStDV).[415]

Aktienoptionen können grundsätzlich auch an Arbeitnehmer ausgegeben werden, die zugleich Gesellschafter der ausgebenden Gesellschaft sind. Dann wäre nach den allgemeinen Regeln eine verdeckte Gewinnausschüttung zu prüfen. Solche Fälle sind in der nachfolgenden Darstellung nicht weiter behandelt. **327**

b) Zeitpunkt des Zuflusses

Heftig umstritten ist, zu welchem Zeitpunkt dem Arbeitnehmer der Vorteil aus der Aktienoption im Rahmen des § 19 EStG einkommensteuerrechtlich zufließt.[416] Der Zuflusszeitpunkt ist insbesondere für die steuerliche Belastung des Arbeitnehmers sowie für lohnsteuerliche Mitwirkungspflichten des Arbeitgebers relevant, da er u.a. Bewertung und periodengerechte Erfassung beeinflusst. **328**

In Betracht kommen im Wesentlichen die Zeitpunkte (a) der Einräumung,[417] (b) der Ausübbarkeit oder Veräußerbarkeit, (c) der tatsächlichen Ausübung (§ 198 AktG) oder Veräußerung der Option, (d) die Zeitpunkte der Ausgabe (§ 199 Abs. 1, § 200 AktG)[418] sowie (e) der Veräußerung der in Ausübung der Optionen bezogenen Aktien (Bezugsaktien). Stets handelt es sich um Einnahmen als Sachbezüge i.S.v. § 8 EStG.[419] **329**

aa) Standpunkt der Rechtsprechung

Nach jetzt gefestigter Rechtsprechung des BFH findet bei „nicht handelbaren" Optionen Zufluss erst statt, wenn der Arbeitgeber dem Arbeitnehmer das **wirtschaftliche Eigentum an den Aktien** verschafft (also nicht ohne weiteres schon im Zeitpunkt der Ausübungserklärung des Mitarbeiters).[420] Denn das Lohnsteuerrecht stelle nicht auf Ansprüche, sondern auf Zuflüsse ab. Wohl folgerichtig verneint der BFH auch Zufluss bei erstmaliger Erfüllung der Ausübungs- **330**

---

[415] Vgl. zu Optionsrechten den Fall BFH vom 26.7.1985, VI R 200/81, BFH/NV 1986, S. 306.

[416] Zur Übersicht siehe oben Rz. 76 ff. Zahlreiche Nachweise zum bisherigen Streitstand bei: *Drenseck* in: Schmidt, EStG, 20. Aufl. 2001, § 19 Rz. 50 „Ankaufsrecht"; *Eberhartinger/Engelsing*, WPg 2001, S. 104 ff.; *Egner/Wildner*, FR 2001, S. 62 ff.; *Heinicke* in: Schmidt, EStG, 20. Aufl. 2001, § 11 Rz. 30 „Option"; *Kessler/Strnad*, BB 2000, S. 641 ff.; *Portner*, 2000, Rz. 242 ff. und Rz. 279 ff.; *Thomas* in: Küttner, 8. Aufl. 2001, Rz. 5/15 ff. – Nicht diskutiert wird im Rahmen dieser Darstellung die ökonomische Relevanz des Besteuerungszeitpunktes. Dazu statt vieler, je m.w.N.: *Knoll*, FB 2000, S. 765 ff.; *Vater*, FB 2000, S. 767 ff.

[417] Auch als „up-front-Besteuerung" oder „Anfangsbesteuerung" oder „Echte Optionen" (so *Kusterer*, EStB 2001, S. 111 f.) bezeichnet.

[418] Die unter c) und d) genannten Zeitpunkte werden auch „Endbesteuerung" genannt.

[419] Statt vieler *Kußmaul/Weißmann*, StB 2001, S. 450.

[420] BFH, Beschluss vom 23.7.1999, VI B 116/99, BStBl. II 1999, S. 684; BFH vom 24.1.2001, I R 100/98, BStBl. II 2001, S. 510 f.; BFH vom 24.1.2001, I R 119/98, BStBl. II 2001, S. 514; vgl. BFH vom 20.6.2001, VI R 105/99, BFH/NV 2001, S. 1185 f.; Hessisches FG vom 21.12.2000, 10 K 2270/00, EFG 2001, S. 504; vgl. FG Düsseldorf, Beschluss vom 11.4.2001, 3 V 6028 A (L), EFG 2001, S. 968. Optionen, die der Arbeitgeber von einem Dritten erworben hat, könnten dagegen bei Übertragung an den Arbeitnehmer zufließen. Siehe dazu unten Rz. 670 ff. – Zur Entwicklung der Rechtsprechung bis zum Beschluss des BFH vom 23.7.1999 siehe *Kessler/Strnad*, BB 2000, S. 642. – Anders z.B. FG Baden-Württemberg vom 24.6.1999, 10 K 464/96, EFG 2000, S. 64. Für Besteuerung bei Optionseinräumung sogar Niedersächsisches FG vom 19.8.1999, XIII 212/93, n.v., doch teilt der Tatbestand die Optionsbedingungen nicht mit.

voraussetzungen (z.B. Erfolgsziele, Wartefrist).[421] Das gilt auch für Optionen, die von einer Konzernobergesellschaft ausgegeben werden.[422]

Daneben sind zahlreiche praxisrelevante Fragen allerdings noch offen:

331   Nicht abschließend geklärt erscheint zunächst die Definition der „Handelbarkeit" selbst,[423] mithin der Anwendungsbereich der dargestellten Judikatur. Der BFH weist für handelbare Optionen zwar auf eine Verfügung der OFD Berlin hin.[424] Dort heißt es, Marktgängigkeit setze „die uneingeschränkte Veräußerbarkeit der Option an einem vorhandenen und für alle offenen Markt voraus".[425] Handelbarkeit und Marktgängigkeit sind jedoch weder steuerrechtliche noch zivilrechtliche Termini. Im Einkommensteuerrecht gilt das Verständnis einer wirtschaftlichen Betrachtungsweise des Sachverhaltes. „Handelbar" könnten daher solche Optionen sein, die in wirtschaftlicher Wertung durch Veräußerung verwertbar sind.[426]

332   Offen und damit **ungeklärt** ließ der BFH u.E., wann demnach „handelbare" Optionen steuerlich zufließen.[427] Unklar ist sogar, ob die BFH-Position unklar ist oder – entgegen der hier vertretenen Ansicht – eine Tendenz zur Anfangsbesteuerung auszumachen ist.[428] Daher ist auch nicht bekannt, ob „nicht handelbare" Optionen mit Eintritt der „Handelbarkeit" – z.B. erstmalige Börsennotierung grundsätzlich frei übertragbarer Optionen oder Wegfall einer Veräußerungssperre – zufließen (können).

333   Innerhalb des BFH scheint ferner noch keine Einigkeit zu bestehen, ob „nicht handelbare" Optionen trotz fehlender Ausübbarkeit bereits mit Glattstellung oder anderer vorzeitiger Realisierung zufließen können.[429] Hier müssten u.E. vorab die Begriffe geklärt werden.[430]

---

[421] BFH vom 20.6.2001, VI R 105/99, BFH/NV 2001, S. 1185 f. Offen gelassen noch durch: BFH vom 24.1.2001, I R 100/98, BStBl. II 2001, S. 511; BFH vom 24.1.2001, I R 119/98, BStBl. II 2001, S. 515 (je mit Rechtsprechungshinweisen). Näher dazu *Thomas*, KFR F. 6 EStG § 19, 2/01, S. 373.

[422] *Frystatzki*, EStB 2001, S. 396; *Thomas*, KFR F. 6 EStG § 19, 2/01, S. 374.

[423] *Hoffmann*, DStR 2001, S. 1789 f.; *Kessler/Strnad*, StuB 2001, S. 654. *Herzig/Lochmann*, DB 2001, S. 1436, bezweifeln daher zu Recht den gegenwärtigen Wert der Abgrenzung.

[424] BFH, Beschluss vom 23.7.1999, VI B 116/99, BStBl. II 1999, S. 686, unter 2. c) bb) der Gründe; BFH vom 24.1.2001, I R 100/98, BStBl. II 2001, S. 510; BFH vom 24.1.2001, I R 119/98, BStBl. II 2001, S. 515. In dem Beschluss bezieht der BFH sich knapp auf die vorinstanzlichen Feststellungen; in den beiden Urteilen waren die Optionen nicht übertragbar und unterlagen einer Ausübungssperrfrist.

[425] OFD Berlin, Verfügung vom 25.3.1999, St-423-S 2347-1/99, DB 1999, S. 1241 = StEK EStG § 19 Nr. 344.

[426] *Kessler/Strnad*, StuB 2001, S. 654. Enger *Herzig/Lochmann*, DB 2001, S. 1439.

[427] Siehe BFH, Beschluss vom 23.7.1999, VI B 116/99, BStBl. II 1999, S. 686, unter 2. c) bb) der Gründe; BFH vom 24.1.2001, I R 100/98, BStBl. II 2001, S. 510; BFH vom 24.1.2001, I R 119/98, BStBl. II 2001, S. 514.

[428] Wie hier statt vieler: *Aweh*, EStB 2001, S. 333; *Frystatzki*, EStB 2001, S. 396; *Portner*, DStR 2001, S. 1332. Für Anfangsbesteuerung aber offenbar: FG Düsseldorf, Beschluss vom 11.4.2001, 3 V 6028 A (L), EFG 2001, S. 969; *Deutschmann*, DStR 2001, S. 939; *Grune*, AktStR 2001, S. 412; *Engelsing*, StuB 1999, S. 1054; *Hagen*, FR 2001, S. 726; *Hoffmann*, DStR 2001, S. 1789 ff.; *Kußmaul/Weißmann*, StB 2002, S. 15.

[429] Dagegen: BFH vom 24.1.2001, I R 100/98, BStBl. II 2001, S. 511; BFH vom 24.1.2001, I R 119/98, BStBl. II 2001, S. 515. Offen gelassen dann aber von BFH vom 20.6.2001, VI R 105/99, BFH/NV 2001, S. 1185 f. Wie hier *Frystatzki*, EStB 2001, S. 397.

[430] Zur Glattstellung von Aktienoptionen näher unten Rz. 350 sowie *Lampe/Strnad*, DStR 2000, S. 1117 ff. m.w.N.

Der stellvertretende Vorsitzende des Lohnsteuer-Senates des BFH *Thomas* begründete die Auffassung des BFH eingehend. Er nimmt bei Aktienoptionen des Arbeitgebers unabhängig von deren Handelbarkeit, Übertragbarkeit oder Vererblichkeit Zufluss erst bei Ausgabe der Bezugsaktien an;[431] anders soll es nur bei dem Arbeitnehmer vom Arbeitgeber zugewendeten Ansprüchen gegenüber Dritten sein.[432] Dies mag u.E. ein Indiz für die Haltung des Gerichts sein.[433] 334

bb) Standpunkt der Finanzverwaltung

Die Haltung der Finanzverwaltung erscheint derzeit nicht geschlossen. Einerseits besteht die genannte Verfügung der OFD Berlin aus dem Jahr 1999.[434] Ihr Inhalt ist bundesweit abgestimmt. Demnach fließt bei „nicht handelbarem Optionsrecht ein geldwerter Vorteil erst bei Ausübung des Optionsrechts" zu. Maßgebend sei das Kriterium der Marktgängigkeit und damit die uneingeschränkte Veräußerbarkeit der Option an einem vorhandenen und für alle offenen Markt (siehe oben Rz. 331); Vorkaufsrechte des Arbeitgebers schlössen die uneingeschränkte Veräußerbarkeit aus.[435] 335

Schädlich soll ferner sein, wenn die Veräußerung der Option der Zustimmung des Arbeitgebers bedarf oder bei veräußerbarer Option der Arbeitgeber innerhalb eines bestimmten Zeitraumes den Gewinn ganz oder teilweise abschöpfen kann.[436] 336

Andererseits sind aus der Finanzverwaltung vereinzelt auch Stimmen und Entscheidungen bekannt, die den Zufluss bei Ablauf der Sperrfrist oder ohne Rücksicht auf die Marktgängigkeit bei tatsächlicher – wohl im wirtschaftlichen Sinne endgültiger – Veräußerung der Optionen bejahen.[437] Die Meinungsbildung ist hier noch im Fluss. 337

Demgegenüber fließen „marktgängige" Optionen nach bisheriger Verwaltungspraxis bereits mit ihrer Einräumung zu. 338

cc) Standpunkte der Literatur

Die Literatur bietet ein äußerst uneinheitliches Bild. Die Tendenz dürfte gegenwärtig auf Zufluss bei Ausübbarkeit bzw. Veräußerbarkeit gehen.[438] Es gibt auch diverse Vorschläge, um steuerliche „Marktgängigkeit" (Finanzverwaltung) der Optionen mit Bindung und Motivierung der Mitarbeiter zu vereinen. Neben 339

---

[431] *Thomas*, DStZ 1999, S. 710 ff.; *ders.* in: Küttner, 8. Aufl. 2001, Rz. 5/14 ff.; *ders.*, KFR F. 6 EStG § 19, 2/01, S. 374.

[432] Dazu näher unten Rz. 343 ff. und Rz. 670 ff.

[433] Siehe aber die bei Rz. 332 dargestellten unterschiedlichen Interpretationen.

[434] OFD Berlin, Verfügung vom 25.3.1999, St-423-S 2347-1/99, DB 1999, S. 1241 = StEK EStG § 19 Nr. 344. Näher *Haas/Pötschan*, DB 1998, S. 2139. Das BMF-Schreiben vom 10.11.1994, IV B 3-S 2256-34/94, BStBl. I 1994, S. 816, ist insoweit nicht einschlägig, siehe dessen Rz. 1, zutreffend *Portner*, 2000, Rz. 239. Darstellung der Entwicklung der Verwaltungsmeinung bei *Kessler/Strnad*, BB 2000, S. 642 f.

[435] Zielrichtung dieser Regelung ist die Verhinderung des so genannten „Münchener Modells".

[436] *Haas/Pötschan*, DStR 2000, S. 2020.

[437] Veröffentlicht bisher nur durch *Haas/Pötschan*, DStR 2000, S. 2020 (explizit gegen *Thomas*, DStZ 1999, S. 710). Der Hinweis von *Leopold*, FR 2000, S. 1332 f. Fn. 8, betrifft eine Einzelfallentscheidung.

[438] Siehe statt vieler jüngst: *Eberhartinger/Engelsing*, WPg 2001, S. 104 ff. m.w.N.; *Egner/Wildner*, FR 2001, S. 65 f. m.w.N.; *Portner*, DStR 2001, S. 1333 f.; *Rohler*, NWB Fach 6, S. 4236, 4238. Ablehnend jetzt *Herzig/Lochmann*, DB 2001, S. 1438 ff. Zur eigenen Auffassung siehe unten Rz. 341 ff.

den von der Finanzverwaltung bereits abgelehnten Modellen – siehe oben – sind insbesondere die Einschaltung einer (Investment-)Bank oder einer Beteiligungsgesellschaft zu nennen.[439] Bei Gestaltungen sollte jedoch stets beachtet werden, dass die Marktgängigkeit den Anforderungen an einen Hauptversammlungsbeschluss gemäß §§ 192, 193 AktG widerstreiten und somit einer aktienrechtlichen Anfechtungsklage Nahrung geben könnte.[440]

dd) Résumé

340 Das wesentliche, zusammengefasste Ergebnis aus Sicht des Steuerpflichtigen ist somit:
– Nicht „handelbare" (nicht „marktgängige") Optionen, darunter nackte Optionen gemäß § 192 Abs. 2 Nr. 3 AktG: Auf Basis der Positionen des BFH und der Finanzverwaltung fließen diese Optionen nicht schon bei ihrer Gewährung zu. Im Einzelfall könnte die Finanzverwaltung einen Zufluss bei Ende der Wartezeit oder bei wirtschaftlich endgültiger Realisierung durch Veräußerung bejahen. Im Übrigen tritt Zufluss des Vorteils erst bei Ausgabe der Bezugsaktien ein (Endbesteuerung).[441]
– „Handelbare" („marktgängige") Bezugsrechte: Nach der Finanzverwaltung fließen sie mit ihrer Einräumung zu. Die Position des BFH ist noch offen; aus dem BFH gibt es indes eine wichtige Stimme, die auch handelbare Optionen der Endbesteuerung unterwirft.
– Die Abgrenzung sowie die Behandlung des Überganges zwischen beiden vorgenannten Gruppen ist nicht gesichert.

ee) Stellungnahme[442]

341 Hinter den Entscheidungen des BFH zum Zuflusszeitpunkt mag das Verständnis stehen, selbstgeschaffene Optionen auf Aktien des Arbeitgebers oder eines verbundenen Unternehmens (bzw. Preisnachlässe hierauf) könnten nicht Sachbezug i.S. des § 8 i.V.m. § 19 EStG sein. Dies bedeutete, dass Inhalt der Lohnforderung des Arbeitnehmers stets und nur die Bezugsaktien sind, die Lohnforderung nur durch die Bezugsaktien erfüllt werden kann. Dann erscheint es konsequent, für die Erfüllung „des Anspruches" des Arbeitnehmers regelmäßig auf die Überlassung der Bezugsaktien abzustellen.[443] Auch der Eintritt der Ausübungsvoraussetzungen müsste folglich irrelevant sein.[444] Die BFH-Entscheidungen wären im Ergebnis wohl überzeugend.

342 Ist diese Annahme korrekt, dann dürfte es auf eine „Handelbarkeit" der Option nicht ankommen.[445] Also würden Aktienoptionen grundsätzlich erst bei Über-

---

[439] Übersicht bei *Kessler/Strnad*, BB 2000, S. 646 f. Siehe auch unten Rz. 670 ff.
[440] *Kessler/Strnad*, StuB 2001, S. 654 f.
[441] In der Praxis ergeben sich daraus Probleme, wenn der Arbeitgeber eine GmbH ist. Denn das GmbH-Recht kennt keine bedingte Kapitalerhöhung. Eine mögliche Lösung kann die Ausgabe von Stellvertreterscheinen auf Geschäftsanteile sein; siehe im Übrigen die Darstellung im Gesellschaftsrecht unter „Phantom Stocks bei nicht börsennotierten Unternehmen". Weiter zu klären ist dann Gegenstand des wirtschaftlichen Eigentums und dessen Zuflusszeitpunkt.
[442] Siehe bereits *Kessler/Strnad*, FR 2001, S. 902 f.
[443] Beachtliche Einwände dagegen bei *Portner*, DStR 2001, S. 1333 f.
[444] So ausdrücklich BFH vom 20.6.2001, VI R 105/99, BFH/NV 2001, S. 1185 f.
[445] Insoweit erscheint die Auffassung von *Thomas*, wiedergegeben oben bei Rz. 334 (mit Hinweisen), in sich konsequent. – A.A.: *Deutschmann*, DStR 2001, S. 939; *Hagen*, FR 2001, S. 726; *Herzig/Lochmann*, DB 2001, S. 1439.

tragung des wirtschaftlichen Eigentums der Aktien an den Arbeitnehmer zufließen, unabhängig von der übrigen Ausgestaltung der Option.

Fraglich bleibt zum einen, wie nach Ablauf der Wartzeit eine etwaige Veräußerung der nicht handelbaren Option zu erfassen ist. U.E. kommt es darauf an, ob die Veräußerung Einkommenserzielung oder -verwendung darstellt; siehe dazu unten Rz. 388. Gleiches könnte für die Glattstellung gelten, siehe dazu unten Rz. 350. Zum anderen ist fraglich, warum von Dritten erworbene Optionen auf Aktien des Arbeitgebers ggf. anders zu behandeln sein sollten bzw. warum es auf die Herkunft der Optionen ankommen sollte; siehe dazu schon oben Rz. 334 sowie unten Rz. 670 ff. **343**

U.E. könnte dieses – vermutete – Modell nicht überzeugen.[446] Selbstverständlich kann einkommensteuerrechtlicher Sachbezug auch (ein Preisnachlass auf) ein Recht oder eine Forderung sein.[447] Folglich können auch verbilligte Aktienoptionen Sachbezüge des Arbeitnehmers sein. Missverständlich oder verkürzend erscheinen daher Formulierungen, wonach das Lohnsteuerrecht nicht auf Ansprüche, sondern auf Zuflüsse abstelle. Denn Vorfrage des Zuflusses ist, was eigentlich Zuflussgegenstand sein soll oder kann. **344**

Problematisch sind allerdings Forderungen, die der Arbeitgeber dem Arbeitnehmer als Vergütungsgegenstand (vertraglich) einräumt und die sich gegen den Arbeitgeber selbst richten. Zivilrechtlich ist diese Gestaltung ohne weiteres möglich. Steuerlich ist sie ein Grenzfall; ihr kann oftmals nach § 42 AO oder mit wirtschaftlicher Tatbestandsauslegung die Anerkennung zu versagen sein. Zu prüfen ist daher jeweils, ob eine solche Forderung gegen den Arbeitgeber in Erfüllung der gegen ihn gerichteten Lohnforderung steuerlich anzuerkennen ist.[448] Der Zeitpunkt des Zuflusses der anzuerkennenden Forderung wäre anschließend nach allgemeinen Kriterien, nämlich dem wirtschaftlichen Eigentum, zu ermitteln.[449] **345**

Dies gilt auch für Optionsgestaltungen. Sie sind steuerlich beachtlich, wenn es für die Gestaltung anerkennenswerte vernünftige Gründe gibt. Bekannt ist zum Beispiel der Programmkauf (siehe Rz. 652 ff.); nahe liegender wirtschaftlicher Grund kann hier u.a. sein, den Aufwand der Neuemissionen zu verlagern oder gesellschaftsrechtliche Restriktionen zu vermeiden. Insoweit besteht im Ergebnis Übereinstimmung mit bereits erwähnten Äußerungen, die für die Anfangsbesteuerung einen Drittbezug fordern.[450] Weitere Gründe für die Anerkennung eines gesonderten Anspruchs gegen Arbeitgeber könnten sein, dass die Begünstigten wegen der jüngsten Kurseinbrüche Aktienoptionen nur noch erfüllungshalber **346**

---

[446] Siehe zur Kritik statt vieler auch, je m.w.N.: *Eberhartinger/Engelsing*, WPg 2001, S. 104 ff.; *Jacobs/Portner* in: Achleitner/Wollmert, 2000, S. 184 ff.; *Kessler/Strnad*, BB 2000, S. 644 ff.; dies., StuB 2001, S. 655.

[447] Siehe für den Bereich des § 19 EStG nur *Seeger* in: Schmidt, EStG, 20. Aufl. 2001, § 24 Rz. 82.

[448] Vgl. schon: *Fasold*, DB 1964, S. 277; *Eckert*, DB 1999, S. 2490 f.; *Kessler/Strnad*, BB 2000, S. 645; dies., StuB 2001, S. 655; *Strnad/Suchan*, DStZ 1999, S. 486 f. Allgemein *Trzaskalik* in: Kirchhof/Söhn, EStG, Stand Februar 2001, § 11 Rz. B 39. Anders für Optionsrechte aber: *Hartz/Meeßen/Wolf*, ABC-Führer Lohnsteuer, „Stock Options" (Juni 2001) Rz. 5; *Wolff-Diepenbrock* in: Littmann/Bitz/Hellwig, Stand Februar 2001, § 8 Rz. 14. – Das Abgrenzungsproblem scheint bislang aber kaum bearbeitet zu sein. Vgl. z.B. BFH vom 22.7.1997, VIII R 57/95, BStBl. II 1997, S. 759 f. betreffend eine Novation als Zufluss.

[449] *Kessler/Strnad*, BB 2000, S. 644 f.

[450] Siehe unten Rz. 670 ff.

F. Aktienoptionspläne nach § 192 Abs. 2 Nr. 3 AktG

(§ 364 Abs. 2 BGB) akzeptieren, oder dass Arbeitsverträge begründete Zusatzklauseln für die Teilnahme an Stock-Option-Plänen beinhalten.[451]

347 Dritter i.S. des möglichen Drittbezuges kann u.E. selbstredend auch das die Optionen ausgebende ausländische Mutterunternehmen sein.[452] Zu Recht prüft selbst der BFH für den Lohnsteuerabzug regelmäßig nur § 38 Abs. 1 Satz 2 EStG (echter Drittlohn).[453] Steuerumgehungsstrategien liegen hier weitaus ferner als im unmittelbaren Verhältnis zwischen Arbeitgeber und Arbeitnehmer. Dabei wäre zudem zu berücksichtigen, dass die Tochtergesellschaft an der Aufstellung eines konzernweiten Aktienoptionsplanes meist nicht beteiligt und allenfalls in dessen Durchführung eingebunden ist.

348 Wer einen Drittbezug verlangt, könnte möglicherweise noch weiter gehen: gibt der Arbeitgeber selbst die Optionen aus, so kann ihm selbstverständlich steuerlich nicht verwehrt werden, sich hierfür der bedingten Kapitalerhöhung zu bedienen. Er kann die Ansprüche auf neue Aktien dann nur mittels Kapitalerhöhungsbeschlusses der Gesellschafter erfüllen, deren Vermögen die Kapitalerhöhung denn auch schmälert. Insofern enthält die Option ebenfalls einen Drittbezug.[454]

349 Handelbarkeit bzw. Marktgängigkeit ist hiernach lediglich einer unter vielen Aspekten, die hinsichtlich der steuerlichen Anerkennung der gegen den Arbeitgeber gerichteten Sekundärforderung zu prüfen sein könnten.[455]

350 Möglicherweise kann eine tatsächliche Glattstellung der Position als Veräußerung mit Zuflusswirkung gelten.[456] Dabei ist auch denkbar, den Gewinn aus der Ausübung der Option (§ 19 EStG) durch einen Verlust aus Inanspruchnahme aus einer Call-Option (§ 23 EStG; u.E. § 19 EStG möglich) zu kompensieren.[457] Unter Geltung des neuen Halbeinkünfteverfahrens (§ 3 Nr. 40 lit. j), § 3c Abs. 2 EStG) ist der Verlust aus § 23 EStG jetzt aber nur noch zur Hälfte steuerverhaftet, so dass die vollständige Kompensation scheitert. Dies beeinträchtigt zugleich den Cash-Flow seitens des Begünstigten.

351 In der Praxis wird oft eine Anfangsbesteuerung angestrebt. Im Gegenzug zu möglichen Steuerersparnissen trägt der Arbeitnehmer dabei das Risiko der Entwicklung des Aktienkurses und Eintritts der Erfolgsziele. So kann er einen geldwerten „Vorteil" versteuern, der sich später nicht realisiert.[458] In jedem Fall trägt

---

[451] Vgl. aus arbeitsrechtlicher Sicht, *Röder/Göpfert*, BB 2001, S. 2002 f.

[452] Ähnlich wohl *Thomas*, KFR F. 6 EStG § 19, 2/01, S. 374. Offen gelassen noch bei *MIT*, DStR 2001, S. 1342. A.A. *Frystatzki*, EStB 2001, S. 397. Siehe ferner die Darstellung zum Programmkauf unten Rz. 670 ff.

[453] Siehe nur BFH, Beschluss vom 23. 7. 2001, VI B 63/99, BFH/NV 2001, S. 1558.

[454] Es besteht einkommensteuerrechtlich ferner keine Korrespondenz zwischen dem Zufluss beim Arbeitnehmer und dem Betriebsausgabenabzug beim Arbeitgeber. Dazu: vgl. BFH vom 9. 4. 1997, I R 20/96, BStBl. II 1997, S. 540; BFH vom 12. 9. 2001, VI R 154/99, DB 2001, S. 2631 f.; *Ackermann/Strnad*, DStR 2001, S. 477; *Barein* in: Littmann/Bitz/Hellwig, Stand Februar 2001, § 19 Rz. 281b; *Hopf/Moritz*, ÖStZ 2000, S. 174 f. (zum österreichischen Recht); *Kühnberger/Keßler*, AG 1999, S. 462; *Thomas*, DStZ 1999, S. 711.

[455] Kritisch dazu auch: *Haas/Pötschan*, DStR 2000, S. 2020; *Herzig/Lochmann*, DB 2001, S. 1440; *KPMG*, 2000, S. 39; *Thomas* in: Küttner, 8. Aufl. 2001, Rz. 5/17.

[456] Ebenso *Herzig* in: Pellens, 1998, S. 179. A.A.: *Rohler*, NWB Fach 6, S. 4236; *Thomas*, KFR F. 6 EStG § 19, 2/01, S. 374.

[457] Siehe *Lampe/Strnad*, DStR 2000, S. 1117 ff. m.w.N.

[458] Siehe: *Bredow*, DStR 1999, S. 371; *Eberhartinger/Engelsing*, WPg 2001, S. 108; *Herzig* in: Bühler/Siegert, 1999, S. 290 f.; *Hoffmann*, DStR 2001, S. 1789 ff.; *KPMG*, 2000, S. 40; *Vater*, FB 2001, S. 433. Es dürfte sich auch nicht um ein rückwirkendes Ereignis i.S.v. § 175 Abs. 1 Satz 1 Nr. 2 AO

der Arbeitnehmer Liquiditäts- und Zinseinbußen aus der frühen Steuerzahlung. Eine Anfangsbesteuerung ist daher für den Arbeitnehmer nicht ohne weiteres ratsam. Es sollte sichergestellt sein, dass dem Arbeitnehmer diese Zusammenhänge bekannt sind.[459]

c) Bewertung

Hinsichtlich der Bewertung des Sachbezuges ist unklar, inwieweit als Rechtsgrundlage § 8 Abs. 2 EStG oder § 19a Abs. 2 EStG[460] heranzuziehen ist. Inhaltliche Unterschiede sind im Wesentlichen die historische Bewertung bei § 19a Abs. 2 Satz 2 EStG und der Abschlag für übliche Preisnachlässe bei § 8 Abs. 2 Satz 1 EStG.[461]

352

Zu § 19a EStG ist bereits streitig, ob die Bewertung nach Absatz 2 auch ohne Erfüllung des Tatbestandes des Absatzes 1 anzuwenden ist;[462] streitig ist weiter, ob zu den Vermögensbeteiligungen des § 19a EStG auch nackte Optionen gehören.[463]

353

U.E. sprechen, über diese Streitfragen hinaus, grammatische und systematische Auslegung des § 19a Abs. 2 EStG zugunsten des § 8 Abs. 2 EStG. Angesichts der letztgenannten Vorschrift besteht auch kein Analogiebedürfnis. Die Anwendung des § 19a Abs. 2 EStG mit ihrer rückbezogenen Bewertung widerspräche dem hier gewollten Risikoelement der Aktienoptionen.[464] Ein „Bewertungssplitting" zwischen § 8 Abs. 2 EStG für die Anfangsbesteuerung und § 19a Abs. 2 EStG für die Endbesteuerung wirkt deshalb eigenartig.[465] Die praktische Relevanz der Diskussion dürfte in den hier besprochenen Fällen jedoch begrenzt sein. Denn zum einen sind Preisnachlässe bei Aktienoptionen nicht üblich;[466] sie sind vielmehr der Vorteil selbst. Zum anderen ist gegenwärtig die Besteuerung bei Ausgabe der Aktien der tatsächliche Regelfall, mithin die Negation der Option (des Anspruches).[467] Gegenstand der Bewertung sind dann die Aktien bzw.

354

---

handeln, da sich lediglich das optionstypische Risiko realisiert; ebenso im Ergebnis *Vater*, 2000, S. 81 m.w.N. US-amerikanische Pläne sehen oft die Möglichkeit vor, nach einigen Jahren die Optionen ausüben zu können, selbst wenn die Erfolgsziele nicht erreicht sind (sog. „accelerated / cliff vesting"). Denn der Plan kann so als „fixed plan" i.S.v. APB 25 gelten mit der Folge, dass kein Personalaufwand auszuweisen ist. § 193 Abs. 2 Nr. 4 AktG untersagt diese Gestaltung.

[459] Die derzeitige Baisse offenbare bei manchen Aktienoptionsplänen insoweit erhebliche Defizite.

[460] Vormals § 19a Abs. 8 EStG. Dessen Überführung in § 19a Abs. 2 EStG beruht auf dem StÄndG 2001.

[461] § 8 Abs. 3 EStG ist jedenfalls nicht erfüllt, zutreffend *Thomas* in: Küttner, 8. Aufl. 2001, Rz. 5/30.

[462] Zum Streitstand (betreffend § 19a Abs. 8 EStG a.F.): FG Köln vom 6.4.2000, 7 K 1193/97, EFG 2000, S. 737 m.w.N.; *Drenseck* in: Schmidt, EStG, 20. Aufl. 2001, § 19a Rz. 26. Jetzt aber offen gelassen von BFH vom 4.4.2001, VI R 96/00, BStBl. II 2001, S. 814.

[463] Zum Streitstand: *Drenseck* in: Schmidt, EStG, 20. Aufl. 2001, § 19a Rz. 26; *Eberhartinger/Engelsing*, WPg 2001, S. 109 f.; *Herzig*, DB 1999, S. 5; *Thomas* in: Küttner, 8. Aufl. 2001, Rz. 5/25 ff. Offen gelassen von: BFH, Beschluss vom 8.8.1991, VI B 109/90, BStBl. II 1991, S. 929 f.; BFH vom 24.1.2001, I R 119/98, BStBl. II 2001, S. 514; BFH vom 20.6.2001, VI R 105/99, BFH/NV 2001, S. 1185 f.

[464] *Kessler/Strnad*, StuB 2001, S. 655; *Thomas*, DStR 1991, S. 1407; *ders.* in: Küttner, 8. Aufl. 2001, Rz. 5/29. Vgl. auch BFH vom 4.4.2001, VI R 96/00, BStBl. II 2001, S. 814 f.

[465] So aber beispielsweise *Kußmaul/Weißmann*, StB 2002, S. 14.

[466] *Portner*, 2000, Rz. 261.

[467] Siehe oben Rz. 330, 341.

F. Aktienoptionspläne nach § 192 Abs. 2 Nr. 3 AktG

der auf sie gewährte Preisnachlass. Insoweit ist die Rückbezugsfrist meist abgelaufen.[468]

355   Bei Anfangsbesteuerung ist Sachwert der Wert der Option bei Einräumung.[469] Der Marktpreis der Option ist aus zeitnahen[470] anderen Optionsveräußerungen zu ermitteln. Andernfalls ist sachgerecht zu schätzen, § 162 AO.[471] Für die Bewertung stehen die Black/Scholes-Formel oder die Binomialmethode zur Verfügung.[472] BFH[473] und Finanzverwaltung akzeptieren zumindest die Black/Scholes-Formel. Vorstehendes gilt entsprechend für etwaigen Zufluss bei Ablauf der Wartezeit.[474]

356   Bei Endbesteuerung ist Sachwert die Differenz zwischen dem Marktwert[475] der Bezugsaktien und dem Ausübungspreis.[476] Dies gilt entsprechend, wenn der Vorteil aus der Option mit dessen Veräußerung zufließt, die Erzielung eines marktüblichen Preises (§ 8 Abs. 2 Satz 1 EStG) unterstellt.[477] Der Rabattfreibetrag des § 8 Abs. 3 EStG wird nur ausnahmsweise anwendbar sein.[478]

357   Zur Behandlung eines ausnahmsweise zu zahlenden Entgeltes bei Optionsgewährung („Optionsprämie") siehe unten Rz. 404 ff.

d) Freibeträge

358   Die Literatur weist teilweise darauf hin, dass Vorteile aus Aktienoptionen gemäß § 3 Nr. 9 EStG als Abfindung steuerfrei sein können.[479] Nach allgemeinen Regeln darf der Arbeitnehmer hierzu nicht bereits einen Rechtsanspruch auf diese Leistung haben.[480] Die entsprechende Vereinbarung zwischen Gesellschaft und Arbeitnehmer muss aus gesellschaftsrechtlicher Sicht aber durch den Haupt-

---

[468] Vgl. auch: BFH vom 20. 6. 2001, VI R 105/99, BFH/NV 2001, S. 1185 f.; *Frystatzki*, EStB 2001, S. 397; *Herzig/Lochmann*, DB 2001, S. 1437; *Thomas*, KFR F. 6 EStG § 19, 2/01, S. 375 f.

[469] Siehe nur *Egner/Wildner*, FR 2001, S. 66.

[470] *Haas/Pötschan*, DB 1998, S. 2139 nennen einen Vergleichszeitraum von 6 Monaten. Das erscheint angesichts der Börsendynamik lang bemessen und sollte daher nur ein ganz genereller Anhaltspunkt sein.

[471] LStR Abschnitt 31 Abs. 2 Satz 7; *Haas/Pötschan*, DB 1998, S. 2139 ff. Die Freigrenze von 50 € nach § 8 Abs. 2 Satz 9 EStG ist nicht relevant.

[472] Statt vieler: *Kramarsch*, 2000, S. 75 ff.; *Kußmaul/Weißmann*, StB 2002, S. 15; *Portner*, 2000, Rz. 263; *Vater*, 2000, S. 76 f., 122 ff.

[473] Zu schließen aus: BFH vom 24. 1. 2001, I R 100/98, BStBl. II 2001, S. 511; BFH vom 24. 1. 2001, I R 119/98, BStBl. II 2001, S. 515. Die Entscheidungen betrafen jedoch nicht die Anfangsbesteuerung.

[474] Vgl. *Eberhartinger/Engelsing*, WPg 2001, S. 109 f.

[475] Über § 8 Abs. 2 Satz 1 EStG oder § 19a Abs. 2 Satz 1 EStG i.d.R. der gemeine Wert gemäß § 9 oder § 11 Abs. 2 BewG, dazu auch *Portner*, 2000, Rz. 262.

[476] Statt vieler: BFH, Beschluss vom 23. 7. 1999, VI B 116/99, BStBl. II 1999, S. 685; BFH vom 24. 1. 2001, I R 100/98, BStBl. II 2001, S. 510; BFH vom 24. 1. 2001, I R 119/98, BStBl. II 2001, S. 514; *Altehoefer* in: Lademann, EStG, Stand Januar 2001, § 19 „Option"; *Dautel*, INF 1999, S. 369; *Eberhartinger/Engelsing*, WPg 2001, S. 111. In Anlehnung an die angelsächsische Terminologie auch als „spread" bezeichnet. Die Werbungskostenpauschale des § 9a Satz 1 Nr. 1 EStG bleibt daher unberührt.

[477] *Haas/Pötschan*, DStR 2000, S. 2020.

[478] Weitergehend *Thomas*, KFR F. 6 EStG § 19, 2/01, S. 375. Vgl. auch *Eberhartinger/Engelsing*, WPg 2001, S. 110 f. Entsprechend wäre zu dem Abschlag von 4 % gemäß LStR Abschnitt 31 Abs. 2 Satz 9 zu entscheiden.

[479] *Eberhartinger/Engelsing*, WPg 2001, S. 113; *Ettinger*, 1999, S. 138; *Prinz*, DStR 1998, S. 1588; -ur-, Beilage EFG 23/1998, S. 92.

[480] *Heinicke* in: Schmidt, EStG, 20. Aufl. 2001, § 3 ABC zu 3 Nr. 9.

V. Steuerrecht

versammlungsbeschluss, ggf. im Rahmen der üblichen Durchführungsermächtigungen an den Vorstand, gedeckt sein.

Ob die Steuerbegünstigung des § 19a EStG auch nackte Aktienoptionen umfasst, ist umstritten,[481] spielt in der Praxis angesichts der hier in Rede stehenden Beträge aber keine Rolle. 359

e) Steuertarifermäßigung aus § 34 EStG

Die Einkünfte aus dem Aktienoptionsplan können als Vergütungen für mehrjährige Tätigkeiten gemäß § 34 Abs. 2 Nr. 4 EStG tarifermäßigt sein.[482] Dies erfordert eine Zusammenballung von Einkünften, die auf wirtschaftlich vernünftigen Gründen beruht.[483] Nach gegenwärtigem Meinungsstand können wohl zwei Grundfälle der Entlohnung unterschieden werden, entscheidend sind stets die jeweiligen Optionsbedingungen:[484] 360

— Der Arbeitnehmer erhält Optionen als einheitliche Vergütung für eine mehrjährige Tätigkeit in bereits abgelaufenen Jahren, ohne dass die Vergütungsbeträge den einzelnen Kalenderjahren zugeordnet werden können.[485] Oder:

— Der Arbeitnehmer erhält Optionen als Vergütung für nach der Einräumung noch zu leistende mehrjährige Tätigkeit.[486]

Der BFH hat nunmehr zu Recht klargestellt, dass Aktienoptionen regelmäßig den zweiten Grundfall erfüllen und, vom Zeitpunkt ihrer Einräumung aus betrachtet, zukunftsbezogene Leistungsanreize (Anreizlohn) darstellen.[487] Diesbezügliche optimierende Steuerplanungen sind damit erheblich beschnitten.[488] 361

„Mehrjährig" i.S.v. § 34 Abs. 2 Nr. 4 EStG ist eine Tätigkeit, wenn sie mehr als einen Veranlagungszeitraum betrifft.[489] Fraglich ist (insbesondere im zweiten Grundfall), ob zum Zeitraum, für den die Vergütung gewährt wird, auch die Zeit zwischen Ausübbarkeit und tatsächlicher Ausübung der Optionen zählt. U.E. ist dies zumindest dann zu bejahen, wenn — wie in den meisten Plänen — die Ausübungsberechtigung an das Fortbestehen des Dienstverhältnisses geknüpft ist.[490] 362

Die Tarifermäßigung ist jedenfalls gegeben, wenn der Zufluss des Vorteils in einem einzigen Kalenderjahr erfolgt. Ein Zufluss in mehreren Teilbeträgen müsste 363

---

[481] Siehe oben Rz. 353.
[482] BFH vom 24.1.2001, I R 100/98, BStBl. II 2001, S. 512; FG Köln vom 9.9.1998, 11 K 5153/97, EFG 1998, S. 1636; FG München, Beschluss vom 12.3.1999, 8 V 239/99, n.v.; *Thomas* in: Küttner, 8. Aufl. 2001, Rz. 5/31. Die Entscheidung des BFH vom 6.9.2000, XI R 19/00, BFH/NV 2001, S. 431, erging zu Entschädigungen und ist daher auf den vorliegenden Fall nicht ohne weiteres übertragbar.
[483] BFH vom 23.7.1974, VI R 116/72, BStBl. II 1974, S. 680; EStR Abschnitt 200 Abs. 1.
[484] *Kessler/Strnad*, StuB 2001, S. 655 f. Vgl. *Hagen*, FR 2001, S. 728.
[485] Siehe: Fall des BFH vom 21.3.1975, VI R 55/73, BStBl. II 1975, S. 690; *Thomas*, KFR F. 6 EStG § 19, 2/01, S. 375.
[486] Siehe: Fall des BFH vom 24.1.2001, I R 100/98, BStBl. II 2001, S. 509; das Beispiel des sukzessiven Eintritts der Ausübungsreife bei *Haas/Pötschan*, DStR 2000, S. 2024.
[487] BFH vom 24.1.2001, I R 100/98, BStBl. II 2001, S. 512.
[488] *Hagen*, FR 2001, S. 728.
[489] *Lindberg* in: Blümich, EStG/KStG/GewStG, Stand September 2000, § 34 Rz. 100; *Seeger* in: Schmidt, EStG, 20. Aufl. 2001, § 34 Rz. 40; *Vater*, FB 2001, S. 433 m.w.N.; vgl. LStR Abschnitt 200 Abs. 2 Satz 2; FG Köln vom 9.9.1998, 11 K 5153/97, EFG 1998, S. 1636 (zu § 34 Abs. 3 EStG a.F.).
[490] Ebenso *Haas/Pötschan*, DStR 2000, S. 2024. Außerdem kann, je nach Fallgestaltung, der Arbeitgeber das Stillhalterisiko tragen. Offen bei *Portner*, DStR 2001, S. 1336.

F. Aktienoptionspläne nach § 192 Abs. 2 Nr. 3 AktG

nach dem Normzweck dann unschädlich sein.[491] Begünstigt dürfte in Ausnahmefällen auch noch der auf zwei Veranlagungszeiträume verteilte Zufluss sein;[492] gesichert ist dies aber noch nicht.[493] Dabei ist insbesondere im zweitgenannten Grundfall darauf zu achten, dass bei Gestaltungen wie dem sukzessiven Eintritt der Ausübungsreife jedes zugeflossene etwaige „Teilpaket" ggf. einen mehrjährigen Tätigkeitszeitraum (bis zur Ausübung, siehe oben) abdeckt.[494] Die Beschränkung auf max. zwei Veranlagungszeiträume erscheint indes nicht mehr gerechtfertigt, da § 34 Abs. 1 EStG (jetzt) selbst fünf Jahre für den Ausgleich zugrunde legt.[495]

364 Eine tarifbegünstigte Zusammenballung der Einkünfte kann u.E. auch dann vorliegen, wenn der Arbeitnehmer diese im Rahmen seiner eigenen Entscheidungsspielräume selbst herbeiführt, weil er beispielsweise auf eine entsprechende Aktienkursentwicklung vertraut.[496]

365 Umgekehrt kann eine ratierliche oder sonst fortlaufende Einräumung o.Ä. der Optionen beim Arbeitnehmer unter wirtschaftlicher Wertung möglicherweise zu laufendem Arbeitslohn führen.[497] Das wurde unlängst bejaht für Optionen, deren Vergabe mit regelmäßigen Leistungsbeurteilungen verbunden war.[498] § 34 Abs. 2 Nr. 4 EStG ist dann nicht eröffnet. Gegen laufenden Arbeitslohn kann allgemein sprechen, wenn z.B. die gestückelte Gewährung der Optionen zeitlich und sachlich zusammenhängt. Dazu bedarf es nicht notwendig eines äußerlich einheitlichen Planes. Für den zeitlichen Zusammenhang könnten als Anhaltspunkt fünf Jahre gelten, vgl. § 34 Abs. 1 EStG.

366 In Kontext mit der Beschränkung der Begünstigung bei gestreckter Ausübung – siehe oben – ist die Anwendung des § 34 Abs. 2 Nr. 4 EStG deshalb derzeit in Gestaltungssituationen als **nicht** hinreichend geklärt anzusehen.

367 Im Falle der Beendigung der Tätigkeit des Berechtigten für die Gesellschaft kommt für Entschädigungen die Tarifermäßigung in Betracht, § 34 Abs. 2 Nr. 2 i.V.m. § 24 Nr. 1 EStG.[499] Steuerfreie Einkünfte nach § 3 Nr. 9 EStG für Abfindungen sind bei der Beurteilung der Zusammenballung der Einkünfte gemäß § 34 EStG dann aber nicht zu berücksichtigen.[500]

368 Eine Entlastung durch § 34 Abs. 1 EStG hängt von mehreren Parametern ab.[501] Sie entfällt jedenfalls dann, wenn die übrigen Einkünfte in die obere Proportional-

---

[491] Vgl. BFH vom 11.6.1970, VI R 338/67, BStBl. II 1970, S. 639.
[492] Vgl.: *Friedrichsen*, 2000, S. 316 f.; *Haas/Pötschan*, DStR 2000, S. 2024 m.w.N.; *Seeger* in: Schmidt, EStG, 20. Aufl. 2001, § 34 Rz. 42; *Vater*, 2000, S. 95 und *ders.*, FB 2001, S. 435 f.
[493] Ebenso *Frystatzki*, EStB 2001, S. 397. Siehe jetzt auch: FG München vom 18.9.2001, 12 K 2996/01, EFG 2002, 134; FG München vom 24.10.2001, 1 K 5201/99, EFG 2002, 276.
[494] Vgl. *Haas/Pötschan*, DStR 2000, S. 2024.
[495] *Kessler/Strnad*, StuB 2001, S. 656. Siehe auch: *Arnold*, NZG 2001, S. 216; *Ettinger*, 1999, S. 132 Fußnote 13; *Kanzler*, FR 2001, S. 742.
[496] Vgl. A. 200 Abs. 2 Satz 1 LStR. Ebenso: *Ettinger*, 1999, S. 133 f.; *Vater*, 2000, S. 96 f.; *ders.*, FB 2001, S. 436.
[497] Vgl.: *Eberhartinger/Engelsing*, WPg 2001, S. 112; *Ettinger*, 1999, S. 131 f.; *Vater*, FB 2001, S. 434 f.
[498] Hessisches FG vom 21.12.2000, 10 K 2270/00, EFG 2001, S. 503. Wohl richtig.
[499] *Eberhartinger/Engelsing*, WPg 2001, S. 112 f. m.w.N.
[500] BFH vom 2.9.1992, XI R 44/91, BStBl. II 1993, S. 52. Zu § 3 Nr. 9 EStG siehe oben Rz. 358.
[501] Zum Ganzen ausführlich *Schiffers* in: Korn, EStG, Stand Januar 2001, § 34 Rz. 27 ff. Auch *Arnold*, NZG 2001, S. 217.

zone reichen.⁵⁰² Vorteilhaft konnte es z.B. sein, andere steuerliche Verluste zu nutzen bzw. in den entsprechenden Veranlagungszeitraum zu verlagern oder nicht begünstigte positive Einkünfte zu reduzieren bzw. in andere Veranlagungszeiträume zu schieben.⁵⁰³ Vergleichsrechnungen waren daher regelmäßig erforderlich. Aus diesem Grund bedurfte es bisher für § 34 Abs. 1 EStG bei der Einkommensteuer-Veranlagung⁵⁰⁴ auch eines Antrags des Steuerpflichtigen; das Antragserfordernis wurde jetzt indes zur vorgeblichen Vermeidung von Verwaltungsaufwand gestrichen.⁵⁰⁵

f) Lohnsteueraspekte

Aus lohnsteuerlicher Sicht ist vor allem entscheidend, eine Haftung des Arbeitgebers gegenüber dem Fiskus nach § 42d EStG für einzubehaltende und abzuführende Lohnsteuer zu vermeiden. Denn gerade bei Aktienoptionen können den Unternehmen sehr hohe Lohnsteuerhaftungssummen erwachsen, verbunden mit entsprechenden Liquiditäts- und Zinsnachteilen sowie dem Rückgriffsrisiko. Möglicherweise kann der Arbeitgeber auch seinem Arbeitnehmer schadenersatzpflichtig werden.⁵⁰⁶ Ferner könnten Haftung der Vertreter (§ 69 AO) sowie die Verwirklichung einer Steuerhinterziehung (§ 370 AO, mit Haftung nach § 71 AO), Leichtfertigen Steuerverkürzung (§ 378 AO) oder Abzugsteuergefährdung (§ 380 AO) drohen.⁵⁰⁷ **369**

Optionen auf Aktien des inländischen Arbeitgebers unterliegen grundsätzlich der Lohnsteuer, § 38 Abs. 1 Satz 1 EStG. Die Lohnsteuer entsteht mit dem Zufluss des Arbeitslohns beim Arbeitnehmer, § 38 Abs. 2 Satz 2 EStG.⁵⁰⁸ Es handelt sich um sonstige Bezüge im Sinne von § 11 Abs. 1 Satz 3 i.V.m. § 38a Abs. 1 Satz 3 EStG (Vereinnahmung und Versteuerung mit Zufließen), § 39b Abs. 3 EStG (Durchführung des Lohnsteuerabzuges)⁵⁰⁹ sowie § 40 Abs. 1 Satz 1 Nr. 1 EStG (Lohnsteuerpauschalierung). **370**

Im Rahmen des Lohnsteuerabzugsverfahrens ist der Arbeitgeber wegen § 39b Abs. 3 Satz 9 EStG zur Anwendung des § 34 EStG verpflichtet. Deshalb muss der Arbeitgeber beim Lohnsteuerabzug stets eine Vergleichsrechnung (Günstigerprüfung) durchführen und § 34 EStG gemäß § 39b Abs. 3 Satz 9 EStG dann anwenden, wenn er zu einer günstigeren Besteuerung führt als eine Besteuerung als laufender Bezug.⁵¹⁰ Gemäß A. 119 Abs. 1 Satz 3 LStR (ab VZ 2001) ist ein beim laufenden Arbeitslohn nicht ausgenutzter Freibetrag auf die Berechnung beim **371**

---

⁵⁰² Näher: *Friedrichsen*, 2000, S. 317; *Seeger* in: Schmidt, EStG, 20. Aufl. 2001, § 34 Rz. 4.
⁵⁰³ Beispielsrechnungen bei *Arnold*, WiB 1996, S. 820 ff. und *ders.*, NZG 2001, S. 217.
⁵⁰⁴ Veranlagt wird grundsätzlich immer, wenn bereits bei der Lohnsteuer § 34 EStG angewendet wurde, siehe näher § 46 Abs. 2 Nr. 5 EStG.
⁵⁰⁵ Durch StÄndG 2001. Siehe Begründung BT-Drucksache 14/7341, S. 25.
⁵⁰⁶ Dazu *Drenseck* in: Schmidt, EStG, 20. Aufl. 2001, § 38 Rz. 1 m.w.N. U.E. nur ausnahmsweise denkbar, zumal gemäß § 38 Abs. 2 Satz 1 EStG der Arbeitnehmer Lohnsteuerschuldner ist.
⁵⁰⁷ Bei Stock-Option-Plänen weniger relevant ist die Haftung des Betriebsübernehmers aus § 75 AO. Denn laufende Aktienoptionspläne erschweren Übernahmen ohnehin („poison pill") und werden im Rahmen der Due Diligence daher besonders beachtet.
⁵⁰⁸ Zum Problem des Zuflusszeitpunktes siehe oben Rz. 328 ff.
⁵⁰⁹ Siehe: *Arnold*, NZG 2001, S. 217; *Thomas*, KFR F. 6 EStG § 19, 2/01, S. 376.
⁵¹⁰ Ebenso: BMF-Schreiben vom 10.1.2000, IV C 5-S 2330-2/00, BStBl. I 2000, S. 139 Rz. 2; *Seifert* in: Korn, EStG, Stand Januar 2001, § 34 Rz. 27 f. Denn in § 39b Abs. 3 Satz 9 EStG heißt es: „Die Lohnsteuer ist ..." Außerdem ist bei § 34 EStG jetzt das Antragserfordernis entfallen. Anwendung z.B. im Fall FG München, Beschluss vom 12. 3. 1999, 8 V 239/99, n.v. Folge ist Pflichtveranlagung gemäß § 46 Abs. 2 Nr. 5 EStG.

F. Aktienoptionspläne nach § 192 Abs. 2 Nr. 3 AktG

sonstigen Bezug übertragbar. Z.B. durch Eintragung entsprechender Freibeträge, vorzugsweise nach § 39a Abs. 1 Nr. 5 EStG, kann der Steuerpflichtige daher seine Liquidität schonen.[511]

372 Im Regelfall reicht bei Aktienoptionen der vom Arbeitnehmer geschuldete Barlohn zur Deckung der Lohnsteuer nicht aus. Insoweit ist das Verfahren des § 38 Abs. 4 EStG sorgfältig zu beachten. Oft hält der Arbeitgeber für den Arbeitnehmer dazu einen Vordruck bereit, durch den der Arbeitnehmer ihm erklärt, den Lohnsteuerfehlbetrag nicht zur Verfügung zu stellen. Über den Wortlaut des Satzes 2 der Vorschrift hinaus muss der Arbeitgeber seine Anzeige unverzüglich, d.h. ohne schuldhaftes Zögern erstatten; Einzelheiten zu der Anzeige ergeben sich aus A. 138 LStR. Die ordnungsgemäße Anzeige befreit gemäß § 42d Abs. 2 Nr. 1 EStG den Arbeitgeber von der Haftung. Das Finanzamt fordert die zu wenig erhobene Lohnsteuer vom Arbeitnehmer nach.[512]

373 Das formularmäßige Vorgehen über § 38 Abs. 4 EStG mutet zwar „bürokratisch" an und erhebt, nicht ganz unbedenklich, die gesetzliche Ausnahme zur tatsächlichen Regel. Durch Verlagerung der Verantwortung kann es den Arbeitgeber aber erheblich entlasten.[513] Teilweise stimmt die Finanzverwaltung auch einer weiteren Vereinfachung zu, wonach der Arbeitgeber lediglich eine Anzeige nach § 41c Abs. 4 Satz 1 EStG erstattet. Auslandsaufenthalte des Arbeitnehmers mindern den Entlastungseffekt auf den Arbeitgeber allerdings, wenn die Finanzverwaltung schon in der Anzeige des Arbeitgebers die Angabe der Berechnungsgrundlagen für die internationale Steuerabgrenzung[514] verlangt. Deshalb ist zu erwägen, die Optionsausübung von einer Abschlagzahlung oder Einzugsermächtigung abhängig zu machen.

374 Falls dem Arbeitnehmer der Sachbezug erst nach seinem Ausscheiden aus dem Arbeitgeber-Unternehmen oder seinem Rechtsnachfolger zufließt (z.B. Ausübung der Option nach Ausscheiden oder Tod des Arbeitnehmers), ist der Arbeitgeber zum Lohnsteuereinbehalt[515] meist nicht in der Lage. Er hat diesen Umstand gemäß § 41c Abs. 4 Satz 1 Nr. 2 EStG dem Finanzamt unverzüglich anzuzeigen und ist dann, wie bei § 38 Abs. 4 EStG, von seiner Haftung befreit. Noch nicht geklärt ist, ob die Enthaftung auch eintritt, wenn der Arbeitgeber den fehlerhaften Lohnsteuerabzug nicht selbst erkannt hat.[516]

375 Für den Arbeitnehmer kann sich ein Zins- und Liquiditätsvorteil ergeben, soweit der geldwerte Vorteil im letzten Lohnsteuer-Anmeldungszeitraum des Kalenderjahres zufließt und das Betriebsstättenfinanzamt daher einer Versteuerung (erst) im Rahmen der Einkommensteuerveranlagung zustimmt.[517]

---

[511] Vgl. *Arnold*, NZG 2001, S. 217; *Haas/Pötschan*, DStR 2000, S. 2022 f.

[512] Anwendung z.B. im Fall BFH, Beschluss vom 23.7.2001, VI B 63/99, BFH/NV 2001, S. 1557. – Bei Nachforderung noch im Laufe des Kalenderjahres ist das Betriebsstättenfinanzamt zuständig, A. 139 Abs. 2 LStR, andernfalls grundsätzlich das Wohnsitzfinanzamt. Zum Problem bei Optionen auf – weniger liquide – GmbH-Geschäftsanteile siehe: *Fox/Hüttche/Lechner*, GmbHR 2000, S. 533 f.; *Mohr*, GmbH-StB 2000, S. 219 f.

[513] So auch *Arnold*, NZG 2001, S. 216 f.

[514] Zur internationalen Steuerabgrenzung unten Rz. 408 ff.

[515] Zu Arbeitslohn an die Erben siehe A. 76 LStR.

[516] Siehe: *Drenseck* in: Schmidt, EStG, 20. Aufl. 2001, § 41c Rz. 5; *Gersch* in: Herrmann/Heuer/Raupach, Stand Oktober 2000, § 42d EStG Rz. 78 ff. Nach h.M. setzt die Haftung nach § 42d EStG auch kein Verschulden voraus, *Heuermann* in: Blümich, EStG/KStG/GewStG, Stand September 2000, § 42d EStG Rz. 58 ff. m.w.N.

[517] Siehe auch A. 138 Abs. 3 LStR. Vgl. *Arnold*, NZG 2001, S. 216 f.

V. Steuerrecht

g) Exkurs: Lohnsteuereinbehalt bei Optionen einer Konzernobergesellschaft

Schwierigkeiten ergeben sich immer wieder bei Aktienoptionen der ausländischen Muttergesellschaft.[518] Lohnsteuerrechtlicher Arbeitgeber ist regelmäßig die inländische Tochtergesellschaft als Dienstvertragspartner des Arbeitnehmers.[519] Die deutsche Tochtergesellschaft ist daher aus § 38 Abs. 1 Satz 1 EStG zum Lohnsteuereinbehalt verpflichtet, wenn die ausländische Muttergesellschaft als Zahlstelle der Tochtergesellschaft anzusehen ist („unechter Drittlohn"). Das ist hier faktisch die Ausnahme.[520] Andernfalls kann sich die Lohnsteuerpflicht nur aus § 38 Abs. 1 Satz 2 EStG („echter Drittlohn") ergeben.[521]   376

Zu letzterem Tatbestand sind folgende zwei Gesichtspunkte besonders zu beachten:

Zweifelhaft ist bereits, ob Aktienoptionen „üblicherweise" gezahlt werden. Zumindest für bestimmte Empfängergruppen, Branchen oder Orte kann dies inzwischen zu bejahen sein.[522] Andererseits sind aufgrund der Börsenentwicklungen auch gegenläufige Tendenzen klar erkennbar. Richtigerweise handelt es sich also um ein rechtstatsächliches Problem,[523] eine Einzelfallwürdigung ist weiterhin erforderlich.   377

Aus der BFH-Rechtsprechung gibt es dazu bislang noch keine klaren Signale. Der I. Senat verneinte in einem Urteil die Üblichkeit.[524] Aus dem Urteil wird die Tragweite dieser Aussage jedoch nicht klar, zumal eine Begründung fehlt.[525] Der VI. Senat indessen hält die Frage derzeit für ungeklärt. In einem Aussetzungsverfahren verneinte auch er zwar zuletzt die Üblichkeit. Seine Argumentation, dass „nach dem maßgeblichen Aktienoptionsplan die Gewährung von Optionen allein im Ermessen des Vorstands der Muttergesellschaft lag, so dass die Optionen den Arbeitnehmern nicht bei Erreichen bestimmter Voraussetzungen regelmäßig eingeräumt wurden",[526] erscheint jedoch in dieser Form wenig hilfreich. Für eine Klärung der Rechtslage bedarf es daher noch der Definition des fraglichen Tatbestandsmerkmals.[527]   378

---

[518] Zum Nachfolgenden näher *Kessler/Strnad*, StuB 2000, S. 883 ff. Siehe auch: *Ettinger*, 1999, S. 174 ff.; *Portner*, DStR 1997, S. 1876 ff.; *diess.*, DStR 1998, S. 1537 ff.; *diess.*, 2000, Rz. 304 ff.

[519] Siehe zur Abgrenzung die Ausnahmefälle bei: FG Nürnberg vom 6.6.2000, I 280/97, EFG 2000, S. 939; FG Düsseldorf vom 14.3.2001, 17 K 2973/97 H (L), EFG 2001, S. 754. Andernfalls wäre Haftung aus § 42d Abs. 6 EStG zu beachten.

[520] So jetzt auch BFH, Beschluss vom 23.7.2001, VI B 63/99, BFH/NV 2001, S. 1558.

[521] Dazu die zutreffende Problematisierung von *Crezelius*, DStJG 9 (1985/1986), S. 90 ff.

[522] Vgl.: *Deutschmann*, DStR 2001, S. 939; *Hagen*, FR 2001, S. 727; *Heuermann* in: Heuermann/Wagner, LSt, Stand August 2000, Rz. G 12; *Kanzler*, FR 2001, S. 747. Verneinend: *MIT*, DStR 1999, S. 1526; *Thomas*, DStZ 1999, S. 714; *ders.* in: Küttner, 8. Aufl. 2001, Rz. 5/32; *ders.*, KFR F. 6 EStG § 19, 2/01, S. 377; zweifelnd *(o.V.)*, INF 1999, S. 669 f.

[523] Zutreffend *Kanzler*, FR 2001, S. 747.

[524] BFH vom 24.1.2001, I R 119/98, BStBl. II 2000, S. 513, mit Hinweis auf die bindende Tatsachenfeststellung durch die Vorinstanz.

[525] Vgl.: *Deutschmann*, DStR 2001, S. 939; *Kanzler*, FR 2001, S. 747; *Kessler/Strnad*, StuB 2001, S. 656; *-sch-*, DStR 2001, S. 940; *Thomas*, KFR F. 6 EStG § 19, 2/01, S. 377.

[526] BFH, Beschluss vom 23.7.2001, VI B 63/99, BFH/NV 2001, S. 1558.

[527] Vgl. *Thomas*, KFR F. 6 EStG § 19, 2/01, S. 377.

379 Jedenfalls muss die Tochtergesellschaft im konkreten Fall derart in die Abwicklung des Planes eingebunden sein, dass sie den Lohnsteuerabzug tatsächlich durchführen kann bzw. die Zuwendung des Arbeitslohns in ihrem Herrschaftsbereich abläuft; dazu muss sie zumindest von der Zuwendung hinreichend Kenntnis haben, z.B. indem sie in den Zahlungsvorgang eingeschaltet oder von den Begünstigten informiert wird.[528]

380 Die Praxis der Finanzverwaltung unterstellt nicht selten die Erfüllung der Voraussetzungen des § 38 Abs. 1 EStG oder fordert die Tochtergesellschaft zur etwaigen Informationsbeschaffung auf. Dies kann gegen die differenzierten Grundsätze der Feststellungslast, Mitwirkungs- und Ermittlungspflichten verstoßen. Auch die eben genannten BFH-Judikate widerstreiten einer „Vermutung" der Erfüllung der Abzugspflichtvoraussetzungen.[529]

381 Einzelne Finanzämter haben sich gegenüber deutschen Tochtergesellschaften bereit erklärt, auf Mitteilung durch die Tochtergesellschaft die Lohnsteuer auf Optionen der Muttergesellschaft unter Freistellung der Tochtergesellschaft stets unmittelbar vom Arbeitnehmer einzufordern (vgl. § 41c Abs. 4 EStG). Bei Aktienoptionsplänen kann diese Vereinfachung u.E. nach dem Verhältnismäßigkeitsgrundsatz geboten sein.[530] Andererseits gibt es in der Finanzverwaltung die Tendenz, aufgrund § 41c Abs. 1 Nr. 2 EStG einen nachträglichen Lohnsteuereinbehalt zu verlangen.

382 In Zweifelsfällen sollte der Arbeitgeber rechtzeitig eine Anrufungsauskunft einholen (§ 42e EStG)[531] oder im Rahmen einer Außenprüfung eine verbindliche Zusage erwirken (§§ 204 ff. AO, mit § 42f EStG).[532] Beides hat oft zugleich Indizwirkung – ohne rechtliche Bindung[533] – für die steuerliche Behandlung beim Arbeitnehmer.

383 Die Finanzverwaltung[534] vertritt teilweise auch für Aktienoptionen, dass der Arbeitnehmer dem Arbeitgeber Bezüge, die der Arbeitgeber nicht selbst ermitteln kann, schriftlich anzuzeigen habe. Der Arbeitgeber hafte dann grundsätzlich nicht für die Lohnsteuer, die er infolge unvollständiger oder unrichtiger Angaben des Arbeitnehmers zu wenig einbehalten hat. Zweifelhaft erscheint vor dem Hin-

---

[528] Aus der Rechtsprechung zu Aktienoptionen: BFH vom 24.1.2001, I R 119/98, BStBl. II 2001, S. 513; FG Köln vom 21.10.1998, 11 K 1662/97, EFG 1999, S. 117, FG München, Beschluss vom 11.1.1999, 8 V 3484/98, EFG 1999, S. 382. FG München, Beschluss vom 12.3.1999, 8 V 239/99, n.v.; FG München vom 22.2.2000, 2 K 2084/98, EFG 2000, S. 604 f. Im Übrigen (zu Trinkgeldern): BFH vom 24.10.1997, VI R 23/94, BStBl. II 1999, S. 324; BFH vom 20.7.2000, VI R 10/98, BFH/NV 2001, S. 35. Hinweis auch auf BFH, Beschluss vom 10.5.2001, I S 3/01, DStR 2001, S. 987 (betr. vGA und Kalkulationsunterlagen der ausländischen Muttergesellschaft).
[529] Siehe *Kessler/Strnad*, StuB 2001, S. 656.
[530] Dogmatisch könnte dies aus einer Reduktion der Tatbestände der § 38 Abs. 4 i.V.m. § 42d Abs. 1 und Abs. 2 EStG oder des Ermessens in § 42d Abs. 3 EStG i.V.m. § 5 AO folgen.
[531] So auch der Hinweis des Niedersächsischen FG vom 28.1.1999, XI 641/97, EFG 2000, S. 1324.
[532] Deren Befolgung schließt auch bei materieller Unrichtigkeit den Tatbestand des § 42d EStG aus, *Trzaskalik* in: Kirchhof/Söhn, EStG, Stand Februar 2001, § 42d Rz. B1. Auf die Erteilung der Anrufungsauskunft besteht ein Rechtsanspruch. Unberührt bleibt die Möglichkeit der nachträglichen Änderung des Lohnsteuerabzuges gemäß § 41c EStG.
[533] BFH vom 28.8.1991, I R 3/89, BStBl. II 1992, S. 107; BFH vom 9.10.1992, VI R 97/90, BStBl. II 1993, S. 166.
[534] Z.B. *Haas/Pötschan*, DStR 2000, S. 2022; unter entsprechender Anwendung von Rz. 6 des BMF-Schreibens vom 27.9.1993, IV B 6-S 2334-152/93, BStBl. I 1993, S. 814, i.V.m. LStR Abschnitt 106 Absatz 5.

tergrund der gesetzlich normierten Mitwirkungsvorschriften jedoch die Rechtsgrundlage dieser Anzeigepflicht des Arbeitnehmers.[535]

Letzten Endes ist zu diesem Komplex der Gesetzgeber gefordert.[536] Im Übrigen ist auf die Darstellung oben Rz. 369 ff. zu verweisen. **384**

Die Bejahung der Steuerabzugspflicht hat für beschränkt steuerpflichtige Arbeitnehmer noch eine besondere Konsequenz. Einkünfte, die dem Steuerabzug unterliegen, dürfen gemäß § 50 Abs. 2 EStG nicht mit Verlusten aus anderen Einkünften ausgeglichen werden.[537] Das ist ggf. schon bei Gestaltungen zu berücksichtigen, beispielsweise hinsichtlich Vermietungsverlusten. **385**

h) Besteuerung der Ausübung, Veräußerungsgewinne und Dividenden

Grundsätzlich bewirkt der Zeitpunkt des einkommensteuerrechtlichen Zuflusses eine Zäsur. Denn ihm nachfolgende Ereignisse sind mangels Veranlassungszusammenhangs vom Bereich der Einkünfte aus nichtselbständiger Arbeit nicht mehr erfasst.[538] **386**

Ist die Option lohnsteuerlich bereits zugeflossen (z.B. mit Einräumung oder Ausübbarkeit bzw. Veräußerbarkeit) und im Privatvermögen verblieben, so ist zu unterscheiden: **387**
– Bei Ausübung durch den Arbeitnehmer unterliegt der Differenzbetrag zwischen Marktwert der Bezugsaktien und Ausübungspreis nach allgemeiner Ansicht nicht der Besteuerung.[539] U.E. könnte er möglicherweise von § 22 Nr. 2 i.V.m. § 23 Abs. 1 Satz 1 Nr. 4 EStG erfasst sein, doch überschreitet die Wartezeit in der Regel die kritische Grenze von einem Jahr.
– Bei Veräußerung der Optionen vor Ausübung kann der Veräußerungsgewinn nach § 17 EStG[540] oder § 22 Nr. 2 i.V.m. § 23 Abs. 1 Satz 1 Nr. 2 EStG steuerpflichtig sein.[541] § 17 EStG setzt in seiner Neufassung nur noch die Beteiligung von mindestens 1 % am Gesellschaftskapital voraus. Umstritten ist, ob die Optionen in die Ermittlung der Beteiligungsquote einzubeziehen sind.[542] Die Veräußerung der Optionen stünde jedenfalls aufgrund § 17 Abs. 1 Satz 3 EStG

---

[535] Ähnlich *Thomas*, KFR F. 6 EStG § 19, 2/01, S. 376 f. Bejahung der Rechtsgrundlage aber bei *Heuermann* in: Heuermann/Wagner, LSt, Stand August 2000, Rz. G 12. Offen gelassen von: BFH vom 24. 10. 1997, VI R 23/94, BStBl. II 1999, S. 324; BFH vom 30. 5. 2001, VI R 123/00, BStBl. II 2002, S. 230, 233.

[536] Gleicher Ansicht *Thomas*, KFR F. 6 EStG § 19, 2/01, S. 377.

[537] Siehe den Fall FG Köln vom 21. 10. 1998, 11 K 1662/97, EFG 1999, S. 116, dazu *Kanzler*, FR 2001, S. 747 f.

[538] Statt vieler: *Heizmann/Schroeder*, SteuerStud 2001, S. 179; *Herzig* in: Pellens, 1998, S. 178; *Portner*, DStR 2001, S. 1334 f. Vgl. BFH vom 26. 7. 1963, VI 76/61, HFR 1964, S. 235.

[539] *Herzig* in: Pellens, 1998, S. 178 f. m.w.N.; *Kußmaul/Weißmann*, StB 2002, S. 18; vgl. *Kusterer/Götz*, EStB 2000, S. 442.

[540] Beachte daneben § 6 AStG sowie, im Falle ausländischer Gesellschaften, § 2a Abs. 1 Satz 1 Nr. 4, Abs. 2 Satz 2 EStG.

[541] Ebenso: *Ettinger*, 1999, S. 143 f.; *Herzig* in: Pellens, 1998, S. 179 Fn. 79; *Kußmaul/Weißmann*, StB 2002, S. 18. Nur zu 23 EStG: *Bredow*, DStR 1996, S. 2035; *Friedrichsen*, 2000, S. 324; *Grune*, AktStR 2001, S. 416 f.; *Jacobs/Portner* in: Achleitner/Wollmert, 2000, S. 196; *Portner*, 2000, Rz. 286, 334. Zu § 23 EStG: BFH vom 24. 7. 1996, X R 139/93, BFH/NV 1997, S. 105. § 17 EStG ist zu § 23 Abs. 1 Satz 1 Nr. 2 EStG subsidiär, § 23 Abs. 2 Satz 2 EStG.

[542] Dafür: *Eberhartinger/Engelsing*, WPg 2001, S. 105 Fn. 54; *Schneider* in: Kirchhof/Söhn, EStG, Stand Februar 2001, § 17 Rz. B 131 f. m.w.N. Dagegen: *Strahl* in: Korn, EStG, Stand Januar 2001, § 17 Rz. 42; *Weber-Grellet* in: Schmidt, EStG, 20. Aufl. 2001, § 17 Rz. 44 f. Offen *Kusterer/Götz*, EStB 2000, S. 443. Vgl. auch BFH vom 20. 2. 1975, IV R 15/71, BStBl. II 1975, S. 509.

F. Aktienoptionspläne nach § 192 Abs. 2 Nr. 3 AktG

einer Anteilsveräußerung gleich.[543] Als Anschaffungskosten sind zur Vermeidung von Doppelbesteuerung die Aufwendungen des Arbeitnehmers, v.a. eine etwaige Optionsprämie,[544] zzgl. des bereits versteuerten geldwerten Vorteils anzusetzen.[545] Eine steuerbare Veräußerung kann u.U. sinnvoll sein, um einen zwischenzeitlichen Wertverlust der Option steuerlich erfassen und dadurch geltend machen zu können;[546] der Berechtigte muss jedoch mit Einkünfteerzielungsabsicht handeln.

388 Ist die Option lohnsteuerlich noch nicht zugeflossen (z.B. bei Endbesteuerung vor Ausgabe der Bezugsaktien), so ist die steuerliche Behandlung der Veräußerung der Option fraglich.[547] Betont man unter Negierung der Option die Verwirklichung des Einkünftetatbestandes durch den Arbeitnehmer, so versteuert der Arbeitnehmer gemäß § 19 EStG den Sachbezug unverändert auch nach Veräußerung, während das Veräußerungsgeschäft Einkommensverwendung darstellt.[548] Das Veräußerungsgeschäft könnte dann von § 22 Nr. 2 i.V.m. § 23 Abs. 1 Satz 1 Nr. 2 EStG erfasst sein. Bei Anerkennung eines Surrogationsprinzips bzw. Äquivalenz von Ausübung und Veräußerung versteuert dagegen der veräußernde Arbeitnehmer seinen Veräußerungserlös nach § 19 EStG, während der Empfänger die Forderung im Vermögensbereich einzieht.[549]

389 Die bezogenen Aktien sind beim Arbeitnehmer unabhängig vom dargestellten Zuflusszeitpunkt der Option jedenfalls nur nach § 17 EStG[550] oder § 22 Nr. 2 i.V.m. § 23 EStG[551] steuerverhaftet. Bei § 17 EStG ist der oben erwähnte Meinungsstreit um die Berechnung der Beteiligungsquote zu beachten; so könnten andere, noch nicht ausgeübte Optionen des Arbeitnehmers die Steuerverhaftung herbeiführen. Als Anschaffungskosten sind gleichfalls die Aufwendungen des Arbeitnehmers, v.a. Optionsprämie und Ausübungspreis, zzgl. des bereits versteuerten geldwerten Vorteils anzusetzen.[552]

---

[543] Vgl. *Weber-Grellet* in: Schmidt, EStG, 20. Aufl. 2001, § 17 Rz. 27, 29.

[544] Zu Besonderheiten entgeltlich eingeräumter Optionen siehe unten Rz. 404 ff.

[545] *Düring*, WPg 1955, S. 164; *Herzig*, DB 1999, S. 6.

[546] *Herzig* in: Pellens, 1998, S. 179.

[547] Siehe: *Kessler/Strnad*, FR 2001, S. 902; *Mutter/Mikus*, ZIP 2001, S. 1951; schon oben Rz. 343.

[548] *Thomas*, DStZ 1999, S. 713 f.; *ders.* in: Küttner, 8. Aufl. 2001, Rz. 5/21 ff.; *ders.*, KFR F. 6 EStG § 19, 2/01, S. 374; vgl.: FG München vom 29. 7. 1981, IX 132/79 F, EFG 1982, S. 179; *Kessler/Strnad*, StuB 2001, S. 657. Allgemein *Trzaskalik* in: Kirchhof/Söhn, EStG, Stand Februar 2001, § 11 Rz. B 14.

[549] *Thürmer* in: Blümich, EStG/KStG/GewStG, Stand September 2000, § 19 Rz. 280 „Ankaufsrecht"; *Haas/Pötschan*, DStR 2000, S. 2020; differenzierend *Herzig/Lochmann*, DB 2001, S. 1440 f. Vgl. allg. *Drenseck* in: Schmidt, EStG, 20. Aufl. 2001, § 8 Rz. 17 ff. m.w.N.

[550] Beachte daneben § 6 AStG sowie, im Fall ausländischer Gesellschaften, § 2a Abs. 1 Satz 1 Nr. 4, Abs. 2 Satz 2 EStG. Für § 6 AStG ist die Anwendbarkeit des § 3 Nr. 40 EStG n.F. noch nicht gesichert (siehe *IDW*, FN-IDW 2001, S. 245), richtigerweise aber zu bejahen.

[551] Falls schon die Optionen selbst diesem Tatbestand unterlagen, wird die dortige Frist aber nicht angerechnet. „Anschaffungszeitpunkt" müsste konsequent die Ausgabe der Bezugsaktien sein. Ebenso: *Feddersen*, ZHR 161 (1997), S. 276; *Herzig*, DB 1999, S. 6; vgl. *Kirnberger*, EStB 2000, S. 71.

[552] BFH vom 20. 6. 2001, VI R 105/99, BFH/NV 2001, S. 1185 f.; OFD Frankfurt/Main, Verfügung vom 14. 12. 2001, – S 2256 A – 22-St II 27, DStR 2002, S. 544 = StöB 2002, S. 351; *Dautel*, BB 2000, S. 1762; *Feddersen*, ZHR 161 (1997), S. 276; *Friedrichsen*, 2000, S. 324 f.; *Heizmann/Schroeder*, SteuerStud 2001, S. 180; *Herzig*, DB 1999, S. 6; *ders.* in: Bühler/Siegert, 1999, S. 290; *MIT*, DStR 2001, S. 1342; *Portner*, 2000, Rz. 332.

Dividenden auf die Bezugsaktien sind nach den allgemeinen Grundsätzen Einkünfte aus Kapitalvermögen der Arbeitnehmer, § 20 Abs. 1 Nr. 1, Abs. 2a EStG.[553] Ihnen steht auch der Sparer-Freibetrag aus § 20 Abs. 4 EStG zu. 390

Einkünfte aus den Dividenden und Veräußerungen unterliegen jetzt dem Halbeinkünfteverfahren, § 3 Nr. 40 lit. c), d) und j) i.V.m. § 3c Abs. 2 EStG n.F. Die bisherige Tarifermäßigung des § 34 Abs. 2 Nr. 1 EStG für Veräußerungsgewinne i.S.v. § 17 EStG ist zugleich entfallen. 391

i) Cash Settlement

Die meisten Aktienoptionspläne ermächtigen (sog. Tandem Plan) die Gesellschaft, anstelle der Bezugsaktien dem Arbeitnehmer einen Geldbetrag zu bezahlen („Cash Settlement").[554] Für die steuerliche Beurteilung ist nach der jeweiligen Ausgestaltung zu differenzieren. 392

Teilweise darf die Gesellschaft bei Ausübung der Option lediglich anstatt der Bezugsaktien Geld „liefern". Faktisch handelt es sich insoweit um einen virtuellen Plan mit Stock Appreciation Rights. Auf die Darstellung unten Rz. 772 ff. wird daher verwiesen.[555] 393

Vielfach anzutreffen ist aber auch, dass die Gesellschaft dem Arbeitnehmer zwar weiterhin Bezugsaktien ausgibt, diese Aktien aber unmittelbar nach Ausgabe für den Arbeitnehmer veräußert bzw. veräußern lässt und ihm den Veräußerungserlös abzüglich Transaktionskosten überweist. Offenbar ungeklärt ist, ob hier die sofortige Veräußerung noch zur Einkommenserzielung oder bereits zur Einkommensverwendung gehört. Im letzteren Fall wären die Transaktionskosten Werbungskosten bei privaten Veräußerungsgeschäften gemäß § 22 Nr. 2 i.V.m. § 23 Abs. 1 Satz 1 Nr. 2 EStG und nach Maßgabe des § 23 Abs. 3 EStG nur im Rahmen dieser Einkunftsart ausgleichsfähig.[556] U.E. rechtfertigt die wirtschaftliche Betrachtungsweise es, bei enger zeitlicher und sachlicher Verflechtung einen einheitlichen Vorgang anzunehmen.[557] Die Transaktionskosten sind dann Werbungskosten zu § 19 EStG. 394

j) Verfall der Optionen

Optionen können aus diversen Gründen verfallen, d. h. nicht oder nicht mehr ausübbar sein. Ursache kann einerseits sein, dass die Erfolgsziele nicht erreicht werden. Andererseits sehen Aktienoptionspläne überwiegend vor, dass die Ausübung nur bei Fortbestehen des Dienstverhältnisses o.Ä. möglich ist. Ferner können Optionen z.B. im Zuge von Umwandlungen oder sonstigen Betriebsübergängen, ggf. nach Vorgabe in den Optionsbedingungen, untergehen. 395

Sind die Optionen steuerlich noch nicht zugeflossen, hat dies beim Arbeitnehmer steuerlich keinerlei Konsequenzen.[558] 396

Sind die Optionen jedoch bereits steuerlich zugeflossen, so fragt sich, inwieweit auch dieser Zufluss „verfällt". Dies ist noch nicht geklärt. Eine verfahrens- 397

---

[553] *Heizmann/Schroeder*, SteuerStud 2001, S. 179.
[554] Dazu oben Rz. 111, 202.
[555] Vgl. auch *Thomas*, DStZ 1999, S. 712 (allerdings mit Endbesteuerung).
[556] Ein Veräußerungsgewinn aus § 23 EStG wird bei unmittelbarer nachfolgender Veräußerung nicht anfallen. Im Einzelfall könnte daher die Einkünfteerzielungsabsicht fraglich werden.
[557] *Kessler/Strnad*, StuB 2001, S. 657. Wohl a.A. *Heizmann/Schroeder*, SteuerStud 2001, S. 178 Fußnote 8 (zur Frage des relevanten Umrechnungskurses).
[558] *Herzig*, DB 1999, S. 6; *Voss*, DStR 1964, S. 578; vgl. *Herzig/Lochmann*, DB 2001, S. 1438 ff.

rechtliche Änderungsmöglichkeit aus § 175 Abs. 1 Satz 1 Nr. 2 AO (rückwirkendes Ereignis) ist u. E. nicht gegeben.[559] Die zum Rechtsuntergang führenden Gründe sind wirtschaftlich eigenständig und gegenwartsbezogen, sie realisieren das der Option innewohnende Risiko. Es dürfte sich aber um negative Einnahmen im Rahmen des § 19 EStG handeln.[560] Denn der Verlust der bereits erhaltenen und daher versteuerten Einnahme ist durch das Dienstverhältnis veranlasst. Dieser Veranlassungszusammenhang besteht ohne weiteres, wenn der Verfall auf dem Ausscheiden des Arbeitnehmers aus dem Unternehmen beruht. Er ist aber auch bei Verfehlung der Erfolgsziele zu bejahen, weil gerade die Erfolgsziele die Verbindung zwischen Unternehmen und Mitarbeiter verstärken sollen.

398 Die negativen Einnahmen sind u. E. nicht mit dem „historischen" Wert des Zuflusses, sondern mit ihrem aktuellen Wert bei Rückfall anzusetzen.[561] Denn für eine Rückwirkung des Zuflusses oder der Bewertung ist hier keine materiellrechtliche Rechtsgrundlage ersichtlich. Steigende Kurse bewirken somit einen Steuerspareffekt. Umgekehrt kann es zur Steuerbelastung des Arbeitnehmers ohne tatsächlich zugrundeliegende Vermögensmehrung kommen.[562]

k) Entgeltlicher Verzicht auf Optionen

399 Im Rahmen von Unternehmensumstrukturierungen oder Unternehmensübernahmen kommt es gelegentlich zu einem entgeltlichen Verzicht der Arbeitnehmer auf die Ausübung ihrer Optionen. Teils treffen bereits die Aktienoptionspläne dafür Vorsorge, teils beruht der Verzicht auf einer später getroffenen Vereinbarung.

400 Sind die Optionen noch nicht steuerlich zugeflossen, so zählt das Verzichtsentgelt regelmäßig zu den Einkünften aus § 19 EStG.[563]

401 Sind die Optionen jedoch bereits steuerlich zugeflossen, so scheidet § 19 EStG aus. § 23 Abs. 1 Satz 1 Nr. 2 EStG greift mangels „Veräußerung" nicht.[564] § 23 Abs. 1 Satz 1 Nr. 4 EStG verlangt ein Risikoelement, woran es hier im Normalfall fehlt. § 22 Nr. 3 EStG dürfte nicht erfüllt sein,[565] da er Umschichtungen im Vermögensbereich nicht erfassen soll.[566] Die Rechtsprechung fasst einen entgeltlichen Verzicht auf eine Option zugunsten eines Dritten allerdings unter § 17

---

[559] A.A. *Portner/Bödefeld*, DStR 1995, S. 634.
[560] Ebenso: *Düring*, WPg 1955, S. 164; *Eberhartinger/Engelsing*, WPg 2001, S. 109 m.w.N.; *Ettinger*, 1999, S. 144 f. Zweifelnd *Thomas*, KFR F. 6 EStG § 19, 2/01, S. 373. – Vgl. auch *Herzig/Lochmann*, DB 2001, S. 1440 (zu Rückzahlungsklauseln).
[561] *Düring*, WPg 1955, S. 164. Vgl.: FG Düsseldorf vom 12. 9. 2000, 3 K 8148/97 E, EFG 2001, S. 430 (betr. Rückerstattung Sozialversicherungsbeiträge); OFD Frankfurt, Vfg. vom 25. 7. 2000, S 2399 A-1-St II 30, FR 2000, S. 1237 f. Rz. 2; *Drenseck* in: Schmidt, EStG, 20. Aufl. 2001, § 8 Rz. 34; *Heinicke* in: Schmidt, EStG, 20. Aufl. 2001, § 11 Rz. 8.
[562] Wie das Risiko bei der Anfangsbesteuerung, dazu oben Rz. 351.
[563] Jetzt auch BFH vom 18. 12. 2001, IX R 24/98, BFH/NV 2002, S. 904, 906; Niedersächsisches FG vom 13. 2. 1998, I 464/96, EFG 1998, S. 1518; *Herzig/Lochmann*, DB 2001, S. 1440; vgl. *Pflüger* in: Herrmann/Heuer/Raupach, Stand Oktober 2000, § 19 EStG Rz. 600 „Verzicht / Barabgeltung". – Ein unentgeltlicher Verzicht wäre selbstverständlich kein einkommensteuerbarer Vorgang, so auch *Herzig/Lochmann*, DB 2001, S. 1438 m.w.N.
[564] *Heinicke* in: Schmidt, EStG, 20. Aufl. 2001, § 23 Rz. 33.
[565] A.A. *Voss*, DStR 1964, S. 579.
[566] Vgl.: BFH vom 5. 8. 1976, VIII R 117/75, BStBl. II 1977, S. 29; BFH vom 19. 12. 2000, IX R 96/97, BStBl. II 2001, S. 392 f. m.w.N.; FG Saarland vom 18. 5. 1994, 1 K 245/91, EFG 1984, S. 1001 (Verzicht auf Ankaufsrecht auf Grundstück); *Heinicke* in: Schmidt, EStG, 20. Aufl. 2001, § 22 Rz. 150 „Verzicht".

EStG.⁵⁶⁷ Für die in Rz. 399 genannten Konstellationen erscheint diese Steuerpflicht jedoch zweifelhaft. Denn im Regelfall wollen Dritte die Option nicht wirtschaftlich übernehmen, sondern „nur" das Eindringen der Bezugsberechtigten als Gesellschafter abwehren. Das dürfte mit den von § 17 EStG grundsätzlich besteuerten Übertragungsvorgängen kaum vergleichbar bzw. nicht mehr unter eine „Veräußerung" subsumierbar sein. Das Verzichtsentgelt ist daher u.E. grundsätzlich nicht steuerbar.

l) Rückfall der Aktien (Rückfallklauseln)

In Anlehnung an die amerikanischen „restricted stock"⁵⁶⁸ können Aktienoptionspläne – unter Wahrung gesellschaftsrechtlicher Vorgaben – vorsehen, dass die Bezugsaktien unter bestimmten Bedingungen auf die Gesellschaft zurückzuübertragen sind oder an sie zurückfallen. Es ist dann zunächst anhand der allgemeinen Regeln zu prüfen, ob der Arbeitnehmer bei Ausgabe der Bezugsaktien oder erst bei Wegfall der Restriktionen wirtschaftlicher Eigentümer wurde und ihm die Aktien somit zuflossen;⁵⁶⁹ Kriterien sind z.B. Übertragbarkeit, Verpfändbarkeit, Dividendenbezugsrechte, ggf. Stimmrechte.⁵⁷⁰ **402**

Falls später aufgrund der Rückfallklausel die (zugeflossenen) Aktien wieder vom Arbeitnehmer auf die Gesellschaft übergehen, dürfte es sich um negative Einnahmen im Rahmen des § 19 EStG handeln. Steigende Kurse bewirken somit einen Steuerspareffekt. Umgekehrt kann es zur Steuerbelastung des Arbeitnehmers ohne tatsächlich zugrundeliegende Vermögensmehrung kommen.⁵⁷¹ **403**

m) Besonderheiten bei entgeltlich eingeräumten Optionen

In bislang seltenen Fällen erhält der Arbeitnehmer die Option nur gegen Zahlung eines besonderen Entgeltes, teilweise als „Optionsprämie" bezeichnet.⁵⁷² **404**

Bezahlt der Arbeitnehmer den vollen (fiktiven) Marktwert⁵⁷³ der Option, fehlt ein geldwerter Vorteil überhaupt.⁵⁷⁴ Unterschreitet die Optionsprämie jedoch diesen Marktwert, so ist die rechtliche Konsequenz fraglich. Vorzugswürdig er- **405**

---

⁵⁶⁷ Siehe: *Schneider* in: Kirchhof/Söhn, EStG, Stand Februar 2001, § 17 Rz. B 65 m.w.N.

⁵⁶⁸ „Restricted Stock Plans" sind in den USA sehr verbreitet. Der Empfänger wird sofortiger Inhaber der Anteile mit Stimm- und Dividendenbezugsrecht. Er unterliegt jedoch Beschränkungen hinsichtlich Übertragung und Verpfändung der Anteile („goldene Handschelle"). Siehe auch oben Rz. 95. Für den deutschen Sprachgebrauch findet sich gelegentlich die Gleichsetzung mit Belegschaftsaktien, d. h. Pläne ohne Gestaltungsrechte, siehe z.B. *Kußmaul/Weißmann*, StB 2001, S. 301.

⁵⁶⁹ Ähnlich *Thomas*, KFR F. 6 EStG § 19, 2/01, S. 378. Vgl. zum wirtschaftlichen Eigentum bereits BFH, Beschluss vom 23.7.1999, VI B 116/99, BStBl. II 1999, S. 685.

⁵⁷⁰ Vgl. BFH vom 15.12.1999, I R 29/97, BStBl. II 2000, S. 529f. m.w.N. Siehe auch die Rechtsprechung zu Belegschaftsaktien: BFH vom 16.11.1984, VI R 39/80, BStBl. II 1985, S. 136; BFH vom 7.4.1989, VI R 47/88, BStBl. II 1989, S. 608. Zu GmbH-Anteilen: BFH vom 10.3.1988, IV R 226/85, BStBl. II 1988, S. 832; FG Münster vom 18.11.1999, 1 K 4685/96 E, EFG 2000, S. 374. Aus Österreich *Bertl/Hirschler*, RWZ 1999, S. 230ff.

⁵⁷¹ Zum Vorstehenden vgl. im Haupttext Rz. 397ff. Für § 175 Abs. 1 Satz 1 Nr. 2 AO aber *Bredow*, DStR 1999, S. 371.

⁵⁷² Zum Ganzen *Herzig* in: Pellens, 1998, S. 177f. – Genau genommen zählt zum Entgelt auch die Dienstleistung des Arbeitnehmers (sonst wäre bei Rz. 387ff. § 23 EStG nicht anwendbar). Die Optionsprämie ist daher im Haupttext als „besonderes" Entgelt bezeichnet.

⁵⁷³ Zur Bewertung siehe oben Rz. 352ff.

⁵⁷⁴ *Feddersen*, ZHR 161 (1997), S. 275; vgl. *Pflüger* in: Herrmann/Heuer/Raupach, Stand Oktober 2000, § 19 EStG Rz. 600 „Forderungen".

scheint, entsprechend den allgemeinen Regeln über teilentgeltliche Geschäfte, den Vorgang in einen entgeltlichen und einen unentgeltlichen Teil aufzuspalten.[575]

406 Der unentgeltlich erworbene Anteil wäre u. E. wie eine gewöhnliche, ohne Optionsprämie erworbene Option zu behandeln. Der darauf entfallende Anteil der Optionsprämie dürfte als – ggf. vergebliche – Werbungskosten i.R. des § 19 EStG zu interpretieren sein.

407 Der entgeltliche Anteil dürfte grundsätzlich einer außerhalb des Arbeitsverhältnisses erworbenen Option gleichzustellen sein. Insoweit übernimmt der Arbeitnehmer auch das wirtschaftliche Risiko. Die Optionsprämie erhöht die Anschaffungskosten im Rahmen der §§ 17, 23 EStG.[576] Bei Verfall der Option ist die steuerliche Behandlung der Optionsprämie dagegen zweifelhaft. Möglicherweise ist sie als vergebliche Aufwendung bei § 23 EStG abziehbar. Dies könnte zumindest mit Rücksicht auf § 23 Abs. 1 Satz 1 Nr. 4 EStG zu bejahen sein, sofern der Begünstigte in Einkünfteerzielungsabsicht handelte.[577] Allerdings droht gemäß § 3 Nr. 40 lit. j) i.V.m. § 3c Abs. 2 EStG die Halbierung des abziehbaren Werbungskostenbetrages.

n) Internationales Besteuerungsrecht

408 Internationale Sachverhalte hinsichtlich Aktienoptionsplänen können beim Arbeitnehmer abkommensrechtlich sowohl Art. 15 OECD-MA als auch Art. 13 Abs. 4 OECD-MA berühren. Im Rahmen des Art. 15 OECD-MA in Verbindung mit Artt. 23A, 23B OECD-MA und vorbehaltlich der 183-Tage-Klausel (Art. 15 Abs. 2 OECD-MA) liegt das Besteuerungsrecht im Prinzip am Ort der Erdienung des Vorteils (Arbeitsortprinzip).[578] Dies kann eine zeitraumbezogene Aufteilung und Zuordnung des Vorteils erfordern.[579] Veräußerungsgewinne aus dem Privatvermögen sind dagegen gemäß Art. 13 Abs. 4 OECD-MA allein im Ansässigkeitsstaat zu besteuern. Reibungen zwischen nationalen Steuersystemen können sich daher insbesondere ergeben aus[580]
– unterschiedlichen Besteuerungszeitpunkten,

---

[575] Wie *Herzig* in: Pellens, 1998, S. 177 f. Vgl. auch § 21 Abs. 2 EStG. Offen gelassen von *Thomas*, KFR F. 6 EStG § 19, 2/01, S. 375, 378. Zur Aufspaltungstheorie bzw. Trennungstheorie bei teilentgeltlichem Erwerb zum Privatvermögen siehe nur *Glanegger* in: Schmidt, EStG, 20. Aufl. 2001, § 6 Rz. 158 und *Weber-Grellet* in: Schmidt, EStG, 20. Aufl. 2001, § 17 Rz. 105.

[576] Vgl. auch oben Rz. 387 ff.

[577] Vgl. *Baumann*, DStZ 1992, S. 324; *Carlé* in: Korn, EStG, Stand Januar 2001, § 23 Rz. 77 m.w.N.; *Glenk* in: Blümich, EStG/KStG/GewStG, Stand September 2000, § 23 EStG Rz. 55; *Jacobs-Soyka* in: Littmann/Bitz/Hellwig, Stand Februar 2001, § 23 Rz. 37d m.w.N. A.A.: *Feddersen*, ZHR 161 (1997), S. 276; *Schlüter*, DStR 2000, S. 228 m.w.N. Zu vergeblichen Aufwendungen allgemein *Drenseck* in: Schmidt, EStG, 20. Aufl. 2001, § 9 Rz. 44 f. m.w.N.

[578] Dazu z.B.: BFH vom 24.1.2001, I R 100/98, BStBl. II 2001, S. 512; BFH vom 24.1.2001, I R 119/98, BStBl. II 2001, S. 516; FG Köln vom 9.9.1998, 11 K 5153/97, EFG 1998, S. 1635 f.; *Haas/Pötschan*, DStR 2000, S. 2021 f. Zum relevanten Betrachtungszeitraum auch oben Rz. 360 f.

[579] Statt vieler: BFH vom 24.1.2001, I R 100/98, BStBl. II 2001, S. 512; BFH vom 24.1.2001, I R 119/98, BStBl. II 2001, S. 516.

[580] Dazu: *Hagen*, FR 2001, S. 728; *Jacobs* in: Dörner/Menold/Pfitzer, 1999, S. 129 ff.; *Jacobs/Portner* in: Achleitner/Wollmert, 2000, S. 197 ff.; *Portner*, 2000, Rz. 314 ff., 336 f.; *diess.*, DStR 2001, S. 1336; *diess.*, FB 2001, S. 289 ff.; -sch-, DStR 2001, S. 939 f.; *Scholz*, 2001, S. 196 ff., 213 ff. Vgl. auch die Antworten der Bundesregierung BT-Drucksache 14/4676, zu Frage 14, und BT-Drucksache 14/4677, zu Frage 7.

– unterschiedlicher abkommensrechtlicher Qualifikation des Vorteils sowie
– Zurechnung des Vorteils zu unterschiedlichen Tätigkeitszeitpunkten.

409 Hinsichtlich erhoffter „weißer Einkünfte" ist allerdings auf etwaige subject-to-tax-Klauseln in den Doppelbesteuerungsabkommen hinzuweisen. U.a. bei drohender Doppelbesteuerung oder Nichtbesteuerung können außerdem abkommensrechtliche Verständigungsverfahren durchgeführt werden.

410 Soweit nach einem DBA der Arbeitslohn in Deutschland lohnsteuerfrei ist, erteilt das Betriebsstättenfinanzamt auf Antrag eine Freistellungsbescheinigung, § 39b Abs. 6 EStG mit A. 123 LStR. Befreite Einkünfte können dem Progressionsvorbehalt unterliegen, § 32b Abs. 1 Nr. 2 oder Nr. 3 EStG; darin enthaltene außerordentliche Einkünfte sind neuerdings aber gemäß § 32b Abs. 2 Nr. 2 EStG ähnlich wie bei § 34 EStG begünstigt. Im Falle der beschränkten Steuerpflicht ist materiellrechtlich besonders zu beachten, dass (a) § 50 Abs. 1 Sätze 3 und 4 EStG eine etwaige Tarifermäßigung nach § 34 Abs. 2 Nr. 2 und Nr. 4 EStG und (b) § 50 Abs. 2 EStG bei Lohnsteuerabzug die Verlustverrechnung ausschließen.

411 Kapitel R Rz. 1404 ff. dieses Buches beleuchtet die grenzüberschreitenden Sachverhalte näher.

G. Aktienoptionspläne
i.V.m. einer Wandelanleihe/Optionsanleihe

I. Grundlegende Beschreibung

412   Bis zur Einführung von speziell auf Aktienoptionspläne zugeschnittenen Vorschriften im Rahmen des KonTraG war die Ausgabe nackter Optionen gesetzlich nicht geregelt. Da die Bedienung von Aktienoptionsplänen über ein bedingtes Kapital aus Sicht des Unternehmens eine günstige Finanzierung erlaubt, wurde vielfach auf Wandelanleihen zurückgegriffen.[1] Die berechtigten Mitarbeiter zeichnen hierbei eine ggf. verzinsliche Anleihe der Gesellschaft, die mit dem Recht ausgestattet ist, nach Ablauf einer bestimmten Zeit und bei Erreichen festgelegter Erfolgsziele die Ausgabe junger, aus einer bedingten Kapitalerhöhung bereitgestellter Aktien der Gesellschaft zu verlangen. Auch diese Aktienoptionspläne stellen daher reale Eigenkapitalinstrumente dar.

413   Bei Aktienoptionsplänen i.V.m. Wandelanleihen handelt es sich im Regelfall um reine Umtauschanleihen bzw. „echte" Wandelanleihen. Dies bedeutet, dass der bei Zeichnung der einzelnen Wandelschuldverschreibung gezahlte Zeichnungsbetrag im Regelfall auf den bei Ausübung des Wandlungsrechts zu entrichtenden Wandlungspreis angerechnet wird. Im Gegensatz zu einer Optionsanleihe, bei der Schuldverschreibung und Option selbständig nebeneinander existieren, geht der mit der Wandelschuldverschreibung verbundene Rückzahlungsanspruch mit Ausübung des Wandlungsrechts unter. Der Bezug neuer Aktien auf Basis einer Optionsschuldverschreibung führt demgegenüber nicht zum Untergang des Rückzahlungsanspruchs.[2]

414   Abgesehen von diesen gestaltungsbedingten Besonderheiten gelten die allgemeinen Grundsätze der Ausgestaltung von Aktienoptionsplänen. Insbesondere lohnt sich die Ausübung des Wandlungsrechts aus Sicht der Mitarbeiter auch hier, sollte der Börsenkurs der Aktien bei Ausübung der Wandlungsrechte über dem zu zahlenden Wandlungspreis liegen. Die Wandlungsrechte können neben einem bedingten Kapital durch eigene Aktien bedient werden. Es sind dann die Vorschriften über den Rückkauf eigener Aktien zu berücksichtigen.

415   Jüngsten Untersuchungen zufolge spielt bei der Gestaltung von Aktienoptionsplänen die Wandelanleihe im Vergleich zur Ausgabe von (nackten) Optionen gem. § 192 Abs. 2 Nr. 3 AktG in der Unternehmenspraxis heute eine eher untergeordnete Rolle.[3] Es verwundert daher kaum, dass im Schrifttum vereinzelt die Auffassung vertreten wird, Pläne i.V.m. Wandelanleihen hätten aufgrund der Mög-

---

[1] Vgl. *Kramarsch*, 2000, S. 135. Man unterscheidet Wandelschuldverschreibungen und Optionsschuldverschreibungen. Bei Letzteren kann das Optionsrecht von der Schuldverschreibung getrennt werden – es entsteht ein „nacktes" Optionsrecht.

[2] Vgl. *Hamacher*, DB 2000, S. 2396.

[3] Im Jahre 1999 betrug der Anteil der Stock-Option-Pläne auf Basis nackter Optionen 79 %, der Anteil von Stock-Option-Plänen auf Basis einer Wandelanleihe 21 %; vgl. *Feddersen/Pohl*, AG 2001, S. 28.

I. Grundlegende Beschreibung

lichkeit der Ausgabe nackter Optionen an Bedeutung verloren.[4] Dies dürfte so nicht zutreffen. Vielmehr bieten Aktienoptionspläne i.V.m. Wandelanleihen Vorteile, die diese Gestaltung trotz der Neuregelungen im Rahmen des KonTraG weiterhin attraktiv erscheinen lassen:[5]
– Möglichkeit zur Erweiterung des Berechtigtenkreises,
– Möglichkeit der Vermeidung von Personalaufwand nach international anerkannten Rechnungslegungsstandards wegen größerer Freiheit bei der Festlegung von Erfolgszielen,
– generell flexiblere Ausgestaltung der Planparameter,
– höhere Wahrscheinlichkeit, gegenüber den Finanzbehörden eine steuerfreie Realisierung von Kurszuwächsen durchzusetzen.

Diese flexiblere Ausgestaltung ist möglich, weil sich der Geltungsbereich der Vorschrift des § 193 Abs. 2 Nr. 4 AktG derzeit[6] nicht auf die Ausgabe einer Wandelanleihe erstreckt. Vielmehr wird den Interessen der Altaktionäre durch die Anwendung der Regelungen zum Bezugsrechtsausschluss Rechnung getragen (vgl. § 221 Abs. 4 AktG).[7] Das heißt, die Aktionäre können separat prüfen, ob die Vorteile, die sich aus dem Aktienoptionsplan in seiner konkreten Ausgestaltung für das Unternehmen ergeben, die Nachteile überwiegen, die sich für die Aktionäre aus dem Bezugsrechtsausschluss ergeben würden. Unter Umständen erscheint es daher möglich, in Annäherung an US-amerikanische Aktienoptionspläne z.B. auf ein Erfolgsziel zu verzichten und damit in der Konzernbilanz Personalaufwand nach US-amerikanischen Rechnungslegungsvorschriften (US-GAAP) zu vermeiden.

Insbesondere kann aber bei einem Aktienoptionsplan i.V.m. einer Wandelanleihe der Kreis der Berechtigten weiter gefasst werden als im Falle eines Aktienoptionsplans nach § 192 Abs. 2 Nr. 3 AktG,[8] da die Ausgabe von Wandelschuldverschreibungen nicht auf Arbeitnehmer und Mitglieder der Geschäftsführung beschränkt ist. Die Einbeziehung von Aufsichtsratsmitgliedern oder auch Beratern ist daher bei Aktienoptionsplänen i.V.m. einer Wandelanleihe grundsätzlich möglich.

Die Besonderheit der Kopplung des Aktienoptionsplans an eine Wandelanleihe **416** besteht darin, dass die Mitarbeiter bei Zeichnung der Anleihe einen Zeichnungsbetrag aufwenden müssen. Insofern haben die Berechtigten hier in jedem Fall zunächst ein Eigeninvestment zu erbringen. Wird dieses Investment marktüblich verzinst, erfolgt die Einräumung des Wandlungsrechts unentgeltlich. Liegt die Verzinsung der Anleihe jedoch unter dem Marktzins oder wird bei Ausgabe der Anleihe von der Gesellschaft ein Ausgabeaufgeld erhoben, so erbringt der Mit-

---

[4] Vgl. *Gelhausen/Hönsch*, WPg 2001, S. 70. Die Verfasser schließen die Wandelschuldverschreibungen aus ihrer Betrachtung der aktienkursabhängigen Entlohnungsformen mit der Begründung aus, dass diese Form der Mitarbeiterbeteiligung aufgrund der dabei erforderlichen sofortigen Kapitaleinzahlung in der Praxis kaum vorkäme.
[5] Vgl. z.B. *Roß/Pommerening*, WPg 2001, S. 645, 647f. m.w.N.; ferner *Kock*, Beteiligungsprogramme sind auch für Aufsichtsräte zulässig, Frankfurter Allgemeine Zeitung vom 14.4.2001, S. 22.
[6] Vgl. aber die Empfehlung der Regierungskommission Corporate Governance in: *Baums*, 2001, Rz. 226.
[7] Vgl. dazu eingehend unten Rz. 425 ff.
[8] Vgl. dazu auch *Kock*, Beteiligungsprogramme sind auch für Aufsichtsräte zulässig, Frankfurter Allgemeine Zeitung vom 14.4.2001, S. 22.

G. Aktienoptionspläne i.V.m. einer Wandelanleihe/Optionsanleihe

arbeiter bereits bei Zeichnung der Anleihe eine Gegenleistung für die Einräumung des Wandlungsrechts. Es stellt sich demnach im Rahmen der konkreten Ausgestaltung des Aktienoptionsplans die Frage nach der Anreizwirkung. Diese wird umso höher sein, je geringer der von den Berechtigten zu entrichtende Zeichnungsbetrag und je höher die Verzinsung der Anleihe ist.

417 Für die Gesellschaft stellt ein Aktienoptionsplan i.V.m. einer Wandel- oder Optionsanleihe auch eine Möglichkeit der Fremdfinanzierung dar. Der Finanzierungsgedanke dürfte bei Stock-Option-Plänen jedoch nicht im Vordergrund stehen, da in erster Linie ein Leistungsanreiz der Mitarbeiter und eine daraus folgende Unternehmenswertsteigerung in Form von Aktienkurssteigerungen angestrebt wird. In besonderem Maße dürfte dies für junge Gesellschaften gelten. Da dort die Akzeptanz des Plans umso höher sein wird, je geringer die Aufwendungen des Mitarbeiters sind (mindestens marktübliche Verzinsung bei minimalem Zeichnungsbetrag), dürfte der Spielraum für eine zinsgünstige Beschaffung von Fremdkapital ohnehin sehr eng bemessen sein.

418 Ein Aktienoptionsplan i.V.m. einer Wandelanleihe könnte folgende Eckdaten aufweisen:

Berechtigte:	die beiden ersten Führungsebenen und einzelne Mitarbeiter weiterer Ebenen (unter Beachtung des Gleichbehandlungsgrundsatzes)
Anzahl der Wandelschuldverschreibungen:	in Abhängigkeit von der Position
Wandlungs- oder Ausübungspreis:	Börsenkurs im Zeitpunkt der Zeichnung der Wandelschuldverschreibung zuzüglich eines Aufschlags von 35 % als Erfolgsziel
Wartezeit:	für 50 % der Wandlungsrechte 2 Jahre, für die weiteren 50 % der Wandlungsrechte 3 Jahre
Erfolgskriterium:	wirtschaftliche Hürde in Form eines gegenüber dem Börsenkurs im Zeitpunkt der Zeichnung der Wandelschuldverschreibung erhöhten Wandlungs- oder Ausübungspreises
Erwerbszeiträume:	in einer oder mehreren Tranchen in einem Zeitraum von fünf Jahren, beginnend mit dem Hauptversammlungsbeschluss
Ausübungszeiträume:	drei Ausübungszeiträume von je 20 Börsenhandelstagen Dauer, beginnend jeweils nach Veröffentlichung der Quartalsberichte
Übertragbarkeit der Wandelschuldverschreibungen:	nein

Tabelle 12: Eckdaten Aktienoptionsplan i.V.m. einer Wandelanleihe

II. Gesellschaftsrecht

1. Allgemeine gesellschaftsrechtliche Aspekte

Trotz der neuen gesetzlichen Regelungen der §§ 71 Abs. 1 Nr. 8 S. 5, 192 Abs. 2 Nr. 3, 193 Abs. 2 Nr. 4 AktG, die im Rahmen des KonTraG Eingang in das AktG gefunden haben, sind weiterhin auch andere Formen von Aktienoptionsplänen zulässig. Dies gilt insbesondere für Aktienoptionspläne i.V.m. Wandelanleihen,[9] auf die sich die nachfolgenden Ausführungen beziehen.[10] Entsprechende Gestaltungen bieten u.a. den Vorteil, neben Mitgliedern der Geschäftsführung und Arbeitnehmern der Gesellschaft sowie verbundener Unternehmen bspw. auch Mitglieder des Aufsichtsrats in den Plan mit einbeziehen zu können.[11] Dabei gilt es allerdings den durch § 221 AktG gezogenen rechtlichen Rahmen zu beachten. Werden Wandelschuldverschreibungen ausgegeben, sind diese bspw. zu verbriefen.[12] Auch sollte der zugrunde liegenden Anleihe eine nennenswerte Finanzierungsfunktion zukommen, um Bedenken im Hinblick auf eine Umgehung bspw. der §§ 192 Abs. 2 Nr. 3, 193 Abs. 2 Nr. 4 AktG zu begegnen.[13]

419

Die oben[14] ausführlich erörterten allgemeinen aktienrechtlichen Maßgaben, insbesondere der Vorstandsvergütung, sind hier gleichermaßen zu beachten. Keine Bedenken bestehen im Hinblick auf § 76 Abs. 1 AktG, sofern sich der Aktienoptionsplan in einem angemessenen und üblichen Rahmen bewegt. Ebenso wenig dürften die §§ 86, 87 AktG der Implementierung eines Aktienoptions-

420

---

[9] So ausdrücklich Begründung zum RegE zu § 192 AktG n.F., abgedruckt bei *Ernst/Seibert/Stuckert*, 1998, S. 79.

[10] Auf die gesellschaftsrechtliche Darstellung von Aktienoptionsplänen i.V.m. einer Optionsanleihe wird wegen der in der Praxis geringeren Bedeutung verzichtet.

[11] Entgegen *Frey*, GK-AktG, 4. Aufl. 2001, § 192 Rz. 59, ist die Ausgabe nicht auf Fälle beschränkt, in denen die Aufsichtsratsmitglieder nennenswert als Kreditgeber auftreten; i.E. ebenso *Weiß*, 1999, S. 197 ff.; *Krieger*, Münch. Hdb. GesR IV, 2. Aufl. 1999, § 63 Rz. 27; vgl. auch *Baums* (Hrsg.), 2001, Rz. 225, der zudem Berater und freie Mitarbeiter als mögliche Begünstigte nennt. Es darf dabei nicht übersehen werden, dass die Einbeziehung von Mitgliedern des Aufsichtsrats in den Aktienoptionsplan die gesetzlichen Vorgaben an den Hauptversammlungsbeschluss wesentlich verschärft. Um den Anforderungen des § 113 AktG gerecht zu werden, müssen die konkreten Inhalte der Anleihebedingungen zum Gegenstand eines Zustimmungsbeschlusses der Hauptversammlung gemacht werden; vgl. *LG München* v. 7. 12. 2000, AG 2001, S. 377; *Weiß*, 1999, S. 206 f.; *Krieger*, Münch. Hdb. GesR IV, 2. Aufl. 1999, § 63 Rz. 27; *Hüffer*, ZHR 161 (1997), S. 244; *Oltmanns* in: Achleitner/Wollmert, 2000, S. 224; kritisch: *Friedrichsen*, 2000, S. 202. Findet sich eine Vergütungsfestsetzung in der Satzung, ist diese aufzuheben oder eine ergänzende Satzungsänderung zu beschließen, durch welche die Anleihebedingungen Satzungsbestandteil werden; vgl. *LG Memmingen* v. 31. 1. 2001, AG 2001, S. 376; *Geßler*, G/H/E/K, AktG, 1973, 1974, § 113 Rz. 25; *Mertens*, Kölner Kommentar AktG, 2. Aufl. 1996, § 113 Rz. 25.

[12] So die überwiegende Auffassung: *Krieger*, Münch. Hdb. GesR IV, 2. Aufl. 1999, § 63 Rz. 11; *Karollus*, G/H/E/K, AktG, 1994, § 221 Rz. 72; *Lutter*, Kölner Kommentar AktG, 2. Aufl. 1995, § 221 Rz. 108; *Hüffer*, AktG, 4. Aufl. 1999, § 221 Rz. 47 f.; a.A. *Weiß*, 1999, S. 153 f.; differenzierend *Wulff*, 2000, S. 171 ff.

[13] Dabei erscheint es u.E. jedoch nicht erforderlich, Anleihebeträge zu verlangen, die den doppelten Wert der Aktie im Zeitpunkt der Ausgabe der Schuldverschreibung übersteigen; so aber *Frey*, GK-AktG, 4. Aufl. 2001, § 192 Rz. 70 f. Vielmehr sollten bei einem Umtauschverhältnis von 1:1 der Nennwerte von Anleihe und Aktie im Hinblick auf die Finanzierungsfunktion keine Bedenken bestehen; vgl. *Weiß*, 1999, S. 154 f., mit Nachweisen aus der Praxis.

[14] Siehe unter Rz. 124 ff.

plans unter Einbeziehung auch der Mitglieder des Vorstands entgegenstehen, sofern durch die Ausgestaltung des Aktienoptionsplans sichergestellt ist, dass sich der Umfang der den Vorstandsmitgliedern aus dem Plan zufließenden Vergütung an der Unternehmenswertentwicklung orientiert.

421 Hinsichtlich der Verteilung von Zuständigkeiten auf die einzelne Organe der Aktiengesellschaft im Rahmen der Ein- und Durchführung von Aktienoptionsplänen gelten im Grundsatz die oben[15] dargestellten Regeln. Dem Vorstand obliegt die Entscheidung über das „Ob" der Einführung des Aktienoptionsplans, die Begabe der Wandelschuldverschreibungen an die Berechtigten unterhalb der Vorstandsebene der Gesellschaft sowie die Verwaltung des Aktienoptionsplans. Die entsprechenden Zuständigkeiten liegen gem. § 84 Abs. 1 S. 5 AktG beim Aufsichtsrat, soweit Mitglieder des Vorstands betroffen sind. Dies gilt entgegen dem Wortlaut von § 221 Abs. 2 S. 1 AktG insbesondere auch für die Ausgabe der Wandelschuldverschreibungen an den Vorstand. Für die rechtsgeschäftliche Gewährung des Rechts sieht § 112 AktG zwingend die Vertretung durch den Aufsichtsrat vor.[16] Ferner hat der Aufsichtsrat innerhalb des durch den Hauptversammlungsbeschluss gezogenen Rahmens über die Plandetails zu befinden, soll eine einheitliche Ausgestaltung sämtlicher ausgegebener Wandelschuldverschreibungen sichergestellt werden. Die Hauptversammlung beschließt über die Ermächtigung zur Ausgabe von Wandelschuldverschreibungen gem. § 221 Abs. 1 AktG sowie über die Schaffung eines bedingten Kapitals zur Bedienung der Wandlungsrechte gem. § 192 Abs. 2 Nr. 1 AktG und schafft damit die Voraussetzungen für die Implementierung des Aktienoptionsplans.

2. Beschlussfassung der Hauptversammlung

a) Beschlussfassung über die Ausgabe von Wandelschuldverschreibungen

422 Wandelschuldverschreibungen dürfen gem. § 221 Abs. 1 S. 1 AktG nur aufgrund eines entsprechenden Beschlusses der Hauptversammlung ausgegeben werden, der nach § 221 Abs. 1 S. 2 AktG einer Mehrheit von mindestens drei Vierteln des bei Beschlussfassung vertretenen Grundkapitals bedarf. Der Hauptversammlungsbeschluss kann sich dabei gem. § 221 Abs. 2 S. 1 AktG darauf beschränken, den Vorstand – für einen Zeitraum von maximal fünf Jahren ab Beschlussfassung – zur Ausgabe von Wandelschuldverschreibungen zu ermächtigen. In diesem Fall bleibt es dem Ermessen der Verwaltungsorgane überlassen, ob und inwieweit sie von der ihnen erteilten Ermächtigung Gebrauch machen.

423 Der Beschlussinhalt orientiert sich nicht an den Vorgaben des § 193 Abs. 2 Nr. 4 AktG. Vielmehr sind grundsätzlich allein die zu § 221 AktG entwickelten

---

[15] Unter Rz. 132.
[16] Vgl. *Wulff*, 2000, S. 163; *Krieger*, Münch. Hdb. GesR IV, 2. Aufl. 1999, § 63 Rz. 27; teilweise a.A. *Weiß*, 1999, S. 203, der den „formal-technischen Akt der Ausgabe" dem Vorstand zuweist; ebenso bspw. *OLG Stuttgart* v. 12.8.1998, AG 1998, S. 530. Infolge verbleibender Unsicherheit über die Auffassung der Rechtsprechung behilft sich die Praxis damit, dass die Wandelschuldverschreibungen generell durch den Vorstand unter Zustimmung des Aufsichtsrats ausgegeben werden; vgl. *Krieger*, Münch. Hdb. GesR IV, 2. Aufl. 1999, § 63 Rz. 27. Werden die Wandelschuldverschreibungen jedoch zunächst von einem Kreditinstitut übernommen und von diesem sodann nach Weisung der Gesellschaft an die Begünstigten übertragen, vertritt die Gesellschaft allein der Vorstand; vgl. *Wulff*, 2000, S. 165; *Friedrichsen*, 2000, S. 136 f., Fn. 507.

Anforderungen zu beachten.[17] So muss im Hauptversammlungsbeschluss die Frist der Ermächtigung ausdrücklich bestimmt werden; eine unbestimmte Angabe oder eine bloße Verweisung auf § 221 Abs. 2 AktG genügt nicht.[18] Weiterhin sind zwingend die Art der Anleihe[19] sowie deren Gesamtnennbetrag anzugeben.[20] Überwiegend nicht für erforderlich gehalten werden demgegenüber nähere Angaben zu den Konditionen der mit den Wandelschuldverschreibungen verknüpften Umtauschrechte.[21]

Notwendiger Beschlussinhalt ist zudem der ausdrückliche Ausschluss des Bezugsrechts der Aktionäre. **424**

b) Ausschluss des Bezugsrechts der Aktionäre

Auf Wandelschuldverschreibungen der Gesellschaft haben deren Aktionäre **425** gem. § 221 Abs. 4 AktG ein Bezugsrecht. Ein Ausschluss dieses Bezugsrechts ist unter den gleichen materiellen und formellen Voraussetzungen möglich wie bei einer Kapitalerhöhung. Der Bezugsrechtsausschluss muss dementsprechend durch einen Zweck, der im Interesse der Gesellschaft liegt, sachlich gerechtfertigt sein. Auch hat der Vorstand der Hauptversammlung gem. § 186 Abs. 4 S. 2 AktG einen ausführlichen schriftlichen Bericht über den Grund des Bezugsrechtsausschlusses und die wesentlichen Konditionen der Anleihe vorzulegen, der bereits vor der Hauptversammlung auszulegen und auf Wunsch zu übersenden ist.[22]

Nach weithin überwiegender Meinung ist die für den Bezugsrechtsausschluss **426** notwendige sachliche Rechtfertigung für Aktienoptionspläne mit angemessenen Konditionen und angemessenen Volumen zu bejahen.[23] Dabei ist insbesondere darauf zu achten, dass die Rechtsposition der Altaktionäre nicht in zu weitem Maße verwässert[24] und ein hinreichendes Erfolgsziel gesetzt wird.[25] Relativer Performancemaßstäbe bedarf es jedoch nicht zwingend. Vielmehr ist auch der

---

[17] *OLG Braunschweig* v. 29.7.1998, ZIP 1998, S. 1586; *Hüffer*, ZHR 161 (1997), S. 225; *Krieger*, Münch. Hdb. GesR IV, 2. Aufl. 1999, § 63 Rz. 29; *Weiß*, 1999, S. 186; auch *Wulff*, 2000, S. 183; weitergehende Anforderungen bei *OLG Stuttgart* v. 12.8.1998, AG 1998, S. 531 „Eckdaten der Anleihebedingungen".
[18] Vgl. *Krieger*, Münch. Hdb. GesR IV, 2. Aufl. 1999, § 63 Rz. 9.
[19] *Karollus*, G/H/E/K, AktG, 1994, § 221 Rz. 60; *Hüffer*, AktG, 4. Aufl. 1999, § 221 Rz. 10.
[20] *Hüffer*, AktG, 4. Aufl. 1999, § 221 Rz. 10; *Wulff*, 2000, S. 183; *Klahold*, 1999, S. 143; weniger restriktiv: *Krieger*, Münch. Hdb. GesR IV, 2. Aufl. 1999, § 63 Rz. 10.
[21] *Krieger*, Münch. Hdb. GesR IV, 2. Aufl. 1999, § 63 Rz. 10; *Hüffer*, AktG, 4. Aufl. 1999, § 221 Rz. 10; *Wulff*, 2000, S. 171, 183; *Weiß*, 1999, S. 153, 186; *Klahold*, 1999, S. 144 f.; einschränkend: *Karollus*, G/H/E/K, AktG, 1994, § 221 Rz. 60.
[22] Diese Informationspflichten ergeben sich in entsprechender Anwendung des § 175 Abs. 2 AktG; vgl. nur *Hüffer*, AktG, 4. Aufl. 1999, § 186 Rz. 23; *Lutter*, Kölner Kommentar AktG, 2. Aufl. 1995, § 186 Rz. 57, jeweils m.w.N.
[23] *OLG Braunschweig* v. 29.7.1998, ZIP 1998, S. 1587 ff.; *OLG Stuttgart* v. 12.8.1998, AG 1998, S. 532 f.; *Krieger*, Münch. Hdb. GesR IV, 2. Aufl. 1999, § 63 Rz. 28.
[24] Vgl. *OLG Braunschweig* v. 29.7.1998, ZIP 1998, S. 1589 „Verwässerung bis zu 6,91 %"; *OLG Stuttgart* v. 12.8.1998, AG 1998, S. 532 „4 % des Grundkapitals". Es dürfte sich insoweit um Angaben betreffend die maximale Verwässerung der mitgliedschaftlichen Rechte handeln. Die vermögensmäßige Verwässerung der Position der Altaktionäre lässt sich abschließend regelmäßig erst zum Zeitpunkt der Ausübung ermitteln; vgl. näher *Weiß*, 1999, S. 175 ff.; auch *OLG Stuttgart* v. 13.6.2001, ZIP 2001, S. 1370.
[25] So die h.M. – *Krieger*, Münch. Hdb. GesR. IV, § 63 Rz. 28, bezweifelt demgegenüber, ob es zwingend eines Erfolgsziels und der Vereinbarung von Wartezeiten bedarf, um dem Verhältnismäßigkeitsgrundsatz ausreichend Rechnung zu tragen.

G. Aktienoptionspläne i.V.m. einer Wandelanleihe/Optionsanleihe

Börsenkurs der Gesellschaft selbst und damit der Wert je Aktie ein geeigneter Maßstab für den Erfolg des Managements.[26] Dabei kann als Erfolgsziel auch eine wirtschaftliche Hürde dienen.[27] Zu beachten ist aber, dass die gesetzten absoluten Erfolgsziele in Form eines zu erreichenden Aktienkurses oder Wertes je Aktie nicht zu niedrig bemessen werden.[28] In diesem Zusammenhang erscheint es empfehlenswert, im Hinblick auf die regelmäßig zu erwartende Wertentwicklung je Aktie einer Gesellschaft vor Börsennotierung für den Aktienoptionsplan eines jungen Unternehmens ein deutlich höheres Erfolgsziel zu wählen als für den Aktienoptionsplan eines im amtlichen Handel notierten DAX-Wertes.

427   Gem. § 221 Abs. 4 S. 2 i.V.m. § 186 Abs. 4 S. 2 AktG ist ein schriftlicher Bericht des Vorstandes erforderlich, welcher der Begründung des Bezugsrechtsausschlusses dienen soll. Zu schildern sind die mit dem Aktienoptionsplan verfolgten Ziele. Es dürften insoweit jedoch allgemeine Erwägungen zu den Vorteilen eines Aktienoptionsplans genügen.[29] Darzustellen sind die Eckdaten des Aktienoptionsplans. Insbesondere gilt dies für den begünstigten Personenkreis, das Erfolgsziel, die Dauer des Aktienoptionsplans, den Bezugskurs oder die Grundlagen für dessen Ermittlung und die vorgesehenen Wartezeiten.[30] Teilweise wird in diesem Zusammenhang auch die Angabe der erwarteten Wertsteigerung der Aktien genannt, ohne dass damit jedoch verlangt würde, den Wert der Wandlungsrechte i.S. eines Optionswertes zu nennen.[31] Zudem ist auf den zu erwartenden Verwässerungseffekt einzugehen.[32] Nicht zwingend notwendig erscheint es demgegenüber, einen etwaigen Verzicht auf die Anknüpfung an einen Index zu erläutern.[33]

c) Bedienung der Wandlungsrechte aus einem bedingten Kapital

428   Die zur Bedienung der mit den Schuldverschreibungen verbundenen Wandlungsrechte benötigten Aktien sind regelmäßig durch eine bedingte Kapitalerhöhung bereitzustellen. Diese kann gem. § 192 Abs. 2 Nr. 1 AktG auch zur Gewährung von Umtausch- oder Bezugsrechten an Gläubiger von Wandelschuldverschreibungen beschlossen werden. Dabei ist auch hier[34] § 192 Abs. 3 AktG zu beachten, der den Nennbetrag der gesamten noch nicht ausgeschöpften beding-

---

[26] *OLG Braunschweig* v. 29.7.1998, ZIP 1998, S. 1589; *OLG Stuttgart* v. 12.8.1998, AG 1998, S. 532; *Krieger*, Münch. Hdb. GesR IV, 2. Aufl. 1999, § 63 Rz. 28.

[27] Zu dieser siehe oben, unter Rz. 144 ff.

[28] Für ausreichend erachtet wurden: „10 % Kurssteigerung" (*OLG Braunschweig* v. 29.7.1998, ZIP 1998, S. 1589); „15 % Kurssteigerung" (*OLG Stuttgart* v. 12.8.1998, AG 1998, S. 532); vgl. auch *Lutter*, ZIP 1997, S. 6, der einen „Mehrwert von 10 %" fordert. *Weiß*, 1999, S. 181, schlägt eine jährliche Steigerung der Hürde um die risikoangepasste Kapitalrendite vor.

[29] *OLG Braunschweig* v. 29.7.1998, ZIP 1998, S. 1590; *Krieger*, Münch. Hdb. GesR IV, 2. Aufl. 1999, § 63 Rz. 28; *Weiß*, 1999, S. 190; weitergehende Anforderungen bei *Hüffer*, ZHR 161 (1997), S. 229 f; *Wulff*, 2000, S. 143 ff., 180 f; auch *LG Memmingen* v. 31.1.2001, AG 2001, S. 376.

[30] Vgl. *OLG Braunschweig* v. 29.7.1998, ZIP 1998, S. 1590 f.; auch *OLG Stuttgart* v. 12.8.1998, AG 1998, S. 533; *Weiß*, 1999, S. 188, 192.

[31] *OLG Braunschweig* v. 29.7.1998, ZIP 1998, S. 1590 f; *Krieger*, Münch. Hdb. GesR IV, 2. Aufl. 1999, § 63 Rz. 28; a.A. wohl *Baums* (Hrsg.), 2001, Rz. 45.

[32] *OLG Braunschweig* v. 29.7.1998, ZIP 1998, S. 1591; *OLG Stuttgart* v. 12.8.1998, AG 1998, S. 533; *Krieger*, Münch. Hdb. GesR IV, 2. Aufl. 1999, § 63 Rz. 28; hinsichtlich der erforderlichen Angaben sehr weitgehend: *Hüffer*, ZHR 161 (1997), S. 230; auch *Weiß*, 1999, S. 188 f., 192 f.

[33] So *OLG Braunschweig* v. 29.7.1998, ZIP 1998, S. 1591; *OLG Stuttgart* v. 12.8.1998, AG 1998, S. 533; a.A. *Hüffer*, ZHR 161 (1997), S. 230; *Wulff*, 2000, S. 144.

[34] Siehe bereits oben, unter Rz. 138 f.

ten Kapitalien auf 50 % des zum Zeitpunkt der Beschlussfassung eingetragenen Grundkapitals der Gesellschaft begrenzt.[35]

Weiterhin sind die allgemeinen Voraussetzungen einer Kapitalerhöhung sowie die Vorgaben der Nrn. 1–3 des § 193 Abs. 2 AktG zu beachten.[36] So sind im Hauptversammlungsbeschluss zwingend anzugeben: der Zweck der bedingten Kapitalerhöhung, der Nennbetrag und die Aktienart, der Kreis der Bezugsberechtigten („Inhaber der Wandelschuldverschreibungen")[37] sowie der Ausgabebetrag („Wandlungspreis"). Weitergehende Angaben betreffend den Aktienoptionsplan sind im Unterschied zu einer bedingten Kapitalerhöhung gem. § 192 Abs. 2 Nr. 3 AktG derzeit nicht erforderlich.[38] Es sei jedoch darauf hingewiesen, dass die Regierungskommission Corporate Governance empfiehlt, die Geltung des § 193 Abs. 2 Nr. 4 AktG auch im Falle von Aktienoptionsplänen auf Basis des § 192 Abs. 2 Nr. 1 AktG vorzuschreiben.[39] **429**

Einer Aktienbereitstellung durch eine bedingte Kapitalerhöhung bedarf es nicht zwingend. Insbesondere mag im Einzelfall eine Bedienung der Wandlungsrechte durch eigene Aktien vorteilhaft sein.[40] **430**

3. Fragen gerichtlicher Kontrolle

a) Gerichtliche Kontrolle der Beschlussfassung der Hauptversammlung

Die Beschlüsse der Hauptversammlung sowohl über die Ermächtigung zur Ausgabe von Wandelschuldverschreibungen als auch über die bedingte Kapitalerhöhung unterliegen im Rahmen von Anfechtungs- und Nichtigkeitsklage der gerichtlichen Kontrolle.[41] **431**

Das Fehlen der gem. § 193 Abs. 2 AktG notwendigen Angaben führt zur Nichtigkeit des Hauptversammlungsbeschlusses über die bedingte Kapitalerhöhung gem. § 241 Nr. 3 AktG.[42] Im Übrigen gelten die allgemeinen Überlegungen zur Nichtigkeit bzw. Anfechtbarkeit eines Hauptversammlungsbeschlusses.[43] Eine Nichtigkeit infolge inhaltlicher Mängel ließe sich daher regelmäßig allenfalls nach § 241 Nr. 3 AktG begründen.[44] Sollten im Rahmen der Ermächtigung zur **432**

---

[35] Die in § 192 Abs. 3 AktG vorgesehene 10-%-Grenze findet hier entgegen *Frey*, GK-AktG, 4. Aufl. 2001, § 192 Rz. 140, keine entsprechende Anwendung; vgl. unter Rz. 559. Jedoch mag die Einhaltung dieser Vorgaben für eine Angemessenheit der Maßnahme sprechen; vgl. *Weiß*, 2000, S. 194.

[36] Im Einzelnen oben, unter Rz. 140 f.

[37] Vgl. *OLG Braunschweig* v. 29. 7. 1998, ZIP 1998, S. 1592.

[38] Es sei nochmals auf *OLG Stuttgart* v. 12. 8. 1998, AG 1998, S. 530; *OLG Braunschweig* v. 29. 7. 1998, ZIP 1998, S. 1592, verwiesen. Die teilweise a.A. von *Frey*, GK-AktG, 4. Aufl. 2001, § 192 Rz. 59, vermag nicht zu überzeugen.

[39] Vgl. *Baums* (Hrsg.), 2001, Rz. 226.

[40] Zum Erwerb eigener Aktien siehe unter H. II. – Ein solches Vorgehen ist zulässig: *Krieger*, Münch. Hdb. GesR IV, 2. Aufl. 1999, § 63 Rz. 18; *Hüffer*, AktG, 4. Aufl. 1999, § 221 Rz. 59; vgl. auch *Klahold*, 1999, S. 129 ff. m.w.N.

[41] Zur Beschlusskontrolle siehe schon oben, unter Rz. 161 ff.

[42] *Lutter*, Kölner Kommentar AktG, 2. Aufl. 1995, § 193 Rz. 18; *Bungeroth*, G/H/E/K, AktG, 1993, § 193 Rz. 26; *Hüffer*, AktG, 4. Aufl. 1999, § 193 Rz. 10; *Krieger*, Münch. Hdb. GesR IV, 2. Aufl. 1999, § 57 Rz. 20.

[43] Vgl. *Hüffer*, AktG, 4. Aufl. 1999, § 221 Rz. 19; *Schilling*, GK-AktG, 3. Aufl. 1973, § 221 Rz. 17.

[44] Näher: *Hüffer*, MünchKommAktG, 2. Aufl. 2001, § 241 Rz. 46.

G. Aktienoptionspläne i.V.m. einer Wandelanleihe/Optionsanleihe

Ausgabe der Wandelschuldverschreibungen die Voraussetzungen an die sachliche Rechtfertigung des Bezugsrechtsausschlusses nicht erfüllt sein, ist der Hauptversammlungsbeschluss anfechtbar.[45] Entsprechendes gilt für Mängel des Vorstandsberichts.[46]

433 Erklärt ein Gericht die Ermächtigung zur Ausgabe von Wandelschuldverschreibungen für nichtig (Anfechtungsklage) oder stellt die Nichtigkeit des Hauptversammlungsbeschlusses fest (Nichtigkeitsklage), berührt dies die Wirksamkeit bereits ausgegebener Wandelschuldverschreibungen nicht. Sie sind gültig und verpflichten die Aktiengesellschaft.[47] Vergleichbares gilt im Falle eines die Nichtigkeit erklärenden oder feststellenden Urteils betreffend die bedingte Kapitalerhöhung. In diesem Fall stehen keine Aktien zur Bedienung der Wandlungsrechte bereit, so dass sich die Gesellschaft Schadenersatzansprüchen ausgesetzt sehen kann. Vermeiden lassen sich Ersatzansprüche durch entsprechende Vorbehalte in den Bedingungen der Wandelschuldverschreibungen oder aber eine Aktienbeschaffung auf anderem Wege, bspw. durch Rückkauf von Aktien am Markt.[48]

b) Organhaftung

434 Der Verwaltung ist es nur innerhalb des durch die Hauptversammlungsermächtigung gezogenen Rahmens erlaubt, Wandelschuldverschreibungen an den Begünstigtenkreis auszugeben. Überschreiten Vorstand bzw. Aufsichtsrat die Ermächtigung oder ist der Hauptversammlungsbeschluss nichtig (s.o.), handelt die Verwaltung pflichtwidrig und macht sich gem. § 93 (i.V.m. § 116) AktG ersatzpflichtig.[49]

435 Haftungsrisiken können sich für die Verwaltung auch ergeben, wenn Inhaber der Wandelschuldverschreibungen ihre Wandlungsrechte ausüben. Gibt die Gesellschaft Aktien aus, bevor der Hauptversammlungsbeschluss über die bedingte Kapitalerhöhung – wirksam – eingetragen ist, sind die ausgegebenen Aktien nichtig. Den daraus resultierenden Schaden inklusive eines etwaig entgangenen Gewinns haben gem. § 197 S. 4 AktG die Ausgeber den Inhabern der nichtigen Aktien zu ersetzen. Die Haftung setzt kein Verschulden voraus und trifft die Ausgeber persönlich.[50]

---

[45] Nur in Ausnahmefällen erscheint die Nichtigkeit des Beschlusses denkbar: vgl. *Hüffer*, AktG, 4. Aufl. 1999, § 186 Rz. 42; *Lutter*, Kölner Kommentar AktG, 2. Aufl. 1995, § 186 Rz. 98; *Hefermehl/Bungeroth*, G/H/E/K, AktG, 1989, § 186 Rz. 149 ff.; zu § 221 AktG auch *Karollus*, G/H/E/K, AktG, 1994, § 221 Rz. 113 ff.

[46] Vgl. *Karollus*, G/H/E/K, AktG, 1994, § 221 Rz. 95; *Hüffer*, AktG, 4. Aufl. 1999, § 221 Rz. 44; *Lutter*, Kölner Kommentar AktG, 2. Aufl. 1995, § 186 Rz. 98.

[47] *Hüffer*, AktG, 4. Aufl. 1999, § 221 Rz. 19, 52; *Lutter*, Kölner Kommentar AktG, 2. Aufl. 1995, § 221 Rz. 114; *Karollus*, G/H/E/K, AktG, 1994, § 221 Rz. 69.

[48] Siehe bereits oben, unter Rz. 166.

[49] *Hüffer*, AktG, 4. Aufl. 1999, § 221 Rz. 19, 52; *Lutter*, Kölner Kommentar AktG, 2. Aufl. 1995, § 221 Rz. 114; *Karollus*, G/H/E/K, AktG, 1994, § 221 Rz. 70. Vgl. zur entsprechenden Problematik im Falle von Aktienoptionen schon oben, unter Rz. 167.

[50] Siehe oben, unter Rz. 169.

III. Bilanzierung nach deutschen GoB

1. Vorbemerkung

Die folgenden Ausführungen beschränken sich explizit auf den Fall der Ausgabe von Wandelanleihen (*convertible bond*) im Rahmen von Aktienoptionsplänen. Auf den Einsatz von Optionsanleihen (*warrant bond*) wird dagegen nicht ausdrücklich eingegangen.[51] Die Ausführungen zu Aktienoptionsplänen nach § 192 Abs. 2 Nr. 3 AktG (Rz. 174 ff.), aber auch die folgenden Ausführungen zu Aktienoptionsplänen i.V.m. Wandelanleihen, lassen sich indes problemlos auf die bilanziellen Implikationen für Optionsanleihen als Instrumente zur Mitarbeiterbeteiligung übertragen. Ein Unterschied zur Bilanzierung von Wandelanleihen besteht nur dahingehend, dass bei der Optionsanleihe die Anleihe auch nach der Optionsausübung weiterhin fortbesteht, die Anleihe mithin – bis zur Tilgung – weiterhin zu passivieren ist.[52]

436

2. Eigene Auffassung

a) Bilanzielle Folgen der Ausgabe von Wandelanleihen

aa) Anwendung der allgemeinen Grundsätze zur Bilanzierung von Wandelanleihen

Bezüglich des Ausweises der Anleihe bei der Gesellschaft ergeben sich im Grundsatz keine Unterschiede gegenüber den allgemeinen Grundsätzen zur Bilanzierung von Wandelanleihen.[53] Zeichnen Mitarbeiter im Rahmen eines Aktienoptionsplans Wandelanleihen des arbeitgebenden Unternehmens, so gelangen sie in eine Gläubiger-, das Unternehmen dagegen in eine Schuldnerposition. Beim ausgebenden Unternehmen entsteht somit eine Verbindlichkeit, die gem. § 253 Abs. 1 Satz 2 HGB mit dem vollen Rückzahlungsbetrag zu passivieren ist.[54] Die Verbindlichkeit ist unter dem Posten C 1 des Gliederungsschemas gem. § 266 Abs. 3 HGB auszuweisen (Verbindlichkeiten: Anleihen, davon konvertibel). Die Erfassung als Einlage kommt nicht in Betracht.[55]

437

Für die bilanziellen Folgen der Ausgabe von Wandelanleihen ist von Bedeutung, wie die Anleihe hinsichtlich Verzinsung oder Ausgabeaufgeld ausgestaltet ist. Hierbei sind grundsätzlich folgende Alternativen möglich:[56]
– Die Anleihe kann mit einem Ausgabeaufgeld ausgestattet sein und marktüblich verzinst werden.

438

---

[51] Vgl. zum Einsatz von Wandel- und Optionsanleihen auch *Feddersen*, AG 2001, S. 27.
[52] Ein Beispiel zur bilanziellen Behandlung von Optionen in Verbindung mit einer Optionsanleihe findet sich im E-DRS 11, Anhang E, Beispiel 2. Die dem Beispiel zugrundeliegende Auffassung ist indes hinsichtlich der Buchung „Aufwand an Kapitalrücklage" nicht unstrittig.
[53] Vgl. dazu *Roß/Pommerening*, WPg 2001, S. 646 f. Im HGB ist die Bilanzierung von Wandelanleihen nicht explizit geregelt. Auch aus dem Rechnungslegungshinweis des IDW zur Bilanzierung strukturierter Produkte (IDW RH BFA 1.003) sind Wandelanleihen ausdrücklich ausgenommen. Vgl. WPg 2001, S. 916 f.
[54] Vgl. *ADS*, 6. Aufl., § 253 HGB Tz. 138.
[55] Vgl. *ADS*, 6. Aufl., § 253 HGB Tz. 138, wo ausdrücklich Wandel- und Optionsanleihen genannt werden und nur bzgl. eines Aufgeldes auf § 272 Abs. 2 Nr. 2 HGB verwiesen wird.
[56] Vgl. *Roß/Pommerening*, WPg 2001, S. 646; ähnlich *ADS*, 6. Aufl., § 272 HGB Tz. 110.

G. Aktienoptionspläne i.V.m. einer Wandelanleihe/Optionsanleihe

- Die Anleihe kann zum Nennwert, d. h. ohne Ausgabeaufgeld ausgegeben werden, die Verzinsung liegt dafür jedoch unter der marktüblichen (niedrig- bzw. unterverzinsliche Anleihe).
- Die Anleihe kann zum Nennwert ausgegeben und normal verzinst werden.

439 Die Anreizwirkung eines Aktienoptionsplans i.V.m. einer Wandelanleihe auf Seiten der Mitarbeiter wird umso höher sein, je geringer das von den Mitarbeitern zu erbringende Eigeninvestment ausfällt. Ein solches Eigeninvestment in Form des Zeichnungsbetrages der Anleihe haben die Mitarbeiter jedoch mit Teilnahme am Plan zu erbringen, so dass sie – jedenfalls dann, wenn sie keine günstigen Finanzierungskonditionen nutzen können – mindestens eine marktübliche Verzinsung verlangen werden. Die letztgenannte Alternative dürfte daher in der Praxis die gängigste Form der Aktienoptionspläne i.V.m. einer Wandelanleihe darstellen. Für das Unternehmen bietet die Ausgabe von Wandelanleihen an Mitarbeiter zwar keine Vorteile gegenüber anderen Formen der Fremdkapitalbeschaffung; der Finanzierungsgedanke steht gegenüber dem Leistungsanreiz der Mitarbeiter jedoch ohnehin im Hintergrund.

440 Wird die Anleihe demnach *normal verzinst* und auch *kein Ausgabeaufgeld* erhoben, ergeben sich neben der Bilanzierung der Anleihe als Verbindlichkeit keine Konsequenzen.[57]

441 Denkbar ist jedoch auch, dass – gerade bei oberen Führungsebenen – ein Ausgabeaufgeld erhoben oder aber die Anleihe mit einem unter dem Marktzins liegenden Zins verzinst wird. Das Wandlungsrecht wird in diesem Fall nicht unentgeltlich eingeräumt. Vielmehr stellen das *Ausgabeaufgeld* bzw. eine *vereinbarte Unterverzinslichkeit* die Gegenleistung für die Gewährung des Wandlungsrechts dar. Diese Gegenleistung ist gem. § 272 Abs. 2 Nr. 2 HGB in die Kapitalrücklage einzustellen.[58] Eine im Verhältnis zu vergleichbaren Anleihen ohne Wandlungsrecht gewährte niedrigere Verzinsung stellt ein „verdecktes" Aufgeld dar, denn das Unternehmen erhält in diesem Fall ein Darlehen zu einem günstigeren als dem Marktzins.

442 Der Zinsverzicht der Anleihegläubiger stellt eine Einlage dar, und zwar unabhängig davon, ob die Wandlungsrechte später auch tatsächlich ausgeübt werden oder nicht. Die Kapitalrücklage unterliegt den Bindungen des § 150 Abs. 3 und 4 AktG und darf nur in Ausnahmefällen aufgelöst werden.[59]

443 Sowohl das Ausgabeaufgeld als auch der kapitalisierte Zinsvorteil der Gesellschaft stellen den Wert der Gegenleistung der Mitarbeiter dar, die diese für die Einräumung des Wandlungsrechts erbringen. Aus der Aufspaltung des gesamten Zeichnungsbetrages in den Anleihebetrag (Darlehensbetrag) und den Wert des Wandlungsrechts ergibt sich somit der Betrag, der in die Kapitalrücklage einzustellen ist.[60]

444 Die Anleihe ist jedoch zum vollen Rückzahlungsbetrag zu bilanzieren. Als Gegenposten zur Kapitalrücklage kann daher in Höhe des Wertes der Wandlungsrechte ein aktiver Rechnungsabgrenzungsposten gem. § 250 Abs. 3 Satz 1 HGB gebildet werden, der jährlich planmäßig aufzulösen ist.[61] Zusammen mit den zu

---

[57] Vgl. *Roß/Pommerening*, WPg 2001, S. 650.
[58] Vgl. *ADS*, 6. Aufl., § 272 HGB Tz. 94 ff.
[59] Vgl. *ADS*, 6. Aufl., § 272 HGB Tz. 111.
[60] Vgl. dazu das Beispiel in *ADS*, 6. Aufl., § 272 HGB Tz. 124.
[61] Vgl. *ADS*, 6. Aufl., § 272 HGB Tz. 125 f. m.w.N. Das Aktivierungswahlrecht gem. § 250 Abs. 3 S. 1 HGB wird damit begründet, dass Kapitalrücklage und Nettobetrag der Anleihe durch zufließende Mittel gedeckt sind, so dass wirtschaftlich ein Disagio vorliegt.

zahlenden laufenden Zinsen führt die lineare Auflösung des Rechnungsabgrenzungspostens zu einer Aufwandsbelastung des Unternehmens entsprechend der marktüblichen Verzinsung.[62]

Wird von dem gesetzlich geregelten Aktivierungswahlrecht kein Gebrauch gemacht, stellt das Disagio in voller Höhe Aufwand in der Periode der Begebung dar. Bei Verzicht auf die Aktivierung des Aufgeldes kann nach Meinung im Schrifttum ein hinreichendes Bild der Vermögens-, Finanz- und Ertragslage jedoch nicht vermittelt werden, was eine Angabe im Anhang gem. § 264 Abs. 2 Satz 2 HGB erforderlich macht.[63] **445**

bb) Mögliche Formen der Bedienung der Wandlungsrechte und deren Auswirkung auf die Bilanzierung

Die Bedienung der Wandlungsrechte kann auf zwei grundsätzliche Arten erfolgen: **446**
– über ein bedingtes Kapital gem. § 192 Abs. 1 i.V.m. Abs. 2 Nr. 1 AktG oder
– über eigene Anteile gem. § 71 Abs. 1 Nr. 8 AktG.

Werden bei Ausübung der Wandlungsrechte *junge Aktien* der Gesellschaft unter Ausnutzung des nach § 192 Abs. 1 AktG geschaffenen bedingten Kapitals an die berechtigten Mitarbeiter ausgegeben, so folgt die Bilanzierung den gleichen Grundsätzen wie bei Aktienoptionsplänen gem. § 192 Abs. 2 Nr. 3 AktG, d.h. der Ausgabe nackter Optionen.[64] Nach herrschender Meinung findet die Schaffung des bedingten Kapitals keinen Niederschlag in der Bilanz der ausgebenden Gesellschaft. Erst die Zeichnung der jungen Aktien im Zuge der Ausübung der Wandlungsrechte tangiert die Gesellschaft.[65] **447**

Alternativ zur Ausgabe junger Aktien auf der Grundlage eines bedingten Kapitals können den Mitarbeitern bei Ausübung der Wandlungsrechte auch bereits bestehende, *eigene Aktien* überlassen werden. Diesbezüglich sind verschiedene Fallgestaltungen denkbar, wobei als Grundfall wiederum angenommen werden soll, dass die Aktien im Zeitpunkt der Ausübung der Wandlungsrechte durch die Mitarbeiter von der Gesellschaft am Markt zum dann geltenden Börsenkurs erworben werden. Denkbar ist darüber hinaus ebenso, dass die eigenen Anteile bereits bei Einräumung der Wandlungsrechte am Markt zurückgekauft werden oder aber, dass die Gesellschaft von einem Dritten eine Kaufoption gegen Zahlung einer Optionsprämie erwirbt. Hinsichtlich der bilanziellen Behandlung der jeweiligen Konstellation kann auf die Ausführungen zum Aktienrückkauf (vgl. Rz. 569 ff.) verwiesen werden. **448**

b) Bilanzierung über die Laufzeit der Anleihe

Die während der Laufzeit der Anleihe vom Unternehmen zu zahlenden Zinsen stellen bei diesem Aufwendungen dar und sind erfolgswirksam zu erfassen. **449**

Ein bei Ausgabe der Wandelanleihe möglicherweise gebildeter aktiver Rechnungsabgrenzungsposten ist über die Laufzeit der Anleihe aufzulösen. Demzufolge ist die Minderung des Rechnungsabgrenzungspostens jährlich zu buchen, wobei die Gegenbuchung im Zinsaufwand erfolgt. **450**

---

[62] Vgl. *ADS*, 6. Aufl., § 272 HGB Tz. 125.
[63] Vgl. *Küting* in: HdR, 4. Aufl., § 272 HGB Rn. 69; *Haarmann*, FS Rädler, 1999, S. 259.
[64] Vgl. *Roß/Pommerening*, WPg 2001, S. 651.
[65] Vgl. *Roß/Pommerening*, WPg 2001, S. 648 m.w.N.

c) Bilanzierung bei Ausübung/Nichtausübung der Wandlungsrechte

451 Ein Aufgeld, welches bei der *Ausübung* der eingeräumten Wandlungsrechte anfällt, ist in die Kapitalrücklage einzustellen (§ 272 Abs. 2 Nr. 1 HGB). Es kann aus Zuzahlungen des Bezugsberechtigten bei der Ausübung der Option stammen oder rein buchtechnisch dadurch entstehen, dass die Wandelanleihe nicht zu pari, sondern in einem anderen Verhältnis in Aktien umgetauscht wird (Wandlungsverhältnis › 1).[66]

452 Wird das Wandlungsrecht *nicht ausgeübt*, ist die Anleihe bis zu deren Tilgung (Rückzahlung) weiterhin zu passivieren.

d) Beispiel

453 Wird der Ansicht gefolgt, die Ausgabe der Wandelanleihe im Rahmen von Stock-Option-Plänen zeitige nur insoweit Konsequenzen, als lediglich der Ausgabe der Wandelanleihe nach *allgemeinen Grundsätzen* Rechnung zu tragen ist,[67] kann sich ein Beispiel darauf beschränken, diese in Bezug genommenen „allgemeinen Grundsätze" zu illustrieren:[68]

454 Eine Gesellschaft gibt am 1. Januar 2001 eine Anleihe in Höhe von 2.000.000 € aus. Die Anleihe ist in 40.000 Wandelschuldverschreibungen mit einem Nennwert von je 50 € gestückelt. Ein Ausgabeaufgeld wird nicht erhoben, die Verzinsung liegt jedoch bei 5 % und somit unterhalb der kapitalmarktüblichen Verzinsung von 7 %. Die Zinsen sind jährlich nachschüssig zu entrichten. Die Laufzeit der Anleihe beträgt zwei Jahre. Bei Ausübung der Wandlungsrechte können die Berechtigten je Wandlungsrecht eine Aktie zum Nennwert von 50 € erwerben. Der Ausübungspreis beträgt 80 €. Der bei Zeichnung der Anleihe entrichtete Betrag wird dabei auf den Wandlungspreis angerechnet. Bei Wandlung sind daher nur noch 30 € je Aktie zu zahlen. Der Barwert des Zinsverzichts beträgt 72.321 €.[69]

Bei *Begebung* der Anleihe am *1. Januar 2001* hat die Gesellschaft wie folgt zu buchen:

Bank	2.000.000,00 €	an Verbindlichkeit	2.000.000,00 €
aktiver RAP	72.321,00 €	an Kapitalrücklage	72.321,00 €

Tabelle 13: Buchungen am 1. Januar 2001

Zum *31. Dezember 2001* ist der aktive Rechnungsabgrenzungsposten entsprechend der Laufzeit der Anleihe aufzulösen. Außerdem ist die Zinszahlung an die Mitarbeiter erfolgswirksam zu buchen:

Zinsaufwand	36.160,50 €	an aktiver RAP	36.160,50 €
Zinsaufwand	100.000,00 €	an Bank	100.000,00 €

Tabelle 14: Buchungen zum 31. Dezember 2001

---

[66] Vgl. *Küting* in: HdR, 4. Aufl., § 272 HGB Rn. 57; siehe auch *Heymann* in: Beck HdR, B 231 Rz. 85.
[67] Vgl. *Roß/Pommerening*, WPg 2001, S. 650.
[68] Das Beispiel ist *Roß/Pommerening*, WPg 2001, S. 647, entnommen.
[69] Für dieses Beispiel wird vereinfachend angenommen, dass bei Wiederanlage der Zinsdifferenz eine kapitalmarktübliche Verzinsung in Höhe von 7 % erzielbar wäre.

III. Bilanzierung nach deutschen GoB

Im Falle der *Rückzahlung* der Anleihe am *31. Dezember 2002* ergeben sich folgende Buchungen:

Zinsaufwand	36.668,00 €	an aktiver RAP	36.668,00 €
Zinsaufwand	100.000,00 €	an Bank	100.000,00 €
Verbindlichkeit	2.000.000,00 €	an Bank	2.000.000,00 €

Tabelle 15: Buchungen bei Rückzahlung am 31. Dezember 2002

Im Falle der (vollumfänglichen) *Ausübung* der Wandlungsrechte am *31. Dezember 2002* ergeben sich folgende Buchungen:

Zinsaufwand	36.668,00 €	an aktiver RAP	36.668,00 €
Zinsaufwand	100.000,00 €	an Bank	100.000,00 €
Verbindlichkeit	2.000.000,00 €	an gez. Kapital	2.000.000,00 €
Bank	1.200.000,00 €	an Kapitalrücklage	1.200.000,00 €

Tabelle 16: Buchungen bei Ausübung am 31. Dezember 2002

3. Andere Auffassungen

a) Verknüpfung von Bilanzierungsgrundsätzen für Wandelanleihen mit den Bilanzierungsgrundsätzen für Aktienoptionspläne nach § 192 Abs. 2 Nr. 3 AktG

Wie bereits im Rahmen der Darstellungen zu Aktienoptionsplänen nach § 192 Abs. 2 Nr. 3 AktG erläutert wurde (vgl. Rz. 178 ff.), wird verschiedentlich die Auffassung vertreten, die Ausgabe nackter Optionen sei über die Buchung „Personalaufwand an Kapitalrücklage" bilanziell zu erfassen. Diese Sichtweise soll auch auf Aktienoptionspläne Anwendung finden, die auf der Ausgabe von Wandelschuldverschreibungen fußen.[70] Zusätzlich sind – insoweit unstrittig – im Hinblick auf den Anleihebestandteil auch die allgemeinen Grundsätze zur Bilanzierung von Wandelanleihen (vgl. Rz. 437 ff.) anzuwenden.[71] 455

Die besondere Problematik der parallelen Anwendung der jeweiligen Bilanzierungsgrundsätze für Wandelanleihen und Aktienoptionspläne besteht darin, dass der Wert des Wandlungsrechtes gemäß den allgemeinen Grundsätzen zur Bilanzierung von Wandelanleihen durch die vom Anleihegläubiger erbrachte *Gegenleistung* widergespiegelt wird. Die Gegenleistung in Form eines Ausgabeaufgeldes oder aber eines *Zinsverzichts* determiniert den Wert des Wandlungsrechts und somit den in die Kapitalrücklage einzustellenden Wert.[72] Die Bilanzierung von Aktienoptionsplänen stellt demgegenüber bzgl. der Bestimmung des Wertes der Optionen auf einen nach optionspreistheoretischen Modellen zu ermittelnden *Gesamtwert* der Optionen im Zeitpunkt der Ausgabe ab. Dieser Gesamtwert bildet die Grundlage für den zu erfassenden Personalaufwand, wobei die Gegenbuchung wiederum in der Kapitalrücklage erfolgen soll. 456

---

[70] Vgl. E-DRS 11.23.
[71] Vgl. E-DRS 11.24.
[72] Siehe dazu auch *Roß/Pommerening*, WPg 2001, S. 650 f.

G. Aktienoptionspläne i.V.m. einer Wandelanleihe/Optionsanleihe

457 Unproblematisch ist die parallele Anwendung beider Grundsätze, wenn seitens der berechtigten Mitarbeiter keine Gegenleistung für die Einräumung des Wandlungsrechts, d.h. *weder ein Ausgabeaufgeld noch ein Zinsverzicht*, zu erbringen ist. Die Wandlungsrechte wurden dann unentgeltlich eingeräumt und die Wandelanleihe ist den allgemeinen Grundsätzen zur Bilanzierung von Wandelanleihen zufolge mit dem Rückzahlungsbetrag zu passivieren. Zusätzlich ist nach den vom DSR in E-DRS 11 entwickelten Grundsätzen „Bilanzierung von Aktienoptionsplänen und ähnlichen Entgeltformen" die Buchung „Personalaufwand an Kapitalrücklage" in Höhe des nach optionspreistheoretischen Verfahren ermittelten Gesamtwertes der Wandlungsrechte vorzunehmen.

458 Wird jedoch ein *offenes oder verdecktes Aufgeld* (in Form der Unterverzinslichkeit) von der ausgebenden Gesellschaft erhoben, so erbringen die Mitarbeiter bereits bei Zeichnung der Anleihe eine Gegenleistung für die Einräumung der Wandlungsrechte. Diese Gegenleistung ist nach den allgemeinen Grundsätzen zur Bilanzierung von Wandelanleihen (Rz. 437 ff.) in die Kapitalrücklage nach § 272 Abs. 2 Nr. 2 HGB einzustellen. Nach der Begründung zum E-DRS 11 ist bei einer niedrig verzinslichen Anleihe dieser Nachteil bei der Bestimmung des Personalaufwandes mit dem Gesamtwert der Option zu verrechnen.[73] Der zu erfassende *Personal*aufwand ist bei Anwendung der vom DSR entwickelten Grundsätze zur Bilanzierung von Optionen dann wie folgt zu ermitteln:[74]

```
    „Brutto"-Gesamtwert der Wandlungsrechte
–   Wert der Gegenleistung
=   „Netto"-Gesamtwert der Wandlungsrechte
```

459 Die Gegenbuchung zum Personalaufwand erfolgt ebenfalls in die Kapitalrücklage (§ 272 Abs. 2 Nr. 2 HGB).[75]

460 Da der Zinsverzicht der Mitarbeiter jedoch eine Gegenleistung für die Einräumung des Wandlungsrechts darstellt, ist der zu buchende Personalaufwand um den Wert dieses Zinsverzichts zu reduzieren. Erbringen Mitarbeiter für die ihnen eingeräumten Wandlungsrechte also eine Gegenleistung in Form eines offenen oder verdeckten Aufgeldes, so entspricht der zu erfassende *Personalaufwand* lediglich der Differenz zwischen dem Gesamtwert der Wandlungsrechte und dem Wert der von den Mitarbeitern erbrachten Gegenleistung. Die Gegenleistung in Form des Aufgeldes ist demgegenüber bereits nach den allgemeinen Grundsätzen zur Bilanzierung von Wandelanleihen als *Zinsaufwand* zu erfassen und ggf. aktivisch abzugrenzen.[76]

b) Beispiel[77]

461 Eine Gesellschaft gibt am 1. Januar 2001 eine Anleihe in Höhe von 2.000.000 € aus. Die Anleihe ist in 1.000.000 Wandelschuldverschreibungen mit einem Nennwert von je 2 € gestückelt. Ein Ausgabeaufgeld wird nicht erhoben, die Verzinsung liegt jedoch bei 5 % und somit unterhalb der marktüblichen Verzinsung von 7 %. Die Zinsen sind jährlich nachschüssig zu entrichten. Die Laufzeit der Anleihe be-

---

[73] Vgl. E-DRS 11.B18.
[74] Vgl. *Roß/Pommerening*, WPg 2001, S. 650.
[75] Vgl. *Gelhausen/Hönsch*, WPg 2001, S. 76.
[76] Vgl. *Roß/Pommerening*, WPg 2001, S. 651.
[77] Vgl. *Roß/Pommerening*, WPg 2001, S. 651.

trägt sechs Jahre. Der Barwert des Zinsverzichts beträgt 190.662 €.[78] Bei Ausübung der Wandlungsrechte können die Berechtigten je Wandlungsrecht eine Aktie zum Nennwert von 40 € erwerben. Der bei Zeichnung der Anleihe entrichtete Betrag wird dabei auf den Wandlungspreis, der dem Nennwert der Aktie entsprechen soll, angerechnet. Bei Wandlung sind daher nur noch 38 € je Aktie zu zahlen. Angenommen wird, dass sämtliche Ausübungshürden erst am Ende der Laufzeit erfüllt sind. Die Volatilität der Aktien der Gesellschaft liegt annahmegemäß bei 20 %, die Dividendenrate bei 2 %. Der Gesamtwert der Optionen nach dem Optionspreismodell von *Black/Scholes* beträgt bei dieser Konstellation 11,42 € je Wandlungsrecht.[79] Für die Summe aller Wandlungsrechte ergibt sich somit ein Wert von 11.420.000 €.

Bei Begebung der Anleihe am *1. Januar 2001* hat die Gesellschaft wie folgt zu buchen:

Bank	2.000.000,00 €	an Verbindlichkeit	2.000.000,00 €
aktiver RAP	190.662,00 €	an Kapitalrücklage	190.662,00 €

Tabelle 17: Buchungen zum 1. Januar 2001

Zum *31. Dezember 2001* ist der aktive Rechnungsabgrenzungsposten entsprechend der Laufzeit der Anleihe aufzulösen. Außerdem ist die Zinszahlung an die Mitarbeiter erfolgswirksam zu buchen:

Zinsaufwand	31.770,00 €	an aktiver RAP	31.770,00 €
Zinsaufwand	100.000,00 €	an Bank	100.000,00 €

Tabelle 18: Buchungen zum 31. Dezember 2001 (Zinsaufwand)

Da der Zinsverzicht der Mitarbeiter eine bereits als Zinsaufwand zu erfassende Gegenleistung für die Einräumung des Wandlungsrechts darstellt, ist der zu buchende Personalaufwand um den Wert dieses Zinsverzichts zu reduzieren. Der über den Leistungszeitraum (sechs Jahre) zu verteilende Wert der Wandlungsrechte beträgt demnach (11.420.000 € – 190.662 € = 11.229.338 €). Für jedes Jahr ergibt sich somit ein zu erfassender Betrag in Höhe von 1.871.556,30 €. Die Buchung zur Erfassung der Wandlungsrechte am 31. Dezember 2001 lautet mithin:

Personalaufwand	1.871.556,30 €	an Kapitalrücklage	1.871.556,30 €

Tabelle 19: Buchung zum 31. Dezember 2001 (Personalaufwand)

In den Jahren *2002 bis 2006* wären die Buchungen entsprechend fortzuführen.[80]

Am *31. Dezember 2006* ergeben sich bei (vollumfänglicher) *Ausübung* aller Wandlungsrechte zu diesem Zeitpunkt zusätzlich folgende Buchungen:

Verbindlichkeit	2.000.000,00 €	an gez. Kapital	2.000.000,00 €
Bank	38.000.000,00 €	an Kapitalrücklage	38.000.000,00 €

Tabelle 20: (zusätzliche) Buchungen zum 31. Dezember 2006

---

[78] Aus Vereinfachungsgründen sollen Kapitalmarktzins, Wiederanlagezins für den Zinsverzicht und risikoloser Zinssatz einheitlich 7 % betragen.
[79] Diesem Wert liegt annahmegemäß ein risikoloser Zinssatz von 7 % zugrunde.
[80] Aus Vereinfachungsgründen ist eine mögliche Mitarbeiterfluktuation nicht berücksichtigt.

4. Angabepflichten[81]

a) Handelsrechtliche Angabepflichten

aa) Verbindlichkeit aus der Anleihe

462   Gem. § 285 Nr. 1a HGB (im Konzernabschluss: § 314 Abs. 1 Nr. 1 HGB) sind in der Bilanz ausgewiesene Verbindlichkeiten mit einer Restlaufzeit von *mehr* als 5 Jahren anzugeben. Diese Angabepflicht bezieht sich auf alle in § 266 Abs. 3 Buchstabe C Nr. 1 bis 8 HGB aufgeführten Posten, d.h. auch auf die Wandelanleihe.[82]

463   Liegt die Laufzeit der Anleihe bei bis zu 5 Jahren, so ist eine Angabe im Anhang nach § 285 Nr. 1a HGB grundsätzlich nicht erforderlich. Wird jedoch, wie in der Praxis üblich, ein Verbindlichkeitenspiegel[83] erstellt, so ist die Anleihe in diesen ebenfalls aufzunehmen.

bb) Bezüge der Mitglieder des Geschäftsführungsorgans

464   Nach § 285 Nr. 9a Satz 1 HGB (für den Konzernanhang § 314 Abs. 1 Nr. 6a HGB) sind die Gesamtbezüge der Mitglieder des Geschäftsführungsorgans anzugeben. Genannt werden hier u.a. Gehälter, Gewinnbeteiligungen, Bezugsrechte und Aufwandsentschädigungen. Wandlungsrechte, die diesem Personenkreis durch die Ausgabe von Wandelschuldverschreibungen eingeräumt werden, werden nicht gesondert genannt, fallen jedoch u.E. ebenso unter diese Vorschrift, da mit dem Wandlungsrecht die Möglichkeit eingeräumt wird, Aktien des arbeitgebenden Unternehmens verbilligt zu beziehen.

465   Es wurde bereits darauf hingewiesen (vgl. Rz. 446), dass die von der Gesellschaft ausgegebenen Wandlungsrechte auf unterschiedliche Weise bedient werden können (Überlassung eigener Aktien oder Ausgabe junger Aktien), was Auswirkungen auf die Angabepflicht nach § 285 Nr. 9a HGB hat. Dies wird auch unter Rz. 211 ff. (junge Aktien) bzw. Rz. 595 ff. (eigene Anteile) ausführlich diskutiert. Die dort angeführten Bedenken bzgl. einer gesetzlichen Angabepflicht bei der Ausgabe junger Aktien gelten auch für Aktienoptionspläne in Verbindung mit einer Wandelanleihe.

466   Nach *Ellrott*, der sich offensichtlich für eine generelle Angabepflicht – unabhängig von der Bedienungsform – ausspricht, steht auch der Verpflichtung zur Anhangangabe nach § 285 Nr. 9a HGB bei Wandlungsrechten nicht entgegen, dass die Gesellschaft durch die verbilligte Ausgabe junger Anteile nicht belastet ist, sondern die Belastung von den Altaktionären aufgrund der Verwässerung des Kurswertes zu tragen ist. Entscheidend sei vielmehr, dass sie aus Sicht der Mitglieder des Geschäftsführungsorgans zu den Gesamtbezügen gehören.[84]

467   Das Schrifttum weist jedoch darauf hin, dass die Angabepflicht nach § 285 Nr. 9a HGB eine Belastung der Gesellschaft voraussetzt.[85] Konsequenterweise kann sich u.E. deshalb bei Ablehnung der aufwandswirksamen Buchung „Personalaufwand an Kapitalrücklage" eine Angabe nach § 285 Nr. 9a HGB nicht ergeben (vgl. auch Rz. 211 ff.). Ob die Ausgabe der jungen Aktien an eine Wandel-

---

[81] Für den *Konzernanhang* gelten die folgenden Ausführungen wegen § 314 Abs. 1 Nr. 1 und Nr. 6a HGB grundsätzlich entsprechend.
[82] Vgl. *ADS*, § 285 HGB Tz. 8.
[83] Vgl. dazu nur *Küting/Weber* in: HdR, 4. Aufl., § 268 HGB Rn. 211.
[84] Vgl. *Ellrott* in: Beck Bil-Komm., 4. Aufl. 1999, § 285 HGB Anm. 170 (Stock Options).
[85] Vgl. *ADS*, Ergänzungsband zur 6. Aufl. 2001, § 285 HGB n.F. Tz. 17.

anleihe geknüpft ist, oder ob es sich um nackte Optionen nach § 192 Abs. 2 Nr. 3 AktG handelt, kann dabei keine Rolle spielen.

Ellrott kommt jedoch auch bei Ablehnung der Aufwandsbuchung aufgrund **468** von Stock Options zu einer Angabepflicht nach § 285 Nr. 9a HGB, und zwar in Höhe des inneren Werts der Bezugsrechte im Zeitpunkt der Einräumung bzw. nach Ablauf einer Wartezeit.[86]

Nach dem – insoweit eindeutigen – Wortlaut des § 285 Nr. 9a HGB ist es nicht **469** erforderlich, in die Anhangangabe etwaige Werterhöhungen der Wandlungsrechte von der Gewährung bis zur Ausübung einzubeziehen. Eine freiwillige Berichterstattung über die jährlichen Wertänderungen der gewährten Bezugsrechte – außerhalb der vorgeschriebenen Angabe der im Geschäftsjahr gewährten Gesamtbezüge – ist in quantitativer oder verbaler Form aber selbstverständlich zulässig.[87]

Geht man dagegen von einer erfolgswirksamen Buchung, d.h. von der Erfas- **470** sung von Personalaufwand aufgrund der Ausgabe der Wandlungsrechte aus, so müsste grundsätzlich der auf der Basis des *fair value* zum Ausgabezeitpunkt ermittelte Personalaufwand nach § 285 Nr. 9a HGB anzugeben sein.[88] Jedoch kann sich auch bei dieser Auffassung der anzugebende Betrag nur aus der Differenz zwischen dem (nach anerkannten Optionspreismodellen ermittelten) *Gesamtwert* der Wandlungsrechte bei deren Ausgabe und dem Wert des Zinsverzichts bemessen, da nur in dieser Höhe Personalaufwand vorliegt.[89] Im Hinblick darauf, dass zu den Gesamtbezügen keine Beträge gehören sollen, die erst für künftige Perioden geleistet werden, spricht sich das Schrifttum dafür aus, der Verteilung des Aufwandes über den Leistungszeitraum (i.d.R. identisch mit der Sperrfrist) auch bei der Anhangangabe Rechnung zu tragen.[90]

cc) Löhne und Gehälter

Bzgl. der Angabepflichten nach § 285 Nr. 8b HGB kann auf die Ausführungen **471** in Rz. 217f. verwiesen werden.

b) Aktienrechtliche Angabepflichten

Nach § 160 Abs. 1 Nr. 5 AktG sind im Anhang die Zahl
– der Bezugsrechte gem. § 192 Abs. 2 Nr. 3 AktG,
– der *Wandelschuldverschreibungen* und
– der vergleichbaren Wertpapiere
unter Angabe der Art der Rechte, die sie verbriefen, anzugeben.

Über die bedingte Kapitalerhöhung hat gem. § 192 AktG die Hauptversamm- **472** lung zu beschließen. Gem. § 193 Abs. 2 Nr. 1 bis 3 AktG müssen in diesem Beschluss bestimmte Eckdaten festgelegt werden. Hierzu gehören der Zweck der bedingten Kapitalerhöhung, der Kreis der Bezugsberechtigten sowie der Ausgabebetrag oder die Grundlagen, nach denen dieser Betrag errechnet wird.

Die daneben in § 193 Abs. 2 Nr. 4 AktG aufgezählten Angabepflichten bezie- **473** hen sich auf Beschlüsse nach § 192 Abs. 2 Nr. 3 AktG und gelten demnach *nicht*

---

[86] Vgl. *Ellrott* in: Beck Bil-Komm., 4. Aufl. 1999, § 285 HGB Anm. 170 (Stock Options).
[87] Vgl. die ausführliche Diskussion bei *ADS*, Ergänzungsband zur 6. Aufl. 2001, § 285 HGB n.F. Tz. 16 ff; gl.A. *HFA*, Berichterstattung über die 176. Sitzung, FN 2001, S. 191.
[88] Vgl. *Pellens/Crasselt*, DB 1998, S. 222.
[89] Eine Verrechnung des Gesamtwertes der Wandlungsrechte mit dem Wert des Zinsverzichts fordert auch E-DRS 11, Anhang B, Rz. 18.
[90] Vgl. *ADS*, Ergänzungsband zur 6. Aufl. 2001, § 285 HGB n.F. Tz. 25 i.V.m. Tz. 19.

für die Ausgabe von Wandelschuldverschreibungen. Der Nennbetrag des nach § 192 AktG geschaffenen bedingten Kapitals ist gem. § 152 Abs. 1 Satz 3 AktG in der Bilanz zu vermerken.

c) Zusätzliche Angaben nach § 264 Abs. 2 Satz 2 HGB

474 Fraglich könnte sein, ob die Ausgabe von Wandelschuldverschreibungen einen Anwendungsfall des § 264 Abs. 2 Satz 2 HGB darstellt. Danach sind zusätzliche Angaben im Anhang erforderlich, wenn besondere Umstände dazu führen, dass der Jahresabschluss ein den tatsächlichen Verhältnissen entsprechendes Bild der Vermögens-, Finanz- und Ertragslage nicht vermittelt. Es wurde bereits darauf hingewiesen (vgl. Rz. 445), dass sich eine Angabepflicht nach § 264 Abs. 2 Satz 2 HGB ergibt, wenn zu dem aufgrund der Unterverzinslichkeit der Wandelanleihe in die Kapitalrücklage einzustellenden Betrag kein Gegenposten (Disagio) gebildet wurde.[91]

5. Lagebericht

475 Bzgl. der Angabepflichten im Lagebericht kann auf die Ausführungen unter der Rz. 224 verwiesen werden.

6. Sonstige Berichtspflichten

476 Informationen zum Aktienoptionsplan muss auch der Zwischenbericht nach der Börsenzulassungsverordnung (BörsZulV) enthalten. In § 55 Satz 5 heißt es diesbezüglich:

„Ferner sind Erläuterungen zu eigenen Aktien und Bezugsrechten von Organmitgliedern und Arbeitnehmern entsprechend den Angaben nach § 160 Abs. 1 Nr. 2 und Nr. 5 des Aktiengesetzes zu machen."

IV. Bilanzierung nach international anerkannten Rechnungslegungsvorschriften

1. Bilanzierung nach US-GAAP

a) Vorbemerkung

477 Die US-amerikanische Behandlung von Aktienoptionsplänen i.V.m. einer Wandelanleihe wird im Schrifttum derzeit nur vereinzelt diskutiert. Nach Auffassung einiger Autoren wird auch die Bilanzierung von Wandelschuldverschreibungen im Rahmen von Aktienoptionsplänen abschließend durch SFAS 123 bzw. APB 25 geregelt.[92] Nicht diskutiert wird dagegen die Anwendung von APB 14. Diese Opinion ist jedoch für Aktienoptionspläne i.V.m. einer Wandelanleihe ebenfalls zu beachten. Nur soweit es die Anreizkomponente des Aktienoptionsplans betrifft, kommen die Grundsätze der SFAS 123 bzw. APB 25 zur Anwendung. Im Übrigen ist SFAS 133 („Accounting for Derivative Instruments and Hedging Activities") gegenüber SFAS 123 subsidiär (SFAS 133.11b).

---

[91] Vgl. *Küting/Weber* in: HdR, 4. Aufl., § 272 HGB Rn. 69; *Haarmann*, FS Rädler, 1999, S. 259.
[92] Vgl. *Kunzi/Hasbargen/Kahre*, DB 2000, S. 288.

IV. Bilanzierung nach international anerkannten Rechnungslegungsvorschriften

Hinzuweisen ist auf den vorliegenden Exposure Draft „Accounting for Financial Instruments with Characteristics of Liabilities, Equity, or Both" aus dem Jahr 2000. Nach diesem Entwurf soll APB 14 aufgehoben werden. Hierdurch würde sich auch die Bilanzierung von Wandelanleihen ändern, da eine Aufteilung der Anleihe in einen Eigenkapital- und in einen Fremdkapitalteil vorgesehen ist (siehe Exposure Draft par. 99 ff. bzw. 104 ff.).

b) Bilanzierung bei Ausgabe

aa) Bilanzierung der Anleihe

Die von den Mitarbeitern gezahlten Beträge bei Zeichnung der Wandelschuldverschreibungen sind als Fremdkapital *(liability)* auszuweisen (APB 14.3 ff.).[93] **478**

bb) SFAS 123

Analog zur Behandlung von Aktienoptionsplänen nach § 192 Abs. 2 Nr. 3 AktG ist bei Anwendung von SFAS 123 im Falle der Ausgabe von Wandelschuldverschreibungen der Gesamtwert *(fair value)* der Wandlungsrechte zum Zeitpunkt ihrer Ausgabe zu ermitteln. Der *fair value* der Wandlungsrechte wird mit einem anerkannten Optionspreismodell bestimmt, in das als Bewertungsparameter u.a. die Volatilität der Aktie, der erwartete Zeitraum bis zur Ausübung und der fristadäquate risikolose Zinssatz eingehen.[94] Der ebenfalls zu berücksichtigende Ausübungspreis beinhaltet den von den Mitarbeitern zu erbringenden Geldbetrag in voller Höhe, d.h. er schließt den bereits bei Ausgabe der Optionen zu zahlenden Zeichnungsbetrag der Anleihe ein. Bei der Ermittlung des Personalaufwandes ist von dem errechneten *fair value* der Wandlungsrechte jedoch der Wert abzuziehen, den die Mitarbeiter als *Gegenleistung für diese Rechte* erbracht haben. Diese Gegenleistung bemisst sich u.E. jedoch allein nach dem Wert der Unterverzinslichkeit der Anleihe, da nur dieser Zinsverzicht eine Gegenleistung der Mitarbeiter für das Wandlungsrecht darstellt. **479**

Die Gegenbuchung zum so ermittelten Personalaufwand erfolgt in die Kapitalrücklage. Bei der konkreten Durchführung besteht ein Ausweiswahlrecht: Einerseits kann der gesamte Betrag des Personalaufwands in die Kapitalrücklage *(paid-in capital)* eingestellt und der in zukünftigen Perioden als Personalaufwand zu verbuchende Teilbetrag als Korrekturposten im Eigenkapital ausgewiesen werden. Dieser Korrekturposten ist dann in den Folgejahren zeitanteilig aufwandswirksam aufzulösen. Andererseits darf die Kapitalrücklage auch entsprechend dem in jeder Periode zu buchenden Personalaufwand ratierlich erhöht werden. **480**

Erst mit Ablauf der Sperrfrist gelten allerdings nach SFAS 123 die Wandlungsrechte als ausgegeben *(vesting date)*. Sofern Wandlungsrechte vor Ablauf der Sperrfrist verfallen, z.B. weil ein Mitarbeiter bis zum Ende dieser Frist das Unternehmen verlässt, gelten folglich die Wandlungsrechte als nicht ausgegeben. Nach SFAS 123 sollen aber nur die Wandlungsrechte als Personalaufwand in der GuV erfasst werden, die tatsächlich ausgegeben werden. Daher ist die Zahl der im vor- **481**

---

[93] Siehe dazu auch *Busse von Colbe* in: Busse von Colbe/Großfeld/Kley/Martens/Schlede, S. 57 ff.; *KPMG*, 1999, S. 105. Eine Splittung des Betrages in einen Eigenkapital- und einen Fremdkapitalteil ist auch nach SFAS 133 nicht zulässig (siehe auch par. 199).
Anders als bei Wandelanleihen wird bei Optionsanleihen *(debt with stock purchase warrants)* nach APB 14.13 ff. der Eigenkapitalanteil (= Optionsrecht; Wert des Wandlungsrechts) neben der Anleihe erfasst; vgl. auch *Heymann* in: Beck HdR, B 231 Rz. 206.
[94] Vgl. *Rammert*, WPg 1998, S. 768.

stehenden Sinne ausgegebenen Rechte zunächst zu schätzen und später an die tatsächlich eintretende Ausfallrate anzupassen.[95] Korrekturen hinsichtlich der Zahl relevanter Wandlungsrechte aus anderen Gründen sind ausgeschlossen. Insbesondere bildet auch das Verfallenlassen eines Wandlungsrechts keinen ausreichenden Anlass für eine nachträgliche Korrektur.[96]

cc) APB 25

482 Wahlweise kann der Wert der Wandlungsrechte – ebenfalls analog zu den nackten Optionen – jedoch auch nach APB 25 ermittelt werden. Zur Beurteilung, ob Personalaufwand entstanden ist, stellt APB 25 auf den sog. *measurement date* ab (Zeitpunkt, an dem bekannt ist, welche Anzahl Aktien die einzelnen Mitarbeiter auf Basis ihrer Wandlungsrechte zu welchem Preis beziehen dürfen; APB 25.11b). Maßgeblich ist nach APB 25.10 der innere Wert (*intrinsic value*) der Wandlungsrechte, der sich aus dem aktuellen Kurswert der Aktien abzüglich Ausübungspreis (unter Anrechnung des von den Mitarbeitern bei Zeichnung zu zahlenden Betrages) zum *measurement date* ergibt.

483 Nach APB 25 kann ein Aktienoptionsplan variabel oder fix sein, was wiederum Einfluss auf die Verbuchung von Personalaufwand hat. Ein variabler Plan liegt dann vor, wenn im Zeitpunkt der Zusage der Wandlungsrechte (*grant date*) noch nicht bekannt ist, wie viele Aktien und zu welchem Preis diese erworben werden dürfen.[97] Der für die Wertermittlung maßgebliche Zeitpunkt (*measurement date*) liegt in diesem Fall zeitlich hinter dem Ausgabedatum. Der innere Wert der Wandlungsrechte ist aber an einem nach dem *grant date* liegenden Zeitpunkt größer null, soweit eine Aktienkurssteigerung bis dahin erreicht wurde.

484 Sind indes sowohl die Anzahl der Aktien als auch der Ausübungspreis (Wandlungspreis) bereits bei Zusage bekannt und beinhaltet der Plan keine *rechtliche* Erfolgshürde, liegt dagegen ein fixer Plan vor.[98] Auch bei Aktienoptionsplänen, die an eine Wandelanleihe anknüpfen, ist demnach zu prüfen, ob ein variabler oder fixer Plan i.S.v. APB 25 vorliegt.

c) Bilanzierung während der Laufzeit der Wandlungsrechte

485 Die an die Mitarbeiter aufgrund der gezeichneten Wandelschuldverschreibungen zu zahlenden Zinsen stellen auch nach US-GAAP Aufwendungen dar, die erfolgswirksam zu verbuchen sind.

d) Bilanzierung bei Ausübung/Nichtausübung der Wandlungsrechte

486 Werden die Wandlungsrechte ausgeübt, erhält der Mitarbeiter je Wandelschuldverschreibung zu einem bestimmten Nennwert eine Aktie zu einem ebenfalls bestimmten Nennwert.

487 Sofern der Nennwert der Aktie dem Nennwert der Wandelschuldverschreibung entspricht, wird bei *Ausübung* der Wandlungsrechte die passivierte Verbindlichkeit aufgelöst und statt dessen das gezeichnete Kapitel entsprechend erhöht. Ein der Gesellschaft darüber hinaus zufließender Ausübungspreis (Wandlungspreis) ist als Agio zu behandeln (*paid-in capital in excess of par*).

---

[95] Vgl. *Pellens/Crasselt*, DB 1998, S. 219.
[96] Vgl. *KPMG*, 1999, S. 127.
[97] Vgl. *Kunzi/Hasbargen/Kahre*, DB 2000, S. 285.
[98] Vgl. *Kunzi/Hasbargen/Kahre*, DB 2000, S. 285.

IV. Bilanzierung nach international anerkannten Rechnungslegungsvorschriften

Werden die ausgegebenen Wandlungsrechte bis zum Ende der Laufzeit der Anleihe *nicht ausgeübt*, wird der für die Wandlungsrechte ausgewiesene Betrag innerhalb des Eigenkapitals, der durch die Buchung „Aufwand an Kapitalrücklage" entstanden ist, erfolgsneutral von „*paid-in capital – stock options*" in *paid-in capital in excess of par*" umgebucht.[99] Die Fremdkapitalposition ist aufgrund der Rückzahlung der Anleihe aufzulösen.

488

e) Angabepflichten

Die umfangreichen Angabepflichten über Aktienoptionspläne nach SFAS 123.45 ff., die jedes Jahr einzuhalten sind,[100] umfassen „u.a. die Zahl der Optionen, die am Anfang und am Ende des Jahres noch ausstehen, die am Jahresende noch ausübbar sind und die im Geschäftsjahr gewährt, ausgeübt, durch Ablauf der Optionsfrist oder durch Nichterfüllung von Ausübungsbedingungen verfallen sind. Darüber hinaus muss der durchschnittliche *fair value* der Optionen am Tag der Zusage angegeben werden, gesondert nach Optionen, deren Ausübungspreis gleich, kleiner oder größer als der Aktienkurs am Tag der Zusage ist. Weiterhin sind die Annahmen für die Berechnung der Optionswerte sowie der Gesamtbetrag des aufgrund des Stock-Option-Plans verbuchten Personalaufwands zu veröffentlichen. Für Optionen, die am Jahresende noch ausstehen, ist die Bandbreite der mit ihnen verbundenen Ausübungspreise anzugeben, die u.U. in sinnvolle Klassen zu unterteilen ist. Für jede Klasse sind die Anzahl, der durchschnittliche Ausübungspreis, die durchschnittlich noch verbleibende Optionsfrist sowie die Anzahl und der durchschnittliche Ausübungspreis der momentan ausübbaren Optionen zu publizieren."[101]

489

„Unternehmen, die weiterhin die Bewertungsmethoden der APB Opinion No. 25 anwenden, müssen gem. SFAS 123, par. 45, zusätzlich die Höhe des Jahresergebnisses und des Gewinns je Aktie, die sich bei Anwendung der Fair Value Based Method ergeben hätten (Pro Forma Disclosure), veröffentlichen."[102]

490

Zusammenfassend ergibt sich folgender Überblick über die wichtigsten Angabepflichten (*disclosures*) nach US-GAAP:[103]

491

- Übersicht über alle Stock-Option-Pläne, einschließlich aller wichtigen Vertragsvereinbarungen, wie Ausübungsanforderungen, maximale Laufzeit und Gesamtzahl der gewährten Optionen;
- Anzahl und durchschnittlicher Ausübungspreis (gewichteter Durchschnitt) für jede der folgenden Optionsgruppen:
  - ausstehend zu Beginn des Jahres,
  - ausstehend am Jahresende,
  - ausübbar am Jahresende,
  - gewährt,
  - ausgeübt,
  - verfallen,
  - unausgeübt ausgelaufen innerhalb des Jahres;
- durchschnittlicher Marktwert (*fair value*) der im Laufe des Jahres gewährten Optionen (wenn der Ausübungspreis vom aktuellen Aktienkurs abweicht,

---

[99] Vgl. *Pellens/Crasselt*, DB 1998, S. 220.
[100] Vgl. dazu auch *KPMG*, 1999, S. 130; *Oser/Vater*, DB 2001, S. 1265.
[101] *Pellens/Crasselt*, DB 1998, S. 221.
[102] *Pellens/Crasselt*, DB 1998, S. 221.
[103] Siehe auch *Kramarsch*, 2000, S. 120 f.

- dann getrennt nach Optionen, die über, zum oder unter dem aktuellen Kurs ausgegeben wurden);
- Anzahl und durchschnittlicher Marktwert ähnlicher Entlohnungsinstrumente;
- verwendete Methode zur Bestimmung des Marktwertes zusammen mit den Durchschnittswerten der enthaltenen unsicheren Variablen: risikofreier Zinssatz, erwartete Laufzeit der Option, Volatilität, erwartete Dividendenzahlungen;
- Gesamtsumme des ausgewiesenen und unter SFAS 123 fallenden Personalaufwandes;
- signifikante Modifikationen während der Bilanzperiode;
- bei Anwendung von APB 25: *pro forma net income* und *pro forma earnings per share* (EPS), d.h. der Angabe des Jahresüberschusses nach Steuern sowie des Gewinns je Aktie auf Basis der *fair value based method* anstatt der *intrinsic value based method*. Die Aufstellung ist zu ergänzen um die konkreten Differenzbeträge beim ausgewiesenen Personalaufwand und die daraus resultierenden Steuereffekte. Die Berechnung der EPS erfolgt im Übrigen verbindlich nach SFAS 128 „Earnings per Share".

2. Bilanzierung nach IAS

a) Bilanzierungsgrundsätze für Wandelanleihen

492 Die Darstellung der bilanziellen Behandlung von Stock-Option-Plänen ist bislang nicht durch einen Standard des IASB geregelt. Es kann daher in Anlehnung an die Regelungen nach US-GAAP verfahren werden. Ebenso möglich ist aber u.E. auch die Anwendung der unter Beachtung der deutschen GoB entwickelten Bilanzierungsgrundsätze (vgl. Rz. 437 ff.). Eine Erfassung von Personalaufwand aufgrund der bedingten Kapitalerhöhung bei Ausgabe der Wandlungsrechte ist demnach möglich, jedoch nicht zwingend.[104]

493 Nach IAS 32.23 ff. ist bei der Ausgabe von Wandelanleihen der Emissionserlös aufzuteilen in den Ausgabebetrag für die Anleiherechte *(financial liability)* und den Betrag, der für die Wandlungsrechte erzielt wurde *(equity)*. Letzterer ist im Rahmen der handelsrechtlichen Systematik in die Kapitalrücklage nach § 272 Abs. 2 Nr. 2 HGB einzustellen.[105] Nach IAS 32.28 besteht die Möglichkeit, den Emissionserlös im Verhältnis der Werte (Marktwerte oder rechnerisch ermittelte Werte) der Anleihe und der Wandlungsrechte aufzuteilen oder nur den Wert der Anleiheverbindlichkeit direkt zu ermitteln, während der Restbetrag (Differenz zwischen Gesamtausgabebetrag und dem Wert der Anleihe) in die Kapitalrücklage eingestellt wird.[106] Aufgrund des Gebotes des vollständigen Ausweises der Schulden sowie aufgrund des Vorsichtsprinzips spricht sich das IDW aus handelsrechtlicher Sicht für die letztgenannte Alternative aus (Ermittlung des Wertes der Anleihe und Berechnung der Differenz zwischen dem Gesamtausgabebetrag und dem Wert der Anleihe).[107]

---

[104] Vgl. *Eisolt*, IStR 1999, S. 763 m.w.N.
[105] Vgl. *IDW* RS HFA 2 Rz. 49.
[106] Vgl. auch *IDW* RS HFA 2 Rz. 49.
[107] Vgl. *IDW* RS HFA 2 Rz. 49. Diese Präferenz wird neben dem Gläubigerschutz auch auf Praktikabilitätsaspekte gestützt, was insoweit bemerkenswert ist, als – losgelöst von der Bilanzierung von (reinen) Wandelanleihen – die Ermittlung eines rechnerischen Wertes von Optionen (z.B. mittels des Bewertungsmodells von *Black/Scholes*) in der Diskussion der Stock-Option-Pläne eine zentrale Rolle einnimmt.

Unter Würdigung der Zurückhaltung des IASB zu Fragen der Bilanzierung von Stock-Option-Plänen kann u.E. jedoch nicht davon ausgegangen werden, dass IAS 32 für Wandelanleihen im Rahmen von Vergütungssystemen ohne weiteres einschlägig ist. IAS 32.1 (e) nimmt Verpflichtungen von Arbeitnehmern aus Aktienoptionsplänen vielmehr ausdrücklich vom Anwendungsbereich des Statements aus. Die weitere Entwicklung bleibt daher abzuwarten. **494**

Folgerichtig braucht hier auch ein anderes Problem, nämlich die Frage, ob Wandelanleihen bei Anwendung der IAS als Eigen- oder Fremdkapital zu behandeln sind, nicht weiter vertieft zu werden; außerhalb von Aktienoptionsplänen wären hierfür an sich die Rz. 18ff. des IAS 32 zu beachten. Neben IAS 32 nimmt auch die ergänzend zu IAS 32 veröffentlichte Interpretation SIC–5, die für diese Thematik ebenfalls von Interesse wäre, Finanzinstrumente, welche zur Vergütung von Mitarbeitern ausgegeben werden, von ihrem Anwendungsbereich aus (SIC–5.4). Dies ist deshalb bemerkenswert, weil SIC–5.3 (b) ausdrücklich auch Anleihen erwähnt, die den Emittenten verpflichten, die Erfüllung in Form von Aktien zu leisten, wenn ein Marktpreis oder Index eine bestimmte Grenze übersteigt. Es handelt sich um eine Ausgestaltung von Anleihen, die eine gewisse Nähe zu Wandelanleihen im Rahmen von Stock-Option-Plänen erkennen lässt. **495**

Hinsichtlich der laufenden Zinszahlungen ergeben sich keine Besonderheiten gegenüber der Behandlung nach HGB. Bei Ausübung der Wandlungsrechte ist die in Höhe des Personalaufwandes dotierte Kapitalrücklage sowie die Fremdkapitalposition in gezeichnetes Kapital der Gesellschaft umzuwandeln; der darüber hinaus zufließende Betrag (Agio) ist in die Kapitalrücklage einzustellen. **496**

Bei Rückzahlung des Anleihebetrages aufgrund der Nichtausübung ist die Fremdkapitalposition ebenfalls auszubuchen. **497**

b) Beispiel

aa) Sachverhalt

Obgleich – wie dargelegt (Rz. 492 und Rz. 270) – IAS 32 für Wandelanleihen im Rahmen von Stock-Option-Plänen nicht unmittelbar anwendbar zu sein scheint, soll nachfolgend anhand eines Beispiels, das IAS 32.A24 entnommen ist, die allgemeine Bilanzierung von Wandelanleihen verdeutlicht werden:[108] **498**

Ein Unternehmen legt zum Beginn des Jahres 01 eine Wandelanleihe mit einer Laufzeit von 3 Jahren auf. Insgesamt werden 2.000 Papiere zu einem Nennwert von je 1.000 € zu pari emittiert, so dass das Volumen bei 2.000.000 € liegt. Der Betrag ist nachschüssig mit einem nominalen Jahreszins von 6 % zu verzinsen. Jede Wandelschuldverschreibung kann jederzeit während der gesamten Laufzeit in 250 Stammaktien gewandelt werden. Bei Ausgabe der Wandelanleihe liegt der maßgebliche Marktzins für eine ähnliche Anleihe ohne Wandlungsrecht bei 9 %. Zum Emissionszeitpunkt liegt der Marktpreis einer Stammaktie bei 3 €. Für die drei Jahre der Laufzeit der Wandelanleihe wird eine jährliche Dividende von 0,14 € pro Aktie erwartet, die jeweils zum Jahresende gezahlt wird. Der Zins für risikolose Anlagen für einen dreijährigen Zeitraum liegt bei 5 %. **499**

---

[108] Siehe auch *Menn* in: Rechnungslegung nach International Accounting Standards (IAS), IAS 32 Rz. 51 ff.; *PwC Deutsche Revision* (Hrsg.), IAS für Banken, S. 446.

G. Aktienoptionspläne i.V.m. einer Wandelanleihe/Optionsanleihe

bb) Restwertberechnung

500 Barwert des Anleihebetrages; zahlbar am Ende des dritten Jahres	1.544.367 €
Barwert der Zinsen; zahlbar jährlich nachschüssig für drei Jahre	303.755 €
Summe Schuldkomponente	1.848.122 €
Eigenkapitalkomponente (durch Abzug von 2.000.000 €)	151.878 €

cc) Optionspreismodell

501 Zeitwert der Option (= Eigenkapitalkomponente) für 2.000 Anleihen 144.683 €
Bei der Berechnung wurde das Bewertungsmodell von Black/Scholes mit einer Standardabweichung der jährlichen Aktienerträge von 30 % zugrunde gelegt.

c) Angabepflichten

502 Der 1998 überarbeitete IAS 19 „Employee Benefits" betrifft zwar grundsatzlich auch *„equity compensation benefits",* zu denen sowohl die Ausgabe von Aktienoptionen als auch die am Aktienkurs orientierten Barvergütungen gehören (IAS 19.144), sieht aber ausdrücklich keine Ansatz- und Bewertungsvorschriften vor (IAS 19.145).

503 Wenngleich in den IAS keine konkreten Angaben zur bilanziellen Erfassung und Bewertung von Mitarbeiterbeteiligungen enthalten sind, werden in IAS 19 umfangreiche Anhangangaben verlangt. Anzugeben sind nach IAS 19.147 f.:[109]
— Art und Regelungsinhalt der Pläne,
— die angewandten Bilanzierungs- und Bewertungsmethoden,
— die für Kapitalbeteiligungspläne im Abschluss erfassten Beträge,
— die Anzahl und Bedingungen der eigenen Eigenkapitalinstrumente, die von Kapitalbeteiligungsplänen am Anfang und am Ende der Periode gehalten werden, wobei der Umfang der unverfallbaren Rechte der Arbeitnehmer auf diese Instrumente am Anfang und Ende der Periode gesondert anzugeben ist,
— Anzahl und Bedingungen der an Kapitalbeteiligungspläne oder Arbeitnehmer ausgegebenen Eigenkapitalinstrumente,
— die Anzahl, Ausübungszeitpunkte und -kurse der in der Periode ausgeübten Optionen,
— die Anzahl der von Kapitalbeteiligungsplänen oder von Arbeitnehmern gehaltenen Optionen, die in der Periode verfallen sind,
— die Höhe und die grundlegenden Bedingungen von Krediten oder Sicherheiten, die an Kapitalbeteiligungspläne oder zu deren Gunsten gegeben wurden.

504 Darüber hinaus ist anzugeben:
— der beizulegende Wert von Kapitalbeteiligungsplänen gehaltenen Eigenkapitalinstrumente zum Beginn und zum Ende der Periode und
— der zum Zeitpunkt der Ausgabe beizulegende Zeitwert der Eigenkapitalinstrumente (ausgenommen Aktienoptionen).

505 Ist es dem optionsgewährenden Unternehmen nicht möglich, den Zeitwert zu ermitteln und anzugeben, so ist dies zu erläutern (IAS 19.148). Die Angabe des „*fair value*" darf auch völlig unterbleiben (IAS 19.152). Zur Begründung führt IAS 19.152 an, dass es insoweit noch an einer einvernehmlichen Übereinkunft zur sachgerechten Ermittlung des beizulegenden Wertes fehle.[110]

---

[109] Siehe auch *Oser/Vater,* DB 2001, S. 1268.
[110] Siehe auch E-DRS 11, D10.

IV. Bilanzierung nach international anerkannten Rechnungslegungsvorschriften

Nach IAS 19.150 können die Angaben für alle Aktienoptionspläne zusammengefasst werden oder sinnvoll gruppiert werden, indem etwa Optionen „in-the-money" (innerer Wert ist positiv) von solchen „out-of-the money" (innerer Wert ist null) unterschieden werden. Bei einer Gruppierung sollten die Gruppen homogen sein und gewichtete Durchschnittswerte oder vergleichsweise enge Bandbreiten angegeben werden (IAS 19.149). Hinzuweisen ist auch auf die ggf. aus IAS 24 („Related Party Disclosures") resultierenden Anhangangaben.[111]

506

3. Exkurs: Bilanzierung nach dem G4+1 Positionspapier

In einem vom IASB als Diskussionspapier veröffentlichten Positionspapier der G4+1[112] vom Juli 2000 wird weitgehend auf die bereits dargelegten US-GAAP-Regelungen (SFAS 123) zurückgegriffen. Bei diesem Diskussionspapier handelt es sich nicht um eine Stellungnahme des IASB, das Committee stellt die Meinungen der beteiligten Accounting Standard Boards lediglich zur Diskussion.

507

Nach dem Positionspapier wären Optionen künftig zum *vesting date* (Datum, zu dem die Optionen als ausgegeben gelten, d.h. alle Voraussetzungen erfüllt sind, die zur Ausübung berechtigen[113]) mit dem *fair value* zu bewerten und in dieser Höhe über die *service period* Personalaufwand zu buchen.[114]

508

Die wesentlichen Punkte des Positionspapiers der G4+1 sind nachfolgend aufgelistet:

509

"Transactions between the entity and its employees, whereby the employees provide services in return for valuable shares or share options issued to them by the entity, should be recognised in the entity's financial statement, to reflect the receipt and consumption of employee services and issue of entity instruments."[115]

"Where the entity obtains services from employees by issuing shares or share options, these transactions should be measured at the Fair Value of the options or shares issued."[116]

"Where an observable price does not exist, the Fair Value of share options should be calculated using an option price model."[117]

"Thus, it is appropriate that a charge should be recognised over a period of service, whether that is defined as the period within which specified performance criteria have to be met or the period up to vesting date during which the employee has to remain with the entity."[118]

Der Vorschlag der G4+1 orientiert sich damit bis auf die Festlegung des Bewertungszeitpunkts sehr stark an SFAS 123; dies gilt vor allem im Hinblick auf die Aufwandswirksamkeit.[119] Demzufolge gelten hinsichtlich dieser Position im Grundsatz die gleichen Bedenken, wie sie in Bezug zu den im deutschen Schrifttum in Anlehnung an SFAS 123 vorgebrachten Stellungnahmen vorgetragen wurden (vgl. ausführlich Rz. 188 ff.).

510

---

[111] Vgl. *Oser/Vater*, DB 2001, S. 1268.
[112] Australian Accounting Standards Board, Canadian Accounting Standards Board, New Zealand Financial Reporting Standards Board, UK Accounting Standards Board, US Accounting Standards Board.
[113] G4+1 Position Paper, p. 6.
[114] Vgl. dazu auch *Schruff*, FS Welf Müller, S. 232 ff. Im Unterschied dazu stellt US-GAAP nach SFAS 123 auf den Ausgabetag (*grant date*) bzw. nach APB 25 auf den *measurement date* ab.
[115] G4+1 Position Paper, par. 3.27.
[116] G4+1 Position Paper, par. 4.42.
[117] G4+1 Position Paper, par. 4.44.
[118] G4+1 Position Paper, par. 6.1.
[119] Ähnlich *Schruff*, FS Welf Müller, S. 234.

V. Steuerrecht

1. Unternehmensebene

511 Die für eine Bedienung der Wandlungsrechte benötigten Aktien können sowohl im Wege einer bedingten Kapitalerhöhung nach § 192 Abs. 2 Nr. 1 AktG oder durch den Rückkauf eigener Anteile nach § 71 Abs. 1 Nr. 8 AktG beschafft werden. Insoweit ergeben sich im Falle von Aktienoptionsplänen i.V.m. Wandel- oder Optionsanleihen keine steuerlichen Besonderheiten, so dass auf die Darstellungen unter Rz. 280 ff. und Rz. 625 ff. (Unternehmensbesteuerung) verwiesen werden kann.

a) Laufende Umsetzung des Aktienoptionsplans

aa) Bezugsrechtsverzicht der Altaktionäre bei Einräumung

512 Bezüglich der laufenden Umsetzung ergeben sich steuerbilanziell keine grundsätzlichen Unterschiede zwischen Aktienoptionsplänen i.V.m. Wandelanleihen oder Optionsanleihen. In beiden Fällen ist bei Zeichnung der Wandel- bzw. Optionsanleihe der Rückzahlungsbetrag entsprechend der handelsrechtlichen Handhabung[120] als Verbindlichkeit zu passivieren. Im Falle einer Optionsanleihe verbleibt diese Verbindlichkeit auch nach Optionsausübung bis zu ihrer vollständigen Tilgung; lediglich die Wandelanleihe geht mit Ausübung des Wandlungsrechts unter.

513 Anders als bei einem Aktienoptionsplan nach § 192 Abs. 2 Nr. 3 AktG besteht im Falle eines Plans i.V.m. Wandel- bzw. Optionsanleihen nach § 221 Abs. 4 AktG ein *gesetzliches Bezugsrecht* der Altaktionäre, welches ausgeschlossen werden muss. Somit könnte steuerlich eine beim Unternehmen Personalaufwand begründende *(verdeckte) Einlage* der Altgesellschafter durch Bezugsrechtsverzicht in Betracht kommen.

514 Dagegen spricht, dass der BFH eine verdeckte Gewinnausschüttung durch Einräumung von Bezugsrechten mit der Begründung ausgeschlossen hat, dass diese ausschließlich zu Lasten der Altaktionäre gehe und damit die Vermögenssphäre des Unternehmens nicht berühre.[121]

515 *Rammert* folgend können aus dieser Entscheidung Rückschlüsse auf die *Einlagefähigkeit* des Bezugsrechts hergeleitet werden.[122] Denn wenn schon ein Bezugsrecht die Betriebsvermögensebene nicht berührt und damit kein Wirtschaftsgut für das Unternehmen darstellt, kann dies umgekehrt schwerlich für den Verzicht auf das Bezugsrecht gelten. Vor allem aber kann das Unternehmen aus eigenen Anteilen keinen wirtschaftlichen Vorteil ziehen, da ihm nach § 71 b AktG aus diesen keine Rechte zustehen.[123]

516 Anderer Ansicht sind *Pellens/Crasselt*, die in dem entgeltlosen Bezugsrechtsverzicht gedanklich eine Sacheinlage der Altaktionäre sehen.[124] Worin der Vermögenswert der gedanklichen Sacheinlage bestehen soll, wird nicht erläutert.

---

[120] Vgl. Rz. 437.
[121] BFH vom 27. 9. 1974, BStBl. II 1975, S. 230 f.
[122] Vgl. *Rammert*, WPg 1998, S. 775.
[123] Vgl. *Rammert*, WPg 1998, S. 775, für den dies das Hauptargument gegen das Vorliegen eines Vermögensgegenstandes ist. Ebenso *Naumann*, DB 1998, S. 1430.
[124] *Pellens/Crasselt*, DB 1998, S. 223.

V. Steuerrecht

bb) Auffassungen zur steuerlichen Behandlung eines offenen oder verdeckten Aufgelds

Von Bedeutung ist aus steuerlicher Sicht auch die Ausgestaltung der Anleihen in Bezug auf ihre Verzinsung oder die Vereinbarung eines eventuellen Aufgelds. Grundsätzlich wird unterschieden zwischen: **517**
- marktüblich verzinsten Anleihen ohne Ausgabeaufgeld (d.h. zum Nennwert);
- marktüblich verzinsten Anleihen mit Ausgabeaufgeld;
- niedrig- bzw. unterverzinslichen Anleihen ohne Ausgabeaufgeld (zum Nennwert).

Die steuerrechtliche Behandlung von Wandelanleihen folgt weitgehend der handelsrechtlichen Behandlung. Zur handelsrechtlichen Behandlung kann daher auf Rz. 437 ff. verwiesen werden. Auf steuerliche Besonderheiten wird im Folgenden eingegangen. **518**

Im Falle *marktüblich verzinster Anleihen* ohne Aufgeld ergeben sich – ebenso wie handelsrechtlich – bis auf die Passivierung der Anleihe keine weiteren steuerbilanziellen Konsequenzen. **519**

Steuerliche Besonderheiten im Vergleich zur handelsrechtlichen Handhabung ergeben sich bei der Ausgabe von gegenüber der marktüblichen Verzinsung niedriger verzinslichen Anleihen (Anleihen mit verdecktem Aufgeld in Höhe der Zinsdifferenz) und Anleihen, die mit der Zahlung eines Aufgelds verbunden sind.[125] **520**

Nach *wohl überwiegender Meinung* ist das *Aufgeld* eine *Einlage* und in das steuerliche Einlagekonto einzustellen.[126] Dem soll auch nicht entgegenstehen, dass die Begünstigten im Zeitpunkt der Zahlung des Aufgelds noch keine Gesellschafterstellung innehaben.[127] Zur Begründung wird u.a. das Urteil des BFH zu § 17 EStG herangezogen, nach dem Bezugsrechte auf Anteile an einer Kapitalgesellschaft den Anteilen gleichstehen.[128] Dieser Auffassung zufolge habe der BFH ganz allgemein, d.h. über § 17 EStG hinaus – ausgehend von dem Begriff Anwartschaft als Ausdruck eines allgemeinen Sprachgebrauchs –, von der Zurechnung von Bezugsrechten zu den Anteilen an einer Kapitalgesellschaft gesprochen.[129] Weiter sei in Anlehnung an die Rechtsprechung zur verdeckten Gewinnausschüt-

---

[125] Bei einer gegenüber der marktüblichen Verzinsung niedrigeren Verzinsung bzw. Unterverzinsung führen die fehlenden Zinsen bzw. die Differenz zwischen den vereinbarten und marktüblichen Zinsen zu einem sog. verdeckten Aufgeld. Sofern die Gegenleistung der Anleihezeichner in Arbeitsleistung besteht, vertreten *Esterer/Härteis* die Ansicht, den Wert der erbrachten bzw. zu erbringenden Arbeitsleistung *gleichfalls* nach § 272 Abs. 2 Nr. 2 HGB in der Kapitalrücklage zu erfassen (DB 1999, S. 2075). Dagegen ist einzuwenden, dass die erhofften künftigen Arbeitsleistungen keinen rechtlich durchsetzbaren Anspruch und damit auch kein Wirtschaftsgut verkörpern (vgl. *Herzig/Lochmann*, WPg 2001, S. 85; *Simons*, WPg 2001, S. 96 spricht von „Verbot der Sklaverei"). Eine andere Sichtweise ist allenfalls bei Verzicht auf bereits entstandene Lohnansprüche möglich. Im Handelsrecht ist die Einordnung des offenen oder verdeckten Aufgelds – auch im Falle der Nichtausübung der Wandlungsrechte – als Einlage und damit die Einstellung in die Kapitalrücklage nahezu unbestritten (vgl. *Clemm/Erle* in: Beck Bil-Komm., 4. Aufl. 1999, § 253 Tz. 92; *Roß/Pommerening*, WPg 2001, S. 646; weitere Ausführungen unter Rz. 441 ff. Für das Steuerrecht wird diese Auffassung nur zum Teil vertreten (*Berger/Klotz*, DB 1993, S. 955; *Hein*, FR 1986, S. 424; *Koch/Vogel*, BB 1986 Beil. 10, S. 10; *Knobbe-Keuk*, ZGR 1987, S. 317; a.A.: *Häuselmann*, BB 2000, S. 139 f.; *Dötsch* in: Dötsch/Eversberg/Jost/Witt, KStG 1999, § 30 Tz. 77).

[126] Vgl. *Berger/Klotz*, DB 1993, S. 955; *Hein*, FR 1986, S. 424; *Koch/Vogel*, BB 1986 Beil. 10, S. 10.

[127] Vgl. *Koch/Vogel*, BB 1986 Beil. 10, S. 7 f.; *Berger/Klotz*, DB 1993, S. 955.

[128] BFH vom 20.2.1975, BStBl. II 1975, S. 505 f.

[129] Vgl. *Koch/Vogel*, BB 1986 Beil. 10, S. 8.

tung an zukünftige Gesellschafter[130] die Auffassung als überholt anzusehen, nach der nur ein gegenwärtig bestehendes Gesellschaftsverhältnis die Annahme einer Einlage rechtfertigen könne.[131] Die gesellschaftliche Veranlassung soll gegeben sein, weil es sich bei der Ausgabe der Anleihe nicht um einen betrieblichen Vorgang bzw. ein Geschäft des emittierenden Unternehmens handele.[132]

521 Vor allem aber wird in der Ablehnung einer Einlage ein auch vom BFH abgelehnter *unerträglicher Widerspruch zwischen Handelsrecht und Steuerrecht* gesehen, da das Aufgeld nach § 150 Abs. 2 AktG i.V.m. § 272 Abs. 2 Nr. 2 HGB handelsrechtlich gebunden ist und eine Nichtbeachtung nach § 256 Abs. 2 AktG die Nichtigkeit des betreffenden Jahresabschlusses nach sich ziehen würde.[133] Dementsprechend dürfe dem BFH zufolge das Steuerrecht keine nachteiligen Rechtsfolgen an Tatbestände anknüpfen, deren Verwirklichung handelsrechtlich bei Nichtigkeitsfolge verboten ist.[134] Die Einstellung des Aufgelds in das steuerliche Einlagekonto sei unabhängig davon, ob der Begünstigte die Optionen ausübt oder verfallen lässt.[135]

522 Nach *anderer Ansicht* handelt es sich bei offenen oder verdeckten Aufgeldern um *steuerpflichtige Erträge*.[136] Zumindest sei dies immer dann der Fall, wenn die Optionen nicht ausgeübt werden und verfallen.[137] Zur Begründung wird vorgetragen, dass es für eine steuerliche Einlage in jedem Falle einer Gesellschafterstellung bedarf und der von den Befürwortern einer Einlage herangezogene Anwartschaftsbegriff des § 17 EStG auf diesen beschränkt sei.[138] Ablehnend äußert sich auch die Finanzverwaltung, die für den „Schwebezustand" bis zu einer etwaigen Ausübung bezüglich des Aufgelds die Bildung eines Passivpostens mit der Bezeichnung „Anzahlung" vorschlägt.[139] Erst mit der Optionsausübung solle die „Anzahlung" auch steuerliches Eigenkapital werden, während sie bei Nichtausübung bis zum Ablauf der Optionsfrist als Betriebseinnahme zu erfassen sei.[140]

cc) Eigene Auffassung

523 Die steuerrechtliche Behandlung eines offenen oder verdeckten Aufgelds ist durch die zwingende gesellschafts- u. handelsrechtliche Handhabung vorgegeben. Denn § 150 Abs. 2 AktG i.V.m. § 272 Abs. 2 Nr. 2 HGB schreibt die Einstellung des Aufgelds in voller Höhe in die Kapitalrücklage des Unternehmens un-

---

[130] Vgl. BFH vom 24.1.1989, BStBl. II 1989, S. 420.
[131] Vgl. *Hein*, FR 1986, S. 424; *Berger/Klotz*, DB 1993, S. 954f.
[132] Vgl. *Knobbe-Keuk*, ZGR 1987, S. 316f.
[133] Vgl. *Koch/Vogel*, BB 1986 Beil. 10, S. 10; *Berger/Klotz*, DB 1993, S. 955, *Hein*, FR 1986, S. 425.
[134] BFH vom 18.7.1973, BStBl. II 1973, S. 790 ff.: Gegenstand des angesprochenen Urteils war die Frage, ob die Kosten der Ausgabe von Aktien auch insoweit abzugsfähig sind, wie für diese ein Aufgeld festgesetzt ist. Gestützt auf den damaligen § 150 Abs. 2 Nr. 2 AktG lehnte der BFH die Verrechnung der abzugsfähigen Ausgabekosten mit dem zu zahlenden Aufgeld mit der Begründung ab, dass das Aufgeld nach Aktienrecht ungekürzt in die gesetzliche Rücklage einzustellen sei und ein gegen dieses Gebot verstoßender Jahresabschluss nichtig wäre.
[135] Vgl. *Koch/Vogel*, BB 1986 Beil. 10, S. 10f.
[136] Vgl. *Dötsch* in: Dötsch/Eversberg/Jost/Witt, KStG, § 30 Tz. 77.
[137] Vgl. *Häuselmann*, BB 2000, S. 144; *Weber-Grellet* in: Schmidt, EStG, 20. Aufl. 2001, § 5 Tz. 550.
[138] Vgl. *Häuselmann*, BB 2000, S. 143.
[139] OFD Düsseldorf, Vfg. vom 23.3.2001, DB 2001, S. 1337.
[140] OFD Düsseldorf, Vfg. vom 23.3.2001, DB 2001, S. 1337; zum Entwurf eines gleich lautenden BMF-Schreibens siehe FN-IDW 1995, S. 69ff.

abhängig davon vor, ob die mit den Anleihen verbundenen Optionen ausgeübt werden oder verfallen. Die Regelung des § 150 AktG hat den Gläubigerschutz zum Gegenstand.[141] Verletzt ein Jahresabschluss Vorschriften, die dem Schutz von Gläubigern des Unternehmens dienen, oder gesetzliche Bestimmungen über die Einstellung von Beträgen in die Kapitalrücklage, ist er nach § 256 Abs. 1 Nr. 1 bzw. Nr. 4 AktG nichtig. Durch eine Besteuerung würde das Aufgeld gemindert und könnte nicht mehr in voller Höhe in die Kapitalrücklage eingestellt werden. Ein solcher *Widerspruch zwischen Handels- und Steuerrecht*, möglicherweise mit Folge der Nichtigkeit des Jahresabschlusses, ist mit dem BFH[142] abzulehnen.

Hinzu kommt, dass eine *Rechtsgrundlage* für die vorübergehende Erfassung des Aufgelds als Anzahlung *fehlt*. Denn Anzahlungen sind Vorleistungen für ein schwebendes Geschäft, das bezüglich der Option nicht vorliegt.[143] Ferner würde die Erfassung des Aufgelds als Betriebseinnahme dessen gesellschaftliche Veranlassung ignorieren. Das Aufgeld stellt keinen „echten" betrieblichen Ertrag dar, da die Ausgabe von Wandel- bzw. Optionsanleihen nicht zum eigentlichen Geschäft des Unternehmens gehört.[144] Zweck der steuerrechtlichen Einlage ist es gerade, nur diejenigen Betriebsvermögensmehrungen als Gewinn auszuweisen, die betrieblichen Geschäftsvorfällen entstammen.[145] Funktional stellt die Vermögensmehrung durch das Aufgeld keinen unternehmerisch erzielten Ertrag, sondern eine Kapitalerhöhung dar.[146] Im Ergebnis sind die offen oder mit der fehlenden oder niedrigen Verzinsung verdeckt anfallenden Aufgelder in das steuerliche Einlagekonto einzustellen. Lassen die Berechtigten die mit den Anleihen eingeräumten Optionen verfallen, verbleiben die Aufgelder im steuerlichen Einlagekonto des Unternehmens. Eine Umqualifizierung in steuerpflichtige Betriebseinnahmen kommt nicht in Betracht, da die gesellschaftliche Veranlassung des Aufgelds unverändert bestehen bleibt.   524

dd) Steuerfolgen während der Laufzeit

Die während der Laufzeit gezahlten Zinsen sind betrieblich veranlasst und stellen steuerlich wirksamen Aufwand dar. Dies ergibt sich aus den mit dem Aktienoptionsplan verfolgten betriebswirtschaftlichen Zielen der Mitarbeitermotivation und -bindung.   525

Gewerbesteuerlich sind die Zinszahlungen nach § 8 Nr. 1 GewStG als Entgelt für Dauerschulden dem Betriebsergebnis wieder hälftig hinzuzurechnen. Die Anleihebeträge erhöhen das Betriebskapital und bewirken dessen dauerhafte Verstärkung,[147] da es sich bei den Anleihebeträgen nicht um Verbindlichkeiten des laufenden Geschäftsverkehrs handelt[148] und sie regelmäßig eine Laufzeit von mehr als 12 Monaten haben.[149] Etwas anderes gilt nur im Falle von Wandelanleihen mit einer Laufzeit von weniger als einem Jahr. Eine derart kurze Laufzeit aber würde schon dem Zweck der mittel- bzw. langfristigen Bindung der be-   526

---

[141] Vgl. *Hüffer*, AktG, 4. Aufl. 1999, § 150 Tz. 1.
[142] BFH vom 18.7.1973, BStBl. II 1973, S. 790 ff.
[143] Vgl. FN-IDW 1995, S. 70.
[144] Vgl. *Knobbe-Keuk*, ZGR 1987, S. 317.
[145] Vgl. *Weber-Grellet* in: Schmidt, EStG, 20 Aufl. 2001, § 4 Tz. 300.
[146] Vgl. *Knobbe-Keuk*, ZGR 1987, S. 317.
[147] Vgl. *Hofmeister* in: Blümich, EStG/KStG/GewStG, § 8 Tz. 41.
[148] BFH vom 24.1.1996, BStBl. II 1996, S. 328.
[149] BFH vom 9.4.1981, BStBl. II 1981, S. 481.

G. Aktienoptionspläne i.V.m. einer Wandelanleihe/Optionsanleihe

günstigten Mitarbeiter an das Unternehmen durch den Aktienoptionsplan entgegenstehen.

527   Die während der Laufzeit durch fehlende oder niedrige Verzinsung der Anleihen anfallenden Aufgelder sind nach der hier vertretenen Auffassung in das steuerliche Einlagekonto einzustellen. Nach Ansicht der Finanzverwaltung wären sie bis zum Ende der Laufzeit als Anzahlung zu passivieren.[150]

b) Ausübung, Verfall der Wandlungsrechte

528   Üben die Anleihezeichner ihre Wandlungsrechte aus und fällt in diesem Zusammenhang ein Aufgeld an, ist dieses in das steuerliche Einlagekonto des Unternehmens einzustellen. Anders als die steuerliche Behandlung von Aufgeldern während der Laufzeit, ist dies unstreitig. Folgt man der Auffassung der Finanzverwaltung, wären die während der Laufzeit angefallenen und als Anzahlung passivierten Aufgelder zum Zeitpunkt der Ausübung durch Zuführung in das steuerliche Einlagekonto in steuerliches Eigenkapital des Unternehmens umzuwandeln. Während Wandelanleihen mit ihrer Ausübung untergehen, ist die Optionsanleihe auch nach Ausübung weiterhin bis zu ihrer Tilgung zu passivieren.

529   Werden die Wandlungsrechte nicht ausgeübt, wäre der nach Ansicht der Finanzverwaltung für während der Laufzeit angefallene Aufgelder gebildete Passivposten „Anzahlung" aufzulösen und die Aufgelder als Betriebseinnahmen zu erfassen. Nach hier vertretener Auffassung wirkt sich die Nichtausübung hinsichtlich gezahlter Aufgelder steuerlich nicht aus. Die bereits dem steuerlichen Einlagekonto zugeführten offenen bzw. verdeckten Aufgelder bleiben Eigenkapital des Unternehmens. Ferner sind Wandelanleihen bei Nichtausübung wie Optionsanleihen bis zu ihrer vollständigen Tilgung zu passivieren.

c) Aktienoptionspläne im Konzern

530   Der für Wandlungs- oder Optionsrechte erzielte Betrag ist auch dann in die Kapitalrücklage der Muttergesellschaft nach § 272 Abs. 2 Nr. 2 HGB einzustellen, wenn für die Begebung eine Tochtergesellschaft eingeschaltet wird.[151] Die Muttergesellschaft hat das von der Tochtergesellschaft gewährte Entgelt für die Verschaffung der Wandlungs- oder Optionsrechte in die Kapitalrücklage einzustellen. Dies gilt in jedem Fall dann, wenn zwischen Mutter- und Tochterunternehmen eine entsprechende Vereinbarung besteht. In der Literatur umstritten ist die Frage, ob eine Vereinbarung über die Abführung des Optionsentgelts bestehen muss.[152] Optionsentgelt in diesem Sinn ist entsprechend den vorstehenden Ausführungen allein das offene oder verdeckte Ausgabeaufgeld, nicht jedoch der Wert der zu erbringenden Arbeitsleistung.

2. Arbeitnehmerebene

a) Zeitpunkt des lohnsteuerlichen Zuflusses

531   Aktienoptionspläne i.V.m. Wandelanleihen wurden lohnsteuerrechtlich bislang wenig beleuchtet. Im Wesentlichen geht es um die Frage, ob die Sachzuwendung

---

[150] Zur fehlenden Rechtsgrundlage und der damit verbundenen Rechtsunsicherheit sowie dem Umstand, dass die Finanzverwaltung die bis dato bestehende Verständigungsgrundlage zunehmend selbst in Frage stellt, siehe *Häuselmann*, BB 2000, S. 144.

[151] Vgl. *ADS*, 6. Aufl., § 272 HGB, Anm 127 ff.

[152] Vgl. *ADS*, 6. Aufl., § 272 HGB, Anm. 128 m.w.N.

bereits mit Einräumung des Wandlungsrechts, d.h. mit Ausgabe der Anleihe, zufließt oder ob die Grundsätze für nackte Optionen entsprechend gelten. Bislang sind hierzu nur zwei finanzgerichtliche Entscheide veröffentlicht, allerdings mit entgegengesetzten Ergebnissen.

Die erste Entscheidung, durch das FG München im Jahr 1999,[153] erklärte die Wandelanleihen (nur Wandlungsrecht) steuerlich für unbeachtlich. Wirtschaftlich sei es allein um die Einräumung der Optionen gegangen, das Fremdkapital habe den Charakter einer Schutzgebühr. Lohnsteuerlicher Zufluss sei daher erst mit Ausgabe der Bezugsaktien anzunehmen. Das entspricht auch der momentanen Praxis der Finanzverwaltung.[154] **532**

Diese Lösung erscheint so nicht überzeugend.[155] § 19a Abs. 1 EStG i.V.m. § 2 Abs. 1 Nr. 1 lit. b) 5. VermBG belegt eindeutig, dass Wandelschuldverschreibungen lohnsteuerlich sofort zufließen können. Dafür spricht zudem § 194 Abs. 1 Satz 2 AktG.[156] Im Übrigen kann es vielfältige gesellschaftsrechtliche Gründe geben, Anleihen anstelle nackter Optionen auszugeben, namentlich die größere inhaltliche Flexibilität, Erhöhung des Ausgabevolumens und geringere Publizitätsanforderungen.[157] Im Einzelfall wären – was nicht selten unterbleibt – § 42 AO oder eine wirtschaftliche Tatbestandsauslegung beim Namen zu nennen und lege artis anzuwenden. Der Erwerb der Bezugsaktien kann demnach in die grundsätzlich nicht steuerbare Privatsphäre fallen. Erfreulicherweise teilt nun auch das FG Düsseldorf in einem Aussetzungsverfahren im Ergebnis diese Einschätzung.[158] Mangels Rechtsmitteleinlegung ist der Beschluss bereits rechtskräftig. Die Revision gegen das Urteil des FG München ist hingegen noch anhängig.[159] Die Rechtslage muss daher gegenwärtig als **nicht** gesichert betrachtet werden.[160] **533**

Aus Sicht des Arbeitnehmers erscheint ein Aktienoptionsplan i.V.m. einer Wandelanleihe zunächst steuerlich risikolos; denn „schlimmstenfalls" käme es zur gewöhnlichen Endbesteuerung. Andererseits könnte sich auch eine Anfangsbesteuerung ergeben (soweit nicht im Vorfeld mit der Finanzverwaltung abgestimmt). Diese kann sich jedoch im Einzelfall als unerwünscht erweisen.[161] Darüber sollte der Arbeitnehmer ggf. rechtzeitig aufgeklärt werden. Aus Sicht des Arbeitgebers verbleibt es vorläufig bei dem Risiko, wann und in welcher Höhe Lohnsteuer einzubehalten und abzuführen ist.[162] **534**

---

[153] FG München vom 24.6.1999, 10 K 3851/94, EFG 2000, S. 494 mit Anmerkung *Kessler/Strnad*, INF 2000, S. 486 ff. m.w.N. Revision eingelegt, Az. des BFH: VI R 124/99. Wie das FG München wohl auch *Valentin*, EFG 2001, S. 969 f.

[154] Siehe auch: *Haas/Pötschan*, DStR 2000, S. 2020 f.; *Leopold*, FR 2000, S. 1332.

[155] Ablehnend auch: *Eisolt/Wickinger*, BB 2001, S. 126 f.; *Kessler/Strnad*, INF 2000, S. 486 ff. m.w.N. zur Rechtsentwicklung; *Leopold*, FR 2000, S. 1332 ff. Zum Zufluss bzgl. GmbH-Geschäftsanteilen *Fox/Hüttche/Lechner*, GmbHR 2000, S. 534. Schon *KPMG*, 2000, S. 40.

[156] Dazu: *Hamacher*, DB 2000, S. 2396 f.; *Kessler/Strnad*, INF 2000, S. 487.

[157] Näher *Kessler/Strnad*, INF 2000, S. 488 sowie oben Rz. 415 ff. In dieser Richtung auch *Leopold*, FR 2000, S. 1334.

[158] FG Düsseldorf, Beschluss vom 11.4.2001, 3 V 6028 A (L), EFG 2001, S. 968.

[159] Auskunft der Geschäftsstelle des BFH vom 2.1.2002.

[160] Gleicher Ansicht *Frystatzki*, EStB 2001, S. 397.

[161] Siehe oben Rz. 351. Speziell bzgl. Wandelschuldverschreibungen siehe *Valentin*, EFG 2001, S. 970.

[162] Näher oben Rz. 369 ff.

b) Bewertung, Werbungskosten

535 Als Rechtsgrundlage der Bewertung des steuerpflichtigen Vorteils mag § 19a Abs. 2 EStG nun § 8 Abs. 2 EStG vorzuziehen sein.[163] In der Berechnung mindern auch hier geleistete Zahlungen (insbesondere der Zeichnungspreis der Wandelanleihe) sowie bereits versteuerte Bezüge des Arbeitnehmers dessen Einkünfte.[164] Die Vergünstigung des § 19a Abs. 1 EStG ist wegen dessen Bezuges auf § 2 Abs. 1 Nr. 1 lit. a bzw. b 5. VermBG eröffnet, spielt in der Praxis angesichts der hier in Rede stehenden Beträge aber keine Rolle.

536 Wie der Umstand einer Unverzinslichkeit bzw. unter Marktniveau liegenden Verzinsung einer Wandelanleihe zu berücksichtigen ist, ist noch offen. Rechtlich vorzugswürdig erscheint ein Wertabschlag.[165] Hilfsweise könnten die entgangenen Zinsen Werbungskosten im Rahmen des § 19 EStG sein, soweit solcher Zinsverlust insoweit üblich ist und außerdem zu steuerpflichtigen Einnahmen führt.

537 Ungeklärt ist, ob auch Refinanzierungskosten des Arbeitnehmers für die Wandelanleihe Werbungskosten zu § 19 EStG sind (siehe § 9 Abs. 1 Satz 3 Nr. 1 Satz 1 EStG). Wir halten das für denkbar.[166] Denn nach Ansicht des BFH soll bei Werbungskosten im Rahmen des § 19 EStG schon ein mittelbarer Zusammenhang ausreichen.[167] Andernfalls verblieben nur §§ 20, 23 EStG. Dazu müßte, wie allgemein, der Steuerpflichtige die Absicht haben, Überschüsse zu erzielen. Die Realisierung von Wertsteigerungen im nicht steuerbaren Vermögensbereich genügt grundsätzlich nicht.[168]

538 Knüpft man den lohnsteuerlichen Zufluss nicht an die Ausgabe der Aktien, so kann ein geldwerter Vorteil im Übrigen nur dann vorliegen, wenn der oben genannte Zinsverzicht für den Erwerb des Wandlungsrechts sowie das zu zahlende Aufgeld im Wandlungsfall unter den Zinsabschlägen nebst Aufgeldern kapitalmarktüblicher Wandelschuldverschreibungen vergleichbarer Bonität liegen; letztlich kommt es also auch hier auf die Marktüblichkeit an.[169]

539 Gewährt der Arbeitgeber dem Arbeitnehmer zur Finanzierung seines Engagements ein vergünstigtes Darlehen, kann es sich nach allgemeinen Regeln um weitere geldwerte Vorteile aus dem Dienstverhältnis handeln.[170]

---

[163] Z.B.: *Eberhartinger/Engelsing*, WPg 2001, S. 110 Fn. 99; *Vater*, 2000, S. 75. Zu den Bedenken siehe aber oben Rz. 353 f.

[164] *Haas/Pötschan*, DStR 2000, S. 2021.

[165] Ebenso *Haas/Pötschan*, DStR 2000, S. 2020. Dies schont auch den Arbeitnehmer-Pauschbetrag. Außerdem folgt daraus, dass ein Erwerbspreis des Arbeitnehmers, welcher unter dem geminderten Wert liegt, zu einem steuerpflichtigen geldwerten Vorteil führen kann.

[166] A.A.: *Haas/Pötschan*, DStR 2000, S. 2024; *Hartz/Meeßen/Wolf*, ABC-Führer Lohnsteuer, „Stock Options" (Juni 2001) Rz. 9.

[167] BFH vom 28.11.1980, VI R 193/77, BStBl. II 1981, S. 370. Siehe zum Schuldzinsenabzug unlängst: BFH vom 25.7.2000, VIII R 35/99, BFH/NV 2001, S. 242; Hessisches FG vom 7.9.2000, 11 K 1357-1358/98, EFG 2001, S. 422. Übersicht zum Schuldzinsenabzug bei *Thürmer* in: Blümich, EStG/KStG/GewStG, Stand September 2000, § 9 EStG Rz. 206 ff. m.w.N. – Anders soll es bei § 20 EStG sein, siehe EStR/H 153 „Zusammenhang mit Kapitaleinnahmen".

[168] Vgl. *Haas/Pötschan*, DStR 2000, S. 2024. Zur Besteuerung von Anleihen instruktiv *Hamacher*, DB 2000, S. 2396 ff.

[169] Nach *Leopold*, FR 2000, S. 1335.

[170] Dazu LStR Abschnitt 31 Abs. 11.

c) Weitere steuerliche Konsequenzen

Zinsen aus der Wandelanleihe sind, auch bei Unterverzinsung, nach § 20 Abs. 1 Nr. 7 EStG steuerpflichtig.[171] Sie sind bei marktüblicher Verzinsung im Regelfall nicht den Einkünften aus nichtselbständiger Arbeit zuzurechnen, da ein auf dem Arbeitsverhältnis beruhender besonderer Vorteil fehlt.[172] Folglich steht dem Arbeitnehmer insoweit der Sparer-Freibetrag des § 20 Abs. 3 EStG zu. **540**

Nimmt man in casu den Zufluss des Vorteils bereits zum Zeitpunkt der Anleihezeichnung an (Anfangsbesteuerung),[173] so stellen sich insbesondere zwei weitere Fragen:

Zum einen ist bislang nicht gesichert, ob dann der Wandlungsgewinn aus § 20 Abs. 1 Nr. 7 EStG steuerbar wäre. Die wohl h.M. verneint dies zutreffend.[174] Andernfalls käme es auf den Zeitpunkt des lohnsteuerlichen Zuflusses letztlich nicht an, da die Wertsteigerung stets der Besteuerung unterläge.[175] **541**

Zum anderen fragt sich, ob für die Bezugsaktien eine neue Frist aus § 23 Abs. 1 Satz 1 Nr. 2 EStG anläuft, m.a.W. ob die Bezugsaktien gemäß dieser Vorschrift selbständig steuerverhaftet sein können. Der BFH scheint dies verneinen zu wollen.[176] Dagegen ist einzuwenden, dass zivilrechtlich Option und Bezugsaktie nicht identisch sind, die Ausübung der Option zivilrechtlich keine Rückwirkung hat[177] und § 19a EStG eine Sonderregel für den Bereich der Einkünfte aus nichtselbständiger Arbeit ist. Mit Erhalt der Bezugsaktien beginnt daher eine neue Jahresfrist. Für den Veräußerungsgewinn gilt das Halbeinkünfteverfahren, § 3 Nr. 40 lit. j) EStG. **542**

Auf der Ebene des Arbeitnehmers bestehen im Übrigen keine hier relevanten Unterschiede zur Bedienung der Bezugsrechte durch bedingtes Kapital.[178] Auf die Darstellung oben Rz. 321 ff. wird daher verwiesen. Soweit Aufsichtsräte und Berater begünstigt sind, siehe Rz. 674 ff. **543**

Vorstehendes gilt grundsätzlich entsprechend für **Optionsanleihen**, soweit das Bezugsrecht betroffen ist.[179] **544**

---

[171] Vgl. BMF-Schreiben vom 24.5.2000, IV C 1-S 2252-145/00, DB 2000, S.1153 = DStR 2000, 1227; *Dreyer/Herrmann*, BB 2001, S. 706 m.w.N.

[172] Ebenso: *Haas/Pötschan*, DStR 2000, S.2024; *Kessler*, 2000, S.40; *Thomas* in: Küttner, 8. Aufl. 2001, Rz. 5/23. Vgl. allgemein BMF-Schreiben vom 2.3.2001, IV C 1-S 2252-56/01, BStBl. I 2001, S. 206.

[173] Siehe oben Rz. 533 ff., Rz. 538.

[174] Wie hier im Ergebnis, sowie zur Diskussion m.w.N.: *Dreyer/Herrmann*, BB 2001, S.707 f.; *Eisolt/Wickinger*, BB 2001, S.124 f., 127; vgl. *Hamacher/Feyerabend* in: Korn, EStG, Stand Januar 2001, § 20 Rz. 234 f.; vgl. *Hamacher*, DB 2000, S. 2396 f.; *Leopold*, FR 2000, S.1335; *Portner*, DStR 2001, S.1334; *Schumacher*, DStR 2000, S.1219 f. – Zweifel hinsichtlich der Einkunftsart aber bei *Valentin*, EFG 2001, S. 970 a.E.

[175] Zutreffend *Eisolt/Wickinger*, BB 2001, S.127.

[176] BFH vom 30.11.1999, IX R 70/96, BStBl. II 2000, S. 263 m.w.N.

[177] Ebenso, je m.w.N.: *Dreyer/Herrmann*, BB 2001, S.709; *Hamacher/Feyerabend* in: Korn, EStG, Stand Januar 2001, § 20 Rz. 235.

[178] Vgl. auch *Thomas* in: Küttner, 8. Aufl. 2001, Rz. 5/25 f.

[179] Zur Besteuerung nach §§ 20, 23 EStG siehe aber näher *Hamacher/Feyerabend* in: Korn, EStG, Stand Januar 2001, § 20 Rz. 229 f.

H. Bedienung von Aktienoptionsplänen durch eigene Aktien des Unternehmens

I. Grundlegende Beschreibung

545 Aktienoptionspläne, die auf den Bezug von Aktien gerichtet sind, müssen nicht zwingend mittels einer bedingten Kapitalerhöhung gemäß § 192 Abs. 2 Nr. 3 AktG oder §§ 221 i.V.m. 192 Abs. 2 Nr. 1 AktG abgesichert werden, sondern können auch durch vom Unternehmen zurückerworbene eigene Aktien bedient werden. Dazu eröffnet die durch das KonTraG eingefügte Vorschrift des § 71 Abs. 1 Nr. 8 AktG den Unternehmen die Möglichkeit, eigene Aktien zurückzukaufen, um sie u.a. an Inhaber von Aktienoptionen auszugeben. Auch Aktienoptionspläne, die mit eigenen Anteilen bedient werden, können konzernweit implementiert werden. Wie bei Aktienoptionsplänen, die mit einem bedingten Kapital unterlegt sind, ist die Vereinbarung einer Pflicht zum Eigeninvestment[1] der Inhaber von Optionen möglich.

546 Als denkbare Zeitpunkte für den Rückkauf der eigenen Aktien kommen in Betracht:
– Rückkauf im Zeitpunkt der Optionsgewährung,
– Rückkauf während der Laufzeit des Plans,
– Rückkauf im Zeitpunkt der Optionsausübung.

Die Differenzierung nach verschiedenen Zeitpunkten des Erwerbs eigener Aktien ist unter vielfältigen betriebswirtschaftlichen und rechtlichen Gesichtspunkten relevant. Aus finanzwirtschaftlicher Sicht determiniert der Rückkaufzeitpunkt die Dauer der durch den Aktienerwerb bedingten Kapitalbindung[2] sowie die Gesamtkapitalkosten des Unternehmens. Aus bilanzrechtlicher Sicht muss die Frage nach dem Entstehen von Personalaufwand mit Blick auf den Rückkaufzeitpunkt diskutiert werden.

Als Regelfall kann ein Rückkauf im Zeitpunkt der Optionsausübung angenommen werden. Gerade mit Blick auf die finanzwirtschaftliche Folge der Bindung von Liquidität wird das Unternehmen von einem Aktienrückkauf während der Laufzeit des Plans regelmäßig Abstand nehmen. Auch besteht während der Laufzeit Unsicherheit hinsichtlich des Erreichens der im Plan definierten Erfolgsziele, so dass eine zuverlässige Entscheidung über die benötigte Rückkaufquote zu diesem Zeitpunkt noch nicht getroffen werden kann.[3]

547 Die für den Erwerb der benötigten eigenen Aktien einschlägige Vorschrift des § 71 Abs. 1 Nr. 8 AktG enthält keinen Katalog zulässiger Erwerbszwecke. Neben dem Erwerbsmotiv der Mitarbeiterentlohnung durch Stock Options sind daher auch eine Reihe anderer Erwerbszwecke denkbar, soweit die in § 71 Abs. 1 Nr. 8 S. 2 AktG gezogene Grenze des unzulässigen Handels in eigenen Aktien

---

[1] Näher zu den Vorzügen eines Eigeninvestments vgl. *Kramarsch*, 2000, S. 140 ff.
[2] Vgl. *Wulff*, 2000, S. 48 f.
[3] Vgl. *Friedrichsen*, 2000, S. 351.

I. Grundlegende Beschreibung

nicht überschritten wird.[4] Als mit einem Aktienrückkauf verfolgbare Ziele sind etwa zu nennen:[5]
- Maximierung des Shareholder Value durch Optimierung der Eigenkapitalstruktur in Niedrigzinsphasen,
- Abbau von Liquiditätsüberhängen mangels unternehmenswertsteigernder Investitionsmöglichkeiten,
- Einflussnahme auf Börsenkurs und Eigentümerstruktur,
- Signalling einer von der Unternehmensleitung wahrgenommenen Unterbewertung der eigenen Aktien und
- Abwehr feindlicher Übernahmen.

Da somit mit dem Rückkauf eigener Aktien neben dem Ziel der Bedienung des Aktienoptionsplans weitere Ziele verfolgt werden können, sind auch diese in die Überlegungen einzubeziehen.[6] Etwaige Nachteile von Aktienrückkäufen können vernachlässigt werden, wenn sie durch andere von dem Unternehmen mit dem Rückkauf verbundene Vorteile überkompensiert werden. Im Verhältnis zum bedingten Kapital zählt dazu bspw. der Vorteil, dass ein Aktienrückkauf die relativen Beteiligungsquoten der nicht verkaufswilligen Aktionäre unberührt lässt.[7]

Ein Nachteil der Bedienung von Aktienoptionsplänen durch Aktienrückkauf **548** gegenüber Aktienoptionsplänen, die die Ausgabe neuer Aktien durch Ausnutzung eines bedingten Kapitals vorsehen, besteht darin, dass erstere nicht liquiditätsneutral sind. Den Optionsinhabern werden keine durch Kapitalerhöhung bereitgestellten, jungen Aktien angedient, sondern bereits im Umlauf befindliche Stücke. Der Erwerb der benötigten Aktien am Markt führt zu einem Liquiditätsabfluss bei der Gesellschaft.[8] Ertragsschwache Unternehmen, insbesondere Startups des Neuen Marktes, welche die Entlohnung in Form von Stock Options vor allem auch als Mittel zur teilweisen Substitution von Fixgehältern begreifen, werden daher ihre Aktienoptionspläne wegen der mit einem Aktienrückkauf verbundenen Liquiditätsbelastung eher durch im Wege der bedingten Kapitalerhöhung geschaffene junge Aktien bedienen. Die Ausnutzung eines hierfür geschaffenen bedingten Kapitals wirkt sich allein auf der Gesellschafterebene in Form einer Verwässerung der Anteile der Altgesellschafter aus.[9]

Gegen einen Aktienoptionsplan, der einen Aktienrückkauf vorsieht, können **549** weiterhin die Probleme sprechen, die sich aus der fehlenden Abstimmung des § 71 Abs. 1 Nr. 8 AktG und des § 193 Abs. 2 Nr. 4 AktG ergeben. Die in § 193 Abs. 2 Nr. 4 AktG normierten Anforderungen an Aktienoptionspläne nach § 192 Abs. 2 Nr. 3 AktG gelten gemäß § 71 Abs. 1 Nr. 8 S. 5 AktG entsprechend. Für Aktienoptionspläne mit Aktienrückkauf sind daher gleichfalls Erfolgsziele, Erwerbs- und Ausübungszeiträume sowie insbesondere auch Wartezeiten für die erstmalige Ausübung festzulegen. Nach § 71 Abs. 1 Nr. 8 S. 1 AktG ist die Geltungsdauer der für den Rückkauf erforderlichen Hauptversammlungsermächti-

---

[4] Zum Begriff des „Handels in eigenen Aktien" gemäß § 71 Abs. 1 Nr. 8 S. 2 AktG vgl. *Kessler/Suchan*, BB 2000, S. 2531; *Lange*, StuW 2001, S. 145, jeweils m.w.N.
[5] Zu den möglichen Motiven eines Aktienrückkaufes vgl. *Kellerhals/Rausch*, AG 2000, S. 223 f.; *Vigelius*, FB 2000, S. 225 ff.
[6] Vgl. *Wulff*, 2000, S. 49.
[7] Vgl. *Wulff*, 2000, S. 49.
[8] Vgl. *Pellens/Crasselt/Rockholtz* in: Pellens, 1998, S. 16; *Wulff*, 2000, S. 47.
[9] Siehe oben unter Rz. 121.

gung auf 18 Monate beschränkt; § 193 Abs. 2 Nr. 4 AktG verlangt demgegenüber die Festlegung einer Wartezeit für die erstmalige Ausübung von mindestens zwei Jahren, wobei die Gesetzesmaterialien zum KonTraG eine regelmäßige Frist von drei Jahren empfehlen.[10] In vielen Fällen wird es daher erforderlich sein, die Ermächtigung der Hauptversammlung zum Aktienrückkauf mehrfach einzuholen.[11] Daraus resultiert ein im Vergleich zum bedingten Kapital erhöhter administrativer und finanzieller Aufwand.

550 Bietet eine Ausgestaltung des Aktienoptionsplans mittels Rückerwerb eigener Aktien demnach Vor- und Nachteile, sollten Gesellschaft und Berater mit Blick auf die im konkreten Fall mit dem Vergütungsmodell verfolgten Ziele und Rahmendaten des Unternehmens eine Entscheidung treffen. Wird der Weg eines Aktienoptionsplans, basierend auf dem Rückerwerb eigener Aktien, gewählt, könnte dieser z.B. folgende Eckdaten aufweisen:

Berechtigte:	die drei ersten Führungsebenen unterhalb des Vorstands
Optionsanzahl:	in Abhängigkeit vom Jahresgehalt
Ausübungspreis:	Börsenkurs im Zeitpunkt der Begabe der Option
Wartezeit:	für alle Optionen 3 Jahre
Erfolgskriterium:	Übertreffen eines aus Mitbewerbern zusammengestellten Index um 5 % und Steigerung des EBIT/DA um 2 % pro Jahr
Erwerbszeiträume:	Begabe jährlicher Tranchen von max. 30 % des Gesamtvolumens
Ausübungszeiträume:	Ausübung grundsätzlich frei, jedoch Sperrzeiträume („blocking periods") vorgesehen
Übertragbarkeit der Optionen:	nein

Tabelle 21: Eckdaten Aktienoptionsplan mittels Rückerwerb eigener Aktien

II. Gesellschaftsrecht

1. Allgemeine gesellschaftsrechtliche Aspekte

551 Im Rahmen des KonTraG wurde nicht nur die Regelung des § 192 Abs. 2 Nr. 3 AktG im Sinne der Zulässigkeit von Aktienoptionsplänen überarbeitet. Vielmehr wurden auch die Tatbestände des zulässigen Erwerbs eigener Aktien in § 71 Abs. 1 AktG um eine Nr. 8 ergänzt. Die neue Vorschrift erlaubt den Erwerb eigener Aktien aufgrund einer höchstens 18 Monate geltenden Ermächtigung der Hauptversammlung, die den niedrigsten und höchsten Gegenwert sowie den Anteil am Grundkapital, der zehn von Hundert nicht übersteigen darf, festlegt. Da die erworbenen Aktien durch die Gesellschaft unter gewissen Voraussetzungen auch wieder an Dritte wie bspw. Arbeitnehmer der Gesellschaft veräußert werden dürfen, sind Aktienoptionspläne, die durch Aktienrückkauf bedient werden, möglich.[12] Diese Gestaltung kann sich gegenüber einer be-

---

[10] Vgl. RegE KonTraG, ZIP 1997, S. 2068.
[11] Vgl. *Knoll*, BB 2000, S. 923 f.; *Lange*, StuW 2001, S. 148.
[12] Hingewiesen sei schon jetzt auf die Regelung des § 71 Abs. 1 Nr. 2 AktG, die den Erwerb von Aktien erlaubt, um diese Arbeitnehmern zum Erwerb anzubieten, ohne dass es eines Hauptversammlungsbeschlusses bedürfte. Näher unten, unter Rz. 566 ff.

dingten Kapitalerhöhung bspw. aus steuerlichen Gründen als vorteilhaft erweisen.[13] Bevor auf die Einzelheiten der durch die Hauptversammlung zu beschließenden Erwerbsermächtigung eingegangen wird, seien einige allgemeine Überlegungen nochmals erwähnt.[14]

a) Vereinbarkeit von Aktienoptionsplänen mit allgemeinen Vorschriften

552 Die Regelung des § 76 Abs. 1 AktG, die den Vorstand zur eigenverantwortlichen Leitung unter Beachtung des Gesellschaftsinteresses verpflichtet, gilt es auch bei Aktienoptionsplänen mit Aktienrückkauf zu berücksichtigen. Jedoch bestehen keine Bedenken, durch die Ausgabe von Aktienoptionen die Anteilseignerinteressen stärker zu betonen, sofern sich der Aktienoptionsplan in einem angemessenen und üblichen Rahmen bewegt. § 76 Abs. 1 AktG kann gegenüber der übersteigerten einseitigen Verfolgung von Aktionärsinteressen Schrankenfunktion entfalten, ohne jedoch in der Regel der Einführung eines Aktienoptionsplans entgegenzustehen.

553 Weiterhin gilt es im Rahmen von Aktienoptionsplänen regelmäßig die Vorschriften der §§ 86, 87 AktG zu beachten, die Vorgaben für Vergütungsstruktur und Vergütungsumfang von Vorstandsmitgliedern statuieren. Gem. § 86 Abs. 1 S. 1 AktG kann den Vorstandsmitgliedern für ihre Tätigkeit eine Beteiligung am Gewinn gewährt werden, die „in der Regel in einem Anteil am Jahresgewinn der Gesellschaft bestehen (soll)". Es wäre jedoch verfehlt, aus diesem Wortlaut zu folgern, dass erfolgsabhängige Vergütung lediglich in Form einer Gewinnbeteiligung gewährt werden könne. § 86 Abs. 1 AktG ist genüge getan, sollte sich die erfolgsabhängige Vergütung an der Unternehmenswertentwicklung orientieren. Dementsprechend sind auch Aktienoptionspläne mit § 86 Abs. 1 AktG vereinbar, soweit sie an die Entwicklung des Unternehmenswertes – bspw. über den Börsenkurs – oder die Entwicklung von für den Unternehmenswert maßgeblichen Parametern anknüpfen.[15] Auch § 87 Abs. 1 AktG, der den Aufsichtsrat verpflichtet, für eine den Aufgaben des Vorstandsmitglieds und der Lage der Gesellschaft angemessene Vorstandsvergütung Sorge zu tragen, steht der Implementierung von Aktienoptionsplänen nicht entgegen. Man wird jedoch vom Aufsichtsrat verlangen müssen, die erwartete, den Vorstandsmitgliedern aus dem Aktienoptionsplan zufließende Vergütung im Rahmen dieser Angemessenheitsprüfung zu berücksichtigen.[16]

b) Zuständigkeiten im Zuge der Ein- und Durchführung des Aktienoptionsplans

554 Die oben[17] dargestellten Grundsätze hinsichtlich der Verteilung von Zuständigkeiten auf die einzelnen Organe der Aktiengesellschaft im Rahmen der Ein- und Durchführung von Aktienoptionsplänen gelten auch für Pläne auf Basis von

---

[13] Soweit die Gesellschaft die Aktien zu einem unter dem Erwerbspreis liegenden Ausübungspreis an die Begünstigen veräußert, ergibt sich ein Verlust, der das steuerliche Ergebnis mindern kann; vgl. näher unten, unter Rz. 630, str. Zu den Vor- und Nachteilen eines Aktienoptionsplans auf Basis eigener Aktien vgl. *Friedrichsen*, 2000, S. 226 ff.
[14] Näher oben, unter Rz. 124 ff.
[15] Näher oben, unter Rz. 127.
[16] Näher oben, unter Rz. 128.
[17] Unter Rz. 132.

eigenen Aktien. So obliegt dem Vorstand im Rahmen der Erwerbsermächtigung durch die Hauptversammlung die Entscheidung über das „Ob" der Einführung des Aktienoptionsplans. Ferner gibt der Vorstand die Optionen an die Berechtigten unterhalb der Vorstandsebene der Gesellschaft aus und verwaltet den Aktienoptionsplan. Soweit Mitglieder des Vorstands betroffen sind, obliegen die entsprechenden Zuständigkeiten dem Aufsichtsrat. Dieser hat auch innerhalb des durch den Hauptversammlungsbeschluss gesetzten Rahmens über die Plandetails zu befinden, soll eine einheitliche Ausgestaltung sämtlicher ausgegebener Optionen sichergestellt werden. Die Hauptversammlung schafft mittels Beschluss über die Erwerbsermächtigung nach § 71 Abs. 1 Nr. 8 AktG die Voraussetzungen für die Implementierung des Aktienoptionsplans.

2. Maßgaben des Hauptversammlungsbeschlusses
a) Allgemeine Anforderungen gem. § 71 Abs. 1 Nr. 8, Abs. 2–4 AktG

555 Die Hauptversammlung kann den Vorstand gem. § 71 Abs. 1 Nr. 8 AktG für eine Dauer von bis zu 18 Monaten zum Erwerb eigener Aktien ermächtigen. Der Hauptversammlungsbeschluss hat dem Erwerb voranzugehen.[18] Der Charakter als Ermächtigungsbeschluss setzt dies schon begrifflich voraus. Die Frist der Ermächtigung – höchstens 18 Monate – muss nach § 71 Abs. 1 Nr. 8 AktG im Beschluss selbst gesetzt werden. Es bedarf einer konkreten Angabe in Form eines Endtermins oder eines Zeitraums, dessen Beginn festgelegt ist.[19] Weiterhin muss der durch die Gesellschaft im Rahmen des Erwerbs zu erbringende Gegenwert (Unter- und Obergrenze, d.h. der Kaufpreis, den die Gesellschaft für die Aktien zahlen darf) festgelegt werden. Dabei genügt bspw. eine Anbindung an den künftigen Börsenkurs.[20] Zudem muss die Ermächtigung den Umfang des Erwerbs vorgeben. Der Beschluss darf einen Anteil von maximal 10 % am Grundkapital vorsehen, wobei diese Volumenbegrenzung nicht auf den jeweiligen Bestand, sondern auf die insgesamt zu erwerbenden Aktien abstellt.

556 Der Beschluss der Hauptversammlung kann grundsätzlich mit der einfachen Stimmenmehrheit nach § 133 Abs. 1 AktG gefasst werden. Sollen die erworbenen eigenen Aktien allerdings – wie im Falle eines Aktienoptionsplans – später an Dritte veräußert werden, finden gem. § 71 Abs. 1 Nr. 8 S. 5 AktG die Regelungen des § 186 Abs. 3, 4 AktG zum Bezugsrechtsausschluss entsprechende Anwendung. Denn wirtschaftlich kommt die Zuteilung der eigenen Aktien an Dritte einem Bezugsrechtsausschluss der Aktionäre gleich. § 71 Abs. 1 Nr. 8 S. 5 AktG hält dies mit dem Verweis auf die Regelungen des § 186 Abs. 3, 4 AktG ausdrücklich fest. In diesem Fall bedarf es zwingend eines Hauptversammlungsbeschlusses mit $3/_4$-Mehrheit.[21] Daneben ist ein Vorstandsbericht notwendig. Zudem unterliegt der Hauptversammlungsbeschluss im Hinblick auf den Bezugsrechtsausschluss

---

[18] Vgl. *Hüffer*, AktG, 4. Aufl. 1999, § 71 Rz. 19d.
[19] *Hüffer*, AktG, 4. Aufl. 1999, § 71 Rn. 19e; *Kiem*, ZIP 2000, S. 211; zur vergleichbaren Regelung des § 221 Abs. 2 S. 1 AktG z.B. *Hüffer*, AktG, 4. Aufl. 1999, § 221 Rz. 13.
[20] Begründung zum RegE zu § 71 Abs. 1 Nr. 8 AktG n.F., abgedruckt bei *Ernst/Seibert/Stuckert*, 1998, S. 48; *Hüffer*, AktG, 4. Aufl. 1999, § 71 Rn. 19e; *Kiem*, ZIP 2000, S. 211.
[21] Vgl. *Friedrichsen*, 2000, S. 221 ff. Auch wenn man mit *Weiß*, 1999, S. 249 ff., die § 186 Abs. 3, 4 AktG auf den Aktienrückerwerb zum Zwecke eines Aktienoptionsplans nicht anwenden möchte, erscheint im Hinblick auf § 193 Abs. 1 AktG das Erfordernis einer $3/_4$-Mehrheit sachgerecht.

der materiellen Rechtmäßigkeitskontrolle.[22] Ferner findet sowohl bei Erwerb als auch Veräußerung der eigenen Aktien der in § 53a AktG normierte Grundsatz der Gleichbehandlung der Aktionäre Anwendung, wie § 71 Abs. 1 Nr. 8 S. 3 AktG ausdrücklich festhält. Erfolgt der Erwerb bzw. die Veräußerung über die Börse, ist den Anforderungen des § 53a AktG Genüge getan.[23]

b) Besondere Anforderungen für Aktienoptionspläne

Erfolgt der Erwerb eigener Aktien (auch) zum Zweck der Bedienung von Aktienoptionen, die Führungskräften im Rahmen eines Aktienoptionsplans eingeräumt wurden, bedarf es eines Bezugsrechtsausschlusses gem. § 186 Abs. 3, 4 AktG.[24] Teile der Literatur sind dem mit Verweis auf die Zielsetzung des Gesetzgebers, das Sicherheitsniveau bei Aktienoptionsplänen auf Basis von bedingter Kapitalerhöhung und Eigenerwerb anzugleichen, entgegengetreten.[25] U.E. empfiehlt sich dennoch sowohl der ausdrückliche Bezugsrechtsausschluss wie auch ein entsprechender Vorstandsbericht.[26] Wirtschaftlich ist die Situation eines Bezugsrechtsausschlusses im Falle der Aktienausgabe im Rahmen eines Aktienoptionsplans gegeben,[27] so dass eine einschränkende Auslegung der Vorschrift im Hinblick auf die widersprüchliche Gesetzesbegründung risikobehaftet erscheint.

557

Weiterhin sind die Maßgaben des § 193 Abs. 2 Nr. 4 AktG zu beachten. Dementsprechend muss die Ermächtigung wesentliche Eckdaten des Aktienoptionsplans festhalten. Anzugeben sind die Aufteilung der Bezugsrechte auf Mitglieder der Geschäftsführung und Arbeitnehmer, Erfolgsziele, Erwerbs- und Ausübungszeiträume und die Wartezeit für die erstmalige Ausübung der Optionen.[28] Dabei dürfte der Notwendigkeit einer Angabe auch der Aufteilung der Bezugsrechte auf Mitglieder der Geschäftsführung und Arbeitnehmer entnommen werden können, dass sich der Kreis der Begünstigten mit jenem gem. § 192 Abs. 2 Nr. 3 AktG deckt.[29] Die Feststellung des Ausübungspreises erscheint demgegenüber im Falle des Eigenerwerbs entbehrlich, da § 71 Abs. 1 Nr. 8 AktG allein auf § 193 Abs. 2 Nr. 4 AktG verweist, nicht jedoch auf die übrigen Voraussetzungen eines Beschlusses nach §§ 192, 193 AktG.[30] Neben dem Wortlaut der Vorschrift

558

---

[22] Begründung zum RegE zu § 71 Abs. 1 Nr. 8 AktG n.F., abgedruckt bei *Ernst/Seibert/Stuckert*, 1998, S. 49.
[23] Vgl. § 71 Abs. 1 Nr. 8 S. 4 AktG.
[24] Für deren Geltung im Falle des Erwerbs zu Zwecken eines Aktienoptionsplans: *Schröer*, ArbeitsHdb. HV, 1999, Rz. II J 61; *Kindl*, DStR 1999, S. 1280; *Kraft/Altvater*, NZG 1998, S. 449; *Wulff*, 2000, S. 46; vgl. auch die Nachweise bei *Friedrichsen*, 2000, S. 217, Fn. 799.
[25] *Seibert* in: Pellens, 1998, S. 35, Fn. 18; *Weiß*, 1999, S. 249 ff; *ders.*, WM 1999, S. 362; *Krieger*, Münch. Hdb. GesR IV, 2. Aufl. 1999, § 63 Rz. 38.
[26] Vgl. *Krieger*, Münch. Hdb. GesR IV, 2. Aufl. 1999, § 63 Rz. 38.
[27] *Friedrichsen*, 2000, S. 217.
[28] Zu den Einzelheiten vgl. oben, unter Rz. 142 ff.
[29] *Weiß*, 1999, S. 247; *Krieger*, Münch. Hdb. GesR IV, 2. Aufl. 1999, § 63 Rz. 37; a.A. wohl *Schaefer*, NZG 1999, S. 532, der ohne Differenzierung von „Organmitgliedern" spricht. Für eine entsprechende Beschränkung des Begünstigtenkreises kann auch angeführt werden, dass im Referentenentwurf die Einbeziehung von „Organmitgliedern" in einem zu ergänzenden § 71 Abs. 1 Nr. 2 AktG geplant war, in der Begründung zu dem Gesetz gewordenen § 71 Abs. 1 Nr. 8 AktG jedoch nur noch von „Geschäftsleitungsmitgliedern und Führungskräften" die Sprache ist; vgl. Referentenentwurf des KonTraG, ZIP 1996, S. 2130; Begründung zum RegE zu § 71 Abs. 1 Nr. 8 AktG n.F., abgedruckt bei *Ernst/Seibert/Stuckert*, 1998, S. 49.
[30] Ebenso *Weiß*, 1999, S. 248 f.; *ders.*, WM 1999, 353, 361; *Friedrichsen*, 2000, S. 223; a.A. *Krieger*, Münch. Hdb. GesR IV, 2. Aufl. 1999, § 63 Rz. 37.

spricht gegen eine Analogie zu § 193 Abs. 2 Nr. 3 AktG die Tatsache, dass der Gesetzgeber im Zuge der Neuerungen des KonTraG gerade auch die Vorschriften der §§ 192, 193 AktG überarbeitet hat. Die begrenzte Verweisung legt nahe, dass der Gesetzgeber davon ausging, es bedürfe keiner Bezugnahme auf § 193 Abs. 2 Nr. 3 AktG, um das Sicherheitsniveau bei Eigenerwerb und bedingter Kapitalerhöhung anzugleichen.[31] Dies bedeutet jedoch nicht ohne weiteres, dass der Ausübungspreis nicht offen gelegt werden müsste. Vielmehr erscheint es im Hinblick auf den erforderlichen Bezugsrechtsausschluss empfehlenswert, im Vorstandsbericht neben weiteren Eckdaten des Aktienoptionsplans auch den Ausübungspreis zu nennen.[32]

559 Gem. § 71 Abs. 1 Nr. 8 S. 1 AktG ist das Volumen der Ermächtigung zum Rückerwerb von eigenen Aktien auf zehn Prozent des Grundkapitals begrenzt. Eine solche 10%-Grenze findet sich ebenso in den § 192 Abs. 3 AktG und § 186 Abs. 3 S. 4 AktG. Daraus wollen Teile der Literatur eine allgemeine Volumenbeschränkung für Aktienoptionspläne ableiten. Zumindest seien eigene Aktien, die nach § 71 Abs. 1 Nr. 8 AktG zum Zwecke der Bedienung von Aktienoptionen erworben werden, auf das Volumen nach § 192 Abs. 3 AktG anzurechnen.[33] Dem ist u. E. nicht zu folgen.[34] Den genannten Vorschriften liegt kein einheitliches Regelungskonzept zugrunde. Zwar mag sowohl der in § 186 Abs. 3 S. 4 AktG als auch der in § 192 Abs. 3 AktG zu findenden 10%-Grenze der Gedanke der Rechtfertigung des Bezugsrechtsausschlusses zugrunde liegen.[35] Doch dient die 10%-Grenze im Falle des § 71 Abs. 1 Nr. 8 AktG primär dem Zweck, die Gefahr missbräuchlicher Kursbeeinflussung einzugrenzen.[36] Der Schutz der Altaktionäre vor Verwässerung ihrer Position wird im Rahmen des § 71 Abs. 1 Nr. 8 AktG gleichfalls durch die Vorschrift des § 186 Abs. 3 AktG verwirklicht.[37] Ebenso wenig sind die Regelungen der § 186 Abs. 3 S. 4 AktG und § 192 Abs. 3 AktG deckungsgleich. Ein Verstoß gegen § 192 Abs. 3 AktG begründet die Nichtigkeit des Hauptversammlungsbeschlusses,[38] eine Überschreitung der Grenzen des § 186 Abs. 3 S. 4 AktG demgegenüber allenfalls dessen Anfechtbarkeit.[39] Schließlich verbleiben auch Fragen im Hinblick auf die mit einer solchen Volumenbeschränkung verbundenen Rechtsfolgen. Eine Nichtigkeit der bedingten Kapitalerhöhung wegen Verstoßes gegen § 192 Abs. 3 AktG erscheint nur begründbar, soweit eine An-

---

[31] Zu dieser Zielsetzung: Begründung zum RegE zu § 71 Abs. 1 Nr. 8 AktG n.F., abgedruckt bei *Ernst/Seibert/Stuckert*, 1998, S. 49.

[32] So auch *Friedrichsen*, 2000, S. 223; *Wulff*, 2000, S. 191. Vgl. zum Vorstandsbericht im Falle der Begabe von Wandelschuldverschreibungen: OLG Braunschweig v. 29. 7. 1998, ZIP 1998, S. 1590; OLG Stuttgart v. 12. 8. 1998, AG 1998, S. 533.

[33] *Hoffmann-Becking*, NZG 1999, S. 804; *Krieger*, Münch. Hdb. GesR IV, 2. Aufl. 1999, § 63 Rz. 30; *Frey*, GK-AktG, 4. Aufl. 2001, § 192 Rz. 140.

[34] I.E. ebenso *Hüffer*, AktG, 4. Aufl. 1999, § 192 Rn. 24 a.E.

[35] Vgl. zu § 186 Abs. 3 S. 4 AktG: *Lutter*, Kölner Kommentar AktG, 2. Aufl. 1995, Nachtrag § 186 Rz. 3 ff.; zu § 192 Abs. 3 AktG: Begründung der Beschlussempfehlung des Rechtsausschusses zu § 192 AktG n.F., abgedruckt bei *Ernst/Seibert/Stuckert*, 1998, S. 81.

[36] *Hüffer*, AktG, 4. Aufl. 1999, § 71 Rz. 19e; *Klawitter/Waskönig* in: Achleitner/Wollmert, 2000, S. 78.

[37] Begründung zum RegE zu § 71 Abs. 1 Nr. 8 AktG n.F., abgedruckt bei *Ernst/Seibert/Stuckert*, 1998, S. 49.

[38] Siehe oben, unter Rz. 163.

[39] Vgl. *Lutter*, Kölner Kommentar AktG, 2. Aufl. 1995, Nachtrag § 186 Rz. 4; *Hüffer*, AktG, 4. Aufl. 1999, § 186 Rz. 39g; *Krieger*, Münch. Hdb. GesR IV, 2. Aufl. 1999, § 56 Rz. 79.

rechnung lediglich der bereits rückerworbenen Aktien erfolgt, die ausschließlich zu Zwecken eines Aktienoptionsplans erworben wurden[40] – ein solcher Rückerwerb vor Beschlussfassung wird sich regelmäßig vermeiden lassen. Festzuhalten bleibt, dass für einen Aktienoptionsplan neben einer bedingten Kapitalerhöhung im gem. § 192 Abs. 3 AktG erlaubten Umfang zusätzlich Aktien über § 71 Abs. 1 Nr. 8 AktG bereitgestellt werden dürfen. Eine Anrechnung der Volumina erfolgt dabei nicht; jedoch mag bei hohen Volumina im Einzelfall die materielle Rechtfertigung des Bezugsrechtsausschlusses nach §§ 71 Abs. 1 Nr. 8 S. 5, 186 Abs. 3 AktG in Frage stehen.

3. Weitere Voraussetzungen des zulässigen Erwerbs eigener Aktien

Ein Erwerb eigener Aktien nach § 71 Abs. 1 Nr. 1–3, 7 und 8 AktG ist gem. § 71 Abs. 2 S. 1 AktG nur zulässig, soweit die zu diesen Zwecken erworbenen Aktien zusammen mit den bereits gehaltenen oder der Gesellschaft gem. § 71d S. 3 AktG zuzurechnenden eigenen Aktien nicht mehr als 10 % des Grundkapitals umfassen. Auch muss in diesen Erwerbsfällen die Aktiengesellschaft gem. § 71 Abs. 2 S. 2 AktG in der Lage sein, für die erworbenen Aktien eine Rücklage für eigene Anteile i.S.d. § 272 Abs. 4 HGB zu bilden, ohne das Grundkapital oder eine nach Gesetz oder Satzung zu bildende Rücklage zu mindern.[41] Der Vorstand muss zum Zeitpunkt des Erwerbs nach pflichtgemäßem Ermessen beurteilen, ob unter Berücksichtigung der absehbaren Entwicklungen bis zum nächsten Abschlussstichtag genügend freie Mittel vorhanden sind.[42] Zudem ist der Erwerb im Rahmen der Ermächtigung gem. § 71 Abs. 1 Nr. 8 AktG nur zulässig, wenn auf die Aktien der Ausgabebetrag voll geleistet ist. Erwirbt die Gesellschaft, knüpfen sich daran Berichtspflichten.[43]

560

4. Fragen gerichtlicher Kontrolle

a) Gerichtliche Kontrolle des Hauptversammlungsbeschlusses

Der Erwerb eigener Aktien zu Zwecken der Bedienung eines Aktienoptionsplans weist gegenüber der Aktienbereitstellung durch eine bedingte Kapitalerhöhung die Besonderheit auf, dass es neben den Beschlussinhalten des § 193 Abs. 2 Nr. 4 AktG zusätzlich des Bezugsrechtsausschlusses bedarf. Eine wirksame Beschlussfassung setzt dementsprechend die Beachtung beider Vorschriften voraus.

561

Fehlt eine der Festsetzungen des § 193 Abs. 2 Nr. 4 AktG, dürfte dies die Nichtigkeit des zum Rückerwerb ermächtigenden Hauptversammlungsbeschlusses begründen.[44] Für das Fehlen einer Festsetzung im Falle des Hauptversammlungs-

562

---

[40] Wollte man eine Anrechnung des Gesamtvolumens einer Erwerbsermächtigung gem. § 71 Abs. 1 Nr. 8 AktG auf das nach § 192 Abs. 3 AktG zulässige Volumen annehmen, würde der Charakter des Beschlusses nach § 71 Abs. 1 Nr. 8 AktG verkannt. Es obliegt der Entscheidung des Vorstands, ob Aktien tatsächlich rückerworben werden. Dementsprechend sind bis zum tatsächlichen Rückkauf allein zum Zwecke eines Aktienoptionsplans keine „Aktien für den Plan bereitgestellt".

[41] Zur Rücklage für eigene Anteile näher *Kessler/Suchan*, BB 2000, S. 2534.

[42] *Lutter*, Kölner Kommentar AktG, 2. Aufl. 1996, § 71 Rz. 57; *Hefermehl/Bungeroth*, G/H/E/K, AktG, § 71 Rz. 34; *Zilias/Lanfermann*, WPg 1980, S. 91.

[43] Vgl. bspw. § 71 Abs. 3 AktG.

[44] Vgl. *Weiß*, 1999, S. 249.

beschlusses über eine bedingte Kapitalerhöhung ist diese Rechtsfolge anerkannt, da die Regelung des § 193 Abs. 2 AktG dem öffentlichen Interesse, einen Missbrauch der gegenüber einer ordentlichen Kapitalerhöhung privilegierten bedingten Kapitalerhöhung zu verhindern, dient.[45] Die Intention des Gesetzgebers, sowohl für die bedingte Kapitalerhöhung als auch den Erwerb eigener Aktien ein einheitliches Schutzniveau sicherzustellen,[46] legt es deshalb nahe, auch für den Ermächtigungsbeschluss zum Rückerwerb die Nichtigkeit anzunehmen, sollten entsprechende Beschlussinhalte fehlen.

563 Dem gem. § 71 Abs. 1 Nr. 8 S. 5 AktG i.V.m. § 186 Abs. 3, 4 AktG erforderlichen Bezugsrechtsausschluss dürfte neben den Pflichtinhalten des § 193 Abs. 2 Nr. 4 AktG im Hinblick auf die damit verbundene materielle Anforderung keine allzu große Bedeutung beizumessen sein.[47] Regelmäßig gewährleisten schon die in § 193 Abs. 2 Nr. 4 AktG festgehaltenen Eckdaten des Aktienoptionsplans, insbesondere die Notwendigkeit eines Erfolgsziels, dass die sachliche Rechtfertigung des Bezugsrechtsausschlusses gegeben ist. Nur in Ausnahmefällen, bspw. im Falle der Begabe von Optionen, die deutlich „im Geld" sind, mag etwas anderes gelten. Ebenso wenig ergeben sich aus dem Erfordernis eines Vorstandsberichts gem. § 71 Abs. 1 Nr. 8 S. 5 AktG i.V.m. § 186 Abs. 4 AktG weitergehende Anforderungen.[48] Vielmehr dürfte dieser inhaltlich weithin einer Beschlussbegründung des Vorstands entsprechen, die im Rahmen einer bedingten Kapitalerhöhung im Hinblick auf das Auskunftsrecht der Aktionäre empfehlenswert erscheint.[49]

b) Organhaftung

564 Wird den gesetzlichen Voraussetzungen beim Erwerb nicht Rechnung getragen, ist das schuldrechtliche Geschäft über den Erwerb eigener Aktien (z.B. Aktienkaufvertrag) gem. § 71 Abs. 4 S. 2 AktG nichtig. Für die Mitglieder des Vorstands wie auch des Aufsichtsrats kann sich in diesem Zusammenhang eine Pflicht zum Ersatz des der Gesellschaft entstehenden Schadens ergeben.[50] Dies soll bspw. dann gelten, wenn der Erwerb der Aktien gerade dazu dient, Aktienoptionen „ins Geld" zu bringen. In diesen Fällen liege ein Missbrauch des § 71 Abs. 1 Nr. 8 AktG vor, so dass es sich um einen unzulässigen Erwerb handele.[51]

565 Werden die Optionen mit den rückerworbenen Aktien bedient, gilt es die nach § 71 Abs. 1 Nr. 8 S. 5 AktG i.V.m. § 193 Abs. 2 Nr. 4 AktG festgesetzten Eckpunkte des Aktienoptionsplans zu beachten. Ist die Aktienausgabe durch die Ermächtigung der Hauptversammlung nicht gedeckt, macht sich die Verwaltung schadenersatzpflichtig. Eine Unwirksamkeit der Aktienkaufverträge dürfte nur ausnahmsweise nach den Grundsätzen des Missbrauchs der Vertretungsmacht begründet werden können.

---

[45] Siehe oben, unter Rz. 162.
[46] Es sei nochmals auf die Begründung zum RegE zu § 71 Abs. 1 Nr. 8 AktG n.F., abgedruckt bei *Ernst/Seibert/Stuckert*, 1998, S. 49, verwiesen.
[47] Vgl. *Krieger*, Münch. Hdb. GesR IV, 2. Aufl. 1999, § 63 Rz. 38 „keine besondere sachliche Rechtfertigung nötig"; *Weiß*, 1999, S. 251 „für Inhaltskontrolle kein Bedürfnis".
[48] Vgl. *Friedrichsen*, 2000, S. 222.
[49] Siehe oben, unter Rz. 155.
[50] Vgl. näher *Kessler/Suchan*, BB 2000, S. 2536.
[51] *Hüffer*, AktG, 4. Aufl. 1999, § 71 Rz. 19k.

II. Gesellschaftsrecht

5. Erwerb der Aktien ohne Hauptversammlungsbeschluss

Neben § 71 Abs. 1 Nr. 8 AktG hält der Katalog des § 71 Abs. 1 AktG weitere Tatbestände des zulässigen Erwerbs eigener Aktien bereit. So darf die Gesellschaft gem. § 71 Abs. 1 Nr. 2 AktG eigene Aktien erwerben, um diese Personen, die im Arbeitsverhältnis zu der Gesellschaft stehen, zum Erwerb anzubieten. Es erscheint denkbar, entsprechend erworbene Aktien zur Bedienung von Optionen, die im Rahmen eines Aktienoptionsplans ausgegeben werden, zu nutzen. Durch ein solches Vorgehen würde die Einbindung der Hauptversammlung in die Implementierung des Aktienoptionsplans entbehrlich. Der Erwerb nach § 71 Abs. 1 Nr. 2 AktG fällt in die Zuständigkeit der Verwaltung – einer Ermächtigung oder Zustimmung der Hauptversammlung bedarf es nicht.[52] So könnten Optionen ausgegeben werden, ohne durch die engen Voraussetzungen der § 193 Abs. 2 Nr. 4 (i.V.m. § 71 Abs. 1 Nr. 8) AktG, insbesondere durch festzusetzende Erfolgsziele und gesetzliche Wartezeiten, eingeschränkt zu sein. **566**

Gleichwohl spielt § 71 Abs. 1 Nr. 2 AktG in der Praxis nur eine untergeordnete Rolle, soweit es um die Implementierung von Aktienoptionsplänen geht. Der Erwerb nach dieser Vorschrift ist nur unter engen Voraussetzungen möglich. So begegnet es Bedenken, Optionen zu gewähren, deren Laufzeit ein Jahr überschreitet. Das Gesetz sieht in § 71 Abs. 3 S. 2 AktG eine nur einjährige Haltefrist für diese Aktien vor. Nach dem Wortlaut des § 71 Abs. 1 Nr. 2 AktG müssen die Aktien erworben werden, um sie den Arbeitnehmern zum Erwerb anzubieten, d. h. der Erwerb muss dem Erwerbsangebot vorangehen.[53] Wird die Option als Angebot im Rahmen eines Aktienkaufvertrages ausgestaltet,[54] wäre daher eine Optionsbegabe erst nach Aktienerwerb zulässig. Die zulässige Laufzeit der Option wäre auf maximal ein Jahr begrenzt. Zudem können in einen solchen Aktienoptionsplan lediglich Arbeitnehmer der Gesellschaft oder eines mit dieser verbundenen Unternehmens einbezogen werden; Mitglieder des Vorstands der Gesellschaft wären demgegenüber ausgeschlossen.[55] Hinzu kommen grundsätzliche Einwände, die zu Zwecken der Gewährung von Belegschaftsaktien in das AktG eingefügte Vorschrift als Basis für Aktienoptionspläne zu nutzen.[56] Auch soll § 71 Abs. 1 Nr. 2 AktG voraussetzen, dass die Gesellschaft die erworbenen **567**

---

[52] *Wulff*, 2000, S. 50; *Friedrichsen*, 2000, S. 61, Fn. 234. Aus der Entbehrlichkeit des Hauptversammlungsbeschlusses wird teilweise gefolgt, der Erwerb eigener Aktien gem. § 71 Abs. 1 Nr. 2 AktG zur Bedienung von Optionen sei als Umgehung der §§ 71 Abs. 1 Nr. 8, 193 Abs. 2 Nr. 4 AktG unzulässig; vgl. *Weiß*, 1999, S. 243.

[53] *Wulff*, 2000, S. 51 f.; wohl auch *Friedrichsen*, 2000, S. 60 f.; *Ettinger*, 1999, S. 49 f.

[54] Eine solche Festofferte mag den Regelfall darstellen. Gleichermaßen zulässig erscheint jedoch die Vereinbarung eines Vorvertrages, der die Gesellschaft zum späteren Abschluss eines Aktienkaufvertrages verpflichtet. Insoweit erscheinen die Ausführungen von *Wulff*, 2000, S. 52, verfehlt. Fraglich könnte dann allerdings sein, ob schon bei Optionsbegabe die „ernsthafte Absicht" der Gesellschaft zum Aktienangebot gegeben ist, der es bedarf, um die Aktien zulässig zu erwerben; näher vgl. *Hefermehl/Bungeroth*, G/H/E/K, AktG, § 71 Rz. 73 f.; *Friedrichsen*, 2000, S. 60. Einzelheiten zu der schuldrechtlichen Ausgestaltung von Optionen finden sich im Sonderteil Schuldrecht.

[55] So das einhellige Verständnis in der Literatur: *Weiß*, 1999, S. 241 f.; *Wulff*, 2000, S. 51; *Friedrichsen*, 2000, S. 60; *Hüffer*, ZHR 161 (1997), S. 220; ders., AktG, 4. Aufl. 1999, § 71 Rz. 12.

[56] *Weiß*, 1999, S. 243. Daraus mögen sich Grenzen für die Angemessenheit der zugewandten Vergütung ergeben; vgl. *Krieger*, Münch. Hdb. GesR IV, 2. Aufl. 1999, § 58 Rz. 58; *Lutter*, Kölner Kommentar AktG, 2. Aufl. 1995, § 202 Rz. 28.

eigenen Aktien im Rahmen eines Verkehrsgeschäfts zum Erwerb anbiete; an einem solchen fehle es im Falle von Aktienoptionsplänen.⁵⁷

568 Stellt man diese praktischen Einwände und rechtlichen Bedenken zurück, erscheint es überlegenswert, den Erwerb der eigenen Aktien durch eine zuvor durchgeführte genehmigte Kapitalerhöhung zu finanzieren. Diskutiert werden entsprechende Gestaltungen unter dem Schlagwort des „Hamburger Modells".⁵⁸ Ein entsprechendes Vorgehen ist im Falle von Belegschaftsaktien übliche Praxis und dürfte im Hinblick auf eine wirksame Kapitalaufbringung keinen Bedenken begegnen.⁵⁹ Unbesehen dürften sich diese Grundsätze allerdings nicht auf eine genehmigte Kapitalerhöhung zu Zwecken späterer Ausgabe von Optionen an Arbeitnehmer der Gesellschaft übertragen lassen. Dem stehen grundlegende Unterschiede zwischen Belegschaftsaktienprogrammen und Stock-Option-Plänen entgegen, die schon im Zusammenhang mit § 71 Abs. 1 Nr. 2 AktG aufgegriffen wurden. Vielmehr bieten sich entsprechende Gestaltungen als ergänzende Mittel der Mitarbeitervergütung an, ohne herkömmliche Aktienoptionspläne unter Einbindung der Hauptversammlung ersetzen zu können.

III. Bilanzierung nach deutschen GoB

1. Notwendigkeit einer Rückstellungsbildung/Rückstellungsarten

a) Notwendigkeit einer Rückstellungsbildung

569 Für den angenommenen Regelfall eines Aktienerwerbs nach § 71 Abs. 1 Nr. 8 AktG im Zeitpunkt der Optionsausübung entsteht der Gesellschaft in Höhe des inneren Wertes der Optionen am Bilanzstichtag *Personalaufwand*. Da die Erfüllung indes erst mit Optionsausübung in Betracht kommt, ist dem durch Bildung einer Rückstellung (als Gegenposten zum Personalaufwand) Rechnung zu tragen.⁶⁰

b) Rückstellungsarten

570 Hierfür kommen nach § 249 Abs. 1 S. 1 HGB in Betracht:
– Rückstellungen für ungewisse Verbindlichkeiten und
– Rückstellungen für drohende Verluste aus schwebenden Geschäften.

571 Voraussetzung für die Bildung von *Verbindlichkeitsrückstellungen* ist zunächst das zumindest wahrscheinliche Vorliegen einer Verpflichtung gegenüber einem anderen. Die Verpflichtung gegenüber einem Dritten muss darüber hinaus rechtlich

---

⁵⁷ *Hüffer*, ZHR 161 (1997), S. 220; *ders.*, AktG, 4. Aufl. 1999, § 71 Rz. 12; gegen diesen: *Klahold*, 1999, S. 190 ff.; auch *Weiß*, 1999, S. 242 f.

⁵⁸ Will man die mit einem Aktienerwerb gem. § 71 Abs. 1 Nr. 2 AktG verbundenen Risiken vermeiden, bietet sich ein Erwerb der Aktien nach § 71 Abs. 1 Nr. 8 AktG an. Zwar bedarf es in diesem Falle eines Hauptversammlungsbeschlusses unter Beachtung der Maßgaben des (§ 71 Abs. 1 Nr. 8 i.V.m.) § 193 Abs. 2 Nr. 4 AktG, jedoch entfiele die mit dem Aktienrückkauf regelmäßig verbundene Schwächung der Liquidität des Unternehmens.

⁵⁹ Vgl. *Krieger*, Münch. Hdb. GesR IV, 2. Aufl. 1999, § 58 Rz. 65; *Hüffer*, AktG, 4. Aufl. 1999, § 202 Rz. 29; *Hirte*, GK-AktG, 4. Aufl. 2001, § 202 Rz. 186; *Lutter*, Kölner Kommentar AktG, 2. Aufl. 1995, § 202 Rz. 30; *Hefermehl/Bungeroth*, G/H/E/K, AktG, 1993, § 202 Rz. 22; *Klahold*, 1999, S. 193.

⁶⁰ Vgl. nur *Herzig*, DB 1999, S. 9; *Lange*, StuW 2001, S. 139.

entstanden bzw. wirtschaftlich verursacht sein,[61] wobei das zeitlich jeweils frühere Kriterium maßgeblich ist, soweit rechtliche Entstehung und wirtschaftliche Verursachung zeitlich auseinander fallen.[62] Letztlich muss die Inanspruchnahme aus der Verbindlichkeit wahrscheinlich sein.[63]

Voraussetzung für die Bildung von *Drohverlustrückstellungen* ist das Vorliegen eines Verpflichtungsüberschusses aus einem schwebenden Geschäft. Der Verpflichtungsüberschuss ergibt sich dabei als Saldogröße aus der Gegenüberstellung des Wertes der Leistungsverpflichtung des Bilanzierenden und des Wertes seines Gegenleistungsanspruchs.[64] 572

Die Art der zu bildenden Rückstellung ist im Schrifttum umstritten. Nach h.M. sind für Stillhalterverpflichtungen aus mittels Aktienrückkauf zu bedienenden Optionen gemäß § 249 Abs. 1 S. 1 HGB Rückstellungen für ungewisse Verbindlichkeiten aufgrund eines Erfüllungsrückstandes zu bilden.[65] Nach anderer Ansicht soll der Personalaufwand in Höhe des inneren Wertes der Optionen als Rückstellung für drohende Verluste aus schwebenden Geschäften gemäß § 249 Abs. 1 S. 1 HGB zu passivieren sein.[66] Die im Schrifttum geführte Kontroverse zur einschlägigen Rückstellungsart ist vor dem Hintergrund des in § 5 Abs. 4a EStG normierten Passivierungsverbotes von Drohverlustrückstellungen von erheblicher praktischer Bedeutung.[67] Allein der Ansatz einer steuerlich anerkannten Verbindlichkeitsrückstellung erlaubt es, den aus Aktienoptionsplänen resultierenden Personalaufwand steuerlich geltend zu machen.[68] 573

2. Eigene Auffassung

a) Bilanzierung bei Ausgabe der Optionen

Wegen der Anreizfunktion von Optionen, die bezüglich der Arbeitsleistungen der Berechtigten eine motivierende Wirkung für die Zukunft erzeugen sollen, liegt im Zeitpunkt der Ausgabe ein beiderseits noch nicht erfülltes schwebendes Geschäft vor. Leistung und Gegenleistung stehen sich gleichgewichtig gegenüber, so dass in der Ausgabe von Optionen kein bilanzierungsfähiger Vorgang zu sehen ist.[69] 574

---

[61] Vgl. *Clemm/Erle* in: Beck Bil-Komm., 4. Aufl. 1999, § 249 HGB Anm. 34; *ADS*, 6. Aufl., § 249 HGB Anm. 63 ff.; *Mayer-Wegelin* in: HdR, 4. Aufl., § 249 HGB Rn. 38 ff.

[62] Vgl. BFH vom 27.6.2001, I R 45/97, DB 2001, S. 1699; *Clemm/Erle* in: Beck Bil-Komm., 4. Aufl. 1999, § 249 HGB Anm. 34; *ADS*, 6. Aufl., § 249 HGB Tz. 69; *Mayer-Wegelin* in: HdR, 4. Aufl., 1995, § 249 HGB Anm. 43.

[63] Vgl. *Clemm/Erle* in: Beck Bil-Komm., 4. Aufl. 1999, § 249 HGB Anm. 42 ff.

[64] Vgl. BFH vom 23.6.1997, BStBl. II 1997, 738; *IDW* RS HFA 4, Rz. 15; im Zusammenhang mit der Bilanzierung von Bezugsrechten vgl. zum Begriff des Verpflichtungsüberschusses auch *Lange*, StuW 2001, S. 141.

[65] Vgl. etwa *Pellens/Crasselt* in: Pellens, 1998, S. 149; *Clemm/Erle* in: Beck Bil-Komm., 4. Aufl. 1999, § 249 HGB Anm. 100 (Stock Options); *Förschle/Kropp* in: Beck Bil-Komm., 4. Aufl. 1999, § 266 Anm. 286, 289; *Herzig*, DB 1999, S. 9 f.; *Schruff/Hasenburg*, BFuP 1999, S. 638; *Lorenz*, DStR 2000, S. 1580; *Friedrichsen*, 2000, S. 361, sowie die weiteren Nachweise bei *Lange*, StuW 2001, S. 139 Fn. 46.

[66] Vgl. insbesondere *Lange*, StuW 2001, S. 141–143 m.w.N.

[67] Allgemein zur wegen § 5 Abs. 4a EStG relevanten Rückstellungsabgrenzung aus bilanzpolitischer Sicht *Gail*, FS Welf Müller, 2001, S. 581 f.

[68] Vgl. *Herzig*, DB 1999, S. 10; *Lange*, StuW 2001, S. 138.

[69] Vgl. *Schruff/Hasenburg*, BFuP 1999, S. 637.

b) Bilanzierung während der Laufzeit der Optionen

aa) Bildung einer Verbindlichkeitsrückstellung

575 Die Beantwortung der Frage nach der einschlägigen Rückstellungsart erfordert zunächst eine Charakterisierung des Verhältnisses zwischen Optionsvertrag und Arbeitsvertrag aus bilanzrechtlicher Sicht. Beide Vertragsverhältnisse sind für sich betrachtet grundsätzlich bilanzunwirksame schwebende Geschäfte.[70]

576 Bei *Optionsgeschäften*, die nicht anlässlich der Einräumung vergütungshalber gewährter Optionen auf die Aktie des arbeitgebenden Unternehmens abgeschlossen werden, handelt es sich um schwebende Einzelgeschäfte, die vor Ausübung, Verfall oder Glattstellung auf der Seite des Stillhalters nur zu Drohverlustrückstellungen führen können.[71]

577 Das Hinzutreten eines *Arbeitsverhältnisses* im Falle von Optionsgeschäften im Rahmen von Aktienoptionsplänen für Mitarbeiter verändert die bilanzrechtliche Ausgangslage. Aufgrund der für Arbeitsverhältnisse geltenden weit gehenden Ausgeglichenheitsvermutung scheidet der Ansatz von Drohverlustrückstellungen grundsätzlich aus.[72]

578 Für Stillhalterverpflichtungen aus mit eigenen Aktien zu bedienenden Optionen ist daher nur der Ansatz von auch steuerlich anerkannten Verbindlichkeitsrückstellungen denkbar. Optionsvertrag und Arbeitsvertrag sind zwar formalrechtlich voneinander zu trennende, unabhängige Rechtsgeschäfte. Aufgrund der für das Bilanzrecht maßgeblichen wirtschaftlichen Betrachtungsweise können sie jedoch nicht isoliert betrachtet werden. Denn die Optionseinräumung erfolgt nur, weil und solange der Bezugsberechtigte in einem Arbeitsverhältnis zu der den Stock-Option-Plan auflegenden Gesellschaft steht.[73] Dies kommt besonders augenscheinlich in den in der Praxis üblichen Klauseln zum Optionsverfall bei Ausscheiden des Optionsberechtigten zum Ausdruck.[74]

579 Das aus Optionsrechtsverhältnis und Dienstverhältnis bestehende zusammengefasste schwebende Geschäft[75] ist folglich daraufhin zu untersuchen, ob sich vor Optionsausübung ein *Erfüllungsrückstand* der Gesellschaft in Höhe der durch die verbilligte Lieferung eigener Aktien zu entlohnenden unternehmenswertsteigernden Arbeitsleistung der Optionsberechtigten angesammelt hat. Liegen die Voraussetzungen eines Erfüllungsrückstandes vor, ist dem durch Bildung einer Rückstellung für ungewisse Verbindlichkeiten Rechnung zu tragen.

bb) Vorliegen eines Erfüllungsrückstandes

580 Die Verpflichtung des Unternehmens aufgrund ihrer Stillhalterposition konkretisiert sich erst im Zeitpunkt der Optionsausübung. Erst zu diesem Zeitpunkt

---

[70] Vgl. *Lange*, StuW 2001, S. 141.

[71] Vgl. *BFA*, WPg 1995, S. 422; *Windmöller/Breker*, WPg 1995, S. 396; *Lange*, StuW 2001, S. 141; *Wiedmann*, Bilanzrecht, 1999, § 253 HGB Anm. 135; *Gelhausen*, WP-Handbuch, Bd. I, 12. Aufl. 2000, E Tz. 131; *Schwitters/Bogajewskaja*, HdR, Juli 2000, B 730 Rz. 53 ff.; *Rabenhorst*, 1999, S. 116 f.

[72] Vgl. *Herzig*, DB 1999, S. 11; *Clemm/Erle* in: Beck Bil-Komm., 4. Aufl. 1999, § 249 HGB Anm. 100 (Stock Options); *Friedrichsen*, 2000, S. 357.

[73] Vgl. *Friedrichsen*, 2000, S. 353.

[74] Vgl. dazu § 5 Abs. 2 der Mustervereinbarung eines Aktienoptionsplans bei *Bredow*, DStR 1998, S. 381 f.

[75] Vgl. *Friedrichsen*, 2000, S. 352 f.

wird durch Ausübung des den Optionsberechtigten im Optionsvertrag eingeräumten Gestaltungsrechts der Hauptvertrag in Geltung gesetzt, aufgrund dessen das Unternehmen die Lieferung eigener Aktien zum Ausübungspreis schuldet.[76] Zeitpunkt der *rechtlichen Entstehung* ist mithin der Zeitpunkt der Optionsausübung. Da der den Optionsberechtigten bei Ausübung zufließende innere Wert jedoch während der gesamten Laufzeit des Aktienoptionsplans durch unternehmenswertsteigernde Tätigkeit verdient wird, gewährleistet der Zeitpunkt der rechtlichen Entstehung nach wirtschaftlicher Betrachtungsweise keine periodengerechte Zuordnung des durch den Plan verursachten Personalaufwandes.

581 Mit Optionen als einem Instrument anreizorientierter Vergütung sollen keine bereits erbrachten Arbeitsleistungen abgegolten werden, sondern erst zukünftig zu erbringende Arbeitsleistungen.[77] Soweit der Optionsberechtigte seine Leistungsverpflichtung durch Erbringung unternehmenswertsteigernder Maßnahmen erfüllt hat, und sich dies in einer Steigerung des Börsenkurses und damit des inneren Wertes der Optionen niederschlägt, ist die Verbindlichkeit der Gesellschaft wirtschaftlich verursacht.[78] Die aus der Stillhalterverpflichtung des Unternehmens resultierenden künftigen Ausgaben sind bereits realisierten Erträgen zurechenbar.[79] Das Unternehmen befindet sich dann auf Grund und in Höhe des inneren Wertes der Optionen in einem *Erfüllungsrückstand*.[80]

cc) Bewertung der Verbindlichkeitsrückstellung

582 Es wird sowohl die Bewertung zum nach optionspreistheoretischen Modellen ermittelten *Gesamtwert*[81] als auch die Bewertung zum *inneren Wert*[82] der Optionen am Bilanzstichtag als Differenz aus aktuellem Aktienkurs und Ausübungspreis befürwortet.

583 Die Verbindlichkeitsrückstellung aufgrund Erfüllungsrückstandes orientiert sich dem Grunde nach am Vorliegen eines inneren Wertes am Bilanzstichtag. Die Anknüpfung an den inneren Wert findet ihre Berechtigung in der für Bilanzierungszwecke sachgerechten Ausübungshypothese.[83] Da dem Unternehmen Personalaufwand in Höhe des inneren Wertes der Optionen entsteht, liefert die Ausübungshypothese darüber hinaus auch den angemessenen Maßstab für die Bewertung der Verbindlichkeitsrückstellung.

584 Der innere Wert der Optionen am Bilanzstichtag entspricht dem Betrag, der gemäß § 253 Abs. 1 S. 2 Halbs. 1 HGB nach vernünftiger kaufmännischer Beurtei-

---

[76] Zur zivilrechtlichen Deutung des im BGB nicht allgemein geregelten Instituts der Option vgl. *Kramer*, Münchener Kommentar zum BGB, Bd. 1, 4. Aufl. 2001, Vor § 145 BGB, Rz. 53 m.w.N.
[77] So auch *Herzig*, DB 1999, S. 9.
[78] Vgl. *Herzig*, DB 1999, S. 9.
[79] Vgl. *Moxter*, 5. Aufl. 1999, S. 108 f.; *Clemm/Erle* in: Beck Bil-Komm., 4. Aufl. 1999, § 249 Anm. 36 ff. m.w.N.
[80] Vgl. *Förschle/Kropp* in: Beck Bil-Komm., 4. Aufl. 1999, § 266 Anm. 279 f., 286; *Schruff/Hasenburg*, BFuP 1999, S. 626; *Pellens/Crasselt* in: Pellens, 1998, S. 133 f., 149.
[81] So etwa *Pellens/Crasselt* in: Pellens, 1998, S. 149; *Fröhlich/Hanke*, WPg 2000, S. 648; *Schmidbauer*, DStR 2000, S. 1491 f.; *Gelhausen/Hönsch*, WPg 2001, S. 72 f.; *Sigloch/Egner*, BB 2000, S. 1882.
[82] So etwa *Clemm/Erle* in: Beck Bil-Komm., 4. Aufl. 1999, § 249 HGB Anm. 100 (Stock Options); *Herzig*, DB 1999, S. 10; *Schruff/Hasenburg*, BFuP 1999, S. 638; *Vater*, DB 2000, S. 2182; *Herzig/Lochmann*, WPg 2001, S. 90; *Lange*, StuW 2001, S. 143 f.
[83] Vgl. *Herzig*, DB 1999, S. 10.

lung notwendig ist. Denn in Höhe des inneren Wertes am Bilanzstichtag käme es bei unterstellter Optionsausübung zu einem Liquiditätsabfluss.[84]

585 Die in E-DRS 11.27 für den Fall, dass das Unternehmen keine eigenen Anteile besitzt, vorgeschlagene Bewertung der Rückstellung zum Gesamtwert entspricht u.E. nicht dem nach vernünftiger kaufmännischer Beurteilung notwendigen Betrag i.S.v. § 253 Abs. 1 S. 2 Halbs. 1 HGB. Denn bei am Abschlussstichtag unterstellter Ausübung der Optionen entstehen der Gesellschaft Auszahlungen allein in Höhe des inneren Wertes.[85] Der nach optionspreistheoretischen Modellen zu ermittelnde Gesamtwert ist demgegenüber keine geeignete Bemessungsgrundlage für die Rückstellungshöhe.[86] Maßgebliche Preisbildungsfaktoren der *Black/Scholes*-Formel, wie etwa die Volatilität der unterliegenden Aktien, weisen eine extreme Schwankungsbreite auf, die zu für Bilanzierungszwecke kaum hinnehmbaren Schätzungsspielräumen führen.[87] Darüber hinaus geht z.B. die *Black/Scholes*-Formel von Annahmen aus, die im Rahmen der bilanziellen Abbildung von mit eigenen Aktien zu bedienenden Optionen nicht verifizierbar sind.[88]

586 Die Anbindung der Rückstellungsbewertung an den inneren Wert der Optionen bedingt Wertschwankungen der Rückstellungshöhe in Abhängigkeit von der Entwicklung des Aktienkurses. Sinkende Aktienkurse führen zu einem teilweisen Rückgang des inneren Wertes und damit zum partiellen Entfallen des Grundes für die Rückstellungsbildung. Verbindlichkeitsrückstellungen sind daher anteilig aufzulösen. Hierin liegt kein Verstoß gegen das Realisationsprinzip. Es liegt vielmehr ein atypischer kumulierender Erfüllungsrückstand vor.[89]

587 E-DRS 11 versagt dagegen in Rz. 27, unabhängig davon, ob das Unternehmen eigene Anteile besitzt oder nicht, eine Verteilung der Rückstellung über den Leistungszeitraum. Außerdem sind nach E-DRS 11 Abschläge für erwartete Fluktuations- und Sterberaten vorzunehmen. Bei Zugrundelegung der Ausübungsfiktion und entsprechender Bewertung der Rückstellung zum inneren Wert der Optionen am jeweiligen Bilanzstichtag kann ein Abschlag für künftige Fluktuations- und Sterberaten ebenfalls vorzunehmen sein.[90]

c) Bilanzierung bei Ausübung der Optionen

588 Werden die Optionen ausgeübt, sind die anzudienenden Aktien nach § 71 Abs. 1 Nr. 8 AktG vom Unternehmen am Markt zu erwerben. Hierzu ist ein Betrag in Höhe des aktuellen Aktienkurses aufzubringen, dem der von den Optionsberechtigten zu entrichtenden Ausübungspreis gegenübersteht. Bei der Gesellschaft fließen demnach letztlich liquide Mittel in Höhe des inneren Wertes der Optionen bei Ausübung ab. Die Verbindlichkeitsrückstellungen sind erfolgswirksam aufzulösen. Sofern die Rückstellung seit dem letzten Bilanzstichtag auf-

---

[84] Vgl. *Schruff/Hasenburg*, BFuP 1999, S. 626; *Förschle/Kropp* in: Beck Bil-Komm., 4. Aufl. 1999, § 266 Anm. 280; *Lange*, StuW 2001, S. 143.
[85] Vgl. *Schruff/Hasenburg*, BFuP 1999, S. 626; *Lange*, StuW 2001, S. 143.
[86] Ebenso *Lange*, StuW 2001, S. 143 f.; *Kramarsch*, 2000, S. 98.
[87] Vgl. für die Volatilität *Herzig/Lochmann*, WPg 2001, S. 87 ff., 90; *Lange*, StuW 2001, S. 144.
[88] Ausführlich dazu unter Diskussion der Preisbildungsfaktoren „risikoloser Zinssatz" und „asymmetrische Risiko-Ertrags-Struktur" *Lange*, StuW 2001, S. 144.
[89] Vgl. *Herzig*, DB 1999, S. 10; *Schruff/Hasenburg*, BFuP 1999, S. 626 f.; *Vater*, DB 2000, S. 2182.
[90] Vgl. *Herzig*, DB 1999, S. 10.

grund eines unterjährigen Absinkens des inneren Wertes zu hoch dotiert war, entsteht ein sonstiger betrieblicher Ertrag. Ist die Rückstellung wegen eines unterjährigen Ansteigens des inneren Wertes hingegen zu niedrig dotiert, muss der nicht antizipierte, zusätzlich erforderliche Betrag im laufenden Geschäftsjahr als Personalaufwand erfasst werden.[91]

3. Andere Auffassungen

a) Andere Rückstellungsart: Drohverlustrückstellung

Nach Auffassung des *HFA* sind Aktienoptionspläne entsprechend den Grundsätzen der Stellungnahme *BFA* 2/1995 „Bilanzierung von Optionsgeschäften"[92] zu behandeln. Daraus ergebe sich die Notwendigkeit, am Bilanzstichtag eine Drohverlustrückstellung zu bilden, wenn der Wert der Option die passivierte Optionsprämie übersteigt.[93] **589**

In seiner Stellungnahme zum Positionspapier der *AG Stock Options* hat das *IDW* seine Auffassung zur Bildung von Drohverlustrückstellungen für ausgegebene Optionen bestätigt.[94] Jedenfalls wird das Positionspapier vom *IDW* vorbehaltlos mit der Ansicht zitiert, es seien für mit eigenen Aktien zu bedienende Aktienoptionspläne Drohverlustrückstellungen zu bilden.[95] Das Positionspapier selbst nimmt indes ebenso wie E-DRS 11[96] zum Charakter der nach Ansicht des *DSR* de lege lata zu bildenden Rückstellungen nicht Stellung.[97] **590**

Auch im Schrifttum wird der Ansatz von Drohverlustrückstellungen für Aktienoptionspläne befürwortet.[98] Nach Ansicht von *Lange* sind die allgemeinen, in der *BFA*-Stellungnahme 2/1995 „Bilanzierung von Optionsgeschäften"[99] niedergelegten Bilanzierungsgrundsätze für Stillhalterverpflichtungen aus Optionsgeschäften auch auf die bilanzielle Abbildung von Stillhalterverpflichtungen aus vergütungshalber gewährten, mittels Aktienrückkauf zu bedienenden Aktienoptionsplänen anwendbar. Daraus folge die Pflicht zur Bildung von Drohverlustrückstellungen in Höhe des inneren Wertes der Optionen am Bilanzstichtag.[100] Die Annahme eines die Bildung von Verbindlichkeitsrückstellungen begründenden atypisch kumulierenden Erfüllungsrückstandes scheitere zum einen an der fehlenden synallagmatischen Einbindung der Gewährung von **591**

---

[91] Vgl. *Schruff/Hasenburg*, BFuP 1999, S. 638.
[92] Abgedruckt in WPg 1995, S. 422.
[93] Vgl. *HFA*, IDW-FN 1996, S. 405. Auch *Clemm/Erle* in: Beck Bil-Komm., 4. Aufl. 1999, § 249 HGB Anm. 100 (Stock Options) und *Lange*, StuW 2001, S. 140 f., interpretieren den *HFA* i.d.S.
[94] So zumindest die Ansicht von *Lange*, StuW 2001, S. 141.
[95] Vgl. *IDW*, WPg 2000, S. 1081.
[96] Vgl. E-DRS 11.25–28.
[97] Vgl. *AG Stock Options des DSR*, Positionspapier Bilanzierung von Aktienoptionsplänen und ähnlichen Entlohnungsformen, Rz. 16; krit. hierzu unter Hinweis auf die sich aus § 5 Abs. 4a EStG ergebende Relevanz der Abgrenzung von Verbindlichkeits- und Drohverlustrückstellungen *Lange*, StuW 2001, S. 139.
[98] Vgl. *Lange*, StuW 2001, S. 141–143; *Bredow*, DStR 1996, S. 2035; *Birkhan*, JbFSt 1999/2000, S. 710 f.; für Österreich *Talos/Konezny*, Österreichisches Wirtschaftsprüfer-Jahrbuch 2000, S. 297 f.
[99] Abgedruckt in WPg 1995, S. 422.
[100] Vgl. *Lange*, StuW 2001, S. 141 ff., unter Berufung auf *HFA*, IDW-FN 1996, S. 405; *IDW*, WPg 2000, S. 1081; *Bredow*, DStR 1996, S. 2035; *Birkhan*, JbFSt 1999/2000, S. 710 f.

Optionen in das Arbeitsverhältnis.[101] Darüber hinaus ist *Lange* der Ansicht, dass der von *Herzig*[102] eingeführte „atypisch kumulierende Erfüllungsrückstand" dem Institut des zu Drohverlustrückstellungen führenden Verpflichtungsüberschusses zuzuordnen sei, weil ein durch unternehmenswertsteigernde Arbeitsleistungen einmal angewachsener Erfüllungsrückstand nicht nachträglich wieder entfallen könne. Die Schwankungen des inneren Wertes von Optionen in Abhängigkeit des Aktienkurses seien vielmehr charakteristisches Merkmal eines Verpflichtungsüberschusses „als Saldo noch nicht erbrachter, den Preisänderungsrisiken des Marktes unterworfener ... Leistungen".[103]

b) Andere Rückstellungsbemessung: Gesamtwert

592 De lege lata befürwortet der *DSR* den Ansatz von Rückstellungen in Höhe des Gesamtwertes der Optionen, sofern das Unternehmen nicht bereits vor Optionsausübung eigene Anteile hält.[104] Sind die Optionen als Entgelt für Leistungen mehrerer Perioden gewährt worden, ist die Rückstellung während des Leistungszeitraumes, also regelmäßig während des Zeitraumes bis zur ersten Ausübungsmöglichkeit (Ablauf der Sperrfrist),[105] nur zeitanteilig zu bilden.[106] Unabhängig davon, ob das Unternehmen die eigenen Anteile am Bilanzstichtag besitzt, sollen bei der Ermittlung der Rückstellungshöhe Abschläge für erwartete Fluktuations- und Sterbewahrscheinlichkeiten vorzunehmen sein.[107]

593 Die Bestimmung des Gesamtwertes hat nach Auffassung des *DSR* grundsätzlich nach den gleichen Prinzipien zu erfolgen wie die Bewertung von Optionen nach § 192 Abs. 2 Nr. 3 AktG.[108] Ausnahmen von diesem Grundsatz bestehen zum einen im eben erwähnten Gebot der Vornahme von Abschlägen für erwartete Fluktuations- und Sterbewahrscheinlichkeiten sowie zum anderen in der Möglichkeit bzw. Erforderlichkeit, Änderungen des Gesamtwertes an folgenden Bilanzstichtagen rückstellungsmindernd bzw. rückstellungserhöhend zu berücksichtigen.[109] Eine derartige Berücksichtigung der Änderung von für die eingeräumten Optionen wertbildenden Faktoren während der Laufzeit des Plans wäre an sich auch im Rahmen der vom *DSR* befürworteten aufwandswirksamen Bilanzierung eines bedingten Kapitals nach § 192 Abs. 2 Nr. 3 AktG wünschenswert, verbietet sich aber wegen § 150 AktG.[110]

c) Keine Rückstellungsbildung

594 Nach Ansicht von *Siegel* scheidet eine Rückstellungsbildung für Aktienoptionspläne generell aus. Der innere Wert von Optionen entspreche nicht dem Auf-

---

[101] Vgl. *Lange*, StuW 2001, S. 141 f.
[102] Vgl. *Herzig*, DB 1999, S. 10.
[103] *Lange*, StuW 2001, S. 142.
[104] Vgl. E-DRS 11.25–28.
[105] Vgl. die Definitionen in E-DRS 11.6.
[106] Vgl. E-DRS 11.26.
[107] Vgl. E-DRS 11.27.
[108] Vgl. E-DRS 11.28.
[109] Vgl. E-DRS 11.28.
[110] Vgl. in diesem Zusammenhang auch den Fragenkatalog des *DSR* in seiner Aufforderung zur Stellungnahme in E-DRS 11, Frage Nr. 2 f): „Wie könnte eine Bewertung zu einem späteren Zeitpunkt angesichts der zu erwartenden zwischenzeitlichen Wertschwankungen mit der Dotierung der Kapitalrücklage gem. Rz. 7 (Grundsatz zur Bilanzierung von Aktienoptionsplänen nach § 192 Abs. 2 Nr. 3 AktG; Anm. der Verf.) in Einklang gebracht werden."

wand und sei daher auch nicht rückstellbar. Eine Rückstellungsbildung in Höhe des inneren Wertes könne nicht der Antizipation von Ausgaben dienen, sondern käme einer Rückstellung für künftige Gewinnausschüttungen gleich. Rückstellungen für künftige Gewinnausschüttungen gäbe es aber nicht.[111]

4. Anhangangaben

a) Bezüge der Mitglieder des Geschäftsführungsorgans

Auch die Gewährung von Rechten auf den Erwerb bereits vorhandener Aktien stellt einen Bezug i.S.d. § 285 Nr. 9a Satz 1 HGB dar.[112] Während die Ausgabe von Bezugsrechten nach § 192 Abs. 2 Nr. 3 AktG nach der hier vertretenen Auffassung die Gesellschaftssphäre nicht berührt und demzufolge kein Personalaufwand bei der Gesellschaft entsteht, kann ein Aktienoptionsplan auf Basis eigener Anteile zu Personalaufwand der Gesellschaft führen. Da bei einem Aktienoptionsplan auf Basis eigener Anteile demnach die aufwandsmäßige Belastung der Gesellschaft als Voraussetzung für die Angabepflicht[113] erfüllt sein kann, ist von einer grundsätzlichen Angabepflicht nach § 285 Nr. 9a Satz 1 HGB auszugehen. Die bzgl. der Aktienoptionspläne nach § 192 Abs. 2 Nr. 3 AktG bestehenden Bedenken (Rz. 207 ff.) gelten bei mit eigenen Anteilen zu bedienenden Aktienoptionsplänen nicht. Fraglich sind jedoch die Höhe der Angabe sowie der Zeitpunkt der Angabe.

595

Dem Gesetzeswortlaut zufolge sind die gewährten Gesamtbezüge anzugeben, so dass eine Anhangangabe in dem Geschäftsjahr vorzunehmen wäre, in dem die Bezugsrechte eingeräumt worden sind. Das Abstellen auf die bei der Gesellschaft als Aufwand gebuchten Beträge führt in der (in der Praxis sehr typischen) Konstellation, in der der Ausübungspreis dem Aktienkurs bei Einräumung der Bezugsrechte entspricht, im Zeitpunkt der Einräumung zu einem inneren Wert der Bezugsrechte von null. Denkbar ist daher in Anlehnung an *Ellrott* das Abstellen auf den inneren Wert der Bezugsrechte am Ende der Sperrfrist.[114]

596

Im angenommenen Grundfall, in dem der Erwerb der Aktien am Markt durch die Gesellschaft (erst) im Zeitpunkt der Ausübung der Optionen stattfindet, ist in den auf die Ausgabe der Optionen folgenden Bilanzstichtagen jedoch eine Verbindlichkeitsrückstellung i.H. der Differenz zwischen dem aktuellen Rückkaufspreis (also dem aktuellen Kurs am jeweiligen Bilanzstichtag) und dem Ausübungspreis zu passivieren. Die Gegenbuchung erfolgt im Personalaufwand. Zulässig und u.E. auch zweckmäßig ist daher die Angabe nach § 285 Nr. 9a Satz 1 HGB entsprechend der Zuführung zur Verbindlichkeitsrückstellung.[115] Dies bie-

597

---

[111] Vgl. *Siegel*, FS Loitlsberger, 2001, S. 364. Dem steht entgegen, dass § 57 Abs. 1 S. 2 AktG den zulässigen Erwerb eigener Aktien qua gesetzlicher Fiktion dem Tatbestand der unzulässigen Einlagenrückgewähr entzieht und damit zum Ausdruck bringt, dass der ökonomische Charakter eines Aktienrückkaufes als Kapitalrückzahlung nach den Wertungen des Aktiengesetzes nicht maßgeblich sein soll. Der Aktienrückkauf und die spätere Wiederausgabe bei Optionsausübung stellen sich für die Gesellschaft aus zivil- und bilanzrechtlicher Sicht folglich wie normale Anschaffungs- bzw. Veräußerungsgeschäfte durch einen Dritten dar. Vgl. hierzu *Lange*, StuW 2001, S. 140; *Thiel*, DB 1998, S. 1583; *Huber*, FS Kropff, 1997, S. 116 f., 120.
[112] Vgl. *ADS*, Ergänzungsband zur 6. Aufl. 2001, § 285 HGB n.F. Tz. 20 f.
[113] Vgl. *ADS*, Ergänzungsband zur 6. Aufl. 2001, § 285 HGB n.F. Tz. 17.
[114] Vgl. *Ellrott* in: Beck Bil-Komm., 4. Aufl. 1999, § 285 HGB Anm. 170 (Stock Options).
[115] Gl.A. *ADS*, Ergänzungsband zur 6. Aufl. 2001 § 285 HGB n.F. Tz. 22.

tet sich auch aufgrund der Ähnlichkeit der bilanziellen Auswirkungen von mit eigenen Aktien zu bedienenden Aktienoptionsplänen an.

598 Hat die Gesellschaft die Aktien dagegen bereits im Bestand, stellt nach *ADS* der Unterschiedsbetrag zwischen Rückkaufpreis der eigenen Anteile und Ausübungspreis für die Optionen den nach § 285 Nr. 9a HGB anzugebenden Betrag dar. Dieser soll auf den *Leistungszeitraum*, für den die Optionen gewährt wurden (i.d.R. Sperrfrist), zu verteilen sein.[116] Eine Angabepflicht aufgrund der Anknüpfung an den zu erfassenden Personalaufwand kann sich jedoch nur ergeben, wenn der Ausübungspreis im Zeitpunkt des Rückkaufs der Aktien unter dem Rückkaufspreis liegt. Entspricht der Rückkaufspreis dem Ausübungspreis, so entsteht kein Personalaufwand, da bei Weitergabe der Aktien an die Berechtigten der von der Gesellschaft gezahlte Rückkaufpreis dem von den Optionsberechtigten empfangenen Betrag (Ausübungspreis) entspricht.

599 Dem § 285 Nr. 9a HGB entspricht für die Erstellung des Konzernanhangs die Vorschrift des § 314 Abs. 1 Nr. 6a HGB.

b) Löhne und Gehälter

600 Bzgl. der Angabepflicht nach § 285 Nr. 8b HGB (im Konzernanhang: nach § 314 Nr. 4 HGB) bei Anwendung des Umsatzkostenverfahrens kann auf die Ausführungen unter Rz. 217 verwiesen werden.

c) Aktienrechtliche Angabepflichten

601 Gem. § 160 Abs. 1 Nr. 5 AktG ist im Anhang die Zahl der Bezugsrechte gem. § 192 Abs. 2 Nr. 3 AktG unter Angabe der Rechte, die sie verbriefen, anzugeben. Anzugeben sind auch hier die am Abschlussstichtag bestehenden, noch nicht ausgeübten Bezugsrechte hinsichtlich Anzahl, Aufteilung auf Mitglieder der Geschäftsführung und Arbeitnehmer, Erwerbszeiträume, Kursziele, Wartezeiten für die erstmalige Ausübung und Ausübungszeiträume.[117]

602 Hat die Gesellschaft Aktien zur Bedienung der Bezugsrechte am Markt erworben, so greift die Angabepflicht nach § 160 Abs. 1 Nr. 2 AktG. Demnach ist ebenfalls der Bestand an eigenen Aktien der Gesellschaft anzugeben, wobei die Zahl dieser Aktien und der auf sie entfallende Betrag des Grundkapitals (in %) sowie der Zeitpunkt und die Gründe des Erwerbs zu nennen sind. Im Anhang muss daher eine chronologische Auflistung der Erwerbszeitpunkte dieser Aktien im Endbestand gegeben werden.[118] Als Erwerbszeitpunkt ist der Erwerbstag anzusehen. Bei der Angabe der Gründe sind zu den Erwerbsvorgängen die Erwerbsgründe so darzulegen, dass die Einhaltung der gesetzlichen Normen durch einen Aktionär nachprüfbar und beurteilbar ist.[119]

d) Weitere Angabepflichten

603 Auch für Aktienoptionspläne, die durch Rückkauf von eigenen Aktien bedient werden, verlangt der DSR zusätzliche Angaben, deren normative Grundlage freilich unklar bleibt. Die maßgebende Passage des E-DRS 11 lautet:

---

[116] Vgl. *ADS*, Ergänzungsband zur 6. Aufl. 2001 § 285 HGB n.F. Tz. 23.
[117] Vgl. *Ellrott* in: Beck Bil-Komm., 4. Aufl. 1999, § 285 HGB Anm. 44.
[118] Vgl. *Ellrott* in: Beck Bil-Komm., 4. Aufl. 1999, § 285 HGB Anm. 42 m.w.N.
[119] Vgl. *Ellrott* in: Beck Bil-Komm., 4. Aufl. 1999, § 285 HGB Anm. 42 m.w.N.

„40.
Für Aktienoptionspläne sind im Anhang folgende Angaben zu machen:
a) eine generelle Beschreibung der einzelnen Programme mit wichtigen Eckdaten. Dazu zählen insbesondere der Bezugskurs, ggf. Erfolgsziele, die Anzahl der Rechte, die Laufzeit, die Sperrfrist, ggf. Ausübungsbedingungen sowie der rechnerische Wert der Rechte bei Gewährung;
b) die Summe des insgesamt in der Periode aus den Programmen entstandenen Aufwands. Der auf Organmitglieder des Unternehmens bzw. des Mutterunternehmens entfallende Betrag ist hierbei gesondert anzugeben. Existieren mehrere Programme, ist der Aufwand für jedes Programm getrennt anzugeben;
c) für jedes Programm die Anzahl der Optionen und der durchschnittliche Bezugskurs getrennt für alle (1) zu Jahresbeginn ausstehenden, (2) innerhalb des Jahres gewährten, (3) ausgeübten, (4) aufgrund von Ausübungsbedingungen erloschenen und (5) am Ende der Laufzeit verfallenen sowie (6) am Jahresende ausstehenden und (7) am Jahresende ausübbaren Rechte;
d) der Gesamtwert (innerer Wert plus Zeitwert) aller innerhalb des Jahres als Entgelt gewährten Optionen. Der Wert der Optionen, die Organmitgliedern des Unternehmens bzw. des Mutterunternehmens gewährt wurden, ist hierbei gesondert anzugeben;
e) die Methode zur Bewertung der Optionen sowie die dabei verwendeten Parameter. Insbesondere sind die Annahmen über die Volatilität, die Dividendenrendite und den risikolosen Zinsfuß anzugeben sowie die vorgenommenen Modifikationen zur Berücksichtigung der eingeschränkten Handelbarkeit und von Erfolgszielen offen zu legen;
f) die durch die Neufestsetzung des Bezugskurses entstehende Werterhöhung von bereits gewährten Optionsrechten.
...
D8
g) Hinsichtlich der geforderten Anhangangaben unterscheidet sich der Standardentwurf in einigen Punkten von US GAAP. Insbesondere betrifft dies:
aa) den Detaillierungsgrad bei der Angabe des Gesamtwertes am Tag der Gewährung der im Geschäftsjahr gewährten Optionen. Die nach US GAAP vorgesehene verpflichtende Trennung in drei Gruppen, die nach dem Verhältnis des Bezugskurses bzw. des Ausübungspreises zum Marktwert der Aktie am Tag der Gewährung abgestuft sind, wurde nicht übernommen;
ba) die Angabe der Bandbreite von Bezugskursen bzw. kleinerer Teilbandbreiten zuzüglich weiter gehender Informationen für diese Gruppen von Optionen ist im Standardentwurf nicht vorgesehen."

604 Die apodiktische Formulierung der Anhangangaben nach Auffassung des DSR wird hier nicht geteilt; ihr fehlt die normative Grundlage.

605 Bzgl. der geplanten Änderungen des HGB aufgrund des TransPuG sei auf die Ausführungen unter Rz. 226 f. verwiesen.

5. Lagebericht

606 Bzgl. der Angabe von Aktienoptionsplänen im Lagebericht kann auf die Ausführungen unter Rz. 224 f. verwiesen werden.

6. Sicherungsgeschäfte

a) Sicherungsmöglichkeiten

607 Bilanziell wirkt sich die Zusammenfassung von Stillhalterverpflichtungen mit einem gegenläufigen Sicherungsgeschäft zu einer Micro-Bewertungseinheit dahingehend aus, dass die Notwendigkeit zur Passivierung von Verbindlichkeitsrückstellungen entfällt.[120] Dazu muss eine möglichst perfekte negative Korrelation der Preisänderungen von Grund- und Sicherungsgeschäft angestrebt wer-

---

[120] Vgl. *Lange*, StuW 2001, S. 144.

den, wobei die homogene Beeinflussung von Verlustrisiko und Gewinnchance im Sinne von Basiswertidentität erforderlich ist.[121] Hierfür geeignet ist grundsätzlich der ohnehin spätestens bei Optionsausübung erforderliche *Erwerb eigener Aktien* bzw. der *Erwerb von Kaufoptionen (calls)* auf die eigene Aktie. Da insoweit kein Unterschied zu Sicherungsgeschäften im Zusammenhang mit Stock Appreciation Rights besteht, sei auch auf die dortigen Ausführungen (vgl. Rz. 722 ff.) verwiesen.

608 Nach Auffassung des *DSR* sollen auf mit zurückerworbenen Aktien zu bedienende Aktienoptionspläne de lege ferenda die gleichen Bilanzierungsgrundsätze anzuwenden sein, die auch für Aktienoptionspläne nach § 192 Abs. 2 Nr. 3 AktG, d.h. solche, die durch Ausübung eines bedingten Kapitals bedient werden, gelten. Der Rückkauf eigener Anteile zum Zweck der Bedienung von Aktienoptionsplänen soll erfolgsneutral als Eigenkapitalherabsetzung, die spätere Wiederausgabe der eigenen Anteile als Kapitalerhöhung gebucht werden, indem durch Änderung der entsprechenden Vorschriften des HGB bzw. des AktG zurückerworbene eigene Anteile nicht als Aktivposten erfasst, sondern vom Eigenkapital abgesetzt werden. Daraus ergäbe sich der Buchungssatz „Personalaufwand an Kapitalrücklage".[122] Gleichzeitig entfiele wegen der Behandlung von Aktienrückerwerb und späterer Andienung bei Optionsausübung als Eigenkapitalmaßnahmen die Notwendigkeit einer Absicherung.

b) Erwerb eigener Aktien

609 Ein Erwerb der zur späteren Bedienung von Optionen erforderlichen eigenen Aktien im Zeitpunkt der Optionsgewährung, d. h. zu einem Erwerbspreis in Höhe des Ausübungspreises, erlaubt es, die im Bestand gehaltenen eigenen Aktien mit der Stillhalterverpflichtung aus den Optionen zu einer Bewertungseinheit zusammenzufassen. In diesem Fall besteht keine Pflicht zur Bildung von Verbindlichkeitsrückstellungen. Der durch Rückstellungen zu antizipierende Personalaufwand beschränkt sich dann, je nach Erwerbskurs, auf die Differenz aus Buchwert der eigenen Aktien und vereinbartem Ausübungspreis der Optionen.[123] Im Idealfall eines Erwerbs mindestens in Höhe des Ausübungspreises der Optionen entsteht, abgesehen von anfallenden Transaktionskosten, kein Personalaufwand. Lag der Erwerbspreis der eigenen Aktien unterhalb des Ausübungspreises der Optionen, entsteht ein außerordentlicher Ertrag.[124]

610 Der Erwerb eigener Aktien zu Sicherungszwecken macht freilich die Bildung einer Rücklage für eigene Anteile nach § 272 Abs. 4 Sätze 1 bis 3 HGB nicht entbehrlich; Ausnahmegründe nach § 272 Abs. 1 Sätze 4 bis 6 HGB liegen nicht vor.[125]

---

[121] Vgl. näher zu den Voraussetzungen eines Micro-Hedge *Scharpf/Luz*, 2. Aufl. 2000, S. 278 ff.; *Prahl/Naumann*, HdJ, Abt. II/10, August 2000, Rz. 180–200; *Wiedmann*, FS Moxter, 1994, S. 519; *Brackert/Prahl/Naumann*, WPg 1995, S. 546; im Zusammenhang mit der Bilanzierung von Aktienoptionsplänen vgl. auch *Lange*, StuW 2001, S. 144.

[122] Vgl. E-DRS 11.A3, A4.

[123] Vgl. *Lange*, StuW 2001, S. 144 f.

[124] Der Erwerb eigener Aktien zu Absicherungszwecken ist kein nach § 71 Abs. 1 Nr. 8 S. 2 AktG unzulässiger „Handel in eigenen Aktien", vgl. dazu *Kessler/Suchan*, BB 2000, S. 2531; *Lange*, StuW 2001, S. 145.

[125] Vgl. dazu *ADS*, Ergänzungsband zur 6. Aufl., 2001, § 272 HGB n.F. Tz. 8 ff.

III. Bilanzierung nach deutschen GoB

Nach eigenem Bekunden des *DSR* sollen Bilanzierungsfragen aufgrund von **611** Geschäften, die zur Absicherung der Stillhalterposition aus Aktienoptionsplänen dienen, nicht Gegenstand des Entwurfs eines Rechnungslegungs Standards E-DRS 11 sein.[126] In E-DRS 11 ist indes im Rahmen der Bilanzierungsregeln für SARs[127] mit dem Erwerb eigener Aktien vor Optionsausübung eine denkbare Absicherungsstrategie indirekt erwähnt. Nach Auffassung des *DSR* sind für den Fall, dass das Unternehmen die eigenen Anteile bereits besitzt, Verbindlichkeitsrückstellungen lediglich in Höhe der Differenz zwischen dem Buchwert der eigenen Aktien und dem Ausübungspreis zu bemessen.[128]

Der *DSR* macht diese Bewertungsweise freilich nicht vom Vorliegen der allge- **612** mein anerkannten Voraussetzungen einer Bewertungseinheit abhängig, sondern geht offensichtlich davon aus, dass immer dann, wenn das Unternehmen bereits vor Optionsausübung eigene Anteile hält, eine kompensatorische Bewertung in Höhe der Differenz aus Buchwert und Ausübungspreis geboten ist.[129] Da das Halten eigener Aktien, wie ein Blick auf den Katalog zulässiger Erwerbsgründe in § 71 Abs. 1 AktG zeigt, durchaus verschiedene Gründe haben kann, dürfte die zwangsläufige Bejahung einer Bewertungseinheit durch den *DSR* bei im Bestand befindlichen eigenen Anteilen (unabhängig davon, ob die allgemeinen Voraussetzungen einer Bewertungseinheit erfüllt sind) mit dem Einzelbewertungsgrundsatz unvereinbar sein. Das Erfordernis einer dokumentierten Sicherungsabsicht des Bilanzierenden ist unverzichtbar.

c) Erwerb einer Kaufoption

Die aus den Optionen fließenden Stillhalterverpflichtungen des Unternehmens **613** können auch durch den Erwerb von Kaufoptionen auf eigene Aktien abgesichert werden. Der durch Rückstellungen zu antizipierende Personalaufwand beschränkt sich dann, je nach Ausübungspreis der als Sicherungsinstrument erworbenen Kaufoptionen, auf die Differenz aus Ausübungspreis der Sicherungsinstrumente und vereinbartem Ausübungspreis der Optionen.[130] Entspricht der vom Unternehmen zu entrichtende Ausübungspreis der erworbenen Kaufoptionen dem von den Mitarbeitern zu zahlenden Ausübungspreis, entsteht, abgesehen von anfallenden Transaktionskosten und der für die erworbenen Kaufoptionen zu entrichtenden Optionsprämie, kein Personalaufwand. Werden Kaufoptionen mit einem im Verhältnis zum Ausübungspreis der Mitarbeiteroptionen geringeren Ausübungspreis erworben, entsteht ein sonstiger betrieblicher Ertrag.[131]

---

[126] Vgl. den Hinweis in E-DRS 11.5 c); krit. hierzu *Herzig/Lochmann*, WPg 2001, S. 90: „Der Bilanzierende wird mit der Frage allein gelassen, wie er Sicherungsinstrumente bilanzieren soll, die seinen pagatorischen Aufwand begrenzen."
[127] Vgl. die Regeln zur „Bedienung von Aktienoptionsplänen durch eigene Anteile des Unternehmens" in E-DRS 11.25–28.
[128] Vgl. E-DRS 11.27. Die von *Herzig/Lochmann*, WPg 2001, S. 90, wegen der vermeintlichen Nichtbehandlung von Absicherungsstrategien am *DSR* geäußerte Kritik ist daher insoweit unberechtigt.
[129] Vgl. E-DRS 11.27.
[130] *Lange*, StuW 2001, S. 144 f.
[131] Für den Erwerb der Sicherungsinstrumente ist keine Hauptversammlungsermächtigung erforderlich, da § 71 Abs. 1 Nr. 8 AktG auf den Erwerb bloßer Optionen nicht anwendbar ist, vgl. *Kessler/Suchan*, BB 2000, S. 2532; *Wiese*, DB 1998, S. 609; *Mick*, DB 1999, S. 1203; *Bosse*, WM 2000, S. 809.

614 Die zu Absicherungszwecken erworbenen Kaufoptionen sind mit den Anschaffungskosten, d. h. in Höhe der gezahlten Optionsprämie, im Anlagevermögen zu aktivieren.[132] Erworbene Kaufoptionen führen üblicherweise in den Folgejahren nicht zu Aufwand, da es sich um nicht abnutzbare Vermögensgegenstände handelt.[133] Anders als bei Optionen, die nicht Bestandteil einer Bewertungseinheit sind, korrespondiert bei zu Sicherungszwecken gehaltenen Optionen mit der Zunahme ihres inneren Wertes eine wertmäßig entsprechende Verpflichtungszunahme aus dem Grundgeschäft, hier aus den mit der Ausgabe von Optionen eingegangenen Stillhalterverpflichtungen. Es verbleibt somit nur der Zeitwert als wertbestimmende Größe. Da der Zeitwert im Zeitablauf sinkt, erscheint eine planmäßige Abschreibung der als Sicherungsinstrumente gehaltenen Optionen gerechtfertigt.[134] Es wird aber auch die Ansicht vertreten, über die Sperrfrist sei eine Rückstellung i.H.d. gezahlten Optionsprämie zu Lasten des Personalaufwands anzusammeln. Zu einer Abschreibung der Option kommt es dann nicht.[135]

IV. Bilanzierung nach international anerkannten Rechnungslegungsvorschriften

1. Bilanzierung nach US-GAAP

615 Die Bilanzierung von Aktienoptionsplänen auf der Basis realer Eigenkapitalinstrumente nach US-GAAP ist unabhängig von der Beschaffungsart der bei Optionsausübung anzudienenden Aktien.[136] Die Ausführungen zur Bilanzierung von Aktienoptionsplänen nach § 192 Abs. 2 Nr. 3 AktG gelten daher entsprechend (vgl. Rz. 237 ff.).

616 Neben der Bilanzierung nach APB 25 bzw. SFAS 123 stellt sich jedoch die Frage nach der Behandlung des Aktienrückkaufs, der nach US-amerikanischen Rechnungslegungsgrundsätzen anders zu behandeln ist als nach deutschen GoB. Nach US-amerikanischem Verständnis stellt der Aktienrückkauf eine Rückgängigmachung des Emissionsvorganges dar, so dass die Aktie ihre Eigenschaft als Beteiligungstitel verliert.[137] Aktienrückkäufe sind nach US-amerikanischen Grundsätzen danach zu differenzieren, ob die erworbenen Aktien zur Einziehung oder zur Weitergabe bestimmt sind. Im zweiten Fall stellen die eigenen Anteile *Treasury Stocks* dar, d.h. es handelt sich um autorisiertes und ausgegebenes Kapital, das sich jedoch nicht in den Händen der Anteilseigner befindet.[138]

617 Eigene Anteile sind nach US-amerikanischen Grundsätzen nicht als Vermögensgegenstände, sondern als Korrekturposten zum Eigenkapital zu buchen, wobei APB 6 zwei Methoden zulässt: die *Cost Method* und die *Par Value Method*. Nach

---

[132] Vgl. *Schruff/Hasenburg*, BFuP 1999, S. 630, wobei die Zuordnung zum Anlagevermögen damit begründet wird, dass die Option bis zum Ende des Ausübungszeitraums, d.h. ggf. bis zum Ende der Planlaufzeit und somit i.d.R. dauernd dem Unternehmen dient.
[133] Vgl. *Windmöller/Breker*, WPg 1995, S. 393.
[134] Vgl. *Schruff/Hasenburg*, BFuP 1999, S. 630.
[135] Vgl. *Gelhausen/Hönsch*, WPg 2001, S. 74; *Pellens/Crasselt* in: Pellens, 1998, S. 138; *Gelhausen*, WP-Handbuch, Bd. I, 12. Aufl. 2000, F Tz. 118.
[136] Vgl. *Wollmert/Mantzell* in: Achleitner/Wollmert, 2000, S. 141; E-DRS 11.D3.
[137] Vgl. *Pellens/Schremper*, BFuP 2000, S. 134.
[138] Vgl. *Pellens/Schremper*, BFuP 2000, S. 134.

der *Cost Method* steht dem Abgang liquider Mittel zum Erwerb der eigenen Anteile der Zugang der eigenen Anteile gegenüber, der offen vom Eigenkapital abgesetzt wird.[139]

Bei der *Par Value Method* hingegen wird der Rückkauf entsprechend einer Kapitalherabsetzung bilanziert. Der Nennwert der rückerworbenen eigenen Anteile wird als Korrektur zum gezeichneten Kapital ausgewiesen. Bzgl. des den Nennwert übersteigenden Betrags ist auf den Emissionskurs abzustellen. Die Differenz zwischen Emissionskurs und Nennwert der eigenen Anteile ist mit der Kapitalrücklage zu verrechnen. Weiterhin ist der ggf. den Emissionskurs übersteigende Betrag mit den Gewinnrücklagen zu verrechnen. Die Weitergabe an die berechtigten Mitarbeiter ist wie eine erstmalige Ausgabe neuer Anteile zu behandeln.[140]

An folgendem Beispiel sei der unterschiedliche Bilanzausweis nach der *Cost Method* und der *Par Value Method* illustriert:[141]

Beispiel:
Ursprünglich wurden 1.000 Aktien mit einem Nennwert von 5 € zu einem Emissionskurs von 10 € emittiert. Zur Bedienung eines Aktienoptionsplans werden 500 Aktien zu 12 € zurückerworben. Der Rückkaufskurs entspricht dem Kurs der Aktie bei Auflage des Plans und dem Ausübungspreis der Optionen. Bei Ausübung der Optionen werden die Anteile also zu 12 € (Nennwert: 5 €) weitergegeben.

Cost Method:
Emission:	Liquide Mittel 10.000 €	an	gez. Kapital 5.000 €
			Kapitalrücklage 5.000 €
Aktienrückkauf:	Eigene Anteile 6.000 €	an	Liquide Mittel 6.000 €
Weitergabe der Anteile:	Liquide Mittel 6.000 €	an	Eigene Anteile 6.000 €

In der Bilanz werden die eigenen Anteile nach dem Rückkauf vom Eigenkapital abgesetzt, wobei die 6.000 € die Gewinnrücklage mindern.

Par Value Method:
Emission:	Liquide Mittel 10.000 €	an	gez. Kapital 5.000 €
			Kapitalrücklage 5.000 €
Aktienrückkauf:	gez. Kapital 2.500 €		
	Kapitalrücklage 2.500 €		
	Gewinnrücklage 1.000 €	an	Liquide Mittel 6.000 €
Weitergabe der Anteile:	Liquide Mittel 6.000 €	an	gez. Kapital 2.500 €
			Kapitalrücklage 3.500 €

In der Bilanz wird nach Rückkauf der eigenen Anteile das gezeichnete Kapital um 2.500 €, die Kapitalrücklage um 2.500 € und die Gewinnrücklage um 1.000 € verringert.

2. Bilanzierung nach IAS

Für den bilanziellen Ansatz und die Bewertung von Stillhalterverpflichtungen aus mit eigenen Aktien zu bedienenden Optionen halten die IAS keine Regelun-

---
[139] Vgl. *Pellens/Schremper*, BFuP 2000, S. 135 f.
[140] Vgl. *Pellens/Schremper*, BFuP 2000, S. 136 f.
[141] Vgl. *Pellens/Schremper*, BFuP 2000, S. 137.

H. Bedienung von Aktienoptionsplänen durch eigene Aktien des Unternehmens

gen bereit.[142] IAS 19, der an sich auch für „*equity compensation benefits*"[143] einschlägig wäre (IAS 19.4 (e)), stellt dies in par. 145 ausdrücklich klar.

621 Im Hinblick darauf, dass die künftigen Auszahlungen, die sich aus einem auf eigenen Anteilen basierenden Aktienoptionsplan ergeben, durch die Bildung von Verbindlichkeitsrückstellungen zu antizipieren sind, könnte an die Anwendung von IAS 37 gedacht werden.[144] Ob allerdings allein aus den Ansatz- und Bewertungsgrundsätzen des IAS 37 überhaupt *zwingende* und detaillierte Schlussfolgerungen für die Rückstellungsbildung im Zusammenhang mit Aktienoptionsplänen gezogen werden können, ist fraglich (vgl. dazu näher Rz. 757 ff.).

622 Für die Bilanzierung von Aktienoptionsplänen bietet es sich vielmehr an, nach IAS 1.22 (c) auf andere anerkannte Rechnungslegungsgrundsätze zurückzugreifen. Im Zweifel wird sich eine Adaption von US-amerikanischen Rechnungslegungsgrundsätzen empfehlen.[145] Dabei sollte u. E. nicht nur eine bloße Orientierung an nationalen Standards erfolgen,[146] sondern die jeweiligen Regelungen *vollumfänglich* angewandt werden.[147] Nur dies dürfte dem durch IAS 1.22 (c) vorgesehenen hilfsweisen Rückgriff auf Standards anderer Standardsetter entsprechen.

623 Für die von IAS 19 geforderten Anhangangaben sei auf Rz. 273 f. verwiesen.

3. Exkurs: Bilanzierung nach dem G4+1 Positionspapier

624 Das Positionspapier der G4+1 geht auf die bilanzielle Abbildung und Bewertung von mit eigenen Aktien zu bedienenden Aktienoptionsplänen nicht explizit ein. Wegen der wirtschaftlich gleichwertigen Auszahlungswirkung, die der von virtuellen Stock-Option-Plänen, z.B. unter Ausgabe von Wertsteigerungsrechten (SARs), entspricht, erscheint jedoch eine entsprechende Anwendbarkeit der im Positionspapier für SARs vertretenen Bilanzierungsweise angemessen. Auf die diesbezüglichen Ausführungen unter Rz. 761 ff. sei daher verwiesen.

V. Steuerrecht

1. Unternehmensebene

625 Auch bei der steuerrechtlichen Betrachtung von Aktienoptionsplänen, die mit zurückerworbenen eigenen Aktien bedient werden, steht die Frage des Betriebsausgabenabzugs im Vordergrund. Dies gilt umso mehr, als die Bedienung eines Aktienoptionsplans mit zurückerworbenen Aktien mit einem echten Liquiditätsabfluss auf der Ebene des die Optionen gewährenden Unternehmens verbunden ist. Ebenso wie bei Aktienoptionsplänen nach § 192 Abs. 2 Nr. 3 AktG ist nachfolgend zwischen den Aufwendungen für Ausarbeitung, Implementierung

---

[142] Vgl. *Eisolt*, IStR 1999, S. 763; *Wollmert/Mantzell* in: Achleitner/Wollmert, 2000, S. 145.
[143] Hierzu gehören neben Optionen auch SARs (IAS 19.144). Zu SARs siehe Rz. 687.
[144] So in Bezug auf SARs *Schmidbauer*, DStR 2000, S. 1489 f., welcher sich allerdings nicht mit der Bedeutung des IAS 37.5 (d) auseinander setzt.
[145] So auch *Oser/Vater*, DB 2001, S. 1268; *Wollmert/Mantzell* in: Achleitner/Wollmert, 2000, S. 146. Die Zulässigkeit einer Orientierung an den US-GAAP bejaht auch *Eisolt*, IStR 1999, S. 763, freilich unter Hinweis darauf, dass dies nicht zwingend sei.
[146] So aber *Wollmert/Mantzell* in: Achleitner/Wollmert, 2000, S. 146.
[147] Ebenso *Oser/Vater*, DB 2001, S. 1268.

V. Steuerrecht

sowie Verwaltung und denen für die laufende Umsetzung des Aktienoptionsplans zu trennen.

a) Laufende Umsetzung des Aktienoptionsplans

Entsprechend der handelsrechtlichen Handhabung orientiert sich die steuerrechtliche Würdigung der Aufwendungen im Zusammenhang mit der laufenden Umsetzung eines Aktienoptionsplans an den möglichen Zeitpunkten des jeweiligen Aktienrückkaufs. In Betracht kommen:
– der Rückkauf im Zeitpunkt der Optionsgewährung,
– der Rückkauf während der Laufzeit des Aktienoptionsplans und
– der Rückkauf im Zeitpunkt der Ausübung.

Von diesen Zeitpunkten ist es abhängig, ob und in welchem Umfang die mit dem Rückkauf der Aktien verbundenen Aufwendungen steuerlich als Betriebsausgaben geltend gemacht werden können.

Ein Aktienoptionsplan, welcher über den Rückkauf eigener Aktien bedient wird, bewirkt eine bedingte Lieferverpflichtung der Aktien zu dem vereinbarten Ausübungspreis. Spätestens im Ausübungsfall muss das Unternehmen eigene Anteile erwerben. Eine Ausübung der Stock Options durch die Berechtigten wird bei wirtschaftlicher Betrachtung nur dann erfolgen, wenn der Kurs der Aktien über dem Ausübungspreis liegt. Im Rahmen der Stilhalterverpflichtung muss die optionsgewährende Gesellschaft dementsprechend mit einer finanziellen Belastung in Höhe der Anschaffungskosten der eigenen Anteile abzüglich des vom Berechtigten zu zahlenden Ausübungspreises rechnen.

aa) Rückkauf im Zeitpunkt der Optionsgewährung

Erwirbt das Unternehmen zur Sicherung der Verpflichtung aus einem Aktienoptionsplan bereits bei Einräumung der Optionen eigene Anteile, wird es nicht mit dem Risiko von in ihrer Höhe ungewissen Ausgaben[148] durch die Beschaffung der Aktien zu einem veränderten Kurswert konfrontiert. Sofern die Sicherungsabsicht dokumentiert ist,[149] kommt eine kompensatorische Bewertung der Stillhalterverpflichtung in Frage. Da bei wirtschaftlicher Betrachtung dem Unternehmen keine Belastung aus dem Aktienoptionsplan erwachsen kann (geschlossene Position), ist keine Rückstellung für ungewisse Verbindlichkeiten zu bilden.[150]

Dem Maßgeblichkeitsprinzip folgend sind die erworbenen Aktien ebenso in der Steuerbilanz zu bilanzieren. Aufgrund ihrer Bewertungs- und Verkehrsfähigkeit sind eigene Anteile, sofern sie nicht zur Einziehung vorgesehen sind, auch aus steuerlicher Sicht ansatzfähige Wirtschaftsgüter.[151] Sie sind deshalb im Umlaufvermögen zu aktivieren (§ 266 Abs. 2 HGB); gleichzeitig ist in Höhe des aktivierten Wertansatzes eine „Rücklage für eigene Anteile" zu passivieren (§ 272 Abs. 4 HGB). Strittig ist, ob das für Umlaufvermögen handelsrechtlich geltende strenge Niederstwertprinzip auch steuerlich mit der Folge entsprechender Teil-

---

[148] Zur Bildung von Rückstellungen, wenn Geschäftsvorfälle Aufwendungen verursachen, die erst in späteren Wirtschaftsjahren zu in ihrer Höhe und ihren genauen Fälligkeitsterminen am Bilanzstichtag noch nicht feststehenden Ausgaben führen, siehe *Knobbe-Keuk*, 9. Aufl. 1993, § 4 V. 5a.
[149] Vgl. BFA-Stellungnahme 2/1995, WPg 1995, S. 422.
[150] Vgl. *Schruff/Hasenberg*, BFuP 1999, S. 631; *Herzig*, DB 1999, S. 10; *Vater*, DB 2000, S. 2186.
[151] Vgl. BFH vom 6.12.1995, BB 1996, S. 792; BMF-Schreiben vom 2.12.1998, DB 1998, S. 2567.

H. Bedienung von Aktienoptionsplänen durch eigene Aktien des Unternehmens

wertberichtigung gilt. Dies wird von *Schmid/Wiese* bejaht.[152] Die Möglichkeit einer Teilwertberichtigung wird durch die Rechtsprechung unter Hinweis auf die regelmäßig gegebene doppelte Verlustberücksichtigung erheblich eingeschränkt.[153] Nach Ansicht des BMF sind Teilwertabschreibungen jedoch auch dann steuerlich zu berücksichtigen, wenn die Abschreibungen allein auf Verlusten des Unternehmens beruhen.[154] Dies überzeugt, da es dem Maßgeblichkeitsprinzip entspricht und insbesondere aufgrund des Absicherungszusammenhangs mit einem Entlohnungsinstrument steuerliche Bewertungsansätze dem nicht entgegenstehen.

630   Indessen entfaltet aufgrund von § 8b Abs. 3 KStG in der Fassung des Gesetzes zur Fortentwicklung der Unternehmenssteuerreform[155] eine derartige Teilwertabschreibung ab dem Veranlagungszeitraum 2002 keine steuerliche Wirkung mehr. Eine steuerwirksame Teilwertabschreibung auf eigene Anteile ist damit nicht mehr möglich. Damit wirkt sich handelsrechtlicher Personalaufwand bzw. -ertrag durch Wertansätze der eigenen Anteile über bzw. unter dem Ausübungspreis künftig steuerlich nicht mehr aus.

bb) Rückkauf während der Laufzeit des Aktienoptionsplans

631   Werden die aufgrund der Stillhalterverpflichtung zu liefernden eigenen Anteile erst während der Laufzeit des Aktienoptionsplans erworben, so ist zu jedem Bilanzstichtag einer damit verbundenen wirtschaftlich belastenden Verpflichtung durch eine aufwandswirksame Rückstellungsbildung Rechnung zu tragen. Maßgeblich für Zeitpunkt und Umfang der Passivierung ist das Kriterium der wirtschaftlichen Verursachung. Entscheidend hierbei ist die Frage, für welche Leistungen des Mitarbeiters die Vergütung mit den Aktienoptionen erfolgt.

632   Da in der Steuerbilanz *Drohverlustrückstellungen* unzulässig sind (§ 5 Abs. 4a EStG), scheint das Interesse an der Bildung einer Drohverlust- statt einer Verbindlichkeitsrückstellung vor allem auf der Seite der Finanzverwaltung zu liegen.[156]

633   Typischerweise werden Aktienoptionen nicht für Leistungen der Optionsberechtigten vor dem Zeitpunkt der Zusage, sondern für zukünftige Leistungen gewährt.[157] Dementsprechend befindet sich das Unternehmen nach hier vertretener Auffassung[158] aufgrund und in Höhe des inneren Wertes der Optionen in einem *Erfüllungsrückstand*, welcher mittels einer Verbindlichkeitsrückstellung abzubilden ist.[159]

---

[152] Vgl. *Schmid/Wiese*, DStR 1998, S. 994.
[153] Vgl. BFH vom 29. 7. 1993, BStBl. 1993 II, S. 372; kritisch dazu *Klingberg*, BB 1998, S. 1578.
[154] BMF-Schreiben vom 2. 12. 1998, DB 1998, S. 2568.
[155] Geändert durch Art. 2 Nr. 4b des Gesetzes zur Fortentwicklung der Unternehmenssteuerreform (Unternehmenssteuerfortentwicklungsgesetz – UntStFG), vom 20. 12. 2001 (BGBl. I 2001, S. 3858).
[156] *Birkhan*, JbFSt 1999/2000, S. 710 f. Zur Wertung des steuerlichen Verbots von Drohverlustrückstellungen als „fiskalischen Beutefeldzug" vgl. *Moxter*, DB 1997, S. 1478. Ebenso *Bordewin*, der vom „Fiskus als Obergesellschafter ausgestattet mit der Vorzugsaktie ‚§ 5 Abs. 4a EStG' spricht", FR 1998, S. 228.
[157] Vgl. *Schruff/Hasenburg*, BFuP 1999, S. 622 ff.; *Herzig*, DB 1999, S. 9; *Pellens/Crasselt*, WPg 1999, S. 767; a. A. offenbar aber IDW-FN 1996, S. 405.
[158] Vgl. hierzu die ausführlichen Darstellungen zur bilanzrechtlichen Behandlung vorstehend unter Rz. 575 ff.
[159] In diesem Sinn vgl. u.a. *Herzig*, DB 1999, S. 9 f.; *Vater*, DB 2000, S. 2181 f., *Schruff/Hasenburg*, BFuP 1999, S. 638; *Clemm/Erle* in: Beck Bil-Komm., 4. Aufl. 1999, § 249 Anm. 100 zu Stock Options.

V. Steuerrecht

Infolge der – höchstrichterlicher Rechtsprechung zufolge[160] – weit gehenden Ausgeglichenheitsvermutung bei Arbeitsverhältnissen kann mit der Gewährung von Optionen allenfalls in absoluten Ausnahmefällen ein Verpflichtungsüberschuss im Rahmen des Dienstverhältnisses gegeben sein, welcher zu einer Drohverlustrückstellung berechtigen würde.[161] **634**

In der Literatur wird die Frage des *periodengerechten Aufbaus* der *Verbindlichkeitsrückstellung* kontrovers diskutiert. Als zutreffend und auch für steuerliche Zwecke sachdienlich, bietet es sich an, den Erfüllungsrückstand des Unternehmens direkt mit der Entwicklung des Erfolgsmaßstabes, d.h. mit der Entwicklung des Aktienkurses, zu verbinden und damit mit dem inneren Wert der Optionen abzuschätzen.[162] Denn nur in Höhe des inneren Wertes würde die Gesellschaft bei unterstellter Optionsausübung (sog. Ausübungshypothese)[163] am Bilanzstichtag wirtschaftlich belastet. Für die Orientierung am Börsenkurs spricht, dass dieser regelmäßig mit dem Verkehrswert der Anteile identisch ist. Dies beruht auf der Annahme eines informationseffizienten Kapitalmarktes, der alle kursrelevanten Parameter und damit auch die Leistung der Mitarbeiter zutreffend abbildet.[164] **635**

Einer *Bewertung zum Gesamtwert*[165] ist entgegenzuhalten, dass die als Ermittlungsgrundlage dienenden Optionspreismodelle entgegen dem Realisationsprinzip auch Chancen auf künftige Kurssteigerungen über den jeweiligen Bilanzstichtag hinaus beinhalten. Zum anderen eröffnen die maßgebenden Preisbildungsfaktoren dem Steuerpflichtigen Schätzungsspielräume, die vermutlich seitens der Finanzverwaltung – ebenso wie bei der Bilanzierung eines nur kalkulatorischen Aufwands im Falle der Bedienung mit jungen Aktien – nicht akzeptiert würden.[166] **636**

Die Verbindlichkeitsrückstellungen sind in der Steuerbilanz nach § 6 Abs. 1 Nr. 3 a lit. e EStG[167] jährlich mit 5,5 % abzuzinsen. Mit dem Erwerb der Aktien sind die Rückstellungen entsprechend der Anzahl der zurückgekauften Anteile erfolgswirksam aufzulösen. Zur Aktivierung der erworbenen Aktien in der Steuerbilanz und zur Entstehung von Betriebsausgaben im Zeitpunkt der Optionsausübung gelten die vorstehenden Ausführungen entsprechend. **637**

cc) Rückkauf im Zeitpunkt der Ausübung

Sieht der Aktienoptionsplan den Rückkauf der Aktien bei Optionsausübung vor, sind in Höhe der bis zu diesem Zeitpunkt entstehenden Erfüllungsrück- **638**

---

[160] Vgl. jüngst BFH vom 2.10.1997, BStBl. II 1998, S. 206.
[161] Vgl. *Herzig*, DB 1999, S. 11 m.w.N.
[162] Vgl. *Herzig*, DB 1999, 3; *Förschle/Kropp* in: Beck Bil-Komm., 4. Aufl. 1999, § 266 Anm. 279 f.; *Schruff/Hasenburg*, BFuP 1999, S. 638.
[163] Vgl. *Schruff/Hasenburg*, BFuP 1999, S. 625 f.
[164] Vgl. BGH vom 12.3.2001, ZIP 2001, S. 736, der deshalb in Anlehnung an BVerfG vom 27.4.1999, DB 1999, S. 1693 ff., den Börsenkurs zur Grundlage der Bewertung von Aktien bestimmt. Im wirtschaftsrechtlichen Schrifttum wird für deutsche Börsen eine informationseffiziente Kursbildung zum Teil aber auch angezweifelt. Vgl. *Vetter*, DB 2001, S. 1348 m.w.N.
[165] Vorgeschlagen u.a. auch vom DRSC in: E-DRS 11 „Bilanzierung von Aktienoptionsplänen und ähnlichen Entgeltformen", http://www.standardsetter.de/drsc/doc/11.html (Abruf vom 19.11.2001), Tz. 11.25–28
[166] Zum möglichen Verstoß gegen den Grundsatz der Gleichmäßigkeit der Besteuerung siehe auch die Ausführungen vorstehend unter Rz. 296.
[167] I.d.F. StEntlG 1999/2000/2002.

stände periodengerecht verteilte *Verbindlichkeitsrückstellungen* zu bilden. Diese sind steuerlich mit 5,5 % abzuzinsen und bei Bedienung der Optionen wieder aufzulösen. Betriebsausgaben entstehen dem Unternehmen nur im Falle von Vermögensminderungen, die mit der Rückstellungsbildung noch nicht erfasst worden sind.[168] Liegt der Rückkaufpreis zum Zeitpunkt der Ausübung unter dem Ausübungspreis, ist die Differenz handelsrechtlich als Betriebseinnahme zu erfassen. Diese Überlegung dürfte indes theoretischer Natur sein, da die Optionsberechtigten die Optionen regelmäßig nur dann ausüben werden, wenn sie damit einen Vorteil in Form der Differenz zwischen Ausübungspreis und einem höheren Börsenkurs realisieren können. Hinzu kommt, dass nach der Neuregelung des § 8b Abs. 2 KStG Gewinne aus der Veräußerung eigener Anteile steuerlich unbeachtlich sind.

b) Verfall der Aktienoptionen

639 Soweit Optionsberechtigte die ihnen eingeräumten Aktienoptionen verfallen lassen, sind die bis dahin gebildeten Verbindlichkeitsrückstellungen erfolgswirksam aufzulösen.

c) Sicherungsgeschäfte

640 Neben dem Rückkauf der eigenen Aktien im Zeitpunkt der Optionseinräumung kommen weitere Sicherungsgeschäfte in Betracht. Schließt das Unternehmen Sicherungsgeschäfte in Form von Kaufoptionen auf die eigenen Aktien zum Ausübungspreis ab, entstehen ihm bezüglich der laufenden Umsetzung des Programms *abzugsfähige Aufwendungen* in Höhe der *Transaktionskosten* und der zu zahlenden *Optionsprämie*.[169] Die Kaufoptionen sind in der Steuerbilanz in Höhe der Optionsprämie als sonstige Vermögensgegenstände zu aktivieren. Obwohl Kaufoptionen nach allgemeiner Auffassung nicht abnutzbare Wirtschaftsgüter sind, sollte die Optionsprämie gleichwohl planmäßig abzuschreiben sein, da ihr Zeitwert während der Laufzeit sinkt.[170] Bezüglich der Bewertung der Kaufoptionen zum jeweiligen Bilanzstichtag gelten die zur Bilanzierung zurückgekaufter Aktien getroffenen Aussagen entsprechend. Verbindlichkeitsrückstellungen sind gegebenenfalls in Höhe der Differenz zwischen dem Basispreis der Kaufoptionen und dem vereinbarten Ausübungspreis zu bilden.

641 Bei Ausübung sowie Verfall der Aktienoptionen sind die Kaufoptionen ertragswirksam auszubuchen, wenn das Unternehmen sie zu einem im Verhältnis zum Ausübungspreis günstigeren Basispreis erworben hat.

d) Aktienoptionspläne im Konzern

642 Der tragende Unterschied zwischen Aktienoptionsplänen nach § 192 Abs. 2 Nr. 3 AktG und solchen, welche durch Aktienrückkauf bedient werden, besteht neben dem durch den Erwerb der Anteile bewirkten Liquiditätsabfluss darin, dass die von der Muttergesellschaft erworbenen eigenen Anteile einlagefähige Wirtschaftsgüter darstellen. Dies wirkt sich sowohl auf die Höhe der Rückbelastung aufgrund Kostenerstattungsvertrages als auch auf die denkbare Möglich-

---

[168] Vgl. *Vater*, DB 2000, S. 2186.
[169] Vgl. *Schruff/Hasenburg*, BFuP 1999, S. 630.
[170] Vgl. *Clemm/Erle* in: Beck Bil-Komm., 4. Aufl. 1999, § 253 HGB Anm. 80; *Schruff/Hasenburg*, BFuP 1999, S. 630.

V. Steuerrecht

keit eines Betriebsausgabenabzuges bei der Tochtergesellschaft auch bei fehlendem Erstattungsvertrag aus.

aa) Mit Kostenerstattungsvertrag

Die Muttergesellschaft tätigt durch den Erwerb eigener Anteile Ausgaben in Höhe des zum Erwerbszeitpunkts gültigen Börsenkurses. Da sie mit den eigenen Anteilen verkehrsfähige Wirtschaftsgüter erworben hat, erscheint es zulässig, die Tochtergesellschaft maximal in Höhe der jeweiligen Differenz zwischen Marktwert der Aktien bei Ausübung und dem gezahlten Ausübungspreis auf im Voraus (schriftlich) vereinbarter vertraglicher Grundlage zu belasten. 643

Fraglich ist, ob eine *am Marktwert* im Ausübungszeitpunkt *orientierte Belastung* im Hinblick auf § 8 Abs. 3 Satz 2 KStG auch dann gerechtfertigt ist, wenn die Muttergesellschaft die Aktien nicht erst kurz vor Optionsausübung auf dem Markt erwirbt, sondern zu einem früheren Zeitpunkt.[171] Für die Zulässigkeit einer Belastung auf der Grundlage des Marktwertes im Ausübungszeitpunkt könnte neben den Opportunitätskosten des Erwerbs eigener Anteile das Preisrisiko sprechen, welches die Muttergesellschaft mit der Übernahme eigener Aktien in das Umlaufvermögen eingeht. Für die Zulässigkeit einer am Marktwert orientierten Belastung spricht ferner, dass der Börsenkurs den Preis kennzeichnet, welcher andernfalls durch das Tochterunternehmen im Ausübungszeitpunkt auf dem Beschaffungsmarkt Börse zu entrichten wäre und eine spiegelbildliche Gewinnchance der Muttergesellschaft darstellen könnte. 644

Gegen eine derartige Sichtweise lässt sich einwenden, dass die Tochtergesellschaft mittels einer am Marktpreis im Ausübungszeitpunkt orientierten Belastung der Möglichkeit eigener Sicherungsgeschäfte, z.B. im Rahmen des Erwerbs von Aktien des Mutterunternehmens, beraubt wird. Ferner lässt sich argumentieren, dass die Gewinnchance des Mutterunternehmens auf Veräußerung der Aktien zum aktuellen Marktpreis regelmäßig nur theoretischer Natur sein dürfte, da eine derartige Gewinnchance hinsichtlich eigener Aktien angesichts des nach § 71 Abs. 1 Nr. 2 AktG gesetzlich vorgegebenen Zwecks – Erwerb zur Bedienung eines Stock-Option-Plans – typischerweise nicht existiert. 645

Anhaltspunkte für die Bestimmung der *steuerlich zulässigen Rückbelastung* bietet möglicherweise die kasuistische Rechtsprechung sowie Literatur zur Verzinsung von Darlehen zwischen Gesellschaft und Gesellschaftern und der damit verbundenen Risiko-Nutzen-Analyse.[172] Für die Zulässigkeit einer am Marktwert im Ausübungszeitpunkt orientierten Betrachtungsweise spricht dabei, dass die Tochtergesellschaft durch die Teilhabe an einem konzernweiten Stock-Option-Plan möglicherweise Arbeitskräfte an sich binden kann, welche bei einem isoliert auf die Tochtergesellschaft bezogenen Plan nicht zu gewinnen wären. Dies gilt insbesondere für die Stock-Option-Pläne international tätiger Unternehmen, welche regelmäßig durch eine hohe Mobilität der begünstigten Führungskräfte gekennzeichnet sind. Dementsprechend kann eine „stand-alone-Betrachtungsweise", welche sich bei der Frage zulässiger Belastung an den Kosten eines (fiktiven) Programmkaufes, z.B. von einer Bank, orientiert, unter Fremdvergleichsgesichtspunkten in derartigen Fällen nur von eingeschränkter Aussagekraft sein. 646

---

[171] Möglicherweise zweifelnd *Fischer*, DB 2001, S. 1005.
[172] Umfassende Nachweise bei *Häussermann* in: ERNST & YOUNG, VGA/VGE, Fach 4, Darlehen, Rz. 117 ff.

647 Vor Ausübung der Optionen durch die Begünstigten kann nach allgemeinen Grundsätzen bei der Tochtergesellschaft eine *Rückstellung* für die ungewisse Kostenersatzverpflichtung anzusetzen sein. Ein schwebendes Geschäft sollte dabei im Verhältnis zwischen Mutter- und Tochtergesellschaft nicht anzunehmen sein.[173] Denn wenn die Muttergesellschaft gegenüber der Tochtergesellschaft nicht zur Ausgabe der Optionen (an deren Mitarbeiter) verpflichtet ist, dann fehlt es in diesem Verhältnis an einem Sach- oder Dienstleistungsverpflichteten, auf den abzustellen wäre. Im Rahmen der wirtschaftlichen Verursachung kann entsprechend auf die Bewertung von Erfüllungsrückständen im Arbeitsverhältnis zurückgegriffen werden. Hierfür spricht, dass letztlich nichts anderes als die Entgeltung von Arbeitsleistungen über einen Dritten – die Muttergesellschaft – vorliegt.[174] Soweit daher Rückstellungen für ungewisse Verpflichtungen aus der Kostenersatzverpflichtung anzusetzen sind, sollten die Rückstellungen entsprechend ihrem inneren Wert sukzessive aufgebaut werden.[175]

bb) Ohne Kostenerstattungsvertrag

648 Die durch die Muttergesellschaft erworbenen eigenen Aktien stellen ein einlagefähiges Wirtschaftsgut dar. Auch wenn das (Betriebs-) Vermögen der Tochtergesellschaft nicht unmittelbar berührt wird, ist doch Folgendes zu bedenken: Würde die Tochtergesellschaft selbst ihre Verbindlichkeiten aus dem Arbeitsverhältnis mit ihren Arbeitnehmern mit Aktien der Muttergesellschaft „bezahlen", wäre die Einlage der Aktien der Muttergesellschaft – ein einlagefähiges Wirtschaftsgut – bei der Tochtergesellschaft eine mögliche Beschaffungsmaßnahme. *Fischer*[176] weist folgerichtig darauf hin, dass es keinen Unterschied machen könne, ob die Muttergesellschaft die Aktien – über die Muttergesellschaft als „Zahlstelle" – wiederum herausgibt oder ob der Leistungsweg insoweit verkürzt wird, die Aktien also nicht „bewegt" werden. Anhaltspunkte für die Richtigkeit dieser These könnte das sog. „Japan-Urteil" bieten.[177] Der BFH hielt im entschiedenen Fall Zahlungen der Muttergesellschaft an Arbeitnehmer der Tochtergesellschaft „nicht ohne weiteres" für eine verdeckte Einlage. Im streitrelevanten Sachverhalt konnte nicht geklärt werden, ob es sich bei der Zahlung der Muttergesellschaft um eine Lohnschuld der Tochtergesellschaft gegenüber ihren Mitarbeitern handelt. Möglicherweise wären folglich die Fälle, wo eine derartige Lohnschuld vorliegt, anders zu entscheiden.

649 Berührt ist damit auch die steuerliche Anerkennung von sog. *Drittaufwand*. Mit Beschluss vom 23. 8. 1999 – GrS 2/97 hat sich der Große Senat des BFH bis auf Fälle des sog. abgekürzten Zahlungswegs[178] gegen die steuerliche Anerkennung des Drittaufwands ausgesprochen.[179] Mit Beschluss vom 24. 2. 2000[180] wurde die steuerliche Anerkennung von Drittaufwand auf Fälle des sog. abgekürzten Vertragswegs ausgedehnt. Die inhaltliche Reichweite der hiervon umfassten Fallgruppen ist derzeit schwer erkennbar. Höchstrichterliche Bestätigung erfuhr das

---

[173] Vgl. *Ackermann/Strnad*, DStR 2001, S. 477; a.A. IDW-FN 1996, S. 405.
[174] So *Ackermann/Strnad*, DStR 2001, S. 477.
[175] Vgl. *Schruff/Hasenburg*, BFuP 199, S. 622 ff.
[176] Vgl. *Fischer*, DB 2001, S. 1004.
[177] Vgl. BFH vom 11. 4. 1984, BStBl. II 1984, S. 535.
[178] Vgl. *Hamacher/Balmes*, FR 1999, S. 602.
[179] Vgl. BFH GrS 2/97 vom 23. 8. 1999, FR 1999, S. 1175.
[180] BFH vom 24. 2. 2000, DB 2000, S. 1002.

Institut für Geschäfte des täglichen Lebens, d.h. Fälle, in denen die Person des Leistenden gleichgültig ist. Explizit verneint wurde hingegen das Institut nur bei Vorliegen eines auf Nutzungsüberlassung gerichteten Dauerschuldverhältnisses. Eine Beschränkung auf Geschäfte des täglichen Lebens erscheint – insbesondere im Vergleich mit einer vorherigen Einlage – nicht zwingend, so dass bei Stock Options im Hinblick auf die rechtsverbindliche Einräumung der Optionen die Annahme dieses Instituts nahe liegt.[181]

Ackermann/Strnad halten ferner einen (einlagefähigen) *Aufwendungsersatzanspruch* der Muttergesellschaft gegen die Tochtergesellschaft aus berechtigter Geschäftsführung ohne Auftrag für denkbar.[182] Sie weisen darauf hin, dass die Muttergesellschaft je nach Sachverhalt ein ihr „auch fremdes" Geschäft zugunsten der Tochtergesellschaft geführt habe könne. Es sei „fremd" insofern, als meist keine unmittelbare rechtliche Beziehung zwischen dem Optionsempfänger und der Muttergesellschaft bestanden habe und die der Optionsgewährung gegenüberstehende Motivation und Bindung der Mitarbeiter in erster Linie dem Anstellungsverhältnis mit der Tochtergesellschaft zuzurechnen sei.[183] Der Aufwendungsersatzanspruch richte sich dabei nach den bilanziellen Aufwendungen der Muttergesellschaft. Regelmäßig aber dürfte die Muttergesellschaft das Geschäft bereits in der Absicht geführt haben, keinen Ersatz zu verlangen. Damit aber ist nach § 685 Abs. 1 BGB eine Verbindlichkeit der Tochtergesellschaft und damit der Betriebsausgabenabzug ausgeschlossen. 650

2. Arbeitnehmerebene

Auf der Ebene des Arbeitnehmers bestehen keine Unterschiede zur Bedienung der Optionen durch bedingtes Kapital; für ihn ist gleichgültig, wie die Gesellschaft ihre Lieferverbindlichkeit erfüllt.[184] Auf die Darstellung oben Rz. 321 ff. wird daher verwiesen. 651

---

[181] So ausdrücklich *Ackermann/Strnad,* DStR 2001, S. 478.
[182] Vgl. *Ackermann/Strnad,* DStR 2001, S. 478.
[183] Unter Hinweis auf den vermuteten Fremdgeschäftsführungswillen, BGH v. 4.12.1975, BGHZ 65, S. 357.
[184] Vgl. *Thomas,* DStZ 1999, S. 712. Zur Veranlassung der Vorteile aus dem Dienstverhältnis *Kußmaul/Weißmann,* StB 2001, S. 451.

J. Kauf eines Aktienoptionsplans von einem Dritten (Programmkauf)

I. Grundlegende Beschreibung

652 Ebenso wie beim Aktienrückkauf werden auch im Rahmen eines Programmkaufs die ausgegebenen Optionen mit bereits bestehenden Aktien bedient. Anders als beim Aktienrückkauf nimmt das Unternehmen hier jedoch nicht die Position des (endgültigen) Stillhalters ein. Vielmehr erwirbt es von einem Dritten, in der Regel von einem Kreditinstitut oder einer Investmentbank, emittierte Optionen auf eigene Aktien gegen Zahlung einer Optionsprämie.[1] Das mit dem Plan verbundene Risiko wird somit nicht vom Unternehmen selbst, sondern von dem im Rahmen des Aktienoptionsplans als Stillhalter fungierenden Kreditinstitut getragen. Denkbar ist auch, dass das Kreditinstitut neben der Stillhalterfunktion zusätzlich die Administration des Plans übernimmt.[2] Vergleicht man den Programmkauf mit einem Aktienoptionsplan, bei dem eigene Aktien erst im Zeitpunkt der Optionsausübung zurückgekauft werden, reduziert sich die wirtschaftliche Belastung des Unternehmens auf die zu leistende Optionsprämie. Im Falle des Aktienrückkaufs muss dagegen im Ausübungszeitpunkt die Differenz zwischen dem dann gültigen Aktienkurs und dem vereinbarten Ausübungspreis aufgewendet und erfolgswirksam gebucht werden.

653 Bei Aktienoptionsplänen nach § 192 Abs. 2 Nr. 3 AktG oder solchen mit Aktienrückkauf gem. § 71 Abs. 1 Nr. 8 AktG wird dem Schutz der Altaktionäre durch die Regelung des § 193 Abs. 2 Nr. 4 AktG, im Falle des Aktienrückkaufs neben § 186 Abs. 3, 4 AktG, Rechnung getragen. Demgegenüber greifen diese Vorschriften nicht beim Erwerb bloßer Optionen auf eigene Aktien.[3] Aktienoptionspläne, die im Wege des Programmkaufs umgesetzt werden, können daher unter erleichterten aktienrechtlichen Voraussetzungen implementiert werden. Der gesetzliche Kapitalverwässerungsschutz (§§ 193 Abs. 3 S. 1, 71 Abs. 1 Nr. 8 S. 5 AktG) gilt ebenso wenig wie das Erfordernis der Definition von Erfolgszielen, und auch Aufsichtsratsmitglieder oder Berater können in den Plan einbezogen werden. Die fehlende gesetzliche Verpflichtung zur Festlegung von Erfolgszielen eröffnet Gestaltungsspielräume. Bspw. können Aktienoptionspläne implementiert werden, deren bilanzielle Behandlung nach den US-GAAP die Berücksichtigung von Personalaufwand in der Konzerngewinn- und -verlustrechnung vermeidet und damit den Ausweis eines höheren Periodenergebnisses erlaubt. Andererseits müssen die Erwartungen institutioneller Anleger berücksichtigt werden, die im Interesse der Mehrung ihres Shareholder Value auf die Anreizkompatibilität des Plans und damit auf Erfolgsziele achten werden.

---

[1] Vgl. *Köhler* in: Harrer, 2000, S. 190 (Rn. 670).
[2] Vgl. *Köhler* in: Harrer, 2000, S. 190 (Rn. 670).
[3] Insbesondere betreffen die §§ 71 ff. AktG nur den Erwerb von Aktien, nicht aber von Optionen auf Aktien; vgl. *Kessler/Suchan*, BB 2000, S. 2532; *Lange*, StuW 2001, S. 145.

Ein auf einem Programmkauf basierender Aktienoptionsplan könnte folgende 654
Ausgestaltung haben:

Berechtigte:	Geschäftsleitung und erste Führungsebene unter der Geschäftsleitung
Optionsanzahl:	abgestuft nach Funktion
Ausübungspreis:	Börsenkurs im Zeitpunkt der Begabe der Option
Wartezeit:	für 20 % der Optionen 1 Jahr, für jeweils weitere 20 % jeweils weitere 6 Monate
Erfolgskriterium:	absolute Steigerung des Börsenkurses um 5 %
Erwerbszeiträume:	lediglich eine Tranche
Ausübungszeiträume:	Ausübung grundsätzlich frei, jedoch Sperrzeiträume („blocking periods") vorgesehen
Übertragbarkeit der Optionen:	nein

Tabelle 22: Eckdaten eines Aktienoptionsplans, der im Wege des Programmkaufs aufgelegt wird

II. Gesellschaftsrecht

1. Allgemeine gesellschaftsrechtliche Aspekte

Durch die im Rahmen des KonTraG eingefügten Regelungen der §§ 71 655
Abs. 1 Nr. 8, 192 Abs. 2 Nr. 3, 193 Abs. 2 Nr. 4 AktG wurden die zulässigen Formen von Aktienoptionsplänen nicht abschließend geregelt. Vielmehr sollten ergänzend zu den bestehenden Möglichkeiten vereinfachte Verfahren bereitgestellt werden.[4] Dementsprechend können weiterhin Aktienoptionen i.V.m. Wandelschuldverschreibungen begeben[5] oder andere Formen der Gestaltung gewählt werden. Eine dieser zulässigen Gestaltungen ist der sog. Programmkauf. Die Gesellschaft erwirbt am Markt Optionen auf ihre Aktien, die sie an die Begünstigen des Aktienoptionsplans begibt.[6]

Auch im Rahmen eines solchen Aktienoptionsplans gilt es, die oben[7] ausführ- 656
lich dargestellten allgemeinen aktienrechtlichen Maßgaben insbesondere der Vorstandsvergütung zu beachten. So steht § 76 Abs. 1 AktG Aktienoptionsplänen nicht entgegen, sofern diese sich in einem angemessenen und üblichen Rahmen bewegen. Auch dürften im Hinblick auf die den Aufsichtsrat im Rahmen der Vorstandsvergütung bindenden §§ 86, 87 AktG keine Bedenken bestehen, sofern durch die Ausgestaltung des Aktienoptionsplans sichergestellt ist, dass sich der Umfang der den Mitgliedern des Vorstands aus dem Plan zufließenden Vergütung – bspw. durch entsprechende Erfolgsziele oder die Abhängigkeit des Ausübungsgewinns von der Aktienkursentwicklung – an der Unternehmenswertentwicklung orientiert.

---

[4] Vgl. Begründung zum RegE zu § 192 AktG n.F., abgedruckt bei *Ernst/Seibert/Stuckert*, 1998, S. 79.
[5] Dazu näher unter Rz. 419 ff.
[6] Zu den denkbaren Gestaltungsalternativen eines solchen Programmkaufs: *Weiß*, 1999, S. 253; *Kallmeyer*, AG 1999, S. 102. Zur zivilrechtlichen Konstruktion der Optionseinräumung auch *Klahold*, 1999, S. 202 ff.
[7] Siehe unter Rz. 124 ff.

2. Besonderheiten des Programmkaufs

657 Die oben[8] dargestellten Grundsätze hinsichtlich der Verteilung von Zuständigkeiten auf die einzelnen Organe der Aktiengesellschaft im Rahmen der Ein- und Durchführung von Aktienoptionsplänen können auf den Programmkauf nur teilweise übertragen werden.[9] Zwar obliegt auch hier dem Vorstand die Entscheidung über das „Ob" der Einführung des Aktienoptionsplans wie auch die Ausgabe der Optionen an die Berechtigten unterhalb der Vorstandsebene und die Verwaltung des Aktienoptionsplans. Ebenso liegen die entsprechenden Zuständigkeiten beim Aufsichtsrat, soweit Mitglieder des Vorstands betroffen sind. Jedoch ist die Einbeziehung der Hauptversammlung in die Implementierung des Aktienoptionsplans entbehrlich. Weder ergibt sich eine zwingende Zuständigkeit der Hauptversammlung aus den §§ 71 ff. AktG, die nur den Erwerb eigener Aktien, nicht aber den Erwerb von Optionen auf eigene Aktien erfassen,[10] noch kann von einer allgemeinen Hauptversammlungskompetenz im Hinblick auf die Implementierung von Aktienoptionsplänen ausgegangen werden.[11] Dies gilt allerdings nur, solange bei der Ausgestaltung des Aktienoptionsplans beachtet wird, dass die Teilnehmer bei Ausübung der Optionsrechte die entsprechenden Aktien ohne Durchgangserwerb ihrer Gesellschaft direkt vom Emittenten der Optionen erwerben – anderenfalls finden die §§ 71 ff. AktG Anwendung.[12]

658 Auch ermöglicht die Gestaltungsvariante des Programmkaufs einen gegenüber Aktienoptionsplänen auf Basis der durch das KonTraG eingeführten Vorschriften erweiterten Kreis von Begünstigten. Neben Mitgliedern der Geschäftsführung und Arbeitnehmern der Gesellschaft sowie verbundener Unternehmen können bspw. Mitglieder des Aufsichtsrats in den Plan mit einbezogen werden.[13] Zu beachten gilt es dann jedoch die Vorgaben des § 113 AktG, so dass es insoweit eines Hauptversammlungsbeschlusses bedürfte.

III. Bilanzierung nach deutschen GoB

659 Bei dem an den Dritten geleisteten Entgelt handelt es sich um ein Entgelt für eine erbrachte Dienstleistung und das übernommene Risiko. Dies spräche dafür,

---

[8] Unter Rz. 132.
[9] Zum Folgenden: *Weiß*, 1999, S. 254 ff.
[10] Vgl. *Kessler/Suchan*, BB 2000, S. 2532; *Hüffer*, AktG, 4. Aufl. 1999, § 71 Rz. 5; *Bosse*, WM 2000, S. 809; *Friedrichsen*, 2000, S. 11 f, Fn. 29. Insbesondere ist die Vorschrift des § 71a Abs. 1 AktG nicht einschlägig, da die Gesellschaft mit der Optionsprämie das Optionsrecht „kauft", nicht aber einen Vorschuss auf den durch den Stillhalter zu entrichtenden Aktienkaufpreis leistet; vgl. *Friedrichsen*, 2000, S. 12, Fn. 31; auch *Klahold*, 1999, S. 206.
[11] *Weiß*, 1999, S. 255 f. Ausweislich der Begründung zum RegE zu § 192 AktG n.F., abgedruckt bei *Ernst/Seibert/Stuckert*, 1998, S. 80, handelt es sich bei der Auflegung eines Aktienoptionsplans gerade nicht um eine Grundlagenentscheidung i.S.d. § 119 Abs. 1 AktG, die gesetzlich der Hauptversammlung zuzuweisen wäre.
[12] Vgl. *Weiß*, 1999, S. 254. Nach *Kallmeyer*, AG 1999, S. 102, soll der Erwerb in diesem Fall gem. § 71 Abs. 1 Nr. 2 AktG zulässig sein. Dies erscheint nicht gesichert, da nach dem Wortlaut der Vorschrift der Erwerb der Aktien dem Angebot an die Arbeitnehmer vorangehen muss, so dass die Begabe einer Option vor Aktienerwerb unzulässig wäre. Zu § 71 Abs. 1 Nr. 2 AktG vgl.: *Wulff*, 2000, S. 50 ff.; *Friedrichsen*, 2000, S. 59 ff.; auch *Hüffer*, ZHR 161 (1997), S. 242 f.; *Klahold*, 1999, S. 197 ff.; *Weiß*, 1999, S. 242 f.
[13] *Weiß*, 1999, S. 257.

das Entgelt sofort als Aufwand zu erfassen. Handelt es sich indes bei den an die Mitarbeiter ausgegebenen Optionen um ein Entgelt für Leistungen künftiger Perioden,[14] ist der Aufwand nach h.A. zeitanteilig (pro rata temporis) mittels eines aktiven Rechnungsabgrenzungspostens über den Leistungszeitraum, der üblicherweise der Sperrfrist entspricht, zu verteilen.[15] Bei dem insoweit in späteren Perioden ergebniswirksamen Aufwand aus der Auflösung des Rechnungsabgrenzungspostens handelt es sich um Personalaufwand.[16]

Fraglich könnte sein, ob es sich bei dem Entgelt nicht sogar um die Anschaffungskosten eines Vermögensgegenstandes handelt. Ausgangspunkt derartiger Überlegungen ist, dass der Arbeitgeber gegenüber dem Arbeitnehmer durch die Einräumung der Optionen eine Vorleistung im Rahmen des Arbeitsverhältnisses erbringt. Durch diese Vorleistung wird indes kein bilanzierungsfähiger Anspruch gewonnen. Die Aktivierung eines Vermögensgegenstandes[17] würde folglich ausnahmsweise nur dann bejaht werden können, wenn der Gesellschaft ein Rückzahlungsanspruch entstünde, der als Forderung zu aktivieren wäre.[18] **660**

Wie ausgeführt, führen auch Aktienoptionspläne in Gestalt eines Programmkaufs zu Personalaufwand der Gesellschaft. Dem steht auch nicht entgegen, dass ein Dritter in die Optionsgewährung involviert ist (vgl. Rz. 652). Für die Anhangangaben bzw. die Angaben im Konzernanhang kann deshalb auf die Ausführungen unter Rz. 207 ff., 226 ff. verwiesen werden. Ggf. sind auch im Lagebericht (Konzernlagebericht) Ausführungen zum Stock-Option-Plan aufzunehmen (vgl. Rz. 225). **661**

IV. Bilanzierung nach international anerkannten Rechnungslegungsvorschriften

Die vorstehend skizzierte bilanzielle Behandlung von Aktienoptionsplänen in Gestalt eines Programmkaufs (vgl. Rz. 659 ff.) dürfte grundsätzlich auch mit international anerkannten Rechnungslegungsgrundsätzen, insbesondere nach den US-GAAP und den IAS, kompatibel sein.[19] Danach ist der an den Dritten (i.d.R. an eine Bank) entrichtete Betrag gleichmäßig über die *vesting period* zu verteilen. Indes muss auch hier im Einzelfall sorgfältig geprüft werden, wie die Vereinbarungen zwischen Arbeitgeber, Dritten (Bank) und Arbeitnehmern konkret ausgestaltet sind. Dies gilt vor allem im Hinblick auf die Konsequenzen im Falle der Nichtausübung bzw. des Verfalls von Optionen. Scheiden beispielsweise Mitarbeiter noch während der Sperrfrist aus und verfallen deshalb deren Optionen, wäre zu prüfen, ob – weil möglicherweise ein partieller Rückforderungsanspruch gegenüber der Bank nicht besteht – ein entsprechender Teilbetrag sofort aufwandswirksam aufzulösen ist. **662**

---

[14] Davon ist insbesondere dann auszugehen, wenn das Ausscheiden des Mitarbeiters während eines bestimmten Zeitraums zum Verfall der Optionen führen würde.
[15] Vgl. E-DRS 11.31; *Herzig*, DB 1999, S. 11 f.; *Kussmaul/Weißmann*, StB 2001, S. 422; *Vater*, DB 2000, S. 2183 f.
[16] Vgl. *Vater*, DB 2000, S. 2184.
[17] Zum Begriff des Vermögensgegenstandes siehe *Roß* in: Baetge, 1996, S. 235 ff.
[18] So *Herzig*, DB 1999, S. 11; zustimmend *Vater*, DB 2000, S. 2184.
[19] Gl.A. offenbar E-DRS 11, Anhang D (Umkehrschluss).

J. Kauf eines Aktienoptionsplans von einem Dritten

663   Zu den erforderlichen Anhangangaben sei auf Rz. 265 ff. (US-GAAP) bzw. Rz. 272 ff. (IAS) verwiesen.

V. Steuerrecht

1. Unternehmensebene

664   Kauft das Unternehmen einen Aktienoptionsplan von einem Dritten, ergeben sich hinsichtlich der steuerlichen Behandlung der Aufwendungen für Ausarbeitung, Einführung und Verwaltung des Programms keine Besonderheiten. Wird auch die Verwaltung des Programms von dem betreffenden Kreditinstitut übernommen und mit der Optionsprämie vergütet, entfallen diese Kosten als gesonderte Aufwendungen auf der Unternehmensebene.

665   Beim Programmkauf wird das Unternehmen regelmäßig nur durch die *Zahlung der Optionsprämie* belastet. Die in den Fällen von Aktienoptionsplänen nach § 192 Abs. 2 Nr. 3 AktG bzw. solchen mit Aktienrückkauf eingegangene Stillhalterposition gegenüber den Optionsberechtigten und die damit verbundenen Risiken werden von dem betreffenden Kreditinstitut übernommen. Die Vergütung dieser Leistungen erfolgt mit der Zahlung der Optionsprämie. Aufgrund ihrer betrieblichen Veranlassung kann sie in voller Höhe als Betriebsausgabe abgezogen werden.[20]

666   Zu differenzieren ist nach dem Zahlungszeitpunkt: Entrichtet das Unternehmen die Optionsprämie an den Stillhalter mit Erwerb der Optionen, sind die Aufwendungen aus der Zahlung der Optionsprämie nach h.M. durch einen *aktiven Rechnungsabgrenzungsposten* periodengerecht abzugrenzen, da es sich bei der Einräumung von Aktienoptionen regelmäßig um Vergütungen für zukünftige Arbeitsleistungen handelt.[21] Durch Auflösung des Rechnungsabgrenzungspostens über die Laufzeit der Optionen wird die eingangs gezahlte Optionsprämie aufwandswirksam, wirkt sich also auch steuerlich gewinnmindernd aus.[22] Hat das Unternehmen die Optionsprämie hingegen erst bei Ausübung zu entrichten, ist der zu diesem Zeitpunkt benötigte Betrag ratierlich in einer Verbindlichkeitsrückstellung für die entstehenden Erfüllungsrückstände anzusammeln. Die Zuführungen zu diesen Rückstellungen stellen ebenfalls gewinnmindernden Aufwand dar.

667   Für Aktienoptionspläne in Gestalt eines Programmkaufs innerhalb eines Konzerns gelten keine steuerlichen Besonderheiten, so dass auf die entsprechenden Ausführungen (vgl. vorstehende Rz. 298 ff. und 642 ff.) verwiesen werden kann.

2. Arbeitnehmerebene

a) Allgemein

668   Auf der Ebene des Arbeitnehmers bestehen zunächst keine Unterschiede zur Bedienung der Optionen durch bedingtes Kapital. Für ihn ist gleichgültig, wie die Gesellschaft ihre Lieferverbindlichkeit erfüllt. Auf die Darstellung oben Rz. 321 ff. ist daher insoweit zu verweisen.

---

[20] Vgl. *Herzig* in: Pellens, 1998, S. 181.
[21] Vgl. *Kramarsch*, KoR 2001, S. 51.
[22] Vgl. *Herzig*, DB 1999, S. 11 f.; *Vater*, DB 2000, S. 2186.

Im Rahmen von Gestaltungsüberlegungen ist im Auge zu behalten, dass nicht **669**
unvermutet anstelle einer erstrebten Anfangsbesteuerung eine „volle" Besteuerung nach § 20 Abs. 1 Nr. 7 EStG auftritt.

b) Einräumung entgeltlich erworbener Optionen

Insbesondere Richter am BFH *Thomas* vertritt, dass Optionen, welche der Arbeitgeber von Dritten entgeltlich erworben hat, dem Arbeitnehmer bereits bei Einräumung an ihn einkommensteuerrechtlich zufließen („Marktgängigkeit durch Drittbezug"); m.a.W. müsse der Arbeitgeber dem Arbeitnehmer einen, wohl unmittelbaren und unentziehbaren, **Rechtsanspruch gegen einen Dritten** verschaffen.[23] Der BFH selbst hat sich, mangels Anlasses, hierzu noch nicht ausdrücklich geäußert. Allgemeinen Ausführungen der jüngsten BFH-Entscheide zu Aktionoptionen ist u.E. indes zu entnehmen, dass das Gericht dieser Auffassung folgen dürfte.[24] **670**

Ungeklärt ist damit auch der praxisrelevante Fall, ob eine (ausländische) Konzernobergesellschaft „Dritter" in diesem Sinne sein und für den „entgeltlichen Erwerb" eine konzerninterne Kostenweiterbelastung ausreichen kann.[25] Nach dem hier vertretenen Konzept, dargelegt oben Rz. 341 ff., wäre dies zu bejahen. **671**

Solche Modelle würden bei dem Arbeitnehmer demnach zur Anfangsbesteuerung führen, zugleich aber die Liquidität des Arbeitgebers belasten. Gerade aufgrund der Liquiditätsbelastung liegen z.B. Gestaltungen nahe, den Einkaufspreis der Optionen zu mildern, die Liquidität anderen verbundenen Unternehmen zuzuführen oder sie dem leistenden Unternehmen (Arbeitgeber) in anderer Form zu erhalten. Auf Basis der dargestellten „Marktgängigkeit durch Drittbezug" sind daher namentlich § 42 AO sowie die Regeln des Fremdvergleichs bzw. der Einkünfteabgrenzung zu beachten. Fraglich ist ferner, inwieweit sich formelle bzw. materielle Einschränkungen der Übertragbarkeit oder Ausübbarkeit der erworbenen Option auf den Besteuerungszeitpunkt auswirken.[26] Bei der Gestaltung empfiehlt sich daher eine vorherige Abstimmung mit der Finanzverwaltung. **672**

U.E. erscheint eine pauschale Ungleichbehandlung eigener und von Dritten erworbener Optionen auf Aktien des Unternehmens, mithin eine Differenzierung nach der Herkunft der Optionen, steuersystematisch nicht zwingend. Zur Kritik wird (nochmals) auf die näheren Ausführungen oben Rz. 343 ff. Bezug genommen. **673**

---

[23] *Thomas*, DStZ 1999, S. 713; ders. in: Küttner, 8. Aufl. 2001, Rz. 5/17, 5/28; ders., KFR F. 6 EStG § 19, 2/01, S. 373 f.; *MIT*, DStR 2001, S. 1342.

[24] BFH, Beschluss vom 23.7.1999, BStBl. II 1999, S. 685; BFH vom 24.1.2001, I R 100/98, BStBl. II 2001, S. 510; BFH vom 24.1.2001, I R 119/98, BStBl. II 2001, S. 514. Ebenso: *Mutter/Mikus*, ZIP 2001, S. 1950 f.; *Portner*, DStR 2001, S. 1332. – Dies stünde wohl in Einklang mit der Rechtsprechung, dass Zukunftssicherungsleistungen des Arbeitgebers zugunsten des Arbeitnehmers nur dann Lohn darstellen, wenn der Arbeitnehmer einen Rechtsanspruch gegen den Versicherer bzw. die Einrichtung erwirbt; so jüngst noch BFH vom 12.9.2001, VI R 154/99, DB 2001, S. 2631. Siehe nur *MIT*, DStR 2001, S. 1342.

[25] Ebenso *Portner*, DStR 2001, S. 1332. Der dort zitierte Erlass betrifft jedoch eine Einzelfallregelung.

[26] Dazu: vgl. *Hartz/Meeßen/Wolf*, ABC-Führer Lohnsteuer, „Stock Options" (Juni 2001) Rz. 4; *Mutter/Mikus*, ZIP 2001, S. 1951.

c) Besonderheiten bei Optionen an Aufsichtsräte und Berater

674 Vorteile aus Optionen an Aufsichtsratsmitglieder und externe Berater zählen als Leistungsentgelte regelmäßig zu deren Gewinneinkünften.[27] Das gilt auch, wenn die Gesellschaft die Optionen aus technischen oder anderen Gründen außerhalb des für die Arbeitnehmer geltenden Stock-Option-Plans gewährt.

675 Die Tarifermäßigung des § 34 Abs. 2 Nr. 4 EStG ist zwar grundsätzlich eröffnet, doch muss hier die Vergütung von den üblicherweise schwankenden laufenden Einkünften abgrenzbar sein (ausschließliche Aufgabe oder bestimmte Sondertätigkeit).[28] Rechtsprechung zu Aktienbezugsrechten fehlt bislang.

d) Exkurs: Von den Altgesellschaftern eingeräumte Optionen

676 Räumen Optionen nicht die Gesellschaft, sondern unmittelbar die Altaktionäre den Arbeitnehmern, Aufsichtsräten oder Beratern ein, entspricht die Konstellation grundsätzlich der Einräumung von Optionen durch die Muttergesellschaft; daher wird nochmals ergänzend auf die Darstellung oben Kapitel F (siehe Rz. 668) verwiesen. Gemeint sind hier und in der öffentlichen Diskussion jedoch i.d.R. Altaktionäre als natürliche Personen, nicht aber eine Muttergesellschaft als juristische Person.

677 Auf Empfängerseite handelt es sich ebenfalls um Arbeitslohn bzw. die betreffenden Gewinneinkünfte. Denn der Zusammenhang mit der Leistungserbringung gegenüber der Gesellschaft ist regelmäßig ohne weiteres zu bejahen.[29] Hinsichtlich der Aufsichtsräte und Berater gilt dies insbesondere dann, wenn die Betroffenen zugleich auf ein höheres Fixentgelt verzichten.[30]

678 Hinsichtlich der Arbeitnehmer stellt sich die Frage des Lohnsteuerabzuges. Soweit die Altgesellschafter nicht Zahlstelle des Arbeitgebers sind, kann sich die Einbehaltspflicht des Arbeitgebers wieder nur aus § 38 Abs. 1 Satz 2 EStG ergeben.[31] Dessen Tatbestand wäre u.E. aber zu verneinen, weil es jedenfalls bei Altaktionären als natürliche Personen an der „Üblichkeit" der Zuwendung mangelt. Im Übrigen ist auf Rz. 369 ff., 376 ff. zu verweisen.

679 Ungeklärt ist bislang allerdings die steuerliche Behandlung seitens der Altgesellschafter und der Gesellschaft. Denkbar wären gegenüber der Gesellschaft (wie bei juristischen Personen als Muttergesellschaft) beispielsweise eine (fiktive) verdeckte Einlage in die Gesellschaft, ein abgekürzter Vertragsweg, Geschäftsfüh-

---

[27] Bei Aufsichtsräten § 18 Abs. 1 Nr. 3 EStG. Gleicher Ansicht *Kußmaul/Weißmann*, StB 2001, S. 449. Das gilt auch für Arbeitnehmer-Aufsichtsräte, BFH vom 27.7.1972, V R 136/71, BStBl. II 1972, S. 811 f. In Österreich sind Aufsichtsräte jetzt zwar aktienrechtlich (§ 159 Abs. 2 Z 3 AktG i.d.F. österr. BGBl. I 2001, 989) berücksichtigt, ihre steuerlichen Vorteile aber nicht in die besondere Stock-Option-Begünstigung einbezogen (diese gilt nur für Arbeitnehmer), dazu *Strnad/Schneider*, IStR 2001, S. 248.

[28] EStR Abschnitt 200 Abs. 3. Zutreffende Kritik bei *Lindberg* in: Blümich, EStG/KStG/GewStG, Stand September 2000, § 34 Rz. 104. Näher zu Aktienoptionen *Vater*, FB 2001, S. 436 f.

[29] Vgl. allg.: BFH Urteil vom 24.2.1981, VIII R 109/76, BStBl. II 1981, S. 708; BFH vom 24.1.2001, I R 100/98, BStBl. II 2001, S. 510; BFH vom 24.1.2001, I R 119/98, BStBl. II 2001, S. 514; Niedersächsisches FG vom 13.2.1998, I 464/96, EFG 1998, S. 1518; *Heinicke* in: Schmidt, EStG, 20. Aufl. 2001, § 4 Rz. 442. Speziell zu Arbeitnehmern siehe: *Deutschmann*, DStR 2001, S. 938 f.; *Kußmaul/Weißmann*, StB 2001, S. 451 f.; *Streck/Mack/Schwedhelm*, AG 2001, S. 260.

[30] Vgl. *Ettinger*, 1999, S. 85.

[31] Vgl. auch *Kessler/Strnad*, FR 2001, S. 903, sowie oben Rz. 348.

rung ohne Auftrag oder andere Drittleistungen,[32] jeweils mit entsprechender Berücksichtigung beim Gesellschafter.[33] Nicht zuletzt können solche Stock-Option-Pläne daran scheitern, dass eben diese Fragen mit der Finanzverwaltung im Vorfeld nicht oder nicht befriedigend gelöst werden konnten.

---

[32] Vgl. zum Konzernverhältnis: *Ackermann/Strnad*, DStR 2001, S. 477 f.; *Fischer*, DB 2001, S. 1003 ff.; oben Rz. 642 ff.
[33] Siehe *Streck/Mack/Schwedhelm*, AG 2001, S. 260.

K. Wertsteigerungsrechte ohne Dividendenkomponente (Stock Appreciation Rights – SARs)

I. Grundlegende Beschreibung

680 Virtuelle Stock-Option-Pläne unter Ausgabe von Stock Appreciation Rights stellen eine Form der aktienkursbasierten Vergütung dar, wenn das Unternehmen börsennotiert ist, anderenfalls ist die Höhe der Vergütung von der Steigerung des Unternehmenswerts abhängig. Bei Stock Appreciation Rights erhalten die berechtigten Mitarbeiter zu keinem Zeitpunkt eine Kapitalbeteiligung am Unternehmen, sondern eine Abgeltung der Unternehmenswertsteigerung in bar.[1] Stock Appreciation Rights gehören daher zu den sog. virtuellen Eigenkapitalinstrumenten.[2] Der wesentliche Unterschied zu (realen) Aktienoptionen besteht also darin, dass die gesellschaftsrechtlichen Beteiligungsverhältnisse unverändert bleiben.

681 Virtuelle Stock-Option-Pläne können grundsätzlich ebenso ausgestaltet werden wie aktienbasierte Stock-Option-Pläne, d.h. auch hier sind vor Auflage des Plans Entscheidungen bzgl. Erfolgszielen, Wartefristen für die erstmalige Ausübung, Gesamtlaufzeit etc. zu treffen. Im Regelfall erhalten die Mitarbeiter einer börsennotierten Gesellschaft bei Ausübung ihrer Stock Appreciation Rights den Unterschiedsbetrag zwischen dem aktuellen Aktienkurs und dem Ausübungs- oder Basispreis als zusätzliches Entgelt für ihre erbrachten Leistungen. Soll die wirtschaftliche Belastung des Unternehmens auf einen bestimmten Betrag begrenzt werden, so kann eine Kappungsgrenze vorgesehen werden. Dies hat zur Folge, dass ab Erreichen eines angestrebten Zielkurses weitere Kurssteigerungen nicht mehr zur Auszahlung gelangen. Bei nicht börsennotierten Unternehmen wird die Steigerung des Unternehmenswerts zwischen Ausgabe und Ausübung der Stock Appreciation Rights in bar vergütet, wobei mangels eines Börsenkurses ein geeignetes Instrument zur Messung des Unternehmenswerts gefunden und definiert werden muss.

682 Ein wesentlicher Vorteil virtueller Stock-Option-Pläne ist darin zu sehen, dass sich die rechtliche Ausgestaltung im Vergleich zu aktienbasierten Stock-Option-Plänen einfacher darstellt. Insbesondere ist eine Einbindung der Hauptversammlung nicht erforderlich. Diesem Vorzug steht der Nachteil gegenüber, dass virtuelle Stock-Option-Pläne immer auch zu Personalaufwand der Gesellschaft und zu einem Abfluss von Liquidität führen. Stock Appreciation Rights begründen demnach zwar auch steuerlich abzugsfähige Betriebsausgaben, der Abfluss liquider Mittel kann aber dennoch aus Sicht junger Unternehmen gegen die Einführung eines virtuellen Plans sprechen.[3]

---

[1] Vgl. *Achleitner/Wichels* in: Achleitner/Wollmert, 2000, S. 14f.; *Becker*, 1990, S. 41f.; *Pellens/Crasselt/Rockholtz* in: Pellens, 1998, S. 12.

[2] Vgl. *Friedrichsen*, 2000, S. 14; *Pellens/Crasselt/Rockholtz* in: Pellens, 1998, S. 13; *Schmidbauer*, DStR 2000, S. 1487; *Schruff/Hasenburg*, BFuP 1999, S. 620f.

[3] Vgl. *Achleitner/Wichels* in: Achleitner/Wollmert, 2000, S. 15; *Friedrichsen*, 2000, S. 14f.

II. Gesellschaftsrecht

Demnach sollten auch hier Gesellschaft und Berater mit Blick auf die im konkreten Fall mit dem Vergütungsmodell verfolgten Ziele und Rahmendaten des Unternehmens – insbesondere dessen Liquiditätsausstattung – eine Entscheidung treffen. Werden Stock Appreciation Rights ausgegeben, könnte der Stock-Option-Plan eines börsennotierten Unternehmens folgende Eckdaten aufweisen: 683

Berechtigte:	die ersten drei Führungsebenen der Gesellschaft und ihrer Tochtergesellschaften
Anzahl der SAR:	in Abhängigkeit von internem und externem Erfolgskriterium
Ausübungspreis:	durchschnittlicher Börsenkurs im ersten Monat des Geschäftsjahres, das dem Geschäftsjahr der Zuteilung vorangeht
Wartezeit:	für 34 % der Optionen 2 Jahre, für weitere 33 % der Optionen 3 Jahre, für die verbleibenden 33 % der Optionen 4 Jahre
Erfolgskriterium:	Zuteilung abhängig von earnings per share und relativer Aktienkursentwicklung, Ausübung nur bei absoluter Kurssteigerung von 10 %
Erwerbszeiträume:	in jährlichen Tranchen, jeweils nach der Aufsichtsratssitzung, die der Vorlage des Konzernabschlusses dient
Ausübungszeiträume:	vier Ausübungszeiträume von je 10 Börsenhandelstagen Dauer, beginnend jeweils nach Veröffentlichung der Quartalsberichte
Übertragbarkeit der SAR:	nein

Tabelle 23: Eckdaten eines virtuellen Stock-Option-Plans bei Ausgabe von Stock Appreciation Rights

II. Gesellschaftsrecht

1. Allgemeine gesellschaftsrechtliche Aspekte

Soll ein Stock-Option-Plan implementiert werden, bedarf es nicht zwingend der Begabe von Optionen oder Wandlungsrechten auf Aktien. Vielmehr kann Mitarbeitern auf rein schuldrechtlicher Grundlage das Recht eingeräumt werden, z.B. an Kurssteigerungen der Aktie bzw. am gestiegenen Wert des Unternehmens zu partizipieren („Stock Appreciation Right"). Im Ergebnis handelt es sich um Tantiemen, deren Höhe sich nicht unmittelbar am Gesamtgewinn der Gesellschaft oder dem persönlichen Ergebnis des Mitarbeiters orientiert, sondern an der Bezugsgröße Aktienkurs. Die durch das KonTraG eingefügten Regelungen stehen diesen Gestaltungen nicht entgegen. Gerade aus steuerlichen Gründen – Ergebnisminderung infolge Betriebsausgabenabzug – kann ein solcher virtueller Stock-Option-Plan vorteilhaft sein. Zudem sind weder der Begünstigtenkreis noch andere wichtige Rahmendaten durch Gesetz eingeschränkt, so dass sich ein Stock-Option-Plan unter Ausgabe von Stock Appreciation Rights als sehr flexibles Vergütungsinstrument erweist. 684

Soweit eine Einbeziehung von Mitgliedern des Vorstandes in entsprechende Modelle in Frage steht, gilt es die oben[4] ausführlich dargestellten allgemeinen aktienrechtlichen Maßgaben insbesondere der Vorstandsvergütung zu beachten. 685

---

[4] Siehe unter Rz. 124 ff.

K. Wertsteigerungsrechte ohne Dividendenkomponente

Bewegt sich der Stock-Option-Plan in einem angemessenen und üblichen Rahmen, steht § 76 Abs. 1 AktG nicht entgegen. Ebenso wenig bestehen Bedenken im Hinblick auf § 86 AktG, sofern durch die Ausgestaltung des Stock-Option-Plans sichergestellt ist, dass sich der Umfang der den Mitgliedern des Vorstands aus dem Plan zufließenden Vergütung an der Unternehmenswertentwicklung orientiert.[5] Entsprechendes gilt für die Maßgaben des § 87 AktG. Der Aufsichtsrat hat pflichtgemäß zu prüfen, ob die Orientierung an der Wertentwicklung der Aktien eine Vergütung der Vorstandsmitglieder erlaubt, die in einem angemessenen Verhältnis sowohl zu den Aufgaben des Vorstandsmitglieds als auch zur Lage der Gesellschaft steht. Im Regelfall dürften insoweit keine Bedenken bestehen, sollte der virtuelle Stock-Option-Plan sich in einem üblichen Rahmen bewegen. Allerdings empfiehlt es sich gerade bei virtuellen Stock-Option-Plänen, Vorkehrungen im Hinblick auf unerwartete (positive) Kursentwicklungen zu treffen.[6] Nicht nur stellte eine daraus resultierende überhöhte Vergütung der Vorstandsmitglieder das pflichtgemäße Handeln des Aufsichtsrats in Frage. Vielmehr können sich durch ein überhöhtes Gesamtvergütungsvolumen des Plans Liquiditätsrisiken für die Gesellschaft ergeben.[7]

2. Besonderheiten virtueller Stock-Option-Pläne

686   Die Verteilung von Zuständigkeiten auf die einzelnen Organe der Aktiengesellschaft im Rahmen der Ein- und Durchführung folgt im Falle virtueller Stock-Option-Pläne nur teilweise den oben[8] dargestellten Grundsätzen. Dem Vorstand kommt die Entscheidung über das „Ob" der Einführung des virtuellen Stock-Option-Plans wie auch die Ausgabe der Wertsteigerungsrechte (Stock Appreciation Rights, Phantom Stocks) an die Berechtigten unterhalb der Vorstandsebene und die Verwaltung des Stock-Option-Plans zu. Die entsprechenden Zuständigkeiten liegen beim Aufsichtsrat, soweit Mitglieder des Vorstands betroffen sind. Insoweit gelten keine Besonderheiten. Jedoch folgt aus dem rein schuldrechtlichen Charakter des virtuellen Stock-Option-Plans, dass die Hauptversammlung in die Implementierung des virtuellen Stock-Option-Plans nicht einbezogen werden muss.[9] Weder ist eine Kapitalmaßnahme durchzuführen, um Aktien für die Optionsausübung bereitzustellen, noch kennt das Aktienrecht eine allgemeine Kompetenz der Hauptversammlung betreffend die Implementierung von Stock-Option-Plänen.[10] Durch entsprechende Modelle werden die Rechte der Aktionäre nur im geringen Maße berührt. Insbesondere kommt es nicht zu einer Verwässerung der

---

[5] I.E. *Hoffmann-Becking*, NZG 1999, S. 801, der § 86 AktG für nicht einschlägig hält.

[6] Vgl. *Baums* (Hrsg.), 2001, Rz. 44.

[7] Hier sind im Einzelfall die Interessen an der Sicherung der Liquidität gegen die gewünschte Mitarbeitermotivation abzuwägen. In jüngerer Zeit finden sich vermehrt verschiedenste Formen einer Begrenzung der durch die virtuellen Optionen zufließenden Vergütung.

[8] Unter Rz. 132.

[9] Vgl. OLG Stuttgart v. 13.6.2001, ZIP 2001, S. 1372; *Hoffmann-Becking*, NZG 1999, S. 801; *Schröer*, ArbeitsHdb. HV, 1999, Rz. II J 62; *Friedrichsen*, 2000, S. 14; *Roschmann/Erwe* in: Harrer, 2000, Rz. 162; *Baums* (Hrsg.), 2001, Rz. 45; teilweise a.A. jedoch *Karollus*, G/H/E/K, AktG, 1994, § 221 Rz. 241, 319; *von Bredow*, FB 1999, S. 237 f.; *Frey*, GK-AktG, 4. Aufl. 2001, § 192 Rz. 108.

[10] Es sei nochmals auf die Begründung zum RegE zu § 192 AktG n.F., abgedruckt bei *Ernst/Seibert/Stuckert*, 1998, S. 80, verwiesen, nach dem es sich bei der Implementierung eines Aktienoptionsplans gerade nicht um eine Grundlagenentscheidung i.S.d. § 119 Abs. 1 AktG handelt, die gesetzlich der Hauptversammlung zuzuweisen wäre.

mitgliedschaftlichen Position.¹¹ Dessen ungeachtet wird für vergleichbare Rechte diskutiert, ob sich die Zuständigkeit der Hauptversammlung aus § 221 AktG ergebe. Tragender Gedanke mag dabei sein, dass infolge der Tantiemezahlungen in entsprechendem Umfang die Vermögensrechte der Aktionäre verwässert werden.¹² Jedoch ist dies keine Eigenheit von aktienkurs- oder unternehmenswertorientierten Tantiemezahlungen, die es rechtfertigen könnte, die aktienrechtliche Zuständigkeit des Organs Vorstand – und soweit Mitglieder des Vorstands betroffen sind, des Aufsichtsrats – für solche Geschäftsführungsmaßnahmen zu übergehen. Es erscheint daher verfehlt, den Begriff des Genussrechts i.S.d. § 221 Abs. 3 AktG auf Stock Appreciation Rights oder vergleichbare Vergütungsinstrumente zu erstrecken. Im Vordergrund steht bei diesen Instrumenten die Vergütung der geleisteten Dienste.¹³ Mit einem Spekulationsgeschäft, das die Rechte der Aktionäre gefährden könnte und daher ihre Einbeziehung in die Begabe rechtfertigen würde,¹⁴ haben solche Gestaltungen nichts gemein.¹⁵

III. Bilanzierung nach deutschen GoB

1. Notwendigkeit einer Rückstellungsbildung/Rückstellungsarten

a) Notwendigkeit einer Rückstellungsbildung

Vor dem Hintergrund der Zielstellung von virtuellen Stock-Option-Plänen bei börsennotierten Unternehmen, die in der Schaffung eines Leistungsanreizes zur Unternehmenswertsteigerung besteht, kann davon ausgegangen werden, dass mit der Gewährung von Stock Appreciation Rights (SARs) künftige Leistungen der berechtigten Mitarbeiter abgegolten werden sollen.¹⁶ Eine Vergütung für bereits erbrachte Leistungen stellt eine eher unübliche Form solcher Entlohnungssysteme dar und soll deshalb nicht näher betrachtet werden. 687

Unstritten ist, dass aufgrund der künftigen Zahlungsverpflichtung ggf. eine Rückstellung zu bilden ist. Umstritten sind jedoch Art und Höhe der Rückstellung. 688

b) Rückstellungsarten

Nach § 249 Abs. 1 S. 1 HGB kommen in Betracht: 689
– Rückstellungen für drohende Verluste aus schwebenden Geschäften;
– Rückstellungen für ungewisse Verbindlichkeiten.

Der Abgrenzung dieser beiden Rückstellungsarten kommt wegen der steuerlichen Nichtanerkennung von Drohverlustrückstellungen (§ 5 Abs. 4a EStG) er- 690

---

¹¹ *Klahold*, 1999, S. 208.
¹² Vgl. *von Bredow*, FB 1999, S. 235; *Karollus*, G/H/E/K, AktG, 1994, § 221 Rz. 319; gegen diesen *Wohlfarth/Brause*, WM 1997, S. 398 ff.
¹³ Siehe *Karollus*, G/H/E/K, AktG, 1994, § 221 Rz. 242, der entscheidend darauf abstellt, ob die Gewährung des Rechts bedeutungsmäßig in der arbeitsvertraglichen Vereinbarung aufgeht oder aber darüber hinausgehende eigenständige Bedeutung hat.
¹⁴ Vgl. *Karollus*, G/H/E/K, AktG, 1994, § 221 Rz. 319.
¹⁵ I.E. ebenso *Klahold*, 1999, S. 210 f.; für Vorstands- und Aufsichtsratstantiemen auch *Lutter*, Kölner Kommentar AktG, 2. Aufl. 1995, § 221 Rz. 235; *Karollus*, G/H/E/K, AktG, 1994, § 221 Rz. 241; *von Bredow*, FB 1999, S. 236 f.; *Frey*, GK-AktG, 4. Aufl. 2001, § 192 Rz. 108.
¹⁶ Vgl. zu drei typischen Fallgestaltungen *Schruff/Hasenburg*, BFuP 1999, S. 622.

hebliche praktische Relevanz zu.¹⁷ Nach einer weit verbreiteten Ansicht unterscheiden sich die beiden Rückstellungen dahingehend, dass *Rückstellungen für ungewisse Verbindlichkeiten* zukünftige Aufwendungen berücksichtigen, denen keine zukünftigen Erträge gegenüberstehen. Das betrifft zum einen Aufwendungen, die in der Vergangenheit realisierten Erträgen zuordenbar sind (z.B. Erfüllungsrückstand), und zum anderen Aufwendungen, denen aus der Eigenart des den Aufwendungen zugrunde liegenden Sachverhalts heraus weder zukünftige noch vergangene Erträge gegenüberstehen. Demgegenüber erfassen *Drohverlustrückstellungen* solche zukünftigen Aufwendungen, die im Zusammenhang mit zukünftigen Erträgen stehen bzw. denen aus der Eigenart des ihnen zugrunde liegenden Geschäfts grundsätzlich noch zukünftige Erträge gegenüberstehen können.¹⁸

aa) Rückstellung für drohende Verluste

691   Drohverlustrückstellungen (§ 249 Abs. 1 Satz 1 HGB) dürfen ausschließlich dann angesetzt werden, wenn aus dem schwebenden Geschäft ein Verlust in Form eines Aufwandsüberschusses zu erwarten ist.¹⁹ Das Ziel der Bildung von Drohverlustrückstellungen liegt darin, künftige Rechnungslegungsperioden von vorhersehbaren Risiken und Verlusten freizuhalten, die am Bilanzstichtag zwar verursacht, aber noch nicht realisiert sind.²⁰ Der Verlust muss objektiv zu erwarten sein, d.h. es müssen konkrete Anzeichen dafür vorhanden sein, dass der Wert der eigenen Leistungsverpflichtung (des Unternehmens) den Wert des Anspruchs auf die Gegenleistung übersteigt.²¹

692   Für SARs bedeutet dies, dass die Gesellschaft eine Rückstellung für drohende Verluste aus schwebenden Geschäften nur dann zu bilden hätte, wenn der Wert der zu erwartenden Arbeitsleistung der Mitarbeiter unter dem Wert der Zahlungsverpflichtung aufgrund der SARs läge. Bei der Ausgabe der SARs wird jedoch davon auszugehen sein, dass der eigenen Leistungsverpflichtung der Gesellschaft in Form der Einräumung eines Vermögensanspruches ein Vermögensvorteil in Form der Verpflichtung der Mitarbeiter zur Dienstleistung gleichwertig gegenübersteht.²²

693   Ein Beispiel für das Vorliegen eines Verpflichtungsüberschusses könnte die Zusage von SARs sein, die die Realisierung von *windfall profits* ermöglichen (nicht anreizkompatibel ausgestaltete SARs; näher zu den Voraussetzungen von Anreizkompatibilität Rz. 685). Dies erscheint deshalb denkbar, weil SARs als virtuelle Eigenkapitalinstrumente nicht § 193 Abs. 2 Nr. 4 AktG unterliegen, also eine aktienrechtliche Pflicht zur Festlegung von Erfolgszielen und Wartezeiten für die erstmalige Ausübung nicht existiert. Die Vorstellung anreizinkompatibel ausgestalteter SARs dürfte indes eher theoretischer Natur sein,²³ da das Unternehmen mit der Einführung unternehmenswertorientierter Entlohnungsformen als Bestandteil des Shareholder-Value-Ansatzes den Ansprüchen der internationalen

---

[17] Siehe dazu nur *Weber-Grellet* in: Schmidt, EStG, 20. Aufl. 2001, § 5 Rz 450 ff., und im Zusammenhang mit der Bilanzierung von Stock Options *Lange*, StuW 2001, S. 138.
[18] Vgl. IDW RS HFA 4 Rz. 18.
[19] Vgl. *Clemm/Erle* in: Beck Bil.-Komm., 4. Aufl. 1999, § 249 HGB Anm. 52.
[20] Vgl. *Clemm/Erle* in: Beck Bil.-Komm., 4. Aufl. 1999, § 249 HGB Anm. 58.
[21] Vgl. IDW RS HFA 4 Rz. 15.
[22] Vgl. *Schruff/Hasenburg*, BFuP 1999, S. 624.
[23] So auch *Schruff/Hasenburg*, BFuP 1999, S. 624.

III. Bilanzierung nach deutschen GoB

Kapitalmärkte genügen will. Dies setzt eine anreizkompatible Ausgestaltung von SARs bzw. Optionen voraus. Die Frage nach dem Vorliegen eines Verpflichtungsüberschusses soll deshalb im Folgenden nicht weiter vertieft werden.

bb) Rückstellung für ungewisse Verbindlichkeiten
Rückstellungen für ungewisse Verbindlichkeiten sind am Bilanzstichtag zu bilden,[24] **694**
- für sicher oder wahrscheinlich be- oder entstehende Verpflichtungen gegenüber einem anderen (Außenverpflichtung),
- die wirtschaftlich verursacht sind,
- sofern mit der tatsächlichen Inanspruchnahme ernsthaft zu rechnen ist (Wahrscheinlichkeit der Inanspruchnahme),
- die künftigen Ausgaben nicht als Anschaffungs- oder Herstellungskosten aktivierungspflichtig sind und
- kein Passivierungsverbot besteht.

2. Eigene Auffassung

a) Bilanzierung bei Ausgabe der SARs

Da mit der Gewährung von SARs künftige Leistungen der Berechtigten entlohnt werden sollen, liegt im Zeitpunkt ihrer Einräumung ein ausgeglichenes, beiderseitig noch unerfülltes schwebendes Geschäft vor. Die Ausgabe von SARs hat daher keine bilanziellen Konsequenzen.[25] **695**

b) Bilanzierung während der Laufzeit der SARs

Für die bilanzielle Beurteilung an auf die Ausgabe der SARs folgenden Bilanzstichtagen ist zu berücksichtigen, dass von einem schwebenden Geschäft nicht mehr ausgegangen werden kann, da die berechtigten Mitarbeiter für den Zeitraum zwischen Gewährung der SARs und aktuellem Bilanzstichtag ihre (Arbeits-)Leistungen bereits erbracht haben. Führt die Leistung der Mitarbeiter nach Einräumung der SARs zu einer Unternehmenswertsteigerung, welche sich in einer Erhöhung der Aktienkurse widerspiegelt, so entsteht nunmehr seitens der Gesellschaft ein *Erfüllungsrückstand*,[26] da die Abgeltung der Arbeitsleistung insoweit noch nicht erfolgt ist. Für diesen Erfüllungsrückstand ist eine Verbindlichkeitsrückstellung nach § 249 Abs. 1 Satz 1 HGB zu bilden.[27] Die Gegenbuchung zur Rückstellungsbildung erfolgt im Personalaufwand. **696**

Wenngleich auch eine Ausübung innerhalb der Sperrfrist nicht möglich ist, liegt die Verursachung der Zahlungsverpflichtung in der Vergangenheit. Der wirtschaftlichen Verursachung im Zeitraum zwischen Ausgabe der Rechte und dem jeweiligen Bilanzstichtag steht nicht entgegen, dass die Auszahlung erst in späteren Wirtschaftsjahren erfolgt.[28] **697**

---

[24] Vgl. *Clemm/Erle* in: Beck Bil-Komm., 4. Aufl. 1999, § 249 HGB Anm. 24.
[25] Vgl. *Schruff/Hasenburg*, BFuP 1999, S. 624.
[26] Anders *Lange*, StuW 2001 S. 145, der in der aus SARs fließenden Barausgleichsverpflichtung eine einseitige, hinsichtlich Entstehung und Höhe ungewisse Verbindlichkeit erblickt.
[27] Vgl. *Herzig*, DB 1999, S. 10; gl.A. *Clemm/Erle* in: Beck Bil-Komm., 4. Aufl. 1999, § 249 HGB Anm. 100 (Stock Options); *Schruff/Hasenburg*, BFuP 1999, S. 626; im Ergebnis (Passivierung einer Verbindlichkeitsrückstellung) ebenso *Lange*, StuW 2001, S. 145.
[28] Vgl. *Herzig*, DB 1999, S. 10.

K. Wertsteigerungsrechte ohne Dividendenkomponente

698 Umstritten ist die Bemessung der Rückstellung. *E-DRS 11* verlangt, auf den nach optionspreistheoretischen Verfahren zu ermittelnden *Gesamtwert* am jeweiligen Bilanzstichtag abzustellen und diesen über den Leistungszeitraum zu verteilen.[29] Die Bewertung zum jeweiligen Bilanzstichtag stellt einen entscheidenden Unterschied zur Behandlung von Optionen, die bei Aktienoptionsplänen nach § 192 Abs. 2 Nr. 3 AktG ausgegeben werden, dar, da E-DRS 11 hierfür eine Bewertung zum Gesamtwert am *grant date* vorsieht. *Herzig, Schruff/Hasenburg* u.a. vertreten dagegen den Ansatz der Verbindlichkeitsrückstellung zum *inneren Wert* am jeweiligen Bilanzstichtag, ohne zeitliche Verteilung.[30]

699 Gem. § 253 Abs. 1 Satz 2 HGB sind Rückstellungen nur in Höhe des Betrages anzusetzen, der nach vernünftiger kaufmännischer Beurteilung notwendig ist. Die Ansicht, den berechtigten Mitarbeitern würden durch Zusage der Rechte bereits bewertbare Vermögensgegenstände (Optionen) zugewendet,[31] kann zum Heranziehen des Gesamtwertes dieser Rechte für die Bemessung der Rückstellungshöhe nicht überzeugen. Denn welchen Wert ein Dritter dem Recht auch immer beimessen mag, die Zahlungsverpflichtung des Unternehmens wird hiervon nicht berührt, sondern bemisst sich ausschließlich nach dem inneren Wert der SARs.[32] Auch die späteren Auszahlungen des Unternehmens bemessen sich allein nach dem inneren Wert der SARs. Nur dieser ist deshalb u.E. als Grundlage für die Rückstellungsbewertung geeignet. Zudem ist eine *zeitliche Verteilung* des inneren Wertes über den Leistungszeitraum (Sperrfrist) nicht zulässig. Hiergegen sprechen schon das Vorsichtsprinzip und der Grundsatz der Periodenabgrenzung.[33]

700 In Abhängigkeit von der Entwicklung der Aktienkurse des Unternehmens kann der innere Wert der SARs schwanken. An den folgenden Bilanzstichtagen ist die Rückstellung dementsprechend fortzuschreiben.[34] Es kann sowohl eine Anpassung der Rückstellung nach oben als auch nach unten erforderlich sein. Zuwächse des inneren Wertes der SARs führen mithin zu einer Erhöhung, Wertverluste dagegen zu einer Minderung der Rückstellung. *Herzig* spricht deshalb von einem „atypisch kumulierenden Erfüllungsrückstand".[35] Die Zuführung zur Rückstellung ist über den Personalaufwand zu dotieren, die Auflösung der Rückstellung führt zu sonstigen betrieblichen Erträgen.[36]

701 Eine Abzinsung kommt während der Sperrfrist nicht in Betracht,[37] Abschläge auf den Anfangswert könnten aber aufgrund von Fluktuation sowie sonstigen besonderen Bedingungen erforderlich sein.[38]

---

[29] Vgl. E-DRS 11.33 ff.; *Pellens/Crasselt*, WPg 1999, S. 765 ff.
[30] Vgl. *Schruff/Hasenburg*, BFuP 1999, S. 626; *Herzig*, DB 1999, S. 10.
[31] So *Pellens/Crasselt*, WPg 1999, S. 771.
[32] Vgl. *Schruff/Hasenburg*, BFuP 1999, S. 626; gl.A. *Lange*, StuW 2001, S. 145.
[33] Vgl. *Schruff/Hasenburg*, BFuP 1999, S. 627.
[34] Vgl. *Herzig*, DB 1999, S. 10.
[35] *Herzig*, DB 1999, S. 10; krit. zum Begriff des „atypisch kumulierenden Erfüllungsrückstandes" *Lange*, StuW 2001, S. 142.
[36] Vgl. nur *Förschle* in: Beck Bil-Komm., 4. Aufl. 1999, § 275 HGB Anm. 102.
[37] *Schruff/Hasenburg*, BFuP 1999, S. 629. *Herzig* zieht demgegenüber auch die Abwertung des inneren Wertes auf den Barwert der Verpflichtung zumindest als Möglichkeit in Betracht; dies könnte freilich ohnehin nur unter den engen Voraussetzungen des § 253 Abs. 1 Satz 2 zweiter Halbsatz HGB bejaht werden.
[38] Vgl. *Herzig*, DB 1999, S. 10.

c) Bilanzierung bei Ausübung/Nichtausübung der SARs

Werden die SARs ausgeübt, so führt die Auszahlung des entsprechenden Betrages bei der Gesellschaft zu einem Abfluss von Barmitteln. Reicht die in den Vorjahren gebildete Rückstellung nicht aus, ist der zusätzlich erforderliche Betrag im laufenden Geschäftsjahr als Personalaufwand zu erfassen. **702**

Bei Nichtausübung der SARs, d.h. bei deren endgültigem Verfall, ist die für die mögliche Inanspruchnahme gebildete Rückstellung ergebniswirksam aufzulösen (§ 249 Abs. 3 Satz 2 HGB). **703**

3. Andere Auffassungen

E-DRS 11, Pellens/Crasselt u.a. befürworten die Verteilung des nach ihrer Meinung für die Bewertung der Rückstellung maßgeblichen Gesamtwertes der SARs über den regelmäßig mit der Sperrfrist gleichzusetzenden Leistungszeitraum.[39] Die Rückstellung für ungewisse Verbindlichkeiten ist demzufolge zeitanteilig über den Entlohnungszeitraum, welcher i.d.R. der Ausübungssperrfrist entspricht, zu erhöhen. Im *WP-Handbuch* wird zwar ebenfalls diese Ansicht vertreten, immerhin wird aber die unter Rz. 699 ff. beschriebene Vorgehensweise als zulässige „Vereinfachung"[40] qualifiziert. **704**

Abweichend zur bilanziellen Behandlung nackter Optionen (vgl. Rz. 185) sind Abschläge für erwartete Fluktuations- und Sterbewahrscheinlichkeiten zu berücksichtigen, um den erwarteten Zahlungsbetrag zu schätzen.[41] Ein weiterer Unterschied zu den Bilanzierungsgrundsätzen für nackte Optionen besteht darin, dass nicht bereits mit dem Ausgabetag, d.h. bei Gewährung, der insgesamt aufwandswirksam zu erfassende Personalaufwand determiniert ist, sondern zu jedem Bilanzstichtag auf den dann aktuellen Gesamtwert der SARs, also den Optionsgesamtwert unter den dann aktuellen Ausprägungen der Bewertungsparameter, abzustellen ist.[42] **705**

4. Tandem Plan

a) Wahlrecht der Gesellschaft

In der Praxis finden sich Fälle, in denen es der Gesellschaft überlassen bleibt, den Berechtigten entweder bestehende Aktien zu dem vereinbarten Ausübungspreis zu überlassen (Aktienoptionsplan) oder eine Zahlung wie bei der Ausgabe von SARs zu leisten. Derartige Verbindungen zwischen einem Aktienoptionsplan und einem SAR werden in der angloamerikanischen Terminologie auch als „tandem plan" bezeichnet. In diesen Fällen steht bei der Begebung der Optionen noch nicht fest, in welcher Weise sie erfüllt werden. Wegen der Abhängigkeit der Bilanzierung von der Art der Bedienung/Erfüllung der Verpflichtung [Rückstellung (SAR) versus keine Buchung (Aktienoptionsplan nach § 192 Abs. 2 Nr. 3 AktG)], kommt der Erörterung dieser Art von Plänen besondere Bedeutung zu. **706**

---

[39] Vgl. E-DRS 11.33 ff.; *Pellens/Crasselt*, WPg 1999, S. 765 ff. Siehe zu dieser Auffassung auch das Beispiel 4 im Anhang E des E-DRS 11.
[40] Vgl. WP-Handbuch, Bd. I, 2000, Abschn. F Tz. 117. Eine derartige „Kompromissformel" ist indes u.E. dogmatisch unbefriedigend und bilanzrechtlich bedenklich.
[41] Vgl. E-DRS 11.35.
[42] Vgl. E-DRS 11.35.

707 Wird – abweichend von der hier vertretenen Ansicht – der Auffassung von *Pellens/Crasselt* und des *DSR* gefolgt, nach der bei einem Aktienoptionsplan nach § 192 Abs. 2 Nr. 3 AktG Personalaufwand gegen die Kapitalrücklage zu buchen ist, muss im Rahmen der bilanziellen Behandlung von *tandem plans* zudem bedacht werden, dass die einmal erfolgte Dotierung der Kapitalrücklage wegen § 150 AktG irreversibel ist. Nach unbestrittener Ansicht gilt dies auch für den Fall, dass die Gesellschaft ihr Wahlrecht später zugunsten eines Barausgleichs ausübt. Daher kommt die Bildung einer Kapitalrücklage so lange nicht in Betracht, bis abschließend feststeht, dass die Arbeitsleistung für die Gewährung einer Option auf neue Aktien aus bedingtem Kapital erbracht wurde. Es wird vielmehr für sachgerecht erachtet, den sich an den einzelnen Stichtagen ergebenden Betrag *zunächst unter den Rückstellungen* auszuweisen. Wird später die Möglichkeit gewählt, die nach Ansicht von *Pellens/Crasselt* und des *DSR* für sich betrachtet zu einer Einstellung in die Kapitalrücklage führt, ist der zurückgestellte Betrag erfolgsneutral in die Kapitalrücklage umzubuchen. Die Dotierung der Kapitalrücklage muss – nach dieser Literaturmeinung folgerichtig – dem Gesamtwert der Optionen bei Gewährung entsprechen. Eine mögliche Über- oder Unterdeckung der Rückstellung ist erfolgswirksam zu korrigieren.[43]

708 Die vom DSR vorgesehene Bilanzierung ist offenbar von dem Motiv getragen, die Aufwandswirksamkeit der Buchung auf jeden Fall sicherzustellen. Zumindest steuerbilanziell wird dieses Ziel jedoch ohnehin verfehlt, denn es handelt sich bei der Rückstellung allenfalls um eine Aufwandsrückstellung nach § 249 Abs. 2 HGB.[44] Zur Kritik an der „Rückstellungslösung" des DSR siehe auch Rz. 698f. U.E. ist deshalb bei einem Erfüllungswahlrecht der Gesellschaft, ausgenommen im Rahmen der freiwilligen Aufwandsrückstellungen nach § 249 Abs. 2 HGB, wie bei Aktienoptionsplänen nach § 192 Abs. 2 Nr. 3 AktG keine Buchung vorzunehmen.

b) Beispiel

709 In Anlehnung an *E-DRS 11* folgendes Beispiel, welches die vom DSR verfolgte Bilanzierung illustriert:[45]

710 Ein Unternehmen gewähre seinen Mitarbeitern Optionen, behalte sich jedoch das Recht vor, den Mitarbeitern nach Ausübung der Optionen statt Aktien den Differenzbetrag zwischen dem bei Ausübung geltenden Marktpreis der Aktie und dem Ausübungspreis von 100 € in bar zu zahlen (Barvergütung; *cash settlement*). Die Laufzeit der Optionen betrage 8 Jahre, die Sperrfrist 2 Jahre. Der Gesamtwert pro Option sei mit 24 € angenommen. Insgesamt werden 500.000 Optionen gewährt. Das Unternehmen beabsichtige, die Optionen durch Lieferung von verbilligten Aktien zu bedienen.
 – Bei Gewährung erfolgt keine Buchung (schwebendes Geschäft).
 – Nach einem Jahr ist die Hälfte der Sperrfrist (Leistungszeitraum) verstrichen. Dementsprechend ist die Hälfte des Optionswerts bei Gewährung, also 6 Mio. €, als Aufwand zu buchen. Da zwar beabsichtigt ist, die Optionen durch

---

[43] Vgl. E-DRS 11.36 ff.; *Förschle/Kropp* in: Beck Bil-Komm., 4. Aufl. 1999, § 266 HGB Anm. 290; *Lorenz*, DStR 2000, S. 1580; *Gelhausen/Hönsch*, WPg 2001, S. 79 f.
[44] Zutreffend *IDW*, WPg 2000, S. 1080.
[45] E-DRS 11, Anhang E, Beispiel 5.

Aktien zu bedienen, dies aber nicht endgültig feststeht, wird zunächst eine Rückstellung gebildet.
Personalaufwand 6 Mio. € an Rückstellung 6 Mio. €
— Am Ende des zweiten Jahres wird im Grundsatz genauso verfahren, es sei denn, die Annahme über die Bedienung der Optionen ist – unter Wahrung des Stetigkeitsgebots – zu ändern.
— Werden die Optionen später tatsächlich durch Aktien bedient, ist die angesammelte Rückstellung in die Kapitalrücklage umzubuchen.
Rückstellung 12 Mio. € an Kapitalrücklage 12 Mio. €
— Werden die Optionen jedoch später entgegen der vorher getroffenen Annahme durch eine Barvergütung abgegolten, weicht die fällige Zahlung i.d.R. von der Höhe der Rückstellung ab. Angenommen, sämtliche Optionen würden bei einem Aktienkurs von 150 € ausgeübt und durch die Barvergütung bedient, dann hätte dies folgende Auswirkung: Da die fällige Auszahlung von 25 Mio. nur zum Teil durch die Rückstellung von 12 Mio. € gedeckt ist, wäre ein zusätzlicher Aufwand von 13 Mio. € zu buchen.
Rückstellung 12 Mio. €
Personalaufwand 13 Mio. € an Kasse 25 Mio. €

c) Wahlrecht der Mitarbeiter

Bei einem Wahlrecht der Mitarbeiter ist im Zweifel davon auszugehen, dass **711** diese einen Barausgleich anstreben. Grundsätzlich ist deshalb einer Rückstellungsbildung – wie im Falle eines virtuellen Stock-Option-Plans, der die Ausgabe von SARs vorsieht – der Buchung wie bei einem Aktienoptionsplan nach § 192 Abs. 2 Nr. 3 AktG der Vorzug zu geben.[46]

5. Beispiel

a) Ausgangsdaten

Zur Illustration der verschiedenen Ansichten nachfolgend ein im Schrifttum **712** bewährtes Beispiel:[47]

Ausgabe zu Beginn des Jahres 2001
— Aktueller Kurs: 100 €
— Optionsgesamtwert *(fair value)* zu Beginn des Jahres 2001 nach Black/Scholes: 24 €
  — Volatilität: 32 %
  — Laufzeit: 3 Jahre (im Beispiel identisch mit Sperrfrist)
  — Risikoloser Zinsfuß: 5 %
  — Erwartete jährliche Dividendenrendite: 2 %
— Innerer Wert zu Beginn des Jahres 2001: 0 €

---

[46] So auch *IDW*, WPg 2000, S. 1080.
[47] Beispiel nach *Pellens/Crasselt*, WPg 1999, S. 767 und 769 f.

K. Wertsteigerungsrechte ohne Dividendenkomponente

b) Bilanzierung nach Variante A (Auffassung von *Herzig*)[48]

Zeitpunkt	Innerer Wert (€)	Verteilung (%)	Zuführung (€)			Höhe (€)
			2001	2002	2003	
1. 1.01	0	100				0
31.12.01	11	100	11			11
31.12.02	15	100		4		15
31.12.03	33	100			18	33

Tabelle 24: Rückstellung in Höhe des inneren Wertes zum Bilanzstichtag

c) Bilanzierung nach Variante B (Auffassung von *Pellens/Crasselt*)

Zeitpunkt	Fair Value (€)	Verteilung (%)	Zuführung (€)			Höhe (€)
			2001	2002	2003	
1. 1.01	24	0				0
31.12.01	27	33	9			9
31.12.02	24	67		7		16
31.12.03	33	100			19	33

Tabelle 25: Rückstellung in Höhe des zeitanteiligen Optionsgesamtwertes zum Bilanzstichtag

6. Anhangangaben

a) Bezüge der Mitglieder des Geschäftsführungsorgans

713 Während Aktienoptionspläne, in deren Rahmen den Berechtigten Bezugsrechte auf junge oder bereits bestehende Anteile eingeräumt werden, zur Überlassung von Aktien der Gesellschaft führen, erfolgt auf der Grundlage der eingeräumten SARs eine Barabgeltung der eingetretenen Wertsteigerung. Die im Rahmen eines SAR-Plans Berechtigten erhalten also im Jahr der Einräumung keine Bezugsrechte, sondern Rechte auf eine zusätzliche Barzahlung. Diese zusätzliche Vergütung gehört folglich zu den gemäß § 285 Nr. 9a Satz 1 HGB (bzw. für den Konzernabschluss nach § 314 Abs. 1 Nr. 6a HGB) anzugebenden Organbezügen. Denn wenn SARs als zusätzliche aktienkursbasierte Vergütungen verstanden werden, gehören sie im Rahmen der in § 285 Nr. 9a Satz 1 HGB aufgeführten Bestandteile der Gesamtbezüge zu den *Gehältern*.

714 Dem Wortlaut des § 285 Nr. 9a Satz 1 HGB entsprechend, ist die Angabe im Jahr der Gewährung der zusätzlichen Vergütung zu machen. Die Gewährung der Barvergütung im Rahmen von SARs erfolgt jedoch erst im Jahr der Ausübung der Rechte, d.h. im Jahr der tatsächlichen Auszahlung. Dies spricht für eine Angabe ebenfalls erst im Jahr der Ausübung der Rechte.

715 Zulässig und in der Sache vielleicht sogar angemessener erscheint es aber, die Bezüge bereits in den *Geschäftsjahren* anzugeben, *in denen die Rückstellung zu dotieren ist*, in denen also Personalaufwand – sei es nun nach Variante A oder nach Variante B (vgl. Rz. 712) – gebucht wird.[49] Diese Ansicht scheitert im Übrigen

---

[48] Ein Beispiel zur Verdeutlichung dieser Auffassung findet sich auch bei *Simons*, WPg 2001, S. 93.

[49] So auch *ADS*, 6. Aufl. 2001, § 285 HGB n.F. Tz. 28, die dieser Interpretation aufgrund der Vergleichbarkeit der SARs mit Tantiemezahlungen sogar den Vorzug vor der am Wortlaut orientierten Auslegung geben.

III. Bilanzierung nach deutschen GoB

nicht daran, dass es sich bei der Barvergütung nicht um *Bezugsrechte* handelt;[50] bei den Zahlungen aufgrund eines SARs handelt es sich um *Gehaltsbestandteile*, die ebenfalls der Angabepflicht nach § 285 Nr. 9a HGB unterliegen.[51]

Auch der HFA präferiert im Rahmen der Angabe der Gesamtbezüge nach § 285 Nr. 9a Satz 1 HGB die Angabe des jährlich zurückgestellten Betrages, hält aber auch die Angabe im Jahr der Ausübung der SARs für statthaft. Letzteres aber nur unter der Annahme, einzige rechtliche Grundlage sei dann § 285 Nr. 9a Satz 3 HGB; die Angabe müsse dann getrennt von den Angaben nach Satz 1 erfolgen.[52] Diese Handhabung sehen auch *ADS* als tragbar an.[53]

716

Fraglich ist, ob § 285 Nr. 9a HGB über das Vorstehende hinausgehende Angabepflichten verlangt. Es erstaunt, dass E-DRS 11.40 davon mit großer Selbstverständlichkeit ausgeht. Bereits die starke Anlehnung an die umfangreichen *disclosures* nach US-GAAP (Rz. 489 ff.) lässt vermuten, dass hierbei wohl weniger die sachgerechte Auslegung des Gesetzes als die Vermeidung von Unterschieden zu den US-GAAP um jeden Preis eine Rolle gespielt haben mag. M.a.W.: Die apodiktische Formulierung der Anhangangaben nach Auffassung des DSR wird hier nicht geteilt; ihr fehlt die normative Grundlage. Auch § 264 Abs. 2 Satz 2 HGB eignet sich hierfür nicht.

717

Eine ganz andere Frage ist freilich, ob die Anhangangaben, die der DSR in Erwägung zieht, sinnvoll sind. Dies ist zweifellos – wenn auch nicht hinsichtlich jeder einzelnen Angabe – zu bejahen. Die maßgebende Passage des E-DRS 11 lautet:

718

„40.
Für Aktienoptionspläne sind im Anhang folgende Angaben zu machen:
a) eine generelle Beschreibung der einzelnen Programme mit wichtigen Eckdaten. Dazu zählen insbesondere der Bezugskurs, ggf. Erfolgsziele, die Anzahl der Rechte, die Laufzeit, die Sperrfrist, ggf. Ausübungsbedingungen sowie der rechnerische Wert der Rechte bei Gewährung;
b) die Summe des insgesamt in der Periode aus den Programmen entstandenen Aufwands. Der auf Organmitglieder des Unternehmens bzw. des Mutterunternehmens entfallende Betrag ist hierbei gesondert anzugeben. Existieren mehrere Programme, ist der Aufwand für jedes Programm getrennt anzugeben;
c) für jedes Programm die Anzahl der Optionen und der durchschnittliche Bezugskurs getrennt für alle (1) zu Jahresbeginn ausstehenden, (2) innerhalb des Jahres gewährten, (3) ausgeübten, (4) aufgrund von Ausübungsbedingungen erloschenen und (5) am Ende der Laufzeit verfallenen sowie (6) am Jahresende ausstehenden und (7) am Jahresende ausübbaren Rechte;
d) der Gesamtwert (innerer Wert plus Zeitwert) aller innerhalb des Jahres als Entgelt gewährten Optionen. Der Wert der Optionen, die Organmitgliedern des Unternehmens bzw. des Mutterunternehmens gewährt wurden, ist hierbei gesondert anzugeben;
e) die Methode zur Bewertung der Optionen sowie die dabei verwendeten Parameter. Insbesondere sind die Annahmen über die Volatilität, die Dividendenrendite und den risikolosen Zinsfuß anzugeben sowie die vorgenommenen Modifikationen zur Berücksichtigung der eingeschränkten Handelbarkeit und von Erfolgszielen offen zu legen;

---

[50] Dahingehende Bedenken werden von *ADS*, 6. Aufl. 2001, § 285 n.F. Tz. 27 thematisiert.
[51] Zutreffend E-DRS 11.42.
[52] Vgl. *HFA*, Berichterstattung über die 176. Sitzung, FN 2001, S. 190 (191).
[53] Vgl. *ADS*, 6. Aufl., § 285 HGB n.F. Tz. 29. *ADS* sehen in den Zahlungen aufgrund von SARs keinen Gesamtbezug i.S.d. *Satzes 1* dieser Vorschrift, sondern einen Bezug, der zwar im Geschäftsjahr gewährt, aber bisher in keinem Jahresabschluss angegeben worden ist. Derartige Bezüge sind eigenständig in *Satz 3* derselben Vorschrift geregelt. Sie sind nach weit verbreiteter Ansicht nicht in die Angabe der Gesamtbezüge einzubeziehen, sondern *getrennt* von diesen *anzugeben*; diese Ansicht stützt sich auf den Wortlaut der Vorschrift („Außer den Bezügen für das Geschäftsjahr ..."). Indes darf sich auch die Angabe nach Satz 3 nicht in verbalen Beschreibungen erschöpfen.

K. Wertsteigerungsrechte ohne Dividendenkomponente

f) die durch die Neufestsetzung des Bezugskurses entstehende Werterhöhung von bereits gewährten Optionsrechten.
...

D8
g) Hinsichtlich der geforderten Anhangangaben unterscheidet sich der Standardentwurf in einigen Punkten von US GAAP. Insbesondere betrifft dies:
aa) den Detaillierungsgrad bei der Angabe des Gesamtwertes am Tag der Gewährung der im Geschäftsjahr gewährten Optionen. Die nach US GAAP vorgesehene verpflichtende Trennung in drei Gruppen, die nach dem Verhältnis des Bezugskurses bzw. des Ausübungspreises zum Marktwert der Aktie am Tag der Gewährung abgestuft sind, wurde nicht übernommen;
bb) die Angabe der Bandbreite von Bezugskursen bzw. kleinerer Teilbandbreiten zuzüglich weiter gehender Informationen für diese Gruppen von Optionen ist im Standardentwurf nicht vorgesehen."

719   Die Änderungen des HGB aufgrund des TransPuG wurden bereits unter Rz. 226 ff. ausführlich erläutert. Da SARs aufgrund der bei Ausübung an die Berechtigten zu zahlenden Barvergütung zu Personalaufwand führen, unterliegen diese Gehaltsbestandteile der Angabepflicht nach § 285 Nr. 9a Satz 1 HGB. Einer Klarstellung in § 285 Nr. 9a HGB bedarf es daher u.E. nicht.

b) Löhne und Gehälter

720   Bzgl. Angabepflichten nach § 285 Nr. 8b HGB kann auf die Ausführungen unter Rz. 217 verwiesen werden.

7. Lagebericht

721   Bzgl. der Angaben zu Aktienoptionsplänen im Lagebericht kann auf die Ausführungen unter Rz. 224 f. verwiesen werden.

8. Sicherungsgeschäfte

a) Sicherungsmöglichkeiten

722   Für die Sicherung von SARs bestehen zwei Möglichkeiten. Zum einen ist an den Erwerb eigener Aktien zu denken. Durch deren Veräußerung könnte der zur Bedienung des SARs benötigte Betrag finanziert werden.[54] Zum anderen kann das Unternehmen auch selbst eine Option (Kaufoption; *call option*) auf die eigenen Aktien erwerben. Für die bilanzielle Beurteilung ergeben sich im Übrigen keine prinzipiellen Unterschiede zwischen Optionen, die durch eigene Aktien bedient werden (vgl. Rz. 607 ff.), und den hier zu diskutierenden SARs.

b) Erwerb eigener Aktien

723   Die eigenen Aktien bilden mit der Rückstellung eine Bewertungseinheit (geschlossene Position); die notwendige Dokumentation und Sicherungsabsicht dürften sich in der Regel schon aus dem nach § 71 Abs. 1 Nr. 8 AktG erforderlichen Hauptversammlungsbeschluss ergeben.[55] Mit steigenden Kursen geht zwar eine Erhöhung des inneren Wertes und damit der Rückstellungshöhe einher, dies wird aber kompensiert durch die Wertsteigerung der eigenen Aktien. Da es somit an einer wirtschaftlichen Belastung des Unternehmens trotz Kurssteigerung mangelt, ist eine Rückstellung nicht zu bilden. Dies gilt allerdings nur, sofern

---

[54] Vgl. *Lange*, StuW, S. 146.
[55] Zutreffend *Schruff/Hasenburg*, BFuP 1999, S. 631.

der von dem Begünstigten zu leistende (fiktive) Ausübungspreis des SAR mindestens die Anschaffungskosten der eigenen Anteile erreicht oder diesen sogar übersteigt.[56]

Umgekehrt gilt der Sicherungszusammenhang freilich nicht (Absicherung des Sicherungsgeschäfts durch das Grundgeschäft). Hier kann es durchaus zur Notwendigkeit einer Abschreibung der eigenen Anteile nach dem strengen Niederstwertprinzip auf den niedrigeren beizulegenden Wert (§ 253 Abs. 3 HGB) kommen, denn die Rückstellung kann bei Kurseinbrüchen höchstens bis auf den Wert von null sinken.[57] **724**

Zum Zeitpunkt der Ausübung wird der an den Berechtigten zu zahlende Betrag in voller Höhe aufwandswirksam;[58] dem steht der Ertrag aus der Veräußerung der eigenen Aktien gegenüber. Bei Ausübung kann es aber sogar zu Situationen kommen, in denen der Ertrag aus den eigenen Aktien den Aufwand aus dem Abgeltungsbetrag für die Begünstigten übersteigt, weil der Ausübungspreis über den eigenen Anschaffungskosten für die Aktien liegt. Der Sache nach handelt es sich bei der Differenz um „negativen Personalaufwand", der – wie der Personalaufwand – im Betriebsergebnis, und zwar als „sonstiger betrieblicher Ertrag" zu buchen ist.[59] **725**

c) Erwerb einer Kaufoption

Auch hier dürfte im Regelfall von einer Bewertungseinheit auszugehen sein.[60] Voraussetzung ist aber, dass im Einzelfall die Deckungsfähigkeit und Sicherungsabsicht nachgewiesen und dokumentiert sind.[61] **726**

Liegen diese Voraussetzungen vor, braucht im Falle von Kurssteigerungen eine Rückstellung nicht gebildet zu werden.[62] Aufgrund der fehlenden umgekehrten Deckungsfähigkeit (d.h. der Verbindlichkeit für die Option; vgl. Rz. 724) können Wertverluste aber nicht ohne weiteres kompensiert werden.[63] **727**

Die gezahlte Optionsprämie ist zu aktivieren und über die Sperrfrist planmäßig (bei vorheriger Ausübung ggf. außerplanmäßig) abzuschreiben.[64] Das scheint der herkömmlichen Ansicht zu widersprechen, nach der Optionen keinem Wertverlust unterliegen, weil einem Absinken des Zeitwertes im Zeitablauf (bei Kurssteigerungen) eine Zunahme des inneren Werts gegenübersteht. Zur Begründung der planmäßigen Abschreibung wird indes angeführt, dass der in der Optionsprämie enthaltene innere Wert nicht zur üblichen Stabilisierung des Optionswertes beitrage. Vielmehr entspreche jeder Erhöhung des inneren Wertes aufgrund einer Kurssteigerung eine Erhöhung des Erfüllungsrückstandes und mithin der Rückstellung. Unter diesem Blickwinkel verbleibt somit nur noch der Zeitwert als wertbestimmende Größe. Dieser sinkt aber im Zeitablauf.[65] **728**

---

[56] Vgl. *Schruff/Hasenburg*, BFuP 1999, S. 632; *Lange*, StuW 2001, S. 145.
[57] Vgl. *Schruff/Hasenburg*, BFuP 1999, S. 632.
[58] Vgl. WP-Handbuch, Bd. I, 2000, Abschn. F. Tz. 118.
[59] Str.; vgl. *Schruff/Hasenburg*, BFuP 1999, S. 632; a.A. (außerordentlicher Ertrag) *Pellens/Crasselt* in: Pellens, 1998, S. 150.
[60] Vgl. *Lange*, StuW 2001, S. 144.
[61] Vgl. *Schruff/Hasenburg*, BFuP 1999, S. 629 m.w.N.
[62] Vgl. *Lange*, StuW 2001, S. 144.
[63] Vgl. *Lange*, StuW 2001, S. 144.
[64] Vgl. *Schruff/Hasenburg*, BFuP 1999, S. 630 f.
[65] Vgl. *Schruff/Hasenburg*, BFuP 1999, S. 630 f.

K. Wertsteigerungsrechte ohne Dividendenkomponente

729 Es wird aber auch die Ansicht vertreten, über die Sperrfrist sei eine Rückstellung i.H.d. gezahlten Optionsprämie zu Lasten des Personalaufwands anzusammeln. Zu einer Abschreibung der Option kommt es dann nicht.[66]

9. Ausgabe von SARs im Konzern

a) Ausgabe von SARs durch die Muttergesellschaft

730 Häufig werden SARs durch eine Muttergesellschaft ausgegeben, die nicht nur eigene Mitarbeiter, sondern auch Mitarbeiter verbundener Unternehmen in den Plan einbindet. Die Muttergesellschaft wird hier selbst Vertragspartner der Mitarbeiter des Tochterunternehmens. Trägt die Muttergesellschaft allein die sich aus der Ausgabe der SARs ergebende Zahlungsverpflichtung, ergeben sich keine Besonderheiten gegenüber den oben dargestellten bilanziellen Folgen (vgl. Rz. 695 ff.). Das Mutterunternehmen hat demnach eine Verbindlichkeitsrückstellung in Höhe des jeweiligen inneren Wertes der Rechte zum Bilanzstichtag zu passivieren.

731 Denkbar ist jedoch für den Fall, dass die Muttergesellschaft SARs direkt an Mitarbeiter von Tochterunternehmen ausgibt, auch eine Weiterbelastung an das Tochterunternehmen[67] (etwa entsprechend der Anzahl der vom Tochterunternehmen beschäftigten und teilnahmeberechtigten Mitarbeiter). Fraglich ist in diesem Fall, ob auch bei vertraglich begründeter Rückgriffsmöglichkeit auf das Tochterunternehmen eine Verbindlichkeitsrückstellung seitens der Muttergesellschaft zu bilden ist oder ob dies unterbleiben kann. U.E. wird wohl letztgenannte Alternative zu bejahen sein, da die Erstattung der von der Muttergesellschaft zu leistenden Zahlungen durch das Tochterunternehmen mit einem Sicherungsgeschäft vergleichbar ist. Auf die Bilanzierung des Grundgeschäfts kann aufgrund der geschlossenen Position (Bewertungseinheit) auf Ebene der Muttergesellschaft demnach verzichtet werden.[68]

732 Das Tochterunternehmen hat demgegenüber aufgrund der von ihm übernommenen Zahlungsverpflichtung eine Rückstellung für ungewisse Verbindlichkeiten nach obigen Grundsätzen zu passivieren.

b) Ausgabe von SARs durch die Tochtergesellschaft

733 Eine weitere Möglichkeit der Ausgestaltung besteht darin, dass SARs durch das Tochterunternehmen ausgegeben werden, wobei sich die Zahlung an die Mitarbeiter an der Kursentwicklung der Aktie der Muttergesellschaft orientieren wird. Auch hier hat das Tochterunternehmen grundsätzlich eine Rückstellung für ungewisse Verbindlichkeiten nach den o.g. Maßgaben zu passivieren.

734 Zur Absicherung der möglichen Zahlungsverpflichtung kann das Tochterunternehmen wiederum Sicherungsgeschäfte abschließen. Erwirbt das Tochterunternehmen bspw. eine Kaufoption auf Aktien der Muttergesellschaft, die auf die Lieferung von Anteilen der Muttergesellschaft zum Kurs bei Begabe der

---

[66] Vgl. *Gelhausen/Hönsch*, WPg 2001, S. 69; *Pellens/Crasselt* in: Pellens, 1998, S. 138; WP-Handbuch, Bd. I, 2000, Abschn. F Tz. 118.

[67] Bei Aktienoptionsplänen auf Basis eines bedingten Kapitals dürfte eine Weiterbelastung dagegen nicht in Frage kommen, da die Schaffung des bedingten Kapitals nach der hier vertretenen Auffassung nicht zu Personalaufwand führt.

[68] Gl.A. *Gelhausen/Hönsch*, WPg 2001, S. 81.

SARs oder aber auf die Zahlung eines Barbetrages gerichtet ist, wird das Tochterunternehmen eine Optionsprämie an die Muttergesellschaft zu entrichten haben. Diese ist dann bei der Tochtergesellschaft mit ihren Anschaffungskosten zu aktivieren und über die Laufzeit des Plans abzuschreiben. Das Grundgeschäft selbst findet dann keinen Niederschlag in der Bilanz des Tochterunternehmens; vielmehr hat die Muttergesellschaft die Zahlungsverpflichtung in Form einer Verbindlichkeitsrückstellung zu berücksichtigen. Insoweit ergeben sich keine Besonderheiten gegenüber virtuellen Stock-Option-Plänen, die nur Mitarbeiter *eines* Unternehmens berechtigen und bei denen sich das Unternehmen gegen die Zahlungsverpflichtung (durch Erwerb einer Kaufoption, die auf den Erwerb eigener Aktien oder auf Barzahlung gerichtet ist) absichert.

c) Konzernabschluss

Im Rahmen des Konzernabschlusses ergeben sich wegen des Vorhandenseins von virtuellen Stock-Option-Plänen grundsätzlich keine Besonderheiten. Die konzerninternen Leistungsbeziehungen aufgrund von virtuellen Stock-Option-Plänen werden im Wege der Konsolidierung eliminiert. 735

IV. Bilanzierung nach international anerkannten Rechnungslegungsvorschriften

1. Bilanzierung nach US-GAAP

a) APB 25

aa) Bilanzierung bei Ausgabe der SARs

Die in APB 25 niedergelegten Grundsätze zur Bilanzierung von Optionen gelten auch für die Bilanzierung von SARs (FIN 28.2). Demnach hat das Unternehmen den zu erfassenden Personalaufwand zu bemessen *"as the amount by which the quoted market value of the shares of the enterprise's stock covered by the grant exceeds the option price or value specified, by reference to a market price or otherwise, subject to any appreciation limitations under the plan"*. 736

Unter *"option price"* ist dabei nicht etwa der Gesamtwert der Rechte nach optionspreistheoretischen Modellen zu verstehen, sondern der aktuelle Kurs der Aktien zum Zeitpunkt der Ausgabe der Rechte.[69] Die Differenz zwischen dem jeweiligen Kurs am Bilanzstichtag und dem Ausübungspreis bildet den inneren Wert der SARs und ist an jedem Bilanzstichtag zu ermitteln. Ist der innere Wert der Rechte bei Ausgabe der Rechte null, ergibt sich somit keine Buchung. 737

Das Abstellen auf den inneren Wert der SARs entspricht der hier vertretenen Auffassung zur Bilanzierung von SARs nach deutschen GoB. Im Unterschied zu den deutschen GoB, die keine zeitliche Verteilung des inneren Wertes verlangen, fordert APB 25 eine Verteilung des jeweiligen inneren Wertes über den Zeitraum, in dem der Mitarbeiter seine Leistungen im Rahmen des Plans zu erbringen hat. Ist dieser Leistungszeitraum nicht festgelegt, soll unterstellt werden, dass er der sog. *"vesting period"* entspricht (FIN 28.3). 738

---

[69] Dies ergibt sich aus Appendix B zu FIN 28. In dem dort aufgeführten Beispiel entspricht der option price dem quoted market price at the day of grant.

bb) Bilanzierung während der Laufzeit der SARs

739 An den auf die Ausgabe der SARs folgenden Bilanzstichtagen ist der jeweilige innere Wert der SARs zu ermitteln. Da sich bei positiver Aktienkursentwicklung ein positiver innerer Wert der Rechte ergibt, ist bei der Gesellschaft Personalaufwand (*compensation cost*) zu erfassen; die Gegenbuchung ist eine „*Liability (under Stock Appreciation Plan)*".[70]

740 Während nach deutschen GoB jedoch an jedem Bilanzstichtag der innere Wert des SARs in voller Höhe als Verbindlichkeitsrückstellung zu bilanzieren ist, verlangt FIN 28 (vgl. Rz. 738) eine Verteilung des inneren Wertes. Es ist daher an jedem Bilanzstichtag der innere Wert zu ermitteln und dieser über den Leistungszeitraum zu verteilen. Etwaige „Nachholungen", weil in früheren Jahren die Rückstellung aus aktueller Sicht zu niedrig ausgefallen ist, gehen dabei zu Lasten des laufenden Geschäftsjahres.

741 Nach Ablauf der *service period* eintretende Veränderungen aufgrund von Kursschwankungen stellen Aufwand (Ertrag) der Abrechnungsperiode dar, in der die Änderung eintritt.[71]

cc) Bilanzierung bei Ausübung/Nichtausübung der SARs

742 Bei Ausübung wird die Rückstellung in Anspruch genommen. Werden die Ausübungsbedingungen nicht erreicht oder wird eine unverfallbare Option nicht ausgeübt (die Option gilt dann je nachdem als *forfeited* oder *expired*), ist die Rückstellung ergebniswirksam aufzulösen.

b) SFAS 123

743 Für „*awards that call for settlement in cash*" stellt SFAS 123.25 fest, dass eine „*liability*" zu bilden ist, die sich nach dem aktuellen Kurs der Aktie zum Stichtag richtet, wobei eine Aufwandsverteilung nach Maßgabe des FIN 28 vorgenommen werden soll. Dies darf als Verweis auf die unter Rz. 736 ff. erläuterten Bilanzierungsregeln des FIN 28, einer Interpretation zu APB 25, verstanden werden. Damit einher gehen die Stellungnahmen im deutschen Schrifttum, die hinsichtlich der bilanziellen Behandlung von SARs unter US-GAAP allein auf APB 25 i.V.m. FIN 28 rekurrieren.[72]

744 Gleichwohl gibt es im US-amerikanischen Schrifttum Stimmen, welche die *fair-value*-Konzeption des SFAS 123 auch in Bezug auf SARs zumindest fakultativ als anwendungsfähig erachten. Bei Anwendung des SFAS 123 wird die Höhe der Rückstellung durch den (zeitanteiligen) *fair value* bestimmt und ist damit weniger sensitiv im Hinblick auf Schwankungen des Aktienkurses als bei Anwendung des APB 25 i.V.m. FIN 28. Darin kann im Einzelfall durchaus eine gewisse Attraktivität für SFAS 123 liegen:

"Because compensation expense is measured by the difference between market prices of the stock from period, multiplied by the number of SARs, compensation expense can increase or decrease substantially from one period to the next. For this reason, companies with substantial stock appreciation rights plans may choose to use SFAS No. 123 guidelines because the total compensation expense is determined at the date of grant. Subsequent changes in market price are therefore ignored; total compensation expense may be lower under SFAS No. 123."[73]

---

[70] Vgl. *Kieso/Weygandt/Warfield*, 2001, p. 890.
[71] Vgl. *KPMG*, 1999, S. 128.
[72] Vgl. insbesondere *Pellens/Crasselt*, WPg 1999, S. 769 ff.
[73] *Kieso/Weygandt/Warfield*, 2001, p. 890. Wäre die Auffassung der Autoren zutreffend, wäre es allerdings erstaunlich, wie sehr die deutsche Erörterung US-amerikanischer Bilanzierungsregeln

Selbst bei einer fakultativen Zulässigkeit der Bewertungskonzeption des SFAS 745
123 müsste dann aber bedacht werden, dass die erstmalige Anwendung von SFAS
123 die künftige Anwendung von APB 25 ausschließen würde (SFAS 123.14).

c) Beispiel[74]

Zur Illustration sei das bereits eingeführte Beispiel verwendet (vgl. Rz. 712), 746
was zugleich ermöglicht, die Unterschiede zu der in Deutschland geführten Diskussion zur Rückstellungsbildung (Variante A (*Herzig*) versus Variante B (*Pellens/Crasselt*) zu verdeutlichen. Die Anwendung von FIN 28 würde demnach zu folgenden Wirkungen im Zeitraum Anfang 2001 bis Ende 2003 führen:

Zeitpunkt	Innerer Wert (€)	Verteilung (%)	Zuführung (€) 2001	Zuführung (€) 2002	Zuführung (€) 2003	Höhe (€)
1. 1.01	0	0				0
31.12.01	11	33	3,67			3,67
31.12.02	15	67		6,33		10
31.12.03	33	100			23	33

Tabelle 26: *Rückstellung in Höhe des zeitanteiligen inneren Wertes zum Bilanzstichtag*

d) Tandem Plan

aa) Wahlrecht der Mitarbeiter

Mitunter wird den *Mitarbeitern* die Möglichkeit eingeräumt, bei Optionsaus- 747
übung zwischen einem „*cash-settlement*" oder Aktien zu wählen (APB 25.11 h.). Dies
wird als „*tandem plan*" bezeichnet,[75] weil es sich um eine Kombination eines SARs
mit einem (anderen) variablen oder fixen Plan (vgl. dazu auch Rz. 243 ff.) handelt.

Aufgrund der unterschiedlichen Bilanzierung für Aktienoptionspläne und 748
SARs (insbesondere: *equity* oder *liability*) muss in derartigen Fällen zu jedem
Stichtag eingeschätzt werden, welcher Plan mutmaßlich zur Ausübung gelangt.
Nur dieser wird entsprechend bilanziert, der andere ignoriert.[76]

FIN 28.5 führt für den Fall, dass zunächst davon ausgegangen wird, „*the award* 749
is payable in cash" – also bei einer Bilanzierung nach den Regeln für SARs – aus:

„... An enterprise shall presume that the employee will elect to exercise the stock appreciation rights or other variable plan awards, but the presumption may be overcome if past experience or the terms of a combination plan[77] that limit the market appreciation available to the employee in

---

auf APB 25 i.V.m. FIN 28 fokussiert ist (siehe nur E-DRS 11, Anhang D, Rz. 8 b)), obwohl die fakultative Adaption von SFAS 123 z.B. dem E-DRS 11 bei der von ihm präferierten Rückstellungsbildung auf der Grundlage eines zeitanteiligen *fair value* durchaus gelegen sein dürfte, um die Kompatibilität seiner Vorschläge mit international anerkannten Rechnungslegungsgrundsätzen zu untermauern.

[74] Ein Beispiel zur Verdeutlichung der Rückstellungsbildung nach US-GAAP findet sich auch bei *Schmidbauer*, DStR 2000, S. 1488.
[75] Vgl. *Kieso/Weygandt/Warfield*, 2001, p. 890.
[76] Vgl. *Kieso/Weygandt/Warfield*, 2001, p. 890.
[77] Bei einem „*combination plan*" handelt es sich um die Ausgestaltung eines Stock-Option-Plans dergestalt, dass zwei Pläne (z.B. SOP und SAR) zwar miteinander kombiniert werden, die daraus ausübbaren Rechte aber gleichwohl unabhängig nebeneinander stehen. D.h. jeder Plan kann separat ausgeübt werden und lässt die Rechte aus dem anderen Plan nicht wie bei einem *tandem plan* verfallen.
In FIN 28.9f. wird der Begriff „*combination plan*" jedoch noch als Oberbegriff verwendet. Die Begriffe „*tandem plan*" und „*combination plan*" ebenfalls gleichsetzend *Kieso/Weygandt/Warfield*,

the stock appreciation rights or other variable plan awards provide evidence that the employee will elect to exercise the related stock option. If an enterprise has been accruing compensation for a stock appreciation right or other variable plan award and a change in circumstances provides evidence that the employee will likely elect to exercise the related stock option, accrued compensation recorded for the right or award shall *not* be adjusted. If the employee elects to exercise the stock option, the accrued compensation recorded for the right or award shall be recognized as a consideration for the stock issued. If all parts of the grant or award (e.g., both the option and the right or award) are forfeited or cancelled, accrued compensation shall be adjusted by decreasing compensation expense in that period."

bb) Wahlrecht der Gesellschaft

750   Hat das *Unternehmen* ein Wahlrecht zur Bedienung der Option, so richtet sich die Bilanzierung danach, was das Unternehmen beabsichtigt, im Falle der Optionsausübung zu tun.

e) Sicherungsgeschäfte

751   Erwirbt das Unternehmen *eigene Anteile,* aus deren Veräußerungserlös die SARs bedient werden sollen, so sind diese eigenen Anteile *(treasury stock)* vom Eigenkapital abzusetzen. Dazu lässt das US-amerikanische Recht zwei Verfahrensweisen zu: die *„cost method"* und die *„par value method",* die sich jeweils unterschiedlich auf die Zusammensetzung des Eigenkapitals auswirken.[78] Eigene Anteile stellen demnach keine brauchbare Alternative zur Kompensation des bei steigenden Kursen nach APB 25 i.V.m. FIN 28 anfallenden Personalaufwands dar.

752   Sichert sich das Unternehmen über den *Erwerb einer Kaufoption* gegen die Belastung aus dem SAR ab, führt dies zunächst dazu, dass die Option – wie jedes Derivat – mit dem jeweiligen Optionsgesamtwert *(fair value; intrinsic value + time value)* zu bewerten ist,[79] d.h. den Anschaffungskosten der Option. Es ist freilich darauf zu achten, dass die erworbene Kaufoption nicht als *equity-instrument* zu qualifizieren ist, sondern als *asset* (und damit als Derivat). Dies ist nach EITF 00-19 nur dann der Fall, wenn bei Optionsausübung ein Barausgleich *(net cash settlement*[80]*)* vorgesehen ist oder der Stillhalter im Hinblick auf die Art des Ausgleichs ein Wahlrecht hat zwischen *„net share*[81] *or net cash"* bzw. *„net cash or physical"*[82] (EITF 00-19 par. 36). Damit scheiden Kaufoptionen, die ausschließlich auf den (potenziellen) Erwerb eigener Aktien gerichtet sind, als Sicherungsinstrument ebenso aus wie unmittelbar im Bestand gehaltene eigene Aktien.

2001, p. 890, was indes nicht der Definition in SFAS 123 Appendix E entspricht und charakteristische Unterschiede (durchaus mit Auswirkungen auf die Bilanzierung) nivelliert: Bei einem *combination plan* gibt es keine Besonderheiten; die gewährten Rechte sind jeweils getrennt nach Maßgabe der für sie einschlägigen Bestimmungen als Aktienoptionsplan oder virtueller Plan unter Ausgabe von SARs zu bilanzieren („Each part of the award is actually a separate grant, and compensation cost is measured and recognized for each grant"; SFAS 123 Appendix E).

[78] Vgl. *Arbeitskreis „Externe Unternehmensrechnung" der Schmalenbach-Gesellschaft,* DB 1998, S. 1673 f.; *Günther/Muche/White,* WPg 1998, S. 575 f.
[79] Vgl. *Labude/Wienken,* WPg 2000, S. 18.
[80] „Net-cash settlement – the party with a loss delivers to the party with a gain a cash payment equal to the gain, and no shares are exchanged" (EITF 00-19 para. 1).
[81] „Net-share settlement – the party with a loss delivers to the party with a gain shares with a current fair value equal to the gain" (EITF 00-19 para. 1).
[82] „Physical settlement – the party designated in the contract as the buyer delivers the full stated amount of cash to the seller, and the seller delivers the full stated number of shares to the buyer" (EITF 00-19 para. 1).

IV. Bilanzierung nach international anerkannten Rechnungslegungsvorschriften

Die weiteren Auswirkungen der als Sicherungsinstrumente einsetzbaren Derivate bestimmen sich nach SFAS 133.28 ff. (*cash flow hedge*), insbesondere nach par. 30 f. Beim sog. „*cash flow hedge*" werden Wertänderungen des Derivats aus dem Zeitraum zwischen Absicherungsbeginn und dem Zahlungszeitpunkt bzw. der Erfüllung des antizipierten Geschäfts, die auf den effektiven Teil des Hedge entfallen und durch die gegenläufige Wertänderungen des Grundgeschäfts voraussichtlich kompensiert werden, erfolgsneutral in eine Neubewertungsrücklage (*other comprehensive income*) eingestellt. Die Auflösung des „*other comprehensive income*" erfolgt in dem Maße, wie das Grundgeschäft den Periodenerfolg beeinflusst. Der ineffektive Teil ist demgegenüber sofort erfolgswirksam zu erfassen.[83]

753

Da ohnehin nur Änderungen des *intrinsic value* (ausgelöst durch Kursschwankungen) für einen effektiven Sicherungszusammenhang überhaupt in Betracht kommen,[84] implizieren vorstehende Grundsätze, dass letztlich nur der Teil des (stichtagsbezogenen) inneren Wertes, der während der *service period* nicht aufwandswirksam wird, weil FIN 28 nur eine partielle Aufwandswirksamkeit des (stichtagsbezogenen) inneren Wertes zulässt, in das „*other comprehensive income*" einzustellen ist. Dem in der Periode anfallenden Personalaufwand steht somit ein Ertrag aus der Wertänderung des Derivats in gleicher Höhe gegenüber. Bei Kursminderungen müsste der gesunkene Wert des Derivats entweder als Aufwand (der Höhe nach identisch mit dem Ertrag aus der Auflösung der Rückstellung) bzw. über die Neubewertungsrücklage gebucht werden. Eine Veränderung des *time value* der Kaufoption ist in jedem Fall aus dem Sicherungszusammenhang ausgenommen und wird folgerichtig unmittelbar ergebniswirksam.[85]

754

f) Angabepflichten

Die Pflichtangaben in den *disclosures* ergeben sich aus SFAS 123.45 ff. Der Inhalt dieser Paragraphen ist u.a. in Rz. 266 f. dieses Handbuchs dargestellt.

755

2. Bilanzierung nach IAS

Bzgl. der Ausgabe von SARs existiert derzeit kein eigener IAS. Im Gegenteil: In einigen Standards und Interpretations wird ausdrücklich darauf hingewiesen, dass diese nicht für „*equity compensation plans*" oder „*employee stock option and stock purchase plans*" nach IAS 19 gelten.[86] IAS 19.144 (b) stellt klar, dass zu den *equity compensation benefits* auch SARs zählen, obgleich bei diesen keine Optionen (Bezugsrecht) auf Aktien eingeräumt werden. IAS 37, der die Bildung von Rückstellungen regelt, schließt demgegenüber die Anwendung auf SARs bei einer bestimmten Lesart nicht explizit aus. Dies wäre dann zutreffend, wenn nach IAS 37.5 *equity compensation plans* nur insoweit nicht dem Regelungsbereich des Standards zur Bildung von Rückstellungen unterstellt würden, als sie nach IAS 19 zu

756

---

[83] Vgl. *Labude/Wienken*, WPg 2000, S. 18.
[84] Der Sicherungszusammenhang ist „*highly effective*", weil sowohl dem Grundgeschäft (SAR) als auch dem Sicherungsgeschäft (Kaufoption) der Kurs der eigenen Anteile zugrunde liegt.
[85] Vgl. zum Ganzen auch: FASB, Derivatives Implementation Group, Statement 133 Implementation Issue No. G1, abzurufen unter der Internetseite des FASB.
[86] Siehe u.a. IAS 19.145, IAS 32.1 (e), SIC-12.6.

K. Wertsteigerungsrechte ohne Dividendenkomponente

Rückstellungen führen.[87] IAS 19 behandelt zwar grundsätzlich auch SARs, äußert sich zur Frage der *recognition* einer Rückstellung bei derartigen Sachverhalten aber gerade nicht. Es wäre freilich auch möglich, IAS 37.5 so zu verstehen, dass alle Themen, die von IAS 19 thematisiert werden – also auch *equity compensation plans* – von vornherein nicht IAS 37 unterliegen, auch wenn die Rückstellungsthematik durch IAS 19 nicht ausgefüllt wird. Nur diese Lesart wird u.E. der durchweg zu erkennenden Zurückhaltung des IASB zur gesamten Problematik der aktienbasierten Vergütungssysteme gerecht.

757 Ob allerdings allein aus den Ansatz- und Bewertungsgrundsätzen des IAS 37 *zwingende* Schlussfolgerungen für die Rückstellungsbildung im Zusammenhang mit SARs gezogen werden können, ist ohnehin fraglich. Immerhin gibt es aber Versuche in dieser Richtung im Schrifttum, namentlich durch *Schmidbauer*.[88] Weder der aus IAS 37 herausgelesenen Pflicht zur Abzinsung,[89] noch der Pflicht zur Gleichverteilung des Aufwandes,[90] noch der Annahme, der *fair value* zum *grant date* biete die zwingende, d.h. einzig zulässige, Grundlage dieser Verteilung, vermögen wir uns aber in dieser apodiktischen Form anzuschließen. Die Regelungen der bestehenden IAS geben u.E. eine Lösung des Problems der Bilanzierung und Bewertung von SARs nicht her.

758 Bezogen auf das bereits eingeführte Beispiel (vgl. Rz. 712) würde die Interpretation des IAS 37 nach *Schmidbauer* bei einem Diskontierungszinssatz von 5,65 % zu folgender Rückstellungsbildung führen, wobei sich – so *Schmidbauer* – die Zuführung der Rückstellung aus zwei Barwertanteilen[91] und dem Zinsaufwand bedingt durch das Näherkommen des Erfüllungszeitpunkts zusammensetze:[92]

---

[87] Dies betrifft z.B. unstrittig Pensionsrückstellungen, Jubiläumsrückstellungen oder Urlaubsrückstellungen.

[88] Vgl. *Schmidbauer*, DStR 2000, S. 1489 f.

[89] IAS 37.45 verlangt die Abzinsung nur bei Wesentlichkeit des Zinseffektes.

[90] *Schmidbauer* schließt dies aus dem in IAS 1.25 nur mittelbar (IAS 1.26) angesprochenen *matching principle*. Das *matching principle* (Abgrenzung der Zeit nach; vgl. dazu *Leffson*, GoB, 7. Aufl. 1987, S. 301 ff.) knüpft die Entstehung von Aufwendungen an das Vorliegen der (nach dem Realisationsprinzip in der jeweiligen Periode erfassten) korrespondierenden Erträge (Umsätze), was die Fragen aufwirft, erstens, welche Erträge (Umsätze) sind hier gemeint, und zweitens, warum spricht dies (zwingend) für eine zeitliche Gleichverteilung des zum Stichtag ermittelten Wertes. IAS 1.26 beugt einer Überbewertung des *matching principle* als Ausprägung der "*accrual basis of accounting*" im Übrigen selbst vor: „*Expenses are recognised in the income statement on the basis of a direct association between the costs incurred and the earning of specific items of income (matching). However, the application of the matching concept does not allow the recognition of items in the balance sheet which do not meet the definition of assets or liabilities.*" Damit bleibt es bei der entscheidenden Frage, liegt eine Verpflichtung vor (wohl unstrittig) und wie ist diese zu bewerten? Denn nur aus der Erhöhung einer *liability* kann sich vorliegend ein Aufwand ergeben, es sei denn durch den Abgang eines *assets* wäre ein Ertrag entstanden, dem der Personalaufwand zuzuordnen wäre. Da sich die Höhe des Personalaufwandes aber nur als Reflex aus der Gleichverteilung des Barwertes der Rückstellung ergibt, kann Anknüpfungspunkt des Personalaufwands nur die (Veränderung der) *liability* sein und nicht umgekehrt der (in Abhängigkeit) eines Ertrages generierte Aufwand die Rückstellungshöhe determinieren.

[91] Der zweite Barwertanteil umfasst den Barwert für die Korrektur der Vorjahre; vgl. *Schmidbauer*, DStR 2000, S. 1490.

[92] Vgl. *Schmidbauer*, DStR 2000, S. 1490.

IV. Bilanzierung nach international anerkannten Rechnungslegungsvorschriften

Zeit-punkt	Fair Value (€)	Vertei-lung (%)	Zuführung (€)			Höhe (€)
			2001	2002	2003	
1. 1.01	0	0				0
31.12.01	9	33	2,7[93]			2,7
31.12.02	24	67		12,4[94]		15,1
31.12.03	30	100			14,9[95]	30

Tabelle 27: Rückstellungsbildung nach IAS 37 im Lichte der Interpretation durch Schmidbauer

U.E. kann aufgrund der erkennbaren Zurückhaltung des IASB zum gesamten **759** Themenkomplex der „aktienbasierten Vergütungssysteme" einstweilen auch (noch) auf die US-amerikanischen oder auf die deutschen Rechnungslegungsgrundsätze zurückgegriffen werden (IAS 1.22 (c)). Hierfür mag sprechen, dass auch in dem vom IASB herausgegebenen G4+1 Position Paper nur darauf verwiesen wird, dass eine Rückstellung zu bilden sei, wenn eine rechtliche oder faktische Verpflichtung *(legal or constructive obligation)* bestehe und diese zuverlässig bewertbar *(reliable estimate)* sei.[96] Die konkrete Ausfüllung dieser allgemeinen und international im Grundsatz – lässt man Aufwandsrückstellungen außer Betracht – unstrittigen Prinzipien ist für die hier zu erörternde Problematik damit aber noch nicht vollzogen.

Für die Praxis wird sich im Zweifel eine Adaption der US-amerikanischen Bi- **760** lanzierungsregeln empfehlen;[97] bis zu einer näheren Konkretisierung des IAS 37 für den Anwendungsfall der SARs dürfte sich dabei kein Widerspruch zu IAS 37 ergeben. Dabei sollte u.E. nicht nur eine bloße Orientierung an nationalen Standards erfolgen,[98] sondern die jeweiligen Regelungen – bis auf die in IAS 19 geregelten Anhangangaben – *vollumfänglich* angewandt werden.[99] Nur dies dürfte auch dem durch IAS 1.22 (c) vorgesehenen hilfsweisen Rückgriff auf Standards anderer Standardsetter entsprechen.

3. Exkurs: Bilanzierung nach dem G4+1 Positionspapier

Das Positionspapier konstatiert zunächst, dass der mutmaßliche zukünftige **761** Zahlungsmittelabfluss *(future cash outflow)* für den Fall, dass die Mitarbeiter ihre Leistungen über den Leistungszeitraum erbracht haben, über die Bildung einer Rückstellung anzusammeln ist.[100]

Da es nun aber schwierig sei, diesen theoretisch als richtig erkannten Wert zu **762** schätzen, wird vorgeschlagen, stattdessen als Vereinfachung vom jeweiligen Kurswert am Bilanzstichtag auszugehen. Zwar führe dies, so das Positionspapier, nach Meinung einiger Experten sicherlich zu unbefriedigenden Ergebnissen, weil bei steigenden Aktienkursen die jeweils laufende Periode besonders stark belastet

---

[93] $\dfrac{9/3}{1{,}0565^2}$

[94] 7,6 + 4,7 + 0,1

[95] 10 + 4 + 0,9

[96] Vgl. G4+1 Position Paper, S. 86.

[97] Gl.A. *Oser/Vater*, DB 2001, S. 1268.

[98] So aber *Wollmert/Mantzell* in: Achleitner/Wollmert, 2000, S. 146.

[99] So auch *Oser/Vater*, DB 2001, S. 1268.

[100] Vgl. G4+1 Position Paper, par. 7.47.

werde; gleichwohl sei dies sachgerecht, denn im laufenden Jahr würden sowohl die Arbeitsleistungen durch den Mitarbeiter anteilig erbracht als auch Kurssteigerungen erreicht, für welche gerade auch die Arbeitsleistung des Mitarbeiters in der Vergangenheit eine Ursache bildet.[101]

763 Alternativ lässt das G4+1 Positionspapier auch die Rückstellungsbildung auf der Grundlage des *fair value* zum Stichtag zu.[102]

764 Die Haltung des Positionspapiers zur *zeitanteiligen Verteilung* der zum Stichtag ermittelten Belastung ist zwar nicht ganz eindeutig, aufgrund des Hinweises, dass für den inneren Wert neben den Kurssteigerungen auch die anteilige Erbringung der Arbeitsleistung durch den Arbeitnehmer spreche, kann aber wohl von einer gewünschten Verteilung des Wertes in Anlehnung an FIN 28 (vgl. Rz. 740) ausgegangen werden.[103] Alternativ wäre auch die für das nationale Recht durch das *E-DRS 11* befürwortete Ansicht einer zeitanteiligen Verteilung des Optionsgesamtwertes (*fair value*) möglich (vgl. Rz. 704). Umgekehrt wäre die hier von den Verfassern zum deutschen Bilanzrecht vertretene Bewertung der Rückstellung mit dem zum Stichtag jeweils aktuellen inneren Wert (vgl. Rz. 700), d.h. jeglicher Verzicht auf eine zeitanteilige Verteilung, mit den Vorschlägen des Positionspapiers vermutlich nicht kompatibel.

765 Eine eigenständige Würdigung erfährt in dem Positionspapier die Frage, wie zu bewerten ist, falls der Mitarbeiter bei Ausübung sowohl „*cash*" als auch „*shares*" erhält. Das Positionspapier spricht sich dafür aus, dass auch in diesem Fall die Rückstellungsbildung vom inneren Wert der den SARs zugrunde liegenden Aktien auszugehen habe.[104]

V. Steuerrecht

1. Unternehmensebene

a) Laufende Umsetzung

766 Die steuerliche Behandlung von Wertsteigerungsrechten ohne Dividendenkomponente (SARs) auf Unternehmensebene folgt weitestgehend der handelsbilanziellen Handhabung.[105] Im Zeitpunkt der Zuteilung fallen durch die Ausgabe der Rechte selbst noch keine Aufwendungen an, wenn der Ausübungspreis der Rechte dem Aktienkurs im Zeitpunkt der Zuteilung entspricht. Aufwendungen entstehen auf Unternehmensebene während der Laufzeit des Plans durch aufwandswirksame Zuführungen zu den Verbindlichkeitsrückstellungen für die zum jeweiligen Bilanzstichtag entstandenen Erfüllungsrückstände.[106] Der Erfüllungsrückstand ist mit dem sog. inneren Wert der SARs zu bewerten.[107] Im Falle eines Wertverlusts der SARs z.B. aufgrund eines Absinkens des maßgeblichen Börsenkurses sind die Rückstellungen entsprechend zu mindern, wie umgekehrt Zuwächse des inneren Wertes eine Rückstellungserhöhung bewirken. Die gebilde-

---

[101] Vgl. G4+1 Position Paper, par. 7.47 f.
[102] Vgl. G4+1 Position Paper, par. 7.48.
[103] So auch die Schlussfolgerung durch E-DRS 11, D14.
[104] Vgl. G4+1 Position Paper, par. 7.49.
[105] Vgl. Rz. 687 ff.
[106] Vgl. *Gelhausen/Hönsch*, WPg 2001, S. 72 sowie Rz. 631 f.
[107] Vgl. *Schruff/Hasenburg*, BFuP 1999, S. 626 f.

ten Rückstellungen sind entgegen der handelsrechtlichen Behandlung jährlich mit 5,5 % abzuzinsen.[108]

Bei Ausübung der SARs sind die Rückstellungen in entsprechender Höhe aufzulösen. Hat das Unternehmen bei Ausübung über die zurückgestellten Beträge hinaus weitere Mittel zur Bedienung der SARs aufzuwenden, sind auch diese als Betriebsausgaben abzugsfähig. 767

b) Aktienoptionsplan im Konzern

Keine steuerlichen Besonderheiten sind mit Auflegung von SAR-Plänen im Konzern verbunden. Insoweit kann auf die entsprechenden Darstellungen unter Rz. 298 ff. und 642 ff. verwiesen werden. 768

c) Tandem Plan/Combination Plan

Im Falle eines „tandem plan" bzw. „combination plan" ergeben sich keine steuerlichen Abweichungen zur handelsrechtlichen Handhabung.[109] Auch steuerlich scheidet eine Einstellung von Beträgen in das steuerliche Einlagekonto so lange aus, bis feststeht, in welcher Weise die Vergütung der Arbeitsleistung erfolgen soll. Bis zu diesem Zeitpunkt hat das Unternehmen Rückstellungen für ungewisse Verbindlichkeiten zu bilden. Gegebenenfalls hat im Zeitpunkt der Ausübung eine erfolgsneutrale Umbuchung der entsprechenden Beträge aus den Rückstellungen in das steuerliche Einlagekonto zu erfolgen. 769

d) Sicherungsgeschäfte

Hinsichtlich der steuerrechtlichen Handhabung der Sicherungsgeschäfte kann auf die handelsbilanziellen Ausführungen verwiesen werden.[110] Erfolgt die Sicherung mittels eigener Aktien, bilden diese zusammen mit den Rückstellungen auch steuerbilanziell eine Bewertungseinheit. Liegen die Anschaffungskosten für die eigenen Aktien unter dem Ausübungspreis, sind die entsprechenden Beträge als nach § 8b Abs. 2 KStG steuerfreie Betriebseinnahmen zu erfassen. 770

Erwirbt das Unternehmen Kaufoptionen auf eigene Aktien, ist die gezahlte Optionsprämie auch in der Steuerbilanz zu aktivieren und steuerwirksam abzuschreiben. Sind Deckungsfähigkeit und Sicherungsabsicht im Einzelfall nachgewiesen und dokumentiert, entfällt die Notwendigkeit, bei einer Kurssteigerung Rückstellungen für Erfüllungsrückstände zu bilden.[111] 771

2. Arbeitnehmerebene

Stock Appreciation Rights (SARs) sind auf der Ebene des Arbeitnehmers als tantiemeähnliche[112] Zahlungen anzusehen. Sie sind grundsätzlich wie Aktienoptionen zu behandeln.[113] Vorteile aus ihnen sind insbesondere lohnsteuerpflichtiger 772

---

[108] § 6 Abs. 1 Nr. 3a lit. e EStG i.d.F.d. StEntlG 1999/2000/2002.
[109] Vgl. Rz. 706 ff.
[110] Vgl. Rz. 722 ff.
[111] Vgl. *Schruff/Hasenburg*, BFuP 1999, S. 629 f.
[112] Tantiemen sind Zahlungen, die sich nach dem betrieblichen Ergebnis oder Umsatz des Arbeitgeber-Unternehmens bemessen. SARs hingegen knüpfen grundsätzlich an den Unternehmenswert an. Siehe oben Teil Grundlegende Beschreibung Gesellschaftsrecht Allgemeine gesellschaftsrechtliche Aspekte.
[113] Vgl. *Thomas*, DStZ 1999, S. 712 (allerdings stets mit Endbesteuerung). Umgekehrt können

K. Wertsteigerungsrechte ohne Dividendenkomponente

Arbeitslohn, und der auf die Ausübung bezogene Geldbetrag (virtueller geldwerter Vorteil) kann gemäß § 34 Abs. 2 Nr. 4 EStG begünstigt sein. Allerdings sind SARs weder nach § 8 Abs. 3 EStG[114] noch § 19a EStG steuerbegünstigt.

773   U.E. ist, entgegen der ganz h.M., eine Anfangsbesteuerung theoretisch denkbar.[115] In Abgrenzung zu gewöhnlichen Tantiemen müsste das SAR dazu allerdings, wie eine Aktienoption, von der primären Lohnforderung gesondert anzuerkennen sein; auf die Darstellung bei Rz. 341 ff., 670 ff. sei verwiesen. Beispielsweise sollte es u.E. wesentliche Elemente eines realen Bezugsrechtes enthalten, insbesondere zu Erfolgszielen und Wartezeiten. Zumindest von Dritten erworbene SARs müssten zur Anfangsbesteuerung führen. § 23 Abs. 1 Satz 1 Nr. 4 EStG dürfte bei Anfangsbesteuerung ebenfalls anwendbar, aber über der Jahresfrist ggf. nicht erfüllt sein.

774   SARs sind, wenn außerhalb des § 19 EStG, nicht steuerverhaftet aus § 17 Abs. 1 Satz 3 EStG. Diese Vorschrift setzt nach h.M. reale gesellschaftsrechtliche Beteiligungen voraus.[116]

775   Für den Arbeitgeber ist bei SARs das Risiko einer Lohnsteuerhaftung wesentlich geringer als bei Aktienoptionen. Denn abgesehen von Wechselkursschwankungen – wenn das SAR von der ausländischen Muttergesellschaft außerhalb der Eurozone ausgegeben ist – bestehen keine Bewertungsunsicherheiten. Dem Arbeitnehmer stehen ferner ausreichende liquide Mittel zur Deckung der Lohnsteuer zur Verfügung.

776   Im Übrigen wird auf die Ausführungen oben Rz. 321 ff. Bezug genommen.

---

reale Bezugsrechte steuerlich als Sachtantiemen verstanden werden. – Siehe auch die Darstellung zum Cash Settlement oben Rz. 393.

[114] Ebenso *Thomas*, KFR F. 6 EStG § 19, 2/01, S. 375.
[115] A.A.: vgl. *Feddersen*, ZHR 161 (1997), S. 285 f.; *Hartz/Meeßen/Wolf*, ABC-Führer Lohnsteuer, „Stock Options" (Juni 2001) Rz. 9; *Herzig*, DB 1999, S. 6; *ders* in: Bühler/Siegert, 1999, S. 291 f.; *Scholz*, 2001, S. 157 f. Zur Bewertung *Schmidbauer*, DStR 2000, S. 1487 f.
[116] Siehe: *Schneider* in: Kirchhof/Söhn, EStG, Stand Februar 2001, § 17 Rz. B 110 f.; *Strahl* in: Korn, EStG, Stand Januar 2001, § 17 Rz. 34 m.w.N.; a.A. *Weber-Grellet* in: Schmidt, EStG, 20. Aufl. 2001, § 17 Rz. 26 und Rz. 28.

L. Wertsteigerungsrechte mit Dividendenkomponente (Phantom Stocks)

I. Grundlegende Beschreibung

Phantom Stocks gehören wie auch Stock Appreciation Rights zu den virtuellen Eigenkapitalinstrumenten, allerdings werden im Falle der Phantom Stocks den berechtigten Mitarbeitern fiktive Aktien gutgeschrieben. Diese fiktiven Aktien stellen Bucheinheiten dar, deren Entwicklung bei börsennotierten Unternehmen der Aktienperformance folgt (zu nicht börsennotierten Unternehmen vgl. Rz. 778 f.).[1] Die Wertsteigerung dieser Bucheinheit bestimmt den Zahlungsanspruch des Mitarbeiters nach Ablauf einer etwaigen Sperrfrist. Während die berechtigten Mitarbeiter bei Stock Appreciation Rights lediglich die Wertsteigerung der den Rechten zugrunde liegenden fiktiven Anteile, d.h. die Differenz zwischen dem aktuellen Kurs und dem Ausübungs- bzw. Basispreis erhalten, berücksichtigen Phantom Stocks im Regelfall auch die seit dem Gewährungszeitpunkt an Gesellschafter ausgeschütteten Dividenden.[2] Denkbar ist darüber hinaus auch eine Beteiligung an vermögensverwässernden Kapitalerhöhungen.[3]

777

Dem Begriff der Phantom Stocks unterfallen ferner Wertsteigerungsrechte, die hinsichtlich der Höhe des Zahlungsanspruchs nicht an den Aktienkurs anknüpfen, sondern auf andere Berechnungen des Unternehmenswertes abstellen. Phantom Stocks können somit vor allem auch bei Unternehmen zur Anwendung kommen, die nicht an der Börse notiert sind.[4] Auf der Grundlage eines einmal ermittelten Unternehmensgesamtwertes kann durch die Festlegung des anteiligen Werts eines (realen) Anteils am Unternehmen der Wert pro virtuellem Anteil bestimmt werden. Wertsteigerungen sind durch eine erneute Ermittlung des Unternehmensgesamtwertes und eine Aufteilung auf die fiktiven Anteile zu ermitteln.

778

Phantom Stocks können des Weiteren so ausgestaltet sein, dass den berechtigten Mitarbeitern nicht nur ein Anspruch in Höhe der Wertsteigerung sowie der an die Aktionäre gezahlten Dividenden, sondern auch auf den Sockelbetrag, d.h. den Teil des Kurswerts der Aktie, welcher dem Kurs zum Ausgabestichtag entspricht, eingeräumt wird. Meist stellt die Einräumung des Sockelbetrags den Teil der Vergütungsabrede dar, die mit Ausnahme der Verbleibensvoraussetzung keine inhaltlichen Vorgaben hat, und somit nicht leistungs-, sondern zeitraumbezogen ist. Hier sind jedoch – vor allem in den USA – die verschiedensten Gestaltungen anzutreffen. In Deutschland ist diese Gestaltung bislang eher wenig verbreitet.

779

Da auch bei Phantom Stocks eine Barabgeltung der Unternehmenswertsteigerung ohne Veränderung der Gesellschafterstruktur erfolgt, ergeben sich für die ausgebende Gesellschaft Parallelen zu Stock Appreciation Rights. Auch hier steht

780

---

[1] Vgl. *Schruff/Hasenburg*, BFuP 1999, S. 621.
[2] Vgl. *Baums*, FS Claussen, 1997, S. 6; *Becker*, 1990, S. 41 f.; *Friedrichsen*, 2000, S. 15.
[3] Vgl. *Pellens/Crasselt* in: Pellens, 1998, S. 130 f.
[4] Vgl. *Kramarsch*, 2000, S. 137 ff.

der vergleichsweise einfachen Umsetzbarkeit die Liquiditätsbelastung des Unternehmens gegenüber, so dass sie eher für ertragsstarke Unternehmen in Betracht kommen werden. Problematisch ist jedoch die Ermittlung des Unternehmenswertes, wenn nicht auf die Wertentwicklung börsengehandelter Aktien zurückgegriffen werden kann. Bei der Wahl der Bewertungsmethode ist dann darauf zu achten, dass diese trotz der mit betriebswirtschaftlich sinnvollen Bewertungsmethoden notwendigerweise verbundenen Komplexität für die Berechtigten nachvollziehbar bleiben.[5]

781 Ein virtueller Stock-Option-Plan, der die Ausgabe von Phantom Stocks vorsieht, könnte bei einem nicht börsennotierten Unternehmen (z.B. einer GmbH) folgende Eckdaten aufweisen:

Berechtigte:	Geschäftsleitung und Bereichsleiter sowie ausgewählte Mitarbeiter aus den operativen Bereichen (Gleichbehandlungsgrundsatz zu beachten)
Anzahl der Phantom Stocks:	in Abhängigkeit vom Jahresgehalt
Ausgabepreis (Einstiegswert):	als Nennbetrag (zzgl. Aufgeld) zu zahlender anteiliger Ertragswert, ermittelt in vereinfachtem Verfahren
Rückzahlungsbetrag (Ausstiegswert):	anteiliger Ertragswert (s.o.)
Jährliche Ergebnisbeteiligung:	anteilige Beteiligung an Bilanzgewinn und -verlust
Erwerbszeiträume:	in jährlichen Tranchen
Rückzahlungszeitpunkt:	nach Kündigung (bspw. infolge Beendigung des Arbeitsverhältnisses mit der Gesellschaft)
Übertragbarkeit der Phantom Stocks:	nein

Tabelle 28: Eckdaten Phantom Stocks

II. Gesellschaftsrecht

1. Phantom Stocks bei börsennotierten Unternehmen

782 Stock-Option-Pläne auf rein schuldrechtlicher Grundlage (d.h. virtuelle Stock-Option-Pläne) können in vielfältiger Weise implementiert werden. Es gibt insoweit keinen numerus clausus der zulässigen Gestaltungen. Statt der bereits dargestellten Stock Appreciation Rights[6] können den Mitarbeitern bspw. auch sog. Phantom Stocks eingeräumt werden. Es handelt sich hier gleichfalls um Tantiemen, deren Höhe sich jedoch nicht allein anhand der Wertsteigerung der Aktien der Gesellschaft bemisst, sondern daneben sonstige den Aktionären im Zusammenhang mit ihrer Aktionärsstellung zufließenden Vermögensvorteile (bspw. Dividenden) berücksichtigt.

783 Erhalten im Rahmen des Stock-Option-Plans auch Mitglieder des Vorstandes Phantom Stocks, gilt es die oben[7] ausführlich dargestellten allgemeinen aktien-

---

[5] Vgl. *Kramarsch*, 2000, S. 140.
[6] Siehe oben, unter Rz. 680 ff.
[7] Siehe unter Rz. 124 ff.

rechtlichen Maßgaben zu beachten. Insoweit lassen sich die Ausführungen zu Stock Appreciation Rights übertragen. Weder steht § 76 Abs. 1 AktG einem solchen Vergütungsmodell entgegen, sollte sich der Phantom-Stock-Plan in einem angemessenen und üblichen Rahmen bewegen, noch bestehen im Hinblick auf die §§ 86, 87 AktG grundsätzliche Bedenken gegen eine entsprechende Plangestaltung.[8] Ebenso folgt die Verteilung von Zuständigkeiten auf die einzelnen Organe der Aktiengesellschaft im Rahmen der Ein- und Durchführung den für Stock Appreciation Rights dargestellten Grundsätzen.[9] Der Vorstand entscheidet über das „Ob" der Einführung eines Stock-Option-Plans mit Ausgabe von Phantom Stocks wie auch über die Ausgabe der Rechte an die Berechtigten unterhalb der Vorstandsebene sowie die Verwaltung des Plans. Die entsprechenden Zuständigkeiten kommen dem Aufsichtsrat zu, soweit Mitglieder des Vorstands betroffen sind. Einer Beteiligung der Hauptversammlung im Rahmen der Implementierung des Phantom-Stock-Plans bedarf es regelmäßig nicht. Weder sind durch Kapitalmaßnahmen Aktien für eine Optionsausübung bereitzustellen noch ergibt sich eine Kompetenz aus der Vorschrift des § 221 AktG oder allgemeinen Grundsätzen.[10]

2. Phantom Stocks bei nicht börsennotierten Unternehmen[11]

Die beschriebenen Tantieme-Modelle können in gleicher Weise bei nicht börsennotierten Gesellschaften, z.B. bei einer GmbH, implementiert werden.[12] Zu beachten sind insoweit weder der § 76 AktG noch die §§ 86, 87 AktG.[13] Auch im Übrigen finden sich keine Einschränkungen der Gestaltungsmöglichkeiten. Insbesondere ist anerkannt, dass ein Tantiemeversprechen gegenüber einem Geschäftsführer mit einer Verlustbeteiligung verbunden werden kann.[14] Dementsprechend erscheint es – innerhalb des arbeitsrechtlich Zulässigen – möglich, im Rahmen eines Phantom-Stock-Plans neben den Wertsteigerungen der Geschäftsanteile gleichfalls entsprechende Wertverluste zu berücksichtigen. 784

Die Vergütungskompetenz hinsichtlich der Geschäftsführer steht der Gesellschafterversammlung zu, im Übrigen liegt die Zuständigkeit bei den Geschäftsführern.[15] Eines Beschlusses der Gesellschafterversammlung, welcher die Voraussetzungen für die Implementierung des Phantom-Stock-Plans schafft, bedarf es – 785

---

[8] Näher oben, unter Rz. 685.
[9] Siehe oben, unter Rz. 686.
[10] Vgl. die Nachweise unter Rz. 686. Besonderheiten gelten allerdings, sollten die Phantom Stocks in ihrer Ausgestaltung (bspw. durch Beteiligung auch am Liquidationserlös) ausnahmsweise Genussrechten i.S.d. § 221 Abs. 3 AktG entsprechen; vgl. zur Abgrenzung *Wohlfarth/Brause*, WM 1997, S. 400 f. Dann bedarf es mangels überwiegenden Vergütungscharakters vor Vereinbarung der Rechte mit den Begünstigten eines Beschlusses der Hauptversammlung.
[11] Die gesellschaftsrechtliche Darstellung bezieht sich beispielhaft ausschließlich auf Gesellschaften mit beschränkter Haftung.
[12] Vgl. *Mohr*, GmbH-StB 2000, S. 217.
[13] Zu letztgenannten Vorschriften: *Schneider* in: Scholz, GmbHG, 9. Aufl. 2000, § 35 Rz. 180a.
[14] *Schneider* in: Scholz, GmbHG, 9. Aufl. 2000, § 35 Rz. 183. Zur Begrenzung der Verlustbeteiligung auf den Zeitraum des Anstellungsverhältnisses vgl. BGH vom 3.12.1973, BB 1974, S. 252 f.
[15] Dies beschreibt den Regelfall. Etwas anderes kann durch Gesellschaftsvertrag vorgesehen werden; vgl. *Zöllner* in: Baumbach/Hueck, GmbHG, 17. Aufl. 2000, § 35 Rz. 95; *Schneider* in: Scholz, GmbHG, 9. Aufl. 2000, § 35 Rz. 174; *Fox/Hüttche/Lechner*, GmbHR 2000, S. 523. Auch

vorbehaltlich etwaiger Zustimmungsvorbehalte in der Satzung der Gesellschaft – regelmäßig nicht. Vielmehr fällt die Einführung eines entsprechenden Tantieme-Modells in den Zuständigkeitsbereich der Geschäftsführung.[16] Mithin lässt das GmbHG weiten Raum für flexible Gestaltungen wie bspw. Phantom-Stock-Pläne.

III. Bilanzierung nach deutschen GoB

1. Eigene Auffassung (Bilanzierungskonzept von Schruff/Hasenburg)

a) Bilanzierung bei Ausgabe der Phantom Stocks

aa) Relevante Komponenten

786   Phantom Stocks kommen im Wesentlichen in zwei Erscheinungsformen vor. Der Berechtigte kann entweder – wie beim SAR – nur ein Recht auf Auszahlung der Differenz zwischen (fiktivem) Ausübungspreis und aktuellem Kurswert der Aktie oder aber auf den gesamten Kurswert der Aktie haben. Gemeinsam ist beiden Ausprägungen, dass der Berechtigte auch virtuelle „Dividendenzahlungen" erhält. *Schruff/Hasenburg*[17] – deren Überlegungen hier im Grundsatz gefolgt wird – halten es im Falle, dass der Berechtigte ein Recht auf Auszahlung des gesamten Kurswertes der Aktie erwirbt, für angebracht, den Aktienkurs für bilanzielle Zwecke weiter aufzugliedern, und zwar in einen sog. „Sockelbetrag" und einen sog. „Veränderungsbetrag". Somit ergeben sich folgende, jeweils separat zu betrachtende Komponenten:
– Virtuelle Dividende,
– Veränderungsbetrag (Differenz zwischen Kurswert zum Ausgabezeitpunkt bzw. fiktivem Ausübungspreis und aktuellem Kurswert der Aktie bei Ausübung),
– Sockelbetrag (Kurswert zum Ausgabezeitpunkt bzw. fiktiver Ausübungspreis).

bb) Virtuelle Dividende

787   Die mit Phantom Stocks verbundenen Ansprüche auf zukünftige Gewinnbeteiligung finden zum Zusagezeitpunkt, d.h. bei Ausgabe der Phantom Stocks, selbstverständlich noch keinen bilanziellen Niederschlag. Vielmehr liegt insoweit ein schwebendes Geschäft vor, da der Arbeitnehmer erst durch die künftigen Arbeitsleistungen die Gelegenheit erhält, mittels Gewinnbeteiligung am künftigen Unternehmenserfolg teilzuhaben.

---

ist auf die gesetzlichen Zuständigkeiten des Aufsichtsrats bspw. nach MitbestG oder MontanMitbestG hinzuweisen; näher *Zöllner*, a.a.O.; *Schneider*, a.a.O., Rz. 175 ff.

[16] Etwas anderes soll nach Teilen der Literatur für die Ausgabe von Genussrechten gelten. Hier wird im Schrifttum teilweise eine Beteiligung der Gesellschafterversammlung für notwendig erachtet; vgl. *Lutter/Hommelhoff*, GmbHG, 15. Aufl. 2000, § 55 Rz. 46; auch *Hueck/Fastrich* in: Baumbach/Hueck, GmbHG, 17. Aufl. 2000, § 29 Rz. 88c. U.E. erscheint dies allenfalls erforderlich, wenn Genussrechte begeben werden sollen, die sowohl in ihrer vermögensrechtlichen Ausgestaltung als auch in ihrer Finanzierungsfunktion Gesellschaftsanteilen angenähert sind. Für Genussrechte zum Zwecke der Vergütung von Mitarbeitern dürfte dies regelmäßig nicht gelten; so auch *Hueck/Fastrich* in: Baumbach/Hueck, GmbHG, 17. Aufl. 2000, § 29 Rz. 88c; *Goerdeler/Müller* in: Hachenburg, GmbHG, 8. Aufl. 1992, § 29 Rz. 24; *Winter* in: Scholz, GmbHG, 9. Aufl. 2000, § 14 Rz. 70; *Fox/Hüttche/Lechner*, GmbHR 2000, S. 528.

[17] Vgl. zum Folgenden *Schruff/Hasenburg*, BFuP 1999, S. 633 ff.

III. Bilanzierung nach deutschen GoB

cc) Veränderungsbetrag

Der Veränderungsbetrag ist die Differenz zwischen dem Kurs zum Ausgabe- **788** zeitpunkt (= Sockelbetrag oder Ausübungspreis; vgl. Rz. 786) und dem jeweiligen (aktuellen) Kurswert. Durch den Veränderungsbetrag wird ein besonders stark ausgeprägter Zusammenhang zwischen der zukünftigen Dienstleistung der Führungskraft und ihrer Partizipation an der erreichten Unternehmenswertsteigerung (ggf. auch -minderung) hergestellt. Diese Leistungsbezogenheit des Veränderungsbetrages zeigt die Affinität zu den SARs auf. Der Veränderungsbetrag wird deshalb bilanziell wie diese behandelt (siehe dazu Rz. 687 ff.). Zum Zeitpunkt der Ausgabe handelt es sich mithin noch um ein schwebendes Geschäft, so dass noch keine bilanziellen Wirkungen eintreten.

dd) Sockelbetrag

Als Sockelbetrag bezeichnen *Schruff/Hasenburg* den Teil des Kurswerts der Ak- **789** tie, welcher dem Kurs zum *Ausgabestichtag* (also i.d.R. dem fiktiven Ausübungspreis) entspricht. Sie qualifizieren diesen Betrag als Teil der Vergütungsabrede, die mit Ausnahme der Verbleibensvoraussetzung keine inhaltlichen Vorgaben hat und dementsprechend nicht leistungs-, sondern zeitraumbezogen ist. Zwar gibt es auch eine Leistungskomponente, weil der Sockelbetrag durch die künftige Kursentwicklung auch verringert werden kann, dem trägt aber bereits die separate Betrachtung des Veränderungsbetrages (vgl. Rz. 788) Rechnung. Mithin handelt es sich bei der Gewährung des Sockelbetrages ebenfalls um ein schwebendes, nicht bilanzierungsfähiges Geschäft.

b) Bilanzierung über die Laufzeit der Phantom Stocks

aa) Virtuelle Dividende

Die vermutlich den Dividendenzahlungen an die Aktionäre entsprechenden, **790** auf die Phantom Stocks zu leistenden Zahlungen sind zu jedem Abschlussstichtag nach vernünftiger kaufmännischer Beurteilung (§ 253 Abs. 1 Satz 2 HGB) zu schätzen und als Verbindlichkeitsrückstellung (§ 249 Abs. 1 Satz 1 HGB) zu passivieren. Aufgrund des engen Zusammenhangs zwischen den tatsächlichen und den virtuellen Dividendenzahlungen kommt dabei dem Gewinnverwendungsvorschlag entscheidende Bedeutung zu.

Nach Ablauf der Sperrfrist ist diese Rückstellung zu jedem Stichtag weiter **791** fortzuführen und der Höhe nach anzupassen.

Die virtuellen Dividenden sind – wie alle Zahlungen auf die Phantom Stocks **792** – als Personalaufwand zu buchen.[18]

bb) Veränderungsbetrag

Die Affinität des Veränderungsbetrages mit den SARs wurde bereits hervor- **793** gehoben (vgl. Rz. 788). Wie für SARs ist deshalb auch im Hinblick auf die Veränderungsbeträge zu jedem Stichtag zu prüfen, ob eine Rückstellung aufgrund eines Erfüllungsrückstandes nach § 249 Abs. 1 Satz 1 HGB zu bilden ist. Der Veränderungsbetrag entspricht dem inneren Wert (vgl. Rz. 786, 788) der Phantom Stocks. Die Erfolgswirksamkeit der Rückstellungsbildung wird über die Buchung als Personalaufwand erreicht. Auflösungsbeträge sind als „sonstiger be-

---

[18] Vgl. WP-Handbuch, Bd. I, 2000, Abschn. S Tz. 49.

trieblicher Ertrag" zu erfassen; auch insoweit kann auf die Ausführungen zu den SARs verwiesen werden (Rz. 700 ff.).

794 Abschläge für die zu erwartende Fluktuation oder andere Erklärungsbedingungen sind ggf. vorzunehmen. Demgegenüber ist eine Abzinsung nicht zulässig (§ 253 Abs. 1 Satz 2 zweiter Halbsatz HGB).

cc) Sockelbetrag

795 Durch die konsequente Trennung des Sockelbetrages vom Veränderungsbetrag besteht eine Verpflichtung, ab dem Ende der Sperrfrist an den Berechtigten jenen Betrag zu zahlen, der sich unter der Annahme eines konstant gebliebenen Kurswertes seit Ausgabe der Phantom Stocks ergeben hätte. *Schruff/Hasenburg* schlagen vor, diesen Betrag über die Sperrfrist über die Bildung einer Verbindlichkeitsrückstellung (§ 249 Abs. 1 Satz 1 HGB) zeitanteilig anzusammeln, und zwar als Personalaufwand.

796 Auch in Bezug auf diese Rückstellung sind ggf. Abschläge für die zu erwartende Fluktuation oder andere Erklärungsbedingungen vorzunehmen. Demgegenüber ist eine Abzinsung nicht zulässig (§ 253 Abs. 1 Satz 2 zweiter Halbsatz HGB). Die Annahme einer verdeckten Zinsabrede lässt sich nicht allein durch die Tatsache rechtfertigen, dass sich die Sperrfrist evtl. über mehrere Jahre erstreckt. Zu prüfen bleibt insoweit immer, ob eine vorzeitige Erfüllung zum Barwert überhaupt in Betracht kommt.[19] Dies kann bei der Ausgabe von Phantom Stocks verneint werden.

797 Nach Ablauf der Sperrfrist verliert der Sockelbetrag seine eigenständige Bedeutung; einer Ansammlung dieses Betrages bedarf es nicht mehr. Die sich am Ende der Sperrfrist ergebende Verbindlichkeitsrückstellung, die sich aus dem Sockelbetrag und dem Veränderungsbetrag zusammensetzt, ist nunmehr zu jedem folgenden Stichtag nach Maßgabe des jeweiligen Abgeltungsbetrages anzupassen. Erhöhungen sind als Personalaufwand, Auflösungen als sonstige betriebliche Erträge zu buchen.

798 Abschläge sind – wenn überhaupt – allenfalls noch für andere Ausübungsbedingungen denkbar.

c) Bilanzierung bei Ausübung der Phantom Stocks

799 Am Ende der Laufzeit wird der aktuelle Kurswert der Aktie an die Berechtigten ausgezahlt.[20] Die Rückstellungen werden insoweit in Anspruch genommen bzw. (bei zu hoher Dotierung) aufgelöst.

2. Andere Auffassungen

800 *Pellens/Crasselt* und die ihnen folgenden Auffassungen im Schrifttum, zu denen auch E-DRS 11 zu zählen ist,[21] sehen keinen prinzipiellen Unterschied zwischen

---

[19] Vgl. zur Abzinsungsproblematik u.a. *ADS*, 6. Aufl. 2001, § 253 HGB Anm. 200; *Geib/Wiedmann*, WPg 1994, S. 373; *Clemm/Erle* in: Beck Bil-Komm., 4. Aufl. 1999, § 253 HGB Anm. 161.

[20] Vgl. WP-Handbuch, Bd. I, 2000, Abschn. S Tz. 48.

[21] Unklar dagegen die Haltung des WP-Handbuchs, Bd. I, 2000, Abschn. S Tz. 49, wo sowohl auf die Ansicht von *Herzig* als auch die Ansicht von *Pellens/Crasselt* verwiesen wird, ohne dass eine Präferenz für die eine oder andere der sich widersprechenden Ansichten erkennbar wird. Anders aber WP-Handbuch, Bd. I, 2000, Abschn. F Tz. 111 ff., wo im Grundsatz der Ansicht von *Pellens/Crasselt* gefolgt wird, aber die Ansicht von *Herzig* zumindest als zulässige Vereinfachung interpretiert wird. Zwar wird dadurch geradezu salomonisch beiden Ansichten Rechnung getragen, auf-

der Behandlung von Phantoms Stocks in seinen verschiedenen Ausprägungen und SARs.[22] Dieser Gleichbehandlung ist im Ansatzpunkt durchaus beizupflichten (vgl. Rz. 788). Aus Sicht dieser Autoren wird deshalb folgerichtig auch bei Phantom Stocks *während der Sperrfrist* auf den zeitanteiligen Optionsgesamtwert abgestellt. *Nach Ablauf der Sperrfrist* (= Entlohnungszeitraum) sind Änderungen des *fair value* dann vollständig ergebniswirksam als Erhöhung oder Verminderung der während der Sperrfrist angesammelten Rückstellung für ungewisse Verbindlichkeiten (§ 249 Abs. 1 Satz 1 HGB) zu erfassen.

3. Angabepflichten

Die geleisteten Beträge sind im Anhang als Teil der Gesamtbezüge – es handelt sich bei den Zahlungen um Gehälter[23] – nach § 285 Nr. 9a HGB (im Konzernabschluss nach § 314 Abs. 1 Nr. 6a HGB) anzugeben.[24] Im Übrigen sei auf Rz. 713 ff. verwiesen. **801**

4. Lagebericht

Es kann auf die Ausführungen unter Rz. 224 f. verwiesen werden. **802**

5. Sicherungsgeschäfte

a) Sicherungsmöglichkeiten

Prinzipiell bestehen die gleichen Sicherungsmöglichkeiten, die bereits im Zusammenhang mit Aktienoptionsplänen mit Aktienrückkauf (Rz. 607 ff.) sowie bei SARs (vgl. Rz. 722 ff.) erörtert wurden: **803**
– Eigene Aktien;
– Erwerb einer Kaufoption.

b) Erwerb eigener Aktien

Ein Sicherungsgeschäft im Hinblick auf die virtuellen Dividendenzahlungen ist nicht möglich. Dies scheitert bereits daran, dass eigene Aktien nach § 71b AktG nicht dividendenbezugsberechtigt sind. **804**

Kurssteigerungen, die oberhalb der Anschaffungskosten der eigenen Aktien liegen, führen dagegen zu einer geschlossenen Position. Eine Rückstellungsbildung kann insoweit unterbleiben. Da die Anschaffungskosten im Falle des Aktienerwerbs zum Ausgabezeitpunkt dem Sockelbetrag entsprechen, bleibt dieser Betrag ungesichert. Es bleibt folglich dabei, dass der Sockelbetrag über die Sperrfrist ergebniswirksam anzusammeln ist. **805**

Die eigenen Aktien unterliegen dem strengen Niederstwertprinzip und sind demzufolge ggf. außerplanmäßig abzuschreiben (§ 253 Abs. 3 Satz 1 HGB). **806**

---

grund der ihr innewohnenden Beliebigkeit ist diese „Lösung" allerdings dogmatisch unbefriedigend und bilanzrechtlich bedenklich.
[22] Vgl. *Pellens/Crasselt* in: Pellens, 1998, S. 133 ff.; E-DRS 11.33 ff.
[23] Zutreffend E-DRS 11.42.
[24] Vgl. WP-Handbuch, Bd. I, 2000, Abschn. S Tz. 49.

c) Erwerb einer Kaufoption

807 Der Erwerb einer Kaufoption eignet sich nicht zur Absicherung gegen die Verpflichtung zur Leistung virtueller Dividenden.

808 Denkbar ist aber, dass mit einer Kaufoption ein Basiskurs in Höhe des Sockelbetrages abgesichert wird. Dadurch liegt zwar kein Sicherungsgeschäft im Hinblick auf den Sockelbetrag vor, aber das Unternehmen ist zumindest gegen *positive* Veränderungsbeträge (= Kurssteigerungen) abgesichert. Eine Absicherung gegen *negative* Veränderungsbeträge (= Kursminderungen) ist demgegenüber ausgeschlossen, weil der Pflicht zur außerplanmäßigen Abschreibung der aktivierten Optionsprämie nach § 253 Abs. 3 Satz 1 HGB – strenges Niederstwertprinzip – keine äquivalente Minderung eines Passivpostens gegenübersteht. Fallende Aktienkurse beeinflussen aber die Höhe der Rückstellung für den Sockelbetrag (vgl. Rz. 789); die geringeren Zuführungen zu dieser Rückstellung kompensieren folglich teilweise die negativen Ergebniswirkungen, die aus dem Wertverfall der eigenen Aktien resultieren.

IV. Bilanzierung nach international anerkannten Rechnungslegungsvorschriften

1. Bilanzierung nach US-GAAP

a) Grundsätzliches

809 Phantom Stocks werden in Anlehnung an die Grundsätze für SARs behandelt (vgl. Rz. 736 ff.). Für sie gelten deshalb ebenfalls die für variable Pläne in APB 25 aufgestellten Regeln (APB 25.34). Insbesondere ist auch bei diesen der Personalaufwand nach der in FIN 28 aufgezeigten Methodik über die *service period*, also regelmäßig über die Sperrfrist zu verteilen. Im Übrigen ist zunächst zu unterstellen, dass sämtliche virtuellen Aktien unverfallbar werden. Scheiden Mitarbeiter indes vorzeitig aus dem Unternehmen aus mit der Folge, dass zugeteilte virtuelle Aktien verfallen (*forfeiture*), ist dies im laufenden Geschäftsjahr bei der Rückstellungsbildung zu berücksichtigen.

810 Virtuelle Dividenden sind als zusätzlicher Personalaufwand zu behandeln, sobald sie in Aussicht gestellt (*declared*) werden, was bei Vorliegen eines Gewinnverwendungsvorschlags gegeben sein dürfte.

811 Phantom Stocks können auch nach Maßgabe des SFAS 123 abgebildet werden. Hinsichtlich der Bedeutung einer sachgerechten Einschätzung zur mutmaßlichen Wahlrechtsausübung ergeben sich keine Unterschiede zu APB 25 i.V.m. FIN 28 (SFAS 123.39).

812 Zu den *disclosures* siehe Rz. 265 ff.

b) Tandem Plan

aa) Wahlrecht der Mitarbeiter

813 Hat der *Mitarbeiter* ein Wahlrecht, sich den Wert seiner Phantom Stocks in Geld oder in (realen) Aktien vergüten zu lassen, ist im Zweifelsfall anzunehmen, dass sich der Mitarbeiter für „*cash*" entscheidet. Es gelten aber die allgemeinen Grundsätze, d.h. es ist zu jedem Stichtag einzuschätzen, wie die mutmaßliche Options-

ausübung durch den Arbeitnehmer aussehen wird (vgl. Rz. 748). Einen *tandem plan*, bei dem der Mitarbeiter die Wahl hat zwischen Phantom Stocks und Aktien und der nach SFAS 123 bilanziert werden soll, illustriert SFAS 123.339 ff.

bb) Wahlrecht der Gesellschaft

Hat das *Unternehmen* ein Wahlrecht zur Bedienung der Optionen durch Geld oder Aktien, so richtet sich die Bilanzierung selbstverständlich danach, was das Unternehmen beabsichtigt, im Falle der Optionsausübung zu tun. **814**

2. Bilanzierung nach IAS

Da sich die IAS generell nicht zur Behandlung von *stock compensation* äußern, abgesehen von den Anhangangaben nach IAS 19, bestehen gegenwärtig auch keine verpflichtenden Regelungen zur Behandlung von Phantom Stocks. Es empfiehlt sich eine konsequente Anlehnung an die US-GAAP, obgleich eine Behandlung nach den deutschen GoB u. E. auch ohne weiteres zulässig wäre. Im Übrigen sei auch auf die Ausführungen zu den SARs verwiesen (vgl. Rz. 756 ff.). **815**

3. Exkurs: Bilanzierung nach dem G4+1-Positionspapier

Zwar wird der Begriff der „*phantom share plans*" im Positionspapier durchaus verwendet,[25] eine eigenständige Würdigung erfahren diese aber nicht. Dies erübrigt sich aber auch, wenn man bedenkt, dass es sich hierbei letztlich nur um eine Spielart der SARs handelt. Auf die Ausführungen zu den SARs wird deshalb verwiesen (vgl. Rz. 761 ff.). Die Frage, welche Anhangangaben sinnvollerweise zu machen sind, wird in dem Positionspapier nicht nur in Bezug auf Phantom Stocks, sondern generell nicht thematisiert.[26] **816**

V. Steuerrecht

1. Unternehmensebene

Die für die handelsrechtliche Bilanzierung von *Schruff/Hasenburg* vorgeschlagene Unterscheidung zwischen „virtuellen Dividendenzahlungen", einem Sockelbetrag und einem Veränderungsbetrag[27], ist nach hier vertretener Auffassung auch für die steuerliche Betrachtung der laufenden Umsetzung von Phantom-Stocks-Plänen zu übernehmen. Infolge dessen ergeben sich auch insoweit keine steuerlichen Besonderheiten gegenüber der handelsrechtlichen Handhabung. **817**

Zum Zeitpunkt der Gewährung sind weder Ansprüche der begünstigten Mitarbeiter auf Zahlung der virtuellen Dividenden noch auf Zahlung des Veränderungsbetrages steuerbilanziell abzubilden. Mit Blick auf die Gewährung der Phantom Stocks für noch zu erbringende Leistungen durch die Begünstigten gilt dies auch für den sog. Sockelbetrag.[28] Infolge dessen ergeben sich auch insoweit keine steuerlichen Besonderheiten gegenüber der handelsrechtlichen Handhabung. **818**

---

[25] G4+1 Position Paper, S. 80 f.
[26] Vgl. E-DRS 11.D15.
[27] Vgl. *Schruff/Hasenburg*, BFuP 1999, S. 633 f.
[28] Vgl. *Schruff/Hasenburg*, BFuP 1999, S. 635.

819 Innerhalb der Sperrfrist sind für den Sockelbetrag in der Steuerbilanz *Verbindlichkeitsrückstellungen* zu bilden, welche steuerlich bei einer Laufzeit von mehr als einem Jahr mit 5,5 % abzuzinsen sind (§ 6 Abs.1 Nr. 3a lit. e EStG). In die Rückstellungen sind auch Beträge für den Veränderungsbetrag einzustellen, wenn sich am jeweiligen Bilanzstichtag ein entsprechender Erfüllungsrückstand z.B. durch Kursteigerungen ergeben hat.[29] Die Zuführungen zu diesen Rückstellungen wirken sich beim Unternehmen auch steuerlich ergebnismindernd aus. Entwickelt sich der Veränderungsbetrag in nachfolgenden Wirtschaftsjahren negativ, sind die Rückstellungen in entsprechender Höhe ergebniserhöhend aufzulösen. Nach dem Ablauf der Sperrfrist setzen sich die Rückstellungen ausschließlich aus dem nur bis zu diesem Zeitpunkt angesammelten Sockelbetrag und den fortlaufenden Veränderungen des Veränderungsbetrages zusammen. Innerhalb der Sperrfrist sind auch die virtuellen Dividenden in Verbindlichkeitsrückstellungen einzustellen. Die Höhe der Zuführungen zu diesen Rückstellungen richtet sich nach den Gewinnverwendungsvorschlägen bezüglich der Ausschüttungen von Dividenden an die Gesellschafter des Unternehmens.[30]

820 Bei der Geltendmachung der Rechte aus Phantom Stocks ergeben sich ebenfalls keine steuerlichen Besonderheiten. Die Auszahlungen werden durch die Inanspruchnahme der gebildeten Rückstellungen bedient. Werden die Rückstellungen mit der Auszahlung nicht vollständig aufgebraucht, sind sie gewinnerhöhend aufzulösen.

2. Arbeitnehmerebene

821 Phantoms Stocks sind den gewöhnlichen Tantiemen über die Dividendenkomponente noch stärker angenähert als SARs. Steuerlich sind sie grundsätzlich wie SARs, und damit wie Tantiemen, zu behandeln.[31] Abweichendes gilt, wenn die Wertsteigerungsrechte als Genussrechte ausgestaltet sind. Sie können dann u.a. nach § 19a EStG[32] i.V.m. § 2 Abs. 1 Nr. 1 lit. f oder lit. l i.V.m. Abs. 4 des 5. VermBG steuerbegünstigt sowie gemäß § 17 Abs. 1 Satz 3 EStG steuerverhaftet sein. Auf die Ausführungen zu Rz. 772 ff. wird im Übrigen Bezug genommen.

---

[29] Vgl. *Schruff/Hasenburg*, BFuP 1999, S. 635.
[30] Vgl. *Schruff/Hasenburg*, BFuP 1999, S. 635.
[31] Vgl. *Feddersen*, ZHR 161 (1997), S. 285 f.; *Kühnberger/Keßler*, AG 1999, S. 463; *Wulff*, 2000, S. 134 Fn. 368.
[32] In der Beratungspraxis zu Stock-Option-Plänen spielt diese Vorschrift wegen des geringen Freibetrages nur eine untergeordnete Rolle.

M. Kapitalmarktrecht

I. Insiderhandelsverbot

Insidergeschäfte sind nach § 14 WpHG verboten. Wer als Insider unter Ausnutzung einer Insidertatsache Insiderpapiere erwirbt oder veräußert, macht sich strafbar. Der Strafrahmen reicht von einer Geldstrafe bis zu einer fünfjährigen Freiheitsstrafe.[1] Insider ist nach § 13 Abs. 1 Nr. 1 und 2 WpHG, wer als Mitglied der Geschäftsführung oder als Aufsichtsrat des Unternehmens oder eines mit diesem verbundenen Unternehmens oder aufgrund seines Berufs oder seiner Tätigkeit oder seiner Aufgabe bestimmungsgemäß Kenntnis von Insidertatsachen hat.[2] Bei den im Rahmen von Stock-Option-Plänen begünstigten Personen handelt es sich regelmäßig um Vorstandsmitglieder und Führungskräfte des Unternehmens, das den Stock-Option-Plan auflegt und die zugrunde liegenden Wertpapiere bzw. Aktien emittiert.[3] Die Begünstigten erlangen aufgrund ihrer Organfunktion oder ihrer beruflichen Tätigkeit für das Unternehmen Kenntnisse über nicht öffentlich bekannte Tatsachen, die geeignet sind, im Falle ihres öffentlichen Bekanntwerdens, den Kurs der den Stock-Option-Plänen zugrunde liegenden Aktien erheblich zu beeinflussen.[4] Die Kenntnis solcher Insidertatsachen macht sie zu Primärinsidern im Sinne des § 13 WpHG.

822

Insiderrechtlich relevant sind grundsätzlich nur solche Stock-Option-Pläne, in deren Rahmen den Begünstigten Insiderpapiere gem. § 12 WpHG überlassen werden. Insiderpapiere in diesem Sinne sind Aktien und gemäß § 12 Abs. 2 Nr. 1 WpHG auch (Bezugs-)Rechte auf den Erwerb von Wertpapieren, die zum Handel an einer Börse zugelassen oder in den Freiverkehr einbezogen sind oder in einem Mitgliedstaat der Europäischen Union oder einem anderen Vertragsstaat des Abkommens über den Europäischen Wirtschaftsraum zum Handel an einem organisierten Markt zugelassen werden. Das bedeutet, dass es sich nach § 12 Abs. 2 Nr. 2 WpHG bei einer Option nur dann um ein Insiderpapier handelt, wenn die gewährte Option selbst und die Aktie, auf die sie ein (Bezugs-)Recht gewährt, zum Handel an einer Börse zugelassen oder in den Freiverkehr einbezogen ist. Bezugsrechte, die wie Optionsscheine, Wandel- und Optionsanleihen, als Wertpapiere im Sinne von § 2 Abs. 1 Nr. 1 WpHG angesehen werden, sollen bereits Insiderpapiere gemäß § 12 Abs. 1 Nr. 1 WpHG sein, ohne dass es darauf ankäme, ob die Aktien, auf die sich die Optionen beziehen, zum Börsenhandel zugelassen oder in den Freiverkehr einbezogen sind.[5]

823

---

[1] § 38 WpHG.
[2] Siehe zum Ganzen: *Assmann* in: Assmann/Schneider (Hrsg.), Wertpapierhandelsgesetz, 2. Aufl. 1999, § 13 Rz. 1 ff. und § 14 ff.; *zur Megede* in: Assmann/Schütze, Handbuch des Kapitalanlagerechts, 2. Aufl. 1997, § 14 und Ergänzungsband, Stand Januar 2001; *Kümpel*, Bank- und Kapitalmarktrecht, 2. Aufl. 2000, Rz. 1780 ff.; *Schäfer* in: Schäfer, Wertpapierhandelsgesetz, 1999, Vor § 12 ff.
[3] Vgl. Rz. 1, 28, 40 f.
[4] Vgl. *Feddersen*, ZHR 161 (1997), S. 287; *v. Rosen*, WM 1998, S. 1810.
[5] Vgl. *Assmann* in: Assmann/Schneider (Hrsg.), Wertpapierhandelsgesetz, 2. Aufl. 1999; § 12

824 Mangels zugelassener oder einbezogener Wertpapiere sind virtuelle Stock-Option-Pläne in der Regel nicht insiderrechtlich relevant. Denkbar ist indes, dass zum Zwecke des Erreichens z.B. einer steuerlichen Gestaltung Wertsteigerungsrechte börsennotiert sind, obwohl sie nicht ein Recht auf Aktien, sondern einen Geldzahlungsanspruch gegen die Emittentin gewähren. Die Börsenzulassung solcher Wertsteigerungsrechte würde sie zu Insiderpapieren im Sinne von § 12 Abs. 1 WpHG i.V.m. § 2 Abs. 1 WpHG machen.

825 Im Rahmen von aktienbasierten Stock-Option-Plänen ausgegebene Optionen oder Wandlungsrechte sind immer dann insiderrechtlich relevant, wenn sie sich auf bereits zum Börsenhandel zugelassene Aktien beziehen. Dies ist nicht bereits dann der Fall, wenn die Emittentin börsennotiert ist, sondern die Aktien, die z.B. aufgrund der Ausübung der Optionen durch eine Kapitalerhöhung künftig entstehen, müssen zum Börsenhandel zugelassen sein. Aus steuerlichen oder sonstigen Gründen kann es darüber hinaus auch empfehlenswert sein, den Stock-Option-Plan so zu gestalten, dass bereits die gewährten Optionen zum Börsenhandel zugelassen sind (weil die Optionen am Kapitalmarkt oder von einem Kreditinstitut erworben werden, das sie zum Börsenhandel zugelassen hat (sog. Programmkauf)). Insiderrechtlich ist dies dann von Bedeutung, wenn es sich um Wertpapiere im Sinne von § 12 Abs. 1 WpHG (Optionsscheine) handelt oder die Optionen und die Aktien, auf die die Optionen ein Bezugsrecht gewähren, zum Börsenhandel zugelassen sind.

826 Von Insiderpapieren ist bereits dann auszugehen, wenn ein entsprechender Antrag auf Zulassung oder Einbeziehung gestellt oder öffentlich angekündigt ist. Allerdings kann in der Veröffentlichung der Bedingungen eines Stock-Option-Plans regelmäßig noch kein öffentliches Ankündigen der Börsenzulassung der beispielsweise zur Bedienung der Optionen auszugebenden neuen Aktien gesehen werden. Eine solche Veröffentlichung hat nicht den Inhalt, die im Stock-Option-Plan vorgesehene Zulassung der zu beziehenden Aktien anzukündigen. Eine öffentliche Ankündigung der Börsenzulassung muss dies ausdrücklich und in hinreichend konkreter Form zum Ausdruck bringen.[6]

1. Vorbereitung und Beschlussfassung über den Stock-Option-Plan

827 Die Frage ist, wann bzw. in welchen Phasen eines Stock-Option-Plans der Erwerb oder die Veräußerung von Insiderpapieren unter Ausnutzung von Insiderwissen überhaupt in Betracht kommt.

828 Verstöße gegen das Insiderhandelsverbot kommen in der Phase der Vorbereitung und Beschlussfassung über einen Stock-Option-Plan noch nicht in Be-

---

Rz. 6a; *Schäfer* in: Schäfer, Wertpapierhandelsgesetz, 1999, § 2 Rz. 7. Unklar bleibt insoweit die Abgrenzung von Rechten zum Erwerb von Wertpapieren, die bereits nach § 12 Abs. 1 WpHG als Insiderpapiere und solchen Bezugsrechten, die nur nach den Voraussetzungen von § 12 Abs. 2 Nr. 2 WpHG als Insiderpapiere qualifiziert werden können. *Loesche*, WM 1998, S. 1857, fasst deshalb auch Optionsscheine, Wandel- und Optionsanleihen nur dann als Insiderpapiere auf, wenn sie die Voraussetzungen von § 12 Abs. 2 WpHG erfüllen und sich dementsprechend auf börsennotierte Wertpapiere beziehen. Festzuhalten bleibt allerdings, dass in der Praxis, insbesondere bei der Aufsicht durch das Bundesaufsichtsamt für den Wertpapierhandel, anders verfahren wird.

[6] Vgl. *Assmann/Cramer* in: Assmann/Schneider (Hrsg.), Wertpapierhandelsgesetz, 2. Aufl. 1999, § 12 Rz. 3. Dementsprechend wird dies in der Literatur und auch vom Bundesaufsichtsamt für den Wertpapierhandel nicht problematisiert; vgl. *Casper*, WM 1999, S. 365.

I. Insiderhandelsverbot

tracht.⁷ Weder in der Vorbereitung noch in der Beschlussfassung über die Implementierung des Stock-Option-Plans lässt sich ein Erwerbs- oder Veräußerungsvorgang erkennen. Die Entscheidung über die Implementierung eines Stock-Option-Plans gibt den potentiell Begünstigten noch kein durchsetzbares Recht auf den Erwerb der Optionen oder gar der zugrunde liegenden Aktien.⁸ Darüber hinaus wird ein Verstoß gegen das Insiderhandelsverbot in der Regel bereits deshalb ausscheiden, weil im Zeitpunkt der Vorbereitung und Beschlussfassung noch keine zum Börsenhandel zugelassenen oder in den Freiverkehr einbezogenen Wertpapiere und damit Insiderpapiere im Sinne von § 12 WpHG gegeben sind.⁹ Dies gilt selbst dann, wenn es sich bei den Optionen um zum Börsenhandel zugelassene Wertpapiere handeln sollte, da in der Regel auch in diesem Fall mangels einer Wertpapiertransaktion eines zukünftigen Planteilnehmers noch kein verbotener Insiderhandel vorliegt. Auch auf Seiten des Unternehmens, das die zugelassenen Optionen z.B. im Rahmen eines Programmkaufs erwirbt, ist ein Verstoß gegen den Insiderhandel abzulehnen, wenn es sich lediglich um die Umsetzung einer unternehmerischen Entscheidung im Rahmen der Implementierung des Stock-Option-Plans handelt und nicht weiteres, im Zusammenhang mit der Implementierung des Stock-Option-Plans stehendes Insiderwissen ausgenutzt wird.¹⁰

Ein anders zu beurteilender Sachverhalt liegt vor, wenn Insider in Kenntnis der noch nicht öffentlich bekannt gemachten Tatsache der Implementierung eines Stock-Option-Plans und vor allem den damit verbundenen Kapitalmaßnahmen bzw. dem Rückkauf eigener Aktien zur Bedienung der Optionen Transaktionen mit bereits zum Börsenhandel zugelassenen Wertpapieren des betroffenen Unternehmens durchführen. Hat die Tatsache Kursbeeinflussungspotential,¹¹ handelt es sich insoweit um verbotene Insidergeschäfte.¹² 829

2. Vereinbarung über die Gewährung der Optionen mit den Begünstigten

Über die Optionsgewährung wird zu den im Aktienoptionsplan vorgesehenen Bedingungen mit den Begünstigten eine Vereinbarung geschlossen. Eine solche Vereinbarung kann auch bereits im Anstellungsvertrag enthalten sein. Sofern sich die Verpflichtung auf die Gewährung von Optionen zum Erwerb von zum Zeit- 830

---

⁷ Im Ergebnis ebenso das *Bundesaufsichtsamt für den Wertpapierhandel* in seinem Schreiben vom 1. Oktober 1997 zur insiderrechtlichen Behandlung von Aktienoptionsprogrammen für Führungskräfte, ohne allerdings zwischen den einzelnen Schritten zur Einführung eines Stock-Option-Plans zu differenzieren. Ähnlich *Feddersen*, ZHR 161 (1997), S. 288, *Fürhoff*, AG 1998, S. 84; *Lotze*, 2000, S. 30.
⁸ Vgl. *Casper*, WM 1999, S. 364; *v. Einem* in: Deutsches Anwaltsinstitut e.V. (Hrsg.), 1998/1999, S. 644; *Friedrichsen*, 2000, S. 246.
⁹ Vgl. *Casper*, WM 1999, S. 364; *v. Einem* in: Deutsches Anwaltsinstitut e.V. (Hrsg.), 1998/1999, S. 644; *Friedrichsen*, 2000, S. 246; *Fürhoff*, AG 1998, S. 84.
¹⁰ Der Sachverhalt ist nicht anders zu behandeln als der Erwerb eigener Aktien zur Bedienung von Optionen. Siehe hierzu Rz. 841 mit den entsprechenden Nachweisen und *Lotze*, 2000, S. 51.
¹¹ Fraglich ist im Einzelfall, ob eine Tatsache Kursbeeinflussungspotential hat. Vgl. kritisch *Lotze*, 2000, S. 35 ff., in Bezug auf den deutschen Kapitalmarkt. Da Stock-Option-Pläne regelmäßig mit Kapitalmaßnahmen oder dem Rückkauf eigener Aktien verbunden sind, können in den Vorbereitungen zur Implementierung eines Stock-Option-Plans bis zu deren Veröffentlichung Insidertatsachen mit Kursbeeinflussungspotential gesehen werden. Siehe hierzu die Ausführungen zur Ad-hoc-Publizitätspflicht unter Rz. 849 f.
¹² Vgl. *Lotze*, 2000, S. 30.

punkt des Abschlusses der Vereinbarung noch nicht zugelassenen Aktien bezieht, ist ein Verstoß gegen das Insiderhandelsverbot mangels Vorliegens eines Insiderpapiers nicht denkbar.[13] Der Abschluss solcher Vereinbarungen ist demnach bereits in all den Fällen insiderrechtlich unbedenklich, in denen die Optionen sich auf noch zu emittierende junge Aktien beziehen.[14]

831 Bei der Gewährung von Optionen, die im Wege des Rückkaufs eigener, bereits zum Börsenhandel zugelassener Aktien bedient werden sollen, kommt es für die insiderrechtliche Beurteilung darauf an, ob der Erwerb eines schuldrechtlichen Anspruchs auf die Gewährung von Optionen bereits als Erwerb im Sinne von § 14 WpHG gesehen werden kann. Diese Frage ist gerade dann erheblich, wenn die Optionen selbst nicht zum Börsenhandel zugelassen sind. Die Lösung dieser Frage ist umstritten. Hält man für einen Erwerb im Sinne von § 14 WpHG eine sachenrechtliche Übertragung, d.h. einen Wechsel der Verfügungsmacht für erforderlich, kann der Erwerb eines bloß schuldrechtlichen Anspruchs den insiderrechtlichen Erwerbstatbestand nicht verwirklichen.[15] Zu Recht wird hierzu kritisch angemerkt,[16] dass die deutschen insiderrechtlichen Bestimmungen richtlinienkonform auszulegen sind.[17] Die meisten EU-Mitgliedstaaten kennen die dem deutschen Sachenrecht eigentümliche strikte Differenzierung zwischen dinglichem Verfügungs- und schuldrechtlichem Verpflichtungsgeschäft nicht. Entgegen dem im deutschen Sachenrecht geltenden Abstraktionsgrundsatz setzt der Begriff des Erwerbs im Sinne von § 14 WpHG daher bei richtlinienkonformer Auslegung keinen bereits vollzogenen Wechsel der Verfügungsbefugnis voraus. Ein Erwerb ist demnach bereits dann anzunehmen, wenn der Anspruch auf Zuteilung der Optionen und deren Ausübung so sicher ist, dass es lediglich vom Willen des Begünstigten abhängt, ob er die Option ausübt oder nicht. Davon ist auch dann auszugehen, wenn die Ausübung der Option zwar an eine objektive Bedingung, wie die Erfüllung bestimmter Erfolgsziele, geknüpft ist, aber nicht mehr von einseitigen Erklärungen oder Handlungen des die Optionsrechte gewährenden Unternehmens abhängig gemacht werden kann.[18] Für die Einbeziehung eines so gefestigten schuldrechtlichen Anspruchserwerbs in den Tatbestand des § 14 WpHG im Sinne einer Auslegung nach dem Sinn und Zweck der Norm spricht das in der Literatur[19] angeführte Fallbeispiel der Einräumung von schuldrechtlichen Ansprüchen auf den Erwerb von Wertpapieren unter Ausnutzung von Insiderkenntnissen und dem anschließenden Weiterverkauf der Wertpapiere

---

[13] Vgl. *Friedrichsen*, 2000, S. 247; *Casper*, WM 1999, S. 363 ff.. Allerdings unter der Voraussetzung, dass keine bereits zugelassenen Optionsscheine gewährt werden. Siehe hierzu bereits Rz. 823.

[14] Vgl. *Casper*, WM 1999, S. 365.

[15] So *Casper* WM 1999, S. 364; *Irmen* in BuB, 7/722, wonach der „bloße Abschluss eines obligatorischen Vertrags" nicht ausreichen soll.

[16] Vgl. *Assmann/Cramer* in: Assmann/Schneider (Hrsg.), Wertpapierhandelsgesetz, 2. Aufl. 1999, § 14 Rz. 6.

[17] Vgl. m.w.N. *Assmann/Cramer* in: Assmann/Schneider (Hrsg.), Wertpapierhandelsgesetz, 2. Aufl. 1999, Einl. Rz. 47 ff.; *Hopt*, ZGR 1991, S. 42.

[18] Vgl. *Assmann/Cramer* in: Assmann/Schneider (Hrsg.), Wertpapierhandelsgesetz, 2. Aufl. 1999 Rz. 11; *Schneider*, ZIP 1996, S. 1774; *Friedrichsen*, 2000, S. 251 f. mit eingehender Auseinandersetzung zu dieser Problematik. Nicht eindeutig *Schäfer* in: Schäfer, Wertpapierhandelsgesetz, 1999, § 14 Rz. 5, der eine Änderung der eigentumsrechtlichen Zuordnung für erforderlich hält.

[19] Vgl. *Schneider*, ZIP 1996, S. 1774; *Kümpel* in: Kümpel/Ott, Kapitalmarktrecht, 1971, 065, S. 43.

vor Lieferung. Mangels Wechsels der Verfügungsmacht auf den Insider läge dagegen bei einer engen Auslegung des Erwerbsbegriffes kein Verstoß gegen das Insiderhandelsverbot vor. Auch das bei Straftatbestimmungen wie der des § 14 i.V.m. § 38 WpHG grundsätzlich zu beachtende, aus Art. 103 Abs. 2 GG abgeleitete Analogieverbot zwingt nicht, den Erwerbsbegriff im Sinne des § 14 WpHG auf Fälle des vollzogenen Wechsels der Verfügungsmacht zu reduzieren und den Erwerbsbegriff im Sinne des Bürgerlichen Gesetzbuches auszulegen, solange die vorgenommene Auslegung – wie hier – vom Wortsinn gedeckt ist.[20]

Letztlich hängt die Entscheidung darüber, ob ein Insiderverstoß bereits bei Abschluss einer Vereinbarung vorliegen kann, zudem davon ab, ob der Begünstigte die Vereinbarung unter Ausnutzung vorhandenen Insiderwissens abgeschlossen hat.[21] Zu Recht wird darauf hingewiesen, dass schwer vorstellbar ist, wie vorhandenes Insiderwissen zu diesem Zeitpunkt vom Begünstigten ausgenutzt werden könnte, da die Optionen erst nach Ablauf der mindestens zweijährigen Wartefrist ausgeübt werden können.[22] Im Ergebnis ist festzuhalten, dass selbst bei Vorliegen eines Erwerbs im Sinne von § 14 WpHG Verstöße gegen das Insiderhandelsverbot bei Abschluss einer Vereinbarung mit dem Begünstigten – mangels Ausnutzens vorhandenen Insiderwissens – regelmäßig nicht in Betracht kommen. 832

3. Zuteilung der Optionen

Haben sich das Unternehmen und der Begünstigte über die Bedingungen der Optionsgewährung geeinigt, werden die Optionen zum vereinbarten Zeitpunkt zugeteilt. Rechtlich, insbesondere insiderrechtlich, sind beide Vorgänge getrennt zu betrachten.[23] Einmal handelt es sich um den Erwerb eines schuldrechtlichen Anspruchs auf Zuteilung einer Option, zum anderen um die Zuteilung bzw. Übertragung der Option selbst auf den Begünstigten. Jedoch können die Vereinbarung über die Gewährung und die Zuteilung der Optionen zeitlich zusammenfallen. 833

Wie bei der Einräumung bzw. dem Erwerb eines schuldrechtlichen Anspruchs ist auf die Zuteilung der Optionen § 14 WpHG nur anwendbar, wenn es sich bei den zugeteilten Optionen selbst um zum Börsenhandel zugelassene Optionsscheine oder Optionen bzw. Erwerbsrechte im Sinne von § 12 Abs. 2 Nr. 1 WpHG handelt, die einen Anspruch auf den Bezug bereits zum Börsenhandel zugelassener Aktien gewähren[24] oder entsprechende gefestigte Ansprüche auf solche Aktien bestehen.[25] Betroffen sind demnach Stock-Option-Pläne, bei denen z.B. die Unternehmen zur Erfüllung der Verpflichtungen aus den gewährten Optionen eigene Aktien zurückkaufen. Auch in diesen Fällen kommt nach allgemeiner Ansicht ein Verstoß gegen das Insiderhandelsverbot jedoch nur in Frage, wenn 834

---

[20] Vgl. *Assmann/Cramer* in: Assmann/Schneider (Hrsg.), Wertpapierhandelsgesetz, 2. Aufl. 1999, Einl. Rz. 45; hierzu allgemein BVerfGE 71, 108; 73, 206. 235, 92, 1, 12.
[21] § 14 Abs. 1 Nr. 1 WpHG.
[22] Vgl. *Friedrichsen*, 2000, S. 252.
[23] Siehe vorstehend Rz. 830 f.
[24] Vgl. *Bundesaufsichtsamt für den Wertpapierhandel*, Schreiben vom 1. Oktober 1997 zur insiderrechtlichen Behandlung von Aktienoptionsprogrammen für Führungskräfte; *Fürhoff*, AG 1998, S. 84; *Friedrichsen*, 2000, S. 248; *Feddersen*, ZHR 161 (1997), S. 290; *Lotze*, 2000, S. 52. Siehe auch Rz. 823.
[25] Siehe hierzu vorstehend Rz. 831.

der Begünstigte ein Wahlrecht hinsichtlich des Ausübungszeitraumes besitzt und somit gegebenenfalls den von ihm zu entrichtenden Ausübungspreis der Option beeinflussen kann.[26] Nur dann ist vorstellbar, dass der Begünstigte vorhandenes Insiderwissen ausnutzt, um einen für ihn möglichst günstigen Ausübungspreis zu erreichen.

835 Ein Verstoß kann auch in Betracht kommen, wenn dem Begünstigten im Vorfeld der Optionsgewährung ein Wahlrecht zwischen der Zuteilung der Option oder einer Geldzahlung zusteht. Entscheidet sich der Begünstigte in Kenntnis positiver[27] Insidertatsachen für die Zuteilung der Optionen, könnte darin ein Ausnutzen und damit ein Verstoß gegen das Insiderhandelsverbot gesehen werden.[28] Bezweifelt wird, ob noch von einem Ausnutzen einer Insidertatsache gesprochen werden kann, wenn der Optionsinhaber die zugeteilte Option erst nach Ablauf der Wartefrist ausüben kann, nachdem die Insidertatsache längst öffentlich bekannt sein dürfte oder sie ihr Kursbeeinflussungspotential inzwischen verloren hat.[29] Dem ist entgegenzuhalten, dass die Option zu dem konkreten Zeitpunkt gerade aufgrund der Kenntnis der positiven Insidertatsache erworben wurde. Hätte der Begünstigte nicht über die Insidertatsachen verfügt, hätte er die Option gegebenenfalls nicht erworben. Der Umstand, dass die Option erst zu einem späteren Zeitpunkt, an dem die Insidertatsachen längst bekannt sind, ausgeübt werden kann, ändert nichts daran, dass der Erwerb eines Insiderpapiers unter Ausnutzung von Insiderwissen erfolgte.[30] Steht der Zuteilungszeitraum für die Optionen fest oder ist er zumindest zeitlich – bei paralleler Information der übrigen Marktteilnehmer – eingegrenzt oder hat der Begünstigte keinen Einfluss auf die Zuteilung, scheidet ein Insiderverstoß aus. Kein Insiderverstoß liegt im Übrigen vor, wenn sich der Begünstigte aufgrund seiner (negativen) Insiderkenntnisse gegen die Zuteilung der Option entscheidet und stattdessen eine Geldleistung wählt.[31] Ein Erwerb von Insiderpapieren, der Voraussetzung für die Anwendbarkeit von § 14 WpHG ist, findet in diesem Fall nicht statt.

836 Zwar können Verstöße gegen das Verbot des Insiderhandels nur dann vorliegen, wenn sich die Transaktionen auf Insiderpapiere beziehen. Doch wird zu Recht darauf hingewiesen, dass der Erwerb von Optionen unter Ausnutzung von Insiderwissen auch dann unterbunden werden sollte, wenn das Insiderhandelsverbot nicht greift. Das Unternehmen wird ein Interesse daran haben, das Ausnutzen von Sonderwissen zu verhindern, um die allgemeine Akzeptanz von Stock-

---

[26] Vgl. *Assmann/Cramer* in: Assmann/Schneider (Hrsg.), Wertpapierhandelsgesetz, 2. Aufl. 1999, § 14 Rz. 88j; *Friedrichsen*, 2000, S. 253, *v. Einem* in: Deutsches Anwaltsinstitut e.V. (Hrsg.), 1998/1999, S. 644.

[27] Im Sinne einer positiven Kursbeeinflussung auf die Aktien des Unternehmens bei Bekanntwerden der Tatsachen.

[28] Vgl. *Bundesaufsichtsamt für den Wertpapierhandel*, Schreiben vom 1. Oktober 1997 zur insiderrechtlichen Behandlung von Aktienoptionsprogrammen für Führungskräfte; *Fürhoff*, AG 1998, S. 85; *Friedrichsen*, 2000, S. 254; *Lotze*, 2000, S. 57.

[29] Vgl. *Assmann/Cramer* in: Assmann/Schneider (Hrsg.), Wertpapierhandelsgesetz, 2. Aufl. 1999, § 14 Rz. 88j.

[30] Ebenso *Friedrichsen*, 2000, S. 254.

[31] Ein Unterlassen kann den Tatbestand des Erwerbs nicht erfüllen. Vgl. *Assmann/Cramer* in: Assmann/Schneider (Hrsg.), Wertpapierhandelsgesetz, 2. Aufl. 1999, § 14 Rz. 9; *v. Einem* in: Deutsches Anwaltsinstitut e.V. (Hrsg.), 1998/1999, S. 644; So, wenn auch nicht ausdrücklich, *Bundesaufsichtsamt für den Wertpapierhandel*, Schreiben vom 1. Oktober 1997 zur insiderrechtlichen Behandlung von Aktienoptionsprogrammen für Führungskräfte.

I. Insiderhandelsverbot

Option-Plänen und vor allem um das Vertrauen der übrigen Anleger in das Unternehmen zu erhalten. Auch vor diesem Hintergrund hat die Empfehlung des Bundesamtes für den Wertpapierhandel,[32] Optionen nur dann zuzuteilen, wenn diese Zuteilung als „Automatismus und ohne Einflussmöglichkeit des Begünstigten erfolgt", ihre Berechtigung.

4. Optionsausübung

Mit Ausübung der Optionen erhalten die Begünstigten die jeweiligen Aktien. Damit liegt ein Erwerb im Sinne von § 14 Abs. 1 Nr. 1 WpHG vor. Wie in den voran dargestellten Phasen eines Stock-Option-Plans ist auch die Optionsausübung durch den Begünstigten insiderrechtlich jedoch unproblematisch, wenn die bezogenen Aktien nicht oder noch nicht zum Börsenhandel zugelassen und damit keine Insiderpapiere sind. Insiderrechtlich relevant ist die Ausübung der Optionen dagegen dann, wenn diese im Rahmen des Stock-Option-Plans über eigene bereits zugelassene Aktien bedient werden sollen.[33] Aber auch im Rahmen eines Stock-Option-Plans nach § 192 Abs. 2 Nr. 3 AktG kann es sich im Moment der Ausübung der Optionen bei den bezogenen Aktien bereits um Insiderpapiere handeln. Nämlich dann, wenn die Aktien zeitgleich mit der Ausübung der Optionen zum Börsenhandel zugelassen werden oder zumindest ein entsprechender Antrag gestellt ist oder öffentlich angekündigt wurde.[34] Wann dies der Fall ist, hängt von der Gestaltung des Stock-Option-Plans im Einzelfall ab. Können die bezogenen Aktien erst nach Ablauf eines bestimmten Zeitraums veräußert werden, besteht keine Notwendigkeit, diese bereits vor oder mit Optionsausübung zum Börsenhandel zuzulassen. Probleme mit Insidergeschäften können in dieser Phase so vermieden werden. Dies wird in der Praxis jedoch eher die Ausnahme sein.

837

Sind die zu beziehenden Aktien bereits Insiderpapiere, ist maßgeblich, ob die Optionen unter Ausnutzung von Insiderkenntnissen ausgeübt wurden. Nach verbreiteter Auffassung liegt ein solches Ausnutzen regelmäßig nicht vor, da der Begünstigte die Optionen nur ausüben wird, wenn der Ausübungspreis der Optionen unter dem aktuellen Börsenkurs liegt und die Optionen damit „im Geld" sind.[35] Die Optionen würden, wenn sie im Geld sind, auch ohne gegebenenfalls vorhandenes Insiderwissen ausgeübt werden.[36] Dem ist bei einem unabhängig vom Ausübungszeitpunkt feststehenden Ausübungspreis zuzustimmen, weil der finanzielle Aufwand des Begünstigten mit und ohne Insiderwissen im Zeitpunkt der Ausübung immer gleich hoch ist. In der Ausübung der Optionen liegt des-

838

---

[32] Vgl. *Bundesaufsichtsamt für den Wertpapierhandel*, Schreiben vom 1. Oktober 1997 zur insiderrechtlichen Behandlung von Aktienoptionsprogrammen für Führungskräfte. Vgl. im Ergebnis so auch *Feddersen*, S. 255.

[33] Vgl. *Assmann/Cramer* in: Assmann/Schneider (Hrsg.), Wertpapierhandelsgesetz, 2. Aufl. 1999, § 14 Rz. 88k; *Casper*, WM 1999, S. 365; *Fürhoff*, AG 1998, S. 84; *Friedrichsen*, 2000, S. 257; *Petersen*, 2001, S. 375; *Schaefer*, NZG 1999, S. 534; *Spenner*, 1999, S. 229.

[34] Siehe hierzu Rz. 826.

[35] Vgl. *Bundesaufsichtsamt für den Wertpapierhandel*, Schreiben vom 1. Oktober 1997 zur insiderrechtlichen Behandlung von Aktienoptionsprogrammen für Führungskräfte, 3.; *Fürhoff*, AG 1998, S. 85; *Kühnberger/Keßler*, AG 1999, S. 461; *Spenner*, 1999, S. 229; *v. Einem* in: Deutsches Anwaltsinstitut e.V. (Hrsg.), 1998/1999, S. 644.

[36] Vgl. *Assmann/Cramer* in: Assmann/Schneider (Hrsg.), Wertpapierhandelsgesetz, 2. Aufl. 1999, § 14 Rz. 27; *Kümpel*, Bank- und Kapitalmarktrecht, 2. Aufl. 2000, Rz. 16.174, verneint in diesem Fall die Kausalität zwischen Insiderwissen und der Wertpapiertransaktion.

halb auch bei Ausnutzung von Insiderwissen kein Vorteil für den Begünstigten gegenüber anderen Anlegern. Verwertbar wird das Insiderwissen erst dann, wenn der Begünstigte die bezogenen Aktien veräußert. Entsprechendes gilt, wenn die Aktien aufgrund von Wandel- oder Optionsanleihen bezogen werden. Wird die Option aufgrund der Kenntnis negativer Insidertatsachen nicht oder noch nicht ausgeübt, kommt ein Insiderverstoß nicht in Betracht. Das bloße Unterlassen einer Wertpapiertransaktion kann den Tatbestand des Insiderhandelsverbots nicht erfüllen.[37]

839 Ist der Ausübungspreis der Optionen allerdings variabel gestaltet und hat der Optionsinhaber einen zeitlichen Spielraum hinsichtlich der Ausübung, kann bei Ausübung der Optionen in Kenntnis positiver Insidertatsachen ein Verstoß gegen das Insiderhandelsverbot vorliegen (so z.B. bei Stock-Option-Plänen, bei denen der Ausübungspreis in Abhängigkeit von der Erfüllung eines Erfolgsziels variiert).[38] Der Begünstigte verschafft sich durch die Ausübung der Optionen in Erwartung steigender Kurse nach dem Bekanntwerden der positiven Insidertatsachen einen Vorteil in Form eines geringeren Ausübungspreises der Optionen. Wären die Insidertatsachen bereits bei Ausübung der Optionen öffentlich bekannt gewesen und der Kurswert der zugrunde liegenden Aktien entsprechend gestiegen, wäre auch der daran gekoppelte Ausübungspreis der Optionen höher gewesen. Ein Verstoß gegen das Insiderhandelsverbot ist dennoch ausgeschlossen, wenn § 14 WpHG voraussetzt, dass die Aktien am sog. Sekundärmarkt bezogen bzw. erworben werden müssen. Das hätte zur Folge, dass Optionen, die mit jungen Aktien im Rahmen von Stock-Option-Plänen nach § 192 Abs. 2 Nr. 3 AktG bezogen und damit am sog. Primärmarkt erworben werden, per se nicht unter das Insiderhandelsverbot fallen. Als Begründung wird angeführt, am Kapitalmarkt zwar zugelassene, aber bisher noch nicht eingeführte Wertpapiere fielen nicht in den Schutzbereich des § 14 WpHG.[39] Eine solche Einschränkung des Tatbestands des § 14 WpHG ist nicht haltbar, weil Wertpapiere auch dann unter das Insiderhandelsverbot fallen, wenn sie zwar noch nicht zum Börsenhandel zugelassen, aber ein entsprechender Antrag bereits gestellt oder öffentlich gemacht wurde. Aus diesem Grund liegen auch im Falle einer Neuemission bereits Insiderpapiere vor, obwohl sie noch nicht am Sekundärmarkt erworben werden können.[40] Darüber hinaus bieten weder der Wortlaut des § 14 WpHG noch die Begründung zum 2. Finanzmarktförderungsgesetz Anhaltspunkte für eine solche Reduktion des Insiderhandeltatbestands.[41] Laut der Gesetzesbegründung ist der Schutzzweck des Insiderhandelsverbots allgemein die Funktionsfähigkeit der Kapitalmärkte ohne Differenzierung zwischen Primär- und Sekundärmarkt.[42]

---

[37] Angaben zu Fn. 31 und speziell zur vorliegenden Fallkonstellation: *Kramarsch*, S. 65.
[38] Vgl. *Friedrichsen*, 2000, S. 260; *Petersen*, 2001, S. 377; in diesem Sinne wohl auch *Casper*, WM 1999, S. 366.
[39] So *Schneider*, ZIP 1996, S. 1775; ihm folgend: *Feddersen*, ZHR 161 (1997), S. 291; *Spenner*, 1999, S. 229.
[40] Vgl. *Casper*, WM 1999, S. 365; *Lotze*, 2000, S. 60.
[41] Vgl. BT-Drucksache 12/76679, 33 ff.; dazu ebenfalls ablehnend und mit weiteren Gründen: *Friedrichsen*, 2000, S. 262, ff..
[42] Vgl. *Kümpel* in: Kümpel/Ott, Kapitalmarktrecht, 1971, 065, S. 28 f.

5. Veräußerung der bezogenen Aktien

Wie dargestellt, wird es in der Regel in den vorstehend beschriebenen Phasen der Ein- und Durchführung von Stock-Option-Plänen mangels Erwerbshandlung im Sinne des § 14 WpHG oder mangels als Insiderpapiere im Sinne des § 12 WpHG zu qualifizierender Wertpapiere an den tatbestandlichen Voraussetzungen eines Verstoßes gegen das Insiderhandelsverbot fehlen. Die insiderrechtliche Relevanz tritt dementsprechend bei Stock-Option-Plänen unabhängig von der gewählten Gestaltungsform mit besonderer Brisanz erst dann zutage, wenn die zum Börsenhandel zugelassenen und bezogenen Aktien veräußert werden.[43] Jedoch handelt es sich insoweit nicht mehr um eine spezielle Problematik von Stock-Option-Plänen, sondern dies folgt aus dem Umstand, dass Personen Aktien des Unternehmens veräußern, die aufgrund ihrer Stellung zum emittierenden Unternehmen über Insiderwissen verfügen.[44] Für die insiderrechtliche Beurteilung ist es in diesen Fällen ohne Bedeutung, ob die Aktien im Rahmen eines Stock-Option-Plans oder in sonstiger Weise von den Insidern erworben wurden. Es gelten die allgemeinen insiderrechtlichen Bestimmungen und Grundsätze. 840

6. Erwerb eigener Aktien durch das Unternehmen

Erwirbt ein Unternehmen zur Bedienung von im Rahmen eines Stock-Option-Plans gewährten Optionen bereits zugelassene eigene Aktien, scheiden Verstöße des Unternehmens gegen das Insiderhandelsverbot wegen Ausnutzens der Kenntnis über den bevorstehenden Rückkauf eigener Aktien aus. Der Aktienerwerb wird in diesem speziellen Fall nach der Gesetzesbegründung zum Regierungsentwurf des 2. Finanzmarktförderungsgesetzes[45] als Umsetzung der unternehmerischen Entscheidung nicht vom Insiderhandelsverbot des § 14 Abs. 1 Nr. 1 WpHG erfasst.[46] Allerdings unterfällt die Rückerwerbsentscheidung regelmäßig der Ad-hoc-Publizitätspflicht,[47] so dass nach Veröffentlichung keine gegebenenfalls auszunutzende Insidertatsache mehr vorliegt. Im Übrigen gelten für das Unternehmen beim Erwerb eigener Aktien die insiderrechtlichen Bestimmungen wie für den Erwerb sonstiger Insiderpapiere. Dies gilt namentlich für den Fall des Rückkaufs eigener Aktien in Kenntnis anderer Insidertatsachen als der getroffenen Rückkaufsentscheidung. 841

Abgesehen von der insiderrechtlichen Beurteilung des Rückkaufs eigener Aktien im Rahmen eines Stock-Option-Plans wird darauf hingewiesen, dass der Vorstand des Unternehmens mit der Ankündigung und Ausführung des Rückkaufs und dem damit vorhandenen Kursbeeinflussungspotential Einfluss auf das 842

---

[43] Vgl. *Bundesaufsichtsamt für den Wertpapierhandel*, Schreiben vom 1. Oktober 1997 zur insiderrechtlichen Behandlung von Aktienoptionsprogrammen für Führungskräfte, 4.; *Assmann/Cramer* in: Assmann/Schneider (Hrsg.), Wertpapierhandelsgesetz, 2. Aufl. 1999, § 14 Rz. 88l; *Friedrichsen*, 2000, S. 264; *Fürhoff*, AG 1998, S. 85; *Kühnberger/Keßler*, AG 1999, S. 461; *Feddersen*, ZHR 161 (1997), S. 292; *Schneider*, ZIP 1996, S. 1769 ff.; *Casper*, WM 1999, S. 367.

[44] Vgl. *Assmann/Cramer* in: Assmann/Schneider (Hrsg.), Wertpapierhandelsgesetz, 2. Aufl. 1999, § 14 Rz. 88; *Friedrichsen*, 2000, S. 264; *Schaeffer*, NZG 1999, S. 533; *Schneider*, ZIP 1996, S. 1775.

[45] Vgl. BT-Drucksache 12/6679, S. 47.

[46] Vgl. *Assmann/Cramer* in: Assmann/Schneider (Hrsg.), Wertpapierhandelsgesetz, 2. Aufl. 1999, § 14 Rz. 27b; *Friedrichsen*, 2000, S. 257.

[47] Siehe hierzu Rz. 848 ff.

Erreichen einer börsenkursabhängigen Ausübungshürde nehmen könne. Um dies zu verhindern wird empfohlen, auf einen deutlichen Abstand zwischen dem Ende des Ermächtigungszeitraumes zum Erwerb der eigenen Aktien und dem Ausübungszeitpunkt der Optionen zu achten.[48] Werden die Ermächtigung und der Aktienoptionsplan in einem Hauptversammlungsbeschluss zusammengefasst, beträgt die Frist zwischen letztmaliger Möglichkeit zur Ausübung der Rückkaufsermächtigung und der erstmals möglichen Ausübung der Optionen nach den gesetzlichen Vorgaben der §§ 71 Abs. 1 Nr. 8 und 193 Abs. 2 Nr. 4 AktG mindestens ein halbes Jahr. In aller Regel wird dieser Zeitabstand ausreichen.[49]

7. Vorkehrungen zur Vermeidung von Insiderverstößen

843 Allgemein wird zur Vermeidung von Verstößen gegen das Insiderhandelsverbot gefordert, im Unternehmen die Funktion eines Compliance-Beauftragten zu schaffen, der die Einhaltung insiderrechtlicher Vorgaben überwacht, koordiniert und Wertpapiertransaktionen ggf. zustimmen muss, sofern hierzu nicht – wie bei Wertpapierhandelsunternehmen – bereits eine gesetzliche Verpflichtung besteht.[50] Bei Wertpapiertransaktionen von Mitarbeitern aus sensiblen Bereichen des Unternehmens müsste dann der Compliance-Beauftragte zustimmen.[51] Um den Kreis möglicher Insider so klein wie möglich zu halten, sollen so genannte Chinese Walls[52] innerhalb des Unternehmens verhindern, dass sich insiderrechtlich relevante Informationen auch innerhalb des Unternehmens nicht mehr als notwendig verbreiten. Soweit bei Stock-Option-Plänen Insiderverstöße nicht per se ausgeschlossenen werden können, insbesondere weil keine Insiderpapiere vorliegen, bieten sich für die relevanten Planphasen folgende Vorkehrungen an.

a) Zuteilung und Ausübung der Optionen

844 Insiderrechtliche Probleme bei der Zuteilung der Optionen lassen sich vermeiden, wenn entweder der Ausübungspreis der Optionen wegen des feststehenden Zuteilungszeitpunkts vom Begünstigten nicht beeinflusst werden kann oder der Ausübungspreis vom Zuteilungszeitpunkt unabhängig ist. Entsprechendes gilt für die Ausübung der zugeteilten Optionen. Ein Ausnutzen von Insiderkenntnissen ist nicht möglich, wenn der Ausübungspreis feststeht und nicht von der Kursentwicklung der zu beziehenden Aktien abhängt. Wählt man eine variable Preis-

---

[48] Begründung zum RegE zum KonTraG, ZIP (1997), S. 2060.

[49] Nach *Lotze,* 2000, S. 63, sollte der zu wählende Zeitraum insbesondere von der Kursstabilität der Aktien des Unternehmens abhängig sein. Allerdings wird angesichts der Volatilität der Kapitalmärkte ein länger als ein halbes Jahr andauernder Zeitraum nur unter besonders außergewöhnlichen Umständen erforderlich sein.

[50] Vgl. dazu die Darstellung bei *Kümpel,* Bank- und Kapitalmarktrecht, 2. Aufl. 2000, Rz. 16.516 ff., insbesondere Rz. 16.537.

[51] Vgl. *Deutsches Anwaltsinstitut e.V.*, 1998, S. 5; kritisch *Casper,* WM 1999, S. 369.

[52] *Kümpel,* Bank- und Kapitalmarktrecht, 2. Aufl. 2000, Rz. 16.547.; *Kühnberger/Keßler,* AG 1999, S. 462 und *Fürhoff,* AG 1998, S. 86 halten solche organisatorischen Informationsschranken bei Stock-Option-Plänen für wenig erfolgversprechend, weil Vorstände und Führungskräfte zur Erfüllung ihrer Aufgaben zwingend Zugang zu einer Vielzahl von Informationen haben müssen. Kritisch auch das *Bundesaufsichtsamt für den Wertpapierhandel* im Schreiben vom 1. Oktober 1997 zur insiderrechtlichen Behandlung von Aktienoptionsprogrammen von Führungskräften, 6. Allerdings ist die Wirksamkeit von Chinese Walls bei Stock-Option-Plänen je nach Teilnehmerkreis unterschiedlich zu bewerten und kann als ein wirksames Instrument zur Vermeidung von Insiderverstößen dienen.

I. Insiderhandelsverbot

gestaltung in Abhängigkeit von der Kursentwicklung der Aktien bzw. des Börsenpreises oder eines Indexes, empfiehlt es sich, in den Planbedingungen bestimmte Ausübungszeiträume für den Bezug der Aktien festzulegen.[53] Dementsprechend bietet es sich an, in den Bedingungen des Stock-Option-Plans den Ausübungszeitraum der Optionen auf zwei bis vier Wochen nach der Hauptversammlung oder sonstigen turnusmäßigen Veröffentlichungen von Unternehmensdaten zu beschränken. In diesen Zeiträumen kann von einer weitgehend umfassenden Information der Öffentlichkeit über Tatsachen mit Kursbeeinflussungspotential ausgegangen werden. Eine lediglich begriffliche Unterscheidung ist es, statt Ausübungszeiträume, Sperrfristen (sog. Blocking Periods) vorzusehen, in denen die Optionen nicht ausgeübt werden dürfen. Für beide Varianten gilt, je kürzer der Ausübungszeitraum, bzw. je länger die Sperrfrist, desto geringer das Ermessen des Begünstigten bei der Ausübung und damit die Möglichkeit zur Ausnutzung von Insiderkenntnissen.

b) Verkauf der bezogenen Aktien

Nach dem Bezug der Aktien ist die Gefahr von Insiderverstößen besonders relevant. Auch hier gilt, dass sich die Gefahr von Verstößen gegen das Insiderhandelsverbot mindern lässt, wenn die Veräußerung der Aktien auf bestimmte Zeiträume, sog. Trading Windows,[54] beschränkt wird, in bzw. vor denen von einer weit gehenden Unterrichtung der Öffentlichkeit über ansonsten als Insidertatsachen zu qualifizierende Umstände ausgegangen werden kann. Allerdings lässt sich auch während dieser Zeiträume nicht gänzlich ausschließen, dass der Veräußerer der Aktien nicht doch über Kenntnis von weiteren, nicht öffentlich bekannten Tatsachen im Sinne von § 13 WpHG verfügt.[55] Völlige Sicherheit böten Trading Windows nur, wenn – so wird vertreten[56] – die Einrichtung solcher Trading Windows die Anwendbarkeit des Insiderhandelsverbots ausschlösse. Diese einschränkende Lesart des § 14 WpHG wird damit begründet, § 14 WpHG sei im Lichte des Gesetzes über die Kontrolle und Transparenz von Unternehmen (KonTraG) und der damit verbundenen Neufassung der §§ 192, 193 AktG auszulegen. In der Gesetzesbegründung des KonTraG findet sich die Empfehlung, Handelsfenster zur Vermeidung von Insiderverstößen vorzusehen. Auch wenn eine solche Auslegung im Sinne einer klaren und handhabbaren Regelung wünschenswert wäre, lässt sich aus der Gesetzesbegründung zur Neufassung aktienrechtlicher Vorschriften allein die Anwendbarkeit einer für das Insiderrecht so zentralen Norm wie § 14 WpHG nicht mit dem Hinweis auf die beabsichtigte erleichterte Implementierung von Stock-Option-Plänen einschränken.[57] Die Gesetzesbegründung zum KonTraG enthält keinen Hinweis des Gesetzgebers auf eine solche teleologische Reduktion des § 14 Abs. 1 Nr. 1 WpHG. Im Übrigen lässt sich mit gleicher Berechtigung argumentieren, dass die herangezogene Gesetzesbegründung die Anwendbarkeit des Insiderhandelsverbots auch

845

---

[53] Vgl. *Friedrichsen*, 2000, S. 267; *Hoffmann-Becking*, NZG 1999, S. 804; *Lotze*, 2000, S.170.
[54] Empfohlen wird dies vom *Bundesaufsichtsamt für den Wertpapierhandel* im Schreiben vom 1. Oktober 1997 zur insiderrechtlichen Behandlung von Aktienoptionsprogrammen für Führungskräfte, 4. *Feddersen*, ZHR 161 (1997), 269, 294 mit dem Hinweis, dass sich die Vereinbarung von Trading Windows in den USA bereits bestens bewährt habe. *Schaefer*, NZG 1999, S. 534, *v. Rosen*, WM 1998, S. 1810, *Fürhoff*, AG 1998, S. 85; *Kühnberger/Keßler*, AG 1999, S. 461.
[55] Vgl. *Friedrichsen*, 2000, S. 267.
[56] Vgl. *Casper*, WM 1999, S. 368.
[57] Vgl. ablehnend auch: *Friedrichsen*, 2000, S. 269; *Lotze*, 2000, S. 179.

846 Weitere Vorschläge zielen darauf ab, die Einflussmöglichkeiten des Veräußerers und möglichen Insiders auf den Veräußerungszeitpunkt der Aktien zu beschränken. So soll zwischen dem unwiderruflichen Auftrag zur Veräußerung der Aktien und der Durchführung eine bestimmte Zeitspanne vorgesehen werden, innerhalb der von einer Veröffentlichung kursrelevanter Unternehmensdaten ausgegangen werden kann.[59] Das DAI[60] schlägt insoweit eine Zeitspanne von sechs Wochen vor. Zu beachten ist jedoch, dass in einem solchen Zeitraum auch Umstände mit negativem Einfluss auf den Aktienkurs eintreten und sich allgemeine Kapitalmarktrisiken verwirklichen können, die einen Verkauf der Aktien nur unter Verlusten, gegebenenfalls unter dem Ausübungspreis der Optionen, zulassen.[61] Auch sind Insidertatsachen denkbar, die nach Ablauf der Zeitspanne von Verkaufsauftrag und Durchführung noch nicht bekannt sind und damit zum Zeitpunkt der Aktienübertragung ausgenutzt werden können. Ein weiterer Ansatz ist, die Aktien treuhänderisch an einen Vermögensverwalter zu übertragen, der die Aktien im eigenen Ermessen und weisungsunabhängig für den Inhaber im Sinne eines selbständig agierenden Portfoliomanagers verwaltet und gegebenenfalls veräußert.[62] Entscheidend für die Wirksamkeit eines solchen Verfahrens ist, wie die Einflussnahme tatsächlich ausgeschaltet werden kann. Die Akzeptanz solcher Vorschläge dürfte aufgrund der angesprochenen Nachteile, und im Falle der Übertragung der Aktien auf einen Treuhänder wegen der zusätzlichen Kosten, gering sein. Schließlich zeigt sich, dass mit der entsprechenden Gestaltung der Planbedingungen, vor allem mittels Ausübungsfristen und Trading Windows, und einer angemessenen Veröffentlichungspraxis des Unternehmens, die Gefahr von Insiderverstößen deutlich vermindert werden kann.[63] Die Verantwortung des einzelnen Planteilnehmers für die Einhaltung der insiderrechtlichen Vorgaben bleibt allerdings bestehen.

8. Virtuelle Stock-Option-Pläne (Wertsteigerungsrechte ohne [Stock Appreciation Rights] und mit Dividendenkomponente [Phantom Stocks])

847 Virtuelle Stock-Option-Pläne, die die Ausgabe von Wertsteigerungsrechten, wie z.B. Stock Appreciation Rights oder Phantom Stocks, vorsehen, sind insider-

---

[58] Vgl. *Assmann/Cramer* in: Assmann/Schneider (Hrsg.), Wertpapierhandelsgesetz, 2. Aufl. 1999, Vor § 12 Rz. 38.
[59] Vgl. *Deutsches Anwaltsinstitut e.V.*, 1998, S. 4, 9; *v. Rosen*, WM 1998, S. 1810; dazu *Friedrichsen*, 2000, S. 270.
[60] Vgl. *Deutsches Anwaltsinstitut e.V.*, 1998, S. 9.
[61] Kritisch zu diesem Ansatz auch *Casper*, WM 1999, S. 369.
[62] Vgl. *Bundesaufsichtsamt für den Wertpapierhandel* im Schreiben vom 1. Oktober 1997 zur insiderrechtlichen Behandlung von Aktienoptionsprogrammen für Führungskräfte, 4.; *Feddersen*, ZHR 161 (1997), S. 295; *Lotze*, 2000, S. 180 ff.
[63] In diesem Sinne auch *Friedrichsen*, 2000, S. 271 ff.; *Spenner*, 1999, S. 231 f., *Petersen*, 2001, S. 379 f.

rechtlich für die Begünstigten des Stock-Option-Plans in der Regel unbeachtlich. Virtuelle Stock-Option-Pläne sind nicht auf den Erwerb von Aktien des Unternehmens gerichtet. Der Erwerb oder die Veräußerung von Insiderpapieren als notwendigem Tatbestandsmerkmal des Insiderhandelverbots nach § 14 WpHG ist daher ausgeschlossen.[64] Dies gilt selbst dann, wenn z.B. Stock Appreciation Rights nicht in bar abgegolten, sondern zum entsprechenden Wert mit bereits zugelassenen Aktien bedient werden. Denn ein Ausnutzen von Insiderwissen beim Erwerb der Aktien zur Erzielung wirtschaftlicher Vorteile kommt nicht in Betracht. Werden Stock Appreciation Rights in Kenntnis von für den Börsenkurs negativen Tatsachen ausgeübt, ist die Kursdifferenz zum Basispreis der zugrunde liegenden Aktien zwar größer als vor deren Bekanntwerden. Doch erhält der Begünstigte wegen des höheren Börsenkurses auch eine geringere Anzahl an Aktien, sofern für den Ausübungszeitpunkt der Stock Appreciation Rights und die Berechnung der Anzahl der zu beziehenden Aktien der gleiche Stichtag maßgeblich ist. Entsprechend gilt dies für die Ausübung in Kenntnis positiver Insidertatsachen. Da aufgrund des niedrigeren Börsenkurses auch die Kursdifferenz entsprechend geringer ausfällt, kann der niedrigere Börsenkurs nicht zum Bezug von mehr Aktien führen.[65] Ausnahmsweise insiderrechtlich relevant können virtuelle Stock-Option-Pläne dann werden, wenn die ausgegebenen Wertsteigerungsrechte aufgrund einer z.B. steuerrechtlich motivierten Gestaltung ihrerseits zum Börsenhandel zugelassen wurden, obgleich sie nur einen Barvergütungsanspruch gegen die Emittentin gewähren. Denn insoweit handelt es sich bei den Wertsteigerungsrechten selbst um Insiderpapiere.

II. Stock-Option-Pläne und Ad-hoc-Publizität

Laut § 15 Abs. 1 WpHG muss der Emittent von Wertpapieren, die zum Handel an einer inländischen Börse zugelassen sind, unverzüglich noch nicht öffentlich bekannte Tatsachen aus seinem Tätigkeitsbereich veröffentlichen, wenn sie wegen der Auswirkungen auf die Vermögens- und Finanzlage geeignet sind, den Börsenpreis der zugelassenen Wertpapiere erheblich zu beeinflussen.[66] Verpflichtet sind nur Unternehmen, deren Aktien bereits an der Börse zum Handel zugelassen sind. 848

1. Die Implementierung eines Stock-Option-Plans als kursbeeinflussende Tatsache

Stock-Option-Pläne zielen als Anreizsysteme darauf ab, den Unternehmenserfolg und damit den Unternehmenswert am Markt zu steigern. Ankündigungen von börsennotierten Unternehmen, Stock-Option-Pläne einführen zu wollen, können zu positiven Änderungen des Börsenkurses der Aktien des Unterneh- 849

---

[64] Vgl. *Casper*, WM 1999, S. 369; *Feddersen*, ZHR 161 (1997), S. 285.
[65] Vgl. *Lotze*, 2000, S. 175.
[66] Siehe dazu allgemein: *Kümpel* in: Assmann/Schneider (Hrsg.), Wertpapierhandelsgesetz, 2. Aufl. 1999, § 15 Rz. 1 ff.; *Kümpel*, Bank- und Kapitalmarktrecht, 2. Aufl. 2000, Rz. 16.213 ff.; *Geibel* in: Schäfer, Wertpapierhandelsgesetz, 1999, § 15 Rz. 1 ff.

mens führen.⁶⁷ Der Markt erwartet, dass sich insbesondere die begünstigten Führungskräfte noch stärker für den Erfolg des Unternehmens und damit ihren eigenen einsetzen.⁶⁸ Vor allem sind die im Stock-Option-Plan gegebenenfalls vorgesehenen Kapitalerhöhungen geeignet, den Kurs der börsennotierten Aktien des Unternehmens erheblich zu beeinflussen. Das gilt gleichermaßen für die Absicht, eigene Aktien zur Bedienung der Optionen zurückzukaufen. Die Implementierung eines Stock-Option-Plans wird man daher allgemein als Tatsache mit erheblichem Kursbeeinflussungspotential i.S.d. § 15 Abs. 1 WpHG bewerten können.⁶⁹ Lediglich bei Stock-Option-Plänen, die zu vernachlässigende Kapitalerhöhungsmaßnahmen oder Aktienrückkäufe erfordern, wird die Kursrelevanz eher zu verneinen sein.⁷⁰

850 Darüber hinaus muss die Tatsache i.S.d. § 15 WpHG Auswirkungen auf die Vermögens- und Finanzlage oder auf den allgemeinen Geschäftsverlauf des Unternehmens haben. Dazu sind nach den Gesetzesmaterialien zu § 15 WpHG die zu den §§ 264 Abs. 2, 289 Abs. 1 HGB entwickelten Grundsätze heranzuziehen.⁷¹ Bei der Implementierung eines Stock-Option-Plans muss es sich demnach um Tatsachen handeln, die nach den Grundsätzen ordnungsgemäßer Buchführung einen Buchungsvorgang für den handelsrechtlichen Jahresabschluss begründen oder in den Lagebericht aufgenommen werden müssen. Wie dargelegt,⁷² finden Stock-Option-Pläne mit den entsprechenden Kapitalmaßnahmen Niederschlag im Jahresabschluss und im Lagebericht. Dies gilt insbesondere auch für virtuelle Stock-Option-Pläne auf Grundlage von Wertsteigerungsrechten (Stock Appreciation Rights oder Phantom Stocks), die grundsätzlich den gleichen Effekt erzeugen wie Stock-Option-Pläne mit tatsächlichem Bezug von Aktien des Unternehmens. Die Problematik ist daher oftmals nicht, ob eine nach § 15 Abs. 1 WpHG veröffentlichungspflichtige Tatsache vorliegt, sondern wann und in welchem Umfang die Bedingungen und Entscheidungen im Rahmen des Stock-Option-Plans zu veröffentlichen sind.

2. Zeitpunkt und Umfang der Ad-hoc-Veröffentlichungspflicht

a) Entscheidung über die Implementierung eines Stock-Option-Plans

851 Haben Vorstand und Aufsichtsrat die Implementierung eines Stock-Option-Plans beschlossen und die entsprechenden Beschlussvorlagen für die Hauptversammlung in den entsprechenden Gesellschaftsblättern veröffentlicht, entfällt ab diesem Zeitpunkt die Veröffentlichungspflicht nach § 15 Abs. 1 WpHG. Eine nicht öffentlich bekannte Tatsache i.S.d. § 15 WpHG liegt nicht mehr vor.

---

⁶⁷ Vgl. dazu *Lotze*, 2000, S. 34 f. mit einer Differenzierung zwischen dem US-amerikanischen und dem deutschen Kapitalmarkt nach den bisherigen Erfahrungen.
⁶⁸ Vgl. *Friedrichsen*, 2000, S. 142 m.w.N. und S. 277.
⁶⁹ Vgl. *Bundesaufsichtsamt für den Wertpapierhandel* im Schreiben vom 1. Oktober 1997 zur insiderrechtlichen Behandlung von Aktienoptionsprogrammen für Führungskräfte, 1.; *Feddersen*, ZHR 161 (1997), S. 269, 289; *Geibel* in: Schäfer, Wertpapierhandelsgesetz, 1999, § 15 Rz. 90; *v. Einem* in: Deutsches Anwaltsinstitut e.V. (Hrsg.), 1998/1999, S. 644; *Spenner*, 1999, S. 234; *Kümpel* in: Assmann/Schneider (Hrsg.), Wertpapierhandelsgesetz, 2. Aufl. 1999, § 15 Rz. 72.
⁷⁰ So *Feddersen*, ZHR 161 (1997), S. 289.
⁷¹ Vgl. *Kümpel* in: Assmann/Schneider (Hrsg.), Wertpapierhandelsgesetz, 2. Aufl. 1999, § 15 Rz. 58; *Geibel* in: Schäfer, Wertpapierhandelsgesetz, 1999, § 15 Rz. 60; *Friedrichsen*, 2000, S. 278 f.
⁷² Rz. 174 ff., 436 ff., 569 ff., 659 ff., 687 ff., 786 ff.

II. Stock-Option-Pläne und Ad-hoc-Publizität

Bis dahin ist fraglich, ab welchem Zeitpunkt die Absicht, einen Stock-Option-Plan zu implementieren, als Tatsache im Sinne von § 15 WpHG zu veröffentlichen ist. Die Problematik liegt bei mehrstufigen Entscheidungsprozessen,[73] wie der Implementierung eines Stock-Option-Plans, im Spannungsfeld zwischen dem Zweck der Publizitätsvorschriften, nämlich kursrelevante Tatsachen zur Vermeidung von Insidergeschäften baldmöglichst zu veröffentlichen, und den aktienrechtlichen Kompetenzvorschriften, wonach der Zustimmungsvorbehalt des Aufsichtsrats bei Stock-Option-Plänen durch die Veröffentlichung des Vorstandsbeschlusses de facto nicht vorweggenommen werden darf.[74] Räumt man den aktienrechtlichen Kompetenzvorschriften den Vorrang gegenüber § 15 WpHG ein, kann erst mit der erforderlichen Zustimmung des Aufsichtsrats von einer insoweit endgültigen Implementierungsabsicht ausgegangen werden, die erst dann publizitätspflichtig ist. Konsequenterweise müsste man dann jedoch auch davon ausgehen, dass erst nach dem Beschluss der Hauptversammlung die Publizitätspflicht besteht, weil die vorherige Veröffentlichung der Implementierungsabsicht auch dem letztlich maßgeblichen Hauptversammlungsbeschluss vorgreifen würde. Dagegen lässt sich nicht einwenden, vor Beschlussfassung der Hauptversammlung ginge es lediglich um die Veröffentlichung der Implementierungsabsicht. Denn mit diesem Argument kann auch die Vorstandsentscheidung bereits als relevante Tatsache im Sinne von § 15 WpHG betrachtet werden. Andere Stimmen stellen bei mehrstufigen Entscheidungsprozessen darauf ab, wie wahrscheinlich die Umsetzung der Absicht ist.[75] Kann mit einer Ablehnung durch das zustimmungspflichtige Gremium nicht mehr gerechnet werden, müsse die Absicht, einen Stock-Option-Plan zu implementieren, bereits nach der Beschlussfassung des Vorstands veröffentlicht werden.

852

Im Ergebnis ist die Lösung der Problematik zunächst aus einer Zusammenschau der Regelungszwecke der Publizitätsvorschriften und des Aktienrechts zu gewinnen, ohne einer der Regelungsmaterien per se einen Vorrang einzuräumen. Schutzzweck der Publizitätspflichten ist die Funktionsfähigkeit des Kapitalmarkts, die durch die Bildung unangemessener Börsenpreise aufgrund nicht gerechtfertigter Informationsvorsprünge gefährdet ist. Andererseits ergibt sich aus diesem Schutzzweck, dass veröffentlichte Tatsachen hinreichend konkret und nachvollziehbar sicher sein müssen, um Irreführungen der Kapitalmarktteilnehmer auch in dieser Hinsicht zu vermeiden. Bereits deshalb ist grundsätzlich erst mit entsprechender Zustimmung des Aufsichtsrats zur Implementierung eines Stock-Option-Plans von einer publizitätspflichtigen Tatsache auszugehen. Darüber hinaus erhält der Emittent, insbesondere angesichts der Bußgeldbewehrung

853

---

[73] Vgl. dazu mit umfassender Darstellung des Meinungsstands: *Kümpel* in: Assmann/Schneider (Hrsg.), Wertpapierhandelsgesetz, 2. Aufl. 1999, § 15 Rz. 48 ff.; *Geibel* in: Schäfer, Wertpapierhandelsgesetz, 1999, § 15 Rz. 71 ff.; *Kiem/Kotthoff*, DB 1995, S. 1999 ff.

[74] So dezidiert für Stock-Option-Pläne *Friedrichsen*, 2000, S. 283 f; *Spenner*, 1999, S. 235; allgemein in den Fällen erforderlicher Zustimmungsbeschlüsse des Aufsichtsrats: *Hopt*, ZHR 159 (1995), S. 152; *DAV*, NZG 1998, S. 139; *Geibel* in: Schäfer, Wertpapierhandelsgesetz, 1999, § 15 Rz. 75; für die Fälle des Aktienrückkaufs: *Bundesaufsichtsamt für den Wertpapierhandel*, Schreiben v. 28. Juni 1999 zum Erwerb eigener Aktien nach § 71 Abs. 1 Satz 1 Nr. 8 AktG, 2. a).

[75] Vgl. *Kiem/Kotthoff*, DB 1995, S. 2002; *Kümpel* in: Assmann/Schneider (Hrsg.), Wertpapierhandelsgesetz, 2. Aufl. 1999, § 15 Rz. 50 a f; *Schander/Lucas*, DB 1997, S. 2110, die neben der Realisierungswahrscheinlichkeit die „Eignung zur erheblichen Beeinflussung des Börsenpreises" als zusätzliches Wertungskriterium heranziehen wollen.

gemäß § 39 Abs. 1 WpHG und des insoweit geltenden verfassungsrechtlichen Bestimmtheitsgrundsatzes, bei dieser Norminterpretation klare Richtlinien zur Beurteilung seiner Pflichtenlage und damit die notwendige Rechtssicherheit.[76] Für Stock-Option-Pläne muss richtigerweise zudem gelten, dass in Fragen der Führungskräftevergütung keine Präjudizierung des Aufsichtsrats durch Vorstandsentscheidungen durch frühzeitige Veröffentlichungen erfolgen darf.[77]

b) Umfang

854 Hat der Aufsichtsrat der Absicht des Vorstands, einen Stock-Option-Plan zu implementieren und für die Hauptversammlung eine entsprechende Beschlussvorlage vorzubereiten, zugestimmt, ist das Unternehmen verpflichtet, diese Tatsachen zu veröffentlichen. Die Veröffentlichung sollte in zusammengefasster Form die wesentlichen Fakten und Regelungen des Stock-Option-Plans enthalten. Die kursrelevante Tatsache soll durch eine – anderweitige – Informationsüberfrachtung nicht in den Hintergrund gedrängt werden.[78] Soweit die Anforderungen des § 15 Abs. 3 WpHG[79] hinsichtlich der Art und Weise der Veröffentlichung beachtet werden, kann die Bekanntgabe mit Veröffentlichung der Beschlussvorlagen für die Hauptversammlung im Rahmen ihrer Einberufung zeitlich zusammenfallen. In jedem Fall muss die Bekanntgabe nach § 15 WpHG unverzüglich vorgenommen werden.

c) Einzelmaßnahmen während der Laufzeit des Stock-Option-Plans

855 Während der Durchführung des Stock-Option-Plans kommt eine Veröffentlichungspflicht hinsichtlich einzelner Umsetzungsmaßnahmen nach § 15 WpHG nur in Betracht, soweit sich diese Tatsachen nicht bereits aus den vor Beschlussfassung der Hauptversammlung bekannt gemachten Regelungen des Stock-Option-Plans ergeben.[80] Wenn zur Bedienung der Optionen eigene Aktien am Markt erworben werden sollen, wird sich die zeitliche Abfolge der einzelnen Käufe durch den Emittenten der veröffentlichten Beschlussvorlage bzw. den Planbedingungen nicht entnehmen lassen. Der Vorstand ist insoweit ermächtigt, die eigenen Aktien innerhalb eines Zeitraums von maximal 18 Monaten zu erwerben. Der genaue Zeitpunkt des Erwerbs wird nicht vorgegeben. Das Bundesaufsichtsamt für den Wertpapierhandel und die h.M. gehen von einer Veröffentlichungspflicht gemäß § 15 WpHG aus, sobald der Vorstand den Beschluss gefasst hat,

---

[76] So auch: *DAV,* NZG 1998, S. 139; *Schockenhoff/Wagner,* AG 1999, S. 553 f., *Geibel* in: Schäfer, Wertpapierhandelsgesetz, 1999, § 15 Rz. 76, der eine Differenzierung nach dem Realisierungsgrad als nicht sehr praxisgerecht bezeichnet. Im Ergebnis für den Regelfall ebenso: *Bundesaufsichtsamt für den Wertpapierhandel,* in: Insiderhandelsverbote und Ad-hoc-Publizität nach dem Wertpapierhandelsgesetz, S. 32.

[77] Vgl. *Friedrichsen,* 2000, S. 284.

[78] Siehe hierzu auch das Schreiben des *Bundesaufsichtsamtes für den Wertpapierhandel* vom 22. März 2000 zum Missbrauch der Ad-hoc-Publizität nach § 15 Wertpapierhandelsgesetz (WpHG) und zukünftig ab 1. 7. 2002 § 15 Abs. 1 WpHG nach Art. 2 Nr. 7 a des Gesetzes zur weiteren Entwicklung des Finanzplatzes Deutschland (Viertes Finanzmarktförderungsgesetz) vom 21. 6. 2002 und zukünftig § 15 Abs. 1 WpHG nach dem RegE des 4. Finanzmarktförderungsgesetzes vom 14. 11. 2001. *Geibel* in: Schäfer, Wertpapierhandelsgesetz, 1999, § 15 Rz. 144.

[79] Vgl. *Kümpel* in: Assmann/Schneider (Hrsg.), Wertpapierhandelsgesetz, 2. Aufl. 1999, § 15 Rz. 155 ff.

[80] Vgl. *Friedrichsen,* 2000, S. 285.

seine Ermächtigung auszuüben.[81] Die Relevanz einer solchen Entscheidung für den Börsenpreis der Aktien und die entsprechenden Auswirkungen auf die Finanzlage des Unternehmens werden regelmäßig gegeben sein. Sofern der Aufsichtsrat der Entscheidung des Vorstands zum Erwerb eigener Aktien zustimmen muss, gilt das vorstehend Ausgeführte[82] entsprechend. Die Veröffentlichungspflicht besteht erst nach Beschlussfassung des Aufsichtsrats.[83]

d) Meldepflicht nach § 71 AktG

Meldepflichtig ist – unabhängig von § 15 WpHG – die von der Hauptversammlung gemäß § 71 Abs. 1 Nr. 8 AktG beschlossene Ermächtigung zum Erwerb eigener Aktien, mit denen die zugeteilten Optionen des Stock-Option-Plans bedient werden sollen. Über die Ermächtigung zum Erwerb eigener Aktien ist das Bundesaufsichtsamt für den Wertpapierhandel[84] nach § 71 Abs. 3 Satz 3 AktG[85] unverzüglich zu unterrichten. 856

Nach dem Gesetz zur weiteren Fortentwicklung des Finanzplatzes Deutschland (Viertes Finanzmarktförderungsgesetz) sieht der neu ins Aktiengesetz einzufügende § 406 vor, dass Verstöße gegen die Meldepflicht nach § 71 Abs. 3 Satz 3 AktG als Ordnungswidrigkeit mit einem Bußgeld von bis zu 50.000 Euro geahndet werden können. 857

III. Börsenzulassung

1. Grundsätzliches

Unter Börsenzulassung versteht man die Zulassung von Wertpapieren zum Börsenhandel.[86] Voraussetzung ist die öffentlich-rechtliche Erlaubnis, für den Handel in den entsprechenden Wertpapieren die Börseneinrichtungen zu nutzen. Von Zulassung spricht das Börsengesetz nur im Zusammenhang mit dem amtlichen und geregelten Markt. Handelt es sich um den Handel im privatrechtlich ausgestalteten Freiverkehr, spricht man von der Einbeziehung der Wertpapiere. Je nach Marktsegment unterscheiden sich die Zulassungsvoraussetzungen für die Wertpapiere und ihre Emittenten. Die Frage der Zulassung oder Einbeziehung von Wertpapieren zum Börsenhandel stellt sich bei Stock-Option-Plänen vor allem dann, wenn die Bezugsrechte (Optionen) mit neuen Aktien aus einer bedingten Kapitalerhöhung (Stock-Option-Pläne gem. § 192 Abs. 2 Nr. 3 AktG) 858

---

[81] Vgl. *Bundesaufsichtsamt für den Wertpapierhandel*, Schreiben v. 28. Juni 1999 zum Erwerb eigener Aktien nach § 71 Abs. 1 Nr. 8 AktG, 2. a; *van Aerssen*, WM 2000, S. 401 f.; *Claussen*, DB 1998, S. 180; *Schockenhoff/Wagner*, AG 1999, S. 555; *Friedrichsen*, 2000, S. 285.

[82] Siehe Rz. 851 ff.

[83] So ausdrücklich das *Bundesaufsichtsamt für den Wertpapierhandel*, Schreiben v. 28. Juni 1999 zum Erwerb eigener Aktien nach § 71 Abs. 1 Nr. 8 AktG, 2. a; *Schockenhoff/Wagner*, AG 1999, S. 555.

[84] Zum 1. 5. 2002 ist das Bundesaufsichtsamt für den Wertpapierhandel mit dem Bundesaufsichtsamt für das Versicherungswesen und dem Bundesaufsichtsamt für das Kreditwesen in einer Bundesanstalt für Finanzdienstleistungsaufsicht zusammengefasst worden.

[85] Vgl. *Hüffer*, Aktiengesetz, 4. Aufl. 1999, § 71 Rz. 23a.

[86] Vgl. dazu ausführlich *Kümpel*, Bank- und Kapitalmarktrecht, 2. Aufl. 2000, Rz. 17.219 ff.; *Kümpel* in: Kümpel/Ott, Kapitalmarktrecht, 1971, 060, II; *Hamann* in: Schäfer, Börsengesetz, Vor § 36 Rz. 1 ff.; *Schwark*, Börsengesetz-Kommentar, § 36 Rz. 1 ff.

bedient werden sollen. Darüber hinaus ist es denkbar, auch die Optionen selbst oder Wandel- und Optionsanleihen zum Börsenhandel zuzulassen. In der Regel wird dafür von Seiten der Unternehmen jedoch kein Bedürfnis bestehen (Ausnahmen können bei steuerlich motivierten Gestaltungen gegeben sein). Ziel von Stock-Option-Plänen ist es, die Begünstigten am Unternehmen zu beteiligen, das heißt zum Erwerb der Aktien des Unternehmens zu bewegen. Die Übertragbarkeit der Optionen, Options- oder Wandelanleihen wird deshalb regelmäßig ausgeschlossen sein. Soweit sich bei Stock-Option-Plänen im Rahmen des Zulassungs- oder Einbeziehungsverfahrens besondere Fragen ergeben, soll darauf im Folgenden eingegangen werden. Dies gilt auch für die kapitalmarktrechtliche Behandlung von Stock-Option-Plänen im Zusammenhang mit dem Börsengang des Unternehmens.

2. Zulassungsvoraussetzungen

a) Prospektpflicht nach dem Börsengesetz

859 Neben den jeweiligen gesetzlich oder privatrechtlich ausgestalteten Zulassungs- bzw. Einbeziehungsvoraussetzungen der jeweiligen Marktsegmente, wie beispielsweise dem Mindestalter des emittierenden Unternehmens und dem Emissionsvolumen, stellt sich die Frage, ob ein Börsenprospekt zu veröffentlichen ist. Sollen die neuen Aktien, mit denen das Unternehmen die gewährten Optionen bedienen will, zum Börsenhandel zugelassen werden, würde die Erstellung eines Börsenprospekts erheblichen Aufwand bedeuten. Dies gilt prinzipiell für alle Marktsegmente, auch wenn sich die Anforderungen an die Zulassungsdokumente unterscheiden. Zur Zulassung zum amtlichen Markt ist grundsätzlich ein Zulassungsprospekt mit allen Angaben, die für die Beurteilung des Wertpapiers erforderlich sind, zu erstellen. Beim geregelten Markt wird ein Unternehmensbericht gefordert, der die wesentlichen Angaben enthalten muss, die notwendig sind, um dem Publikum ein zutreffendes Urteil über den Emittenten und die Wertpapiere zu ermöglichen. Zur Einbeziehung in den Freiverkehr wird grundsätzlich ein vom Bundesamt für den Wertpapierhandel genehmigter Verkaufsprospekt mit Angaben über die tatsächlichen und rechtlichen Verhältnisse, die für die Beurteilung von Unternehmen notwendig sind für ausreichend gehalten.[87]

860 Für den Handel am amtlichen Markt kann der Emittent von der Prospektpflicht nach § 38 Abs. 2 BörsG[88] i.V.m. § 45 BörsZulV befreit werden, wenn die zuzulassenden Wertpapiere Aktien sind, deren Zahl, geschätzter Kurswert oder Nennbetrag, bei nennwertlosen Aktien deren rechnerischer Wert, niedriger ist als zehn vom Hundert des entsprechenden Wertes der Aktien derselben Gattung, die an der amtlichen Börse notiert werden und der Emittent die mit der Zulassung verbundenen Veröffentlichungspflichten erfüllt. Eine Befreiung von der Prospektpflicht ist darüber hinaus auch möglich, wenn die zuzulassenden Aktien an Arbeitnehmer des Emittenten überlassene Aktien sind und Aktien derselben Gattung an derselben Börse bereits amtlich notiert sind. Für den geregelten Markt

---

[87] Siehe dazu die tabellarische Darstellung in *Bestmann*, Finanz- und Börsenlexikon, S. 148 f.; *Schanz*, Börseneinführung, § 13 Rz. 7 ff.

[88] Nach dem 4. Finanzmarktförderungsgesetzes vom 21.6.2002 zukünftig in § 31 Abs. 2 BörsG geregelt.

III. Börsenzulassung

sieht § 65 BörsO vor, dass der zuständige Zulassungsausschuss dieselben Befreiungen hinsichtlich der Prospekt- bzw. Unternehmensberichtspflicht einräumen kann, wie sie beim amtlichen Markt zulässig sind. Auch im Freiverkehr, wie beispielsweise im von der Deutschen Börse AG erlassenen Regelwerk für den Neuen Markt, sind für die Prospektpflicht entsprechende Befreiungstatbestände vorgesehen.[89] Im Ergebnis wird man deshalb in der Regel davon ausgehen können, dass bei Zulassung der neuen Aktien zur Bedienung der Bezugsrechte im Rahmen eines Stock-Option-Plans kein Prospekt oder Unternehmensbericht zu veröffentlichen ist.[90] Dies allerdings nur dann, wenn das emittierende Unternehmen bereits an dem Markt zum Börsenhandel zugelassen ist oder die neuen Aktien nur von Arbeitnehmern bezogen werden. Organmitglieder, wie zum Beispiel Vorstände, erfüllen den letztgenannten Ausnahmetatbestand mangels Arbeitnehmereigenschaft jedoch nicht. Diese Beschränkung des Ausnahmetatbestandes ist nicht sachgerecht. Die Mitglieder des Vorstands sind insbesondere nicht schutzbedürftiger als Arbeitnehmer. Zu erklären ist diese Beschränkung wohl nur aus der Fassung des § 192 Abs. 2 Nr. 3 AktG vor Inkrafttreten des Gesetzes zur Kontrolle und Transparenz im Unternehmensbereich (KonTraG) vom 27.4.1998.[91] Bedingte Kapitalerhöhungen waren im Gegensatz zur heutigen Fassung des § 192 Abs. 2 Nr. 3 AktG nur zur Gewährung von Bezugsrechten an Arbeitnehmer, nicht aber an Organmitglieder des Unternehmens, zulässig. Eine Anpassung der börsenrechtlichen Ausnahmevorschriften an die neue Rechtslage ist daher geboten.

b) Freie Handelbarkeit der Wertpapiere

Die Börse dient dem Zweck, die freie Handelbarkeit der notierten Wertpapiere zu gewährleisten. Die Handelbarkeit der Wertpapiere ist daher wesentliche Voraussetzung für ihre Zulassung zum Börsenhandel.[92] In § 38 Abs. 1 Nr. 1 b BörsG[93] i.V.m. § 5 Abs. 1 BörsZulV hat dieser Grundsatz seinen gesetzlichen Niederschlag gefunden. Im Zusammenhang mit Stock-Option-Plänen stellt sich die Frage, ob neue Aktien, mit denen die Bezugsrechte bedient werden sollen, zum Handel an einer Börse zugelassen werden können, wenn die Bedingungen der Stock-Option-Pläne – etwa zur Vermeidung von Insiderverstößen – vorsehen, dass die bezogenen Aktien nur innerhalb bestimmter Zeiträume, so genannten Trading Windows,[94] oder erst nach bestimmten Fristen veräußert, also gehandelt werden dürfen. Die Zulassung könnte daran scheitern, dass die freie Handelbarkeit der zuzulassenden neuen Aktien aus börsenrechtlicher Sicht in unzulässiger Weise eingeschränkt ist.

861

Sofern die Optionspläne solche Trading Windows oder Haltefristen für die bezogenen Aktien vorsehen, handelt es sich dabei um schuldrechtliche Vereinbarungen zwischen dem emittierenden Unternehmen und dem Teilnehmer am Stock-

862

---

[89] Ziffer 5.2 Abschnitt 2 Regelwerk Neuer Markt (Stand 21.5.2001).
[90] Ebenso *Harrer* in: Harrer (Hrsg.), 2000, Rz. 421.
[91] Zur alten Rechtslage z.B. *Hüffer*, AktG, 3. Aufl. 1997; zur neuen Rechtslage: Rz. 124 ff.
[92] Vgl. *Hamann* in: Schäfer, Börsengesetz, § 36 Rz. 5; *Schwark*, Börsengesetz-Kommentar, § 38 Rz. 3; *Kümpel*, Bank- und Kapitalmarktrecht, 2. Aufl. 2000, Rz. 9.48 ff.
[93] Nach dem RegE des 4. Finanzmarktförderungsgesetzes vom 14.11.2001 zukünftig in § 31 Abs. 1 Nr. 1 b BörsG geregelt.
[94] Siehe dazu auch Rz. 845.

Option-Plan des Unternehmens. Der Teilnehmer verpflichtet sich gegenüber dem Unternehmen, während bestimmter Zeiträume die Veräußerung der bezogenen Aktien zu unterlassen. Veräußert dieser die Aktien dennoch an einen Dritten, verstößt er zwar gegen seine ihm gegenüber dem Unternehmen obliegende Vertragspflicht. Die Veräußerung an den Dritten ist aber dennoch wirksam. Anders als die Vinkulierung von Namensaktien durch Festlegung in der Satzung der Gesellschaft nach § 68 Abs. 2 AktG,[95] entfaltet die Verpflichtung des Planteilnehmers keine dingliche Wirkung.[96] Sie ist in diesem Sinne kein absolutes Handelshindernis. Für die Zulassung von vinkulierten Namensaktien ist in § 5 Abs. 2 Nr. 2 BörsZulV vorgesehen, dass Aktien, deren Erwerb einer Zustimmung bedarf, zugelassen werden können, wenn das Zustimmungserfordernis nicht zu einer Störung des Börsenhandels führt.[97] Eine solche Störung wird vor allem dann angenommen, wenn ein Käufer vinkulierter Namensaktien aufgrund § 25 der Usancen der deutschen Wertpapierbörsen regelmäßig keine kaufrechtlichen Rücktritts-, Schadensersatz- oder Rückzahlungsansprüche gegenüber dem Veräußerer geltend machen kann, wenn dieser seine kaufvertragliche Pflicht zur wirksamen Übertragung der Aktien mangels Zustimmung der Gesellschaft nicht erfüllen kann. In der Zulassungspraxis der Börsen werden vinkulierte Namensaktien dennoch zum Börsenhandel zugelassen, wenn die Emittenten gegenüber der Börse versichern, von ihrem Zustimmungsverweigerungsrecht keinen oder nur in außerordentlichen Fällen Gebrauch zu machen. Ist demnach die Zulassung vinkulierter Namensaktien zum Börsenhandel möglich, sollte für im Rahmen von Stock-Option-Plänen bezogene neue Aktien, die schuldrechtlichen Veräußerungsbeschränkungen unterliegen, nichts anderes gelten. Der Börsenhandel wird durch rein schuldrechtliche und zudem zeitlich befristete Veräußerungsbeschränkungen nicht gestört. Der Erwerb der Aktien durch Dritte ist auch bei einem Verstoß gegen die Verpflichtung, die bezogenen Aktien innerhalb bestimmter Fristen oder Zeiträume nicht zu veräußern, wirksam. Die Frage nach Haftungs- oder Rückabwicklungsansprüchen im Verhältnis Erwerber und Veräußerer stellt sich daher, anders als bei nicht erfolgter Zustimmung zur Veräußerung vinkulierter Aktien, nicht.[98] Ein Verstoß gegen die Verpflichtung berührt allein das Verhältnis zwischen dem ausgebenden Unternehmen und dem Teilnehmer des Stock-Option-Plans. Eine Störung des Börsenhandels kann auch nicht darin gesehen werden, dass die Aktieninhaber entsprechend der von ihnen eingegangenen Verpflichtung tatsächlich von einer Veräußerung absehen, denn dadurch wird die börsenmäßige Fungibilität der Aktien an sich nicht beseitigt. Der Grundsatz der freien Handelbarkeit steht daher der Zulassung der Aktien zum Börsenhandel auch dann nicht entgegen, wenn die zur Bedienung von Optionen begebenen Aktien laut den Planbedingungen nur innerhalb bestimmter Zeitfenster oder nach bestimmten Haltefristen veräußert werden dürfen.

---

[95] Vgl. *Hüffer*, AktG, 4. Aufl. 1999, § 68 Rz. 16.
[96] Vgl. *Casper*, WM 1999, S. 368.
[97] Vgl. *Hamann* in: Schäfer, Börsengesetz, Rz. 5; *Schwark*, Börsengesetz-Kommentar, § 38 Rz. 4; zu dieser Thematik ausführlich: *Kerber*, WM 1990, S. 789; *Degner*, WM 1990, S. 793.
[98] Vgl. *Schwark*, Börsengesetz, § 38 Rz. 3.; *Köhler* in: Staudinger, Bearbeitung 1995, § 439, Rz. 6, 8.

3. Emissionsgeschäft

Gegenstand des Emissionsgeschäfts ist die Platzierung einschließlich der Börsenzulassung von Wertpapieren, insbesondere Aktien, bei möglichen Erwerbern durch Banken oder Wertpapierhandelsunternehmen für den Emittenten auf eigenes Risiko oder für fremde Rechnung.[99] Dies kann im Rahmen des Börsengangs (Initial Public Offering, IPO) des emittierenden Unternehmens oder zur Bedienung von Optionen erfolgen. Platziert werden können i.d.S. neue Aktien oder alte, eigene Aktien des Emittenten. Grundsätzlich sind beim Emissionsgeschäft folgende Gestaltungsvarianten zu unterscheiden.[100] Beim sog. Bought Deal werden die zu platzierenden Wertpapiere von der Bank bzw. dem Bankenkonsortium zu festen Konditionen vom Emittenten übernommen. Das Kursänderungs- und Platzierungsrisiko trägt die Bank. Das Kursänderungsrisiko lässt sich verringern, wenn der Übernahmevertrag erst zu einem möglichst späten Zeitpunkt, an dem die Risiken überschaubar sind, abgeschlossen wird. Wird das Emissionsgeschäft auf der Grundlage eines Maklervertrages gemäß §§ 652 ff. BGB abgewickelt, trägt der Emittent das Kursentwicklungs- und Platzierungsrisiko. Die Bank bzw. das Konsortium verpflichtet sich lediglich, das vereinbarte Wertpapiervolumen nach besten Kräften zu platzieren. 863

In Betracht kommt die Zusammenarbeit mit Banken oder Wertpapierhandelsunternehmen bei Stock-Option-Plänen vor allem bei der Bedienung der ausgeübten Optionen. Werden die Aktien durch Ausübung eines bedingten Kapitals nach § 192 Abs. 2 Nr. 3 AktG emittiert, besteht grundsätzlich kein Bedürfnis einer vorgeschalteten Übernahme bzw. Zeichnung der Aktien durch eine Emissionsbank.[101] Ein Kursänderungs- oder Platzierungsrisiko wie bei einem IPO besteht für den Emittenten nicht, denn die Kapitalerhöhung erfolgt in dem Umfang, in dem die Optionen ausgeübt werden. Auch wird die bedingte Kapitalerhöhung im Unterschied zur Barkapitalerhöhung bereits mit Ausgabe der bezogenen Aktien wirksam. Die später erfolgende Eintragung der Ausgabe hat nur deklaratorischen Charakter.[102] Dies gilt gleichermaßen für Stock-Option-Pläne i.V.m. Wandel- oder Optionsanleihen gemäß §§ 192 Abs. 2 Nr. 1, 221 AktG.[103] Bei Stock-Option-Plänen nach § 192 Abs. 2 Nr. 3 AktG, d.h. auf Grundlage einer bedingten Kapitalerhöhung, besteht daher keine Notwendigkeit für einen Zwischenerwerb der neuen Aktien durch Emissionsbanken. Gleichwohl kann sich das Unternehmen der Mitwirkung von Banken bei der Abwicklung, insbesondere der Ausgabe der Aktien an die Bezugsberechtigten, bedienen.[104] Zugrunde liegt der Zusammenarbeit zwischen emittierendem Unternehmen und Bank dann ein 864

---

[99] Vgl. *Bosch* in: Bosch/Groß, Das Emissionsgeschäft, 2. Ausgabe 2000, 10/1 ff. mit umfassender Literaturübersicht; *Grundmann* in: Schimansky/Bunte/Lwowski (Hrsg.): Bankrechts-Hdb., 2. Aufl. 2001, § 112 Rz. 1 ff.

[100] Vgl. *Schanz*, Börseneinführung, § 9 Rz. 29 ff.; *Bosch* in: Bosch/Groß, Das Emissionsgeschäft, 10/77 ff.; *Technau*, AG 1998, S. 445 ff.; *Kümpel*, Bank- und Kapitalmarktrecht, 2. Aufl. 2000, Rz. 9.175 ff.

[101] Vgl. *Grundmann* in: Schimansky/Bunte/Lwowski (Hrsg.): Bankrechts-Hdb., 2. Aufl. 2001 § 112 Rz. 73; *Kümpel*, Bank- und Kapitalmarktrecht, 2. Aufl. 2000, Rz. 188.

[102] Vgl. Rz. 157 f.

[103] Vgl. hierzu allgemein: *Groß* in: Bosch/Groß, Das Emissionsgeschäft, 10/303.

[104] Vgl. *Kümpel*, Bank- und Kapitalmarktrecht, 2. Aufl. 2000, Rz. 188.

Geschäftsbesorgungsvertrag.[105] Ein Zwischenerwerb von Aktien durch die Bank kommt eher in Frage, wenn die Optionen mit alten Aktien bedient werden sollen. Bei solch einem Stock-Option-Plan, z.B. in Form eines Programmkaufs,[106] liegt jedoch kein Emissionsgeschäft im eigentlichen Sinne vor. Handelt es sich um bisher noch nicht zum Handel an einer Börse zugelassene Aktien, kann der Programmkauf auch Elemente des Emissionsgeschäfts enthalten, soweit die Bank das Börsenzulassungsverfahren betreibt.[107]

4. Initial Public Offering

a) Lock-up-Verpflichtung

865 Je nach Marktsegment, an dem die Aktien zum Börsenhandel zugelassen werden sollen, sind beim erstmaligen Gang des Unternehmens an die Börse, dem Initial Public Offering – kurz IPO – die jeweiligen Anforderungen zu berücksichtigen. Für eine Zulassung am Neuen Markt[108] als einem privatrechtlich organisierten Handelssegment der Deutschen Börse AG, ist Voraussetzung, dass die Altaktionäre sich gegenüber dem Emittenten verpflichten, innerhalb eines Zeitraums von sechs Monaten ab dem Datum der Zulassung der Aktien zum Neuen Markt, keine Aktien zu veräußern.[109] Diese Lock-up-Regelung ist zu beachten, wenn vor dem IPO im Rahmen eines Stock-Option-Plans Aktien ausgegeben werden. Sinnvoll ist, bereits in den Planbedingungen eine entsprechende Verpflichtung der Teilnehmer vorzusehen.[110] Steht der konkrete Termin des Börsengangs noch nicht fest, kann es zu Überschneidungen mit der festgelegten Haltefrist bzw. den Trading Windows für die bezogenen Aktien kommen. In diesem Fall muss die entsprechende Lock-up-Verpflichtung als Börsenzulassungsvoraussetzung Vorrang haben. Falls beispielsweise die Zulassung zum Neuen Markt betrieben wird, muss die Verpflichtungserklärung von den Teilnehmern des Stock-Option-Plans in der dafür im Regelwerk Neuer Markt vorgesehenen Form[111] abgegeben werden.

866 Fraglich ist, ob Lock-up-Regelungen als Zulassungsvoraussetzungen auch dann beachtet werden müssen, wenn die Optionen zwar vor dem Börsengang erworben wurden, aber erst danach ausgeübt werden können. Aus dem Wortlaut der Lock-up-Regelung im Regelwerk Neuer Markt, die nur von Altaktionären als Adressaten der Verpflichtung und deren Bestand an Altaktien spricht, lässt sich keine Veräußerungsbeschränkung ableiten. Allerdings ist zu bedenken, dass der wesentliche Grund für Lock-up-Verpflichtungen darin liegt, den Markt für die neu zugelassenen Aktien zu schonen und den Emissionspreis nicht durch Ver-

---

[105] Zur Rechtsnatur des Emissionsgeschäfts zwischen Emittent und Emissionsbanken: *Bosch* in: Bosch/Groß, Das Emissionsgeschäft, 10/70; *Ulmer*, Münchner Kommentar zum BGB, 3. Aufl. 1997, § 675 Rz. 42.
[106] Vgl. Rz. 652 ff.
[107] Vgl. *Kümpel*, Bank- und Kapitalmarktrecht, 2. Aufl. 2000, Rz. 9.34.
[108] Siehe dazu auch die Darstellung bei *Schanz*, Börseneinführung, § 11 Rz. 41 ff.
[109] Abschnitt 2 Ziffer 2.2 Abs. 1 des Regelwerks Neuer Markt (Stand 21. 5. 2001); vgl. *Schanz*, Börseneinführung, § 11 Rz. 60.
[110] So auch allgemein *Schanz*, Börseneinführung, § 18 Rz. 69 und allgemein § 11 Rz. 60 für den Fall einer späteren Kapitalerhöhung.
[111] Anlage 1, Regelwerk Neuer Markt: Verpflichtungserklärung zum Veräußerungsverbot.

käufe von Altaktien zu drücken.¹¹² Berücksichtigt man dies, kann der Teilnehmer an einem Stock-Option-Plan einem Altaktionär grundsätzlich gleichgestellt werden. Die Interessenlage des Unternehmens, der Emissionsbanken und des Trägers des Marktsegments, an dem die Aktien zugelassen werden sollen, sind bei Altaktien und Aktien, die im Rahmen von Stock-Option-Plänen außerhalb der Platzierung der neu emittierten Aktien am Markt erworben werden, vergleichbar. Von daher erscheint es zweckmäßig – auch wenn dies im Einzelfall keine Zulassungsvoraussetzung ist – Lock-up-Verpflichtungen auch in die Bedingungen solcher Stock-Option-Pläne aufzunehmen, bei denen die Zuteilung der Optionen vor Börsenzulassung, die Ausübung und Veräußerung der bezogenen Aktien aber erst danach, stattfinden soll. Entbehrlich ist die Aufnahme einer solchen Verpflichtung, wenn die Veräußerung der bezogenen Aktien aufgrund der vorgesehenen Haltefristen ohnehin nicht innerhalb der kritischen Frist nach dem Börsengang des Unternehmens in Betracht kommt.

Regelmäßig verpflichten die Standardbedingungen der Übernahmeverträge¹¹³ zwischen den Emissionsbanken und dem Emittenten im Rahmen der Börseneinführung aus den vorgenannten Gründen unabhängig von den Zulassungsvoraussetzungen der jeweiligen Marktsegmente den Emittenten, innerhalb eines bestimmten Zeitraums keine weiteren Kapitalmaßnahmen vorzunehmen. Namentlich gilt dies für die Ausgabe von Aktien aufgrund von Wandlungs- und Optionsrechten. Soll parallel zum Börsengang ein Stock-Option-Plan durchgeführt werden, ist dies bei der Vertragsgestaltung mit den Emissionsbanken zu berücksichtigen. Wie im Zusammenhang mit den zulassungsrechtlich vorgeschriebenen Lock up-Verpflichtungen, wird man in den Bedingungen des Stock-Option-Plans entweder die Ausgabe der Aktien auf einen Zeitpunkt nach Ablauf der im Übernahmevertrag über die beim Börsengang zu platzierenden Aktien vorgesehene Frist verschieben oder sich mit den Emissionsbanken zumindest auf eine für diesen Zeitraum bestehende Haltefrist für die im Rahmen des Stock-Option-Plans bezogenen Aktien einigen. **867**

b) Weitere wertpapierhandels- oder börsenrechtliche Anforderungen

Mit der Börsenzulassung¹¹⁴ seiner Aktien unterliegt das Unternehmen den wertpapierrechtlichen Anforderungen des WpHG. Die Ad-hoc-Publizitätspflichten gemäß § 15 WpHG und das Insiderhandelsverbot gemäß §§ 12 ff. WpHG sind an die Zulassung der Wertpapiere zum Börsenhandel geknüpft. Inwieweit diese Bestimmungen bei Stock-Option-Plänen zu beachten sind, wurde bereits ausgeführt.¹¹⁵ **868**

Weitere Anforderungen können sich aus den Regelwerken der jeweiligen Marktsegmente ergeben, an denen die Aktien zum Börsenhandel zugelassen sind. So ist der Emittent nach Ziffer 7.2 Abschnitt 2 Regelwerk Neuer Markt verpflichtet, der Deutschen Börse AG jedes Geschäft unverzüglich mitzuteilen, das **869**

---

¹¹² Vgl. *Schanz*, Börseneinführung, § 11 Rz. 59. Schanz führt als weiteren Grund das Unbehagen von potentiellen Investoren an, in eine Neuemission zu investieren, aus der sich Altaktionäre verabschieden wollen. Dieses Unbehagen besteht gleichermaßen, wenn Angehörige, zumal Führungskräfte des Unternehmens, die ihre Aktien im Rahmen eines Stock-Option-Plans erworben haben, unmittelbar nach der Börseneinführung ihr Aktienpaket verkaufen wollen (sog. Exit).
¹¹³ Vgl. die Mustertexte bei *Groß* in: Bosch/Groß, Das Emissionsgeschäft, 10/326.
¹¹⁴ Siehe dazu die übersichtliche Darstellung der Folgen der Börsenzulassung bei *Schanz*, Börseneinführung, § 16.
¹¹⁵ Vgl. Rz. 822 ff.

er selbst oder seine einzelnen Vorstands- und Aufsichtsratsmitglieder in eigenen Aktien des Unternehmens getätigt haben (sog. Director's Dealing). Damit fallen bei Stock-Option-Plänen der Erwerb von eigenen Aktien zur Bedienung von Optionen, der Erwerb der Aktien bzw. die Ausübung der Optionen durch die Bezugsberechtigten und die spätere Veräußerung der bezogenen Aktien unter die meldepflichtigen Tatbestände. Meldepflichtig ist bereits die Gewährung von Optionen an Vorstands- und Aufsichtsratsmitglieder, unabhängig davon, ob die Optionen erst später und erst nach Überwindung von Ausübungshürden ausgeübt werden können. Auf eine Börsenzulassung gerade der Aktien oder Optionen, die Gegenstand des meldepflichtigen Geschäfts sind, kommt es nicht an. Ausreichend ist, dass überhaupt Aktien des Unternehmens am Neuen Markt notiert sind.[116]

870 Eine vergleichbare Regelung zur Meldepflicht von Wertpapiertransaktionen wie Ziffer 7.2 Abschnitt 2 Regelwerk Neuer Markt sieht das Gesetz zur weiteren Fortentwicklung des Finanzplatzes Deutschland (Viertes Finanzmarktförderungsgesetz) vom 21.6.2002 der neu ins WpHG einzufügende § 15a vor. Die Meldepflicht richtet sich insoweit an die Mitglieder des Geschäftsführungs- und Aufsichtsorgans sowie deren Ehepartner, eingetragene Lebenspartner und Verwandte ersten Grades. Wurde in der Entwurfsbegründung[117] zu § 15a WpHG insoweit noch ausdrücklich auf die Beteiligung von Führungskräften über Stock-Option-Pläne als Anwendungsfall der neuen Norm Bezug genommen, so sieht § 15a Abs. WuKG nunmehr vor, dass eine Meldepflicht nicht besteht, wenn der Erwerb auf arbeitsvertraglicher Grundlage oder als Vergütungsbestandteil erfolgt. Darüber hinaus entfällt die Meldepflicht, wenn der Wert der Geschäfte 25 000 Euro innerhalb von 30 Tagen nicht übersteigt.

IV. Informationspflichten außerhalb des Börsenzulassungsverfahrens

871 Auch wenn nicht beabsichtigt ist, die Aktien, mit denen die Optionen bedient werden sollen, die Optionen selbst oder Options- und Wandelanleihen zum Börsenhandel zuzulassen, stellt sich die Frage nach den nötigen Informationen für den Teilnehmer am Stock-Option-Plan und den haftungsrechtlichen Konsequenzen für das Unternehmen, falls die erforderlichen Informationen nicht, nicht ausreichend oder in nicht zutreffender Weise erteilt wurden.

1. Verkaufsprospekt nach dem Verkaufsprospektgesetz

872 Für Wertpapiere, die erstmals im Inland öffentlich angeboten werden und nicht zum Handel an einer inländischen Börse zugelassen sind, muss der Anbieter nach § 1 VerkProspG einen Verkaufsprospekt veröffentlichen. Sofern nicht bereits die Optionen selbst als Wertpapiere im Sinne des Verkaufsprospektgesetzes anzusehen sind, handelt es sich jedenfalls bei den Aktien um Wertpapiere, für die ein Verkaufsprospekt zu erstellen wäre. Zweck dieser Prospektpflicht ist es, den Anlegerschutz durch Informationen über die ausgegebenen Wertpapiere und deren Emittenten zu verbessern.

---

[116] Vgl. *Deutsche Börse AG*, Rundschreiben Listing 03/2001: Neuer Markt – Meldepflichtige Wertpapiergeschäfte (Ziffer 7.2. ZulBedNM) vom 21. Februar 2001.
[117] S. 251 der Gesetzesbegründung.

IV. Informationspflichten außerhalb des Börsenzulassungsverfahrens

§ 2 VerkProspG sieht unter bestimmten Voraussetzungen Ausnahmen von der Prospektveröffentlichungspflicht vor. Für Stock-Option-Pläne sind die Ausnahmetatbestände § 2 Nr. 2 und Nr. 3 VerkProspG relevant. Laut Nr. 2 entfällt eine Prospektveröffentlichungspflicht, wenn die Wertpapiere nur einem begrenzten Personenkreis angeboten werden.[118] Davon ist auszugehen, wenn sich das Angebot zum Erwerb von Wertpapieren an Personen richtet, die dem Anbieter bekannt sind und zum Beispiel wegen ihrer Zugehörigkeit zum Unternehmen des Anbieters bzw. Emittenten ausgewählt wurden.[119] Darüber hinaus wird aus dem Gesetzeszweck abgeleitet, dass auch bei einem so begrenzten Personenkreis als weitere Voraussetzung ein Verkaufsprospekt im Hinblick auf das Informationsbedürfnis des Anlegers nicht erforderlich ist.[120] Bei Stock-Option-Plänen, die sich ausschließlich an die Organe oder Führungskräfte des emittierenden Unternehmens richten, liegen beide Voraussetzungen der Ausnahmeregelung vor. Nr. 3[121] sieht vor, dass die Prospektveröffentlichungspflicht entfällt, wenn die Wertpapiere nur den Arbeitnehmern von ihrem Arbeitgeber oder von einem mit seinem Unternehmen verbundenen Unternehmen angeboten werden. Damit trifft diese Ausnahmeregelung zwar auch auf die angestellten Führungskräfte des emittierenden Unternehmens, nicht aber für die Mitglieder seiner Organe zu. Für Organmitglieder bleibt nur der Ausnahmetatbestand des § 2 Nr. 2 VerkProspG. Im Ergebnis ist bei Stock-Option-Plänen eine Prospektveröffentlichungspflicht aufgrund der Ausnahmevorschriften § 2 Nr. 2 und Nr. 3 VerkProspG regelmäßig zu verneinen.[122]

873

2. Börsentermingeschäftsfähigkeit

a) Börsengesetz in der Fassung vom 9.9.1998

Nach der Rechtsprechung des BGH[123] ist die Einräumung einer Kaufoption und der nachfolgende Erwerb der zugrunde liegenden Wertpapiere nach Ausübung der Option als einheitliches Börsentermingeschäft[124] anzusehen. Daher könnten auch im Rahmen eines Stock-Option-Plans gewährte (Kauf-)Optionen Börsentermingeschäfte im Sinne der §§ 50 ff. BörsG sein. Die Verbindlichkeit[125] von Börsentermingeschäften setzt voraus, dass die beteiligten Vertragspartner börsentermingeschäftsfähig sind. Nach § 53 BörsG sind Börsentermingeschäfte nur verbindlich, wenn auf beiden Seiten als Vertragsschließende Kaufleute beteiligt sind oder die Börsentermingeschäftsfähigkeit durch schriftliche Information

874

---

[118] Vgl. *Bosch* in: Bosch/Groß, Das Emissionsgeschäft, 10/111; *Hamann* in: Schäfer, Verkaufsprospektgesetz, § 2 Rz. 3.
[119] Vgl. *Bundesaufsichtsamt für den Wertpapierhandel*, Bekanntmachung zum Verkaufsprospektgesetz vom 15. April 1996, I. 2.
[120] Vgl. *Bundesaufsichtsamt für den Wertpapierhandel*, Bekanntmachung zum Verkaufsprospektgesetz vom 15. April 1996, I. 2.
[121] Vgl. *Hamann* in: Schäfer, Verkaufsprospektgesetz, § 2 Rz. 4.
[122] So auch *Harrer* in: Harrer (Hrsg.), 2000, Rz. 406.
[123] BGH WM 1984, 1598; *Häuser/Welter* in: Assmann/Schütze, Handbuch des Kapitalanlagerechts, § 16 Rz. 118 f.; *Irmen* in: Schäfer, Börsengesetz, Vor §§ 50–70 Rz. 46 ff.
[124] Trotz des Begriffes Börsentermingeschäft können Börsentermingeschäfte sowohl börslich als auch außerbörslich abgeschlossen werden. *Irmen* in: Schäfer, Börsengesetz, Vor §§ 50–70 Rz. 28.
[125] Der Wortlaut des § 52 BörsG ist missverständlich. Die fehlende Börsentermingeschäftsfähigkeit führt nicht zur Unwirksamkeit des Geschäfts, sondern nur zur fehlenden Verbindlichkeit. *Kienle* in: Schimansky/Bunte/Lwowski (Hrsg.) Bankrechts-Hdb., 2. Aufl. 2001, § 106 Rz. 112.

gemäß § 53 Abs. 2 BörsG herbeigeführt wurde. Im letztgenannten Fall muss zumindest der zur Information verpflichtete Vertragspartner Kaufmann sein und der gesetzlichen Aufsicht über Kreditinstitute, Finanzdienstleistungsinstitute oder Börsen unterliegen.

875 Der Begriff des Börsentermingeschäfts ist gesetzlich nicht definiert. Der Gesetzgeber hat sich stattdessen dafür entschieden, die Ausfüllung des Begriffs Börsentermingeschäft der Rechtsprechung und Lehre zu überlassen. Auf diese Weise soll gewährleistet sein, auch neu entstehende Formen von Termingeschäften unter den gesetzlichen Regelungsrahmen der §§ 50 ff. BörsG fassen zu können.[126] Laut BGH[127] haben Börsentermingeschäfte folgende Merkmale aufzuweisen, um dem Regelungsbereich der §§ 50 ff. BörsG zu unterfallen. Börsentermingeschäfte sind Verträge über Wertpapiere, vertretbare Sachen oder Devisen nach gleichartigen Bedingungen, die von beiden Seiten erst zu einem bestimmten späteren Zeitpunkt zu erfüllen sind und die einen Bezug zu einem Terminmarkt haben, der es ermöglicht, jederzeit ein Gegengeschäft abzuschließen. Nach Einfügung der sog. Öffnungsklausel des § 50 Abs. 2 BörsG sind gleichartige Bedingungen der abgeschlossenen Geschäfte und die Möglichkeit, diese aufgrund eines Bezugs zu einem Terminmarkt jederzeit glattstellen zu können, jedoch keine unabdingbaren Voraussetzungen mehr für das Vorliegen eines Börsentermingeschäftes.[128] (Kauf-) Optionen im Rahmen eines Stock-Option-Plans sind daher daran zu messen, ob sie dem „Typus"[129] eines Börsentermingeschäfts im Sinne der §§ 50 ff. BörsG entsprechen.

876 Als ein wesentliches Merkmal von Börsentermingeschäften wird der besondere Schutzzweck der gesetzlichen Regelung gesehen, den unerfahrenen Anleger vor den besonderen Risiken von Börsentermingeschäften zu schützen. Seinen Niederschlag hat dieser Gesetzeszweck insbesondere in dem Erfordernis der Börsentermingeschäftsfähigkeit und den damit verbundenen Informationspflichten über die besonderen Risiken gemäß § 53 Abs. 2 BörsG gefunden.[130] (Kauf-)Optionen im Rahmen von Stock-Option-Plänen weisen in der Regel keine den Börsentermingeschäften eigentümlichen Risiken auf, weil der Ausübungspreis nur bei Ausübung dieser Optionen fällig wird. Der Berechtigte wird seine Optionen nur dann ausüben und den Bezugspreis entrichten, wenn dies rentabel, d.h. die Option im Geld ist. Die Gefahr eines wirtschaftlichen Verlustes besteht bei dieser Gestaltung nicht. Weder muss der Bezugsberechtigte Aktien zu einem höheren als dem Marktpreis abnehmen, noch verfällt eine von ihm entrichtete Optionsprämie.[131] Risiken bei Stock-Option-Plänen (bei denen die Optionen

---

[126] Vgl. *Kümpel*, Bank- und Kapitalmarktrecht, 2. Aufl. 2000, Rz. 15.28.
[127] Vgl. BGH WM 1984, S. 1599.
[128] Vgl. BGH WM 1998, S. 2334 ff.; *Kümpel*, Bank- und Kapitalmarktrecht, 2. Aufl. 2000, Rz. 15.40 ff.; *Häuser/Welter* in: Assmann/Schütze, Handbuch des Kapitalanlagerechts, § 16 Rz. 106; *Häuser*, ZBB 1992, S. 258.
[129] Begriff bei *Kümpel*, Bank- und Kapitalmarktrecht, 2. Aufl. 2000, Rz. 15.65 und *Irmen* in: Schäfer, Börsengesetz, Vor §§ 50–70 Rz. 34.
[130] BGHZ 103, 84, 88; BGH WM 1991, S. 1367; *Häuser/Welter* in: Assmann/Schütze, Handbuch des Kapitalanlagerechts, § 16 Rz. 107; *Kümpel*, Bank- und Kapitalmarktrecht, 2. Aufl. 2000, Rz. 15.63; *Irmen* in: Schäfer, Börsengesetz, Vor §§ 50–70 Rz. 36.
[131] Der BGH differenziert insoweit nicht zwischen einem beschränkten und einem unbeschränkten Verlustrisiko des zu schützenden Anlegers: BGHZ 102, 204, 205; *Häuser/Welter* in: Assmann/Schütze, Handbuch des Kapitalanlagerechts, § 16 Rz. 107 und Ergänzungsband Stand 2001, § 16 Rz. 2; *Irmen* in: Schäfer, Börsengesetz, Vor §§ 50–70 Rz. 41, 49.

IV. Informationspflichten außerhalb des Börsenzulassungsverfahrens

kostenlos gewährt werden) sind daher grundsätzlich nicht anders zu bewerten als die Risken eines Aktienerwerbs als Kassageschäft mit sofortiger Erfüllung der Verpflichtungen. Der besondere Schutz unerfahrener Anleger vor den besonderen Risiken bei Börsentermingeschäften, der über die an die Börsentermingeschäftsfähigkeit geknüpfte Verbindlichkeit solcher Geschäfte erreicht werden soll, ist bei Stock-Option-Plänen nicht erforderlich.[132] Die in § 53 Abs. 2 BörsG genannten Informationsinhalte über spezifische Risiken bei Börsentermingeschäften treffen auf Stock-Option-Pläne grundsätzlich nicht zu. Dies gilt auch dann, wenn - wie in Aktienoptionsplänen für Führungskräfte nicht unüblich – die Bezugsberechtigten, um Optionen erwerben zu können, ein Eigeninvestment in Form des Erwerbs von Aktien des Unternehmens erbringen müssen. Rein wirtschaftlich betrachtet könnte man zwar von einer für Börsentermingeschäfte typischen Vorleistung des Bezugsberechtigten sprechen. Doch wird man beim Eigeninvestment und der nachfolgenden Zuteilung der Optionen nicht von einem einheitlichen Geschäft wie bei Optionsgewährung und Optionsausübung ausgehen können. Das Eigeninvestment ist zwar Bedingung für die Zuteilung von Optionen durch das Unternehmen, vermittelt aber anders als die zugeteilte Option noch keinen Anspruch auf den Bezug von Aktien. Beim Eigeninvestment wird die Gegenleistung für den zu entrichtenden Kaufpreis der Aktien nicht hinausgeschoben, sondern sofort erbracht. Das Eigeninvestment in Aktien des Unternehmens selbst ist von der Art des Risikos her nicht anders zu beurteilen als das Risiko bei Kassageschäften in Aktien.

Käme man im Einzelfall zu einer anderen Bewertung, weil der Stock-Option-Plan die Zahlung einer gegebenenfalls bei Nichtausübung verfallbaren Optionsprämie voraussetzt und damit ein nach der Rechtsprechung[133] von den §§ 50 ff. BörsG erfasstes Risiko eines Börsentermingeschäfts aufweist, wäre die Unverbindlichkeit der geschlossenen Geschäfte dann nur durch eine dem § 53 Abs. 2 BörsG entsprechende Belehrung zu beseitigen. Zusätzlich müsste das den Stock-Option-Plan auflegende Unternehmen selbst Kreditinstitut, Finanzdienstleistungsinstitut, Kursmakler oder Freimakler sein, um die Qualifikationsanforderungen an den Aufklärenden zu erfüllen.[134] Auf die Börsentermingeschäftsfähigkeit könnte nur dann verzichtet werden, wenn man entgegen dem BGH die (Kauf-)Option als isoliertes Geschäft ohne hinausgeschobene Erfüllung betrachten würde und den Schutzzweck der §§ 50 ff. BörsG bei einem auf die Optionsprämie beschränkten Verlustrisiko verneinen wollte.[135]

877

b) Änderungen durch das 4. Finanzmarktförderungsgesetz

Im Rahmen des Gesetzes zur weiteren Fortentwicklung des Finanzplatzes Deutschland (Viertes Finanzmarktförderungsgesetz) vom 21. 6. 2002 sind erhebliche Änderungen des Börsengesetzes umgesetzt worden. Das Gesetz[136] sieht vor, das Recht der Termingeschäfte im WpHG neu zu fassen. Die bisherigen Regelun-

878

---

[132] Ebenso *Harrer* in: Harrer (Hrsg.), 2000, Rz. 401 f.; zur fehlenden Vergleichbarkeit des Risikos: *Claussen*, WM 1997, S. 1826.
[133] Siehe die Angaben zu Fn. 130 Rz. 276.
[134] Vgl. *Irmen* in: Schäfer, Börsengesetz, § 53 Rz. 25.
[135] Siehe hierzu die Angaben zu Fn. 131 Rz. 276.
[136] Gesetz zur weiteren Fortentwicklung des Finanzplatzes Deutschland (Viertes Finanzmarktförderungsgesetz vom 21. 6. 2002).

gen in den §§ 50 ff. BörsG sollen entfallen. Anstelle des bisherigen Begriffes Börsentermingeschäft tritt das Finanztermingeschäft. Finanztermingeschäfte im Sinne dieser Vorschriften sind Derivate und Optionsscheine. Nicht verbriefte Optionen auf den Bezug von Aktien fallen unter den Derivatbegriff. Die im WpHG geregelten Informationspflichten[137] entsprechen vollumfänglich den bisherigen Vorgaben des § 53 Abs. 2 BörsG. Unterbleibt die Aufklärung, steht dem Anleger ein Schadensersatzanspruch zu.[138] Die bisherige Regelung im Börsengesetz, nach der grundsätzlich erst die ordnungsgemäße Information die Verbindlichkeit des Börsen- bzw. Finanztermingeschäfts herstellt, wird aufgegeben.[139] Zur Aufklärung sind alle Unternehmen verpflichtet, die Finanztermingeschäfte abschließen, anschaffen, veräußern, vermitteln oder nachweisen. Voraussetzung ist jedoch, dass die Geschäfte gewerbsmäßig oder in einem Umfang betrieben werden, der einen in kaufmännischer Weise eingerichteten Geschäftsbetrieb erfordert.[140]

879 Unter den Begriff des Finanztermingeschäfts fallen Optionsgeschäfte,[141] so dass der Anwendungsbereich der Vorschriften auf Stock-Option-Pläne grundsätzlich eröffnet ist. Im Einzelfall wird zu prüfen sein, ob das Unternehmen, das im Rahmen eines Stock-Option-Plans Optionen zuteilt, dafür einen in kaufmännischer Weise eingerichteten Geschäftsbetrieb benötigt. Gewerbsmäßigkeit wäre zu verneinen, da das Unternehmen aus den Optionsgeschäften unmittelbar keine Gewinne erzielt oder dies beabsichtigt. Letztlich müsste jedoch aus den gleichen Überlegungen wie denjenigen zur Anwendbarkeit der bisherigen Bestimmungen zur Börsentermingeschäftsfähigkeit eine Anwendbarkeit der Regelungen über Finanztermingeschäfte mangels Schutzbedürftigkeit der bezugsberechtigten Planteilnehmer abzulehnen sein. Auf die entsprechenden Ausführungen kann deshalb verwiesen werden.[142]

3. Haftung des Unternehmens

880 Die Rechtsprechung hat in einer Reihe grundlegender Entscheidungen[143] die Haftung des Anlagevermittlers von Kapitalanlageprodukten bzw. der Banken gegenüber dem Anleger ausgebaut. Der Anleger muss demnach anlage- und anlegergerecht über das ihm angebotene Geschäft informiert werden. Er soll in die Lage versetzt werden, aufgrund der erhaltenen Informationen eine eigene Anlageentscheidung zu treffen. Dazu gehört insbesondere, dass der Anleger über die Kosten und Risiken der von ihm gewählten Kapitalanlage aufgeklärt wird. Seine Erfahrungen, persönliche Situation und seine Anlageziele sind bei der Aufklärung zu berücksichtigen, sofern der Anleger diese Informationen auf Nachfrage

---

[137] § 37 d Abs. 1 WpHG neu.
[138] § 37 d Abs. 4 WpHG neu.
[139] S. 272 der Begründung des RegE zum 4. Finanzmarktförderungsgesetz.
[140] § 37 d Abs. 1 WpHG neu.
[141] Vgl. *Assmann* in: Assmann/Schneider (Hrsg.), Wertpapierhandelsgesetz, 2. Aufl. 1999, § 2 Rz. 27.
[142] Vgl. Rz. 876 f.
[143] Grundlegend zur Bankenhaftung: BGHZ 123, 126, 128 f.; BGH ZIP 2000, S. 1204. Allgemeine Darstellung bei *Grundmann*, Münchener Kommentar zum BGB, § 276 Rz. 114 ff.; *Siol* in: Schimansky/Bunte/Lwowski (Hrsg.), Bankrechts-Hdb., 2. Aufl. 2001, § 45 Rz. 1 ff.; *v. Heymann* in: Assmann/Schütze, Handbuch des Kapitalanlagerechts, Ergänzungsband Stand 2001, § 5 Rz. 1 ff.

IV. Informationspflichten außerhalb des Börsenzulassungsverfahrens

preisgibt. Verletzt der Anbieter von Kapitalanlageprodukten diese Pflichten, haftet er nach den Grundsätzen der positiven Forderungsverletzung oder der culpa in contrahendo bzw. nach dem zum 1. Januar in Kraft getretenen Schuldrechtsmodernisierungsgesetz gemäß § 280 Abs. 1 i.V.m. §§ 241, 311 BGB auf das so genannte negative Interesse, d.h. der Anleger ist so zu stellen, wie er stünde, wenn er pflichtgemäß informiert worden wäre und gegebenenfalls eine andere Anlageentscheidung getroffen hätte. Falsche Informationen erfüllen zumindest immer den objektiven Tatbestand einer Pflichtverletzung.

Nimmt ein Mitarbeiter am Aktienoptionsplan seines Unternehmens teil, geschieht dies auf vertraglicher Grundlage. Die Zuteilung und Ausübung der Optionen erfolgt auf Basis der vereinbarten Bedingungen. Insoweit stellt sich die Frage, ob auch das Unternehmen verpflichtet ist, für eine angemessene Information des sich am Stock-Option-Plan beteiligenden Mitarbeiters zu sorgen. Virulent wird diese Frage dann, wenn die mittels der zugeteilten Optionen erworbenen Aktien im Wert unter den Ausübungspreis fallen und beim Mitarbeiter eine Vermögensminderung, d.h. ein Schaden eingetreten ist. Zwar können die von der Rechtsprechung für die Haftung des Anlagevermittlers entwickelten Haftungsgrundsätze nicht eins zu eins auf die Haftung des Emittenten von Wertpapieren übertragen werden. Doch lassen sich aus der besonderen Beziehung zwischen Unternehmen und bezugsberechtigtem Mitarbeiter oder Organmitglied durchaus Informationspflichten über die Regelungen und Funktionsweise des Stock-Option-Plans begründen.[144] Bei entsprechender Information kann dem Unternehmen keine Pflichtverletzung vorgeworfen werden. Darüber hinaus wird den begünstigten Führungskräften des Unternehmens in der Regel die Funktionsweise eines Stock-Option-Plans bekannt sein. Kein Haftungsrisiko besteht, wenn der Begünstigte mangels eigenen Vermögenseinsatzes keine Vermögensminderung erfährt. In jedem Fall empfiehlt es sich, dem Mitarbeiter schriftliche Informationen über den Stock-Option-Plan zu überlassen, anhand derer er sich ein Bild über die relevanten Fragen, Bedingungen, Kosten und mögliche Risiken machen kann.[145] **881**

Schwieriger zu beurteilen ist die Fallkonstellation, bei der der Mitarbeiter seine Optionen ausübt und der Unternehmensführung bekannt ist, dass aufgrund bestimmter Umstände mit einem Absinken des Aktienwertes unter den Ausübungspreis zu rechnen ist. Verheimlicht beispielsweise eine Bank ihrem Kunden bei Abschluss des Geschäfts derartige Umstände, haftet sie grundsätzlich. Dies dürfte auch für das Unternehmen gegenüber seinem Mitarbeiter gelten, wenn Zuteilungs- und Ausübungszeitpunkt der Option zusammenfallen. Anders ist die Frage zu beurteilen, wenn sich bestimmte Umstände erst nach Zuteilung der Optionen, aber während des Ausübungszeitraums ergeben. Hier wird man eine Warnpflicht des Unternehmens regelmäßig nicht annehmen können. Nach Zuteilung der Optionen steht der Bezugsberechtigte jedem anderen Aktienkäufer **882**

---

[144] Vgl. dazu allgemein: *Roth*, Münchener Kommentar zum BGB, 3. Aufl. 1994, § 242 Rz. 117, 118, 223; *Palandt/Heinrichs*, 60. Aufl. 2001, § 242 Rz. 37. Speziell zu Stock-Option-Plänen: *Wagner*, WM 2002, S. 17 ff.

[145] Vgl. *Harrer*, in: Harrer (Hrsg.), 2000, Rz. 422 spricht insoweit von der Erstellung eines Informationsmemorandums, das allerdings nicht nur auf die Eckpunkte und Bedingungen des Stock-Option-Plans – wie von *Harrer* vorgeschlagen –, sondern auch auf die kapitalmarktrechtlichen Risiken eingehen sollte.

gleich. Eine Bevorzugung der bezugsberechtigten Mitarbeiter gegenüber anderen Aktienerwerbern beschränkt sich lediglich auf die Chance, Aktien zu einem bestimmten Zeitpunkt zu einem geringeren Preis als dem Marktwert zu beziehen. Das Unternehmen übernimmt keine Gewähr für eine positive Wertentwicklung der zu beziehenden Aktien. Einen Anspruch auf konkrete Informationen über die gesetzlichen Veröffentlichungspflichten des Wertpapierhandelsgesetzes[146] hinaus, darf es nur unter Beachtung des Insiderhandelsverbots geben.[147] Allerdings wird man die geschilderte Problematik durch die Festlegung von Zeitfenstern für die Ausübung der Optionen und den Verkauf der bezogenen Aktien weitgehend vermeiden können.[148]

---

[146] Nutzungs- und Weitergabeverbot von Insidertatsachen gemäß § 14 Abs. 1 Nr. 1 und Nr. 2 WpHG. Das Empfehlungsverbot gemäß § 14 Abs. 1 Nr. 3 WpHG gilt nur für Kauf- oder Verkaufsempfehlungen, nicht für Empfehlungen, eine beabsichtigte Transaktion zu unterlassen. Insoweit dürfte das Weitergabeverbot nicht verletzt sein, wenn keine konkreten Insiderinformationen weitergegeben werden, sondern nur der allgemeine Ratschlag, die Transaktion zu unterlassen. Siehe hierzu *Assmann/Cramer* in: Assmann/Schneider (Hrsg.), Wertpapierhandelsgesetz, 2. Aufl. 1999, § 14 Rz. 61 ff.; *Schäfer* in: Schäfer, Wertpapierhandelsgesetz, 1999, § 14 Rz. 14 ff., 26 ff.; *Schanz*, Börseneinführung, § 15 Rz. 31.

[147] Das Weitergabeverbot gemäß § 14 Abs. 1 Nr. 2 WpHG soll nicht auf den Paket- oder Unternehmenskauf anwendbar sein. Davon kann bei der Ausübung von Optionen im Rahmen eines Stock-Option-Plans jedoch nicht ausgegangen werden. Siehe hierzu die Darstellung bei *Schanz*, Börseneinführung, § 15 Rz. 25 ff.

[148] Vgl. Rz. 845.

N. Arbeitsrecht

I. Einleitung

Die Gewährung von Optionen im Rahmen von Stock-Option-Plänen an Führungskräfte, leitende Angestellte und Arbeitnehmer wirft in Deutschland vielfältige arbeitsrechtliche Fragestellungen auf. Das Gesetz zur Kontrolle und Transparenz im Unternehmensbereich (KonTraG) hat die Gewährung von Optionen zwar in aktienrechtlicher Hinsicht erleichtert, eine gesetzliche Regelung der arbeitsrechtlichen Fragen fehlt hingegen. **883**

Die Gewährung von Optionen an Mitarbeiter berührt sowohl das Individual- als auch das Kollektivarbeitsrecht. Neben den klassischen arbeitsrechtlichen Fragestellungen wie der Beachtung des Gleichbehandlungsgrundsatzes und der Mitbestimmungsrechte des Betriebsrates, stellen sich auch spezifische Probleme, die sich zum Beispiel aus der aktienrechtlichen Doppelstellung der Mitarbeiter herleiten.[1] Da die arbeitsrechtlichen Problemfelder bislang weitgehend nicht Gegenstand der Rechtsprechung waren, ist die für die Praxis maßgebliche Rechtslage häufig noch ungeklärt. **884**

Nachfolgend werden die Rechtsgrundlagen für die Gewährung von Optionen, die arbeitsrechtlichen Aspekte der Gestaltung und Anpassung von Stock-Option-Plänen, Fragen des Tarifvertragsrechts sowie der betrieblichen Mitbestimmung erörtert. Weiterhin werden auch Fragen des Rechtswegs bei Streitigkeiten über die Gewährung von Optionen berücksichtigt. **885**

II. Rechtsgrundlagen für die Gewährung von Optionen

Die Gewährung von Optionen im Rahmen von Stock-Option-Plänen für Mitarbeiter ist eine freiwillige Leistung des Unternehmens. Ein gesetzlicher Anspruch von Mitarbeitern auf die Gewährung von Optionen besteht nicht. Auch die Tarifverbände haben bislang keine flächentarifvertraglichen Verpflichtungen zur Einräumung von Optionen begründet.[2] Bislang werden Optionen von den begebenden Unternehmen als freiwillige Leistung oder als Entgeltbestandteil gewährt. **886**

Als Rechtsgrundlagen für Ansprüche auf die Gewährung von Optionen kommen dabei sowohl individual- als auch kollektivrechtliche Tatbestände in Betracht. Auch ohne eine ausdrückliche Vereinbarung zwischen den Arbeitsvertragsparteien kann nach den Grundsätzen der betrieblichen Übung eine Verpflichtung zur Gewährung von Optionen entstehen.[3] **887**

---

[1] Vgl. *Baeck/Diller*, DB 1998, S. 1406; grundlegend: *Diller*, Gesellschafter und Gesellschaftsorgane als Arbeitnehmer, 1994; *Fohrmann*, Der Arbeitnehmer als Gesellschafter, 1982.

[2] Dabei wäre allerdings die Zulässigkeit eines solchen flächentariflichen Anspruchs fraglich; vgl. hierzu im Einzelnen Rz. 1082 f.

[3] Vgl. *Baeck/Diller*, DB 1998, S. 1406.

888 Von der individual- oder kollektivrechtlichen Zusage des Arbeitgebers, seinen Mitarbeitern Optionen zu gewähren, ist die privatrechtliche Gewährungsvereinbarung[4] zu unterscheiden, die zur Herbeiführung des Aktienerwerbs zwischen Unternehmer und Mitarbeiter getroffen werden muss. Die arbeitsrechtliche Rechtsgrundlage regelt den Anspruch des Mitarbeiters auf Abschluss eines Überlassungsvertrages über eine bestimmte Zahl von Optionen.

Inhalt einer solchen individual- oder kollektivrechtlichen Zusage kann sowohl der Anspruch des Mitarbeiters auf Optionen als zugesagter Entgeltbestandteil als auch als freiwillige Sonderleistung des Arbeitgebers sein.

1. Einzelvertragliche Zusage

889 Zunächst kann sich der Arbeitgeber gegenüber dem Mitarbeiter auf Grundlage des Anstellungsvertrages oder einer diesen Vertrag ergänzenden Vereinbarung verpflichten, Optionen zu gewähren. Der Arbeitnehmer erlangt damit unmittelbar aus seinem Arbeitsvertrag bzw. aus einer arbeitsvertraglichen Zusatzvereinbarung einen Rechtsanspruch gegenüber dem Arbeitgeber, die zugesagten Optionen zu erhalten. Ist die vom Arbeitgeber erteilte Zusage aufschiebend bedingt durch eine entsprechende Beschlussfassung von Gesellschaftsorganen, und tritt die Bedingung nicht ein, resultiert hieraus kein unmittelbarer Anspruch auf eine entsprechende Beschlussfassung durch die Gesellschaftsorgane.[5] Ein solcher Anspruch wäre mit der Hauptversammlungsautonomie nicht zu vereinbaren und daher aktienrechtlich unwirksam. Legt die Gesellschaft den Stock-Option-Plan nicht oder nur mit erheblicher Verzögerung auf, kann dies allenfalls unter dem Gesichtspunkt der Vereitelung des Bedingungseintritts von Bedeutung sein (§ 162 BGB) und ggf. zu Ersatzansprüchen führen.[6]

890 Wird bei Abschluss eines Anstellungsvertrages dem Mitarbeiter lediglich ein bereits geltender Stock-Option-Plan ausgehändigt, so ist auch hierin eine stillschweigende arbeitsvertragliche Zusage auf Teilnahme am Stock-Option-Plan des Arbeitgebers zu sehen.[7]

2. Gesamtzusage

891 Die Gewährung von Optionen kann weiterhin im Wege der sog. Gesamtzusage erfolgen, also mittels einer gleich lautenden schriftlichen oder formlosen Mitteilung des Arbeitgebers an die Mitarbeiter, eine betriebliche Sozialleistung – also zum Beispiel Optionen im Rahmen eines Stock-Option-Plans – zu gewähren. Der Arbeitnehmer kann dieses Angebot ausdrücklich oder konkludent annehmen.[8] Nach zutreffender Auffassung des Bundesarbeitsgerichts ist gemäß § 151 BGB eine ausdrückliche Annahmeerklärung des Mitarbeiters für einen wirksamen Vertragsschluss nicht erforderlich, da die Gesamtzusage dem Arbeitnehmer nur Vorteile bringt.[9]

---

[4] Zu den schuldrechtlichen Fragen vgl. Rz. 1176 ff.
[5] Vgl. *Röder/Göpfert*, BB 2001, S. 2003.
[6] Vgl. *Röder/Göpfert*, BB 2001, S. 2003.
[7] Vgl. *Lingemann/Diller/Mengel*, NZA 2000, S. 1991; *Röder/Göpfert*, BB 2001, S. 2003.
[8] Vgl. *Schaub*, Arbeitsrechts-Handbuch, 9. Aufl. 2000, § 111 Rz. 15; *Legerlotz/Laber*, DStR 1999, S. 1659.
[9] *BAG* vom 23.11.1978, AP Nr. 181 zu § 242 BGB Ruhegehalt.

3. Betriebsvereinbarung

Die Möglichkeit, in einer Betriebsvereinbarung Maßnahmen zur Förderung der Vermögensbildung zu regeln, also auch die Erteilung von Optionen, ist in § 88 Nr. 3 BetrVG geregelt.[10] Entscheidet sich der Arbeitgeber in einem Unternehmen mit betrieblicher Mitbestimmung, seinen Mitarbeitern Optionen zu gewähren, bildet in der Praxis die Betriebsvereinbarung die klassische Rechtsgrundlage. In einer Betriebsvereinbarung kann sowohl die Einführung als auch die Ausgestaltung der Gewährung von Optionen geregelt werden. 892

Der maßgebliche Unterschied zu einer einzelvertraglichen Zusage liegt darin, dass die Betriebsvereinbarung als gleich lautende Kollektivregelung unmittelbar und zwingend Rechte und Pflichten des Arbeitgebers und der Arbeitnehmer begründet, ohne dass mit jedem einzelnen Arbeitnehmer eine entsprechende vertragliche Regelung getroffen werden muss.[11] Damit dient die Betriebsvereinbarung in erster Linie der Verfahrensvereinfachung. 893

Die Betriebsvereinbarung scheidet als Rechtsgrundlage aus, wenn ausschließlich leitende Angestellte gemäß § 5 Abs. 2 bis 4 BetrVG oder Organmitglieder Begünstigte eines Stock-Option-Plans werden sollen.[12] Da dieser Kreis von sog. „Führungskräften" aus dem Anwendungsbereich des Betriebsverfassungsgesetzes ausgenommen ist, kommt insoweit die einzelvertragliche Zusage oder Gesamtzusage in Betracht. Für den Bereich der leitenden Angestellten kann zudem gemäß §§ 28, 30 SprAuG zusammen mit einem Sprecherausschuss, soweit vorhanden, eine Richtlinie über die Gewährung von Optionen und die zugrunde liegenden Modalitäten erstellt werden.[13] Eine bindende Wirkung hat eine solche Richtlinie allerdings nur, wenn diese auch ausdrücklich gemäß § 28 Abs. 1 S. 1 SprAuG vereinbart wird. Für Vorstandsmitglieder ist gemäß § 112 AktG der Aufsichtsrat zuständig, der die entsprechenden Beschlüsse zu fassen und in rechtsverbindliche Vereinbarungen mit den Vorstandsmitgliedern zu transferieren hat. 894

4. Tarifvertrag

Das Recht auf Einräumung einer Beteiligung am arbeitgebenden Unternehmen einschließlich seiner Modalitäten kann Inhalt eines Flächen- oder Haustarifvertrages sein.[14] Obgleich die Möglichkeit einer tariflichen Regelung in § 10 des 5. Vermögensbildungsgesetzes genannt ist, sind bislang keine tariflichen Regelungen über die Gewährung von Optionen bekannt geworden. 895

5. Betriebliche Übung

Auch ohne eine ausdrückliche individual- oder kollektivrechtliche Vereinbarung kann der Arbeitgeber bei Vorliegen einer betrieblichen Übung zu der Gewährung von Optionen gegenüber den Arbeitnehmern verpflichtet sein. 896

---

[10] Vgl. *Baeck/Diller,* DB 1998, S. 1406.
[11] Vgl. *Baeck/Diller,* DB 1998, S. 1406; zu der Frage, ob der Arbeitnehmer durch eine Betriebsvereinbarung verpflichtet werden kann, Aktionär bzw. Gesellschafter zu werden, vgl. nachfolgend Rz. 1155.
[12] Vgl. *Baeck/Diller,* DB 1998, S. 1406; hierzu im Einzelnen Rz. 1110.
[13] Vgl. hierzu auch nachfolgend Rz. 1160.
[14] Vgl. *Baeck/Diller,* DB 1998, S. 1406; hierzu auch nachfolgend Rz. 1080, insbesondere zu den rechtlichen Bedenken gegen den Flächentarifvertrag als Rechtsgrundlage.

897 Die betriebliche Übung begründet einen arbeitsvertraglichen Anspruch. Der Arbeitgeber gibt den Arbeitnehmern durch die regelmäßige Wiederholung bestimmter Verhaltensweisen zu erkennen, dass ihnen eine Leistung oder Vergünstigung auf Dauer gewährt werden solle.

898 Nach der ständigen Rechtsprechung des Bundesarbeitsgerichts[15] liegt eine betriebliche Übung bei mindestens dreimaliger vorbehaltloser Gewährung einer gleichartigen oder gleichwertigen freiwilligen Leistung vor. Sind die Leistungen nicht gleichartig oder gleichwertig, wird den Beschäftigten dadurch hinreichend deutlich gemacht, dass für die zusätzliche Leistungserbringung jeweils eine Einzelfallentscheidung getroffen wird, so dass es bereits an einem Vertrauenstatbestand für einen objektiven Bindungswillen des Arbeitgebers fehlt.[16]

899 Eine betriebliche Übung entsteht allerdings nicht, wenn sich der Arbeitgeber für die Zukunft die Gewährung gleichartiger Leistungen ausdrücklich vorbehält und von Jahr zu Jahr neu über die Leistungsgewährung entscheidet. Schließlich kann eine betriebliche Übung auch dann nicht entstehen, wenn Rechtsgrundlage für die in mehreren aufeinander folgenden Jahren gewährten Leistungen eine Betriebsvereinbarung ist.[17]

900 Nach der Rechtsprechung des Bundesarbeitsgerichts muss für das Entstehen einer betrieblichen Übung die Leistung jeweils in gleicher Höhe erfolgen.[18] Deshalb spricht gegen das Entstehen einer betrieblichen Übung bei Optionen, dass die Zahl der Optionen nicht jedes Jahr identisch ist oder zumindest deren Wert infolge von schwankenden Börsenkursen variiert.[19] Hat also das Unternehmen in den vergangenen Jahren Optionen in unterschiedlicher Höhe oder mit sehr unterschiedlichen Konditionen ausgegeben, ist jeweils von einer Einzelfallentscheidung auszugehen mit der Folge, dass keine Bindung für die Zukunft eintritt. Will der Arbeitgeber deutlich machen, dass er jeweils eine Einzelfallentscheidung trifft, die keine Erwartung für die Zukunft begründen soll, ist ihm zur Vermeidung von Rechtsunsicherheit zu raten, das Entstehen einer betrieblichen Übung durch einen ausdrücklichen Freiwilligkeitsvorbehalt zu vermeiden.[20]

III. Kreis der bezugsberechtigten Mitarbeiter

901 Bei der Gestaltung eines Stock-Option-Plans ist der arbeitsrechtliche Gleichbehandlungsgrundsatz hinsichtlich des Kreises der Bezugsberechtigten sowie der Gewährung von Optionen an bestimmte Arbeitnehmergruppen zu beachten. Die Bestimmung des Kreises bezugsberechtigter Mitarbeiter bedarf größter Sorgfalt. Namentlich die Missachtung des arbeitsrechtlichen Gleichbehandlungsgrundsatzes kann für das Unternehmen weit reichende wirtschaftliche Konsequenzen haben.

---

[15] *BAG* vom 16.9.1998, AP Nr. 54 zu § 242 BGB Betriebliche Übung.
[16] *BAG* vom 16.9.1998, AP Nr. 54 zu § 242 BGB Betriebliche Übung; *BAG* vom 27.6.2001, EzA § 242 BGB Betriebliche Übung Nr. 44.
[17] Vgl. *Baeck/Diller*, DB 1998, S. 1407; Münchener Handbuch Arbeitsrecht/*Richardi*, 2. Aufl. 2000, § 13 Rz. 15.
[18] *BAG* vom 28.6.1996, DB 1996, S. 1242 f.
[19] Vgl. auch *Lingemann/Diller/Mengel*, NZA 2000, S. 1194.
[20] Vgl. auch *Kau/Leverenz*, BB 1998, S. 2269; hierzu auch nachfolgend Rz. 975 f.

III. Kreis der bezugsberechtigten Mitarbeiter

1. Gleichbehandlungsgrundsatz

Mit der Auflage eines Stock-Option-Plans beabsichtigt der Arbeitgeber, durch Herstellung einer lenkenden Vergütungsstruktur, einen Anreiz für die Mitarbeiter zur Effizienz- und Leistungssteigerung zu schaffen. Häufig finden sich daher in den Bedingungen zu Stock-Option-Plänen Klauseln, wonach für bestimmte Arbeitnehmergruppen Optionen in unterschiedlicher Höhe gewährt oder Arbeitnehmergruppen gänzlich von einem Stock-Option-Plan ausgeschlossen werden. Diese differenzierende Vergütungsgestaltung ist im Hinblick auf den arbeitsrechtlichen Gleichbehandlungsgrundsatz nur begrenzt zulässig. 902

Der arbeitsrechtliche Gleichbehandlungsgrundsatz, der zu den Grundprinzipien des Arbeitsrechts gehört, ist verletzt, wenn der Arbeitgeber einzelne Arbeitnehmer oder Gruppen von Arbeitnehmern ohne sachlichen Grund von allgemein begünstigenden Regelungen des Anstellungsverhältnisses ausnimmt und schlechter stellt als andere Arbeitnehmer in vergleichbarer Lage.[21] Er ist anwendbar, wenn der Arbeitgeber Leistungen nach einem bestimmten, erkennbaren und generalisierenden Prinzip gewährt und dazu bestimmte Voraussetzungen oder einen bestimmten Zweck festlegt.[22] Handelt es sich hingegen um individuell ausgehandelte Vertragsregelungen, ist der Gleichbehandlungsgrundsatz nicht einschlägig. Bei freiwilligen Leistungen ist die Ungleichbehandlung verschiedener Arbeitnehmergruppen stets dann mit dem Grundsatz der Gleichbehandlung zu vereinbaren, wenn die Differenzierung nach dem Zweck der Leistung gerechtfertigt ist.[23] 903

Ein Verstoß gegen den arbeitsrechtlichen Gleichbehandlungsgrundsatz hat zur Folge, dass die gleichheitswidrig „übergangenen" Arbeitnehmer verlangen können, nach Maßgabe der allgemeinen Regelung behandelt zu werden. Sie können also die Leistung aus dem Stock-Option-Plan verlangen, die die gleichheitswidrig begünstigten Mitarbeiter erhalten haben. Da dieser Leistungsanspruch nach herrschender Meinung ein Erfüllungs- und kein Schadensersatzanspruch ist, kommt es insoweit auf ein Verschulden des Arbeitgebers nicht an.[24] 904

Mithin kann ein unter Verstoß gegen den Grundsatz der Gleichbehandlung festgelegter Kreis der Bezugsberechtigten nachträglich zu einer nicht unerheblichen Erhöhung des Dotierungsvolumens des Stock-Option-Plans führen. Dies kann auch nicht durch eine (teilweise) Rückforderung der den Begünstigten gewährten Leistungen kompensiert werden, da die den Leistungen zugrunde liegenden Rechtsgeschäfte mit den gleichheitswidrig begünstigten Mitarbeitern wirksam sind. 905

---

[21] *Schaub*, Arbeitsrechts-Handbuch, 9. Aufl. 2000, § 112 Rz. 5; *Tepass* in: Harrer (Hrsg.), 2000, Rz. 361; *Lingemann/Diller/Mengel*, NZA 2000, S. 1196 f.; *Baeck/Diller*, DB 1998, S. 1408; *Schanz*, NZA 2000, S. 633; *Legerlotz/Laber*, DStR 1999, S. 1660.
[22] *BAG* vom 15.5.2001, EzA § 242 BGB Gleichbehandlung Nr. 85; *BAG* vom 27.7.1988, AP Nr. 83 zu § 242 BGB Gleichbehandlung; *BAG* vom 19.8.1992, AP Nr. 102 zu § 242 BGB Gleichbehandlung; *BAG* vom 12.1.1994, AP Nr. 112 zu § 242 BGB Gleichbehandlung; *BAG* vom 23.8.1995, AP Nr. 134 zu § 242 BGB Gleichbehandlung.
[23] *BAG* vom 15.5.2001, EzA § 242 BGB Gleichbehandlung Nr. 85; *BAG* vom 27.7.1988, AP Nr. 83 zu § 242 BGB Gleichbehandlung; *BAG* vom 19.8.1992, AP Nr. 102 zu § 242 BGB Gleichbehandlung; *BAG* vom 12.1.1994, AP Nr. 112 zu § 242 BGB Gleichbehandlung; *BAG* vom 23.8.1995, AP Nr. 134 zu § 242 BGB Gleichbehandlung.
[24] *BAG* vom 28.7.1992, AP Nr. 18 zu § 1 BetrAVG Gleichbehandlung.

906　Im Folgenden wird auf die wichtigsten Differenzierungsmöglichkeiten im Hinblick auf den Kreis der Bezugsberechtigten der Optionen im Einzelnen eingegangen.

2. Differenzierung nach Betrieb, Unternehmen und Konzern

907　Der arbeitsrechtliche Gleichbehandlungsgrundsatz gilt nach h.M. für Arbeitnehmer desselben Betriebes.[25] Nach Auffassung des Bundesarbeitsgerichts ist Normadressat der Pflicht zur Gleichbehandlung grundsätzlich derjenige, dem die Regelungskompetenz zufällt, also der Arbeitgeber; auf dessen konkrete Ausübung der Leitungsmacht kommt es an.[26] Der Gleichbehandlungsgrundsatz hat überbetriebliche Geltung, wenn der Arbeitgeber eine Regel aufstellt und anwendet, die ihrerseits überbetrieblich ist.[27] Besteht die Arbeitsorganisation aus zwei oder mehreren Betrieben, so ist die Rechtsbindung einer überbetrieblichen Regelung unternehmensbezogen.[28]

908　Eine unterschiedliche Behandlung von Mitarbeitern verschiedener Betriebe desselben Unternehmens kann jedoch auch bei einer überbetrieblichen Regelung des Arbeitgebers durch sachliche Gründe gerechtfertigt sein.[29] Zur sachlichen Rechtfertigung einer Ungleichbehandlung der Arbeitnehmer verschiedener Betriebe innerhalb desselben Unternehmens kann insbesondere darauf abgestellt werden, dass die Belegschaftshomogenität innerhalb eines Betriebs wesentlich größer ist, als dies bei einem unternehmensweiten Vergleich der Fall ist. Weiter können die räumliche Entfernung zwischen den einzelnen Betrieben, deren Zuordnung zu verschiedenen Branchen oder unterschiedliche Organisationsstrukturen der Betriebe zur Begründung einer Ungleichbehandlung herangezogen werden.[30] Der Arbeitgeber ist aufgrund des Gleichbehandlungsgrundsatzes nicht verpflichtet, einen Stock-Option-Plan ungeachtet der Unterschiede zwischen mehreren Betrieben nach dem sog. „Gießkannenprinzip" gleichmäßig in allen Betrieben einzuführen.[31]

909　Nicht anwendbar ist der Gleichbehandlungsgrundsatz zwischen den Mitarbeitern verschiedener Unternehmen, die einen gemeinsamen Betrieb führen.[32]

910　Eine konzernweite Anwendung des Gleichbehandlungsgrundsatzes wird überwiegend abgelehnt, weil die in einem Konzern zusammengeschlossenen Unternehmen ihre rechtliche Selbständigkeit behalten und damit auch unterschiedliche Arbeitgeber vorhanden sind.[33] Eine Ausnahme ist allerdings dann anzunehmen,

---

[25] *BAG* vom 19.6.1957, AP Nr. 12 zu § 242 BGB Gleichbehandlung; *BAG* vom 5.11.1992, AP Nr. 105 zu § 242 BGB Gleichbehandlung.

[26] *BAG* vom 17.11.1998, AP Nr. 162 zu § 242 BGB Gleichbehandlung.

[27] *BAG* vom 17.11.1998, AP Nr. 162 zu § 242 BGB Gleichbehandlung; Münchener Handbuch Arbeitsrecht/*Richardi*, 2. Aufl. 2000, § 14 Rz. 10.

[28] Vgl. Münchener Handbuch Arbeitsrecht/*Richardi*, 2. Aufl. 2000, § 14 Rz. 9.

[29] *BAG* vom 17.11.1998, AP Nr. 162 zu § 242 BGB Gleichbehandlung; *Schaub*, Arbeitsrechts-Handbuch, 9. Aufl. 2000, § 112 Rz. 15; *Lingemann/Diller/Mengel*, NZA 2000, S. 1196; *Baeck/Diller*, DB 1998, S. 1409; *Tepass* in: Harrer (Hrsg.), 2000, Rz. 363.

[30] Vgl. dazu insbesondere *BAG* vom 17.11.1998, DB 1999, S. 638; *Baeck/Diller*, DB 1998, S. 1409.

[31] Vgl. *Baeck/Diller*, DB 1998, S. 1409 m.w.N.

[32] Vgl. *BAG* vom 19.11.1992, DB 1993, S. 843; *Baeck/Diller*, DB 1998, S. 1409.

[33] *BAG* vom 17.11.1998, DB 1999, S. 638; *Schaub*, Arbeitsrechts-Handbuch, 9. Aufl. 2000, § 112 Rz. 15; *Lingemann/Diller/Mengel*, NZA 2000, S. 1196; *Baeck/Diller*, DB 1998, S. 1409; *Tepass* in: Harrer (Hrsg.), 2000, Rz. 363.

wenn die Konzernspitze eine unternehmensübergreifende Verteilungskompetenz in Anspruch nimmt und Weisungen oder Regelungen trifft, die konzerndimensional gelten oder umgesetzt werden.³⁴ Diese Ausdehnung des Gleichbehandlungsgrundsatzes auf einen Konzern ist von besonderer Bedeutung bei der Aufstellung eines Stock-Option-Plans. Will die Konzernspitze nur einzelne Unternehmen oder einzelne Betriebe an dem Stock-Option-Plan beteiligen, müssen in der Formulierung des Zwecks der Gewährung der Optionen die diese Ungleichbehandlung rechtfertigenden Überlegungen ausdrücklich genannt werden.³⁵

3. Differenzierung nach Arbeitszeit

Häufig möchte der Arbeitgeber bei der Gewährung von Optionen danach differenzieren, ob der bezugsberechtigte Mitarbeiter eine Vollzeit-, Teilzeitkraft oder ein geringfügig Beschäftigter ist. Dabei kommt zum einen eine ratierliche Kürzung der Anzahl der gewährten Optionen und zum anderen ein vollständiger Ausschluss der Teilzeitbeschäftigten (geringfügig Beschäftigten) in Betracht. **911**

Gemäß § 4 Abs. 1 TzBfG darf ein teilzeitbeschäftigter Arbeitnehmer wegen der Teilzeitarbeit nicht schlechter behandelt werden als ein vergleichbarer vollzeitbeschäftigter Arbeitnehmer. Die Dauer der Arbeitszeit ist immer dann Anknüpfungspunkt für eine Differenzierung, wenn allein die Unterschreitung einer bestimmten Arbeitszeitdauer zum Ausschluss von einer bestimmten Regelung führt. Damit enthält § 4 Abs. 1 TzBfG ein absolutes Diskriminierungsverbot und insoweit eine Konkretisierung des arbeitsrechtlichen Gleichbehandlungsgrundsatzes. Bezüglich der geringfügig Beschäftigten (sog. € 325,00-Kräfte) hat das Teilzeit- und Befristungsgesetz klargestellt, dass auch geringfügig Beschäftigte unter den Begriff des Teilzeitbeschäftigten fallen. **912**

§ 4 Abs. 1 Satz 2 TzBfG bestimmt zudem, dass einem teilzeitbeschäftigten Arbeitnehmer Arbeitsentgelt oder eine andere teilbare geldwerte Leistung mindestens in dem Umfang zu gewähren ist, der dem Anteil seiner Arbeitszeit an der Arbeitszeit eines vergleichbaren vollzeitbeschäftigten Arbeitnehmers entspricht. Daraus ergibt sich für den Arbeitgeber die Verpflichtung, auch Teilzeitbeschäftigten Optionen zu gewähren, es sei denn ihr Ausschluss ist durch andere Gründe als die Verkürzung der Arbeitszeit sachlich gerechtfertigt.³⁶ Eine entsprechende gerichtsfeste Begründung wird daher in der Praxis nur unter größten Schwierigkeiten möglich sein. **913**

Die Zuteilung der Optionen hat in der Regel gemessen an dem Verhältnis der Arbeitszeit des Teilzeitbeschäftigten zur Arbeitszeit einer Vollzeitkraft zu erfolgen. Eine Kürzung der Ansprüche pro rata temporis für einen teilzeitbeschäftigten Mitarbeiter ist daher im Rahmen des § 4 Abs. 1 S. 2 TzBfG möglich. **914**

Dies kann jedoch in der Praxis zu nicht unerheblichen Umsetzungsfragen führen: Wird beispielsweise einer Vollzeitkraft die Bezugsmöglichkeit für nur eine Option eingeräumt, müsste dem Teilzeitbeschäftigten der Bruchteil einer Option **915**

---

³⁴ *LAG Köln* vom 24.6.1999 – 6 Sa 241/99 n.v.; *Henssler*, Der Arbeitsvertrag im Konzern, 1983, S. 107 ff.
³⁵ Zu den Besonderheiten eines Stock-Option-Plans im internationalen Konzern siehe auch *Lingemann/Diller/Mengel*, NZA 2000, S. 1191.
³⁶ *Baeck/Diller*, DB 1998, S. 1408; *Tepass* in: Harrer (Hrsg.), 2000, Rz. 363; *Schanz*, NZA 2000, S. 634; *Hanau*, ZGR 1985, 5. Sonderheft, 117; *Legerlotz/Laber*, DStR 1999, S. 1661 f.

gewährt werden, was z.B. bereits aktienrechtlich nicht möglich ist. Als Ausweg kommen zwei Lösungsvarianten in Betracht: Die Teilzeitbeschäftigten fallen vollständig aus dem Stock-Option-Plan heraus und ihnen wird keine Option eingeräumt oder den Teilzeitbeschäftigten wird entsprechend ihres theoretischen Bruchteilsanspruchs eine Option nur zu bestimmten Stichtagen (zum Beispiel zu jedem 2. Stichtag) eingeräumt. Eine solche Stichtagsregelung muss dann aber im Stock-Option-Plan vorgesehen werden.

916 Für den ersten Weg spricht vor allem bei geringfügig Beschäftigten die Ersparnis von Verwaltungskosten für den Arbeitgeber, weil er in diesem Fall nicht die Verwaltung von Bruchteilsansprüchen übernehmen muss. Der durch die Stückelung der Optionen entstehende – unverhältnismäßige – Verwaltungsaufwand kann bei entsprechender Darlegung als Rechtfertigung für eine Ungleichbehandlung dienen.[37] Soweit der Verwaltungsaufwand nicht als sachlicher Grund für eine Ungleichbehandlung ausreicht, bleibt nur die zweite Variante, also eine partielle Stichtagsregelung. Ist eine solche Stichtagsregelung im Stock-Option-Plan nicht vorgesehen, können Teilzeitbeschäftigte unter den vorstehenden Voraussetzungen von dem Bezug der Optionen ausgenommen werden. In jedem Fall empfiehlt es sich, den Ausschluss oder eine Beschränkung von Teilzeitbeschäftigten unmissverständlich im Stock-Option-Plan vorzusehen.

4. Differenzierung nach Hierarchieebenen

917 Will der Arbeitgeber die Optionen nur einzelnen Hierarchieebenen (z.B. nur „Führungskräften") gewähren oder will er die verschiedenen Hierarchieebenen in unterschiedlichem Ausmaß mit Optionen ausstatten, stößt dies im Hinblick auf den arbeitsrechtlichen Gleichbehandlungsgrundsatz auf keine Bedenken, wenn die einzelnen Hierarchieebenen objektiv nachvollziehbar abgegrenzt sind. Die den Mitarbeitern aus dem Stock-Option-Plan erwachsenen Rechte sind als Teil der Gesamtvergütung zu sehen. Es ist nicht nur sachgerecht im Sinne des Gleichbehandlungsgrundsatzes, sondern zudem ökonomisch wünschenswert, die Vergütungsstruktur innerhalb eines Betriebes bzw. Unternehmens nach Hierarchieebenen zu staffeln.[38]

918 Will der Arbeitgeber eine Staffelung der Anzahl der zu gewährenden Optionen innerhalb derselben Hierarchieebene durchführen bzw. einzelne Arbeitnehmer innerhalb derselben Hierarchieebene von der Optionsgewährung im Rahmen eines Stock-Option-Plans ausschließen, ist der die Ungleichbehandlung rechtfertigende Grund durch den Arbeitgeber schlüssig darzulegen und im Bestreitensfall zu beweisen. Dies wird dem Arbeitgeber in der Praxis regelmäßig nur dann gelingen, wenn er in der Lage ist, die Einräumung einer Option an die individuelle Leistung der einzelnen Mitarbeiter bzw. Mitarbeitergruppen zu knüpfen.[39]

---

[37] So auch: *Baeck/Diller*, DB 1998, S. 1407f.; *Röder/Göpfert*, BB 2001, S. 2003.
[38] *Legerlotz/Laber*, DStR 1999, S. 1663; *Baeck/Diller*, DB 1998, S. 1409; *Tepass* in: Harrer (Hrsg.), 2000, Rz. 362; *Schanz*, NZA 2000, S. 634.
[39] *Baeck/Diller*, DB 1998, S. 1409; *Schanz*, NZA 2000, S. 634.

5. Differenzierung nach Arbeitern/Angestellten

Eine unterschiedliche Gewährung von Leistungen an Arbeiter oder Angestellte 919
hat in der Praxis nahezu keine Bedeutung mehr. Eine solche Differenzierung zwischen Arbeitern und Angestellten ist nur dann denkbar, wenn der Zweck der Leistung nur bei Arbeitern oder Angestellten erreicht werden kann. Das Bundesarbeitsgericht hat folgerichtig eine sachliche Rechtfertigung für unterschiedlich hohe Weihnachtsgratifikationen für Arbeiter und Angestellte unter Bezugnahme auf den Zweck der Leistung, in der Vergangenheit geleistete Dienste zusätzlich zu vergüten, abgelehnt.[40] Eine Differenzierung hinsichtlich der Optionsgewährung wird dementsprechend regelmäßig gleichheitswidrig sein.[41]

6. Differenzierung nach sog. Stichtagen

Häufig verbindet der Arbeitgeber mit der Auflage eines Stock-Option-Plans 920
den Zweck, die Belegschaft an seinen Betrieb bzw. sein Unternehmen zu binden. Auch die Zulässigkeit einer Differenzierung nach der Dauer der Betriebszugehörigkeit, dem weiterhin ungekündigten Bestehen des Vertragsverhältnisses oder der Befristung eines Anstellungsverhältnisses ist an dem arbeitsrechtlichen Gleichbehandlungsgrundsatz zu messen.

In Stock-Option-Plänen finden sich häufig sog. Stichtags-Regelungen, nach 921
denen nur solche Mitarbeiter in den Genuss der Optionen aus dem Stock-Option-Plan kommen sollen, die zu einem bestimmten Stichtag bereits für einen bestimmten Zeitraum (üblicherweise zwischen sechs Monaten und zwei Jahren) dem Unternehmen angehören. Damit soll dem Interesse des Arbeitgebers Rechnung getragen werden, dass nur solchen Arbeitnehmern, die auch tatsächlich über einen längeren Zeitraum in seinem Unternehmen beschäftigt sind, die Leistungen aus dem Stock-Option-Plan zugute kommen sollen. Die Zulässigkeit einer solchen Stichtagsregelung und damit die Differenzierung nach der Dauer der Betriebszugehörigkeit ist vom Bundesarbeitsgericht für die – teilweise vergleichbare – Materie der betrieblichen Altersversorgung bestätigt worden.[42] Die Festlegung des Stichtages darf jedoch nicht willkürlich erfolgen, sondern muss auf sachlichen Kriterien beruhen.[43] Dem Arbeitgeber ist es verwehrt, über die Festlegung eines Stichtages mittelbar den willkürlichen Ausschluss einzelner Arbeitnehmer zu erreichen.[44]

Will der Arbeitgeber mit der Auflage des Stock-Option-Plans geleistete Be- 922
triebstreue honorieren, ist eine Staffelung der Optionen nach der Anzahl der Jahre der Betriebszugehörigkeit unproblematisch.[45] Es empfiehlt sich, den verfolgten Zweck der Honorierung der Betriebstreue und die daraus resultierende Gruppenbildung schriftlich im Stock-Option-Plan festzuhalten.

Will der Arbeitgeber mit der Auflage eines Stock-Option-Plans seine Mitar- 923
beiter langfristig an das Unternehmen binden, stellt sich die Frage, ob Mitarbeiter

---

[40] *BAG* vom 25.1.1984, AP Nr. 67 zu § 242 BGB Gleichbehandlung.
[41] So auch *Baeck/Diller*, DB 1998, S. 1409.
[42] *BAG* vom 6.6.1974, DB 1974, S. 1822; *Legerlotz/Laber*, DStR 1999, S. 1661; *Baeck/Diller*, DB 1998, S. 1408.
[43] Vgl. *Legerlotz/Laber*, DStR 1999, S. 1661.
[44] Vgl. *Baeck/Diller*, DB 1998, S. 1408.
[45] Vgl. *Schanz*, NZA 2000, S. 634.

in befristeten Anstellungsverhältnissen vom Bezug der Optionen ausgenommen werden können.

924 Befristet beschäftigt ist ein Arbeitnehmer mit einem auf bestimmte Zeit geschlossenen Arbeitsvertrag (§ 3 Abs. 1 S. 1 TzBfG). Aus § 4 Abs. 2 TzBfG ergibt sich ein absolutes Diskriminierungsverbot der befristet beschäftigten Arbeitnehmer allein aus Anlass der Befristung des Arbeitsverhältnisses. § 4 Abs. 2 Satz 2 TzBfG sieht zudem vor, dass befristet beschäftigten Arbeitnehmern Entgelt oder eine andere teilbare geldwerte Leistung, die für einen bestimmten Bemessungszeitraum gewährt wird, mindestens in dem Umfang zu gewähren ist, der dem Anteil der Beschäftigungsdauer am Bemessungszeitraum entspricht.

925 Die Angabe eines sachlichen Grundes zum Ausschluss befristet beschäftigter Arbeitnehmer von der Teilnahme an einem Stock-Option-Plan ist je nach dem Zweck der Beteiligung im Lichte dieser gesetzgeberischen Wertung zu betrachten.

926 Hat die Gewährung von Optionen überwiegend Entgeltcharakter, kann ein Ausschluss von befristeten Arbeitsverhältnissen nicht generell vorgesehen werden. Steht hingegen der Gedanke der Bindung an das Unternehmen im Vordergrund, können befristet beschäftigte Mitarbeiter ausgenommen werden.[46] Die praktische Relevanz dieser Frage ist jedoch letztlich als gering einzustufen, da bei der Ausgabe von Optionen der Zeitpunkt der Ausübbarkeit der Optionen in aller Regel nicht innerhalb der auf eine bestimmte Zeit angelegten Beschäftigung erreicht wird. Insoweit ist über die Regelung der allgemeinen Wartefrist für die erstmalige Optionsausübung eine befristungsneutrale Gestaltung möglich.[47]

7. Differenzierung im Hinblick auf das Ruhen des Anstellungsverhältnisses und auf Fehltage

928 Fraglich ist, ob Mitarbeiter in einem ruhenden Anstellungsverhältnis, zum Beispiel wegen Mutterschutz, Elternzeit oder Wehrdienst bzw. Wehrersatzdienst oder Mitarbeiter mit häufiger bzw. dauernder Erkrankung, vom Stock-Option-Plan ausgeschlossen werden können.

929 Will der Arbeitgeber mit der Auflage eines Stock-Option-Plans nicht nur die Bindung an das Unternehmen erreichen, sondern auch die Steigerung von Produktivität und Effizienz, sprechen gute Gründe für den Ausschluss von Mitarbeitern im Mutterschutz, Elternzeit oder in Wehrpflicht bzw. Wehrersatzdienst befindlicher Mitarbeiter.[48] Jedenfalls muss aber eine ratierliche Kürzung der Ansprüche dieser Mitarbeiter für die Dauer des Ruhens des Arbeitsverhältnisses zulässig sein, da die vorgenannten Mitarbeitergruppen keine Leistung während des Ruhens des Anstellungsverhältnisses erbringen.[49]

930 Bei Mitarbeitern mit überdurchschnittlich häufigen krankheitsbedingten Fehlzeiten kommt auch über den Grundgedanken einer Beteiligung am Erfolg des Unternehmens eine Regelung pro rata temporis in Betracht. Bei Langzeiterkrankten können unter diesem Gesichtspunkt die Ansprüche auf Optionen

---

[46] So auch nach alter Gesetzeslage: *Baeck/Diller*, DB 1998, S. 1409; *Legerlotz/Laber*, DStR 1999, S. 1661; *Schanz*, NZA 2000, S. 634; kritisch *Tepass* in: Harrer (Hrsg.), 2000, Rz. 367.
[47] Vgl. *Tepass* in: Harrer (Hrsg.), 2000, Rz. 366.
[48] So auch die h.M. unter Hinweis auf die Rechtsprechung des Bundesarbeitsgerichts für vergleichbar gelagerte Fälle: *Legerlotz/Laber*, DStR 1999, S. 1662; *Baeck/Diller*, DB 1998, S. 1409; *Tepass* in: Harrer (Hrsg.), 2000, Rz. 368; *Schanz*, NZA 2000, S. 634.
[49] Vgl. *Baeck/Diller*, DB 1998, S. 1409.

ebenfalls ratierlich gekürzt werden bzw. ein Ausschluss vom Stock-Option-Plan vorgesehen werden. Allerdings ist für eine ratierliche Kürzung des Anspruchs auf Optionen bzw. bei einem Ausschluss vom Stock-Option-Plan die Spezialvorschrift des § 4a Entgeltfortzahlungsgesetz zu beachten. Danach ist eine Vereinbarung über die Kürzung von Leistungen, die der Arbeitgeber zusätzlich zum laufenden Arbeitsentgelt erbringt (Sonderleistung), auch für die Zeiten der Arbeitsunfähigkeit infolge Krankheit zulässig. Die Kürzung darf für jeden Tag der Arbeitsunfähigkeit infolge Krankheit ein Viertel des Arbeitsentgelts, das im Jahresdurchschnitt auf einen Arbeitstag entfällt, nicht überschreiten. Demnach kann unter den Voraussetzungen des § 4a Entgeltfortzahlungsgesetz eine entsprechende Kürzung des Leistungsumfangs vorgesehen werden.[50]

Der gänzliche Ausschluss der Gewährung von Optionen bzw. die Kürzung der Anzahl der gewährten Optionen für die hier genannten Mitarbeitergruppen ist nur dann wirksam, wenn der Ausschluss bzw. die Kürzung der Anzahl ausdrücklich im Stock-Option-Plan geregelt wird. 931

8. Geschlechterbezogene Differenzierung

Bei der Gewährung von Optionen ist eine geschlechterbezogene Differenzierung entsprechend dem in Art. 3 Abs. 2 GG verankerten Grundsatz der Gleichberechtigung von Mann und Frau verboten. Dieses Benachteiligungsverbot ist zudem ausdrücklich in § 611 a BGB niedergelegt; es wird durch das Verbot unterschiedlicher Vergütung für gleiche oder gleichwertige Arbeit in § 612 Abs. 3 BGB sowie die unmittelbar geltende Bestimmung des Art. 141 EG-Vertrag ergänzt.[51] 932

9. Differenzierung im Hinblick auf ausländische Mitarbeiter

Eine unterschiedliche Behandlung von deutschen Arbeitnehmern und Arbeitnehmern, die aus EG-Mitgliedstaaten stammen, ist wegen Art. 49 EG-Vertrag unzulässig.[52] Ein absolutes Diskriminierungsverbot für andere ausländische Mitarbeiter ergibt sich aus § 75 Abs. 1 BetrVG. Ein Gleichbehandlungsgebot für ausländische Mitarbeiter ergibt sich aus dem allgemeinen arbeitsrechtlichen Gleichbehandlungsgrundsatz.[53] 933

Der Ausschluss von ausländischen Mitarbeitern aus anderen Gründen, die nicht an die Nationalität bzw. Herkunft anknüpfen, wird für den Arbeitgeber in der Regel nicht darstellbar sein. 934

10. Differenzierung im Hinblick auf Auszubildende

Der Arbeitgeber wird häufig kein Interesse daran haben, den in seinem Betrieb bzw. Unternehmen beschäftigten Auszubildenden Optionen im Rahmen eines von ihm implementierten Stock-Option-Plans zu gewähren. Dies ist im Hinblick auf den arbeitsrechtlichen Gleichbehandlungsgrundsatz auch zulässig, da gemäß § 6 Abs. 1 Nr. 1 Berufsbildungsgesetz der Auszubildende keine Leistung 935

---

[50] Vgl. *Baeck/Diller*, DB 1998, S. 1409; *Legerlotz/Laber*, DStR 1999, S. 1661; Erfurter Kommentar zum Arbeitsrecht/*Dörner*, 2. Aufl. 2001, § 4 a EFZG Rz. 4 ff.
[51] Vgl. Münchener Handbuch Arbeitsrecht/*Richardi*, 2. Aufl. 2000, § 14 Rz. 25.
[52] Vgl. *Legerlotz/Laber*, DStR 1999, S. 1662.
[53] *Schaub*, Arbeitsrechts-Handbuch, 9. Aufl. 2000, § 42 Rz. 3 ff.

für den Betrieb, sondern vielmehr der Betrieb eine (Ausbildungs-)Leistung gegenüber dem Auszubildenden erbringt. Zudem ist das Berufsausbildungsverhältnis gemäß § 25 Abs. 2 Nr. 2 Berufsbildungsgesetz auf maximal drei Jahre befristet. Hinsichtlich der Schaffung eines Anreizes zur Bindung an das Unternehmen oder zur Leistungssteigerung ist die Einbeziehung von Auszubildenden in einen Stock-Option-Plan letztlich sinnwidrig.[54]

11. Sonstige Differenzierungsmöglichkeiten

936 Für die vorstehend nicht ausdrücklich genannten Mitarbeitergruppen gilt, dass eine Ungleichbehandlung möglich ist, sofern sie mit dem Zweck der Gewährung der Optionen vereinbar ist, der Arbeitgeber sie ausdrücklich benennt und er eine ausreichende sachliche Begründung für die Ungleichbehandlung darlegen und ggf. beweisen kann.

IV. Verfall- und Bindungsklauseln

937 Stock-Option-Pläne haben in der Regel das Ziel, den Mitarbeiter an das Unternehmen zu binden und/oder ihm Leistungsanreize über (zusätzliche) Vergütungsbestandteile zu bieten. Daher empfiehlt sich die Aufnahme von Verfall- und Bindungsklauseln, die für den Fall der Beendigung des Arbeitsverhältnisses durch Kündigung oder Aufhebungsvertrag während des Optionszeitraumes den vollständigen Verlust der Ansprüche aus dem Stock-Option-Plan, den Verlust gegen marktgerechte Entschädigung oder gegen eine Entschädigung unter dem Marktpreis vorsehen. Solche Verfall- und Bindungsklauseln sind arbeitsrechtlich nur begrenzt zulässig. Je nach Gestaltung können entsprechende Regelungen in einem Stock-Option-Plan gemäß §§ 138, 242 BGB sittenwidrig sein oder eine unzulässige Kündigungserschwerung nach § 622 Abs. 6 BGB darstellen.

938 Maßgebliches Beurteilungskriterium für die Zulässigkeit solcher Verfall- und Bindungsklauseln ist der mit der Gewährung der Optionen verfolgte Zweck.[55] Daneben sind in die erforderliche Einzelfallbeurteilung auch die Höhe der Beteiligung, die Entgeltlichkeit der gewährten Beteiligung sowie die Länge der Verfallfrist einzubeziehen.[56]

939 In der Zweckrichtung unterscheiden sich Stock-Option-Pläne erheblich voneinander. Ziel kann die Belohnung von geleisteter Betriebstreue sein ebenso wie der Anreiz für zukünftige Betriebstreue und damit im Ergebnis die langfristige Bindung an das Unternehmen. Ziel kann ebenso die Prämierung von erbrachten bzw. erwarteten individuellen Leistungen sein. Es kommt auch ein echter Entgeltcharakter in Betracht. Manche Stock-Option-Pläne verfolgen mehrere der vorstehenden Ziele und weisen damit einen Mischcharakter auf. Im Hinblick auf diese unterschiedlichen Zielrichtungen ist nachfolgend der zulässige Rahmen einer Verfall- und Bindungsklausel zu erörtern.

---

[54] Ebenso *Legerlotz/Laber*, DStR 1999, S. 1663; *Schneider/Zander*, Erfolgs- und Kapitalbeteiligung, 2001, S. 112.
[55] Vgl. *Baeck/Diller*, DB 1998, S. 1409; *Legerlotz/Laber*, DStR 1999, S. 1664.
[56] Vgl. *Tepass* in: Harrer (Hrsg.), 2000, Rz. 373.

IV. Verfall- und Bindungsklauseln

1. Entgeltcharakter von Optionen

Mit Stock-Option-Plänen wird von manchen Unternehmen das Ziel verfolgt, 940
die Optionen als zusätzliches Entgelt oder Bestandteil der vereinbarten Vergütung zu gewähren. Bei der Gewährung von Optionen mit Entgeltcharakter ist zunächst zu beachten, in welchem Umfang die Arbeitsvertragsparteien anstelle einer festen Vergütung eine – vom Aktienkurs abhängige – variable Vergütung wirksam vereinbaren können. Soweit Optionen überhaupt einen Vergütungsbestandteil darstellen können, ist ein Verfall der Optionsrechte bei Beendigung des Anstellungsverhältnisses nur begrenzt möglich.

a) Optionen als Vergütungsbestandteil

Von der h.M. werden Optionen, die als gewinnbezogener Vergütungsbestand- 941
teil dem Mitarbeiter gewährt werden, rechtlich zutreffend als Arbeitsentgelt eingeordnet.[57]

Probleme ergeben sich hinsichtlich der Beurteilung der Zulässigkeit einer teil- 942
weise erfolgsabhängigen – flexiblen – Entlohnung bei der Frage, in welchem Umfang ein Mitarbeiter auf eine feste Vergütung zugunsten einer am Unternehmensergebnis zu bemessenden Gewinnbeteiligung verzichten kann.[58]

Für einen Arbeitnehmer ist die Verwertung seiner Arbeitskraft in der Regel 943
die einzig mögliche Einkommensquelle.[59] Aus dieser spezifisch wirtschaftlichen Abhängigkeit des Arbeitnehmers resultiert, dass der Arbeitnehmer für geleistete Arbeit ein Entgelt beanspruchen kann. Diesem Grundsatz würde nicht hinreichend Rechnung getragen, wenn der Arbeitnehmer bei einer ausschließlich gewinnbezogenen Vergütung im Falle einer schlechten wirtschaftlichen Situation des Unternehmens auf die Gegenleistung für seine Tätigkeit verzichten müsste. Der Arbeitgeber darf nicht den Arbeitnehmer über die Vergütung mit seinem Betriebs- und Wirtschaftsrisiko belasten. Es besteht daher unter Hinweis auf §§ 138, 242 BGB Einigkeit darüber, dass eine vollständige Ersetzung des Arbeitsentgelts durch eine Gewinnbeteiligung nicht zulässig ist.[60]

Die abstrakte, für alle denkbaren Fälle sachgerechte Festlegung einer Ober- 944
grenze für flexible Vergütungsbestandteile ist in der Praxis nicht bestimmbar. Vielmehr ist den Besonderheiten des Einzelfalls stets Rechnung zu tragen. Vergleichend kann aber auf die einschlägige Rechtsprechung hingewiesen werden, um zumindest eine größenordnungsmäßige Einordnung des variablen Vergütungsbestandteils zu ermöglichen.

Das Bundesarbeitsgericht[61] hat im Jahre 1993 entschieden, dass der Arbeitgeber 945
eine erfolgsabhängige Provision, die ca. 15–20% des Gesamtlohnes eines Arbeitnehmers ausmacht, ohne Ausspruch einer Änderungskündigung widerrufen darf.

---

[57] Vgl. *Baeck/Diller*, DB 1998, S. 1410 ff.; *Legerlotz/Laber*, DStR 1999, S. 1665; *Kau/Kukat*, BB 1999, S. 2505 f.; *Tepass* in: Harrer (Hrsg.), 2000, Rz. 373; *Schanz*, NZA 2000, S. 632 f.; *Hanau*, ZGR 1985, 5. Sonderheft, S. 115; zum Entgeltbegriff: Münchener Handbuch Arbeitsrecht/*Hanau*, 2. Aufl. 2000, § 62 Rz. 91 ff.; *Ricken*, NZA 1999, S. 238 ff.; a.A. *Bauer/Göpfert/Steinau-Steinrück*, ZIP 2001, S. 1130 f.
[58] Vgl. hierzu auch *Röder/Göpfert*, BB 2001, S. 2002 ff.
[59] Vgl. *Ricken*, NZA 1999, S. 239; *v. Hoyningen-Huene*, NZA 1998, S. 1081 f.
[60] Vgl. *BAG* vom 21.3.1984 – 5 AZR 462/82 n.v.; *BAG* vom 7.11.1984 – 4 AZR 532/82 n.v.; *BAG* vom 10.9.1990, NZA 1991, S. 264.
[61] *BAG* vom 21.4.1993, NZA 1994, S. 477.

Daraus kann geschlossen werden, dass eine Änderung des Entgelts, die nur 15–20 % der Gesamtvergütung ausmacht, nicht in den Kernbereich des Arbeitsverhältnisses eingreift und damit erfolgsabhängige Vergütungsbestandteile in diesem Rahmen zulässig sind.[62] Denn ob dem Arbeitnehmer ein Teil seines Entgelts durch Widerruf des Arbeitgebers einseitig entzogen wird, oder er auf diesen Vergütungsbestandteil durch Ausbleiben des notwendigen Unternehmensgewinns verzichten muss, macht im wirtschaftlichen Ergebnis keinen Unterschied.

946 Nach einer Entscheidung des Bundesgerichtshofs[63] erfüllt eine Vergütung des Arbeitnehmers von 20–30 % unterhalb der üblichen Vergütung bereits den Straftatbestand des Lohnwuchers, § 291 Abs. 1 Satz 1 Nr. 3 StGB. Aus beiden Entscheidungen ist daher zu schließen, dass eine vom Unternehmensgewinn abhängige Vergütung zumindest in dem Rahmen zulässig ist, als sie nicht einen größeren Anteil als ca. 20 % der Gesamtvergütung ausmacht. Letztlich bedarf es aber immer einer Abwägung zwischen Verdienstrisiko und den tatsächlich realisierbaren Verdienstchancen.

b) Verfall von Vergütungsbestandteilen

947 Soweit nunmehr im vorgenannten Rahmen Optionen als Vergütungsbestandteil gewährt werden, ist bei Ausscheiden des Mitarbeiters aus dem Unternehmen eine Rückforderung bzw. ein Entzug dieser Rechte ohne Entschädigung unzulässig, da dieser bereits eine Gegenleistung für die gewährten Optionen erbracht hat. Dieses Ergebnis ist entweder auf §§ 138, 242 BGB, wobei die Sittenwidrigkeit mit der vom Mitarbeiter bereits erbrachten Gegenleistung zu begründen ist, oder auf § 622 Abs. 6 BGB zu stützen. Seinem Wortlaut nach verbietet § 622 Abs. 6 BGB nur die Vereinbarung einer längeren Kündigungsfrist für arbeitnehmerseitige Kündigungen als für arbeitgeberseitige Kündigungen. Nach herrschender Meinung statuiert § 622 Abs. 6 BGB darüber hinaus jedoch auch einen allgemeinen Rechtsgrundsatz, nach dem ein Arbeitnehmer sein Arbeitsverhältnis nicht zu ungünstigeren Konditionen lösen können soll als der Arbeitgeber.[64] Vom Schutzbereich des § 622 Abs. 6 BGB werden demnach auch arbeitsvertragliche Regelungen erfasst, die faktisch die Kündigung eines Arbeitnehmers gegenüber der arbeitgeberseitigen Beendigungserklärung erschweren.[65] Für den Fall der Eigenkündigung oder der gerechtfertigten fristlosen bzw. ordentlichen Kündigung durch den Arbeitgeber muss der Arbeitnehmer bei entsprechender Ausgestaltung einer Verfallklausel in einem Stock-Option-Plan entweder mit Einbußen bei seinen verbleibenden Lohnansprüchen oder gar mit Zahlungsver-

---

[62] So auch zutreffend *v. Hoyningen-Huene*, NZA 1998, S. 1082; Münchener Handbuch Arbeitsrecht/*Hanau*, 2. Aufl. 2000, § 62 Rz. 91 ff.

[63] *BGH* vom 22. 4. 1997, NZA 1997, S. 1167 f.; vgl. auch Münchener Handbuch Arbeitsrecht/*Hanau*, 2. Aufl. 2000, § 63 Rz. 3 ff.

[64] Vgl. *LAG Hamm* vom 15. 3. 1989, LAGE § 622 BGB, Nr. 14; *Erman/Hanau*, Bürgerliches Gesetzbuch, 10. Aufl. 2000, § 622 BGB Rz. 42; *Staudinger/Preis*, Bürgerliches Gesetzbuch, 13. Bearb. 1995, § 622 BGB Rz. 53; Münchener Handbuch Arbeitsrecht/*Wank*, 2. Aufl. 2000, § 119 Rz. 101 ff.

[65] *BAG* vom 6. 9. 1989 EzA § 622 BGB Nr. 5; *BAG* vom 3. 5. 1995, 9 AZR 516/92 n.v.; *BAG* vom 11. 3. 1971, 5 AZR 349/70 n.v.; *BAG* vom 27. 4. 1982, DB 1982, 2406 f.; *Staudinger/Preis*, Bürgerliches Gesetzbuch, 13. Bearb. 1995, § 622 BGB Rz. 53; *Erman/Hanau*, Bürgerliches Gesetzbuch, 10. Aufl. 2000, § 622 BGB Rz. 42; KR/*Hillebrecht/Spilger*, 5. Aufl. 1998, § 622 BGB Rz. 119.

pflichtungen (Rückgewähr des erzielten Beteiligungsgewinns) gegenüber dem Arbeitgeber rechnen. Dann sieht er sich je nach Größenordnung seines aus dem Stock-Option-Plan resultierenden Anspruchs ggf. einer existenzbedrohenden Zahlungsverpflichtung ausgesetzt, die ihn entgegen dem Schutzbereich des § 622 Abs. 6 BGB in unzulässiger Weise von der Kündigung abhalten könnte.

Differenzierter zu beurteilen ist hingegen die Frage, ob die Verpflichtung des Arbeitnehmers zur Rückübertragung erworbener Gesellschaftsanteile gegen Zahlung einer Entschädigung durch das Unternehmen möglich ist. 948

Ein berechtigtes Interesse des Arbeitgebers an einer solchen Regelung ist jedenfalls dann zu bejahen, wenn der ausscheidende Mitarbeiter zu einem Konkurrenzunternehmen wechselt. Das Interesse des Arbeitgebers, die Mitbestimmungs- und Informationsrechte eines am Unternehmen beteiligten ausscheidenden Arbeitnehmers auszuschließen, ist verständlich. Dieses Interesse überwiegt die Schutzbedürftigkeit des Arbeitnehmers, wenn ihm für die Rückübertragung der Gesellschaftsanteile eine adäquate Entschädigung gewährt wird. Bei Optionen stellt sich die Frage, ob dabei auf den im Zeitpunkt des Ausscheidens maßgeblichen Optionswert oder auf einen für die Optionen etwa tatsächlich gezahlten Kaufpreis abzustellen ist. 949

Der Arbeitgeber muss dem Mitarbeiter zumindest den von ihm selbst investierten Betrag, also einen etwaigen Kaufpreis für die Optionen oder den zum Erwerb der Gesellschaftsanteile gezahlten Ausübungspreis, zurückgewähren.[66] Sinkt der Wert der Gesellschaftsanteile unter den von dem Mitarbeiter geleisteten Ausübungspreis, hat der Arbeitgeber damit dem Mitarbeiter zusätzlich auch diese Differenz zu erstatten. Dies hat zur Konsequenz, dass damit dem Arbeitgeber das Kursrisiko aufgebürdet wird. Andererseits wird dem Mitarbeiter bei einem Kursverlust auch durch die Verfallklausel die Möglichkeit genommen, die Beteiligungen in seinem Depot ruhen zu lassen und auf eine evtl. eintretende Kurserholung zu warten. Gegen diese Verpflichtung des Arbeitgebers spricht nicht, dass der Mitarbeiter bei einem Ausscheiden aus dem Arbeitsverhältnis, für das er aufgrund einer Eigenkündigung oder aufgrund eines die außerordentliche Kündigung rechtfertigenden Verhaltens verantwortlich ist, den Zeitpunkt der Rückübertragungspflicht faktisch selbst bestimmt. In erster Linie wird durch eine solche Verfall- und Rückübertragungsklausel das Interesse des Arbeitgebers am Ausschluss betriebs-/unternehmensfremder Anteilseigner Rechnung getragen. Folglich ist der Arbeitgeber zumindest zur Abgeltung des vom Mitarbeiter investierten Betrages verpflichtet. 950

Liegt hingegen gegenüber dem Ausübungspreis eine Steigerung des Aktienkurses vor, stellt sich die Frage, ob das Unternehmen dem ausscheidenden Arbeitnehmer auch die positive Differenz zwischen Ausübungspreis und aktuellem Kurswert der Gesellschaftsanteile ersetzen muss. Kündigt der Arbeitnehmer selbst das Arbeitsverhältnis oder verschuldet er durch sein Verhalten die fristlose Kündigung durch den Arbeitgeber, kann dem Arbeitgeber nicht zugemutet werden, das Risiko einer unter Umständen erheblichen Kurssteigerung zu tragen. Gerade bei einer Eigenkündigung kann der Arbeitnehmer durch die Wahl des Zeitpunk- 951

---

[66] So auch *BGH* vom 9.1.1989, DB 1989, S.1400; *Schanz*, NZA 2000, 634; *Legerlotz/Laber*, DStR 1999, S.1664; *Lingemann/Diller/Mengel*, NZA 2000, 1195 f.; *Busch*, BB 2000, S.1296 f.; *Legerlotz/Laber*, DStR 1999, S.1664.

tes seines Ausscheidens den Wert der Gesellschaftsanteile beeinflussen. Der Arbeitnehmer muss sich in einem solchen Fall damit begnügen, dass der Arbeitgeber lediglich das Risiko des Kursverlustes trägt.

952 Bei einer ordentlichen Kündigung durch den Arbeitgeber ist zwischen betriebsbedingter und personen- oder verhaltensbedingter Kündigung zu differenzieren: Liegt ein betriebsbedingter Grund vor, hat der Arbeitnehmer selbst keinen Einfluss auf den Kündigungszeitpunkt oder die Kündigung selbst und ihm ist daher auch der Kursgewinn zu erstatten.[67] Anders ist dies wiederum zu beurteilen bei einer berechtigten ordentlichen Arbeitgeberkündigung aus verhaltens- oder personenbedingten Gründen.[68] Hier setzt der Arbeitnehmer einen ihm zurechenbaren Grund für die Beendigung des Arbeitsverhältnisses, so dass auch ein Verlust von eventuellen Kursgewinnen von ihm entschädigungslos hinzunehmen ist.

2. Bindungscharakter von Optionen

953 Zahlreiche Stock-Option-Pläne werden mit dem Ziel aufgelegt, die Mitarbeiter langfristig an das Unternehmen zu binden. Hinsichtlich eines solchen Bindungscharakters von Optionen ist zwischen der vergangenen Betriebstreue und der zukünftigen Motivationswirkung zu unterscheiden. Von der Ausgestaltung des Ziels der Bindung von Mitarbeitern als vergangenheits- oder zukunftsbezogen hängt die Wirksamkeit einer Verfallklausel für den Fall der Beendigung des Anstellungsverhältnisses während des Optionszeitraums ab.

954 Ob mit der Gewährung der Optionen eher eine vergangenheitsbezogene oder eine zukunftsbezogene Betriebstreue belohnt werden soll, ist durch Auslegung der Ziele des Stock-Option-Plans zu ermitteln. Wird zum Beispiel für die jedem bezugsberechtigten Mitarbeiter zustehende Anzahl der Optionen auf eine bestimmte Dauer der Betriebszugehörigkeit abgestellt, ist in der Regel von der Honorierung der in der Vergangenheit geleisteten Betriebstreue auszugehen. Umgekehrt spricht eine lange Laufzeit eines Stock-Option-Plans für eine vom Arbeitgeber beabsichtigte zukunftsorientierte Bindung der Mitarbeiter. Bei einer Auslegung der mit dem Stock-Option-Plan beabsichtigten Ziele sind alle Umstände des Einzelfalls zu berücksichtigen und zu gewichten. Dem Arbeitgeber ist zu empfehlen, die Ziele in einem Stock-Option-Plan detailliert anzugeben, um spätere Auslegungsschwierigkeiten zu vermeiden.

955 Wenn mit der Gewährung der Optionen ausschließlich vergangenheitsbezogene Betriebstreue belohnt werden soll, ist ein späterer Entzug erworbener Optionen nicht mehr möglich. Der Arbeitnehmer hat in diesem Fall bereits eine Gegenleistung für die Optionsgewährung erbracht.

956 Soll mit der Gewährung der Optionen hingegen zukunftsbezogene Betriebstreue erzielt werden, sind die von der Rechtsprechung entwickelten Grundsätze zur Behandlung von Gratifikationen auch auf die Gewährung von Optionen mit „Gratifikationscharakter" entsprechend anzuwenden.[69]

---

[67] Vgl. *Busch*, BB 2000, S. 1296 f.; a.A. *Lingemann/Diller/Mengel*, NZA 2000, S. 1196 (Fn. 53); differenzierend *Mechlem/Melms*, DB 2000, S. 1615 ff.

[68] Vgl. *Busch*, BB 2000, S. 1296 f.; a.A. *Lingemann/Diller/Mengel*, NZA 2000, S. 1196 (Fn. 53); differenzierend *Mechlem/Melms*, DB 2000, S. 1615 ff.

[69] Vgl. auch *Fohrmann*, Der Arbeitnehmer als Gesellschafter, 1982, S. 69; *Hanau*, ZGR 1985,

IV. Verfall- und Bindungsklauseln

Die Rechtsprechung des Bundesarbeitsgerichts hat bis in die Mitte der 80er **957** Jahre Ausschlussklauseln[70] und Rückzahlungsklauseln[71] bei zukunftsbezogenen Gratifikationen für zulässig gehalten, soweit diese Klauseln an den Willen des Arbeitgebers anknüpfen, am Arbeitsverhältnis festzuhalten.[72] Der Entzug des Gratifikationsanspruchs für den Fall der arbeitgeberseitigen betriebsbedingten Kündigung wurde unter Hinweis auf die §§ 162, 242 BGB für unzulässig gehalten.[73] Mit seiner Entscheidung vom 4.9.1985[74] änderte das Bundesarbeitsgericht seine Rechtsprechung und ließ erstmals auch eine betriebsbedingte Kündigung für den Entzug einer Gratifikation genügen. Allerdings gilt dieses Urteil nur für tarifvertragliche Gratifikationsansprüche. In der Entscheidung des Bundesarbeitsgerichts vom 25.4.1991[75] wurden die Grundsätze dieser Rechtsprechung schließlich auch auf in Betriebsvereinbarungen zugesagte Gratifikationen erweitert.

Nach der Rechtsprechung ist die Rückforderung von Gratifikationen bzw. **958** ein Ausschluss von deren Bezug nur in den Grenzen der §§ 138, 242, 622 Abs. 6 BGB i.V.m. Art. 12 Abs. 1 S. 1 GG als möglich anzusehen. Die Rückzahlungspflicht soll nicht so weit gehen, dass der Mitarbeiter schon rein tatsächlich daran gehindert ist, das ihm zustehende Kündigungsrecht auszuüben und damit sein Grundrecht auf freie Berufs- oder Arbeitsplatzwahl zu verwirklichen.[76]

Nach der Rechtsprechung[77] darf demzufolge eine Bindungsklausel bis zum **959** 31.3. des Folgejahres vereinbart werden, wenn die Gratifikation bis zu einem Monatsverdienst beträgt. Liegt die Gratifikation betragsmäßig über einem Monatsverdienst, kann der Mitarbeiter bis zum 30.6. des Folgejahres wirksam gebunden werden.

Diese für Gratifikationen entwickelten Grundsätze sind auch auf Optionen an- **960** wendbar. Sie unterliegen jedoch einer Einschränkung, die in dem Unterschied zwischen einer herkömmlichen Gratifikation und einer Option begründet ist. Im Gegensatz zu einer herkömmlichen Gratifikation kennt der Mitarbeiter bei Einräumung der Option bzw. bei deren Erwerb den Wert seiner Beteiligung noch nicht.[78] Der Arbeitnehmer kann aufgrund von schuldrechtlichen Verpflichtungen

---

5. Sonderheft, S. 126; *Lingemann/Diller/Mengel*, NZA 2000, S. 1196; *Baeck/Diller*, DB 1998, S. 1408.

[70] In diesem Fall erfolgt die Gratifikationsgewährung gemäß § 158 Abs. 2 BGB unter der auflösenden Bedingung, dass die Auszahlung der Gratifikation erst erfolgt, wenn das Arbeitsverhältnis zu einem bestimmten Stichtag noch besteht. Vgl. *Reiserer*, NZA 1992, S. 438.

[71] Damit ist eine gemäß § 158 Abs. 1 BGB aufschiebend bedingte Verpflichtung des Arbeitnehmers gemeint, die diesen zwingt, die bereits erhaltene Gratifikation an den Arbeitgeber zurückzuzahlen, wenn er vor einem bestimmten Stichtag aus dem Betrieb ausscheidet. Vgl. *Reiserer*, NZA 1992, S. 438.

[72] *Reiserer*, NZA 1992, S. 437.

[73] *BAG* vom 27.4.1972, AP Nr. 72 zu § 611 BGB – Gratifikation; *BAG* vom 7.6.1972, AP Nr. 73 zu § 611 BGB – Gratifikation; *BAG* vom 13.9.1974, AP Nr. 84 zu § 611 BGB – Gratifikation; *BAG* vom 26.6.1975, AP Nr. 86 zu § 611 BGB – Gratifikation; *BAG* vom 27.9.1978, AP Nr. 98 zu § 611 BGB – Gratifikation; vgl. auch *Reiserer*, NZA 1992, S. 438.

[74] *BAG* vom 4.9.1985, AP Nr. 123 zu § 611 BGB – Gratifikation.

[75] *BAG* vom 25.4.1991, NZA 1991, 765.

[76] Vgl. *BAG* vom 10.5.1962, AP Nr. 22 zu § 611 BGB Gratifikation; *BAG* vom 10.5.1962, AP Nr. 23 zu § 611 BGB Gratifikation; *BAG* vom 13.11.1969, AP Nr. 69 zu § 611 BGB Gratifikation.

[77] Vgl. nur *BAG* vom 17.3.1982, AP Nr. 110 zu § 611 BGB – Gratifikation; *BAG* vom 9.3.1993, DB 1993, S. 2135; *BAG* vom 25.11.1998 – 10 AZR 768/97 n.v.

[78] Vgl. auch *Fohrmann*, Der Arbeitnehmer als Gesellschafter 1982, S. 70.

seine Optionen grundsätzlich nicht sofort nach deren Erwerb ausüben. Er ist dabei wegen § 193 Abs. 2 Nr. 4 AktG zumeist an Wartefristen und Ausübungszeitfenster im Hinblick auf die Gefahr des Insider-Trading gebunden. Aus dieser zeitlichen Verschiebung zwischen Erwerb der Option und der Möglichkeit der Ausübung ergibt sich die Schwierigkeit für den Arbeitnehmer, eine zuverlässige Prognose des ihm zufließenden Wertes anzustellen. Wegen des – gerade bei jungen Unternehmen – volatilen Charakters der Aktien besteht für den Arbeitnehmer stets das Risiko, dass seine Optionen ganz oder in großen Teilen an Wert verlieren.[79]

961 Wenn der Arbeitnehmer aber damit rechnen muss, dass sich seine Optionen zum Zeitpunkt der Ausübbarkeit als wertlos erweisen, gibt es keinen sachlichen Grund dafür, die Grundsätze der Rechtsprechung des Bundesarbeitsgerichts für Gratifikationen uneingeschränkt auch auf die Gewährung von Optionen mit dem Ziel der zukunftsbezogenen Bindung an das Unternehmen anzuwenden. Die Regelung eines Verfalls von noch nicht ausübbaren Optionen ist daher in Stock-Option-Plänen möglich und zulässig, da der Arbeitnehmer die Voraussetzungen, an deren Vorliegen die Ausübung anknüpft, noch nicht erfüllt hat.[80] Für bereits ausübbare, aber noch nicht ausgeübte Optionen wird man zumindest die zeitliche Einschränkung der Ausübung dieser Rechte zulassen müssen.[81] Diese Einschränkung kann zum Inhalt haben, dass vom ausscheidenden Arbeitnehmer bereits ausübbare Optionen im nächsten auf den Ausscheidungstermin folgenden Ausübungszeitfenster ausgeübt werden müssen, wenn er nicht den Verfall seiner Rechte in Kauf nehmen möchte. Hat der Mitarbeiter allerdings die Optionen nicht unentgeltlich gewährt bekommen, wird man eine angemessene Entschädigung in Höhe der vom Mitarbeiter investierten Eigenmittel vorsehen müssen.

3. Prämiencharakter von Optionen

962 Die Zulässigkeit von Verfall- und Bindungsklauseln für den Fall der Beendigung des Anstellungsverhältnisses während der Laufzeit des Stock-Option-Plans ist für solche Optionen anders zu beurteilen, die bezogen auf die Leistungen des einzelnen Mitarbeiters gewährt werden und daher als Leistungs- bzw. Erfolgsprämien einzuordnen sind. Ein solcher Prämiencharakter von Optionen dient der Leistungs- und Effizienzsteigerung der Mitarbeiter.

963 Im Unterschied zu Gratifikationen ist eine Verfall- oder Rückzahlungsregelung für Leistungs- und Erfolgsprämien nur unter sehr begrenzten Voraussetzungen möglich. Da es sich bei Leistungsprämien um Entgelt handelt, das der Mitarbeiter sich bereits „erdient" hat, ist ein rückwirkender Entzug grundsätzlich unzulässig.[82]

---

[79] Vgl. *Lingemann/Diller/Mengel*, NZA 2000, S. 1196.
[80] Vgl. *Lingemann/Diller/Mengel*, NZA 2000, S. 1196.
[81] So im Ergebnis auch *Tepass* in: Harrer (Hrsg.), 2000, Rz. 392 ff.; *Mechlem/Melms*, DB 2000, S. 1615; *Legerlotz/Laber*, DStR 1999, S. 1664; *Busch*, BB 2000, S. 1296, der sich allerdings noch auf ältere Rechtsprechung beruft; a.A. *Schanz*, NZA 2000, S. 634; wohl auch *Baeck/Diller*, DB 1998, S. 1407 f.; *Fohrmann*, Der Arbeitnehmer als Gesellschafter, 1982, S. 70.
[82] Vgl. *BAG* vom 27.4.1982, DB 1982, 2406; *BAG* vom 27.7.1972, DB 1972, 2114; *BAG* vom 20.8.1996, DB 1996, S. 2292; *Mechlem/Melms*, DB 2000, S. 1615; *Legerlotz/Laber*, DStR 1999, S. 1664; *Baeck/Diller*, DB 1998, S. 1408; *Tepass* in: Harrer (Hrsg.), 2000, Rz. 394 f.

IV. Verfall- und Bindungsklauseln

Aber auch hier gilt, dass diese Grundsätze für die Gewährung von Optionen zu modifizieren sind.[83] Im Gegensatz zu Erfolgsbeteiligungen im herkömmlichen Sinne haben Rechte aus Stock-Option-Plänen einen spekulativen Charakter. Der Mitarbeiter weiß nicht, inwieweit sich seine Anstrengungen auszahlen werden. Dieses Wertrisiko ist den Optionen immanent. Zudem ist – wegen der Unsicherheiten bezüglich der Werthaltigkeit der Optionen – auch die Verbindung zwischen Arbeitnehmerleistung und geldwertem Erlös nicht so eng wie bei Erfolgsprämien im herkömmlichen Sinne. Hat der Arbeitnehmer eigene finanzielle Mittel aufzuwenden bzw. einer Lohnverwendungsklausel zugestimmt, ist ein Verfall nicht möglich, da insoweit der Entgeltcharakter im Vordergrund steht.[84] 964

Gerade bei der Gewährung von Optionen, die als Prämie ausgestaltet sind, bestehen Schwierigkeiten, da diese je nach Anknüpfungsart und Umfang zur gratifikationsähnlichen Betriebsbindung und zum echten Lohnersatz/Lohnbestandteil abzugrenzen ist. Dazu sind im Einzelfall alle Umstände genau abzuwägen. Als Kriterien können hierbei die Zweckangabe des Arbeitgebers im Stock-Option-Plan, der Umfang der Optionen, die Verteilungskriterien und ein möglicherweise gegebener Entgeltcharakter heranzuziehen sein. 965

4. Mischcharakter von Optionen

Gibt der Arbeitgeber als „pauschale" Zweckbestimmung eines Stock-Option-Plans an, dass dieser der Honorierung von Betriebstreue, der Prämierung von Leistung und evtl. weiteren Zielen dienen soll, ist zur Bestimmung der anwendbaren Grundsätze bezüglich der Verfallklauseln eine Gewichtung bezüglich der einzelnen Ziele und ggf. eine Auslegung der Bedingungen des Stock-Option-Plans vorzunehmen. Der Arbeitgeber kann die mit der Gewährung der Optionen verfolgten unterschiedlichen Ziele ausdrücklich in einem Stock-Option-Plan benennen. Daneben können sich die Ziele auch in Voraussetzungen für die Ausübbarkeit der Optionen, zum Beispiel dem Erreichen bestimmter Performance-Kriterien, widerspiegeln. 966

Werden den Mitarbeitern die Optionen ohne (erkennbares) Anknüpfen an deren Leistungen gewährt und ist die Optionsgewährung vom Umfang her mit gewöhnlichen Gratifikationen vergleichbar, wird man die hierzu entwickelten Grundsätze anwenden können. Wird jedoch stärker auf die Leistungen des Einzelnen abgestellt oder macht die Beteiligung einen erheblichen Teil der Vergütung aus, sind die Grundsätze zu Erfolgsprämien bzw. Vergütungsbestandteilen einschlägig. Unter Berücksichtigung aller Einzelumstände ist daher die Zulässigkeit einer Verfallklausel bei Optionen mit Mischcharakter zu beurteilen. Dem Arbeitgeber ist daher für die Formulierung des Stock-Option-Plans zu empfehlen, die von ihm verfolgten Ziele zu definieren und ggf. die unterschiedlichen Ziele zu gewichten. Werden für die Ausübbarkeit der Optionen als zusätzliche Schranken bestimmte Leistungskriterien oder eine bestimmte Dauer der Betriebszugehörigkeit vorgesehen, stellt dies bereits ein Indiz für den vom Arbeitgeber gesetzten Schwerpunkt dar. Die Formulierung einer Verfallklausel sollte der Arbeitgeber dann entsprechend des von ihm gesetzten Schwerpunktes vornehmen, um spätere Auslegungsfragen zu vermeiden. 967

---

[83] *Tepass* in: Harrer (Hrsg.), 2000, Rz. 394f.
[84] Vgl. *BAG* vom 21.4.1993, NZA 1994, S. 476.

5. Länge der Verfallfrist

968 Soweit ein Verfall der Optionen bei Beendigung des Anstellungsverhältnisses zulässig ist, ist auch auf den Zeitraum nach der Optionsgewährung einzugehen, innerhalb dessen ein Verlust der Optionen rechtswirksam vorgesehen werden darf.

969 Die im 5. Vermögensbildungsgesetz geregelten einzelnen Sperr- und Wartefristen von 6 bzw. 7 Jahren können hier außer Betracht bleiben, da sie für die staatliche Förderung von Mitarbeiterbeteiligungen erheblich sind, aber keinen Einfluss auf die eigentlichen arbeitsvertraglichen Rechte und Pflichten von Arbeitgeber und Arbeitnehmer haben.

970 Gemäß § 193 Abs. 2 Nr. 4 AktG muss die Frist bis zur erstmaligen Ausübung mindestens 2 Jahre betragen. Aus dem Gesetzeswortlaut („mindestens") folgt, dass eine längere Frist möglich ist. Eine zu weite Ausdehnung dieser Verfallfrist ist aber weder unter Motivationsgesichtspunkten noch unter dem Gesichtspunkt der unzulässigen Kündigungserschwerung nach § 622 Abs. 6 BGB wünschenswert. Ist die Ausübbarkeit der Optionen an einen zu langen Fortbestand des Arbeitsverhältnisses geknüpft, ohne dass eine zeitliche Staffelung der Ausübbarkeit erfolgt, wird der Arbeitnehmer gegen Ende dieser Frist nur schwerlich eine freie Entscheidung bezüglich einer Kündigung oder eines Aufhebungsvertrages treffen können. Eine solche Einschränkung der Entscheidungsfreiheit des Arbeitnehmers würde aber dem Gedanken des Art. 12 GG widersprechen und damit eine unzulässige faktische Kündigungserschwernis nach § 622 Abs. 6 BGB bzw. eine sittenwidrige Regelung gemäß §§ 138, 242 BGB darstellen.[85]

971 Aus § 624 BGB ergibt sich, dass sich ein Arbeitnehmer nur für die Dauer von 5 Jahren wirksam seines Kündigungsrechts begeben kann. Wenn ein Arbeitnehmer sich allerdings für diese Dauer an einen Arbeitgeber binden darf, dann spricht auch nichts dagegen, ihm Ansprüche aus einem Stock-Option-Plan – soweit diese nicht als beträchtlicher Vergütungsbestandteil ausgeformt sind – innerhalb einer Verfallfrist von 5 Jahren zu gewähren. Demnach ist der h. M. zu folgen und als maximale Verfallfrist in Anlehnung an § 624 BGB eine Dauer von 5 Jahren anzunehmen.[86]

V. Anpassung von Stock-Option-Plänen

972 Nach der Gewährung von Optionen können Veränderungen der wirtschaftlichen Lage des Unternehmens eine Anpassung des ursprünglichen Stock-Option-Plans erforderlich machen. Inwieweit ein Stock-Option-Plan in arbeitsrechtlich zulässiger Weise nachträglich inhaltlich verändert, ausgesetzt oder vollumfänglich eingestellt werden kann, hängt zum einen von der Rechtsgrundlage der Gewährung der Optionen und zum anderen von den im Stock-Option-Plan selbst vorgesehenen Anpassungsmöglichkeiten ab.

---

[85] *Schanz*, NZA 2000, S. 634 (Fn. 73); Münchener Handbuch Arbeitsrecht/*Hanau*, 2. Aufl. 2000, § 70 Rz. 27; *Baeck/Diller*, DB 1998, S. 1408; *Fohrmann*, Der Arbeitnehmer als Gesellschafter, 1982, S. 70; *Mechlem/Melms*, DB 2000, S. 1615; *Hanau*, ZGR 1985, 5. Sonderheft, S. 126.

[86] *Schanz*, NZA 2000, S. 634 (Fn. 73); Münchener Handbuch Arbeitsrecht/*Hanau*, 2. Aufl. 2000, § 70 Rz. 27; *Baeck/Diller*, DB 1998, S. 1408; *Fohrmann*, Der Arbeitnehmer als Gesellschafter, 1982, S. 70; *Mechlem/Melms*, DB 2000, S. 1615; *Hanau*, ZGR 1985, 5. Sonderheft, S. 126.

V. Anpassung von Stock-Option-Plänen

1. Individualrechtliche Grundlage

Der Arbeitgeber kann nicht über die Einstellung, Aussetzung oder inhaltliche Änderung der Zusagen aus einem Stock-Option-Plan mit Wirkung auf das einzelne Anstellungsverhältnis frei disponieren. Der arbeitsrechtliche Bestandsschutz des Arbeitsverhältnisses einschließlich seiner einzelnen Bestandteile setzt der nachträglichen Anpassung von Stock-Option-Plänen Schranken. 973

Es bleibt den Parteien des Anstellungsverhältnisses unbenommen, eine Zusage auf Erteilung von Optionen einvernehmlich zu ändern. Dafür ist eine Mitwirkung des begünstigten Mitarbeiters erforderlich. Ein Schutz des Mitarbeiters vor den Konsequenzen seines eigenen Handelns ist dem Recht der Mitarbeiterbeteiligung, anders als zum Beispiel dem Betriebsrentenrecht,[87] fremd. Eine einseitige Loslösung von den einzelnen Arbeitsbedingungen ermöglichen dagegen Freiwilligkeits- oder Widerrufsvorbehalte oder Befristungsabreden. Hat der Arbeitgeber seine Handlungsmöglichkeiten durch solche Vorbehalte bei der Gewährung von Optionen nicht oder nicht wirksam gesichert, bleibt ihm nur die Möglichkeit einer Änderungskündigung unter Berücksichtigung der individuell geltenden Kündigungsfristen bzw. in seltenen Fällen das Berufen auf den Wegfall der Geschäftsgrundlage. 974

a) Freiwilligkeitsvorbehalt

Der Freiwilligkeitsvorbehalt dient dazu, das Entstehen eines Rechtsanspruchs auf Leistungen des Arbeitgebers für die Zukunft auszuschließen.[88] Auch ein Freiwilligkeitsvorbehalt bezüglich der Gewährung von Optionen kann daher einen Anspruch des Bezugsberechtigten für die Zukunft ausschließen. Eine Ausnahme besteht, wenn die Optionen (auch) Vergütungscharakter haben und im unmittelbaren Gegenseitigkeitsverhältnis zur Arbeitsleistung des Arbeitnehmers stehen. Andernfalls könnte das Synallagma der Hauptleistungspflichten ausgehöhlt und zwingender Kündigungsschutz umgangen werden. Daher sind Freiwilligkeitsvorbehalte in Bezug auf Gratifikationen oder andere vergleichbare Sonderleistungen des Arbeitgebers nur begrenzt zulässig. 975

Der Freiwilligkeitsvorbehalt muss eindeutig formuliert sein. Eine in der Praxis übliche Formulierung lautet: *„Die Optionen werden freiwillig gewährt. Ein Anspruch auf die Gewährung weiterer Optionen wird für die Zukunft nicht begründet."* Es genügt dagegen nicht, allein auf die „Freiwilligkeit" einer Leistung hinzuweisen. Es bliebe mit einer solchen Formulierung offen, ob nur die Begründung oder auch die weitere Durchführung der Leistung freiwillig sein soll,[89] so dass der Hinweis auf die „Freiwilligkeit" nicht die erhoffte rechtliche Wirkung hätte. 976

Unzureichend ist die in der Praxis häufig anzutreffende Formulierung *„freiwillig unter dem Vorbehalt des jederzeitigen Widerrufs"*. Im Zweifel ist diese Formulierung als Widerrufsvorbehalt auszulegen.[90] Denn bei einem Freiwilligkeitsvorbehalt ist ein Widerruf der Leistungsgewährung gar nicht möglich, da ein nicht entstandener Anspruch des Arbeitnehmers nicht widerrufen werden kann. Die Einfügung 977

---

[87] *BAG* vom 17.3.1987, AP Nr. 4 zu § 4 BetrAVG.
[88] *BAG* vom 6.12.1995, AP Nr. 187 zu § 611 Gratifikation.
[89] *BAG* vom 5.9.1985, DB 1985, 597; Münchener Handbuch Arbeitsrecht/*Hanau*, 2. Aufl. 2000, § 62 Rz. 93 f.
[90] *BAG* vom 22.8.1979, DB 1980, S. 406.

des Widerrufsvorbehalts zeigt, dass der Arbeitgeber die Leistung so lange gewähren will, bis er eine gegenteilige Entscheidung getroffen und bekannt gegeben hat.[91] Letztlich schafft nur ein ausdrücklich formulierter Freiwilligkeitsvorbehalt eine sichere Rechtslage.

978 Weiterhin ist nicht erforderlich, dass ein Freiwilligkeitsvorbehalt bei jeder Leistungsgewährung ausgesprochen wird; es genügt, dass sich der entsprechende Vorbehalt in der ursprünglichen arbeitsvertraglichen Vereinbarung findet.[92] Gleichwohl ist nicht ratsam, sich allein auf den im Stock-Option-Plan festzulegenden Freiwilligkeitsvorbehalt zu verlassen: Sobald sich nämlich aus Sicht der begünstigten Mitarbeiter ergibt, dass der Arbeitgeber an dem Freiwilligkeitsvorbehalt nicht länger festhält, besteht bei der mehrfachen vorbehaltlosen Leistungsgewährung in gleicher Höhe die Gefahr, dass eine betriebliche Übung begründet wird.[93] Daher sollte durch den wiederholten Hinweis auf den Freiwilligkeitsvorbehalt bei der Leistungsgewährung jedes Vertrauen des Mitarbeiters auf zukünftige Leistungen ausgeschlossen werden.

b) Widerrufsvorbehalt

979 Im Unterschied zum Freiwilligkeitsvorbehalt wird beim Widerrufsvorbehalt auf Arbeitnehmerseite ein Rechtsanspruch begründet. Um einen Anspruch für die Zukunft auszuschließen, muss der Arbeitgeber eine Widerrufserklärung abgeben, die jedem betroffenen Arbeitnehmer zugehen muss.[94]

980 Das Bundesarbeitsgericht hat die Wirksamkeit des Widerrufsvorbehalts und vor allem dessen Ausübung einer verstärkten richterlichen Kontrolle unterworfen, weil der Arbeitgeber durch sein Leistungsversprechen einen Rechtsanspruch des Arbeitnehmers geschaffen hat.[95] Ziel dieser Rechtsprechung ist es, eine Umgehung des Änderungskündigungsschutzes zu unterbinden und ein Missverhältnis zwischen vorbehaltloser und widerruflicher Leistungsgewährung zu vermeiden.[96]

981 Wie auch beim Freiwilligkeitsvorbehalt kann nicht jede Leistungspflicht des Arbeitgebers gegenüber dem Arbeitnehmer mit einem Widerrufsrecht versehen werden: Das Gleichgewicht von Leistung und Gegenleistung aus dem Arbeitsverhältnis darf nicht grundlegend gestört werden, andernfalls könnte der Kündigungsschutz auf einfachem Wege umgangen werden.[97]

982 Der Widerrufsvorbehalt darf also nicht das regelmäßige Arbeitsentgelt betreffen, sondern kann sich nur auf zusätzliche freiwillige Leistungen beziehen. Aber auch bei den sog. Zusatzleistungen, unter die regelmäßig auch die Optionen fallen, ist die freie Widerruflichkeit darauf begrenzt, dass die Zusatzleistung im Verhältnis zur Hauptleistung nicht anteilsmäßig gleichwertig sein darf.[98] Nach

---

[91] Vgl. *BAG* vom 22.8.1979, DB 1980, S. 407.
[92] *BAG* vom 2.9.1992, EzA § 611 BGB Gratifikationen, Prämie Nr. 95, *BAG* vom 6.12.1995, AP Nr. 187 zu § 611 BGB Gratifikation, *BAG* vom 5.6.1996, AP Nr. 193 zu § 611 BGB Gratifikation.
[93] Vgl. *BAG* vom 17.11.1998, DB 1999, S. 637.
[94] Erfurter Kommentar zum Arbeitsrecht/*Preis*, 2. Aufl. 2001, § 611 BGB Rz. 535 ff.
[95] Vgl. *BAG* vom 14.6.1995, DB 1995, S. 2273.
[96] Vgl. *BAG* vom 14.6.1995, DB 1995, S. 2273.
[97] Vgl. *BAG* vom 7.1.1971, DB 1971, S. 392; *BAG* vom 7.9.1982, DB 1983, S. 1368; *BAG* vom 13.5.1987, NZA 1988, S. 95.
[98] Vgl. *BAG* vom 13.5.1987, AP Nr. 4 zu § 305 BGB Billigkeitskontrolle; Münchener Handbuch Arbeitsrecht/*Richardi*, 2. Aufl. 2000, § 14 Rz. 80.

der Rechtsprechung werden widerrufliche Vergütungsbestandteile in Höhe von bis zu 30 % der Gesamtbezüge bei unveränderter Tätigkeit noch nicht als Umgehung zwingenden Kündigungsschutzes angesehen.[99] Bei „Führungskräften" mit hohen Gehältern ist ein größerer Gestaltungsspielraum möglich: So hat das Bundesarbeitsgericht die Verringerung von 40 % der Einnahmen eines Chefarztes nicht beanstandet.[100]

Die Spanne der widerruflichen zusätzlichen Leistungen ist davon abhängig, auf welchem Gehaltsniveau und in welcher Stellung innerhalb der betrieblichen Hierarchie der Mitarbeiter angesiedelt ist. Sog. „Führungskräfte" mit entsprechenden höheren Verdiensten müssen Änderungen ihrer Arbeitsbedingungen und eine Verringerung ihrer Bezüge aufgrund von Widerrufsklauseln zu einem größeren Anteil hinnehmen als Arbeitnehmer mit durchschnittlicher Vergütung. Je höher eine Arbeitsvergütung über dem tariflichen Niveau liegt, desto größer werden die Spielräume für widerrufliche Vergütungsbestandteile.[101] Hingegen sind Ansprüche, die durch erbrachte Arbeitsleistung des Arbeitnehmers in der Vergangenheit bereits anteilsmäßig erworben wurden, auch nicht bei Vereinbarung eines Widerrufsvorbehalts dem Arbeitnehmer nachträglich zu entziehen.[102] 983

Neben der Zulässigkeit eines Widerrufsvorbehalts ist die rechtmäßige Ausübung des Widerrufsvorbehalts zu beachten. Auch wenn ein Widerruf vertraglich ausdrücklich vorbehalten wurde, kann dieser nicht willkürlich ausgeübt werden, und zwar selbst dann nicht, wenn der „Widerruf nach freiem Ermessen" oder der „jederzeitige Widerruf ohne Angabe von Gründen" vorbehalten wurde. Maßstab für die rechtmäßige Ausübung des Widerrufs ist unbeschadet der getroffenen Formulierung § 315 BGB.[103] 984

Ob der Widerruf nach billigem Ermessen im Sinne des § 315 BGB ausgeübt worden ist, ist anhand der wesentlichen Umstände des Einzelfalls zu untersuchen, wobei die beiderseitige Interessenlage gegeneinander abzuwägen ist.[104] Nur „vernünftige Erwägungen" reichen für die Billigkeit eines Widerrufs nicht aus; erforderlich ist vielmehr das Vorliegen eines sachlichen Grundes.[105] Ob der Grund sachlich gerechtfertigt ist, beurteilt sich unter anderem am ursprünglichen Zweck der Leistungsgewährung. Auch wirtschaftliche Gesichtspunkte des Arbeitgebers oder betriebstechnische bzw. -organisatorische Notwendigkeiten können einen Widerruf sachlich begründen. Auf Seiten des Mitarbeiters sind im Rahmen einer Interessenabwägung zum Beispiel seine Leistungen und Aufgaben oder die Dauer seiner Betriebszugehörigkeit zu berücksichtigen. Zudem ist im Rahmen billigen Ermessens der arbeitsrechtliche Gleichbehandlungsgrundsatz zu beachten.[106] Aus wirtschaftlichen Gründen können Optionen für die Zukunft nicht nur gegen- 985

---

[99] Vgl. *BAG* vom 7.1.1971, DB 1971, S. 392; *BAG* vom 7.9.1982, DB 1983, S. 1368; *BAG* vom 13.5.1987, AP Nr. 4 zu § 315 Billigkeitskontrolle; *BAG* vom 21.4.1993, DB 1994, S. 2400; *BAG* vom 15.11.1995, DB 1996, S. 1680.
[100] Vgl. *BAG* vom 28.5.1997, DB 1997, S. 2620.
[101] Vgl. *BAG* vom 7.1.1971, DB 1971, S. 392; *BAG* vom 15.11.1995, DB 1996, S. 1680.
[102] Vgl. *BAG* vom 8.9.1988, BB 1999, S. 425f.
[103] Vgl. *BAG* vom 13.5.1987, NZA 1988, S. 1995.
[104] Vgl. *BAG* vom 13.5.1987, NZA 1988, S. 95; *BAG* vom 28.11.1989, EzA BGB § 315 Nr. 37; *BAG* vom 26.5.1992, DB 1993, S. 642; *BAG* vom 11.11.1995, AP Nr. 45 zu § 611 BGB Direktionsrecht.
[105] Vgl. *BAG* vom 13.5.1987, NZA 1988, S. 95.
[106] Vgl. *BAG* vom 22.12.1970, DB 1971, S. 729.

über einzelnen Mitarbeitergruppen widerrufen werden, um diesen ein „Sonderopfer" abzuverlangen.

986 Bei einem Vergleich von Freiwilligkeits- und Widerrufsvorbehalten ist ein deutlicher Bruch erkennbar: Kann der Arbeitgeber für die Gewährung von Zusatzleistungen zwischen Freiwilligkeits- und Widerrufsvorbehalt wählen, ist es nicht nachvollziehbar, wenn bei einem Freiwilligkeitsvorbehalt die Einstellung der Leistung in der Zukunft ohne weiteres erfolgen kann, während bei der Ausübung eines Widerrufsrechts billiges Ermessen ausgeübt werden muss. Zu Recht wird darauf hingewiesen, dass in diesem Falle die Anwendung eines harten oder weichen Kontrollmaßstabes allein von der richtigen Formulierung des Vorbehaltes abhängen würde, deren Feinheiten Laien kaum bewusst sein werden.[107] Die von der Rechtsprechung aufgestellten Grundsätze für die Ausübung des Widerrufsvorbehalts sind daher dahingehend zu modifizieren, dass für den Arbeitgeber immer dann ein weiter Ermessensspielraum besteht, wenn er sich anstelle des Widerrufsvorbehalts auch in zulässiger Weise einen Freiwilligkeitsvorbehalt hätte einräumen können,[108] zum Beispiel bei einer sich jährlich wiederholenden Gewährung von Optionen. Nur wenn die Optionen Bestandteil einer regelmäßigen Zusatzvergütung sind, also ein Freiwilligkeitsvorbehalt anstelle eines Widerrufsvorbehalts nicht wirksam vereinbart werden konnte, ist die Ausübungskontrolle am Maßstab des § 315 BGB[109] gerechtfertigt.

c) Befristung

987 Eine Befristung der Gewährung von Optionen führt dazu, dass der Mitarbeiter nur innerhalb des vorgesehenen Zeitraums einen Anspruch auf die Erteilung der Optionen hat. Nach Ablauf der Frist bedarf es im Gegensatz zum Widerrufsvorbehalt keiner gesonderten Erklärung des Arbeitgebers, um sich für die Zukunft von der Pflicht zur Gewährung von Optionen zu befreien. Allerdings bedarf die Befristung einer Arbeitsbedingung eines sachlichen Grundes, wenn die Änderung der Optionsabrede, wäre sie unbefristet vereinbart gewesen, am Kündigungsschutzgesetz (§ 2 KSchG) zu messen wäre.[110] Dadurch soll eine objektive Umgehung des Änderungskündigungsschutzrechtes verhindert werden.

988 Der Änderungsschutz ist nicht betroffen, wenn die befristet vereinbarten Arbeitsbedingungen nicht zum Kernbereich des Arbeitsverhältnisses zählen.[111] Da jedoch eine Entscheidung, ob Arbeitsbedingungen im oder außerhalb des durch § 2 S. 1 KSchG geschützten Kernbereichs des Arbeitsverhältnisses liegen, stets nach den Umständen des Einzelfalls beurteilt wird,[112] ist dem Arbeitgeber auch bei der befristeten Gewährung von Optionen zu empfehlen, stets einen sachlichen Grund anzugeben.

989 Mithin gelten für die Befristung einzelner Arbeitsbedingungen die Grundsätze entsprechend, die die Rechtsprechung für die Befristung des gesamten Arbeits-

---

[107] Vgl. *Kania*, DB 1998, S. 2419.
[108] Vgl. Erfurter Kommentar zum Arbeitsrecht/*Preis*, 2. Aufl. 2001, § 611 Rz. 541; Münchener Handbuch Arbeitsrecht/*Hanau*, 2. Aufl. 2000, § 62 Rz. 106 ff.
[109] Vgl. *BAG* vom 13. 5. 1987, NZA 1988, S. 1995.
[110] Vgl. *BAG* vom 15. 4. 1999, DB 1999, S. 1963 f.
[111] Vgl. *BAG* vom 21. 4. 1993, AP Nr. 34 zu § 2 KSchG 1969.
[112] Vgl. *BAG* vom 13. 6. 1986, AP Nr. 19 zu § 2 KSchG 1969; *BAG* vom 21. 4. 1993, AP Nr. 34 zu § 2 KSchG, 1969.

verhältnisses entwickelt hat, mit dem Unterschied, dass die Anforderungen für den sachlichen Grund einer nur teilweisen Befristung – entsprechend zum Schutzbedürfnis – geringer sind.[113]

Die Befristung der einzelvertraglichen Zusage, Optionen zu gewähren, muss sowohl dem Grunde als auch ihrer Dauer nach sachlich gerechtfertigt sein. So wird es gerade für junge Unternehmen sachlich gerechtfertigt sein, die Gewährung von Optionen zeitlich zu beschränken, da im Zeitpunkt der Zusage die weitere wirtschaftliche Entwicklung des Unternehmens und seiner Aktienwerte ungewiss ist. Eine sachliche Rechtfertigung der Befristungsabrede kann sich auch daraus ergeben, dass dem Mitarbeiter nur vorübergehend eine höherwertige Tätigkeit zugewiesen wird. Ebenso wie die Zuweisung dieser Aufgabe befristet erfolgen kann, kann auch die daran geknüpfte Beteiligung an einem Stock-Option-Plan befristet werden. 990

Nach Inkrafttreten des Teilzeit- und Befristungsgesetzes (TzBfG) sind die gesetzlichen Vorgaben zur Befristung des Arbeitsverhältnisses gemäß § 14 Abs. 1 TzBfG auch auf die Befristung einzelner Vertragsbedingungen zu übertragen. Das Vorliegen eines sachlichen Grundes für die Befristung der Optionsgewährung orientiert sich damit auch am Rechtsgedanken der in § 14 Abs. 1 TzBfG beispielhaft aufgelisteten Fallgestaltungen. 991

Mit Ablauf des Befristungszeitraums enden die vereinbarten Vertragsbedingungen, ohne dass es einer gesonderten Erklärung des Arbeitgebers bedarf. Eine solche Erklärung ist dagegen bei einem Widerrufsvorbehalt erforderlich. Ein Vorteil des Widerrufsvorbehalts ist allerdings darin zu sehen, dass nicht schon bei Vereinbarung der befristeten Arbeitsbedingung ein sachlicher Grund vorliegen muss. Für den Widerrufsvorbehalt ist es ausreichend, dass die spätere Ausübung des Vorbehalts billigem Ermessen entspricht.[114] 992

Für die Änderungsvorbehalte und die Befristung ergibt sich somit zusammenfassend folgendes Schaubild:

Charakter der Optionsrechte	Freiwilligkeitsvorbehalt	Widerrufsvorbehalt	Befristung
Gratifikation, jährliche Sonderleistung o. Ä.	+	+ Ausübung: freies Ermessen	+
Regelmäßige freiwillige Zusatzleistung (v. a. übertariflich)	--	+ Ausübung: billiges Ermessen (§ 315 BGB)	+ Nach Fristablauf: Pflicht zu einer Entscheidung über Neufestsetzung nach billigem Ermessen (§ 315 BGB)
Bestandteil von Leistung und Gegenleistung im Kernbereich des Arbeitsverhältnisses	--	--	+ Sachlicher Grund für die Befristung (§ 14 TzBfG)

---

[113] Vgl. *BAG* vom 13.6.1986, AP Nr. 19 zu § 2 KSchG 1969; *Leuchten*, NZA 1994, S. 726.
[114] Vgl. *Kania*, DB 1998, S. 2419 f.

d) Änderungskündigung

993 Hat der Arbeitgeber Optionen vorbehaltlos und unbefristet gewährt und möchte er die einzelvertragliche Zusage einseitig anpassen oder aufheben, bleibt ihm nur die Möglichkeit einer Änderungskündigung.

994 Die Änderungskündigung ist eine Kombination von Beendigungskündigung mit gleichzeitigem Angebot eines neuen geänderten Arbeitsvertrages (§ 2 KSchG). Eine isolierte Kündigung der Optionsgewährung als einzelne Arbeitsbedingung (sog. Teilkündigung) wäre unzulässig.[115] Mit der Änderungskündigung wird der Bestand des gesamten Arbeitsverhältnisses in Frage gestellt. Da jedoch der Arbeitgeber im Zusammenhang mit der Kündigung ein Angebot auf Fortsetzung des Arbeitsverhältnisses zu geänderten Arbeitsbedingungen abgibt, macht er deutlich, dass er vorrangig die Durchsetzung veränderter Arbeitsbedingungen und nicht die Beendigung des Arbeitsverhältnisses anstrebt. Unterliegt das von einer Änderungskündigung betroffene Arbeitsverhältnis dem Geltungsbereich des Kündigungsschutzgesetzes gemäß § 1, 23 KSchG, muss der Arbeitgeber entsprechend der ihm im Kündigungsschutzverfahren obliegenden Darlegungs- und Beweislast angeben, dass die Änderung oder Einstellung der Optionsgewährung i.S.d. § 1 Abs. 2 und 3 KSchG sozial gerechtfertigt ist.

995 Das in der Änderungskündigung enthaltene Angebot auf den Abschluss eines neuen Arbeitsvertrages muss die Änderung der Optionsgewährung genau bezeichnen. Das Angebot des Arbeitgebers muss so konkret sein, dass der Arbeitnehmer nur noch mit „Ja" oder „Nein" zu antworten braucht.[116] Soll dem Arbeitnehmer zum Beispiel zukünftig nur eine geringe Anzahl von Optionen gewährt werden, hat der Arbeitgeber diese Änderung der Optionszusage detailliert vorzuschlagen, d.h. auch die von ihm gewünschte neue Anzahl von Optionen zahlenmäßig zu bestimmen.

996 Der Ausspruch einer Änderungskündigung erfordert einen sachlichen Zusammenhang zwischen dem Ausspruch der Kündigungserklärung und dem Unterbreiten eines Angebots über die Fortsetzung des Arbeitsverhältnisses zu geänderten Arbeitsbedingungen,[117] also hier einer veränderten Optionsgewährung oder ohne Fortsetzung der Optionsgewährung.

997 Dem Arbeitnehmer stehen auf die Änderungskündigung verschiedene Reaktionsmöglichkeiten zu. Er kann die Fortsetzung des Arbeitsverhältnisses zu den geänderten Arbeitsbedingungen – also der Änderungen in Bezug auf die Gewährung der Optionen – annehmen, ablehnen oder unter Vorbehalt annehmen.

998 Nimmt der Arbeitnehmer das Angebot der geänderten Vertragsbedingungen in Bezug auf die Optionsgewährung an, wird das Arbeitsverhältnis zu den neuen Bedingungen von dem vereinbarten Zeitpunkt an fortgeführt. Die Annahme kann auch durch schlüssiges Verhalten erfolgen. Die stillschweigende Annahme kann darin liegen, dass der Arbeitnehmer widerspruchslos zu den neuen Bedingungen weiterarbeitet.[118] Solange die Vorbehaltsfrist des § 2 S. 2 KSchG noch nicht abgelaufen ist, kann in der widerspruchslosen Weiterarbeit allerdings noch

---

[115] Vgl. *BAG* vom 7.9.1982, AP Nr. 5 zu § 620 BGB Teilkündigung.
[116] Vgl. *LAG Rheinland-Pfalz* vom 6.2.1987, DB 1987, S. 1098.
[117] Vgl. Großkommentar zum Kündigungsrecht/*Künzl*, 2000, § 2 KSchG Rz. 15 ff.
[118] Vgl. *BAG* vom 19.6.1986, DB 1986, S. 2604.

V. Anpassung von Stock-Option-Plänen

nicht die vorbehaltlose schlüssige Vertragsannahme gesehen werden.[119] Versäumt es der Arbeitnehmer jedoch, rechtzeitig den Vorbehalt zu erklären, gelten die neuen Arbeitsbedingungen als vorbehaltlos angenommen. Der Arbeitnehmer muss also gegen eine Änderung der Optionsbedingungen vorgehen, sofern er diese nicht akzeptieren will.

Lehnt der Arbeitnehmer eine Änderung der Optionsbedingungen ab, wird aus der Änderungskündigung eine Beendigungskündigung. Diese kann der Arbeitnehmer wie jede andere Beendigungskündigung in einem Kündigungsschutzprozess gerichtlich überprüfen lassen. Für die Dauer des Kündigungsschutzprozesses gelten die allgemeinen Grundsätze zur Weiterbeschäftigung des Arbeitnehmers.[120] Unterliegt der Arbeitnehmer im Kündigungsschutzprozess, verliert er seinen Arbeitsplatz endgültig. Im Kündigungsschutzprozess kann bei der Überprüfung, ob die Beendigungskündigung „ultima ratio" gewesen ist, der Arbeitgeber nicht mehr auf die Möglichkeit einer Änderungskündigung als „milderes Mittel" verwiesen werden. 999

Gemäß § 2 KSchG kann der Arbeitnehmer schließlich isoliert die Rechtswirksamkeit der Änderung der Optionsgewährung gerichtlich überprüfen lassen. Er kann das Fortbestehen seines Anstellungsverhältnisses mit den geänderten Optionsbedingungen unter dem Vorbehalt akzeptieren, dass die Änderung der Optionsgewährung sozial gerechtfertigt ist. Allerdings sind nach der Vorbehaltserklärung die geänderten Bedingungen der Optionsgewährung vor rechtskräftiger Entscheidung eines Änderungsschutzprozesses spätestens nach Ablauf der Kündigungsfrist maßgeblich. Eine Weiterbeschäftigung auf Grundlage der bisherigen Arbeitsbedingungen kann der Arbeitnehmer auch dann noch nicht verlangen, wenn ein Instanzgericht seiner Änderungsschutzklage ohne Rechtskraft stattgegeben hat.[121] 1000

Der Arbeitnehmer muss die vorbehaltliche Annahme der geänderten Arbeitsbedingungen innerhalb der Kündigungsfrist, spätestens drei Wochen nach Zugang der Kündigung, dem Arbeitgeber (nicht dem Arbeitsgericht) gegenüber erklären (§ 2 S. 2 KSchG). Bei der außerordentlichen Kündigung muss sich der Arbeitnehmer unverzüglich entscheiden.[122] Dem Arbeitnehmer ist jedoch zuzubilligen, sich zunächst mit einem Rechtsanwalt zu beraten. Für die Klageerhebung gilt ebenfalls eine Dreiwochenfrist (§ 4 S. 1 KSchG). Nach Ablauf der Frist erlischt der Vorbehalt gemäß § 7 KSchG; der Arbeitnehmer ist dann verpflichtet, zu den geänderten Arbeitsbedingungen tätig zu werden, d.h. eine Änderung der Bedingungen für die Optionsgewährung hinzunehmen. 1001

Da Streitgegenstand des Änderungskündigungsschutzprozesses nicht die Beendigung des Arbeitsverhältnisses, sondern die Änderung der Arbeitsbedingungen ist, verschiebt sich der Prüfungsmaßstab hinsichtlich der sozialen Rechtfertigung (vgl. § 4 S. 2 KSchG). Die Prüfung der Sozialwidrigkeit der Änderungskündigung erfolgt in zwei Stufen. Das Gericht muss klären, ob Gründe in der Person, dem Verhalten oder dringende betriebliche Erfordernisse das Änderungs- 1002

---

[119] Vgl. *BAG* vom 27. 3. 1987, DB 1988, S. 1068.
[120] Vgl. *BAG* GS vom 27. 2. 1985, DB 1985, S. 2197.
[121] Vgl. *BAG* vom 18. 1. 1990, DB 1990, S. 1773; *LAG Düsseldorf* vom 25. 1. 1993, DB 1993, S. 1680.
[122] Vgl. *BAG* vom 19. 6. 1986, AP Nr. 16 zu § 2 KSchG 1969; *BAG* vom 27. 3. 1987, AP Nr. 20 zu § 2 KSchG 1969.

angebot i.S. von § 1 Abs. 2 KSchG bedingen (erste Stufe) und ob die vorgeschlagene Änderung des Arbeitsvertrages vom Arbeitnehmer billigerweise hinzunehmen ist (zweite Stufe).

1003 Eine Änderungskündigung allein zur Abschaffung eines Stock-Option-Plans unter Beibehaltung der bisherigen Tätigkeit des Arbeitnehmers kann nur wegen wirtschaftlicher Existenzgefährdung des Betriebs aus betriebsbedingten Gründen sozial gerechtfertigt sein. Der Arbeitgeber ist grundsätzlich an die ursprünglich vereinbarten Vertragsbedingungen gebunden und hat weiterhin das wirtschaftliche Betriebsrisiko zu tragen. Eine Ausnahme hiervon ist nur gerechtfertigt, wenn der Arbeitsplatz wegzufallen droht, falls die Vergütungsminderung nicht durchgesetzt wird.[123] Die Rechtsprechung verlangt, dass zunächst im Betrieb alle Ressourcen ausgeschöpft werden müssen und die angestrebten Einsparungen unumgänglich sind.[124] Bloße Rentabilitätserwägungen reichen nicht aus. Dabei ist auf die wirtschaftliche Situation des gesamten Betriebes abzustellen. Einmalige Verluste oder Verluste nur in einzelnen Abteilungen reichen dagegen für eine soziale Rechtfertigung nicht aus, solange dadurch nicht der Betrieb in seinem Bestand tangiert ist.[125]

1004 Die in der zweiten Stufe erforderliche Interessenabwägung ist einzelfallbezogen. Die Gründe für eine Änderungskündigung müssen bei vernünftiger Abwägung der Interessen des Arbeitgebers gegenüber denen des Arbeitnehmers an der Aufrechterhaltung seiner bestehenden Arbeitsbedingungen billig und angemessen erscheinen. Werden die Optionen dem Arbeitnehmer für besondere Leistungen gewährt, kann der Bezug der Optionen bei einer veränderten Beurteilung der Leistung nicht im Wege einer Änderungskündigung rückgängig gemacht werden.[126] Die Gewährung der Optionen entfällt auch ohne Ausspruch einer Änderungskündigung, wenn die Voraussetzungen ihrer Gewährung hinreichend klar an eine bestimmte, meßbare und nunmehr objektiv abgesunkene Leistung anknüpfen.

1005 Im Falle einer betriebsbedingten Kündigung wird die Prüfung durch die Grundsätze der Sozialauswahl gemäß § 1 Abs. 3 KSchG ergänzt.[127] Der Kreis der in die Sozialauswahl einzubeziehenden Arbeitnehmer wird bei der Änderungskündigung enger gezogen. Bei der Gewährung von Optionen ohne Anknüpfung an einen bestimmten Arbeitsplatzwechsel ist für die Bestimmung des vergleichbaren Arbeitnehmerkreises maßgeblich, welchem Arbeitnehmer die Beendigung oder Änderung der Beteiligung an einem Stock-Option-Plan unter Berücksichtigung seiner sozialen Eckdaten am ehesten zuzumuten ist.

1006 Falls der Arbeitnehmer im Änderungsschutzprozess obsiegt, gilt die Änderungskündigung gemäß § 8 KSchG als von Anfang an unwirksam. Der Arbeitnehmer hat einen Anspruch auf eine unveränderte Gewährung der Optionen. Versehentlich nicht eingeräumte Optionen sind dem Arbeitnehmer nachträglich

---

[123] Vgl. *BAG* vom 20. 3. 1986, EzA KSchG 1969 § 2 Nr. 6.
[124] Vgl. *BAG* vom 20. 3. 1986, EzA KSchG 1969 § 2 Nr. 6.
[125] Vgl. *BAG* vom 20. 8. 1998, NZA 1999, S. 255; *BAG* vom 12. 11. 1998, AP Nr. 51 zu § 2 KSchG 1969; vgl. auch Großkommentar zum Kündigungsschutzrecht/*Künzl*, 2000, § 2 KSchG Rz. 247 ff.
[126] So auch für übertarifliche Vergütung: *BAG* vom 24. 5. 1960, AP Nr. 2 zu § 620 BGB Änderungskündigung.
[127] Vgl. *BAG* vom 13. 6. 1986, DB 1987, S. 335.

zu gewähren. Verliert der Arbeitnehmer den Prozess, erlischt sein Vorbehalt. Die veränderten Bedingungen der Optionsgewährung bzw. der Wegfall der Optionsrechte gelten nach Ablauf der Kündigungsfrist als wirksam zwischen den Vertragsparteien vereinbart.

Hat der Arbeitnehmer den Änderungsschutzprozess verloren und muss er zu den neuen Arbeitsbedingungen arbeiten, ist ein Auflösungsantrag unzulässig,[128] da nur noch das neue Arbeitsverhältnis aufgelöst werden könnte. § 9 KSchG ist nach seinem Wortlaut schon nicht auf die Auflösung des neuen Arbeitsverhältnisses anwendbar. Zudem kann dem Arbeitnehmer, der die Fortsetzung eines Arbeitsverhältnisses unter geänderten Optionsbedingungen unter Vorbehalt angenommen hat, und der bis zur Entscheidung des Gerichts zu diesen Arbeitsbedingungen weiterarbeitet, die Fortsetzung des Arbeitsverhältnisses nicht unzumutbar werden.

1007

Ebenso wenig wird ein Auflösungsantrag des Arbeitgebers zulässig sein, wenn der Arbeitnehmer den Prozess gewinnt und nach den ursprünglichen Arbeitsbedingungen beschäftigt werden muss: denn die Auflösung des Arbeitsverhältnisses knüpft an eine erfolglose Beendigungskündigung an. Bei der Änderungskündigung ist der Wille des Arbeitgebers von Anfang an nicht auf die Beendigung des Arbeitsverhältnisses gerichtet. Eine Auflösung des Arbeitsverhältnisses würde rechtlich über das hinausgehen, was der Arbeitgeber ursprünglich mit dem Ausspruch der Änderungskündigung begehrte. Bei einem Änderungsschutzprozess über die Anpassung von Bedingungen der Optionsgewährung kommt also ein Auflösungsantrag gemäß § 9 KSchG nicht in Betracht.

1008

e) Besonderheiten bei einer betrieblichen Übung

Ein Anspruch des Mitarbeiters auf die Beteiligung an einem Stock-Option-Plan kann auch durch eine sog. betriebliche Übung[129] entstehen, sofern der Arbeitgeber dem Mitarbeiter die Optionen vorbehaltlos mindestens dreimal in gleicher Höhe gewährt.

1009

Grundsätzlich kann ein durch betriebliche Übung entstandener Anspruch, der Inhalt des Anstellungsvertrages geworden ist, nur mittels Aufhebungsvertrag oder Änderungskündigung geändert oder beseitigt werden.

1010

Der 10. Senat des Bundesarbeitsgerichts[130] hat für die betriebliche Übung einen weiteren Beendigungstatbestand begründet: die negative betriebliche Übung. Ebenso wie ein Verhalten des Arbeitgebers, das den Mitarbeiter wiederholt begünstigt, dazu führt, dass dem Mitarbeiter ein vertraglicher Anspruch auf die gewährten Leistungen erwächst, soll eine den Mitarbeiter belastende, der bisherigen Übung entgegenstehende oder diese ändernde neue betriebliche Übung dadurch entstehen, dass sich der Arbeitgeber über einen längeren Zeitraum hinweg der bisherigen betrieblichen Übung widersprechend verhält und der Mitarbeiter dem nicht widerspricht.

1011

Kann der Arbeitgeber das Schweigen des Mitarbeiters auf die geänderte betriebliche Übung nach Treu und Glauben und nach der Verkehrssitte als Ein-

1012

---

[128] Vgl. *LAG Berlin* vom 2.3.1984, DB 1984, S. 2464; *LAG München* vom 29.9.1987, DB 1988, S. 866; *Bauer*, DB 1985, S. 1181.
[129] Vgl. hierzu auch vorstehend Rz. 896.
[130] Vgl. *BAG* vom 26.3.1997, AP Nr. 50 zu § 242 BGB Betriebliche Übung; *BAG* vom 4.5.1999, NZA 1999, S. 1162; *BAG* vom 27.6.2001, EzA § 242 BGB Betriebliche Übung Nr. 44.

verständnis mit der geänderten betrieblichen Übung aufgrund der Annahme ansehen, dass der Mitarbeiter der Änderung widersprechen würde, wenn er mit dieser nicht einverstanden sein sollte, soll die neue betriebliche Übung stillschweigend zum Inhalt des Arbeitsvertrages werden.[131] Von der einmal entstandenen betrieblichen Übung kann sich der Arbeitgeber somit lösen, wenn er dreimal hintereinander keine Leistungen mehr oder Leistungen nunmehr mit unterschiedlichem Umfang bzw. Konditionen gewährt hat und dieses Verhalten vom Mitarbeiter (durch Weiterarbeit) hingenommen wird, obwohl die Voraussetzungen für die bisher erbrachten Leistungen jedes Mal erneut vorlagen. Eine negative betriebliche Übung kann auch bezüglich der Gewährung von Optionen unter Freiwilligkeits- und Widerrufsvorbehalt entstehen, sofern der Mitarbeiter der nunmehr unter einem Vorbehalt stehenden Leistung über einen Zeitraum von drei Jahren nicht widerspricht.

1013 Um einen im Wege der betrieblichen Übung entstandenen Anspruch auf die Gewährung von Optionen nachträglich zu beseitigen, ist folgende Vorgehensweise dem Arbeitgeber zu empfehlen: der Arbeitgeber stellt die bisher vorbehaltlose Gewährung der Optionen um, indem er bei jeder weiteren Leistung auf einen Widerrufs- oder Freiwilligkeitsvorbehalt hinweist. Nach einem dreimaligen widerspruchslosen Bezug der Optionen durch den Mitarbeiter ist die Vorbehaltsklausel durch abändernde betriebliche Übung Vertragsbestandteil. Da der Arbeitgeber zunächst weiterleistet, dürfte ein Widerspruch des Mitarbeiters gegen die Einführung der Vorbehaltsklausel, deren rechtliche Bedeutung er möglicherweise unterschätzt, kaum zu erwarten sein. Widersprüche der Mitarbeiter sind im Grunde nur zu erwarten, wenn der Arbeitgeber versucht, eine negative betriebliche Übung durch bloße Nichtgewährung der Optionen einzuführen. Mit Hilfe der Vorbehaltsklausel kann der Arbeitgeber die Gewährung der Optionen nunmehr in einem weiteren Schritt anpassen oder einstellen.

1014 Es gibt keine überzeugenden dogmatischen Argumente dafür, den Beendigungstatbestand der negativen betrieblichen Übung auf die Ansprüche zu beschränken, die durch betriebliche Übung entstanden sind.[132] Wenn eine negative betriebliche Übung besteht, dann muss sie grundsätzlich für alle freiwilligen Leistungen des Arbeitgebers gelten, ohne Rücksicht darauf, ob der Anspruch auf eine betriebliche Übung, auf eine Individualvereinbarung oder eine Gesamtzusage zurückzuführen ist.[133] Daher ist es grundsätzlich möglich, auch einen Anspruch auf die Gewährung von Optionen im Wege einer solchen negativen Übung nachträglich aufzuheben oder anzupassen. Mangels entsprechender Rechtsprechung zu einer solchen Vorgehensweise wäre diese allerdings für den Arbeitgeber mit einem Risiko verbunden.

f) Gesamtzusagen

1015 Der Arbeitgeber kann Optionen auch im Wege einer Gesamtzusage gewähren. Eine Gesamtzusage ist eine einseitige, formfreie Erklärung des Arbeitgebers an die Belegschaft, in der sie über die Einführung einer betrieblichen Sozialleistung informiert wird, z.B. durch Aushang am schwarzen Brett oder per Rundmail im

---

[131] Vgl. *BAG* vom 4.5.1999, AP Nr. 55 zu § 242 BGB Betriebliche Übung; bestätigt durch *BAG* vom 27.6.2001, EzA § 242 BGB Betriebliche Übung Nr. 44.
[132] Vgl. *Speiger*, NZA 1998, S. 512 f.
[133] Vgl. *Speiger*, NZA 1998, S. 512 f.

betriebseigenen Netzwerk, aus der sich Inhalt und Voraussetzungen der Leistung ergeben. Die Gesamtzusage wird als eine kollektive Angebotserklärung auf eine freiwillige Zusatzleistung verstanden, die durch konkludente Annahme seitens der Belegschaft zum Inhalt der Einzelarbeitsverträge wird.[134] Für die durch Gesamtzusage begründeten Ansprüche auf Optionen gelten hinsichtlich der Änderung oder Beendigung die gleichen Regelungen wie für eine Individualvereinbarung.

g) Ablösung durch Betriebsvereinbarung

1016 Hat der Arbeitgeber den bezugsberechtigten Mitarbeitern die Optionen bislang auf einzelvertraglicher Grundlage gewährt, stellt sich die Frage, ob diese Individualvereinbarung durch eine Betriebsvereinbarung[135] als zukünftige Anspruchsgrundlage abgelöst werden kann.

1017 Für eine Ablösung einer individualvertraglichen Optionszusage durch eine kollektivrechtliche Zusage ist zu differenzieren zwischen Arbeitgeberleistungen, die in einem Bezugssystem zu gleichartigen Ansprüchen anderer Arbeitnehmer stehen, und solchen, die unabhängig von betriebsbezogenen Vorgaben Teil der individuellen vertraglichen Zusage sind.[136]

1018 Eine sog. kollektive Einbettung des Individualanspruchs liegt vor, wenn die den einzelnen Arbeitnehmern zukommenden Leistungen untereinander ein Bezugssystem bilden. Den Einzelregelungen gehen in diesen Fällen zwei Grundentscheidungen des Arbeitgebers voraus: die Entscheidung über die Höhe der Gesamtdotierung und der Bestimmung der Verteilungsgrundsätze. Zeichen für diese beiden Grundentscheidungen sind das Vorliegen einer Einheitsregelung oder einer Gesamtzusage[137] sowie das Vorliegen einer die Verteilungsgrundsätze mitbestimmenden Betriebsvereinbarung i.S.d. § 87 Abs. 1 Nr. 10 BetrVG.[138]

1019 Für Ansprüche des Arbeitnehmers, die auf einer Kollektiventscheidung des Arbeitgebers beruhen, wird zwischen Betriebsvereinbarung und Individualvereinbarung ein sog. kollektiver Günstigkeitsvergleich vorgenommen.[139] Eine Betriebsvereinbarung ist kollektiv günstiger, wenn sie für die Belegschaft insgesamt gesehen nicht ungünstiger ist; ob ein einzelner Arbeitnehmer benachteiligt wird, ist dann unerheblich.[140] Fällt der Vergleich zugunsten der Betriebsvereinbarung aus, wird die Individualvereinbarung abgelöst. Dadurch wird dem Arbeitgeber ermöglicht, durch das Instrument der Betriebsvereinbarung kollektive Sozialleistungen umzustrukturieren, ohne dass die Belegschaft insgesamt Einbußen zu erleiden braucht. Selbst wenn für den einzelnen Arbeitnehmer die Gewährung

---

[134] Vgl. hierzu Erfurter Kommentar zum Arbeitsrecht/*Preis,* 2. Aufl. 2001, § 611 BGB Rz. 274 f.

[135] Vgl. hierzu Rz. 892, insbesondere auch zum Umfang der Betriebsvereinbarung als Rechtsgrundlage für die Gewährung von Optionen.

[136] Vgl. die grundsätzlichen Feststellungen: *BAG* vom 16.9.1986, EzA § 77 BetrVG 1972 Nr. 17; *BAG* vom 7.11.1989, EzA § 77 BetrVG 1972 Nr. 34.

[137] Vgl. *BAG* vom 16.9.1986, AP Nr. 17 zu § 77 BetrVG 1972; *BAG* vom 7.11.1989, AP Nr. 46 zu § 77 BetrVG; *Fitting/Kaiser/Heither/Engels,* Betriebsverfassungsgesetz, 21. Aufl. 2002, § 77 BetrVG Rz. 205.

[138] Vgl. hierzu nachfolgend Rz. 1104.

[139] Vgl. *BAG* vom 16.9.1986, AP Nr. 17 zu § 77 BetrVG 1972; *BAG* vom 7.11.1989, AP Nr. 46 zu § 77 BetrVG.

[140] Vgl. *BAG* vom 16.9.1986, AP Nr. 17 zu § 77 BetrVG 1972; *BAG* vom 7.11.1989, AP Nr. 46 zu § 77 BetrVG.

der Optionen auf Grundlage der bisherigen einzelvertraglichen Zusage günstiger war, ist eine Ablösung dieser Regelung durch eine Betriebsvereinbarung möglich, wenn diese für die Arbeitnehmer insgesamt nicht ungünstiger ist.

1020 Der Anspruch des Arbeitnehmers ist dagegen in kein Bezugssystem integriert, wenn der Arbeitgeber mit der Gewährung von Optionen vorrangig die individuelle Arbeitsleistung des einzelnen Arbeitnehmers honorieren will, unabhängig von einem vorgegebenen Dotierungsrahmen und von aufgestellten Verteilungsgrundsätzen, z.B. bei der Gewährung von Optionen als Leistungsprämie. Für einen Anspruch des Arbeitnehmers auf Optionsgewährung, der in keinem Bezug zu einer Kollektiventscheidung des Arbeitgebers steht, kommt es nur zu einem individuellen Günstigkeitsvergleich zwischen beiden Regelungsebenen. Der Arbeitnehmer kann also seinen Anspruch auf die in einer Betriebsvereinbarung vom Arbeitgeber angebotenen Optionen geltend machen, wenn dieser Anspruch günstiger ist als die individualvertragliche Zusage.

2. Kollektivrechtliche Grundlage

1021 Für eine Anpassung von Optionszusagen auf Grundlage einer Betriebsvereinbarung[141] sind die betriebsverfassungsrechtlichen Beendigungstatbestände Neuregelung, Aufhebung, Befristung oder Kündigung maßgeblich.

1022 Eine Betriebsvereinbarung kann durch eine neue Betriebsvereinbarung ersetzt werden.[142] Die Betriebsvereinbarungsparteien können auch vereinbaren, die alte Regelung einvernehmlich aufzuheben. Analog § 77 Abs. 2 BetrVG hat die Aufhebung der Betriebsvereinbarung schriftlich zu erfolgen, da auch die Aufhebung der Betriebsvereinbarung normativ auf das Arbeitsverhältnis wirkt.[143]

1023 Die Betriebsvereinbarungsparteien können auch eine Befristung der Betriebsvereinbarung vorsehen. Ein sachlicher Grund ist hier, anders als bei der Befristung auf einzelvertraglicher Ebene, nicht erforderlich.[144]

1024 Die Betriebsvereinbarung kann ohne Angaben von Gründen gekündigt werden.[145] Soweit die Betriebsvereinbarung nichts anderes vorsieht, beträgt die Kündigungsfrist gemäß § 77 Abs. 5 BetrVG drei Monate. Nach Ablauf der Kündigungsfrist entfaltet die Betriebsvereinbarung keine Wirkung mehr. Die Nachwirkungsregelung des § 77 Abs. 6 BetrVG kommt nicht zur Anwendung, soweit keine erzwingbare Betriebsvereinbarung vorliegt.[146] Eine Nachwirkung kann aber auch für eine freiwillige Betriebsvereinbarung gemäß § 88 BetrVG vereinbart werden.[147] Die Nachwirkung führt dazu, dass die Regelungen des erzwing-

---

[141] Vgl. zum Umfang einer Betriebsvereinbarung als Rechtsgrundlage der Gewährung von Optionen auch Rz. 892.
[142] Vgl. *BAG* vom 22. 5. 1990, DB 1990, S. 2174.
[143] GK-BetrVG/*Kreutz*, 6. Aufl. 1998, § 77 BetrVG Rz. 307; *Schaub*, Arbeitsrechts-Handbuch, 9. Aufl. 2000, § 231 Rz. 43 ff., 60 ff.; *Fitting/Kaiser/Heither/Engels*, Betriebsverfassungsgesetz, 21. Aufl. 2002, § 77 BetrVG Rz. 143.
[144] Vgl. *Fitting/Kaiser/Heither/Engels*, Betriebsverfassungsgesetz, 21. Aufl. 2002, § 77 BetrVG Rz. 142.
[145] Vgl. *BAG* vom 26. 4. 1990, DB 1990, S. 1871; *BAG* vom 17. 1. 1995, NZA 1995, S. 1010; a. A. *Schaub*, BB 1990, S. 289; *Fitting/Kaiser/Heither/Engels*, Betriebsverfassungsgesetz, 21. Aufl. 2002, § 77 BetrVG Rz. 146 f.
[146] Vgl. *BAG* vom 9. 2. 1989, BB 1989, S. 2112; *BAG* vom 26. 4. 1990, DB 1990, S. 1871; *BAG* vom 17. 1. 1995, BB 1995, S. 1643; vgl. hierzu auch Rz. 1026.
[147] Erfurter Kommentar zum Arbeitsrecht/*Hanau/Kania*, 2. Aufl. 2001, § 77 Rz. 122.

baren Teils der Betriebsvereinbarung so lange auf arbeitsvertraglicher Ebene weitergelten, bis sie durch eine andere Regelung ersetzt werden.

Eine Betriebsvereinbarung kann ohne Rücksicht auf eine gesetzliche oder vereinbarte Kündigungsfrist auch fristlos aus wichtigem Grund gekündigt werden, wenn Gründe vorliegen, die unter Berücksichtigung aller Umstände und unter Abwägung der Interessen der betroffenen Betriebsparteien ein Festhalten an der Betriebsvereinbarung bis zum Ablauf der Kündigungsfrist unzumutbar erscheinen lassen.[148] 1025

Hat eine Betriebsvereinbarung über die Gewährung von Optionen sowohl einen freiwilligen Teil nach § 88 Nr. 3 BetrVG (Dotierungsrahmen sowie Umfang und Zweck der Optionsgewährung) und einen erzwingbaren Teil nach § 87 Abs. 1 Nr. 10 BetrVG (Verteilungsgrundsätze), dann ist für den erzwingbaren Teil der Betriebsvereinbarung gemäß § 77 Abs. 6 BetrVG die Nachwirkung zu berücksichtigen. Gemäß § 77 Abs. 6 BetrVG gelten die Regelungen einer Betriebsvereinbarung in Angelegenheiten, in denen ein Spruch der Einigungsstelle die Einigung zwischen Arbeitgeber und Betriebsrat ersetzen kann, weiter, bis sie durch eine andere Abmachung ersetzt werden.[149] Es besteht jedoch keine Weitergeltung, wenn der Arbeitgeber mit der Kündigung beabsichtigt, die Gewährung der Optionen vollständig entfallen zu lassen.[150] Nur bei einer verbleibenden Verteilungsmasse ist auch die Weitergeltung der Verteilungsgrundsätze sinnvoll. Soweit eine Einstellung der Leistungen mitbestimmungsrechtlich möglich ist, hat der Arbeitgeber allerdings auch die arbeitsvertragliche Zulässigkeit zu beachten.[151] 1026

Der Arbeitgeber kann auch ohne eine Nachwirkung bei den bisherigen Verteilungsgrundsätzen bleiben, wenn er den Dotierungsrahmen verringert und die Leistungen anteilig entsprechend den bisherigen Grundsätzen kürzt.[152] Die Betriebsvereinbarung wirkt dagegen nach, wenn der Arbeitgeber mit der Kündigung beabsichtigt, das zur Verfügung gestellte Volumen zu reduzieren und den Verteilungsschlüssel zu ändern.[153] 1027

Dem Arbeitgeber, der die Gewährung der Optionen reduzieren will, ist zu empfehlen, die Optionsgewährung bei entsprechender arbeitsvertraglicher Gestaltung durch Kündigung der Betriebsvereinbarung vollständig entfallen zu lassen; die bloße Absicht einer Minderung der Gesamtleistung führt dazu, dass er an das bisherige Leistungsvolumen gebunden bleibt. Bei Abschluss einer teilmitbestimmungspflichtigen Betriebsvereinbarung kann der Arbeitgeber auch darauf hinarbeiten, dass die Nachwirkungsregelung insgesamt, also auch für den mitbestimmungspflichtigen Teil, einvernehmlich abbedungen wird.[154] 1028

---

[148] Vgl. *BAG* vom 29.5.1964, AP Nr. 24 zu § 59 BetrVG; *Fitting/Kaiser/Heither/Engels,* Betriebsverfassungsgesetz, 21. Aufl. 2002, § 77 BetrVG Rz. 151.
[149] Vgl. *Richardi,* Betriebsverfassungsgesetz, 8. Aufl. 2002, § 77 BetrVG Rz. 161.
[150] Vgl. *BAG* vom 26.9.1993, DB 1994, S. 987; *BAG* vom 17.1.1995, DB 1995, S. 1918; *Richardi,* Betriebsverfassungsgesetz, 8. Aufl. 2002, § 77 BetrVG Rz. 168.
[151] Vgl. Erfurter Kommentar zum Arbeitsrecht/*Hanau/Kania,* 2. Aufl. 2001, § 77 BetrVG Rz. 39.
[152] Vgl. *Fitting/Kaiser/Heither/Engels,* Betriebsverfassungsgesetz, 21. Aufl. 2002, § 87 BetrVG Rz. 448.
[153] Vgl. *BAG* vom 26.9.1993, AP Nr. 6 zu § 77 BetrVG 1972 Nachwirkung.
[154] Grundsätzlich zulässig: *BAG* vom 17.1.1995, NZA 1995, S. 1010.

a) Optionen und nachvertragliche Wettbewerbsverbote

1029 In der Praxis erfolgt eine Koppelung von Optionen und nachvertraglichem Wettbewerbsverbot in unterschiedlichen Gestaltungsformen: zum Teil wird vorgesehen, dass der Mitarbeiter für den Fall der Aufnahme einer nachvertraglichen Konkurrenztätigkeit seine Ansprüche auf gewährte Optionen verlieren soll. Weiterhin findet sich die Möglichkeit für den Mitarbeiter, neue Optionen dann zu erwerben, wenn er sich eines Wettbewerbs nach Beendigung des Anstellungsverhältnisses enthält. Schließlich ist eine Kombination von Optionsgewährung und Wettbewerbsverbot dergestalt denkbar, dass der Mitarbeiter durch die Ausübung der ihm gewährten Optionen während der Dauer des Anstellungsverhältnisses ein nachvertragliches Wettbewerbsverbot begründen soll.

1030 Vereinbart der Arbeitgeber mit dem Mitarbeiter ein nachvertragliches Wettbewerbsverbot im Zusammenhang mit der Gewährung von Optionen, das nicht den gesetzlichen Anforderungen entspricht, ist der Mitarbeiter entweder nicht an die Wettbewerbsenthaltung gebunden oder ihm steht ein diesbezügliches Wahlrecht zu. Der Arbeitgeber kann also nicht erzwingen, dass der Mitarbeiter nach Beendigung des Anstellungsverhältnisses eine Wettbewerbstätigkeit unterlässt.

b) Nachvertragliches Wettbewerbsverbot

1031 Ein nachvertragliches Wettbewerbsverbot (§§ 74 ff. HGB) verpflichtet den Mitarbeiter, nach Vertragsbeendigung weder eine Beschäftigung in einem Konkurrenzunternehmen aufzunehmen noch ein Konkurrenzunternehmen zu gründen oder sich an einem solchen zu beteiligen. Das Grundrecht des Mitarbeiters auf freie Wahl und Ausübung des Berufs nach Art. 12 GG setzt der Vereinbarung eines nachvertraglichen Wettbewerbsverbotes Schranken. Diese Schranken sind in den §§ 74 ff. HGB einfachgesetzlich normiert.

aa) Anwendungsbereich der §§ 74 ff. HGB

1032 Die §§ 74 ff. HGB gelten sowohl für kaufmännische Angestellte als auch für technische Angestellte (§ 133 f. GewO). Bei Auszubildenden kann eine Wettbewerbsabrede nur in den engen Grenzen des § 5 Abs. 1 BBiG erfolgen. Für die übrigen Arbeitnehmergruppen fehlt zwar eine ausdrückliche gesetzliche Regelung; das Bundesarbeitsgericht wendet jedoch die §§ 74 ff. HGB im Wege der Rechtsfortbildung auf alle Arbeitsverhältnisse entsprechend an.[155] Darüber hinaus sind die §§ 74 ff. HGB entsprechend anwendbar für freiberufliche Tätigkeiten, soweit sie wirtschaftlich abhängig sind.[156]

1033 Keine Anwendung finden die Vorschriften dagegen auf freie Mitarbeiter, die als Selbständige tätig sind. Für sie ergibt sich, ebenso wie für Organmitglieder juristischer Personen, eine Grenze für vertragliche Vereinbarungen allein aus § 138 BGB.[157] Umstritten ist, ob für angestellte bzw. arbeitnehmerähnliche GmbH-Geschäftsführer die §§ 74 ff. HGB analog gelten.[158] Das doppelte Rechtsverhältnis

---

[155] Vgl. *BAG* vom 16. 5. 1969, AP Nr. 23 zu § 133 f GewO, *BAG* vom 2. 5. 1970, AP Nr. 26 zu § 74 HGB, *BAG* vom 12. 11. 1971, AP Nr. 28 zu § 74 HGB.
[156] Vgl. *BAG* vom 21. 1. 1997, EzA § 74 HGB Nr. 59; vgl. auch Erfurter Kommentar zum Arbeitsrecht/*Schaub,* 2. Aufl. 2001, § 74 HGB Rz. 5.
[157] Vgl. *BGH* vom 26. 3. 1984, DB 1984, S. 1717; vgl. auch *Bauer/Diller,* BB 1995, S. 1134.
[158] Für eine Anwendbarkeit: *OLG Köln,* vom 22. 11. 1991, NJW-RR 1991, S. 1316; Münchener Handbuch Arbeitsrecht/*Wank,* 2. Aufl. 2000, § 130 Rz. 8.

des GmbH-Geschäftsführers einer Organstellung einerseits und eines Anstellungsverhältnisses andererseits ist Ursache dieser Kontroverse. Die Tatsache, dass auch der Geschäftsführer einer GmbH im Verhältnis zur GmbH in einem Anstellungsverhältnis steht, welches ihn verpflichtet, seine Leistungen hauptberuflich zur Verfügung zu stellen, spricht zwar für die Anwendbarkeit der §§ 74 ff. HGB. Jedoch wird ein angemessener Schutz der Geschäftsführer bereits über § 138 BGB erreicht, wobei im Einzelfall die für die Arbeitnehmer geltenden Vorschriften entsprechend herangezogen werden.[159]

bb) Voraussetzungen einer nachvertraglichen Wettbewerbsabrede

§ 74 Abs. 1 HGB setzt zunächst die Schriftform (§§ 125 f. BGB) und die Aushändigung der Wettbewerbsvereinbarung an den Arbeitnehmer voraus.[160] § 74 a Abs. 1 S. 2 HGB beschränkt die zulässige Dauer eines Wettbewerbsverbots auf 2 Jahre. **1034**

§ 74 a Abs. 1 S. 1 HGB verlangt ein berechtigtes geschäftliches Interesse des Arbeitgebers, das durch das Wettbewerbsverbot geschützt werden soll. § 74 a Abs. 1 S. 2 HGB unterwirft das Wettbewerbsverbot einer Billigkeitskontrolle hinsichtlich des beruflichen Fortkommens des Mitarbeiters. Diese beiden Vorschriften stehen zueinander in Zusammenhang und sind einfachgesetzlicher Ausdruck des Verhältnismäßigkeitsprinzips im Konflikt von unternehmerischem Wettbewerbsinteresse und Berufsfreiheit.[161] **1035**

Das Wettbewerbsverbot muss nach Ort, Zeit und Inhalt angemessen sein. Bei einem in dem gesamten Gebiet der Bundesrepublik Deutschland in unterschiedlichen Branchen tätigen Unternehmen kann ein berechtigtes Interesse an einem umfassenden Wettbewerbsverbot bestehen. Würde dadurch aber dem Mitarbeiter jede sinnvolle Verwertung seiner Arbeitskraft unmöglich gemacht, so muss dem Mitarbeiter jedenfalls für ein Gebiet oder ein Tätigkeitsfeld auch eine Konkurrenztätigkeit erlaubt werden.[162] **1036**

Wettbewerbsbeschränkende Verfallklauseln in Stock-Option-Plänen müssen den Anforderungen dieser beiden Bestimmungen entsprechen. Eine zu weit gehende räumliche Geltung oder zu weite Fassung des Gegenstands des Wettbewerbsverbots kann dazu führen, dass das Wettbewerbsverbot unverbindlich wird.[163] Eine Gewährung von Optionen unter dem Vorbehalt, dass der Arbeitnehmer keine Wettbewerbstätigkeit nach Beendigung des Anstellungsverhältnisses betreibt, muss daher vom gegenständlichen, räumlichen und zeitlichen Verbotsumfang dem Schutz der berechtigten Interessen des Mitarbeiters dienen, ohne das Fortkommen des Arbeitnehmers unbillig zu erschweren. **1037**

Gerade bei der Ausgabe von Optionen in branchenübergreifenden oder supranationalen Konzernen stellt sich die Frage, wie weit die Konkurrenzklausel gefasst werden darf. Eine Konkurrenzklausel kann nicht auf den gesamten Konzern mit der Begründung erstreckt werden, der Mitarbeiter habe Optionen in Bezug **1038**

---

[159] Vgl. *BGH* vom 17. 2. 1992, DB 1992, 936.
[160] Vgl. *LAG Nürnberg* vom 21. 7. 1994, NZA 1995, S. 532; vgl. auch Erfurter Kommentar zum Arbeitsrecht/*Schaub*, 2. Aufl. 2001, § 74 HGB Rz. 24 ff.
[161] Vgl. auch Münchener Handbuch Arbeitsrecht/*Wank*, 2. Aufl. 2000, § 130 Rz. 22; Erfurter Kommentar zum Arbeitsrecht/*Schaub*, 2. Aufl. 2001, § 74 a HGB Rz. 2 ff.
[162] Vgl. Münchener Handbuch Arbeitsrecht/*Wank*, 2. Aufl. 2000, § 130 Rz. 22.
[163] Erfurter Kommentar zum Arbeitsrecht/*Schaub*, 2. Aufl. 2001, § 74 a HGB Rz. 2 ff.; siehe auch nachfolgend Rz. 1043.

auf einen international bzw. branchenübergreifend tätigen Konzern erhalten. Maßgeblich für die Reichweite der Wettbewerbsklausel ist immer nur das Wettbewerbsinteresse des Arbeitgebers hinsichtlich der konkreten Tätigkeit des Mitarbeiters. Die wirtschaftlichen Interessen des Arbeitgebers müssen gerade durch eine Verwertung der vom Mitarbeiter im Unternehmen gesammelten Kenntnisse und Erfahrungen gefährdet sein. Hiervon betroffen sind vor allem Geschäftsgeheimnisse und die Kenntnisse des Mitarbeiters über den Kundenkreis des Arbeitgebers. Unter Berücksichtigung dieser Erfordernisse ist beispielsweise der Schutz der Muttergesellschaft durch eine Wettbewerbsklausel, die das Tochterunternehmen mit dem einzelnen Mitarbeiter eingegangen ist, nur ausnahmsweise möglich. Voraussetzung ist, dass eine solche Ausdehnung der Reichweite des Wettbewerbsverbotes ausdrücklich in der Wettbewerbsabrede vorgesehen ist.[164]

1039 Zusätzlich ist notwendig, dass der Mitarbeiter auch für das herrschende Unternehmen tätig war und Aufgaben für den gesamten Konzern wahrgenommen hat.[165] Beschränkte sich die Wahrnehmung von Aufgaben auf einzelne Teilbereiche des Konzerns (z.B. nur bestimmte Branchen oder Regionen), muss sich auch die Wettbewerbsklausel auf diese Teilbereiche beschränken. Auch wenn der Mitarbeiter nur für eine Tochtergesellschaft tätig war, ist eine konzernweite Erstreckung des Konkurrenzverbots möglich, wenn die Aufgabenstellung des Mitarbeiters mit geheimhaltungsbedürftigem Sonderwissen in Beziehung stand, welches international bzw. branchenübergreifend eingesetzt oder vermarktet wird.[166]

cc) Karenzentschädigung

1040 Die wichtigste Bedingung für ein wirksames nachvertragliches Wettbewerbsverbot ist gemäß § 74 Abs. 2 HGB die Zahlung einer Mindestkarenzentschädigung für die Dauer der Wettbewerbsenthaltung in Höhe der Hälfte der vom Mitarbeiter zuletzt bezogenen vertragsgemäßen Vergütung.

1041 Die Karenzentschädigung ist ein Ausgleich dafür, dass der Mitarbeiter kraft des Wettbewerbsverbotes gehindert ist, seinen Lebensunterhalt bei einem anderen Unternehmen zu verdienen. Bei der Höhe der Karenzentschädigung sind auch die dem Mitarbeiter während der Dauer des Anstellungsverhältnisses gewährten Optionen als Teil der von ihm zuletzt bezogenen vertragsmäßigen Leistungen zu berücksichtigen.[167]

1042 Letztlich kann sich der Arbeitgeber die Reichweite der Wettbewerbsabrede „erkaufen": Je höher die zugesagte Karenzentschädigung ist (zwischen der halben und vollen Vergütung), desto eher ist ein weit reichendes Wettbewerbsverbot wirksam.[168]

dd) Unwirksamkeit einer nachvertraglichen Wettbewerbsabrede

1043 Ein nachvertragliches Wettbewerbsverbot kann nach der gesetzlichen Regelung der §§ 74 ff. HGB unverbindlich oder nichtig sein.[169]

---

[164] Vgl. *BAG* vom 24.6.1966, AP Nr. 2 zu § 74 a HGB.
[165] Vgl. *Fischer*, DB 1999, S. 1702.
[166] Zu der Problematik des anwendbaren Rechts bei internationalen Konzernen: siehe *Fischer*, DB 1999, S. 1702 ff.
[167] Vgl. *Busch*, BB 2000, S. 1296.
[168] Vgl. *BAG* vom 2.12.1996, AP Nr. 18 zu § 133 f GewO.
[169] Vgl. Münchener Handbuch Arbeitsrecht/*Wank*, 2. Aufl. 2000, § 130 Rz. 58 ff.; Erfurter Kommentar zum Arbeitsrecht/*Schaub*, 2. Aufl. 2001, § 74 a HGB Rz. 1 ff.

V. Anpassung von Stock-Option-Plänen

Unverbindlich ist ein Wettbewerbsverbot, wenn der Arbeitgeber eine zu geringe Karenzentschädigung (§ 74 HGB) zusagt oder das Wettbewerbsverbot die Grenzen des § 74 a HGB überschreitet.[170] Das Wettbewerbsverbot ist nach § 74 a HGB insbesondere dann unverbindlich, wenn es nicht zum Schutz berechtigter geschäftlicher Interessen des Arbeitgebers dient oder es im Hinblick auf Zeit, Ort und Gegenstand eine unbillige Erschwerung des Fortkommens des Mitarbeiters enthält. Dagegen dient das Wettbewerbsverbot nicht zum Schutz sonstiger Interessen des Arbeitgebers, zum Beispiel der Verbindung der Stärkung der Konkurrenz durch einen Arbeitsplatzwechsel des betroffenen Mitarbeiters, ohne dass die Gefahr der Weitergabe von Geschäftsgeheimnissen besteht.[171] **1044**

Der Arbeitgeber kann sich auf ein unverbindliches Wettbewerbsverbot nicht berufen; der Mitarbeiter kann sich hingegen entweder auf die Unverbindlichkeit berufen mit der Folge, dass er eine Konkurrenztätigkeit ausüben kann und ihm kein Anspruch auf Karenzentschädigung zusteht.[172] Alternativ hierzu kann der Mitarbeiter sich auch für das Wettbewerbsverbot entscheiden und die Karenzentschädigung beanspruchen; der Arbeitgeber hat dann allerdings auch einen erzwingbaren Anspruch auf die Wettbewerbsenthaltung des Mitarbeiters.[173] Nichtig ist ein Wettbewerbsverbot gemäß § 74 Abs. 2 HGB insbesondere, wenn eine Karenzentschädigung nicht zugesagt wird. Die in § 74 Abs. 2 HGB genannten Nichtigkeitsgründe führen zur vollständigen Unwirksamkeit des Wettbewerbsverbotes. Aus einem nichtigen Wettbewerbsverbot können weder Arbeitgeber noch Mitarbeiter Rechte herleiten.[174] **1045**

c) Verlust der Optionen bei nachvertraglicher Konkurrenztätigkeit

Stock-Option-Pläne sehen häufig vor, dass ein Mitarbeiter bei Aufnahme einer nachvertraglichen Konkurrenztätigkeit die Rechte aus bereits gewährten Optionen verliert. Eine solche Klausel sanktioniert die Konkurrenztätigkeit des Mitarbeiters und ist auf der Rechtsfolgenseite als Vertragsstrafe im Sinne der §§ 340, 342 BGB zu werten. Gleichzeitig beschränkt sie auf der Tatbestandsseite den Mitarbeiter in seinem weiteren beruflichen Fortkommen und ist somit ein Wettbewerbsverbot im Sinne des § 74 Abs. 1 HGB. **1046**

Die Verknüpfung von Vertragsstrafe und Wettbewerbsverbot kann insgesamt nur Bestand haben, wenn die Wettbewerbsenthaltung nach den §§ 74 ff. HGB wirksam vereinbart und durchsetzbar ist.[175] Ergibt sich aus den §§ 74 ff. HGB, dass dem Arbeitgeber ein Anspruch auf Wettbewerbsenthaltung gegenüber dem Mitarbeiter nicht zusteht, kann er sein Interesse nicht im Wege einer Vertragsstrafe durchsetzen (§ 344 BGB i.V. m. § 75 d S. 1 HGB), da ansonsten eine Umgehung der zwingenden Schutzvorschriften der §§ 74 ff. HGB ermöglicht würde.[176] **1047**

Handelt es sich allerdings um ein sog. unverbindliches, aber nicht nichtiges Wettbewerbsverbot (§ 74 a Abs. 2 HGB, § 138 BGB), und hält sich der Mitarbei- **1048**

---

[170] Vgl. Erfurter Kommentar zum Arbeitsrecht/*Schaub,* 2. Aufl. 2001, § 74 a HGB Rz. 1 ff.
[171] Vgl. *BAG* vom 1. 8. 1995, NZA 1996, S. 310; Erfurter Kommentar zum Arbeitsrecht/*Schaub,* 2. Aufl. 2001, § 74 a HGB Rz. 2.
[172] Vgl. *BAG* vom 16. 12. 1986, AP Nr. 53 zu § 74 HGB.
[173] Vgl. *BAG* vom 22. 5. 1990, AP Nr. 60 zu § 74 HGB.
[174] Vgl. Erfurter Kommentar zum Arbeitsrecht/*Schaub,* 2. Aufl. 2001, § 74 a HGB Rz. 19.
[175] Münchener Handbuch Arbeitsrecht/*Wank,* 2. Aufl. 2000, § 130 Rz. 66.
[176] Vgl. *BAG* vom 10. 12. 1985, AP Nr. 31 zu § 611 BGB Konkurrenzklausel.

ter gleichwohl freiwillig an die Wettbewerbsabrede, weil er beispielsweise auch mit der geringeren Karenzentschädigung zufrieden ist, ist auch die sich aus der Regelung ergebende Sanktion als verbindlich anzusehen.[177] Dem Mitarbeiter steht insoweit ein Wahlrecht zu, entweder die unverbindliche Wettbewerbsklausel zu ignorieren oder sich an diese zu halten. Wenn er sich für die Wettbewerbsabrede entscheidet, muss er auch die Gefahr des Verlusts von Optionen im Falle einer vertragswidrigen Konkurrenztätigkeit in Kauf nehmen. Die Ausübung dieses Wahlrechts muss bei Beginn der Karenzzeit erfolgen und ist unwiderruflich.[178]

d) Erwerb neuer Optionen bei Wettbewerbsenthaltung

1049   Der Erwerb von Optionen kann auch so ausgestaltet sein, dass sie den Mitarbeiter prämiert, wenn er sich nach Beendigung des Anstellungsverhältnisses des Wettbewerbs enthält. Eine solche Vereinbarung ist grundsätzlich unbedenklich und muss sich nicht an den §§ 74 ff. HGB messen lassen, da eine Beschränkung der beruflichen Tätigkeit nicht vorliegt; das zusätzliche Recht des Mitarbeiters zwischen Wettbewerbsenthaltung und -tätigkeit vergrößert insoweit nur das Wahlrecht des Mitarbeiters.[179]

e) Wettbewerbsverbot wegen ausgeübter Optionen

1050   Bedenken bestehen, wenn durch die Ausübung der Optionen während der Dauer des Arbeitsverhältnisses ein nachvertragliches Wettbewerbsverbot begründet werden kann.

1051   Auch ein solches Wettbewerbsverbot muss sich an den §§ 74 ff. HGB messen lassen.[180] Kann der Mitarbeiter im Falle eines unverbindlichen Wettbewerbsverbotes entscheiden, ob er sich an die Wettbewerbsenthaltung bindet oder Konkurrenz betreibt, kann nicht bereits in der Ausübung der Optionen die Ausübung des Wahlrechts gleichsam als vorgezogene Einverständniserklärung gesehen werden.[181] Dies widerspräche nicht nur dem Grundsatz, dass die Ausübung des Wahlrechts bei Beginn der Karenzzeit erfolgen muss.[182] Diese Regelung berücksichtigt zudem nicht, dass der Mitarbeiter bei Ausübung der Optionen regelmäßig noch keine konkreten Vorstellungen zu seiner künftigen Berufstätigkeit haben wird. Ein Wahlrecht zwischen Leistungsempfang und Konkurrenztätigkeit wäre in diesen Fällen nicht gegeben.

VI. Optionen und § 613a BGB

1052   Problematisch ist die Behandlung von Optionen bei einem Betriebsübergang gemäß § 613a BGB. Für den Betriebserwerber ist die Frage, ob den zu übernehmenden Arbeitnehmern durch den Betriebsveräußerer Optionen erteilt wurden, auf der Rechtsfolgenseite des § 613a BGB von erheblicher Bedeutung. Ggf. kön-

---

[177] Vgl. *BAG* vom 22. 5. 1990, AP Nr. 60 zu § 74 HGB.
[178] Vgl. *BAG* vom 24. 4. 1980, EzA § 74 HGB Nr. 37.
[179] Vgl. *Bauer/Diller*, DB 1995, S. 427.
[180] Vgl. *Fischer*, DB 1999, S. 1703.
[181] Vgl. *Bauer/Diller*, DB 1995, S. 428; *Fischer*, DB 1999, S. 1703.
[182] Vgl. *BAG* vom 24. 4. 1980, EzA § 74 HGB Nr. 37.

nen den Betriebserwerber aus einem im Unternehmen des Veräußerers implementierten Stock-Option-Plan erhebliche Verpflichtungen treffen.

Gemäß § 613a Abs. 1 BGB tritt der Erwerber bei einem rechtsgeschäftlichen Betriebsübergang „in die Rechte und Pflichten aus den im Zeitpunkt des Übergangs bestehenden Arbeitsverhältnissen" ein. Sind solche Rechte und Pflichten tarifvertraglich oder in einer Betriebsvereinbarung geregelt, „so werden sie Inhalt des Arbeitsverhältnisses zwischen dem neuen Inhaber und dem Arbeitnehmer und dürfen nicht vor Ablauf eines Jahres nach dem Zeitpunkt des Übergangs zum Nachteil des Arbeitnehmers abgeändert werden". **1053**

Aus der Bestandsgarantie des § 613a BGB[183] folgt an sich die Verpflichtung des Erwerbers, die Ansprüche der Arbeitnehmer aus einem Stock-Option-Plan zu übernehmen und zu erfüllen. Die Erfüllung dieser im Wege des Betriebsübergangs übernommenen Ansprüche aus einem Stock-Option-Plan ist für den Erwerber jedoch nicht ohne weiteres möglich. Er selbst besitzt in der Regel keine Beteiligung am Unternehmen des Veräußerers, die er den Arbeitnehmern bei Ausübung der Optionen gewähren könnte. Eine Verpflichtung einerseits des Veräußerers zur Abtretung von Beteiligungen an den Erwerber, andererseits des Erwerbers zum Erwerb zusätzlicher Beteiligungen am Veräußerer-Unternehmen zur jeweiligen Weitergabe an die Arbeitnehmer ist nicht unproblematisch. Auch die Verpflichtung des Erwerbers zur Aufnahme der übergegangenen Arbeitnehmer in einen bereits in seinem Unternehmen bestehenden bzw. noch aufzustellenden Stock-Option-Plan ist mit Schwierigkeiten verbunden, da die Aufnahme eines häufig nicht geringen Teils übernommener Arbeitnehmer in den bestehenden Stock-Option-Plan in der Praxis regelmäßig nicht vom Dotierungsrahmen gedeckt ist. Als weitere Möglichkeit kommt noch der vollständige Verlust der Ansprüche der Arbeitnehmer aus dem Stock-Option-Plan des Veräußerers mit oder ohne Entschädigungszahlung in Betracht. **1054**

1. Anwendungsbereich des § 613a BGB

Voraussetzung für die Verpflichtung des Erwerbers aus einem Stock-Option-Plan des Veräußerer-Unternehmens ist, dass die Verpflichtungen des Veräußerers aus einem Stock-Option-Plan überhaupt gemäß § 613a BGB auf den Erwerber übergehen können, also vom Anwendungsbereich dieser Vorschrift umfasst sind. **1055**

Die rechtliche Behandlung der Ansprüche der Arbeitnehmer des Veräußerer-Unternehmens aus einem Stock-Option-Plan bei einem Betriebsübergang hängt davon ab, ob es sich bei den sich daraus ergebenden Ansprüchen um Rechte und Pflichten aus einem Arbeitsverhältnis handelt. **1056**

Der Anspruch des Arbeitnehmers auf die Gewährung von Optionen ist ein (ggf. erfolgsabhängiger) Vergütungsanspruch aus dem Arbeitsverhältnis, nicht etwa aus einem vom Arbeitsvertrag separat zu betrachtenden gesellschaftsrechtlichen Vertrag.[184] Lohn- und Gehaltsansprüche der Arbeitnehmer sowie deren Ansprüche **1057**

---

[183] Vgl. Erfurter Kommentar zum Arbeitsrecht/*Preis*, 2. Aufl. 2001, § 613a BGB Rz. 2 ff.; Staudinger/*Richardi/Annuß*, 13. Bearb. 1999, § 613a BGB Rz. 9 ff.; Münchener Handbuch Arbeitsrecht/ *Wank*, 2. Aufl. 2000, § 124 Rz. 15 f.; *Schaub*, Arbeitsrechts-Handbuch, 9. Aufl. 2000, § 118 Rz. 65; *Dörner/Luczak/Wildschütz*, 1999, C Rz. 2757.
[184] Vgl. hierzu auch vorstehend Rz. 940 ff.

auf Sozialleistungen gehen im Falle eines Betriebsübergangs gemäß § 613a Abs. 1 BGB auf den Erwerber über; diesen trifft mithin die Leistungspflicht.[185] Die Ansprüche aus dem Stock-Option-Plan sind Teil des Anspruchs auf Arbeitsentgelt. Dessen Reglementierung durch aktien- bzw. gesellschaftsrechtliche Vorschriften hat keinen Einfluss auf die Rechtsnatur des Anspruchs selbst.[186] Bei Optionen ist gerade zwischen zwei rechtlichen Ebenen zu unterscheiden: Auf der ersten Ebene steht die individual- oder kollektivrechtliche Verpflichtung des Arbeitgebers zur Gewährung der Optionen an die bezugsberechtigten Arbeitnehmer. Auf der sich daran anschließenden zweiten Ebene steht die Abwicklung dieser Ansprüche, also die Ausübung des Optionsrechts durch die Arbeitnehmer; dieser zweite Teil ist gesellschafts- bzw. aktienrechtlicher Natur.[187]

1058 Eine Gegenmeinung im arbeitsrechtlichen Schrifttum will die Gewährung der Optionen insgesamt als kauf-, aktien- oder gesellschaftsrechtlichen Vertrag verstehen.[188] Dabei wird darauf abgestellt, dass es sich bei den Optionen aus einem Stock-Option-Plan lediglich um „im Zusammenhang mit dem Arbeitsverhältnis" stehende Rechtsbeziehungen handele. Sie seien daher ähnlich zu behandeln wie andere Rechtsverhältnisse aufgrund besonderen Rechtsakts, wie z.B. die Einräumung einer Prokura etc. Dabei wird richtigerweise darauf verwiesen, dass solche Rechte bei einem Betriebsübergang gemäß § 613a BGB nicht übergehen. Eine Parallele sei insoweit zu Sonderleistungen wie Werkswohnungen oder der Gewährung eines firmeneigenen Dienstwagens zu ziehen, die nur dann auf den Erwerber übergehen, wenn diese im Zuge des Betriebsübergangs mitveräußert werden. All diese Leistungen stünden aber nur im Zusammenhang mit dem Arbeitsverhältnis und stellten keine Ansprüche aus dem Arbeitsverhältnis selbst dar. Folglich seien sie auch nicht vom Anwendungsbereich des § 613a BGB erfasst. Die gleichen Grundsätze seien aber auf die Ansprüche aus einem Stock-Option-Plan anzuwenden.[189]

1059 Die Rechtsnatur der tatsächlichen Vergütungsgewährung, also die bei Ausübung der Optionen erhaltenen Aktien, hat aber keinen Einfluss auf die Einordnung der Gewährung von Ansprüchen aus einem Stock-Option-Plan als arbeitsrechtliche bzw. arbeitsvertragliche Pflichten. Diese sind vielmehr vom Anwendungsbereich des § 613a BGB erfasst. Dies gilt umso mehr bei leitenden Angestellten, bei denen die Ansprüche auf Optionen als bedeutender (und teilweise marktüblicher) Teil ihrer Vergütung anzusehen sind. Auch Sozial- bzw. Sonderleistungen des Arbeitgebers sind häufig vom Anwendungsbereich des § 613a BGB erfasst. Eine Unternehmensbeteiligung ist als Arbeitsentgelt im weiteren Sinne anzusehen. Arbeitsentgelt im weiteren Sinne wird aber grundsätzlich nach ganz herrschender Meinung auch vom Anwendungsbereich des § 613a BGB unter Beachtung einer europarechtskonformen (teleologischen) Auslegung erfasst.[190] Die Arbeitnehmer erhalten die Optionen aber in der Regel gerade wegen des bestehenden Arbeitsverhältnisses zu vergünstigten Konditionen.

---

[185] Vgl. *Dörner/Luczak/Wildschütz*, 1999, C Rz. 2830 f.
[186] Vgl. *BAG* vom 21.3.1984 – 5 AZR 462/82 n.v.; *BAG* vom 7.11.1984 – 4 AZR 532/84 n.v.; *BAG* vom 10.9.1990, NZA 1991, S. 264 f.
[187] Vgl. hierzu auch Rz. 1219 ff.
[188] Vgl. *Bauer/Göpfert/Steinau-Steinrück*, ZIP 2001, S. 1130 f.
[189] Vgl. *Bauer/Göpfert/Steinau-Steinrück*, ZIP 2001, S. 1130 f.
[190] Vgl. *Fuchs*, 2000, S. 63 f.

VI. Optionen und § 613a BGB

Gegen eine Anwendbarkeit des § 613a BGB wird angeführt, dass ein wirksamer Übergang der Ansprüche aus einem Stock-Option-Plan gegen aktien- bzw. gesellschafts- und verfassungsrechtliche Grenzen verstoße: Der Erwerber dürfe nicht zur Auflage eines eigenen Stock-Option-Plans gezwungen werden. Auch die Unternehmensautonomie der Hauptversammlung dürfe nicht unterlaufen werden.[191]   **1060**

Das Abstellen auf aktien- oder verfassungsrechtliche Grenzen beim Betriebsübergang überzeugt nicht. Der Erwerber ist in seiner Entscheidung, einen Betrieb zu übernehmen, frei. Die aus einem Betriebsübergang resultierenden Verpflichtungen sind notwendiger Bestandteil der Überlegungen im Vorfeld eines Betriebsübergangs. Damit verbleibt dem Erwerber noch vor einem Betriebsübergang die notwendige unternehmerische Entscheidungsfreiheit. Er entscheidet selbst darüber, ob er die mit dem Übergang verbundenen Pflichten in Kauf nehmen möchte oder nicht. Im Ergebnis wären ansonsten die verfassungsrechtlich garantierten Rechte des Erwerbers bei jeder eigentumsrelevanten Verpflichtung im Sinne des Art. 14 GG gefährdet, was sicherlich nicht zutreffend ist.   **1061**

Es ist auch im Hinblick auf die Wertung des § 613a BGB zutreffend, dass die Ansprüche auf Gewährung von Optionen den Arbeitnehmern nach einem Betriebsübergang erhalten bleiben. Genau dies entspricht der Funktion des § 613a BGB. Folglich fallen Ansprüche aus einem Stock-Option-Plan in den Anwendungsbereich des § 613a BGB.[192]   **1062**

2. Vertragliche Vereinbarung

Zur Vermeidung von Rechtsunsicherheit ist es empfehlenswert, bereits bei der Formulierung eines Stock-Option-Plans bzw. einer Optionsvereinbarung den Fall des Betriebsübergangs zu regeln. Denkbar ist, den Verfall sämtlicher Ansprüche analog zur Verfallsregelung bei Beendigung des Arbeitsverhältnisses durch betriebsbedingte Kündigung vorzusehen. Daneben finden sich auch Regelungen über die Anpassung der Optionsbedingungen dergestalt, dass der bezugsberechtigte Arbeitnehmer durch Ausübung seiner Optionen gleichwertige Beteiligungsrechte am Unternehmen des Erwerbers erhalten kann oder in anderer Weise wirtschaftlich gleichgestellt wird. Solche Regelungen sind an § 613a BGB zu messen, der zwingendes Arbeitnehmerschutzrecht enthält.   **1063**

Eine Umgehung der in § 613a BGB vorgeschriebenen Rechtsfolgen eines Betriebsübergangs zu Lasten der betroffenen Arbeitnehmer verstößt gegen § 134 BGB und ist damit unwirksam.[193] Das Bundesarbeitsgericht steht daher Vereinbarungen kritisch gegenüber, durch die im Falle eines Betriebsübergangs betriebliche Sozialleistungen entfallen sollen.[194] Verzichtsregelungen sollen nur dann zulässig sein, wenn sie durch einen sachlichen Grund (etwa Arbeitsplatzsicherung) gerechtfertigt sind.[195]   **1064**

---

[191] Vgl. *Bauer/Göpfert/Steinau-Steinrück*, ZIP 2001, S. 1130 f.
[192] Vgl. auch *Willemsen/Hohenstatt/Schweibert,* Umstrukturierung und Übergang von Unternehmen, 1999, G Rz. 184 ff.; a.A. *Bauer/Göpfert/Steinau-Steinrück,* ZIP 2001, S. 1130 f.
[193] Vgl. Erfurter Kommentar zum Arbeitsrecht/*Preis*, 2. Aufl. 2001, § 613a BGB Rz. 82 f.; *Staudinger/Richardi/Annuß*, Bürgerliches Gesetzbuch, 13. Bearb. 1999, § 613a BGB Rz. 31–33; *Bauer/Göpfert/Steinau-Steinrück*, ZIP 2001, S. 1131.
[194] Vgl. *BAG* vom 18.8.1976, NJW 1977, S. 1168; *BAG* vom 17.1.1980, NJW 1980, S. 1124.
[195] Vgl. *BAG* vom 18.8.1976, NJW 1977, S. 1168; *BAG* vom 17.1.1980, NJW 1980, S. 1124.

1065 Rechtsprechung zu vertraglichen Vereinbarungen über die Anpassung oder den Verfall von Optionen im Falle eines Betriebsübergangs gemäß § 613a BGB liegt bislang noch nicht vor.

1066 Ein sachlicher Grund liegt regelmäßig in den erheblichen rechtlichen Problemen bei der Umsetzung des Übergangs der Ansprüche auf und aus Optionen. Hinzu kommt der besondere Unternehmensbezug, der durch einen Stock-Option-Plan hergestellt wird.

1067 Auch die ratio des § 613a BGB spricht gegen eine zu restriktive Reglementierung parteiautonomer Regelungen zum Schicksal von Optionen. § 613a BGB beschneidet nicht die Vertragsfreiheit der Parteien (insbesondere nicht die der Arbeitnehmer), sondern sichert den Arbeitnehmern des übernommenen Betriebs ihren sozialen „Status quo".[196] Dabei darf durch eine die Vorschrift des § 613a BGB (partiell) ausschließende Vereinbarung der Schutzzweck dieser Norm nicht unterlaufen werden. Diese Gefahr ist aber bei Ansprüchen aus einem Stock-Option-Plan nicht gegeben, weil der Bestand des Kernbereichs des Arbeitsverhältnisses nicht berührt wird. Daher ist eine solche Regelung in einem Stock-Option-Plan bzw. in einer Optionsvereinbarung grundsätzlich als zulässig zu erachten.[197]

1068 Hinsichtlich der Möglichkeit, die Optionen für den Fall des Betriebsübergangs anzupassen, sollten im Stock-Option-Plan bzw. in einer Optionsvereinbarung die entsprechenden Modalitäten genau festgelegt werden. Soweit auf die Gewährung wesensgleicher oder wesensähnlicher Beteiligungen des Erwerberunternehmens abgestellt wird, ist die wirtschaftliche Gleichwertigkeit zu definieren. Es empfiehlt sich insoweit, auf den aktuellen Wert der Option oder der Aktie zum Zeitpunkt der Maßnahme abzustellen.

1069 Es besteht schließlich die Möglichkeit, dass die übergegangenen Mitarbeiter und der Erwerber nach erfolgtem Übergang eine Vereinbarung treffen, mit der die Ansprüche aus einem Stock-Option-Plan ausgeschlossen oder abgefunden werden. Gerade, wenn der Erwerber den Arbeitnehmern eine Entschädigungszahlung anbietet, sollte das Erreichen einer solchen einvernehmlichen Lösung auch in der Praxis möglich sein. Sofern die Optionsgewährung als nicht wesentliche Zusatzleistung, also als Arbeitsentgelt im weiteren Sinne, ausgestaltet ist, könnte eine Regelung dahingehend getroffen werden, dass noch nicht ausübbare Optionen im Fall des Betriebsüberganges verfallen.[198] Im Hinblick darauf, dass nach dem Betriebsübergang die mit der Optionsgewährung bezweckte Belohnung für die Mitwirkung an der Erfüllung eines Erfolgsziels oftmals nicht mehr erreicht werden kann, erscheint diese Vorgehensweise nicht unangemessen.

1070 Soweit die Ausübungsvoraussetzungen für die vom Betriebsveräußerer gewährten Optionen bereits erfüllt worden sind, sollte allerdings kein ersatzloser Verfall vorgesehen werden. In diesem Falle ist der Wert zu ermitteln und dem Arbeitnehmer zu erstatten.

Stellen die Optionen hingegen Entgelt im engeren Sinne da, ist ihr Wegfall ebenfalls durch eine entsprechende Vergütung (z.B. durch eine entsprechende Er-

---

[196] Vgl. *Staudinger/Richardi/Annuß*, Bürgerliches Gesetzbuch, 13. Bearb. 1999, § 613a BGB Rz. 32; Erfurter Kommentar zum Arbeitsrecht/*Preis*, 2. Aufl. 2001, § 613a BGB Rz. 83.
[197] So im Ergebnis auch *Bauer/Göpfert/Steinau-Steinrück*, ZIP 2001, S. 1131.
[198] Vgl. *Willemsen/Hohenstatt/Schweibert*, 1999, G Rz. 185; *Lembke*, BB 2001, S. 1474.

höhung der Nettobezüge oder Zahlung eines entsprechenden Bonus) auszugleichen.[199]

3. Ergänzende Vertragsauslegung

Der Betriebserwerber ist grundsätzlich auch zur Gewährung der Optionen und der Verschaffung der Aktien bei Ausübung der Optionen verpflichtet. Besitzt der Erwerber keine Beteiligung an dem Veräußerer-Unternehmen, kann diese Verpflichtung in der Regel nicht erfüllt werden. 1071

Sofern der Stock-Option-Plan keine ausdrückliche Regelung für den Fall des Betriebsübergangs vorsieht, hat eine ergänzende Vertragsauslegung nach den Grundsätzen des Wegfalls der Geschäftsgrundlage zu erfolgen.[200] Dabei ist zu differenzieren zwischen Stock-Option-Plänen, die die Gewährung von Optionen als eine für das vertragliche Synallagma nicht wesentliche Zusatzleistung vorsehen, und solchen, in denen die Optionen einen wesentlichen Bestandteil der Gesamtvergütung ausmachen. 1072

a) Optionen ohne Entgeltcharakter

Werden die Optionen den Arbeitnehmern des Unternehmens des Veräußerers gewährt, um die Bindung an das Unternehmen und eine Motivationssteigerung zu erzielen, handelt es sich in der Praxis in der Regel um zusätzliche Leistungen des Arbeitgebers, die nicht einen wesentlichen Bestandteil der Gesamtvergütung ausmachen sollen. 1073

In diesem Fall erscheint es sachlich gerechtfertigt, dem Fortfall der entsprechenden gesellschaftsrechtlichen Strukturen im Zuge eines Betriebsübergangs dahingehend Rechnung zu tragen, dass die Grundsätze des Wegfalls der Geschäftsgrundlage zu einem ersatzlosen Verfall der Leistungen aus einem Stock-Option-Plan führen. 1074

Eine Entschädigung der vom Betriebsübergang betroffenen Arbeitnehmer erscheint nur dann sachgerecht, wenn diese für die Optionen selbst eine Optionsprämie bezahlt haben. In diesem Fall wird auch der Erwerber aus den Grundsätzen des § 613a BGB verpflichtet sein, dem Arbeitnehmer seinen finanziellen Aufwand auszugleichen. Ist der Arbeitnehmer mit diesem ggf. entschädigungslosen Verfall nicht einverstanden, verbleibt für ihn die Möglichkeit, dem Übergang seines Arbeitsverhältnisses zu widersprechen, obgleich er damit auch in aller Regel den Bestand seines Anstellungsverhältnisses gefährden wird. 1075

b) Optionen mit Entgeltcharakter

Hat der Arbeitgeber vor einem Betriebsübergang hingegen einen Stock-Option-Plan vereinbart, der die Gewährung von Optionen als einen wesentlichen Vergütungsbestandteil (in der Regel 25% oder mehr) vorsieht, ist ein ersatzloser Verfall der Optionen nicht mit dem in § 613a Abs.1 Satz 1 BGB zugrunde gelegten Prinzip der Vertragskontinuität zu vereinbaren. Hier wird der Erwerber zunächst nach den Grundsätzen der Vertragsanpassung verpflichtet sein, den betroffenen Arbeitnehmern wesensgleiche oder zumindest wesensähnliche Beteili- 1076

---

[199] Vgl. *Willemsen/Hohenstatt/Schweibert*, 1999, G Rz. 185.
[200] Vgl. ebenso *Willemsen/Hohenstatt/Schweibert*, 1999, G Rz. 184f.; *Palandt/Heinrichs*, BGB, 61. Aufl. 2002, § 242 Rz. 110 ff.

gungen einzuräumen.²⁰¹ Kommt auch dies mangels entsprechender gesellschaftsrechtlicher Strukturen nicht in Betracht, verbleibt nur die Möglichkeit einer entsprechenden Erhöhung der Vergütung, wobei diesbezüglich eine einvernehmliche Vereinbarung mit den betroffenen Mitarbeitern zu erzielen sein wird.

4. Umwandlung in virtuelle Optionen

1077   Eine generelle Möglichkeit besteht in Fällen, in denen Optionen im Rahmen eines Aktienoptionsplans eingeräumt wurden, schließlich darin, den vom Betriebsübergang betroffenen Arbeitnehmern anstelle der ursprünglich vereinbarten Optionen nunmehr entsprechende Wertsteigerungsrechte (Stock Appreciation Rights) zu gewähren.

1078   Dabei kann der Arbeitnehmer so gestellt werden, als wäre er Inhaber einer bestimmten Anzahl von Optionen bzw. – nach deren Ausübbarkeit – von Aktien des Unternehmens. Zu einem vorher bestimmten Zeitpunkt erhält der Arbeitnehmer von der Gesellschaft dann die positive Differenz zwischen dem dann erreichten Börsenkurs und dem Ausübungspreis der Wertsteigerungsrechte in bar ausbezahlt, ohne dass es zur effektiven Ausübung der Optionen kommt.²⁰²

1079   Zu bedenken ist allerdings auch, dass die Umwandlung eines Aktienoptionsplans in einen virtuellen Stock-Option-Plan nur für finanzstarke Unternehmen in Betracht kommt, denen es darum geht, ihren Arbeitnehmern einen variablen Vergütungsbestandteil zukommen zu lassen. Für finanzschwache Unternehmen könnten für die aus einem solchen virtuellen Stock-Option-Plan zu leistenden Zahlungen das einsetzbare Kapital fehlen. Ferner werden sich hierbei Probleme wegen der ursprünglich vereinbarten Erfolgsziele ergeben, die sich – ebenso wie der den Wertsteigerungsrechten zugrunde liegende maßgebende Aktienkurs – auf das Veräußerer-Unternehmen beziehen.

VII. Optionen und Tarifvertragsrecht

1080   Als rechtliche Grundlage eines Anspruchs der Arbeitnehmer auf Gewährung von Optionen kommt grundsätzlich auch eine Regelung in einem Flächentarifvertrag oder einem Haustarifvertrag in Betracht.²⁰³ Die Regelung des Rechts auf Einräumung einer Beteiligung am arbeitgebenden Unternehmen durch Tarifvertrag ist in § 10 des 5. VermBG genannt.

1081   Die Frage nach der tariflichen Regelbarkeit von Mitarbeiterbeteiligungsplänen, insbesondere solcher, die die Gewährung von Optionen zum Gegenstand haben, ist bislang im arbeitsrechtlichen Schrifttum nur selten behandelt worden.²⁰⁴ Bislang kommt dieser Frage auch allenfalls geringe praktische Relevanz zu, da noch keine tarifvertraglichen Regelungen über die Gewährung von Optionen bekannt geworden sind.

---

[201] Vgl. auch *Willemsen/Hohenstatt/Schweibert*, 1999, G Rz. 184 f.
[202] Vgl. *Kau/Leverenz*, BB 1998, S. 2271.
[203] Vgl. auch Rz. 1082, 1089.
[204] Vgl. *Baeck/Diller*, DB 1998, S. 1406; *Schanz*, NZA 2000, S. 632; *Röder*, NZA 1987, S. 805; *Wagner*, BB 1997, S. 150, 155 f.; differenzierend *Legerlotz/Laber*, DStR 1999, S. 1658 f.

VII. *Optionen und Tarifvertragsrecht*

1. Flächentarifvertrag

Zunächst ist auf die allgemein zu Recht als problematisch erachtete Möglichkeit der (flächen-)tariflichen Regelung einzugehen. Die Regelung einer Mitarbeiterbeteiligung durch Optionen in einem Flächentarifvertrag ist schon faktisch kaum möglich, da die einzelnen Mitgliedsfirmen des Arbeitgeberverbandes in unterschiedlichen Rechtsformen (AG, GmbH, KG, KGaA) organisiert sind und eine einheitliche Beteiligungslösung daher nicht umsetzbar ist.[205]   **1082**

Die in Art. 9 Abs. 3 GG für die Tarifvertragsparteien garantierte koalitionsspezifische Betätigungsfreiheit gilt nicht unbegrenzt: Auch die Tarifvertragsparteien sind an die Verfassung gebunden.[206]   **1083**

Eine tarifliche Verpflichtung zur Gewährung bzw. Annahme von Optionen verletzt die Grundrechte des Arbeitgebers gemäß Art. 12 und 14 GG und die der Arbeitnehmer nach Art. 2 und 9 Abs. 1 GG.[207]   **1084**

Der Arbeitgeber kann nicht durch einen Flächentarifvertrag dazu gezwungen werden, Beteiligungen an seinem Unternehmen durch die Gewährung von Optionen an Arbeitnehmer abzugeben. Für tarifliche Regelungen, die den Arbeitgeber normativ zur Übertragung von Unternehmensanteilen verpflichten, ist Art. 14 GG unter zwei Gesichtspunkten zu beachten: Zum einen wird die Substanz des Eigentums und zum anderen die unternehmerische Verfügungs- und Leitungsmacht geschützt.[208] Bei der Übertragung von Unternehmensanteilen als Folge der Gewährung von Optionen gibt der Arbeitgeber – gezwungen durch eine kollektive Willensbildung – zumindest einen Teil der Unternehmenssubstanz ab. Die Tarifvertragsparteien würden daher die Arbeitnehmerbeteiligung als Mittel der (unzulässigen) Teilenteignung des Arbeitgebers einsetzen. Eine tarifvertragliche (normative) Verpflichtung des Arbeitgebers zur Übertragung von Unternehmensbeteiligungen und damit auch zur Gewährung von Optionen verstößt gegen Art. 14 GG.   **1085**

Als weitere Schranke für die flächentarifliche Einführung einer Unternehmensbeteiligung ist Art. 12 GG zu beachten.[209] Art. 12 Abs. 1 GG schützt auch die „Unternehmensfreiheit" im Sinne freier Gründung und Führung von Unternehmen.[210] Tarifliche Regelungen, die dem Arbeitgeber die Einführung betrieblicher Beteiligungen der Arbeitnehmer vorschreiben, wären Regelungen der Berufsausübung.[211] Eine tarifvertraglich vorgesehene Verpflichtung des Arbeitgebers zur Gewährung von Unternehmensbeteiligungen verstößt gegen sein Grundrecht auf freie Berufsausübung und wäre dabei unzulässig.   **1086**

---

[205] Vgl. *Legerlotz/Laber*, DStR 1999, S. 1658; *Wagner*, BB 1997, S. 150, 155 f.; *Röder*, NZA 1987, S. 805; *Schanz*, NZA 2000, S. 632; *Baeck/Diller*, DB 1998, S. 1405; *Hanau*, ZGR 1985, 5. Sonderheft, S. 120 ff.; *Loritz*, DB 1985, S. 534.
[206] Vgl. Erfurter Kommentar zum Arbeitsrecht/*Schlachter*, 2. Aufl. 2001, Art. 9 GG Rz. 55.
[207] Vgl. zur Bindung der Tarifvertragsparteien an das Grundgesetz: *Löwisch/Rieble*, Tarifvertragsgesetz, 1992, § 1 TVG Rz. 155 ff.; *Wiedemann/Wiedemann*, Tarifvertragsgesetz; 6. Aufl. 1999, Einleitung, Rz. 198 ff.; *Kempen/Zachert*, Tarifvertragsgesetz, 3. Aufl. 1997, Grundlagen, Rz. 153 ff. Auf die Frage danach, ob die Grundrechte direkt oder mittelbar Anwendung auf Tarifverträge finden, soll hier nicht eingegangen werden.
[208] Vgl. *BVerfG* vom 1.3.1979, BVerfGE 50, 341 ff.; vgl. *Loritz*, DB 1985, S. 533; *Ricken*, NZA 1999, S. 241.
[209] Vgl. *Loritz*, DB 1985, S. 535 f.
[210] Vgl. *BVerfG* vom 1.3.1979 BVerfGE 50, 341 ff.
[211] Vgl. *Loritz*, DB 1985, S. 534 f.

1087 Auch der Arbeitnehmer kann nicht auf Grundlage eines Tarifvertrages gezwungen werden, Aktionär bzw. Gesellschafter zu werden. Das Bundesverfassungsgericht hat zwar entschieden, dass eine Zwangszuteilung von Aktien zulässig ist.[212] Zu beachten ist allerdings, dass diese Entscheidung des Bundesverfassungsgerichts in einer Zeit ergangen ist, in der die Beteiligung von Arbeitnehmern bei dem arbeitgebenden Unternehmen noch nicht erfolgte. Eine Übertragbarkeit dieser Rechtsprechung auf Stock-Option-Pläne kann daher nicht ohne weiteres erfolgen. Für die Gewährung von Optionen ist vielmehr zu berücksichtigen, dass die Tarifvertragsparteien dem Arbeitnehmer die Pflicht zum Abschluss eines Rechtsverhältnisses auferlegen würden, das zwar einen Zusammenhang zu seinem Anstellungsverhältnis aufweist, rechtlich jedoch über dieses hinausgehende Rechte und Pflichten begründet.[213] Aufgrund weitreichender Konsequenzen, die für den Arbeitnehmer aus der (zwangsweise) auferlegten Aktionärsstellung resultieren, verstößt eine flächentarifliche Regelung der Gewährung von Optionen gegen die Grundrechte des Arbeitnehmers aus Art. 2 und 9 Abs. 1 GG.

Eine flächentarifvertragliche Regelung der Gewährung von Optionen ist auf normativem Weg damit insgesamt nicht zulässig.[214] Damit stellt sich schon mangels Regelbarkeit der Materie die Frage nach der Erstreikbarkeit der Gewährung von Optionen nicht.

2. Firmenbezogener Verbandstarifvertrag

1088 Firmenbezogene Verbandstarifverträge werden vom Arbeitgeberverband mit der korrespondierenden Gewerkschaft unter Einschränkung des räumlichen Geltungsbereichs auf ein Unternehmen geschlossen.[215] Bei der Regelung der Gewährung von Optionen im Rahmen eines firmenbezogenen Verbandstarifvertrages entfällt zwar die praktische Schwierigkeit der Bestimmung einer Beteiligungsform, die bei einem Flächentarifvertrag für unterschiedliche Unternehmensformen besteht. Allein aus der Verkürzung des räumlichen Geltungsbereichs folgt aber keine Änderung der grundrechtlichen Betrachtung. Demnach ist auch die tarifliche Regelung der Gewährung von Optionen mittels eines firmenbezogenen Verbandstarifvertrages unzulässig.

3. Haustarifvertrag

1089 Anders ist die Frage nach der Zulässigkeit einer tariflichen Regelung für einen Haustarifvertrag zu bewerten. In diesem Fall treten die Arbeitgebergrundrechte in den Hintergrund, da der Arbeitgeber selbst Partei des Haustarifvertrages ist. Der Arbeitgeber trifft also selbst die Entscheidung, ob er sich in einer tariflichen Regelung zu der Gewährung einer Unternehmensbeteiligung verpflichtet. Die freiwillige Beteiligung der Arbeitnehmer auf Grundlage eines Haustarifvertrages kann daher nicht gegen die Grundrechte des Arbeitgebers verstoßen.

---

[212] Vgl. *BVerfG* vom 20. 7. 1954, BVerfGE 4, 26.
[213] Vgl. *Loritz*, DB 1985, S. 535.
[214] A.A. wohl *Kempen/Zachert*, Tarifvertragsgesetz, 3. Aufl. 1997, Grundlagen, Rz. 47 ff., der offensichtlich von der Zulässigkeit jeglicher tariflichen Regelung auf diesem Gebiet ausgeht, ohne jedoch dafür eine Begründung zu liefern.
[215] Vgl. *Wiedemann/Wiedemann*, Tarifvertragsgesetz, 6. Aufl. 1999, § 1 TVG Rz. 51; *Kempen/Zachert*, Tarifvertragsgesetz, 3. Aufl. 1997, § 1 TVG Rz. 25.

VII. Optionen und Tarifvertragsrecht

Auf Seiten der Arbeitnehmer bleibt es dabei, dass die tarifliche Verpflichtung, Aktionär im arbeitgebenden Unternehmen zu werden, nicht mit den Grundrechten des Arbeitnehmers aus Art. 2 und 9 Abs. 1 GG zu vereinbaren ist. **1090**

Der Arbeitgeber kann jedoch mit der Gewerkschaft in einem Haustarifvertrag das Angebot gegenüber den Arbeitnehmern vorsehen, eine (zukünftige Chance auf eine) Unternehmensbeteiligung in Form von Optionen zu erhalten.[216] **1091**

Damit stellt sich die Frage, ob die Einführung eines Mitarbeiterbeteiligungsplans (z.B. eines Stock-Option-Plans) ein erstreikbares Tarifziel ist. Nach herrschender Meinung ist dies bei jedem tariflich regelbaren Ziel der Fall.[217] Für einzelne Teilbereiche kann jedoch etwas anderes gelten. **1092**

Das verfassungsrechtlich verbürgte Grundrecht auf Durchführung von Arbeitskampfmaßnahmen ist in Art. 9 Abs. 3 GG verankert.[218] Es ist aber unbestritten, dass Grundrechte nicht schrankenlos verbürgt werden, sondern ihre Grenzen in den Grundrechten anderer finden.[219] Dass diese verfassungsrechtliche Einschränkung auch für das Recht auf Arbeitskampf (Streikrecht) gilt, ist ebenfalls unbestritten.[220] Aus der tariflichen Regelbarkeit einer Materie kann aber nicht ohne weiteres auch auf deren Erstreikbarkeit geschlossen werden, auch wenn sich häufig die Tarifautonomie und die Arbeitskampffreiheit im Kernbereich decken werden. **1093**

Für den Bereich der Unternehmensbeteiligungen werden bereits gegen die tarifliche Regelbarkeit (Tarifautonomie) Bedenken erhoben, die mit der grundrechtlichen Relevanz des Eingriffs in Arbeitgeber- und Arbeitnehmerrechte begründet werden.[221] Aus der Möglichkeit des Arbeitgebers, eine freiwillige Verfügung über seine verfassungsrechtlich verbürgten Eigentumsrechte aus Art. 14 GG in einem Haustarifvertrag zu treffen, kann nicht geschlossen werden, dass den Gewerkschaften das Recht zur Erzwingung einer solchen Verfügung durch Arbeitskampfmaßnahmen eingeräumt wird. Durch die Arbeitskampfmaßnahmen soll Druck auf die Gegenseite ausgeübt werden,[222] um diese zum Abschluss einer Vereinbarung zu zwingen. Aus dieser Druckausübung ergeben sich jedoch verfassungsrechtliche Grenzen, die enger als die Grenzen der Tarifautonomie sein können.[223] Dies gilt insbesondere, wenn zum Abschluss eines Tarifvertrages der Verzicht eines Vertragspartners auf grundrechtlich geschützte Positionen notwendig ist.[224] Genau das ist aber bei der tariflichen Regelung einer Mitarbeiterbeteiligung am Unternehmen der Fall – der Unternehmer muss auf einen Teil seiner Eigentumsrechte aus Art. 14 GG zugunsten der Arbeitnehmer ver- **1094**

---

[216] Vgl. *Legerlotz/Laber,* DStR 1999, S. 1659.
[217] Vgl. *Loritz,* DB 1985, S. 534; *Wagner,* BB 1997, S. 151; *Hanau,* ZGR 1985, 5. Sonderheft, S. 124 f.; *Ricken,* NZA 1999, S. 241 f.; *Baeck/Diller,* DB 1998, S. 1408; *Legerlotz/Laber,* DStR 1999, S. 1658 f.; *Röder,* NZA 1987, S. 805.
[218] Vgl. *Fohrmann,* Der Arbeitnehmer als Gesellschafter, 1982, S. 108 (Fn. 118).
[219] Vgl. Münchener Handbuch Arbeitsrecht/*Richardi,* 2. Aufl. 2000, § 10 Rz. 22 ff.
[220] Vgl. *Maunz/Dürig/Herzog/Scholz,* Grundgesetz, Stand Oktober 1999, Art. 9 GG, Rz. 265, 263, 269 f., 287 ff., 312, 316 f., insbesondere 335 ff., für die Tarifautonomie, 364 ff.; *Fohrmann,* Der Arbeitnehmer als Gesellschafter, 1982, S. 109 (Fn. 121 f.), der eine Einschränkung nicht nur durch andere Verfassungsgüter für gerechtfertigt erachtet.
[221] Vgl. *Loritz,* DB 1985, S. 534 f.
[222] Siehe *Maunz/Dürig/Herzog/Scholz,* Grundgesetz, Stand Oktober 1999, Art. 9 GG Rz. 310 ff. m.w.N.
[223] So *Maunz/Dürig/Herzog/Scholz,* Grundgesetz, Stand Oktober 1999, Art. 9 GG Rz. 364.
[224] *Maunz/Dürig/Herzog/Scholz,* Grundgesetz, Stand Oktober 1999, Art. 9 GG Rz. 364.

zichten. Ein solcher Grundrechtsverzicht darf nicht durch Druck erzwungen werden.[225]

1095 Daraus folgt, dass in dem begrenzten Bereich, in dem die tarifliche Regelung im Rahmen eines Haustarifvertrages von Unternehmensbeteiligungen für Arbeitnehmer überhaupt zulässig ist, die Durchführung von Arbeitskampfmaßnahmen zur Erzwingung einer Unternehmensbeteiligung rechtswidrig ist.[226]

4. Schuldrechtliche Vereinbarungen zwischen Tarifvertragsparteien

1096 Die Regelung der Gewährung von Optionen ist mithin nur in einem Haustarifvertrag möglich; durch Flächentarifvertrag kann eine Beteiligung der Arbeitnehmer nicht wirksam vorgesehen werden. Dies gilt zunächst nur für die Regelung im normativen Teil des Tarifvertrages. Eine schuldrechtliche Vereinbarung zwischen den Tarifvertragsparteien könnte hingegen zulässig sein.

1097 Grundsätzlich ist ein schuldrechtlicher Vertrag zwischen Arbeitgeberverbänden und Gewerkschaften zugunsten Dritter (also den Arbeitsvertragsparteien) zulässig. Voraussetzung ist, dass den Arbeitsvertragsparteien ein Rahmen für eine von ihnen zu treffende Vereinbarung geschaffen wird.[227] Es muss die freie Entscheidung des einzelnen Arbeitgebers und Arbeitnehmers bleiben, ob sie auf ihre Grundrechte (teilweise) verzichten wollen bzw. eine Einschränkung derselben vornehmen wollen.

1098 Eine Regelung im schuldrechtlichen Teil eines Tarifvertrages, durch die die Verpflichtung der jeweiligen Verbandsmitglieder zur Schaffung/Teilnahme an einer Unternehmensbeteiligung begründet wird, gibt den Tarifvertragsparteien einen durchsetzbaren Anspruch gegen die Mitglieder. Auch eine solche Regelung führt also letztlich zum Verzicht des einzelnen Arbeitgebers bzw. Arbeitnehmers auf Grundrechte bzw. zu deren Einschränkung. Nach ganz herrschender Meinung können die Tarifverbände keine schuldrechtlichen Verpflichtungen zu Lasten Dritter, auch nicht der eigenen Mitglieder, begründen.[228] Demnach ist auch eine schuldrechtliche Vereinbarung zwischen den Tarifvertragsparteien bezüglich der Gewährung von Optionen unzulässig.

VIII. Optionen und betriebliche Mitbestimmung

1099 Bei der Gewährung von Optionen und deren Ausgestaltung sind die Mitbestimmungs- und Mitwirkungsrechte der Arbeitnehmervertretungen von erheblicher praktischer Bedeutung. Auch wenn der Arbeitgeber in der Regel Optionen als freiwillige Leistungen seinen Arbeitnehmern gewährt, sind die Beteiligungsrechte der Arbeitnehmervertretungen nicht ausgeschlossen.

1100 Zuständig für die Ausübung der Mitbestimmungsrechte hinsichtlich der Gewährung von Optionen an nicht leitende Angestellte ist der Betriebsrat, Gesamtbetriebsrat oder Konzernbetriebsrat. Der Gesamtbetriebsrat ist in einem

---

[225] *Maunz/Dürig/Herzog/Scholz*, Grundgesetz, Stand Oktober 1999, Art. 9 GG Rz. 364.
[226] So auch *Maunz/Dürig/Herzog/Scholz*, Grundgesetz, Stand Oktober Aufl. 1999, Art. 9 GG Rz. 369 f.
[227] Vgl. *Wagner*, Kapitalbeteiligung von Mitarbeitern und Führungskräften, 1999, Rz. 208.
[228] Vgl. nur *Wiedemann/Oetker*, Tarifvertragsgesetz, 6. Aufl. 1999, § 1 TVG Rz. 659 m.w.N.

VIII. Optionen und betriebliche Mitbestimmung

Unternehmen, das sich in mehrere Betriebe gliedert, zuständig, wenn es um einen unternehmensweiten Mitarbeiterbeteiligungsplan geht.[229] Für die Einführung eines konzernweiten Mitarbeiterbeteiligungsplans ist der Konzernbetriebsrat zuständig.[230] Entsprechendes gilt für die Einführung von Stock-Option-Plänen.

Für nicht leitende Angestellte kommt hinsichtlich der Gewährung von Optionen auf Seiten des Betriebsrats ein erzwingbares Mitbestimmungsrecht nach § 87 Abs. 1 Nr. 8 oder 10 BetrVG[231] in Betracht. Daneben kann auch die Zuständigkeit des Betriebsrats für den Abschluss einer freiwilligen Betriebsvereinbarung über die Gewährung von Optionen nach § 88 Nr. 3 BetrVG[232] bestehen. 1101

Für die Gewährung von Optionen an leitende Angestellte kann der Anwendungsbereich des Mitwirkungsrechts des Sprecherausschusses gemäß § 30 SprAuG eröffnet sein.[233] 1102

Für die Beteiligungsrechte der Arbeitnehmervertretungen ist nicht entscheidend, auf welcher Rechtsgrundlage der Arbeitgeber Optionen gewährt.[234] Der Arbeitgeber hat die Beteiligungsrechte auch dann zu beachten, wenn er die Gewährung der Optionen durch im Wesentlichen gleiche einzelvertragliche Zusagen oder aufgrund einer Gesamtzusage für alle Arbeitnehmer oder bestimmte Arbeitnehmergruppen einführt, also keine Betriebsvereinbarung oder Sprecherausschussvereinbarung als Rechtsgrundlage wählt.[235] 1103

1. § 87 Abs. 1 Nr. 10 BetrVG

§ 87 Abs. 1 BetrVG regelt den Kernbereich der betrieblichen Mitbestimmung des Betriebsrats in sozialen Angelegenheiten.[236] Die in § 87 Abs. 1 BetrVG aufgezählten sozialen Angelegenheiten unterliegen der sog. notwendigen Mitbestimmung.[237] 1104

Der Arbeitgeber darf die in § 87 Abs. 1 BetrVG aufgeführten Maßnahmen nur mit Zustimmung des Betriebsrats durchführen. Die Zustimmung des Betriebsrats 1105

---

[229] Vgl. *Legerlotz/Laber,* DStR 1999, S. 1667.
[230] Vgl. *Legerlotz/Laber,* DStR 1999, S. 1667.
[231] „Der Betriebsrat hat, soweit eine gesetzliche oder tarifvertragliche Regelung nicht besteht, in folgenden Angelegenheiten mitzubestimmen: (...).
Nr. 8: Form, Ausgestaltung und Verwaltung von Sozialeinrichtungen, deren Wirkungsbereich auf den Betrieb, das Unternehmen oder den Konzern beschränkt ist; (...).
Nr. 10: Fragen der betrieblichen Lohngestaltung, insbesondere die Aufstellung von Entlohnungsgrundsätzen und die Einführung und Anwendung von neuen Entlohnungsmethoden sowie deren Änderung; (...)."
[232] „Durch Betriebsvereinbarung können insbesondere geregelt werden: (...).
Maßnahmen zur Förderung der Vermögensbildung."
[233] „Der Arbeitgeber hat den Sprecherausschuss rechtzeitig in folgenden Angelegenheiten der leitenden Angestellten zu unterrichten: (...).
Änderungen der Gestaltung und sonstiger allgemeiner Arbeitsbedingungen; (...).
Er hat die vorgesehenen Maßnahmen mit dem Sprecherausschuss zu beraten."
[234] Vgl. *Tepass* in: Harrer (Hrsg.), 2000, Rz. 372.
[235] Vgl. *Tepass* in: Harrer (Hrsg.), 2000, Rz. 372; *Lingemann/Diller/Mengel,* NZA 2000, S. 1197; *Legerlotz/Laber,* DStR 1999, S. 1665.
[236] Vgl. *Fitting/Kaiser/Heither/Engels,* Betriebsverfassungsgesetz, 21. Aufl. 2002, § 87 BetrVG Rz. 2; *Richardi,* Betriebsverfassungsgesetz, 8. Aufl. 2002, § 87 BetrVG Rz. 2; *Schaub,* Arbeitsrechts-Handbuch, 9. Aufl. 2000, § 235 Rz. 1ff.
[237] Vgl. *Stege/Weinspach,* Betriebsverfassungsgesetz, 8. Aufl. 1999, § 87 BetrVG Rz. 3; GK-BetrVG/*Wiese,* 6. Aufl. 1998, § 87 BetrVG Rz. 4, 97, 960.

ist eine Wirksamkeitsvoraussetzung für die Maßnahmen.[238] Der Betriebsrat hat darüber hinaus für die in § 87 Abs. 1 BetrVG genannten Angelegenheiten ein Initiativrecht; d.h. er selbst kann eine mitbestimmungspflichtige Angelegenheit zum Thema des Mitbestimmungsverfahrens machen.[239] Kommt zwischen den Betriebsparteien keine Einigung zustande, so kann eine Regelung durch einen Spruch der Einigungsstelle erzwungen werden.

a) Persönlicher Anwendungsbereich des § 87 Abs. 1 Nr. 10 BetrVG

1106 Das Mitbestimmungsrecht des Betriebsrats nach § 87 Abs. 1 Nr. 10 BetrVG für Fragen der betrieblichen Lohngestaltung beschränkt sich auf kollektive Tatbestände, also solche, in denen eine abstrakte Gruppe von Arbeitnehmern betroffen ist.[240] Dagegen handelt es sich um eine mitbestimmungsfreie Individualmaßnahme, wenn für einen Arbeitnehmer eine Einzelfallregelung zwischen den Arbeitsvertragsparteien vereinbart wird.[241]

1107 Soweit die Optionen keiner abstrakt zu bestimmenden Gruppe von Arbeitnehmern, aber mehreren einzelnen Arbeitnehmern gewährt werden, also ein sog. „quantitatives Kollektiv"[242] betroffen ist, ist wie folgt zu differenzieren: Nach der früher herrschenden Meinung in Rechtsprechung und Lehre wurde eine Maßnahme dann als kollektivrechtlich im Sinne des § 87 BetrVG angesehen, wenn davon eine „größere, d.h. im Verhältnis zur Gesamtzahl nicht unerhebliche Anzahl von Arbeitnehmern erfasst wird".[243] Diese Auffassung ist mittlerweile weitestgehend aufgegeben worden.[244] Nunmehr wird von Kollektivität ausgegangen, wenn eine abstrakte Gruppe von Arbeitnehmern durch eine Maßnahme positiv wie negativ betroffen ist, auch wenn tatsächlich nur ein einzelner Arbeitnehmer ausgewählt wurde.[245]

1108 Jedoch ist das Vorliegen einer kollektiven Maßnahme auf Grundlage dieser Definition in der Praxis nur schwer festzustellen. Im Ergebnis wird es auf das Interpretationsgeschick von Arbeitgeber, Betriebsrat und Arbeitsgerichtsbarkeit ankommen zu beurteilen, inwieweit ein kollektiver Bezug vorliegt. Von einem nicht durch § 87 Abs. 1 BetrVG erfassten Fall wird man daher letztlich nur dann ausgehen können, wenn die in Frage gestellte Maßnahme tatsächlich nur die besonderen Umstände des einzelnen individuellen Arbeitsverhältnisses regelt und wenn die Maßnahme für den Fall, dass mehrere Arbeitnehmer betroffen sind, un-

---

[238] Vgl. *Fitting/Kaiser/Heither/Engels*, Betriebsverfassungsgesetz, 21. Aufl. 2002, § 87 BetrVG Rz. 1; *Stege/Weinspach*, Betriebsverfassungsgesetz, 8. Aufl. 1999, § 87 BetrVG Rz. 3 ff.; GK-BetrVG/*Wiese*, 6. Aufl. 1998, § 87 BetrVG Rz. 97 f.

[239] Vgl. *Richardi*, Betriebsverfassungsgesetz, 8. Aufl. 2002, § 87 BetrVG Rz. 65.

[240] Vgl. GK-BetrVG/*Wiese*, 6. Aufl. 1998, § 87 BetrVG Rz. 20 ff.; *Fitting/Kaiser/Heither/Engels*, Betriebsverfassungsgesetz, 21. Aufl. 2002, § 87 BetrVG Rz. 417; *Richardi*, Betriebsverfassungsgesetz, 8. Aufl. 2002, § 87 BetrVG Rz. 17 ff.

[241] Vgl. GK-BetrVG/*Wiese*, 6. Aufl. 1998, § 87 BetrVG Rz. 20 ff.; *Fitting/Kaiser/Heither/Engels*, Betriebsverfassungsgesetz, 21. Aufl. 2002, § 87 BetrVG Rz. 417; *Richardi*, Betriebsverfassungsgesetz, 8. Aufl. 2002, § 87 BetrVG Rz. 17 ff.

[242] Vgl. GK-BetrVG/*Wiese*, 6. Aufl. 1998, § 87 BetrVG Rz. 26 ff.; *Richardi*, Betriebsverfassungsgesetz, 8. Aufl. 2002, § 87 BetrVG Rz. 27 f.

[243] Diese Rechtsprechung erging zum § 56 BetrVG 1952. Vgl. insoweit GK-BetrVG/*Wiese*, 6. Aufl. 1998, § 87 BetrVG Rz. 26.

[244] Vgl. BAG GS vom 3.12.1991, AP Nr. 51 zu § 87 BetrVG 1972 Lohngestaltung; GK-BetrVG/*Wiese*, 6. Aufl. 1998, § 87 BetrVG Rz. 27; *Richardi*, Betriebsverfassungsgesetz, 8. Aufl. 2002, § 87 BetrVG Rz. 27 f.

[245] GK-BetrVG/*Wiese*, 6. Aufl. 1998, § 87 BetrVG Rz. 30 ff.

VIII. Optionen und betriebliche Mitbestimmung

terschiedliche Einzelauswirkungen auf die einzelnen Arbeitsverhältnisse hat, die keinerlei inneren Zusammenhang aufweisen.[246] Trifft der Arbeitgeber nur mit einzelnen Arbeitnehmern eine individuelle Vereinbarung über die Gewährung von Optionen in unterschiedlichem Ausmaß, liegt also kein kollektiver Tatbestand vor.

Von besonderer praktischer Bedeutung ist im Zusammenhang mit dem personellen Geltungsbereich des § 87 Abs. 1 Nr. 10 BetrVG auch die Frage der Anwendbarkeit dieses Mitbestimmungsrechts auf sog. „Führungskräfte", also die gesetzlichen Vertretungsorgane und die in § 5 Abs. 3 bzw. Abs. 4 BetrVG genannten leitenden Angestellten. Bei der Einführung eines Stock-Option-Plans wird der Arbeitgeber häufig gerade auf die Motivation und Betriebsbindung leitender Angestellter und Mitglieder des gesetzlichen Vertretungsorgans abzielen. **1109**

Die Regelungskompetenz des Betriebsrats erfasst nicht leitende Angestellte[247] gemäß § 5 Abs. 3 BetrVG und keine Personen i.S.d. § 5 Abs. 2 BetrVG.[248] Gemäß § 5 Abs. 2 Ziff. 1 BetrVG gehören hierzu insbesondere Vorstandsmitglieder einer Aktiengesellschaft (§ 78 Abs. 1 AktG) oder Geschäftsführer einer GmbH (§ 35 Abs. 1 GmbHG) als vertretungsbefugte Organmitglieder. Der Betriebsrat hat also grundsätzlich keine Mitbestimmungsrechte, soweit Optionen für leitende Angestellte und Mitglieder der gesetzlichen Vertretungsorgane eingeführt werden.[249] **1110**

Ausnahmsweise ist das Mitbestimmungsrecht des Betriebsrats tangiert, wenn in einem Stock-Option-Plan die Gewährung von Optionen sowohl für leitende Angestellte und Organmitglieder als auch für Arbeitnehmer im Sinne des Betriebsverfassungsgesetzes vorgesehen wird. Dann wirkt sich das Mitbestimmungsrecht des Betriebsrats auch auf die Rechte der leitenden Angestellten und Organmitglieder aus dem Stock-Option-Plan aus, da die Verteilungsgrundsätze des gesamten Stock-Option-Plans der Mitbestimmung des Betriebsrates unterliegen.[250] Will der Arbeitgeber eine solche umfassende Mitbestimmung vermeiden, verbleibt ihm die Möglichkeit, für Arbeitnehmer im Sinne des Betriebsverfassungsgesetzes und leitende Angestellte sowie Organmitglieder gesonderte Stock-Option-Pläne aufzulegen. Dann ist der Betriebsrat nur hinsichtlich des Stock-Option-Plans betreffend die Arbeitnehmer im Sinne des Betriebsverfassungsgesetzes zu beteiligen. **1111**

Schließlich bestehen Bedenken, ob außertarifliche Angestellte (sog. AT-Angestellte) vom Anwendungsbereich des § 87 Abs. 1 Nr. 10 BetrVG erfasst werden. **1112**

Die sog. AT-Angestellten sind Arbeitnehmer, die nicht unter § 5 Abs. 3 BetrVG zu subsumieren sind, aber wegen ihrer Tätigkeit nicht in den persönlichen Geltungsbereich des einschlägigen Tarifvertrages fallen.[251] **1113**

Bei der Gruppe der sog. AT-Angestellten könnte eine grundsätzlich anzunehmende Mitbestimmung des Betriebsrats wegen des Tarifvorbehalts des § 87 Abs. 1 **1114**

---

[246] Vgl. *Richardi*, Betriebsverfassungsgesetz, 8. Aufl. 2002, § 87 BetrVG Rz. 29; GK-BetrVG/ *Wiese*, 6. Aufl. 1998, § 87 BetrVG Rz. 33.
[247] Vgl. zu den Beteiligungsrechten des Sprecherausschusses Rz. 1160 f.
[248] Vgl. *Baeck/Diller*, DB 1998, S. 1410; *Schanz*, NZA 2000, S. 633; *Tepass* in: Harrer (Hrsg.), 2000, Rz. 375.
[249] Vgl. *Baeck/Diller*, DB 1998, S. 1410; *Tepass* in: Harrer (Hrsg.), 2000, Rz. 375.
[250] Vgl. *Baeck/Diller*, DB 1998; *Schanz*, NZA 2000, S. 634.
[251] Vgl. *Fitting/Kaiser/Heither/Engels*, Betriebsverfassungsgesetz, 21. Aufl. 2002, § 87 BetrVG Rz. 481; GK-BetrVG/*Wiese*, 6. Aufl. 1998, § 87 BetrVG Rz. 76; *Stege/Weinspach*, Betriebsverfassungsgesetz, 8. Aufl. 1999, § 87 BetrVG Rz. 175.

Einleitungssatz BetrVG, ausgeschlossen sein. Für eine solche Annahme könnte sprechen, dass durch die im Tarifvertrag bewusst ausgelassene Regelung der AT-Gehälter eine Mitbestimmung des Betriebsrats gesperrt sei. Eine tarifliche Regelung, die lediglich in der Herausnahme einer bestimmten Gruppe aus dem persönlichen Geltungsbereich besteht, stellt aber nach ganz herrschender Meinung keine abschließende Regelung dar, die die Sperrwirkung des § 87 Abs. 1 Einleitungssatz BetrVG nach sich zieht.[252] Von praktischer Relevanz ist diese Fragestellung im Übrigen lediglich in größeren Unternehmen, in denen die AT-Gehälter nicht einzelvertraglich geregelt werden, da eine einzelvertragliche Regelung bereits aufgrund der Vertragsfreiheit einer kollektiven Festsetzung vorgeht.[253]

1115 Als Ausfluss der unternehmerischen Entscheidung steht dem Betriebsrat ein Mitbestimmungsrecht bezüglich der Höhe der AT-Gehälter unstreitig nicht zu.[254] Das Mitbestimmungsrecht greift jedoch dann, wenn es um objektive Kriterien geht, nach denen die AT-Angestellten in Gehaltsgruppen eingeteilt, bzw. diese geschaffen (oder geändert) werden.[255] Umstritten ist jedoch die Frage, ob dem Betriebsrat bei der Regelung von isolierten Wertunterschieden, d.h. ohne Anbindung an die höchste Tarifgruppe, ein Mitbestimmungsrecht zusteht.[256] Das Bundesarbeitsgericht hat sich in dieser Frage für ein Mitbestimmungsrecht des Betriebsrats entschieden.[257]

b) Sachlicher Anwendungsbereich des § 87 Abs. 1 Nr. 10 BetrVG

1116 § 87 Abs. 1 Nr. 10 BetrVG gibt dem Betriebsrat ein umfassendes Mitbestimmungsrecht bei der betrieblichen Lohngestaltung.[258] Gewährleistet werden soll dadurch der innerbetriebliche Friede durch betriebliche Lohngerechtigkeit.[259] Nach ganz herrschender Meinung gewährleistet § 87 Abs. 1 Nr. 10 BetrVG das Mitbestimmungsrecht des Betriebsrats nur bei der Quotierung, nicht aber bei der Dotierung des Arbeitsentgelts.[260] Der Betriebsrat bestimmt also nicht über die

---

[252] Vgl. *Richardi*, Betriebsverfassungsgesetz, 8. Aufl. 2002, § 87 BetrVG Rz. 780 ff.; *Fitting/Kaiser/Heither/Engels*, Betriebsverfassungsgesetz, 21. Aufl. 2002, § 87 BetrVG Rz. 482; *Stege/Weinspach*, Betriebsverfassungsgesetz, 8. Aufl. 1999, § 87 BetrVG Rz. 175; GK-BetrVG/*Wiese*, 6. Aufl. 1998, § 87 BetrVG Rz. 76, 939.

[253] Vgl. *Fitting/Kaiser/Heither/Engels*, Betriebsverfassungsgesetz, 21. Aufl. 2002, § 87 BetrVG Rz. 482 ff.; *Stege/Weinspach*, Betriebsverfassungsgesetz, 8. Aufl. 1999, § 87 BetrVG Rz. 176.

[254] Vgl. *Richardi*, Betriebsverfassungsgesetz, 8. Aufl. 2002, § 87 BetrVG Rz. 780; *Fitting/Kaiser/Heither/Engels*, Betriebsverfassungsgesetz, 21. Aufl. 2002, § 87 BetrVG Rz. 482; *Stege/Weinspach*, Betriebsverfassungsgesetz, 8. Aufl. 1999, § 87 BetrVG Rz. 177; GK-BetrVG/*Wiese*, 6. Aufl. 1998, § 87 BetrVG Rz. 941.

[255] Vgl. *Stege/Weinspach*, Betriebsverfassungsgesetz, 8. Aufl. 1999, § 87 BetrVG Rz. 176; GK-BetrVG/*Wiese*, 6. Aufl. 1998, § 87 BetrVG Rz. 943.

[256] Zustimmend GK-BetrVG/*Wiese*, 6. Aufl. 1998, § 87 BetrVG Rz. 942 mit umfassenden Nachweisen; ablehnend *Stege/Weinspach*, Betriebsverfassungsgesetz, 8. Aufl. 1999, § 87 BetrVG Rz. 177.

[257] Vgl. *BAG* vom 22.12.1981, BB 1982, S. 1920.

[258] Vgl. v. *Hoyningen-Huene*, NZA 1998, S. 1086 (Fn. 48); *Stege/Weinspach*, Betriebsverfassungsgesetz, 8. Aufl. 1999, § 87 BetrVG Rz. 165; GK-BetrVG/*Wiese*, 6. Aufl. 1998, § 87 BetrVG Rz. 804; *Richardi*, Betriebsverfassungsgesetz, 8. Aufl. 2002, § 87 BetrVG Rz. 734; *Fitting/Kaiser/Heither/Engels*, Betriebsverfassungsgesetz, 21. Aufl. 2002, § 87 BetrVG Rz. 407 ff.

[259] Vgl. *Fitting/Kaiser/Heither/Engels*, Betriebsverfassungsgesetz, 21. Aufl. 2002, § 87 BetrVG Rz. 408; GK-BetrVG/*Wiese*, 6. Aufl. 1998, § 87 BetrVG Rz. 804 ff.; *Stege/Weinspach*, Betriebsverfassungsgesetz, 8. Aufl. 1999, § 87 BetrVG Rz. 167.

[260] Vgl. GK-BetrVG/*Wiese*, 6. Aufl. 1998, § 87 BetrVG Rz. 808 ff.; *Stege/Weinspach*, Betriebsverfassungsgesetz, 8. Aufl. 1999, § 87 BetrVG Rz. 169; Münchener Handbuch Arbeitsrecht/Mat-

VIII. Optionen und betriebliche Mitbestimmung

Höhe des Entgelts mit, sondern lediglich darüber, nach welchen allgemeinen Grundsätzen der vom Arbeitgeber vorgegebene Rahmen unter den Arbeitnehmern verteilt wird.

Der Begriff „Lohn" ist in § 87 Abs.1 Nr. 10 BetrVG weit auszulegen. Er umfasst nicht nur den eigentlichen Lohn bzw. das eigentliche Gehalt, sondern darüber hinaus zusätzlich alle vermögenswerten Leistungen des Arbeitgebers mit Entgeltcharakter – gleichgültig, ob sie als Geld- oder Sachleistung gewährt werden, § 87 Abs. 2 BetrVG.[261]   **1117**

Wegen der weiten Auslegung des Begriffs „Lohn" in § 87 Abs.1 Nr. 10 BetrVG wird nach ganz herrschender Meinung auch die Gewährung von Optionen an Mitarbeiter unter den Begriff der mitbestimmungspflichtigen Lohngestaltung subsumiert.[262] Dies ist auch gerechtfertigt, da in der Gewährung von Optionen regelmäßig eine Gratifikation, Prämie oder ein sonstiger Lohnbestandteil zu sehen ist.   **1118**

Das Mitbestimmungsrecht des Betriebsrates ist eingeschränkt, aber nicht ausgeschlossen, wenn der Arbeitgeber freiwillige Leistungen erbringt. Freiwillige Leistungen sind solche, zu denen der Arbeitgeber weder kraft Gesetzes noch kraft Tarifvertrags verpflichtet ist.[263] Der Arbeitgeber kann über das Mitbestimmungsrecht des Betriebsrats nicht zu der Gewährung einer freiwilligen Leistung gezwungen werden. Der Arbeitgeber kann daher mitbestimmungsfrei entscheiden, ob er überhaupt zusätzliche Leistungen erbringen will.[264]   **1119**

Zur mitbestimmungsfreien Lohnpolitik gehört auch die Summe aller Leistungen, die der Arbeitgeber zur Verfügung stellt, der sog. Dotierungsrahmen.[265] Mitbestimmungsfrei sind auch die Entscheidungen des Arbeitgebers über den Zweck der Leistung und des begünstigten Personenkreises.[266]   **1120**

---

thes, 2. Aufl. 2000, § 333 Rz. 4; *Schaub*, Arbeitsrechts-Handbuch, 9. Aufl. 2000, § 235 Rz. 55 ff.; *v. Hoyningen-Huene*, NZA 1998, S. 1087.

[261] Vgl. GK-BetrVG/*Wiese*, 6. Aufl. 1998, § 87 BetrVG Rz. 821 ff.; *Richardi*, Betriebsverfassungsgesetz, 8. Aufl. 2002, § 87 BetrVG Rz. 734 ff.; *Stege/Weinspach*, Betriebsverfassungsgesetz, 8. Aufl. 1999, § 87 BetrVG Rz. 170; *Schaub*, Arbeitsrechts-Handbuch, 9. Aufl. 2000, § 235 Rz. 57 ff.; Münchener Handbuch Arbeitsrecht/*Matthes*, 2. Aufl. 2000, § 333 Rz. 8 ff.

[262] Vgl. *BAG* vom 28.11.1989, AP Nr. 6 zu § 88 BetrVG 1972; *Baeck/Diller*, DB 1998, S. 1410 f.; *Stege/Weinspach*, Betriebsverfassungsgesetz, 8. Aufl. 1999, § 87 BetrVG Rz. 172; GK-BetrVG/*Wiese*, 6. Aufl. 1998, § 87 BetrVG Rz. 830, 860 ff.; *Röder*, NZA 1987, S. 804 ff.; *Schanz*, NZA 2000, S. 633; *Tepass* in: Harrer (Hrsg.), 2000, Rz. 373 ff.; *Lingemann/Diller/Mengel*, NZA 2000, S. 1197.

[263] Vgl. *BAG* GS vom 16.9.1986, AP Nr. 17 zu § 77 BetrVG 1972; *Fitting/Kaiser/Heither/Engels*, Betriebsverfassungsgesetz, 21. Aufl. 2002, § 87 BetrVG Rz. 414; Erfurter Kommentar zum Arbeitsrecht/*Hanau/Kania*, 2. Aufl. 2001, § 87 BetrVG Rz. 107.

[264] Vgl. Erfurter Kommentar zum Arbeitsrecht/*Hanau/Kania*, 2. Aufl. 2001, § 87 BetrVG Rz. 107; *Richardi*, Betriebsverfassungsgesetz, 8. Aufl. 2002, § 87 BetrVG Rz. 771 f.; GK-BetrVG/*Wiese*, 6. Aufl. 1998, § 87 BetrVG Rz. 837; *Fitting/Kaiser/Heither/Engels*, Betriebsverfassungsgesetz, 21. Aufl. 2002, § 87 BetrVG Rz. 447; *Stege/Weinspach*, Betriebsverfassungsgesetz, 8. Aufl. 1999, § 87 BetrVG Rz. 172 a; Münchener Handbuch Arbeitsrecht/*Matthes*, 2. Aufl. 2000, § 333 Rz. 8 ff.; *Schaub*, Arbeitsrechts-Handbuch, 9. Aufl. 2000, § 235 Rz. 61 ff.; *Lingemann/Diller/Mengel*, NZA 2000, S. 1197; *Baeck/Diller*, DB 1998, S. 1410 ff.; *Röder*, NZA 1987, S. 804 ff.; *Schanz*, NZA 2000, S. 633; *Tepass* in: Harrer (Hrsg.), 2000, Rz. 373 ff.; *Hanau*, ZGR 1985, 5. Sonderheft, S. 120.

[265] Vgl. *Fitting/Kaiser/Heither/Engels*, Betriebsverfassungsgesetz, 21. Aufl. 2002, § 87 BetrVG Rz. 445; Erfurter Kommentar zum Arbeitsrecht/*Hanau/Kania*, 2. Aufl. 2001, § 87 BetrVG Rz. 108.

[266] Vgl. *Fitting/Kaiser/Heither/Engels*, Betriebsverfassungsgesetz, 21. Aufl. 2002, § 87 BetrVG Rz. 450; Erfurter Kommentar zum Arbeitsrecht/*Hanau/Kania*, 2. Aufl. 2001, § 87 BetrVG Rz. 109.

1121 Das Mitbestimmungsrecht des Betriebsrats setzt bei der Ausgestaltung der freiwilligen Leistungen ein, insbesondere bei der Aufstellung der Verteilungsgrundsätze.[267] Der Betriebsrat hat also mitzubestimmen über die Grundsätze, nach denen die vom Arbeitgeber zur Verfügung gestellten Mittel verteilt werden sollen.[268]

1122 Der Arbeitgeber kann also mitbestimmungsfrei darüber entscheiden, ob er den Arbeitnehmern Optionen gewähren will. Auch die Anzahl der Optionen sowie der Preis, zu dem die Aktie bei Ausübung der Option ggf. erworben werden kann (sog. Ausübungspreis) unterliegen der Entscheidungsfreiheit des Arbeitgebers. Daneben kann der Arbeitgeber mitbestimmungsfrei entscheiden, für welchen Zeitraum die Optionen gewährt werden, an welche Bedingungen (zum Beispiel Erfolgsziele) die Ausübung der Optionen geknüpft wird sowie schließlich den Kreis der bezugsberechtigten Personen bestimmen. Auch mitbestimmungsfrei ist die Vorgabe des Unternehmens, wie aktienrechtlich die Bedienung der Optionen erfolgen soll.[269]

1123 Das Mitbestimmungsrecht des Betriebsrats gemäß § 87 Abs. 1 Nr. 10 BetrVG setzt erst bei der Ausgestaltung des Stock-Option-Plans ein. Der erzwingbaren Mitbestimmung unterliegt dabei maßgeblich die Verteilung des vom Arbeitgeber zur Verfügung gestellten Dotierungsrahmens auf die begünstigten Arbeitnehmer.[270] Der Betriebsrat hat mitzubestimmen, ob die vom Arbeitgeber zur Verfügung zu stellenden Optionen gleichmäßig auf alle Arbeitnehmer oder bestimmte Arbeitnehmergruppen verteilt werden oder eine Staffelung nach Betriebszugehörigkeit, Gehaltshöhe oder sonstigen Kriterien vorgesehen werden soll.

1124 Darüber hinaus ist der Betriebsrat zu beteiligen, wenn die Gewährung der Optionen unter Bedingungen gestellt wird, die an die Einräumung und den Fortbestand der Vergünstigung anknüpfen. Auch solche Bedingungen betreffen die Ausgestaltung der Optionsgewährung und unterliegen daher der erzwingbaren Mitbestimmung. Regelungsbedürftige Bedingungen des Stock-Option-Plans sind Verfall- und Bindungsfristen sowie Ausübungsfristen.[271]

1125 Aus diesem eingeschränkten Mitbestimmungsrecht des Betriebsrats folgt auch ein begrenztes Initiativrecht des Betriebsrats, d.h. er kann nicht einen höheren Dotierungsrahmen durchsetzen.[272] Kann zwischen den Betriebsparteien keine Einigung über die Verteilungsgrundsätze erzielt werden, können Arbeitgeber oder Betriebsrat die Einigungsstelle anrufen. Da Gegenstand dieses Einigungsstellenverfahrens aber die Verteilungsgrundsätze einer freiwilligen Leistung des

---

[267] Vgl. *Fitting/Kaiser/Heither/Engels*, Betriebsverfassungsgesetz, 21. Aufl. 2002, § 87 BetrVG Rz. 453; Erfurter Kommentar zum Arbeitsrecht/*Hanau/Kania*, 2. Aufl. 2001, § 87 BetrVG Rz. 110.

[268] Vgl. *BAG* vom 26. 5. 1998, AP Nr. 98 zu § 87 BetrVG 1972 Lohngestaltung.

[269] Vgl. *Tepass* in: Harrer (Hrsg.), 2000, Rz. 379.

[270] Vgl. *Baeck/Diller*, DB 1998, S. 1411; *Legerlotz/Laber*, DStR 1999, S. 1666; *Lingemann/Diller/Martin*, NZA 2000, S. 1197.

[271] Vgl. *Baeck/Diller*, DB 1998, S. 1411; *Tepass* in: Harrer (Hrsg.), 2000, Rz. 379; *Legerlotz/Laber*, DStR 1999, S. 1666.

[272] Vgl. GK-BetrVG/*Wiese*, 6. Aufl. 1998, § 87 BetrVG Rz. 835; *Stege/Weinspach*, Betriebsverfassungsgesetz, 8. Aufl. 1999, § 87 BetrVG Rz. 172 a; *Fitting/Kaiser/Heither/Engels*, Betriebsverfassungsgesetz, 21. Aufl. 2002, § 87 BetrVG Rz. 441.

VIII. Optionen und betriebliche Mitbestimmung

Arbeitgebers sind, hat der Arbeitgeber auch die Möglichkeit, auf die Gewährung der Leistungen zu verzichten.[273]

Durch das Mitbestimmungsrecht kann der Arbeitgeber nicht gehindert werden, die freiwilligen Leistungen mitbestimmungsfrei einzuschränken oder ganz abzuschaffen.[274] Der Arbeitgeber wird daher bereits regelmäßig bei der Information des Betriebsrats klarstellen, dass hinsichtlich der von ihm gewünschten Konditionen der Optionsgewährung kein Verhandlungsspielraum besteht. Will der Betriebsrat dennoch sein erzwingbares Mitbestimmungsrecht zur Änderung der Ausgestaltung des Stock-Option-Plans durchsetzen, „droht" der Arbeitgeber häufig damit, die Optionsgewährung zu unterlassen. Auch wenn durch diese Vorgehensweise letztlich das Mitbestimmungsrecht des Betriebsrats gemäß § 87 Abs. 1 Nr. 10 BetrVG unterlaufen wird, ist diese Vorgehensweise des Arbeitgebers nicht rechtsmissbräuchlich. Da die Optionsgewährung eine freiwillige Leistung des Arbeitgebers ist, kann er sowohl vor als auch nach einer Einigung des Betriebsrats über die Ausgestaltungsfragen die Entscheidung treffen, von der Einführung eines Stock-Option-Plans abzusehen.[275]

1126

c) Ausübung des Mitbestimmungsrechts

Von entscheidender Bedeutung für die Ausübung des Mitbestimmungsrechts ist das Initiativrecht des Betriebsrats. Im Rahmen seiner Mitbestimmungsrechte aus § 87 Abs. 1 BetrVG kann der Betriebsrat ohne Tätigwerden des Arbeitgebers eine Regelung auf dem Gebiet der in § 87 Abs. 1 BetrVG enthaltenen sozialen Angelegenheiten anstreben.[276] Das Initiativrecht hängt vom Umfang des jeweiligen Mitbestimmungsrechts ab.[277] Steht dem Betriebsrat das Mitbestimmungsrecht hinsichtlich der Entscheidung der Einführung einer freiwilligen Leistung des Arbeitgebers nicht zu, ist auch sein Initiativrecht entsprechend eingeschränkt.[278] Bei der Gewährung von Optionen hat der Betriebsrat erst eine Entscheidung des Arbeitgebers über das Ob, den Umfang, den begünstigten Personenkreis und den Zweck der Leistung abzuwarten, bevor er dem Arbeitgeber Vorschläge über die Verteilungsgrundsätze unterbreiten kann.

1127

Das Mitbestimmungsrecht des Betriebsrats nach § 87 Abs. 1 Nr. 10 BetrVG wird gewahrt, wenn sich die Betriebsparteien über die Maßnahme der Lohngestaltung einigen.[279] Die mitbestimmungspflichtigen Tatbestände können durch

1128

---

[273] Vgl. *Fitting/Kaiser/Heither/Engels,* Betriebsverfassungsgesetz, 21. Aufl. 2002, § 87 BetrVG Rz. 448.
[274] Vgl. *BAG* vom 10. 2. 1988, AP Nr. 33 zu § 87 BetrVG 1972 Lohngestaltung; *BAG* vom 26. 4. 1988, AP Nr. 16 zu § 87 BetrVG 1972 Altersversorgung; *Richardi,* Betriebsverfassungsgesetz, 8. Aufl. 2002, § 87 BetrVG Rz. 771.
[275] Vgl. *Baeck/Diller,* DB 1998, S. 1411; *Legerlotz/Laber,* DStR 1999, S. 1666.
[276] Vgl. *Fitting/Kaiser/Heither/Engels,* Betriebsverfassungsgesetz, 21. Aufl. 2002, § 87 BetrVG Rz. 489 f.; *Stege/Weinspach,* Betriebsverfassungsgesetz, 8. Aufl. 1999, § 87 BetrVG Rz. 19 f.; GK-BetrVG/*Wiese,* 6. Aufl. 1998, § 87 BetrVG Rz. 135 f.
[277] Vgl. *Stege/Weinspach,* Betriebsverfassungsgesetz, 8. Aufl. 1999, § 87 BetrVG Rz. 20; GK-BetrVG/*Wiese,* 6. Aufl. 1998, § 87 BetrVG Rz. 138.
[278] Vgl. *Fitting/Kaiser/Heither/Engels,* Betriebsverfassungsgesetz, 21. Aufl. 2002, § 87 BetrVG Rz. 489; GK-BetrVG/*Wiese,* 6. Aufl. 1998, § 87 BetrVG Rz. 833, 836 ff., 841, 850 f., 861 und 949.
[279] Vgl. *Stege/Weinspach,* Betriebsverfassungsgesetz, 8. Aufl. 1999, § 87 BetrVG Rz. 3; GK-BetrVG/*Wiese,* 6. Aufl. 1998, § 87 BetrVG Rz. 96 ff.; *Richardi,* Betriebsverfassungsgesetz, 8. Aufl. 2002, § 87 BetrVG Rz. 76.

Betriebsvereinbarung oder auch formlose Regelungsabrede vereinbart werden, bedürfen also keiner bestimmten Form.[280]

1129 Da es sich bei den Mitbestimmungsrechten nach § 87 Abs. 1 BetrVG um erzwingbare Rechte handelt, kann im Falle des Fehlschlagens der Verhandlungen zwischen den Betriebsparteien die Einigungsstelle (§ 76 BetrVG) von Arbeitgeber oder Betriebsrat angerufen werden.[281] Der Spruch der Einigungsstelle ersetzt dann die fehlende Einigung. Das Recht des Betriebsrats, die Einigungsstelle anzurufen, hängt von dem Ausmaß des Initiativrechts ab, denn letztlich ist das Einigungsstellenverfahren die verfahrensrechtliche Flankierung seines Initiativrechts.[282] Aufgrund des eingeschränkten Beteiligungsrechts des Betriebsrats bei der Gewährung von Optionen kann er die Einigungsstelle nur hinsichtlich der mitbestimmungspflichtigen Fragen der Ausgestaltung der Optionsgewährung, insbesondere hinsichtlich der Verteilungsgrundsätze, anrufen. Der Einigungsstellenspruch kann jedoch nicht vom Betriebsrat über die mitbestimmungsfreien Entscheidungen des Arbeitgebers über das „Ob", den Dotierungsrahmen, den Zeitraum, den Zweck und den begünstigten Personenkreis gegen den Willen des Arbeitgebers erzwungen werden.

2. Rechtsfolgen eines Verstoßes gegen das Mitbestimmungsrecht

1130 Bei einem Verstoß gegen das Mitbestimmungsrecht aus § 87 Abs. 1 Nr. 10 BetrVG durch den Arbeitgeber, also bei Durchführung einer mitbestimmungspflichtigen Maßnahme ohne Mitwirkung des Betriebsrats, kann der Betriebsrat die Wahrung seiner Rechte zum einen gerichtlich geltend machen. Die neuere Rechtsprechung gewährt dem Betriebsrat mittlerweile einen Unterlassungs-[283] und Beseitigungsanspruch[284] gegen die trotz fehlender (wirksamer) Zustimmung des Betriebsrats durchgeführte Maßnahme. Gegen diese Rechtsprechung wenden sich zwar zahlreiche Stimmen im arbeitsrechtlichen Schrifttum;[285] dem Arbeitgeber ist aber eine Orientierung an der Rechtsprechung des Bundesarbeitsgerichts zu empfehlen.

1131 Hat der Arbeitgeber freiwillige Leistungen unter Missachtung des Mitbestimmungsrechts des Betriebsrats über die Verteilungsgrundsätze gewährt, kann dies zum anderen zu einer Erhöhung des Dotierungsrahmens führen.[286] Aus dem

---

[280] Vgl. *Richardi*, Betriebsverfassungsgesetz, 8. Aufl. 2002, § 87 BetrVG Rz. 76; GK-BetrVG/*Wiese*, 6. Aufl. 1998, § 87 BetrVG Rz. 86 ff.; *Stege/Weinspach*, Betriebsverfassungsgesetz, 8. Aufl. 1999, § 87 BetrVG Rz. 22 f.

[281] Vgl. *Richardi*, Betriebsverfassungsgesetz, 8. Aufl. 2002, § 76 BetrVG Rz. 6; *Stege/Weinspach*, Betriebsverfassungsgesetz, 8. Aufl. 1999, § 87 BetrVG Rz. 38 ff.; GK-BetrVG/*Wiese*, 6. Aufl. 1998, § 87 BetrVG Rz. 1039 ff.; *Baeck/Diller*, DB 1998, S. 1412.

[282] GK-BetrVG/*Wiese*, 6. Aufl. 1998, § 87 BetrVG Rz. 1041.

[283] *BAG* vom 3.5.1994, BB 1994, S. 2273; *BAG* vom 23.7.1996, BB 1887, 452; *Baeck/Diller*, DB 1998, S. 1412; *v. Hoyningen-Huene*, NZA 1998, S. 1088 f.; *Richardi*, Betriebsverfassungsgesetz, 8. Aufl. 2002, § 87 BetrVG Rz. 139 ff.; *Fitting/Kaiser/Heither/Engels*, Betriebsverfassungsgesetz, 21. Aufl. 2002, § 87 BetrVG Rz. 491.

[284] *BAG* vom 16.6.1998, BB 1999, S. 55; *Fitting/Kaiser/Heither/Engels*, Betriebsverfassungsgesetz, 21. Aufl. 2002, § 87 BetrVG Rz. 491; kritisch: *v. Hoyningen-Huene*, NZA 1998, S. 1088 f.

[285] Vgl. *Stege/Weinspach*, Betriebsverfassungsgesetz, 8. Aufl. 1999, § 87 BetrVG Rz. 3 b f.; GK-BetrVG/*Wiese*, 6. Aufl. 1998, § 87 BetrVG Rz. 98 ff.

[286] Vgl. *BAG* vom 14.6.1994, NZA 1995, S. 543; *Baeck/Diller*, DB 1998, S. 1412; *Legerlotz/Laber*, DStR 1999, S. 1667.

VIII. Optionen und betriebliche Mitbestimmung

Grundsatz von Treu und Glauben gemäß § 242 BGB folgt, dass der Arbeitgeber die Zuteilung für Arbeitnehmer, die bereits nach den mitbestimmungswidrig geschaffenen Entlohnungsgrundsätzen gearbeitet und damit Ansprüche erworben haben, nicht wieder zurücknehmen kann.[287] Reicht der vom Arbeitgeber zur Verfügung gestellte Dotierungsrahmen nicht aus, um auch die Ansprüche der als Folge der Beteiligung des Betriebsrats begünstigten Arbeitnehmer auszugleichen, hat der Arbeitgeber die vorgesehenen Mittel zu erhöhen. Hierzu ist auch keine Durchbrechung des Grundsatzes, dass der Arbeitgeber den Dotierungsrahmen mitbestimmungsfrei festsetzen kann, zu sehen, da die zusätzliche Belastung als Folge des rechtswidrigen Vorgehens dem Arbeitgeber zuzurechnen ist.[288]

Gerade vor diesem Hintergrund ist dem Arbeitgeber zu empfehlen, einen in seinem Betrieb bestehenden Betriebsrat rechtzeitig vor der Einführung eines Stock-Option-Plans zu beteiligen und mit ihm eine Einigung in Form einer Betriebsvereinbarung oder Regelungsabrede herbeizuführen. 1132

a) § 87 Abs. 1 Nr. 8 BetrVG

Dem Betriebsrat kann hinsichtlich der Gewährung von Optionen auch ein erzwingbares Mitbestimmungsrecht gemäß § 87 Abs. 1 Nr. 8 BetrVG zustehen. Voraussetzung ist, dass die Beteiligungen der Arbeitnehmer in eine Vermögensbeteiligungsgesellschaft eingebracht werden. 1133

Eine Vermögensbeteiligungsgesellschaft ist eine Sozialeinrichtung im Sinne des § 87 Abs. 1 Nr. 8 BetrVG, also ein zweckgebundenes Sondervermögen mit einer abgrenzbaren, auf Dauer gerichteten und der Verwaltung bedürftigen Organisation, das objektiv dem Wohle der Arbeitnehmer dient.[289] Als speziellere Grundlage hat dieses Mitbestimmungsrecht Vorrang vor dem Mitbestimmungsrecht nach § 87 Abs. 1 Nr. 10 BetrVG. Die Einbringung von Optionen in eine Vermögensbeteiligungsgesellschaft ist allerdings unüblich, so dass diesem Mitbestimmungsrecht des Betriebsrates in der Praxis kaum Bedeutung zukommt. 1134

b) § 88 Nr. 3 BetrVG

§ 88 BetrVG erlaubt den Abschluss von freiwilligen Betriebsvereinbarungen in allen sozialen Angelegenheiten. Während die Vorschrift des § 87 BetrVG die sozialen Angelegenheiten abschließend benennt, in denen dem Betriebsrat ein erzwingbares Mitbestimmungsrecht zusteht, können auf Grundlage des § 88 BetrVG darüber hinaus in allen anderen sozialen Angelegenheiten, die nicht notwendig mitbestimmungspflichtig sind, freiwillige Betriebsvereinbarungen zwischen den Betriebsparteien abgeschlossen werden.[290] Im Anwendungsbereich des § 88 BetrVG hat der Betriebsrat kein Initiativrecht wie bei § 87 BetrVG. Eine Regelung kann nur einverständlich zwischen Arbeitgeber und Betriebsrat getroffen werden.[291] 1135

---

[287] Vgl. GK-BetrVG/*Wiese*, 6. Aufl. 1998, § 87 BetrVG Rz. 125.
[288] Vgl. *BAG* vom 14. 6. 1994, NZA 1995, S. 543.
[289] Vgl. *Röder*, NZA 1987, S. 805; GK-BetrVG/*Wiese*, 6. Aufl. 1998, § 87 BetrVG Rz. 678; *Stege/Weinspach*, Betriebsverfassungsgesetz, 8. Aufl. 1999, § 87 Rz. 135 ff.
[290] Vgl. Erfurter Kommentar zum Arbeitsrecht/*Hanau/Kania*, 2. Aufl. 2001, § 88 BetrVG Rz. 1.
[291] GK-BetrVG/*Wiese*, 6. Aufl. 1998, § 88 BetrVG Rz. 3 ff.; *Richardi*, Betriebsverfassungsgesetz, 8. Aufl. 2002, § 88 BetrVG Rz. 2; *Stege/Weinspach*, Betriebsverfassungsgesetz, 8. Aufl. 1999, § 88

1136 § 88 BetrVG nennt nur beispielhaft zulässige Regelungsgegenstände einer freiwilligen Betriebsvereinbarung.[292]

1137 § 88 Nr. 3 BetrVG eröffnet die Möglichkeit zum Abschluss einer freiwilligen Betriebsvereinbarung zur Förderung der Vermögensbildung. In § 2 des 5. VermbG, dessen Umsetzung gemäß § 10 Abs. 1 5. VermbG ausdrücklich durch Betriebsvereinbarung geregelt werden kann, wird explizit die Ausgabe von Aktien an Arbeitnehmer als Möglichkeit der Vermögensbildung vorgesehen.

1138 Vom Begriff der vermögenswirksamen Leistungen im Sinne des 5. VermBG werden einerseits vom Arbeitgeber an den Arbeitnehmer gewährte Geldleistungen und zum anderen Aufwendungen des Arbeitnehmers von seinem Arbeitsentgelt erfasst.[293] Die Förderung der Vermögensbildung erfolgt für die in § 2 Abs. 1 Nr. 1 bis 8 5. VermBG aufgeführten Anlageformen. Zu den nach dem 5. VermBG vorgesehenen Anlageformen gehört auch die Gewährung von Aktien am Unternehmen des Arbeitgebers. Bei Ausübung der Optionen erwirbt der Arbeitnehmer die Aktien, so dass ein Wertpapier-Kaufvertrag i.S.d. § 5 des 5. VermBG geschlossen wird. Mit diesem Vertrag erwirbt der Arbeitnehmer die Vermögensbeteiligung unmittelbar vom Arbeitgeber, wobei eine Vermittlungsleistung von Kreditinstituten nicht notwendig ist.[294] Eine Förderung nach dem 5. VermBG kann daher zum Zeitpunkt der Ausübung der Optionen erfolgen.[295] § 88 Nr. 3 BetrVG wurde schließlich auch gerade im Hinblick auf das 5. VermbG in den Gesetzeswortlaut übernommen.[296]

1139 Demnach ist die Umsetzung eines Stock-Option-Plans durch freiwillige Betriebsvereinbarung unter § 88 Nr. 3 BetrVG zu fassen.

1140 Zu beachten ist in diesem Zusammenhang die Sperrwirkung des § 77 Abs. 3 BetrVG, wonach die Vereinbarung von bereits oder üblicherweise tariflich geregelten Fragen durch Betriebsvereinbarung verboten ist, es sei denn, der Tarifvertrag lässt eine betriebliche Regelung ausdrücklich zu. Innerhalb dieser Schranke des § 77 Abs. 3 BetrVG kann jede durch Tarifvertrag gemäß § 1 TVG regelbare Angelegenheit grundsätzlich Gegenstand einer freiwilligen Betriebsvereinbarung sein.[297]

1141 Im arbeitsrechtlichen Schrifttum wird vertreten, dass die Gewährung von Optionen an Arbeitnehmer nicht (flächen-)tariflich regelbar sei.[298] Als Begründung wird maßgeblich darauf abgestellt, dass durch arbeitsrechtliche Koalitionen, also Arbeitgeberverbände und Gewerkschaften, nicht in die (Grund-)Rechte der einzelnen Arbeitgeber eingegriffen werden dürfe, wie dies durch die (normativ wir-

---

BetrVG Rz. 1 ff.; *Fitting/Kaiser/Heither/Engels*, Betriebsverfassungsgesetz, 21. Aufl. 2002, § 88 BetrVG Rz. 6.

[292] Vgl. *Richardi*, Betriebsverfassungsgesetz, 8. Aufl. 2002, § 88 BetrVG Rz. 2; *Stege/Weinspach*, Betriebsverfassungsgesetz, 8. Aufl. 1999, § 88 BetrVG Rz. 6 ff.; GK-BetrVG/*Wiese*, 6. Aufl. 1998, § 88 BetrVG Rz. 7 ff.; *Fitting/Kaiser/Heither/Engels*, Betriebsverfassungsgesetz, 21. Aufl. 2002, § 88 BetrVG Rz. 2.

[293] Vgl. Münchener Handbuch Arbeitsrecht/*Hanau*, 2. Aufl. 2000, § 70 Rz. 28.

[294] Vgl. *Küttner/Bauer*, Personalhandbuch 2001, 8. Aufl. 2001, § 307 Rz. 5.

[295] *Kau/Kukat*, BB 99, S. 2505; *Baeck/Diller*, DB 1998, S. 1410.

[296] Vgl. GK-BetrVG/*Wiese*, 6. Aufl. 1998, § 88 BetrVG Rz. 22 f.; *Stege/Weinspach*, Betriebsverfassungsgesetz, 8. Aufl. 1999, § 88 BetrVG Rz. 9; *Loritz*, DB 1985, S. 536 f. m.w.N.

[297] *BAG* GS vom 7.11.1989, AP Nr. 46 zu § 77 BetrVG 1972; GK-*Wiese*, Betriebsverfassungsgesetz, 6. Aufl. 1998, § 88 BetrVG Rz. 6.

[298] Vgl. dazu im Einzelnen nachstehend Rz. 1082.

kende) tarifliche Verpflichtung zur Ausgabe von Unternehmensbeteiligungen an Arbeitnehmer geschehe.²⁹⁹ Da aus diesen Gründen die Gewährung von Optionen grundsätzlich nicht (flächen-)tariflich regelbar sei, fehle auch den Betriebspartnern eine Regelungskompetenz.³⁰⁰

Diese Schlussfolgerung lässt außer Acht, dass die Regelungskompetenzen der Tarifparteien und der Betriebsparteien nicht kongruent sein müssen.³⁰¹ Die Betriebsparteien sind in wesentlichen Punkten von den „Tarifkartellen" zu unterscheiden. Diese Unterschiede ergeben sich aus der verschiedenen Gruppenzusammensetzung und der unterschiedlichen (betriebs-)verfassungsmäßigen Ausgestaltung. 1142

§ 88 Nr. 3 BetrVG sieht vor, dass Maßnahmen zur Förderung der Vermögensbildung durch freiwillige Betriebsvereinbarung geregelt werden können. Es überzeugt nicht, eine solche ausdrückliche gesetzliche Ermächtigung durch eine Begrenzung der Tarifautonomie aufzuheben. 1143

Ergänzend sei hier nur auf den Beschluss des Bundesverfassungsgerichts vom 3.4.2001³⁰² hingewiesen, in dem herausgestellt wird, dass „den Tarifvertragsparteien in dem für tarifvertragliche Regelungen offen stehenden Bereich zwar ein Normsetzungsrecht, aber kein Normsetzungsmonopol" zusteht. Wenn der Gesetzgeber aber – bei verfassungsrechtlicher Rechtfertigung – in die Grundrechte der Tarifkoalitionen eingreifen darf, spricht letztlich nichts gegen dessen Befugnis zur Delegation an die Betriebspartner. Die Delegation an die Betriebspartner ist auch sachgerecht, denn eine Mitarbeiterbeteiligung kann sinnvoll nur vom Arbeitgeber für seine eigene Belegschaft geplant werden. Nur er kann die wirtschaftliche Situation unter Berücksichtigung der gesellschaftsrechtlichen Organisationsform richtig einschätzen und dementsprechende Beteiligungsmodelle erstellen.³⁰³ Unseres Erachtens steht deshalb der Tarifvorbehalt des § 77 Abs. 3 BetrVG der Befugnis der Betriebsparteien zur Regelung von Fragen der Mitarbeiterbeteiligung nicht entgegen. 1144

c) Freiwillige und erzwingbare Beteiligung bei Optionen

Die betriebliche Vermögensbildung ist in § 88 Nr. 3 BetrVG als ein nicht erzwingbares Mitbestimmungsrecht mit der Befugnis zum Abschluss einer freiwilligen Betriebsvereinbarung genannt. Daraus könnte gefolgert werden, der Gesetzgeber habe diese Materie aus dem Anwendungsbereich der erzwingbaren Mitbestimmung des § 87 Abs. 1 Nr. 10 BetrVG herausnehmen wollen. § 88 Nr. 3 BetrVG würde § 87 Abs. 1 Nr. 10 BetrVG verdrängen.³⁰⁴ 1145

Dem kann nicht zugestimmt werden. § 87 Abs. 1 Nr. 10 BetrVG ist weit auszulegen und erfasst alle vermögenswerten Leistungen des Arbeitgebers.³⁰⁵ Nur so 1146

---

²⁹⁹ Vgl. *Ricken*, NZA 1999, S. 241 f.; *Loritz*, DB 1985, S. 532 ff.
³⁰⁰ Vgl. *Ricken*, NZA 1999, S. 236 ff. m.w.N.
³⁰¹ Insoweit verweist *Ricken*, NZA 1991, S. 241 (Fn. 54) zutreffend auf die unterschiedliche Gruppenautonomie der beteiligten Parteien. Vgl. auch *Röder*, NZA 1987, S. 805.
³⁰² BVerfG vom 3.4.2001, ZiP 2001, S. 1066 ff.
³⁰³ Vgl. *Loritz*, DB 1985, S. 533 f.
³⁰⁴ *Loritz*, DB 1985, S. 536 scheint zu dieser Auslegung zu tendieren; vgl. auch *Baeck/Diller*, DB 1998, S. 1410.
³⁰⁵ Vgl. *Stege/Weinspach*, Betriebsverfassungsgesetz, 8. Aufl. 1999, § 88 BetrVG Rz. 164; *Tepass* in: Harrer (Hrsg.), 2000, Rz. 374; *Baeck/Diller*, DB 1998, S. 1408; *Legerlotz/Laber*, DStR 1999, S. 1665; *v. Hoyningen-Huene*, NZA 1998, S. 1087.

ist sicherzustellen, dass der Arbeitgeber nicht eine einseitig an seinen Interessen orientierte Lohngestaltung vornimmt oder mit Hilfe eines Stock-Option-Plans die innerbetriebliche Lohngerechtigkeit unterläuft.[306] Wesensmerkmal der Gewährung von Optionen als Unternehmensbeteiligung ist, dass sie gerade den Mitarbeitern eines Unternehmens und nicht unternehmensfremden Dritten gewährt werden.

1147 Auch nach Auffassung des Bundesarbeitsgerichts sind beide Normen nebeneinander anzuwenden.[307] Die erzwingbare Mitbestimmung des § 87 Abs. 1 Nr. 10 BetrVG wird nicht durch § 88 Nr. 3 BetrVG verdrängt.

1148 Der Arbeitgeber kann die mitbestimmungsfreien Entscheidungen über die Einführung eines Stock-Option-Plans, die Gesamtzahl der zur Verfügung gestellten Optionen, den Bezugspreis der Aktien, den Zweck und die Dauer der Optionsgewährung sowie den begünstigten Personenkreis[308] in einer freiwilligen Betriebsvereinbarung regeln, während die Aufteilung der Optionen innerhalb der Arbeitnehmergruppen der erzwingbaren Mitbestimmung unterliegen.[309]

d) Weitere Schranken der betrieblichen Mitbestimmung

1149 Bei der Einführung und Ausgestaltung eines Stock-Option-Plans haben die Betriebsparteien zu beachten, dass eine Betriebsvereinbarung[310] über die Einführung eines Stock-Option-Plans weiteren Schranken unterliegen kann.

1150 Als Schranke der Betriebsautonomie ist von den Betriebsparteien der Vorrang tariflicher Regelungen gemäß § 87 Abs. 1 Einleitungssatz BetrVG zu beachten. Eine weitere Schranke der Regelungskompetenz der Betriebsparteien ist der Individualbereich des Arbeitnehmers. Dieser kann durch die in einer Betriebsvereinbarung vorgesehene Verpflichtung des Arbeitnehmers, Aktionär zu werden, oder durch eine Lohnverwendungsabrede der Betriebsparteien tangiert werden.

1151 Von den Betriebsparteien sind der Tarifvorrang, die Koalitions- und Vereinigungsfreiheit der Arbeitnehmer sowie die Verfügungsmöglichkeiten hinsichtlich des Arbeitsentgelts als Schranken der Betriebsautonomie zu beachten.

aa) Tarifvorrang als Schranke der Mitbestimmung

1152 Praktisch von Bedeutung ist, dass das Mitbestimmungsrecht des Betriebsrats für die Ausgestaltung eines Stock-Option-Plans entfallen kann, soweit eine tarifliche Regelung der Angelegenheit besteht (§ 87 Abs. 1 Einleitungssatz BetrVG). Voraussetzung ist, dass die tarifliche Regelung abschließend ist, also nicht so gestaltet ist, dass sie durch eine betriebliche Regelung ergänzt werden muss oder kann.[311] Der Tarifvertrag selbst muss eine ausreichende materielle Regelung der Angelegenheit enthalten. Treffen die Tarifvertragsparteien über eine bestimmte

---

[306] Vgl. nur *Tepass* in: Harrer (Hrsg.), 2000, Rz. 373; *Legerlotz/Laber*, DStR 1999, S. 1665.
[307] *BAG* vom 28.11.1989, AP Nr. 6 zu § 88 BetrVG 1972 (mit Anm. Frey); *Richardi*, Betriebsverfassungsgesetz, 8. Aufl. 2002, § 88 BetrVG Rz. 31; a.A. *Wagner*, Kapitalbeteiligung von Mitarbeitern und Führungskräften, 1999, Rz. 204.
[308] Vgl. *Baeck/Diller*, DB 1998, S. 1410 ff.
[309] Vgl. *Legerlotz/Laber*, DStR 1999, S. 1665.
[310] Falls Arbeitgeber und Betriebsrat nicht eine Betriebsvereinbarung, sondern eine Regelungsabrede abschließen, gelten die folgenden Ausführungen entsprechend.
[311] *BAG* vom 18.3.1976, AP Nr. 4 zu § 87 BetrVG 1972 Altersversorgung; *BAG* [GS] vom 3.12.1991, AP Nr. 51 zu § 87 BetrVG 1972 Lohngestaltung; *Richardi*, Betriebsverfassungsgesetz, 8. Aufl. 2002, § 87 BetrVG Rz. 161; Erfurter Kommentar zum Arbeitsrecht/*Hanau/Kania*, 2. Aufl. 2001, § 87 BetrVG Rz. 16.

VIII. Optionen und betriebliche Mitbestimmung

Angelegenheit keine Regelung, bleibt es beim Mitbestimmungsrecht des Betriebsrats.[312] Bislang sind keine tariflichen Regelungen über die Gewährung von Optionen bekannt geworden. Solange keine tarifliche Regelung über die Gewährung von Optionen besteht, greift auch der Tarifvorrang gemäß § 87 Abs. 1 Einleitungssatz BetrVG nicht ein.

bb) Regelungskompetenz der Betriebsparteien als Schranke der Mitbestimmung

Problematisch ist, ob eine Verpflichtung des Arbeitnehmers zur Beteiligung am Unternehmen durch die Gewährung von Optionen auf Grundlage einer Betriebsvereinbarung begründet werden darf. Eine solche Verpflichtung würde auf einen Zwang für den Arbeitnehmer hinauslaufen, Aktionär bzw. Gesellschafter zu werden. 1153

Die Rechtsetzung durch Betriebsvereinbarung hat ihre Grundlage in der Betriebsautonomie.[313] Die Befugnis der Betriebsparteien, mit einer Betriebsvereinbarung im Rahmen ihrer funktionellen Zuständigkeit das Arbeitsverhältnis und betriebliche Fragen zu gestalten, besteht nicht unbegrenzt.[314] Eine Schranke für die Regelungskompetenz besteht neben dem Vorrang von Gesetz und Tarifvertrag auch für den Individualbereich des Arbeitnehmers (sog. notwendiger Individualschutz vor der Kollektivnorm).[315] 1154

Dieser Individualbereich des Arbeitnehmers ist tangiert, wenn er durch eine Betriebsvereinbarung verpflichtet wird, Aktionär bzw. Gesellschafter des arbeitgebenden Unternehmens zu werden.[316] Die Einräumung einer Unternehmensbeteiligung ist für den einzelnen Arbeitnehmer aufgrund der damit verbundenen Rechte und Pflichten derart weit reichend, dass eine entsprechende Betriebsvereinbarung in die durch Art. 2 Abs. 1 GG geschützte Privatsphäre eingreift. Auch begrenzt die ebenfalls durch Art. 2 Abs. 1 GG garantierte Vertragsfreiheit die Betriebsautonomie dahingehend, dass der Arbeitnehmer nicht ohne seine Zustimmung zum Abschluss eines Rechtsverhältnisses gezwungen werden darf.[317] Schließlich kann eine Zwangsmitgliedschaft des Arbeitnehmers in einem Unternehmen auch gegen Art. 9 Abs. 1 GG verstoßen, da jedem Arbeitnehmer das Recht zur negativen Vereinigungsfreiheit zusteht. Der Arbeitnehmer kann nicht gezwungen werden, einer Vereinigung (oder) Gesellschaft gegen seinen Wunsch beizutreten.[318] 1155

Arbeitgeber und Betriebsrat können daher in einer Betriebsvereinbarung nicht die Verpflichtung des Arbeitnehmers vorsehen, Aktionär bzw. Gesellschafter zu werden. Durch Betriebsvereinbarung kann lediglich die Verpflichtung des Arbeitgebers geregelt werden, den Arbeitnehmern Optionen zu gewähren. Als 1156

---

[312] *BAG* vom 18.4.1989, AP Nr. 18 zu § 87 BetrVG 1972 Tarifvorrang; *BAG* vom 21.9.1993, AP Nr. 62 zu § 87 BetrVG 1972 Arbeitszeit; Erfurter Kommentar zum Arbeitsrecht/*Hanau/Kania*, 2. Aufl. 2001, § 87 BetrVG Rz. 16.

[313] Vgl. *Richardi*, Betriebsverfassungsgesetz, 8. Aufl. 2002, § 77 BetrVG Rz. 64 ff.

[314] Vgl. *Fitting/Kaiser/Heither/Engels*, Betriebsverfassungsgesetz, 21. Aufl. 2002, § 77 BetrVG Rz. 52.

[315] Vgl. *Fitting/Kaiser/Heither/Engels*, Betriebsverfassungsgesetz, 21. Aufl. 2002, § 77 BetrVG Rz. 55; *Richardi*, Betriebsverfassungsgesetz, 8. Aufl. 2002, § 77 BetrVG Rz. 94 ff.; Münchener Handbuch Arbeitsrecht/*Matthes*, 2. Aufl. 2000, § 327 Rz. 55; GK-BetrVG/*Kreutz*, 6. Aufl. 1998, § 77 BetrVG Rz. 270.

[316] So im Ergebnis auch: *Baeck/Diller*, DB 1998, S. 1411; *Legerlotz/Laber*, DStR 1999, S. 1659.

[317] Vgl. *Loritz*, DB 1985, S. 537; *Legerlotz/Laber*, DStR 1999, S. 1659.

[318] Vgl. *Maunz/Dürig/Herzog/Scholz*, Grundgesetz, Stand Oktober 1999, Art. 9 GG Rz. 93.

rechtlicher Rahmen regelt die Betriebsvereinbarung, welche Arbeitnehmer zu bestimmten Bedingungen einen Anspruch auf das Angebot des Arbeitgebers, Optionen zu gewähren, haben.[319]

cc) Verfügung über Arbeitsentgelt

1157   Eine weitere Schranke für die Gewährung von Optionen auf Grundlage einer Betriebsvereinbarung ist im Zusammenhang mit dem Erwerb einer Beteiligung zu sehen. Soll dem Arbeitnehmer anstelle eines Teils seines Arbeitsentgelts kraft Betriebsvereinbarung eine Beteiligung an der Gesellschaft entgeltlich eingeräumt werden, ist der Regelungsspielraum der Betriebsparteien geringer. Die Betriebsparteien haben keine Berechtigung zum Abschluss einer Betriebsvereinbarung, durch die sie über den Arbeitslohn des Arbeitnehmers und dessen Verwendung entscheiden.

1158   Das Bundesarbeitsgericht sieht eine ausschließlich belastende Lohnverwendungsbestimmung unabhängig von der Höhe der Belastung als unzulässig an.[320] Gerade beim Eingriff in bestehende Rechtspositionen der Arbeitnehmer und bei Verwendungsbestimmungen bezüglich ihrer Lohnansprüche zeichnet sich eine restriktive Rechtsprechung ab. Diese Auffassung wird überwiegend auch vom arbeitsrechtlichen Schrifttum geteilt.[321]

1159   Eine zwangsweise Verpflichtung des Arbeitnehmers, mit einem Teil seines Arbeitsentgelts Optionen zu erwerben, ist daher nicht von der Regelungskompetenz der Betriebsparteien gedeckt. Bei freiwilligen Leistungen, die über das vertraglich vereinbarte Arbeitsentgelt hinausgehen, ist eine solche Beschränkung nicht gegeben. In welcher Form der Arbeitgeber dem Arbeitnehmer eine freiwillige zusätzliche Leistung zukommen lassen will, muss letztlich ihm überlassen sein. Entsprechend kann auch eine freiwillige Gewährung von Optionen von den Betriebsparteien im Rahmen ihrer Regelungskompetenz vereinbart werden.

e) Mitwirkungsrechte des Sprecherausschusses

1160   Der Betriebsrat hat grundsätzlich[322] keine Regelungskompetenz für die Gewährung von Optionen an leitende Angestellte i.S.d. § 5 Abs. 3 und 4 BetrVG. Auch wenn für den gesamten Betrieb – einschließlich der sog. „Führungskräfte" – ein einheitlicher Stock-Option-Plan beschlossen wird, an dem der Betriebsrat entsprechend der vorstehenden Grundsätze zu beteiligen ist, kann sich aus dieser Betriebsvereinbarung keinerlei Bindungswirkung für die leitenden Angestellten ergeben.[323] Soweit ein Sprecherausschuss für leitende Angestellte besteht, sind dessen Rechte bei der Einführung und Änderung von Stock-Option-Plänen zu wahren.

---

[319] Vgl. ebenso *Legerlotz, Laber*, DStR 1999, S. 1659; *Baeck, Diller*, DB 1998, S. 1411.
[320] Vgl. *BAG* vom 11.7.2000, NZA 2001, S. 464; *BAG* vom 1.12.1992, NZA 1993, S. 713.
[321] Vgl. *Staudinger/Richardi*, Bürgerliches Gesetzbuch, 13. Bearb. 1999, § 611 BGB Rz. 769 ff.; *Baeck/Diller*, DB 1998, S. 1406; Münchener Handbuch Arbeitsrecht/*Hanau*, 2. Aufl. 2000, § 65 Rz. 11; *Hanau*, ZGR 1985, 5. Sonderheft, S. 124; GK-BetrVG/*Kreutz*, 6. Aufl. 1998, § 77 BetrVG Rz. 279 ff.; *Stege/Weinspach*, Betriebsverfassungsgesetz, 8. Aufl. 1999, § 88 Rz. 25.
[322] Vgl. zu der Ausnahme vorstehend Rz. 1106 ff.
[323] Vgl. nur *Tepass* in: Harrer (Hrsg.), 2000, Rz. 357; *Stege/Weinspach*, Betriebsverfassungsgesetz, 8. Aufl. 1999, § 5 BetrVG Rz. 7; GK-BetrVG/*Kreutz*, 6. Aufl. 1998, § 77 BetrVG Rz. 148; *Schanz*, NZA 2000, S. 633; *Baeck/Diller*, DB 1998, S. 1406.

VIII. Optionen und betriebliche Mitbestimmung

Gemäß § 1 SprAuG ist in allen Betrieben mit in der Regel mindestens 10 leitenden Angestellten ein Sprecherausschuss zu wählen.[324] Besteht für die leitenden Angestellten ein Sprecherausschuss, hat dieser Mitwirkungsrechte und -möglichkeiten, insbesondere gemäß § 28 SprAuG[325] und § 30 SprAuG.[326]

§ 30 SprAuG, der in Nr. 1 ein Mitwirkungsrecht des Sprecherausschusses bei Fragen der Gehaltsgestaltung und sonstiger allgemeiner Arbeitsbedingungen vorsieht, bleibt in seinem Regelungsbereich weit unter § 87 Abs. 1 Nr. 10 BetrVG zurück. § 30 SprAuG gewährt kein erzwingbares Mitbestimmungsrecht, sondern lediglich ein Anhörungs- und Unterrichtungsrecht.[327] Die Gehaltsgestaltung erfasst auch Stock-Option-Pläne, so dass der Anwendungsbereich des § 30 Nr. 1 SprAuG eröffnet ist. Der Arbeitgeber hat den Sprecherausschuss über die Änderung der Gehaltsgestaltung und sonstige allgemeine Arbeitsbedingungen zu informieren und die geplanten Maßnahmen mit diesem zu beraten.

Der Sprecherausschuss hat nur einen Anspruch auf Unterrichtung und Beratung. Die Unterrichtung des Sprecherausschusses hat zu erfolgen, sobald sich abzeichnet, dass der Arbeitgeber konkrete Maßnahmen vornehmen möchte. Auf sein Verlangen sind dem Sprecherausschuss gemäß § 25 Abs. 2 S. 2 SprAuG die erforderlichen Unterlagen zur Verfügung zu stellen.[328] Seine Pflicht zur Beratung erfüllt der Arbeitgeber bereits, wenn er dem Sprecherausschuss Gelegenheit zur Stellungnahme gibt und die beiderseitigen Vorstellungen gemeinsam besprochen werden.[329] Die Unterrichtung und Beratung mit dem Sprecherausschuss über die Einführung und Ausgestaltung eines Stock-Option-Plans für leitende Angestellte hat rechtzeitig zu erfolgen, d.h. Vorschläge und Bedenken des Sprecherausschusses müssen noch berücksichtigt werden können.[330]

Der Stock-Option-Plan kann sodann auch ohne Zustimmung oder gegen den Willen des Sprecherausschusses eingeführt werden. Der Arbeitgeber stellt damit auch die Verteilungsmaßstäbe ohne Einwirkungsmöglichkeit des Sprecherausschusses auf. Ein Einigungsstellenverfahren ist im Sprecherausschussgesetz nicht vorgesehen.

Werden in einem Stock-Option-Plan die Bezugsrechte sowohl der Gruppe der leitenden Angestellten als auch der der nicht leitenden Angestellten angeboten, hat der Arbeitgeber den Sprecherausschuss anzuhören, bevor er mit dem Betriebsrat eine Betriebsvereinbarung oder Regelungsabrede über einen Stock-

---

[324] Vgl. *Löwisch*, Sprecherausschussgesetz, 2. Aufl. 1994, § 1 SprAuG Rz. 45.
[325] (1) „Arbeitgeber und Sprecherausschuss können Richtlinien über den Inhalt, den Abschluss oder die Beendigung von Arbeitsverhältnissen der leitenden Angestellten schriftlich vereinbaren."
(2) „Der Inhalt der Richtlinie gilt für die Arbeitsverhältnisse unmittelbar und zwingend, soweit dies zwischen Arbeitgeber und Sprecherausschuss vereinbart ist (...)."
[326] „Der Arbeitgeber hat den Sprecherausschuss rechtzeitig in folgenden Angelegenheiten der leitenden Angestellten zu unterrichten:
1. Änderungen der Gehaltsgestaltung und sonstiger allgemeiner Arbeitsbedingungen; (...). Er hat die vorgesehenen Maßnahmen mit dem Sprecherausschuss zu beraten."
[327] Vgl. *Löwisch*, Sprecherausschussgesetz, 2. Aufl. 1994, § 30 SprAuG Rz. 12 ff.; *Stege/Weinspach*, Betriebsverfassungsgesetz, 8. Aufl. 1999, § 5 Rz. 40; *Schaub*, Arbeitsrechts-Handbuch, 9. Aufl. 2000, § 249 Rz. 1 ff.; Münchener Handbuch Arbeitsrecht/*Joost*, 2. Aufl. 2000, § 324 Rz. 66 ff.
[328] Vgl. Münchener Handbuch Arbeitsrecht/*Joost*, 2. Aufl. 2000, § 324 Rz. 73.
[329] Vgl. Münchener Handbuch Arbeitsrecht/*Joost*, 2. Aufl. 2000, § 324 Rz. 73.
[330] Vgl. *Hromadka*, Sprecherausschussgesetz, 1991, § 30 SprAuG Rz. 24.

Option-Plan abschließt. Der Sprecherausschuss hat vor Abschluss einer Betriebsvereinbarung mit dem Betriebsrat ein Anhörungsrecht gemäß § 2 Abs. 1 S. 2 SprAuG, damit die Interessen der leitenden Angestellten vollumfänglich vertreten werden können. Auch wenn eine solche Betriebsvereinbarung nicht für leitende Angestellte verbindlich ist, würden dennoch die Rechte des Sprecherausschusses auf rechtzeitige Unterrichtung und Beratung unterlaufen. Der Sprecherausschuss könnte in diesem Fall seine Beratungs- und Unterrichtungsrechte im Wege einer einstweiligen Verfügung durchsetzen.

1166 Auch für den Sprecherausschuss besteht nach § 28 SprAuG die Möglichkeit, eine verbindliche, normativ wirkende Vereinbarung mit dem Arbeitgeber zu erreichen.[331] Für eine Sprecherausschussvereinbarung über die Gewährung von Optionen sollte in der Praxis eine normative Wirkung vereinbart werden, soweit mit den bezugsberechtigten leitenden Angestellten nicht ohnehin eine separate Zusatzvereinbarung zu deren Anstellungsvertrag geschlossen wird.

f) § 106 BetrVG

1167 Gemäß § 106 Abs. 1 BetrVG ist in Betrieben mit in der Regel mehr als 100 ständig beschäftigten Arbeitnehmern ein Wirtschaftsausschuss zu bilden.[332] Der Wirtschaftsausschuss ist vom Arbeitgeber nach § 106 Abs. 2 BetrVG rechtzeitig und umfassend über die wirtschaftlichen Angelegenheiten des Unternehmens zu unterrichten. Die wirtschaftlichen Angelegenheiten sind in Absatz 3 beispielhaft[333] aufgezählt. In Betracht kommen für die Mitarbeiterbeteiligung insbesondere die in § 106 Abs. 3 Nr. 1 BetrVG genannten sozialen Aufwendungen sowie die in § 106 Abs. 3 Nr. 10 BetrVG genannten freiwilligen Sozialleistungen.

1168 Eigenständige Bedeutung und praktische Relevanz kommt diesem Unterrichtungsrecht dann zu, wenn der Arbeitgeber nur in einem von mehreren Betrieben einen Stock-Option-Plan implementieren will. Auf dem Weg über den Wirtschaftsausschuss erhält der in einem anderen Betrieb bestehende Betriebsrat in diesem Fall Kenntnis von der Absicht des Arbeitgebers, partiell Optionen zu gewähren.

g) Empfehlung für die betriebliche Praxis

1169 Abschließend sollen hier einige Empfehlungen für das praktische Vorgehen beim Aufstellen eines Stock-Option-Plans gegeben werden.

1170 Der Arbeitgeber sollte den Betriebsrat frühzeitig informieren, d.h. sobald er eine Entscheidung über die Gewährung der Optionen hinsichtlich Anzahl und Ausübungspreis der Optionen, Kreis der bezugsberechtigten Mitarbeiter und Ausübungsvoraussetzungen getroffen hat. Zur Information des Betriebsrats und als Diskussionsgrundlage sollte der Arbeitgeber die Eckpunkte des geplanten Stock-Option-Plans vorlegen. Existiert ein Sprecherausschuss, sollte auch dieser im Vorbereitungsstadium entsprechend informiert werden. Um die Offenlegung

---

[331] Vgl. *Löwisch*, Sprecherausschussgesetz, 2. Aufl. 1994, § 28 SprAuG Rz. 13 ff.; *Stege/Weinspach*, Betriebsverfassungsgesetz, 8. Aufl. 1999, § 5 BetrVG Rz. 42; *Schaub*, Arbeitsrechts-Handbuch, 9. Aufl. 2000, § 250 Rz. 15 ff.; Münchener Handbuch Arbeitsrecht/*Joost*, 2. Aufl. 2000, § 324 Rz. 66 ff.; *Tepass* in: Harrer (Hrsg.), 2000, Rz. 357 f.

[332] Zu den Einzelheiten der Voraussetzungen von § 106 BetrVG vgl. die Darstellung von *Fitting/Kaiser/Heither/Engels*, Betriebsverfassungsgesetz, 21. Aufl. 2002, § 106 BetrVG Rz. 1 ff.

[333] Vgl. *Fitting/Kaiser/Heither/Engels*, Betriebsverfassungsgesetz, 21. Aufl. 2002, § 106 BetrVG Rz. 33.

der den Organvertretern zu gewährenden Optionen zu vermeiden, können zwei Stock-Option-Pläne, nämlich ein mitbestimmungsfreier und ein mitbestimmungspflichtiger Stock-Option-Plan aufgestellt werden.

Die mitbestimmungspflichtigen Fragen der Ausgestaltung des Stock-Option-Plans, insbesondere die Verteilungsgrundsätze, sollten mit dem Betriebsrat umfassend beraten werden. Auf Seiten des Arbeitgebers besteht ein Druckpotential für eine Vereinbarung der mitbestimmungspflichtigen Inhalte ohne Durchführung eines Einigungsstellenverfahrens dahingehend, dass er die Gewährung der freiwilligen Leistungen für die Arbeitnehmer anderenfalls auch versagen kann. Umgekehrt kann der Betriebsrat aber auch seine Zustimmung zu der vom Arbeitgeber gewünschten Ausgestaltung des Plans verweigern und dem Arbeitgeber damit die Einführung des Stock-Option-Plans unmöglich machen. 1171

Die Beteiligungsrechte des Betriebsrats und des Sprecherausschusses sollten umfassend gewahrt werden, um spätere Probleme oder gerichtliche Auseinandersetzungen zu vermeiden. Insbesondere kann eine unterbliebene Beteiligung des Betriebsrats ggf. zu einer nachträglichen Erhöhung des Dotierungsvolumens führen. 1172

IX. Rechtsweg

Für die Bestimmung der Gerichtszuständigkeit bei Streitigkeiten aus Anlass der Gewährung von Optionen ist zu berücksichtigen, dass der Mitarbeiter einerseits einen individual- oder kollektivrechtlichen Anspruch auf die Einräumung der Optionen gegen den Arbeitgeber hat. Andererseits tritt er durch die Beteiligung am Unternehmen des Arbeitgebers auch in ein gesellschaftsrechtliches Verhältnis zu seinem Arbeitgeber.[334] 1173

Gemäß § 2 Abs. 1 Nr. 4a ArbGG ist die Arbeitsgerichtsbarkeit zuständig für alle Rechtsstreitigkeiten zwischen Arbeitnehmern und Arbeitgebern über Ansprüche, die mit dem Arbeitsverhältnis in unmittelbarem rechtlichen oder wirtschaftlichen Zusammenhang stehen. 1174

Die h.M.[335] bejaht – zu Recht – die Zuständigkeit der Arbeitsgerichtsbarkeit nach § 2 Abs. 1 Nr. 4a ArbGG, wenn die Beteiligung des Arbeitnehmers nicht zu marktüblichen Konditionen erfolgt. Die Optionen werden dem Mitarbeiter in der Regel zu vergünstigten Konditionen oder als Entgelt für die geleistete Arbeit gewährt. Üblicherweise ist Voraussetzung für die Gewährung der Optionen der Bestand des Arbeitsverhältnisses. Damit wird die Beteiligung mit dem Arbeitsverhältnis verknüpft.[336] Die Einräumung unterschiedlicher Beteiligungsbedingungen für Mitarbeiter und unternehmensfremde Dritte stellt dann den gemäß § 2 Abs. 1 Nr. 4a ArbGG erforderlichen unmittelbaren rechtlichen oder wirt- 1175

---

[334] Vgl. *Hanau*, ZGR 1985, 5. Sonderheft, S. 117 ff.

[335] Vgl. *Kittner/Schoof*, Arbeitsrecht – Handbuch für die Praxis, 2001, § 59 Rz. 64; *Legerlotz/Laber*, DStR 1999, S. 1665; Münchener Handbuch Arbeitsrecht/*Hanau*, 2. Aufl. 2000; § 70 Rz. 19; a. A. *Wagner*, Kapitalbeteiligung von Mitarbeitern und Führungskräften, 1999, Rz. 287 ff., der in diesem Zusammenhang lediglich auf die Rechtsprechung des *BAG* zu „*sic-non*", „*aut-aut*" und „*et-et*" eingeht.

[336] Vgl. *Kittner/Schoof*, Arbeitsrecht – Handbuch für die Praxis, 2001, § 59 Rz. 64; *Legerlotz/Laber*, DStR 1999, S. 1665; Münchener Handbuch Arbeitsrecht/*Hanau*, 2. Aufl. 2000, § 70 Rz. 19.

schaftlichen Zusammenhang zwischen der Gewährung der Optionen und dem Arbeitsverhältnis dar. Mithin sind die Arbeitsgerichte für Streitigkeiten aus einem Stock-Option-Plan immer dann zuständig, wenn die Beteiligung zu günstigeren als den marktüblichen Konditionen erfolgt.

O. Schuldrechtliche Aspekte

Die Umsetzung eines Stock-Option-Plans erfordert schuldrechtliche Vereinba- **1176**
rungen mit den einzelnen Begünstigten. Unter I. soll zunächst erörtert werden,
ob es sich bei diesen Vereinbarungen um allgemeine Geschäftsbedingungen handelt. Da die meisten Stock-Option-Pläne in Gestalt von Aktienoptionsplänen
aufgelegt werden, soll anschließend zunächst (unter II.) auf die in diesem Zusammenhang zu beachtenden schuldrechtlichen Besonderheiten eingegangen werden. Schließlich werden unter III. noch einige wesentliche weitere schuldrechtliche Aspekte behandelt, die bei der Implementierung von Aktienoptionsplänen,
darüber hinaus aber auch in den meisten anderen Fällen, von Bedeutung sind.

I. AGB-Recht

Die Gewährung von Optionen an die Begünstigten erfolgt üblicherweise auf **1177**
Grundlage eines standardisierten Stock-Option-Plans, der im Wesentlichen für
alle begünstigten Personen gleichermaßen die Voraussetzungen und Bedingungen der Optionsgewährung regelt.

Weitgehend ungeklärt ist bislang, ob solche Standardbedingungen mit einem
Angebot an die Begünstigten, ihnen Optionen zu gewähren, der Inhaltskontrolle
nach §§ 307 ff. BGB unterliegen. Die §§ 305 ff. BGB regeln die Gestaltung
rechtsgeschäftlicher Schuldverhältnisse durch Allgemeine Geschäftsbedingungen.

Durch das Gesetz zur Modernisierung des Schuldrechts vom 26.11.2001[1] sind
die Vorschriften des AGB-Gesetzes überwiegend in das Bürgerliche Gesetzbuch
übernommen worden. Gemäß Art. 229 § 5 EGBGB ist auf vor dem 1.1.2002
entstandene Schuldverhältnisse weiterhin das alte Recht (also das AGB-Gesetz)
anzuwenden. Für Dauerschuldverhältnisse greift allerdings mit Wirkung zum
1.1.2003 die neue gesetzliche Regelung ein. Für Neuverträge ab dem 1.1.2002
finden die Vorschriften der §§ 305 bis 310 BGB hinsichtlich der Kontrolle Allgemeiner Geschäftsbedingungen unmittelbar Anwendung.

1. Allgemeine Geschäftsbedingungen

Allgemeine Geschäftsbedingungen sind nach der Legaldefinition des § 305 **1178**
Abs. 1 BGB für eine Vielzahl von Verträgen vorformulierte Vertragsbedingungen,
die eine Vertragspartei der anderen Vertragspartei bei Abschluss eines Vertrages
stellt. Die §§ 305 ff. BGB sind unanwendbar, wenn die Vertragsbedingungen
zwischen den Vertragsparteien im Einzelnen ausgehandelt sind (§ 305 Abs. 1 S. 3
BGB). Nach § 305 b BGB haben individuelle Vertragsabreden vor Allgemeinen
Geschäftsbedingungen Vorrang. Bei standardisierten Vertragsbedingungen soll

---
[1] BGBl. I 2001, S. 3138 ff.

der im Regelfall geschäftlich wenig gewandte Vertragspartner des Verwenders vor Übervorteilung geschützt werden.

1179 Sind die Bedingungen der Optionsgewährung für alle Begünstigten im Wesentlichen gleich gestaltet, sind sie allgemeine Vertragsbedingungen im Sinne von § 305 Abs. 1 BGB.

2. Die Bereichsausnahmen nach § 310 Abs. 4 BGB

1180 § 310 Abs. 4 S. 1 BGB schließt aus dem sachlichen Anwendungsbereich der §§ 305 ff. BGB Verträge auf dem Gebiet des Erb-, Familien- und Gesellschaftsrechts aus. Weiterhin sind aus dem Anwendungsbereich dieser Vorschriften Tarifverträge, Betriebsvereinbarungen und Dienstvereinbarungen ausgenommen (§ 310 Abs. 4 S. 1 BGB). Bei der Anwendung der §§ 305 ff. BGB auf Arbeitsverträge sollen die im Arbeitsrecht geltenden Besonderheiten gemäß § 310 Abs. 4 S. 2 BGB angemessen berücksichtigt werden.

1181 Da die Bedingungen eines Stock-Option-Plans einschließlich der im Zusammenhang abzuschließenden Vereinbarungen wie z.B. der über die Gewährung von Optionen, sowohl arbeitsrechtliche als auch gesellschaftsrechtliche Regelungen enthalten, kommen die Anwendung der gesellschaftsrechtlichen und der (eingeschränkten) arbeitsrechtlichen Bereichsausnahme des § 310 Abs. 4 BGB in Betracht.

a) Vertrag auf dem Gebiet des Gesellschaftsrechts

1182 Gemäß § 310 Abs. 4 S. 1 BGB finden die Vorschriften der §§ 305 ff. BGB keine Anwendung bei Verträgen auf dem Gebiet des Gesellschaftsrechts. Die vor Inkrafttreten des Schuldrechtsmodernisierungsgesetzes mit Wirkung vom 1.1.2002 in § 23 Abs.1 AGBG geregelte gesellschaftsrechtliche Bereichsausnahme war inhaltsgleich, so dass kein Unterschied zwischen der Rechtslage vor und nach dem 1.1.2002 besteht.

1183 Umstritten ist, ob ein standardisierter Gewährungsvertrag über Optionen von der gesellschaftsrechtlichen Bereichsausnahme des § 310 Abs. 4 S. 1 BGB erfasst wird.[2]

Nicht alle Verträge, die eine Beziehung zum Gesellschaftsrecht aufweisen, sind von der Bereichsausnahme des § 310 Abs. 4 S. 1 BGB erfasst. Diese bezieht sich nach ihrem Zweck und unter Berücksichtigung des Grundsatzes der restriktiven Auslegung von Ausnahmevorschriften nur auf Verträge, die unmittelbar auf Struktur, Personenkreis oder Willensbildung der Gesellschaft einwirken und damit den Gesellschaftsvertrag gestalten oder die Ausübung von Gesellschafterrechten inhaltlich prägen.[3] Die für den Bereich des Gesellschaftsrechts vorgesehene Ausnahmeregelung greift daher nur bei gesellschaftsrechtlichen Rechtsverhältnissen im engeren Sinne ein.[4]

1184 Eine weitere Einschränkung der gesellschaftsrechtlichen Bereichsausnahme ist gerechtfertigt, wenn der betreffende Vertrag eher den Charakter einer rein

---

[2] Vgl. zur Rechtslage vor dem 1.1.2002: *Ulmer/Brandner/Hensen*, AGB-Gesetz, 9. Aufl. 2001, § 23 AGBG Rz. 21 a; Münchener Handbuch Arbeitsrecht/*Hanau*, 2. Aufl. 2000, § 70 Rz. 20.
[3] So zum gleich lautenden § 23 Abs.1 AGBG: *Wolf/Horn/Lindacher*, AGB-Gesetz, 4. Aufl. 1999, § 23 AGBG Rz. 74.
[4] So zum gleich lautenden § 23 Abs. 1 AGBG: *Ulmer/Brandner/Hensen*, AGB-Gesetz, 9. Aufl. 2001, § 23 AGBG Rz. 21 a.

schuldrechtlichen Austauschbeziehung hat.⁵ Anstelle der personenverbandsrechtlichen Einbindung steht dann die Verfolgung individueller Interessen im Vordergrund.⁶

Zum Teil wird im arbeitsrechtlichen Schrifttum für Aktienoptionspläne die Auffassung vertreten, dass bei einem vorformulierten Gewährungsvertrag zwischen dem Zeitpunkt der Einräumung der Option und deren Ausübung zu differenzieren sei:⁷ Die Gewährung der Option stelle lediglich eine schuldrechtliche Verpflichtung zur Verschaffung eines Mitgliedschaftsrechts dar. Erst die Ausübung der dem Arbeitnehmer gewährten Option führe zu einem gesellschaftsrechtlichen Mitgliedschaftsrecht in Form der Aktie.⁸ Danach wäre ein standardisierter Gewährungsvertrag von der Bereichsausnahme des § 310 Abs. 4 S. 1 BGB nur hinsichtlich der Bestimmungen betreffend die Ausübung der Optionen erfasst. Im Übrigen wären die §§ 305 ff. BGB anwendbar. 1185

Nach anderer Auffassung wird im Falle von Aktienoptionsplänen auch der vorformulierte Gewährungsvertrag als Beteiligungsvertrag und damit als ein Vertrag auf dem Gebiet des Gesellschaftsrechts angesehen mit der Folge, dass die Bereichsausnahme des § 310 Abs. 4 S. 1 BGB vollumfänglich auf den standardisierten Vertrag zur Anwendung kommt.⁹ Dieser Auffassung ist zuzustimmen. Denn eine Trennung zwischen der Verschaffung und der Ausübung der Optionen ist nicht sachgerecht. Beide Teilakte beruhen auf einem einheitlichen Rechtsgrund, dem Gewährungsvertrag. Würde nur die Ausübung der nach dem Gewährungsvertrag überlassenen Optionen unter die gesellschaftsrechtliche Bereichsausnahme des § 310 Abs. 4 S. 1 BGB fallen, hätte bezüglich der Einräumung der Optionen eine Inhaltskontrolle nach §§ 307 ff. BGB, hinsichtlich der Ausübung der Optionen eine Inhaltskontrolle nach § 242 BGB zu erfolgen. Zur Vermeidung einer solchen differenzierenden Betrachtung ist der Gewährungsvertrag am Maßstab des § 242 BGB zu messen.¹⁰ 1186

Im Rahmen dieser Inhaltskontrolle gemäß § 242 BGB sind die Interessen des Arbeitgebers gegenüber denen des Arbeitnehmers hinsichtlich der standardisierten vertraglichen Regelungen vor dem Hintergrund abzuwägen, ob die Bedingungen und Rechtsfolgen der Vereinbarung dem Grundsatz von Treu und Glauben¹¹ entsprechen. 1187

Der Begünstigte darf mit den Regelungen des standardisierten Gewährungsvertrages nicht unangemessen benachteiligt werden. Vereinbarungen, die zum Beispiel die Möglichkeiten des Begünstigten zur Ausübung der Optionen dahingehend reglementieren, dass die Gesellschaft z.B. den genauen Zeitpunkt des Er- 1188

---

⁵ So zum gleich lautenden § 23 Abs. 1 AGBG: *Wolf/Horn/Lindacher*, AGB-Gesetz, 4. Aufl. 1999, § 23 AGBG Rz. 74.

⁶ So zum gleich lautenden § 23 Abs. 1 AGBG: *Wolf/Horn/Lindacher*, AGB-Gesetz, 4. Aufl. 1999, § 23 AGBG Rz. 74.

⁷ So zum gleich lautenden § 23 Abs. 1 AGBG: *Wolf/Horn/Lindacher*, AGB-Gesetz, 4. Aufl. 1999, § 23 AGBG Rz. 75c.

⁸ So zum gleich lautenden § 23 Abs. 1 AGBG: *Wolf/Horn/Lindacher*, AGB-Gesetz, 4. Aufl. 1999, § 23 AGBG Rz. 75c.

⁹ Vgl. im Ergebnis auch Münchener Handbuch Arbeitsrecht/*Hanau*, 2. Aufl. 2000, § 70 Rz. 20.

¹⁰ Vgl. im Ergebnis auch Münchener Handbuch Arbeitsrecht/*Hanau*, 2. Aufl. 2000, § 70 Rz. 20.

¹¹ Vgl. *Palandt/Heinrichs*, BGB, 61. Aufl. 2002, § 242 BGB Rz. 1 ff.

werbs der Aktien bestimmen kann, sind nach dem Maßstab des § 242 BGB unwirksam.

1189 Bei Verträgen die im Zusammenhang mit einem virtuellen Stock-Option-Plan über die Gewährung von Wertsteigerungsrechten (Stock Appreciation Rights oder Phantom Stocks) geschlossen werden, kommt die Bereichsausnahme des § 310 Abs. 4 S. 1 BGB von vornherein nicht in Betracht, da es bei diesen Plänen nicht darum geht, eine Gesellschaftsbeteiligung zu erwerben.

b) Verträge auf dem Gebiet des Arbeitsrechts

1190 Die auf das Arbeitsrecht bezogene Bereichsausnahme des § 310 Abs. 1 S. 1 BGB umfasst sämtliche vorformulierten Bestimmungen in Tarifverträgen, Betriebsvereinbarungen und Dienstvereinbarungen im Zusammenhang mit Arbeitsverhältnissen.[12] Für Arbeitsverträge wird in § 310 Abs. 4 S. 2 BGB keine eigenständige Bereichsausnahme gemacht. Die Anwendbarkeit der §§ 305 ff. BGB wird nur dahingehend eingeschränkt, dass die im Arbeitsrecht geltenden Besonderheiten angemessen zu berücksichtigen sind.

1191 Vor Inkrafttreten des Schuldrechtsmodernisierungsgesetzes mit Wirkung vom 1.1.2002 sah § 23 Abs. 1 AGBG noch eine umfassende Bereichsausnahme für Arbeitsverträge vor. Damit waren die Vorschriften des AGB-Gesetzes über die Einbeziehung von Allgemeinen Geschäftsbedingungen und die Vorschriften über ihre Kontrolle nicht auf Arbeitsbedingungen anzuwenden.[13] Entsprechend der Stellungnahme des Bundesrates zum Regierungsentwurf des Schuldrechtsmodernisierungsgesetzes[14] wurde die Bereichsausnahme des Arbeitsrechts hinsichtlich des AGB-Gesetzes aufgehoben.

1192 Als Begründung ist hierfür angeführt worden, dass trotz des Schutzes durch zwingende gesetzliche Vorschriften und kollektive Vereinbarungen auch im Arbeitsrecht ein Bedürfnis nach richterlicher Kontrolle der einseitig vom Arbeitgeber festgelegten Arbeitsbedingungen besteht.[15] Auch das Bundesarbeitsgericht hat Arbeitsbedingungen trotz Geltung des § 23 AGBG einer Inhaltskontrolle unterzogen.[16] Das Bundesarbeitsgericht hat § 23 Abs. 1 AGBG dahingehend ausgelegt, dass die Vorschrift nur speziell die Anwendung des AGB-Gesetzes, nicht aber die Vornahme einer AGB-Kontrolle an sich untersagt.[17] Durch die Streichung der Bereichsausnahme für Arbeitsvertragsbedingungen in § 310 Abs. 4 S. 2 BGB soll dem Rechnung getragen werden.[18] Allerdings sollen vor allem die besonderen Klauselverbote ohne Wertungsmöglichkeiten im Arbeitsrecht nicht uneingeschränkt zur Anwendung kommen. Vielmehr sind die besonderen Bedürfnisse eines Arbeitsverhältnisses angemessen zu berücksichtigen.[19]

---

[12] Vgl. zum vergleichbaren § 23 Abs. 1 AGBG: vgl. *Wolf/Horn/Lindacher*, AGB-Gesetz, 4. Aufl. 1999, § 23 AGBG Rz. 36.
[13] Vgl. *Ulmer/Brandner/Hensen*, AGB-Gesetz, 9. Aufl. 2001, § 23 AGBG Rz. 5.
[14] Vgl. BT-Drucksache 14/6857, S. 17.
[15] Vgl. BT-Drucksache 14/6857, S. 53.
[16] Vgl. *BAG* vom 23.5.1984, DB 1984, S. 2143; *BAG* vom 29.11.1995, DB 1996, S. 989; *BAG* vom 13.12.2000 – 10 AZR 168/2000; *Pauly*, NZA 1997, S. 1030.
[17] Vgl. *BAG* vom 23.5.1984, DB 1984, S. 2143; *BAG* vom 29.11.1995, DB 1996, S. 989; *BAG* vom 13.12.2000 – 10 AZR 168/2000.
[18] Vgl. BT-Drucksache 14/6857, S. 54.
[19] Vgl. BT-Drucksache 14/6857, S. 54.

I. AGB-Recht

aa) Tarifverträge und Betriebsvereinbarungen

Rechtsgrundlage für die Verpflichtung des Arbeitgebers, den Arbeitnehmern Optionen zu gewähren, können neben einer individualrechtlichen Zusage auch Regelungen in einem Haustarifvertrag[20] und einer (freiwilligen) Betriebsvereinbarung[21] sein. Die in § 310 Abs. 4 S. 1 BGB vorgesehene Bereichsausnahme für Dienstvereinbarungen kommt im Zusammenhang mit der Gewährung von Optionen an Arbeitnehmer in der Praxis nicht in Betracht, da öffentlich-rechtliche Arbeitgeber keine Unternehmensbeteiligung gewähren. 1193

Diese kollektivrechtlichen Vereinbarungen zwischen Arbeitgeber und Gewerkschaft bzw. Arbeitgeber und Betriebsrat sind dem Anwendungsbereich der §§ 305 ff. BGB entzogen, auch wenn sie vorformulierte Optionsbedingungen enthalten. Tarifverträge und Betriebsvereinbarung sind zwischen den beteiligten Kollektivvertragsparteien ausgehandelte Verträge und enthalten Rechtsnormen, die unmittelbar und zwingend für die Arbeitsverhältnisse der tarifgebundenen bzw. betriebsangehörigen Arbeitnehmer gelten (§ 77 Abs. 4 S. 1 BetrVG, § 4 Abs. 1 TVG). Für diese Vertragsbedingungen mit Normcharakter soll eine AGB-Kontrolle nicht eingreifen.[22] Eine Inhaltskontrolle nach §§ 307 ff. BGB würde dem Normcharakter der Kollektivvereinbarungen widersprechen. 1194

bb) Arbeitsverträge

Gemäß § 310 Abs. 4 S. 2 BGB unterliegen Arbeitsverträge der Inhaltskontrolle der §§ 307 ff. BGB mit der Einschränkung, dass die im Arbeitsrecht geltenden Besonderheiten angemessen zu berücksichtigen sind. Eine Ausnahme ist nur dann anzunehmen, wenn die arbeitsvertragliche Vereinbarung über die Gewährung von Optionen mit dem begünstigten Arbeitnehmer individuell ausgehandelt worden ist (§ 305 b BGB). 1195

Werden im Arbeitsvertrag oder einer arbeitsvertraglichen Zusatzvereinbarung vorformulierte Regelungen zur Gewährung von Optionen verwendet, ist deren Wirksamkeit an den §§ 305 ff. BGB zu messen. 1196

Standardisierte Optionsvereinbarungen zwischen Arbeitgeber und Arbeitnehmer, wie sie regelmäßig in Stock-Option-Plänen enthalten sind, unterliegen damit insbesondere der Inhaltskontrolle nach § 307 BGB. Danach sind Bestimmungen in Allgemeinen Geschäftsbedingungen unwirksam, wenn sie den Vertragspartner (Arbeitnehmer) des Verwenders (Arbeitgeber) entgegen den Geboten von Treu und Glauben unangemessen benachteiligen. Dies gilt für aktienbasierte wie auch für virtuelle Stock-Option-Pläne gleichermaßen. 1197

Eine unangemessene Benachteiligung liegt vor, wenn der Verwender durch einseitige Vertragsgestaltung missbräuchlich eigene Interessen auf Kosten seines Vertragspartners durchzusetzen versucht, ohne von vornherein auch dessen Belange hinreichend zu berücksichtigen und ihm einen angemessenen Ausgleich zuzugestehen.[23] Eine unangemessene Benachteiligung kann sich auch daraus ergeben, dass die Bestimmung nicht klar und verständlich ist (§ 307 Abs. 1 S. 2 BGB). 1198

---

[20] Vgl. zu den rechtlichen Bedenken gegen einen Flächentarifvertrag als Rechtsgrundlage Rz. 1089.
[21] Vgl. hierzu Rz. 892.
[22] Vgl. BT-Drucksache 14/6857, S. 54.
[23] Vgl. zum gleich lautenden § 9 AGBG: *Palandt/Heinrichs*, BGB, 61. Aufl. 2002, § 9 AGBG Rz. 8.

O. Schuldrechtliche Aspekte

1199 Der Arbeitgeber darf also bei der Verwendung von standardisierten individualrechtlichen Optionsvereinbarungen mit dem Arbeitnehmer keine Regelungen vorsehen, die in die wesentlichen Rechte und Pflichten des Arbeitnehmers eingreifen. Danach unterliegen zum Beispiel auch standardisierte Verfall- und Bindungsklauseln[24] der Inhaltskontrolle des § 307 Abs. 1 S. 1 BGB. Im Ergebnis ergeben sich jedoch zu der auch bisher vom Bundesarbeitsgericht vorgenommenen Inhaltskontrolle solcher Klauseln nach §§ 138, 242, 622 Abs. 6 BGB keine Unterschiede.

1200 Darüber hinaus sieht § 308 Nr. 4 BGB die Vereinbarung eines Rechts des Verwenders (Arbeitgebers), die versprochene Leistung zu ändern und von ihr abzuweichen, als unwirksam an, wenn nicht die Vereinbarung der Änderung oder Abweichung unter Berücksichtigung der Interessen des Verwenders für den anderen Vertragsteil zumutbar ist. Aufgrund der Anwendbarkeit des § 308 BGB auf Arbeitsvertragsbedingungen könnten damit auch Freiwilligkeits- und Widerrufsvorbehalte des Arbeitgebers in standardisierten Optionsvereinbarungen ggf. unwirksam sein.

1201 § 310 Abs. 4 S. 2 BGB bestimmt jedoch, dass die im Arbeitsrecht geltenden Besonderheiten bei der Anwendung der Vorschriften der §§ 305 ff. BGB auf Arbeitsverträge angemessen zu berücksichtigen sind. Die vom Bundesarbeitsgericht entwickelten Grundsätze zur Zulässigkeit von Freiwilligkeits- und Widerrufsvorbehalten[25] sind daher bei dem in § 308 Nr. 4 BGB vorgesehenen Klauselverbot des Änderungsvorbehalts zu berücksichtigen.[26] Änderungsvorbehalte in standardisierten Optionsvereinbarungen sind daher nur dann unwirksam, wenn sie die zulässigen Grenzen von Freiwilligkeits- und Widerrufsvorbehalten[27] überschreiten.

Vorbehaltlich der zukünftigen Rechtsprechung werden sich auch unter dem Anwendungsbereich der §§ 305 ff. BGB keine Unterschiede zu der auch bisher vorzunehmenden Inhaltskontrolle bei standardisierten Optionsvereinbarungen der Arbeitsvertragsparteien ergeben.

cc) Rechtslage vor dem 1. 1. 2002

1202 Unter dem Geltungsbereich des § 23 Abs. 1 AGBG war vor dem 1. 1. 2002 noch streitig, ob die Gewährung von Optionen im Zusammenhang mit dem Arbeitsverhältnis erfolgt und insoweit überhaupt die arbeitsrechtliche Bereichsausnahme eingreift. Aufgrund der ausdrücklichen Einbeziehung aller Arbeitsbedingungen in den Schutzbereich der §§ 305 ff. BGB ist diese Frage nur noch für Optionsvereinbarungen der Arbeitsvertragsparteien relevant, die vor dem 1. 1. 2002 geschlossen worden sind.

1203 Der Arbeitsvertrag war im Hinblick auf die arbeitsrechtliche Bereichsausnahme von einem sog. Mitarbeitervertrag abzugrenzen.[28] Der Mitarbeitervertrag ist im Unterschied zu einem Arbeitsvertrag ein Austauschvertrag mit einem gegenüber dem Arbeitsvertrag eigenständigen, klar abgrenzbaren Regelungs-

---

[24] Vgl. hierzu auch Rz. 937 ff.
[25] Vgl. hierzu im Einzelnen Rz. 975 f., 979 f.
[26] Vgl. BT-Drucksache 14/6857, S. 54.
[27] Vgl. hierzu im Einzelnen Rz. 976, 982 f.
[28] Vgl. zur Rechtslage vor dem 1. 1. 2002: *Ulmer/Brandner/Hensen*, AGB-Gesetz, 9. Aufl. 2001, § 23 AGBG Rz. 36.

I. AGB-Recht

gehalt.²⁹ Hierzu zählen die sog. Verbraucherverträge wie Miet-, Kauf- und Darlehensvertrag.³⁰ Das AGB-Gesetz sollte demnach auf einen dem Arbeitsvertrag angeschlossenen Darlehens-, Miet- und Kaufvertrag uneingeschränkt Anwendung finden.³¹

Die Entkoppelung eines solchen Mitarbeitervertrages vom Arbeitsvertrag wurde damit begründet, dass die diesen Verbraucherverträgen zugrunde liegenden Wertungen nicht dem Arbeitsrecht entstammen.³² Dieses Ergebnis deckte sich auch mit dem Zweck der arbeitsrechtlichen Bereichsausnahme des § 23 Abs. 1 AGBG, den Schutz des Arbeitnehmers als schwächerem Vertragspartner auf dem Gebiet des Arbeitsrechts bereits durch ein dichtes Netz von zwingenden Normen zu verwirklichen. 1204

Die Frage, ob eine vorformulierte Optionsvereinbarung im Zusammenhang mit dem Arbeitsverhältnis oder als hiervon losgelöster Mitarbeitervertrag zu werten ist, ließ sich nicht pauschal beantworten, sondern war in jedem Einzelfall in Abhängigkeit zur konkreten Ausgestaltung des Stock-Option-Plans zu werten. 1205

Als Indizien für eine Entkoppelung der Optionsvereinbarung vom Arbeitsvertrag konnten zum Beispiel eigene Kapitalinvestitionen des Arbeitnehmers in einen Fonds und die anschließende Fortdauer der Beteiligung selbst nach Beendigung des Arbeitsverhältnisses herangezogen werden.³³ 1206

Dagegen sprach für einen Zusammenhang zwischen Arbeitsvertrag und Optionsvereinbarung die Gewährung der Optionen als Entgeltbestandteil. Da die Vergütungs- und Arbeitspflicht nach § 611 Abs. 1 BGB in einem synallagmatischen Verhältnis zueinander stehen, konnten in diesem Fall die zugrunde liegenden Vereinbarungen nicht getrennt beurteilt werden. Dass die Optionen in diesem Fall nur einen Teil der Vergütung ausmachen und – bei Aktienoptionsplänen – der Anteilserwerb noch von einem Gestaltungsakt des begünstigten Arbeitnehmers abhängig ist, war dabei unschädlich. Weiterhin war unbeachtlich, dass Optionen eine erfolgsbezogene Vergütung sind und die Höhe dieser Teilvergütung ständigen Veränderungen aufgrund von Kurs- oder Wertschwankungen unterliegt. Schließlich wurden auch die üblichen erfolgsbezogenen Beteiligungen wie Tantiemen, Provisionen oder Prämien oder die im Rahmen von virtuellen Stock-Option-Plänen ausgegebenen Wertsteigerungsrechte von der arbeitsrechtlichen Bereichsausnahme des § 23 Abs. 1 AGBG umfasst.³⁴ 1207

Eine weitere Beurteilungsmöglichkeit bezüglich der arbeitsrechtlichen Bereichsausnahme in § 23 Abs. 1 AGBG bot sich im Hinblick auf Verfall- und Bindungsklauseln. Soweit die Gewährung der Optionen nur unter der Voraussetzung erfolgen sollte, dass auch das Arbeitsverhältnis fortbesteht, und die Optionen an- 1208

---

²⁹ Vgl. zur Rechtslage vor dem 1. 1. 2002: *Ulmer/Brandner/Hensen*, AGB-Gesetz, 9. Aufl. 2001, § 23 AGBG Rz. 5a; *Wolf/Horn/Lindacher*, AGB-Gesetz, 4. Aufl. 1999, § 23 AGBG Rz. 36.

³⁰ Vgl. zur Rechtslage vor dem 1. 1. 2002: *Ulmer/Brandner/Hensen*, AGB-Gesetz, 9. Aufl. 2001, § 23 AGBG Rz. 5a; *Wolf/Horn/Lindacher*, AGB-Gesetz, 4. Aufl. 1999, § 23 AGBG Rz. 36.

³¹ Vgl. zur Rechtslage vor dem 1. 1. 2002: *Ulmer/Brandner/Hensen*, AGB-Gesetz, 9. Aufl. 2001, § 23 AGBG Rz. 5a; *Wolf/Horn/Lindacher*, AGB-Gesetz, 4. Aufl. 1999, § 23 AGBG Rz. 36.

³² Vgl. zur Rechtslage vor dem 1. 1. 2002: *v. Hoyningen-Huene*, EWiR 1993, S. 379.

³³ Vgl. zur Rechtslage vor dem 1. 1. 2002: *Wolf/Horn/Lindacher*, AGB-Gesetz, 4. Aufl. 1999, § 23 AGBG Rz. 75.

³⁴ Vgl. zur Rechtslage vor dem 1. 1. 2002: *Ulmer/Brandner/Hensen*, 9. Aufl. 2001, AGB-Gesetz, § 23 AGBG Rz. 10.

derenfalls verfallen, konnte eine Entkoppelung der Optionsvereinbarung vom Arbeitsverhältnis nicht begründet werden. Auch in diesem Fall war davon auszugehen, dass auch eine vorformulierte Optionsvereinbarung zwischen den Arbeitsvertragsparteien der Bereichsausnahme des § 23 Abs. 1 AGBG unterfiel.

1209 Die Anwendbarkeit der arbeitsrechtlichen Bereichsausnahme des § 23 Abs. 1 AGBG hing damit von der konkreten Ausgestaltung der vorformulierten Optionsvereinbarung ab. Bestand eine Kopplung zwischen Arbeitsvertrag und Optionsgewährung, so konnte der erforderliche Zusammenhang zum Arbeitsverhältnis bejaht werden und eine Anwendbarkeit des AGB-Gesetzes war damit ausgeschlossen.

1210 Damit oblag es zwar im Ergebnis dem Unternehmen, durch eine entsprechende Kopplung den Schutz des AGB-Gesetzes zu verwehren. Dies war jedoch im Ergebnis nicht unbillig, da arbeitsvertragliche Regelungen einer Inhaltskontrolle unterliegen. Nach der Rechtsprechung greift eine Inhaltskontrolle im Arbeitsrecht immer dann ein, wenn die Vertragsparität gestört und der Arbeitgeber zur einseitigen Interessenverfolgung bei Vertragsabschluss in der Lage ist.[35] Dabei beschränkt sich die Inhaltskontrolle nicht auf die Überprüfung einseitig gesetzter allgemeiner Arbeitsbedingungen, sondern es waren auch Individualabreden in die Überprüfung mit einzubeziehen.[36] Der Schutz des Arbeitnehmers vor Übervorteilung war somit auch dann gewährleistet, wenn die vorformulierten Stock-Option-Pläne aufgrund einer Verknüpfung zum Arbeitsverhältnis dem Anwendungsbereich des AGB-Gesetzes entzogen waren.

II. Besonderheiten bei Aktienoptionsplänen (auf gesellschaftsrechtlicher Basis)

1. Einführung

1211 Aktienoptionspläne auf gesellschaftsrechtlicher Basis zielen primär auf den Erwerb von Aktien der Gesellschaft durch die Berechtigten.[37] Sie haben die Gewährung von Wandelschuldverschreibungen oder von Optionen[38] ohne Anleihe (sog. „nackte Optionen") zum Gegenstand und werden in erster Linie mit Aktien aus einer bedingten Kapitalerhöhung gemäß §§ 192, 193 AktG oder mit nach § 71 Abs. 1 Nr. 8 AktG von der Gesellschaft zurückerworbenen Aktien bedient.

1212 Soll bei der Gesellschaft ein Aktienoptionsplan umgesetzt werden, ist zunächst gesellschaftsintern über die konkrete Verteilung der Optionen zu entscheiden.

---

[35] Vgl. hierzu die Übersicht bei *Preis*, Grundfragen der Vertragsgestaltung im Arbeitsrecht, 1993, S. 180 ff.

[36] So zum gleich lautenden § 23 Abs. 1 AGBG: Vgl. *Ulmer/Brandner/Hensen*, AGB-Gesetz, 9. Aufl. 2001, § 23 AGBG Rz. 11 a.

[37] Zur Möglichkeit der Ersetzung des Erwerbs der Aktien durch Barzahlung siehe unten unter Rz. 1236.

[38] Nach der gesetzlichen Terminologie werden den Berechtigten „Bezugs-" bzw. „Umtauschrechte" gewährt (vgl. §§ 192 Abs. 2 Nr. 2 und 3, 193 Abs. 2 Nr. 4, 221 Abs. 1 S. 1 AktG). Zivilrechtlich ist die Umsetzung von Aktienoptionsplänen auf verschiedenen Wegen denkbar (siehe sogleich). In Anlehnung an den allgemeinen Gebrauch des Begriffs der „Option" im Zusammenhang mit Aktienoptionsplänen wird das begründete Recht im Folgenden einheitlich als „Option" bezeichnet.

II. Besonderheiten bei Aktienoptionsplänen

Anschließend werden einzelvertragliche Vereinbarungen[39] mit den Optionsberechtigten erforderlich.[40] Die zum Erwerb der Optionen sowie zum späteren Erwerb der Aktien erforderlichen Rechtsgeschäfte sind auszugestalten. Hierzu bietet es sich an, Optionsbedingungen zu verwenden, die – ggf. unter Berücksichtigung der Vorschriften betreffend die Gestaltung rechtsgeschäftlicher Schuldverhältnisse durch Allgemeine Geschäftsbedingungen (§§ 305 ff. BGB) – als Bestandteil in beide Rechtsgeschäfte einbezogen werden.

Im Rahmen der schuldrechtlichen Umsetzung des Aktienoptionsplans gilt es insbesondere die gesellschaftsrechtlichen Kompetenzregelungen für Vergütungsfragen zu beachten. Demnach ist bei der Aktiengesellschaft der Aufsichtsrat der Gesellschaft zuständig, soweit ein Mitglied des Vorstandes der Gesellschaft betroffen ist. Für die übrigen Begünstigten liegt die Zuständigkeit beim Vorstand der Gesellschaft.[41] 1213

2. Verteilung der Optionen

Im Beschluss der Hauptversammlung über die bedingte Kapitalerhöhung bzw. über die Ermächtigung zum Erwerb eigener Aktien ist gemäß § 193 Abs. 2 Nr. 4 AktG (ggf. i.V.m. § 71 Nr. 8 S. 5 AktG) festzusetzen, wie viele Optionen auf die Mitglieder der Geschäftsführungen und Arbeitnehmer entfallen dürfen.[42] Die konkrete Verteilung auf die einzelnen Begünstigten obliegt den zuständigen Organen.[43] Zunächst ist demnach zu entscheiden, auf welche Weise und nach welchen Kriterien die Optionen im Rahmen der Vorgaben des Hauptversammlungsbeschlusses auf die einzelnen Begünstigten verteilt werden sollen. Hierbei sind mehrere Wege denkbar. 1214

Die Zuteilungskriterien können bereits konkret in den Hauptversammlungsbeschluss aufgenommen werden. Sie sind dann für den Vorstand bzw. den Aufsichtsrat im Verhältnis zur Gesellschaft bindend. Der Hauptversammlungsbeschluss führt jedoch allein zu einer gesellschaftsinternen Bindung, so dass sich für Dritte hieraus selbst dann kein Anspruch gegen die Gesellschaft auf den Erwerb von Optionen ergäbe, sollte der Beschluss zwingend die Ausgabe an bestimmte Mitglieder der Geschäftsführung oder Arbeitnehmer vorsehen. 1215

Enthält der Hauptversammlungsbeschluss keine oder zumindest keine abschließenden Vorgaben betreffend die Zuteilung, können der Vorstand bzw. der 1216

---

[39] Grundsätzlich ist die Umsetzung eines Stock-Option-Plans auch durch Betriebsvereinbarung oder arbeitsrechtliche Gesamtzusage denkbar, dieser Weg scheidet jedoch für die primär angesprochene Gruppe der Organmitglieder und leitenden Angestellten i.S.v. § 5 Abs. 3 BetrVG aus.

[40] Die Optionen können im Grundsatz sowohl vor als auch nach der Fassung des Hauptversammlungsbeschlusses eingeräumt werden. Da bei Vertragsschluss vor Fassung des Hauptversammlungsbeschlusses die Eckdaten des § 193 Abs. 2 Nr. 4 AktG (ggf. i.V.m. § 71 Abs. 1 Nr. 8 S. 5, 2. Halbs. AktG) noch nicht bekannt sind, dürften jedoch regelmäßig nachträgliche Vertragsänderungen erforderlich werden; vgl. *Klahold*, Aktienoptionen als Vergütungselement, S. 235 f., 242; *Lutter*, Kölner Kommentar zum AktG, § 197 Rn. 10. Weiterhin besteht im Falle der beabsichtigten Absicherung über eigene Aktien wegen der Nichtanwendbarkeit des § 187 Abs. 2 AktG das Risiko der Schadensersatzpflicht für den Fall, dass die Option nicht erfüllt werden kann, weil eine Erwerbsermächtigung durch die Hauptversammlung unterblieben ist; vgl. *Klahold*, Aktienoptionen als Vergütungselement, 1999, S. 239 f.

[41] Siehe hierzu bereits oben unter Rz. 132.
[42] Siehe hierzu bereits oben unter Rz. 143.
[43] Vgl. *Friedrichsen*, 2000, S. 136; *Frey*, GK-AktG, § 193 Rz. 33.

O. Schuldrechtliche Aspekte

Aufsichtsrat in ihrem jeweiligen Kompetenzbereich Zuteilungsbedingungen festlegen. Diese stellen sich als gesellschaftsrechtlicher Akt zur internen Umsetzung der Ermächtigung zur Implementierung eines Aktienoptionsplans durch die Hauptversammlung dar. Auch in diesem Fall können Dritte wegen der lediglich gesellschaftsinternen Bindungswirkung der Zuteilungsbedingungen keinen Anspruch gegen die Gesellschaft auf den Erwerb von Optionen aus den festgelegten Zuteilungskriterien herleiten.

1217 Darüber hinaus kommt in Betracht, die Kriterien der (weiteren) Zuteilungen in die vertraglichen Vereinbarungen mit den einzelnen Optionsberechtigten aufzunehmen. Auch hier kann der Anspruch auf künftige Zuteilung von Optionen in den Optionsbedingungen ausdrücklich ausgeschlossen werden. Entscheidet sich die Gesellschaft jedoch für eine Zuteilung, ist sie an die im Rahmen der bereits ausgegebenen Optionen offen gelegten Zuteilungskriterien gebunden. Alternativ kann bereits die Zuteilung der Optionen (und ggf. auch deren Ausübung) von der Erfüllung von Erfolgszielen abhängig gemacht werden. Der Vorteil einer Aufnahme der Zuteilungskriterien im Sinne von Erfolgszielen in die Optionsbedingungen bzw. in den Hauptversammlungsbeschluss kann in dem durch die Offenlegung erzielbaren Motivationseffekt liegen. Hier sind unter Berücksichtigung der konkreten Umstände des Einzelfalls das Interesse der Gesellschaft an einer möglichst flexiblen und unverbindlichen Zuteilungspraxis und ihr Interesse an der Schaffung eines zusätzlichen Leistungsanreizes durch transparente, erfolgsorientierte Zuteilungskriterien gegeneinander abzuwägen.

a) Erwerb der Optionen

1218 Der Erwerb einer Option erfolgt im Wege des Vertragsschlusses zwischen der durch das jeweils zuständige Organ vertretenen Gesellschaft und dem Optionsberechtigten.[44] Die Optionen beinhalten das Recht, unter bestimmten Voraussetzungen Aktien der Gesellschaft zu erwerben.

aa) Dogmatische Einordnung des die Option begründenden Vertrages[45]

1219 Die dogmatische Einordnung des die Option begründenden Vertrages ist abhängig von der Ausgestaltung der Optionsbedingungen im Einzelfall. Dabei gilt es zu berücksichtigen, ob die Bedienung der Optionen mit aus einem bedingten Kapital bereitgestellten Aktien oder mit zurückerworbenen eigenen Aktien der Gesellschaft beabsichtigt ist. Sollen die Optionen mit jungen Aktien aus einer bedingten Kapitalerhöhung bedient werden, ist ein Zeichnungsvertrag abzuschließen.[46] Der Erwerb zurückerworbener eigener Aktien der Gesellschaft durch den Optionsberechtigten vollzieht sich demgegenüber im Wege des Aktienkaufvertrages.[47] Dieser Unterschied ist bei der Ausgestaltung der Optionsbedingungen zu beachten.

1220 Grundsätzlich ist es möglich, dem Begünstigten eine Option im zivilrechtlichen Sinne einzuräumen. Eine solche liegt vor, wenn dem Optionsinhaber die

---

[44] Vgl. *Hüffer*, AktG, 4. Aufl. 1999, § 197 Rz. 5, § 221 Rz. 47; *Bungeroth*, G/H/E/K, § 197 Rz. 6; *Karollus*, G/H/E/K, § 221 Rz. 118 f.; *Lutter*, Kölner Kommentar zum AktG, § 197 Rz. 3; *Krieger*, Münch. Hdb. GesR IV, § 57 Rz. 27.

[45] Vgl. anliegende Muster von Aktienoptionsplänen auf gesellschaftsrechtlicher Basis, in denen die Option im Wege des Abschlusses eines Vorvertrages über den Erwerb von Aktien der Gesellschaft begründet wird. Dieser Vertrag ist als „Zuteilung" bezeichnet.

[46] Vgl. *Hüffer*, AktG, 4. Aufl. 1999, § 198 Rz. 2; *Friedrichsen*, 2000, S. 181.

[47] Vgl. *Friedrichsen*, 2000, S. 181.

II. Besonderheiten bei Aktienoptionsplänen

Befugnis gewährt wurde, durch einseitige Willenserklärung einen Vertrag zustande zu bringen.[48] Dies lässt sich erreichen, indem die Gesellschaft mit dem Optionsberechtigten einen sog. „Angebotsvertrag" abschließt, durch den dem Optionsberechtigten ein unter bestimmten Bedingungen und Befristungen stehendes bindendes Angebot der Gesellschaft auf Abschluss eines Vertrages über den Erwerb von Aktien der Gesellschaft eingeräumt wird.[49] Sind die Optionsbedingungen hinreichend konkret gefasst und beinhalten ein solches Angebot der Gesellschaft auf den Abschluss eines Zeichnungs- bzw. Aktienkaufvertrages, handelt es sich bei dem die Option begründenden Rechtsgeschäft demnach zivilrechtlich um einen Optionsvertrag.[50]

Dogmatisch kann ein Optionsvertrag auch in der Weise konstruiert werden, dass die Parteien die auf den Abschluss des Hauptvertrages gerichteten Willenserklärungen bereits abgeben und dem Optionsinhaber zugleich ein Gestaltungsrecht einräumen, durch dessen künftige Ausübung der Vertrag Wirksamkeit erlangt. Da das Wirksamwerden des Vertrages von der Ausübung des Optionsrechts abhängt, handelt es sich im Ergebnis um den bedingten Abschluss des Hauptvertrages.[51] Dementsprechend sollen durch eine bedingte Kapitalerhöhung abgesicherte Optionsrechte nach einer in der Literatur vertretenen Ansicht begründet werden können, indem ein Zeichnungsvertrag geschlossen wird und die Parteien vereinbaren, dass dieser erst wirksam wird, wenn der Gesellschaft eine Optionserklärung des Berechtigten zugeht. Die Optionserklärung soll hierbei die Bezugserklärung im Sinne von § 198 AktG darstellen,[52] während § 198 Abs. 2 S. 1 AktG in diesem Fall gegenstandslos und die Vorschrift des § 198 AktG im Übrigen offensichtlich erst auf die Optionserklärung anwendbar sein soll.[53] Bei dieser Gestaltungsvariante erscheint zweifelhaft, inwieweit sich Zeichnungs- und Bezugserklärung angesichts der Vorschrift des § 198 AktG trennen lassen und ob die Einhaltung der Voraussetzungen des § 198 AktG bereits hinsichtlich der auf den Abschluss des Zeichnungsvertrages gerichteten Willenserklärung des Optionsberechtigten zu fordern wäre. Da Letzteres angesichts des frühen Zeitpunkts des Abschlusses des Zeichnungsvertrages in der Regel ausgeschlossen sein wird, dürfte diese Gestaltung in der Praxis regelmäßig nicht in Betracht kommen.

---

[48] Vgl. *Palandt/Heinrichs*, BGB, 61. Aufl. 2002, Einf. v. § 145 Rz. 23; *Kramer*, Münchener Kommentar zum BGB, 4. Aufl. 2001, Vor § 145 Rz. 50; *Staudinger/Bork* Bürgerliches Gesetzbuch, 1996, Vorbem. zu §§ 145 ff. Rz. 69.

[49] Vgl. *Staudinger/Bork*, Bürgerliches Gesetzbuch, 1996, Vorbem. zu §§ 145 ff. Rz. 71; *Kramer*, Münchener Kommentar zum BGB, 4. Aufl. 2001, Vor § 145 Rz. 53.

[50] Eine Option kann allgemein auch ohne Vertragsschluss durch einseitige Einräumung eines Vertragsangebotes, welches der Begünstigte (ggf. bei Eintritt bestimmter Bedingungen) nach seinem Belieben annehmen kann, begründet werden; vgl. *Kramer*, Münchener Kommentar zum BGB, 4. Aufl. 2001, Vor § 145 Rz. 52; *Staudinger/Bork*, Bürgerliches Gesetzbuch, 1996, Vorbem. zu §§ 145 ff. Rz. 70. Da jedoch die Begründung von Bezugsrechten im Rahmen einer bedingten Kapitalerhöhung sowie bei Wandelschuldverschreibungen nach ganz herrschender Meinung eines Vertragsschlusses bedarf (*Hüffer*, AktG, 4. Aufl. 1999, § 197 Rz. 5, § 221 Rz. 47; *Bungeroth*, G/H/E/K, § 197 Rz. 6; *Karollus*, G/H/E/K, § 221 Rz. 118 f.; *Lutter*, Kölner Kommentar zum AktG, § 197 Rz. 3; *Krieger*, Münch. Hdb. GesR IV, § 57 Rz. 27), dürfte dieser Weg bei der Gestaltung von Aktienoptionsplänen weitgehend ausgeschlossen sein.

[51] Vgl. *Staudinger/Bork*, Bürgerliches Gesetzbuch, 1996, Vorbem. zu §§ 145 ff. Rz. 71; *Kramer*, Münchener Kommentar zum BGB, 4. Aufl. 2001, Vor § 145 Rz. 54.

[52] Vgl. *Frey*, GK-AktG, § 192 Rz. 39.

[53] Vgl. *Frey*, GK-AktG, § 198 Rz. 12.

O. Schuldrechtliche Aspekte

1221 Des Weiteren besteht die Möglichkeit, dem Optionsberechtigten durch den Vertrag zur Begründung der Option einen Anspruch gegen die Gesellschaft auf Abschluss eines Zeichnungs- bzw. Aktienkaufvertrages einzuräumen. Wird dem Berechtigten lediglich ein solcher Anspruch eingeräumt, liegt zivilrechtlich keine Option, sondern ein Vorvertrag über den Erwerb von Aktien vor,[54] durch den sich die Gesellschaft einseitig verpflichtet, an einem späteren Zeichnungsvertrag mitzuwirken.[55] Die Optionsausübung beinhaltet bei diesem Verständnis – entsprechend der Regelung des § 198 Abs. 2 S. 1 AktG – eine Willenserklärung im Rahmen des Zeichnungsvertrages, nämlich das Angebot zum Abschluss eines solchen, zu dessen Annahme die Gesellschaft verpflichtet ist.

1222 Teilweise wird die Option allgemein als durch die Optionsausübung aufschiebend bedingter Aktienkaufvertrag eingeordnet.[56] Diese Ansicht lässt den Unterschied zwischen einem Zeichnungsvertrag, der auf den originären Erwerb von Aktien im Rahmen einer Kapitalerhöhung gerichtet ist, und einem Aktienkaufvertrag, der den derivativen Erwerb von Aktien zum Gegenstand hat, außer Acht. Soweit es um die Absicherung der Optionen im Wege der bedingten Kapitalerhöhung geht, mag dies die Vorschrift des § 198 AktG verdeutlichen. Nach § 198 Abs. 2 S. 1 AktG hat die Bezugserklärung die gleiche Wirkung wie eine Zeichnungserklärung. Bei der Bezugserklärung handelt es sich folglich um eine auf den Abschluss eines Zeichnungsvertrages gerichtete Willenserklärung.[57] Ohne diese kann mithin kein Zeichnungsvertrag zustande kommen. Zwar wird mit der Option die Möglichkeit zur (späteren) Abgabe der Bezugserklärung eingeräumt. Jedoch ersetzt die – wenn auch vertragliche – Optionsgewährung nicht die spätere Bezugserklärung. Fehlt es aber bei Abschluss des auf den Erwerb der Option gerichteten Vertrages regelmäßig an der Abgabe einer Bezugserklärung, überzeugt es nicht, den Abschluss eines (bedingten) Zeichnungsvertrages zu diesem Zeitpunkt anzunehmen.[58] Denkbar erschiene der Weg über den Abschluss aufschiebend bedingter Aktienkaufverträge daher allenfalls bei Bedienung der Optionen ausschließlich über zurückerworbene eigene Aktien.

bb) Umsetzung in der Praxis

1223 Die Umsetzung von Aktienoptionsplänen ist demzufolge sowohl im Wege der Einräumung von Optionsrechten als auch im Wege des Abschlusses von Vorverträgen möglich.[59] Nahe liegend ist es, den einzelnen nach Maßgabe der Zutei-

---

[54] Vgl. *Palandt/Heinrichs*, BGB, 61. Aufl. 2002, Einf. v. § 145 Rz. 23; *Kramer*, Münchener Kommentar zum BGB, 4. Aufl. 2001, Vor § 145 Rz. 50; *Staudinger/Bork*, Bürgerliches Gesetzbuch, 1996, Vorbem. zu §§ 145 ff. Rz. 69.
[55] Vgl. *Frey*, GK-AktG, § 192 Rz. 37.
[56] Vgl. *Lembke*, BB 2001, S. 1469, 1470; *Bredow*, DStR 1998, S. 381; *Kau/Leverenz*, BB 1998, S. 2270.
[57] Vgl. *Hüffer*, AktG, 4. Aufl. 1999, § 198 Rz. 2; *Bungeroth*, G/H/E/K, § 198 Rz. 26; *Lutter*, Kölner Kommentar zum AktG, § 198 Rz. 2; a.A. *Frey*, GK-AktG, § 198 Rz. 9 f., der die Abgabe der Bezugserklärung offensichtlich als eine Möglichkeit der Ausübung eines Bezugsrechts betrachtet, durch welche der Optionsinhaber sein Verlangen auf den Abschluss eines Zeichnungsvertrages konkretisiert. Es handele sich hierbei um eine Willenserklärung, die neben die auf den Abschluss des Zeichnungsvertrages gerichtete Willenserklärung trete. Aus Vereinfachungsgründen ermögliche die Vorschrift des § 198 Abs. 2 S. 1 AktG jedoch die Abgabe in einer Erklärung.
[58] A.A. wohl *Frey*, GK-AktG, § 192 Rz. 39.
[59] So auch *Klahold*, Aktienoptionen als Vergütungselement, 1999, S. 101 f., 235.

lungsbedingungen zu begünstigenden Führungskräften unter Einbeziehung der Optionsbedingungen ein schriftliches Angebot der Gesellschaft zum Erwerb einer bestimmten Anzahl inhaltlich genau bezeichneter Optionen zu unterbreiten, welches der Annahme durch den Optionsberechtigten bedarf.[60] Aus diesem Angebot sollte sich ergeben, ob es sich zivilrechtlich um einen Optionsvertrag oder einen Vorvertrag über den Erwerb von Aktien handelt.[61] Es empfiehlt sich, genaue Anforderungen an die Form und den Inhalt einer wirksamen Annahmeerklärung in die Optionsbedingungen aufzunehmen.[62]

Die durch die Optionen eingeräumten Rechtspositionen können auf den Abschluss eines Zeichnungsvertrages oder eines Aktienkaufvertrages gerichtet sein. Will sich die Gesellschaft ein Wahlrecht zur Bedienung der Optionen aus einem bedingten Kapital oder mit eigenen Aktien vorbehalten, sollte dies bei der Wahl des Vertragstyps im Rahmen der Gestaltung der Optionsbedingungen Berücksichtigung finden.[63]

Werden die Optionen durch Begabe von Wandelschuldverschreibungen gemäß § 221 AktG begründet, sind sie zu verbriefen.[64] Ausreichend ist die Verbriefung in einer Globalurkunde.[65] Bei nackten Optionen ist keine Verbriefung erforderlich.[66]

b) Erwerb der Aktien

Übt der Optionsinhaber die Option aus, erwirbt er die Aktien auf Grundlage eines Verpflichtungsgeschäfts zwischen ihm und der Gesellschaft durch das dingliche Vollzugsgeschäft. Hinsichtlich der Art des Verpflichtungsgeschäfts ist – wie bereits dargestellt – danach zu differenzieren, ob die Optionen mit Aktien aus einem bedingten Kapital oder mit eigenen Aktien der Gesellschaft bedient werden. Im Falle der Ausgabe von aus der bedingten Kapitalerhöhung bereitgestellten Aktien erfolgt der Erwerb auf Grundlage eines Zeichnungsvertrages, während dem Erwerb eigener Aktien der Gesellschaft durch den Optionsinhaber ein Aktienkaufvertrag zugrunde liegt.

Stammen die Aktien aus einem bedingten Kapital, bedarf es der Abgabe einer Bezugserklärung. Diese muss den Vorgaben des § 198 Abs. 1 AktG entsprechen und stellt in Abhängigkeit von der Ausgestaltung der Option als Vorvertrag oder Option im engeren Sinne das Angebot bzw. die Annahme eines Angebots auf Abschluss eines Zeichnungsvertrages dar.[67] Um die vollständige und ordnungsgemäße Abgabe der Bezugserklärungen zu gewährleisten und darüber hinaus den Verwaltungsaufwand zu minimieren, können über die Optionsbedingungen

1224

1225

1226

---

[60] Alternativ kann die Gesellschaft den Optionsberechtigten im Wege einer invitatio ad offerendum zur Abgabe eines entsprechenden Vertragsangebots auffordern. Sie ist dann rechtlich noch nicht gebunden, denn der Vertrag über den Erwerb der Option kommt erst zustande, wenn die Gesellschaft dieses Angebot annimmt.
[61] Siehe zu den Abgrenzungskriterien oben unter Rz. 1220f.
[62] Vgl. Anlage Einfacher Plan § 2, Komplexer Plan § 2, Wandelschuldverschreibungen § 2.
[63] Siehe hierzu unten unter Rz. 1235.
[64] Vgl. *Hüffer*, AktG, 4. Aufl. 1999, § 221 Rz. 3; *Karollus*, G/H/E/K, § 221 Rz. 72; *Lutter*, Kölner Kommentar zum AktG, § 221 Rz. 108; *Krieger*, Münch. Hdb. GesR IV, § 63 Rz. 11; *Frey*, GK-AktG, § 192 Rz. 58; a.A. *Weiß*, Aktienoptionspläne, 1999, S. 154.
[65] Vgl. *Weiß*, Aktienoptionspläne, 1999, S. 154.
[66] Vgl. *Klahold*, Aktienoptionen als Vergütungselement, 1999, S. 237.
[67] Siehe hierzu bereits oben unter Rz. 1220f.

im Rahmen der gesetzlichen Grenzen[68] weitere formale und inhaltliche Anforderungen an eine wirksame Bezugserklärung gestellt werden.[69] Es empfiehlt sich, den Optionsinhabern seitens der Gesellschaft ein Muster für eine Bezugserklärung zur Verfügung zu stellen.[70] Dies mag als Nebenpflicht aus dem Optionsvertrag für die Gesellschaft zwingend erforderlich sein, insbesondere wenn der notwendige Inhalt der Bezugserklärung vom Optionsberechtigten nur mit unverhältnismäßig großem Aufwand ermittelt werden kann.[71] Eine Verpflichtung des Optionsberechtigten zur Verwendung eines bestimmten Vordrucks der Gesellschaft kann indes gegen § 309 Nr. 13 BGB[72] verstoßen,[73] so dass in den Optionsbedingungen zum Ausdruck gebracht werden sollte, dass das Muster der Gesellschaft lediglich verwendet werden „soll".[74]

1227 Auch ein Aktienkaufvertrag kommt nach Maßgabe der Optionsbedingungen zustande. Zwar gelten die Regelungen des § 198 AktG für die auf den Abschluss des Kaufvertrages gerichtete Willenserklärung des Optionsberechtigten nicht. Gleichwohl liegt es aus den oben genannten Gründen nahe, auch in diesem Falle über die Optionsbedingungen formale sowie inhaltliche Anforderungen an die Abgabe der Willenserklärung des Optionsberechtigten zu stellen und ihm ein entsprechendes Muster zugänglich zu machen. Im Übrigen gelten die Ausführungen zur Bezugserklärung hier entsprechend.

1228 Da der Optionsinhaber ein wirtschaftliches Interesse an einem möglichst kurzen Zeitraum zwischen Abschluss des Zeichnungs- bzw. Aktienkaufvertrages und dem Erwerb der Mitgliedschaft hat, sollte eine entsprechende Bestimmung in den Optionsbedingungen enthalten sein. Dies kann in der Form erfolgen, dass ein konkreter Zeitraum (beispielsweise maximal 7 Tage) festgelegt wird oder die Gesellschaft sich dazu verpflichtet, die Aktien „unverzüglich" zu übereignen.[75]

1229 Im Falle der Bedienung der Optionen aus einer bedingten Kapitalerhöhung ist der Optionsinhaber aufgrund der Vorschrift des § 199 Abs. 1 AktG hinsichtlich seiner Einlageverpflichtung grundsätzlich vorleistungspflichtig. Eine Bestimmung in den Optionsbedingungen, nach welcher die Gesellschaft die Aktien Zug-um-Zug gegen Leistung des Ausübungspreises übereignet, ist gleichwohl zulässig.[76]

---

[68] In diesem Zusammenhang ist insbesondere die Vorschrift des § 309 Nr. 13 BGB (vormals § 11 Nr. 16 AGBG) zu beachten. Eine Bestimmung in den Optionsbedingungen, die den Zugang der Bezugserklärung bei einer bestimmten Stelle im Unternehmen (einer sog. Optionsstelle) vorschreibt, ist aus organisatorischen Gründen sinnvoll und daher in der Praxis üblich. Jedoch kann nicht ausgeschlossen werden, dass sie im Falle einer Inhaltskontrolle der Optionsbedingungen als unzulässiges besonderes Zugangserfordernis im Sinne von § 309 Nr. 13 BGB qualifiziert wird; vgl. im Allgemeinen *Wolf/Horn/Lindacher*, AGB-Gesetz, 4. Aufl. 1999, § 11 Nr. 16 Rz. 10. Dies kann vermieden werden, indem die Regelung als Soll-Vorschrift ausgestaltet wird.
[69] Vgl. Anlage Einfacher Plan § 9, Komplexer Plan § 9, Wandelschuldverschreibungen § 9.
[70] Siehe hierzu Anlage Einfacher Plan Bezugserklärung.
[71] Vgl. *Frey*, GK-AktG, § 198 Rz. 25.
[72] Bis zum 1.1.2002 war die entsprechende Regelung in § 11 Nr. 16 AGBG enthalten.
[73] Vgl. *Wolf/Horn/Lindacher*, AGB-Gesetz, 4. Aufl. 1999, § 11 Nr. 16 Rz. 7; *Palandt/Heinrichs*, BGB, 61. Aufl. 2002, § 11 AGBG Rz. 95.
[74] Vgl. Anlage Einfacher Plan § 9 Abs. 2, Komplexer Plan § 9 Abs. 2, Wandelschuldverschreibungen § 9 Abs. 2.
[75] Vgl. *Frey*, GK-AktG, § 200 Rz. 2.
[76] So im Ergebnis wohl auch *Frey*, GK-AktG, § 199 Rz. 33; ähnlich *Hüffer*, AktG, 4. Aufl. 1999, § 199 Rz. 7; *Bungeroth*, G/H/E/K, § 199 Rz. 9; *Lutter*, Kölner Kommentar zum AktG, § 199 Rz. 12.

II. Besonderheiten bei Aktienoptionsplänen

c) Einzelheiten zur Ausgestaltung der Optionsbedingungen

Es bietet sich an, die Rechte und Pflichten der Optionsberechtigten und der Gesellschaft in den Optionsbedingungen detailliert zu regeln. Im Folgenden werden einzelne Aspekte der inhaltlichen Ausgestaltung der Optionsrechte dargestellt. 1230

aa) Absicherung der Optionen

Von der vertraglichen Einräumung der Optionen ist ihre Absicherung zu unterscheiden, durch welche gewährleistet wird, dass die Gesellschaft in der Lage ist, ihre bei Optionsausübung entstehenden Verpflichtungen auf Übereignung von Aktien an die Optionsinhaber zu erfüllen.[77] Die Absicherung erfolgt in erster Linie durch eine bedingte Kapitalerhöhung bzw. den Rückerwerb eigener Aktien und eine vertragliche Verknüpfung der Optionen mit der entsprechenden Art der Absicherung. Zwar steht es der Gesellschaft im Grundsatz frei, Optionsverträge zu schließen ohne eine konkrete Absicherung vorzusehen. Im Hinblick auf Schadensersatzpflichten, die daraus resultieren können, dass die Gesellschaft ihre Verpflichtung zur Verschaffung von Aktien nicht oder nicht vertragsgemäß erfüllen kann, erscheint ein solches Vorgehen jedoch nicht geboten. 1231

(1) Absicherung über ein bestimmtes bedingtes Kapital

Die Optionsverträge können die Optionen ausschließlich an eine bestimmte bedingte Kapitalerhöhung binden. 1232

Bei Vertragsschluss vor Eintragung des Kapitalerhöhungsbeschlusses in das Handelsregister steht das Wirksamwerden der Optionen in diesem Fall gemäß § 197 S. 2 AktG unter der aufschiebenden Bedingung der Eintragung.[78] Werden die Optionen vor Fassung des Kapitalerhöhungsbeschlusses begründet, stehen sie zudem aufgrund der Regelungen in §§ 193 Abs. 1 S. 3, 187 Abs. 2 AktG unter der aufschiebenden Bedingung der Fassung des Kapitalerhöhungsbeschlusses.[79] Optionen, die nach der Eintragung des Kapitalerhöhungsbeschlusses in das Handelsregister begründet werden, entstehen – vorbehaltlich einer abweichenden Vereinbarung – unbedingt.

In diesem Zusammenhang stellt sich die Frage, inwieweit die Anzahl der begründbaren Optionen durch die Vorgaben des Hauptversammlungsbeschlusses beschränkt ist. Die Begabe der Optionen obliegt den für die Vergütung zuständigen Organen. Ihnen steht dementsprechend im Grundsatz[80] auch zu, über die Anzahl der den einzelnen Berechtigten zu gewährenden Optionen zu befinden. Im Innenverhältnis zur Gesellschaft wird diese Kompetenz der Verwaltung durch den im Beschluss der Hauptversammlung gezogenen Rahmen beschränkt.[81] Dies 1233

---

[77] Vgl. *Klahold*, Aktienoptionen als Vergütungselement, 1999, S. 87 f., 234.

[78] Vgl. *Hüffer*, AktG, 4. Aufl. 1999, § 197 Rz. 5, § 221 Rz. 47; *Bungeroth*, G/H/E/K, § 197 Rz. 10; *Lutter*, Kölner Kommentar zum AktG, § 197 Rz. 9; *Krieger*, Münch. Hdb. GesR IV, § 57 Rz. 27.

[79] Vgl. *Hüffer*, AktG, 4. Aufl. 1999, § 197 Rz. 5, § 221 Rz. 47; *Bungeroth*, G/H/E/K, § 197 Rz. 10; *Lutter*, Kölner Kommentar zum AktG, § 187 Rz. 18, § 197 Rz. 10; *Krieger*, Münch. Hdb. GesR IV, § 57 Rz. 27; *Frey*, GK-AktG, § 197 Rz. 38. A.A. *Wiedemann*, GK-AktG, § 187 Rz. 8, der Rechtsgeschäfte mit Bezug auf Aktien aus einer noch nicht beschlossenen Kapitalerhöhung für unwirksam hält.

[80] Zu Vorgaben durch den Hauptversammlungsbeschluss vgl. bereits oben unter Rz. 1214.

[81] Siehe hierzu bereits oben unter Rz. 1215.

O. Schuldrechtliche Aspekte

wirkt sich jedoch nicht auf die Anzahl der tatsächlich begründbaren Optionen aus, denn diese ist vom Beschlussinhalt unabhängig.[82] Mit der Eintragung des Kapitalerhöhungsbeschlusses in das Handelsregister entstehen folglich alle in Bezug auf die betreffende Kapitalerhöhung bereits begründeten Optionen. Optionen, die nach Eintragung des Kapitalerhöhungsbeschlusses in das Handelsregister begründet werden, sind auch dann wirksam, wenn die Gesamtzahl der Optionen die Kapitalziffer übersteigt. Dies gilt selbst dann, wenn bereits alle Aktien ausgegeben sind.[83] Das folgt daraus, dass die Optionen nicht durch den Kapitalerhöhungsbeschluss entstehen, sondern – wie vorstehend ausgeführt – durch Rechtsgeschäfte zwischen der Gesellschaft und den Begünstigten eingeräumt werden[84] und daher zwischen den getrennten Vorgängen der Einräumung der Option und ihrer Erfüllung, die durch die bedingte Kapitalerhöhung abgesichert ist, unterschieden werden muss. Wurden mehr Optionen begründet, als Aktien durch das bedingte Kapital bereitgestellt sind, können sich Schadensersatzpflichten der Gesellschaft sowie der Verwaltung ergeben.[85]

(2) Absicherung über den Rückerwerb eigener Aktien

1234 Weiterhin ist es möglich, die Optionen durch den Rückerwerb eigener Aktien der Gesellschaft abzusichern. Dann sind die Optionsverträge so zu gestalten, dass sie auf den Erwerb alter Aktien gerichtet sind.

Auch in diesem Falle besteht keine zahlenmäßige Beschränkung der begründbaren Optionen durch den nach § 71 Abs. 1 Nr. 8 AktG zum Zwecke des Rückkaufs der Aktien und der Bedienung der Optionen erforderlichen Hauptversammlungsbeschluss.

Es ist zu beachten, dass bei Begründung der Optionen vor Fassung des Hauptversammlungsbeschlusses – im Gegensatz zur Absicherung im Wege der bedingten Kapitalerhöhung – die Vorschrift des § 187 Abs. 2 AktG nicht gilt, so dass

---

[82] So wohl auch *Hüffer*, AktG, 4. Aufl. 1999, § 198 Rz. 5, der offensichtlich die Optionen für wirksam begründet hält, während die darauf beruhenden Zeichnungsverträge bei Überschreitung der Kapitalziffer gemäß § 306 BGB a.F. nichtig sein sollen; eine Nichtigkeit nach § 306 BGB a.F. kommt seit Inkrafttreten des Gesetzes zur Modernisierung des Schuldrechts vom 26. November 2001 (BGBl. I 2001, S. 3138 ff.) nicht mehr in Betracht, da die Wirksamkeit des Zeichnungsvertrages nunmehr gemäß § 311a Abs. 1 BGB auch dann nicht berührt würde, wenn man von der anfänglichen objektiven Unmöglichkeit der Leistung der Gesellschaft ausginge. A.A. *Lutter*, Kölner Kommentar zum AktG, § 197 Rz. 8, der bei Überschreitung der Ziffer des bedingten Kapitals von einem Fehlen der Vertretungsmacht des Vorstandes zur Begründung von Bezugsrechten ausgeht. Nach Überschreitung der Ziffer des bedingten Kapitals soll der Prioritätsgrundsatz gelten, so dass auf spätere Bezugsrechtseinräumungen die Vorschrift des § 187 Abs. 2 AktG anwendbar sei. Offen bleibt hierbei, wie es sich auswirkt, dass einerseits die Vertretungsmacht fehlen, andererseits § 187 Abs. 2 AktG einschlägig sein soll, der die wirksame Einräumung von Bezugsrechten nach Ansicht von *Lutter* nicht ausschließt, sondern lediglich die AG von einer Pflicht zur Kapitalerhöhung freistellt und somit die begründeten Bezugsrechte kraft Gesetzes unter den Vorbehalt der Kapitalerhöhung stellt, vgl. *Lutter*, Kölner Kommentar zum AktG, § 187 Rz. 18 f.

[83] Eine Nichtigkeit des Optionsvertrages nach § 306 BGB a.F. – so *Frey*, GK-AktG, § 198 Rz. 8 – kommt nach aktueller Rechtslage nicht mehr in Betracht; vgl. vorstehende Fn.

[84] Vgl. *Hüffer*, AktG, 4. Aufl. 1999, § 197 Rz. 5; *Bungeroth*, G/H/E/K, § 197 Rz. 6; *Lutter*, Kölner Kommentar zum AktG, § 197 Rz. 3; *Krieger*, Münch. Hdb. GesR IV, § 57 Rz. 27; *Frey*, GK-AktG, § 197 Rz. 38.

[85] Siehe hierzu bereits oben unter Rz. 167. Nach der Ansicht von *Lutter*, Kölner Kommentar zum AktG, § 197 Rz. 8, dürfte eine Schadensersatzpflicht der Gesellschaft auch bei Begründung der Option nach Fassung des Kapitalerhöhungsbeschlusses gemäß § 187 Abs. 2 AktG ausgeschlossen sein.

sich ein Schadensersatzanspruch des Optionsinhabers gegen die Gesellschaft ergeben kann, wenn die Option nicht erfüllt werden kann.[86] Aus diesem Grunde empfiehlt es sich, eine entsprechende auflösende Bedingung für die Begründung der Option in den Optionsvertrag aufzunehmen.[87]

(3) Wahlweise Absicherung über ein bedingtes Kapital oder eigene Aktien[88]
Für die Gesellschaft kann ein Vorbehalt, die Optionen wahlweise aus einem bedingten Kapital oder mit eigenen Aktien zu bedienen, vorteilhaft sein.[89] Von einem Teil der Literatur wird die Auffassung vertreten, der Gesellschaft stehe es auch nach Zustandekommen des Zeichnungsvertrages infolge der Ausübungserklärung gemäß § 198 AktG frei, den Bezugsanspruch mit alten Aktien zu erfüllen und von der Ausgabe neuer Aktien abzusehen, wenn dies aus Kostengründen zweckmäßig erscheine.[90] Da der Zeichnungsvertrag die Gesellschaft jedoch verpflichtet, junge Aktien auszugeben,[91] ist die ausdrückliche Regelung eines entsprechenden Wahlrechts in den Optionsbedingungen geboten.[92] Fehlt eine solche Regelung und ist auch keine dahingehende Vertragsauslegung[93] möglich, kommt allenfalls eine entsprechende nachträgliche Vereinbarung zwischen der Gesellschaft und dem Optionsberechtigten in Betracht, wenn dennoch alte Aktien ausgegeben werden sollen.[94]

1235

Ein Wahlrecht der Gesellschaft kann durch die Vereinbarung einer Wahlschuld (§ 262 BGB) der Gesellschaft begründet werden. Eine Wahlschuld des Schuldners liegt vor, wenn er mehrere Leistungen in der Weise schuldet, dass er nach seiner Wahl nur eine von ihnen zu erbringen hat.[95] Weiterhin kommt in Betracht, der Gesellschaft eine Ersetzungsbefugnis einzuräumen.[96] Diese ist gesetzlich nicht geregelt. Im Unterschied zur Wahlschuld hat die Leistung bei der Ersetzungsbefugnis des Schuldners von Anfang an einen bestimmten Inhalt. Der Schuldner ist jedoch berechtigt, mit Erfüllungswirkung eine andere als die geschuldete Leistung zu erbringen.[97] Ob eine Wahlschuld oder Ersetzungsbefugnis der Gesell-

---

[86] Vgl. *Klahold*, Aktienoptionen als Vergütungselement, 1999, S. 239 f., der eine analoge Anwendung dieser Vorschrift in Betracht zieht.
[87] Siehe unten unter Rz. 1239 ff.
[88] Vgl. Anlage Einfacher Plan § 9 Abs. 7, Komplexer Plan § 9 Abs. 7, Wandelschuldverschreibungen § 9 Abs. 7.
[89] Vgl. *Frey*, GK-AktG, § 192 Rz. 45.
[90] Vgl. *Krieger*, Münch. Hdb. GesR IV, § 57 Rz. 32.
[91] Vgl. *Bungeroth*, G/H/E/K, § 198 Rz. 34; *Lutter*, Kölner Kommentar zum AktG, § 198 Rz. 9.
[92] Will sich die Gesellschaft ein entsprechendes Wahlrecht vorbehalten, dürfen die Optionsbedingungen folglich keine Optionen im engeren Sinne gewähren, denn dann käme unmittelbar durch Abgabe der Bezugserklärung ein Zeichnungsvertrag zustande, der die Gesellschaft zur Ausgabe junger Aktien verpflichten würde. Die Optionen sind daher als Vorverträge auszugestalten, so dass in der Ausübung der Option ein Angebot des Optionsinhabers auf Abschluss eines Vertrages über den Erwerb von Aktien liegt.
[93] Bei der Auslegung soll im Zweifelsfall anzunehmen sein, dass junge Aktien durch alte Aktien ersetzt werden können, jedoch nicht umgekehrt, *Frey*, GK-AktG, § 198 Rz. 8.
[94] Dies soll nach *Frey*, GK-AktG, § 199 Rz. 13, wohl noch nach Abschluss des Zeichnungsvertrages und Leistung des Ausübungspreises durch den Optionsinhaber möglich sein.
[95] Vgl. *Palandt/Heinrichs*, BGB, 61. Aufl. 2002, § 262 Rz. 1; *Krüger*, Münchener Kommentar zum BGB, 4. Aufl. 2001, § 262 Rz. 2 f.
[96] So auch *Frey*, GK-AktG, § 192 Rz. 45, 105.
[97] Vgl. *Palandt/Heinrichs*, BGB, 61.Aufl. 2002, § 262 Rz. 8; *Krüger*, Münchener Kommentar zum BGB, 4. Aufl. 2001, § 262 Rz. 8 f.; *Staudinger/Bittner*, Bürgerliches Gesetzbuch, 2001, § 262 Rz. 8.

O. Schuldrechtliche Aspekte

schaft vorliegt, hängt demnach von der konkreten Ausgestaltung der Optionsbedingungen ab. Wegen der unterschiedlichen Folgen im Falle des Scheiterns der bedingten Kapitalerhöhung wird regelmäßig die Vereinbarung einer Ersetzungsbefugnis geboten sein.[98]

Denkbar ist auch, das Wahlrecht der Gesellschaft mit Hilfe auflösender Bedingungen gemäß § 158 Abs. 1 BGB entstehen zu lassen. Dann ist in den Optionsbedingungen vorzusehen, dass die Option auf den Erwerb junger Aktien aus dem bedingten Kapital unter der auflösenden Bedingung steht, dass der Vorstand sich für eine Bedienung der Optionen im Wege zurückerworbener eigener Aktien entschließt. Das Recht auf den Erwerb eigener Aktien der Gesellschaft durch den Optionsinhaber ist unter eine entsprechende auflösende Bedingung zu stellen. Mit der Entscheidung des Vorstandes für einen dieser Wege erlischt dann eine der Optionen, während die andere endgültig wirksam wird.[99]

bb) Ersetzung der Aktienausgabe durch Barzahlung[100]

1236 Weiterhin kann der Gesellschaft durch die Optionsbedingungen die Möglichkeit eingeräumt werden, anstelle der Ausgabe von Aktien bei Ausübung der Optionen eine Barzahlung in Höhe der Differenz zwischen dem Ausübungspreis und dem aktuellen Börsenkurs der Aktie der Gesellschaft zu leisten. Dies hat den Vorteil, dass unter Berücksichtigung der aktuellen Situation der Gesellschaft entschieden werden kann, ob eine Erhöhung des Eigenkapitals im Wege der (bedingten) Kapitalerhöhung oder die Auskehr überschüssiger Liquidität erfolgen soll. Für die Begünstigten entspricht die Ersetzung der Aktienausgabe durch Barzahlung im wirtschaftlichen Ergebnis der sofortigen Veräußerung erworbener Aktien.[101] Rechtstechnisch kommt zur Begründung dieses Wahlrechts entsprechend den vorstehenden Ausführungen[102] die Einräumung einer Wahlschuld oder Ersetzungsbefugnis der Gesellschaft in Betracht.[103]

1237 Ein entsprechendes Wahlrecht kann auch dem Optionsberechtigten gegenüber der Gesellschaft eingeräumt werden, so dass er die Mittel zur Begleichung des Ausübungspreises nicht aufbringen muss. Im Hinblick auf den drohenden und durch die Gesellschaft nicht beeinflussbaren Liquiditätsabfluss erscheint dies jedoch nur in Ausnahmefällen empfehlenswert.

cc) Bedingungen und Befristungen der Optionen

1238 Die Entstehung der Optionen ist in bestimmten Fällen bereits kraft Gesetzes bedingt. Angesichts der gemäß § 193 Abs. 2 Nr. 4 (ggf. i.V.m. § 71 Nr. 8 S. 5, 2. HS.) AktG erforderlichen Vorgaben des Hauptversammlungsbeschlusses müssen zudem Bedingungen und Befristungen in die Optionsverträge aufgenommen werden. Im Übrigen lässt sich der Inhalt der Optionen durch die Aufnahme wei-

---

[98] Siehe zu den Auswirkungen bei Scheitern der bedingten Kapitalerhöhung Rz. 1241.
[99] So *Friedrichsen*, 2000, S. 233. Sollte man das Wahlrecht mit Hilfe von Bedingungen konstruieren wollen, ist es unseres Erachtens nahe liegender, eine durch eine entsprechende Vorstandsentscheidung auflösend bedingte Option auf neue Aktien sowie eine in entsprechender Weise aufschiebend bedingte Option auf alte Aktien einzuräumen.
[100] Vgl. Anlage Einfacher Plan § 13, Komplexer Plan § 14, Wandelschuldverschreibung § 14.
[101] Vgl. *Friedrichsen*, 2000, S. 182.
[102] Vgl. oben unter Rz. 1235.
[103] Vgl. *Frey*, GK-AktG, § 192 Rz. 82, 107.

II. Besonderheiten bei Aktienoptionsplänen

terer Bedingungen und Befristungen in die Optionsbedingungen gestalten.[104] Im Folgenden soll beispielhaft auf einige Gestaltungsmöglichkeiten eingegangen werden.

(1) Bedingungen für den Fall des Scheiterns der Bereitstellung von Aktien[105]

Wie bereits oben ausgeführt wurde, ist die Entstehung der Optionen in bestimmten Fällen bereits kraft Gesetzes gemäß § 158 Abs. 1 BGB aufschiebend bedingt:[106] Bei ausschließlicher Absicherung durch eine bedingte Kapitalerhöhung besteht im Falle des Vertragsschlusses vor Eintragung des Kapitalerhöhungsbeschlusses in das Handelsregister gemäß § 197 S. 2 AktG die aufschiebende Bedingung der Eintragung.[107] Wird die Option vor Fassung des Kapitalerhöhungsbeschlusses begründet, steht sie zudem unter der aufschiebenden Bedingung der Fassung eines entsprechenden Kapitalerhöhungsbeschlusses durch die Hauptversammlung (§ 193 Abs. 1 S. 3 i.V.m. § 187 Abs. 2 AktG).[108] Treten diese Bedingungen nicht ein, erscheint eine auf Ersatz des Erfüllungsschadens gerichtete Schadensersatzpflicht der Gesellschaft mangels Entstehung einer Primärleistungspflicht ausgeschlossen,[109] denkbar bleiben indes gegen die Gesellschaft gerichtete Ansprüche auf Ersatz eines entstandenen Vertrauens-

1239

---

[104] Vgl. *Frey*, GK-AktG, § 192 Rz. 41.

[105] Vgl. Anlage Einfacher Plan § 2 Abs. 7, Komplexer Plan § 2 Abs. 8, Wandelschuldverschreibungen § 2 Abs. 7.

[106] Angesichts dieser Bedingungen für die Entstehung der Option stellt sich die Frage, ob der Lauf der Wartezeit i.S.v. § 193 Abs. 2 Nr. 4 AktG bereits mit der aufschiebend bedingten Einräumung der Option oder erst mit ihrer Entstehung durch Eintritt der aufschiebenden Bedingungen beginnt. Der Lauf der Wartezeit beginnt mit dem Zeitpunkt der Begründung der Option; vgl. *Hüffer*, AktG, 4. Aufl. 1999, § 193 Rz. 9; siehe hierzu auch bereits oben zu den gesellschaftsrechtlichen Maßgaben. Dem Sinn und Zweck des Gesetzes entspricht es, auf den Zeitpunkt des Vertragsschlusses abzustellen, da durch die Wartezeit eine langfristige Anreizwirkung gewährleistet werden soll (vgl. Begründung zum RegE zu § 193 AktG n.F., abgedruckt bei *Ernst/Seibert/Stuckert*, KonTraG, S. 82; *Friedrichsen*, 2000, S. 141 f.) und die somit maßgebliche Verhaltenssteuerung des Optionsberechtigten bereits mit Abschluss des Optionsvertrages eintritt; so im Ergebnis auch *Frey*, GK-AktG, § 193 Rz. 73. Dass aufschiebende Bedingungen und Befristungen sich nicht auf den Beginn des Laufs der Wartezeit auswirken, zeigt sich auch bereits an der Vorschrift des § 193 Abs. 2 Nr. 4 AktG, die zur Folge hat, dass der Ablauf der Wartezeit selbst eine aufschiebende Bedingung für die Entstehung der Option darstellt, so dass die Entstehung der Option ihrerseits keine Bedingung für den Beginn des Laufs der Wartezeit sein kann. Gleichwohl dürfte es sich empfehlen, einen Zeitpunkt ab Eintragung des Kapitalerhöhungsbeschlusses in das Handelsregister als Zeitpunkt für den Beginn des Laufs der Wartezeit in die Optionsbedingungen aufzunehmen.

[107] Vgl. *Hüffer*, AktG, 4. Aufl. 1999, § 197 Rz. 5, § 221 Rz. 47; *Bungeroth*, G/H/E/K, § 197 Rz. 10; *Lutter*, Kölner Kommentar zum AktG, § 197 Rz. 9; *Krieger*, Münch. Hdb. GesR IV, § 57 Rz. 27.

[108] Vgl. *Hüffer*, AktG, 4. Aufl. 1999, § 197 Rz. 5, § 221 Rz. 47; *Bungeroth*, G/H/E/K, § 197 Rz. 10; *Lutter*, Kölner Kommentar zum AktG, § 187 Rz. 18, § 197 Rz. 10; *Krieger*, Münch. Hdb. GesR IV, § 57 Rz. 27; *Frey*, GK-AktG, § 197 Rz. 38. A.A. *Wiedemann*, GK-AktG, § 187 Rz. 8, der Rechtsgeschäfte mit Bezug auf Aktien aus einer noch nicht beschlossenen Kapitalerhöhung für unwirksam hält.

[109] Vgl. zu § 193 Abs. 1 S. 3 i.V.m. § 187 Abs. 2 AktG *Hüffer*, AktG, 4. Aufl. 1999, § 193 Rz. 3; *Hefermehl/Bungeroth*, G/H/E/K, § 187 Rz. 24; *Lutter*, Kölner Kommentar zum AktG, § 193 Rz. 19; a.A. *Klahold*, Aktienoptionen als Vergütungselement, 1999, S. 115 ff., der im Falle der Absicherung von Wandelschuldverschreibungen durch eine bedingte Kapitalerhöhung § 221 AktG als lex specialis zu §§ 193 Abs. 1 S. 3, 187 Abs. 2 AktG wertet; so wohl auch *Frey*, GK-AktG, § 193 Rz. 13.

O. Schuldrechtliche Aspekte

schadens.[110] Auch Schadensersatzansprüche gegen die die Optionsverträge schließenden Organmitglieder kommen in Betracht.[111] Um ein schutzwürdiges Vertrauen der Optionsberechtigten auszuschließen und damit das Risiko einer Inanspruchnahme möglichst gering zu halten, empfiehlt sich daher unter Berücksichtigung der konkreten Umstände des Einzelfalls eine ausdrückliche Aufnahme der grundsätzlich bereits kraft Gesetzes bestehenden Bedingungen in die Optionsverträge.

1240 Wird der Kapitalerhöhungsbeschluss – bei Absicherung der Optionen über ein bedingtes Kapital – nach Eintragung in das Handelsregister und Begründung der Optionen durch gerichtliches Urteil für nichtig erklärt bzw. wird dessen Nichtigkeit festgestellt, bleiben die Optionen bestehen, können jedoch nicht aus dem bedingten Kapital erfüllt werden.[112] Auf Ersatz des Erfüllungsschadens gerichtete Ansprüche der Optionsinhaber können dadurch vermieden werden, dass in den Optionsbedingungen für diesen Fall eine auflösende Bedingung (§ 158 Abs. 2 BGB) vorgesehen wird. Dann wird regelmäßig auch ein zu einem Schadensersatzanspruch führendes schutzwürdiges Vertrauen der Optionsinhaber entfallen.

1241 Wenn sich die Gesellschaft das Recht vorbehält, die Optionen wahlweise mit eigenen Aktien zu bedienen, sollten die Optionsbedingungen so ausgestaltet werden, dass im Falle des Scheiterns der bedingten Kapitalerhöhung keine Pflicht der Gesellschaft zur Bedienung der Optionen mit eigenen Aktien besteht. Dies kann erreicht werden, indem das Wahlrecht durch eine Ersetzungsbefugnis der Gesellschaft begründet wird. Dann besteht die geschuldete Leistung in der Ausgabe junger Aktien aus der bedingten Kapitalerhöhung, die Gesellschaft kann die Optionen jedoch mit Erfüllungswirkung mit eigenen Aktien im Wege des Aktienrückkaufs bedienen. Entsteht die Pflicht zur Leistung junger Aktien mangels Eintritts der aufschiebenden Bedingung(en) nicht, entsteht auch kein Anspruch auf den Bezug von eigenen Aktien aufgrund eines Aktienrückkaufs durch die Gesellschaft.[113]

Im Falle einer Absicherung der Optionen über den Rückerwerb eigener Aktien gelten die Vorschriften der §§ 187 Abs. 2, 197 S. 2 AktG nicht, so dass keine Bedingungen kraft Gesetzes bestehen. Daher sollte einem möglichen Scheitern des Rückerwerbs der erforderlichen eigenen Aktien durch die Aufnahme einer entsprechenden auflösenden Bedingung in die Optionsverträge Rechnung getragen werden.

---

[110] Vgl. *Wiedemann*, GK-AktG, § 187 Rz. 8; vgl. zur Einschränkung von Schadensersatzansprüchen von Vorstandsmitgliedern und Mitarbeitern ohne Organqualität bei der Nichterfüllung von Optionsverträgen *Klahold*, Aktienoptionen als Vergütungselement, 1999, S. 259.

[111] Vgl. *Bungeroth*, G/H/E/K, § 187 Rz. 27; *Wiedemann*, GK-AktG, § 187 Rz. 8.

[112] Zu den Rechtsfolgen einer gleichwohl erfolgenden oder bereits erfolgten Ausgabe von Aktien siehe oben unter Rz. 169.

[113] Siehe hierzu bereits oben unter Rz. 1235. Wird das Wahlrecht der Gesellschaft im Wege der Wahlschuld nach § 262 BGB begründet, könnte unter Heranziehung des Rechtsgedankens der Vorschrift des § 265 S. 1 BGB argumentiert werden, die Gesellschaft sei bei Scheitern der bedingten Kapitalerhöhung jedenfalls zur Bedienung der Optionen mit eigenen Aktien verpflichtet.

II. Besonderheiten bei Aktienoptionsplänen

(2) Bedingungen und Befristungen aufgrund der Vorgaben des Beschlusses der Hauptversammlung[114]

Nach § 193 Abs. 2 Nr. 4 (ggf. i.V.m. § 71 Abs. 1 Nr. 8 S. 5, 2. Halbs.) AktG sind Erfolgsziele, Erwerbs- und Ausübungszeiträume sowie Wartezeiten für die erstmalige Ausübung der Optionen in den Hauptversammlungsbeschluss aufzunehmen. Darüber hinaus kann der Beschluss der Hauptversammlung weitere Vorgaben hinsichtlich der inhaltlichen Ausgestaltung der Optionen durch die Verwaltung enthalten.[115] Diese sind über die Optionsbedingungen vertraglich mit den Optionsinhabern zu vereinbaren. Schuldrechtlich handelt es sich bei den Erfolgszielen um aufschiebende Bedingungen i.S.v. § 158 Abs. 1 BGB für die Entstehung der Option,[116] bei den Wartezeiten um aufschiebende Befristungen (§§ 163, 158 Abs. 1 BGB).[117] Auch bei den Erwerbs- und Ausübungszeiträumen handelt es sich um Befristungen im Sinne von § 163 BGB.[118]

1242

dd) Verfügungsbeschränkungen

(1) Verfügungsbeschränkungen über Optionen

Im Grundsatz kann im Wege der Abtretung gemäß §§ 398 ff. BGB über die Option verfügt werden.[119] Diese Möglichkeit wird in Aktienoptionsplänen regelmäßig ausgeschlossen.[120]

1243

(2) Verfügungsbeschränkungen über Aktien

Die Optionsbedingungen können des Weiteren Mindesthaltefristen vorsehen, in denen die infolge der Ausübung der Optionen erworbenen Aktien nicht veräußert werden dürfen. Dies kann zu einer verstärkten Bindung der Optionsinhaber an das Unternehmen führen, da hierdurch ihr Interesse an einer positiven Entwicklung des Aktienkurses auch nach Ausübung der Optionen gesteigert wird.[121]

1244

Die Vereinbarung von Verfügungsbeschränkungen über Aktien mit schuldrechtlicher Wirkung ist grundsätzlich zulässig.[122] Eine Beschränkung der Verfügungsmöglichkeit mit dinglicher Wirkung kann hingegen im Rahmen von Aktienoptionsplänen nicht erreicht werden. Die einzige Möglichkeit, die freie Verfügbarkeit über Aktien mit dinglicher Wirkung einzuschränken, besteht in der Ausgabe von vinkulierten Namensaktien, deren Übertragung aufgrund einer

---

[114] Vgl. Anlage Einfacher Plan § 2 Abs. 5, § 5, § 6, § 7; Komplexer Plan § 2 Abs. 6, § 5, § 6, § 7; Wandelschuldverschreibungen § 2 Abs. 5, § 6, § 7, § 8.
[115] Vgl. *Frey*, GK-AktG, § 193 Rz. 76.
[116] Vgl. *Friedrichsen*, 2000, S. 144; *Lembke*, BB 2001, S. 1470; auch *Frey*, GK-AktG, § 193 Rz. 62.
[117] Vgl. *Lembke*, BB 2001, S. 1470.
[118] Nach *Lembke*, BB 2001, S. 1470, liegt hinsichtlich des Eintritts des Ausübungszeitraums eine aufschiebende Befristung vor. Darüber hinaus dürfte die Option durch den Ablauf der jeweiligen Wartezeit auflösend befristet sein.
[119] Zu beachten ist jedoch, dass der Anspruch aus einem Zeichnungsvertrag auf Übereignung der Aktie nach von Teilen der Literatur vertretener Auffassung nicht abtretbar ist, vgl. *Lutter*, Kölner Kommentar zum AktG, § 197 Rz. 2; *Frey*, GK-AktG, § 197 Rz. 19. Unseres Erachtens steht dies einer Übertragung der Option jedenfalls dann nicht entgegen, wenn die Option als Vorvertrag zum Zeichnungsvertrag ausgestaltet wird.
[120] Siehe hierzu im Einzelnen unten unter Rz. 1258 ff.
[121] Kritisch *Friedrichsen*, 2000, S. 41.
[122] Vgl. *Lutter*, Kölner Kommentar zum AktG, § 68 Rz. 23; *Hefermehl/Bungeroth*, G/H/E/K, § 68 Rz. 69; vgl. auch *Barthelmeß/Braun*, AG 2000, S. 172 ff.; a.A. *Immenga*, AG 1992, S. 79 ff.; *Otto*, AG 1991, S. 369, 372 ff.

Bestimmung in der Satzung gemäß § 68 Abs. 2 AktG an die Zustimmung der Gesellschaft gebunden ist.[123] Eine solche Vorgehensweise bietet sich jedoch aufgrund der hiermit verbundenen erheblichen Beschränkung der Umlauffähigkeit der Aktien bei der Ausgestaltung von Aktienoptionsplänen nicht an.[124]

d) Besonderheiten im Konzern

1245   Im Konzern können Optionen auf Aktien der Muttergesellschaft an Mitarbeiter der Tochtergesellschaft ausgegeben werden.[125] Im Grundsatz gelten hierbei die vorstehenden allgemeinen Ausführungen zu schuldrechtlichen Fragen entsprechend. Bei der Gestaltung des Optionsvertrages sind vor allem folgende Besonderheiten zu berücksichtigen:

1246   Zur Gewährung der Optionen kommt in erster Linie der Abschluss eines Optionsvertrages zwischen der Muttergesellschaft und dem begünstigten Arbeitnehmer bzw. Geschäftsführungsmitglied der Tochtergesellschaft in Betracht.[126] Hierbei ist die Beachtung der gesellschaftsrechtlichen Kompetenzvorschriften für Vergütungsfragen sicherzustellen.[127] Zu diesem Zwecke bietet es sich an, das bei der Tochtergesellschaft zuständige Organ als gewillkürten Stellvertreter der Muttergesellschaft in den Vertragsschluss einzubeziehen.

1247   Denkbar ist auch eine Einräumung von Optionen auf Aktien der Muttergesellschaft an die Begünstigten der Tochtergesellschaft durch die Tochtergesellschaft selbst. Dann ist zu berücksichtigen, dass keine Option im zivilrechtlichen Sinne begründet werden kann, die es dem Optionsinhaber ermöglicht, durch einseitige Willenserklärung das Zustandekommen eines Zeichnungsvertrages herbeizuführen.[128] Das ergibt sich daraus, dass diese Konstruktion die Abgabe der auf den Abschluss des Zeichnungsvertrages gerichteten Willenserklärung der Muttergesellschaft und damit deren Mitwirkung voraussetzt.[129] In Betracht kommt aber der Abschluss eines Vorvertrages über den Erwerb von jungen oder zurückerworbenen Aktien der Muttergesellschaft. Zwar kann ein Zeichnungsvertrag nur mit der Muttergesellschaft selbst geschlossen werden. Gleichwohl ist es der Tochtergesellschaft möglich, einen Vorvertrag über den Erwerb junger Aktien der Muttergesellschaft zu schließen, wenn dieser inhaltlich auf das Zustandekommen eines Zeichnungsvertrages zwischen dem Optionsinhaber und der Muttergesellschaft gerichtet ist.[130] Dies stellt keinen unzulässigen Vertrag zu Lasten Dritter dar, da die Rechtsposition der Muttergesellschaft durch den Vertragsschluss nicht berührt wird und es sich somit um ein zulässiges Versprechen der Leistung eines Dritten handelt.[131] Die Optionen können auch die generelle Ver-

---

[123] Vgl. *Lutter*, Kölner Kommentar zum AktG, § 68 Rz. 23; *Hefermehl/Bungeroth*, G/H/E/K, § 68 Rz. 67.
[124] Vgl. *Friedrichsen*, 2000, S. 184.
[125] Zur gesellschaftsrechtlichen Zulässigkeit siehe oben unter Rz. 170 ff.
[126] Hiervon wird beispielsweise in dem von *Bredow* vorgeschlagenen Muster eines Optionsvertrages ausgegangen, vgl. *Bredow*, DStR 1998, S. 381.
[127] Siehe hierzu bereits oben unter Rz. 172 f.
[128] Siehe hierzu oben unter Rz. 1220.
[129] Vgl. *Frey*, GK-AktG, § 192 Rz. 47.
[130] Vgl. *Frey*, GK-AktG, § 192 Rz. 47.
[131] Vgl. *Gottwald*, Münchener Kommentar zum BGB, 4. Aufl. 2001, § 328 Rz. 16; *Staudinger/Jagmann*, Bürgerliches Gesetzbuch, 2001, Vorbem. zu §§ 328 ff. Rz. 29; *Palandt/Heinrichs*, BGB, 61. Aufl. 2002, Einf. v. § 328 Rz. 10.

pflichtung der Tochtergesellschaft begründen, den Begünstigten die Möglichkeit zum Erwerb von Aktien der Muttergesellschaft zu verschaffen. In jedem Fall besteht ein Haftungsrisiko der Tochtergesellschaft für den Fall, dass es ihr nicht gelingt, den Optionsinhabern – wie vertraglich vereinbart– die Aktien der Muttergesellschaft zu verschaffen. Die Erfüllbarkeit der hierdurch eingegangenen Verpflichtungen der Tochtergesellschaft sollte demnach sichergestellt werden. Dies kann beispielsweise durch eine entsprechende vertragliche Vereinbarung zwischen Mutter- und Tochtergesellschaft geschehen. Im Falle der Begabe von Optionen auf junge Aktien empfiehlt es sich, eine Ersetzungsbefugnis der Tochtergesellschaft zu vereinbaren, kraft derer diese alte Aktien der Muttergesellschaft liefern darf.[132]

Von einem Teil der Literatur[133] wird vertreten, die Optionsverträge würden stets zwischen der Mutter- und der Tochtergesellschaft abgeschlossen. Hierbei würden die Optionen für die Optionsberechtigten der Tochtergesellschaft entweder direkt im Wege eines Vertrages zugunsten Dritter begründet oder zunächst der Tochter eingeräumt und anschließend von dieser an die Berechtigten übertragen. In jedem Fall seien zusätzlich entsprechende Vereinbarungen zwischen den Begünstigten und der Tochtergesellschaft als ihrem Arbeitgeber erforderlich. Zwar ist eine solche Gestaltung rechtlich denkbar. Offen bleibt allerdings die Bedeutung der Vereinbarung zwischen der Tochtergesellschaft und dem einzelnen Begünstigten, sollten die Optionen direkt durch einen Vertrag zugunsten Dritter begründet worden sein. Aufgrund des zwischen den Konzerngesellschaften erforderlichen Vertragsschlusses, der zu einer eingeschränkten Flexibilität bei der Umsetzung des Aktienoptionsplans führen kann, erscheint diese Variante für die Praxis nicht empfehlenswert.

1248

Der Erwerb der Aktien der Muttergesellschaft wird sich demnach regelmäßig im Wege des direkten Vertragsschlusses zwischen dem Optionsinhaber und der Muttergesellschaft vollziehen.[134] Bei zurückerworbenen Aktien der Muttergesellschaft ist auch ein Erwerb durch den Begünstigten von der Tochtergesellschaft möglich. In jedem Fall ist bei der Gestaltung zu berücksichtigen, dass aus steuerlicher Sicht ergänzende Vereinbarungen zwischen Mutter- und Tochtergesellschaft erforderlich sein können.[135]

1249

III. Sonstige schuldrechtliche Aspekte

In den Bedingungen von Stock-Option-Plänen sind die allgemeinen schuldrechtlichen Beziehungen zwischen den Mitarbeitern und dem Unternehmen zu regeln. Neben für Aktienoptionspläne typischen Klauseln, die sich zum Teil in modifizierter Form auch in den Bedingungen zu anderen Stock-Option-Plänen finden, sind weitere schuldrechtliche Fragen wie die Teilunwirksamkeit der Bedingungen oder die Bestimmung des Gerichtsstands für Rechtsstreitigkeiten zwischen den Beteiligten zu klären.

1250

---

[132] Vgl. *Frey*, GK-AktG, § 192 Rz. 47; vgl. zu einer solchen Ersetzungsbefugnis im Allgemeinen oben unter Rz. 1235.
[133] Vgl. *Kallmeyer*, AG 1999, S. 103.
[134] Vgl. hierzu oben unter Rz. 1246.
[135] Siehe hierzu die Ausführungen zum Steuerrecht.

O. Schuldrechtliche Aspekte

1. Strukturmaßnahmen

1251   Ziel von Stock-Option-Plänen ist die langfristige Bindung und Motivation von Mitarbeitern durch die Beteiligung am Unternehmenserfolg. In den Bedingungen muss deshalb sichergestellt werden, dass die Mitarbeiter in ihren Beteiligungsrechten durch Kapitalmaßnahmen der Gesellschaft nicht beeinträchtigt werden.

1252   Durch Kapitalerhöhungen oder Ausgabe weiterer Bezugsrechte können die bestehenden Optionen aufgrund von Verwässerungseffekten beeinträchtigt werden, Kapitalherabsetzungen können die bestehenden Optionen stärken. Beeinflussungen ergeben sich auch durch Umwandlungsfälle oder Neueinteilungen des Grundkapitals. In den Bedingungen insb. von Aktienoptionsplänen sind deshalb regelmäßig Bestimmungen zu solchen Kapital- und Strukturmaßnahmen enthalten, die das Ziel haben, die Rechte der Optionsinhaber zu gewährleisten.[136] Die rechtliche Zulässigkeit solcher Regelungen wird in der Literatur bejaht.[137]

1253   Gesetzlicher Anknüpfungspunkt für die Regelung von Strukturmaßnahmen bei Aktiengesellschaften ist § 216 Abs. 3 AktG, der bestimmt, dass vertragliche Beziehungen der Gesellschaft zu Dritten, die von dem Nennbetrag oder dem Wert der Aktien oder des Grundkapitals abhängen, durch eine Kapitalerhöhung aus Gesellschaftsmitteln nicht beeinträchtigt werden. In der Literatur ist umstritten, ob der Rechtsgedanke des § 216 Abs. 3 AktG auch auf die Kapitalerhöhung gegen Einlagen ausdehnbar ist, oder ob es hierfür einer vertraglichen Regelung bedarf.[138] Die wohl vorherrschende Auffassung geht davon aus, dass bei Fehlen einer Regelung für die Auswirkungen einer Kapitalerhöhung gegen Einlagen im Einzelfall unter Heranziehung der Grundsätze der ergänzenden Vertragsauslegung Lösungen geschaffen werden müssen, um den Optionsinhaber vor Verwässerungseffekten zu schützen.[139] Aufgrund dieser Unsicherheit erscheint es empfehlenswert, entsprechende Regelungen in die Bedingungen aufzunehmen, da nur hiermit eine sichere Grundlage für den Fall von Strukturmaßnahmen gegeben ist.

1254   Grundsätzlich sollten sich in den Bedingungen Regelungen finden, die – entsprechend den Maßgaben des § 216 Abs. 3 AktG – statuieren, dass die Optionen im Falle einer Kapitalerhöhung gegen Einlagen in ihrem wirtschaftlichen Inhalt nicht berührt werden. So ist in den Bedingungen von Aktienoptionsplänen regelmäßig vorgesehen, dass im Falle einer Kapitalerhöhung der Ausübungspreis ermäßigt wird, sofern den Optionsinhabern bei der Kapitalerhöhung kein (Options-)Recht eingeräumt wird, welches dem Bezugsrecht der Aktionäre entspricht.[140] Im Falle einer Kapitalherabsetzung stellt sich das Problem in der Regel gerade umgekehrt wie bei einer Kapitalerhöhung: Die Kapitalherabsetzung führt dazu, dass die Optionsinhaber mit den ihnen zum Erwerb zustehenden Aktien eine größere Beteiligungsquote erhalten. Aus diesem Grunde geht die Literatur

---

[136] Vgl. *Hüffer*, AktG, 4. Aufl. 1999, § 221 Rz. 62; *Zöllner*, ZGR 1986, S. 288, 296.
[137] Vgl. *Hüffer*, AktG, 4. Aufl. 1999, § 221 Rz. 62; *Frey*, GK-AktG, § 192 Rz. 166; *Lutter*, Kölner Kommentar zum AktG, § 221 Rz. 125, unter Hinweis auf BGHZ 28, 259, 272, der hierbei von der Zulässigkeit der Regelung in den zugrunde liegenden Bedingungen ausgeht.
[138] Vgl. hierzu mit umfassendem Nachweis *Krieger*, Münch. Hdb. GesR IV, § 56 Rz. 117.
[139] Vgl. *Hüffer* AktG § 221 Rz. 63; *Krieger*, Münch. Hdb. GesR IV, § 56 Rz. 117; *Frey*, GK-AktG, § 192 Rz. 160; *Zöllner* ZGR 1986, S. 288, 305; *Hüffer*, AktG, 4. Aufl. 1999, § 189 Rz. 9.
[140] Vgl. *Lutter*, Kölner Kommentar zum AktG, § 221 Rz. 127 ff.; *Krieger*, Münch. Hdb. GesR IV, § 56 Rz. 119; *Hüffer* AktG § 221 Rz. 62; *Karollus*, G/H/E/K, AktG § 221 Rz. 185 ff.

III. Sonstige schuldrechtliche Aspekte

davon aus, dass die Anpassung durch eine Reduktion der zu beziehenden Aktien vorzunehmen ist, um einer Stärkung der Position der Optionsinhaber entgegenzuwirken.[141] Besonderheiten können sich ergeben, sollen die Maßgaben internationaler Rechnungslegungsgrundsätze, beispielsweise US-GAAP, beachtet werden.

Für den Fall von Umwandlungsvorgängen sollten in die Bedingungen Regelungen im Hinblick auf das Schicksal der Optionen aufgenommen werden. Sofern keine Regelungen vorhanden sind, erscheint nicht abschließend geklärt, ob § 23 UmwG eingreift mit der Folge, dass der aufnehmende Rechtsträger den Inhabern von Optionen gleichwertige Rechte zu gewähren hat.[142] Nach überwiegender Auffassung ist eine von der gesetzlichen Vorschrift des § 23 UmwG abweichende Regelung in den Bedingungen zulässig, so dass sich eine Klarstellung in den Optionsbedingungen anbietet.[143] Dem könnte entgegengehalten werden, dass insbesondere für Wandelschuldverschreibungen[144] § 23 UmwG den Schutz ausdrücklich anordnet. Jedoch stellt § 23 UmwG nur insoweit zwingendes Recht dar, als im Umwandlungsvertrag hiervon nicht abgewichen werden kann. Demgegenüber folgt die Beurteilung rechtsgeschäftlicher Vereinbarungen mit den Inhabern der Sonderrechte eigenen Regeln; die Regelung des § 23 UmwG bindet insoweit nicht.[145] Einschränkungen können sich daher nur aus allgemeinen zivilrechtlichen Vorschriften, beispielsweise betreffend die allgemeinen Geschäftsbedingungen, ergeben; dies bedarf einer Prüfung im Einzelfall.[146]

1255

In der Praxis empfiehlt es sich daher, für Umwandlungsfälle gesonderte Regelungen vorzusehen. Optionen, für welche die Wartezeit zum Zeitpunkt der Umwandlung abgelaufen ist, können im nächsten Ausübungszeitraum ausgeübt werden. Alle anderen Optionen bzw. solche, die im möglichen Ausübungszeitraum nicht ausgeübt werden, verfallen. Zur Klarstellung sollte aufgenommen werden, dass weder die Gesellschaft noch der übernehmende Rechtsträger verpflichtet sind, die Optionsinhaber für das Erlöschen von Optionen zu entschädigen, und insbesondere keine Verpflichtung des übernehmenden Rechtsträgers zur Auflage eines eigenen Aktienoptionsplans besteht.

1256

Infolge der Zahl und Komplexität denkbarer Vorgänge bietet es sich an, dem Aufsichtsrat ergänzend ein Bestimmungsrecht nach billigem Ermessen im Ein-

1257

---

[141] Einzelheiten bei *Karollus* G/H/E/K, AktG, § 221 Rz. 199; vgl. auch die Muster in den Anlagen.

[142] Vgl. *Marsch-Barner*, Kallmeyer, UmwG, 2. Aufl. 2001, § 23 Rz. 5.

[143] Vgl. Schmitt/Hörtnagl/*Stratz*, UmwG, 3. Aufl. 2001, § 23 Rz. 15; *Vossius*, Widmann/Mayer, Umwandlungsrecht § 23 Rz. 2; *Kraft*, Kölner Kommentar zum AktG, § 347a Rz. 8; a.A. *Grunewald*, Lutter, UmwG, 2. Aufl. 2000, § 23 Rz. 20.

[144] Für nicht verbriefte Rechte ist umstritten, ob § 23 UmwG überhaupt gilt, da Art. 15 der Verschmelzungsrichtlinie, auf den die Vorgängervorschrift des § 23 UmwG (§ 347a AktG a.F.) zurückgeht, einen Schutz lediglich für bestimmte Wertpapiere vorsah; vgl. *Grunewald*, G/H/E/K, § 347a Rz. 1. Für eine Erstreckung auf nicht verbriefte Rechte spricht sich beispielsweise *Grunewald*, Lutter, UmwG, § 23 Rz. 10 aus; dagegen *Marsch-Barner*, Kallmeyer, UmwG, 2. Aufl. 2001, § 23 Rz. 5.

[145] Vgl. *Vossius*, Widmann/Mayer, Umwandlungsrecht, § 23 Rz. 2; Schmitt/Hörtnagl/*Stratz*, UmwG, 3. Aufl. 2001, § 23 Rz. 15; *Marsch-Barner*, Kallmeyer, UmwG, § 23 Rz. 9.

[146] Vgl. Schmitt/Hörtnagl/*Stratz*, UmwG, 3. Aufl. 2001, § 23 Rz. 15; *Marsch-Barner*, Kallmeyer, UmwG, § 23 Rz. 9; restriktiver: *Karollus*, G/H/E/K, AktG § 221 Rz. 406; *Grunewald*, Lutter, UmwG, 2. Aufl. 2000, § 23 Rz. 20f., die abweichende Regelungen in den Optionsbedingungen regelmäßig für unwirksam halten.

2. Veräußerungssperren

1258 Stock-Option-Pläne werden regelmäßig deshalb aufgelegt, um eine langfristige Bindung der Mitarbeiter zu der Gesellschaft zu erreichen. Aus diesem Grund muss verhindert werden, dass die Mitarbeiter gewährte Optionen unverzüglich veräußern können, da ansonsten eine Verknüpfung der Interessen des Mitarbeiters mit der langfristigen Unternehmensentwicklung nicht mehr gegeben ist.

1259 Die Bedingungen von Stock-Option-Plänen enthalten deshalb in der Regel Bestimmungen, die Verfügungen über die gewährten Optionen untersagen. Die Beurteilung der Wirksamkeit solcher Regelungen richtet sich nach den allgemeinen zivilrechtlichen Vorschriften, insbesondere den §§ 398, 399 BGB. Rechte sind nach § 398 BGB durch Abtretung grundsätzlich frei übertragbar. Eine Einschränkung erfährt dieser Grundsatz durch § 399 BGB, der den Ausschluss der Abtretung bei entsprechender Vereinbarung vorsieht. Hierbei handelt es sich nicht nur um ein relatives Veräußerungsverbot im Sinne von §§ 135 ff. BGB, vielmehr hat der Abtretungsausschluss dingliche Wirkung, d.h. der Forderung wird die wesensmäßig zugeordnete Abtretbarkeit genommen.[147] Eine Veräußerungssperre für die gewährten Optionen ist deshalb nach einhelliger Auffassung rechtlich zulässig.[148] § 399 als Ausfluss der Parteiautonomie zeigt, dass es den Parteien möglich ist, durch Parteivereinbarung die freie Übertragbarkeit auszuschließen. Eine solche Vereinbarung begegnet auch nicht dem Vorwurf der Sittenwidrigkeit, da von einer gesetzlich eingeräumten Möglichkeit Gebrauch gemacht wird.[149]

1260 Die zeitlichen Grenzen von Veräußerungssperren dürften in der Praxis keine Schwierigkeiten bereiten, da als zulässiger Zeitraum für die Veräußerungssperre bis zu zehn Jahre anerkannt werden.[150] Die gesetzliche Wartezeit für die Ausübung bei den meisten Aktienoptionsplänen beträgt ohnehin mindestens zwei Jahre.[151]

1261 Nach Ablauf der Wartezeit erhalten die Optionsinhaber – je nach Plan – Gesellschaftsanteile, z.B. Aktien. Bei der Beurteilung der Möglichkeit von Veräußerungssperren für diese Aktien sind die aktienrechtlichen Bestimmungen über Verfügungsverbote zu beachten, wobei jedoch vom Grundsatz der freien Übertragbarkeit von Aktien auszugehen ist. Nach einhelliger Meinung sind deshalb dingliche Verfügungssperren aus aktienrechtlicher Sicht unwirksam, da die Beschränkung der Übertragbarkeit von Mitgliedschaften abschließend in den §§ 53a bis 75 AktG geregelt ist.[152] Die Berechtigten können nach Erwerb der Aktien somit dinglich nicht daran gehindert werden, die Aktien zu veräußern. Ein

---

[147] Vgl. *Roth*, Münchener Kommentar zum BGB, 4. Aufl. 2001, § 399 Rz. 36; *Staudinger/Busche*, Bürgerliches Gesetzbuch, 1999, § 399 Rz. 51 ff.
[148] Vgl. *Baeck/Diller*, DB 1998, S. 1407; *Schanz*, NZA 2000, S. 626, 634.
[149] Vgl. *Baeck/Diller*, DB 1998, S. 1407.
[150] Vgl. *Baeck/Diller*, DB 1998, S. 1407.
[151] Vgl. *Krieger*, Münch. Hdb. GesR IV, § 63 Rz. 34.
[152] Vgl. BayObLG, DB 1989, S. 215; *Wiesner*, Münch. Hdb. GesR IV, § 14 Rz. 18; *Lutter*, Kölner Kommentar zum AktG, § 68 Rz. 23; *Hefermehl/Bungeroth*, G/H/E/K, AktG, § 68 Rz. 67; *Baeck/Diller*, DB 1998, S. 1407; *Legerlotz/Laber*, DStR 1999, S. 1563.

III. Sonstige schuldrechtliche Aspekte

aktienrechtliches Übertragungsverbot ist nur im Sonderfall der Vinkulierung i.S.v. § 68 Abs. 2 AktG, d.h. bei Aktien, die auf den Namen des Inhabers lauten, möglich;[153] diese Konstellation dürfte in der Praxis aber wohl kaum vorkommen. Bei Gesellschaften mit beschränkter Haftung sind hinsichtlich dieser Fragen die gesellschaftsvertraglichen Regelungen zu beachten.

Möglich hingegen ist – z.B. im Falle eines Aktienoptionsplans – die Vereinbarung eines schuldrechtlichen Veräußerungsverbotes für die erhaltenen Aktien in den Planbedingungen.[154] Die Übertragung kann hierdurch zwar nicht verhindert werden, bei einem Verstoß gegen die Bestimmung besteht aber eine Verantwortlichkeit des Mitarbeiters, die mit in den Aktienoptionsbedingungen vorgesehenen schuldrechtlichen Sanktionen geahndet werden kann (z.B. Zahlung einer Vertragsstrafe, Kündigung des Arbeitsverhältnisses o. Ä.).[155] 1262

Faktisch fallen Veräußerungssperren somit bei Ablauf der Wartezeit für die in Frage stehenden Optionen weg, da eine dingliche Übertragung der hierfür gewährten Aktien nicht verhindert werden kann, aufgrund der Möglichkeit von Sanktionen im Rahmen von schuldrechtlichen Veräußerungssperren kann das Ziel der Mitarbeiterbindung jedoch ebenfalls erreicht werden. 1263

3. Teilunwirksamkeit von Stock-Option-Plänen

§ 139 BGB enthält die Vermutung, dass bei Nichtigkeit des Teils eines Rechtsgeschäfts das ganze Rechtsgeschäft nichtig ist, wenn nicht anzunehmen ist, dass es auch ohne den nichtigen Teil vorgenommen worden wäre. Um dieser Gefahr zu entgehen, enthalten die Bedingungen zu Stock-Option-Plänen regelmäßig salvatorische Klauseln, welche die Fortgeltung der anderen Bestimmungen im Falle der Unwirksamkeit einer Klausel anordnen. Die einzelvertragliche Zulässigkeit solcher Klauseln ist anerkannt, da es sich bei § 139 BGB um dispositives Recht handelt.[156] Die Klauseln enthalten meist zusätzlich eine Ersetzungsregelung, die bestimmt, welche Regelungen an die Stelle der nichtigen treten sollen.[157] Die Zulässigkeit einer solchen Regelung ist nach herrschender Meinung ebenfalls unbestritten, da die Parteien hierbei frei die Rechtsfolgen einer Teilunwirksamkeit vereinbaren.[158] 1264

Bei Anwendbarkeit des Regeln über Allgemeine Geschäftsbedingungen ist § 306 BGB (vormals § 6 AGBG) zu beachten, nach dessen Abs.1 im Falle einer Teilnichtigkeit die restlichen Bestimmungen unberührt bleiben, so dass gegen eine Erhaltungsklausel keine Einwände bestehen.[159] Als unzulässig wird allgemein eine Klausel angesehen, die vorsieht, dass eine Klausel gelten solle „soweit 1265

---

[153] Vgl. *Hüffer*, AktG, 4. Aufl. 1999, § 68 Rz. 10.
[154] Vgl. *Baeck/Diller*, DB 1998, S.1407; *Schanz*, NZA 2000, S.634; *Legerlotz/Laber*, DStR 1999, S.1563; a.A. *Mechelem/Melms*, DB 2000, S.1616, die darauf hinweisen, dass die aktienrechtlich unzulässigen Veräußerungssperren auch nicht schuldrechtlich aufrechterhalten werden können.
[155] Vgl. *Bauer* in: Küttner, 8. Aufl. 2001, „Aktienoptionen" Rz. 5.; *Legerlotz/Laber*, DStR 1999, S.1563.
[156] Vgl. BGH, NJW 1994, S.1651; *Staudinger/Roth*, Kommentar zum BGB, 1996, § 139 Rz. 22; *Mayer-Maly/Busche*, Münchener Kommentar zum BGB, 4. Aufl. 2001, § 139 Rz. 5.
[157] Zur Ausgestaltung von Ersetzungsklauseln vgl. umfassend *Michalski*, NZG 1998, S.7.
[158] Vgl. *Staudinger/Schlosser*, Bürgerliches Gesetzbuch, 1998, § 6 AGBG, Rz. 11; *Michalski/Römermann*, NJW 1994, S. 887 m.w.N.
[159] Vgl. *Michalski/Römermann*, NJW 1994, S.886.

gesetzlich zulässig".[160] Im Hinblick auf die Ersetzungsklausel ist zu differenzieren. Teile der Literatur und der Rechtsprechung gehen davon aus, dass Ersetzungsklauseln gegen die Regeln über Allgemeine Geschäftsbedingungen verstoßen. Begründet wird dies insbesondere mit Hinweis auf § 306 Abs. 2 und § 307 BGB (vormals § 9 AGBG). Danach soll der Verweis auf die gesetzlichen Vorschriften in § 306 Abs. 2 BGB zwingend und keiner abweichenden Regelung zugänglich sein,[161] bzw. eine Ersetzungsklausel aufgrund der Überwälzung des Verwenderrisikos auf den Vertragspartner unwirksam sein.[162] Nach anderer Ansicht sind Ersetzungsklauseln wirksam, da § 306 Abs. 2 BGB nicht fordere, dass die durch die unwirksame Klausel abbedungenen Vorschriften zu zwingenden Vorschriften werden. Ein Verstoß gegen § 307 BGB liege nicht vor, da beide Vertragspartner von der Wirksamkeit der Bedingungen ausgingen und die vereinbarten Konditionen danach ausrichteten. Bei Wegfall einzelner Klauseln werde dieses Gleichgewicht ausgehebelt, so dass die Vereinbarung der Geltung einer möglichst nahe kommenden Regelung der Aufrechterhaltung dieses Gleichgewichts diene.[163] Ersetzungsklauseln sollen insbesondere auch dann wirksam sein, wenn erkennbar wird, dass eine Ersatzregelung angestrebt ist, die sich in das Vertragsgefüge einpasst und der Billigkeit entspricht. In diesem Fall nähern sie sich der zulässigen ergänzenden Vertragsauslegung an.[164] Der BGH hat überdies entschieden, dass Anpassungsklauseln wirksam sein können, sofern die Voraussetzungen und der Inhalt der Änderungsbefugnis klar erkennbar sind.[165]

4. Gerichtsstandsklausel

1266 Das die Optionen gewährende Unternehmen hat ein starkes Interesse daran, dass für eventuelle Streitigkeiten verbindlich ein Gerichtsstand vereinbart wird. Zu beachten sind hierbei jedoch die durch § 38 ZPO gezogenen Grenzen. Ein vom Wohnsitz des Mitarbeiters (vgl. §§ 12, 13 ZPO) abweichender Gerichtsstand kann demnach nur dann vereinbart werden, wenn dieser keinen allgemeinen Gerichtsstand im Inland hat, seinen Wohnsitz oder gewöhnlichen Aufenthalt nach Vertragsschluss aus dem Inland verlegt oder wenn sein Wohnsitz oder gewöhnlicher Aufenthalt zum Zeitpunkt der Klageerhebung nicht bekannt ist.[166] Eine umfassende Bestimmung des für den Sitz der Gesellschaft zuständigen Gerichts ist in den Bedingungen zu einem Stock-Option-Plan somit nicht möglich.

---

[160] Vgl. *Wolf/Horn/Lindacher*, 4. Aufl. 1999, § 6 AGBG, Rz. 44.
[161] Vgl. *Erman/Hefermehl/Werner*, Bürgerliches Gesetzbuch, 10. Aufl. 2000, § 6 ABGB, Rz. 19.
[162] Vgl. *Wolf/Horn/Lindacher*, 4. Aufl. 1999, § 6 AGBG, Rz. 48 ff.
[163] Vgl. *Michalski/Römermann*, NJW 1994, S. 886, 888 ff.
[164] Vgl. *Staudinger/Schlosser*, Bürgerliches Gesetzbuch, 1998, § 6 AGBG, Rz. 11 a; vgl. auch *Staudinger/Coester*, Bürgerliches Gesetzbuch, 1998, § 9 AGBG, Rz. 52; zur ergänzenden Vertragsauslegung in solchen Fällen auch BGH, NJW 1986, 1610.
[165] BGH, NJW 1999, S. 1865.
[166] Vgl. hierzu Zöller/*Vollkommer*, ZPO, 21. Aufl. 1999, § 38 Rz. 23 ff. und Rz. 36 ff; *Baumbach/Lauterbach/Albers/Hartmann*, ZPO, 59. Aufl. 2001, § 38 Rz. 21 ff., Rz. 33 ff.

P. Methoden der Unternehmensbewertung

I. Einführung

Mit der stärkeren Ausrichtung deutscher Unternehmen an den internationalen Kapitalmärkten werden Fragen der wertorientierten Unternehmensführung sowie des Einsatzes wertorientierter Vergütungssysteme intensiv diskutiert. Ziel der wertorientierten Unternehmensführung ist die Ausrichtung unternehmerischer Maßnahmen an den Interessen der residualanspruchsberechtigten Anteilseigner, mithin an einer langfristigen Maximierung des Marktwerts des Eigenkapitals unter Berücksichtigung von Dividenden und Kurswertsteigerungen.

Vor diesem Hintergrund stellt sich die Frage, wie der Marktwert des Eigenkapitals und damit der Unternehmenswert bemessen werden kann. Ziel dieses Beitrags ist es, einen Überblick über die verschiedenen Methoden zu dessen Wertermittlung zu geben. Im Anschluss werden die einzelnen Methoden beschrieben und anhand vereinfachter Fallbeispiele die unterschiedlichen Ansätze der jeweiligen Bewertungsverfahren verdeutlicht.

II. Methodenüberblick

Sowohl in der betriebswirtschaftlichen Literatur als auch in der Bewertungspraxis finden sich eine Vielzahl verschiedenster Verfahren der Unternehmensbewertung. Einen Überblick über die Bewertungsverfahren gibt die folgende Abbildung:

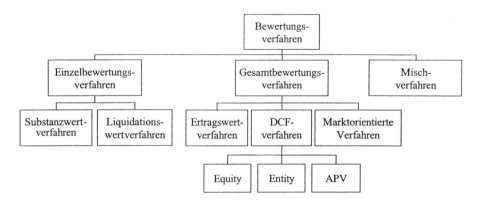

Abbildung 2: Überblick zu Bewertungsverfahren

In einem ersten Schritt lassen sich drei Verfahrensgruppen unterscheiden, die verschiedenen Bewertungskonzeptionen folgen. Dies sind die Gesamtbewertungs-, die Einzelbewertungs- sowie die Mischverfahren.

1270 Gesamtbewertungsverfahren betrachten Unternehmen als zweckgerichtete Kombinationen von materiellen und immateriellen Werten, durch deren Zusammenwirken finanzielle Überschüsse erwirtschaftet werden sollen. Der Unternehmenswert bestimmt sich aus der zukünftigen Ertragskraft. Gesamtbewertungsverfahren lassen sich wiederum in die Ertragswertmethode, die DCF-Methoden sowie die Multiplikatormethoden untergliedern.

1271 Einzelbewertungsverfahren bestimmen den Unternehmenswert aus der Summe der isolierten einzelnen Bestandteile des Vermögens und der Schulden. Unter die Einzelbewertungsverfahren lassen sich das Liquidations- sowie das Substanzwertverfahren subsumieren.

1272 Das Liquidationswertverfahren geht von der Zerschlagung des zu bewertenden Unternehmens aus. Der Liquidationswert bestimmt sich aus dem Barwert der Nettoerlöse, der sich aus der Veräußerung der Vermögensgegenstände zu Zerschlagungswerten abzüglich der Schulden sowie der Liquidationskosten ergibt.[1]

1273 Ausgangspunkt des im Rahmen des Substanzwertverfahrens ermittelten Substanzwertes ist der unterstellte Nachbau eines Unternehmens. Die Bewertung der Substanz unter Beschaffungsgesichtspunkten führt zu dem so genannten Rekonstruktionswert des Unternehmens, der wegen der im Allgemeinen fehlenden immateriellen Werte nur ein Teilrekonstruktionswert ist. Der Gesamtwert eines fortzuführenden Unternehmens beinhaltet jedoch die immateriellen Werte, wie Kundenstamm und Mitarbeiterqualität. Der Substanzwert kann diese immateriellen Werte nicht quantifizieren. Deren Wert ergibt sich erst durch einen Vergleich von Ertrags- und Substanzwert. Wenn jedoch zur Ermittlung des Gesamtwertes einer fortzuführenden Unternehmung ein Ertragswert heranzuziehen ist, so kann auf die zusätzliche Ermittlung eines Substanzwertes verzichtet werden. Der Substanzwert hat somit keinen selbständigen Aussagewert für die Ermittlung des Gesamtwertes einer fortzuführenden Unternehmung.[2] Auch die Argumentation, dass er als Referenzgröße für einen Ertragswert verwendbar sei, wurde in der Literatur vielfach widerlegt.[3]

1274 Mischverfahren bestehen schließlich aus einer Kombination von Gesamt- und Einzelbewertungsverfahren und lassen sich in Mittelwert- und Übergewinnverfahren unterteilen. Die Mängel dieser Verfahren resultieren zum einen aus der Substanzwertbezogenheit sowie der Normalwerthypothese.[4]

1275 Eine empirische Untersuchung der DAX 100-Unternehmen[5] über den Einsatz verschiedener Unternehmensbewertungsverfahren zeigt, dass den Einzelbewertungsverfahren kaum noch eine Bedeutung zukommt.

Gesamtbewertungsverfahren	Einzelbewertungsverfahren	Keine Angaben
83,0 %	1,7 %	15,3 %

Tabelle 29: Bewertungsverfahren in der Praxis

---

[1] Vgl. *Institut der Wirtschaftsprüfer in Deutschland e.V.*, WP-Handbuch 1998, Bd. II, Düsseldorf 1998, S. 119 Tz. 329 ff.
[2] Vgl. WP-Handbuch, Bd. II, 1998, S. 133 Tz. 376 ff.
[3] Vgl. u.a. *Sieben*, 1963. *Moxter*, FS Loitlsberger, 1981, S. 409 ff.
[4] Vgl. *Ballwieser* in: Gebhardt/Gerke/Steiner (Hrsg.), 1993, S. 170.
[5] Vgl. *Pellens/Tomaszewski/Weber*, DB 2000, S. 1825 ff.

Aufgrund der dargestellten Mängel sowie der fehlenden empirischen Bedeutung wird im Folgenden auf die Einzel- und Mischverfahren nicht näher eingegangen.

III. Ertragswertverfahren und DCF-Verfahren

1. Konzeption

Sowohl beim Ertragswert- als auch bei den Discounted-Cashflow-Verfahren (DCF-Verfahren) wird der Unternehmenswert durch Diskontierung der künftigen finanziellen Überschüsse auf den Stichtag der Bewertung ermittelt (Kapitalwertkalkül).[6]

Wird von der unbegrenzten Lebensdauer des zu bewertenden Unternehmens ausgegangen und stimmen die finanziellen Überschüsse der einzelnen Planjahre überein, so ergibt sich der Unternehmenswert (UW) als Barwert einer ewigen Rente (sog. Rentenmodell):

$$(1) \quad UW = \frac{\ddot{U}}{i}$$

Ü = Uniformer jährlicher finanzieller Überschuss
i = Kapitalisierungszinssatz

Löst man sich vom Rentenmodell und geht im Planungsverlauf von unterschiedlichen Überschüssen aus, ergibt sich der Unternehmenswert nach der Phasenmethode. Demnach unterscheidet sich der Planungsverlauf in einen Zeitraum, für den detailliert finanzielle Überschüsse veranschlagt werden und in eine weitere Phase, in der ein jährlich gleich bleibender Überschuss (Rente) geplant wird.[7] Der Barwert der finanziellen Überschüsse ermittelt sich im Phasenmodell wie folgt:

$$(2) \quad UW = \frac{\ddot{U}_1}{(1+i)^1} + \ldots + \frac{\ddot{U}_n}{(1+i)^n} + \frac{\ddot{U}_{Rente}}{i \cdot (1+i)^n}$$

$\ddot{U}_t$ = Finanzieller Überschuss der Periode t (für t = 1 bis n)
$\ddot{U}_{Rente}$ = Nachhaltiger uniformer finanzieller Überschuss (ab Periode n+1)
i = Kapitalisierungszinssatz

Ökonomisch gesehen steht der zur Diskontierung verwandte Kapitalisierungszinsfuß für die Entscheidungsalternative (Opportunitätsprinzip). Dem Bewertungsobjekt wird – ausgedrückt durch den Kapitalisierungszinssatz – ein Vergleichsobjekt gegenübergestellt. Maßstab der Bewertung ist damit das durch den Kapitalisierungszinssatz dargestellte Vergleichsobjekt. Ein Investor vergleicht die Rendite seiner Investition in ein bestimmtes Unternehmen mit der Rendite einer entsprechenden alternativen Geldanlage.[8] Diesen Zusammenhang verdeutlicht das folgende Beispiel:

---

[6] Auf die Bewertung nicht betriebsnotwendigen Vermögens sowie steuerlicher Verlustvorträge wird im Rahmen dieses Beitrags nicht näher eingegangen, vgl. hierzu: *König/Zeidler*, DStR 1996, S. 1098 f.; *Drukarczyk*, DStR 1997, S. 464 ff.; *Siepe*, WPg 1997, S. 37 ff. sowie WP-Handbuch, Bd. II, 1998, S. 92 ff. Abschnitt A, Tz. 267 ff.
[7] Vgl. WP-Handbuch, Bd. II, 1998, S. 57 f., Tz. 176 f.
[8] Vgl. *Moxter*, 1983, S. 56 ff.

1281 Ein zu bewertendes Unternehmen A verspreche einen uniformen und jährlich nachschüssigen finanziellen Überschuss (Ü$_A$) von 60 Geldeinheiten (GE). Für eine alternative Investition in ein Vergleichsunternehmen B mit einem äquivalenten Überschuss (Ü$_B$) von 60 GE sind 1.200 GE (UW$_B$) zu bezahlen bzw. umgekehrt formuliert, das Vergleichsunternehmen erwirtschaftet eine Rendite (R$_B$) von 5 %. Der Unternehmenswert (UW$_A$) ergibt sich dann wie folgt:

$$(3) \quad UW_A = \frac{Ü_A}{\left(\frac{Ü_B}{UW_B}\right)} = \frac{U_A}{R_B} = \frac{60\,GE}{\left(\frac{60\,GE}{1.200\,GE}\right)} = \frac{60\,GE}{5\%} = 1.200\,GE$$

Ein solcher Vergleich von Handlungsalternativen kommt naturgemäß nur zu sinnvollen Ergebnissen, wenn die Alternativen gleichwertig ("äquivalent") sind.[9]

2. Bewertungsrelevante Überschussgrößen

1282 Welche Überschussgrößen sind nun bewertungsrelevant? Voraussetzung für die Bewertungsrelevanz finanzieller Überschüsse sind:
a) Deren Ausschüttungsfähigkeit: Die zu kapitalisierenden Überschüsse müssen ausschüttungsfähig sein. Bei Kapitalgesellschaften sind daher die Ausschüttungsrestriktionen des HGB sowie des Gesellschaftsrechts zu beachten. Demnach wird die Ausschüttung auf den erwirtschafteten Jahresüberschuss bzw. unter Berücksichtigung der Rücklagendotierung oder –auflösung auf den Bilanzgewinn nach § 158 AktG begrenzt.[10] Relevant sind in diesem Zusammenhang die Ertragsüberschüsse und damit die Restriktionen auf der Ebene der Gewinn- und Verlustrechnung.
b) Die Finanzierbarkeit: Die zu kapitalisierenden Überschüsse müssen auf Unternehmensebene finanzierbar sein. Dies betrifft den auf Unternehmensebene erzielten freien Cashflow und damit die Zahlungsebene.[11]

Des Weiteren sind die steuerlichen Rahmenbedingungen zu berücksichtigen. Wertbestimmend sind diejenigen finanziellen Überschüsse des Unternehmens, die als Nettoeinnahmen in den Verfügungsbereich der Eigentümer gelangen. Daher sind die zu kapitalisierenden Überschüsse in einer steuerlichen Nebenrechnung um die einschlägige Steuerbelastung zu vermindern. Auf Unternehmensebene sind dies – deutsche steuerliche Rahmenbedingungen unterstellt – die Gewerbesteuer (GewSt) sowie bei Kapitalgesellschaften die Körperschaftsteuer (KSt) und der Solidaritätszuschlag (SolZ). Auf Anteilseignerebene mindert unter Beachtung des Halbeinkünfteverfahrens deren persönliche Einkommensteuer (ESt) die finanziellen Überschüsse.

1283 Da sowohl die Aufwands- und Ertragsebene, als auch die Zahlungsebene tangiert werden, setzt eine zutreffende Ermittlung bewertungsrelevanter Überschussgrößen eine integrierte Plan-Bilanz, Plan-Gewinn- und Verlustrechnung sowie eine Finanzplanung voraus.[12]

1284 Ausgangspunkt des Ertragswertverfahrens ist die Plan-Gewinn- und Verlustrechnung (Ertrags- und Aufwandsebene). Das Auseinanderfallen von Ertrag und

---
[9] Zu den Äquivalenzgrundsätzen vgl. *Moxter*, 1983, S. 155 ff.
[10] Vgl. *Drukarczyk*, 2001, S. 141 f.
[11] Vgl. *Schwetzler*, WPg 1998, S. 695 ff.
[12] Vgl. *Institut der Wirtschaftsprüfer in Deutschland e.V.*, WPg 2000, S. 825 ff.

Einzahlung einerseits sowie von Aufwand und Auszahlung andererseits und somit die Frage nach der Finanzierbarkeit der Ausschüttungen wird im Rahmen einer Finanzbedarfsrechnung berücksichtigt.

Die DCF-Verfahren sind hingegen Cashflow-Verfahren und damit zahlungsorientiert. Die durch die vorgenannte Ausschüttungsrestriktion bedingte Abweichung zwischen Cashflow und Ausschüttung ist bei den DCF-Verfahren in einer ergänzenden Ertrags- und Aufwandsrechnung zu berücksichtigen.[13]

3. Kapitalisierungszinssatz

a) Grundsätzliche Vorgehensweise

Die Bemessung des Kapitalisierungszinssatzes und damit des Vergleichsobjektes erfolgt in der Bewertungspraxis nach der so genannten Risikozuschlagsmethode. Demnach sind die erwarteten finanziellen Überschüsse aus dem Bewertungsobjekt mit einem risikobehafteten Kapitalisierungszinssatz abzuzinsen.[14]

Der risikobehaftete Kapitalisierungszinssatz setzt sich nach der Risikozuschlagsmethode aus einem Basiszinssatz und einem Risikozuschlag zusammen. Der Kapitalisierungszinssatz wird üblicherweise unter Berücksichtigung von Kapitalmarktdaten nach den Grundsätzen des Capital Asset Pricing Model (CAPM) bemessen.[15] Das CAPM geht von einer Vielzahl modelltheoretischer Annahmen aus,[16] die hier im Einzelnen nicht erläutert werden können. Diese Annahmen wurden oftmals kritisiert.[17] Dennoch hat sich das CAPM in der Bewertungspraxis durchgesetzt.

Die Ableitung der (Eigen-)Kapitalkosten nach dem CAPM erfolgt nach folgender Formel:

$$(4) \quad r_{EK} = i + \beta \cdot (r_M - i)$$

i = risikofreie Rendite (Rendite aus Anlage zum „landesüblichen" Zinsfuß)
r_M = erwartete Rendite des Marktportfolios (Rendite aus Anlage in einem „Marktindex")
β = Der Kapitalisierungszinssatz ergibt sich somit aus der Summe des Zinssatzes einer risikofreien Anlage (Basiszins i) sowie dem Risikozuschlag ß($r_M - i$).

Bei der Bestimmung des zu den langfristigen zukünftigen Erträgen aus dem Unternehmen äquivalenten Basiszinssatzes wird üblicherweise die langfristige Rendite öffentlicher Anleihen berücksichtigt. Dabei wird dem aktuellen Zinsniveau insoweit Rechnung getragen, als der Kapitalgeber, der festverzinsliche Wertpapiere erwirbt, auf die zum aktuellen Zeitpunkt gültige Rendite für einen gewissen Zeitraum festgelegt ist. Für den Zeitraum danach müssen aufgrund der unterstellten unbegrenzten Lebensdauer des Unternehmens Annahmen über das dann existierende Zinsniveau getroffen werden. Die Bewertungspraxis behilft sich im Allgemeinen damit, dass auf das in der Vergangenheit über alle Hoch-

---

[13] Vgl. *Schwetzler*, WPg 1998, S. 695 ff., WP-Handbuch, Bd. II, 1998, S. 3 Tz. 7.
[14] Die alternative Vorgehensweise mit Sicherheitsäquivalenten im Zähler (vgl. *Ballwieser*, BFuP 1981, S. 99 ff.) und folglich einem risikofreien Zinsfuß im Nenner hat sich in der Praxis nicht durchgesetzt.
[15] Vgl. *Sharpe*, Journal of Finance 1964, S. 425 ff.; *Markowitz*, Journal of Finance 1952, S. 77 ff. *Tobin*, Review of Economic Studies 1958, S. 65 ff.
[16] Vgl. *Copeland/Weston*, 1998. *Perridon/Steiner*, 1995. *Pratt*, 1989 et al.
[17] Vgl. *Fama/French*, Journal of Finance 1992, S. 427 ff.; *Kengelbach*, 2000, S. 15 f.

P. Methoden der Unternehmensbewertung

und Niedrigzinsphasen vorhandene Zinsniveau zurückgegriffen wird und ein zeitlich gewichteter Durchschnitt verwendet wird.

1290 Das CAPM geht von der Zerlegung des Gesamtrisikos eines unsicheren Wertpapiers in ein systematisches und ein unsystematisches Risiko aus. Das unsystematische Risiko (z.B. Managementfehler) ist wertpapierspezifisch, kann durch Diversifizierung mittels Portfoliobildung eliminiert werden und wird folglich vom Markt nicht vergütet. Nur das systematische Risiko (Marktrisiko), das nicht durch Portfoliobildung eliminiert werden kann, wird vom Kapitalmarkt vergütet. Die Berechnung der kapitalmarktorientierten Risikoprämie erfolgt durch Bildung der Differenzrendite zwischen Anlagen in Unternehmensteilen (Aktien) und risikolosen Anlagen. Kapitalmarktuntersuchungen haben gezeigt, dass Investitionen in Aktien in der Vergangenheit höhere Renditen erzielten als Anlagen in risikoarme Gläubigerpapiere. Die folgende Übersicht gibt *Drukarczyk*:[18]

	Untersuchungszeitraum	Nominale Rendite vor Steuern in % p.a.		Nominale Marktrisikoprämie in %
		Aktien	Festverzinsliche	
Stehle/Hartmond	12/1954 - 12/1988	12,1%	7,5%	4,6%
Stehle, R.	1969 - 1998	14,5%	7,8%	6,7%
Morawietz, M	1870 - 1992	8,9%	5,8%	3,1%
Bimberg	01/1954 - 12/1988	11,9%	6,6%	5,3%
Uhlir/Steiner	1953- 1984	14,4%	7,9%	6,5%
Ibbotson, R. G.	1926 - 1993	10,3	5,6	4,7%
Conen/Väth	1949 - 1992	n.a.	n.a.	6,8%

Tabelle 30: Durchschnittliche nominale Renditen und nominale Marktrisikoprämien

1291 Ausgehend von einer – auch vom Betrachtungszeitraum abhängigen – Bandbreite von 4 % bis 6 % wird die allgemeine Risikoprämie (Marktrendite) oftmals mit 5% angesetzt. Dem liegt die Annahme zugrunde, dass es keine Anhaltspunkte gibt, dass Investoren in der Zukunft eine von der Vergangenheit wesentlich abweichende Risikoprämie fordern werden.

1292 Diese durchschnittliche Risikoprämie ist im Hinblick auf die besondere Risikostruktur des zu bewertenden Unternehmens zu modifizieren. Dieses unternehmens- und branchenspezifische Risiko wird nach dem CAPM in dem so genannten Betafaktor ausgedrückt. Er dient als Risikomaß für die Schwankung der Aktienrendite im Vergleich zur Marktrendite. Ein Betafaktor von 1 zeigt, dass die Aktienrendite des Unternehmens genauso schwankt wie die des Marktportefeuilles, bei einem Betafaktor größer/kleiner 1, liegt die Schwankung der Aktienrendite über/unter der Schwankung des Marktportefeuilles.

1293 Mit Kenntnis des Basiszinssatzes, der Marktrisikoprämie sowie des Betafaktors des zu bewertenden Unternehmens lässt sich nun der Kapitalisierungszinssatz vor Berücksichtigung von Steuern ermitteln.

---

[18] Vgl. *Drukarczyk*, 1998, S. 353. Vgl. auch *Ballwieser*, WPg 1995, S. 125; *Mandl/Rabel*, 1997, S. 294.

III. Ertragswertverfahren und DCF-Verfahren

Bsp.: $\quad i = 6\,\%,\ (r_M - i) = 5\,\%,\ \beta = 1{,}0$

$$(5)\quad r_{EK} = i + \beta \cdot (r_M - i) = 6\% + 1{,}0 \cdot 5\% = 11{,}0\%$$

Da der Kapitalisierungszinssatz als Vergleichsmaßstab zur Bewertung dient, muss er sinnvollerweise äquivalent zu dem ermittelten Überschuss sein. Dies hat zur Folge, dass ebenso wie die zu kapitalisierenden finanziellen Überschüsse im Zähler, auch der Kapitalisierungszinssatz im Nenner um die einschlägige Steuerlast zu mindern ist. Der Investor vergleicht dann die Nach-Steuer-Rendite seiner Investition in das zu bewertende Unternehmen mit einer alternativen Nach-Steuer-Rendite. Dabei ist von einer Anlage des Investors im Privatvermögen auszugehen. Die Gewerbesteuer ist daher im Kapitalisierungszinssatz nicht zu berücksichtigen. Hingegen wird jedoch üblicherweise die persönliche Einkommensteuer des Anteilseigners in Abzug gebracht.[19] Diese Vorgehensweise geht von der Annahme aus, dass die Alternativanlage eine risikoangepasste festverzinsliche und damit nicht dem Halbeinkünfteverfahren unterliegende Anlage darstellt.[20] In der Bewertungspraxis wird hierbei in der Regel von einem typisierten Einkommensteuersatz von 35 % ausgegangen.[21] Der Kapitalisierungszinssatz nach Ertragsteuern des Anteilseigners ermittelt sich wie folgt: 1294

$$(6)\quad r_{EK,s} = r_{EK} \cdot (1 - s_{ESt}) = [i + \beta \cdot (r_M - i)] \cdot (1 - s_{ESt}) = 11\% \cdot (1 - 35\%) = 7{,}15\%$$

Des Weiteren ist beim Kapitalisierungszinssatz im Nenner und der finanziellen Überschussgröße im Zähler die Kaufkraftäquivalenz zu beachten. Handelt es sich bei den Planzahlen um reale Überschussgrößen, so ist zur Diskontierung der reale (kaufkraftbereinigte) Kapitalisierungszinssatz gegenüberzustellen. Handelt es sich im Zähler bei den individuell geplanten finanziellen Überschussgrößen hingegen um nominelle Größen unter Einbeziehung erwarteter Preissteigerungen, so muss im Nenner entsprechend ein nominaler Kapitalisierungszinssatz stehen.[22] Bei der Unternehmensbewertung empfiehlt es sich aus zwei Gründen, von einer Nominalrechnung auszugehen: Zum einen enthält der Basiszinssatz einen Zuschlag für Geldentwertungsrisiken und stellt somit eine Nominalgröße dar. Zum anderen ist bei der Ableitung der Ertragsteuern zwangsläufig von nominalen Überschussgrößen auszugehen.[23] 1295

Im Rentenmodell und bei der Ableitung der Rente im Phasenmodell stellt sich die Frage nach dem weiteren Verlauf der nominalen finanziellen Überschüsse. Unterstellt man, dass es sich um eine mit der Wachstumsrate w geometrisch wachsende unendliche Reihe finanzieller Überschüsse handelt, so kann man dies in der Rente mathematisch korrekt durch einen Wachstumsabschlag vom nominalen Kapitalisierungszinssatz abbilden.[24] Steigen die zukünftigen Überschüsse jährlich um 1 %, dann wäre der Kapitalisierungszinssatz entsprechend dieser Wachstumsrate um 1 % zu kürzen. Folgendes Beispiel soll den Zusammenhang 1296

---

[19] Vgl. *IDW S1*, Tz. 51. *Kohl/Schulte*, WPg 2000, S. 1153; *Auge-Dickhut/Moser/Widmann*, FB 2000, S. 362 ff.
[20] Vgl. WP-Handbuch, Bd. II, 1998, S. 97, Tz. 274.
[21] Vgl. *IDW S1*, Tz. 51.
[22] Vgl. *Moxter*, 1983, S. 185 ff.; *Mandl/Rabel*, 1997, S. 189 ff.
[23] Vgl. WP-Handbuch, Bd. II, 1998, S. 71, Tz. 206.
[24] Vgl. *Drukarczyk*, 2001, S. 435 ff.

verdeutlichen: Ein Unternehmen plane einen finanziellen Überschuss, der jährlich nachhaltig um 1 % wächst. Nach dem Halbeinkünfteverfahren verbleiben dem Anteilseigner bei einem ESt-Satz von 35 % 60 GE. Der Kapitalisierungszinssatz vor Steuern betrage 11 %, der nach Steuern 7,15 %. Der Unternehmenswert ergibt sich unter Verwendung des Wachstumsabschlags wie folgt:

$$(7) \quad UW = \frac{\ddot{U}_s}{(r_{EK,s} - w)} = \frac{60}{(7{,}15\% - 1{,}0\%)} = 975{,}6$$

1297 Ohne Vornahme eines Wachstumsabschlags im Nenner ergibt sich bei Fortschreibung des Zählers mit einer entsprechenden Wachstumsrate der Unternehmenswert wie folgt:

$$(8) \quad UW = \lim_{n \to \infty} \frac{60}{(1+7{,}15\%)} + \frac{60 \cdot (1+1\%)}{(1+7{,}15\%)^2} + \ldots + \frac{60 \cdot (1+1\%)^{n-1}}{(1+7{,}15\%)^n} = 975{,}6$$

1298 Ein Wachstumsabschlag vom Kapitalisierungszinssatz im Nenner führt damit zum gleichen Ergebnis wie eine Fortschreibung des Zählers mit der entsprechenden Wachstumsrate.[25] Ein Abschlag vom nominellen Kapitalisierungszinssatz in Höhe von w unterstellt zugleich, dass die zukünftigen finanziellen Überschüsse mit genau dieser Wachstumsrate w steigen.[26] Ein Abschlag mit Verweis auf die allgemeine Geldentwertung ist nicht angebracht. Es handelt sich vielmehr um den Grad der Überwälzbarkeit von Preissteigerungen durch das zu bewertende Unternehmen.[27] Mit Ausnahme des Falles, dass die angesetzte Wachstumsrate genau der Geldentwertungsrate entspricht, handelt es sich deshalb nicht um einen Geldentwertungsabschlag, sondern um einen Wachstumsabschlag zur Abbildung einer nachschüssigen, mit einer festen Wachstumsrate steigenden Rente.

b) Kapitalisierungszinssatz und Verschuldungsgrad

1299 Das im empirischen Betafaktor ausgedrückte Risiko lässt sich aufteilen in ein Investitionsrisiko sowie in ein Finanzierungs- bzw. Kapitalstrukturrisiko.

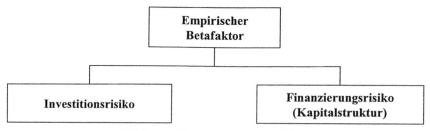

Abbildung 3: Komponenten des Betafaktors

1300 Das Investitionsrisiko entspricht dabei dem originären Geschäftsrisiko des Unternehmens ohne Berücksichtigung der Kapitalstruktur des Unternehmens. Das Finanzierungsrisiko resultiert aus der Annahme, dass eine Erhöhung des Verschuldungsgrades zu einer höheren Renditeforderung der residualgewinnberech-

---

[25] Vgl. *WP-Handbuch, Bd. II, 1998*, S. 73.
[26] Vgl. *Baetge/Niemeyer/Kümmel* in: Peemöller (Hrsg.), 2001, S. 312 f.
[27] Vgl. *Drukarczyk*, 2001, S. 435.

tigten Eigenkapitalgeber führt. Dieser Effekt wird vermindert durch die steuerliche Abzugsfähigkeit der Fremdkapitalzinsen. Die folgende Gleichung zeigt auf Unternehmensebene den Zusammenhang zwischen Verschuldung und Renditeforderung der Eigenkapitalgeber für das Halbeinkünfteverfahren:[28]

$$(9)\ \beta^V = \beta^U \cdot \left[1 + (1 - 0{,}5 s_{GewESt}) \cdot (1 - s_{KSt}) \cdot \frac{FK}{EK}\right]$$

β^V = Betafaktor des verschuldeten Unternehmens (beinhaltet neben dem Investitions- auch das Finanzierungsrisiko)
β^U = Betafaktor des unverschuldeten Unternehmens (beinhaltet nur das Investitionsrisiko)
s_{GewSt} = Gewerbesteuersatz
s_{KSt} = Körperschaftsteuersatz
FK = Marktwert des Fremdkapitals
EK = Marktwert des Eigenkapitals

Setzt man den so ermittelten Betafaktor in die Formel (5) ein, so erhält man die Eigenkapitalrenditeforderungen der Eigentümer des verschuldeten Unternehmens vor Steuern: **1301**

$$(10)\ r_{EK}^V = i + \beta^V \cdot (r_M - i)$$

Unter Berücksichtigung der Einkommensteuer des Anteilseigners ergeben sich die Eigenkapitalkosten des verschuldeten Unternehmens nach Steuern wie folgt: **1302**

$$(11)\ r_{EK,s}^V = \left[i + \beta^V \cdot (r_M - i)\right](1 - s_{ESt})$$

c) Problemfelder

Praktische Probleme ergeben sich regelmäßig aus der Tatsache, dass empirische Betafaktoren nur für börsennotierte Unternehmen existieren. Will man jedoch ein nicht börsennotiertes Unternehmen bewerten, so werden in der Bewertungspraxis zur Ableitung der spezifischen Risikoprämie vergleichbare börsennotierte Unternehmen herangezogen (sog. Peer Group), die in der gleichen Branche oder stark branchenverwandt tätig sind. Neben der Schwierigkeit, tatsächlich vergleichbare Unternehmen zu finden, weicht regelmäßig die Finanzierungsstruktur der Vergleichsunternehmen von der des zu bewertenden Unternehmens ab. Mittels der Formel (9) sind dann die levered (verschuldeten) Betafaktoren der Vergleichsunternehmen in unlevered Betafaktoren umzurechnen. Enthält die Peer Group mehrere Unternehmen, so wird durch eine Durchschnittsbildung (beispielsweise Median oder arithmetisches Mittel) ein Betafaktor für das unverschuldete Unternehmen unter Eliminierung des Finanzierungsrisikos dieser Vergleichsunternehmen abgeleitet. In einem weiteren Schritt wird dann dieser aus der Vergleichsgruppe gewonnene unlevered Betafaktor an die Finanzierungsstruktur des zu bewertenden Unternehmens angepasst. **1303**

Das folgende vereinfachende Beispiel auf Basis des Rentenmodells soll den Sachverhalt verdeutlichen: **1304**

---

[28] Vgl. *Kohl/Schulte*, WPg 2000, S. 1155.

P. Methoden der Unternehmensbewertung

Zu bewerten sei das rein eigenfinanzierte Unternehmen A. Das Unternehmen geht von einem nachhaltigen uniformen finanziellen Überschuss vor Steuern von 100 Geldeinheiten (GE) aus. Mangels Börsennotierung wird bei der Ableitung der Kapitalkosten auf ein börsennotiertes Vergleichsunternehmen B zurückgegriffen. Unternehmen B hat jedoch einen verzinslichen Fremdkapitalbestand (FK_B) von 500 GE. Die Börsenkapitalisierung (EK_B) beträgt 423 GE. Für das Unternehmen B ergibt sich ein Betafaktor des verschuldeten Unternehmens (β_B^V) von 1,00.

Für A und B gelte das Halbeinkünfteverfahren. Folgende Steuersätze werden zugrunde gelegt:

s_{GewSt}	16,0 %
s_{KSt} (einschließlich SolZ)	26,375 %
s_{ESt}	35,0 %

Ermittlung des Betafaktors des unverschuldeten Unternehmens (β_B^U):

Aus Formel (9) ergibt sich:

$$(12) \quad \beta_B^U = \frac{\beta_B^V}{\left[1 + (1 - 0{,}5 s_{GewEST}) \cdot (1 - s_{KSt}) \cdot \frac{FK}{EK}\right]}$$

$$= \frac{1{,}00}{\left[1 + (1 - 0{,}5 \cdot 16\%) \cdot (1 - 26{,}375\%) \cdot \frac{500}{423}\right]} = 0{,}5554$$

Da es sich bei Unternehmen A um ein rein eigenfinanziertes Unternehmen handelt, kann (β_B^U) für die Ableitung der Kapitalkosten direkt verwendet werden. Unter der Annahme eines Basiszinssatzes (i) von 6 % und einer Marktrisikoprämie (r_M-i) von 5 % ergibt sich nach Formel (11) der folgende Kapitalisierungszins nach Steuern ($r_{EK,s}^V$):

$$(13) \quad r_{EK,s}^V = [6\% + 0{,}5554 \cdot 5\%] \cdot (1 - 35\%) = 5{,}705\%$$

Auf Basis des Halbeinkünfteverfahrens ergibt sich der zu kapitalisierende Überschuss nach Steuern wie folgt:

Überschuss vor Steuern	100,00
Gewerbesteuer	16,00
Überschuss vor KSt	84,00
Körperschaftsteuer	22,16
Überschuss vor persönlicher ESt	61,85
Einkommensteuer	10,82
Überschuss nach Steuern	51,02

Tabelle 31: Steuerbelastung im Halbeinkünfteverfahren

Damit ergibt sich der Marktwert des Eigenkapitals im Rentenmodell zu:

$$(14) \quad \text{Marktwert des Eigenkapitals} = \frac{51{,}02}{5{,}705\%} = 894{,}36$$

III. Ertragswertverfahren und DCF-Verfahren

Bei den Größen Fremdkapital und Eigenkapital handelt es sich jeweils um Marktwerte und nicht um Buchwerte. Unterstellt man für den Buchwert des Fremdkapitals eine marktgerechte Verzinsung, so entspricht der Buchwert des Fremdkapitals dessen Marktwert. Zur Ableitung des Betafaktors bei anteiliger Fremdfinanzierung des Bewertungsobjektes (nach Formel 9) muss jedoch auch der Marktwert des Eigenkapitals des zu bewertenden Unternehmens bekannt sein. Zur Bestimmung des Marktwertes des Eigenkapitals ist aber wiederum die Kenntnis der mittels Betafaktoren ermittelten Eigenkapitalkosten notwendig, so dass sich hier ein Zirkularitätsproblem ergeben kann.[29] Dieses Problem wurde im Rahmen des obigen Beispiels zur Beta-Umrechnung umgangen, indem das zu bewertende Unternehmen annahmegemäß rein eigenfinanziert war, so dass der aus der Vergleichsgruppe gewonnene Betafaktor für unverschuldete Unternehmen nicht an die (ebenfalls unverschuldete) Finanzierungsstruktur des zu bewertenden Unternehmens angepasst werden musste und somit die Kenntnis des Marktwertes des Eigenkapitals des Unternehmens A nicht notwendig war.

1305

Die früher in der Literatur propagierte Annahme einer konstanten Zielkapitalstruktur[30] zur Lösung des Zirkularitätsproblems bei nicht vollständiger Eigenfinanzierung führt jedoch zu im Einzelnen nicht vorhersehbaren Ergebnisverzerrungen, da nur rein zufällig die Zielkapitalstruktur mit der vorhandenen Kapitalstruktur des Unternehmens übereinstimmt. Inzwischen sind die Bedingungen bekannt, unter denen eine zirkularitätsfreie Ermittlung des Unternehmenswertes gelingt:[31] Unterschieden werden dabei vereinfachend zwei Finanzierungsstrategien: Entweder werden die zukünftigen Fremdkapitalbestände fixiert (autonome Finanzierungspolitik), wodurch die Fremdkapitalquote zu Marktwerten notwendigerweise im Zeitablauf schwankt. Durch die festgelegte absolute Höhe des Fremdkapitals sind Steuervorteile aus anteiliger Fremdfinanzierung sicher. Oder es wird die zukünftige Kapitalstruktur (i.e. Fremdkapitalquote) festgelegt, womit notwendig die absoluten Fremdkapitalbestände im Zeitablauf schwanken („atmende" oder unternehmensabhängige Finanzierungspolitik). Dann sind auch die aus anteiliger Fremdfinanzierung stammenden Steuervorteile unsicher. Es lässt sich zeigen, dass im Fall der autonomen Verschuldungspolitik die Berechnung mit dem APV-Ansatz, bei unternehmenswertabhängiger Finanzierungspolitik mit dem WACC-Ansatz in geschlossener Form und zirkularitätsfrei gelingt.[32] Für die jeweils anderen Berechnungsarten ist eine Lösung des Zirkularitätsproblems durch PC-gestützte Iteration möglich.[33]

1306

Bei unterschiedlicher Fremdfinanzierung des Unternehmens A ergeben sich in obigem Beispiel auf Basis des Rentenmodells die folgenden iterativ ermittelten Unternehmenswerte.

1307

---

[29] Vgl. *Ballwieser*, WPg 1998, S. 85 ff.
[30] Vgl. für viele *Copeland/Koller/Murrin*, 1998, S. 262 f.
[31] Vgl. *Kruschwitz/Löffler*, 1999, veröffentlicht unter: http://www.wiwiss.fu-berlin.de/w3/w3krusch/pub/, S. 10-14.
[32] Vgl. *Wallmeier*, ZfB 1999, S. 1480.
[33] Vgl. *Baetge/Niemeyer/Kümmel* in: Peemöller (Hrsg.), 2001, S. 336.

P. Methoden der Unternehmensbewertung

Fremdkapital (Marktwert) in GE	0	250	500
Überschuß vor Zinsen und Steuern in GE	100	100	100
Zinsaufwand in GE	0	15	30
Überschuß vor Steuern in GE	100	85	70
Steuern in GE	49	42	36
Überschuß nach Steuern in GE	51	43	34
Betafaktor	0,5554	0,6909	0,9366
Kapitalisierungszinssatz nach Steuern	5,705%	6,145%	6,944%
Marktwert des Eigenkapitals in GE	894,36	693,85	493,35

Tabelle 32: Marktwert des Eigenkapitals in Abhängigkeit vom Fremdkapitalbestand

1308 Eine zusätzliche Komplexität erlangt die Bewertung auf Basis des CAPM aufgrund der Tatsache, dass sich – wenn man vom Rentenmodell oder der Annahme einer konstanten Zielkapitalstruktur im Phasenmodell absieht – in den einzelnen Planjahren die Marktwertrelationen von Eigen- und Fremdkapital verschieben und erst im nachhaltigen Ergebnis einen eingeschwungenen Zustand erreichen. Folglich variieren gemäß der Modellwelt des CAPM auch die Eigenkapitalkosten im Planungsverlauf. Dies führt dann zu einem im Planungsverlauf nicht konstanten Kapitalisierungszinssatz, sondern zu periodenspezifischen Eigenkapitalkosten.

4. Ertragswert- und DCF-Verfahren

1309 Ertragswertverfahren, wie die verschiedenen Ausprägungen des DCF-Verfahrens, basieren auf dem vorgestellten Kapitalwertkalkül und sind prinzipiell kompatibel.[34] Bei gleichen Bewertungsannahmen, insbesondere hinsichtlich der Finanzierung sowie der Ableitung risikoäquivalenter Kapitalisierungszinssätze,[35] führen beide Verfahren zu gleichen Unternehmenswerten.[36] Dies soll im Weiteren an einem vereinfachten Beispiel anhand des Ertragswertverfahrens sowie des Entity-Ansatzes des DCF-Verfahrens gezeigt werden.

a) Ertragswertverfahren

1310 Das vor allem in Deutschland angewandte Ertragswertverfahren gehört zu den so genannten Nettoverfahren, d.h. der Wert des Eigenkapitals wird in einem Schritt ermittelt. Das zu kapitalisierende Ergebnis wird – ausgehend vom Ergebnis vor Zinsen und Steuern (EBIT) – wie folgt abgeleitet:

EBIT
– Zinsaufwand
= Ergebnis vor Steuern (EBT)
– GewSt

---

[34] Vgl. *Drukarczyk*, WPg 1995, S. 329 ff.
[35] Theoretisch geht die Ertragswertmethode bei der Risikoerfassung von Sicherheitsäquivalenten aus, wobei in der Bewertungspraxis die Risikozuschlagsmethode gemäß CAPM dominiert, vgl. hierzu *Ballwieser*, WPg 1995, S. 124 ff.
[36] Vgl. *Ballwieser* in: Peemöller (Hrsg.), 2001, S. 372; WP-Handbuch, Bd. II, 1998, S. 3, Tz. 6.

- KSt
= Jahresüberschuss
- ESt
= Zu kapitalisierendes Ergebnis

Die Erfassung der Finanzierungsauswirkungen zahlungswirksamer Vorgänge (z.B. Investitionen) sowie nicht zahlungswirksamer Erträge und Aufwendungen (z.B. Abschreibungen) erfolgt im Rahmen der ergänzenden Finanzbedarfsrechnung über das Zinsergebnis. 1311

Da die zu kapitalisierenden Ergebnisse des Unternehmens ausschließlich den Eigenkapitalgebern zur Verfügung stehen, bestehen die Alternativanlage und damit die zur Diskontierung herangezogenen Kapitalkosten aus den Kosten des Eigenkapitals unter Berücksichtigung der vom Unternehmen realisierten Kapitalstruktur. Dies bedeutet, dass bei einem teilweise fremdfinanzierten Unternehmen die Eigenkapitalkosten des verschuldeten Unternehmens heranzuziehen sind. 1312

Die Literatur verweist beim Ertragswertverfahren darauf, dass die Ableitung der Kapitalkosten – in Abgrenzung zu den DCF-Verfahren – nicht mit dem CAPM erfolgen muss.[37] Dennoch erfolgt in diesem Beitrag die Ableitung der Kapitalkosten der Bewertungspraxis folgend analog zu den DCF-Verfahren nach dem CAPM. 1313

Die Eigenkapitalkosten des verschuldeten Unternehmens ermitteln sich dabei gemäß Formel (11).

Durch Diskontierung des zu kapitalisierenden Ergebnisses (E) mit den (nach dem CAPM abgeleiteten) Eigenkapitalkosten des verschuldeten Unternehmens erhält man im Rentenmodell den Ertragswert (Marktwert des Eigenkapitals, Equity-Value bzw. Unternehmenswert): 1314

$$(15) \quad \text{Ertragswert} = \frac{E}{r_{EK,s}^{v}}$$

b) Equity-Methode

Der Equity-Ansatz gehört wie das Ertragswertverfahren zu den so genannten Nettoverfahren. Die bewertungsrelevanten Cash Flows stehen ausschließlich den Eigenkapitalgebern zu und werden deshalb auch Cashflow to Equity (CFE) genannt. Die Ableitung des CFE erfolgt unter Beachtung der tatsächlich vom Unternehmen realisierten Kapitalstruktur. Daher werden die Zinszahlungen und die steuerliche Vorteilhaftigkeit der Fremdfinanzierung im Cashflow direkt berücksichtigt. 1315

Ausgehend vom EBIT ermittelt sich der den Eigenkapitalgebern zustehende Cashflow wie folgt: 1316

EBIT
- Zinsaufwand
= Ergebnis vor Steuern (EBT)
- GewSt
- KSt
= Jahresüberschuss
- ESt

---

[37] Vgl. u.a *Ballwieser*, WPg 1998, S. 81; *Heurung*, WPg 1998, S. 207.

= Ergebnis nach persönlichen Steuern
+ Abschreibungen
− Investitionen
+/− Verminderung/Erhöhung des Nettoumlaufvermögens
+/− Erhöhung/Verminderung des verzinslichen Fremdkapitals
= Cashflow to Equity

1317 Da die DCF-Verfahren von der Zahlungsebene ausgehen, erfolgt die Erfassung der Finanzierungsauswirkungen zahlungswirksamer Vorgänge (z.B. Investitionen) sowie nicht zahlungswirksamer Erträge und Aufwendungen (z.B. Abschreibungen) direkt im Cashflow.

1318 Unter der Annahme, dass es sich bei den Zinsaufwendungen um Dauerschuldzinsen i.S.d. § 8 Nr. 1 GewStG handelt, sind bei der Ermittlung der Bemessungsgrundlage der Gewerbesteuer die Zinsaufwendungen hälftig zum EBT zuzurechnen.

1319 Da die Cash Flows ausschließlich den Eigenkapitalgebern zur Verfügung stehen, bestehen die Alternativanlage und damit die zur Diskontierung herangezogenen Kapitalkosten aus den Kosten des Eigenkapitals unter Berücksichtigung der vom Unternehmen realisierten Kapitalstruktur. Dies bedeutet, dass bei einem teilweise fremdfinanzierten Unternehmen die Eigenkapitalkosten des verschuldeten Unternehmens heranzuziehen sind.

Die Eigenkapitalkosten des verschuldeten Unternehmens ermitteln sich analog zur Ertragswertmethode gemäß Formel (11).

1320 Durch Diskontierung des CFE erhält man im Rentenmodell den Marktwert des Eigenkapitals (Equity-Value bzw. Unternehmenswert):

$$(16) \quad \text{Equity Value} = \frac{\text{CFE}}{r_{EK,s}^{v}}$$

c) Entity-Methode

1321 Die Entity-Methode ermittelt als Bruttoansatz den Wert des Eigenkapitals in zwei Schritten. Bewertungsrelevante Größe im Zähler ist dabei der sog. Free Cashflow (FCF), mithin der Cashflow, der sowohl den Eigenkapital- als auch den Fremdkapitalgebern zur Verfügung steht. Bei der Ableitung des FCF wird somit die Eigenfinanzierung des zu bewertenden Unternehmens fingiert. Der FCF ermittelt sich – wiederum ausgehend vom EBIT – dabei wie folgt:

EBIT
− GewSt
− KSt
= Ergebnis vor persönlichen Steuern
− ESt
= Ergebnis nach persönlichen Steuern
+ Abschreibungen
− Investitionen
+/− Verminderung/Erhöhung des Nettoumlaufvermögens
= FCF

1322 Aufgrund der Fiktion der Eigenfinanzierung des Unternehmens werden im Gegensatz zur Equity-Methode Zinsaufwendungen sowie Veränderungen des verzinslichen Fremdkapitals bei der Ableitung des FCF nicht berücksichtigt. Entsprechend entfällt die Berücksichtigung der hälftigen Abzugsfähigkeit der Dauerschuldzinsen bei der Ableitung der Gewerbesteuer.

Anschließend erfolgt die Diskontierung des FCF mit den durchschnittlichen gewogenen Kapitalkosten, den so genannten „Weighted Average Cost of Capital (WACC).[38] Der WACC enthält sowohl eine Eigenkapital-, als auch eine Fremdkapitalkostenkomponente (r_{FK} = Fremdkapitalzinssatz), die mit ihren jeweiligen Marktwertanteilen gewichtet werden. Deutsche steuerliche Rahmenbedingungen unterstellt, errechnet sich der WACC nach folgender Formel:

$$(17)\ WACC = r_{EK}^v (1 - s_{ESt}) \cdot \frac{EK}{GK} + r_{FK}(1 - 0{,}5 s_{GewESt})(1 - s_{KSt})(1 - 0{,}5 s_{ESt}) \cdot \frac{FK}{GK}$$

Da bei der Ableitung des FCF von der Eigenfinanzierung des Unternehmens ausgegangen wurde, werden die Steuern im FCF ohne Berücksichtigung der steuerlichen Vorteilhaftigkeit der Fremdfinanzierung ermittelt. Der Steueraufwand wird daher im Vergleich zur tatsächlichen Finanzierungsstruktur des Bewertungsobjektes tendenziell „zu hoch" ausgewiesen. Daher erfolgt die Berücksichtigung der Abzugsfähigkeit des Zinsaufwands auf Unternehmensebene im WACC durch das sog. „Tax Shield", den Term $(1 - 0{,}5\ s_{GewESt})\ast(1 - s_{KSt})$. Dabei werden sowohl die hälftige Abzugsfähigkeit der Dauerschuldzinsen als auch die körperschaftsteuerlichen Folgewirkungen berücksichtigt. Da das Bewertungsobjekt dem Halbeinkünfteverfahren unterliegt, erfolgt die Berücksichtigung der Einkommensteuer analog mit $(1 - 0{,}5\ s_{ESt})$.[39]

Nach Diskontierung des FCF mit dem WACC erhält man im Rentenmodell den Unternehmensgesamtwert (Enterprise-Value), d.h. den Wert, der anteilig den Eigenkapital- und Fremdkapitalgebern zusteht.

$$(18)\ \text{Enterprise Value} = \frac{FCF}{WACC}$$

Zieht man vom Enterprise Value den Marktwert des Fremdkapitals (FK) ab, so ergibt sich der gesuchte Marktwert des Eigenkapitals (Equity-Value bzw. Unternehmenswert).

$$(19)\ \text{Equity Value} = \text{Enterprise Value} - FK$$

d) APV-Methode

Die Methode des Adjusted Present Value (APV) ist wie die Entity-Methode ein Bruttoverfahren.[40] Allerdings erfolgt beim APV-Ansatz eine offensichtliche Trennung von Investitions- und Finanzierungsbereich.[41] Die Ermittlung des Marktwertes des Eigenkapitals erfolgt in drei Phasen. Ausgangspunkt ist der FCF, wie er unter Abschnitt c) ermittelt wurde. Der Bewertung werden somit

---

[38] Der Entity-Ansatz wird daher auch als WACC-Ansatz bezeichnet.
[39] Vgl. *Kohl/Schulte*, Ertragswertverfahren und DCF-Verfahren. Ein Überblick vor dem Hintergrund der Anforderungen des *IDW* S1, WPg 2000, S. 1157.
[40] Vgl. zum APV-Ansatz *Luehrmann*, Harvard Business Review 1997, S. 145f.; *Drukarczyk*, 2001, S. 127; *Hachmeister*, ZfbF 1996, S. 251ff.; *Richter*, ZfbF 1996, S. 1076ff.
[41] Vgl. *Meyers*, Journal of Finance 1974, S. 5.

auch beim APV-Ansatz die entziehbaren Cash Flows bei fingierter Eigenfinanzierung zugrunde gelegt. Unter der Annahme, dass der FCF bei fingierter Eigenfinanzierung den Eigenkapitalgebern zur Verfügung steht, wird dieser mit den Eigenkapitalkosten des unverschuldeten Unternehmens abgezinst. Man erhält dann den Unternehmensgesamtwert unter der Annahme der vollständigen Eigenfinanzierung (EVU).

$$(20)\ EVU = \frac{FCF}{r_{EK,s}^U}$$

mit: $(21)\ r_{EK,s}^U = \left(i + \beta^U \cdot (r_M - i)\right) \cdot (1 - s_{ESt})$

1328 In einem zweiten Schritt wird der Unternehmenssteuereffekt (WB$_{USt}$), d.h. der Barwert des Steuervorteils (Tax Shield) aus der realisierten Fremdfinanzierung ermittelt, und zwar unter der vereinfachenden Annahme, dass bei autonomer Finanzierungspolitik[42] die Steuervorteile aus der Fremdfinanzierung sicher sind.[43] Im Rentenmodell ermittelt sich der Unternehmenssteuereffekt wie folgt:

$$(22)\ WB_{USt} = i \cdot FK \cdot (1 - 0{,}5 s_{GewESt}) \cdot (1 - s_{KSt}) \cdot \frac{(1 - 0{,}5 s_{ESt})}{i \cdot (1 - s_{ESt})}$$

1329 Addiert man nun den Unternehmensgesamtwert bei Eigenfinanzierung (EV^U) und den Barwert des Steuervorteils aus der Fremdfinanzierung (WB$_{USt}$), so erhält man analog zum Entity-Ansatz den Unternehmensgesamtwert (Enterprise Value).[44] Im Gegensatz zum Entity-Ansatz wird die steuerliche Vorteilhaftigkeit der Fremdfinanzierung nicht in den Kapitalkosten berücksichtigt, sondern als Barwert gesondert ermittelt.

$$(23)\ \text{Enterprise Value} = EV^U + WB_{USt}$$

Analog zum Entity-Ansatz erlangt man nach Abzug des Marktwertes des Fremdkapitals (FK) den gesuchten Unternehmenswert.

$$(24)\ \text{Equity Value} = \text{Enterprise Value} - FK$$

e) Fallbeispiel Equity-, WACC- und APV-Ansatz

1330 Das folgende Beispiel zeigt die Überführbarkeit von Equity-, WACC- und APV-Ansatz in einem Phasenmodell mit periodenspezifischen Eigenkapitalkosten.[45] Zu bewerten sei die Kapitalgesellschaft SOP. Die von der Geschäftsleitung der SOP aufgestellte Detailplanung (Bilanz und Gewinn- und Verlustrechnung auf Ebene des EBIT) erstreckt sich über einen Zeitraum von 3 Jahren. Für die Folgejahre wurde ein nachhaltiges Ergebnis angesetzt. Es gelte das Halbein-

---

[42] Vgl. *Drukarczyk/Honold*, ZBB 1999, S. 343; *Richter*, Main 1999, S. 52. *Schwetzler/Darijtschuk*, ZfB 2000, S. 118.
[43] Vgl. *Heitzer/Dutschmann*, ZfB 1999, S. 1467.
[44] Der Einkommensteuereffekt wird ausführlich erläutert bei: *Drukarczyk*, 2001, S. 240 ff.
[45] Das Beispiel basiert auf den Ausführungen von *Baetge/Niemeyer/Kümmel* in: Peemöller (Hrsg.), 2001, S. 348 ff.

III. Ertragswertverfahren und DCF-Verfahren

künfteverfahren. Die Gewerbesteuer (GewSt) betrage 18 %, die Körperschaftsteuer (KSt) einschließlich Solidaritätszuschlag (SolZ) beträgt 26,375 %. Die Einkommensteuer (ESt) des Anteilseigners belaufe sich auf 35 %. Veränderungen des Finanzbedarfs durch das Auseinanderfallen von Investitionen und Abschreibungen werden durch die Aufnahme bzw. Tilgung des verzinslichen Fremdkapitals dargestellt. Vereinfacht wird davon ausgegangen, dass das Fremdkapital nicht risikobehaftet ist. Die Kosten des Fremdkapitals betragen daher analog zum Basiszins (i) 6 %. Die Zinsen berechnen sich jeweils auf den Anfangsbestand der Periode. Die Marktrisikoprämie (r_M) wird mit 5 % angenommen. Die Bilanz sowie die Finanzbedarfsrechnung stellen sich wie folgt dar:

Bilanz	2001	2002	2003	2004	Rente
Aktiva	8.500	8.700	8.870	8.740	8.740
Eigenkapital	3.500	3.500	3.500	3.500	3.500
Fremdkapital	5.000	5.200	5.370	5.240	5.240
Passiva	8.500	8.700	8.870	8.740	8.740

Finanzbedarfsrechnung	2002	2003	2004	Rente
Abschreibungen	400	480	580	500
Investitionen	−600	−650	−450	−500
Veränderung Finanzbedarf	−200	−170	130	0

Tabelle 33: Ausgangsdaten des Bewertungsbeispiels

Auf Basis dieser Ausgangsdaten ermittelt sich der Unternehmenswert nach dem Equity-Ansatz wie folgt:

	2002	2003	2004	Rente
EBIT	1.600	1.720	1.850	1.900
Zinsaufwand	300	312	322	314
EBT	1.300	1.408	1.528	1.586
GewSt	261	282	304	314
Ergebnis vor KSt	1.039	1.126	1.224	1.272
KSt	274	297	323	335
Veränderungen Fremdkapital	200	170	−130	0
Abschreibungen	400	480	580	500
Investitionen	−600	−650	−450	−500
Cash Flow to Equity vor persönlichen Steuern	765	829	901	936
ESt	134	145	158	164
Cash Flow to Equity	631	684	743	773

EK-Kosten vor ESt	11,598%	11,657%	11,708%	11,663%
EK-Kosten nach ESt	7,539%	7,577%	7,610%	7,581%
Barwertfaktor 1.1.02	0,9299	0,8644	0,8033	10,59548
Barwertfaktor 1.1.03		0,9296	0,8638	11,39428
Barwertfaktor 1.1.04			0,9293	12,25760
Barwertfaktor 1.1.05				13,19040
Barwert 1.1.02	586,85	591,45	597,11	8.185,62
Barwert 1.1.03		636,04	642,12	8.802,73
Barwert 1.1.04			690,77	9.469,70
Barwert 1.1.05				10.190,35
Marktwert Eigenkapital	**9.961,0**	10.080,9	10.160,5	10.190,3
Marktwert Fremdkapital	5.000	5.200	5.370	5.240

Tabelle 34: Berechnung des Unternehmenswerts nach dem Equity-Ansatz

Wendet man den WACC-Ansatz auf das vorliegende Beispiel an, so ermittelt sich der Marktwert des Eigenkapitals wie folgt:[46]

	2002	2003	2004	Rente
EBIT	1.600	1.720	1.850	1.900
GewSt	288	310	333	342
Ergebnis vor KSt	1.312	1.410	1.517	1.558
KSt	346	372	400	411
Ergebnis vor ESt	966	1.038	1.117	1.147
Abschreibungen	400	480	580	500
Investitionen	−600	−650	−450	−500
Free Cash Flow vor ESt	766	868	1.247	1.147
ESt	134	152	218	201
Free Cash Flow nach ESt	632	716	1.029	946
EK-Kosten unverschuldet	11%	11%	11%	11%
EK-Kosten verschuldet	11,598%	11,657%	11,708%	11,663%
EK-Kosten verst. nach ESt	7,539%	7,577%	7,610%	7,581%
FK-Kosten vor ESt	6%	6%	6%	6%
FK-Kosten nach ESt	3,9%	3,9%	3,9%	3,9%
WACC	6,362%	6,322%	5,979%	6,133%
Barwertfaktor 1.1.02	0,9402	0,8843	0,8344	13,60511
Barwertfaktor 1.1.03		0,9405	0,8875	14,47063
Barwertfaktor 1.1.04			0,9436	15,38542
Barwertfaktor 1.1.05				16,30531

---

[46] In den folgenden Modellen liegt implizit für die SOP ein Betafaktor für das unverschuldete Unternehmen (β^u) von 0,842 zugrunde.

III. Ertragswertverfahren und DCF-Verfahren

	2002	2003	2004	Rente
Barwert 1.1.02	594	634	858	12.875
Barwert 1.1.03		674	913	13.694
Barwert 1.1.04			971	14.560
Barwert 1.1.05				15.430
Marktwert Eigenkapital	**9.961,0**	10.080,9	10.160,5	10.190,3
Marktwert Fremdkapital	5.000	5.200	5.370	5.240
Enterprise Value	14.961,0	15.280,9	15.530,5	15.430,3
Barwert Steuervorteile	2.192,4	2.196,2	2.196,9	2.194,8

Tabelle 35: Berechnung des Unternehmenswerts nach dem WACC-Ansatz

Dabei ist zu berücksichtigen, dass *Baetge/Niemeyer/Kümmel* den periodenspezifischen WACC aus Formel (17) modifizieren, um die Identität der Ansätze zu gewährleisten, und zwar um den Faktor:[47]

$$-\frac{\Delta T_t \cdot 0{,}5 \cdot s_{ESt}}{GK}$$

T_t bezeichnet den Thesaurierungsbetrag der Periode.

Bei der APV-Methode sind zur Berechnung des Marktwertes des Eigenkapitals zunächst die Marktwerte der steuerlich induzierten Wertbeiträge aus der anteiligen Verschuldung zu berechnen.[48]

	2002	2003	2004	Rente
Unternehmenssteuereffekt				
Gewerbesteuerersparnis				
Zinszahlungen	300	312	322	314
davon 50% Dauerschulden	150	156	161	157
Gewerbesteuerersparnis (18%)	27	28	29	28
Körperschaftsteuerersparnis				
Zinszahlungen	300	312	322	314
Gewerbesteuerersparnis	− 27	− 28	− 29	− 28
	273	284	293	286
KSt-/SolZ-Ersparnis (26,375 %)	72	75	77	76
Summe der Steuerersparnis	99	103	106	104
ESt bei Halbeinkünfteverfahren	17,3	18,0	18,6	18,2
Steuersparnis nach ESt	81,7	84,9	87,7	85,6
FK-Zins nach ESt	3,9%	3,9%	3,9%	3,9%
Barwert Unternehmenssteuereffekt	2.192,4	2.196,2	2.196,9	2.194,8

Tabelle 36: Ermittlung des Unternehmenssteuereffekts

---

[47] Vgl. *Baetge/Niemeyer/Kümmel*, 2001, S. 326.
[48] Vgl. *Baetge/Niemeyer/Kümmel*, 2001, S. 328 f.

P. Methoden der Unternehmensbewertung

Aus der Veränderung des Fremdkapitalbestands ergibt sich anschließend der Einkommensteuereffekt:

	2002	2003	2004	Rente
Einkommensteuereffekt				
Aufnahme Fremdkapital	−200	−170	130	0
darauf hälftige ESt (17,5%)	−35,0	−29,8	22,8	0,0
Eigenkapitalrendite nach ESt	7,15%	7,15%	7,15%	7,15%
Barwert Einkommensteuereffekt	−40,1	−7,9	21,2	0,0

Tabelle 37: Ermittlung des Einkommensteuereffekts

Bei autonomer Finanzierungspolitik werden die Steuerersparnisse aus Unternehmenssteuern mit dem sicheren Fremdkapitalzins nach Einkommensteuer diskontiert, die Vorteile aus der Veränderung des Fremdkapitalbestands mit der (unverschuldeten) Eigenkapitalrenditeforderung nach Einkommensteuer.[49] Der Marktwert des Eigenkapitals ermittelt sich – analog zum WACC-Ansatz – nach der folgenden Rechnung:

EK-Kosten unverschuldet	7,150%	7,150%	7,150%	7,150%
Barwertfaktor 1.1.02	0,9333	0,8710	0,8129	11,36887
Barwertfaktor 1.1.03		0,9333	0,8710	12,18175
Barwertfaktor 1.1.04			0,9333	13,05274
Barwertfaktor 1.1.05				13,98601
Barwert 1.1.02	590	624	836	10.759
Barwert 1.1.03		669	896	11.528
Barwert 1.1.04			960	12.352
Barwert 1.1.05				13.236
Marktwert Eigenkapital unverschuldet	12.809	13.093	13.312	13.236

Bestimmung Marktwert des Eigenkapitals

Marktwert Eigenkapital bei reiner Eigenfinanzierung	12.809
+ Unternehmenssteuereffekt	2.192
+ Einkommensteuereffekt	−40
Enterprise Value	14.961
− Marktwert Fremdkapital	5.000
	9.961

Tabelle 38: Berechnung des Unternehmenswerts nach dem APV-Ansatz

---

[49] Vgl. *Drukarczyk*, 2001, S. 253 ff., mit weiteren Ausführungen hinsichtlich der unterschiedlichen Risikoniveaus für diese Einkommensstrombestandteile.

f) Zusammenfassung

Das Fallbeispiel zeigt die grundsätzliche Möglichkeit der Überleitung der verschiedenen Methoden bei Konsistenz der Finanzierungsprämissen sowie der Ableitung der Kapitalkosten.

Die Komplexität der einzelnen Methoden soll jedoch nicht darüber hinwegtäuschen, dass – unabhängig von der gewählten Methode – die Voraussetzung zur Ableitung zutreffender Unternehmenswerte plausible Planzahlen (die Zählergröße in der Bewertungsgleichung) sind.

IV. Marktorientierte Bewertungsverfahren

1. Konzeption

Zu den Gesamtbewertungsverfahren zählen neben den klassischen zukunftserfolgswertorientierten Ertragswert- und DCF-Methoden die so genannten marktorientierten Bewertungsmethoden. Die Bestimmung des Unternehmenswertes erfolgt dabei anhand tatsächlich realisierter Marktpreise für vergleichbare Unternehmen. Unter der Annahme eines effizienten Kapitalmarktes entspricht dabei der am Markt erzielbare Kaufpreis eines Unternehmens dem Unternehmenswert und damit dem Marktwert des Eigenkapitals. Marktorientierte Bewertungsmethoden unterscheiden daher nicht zwischen den Begriffen Wert und Preis.[50]

Der einfachste Fall einer marktorientierten Bewertung liegt vor, wenn das zu bewertende Unternehmen selbst börsennotiert ist. Der Marktwert des Eigenkapitals ergibt sich dann aus der Börsenkapitalisierung, d.h. aus der Multiplikation von Börsenkurs und Anzahl der Aktien. Die Anzahl der Aktien bezieht sich auf die verwässerten Aktien, d.h. Aktienoptionen im Geld und Wandelanleihen sollten bei der Ermittlung der Anzahl der Aktien berücksichtigt werden.

Der Marktwertansatz kann jedoch auch für nicht börsennotierte Unternehmen angewandt werden. Der Marktwert des Eigenkapitals eines Bewertungsobjektes leitet sich dann aus den Börsenkursen vergleichbarer Unternehmen oder aus den realisierten Marktpreisen vergleichbarer Unternehmen ab. Zur Bewertung werden die Marktpreise der Vergleichsunternehmen in Relation zu bestimmten Bezugsgrößen dieser Vergleichsunternehmen gesetzt. Die sich daraus ergebenden Verhältniszahlen (Multiplikatoren) werden dann mit der analogen Bezugsgröße des Bewertungsobjektes multipliziert:[51]

$$(25) \quad \frac{MV_V}{Bezugsgröße_V} = \frac{MV_B}{Bezugsgröße_B}$$

MV_V = Marktpreis (= Marktwert) des Vergleichsunternehmens
B_V = Bezugsgröße des Vergleichsunternehmens
MV_B = Gesuchter Marktpreis (= Marktwert) des Bewertungsobjektes
MV_V = Marktpreis (=Marktwert) des Vergleichsunternehmens

---

[50] Aus Sicht des IDW können Börsenkurse und Methoden zur vereinfachten Preisfindung eine Unternehmensbewertung nach der Ertragswert- oder DCF-Methode nicht ersetzen, sie sind jedoch zur Plausibilitätsbeurteilung nach der Ertragswert- und DCF-Methode heranzuziehen, vgl. *IDW Standard,* Grundsätze zur Durchführung von Unternehmensbewertungen (IDW S1), Tz. 14 f.

[51] Vgl. *Kluge* in: Bibler (Hrsg.), 1989, p. 44 ff.

1335 Demnach lassen sich je nach dem zugrunde liegenden Marktpreis des Vergleichsunternehmens die folgenden Verfahren unterscheiden:[52]
- Multiplikatoren auf Basis vergleichbarer börsennotierter Unternehmen („Trading Multiples")
- Multiplikatoren auf Basis vergleichbarer Unternehmenstransaktionen („Transaction Multiples")

1336 Während Trading Multiples durch Bezug auf den Börsenkurs einzelner Aktien auf den Markt für Minderheitsanteile abstellen, stellen Transaction Multiples durch den Rückgriff auf Unternehmenstransaktionen auf den Markt für Mehrheitsbeteiligungen ab.

1337 Sowohl Trading als auch Transaction Multiples lassen sich in Brutto- und Nettomultiplikatoren einteilen. Bruttomultiplikatoren verwenden als Marktpreis den Gesamtunternehmenswert (Enterprise-Value),[53] Nettomultiplikatoren stellen auf den Equity-Value ab. Analog zu den verschiedenen Ansätzen des Entity- und des Equity-Ansatzes der DCF-Methode ergibt sich der Zusammenhang wie folgt:

$$(26) \quad \text{Enterprise Value} = \text{Equity Value} + \text{Net Debt}$$

Net Debt setzt sich dabei aus den Verbindlichkeiten gegenüber Kreditinstituten, begebenen Anleihen und zinstragenden Gesellschafterdarlehen, vermindert um die liquiden Mittel, zusammen.

1338 Entsprechend ergibt sich der gesuchte Equity Value bei Nettomultiplikatoren wie folgt:

$$(27) \quad \text{Equity Value}_B = \frac{\text{Equity Value}_V}{\text{Bezugsgröße}_V} \cdot \text{Bezugsgröße}_B$$

1339 Für die Bruttomultiplikatoren gilt:

$$(28) \quad \text{Equity Value}_B = \frac{\text{Enterprise Value}_V}{\text{Bezugsgröße}_V} \cdot \text{Bezugsgröße}_B - \text{Net Debt}_B$$

2. Ausgewählte Multiplikatoren

1340 Das Kurs-Gewinn-Verhältnis stellt das Verhältnis von Marktwert des Eigenkapitals bzw. Aktienkurs und Jahresüberschuss bzw. Gewinn pro Aktie dar. Ausgangsbasis ist der nach DVFA errechnete Gewinn pro Aktie.[54]

$$(29) \quad \text{KGV} = \frac{\text{Marktkapitalisierung}}{\text{DVFA-Gewinn}}$$

1341 Die Größe DVFA-Gewinn steht ausschließlich den Eigenkapitalgebern zu. Die Multiplikation des ermittelten KGV mit dem DVFA-Gewinn des zu bewertenden Unternehmens führt daher in einem Schritt zum gesuchten Equity-Value des Bewertungsobjektes (Netto-Multiplikator). Verifiziert man die am Kapitalmarkt beobachtbaren KGV mittels des Equity-Ansatzes der DCF-Methode, indem man die Eigenkapitalkosten als Kehrwert des KGV interpretiert, so zeigt sich im Rentenmodell, dass ein KGV von 16 einem empirisch kaum beobachtbaren Betafaktor von 0,15 entspricht.[55] Daher können beobachtbare KGV nur begründet werden, wenn in ihnen Wachstumserwartungen enthalten sind. Das KGV entspricht dann

---

[52] Vgl. *Günther*, 1997, S. 91 ff.
[53] Zur Abgrenzung der Begriffe s. Abschnitt P.III. 4. b) sowie P.III. 4. c).
[54] Vgl. *DVFA*, DB 1998, S. 2537 ff.
[55] Vgl. *Aders/Galli/Wiedemann*, FB 2000, S. 202 f. *Aders/Galli/Wiedemann* zeigen diesen Zusam-

den um einen Wachstumsabschlag verminderten Eigenkapitalkosten. Da dieses nachhaltige Wachstum nicht ohne eine Thesaurierung finanziert werden kann, ist die Multiplikation des DVFA-Gewinns mit einem KGV nur zulässig, wenn dieses KGV neben dem Wachstum eine Ausschüttungsquote berücksichtigt.[56]

EBIT-Multiplikatoren[57] setzen den Enterprise Value (Unternehmensgesamtwert) mit dem EBIT (Earnings before interest and tax) ins Verhältnis:

$$(30) \quad \text{EBIT-Multiplikator} = \frac{\text{Enterprise Value}}{\text{EBIT}}$$

Der EBITDA-Multiplikator vergleicht den Enterprise Value mit dem EBITDA (Earnings before interest, tax, depreciation and amortisation):

$$(31) \quad \text{EBITDA-Multiplikator} = \frac{\text{Enterprise Value}}{\text{EBIT}}$$

EBIT- und EBITDA-Multiplikatoren bilden die operative Geschäftstätigkeit der Unternehmen ab. Sie werden oft verwandt, um Verzerrungen aus der unterschiedlichen Finanzierung sowie aus unterschiedlichen steuerlichen Rahmenbedingungen und aufgrund eventuell abweichender Abschreibungsmethoden zu vermeiden. Daneben werden EBITDA-Multiplikatoren durch die Eliminierung nicht auszahlungswirksamer Abschreibungen als grobe Annäherung an den Operativen Cashflow verwandt.[58]

Umsatz-Multiplikatoren werden über das Verhältnis Unternehmensgesamtwert zu Umsatz berechnet:

$$(32) \quad \text{Umsatz-Multiplikator} = \frac{\text{Enterprise Value}}{\text{Umsatz}}$$

Anwendungsgebiete von Umsatz-Multiplikatoren sind Branchen, in denen für die nächsten Jahre keine positiven Erfolgsgrößen erwartet werden und ergebnisorientierte Multiplikatoren daher nicht aussagefähig sind. Daneben werden Branchen mit vergleichsweise konstanten Umsatzmargen traditionell mit dem Vielfachen des Umsatzes bewertet (Immobilienmakler, Lebensmitteleinzelhandel, Versicherungsmakler usw.). In den Fällen, in denen keine verlässlichen Informationen bezüglich der Ergebnisgrößen vorliegen, bieten Umsatz-Multiplikatoren oft die einzige Möglichkeit einer Wertindikation. Unterschiedliche Rentabilitätsgesichtspunkte zwischen Vergleichs- und Bewertungsobjekt werden allerdings bei der Anwendung eines Umsatz-Multiplikators nicht berücksichtigt. Dies kann im Einzelfall – insbesondere bei isolierter Betrachtung eines Umsatz-Multiplikators – zu erheblichen Fehlbewertungen führen.

In einigen Industrien werden Multiplikatoren in Abhängigkeit von Werttreibern gebildet.[59] Diese Multiplikatoren basieren auf sog. branchentypischen „Rules of Thumb". Im Bereich der Telekommunikation oder im Bereich Internet Service Provider werden beispielsweise die Abonnenten mit einem bestimmten

---

menhang anhand eines Rentenmodells vor Steuern unter der Annahme eines Basiszinssatzes von 5,5 % sowie einer Marktrisikoprämie von 5 %.
[56] Vgl. *Sharpe/Alexander/Bailey*, 1995, S. 585, *Copeland/Koller/Murrin*, 1994, p. 283.
[57] Vgl. ausführlich dazu *Seppelfricke*, FB 1999, S. 303.
[58] Vgl, *Seppelfricke*, FB 1999, S. 303.
[59] Vgl. *Ballwieser*, DB 1997, S. 188.

Wert angesetzt, bei Hotels- und Krankenhäusern die Anzahl der Betten. Die jüngere Vergangenheit zeigt jedoch die Problematik einer isolierten „Bewertung" anhand dieser „Rules of Thumb" ohne Berücksichtigung der Ertragslage des jeweiligen Unternehmens.[60]

3. Problemfelder

1348   Grundsätzlich besteht bei der Bewertung mittels Multiplikatoren auf Basis vergleichbarer börsennotierter Unternehmen die Gefahr, dass der Börsenkurs der Vergleichsunternehmen von zahlreichen Sonderfaktoren, wie z.B. von der Größe und Enge des Marktes (Free Float), von zufallsbedingten Umsätzen sowie von spekulativen und sonstigen nicht wertbezogenen Einflüssen abhängt und damit unberechenbaren Schwankungen und Entwicklungen unterliegen kann. Bei einer unreflektierten Übernahme der auf dieser Basis ermittelten Multiplikatoren kann es entsprechend zu Fehlbewertungen kommen. Aktuelle Börsenkurse stellen darüber hinaus eine Stichtagsbetrachtung dar. Zum Ausgleich starker Preisschwankungen am Markt wird in der Praxis oftmals eine Jahresdurchschnittsbildung vorgenommen.[61]

1349   Analog zu den Ertragswert- und DCF-Methoden stellt sich auch bei den marktorientierten Bewertungsmethoden das Problem der Suche geeigneter börsennotierter Vergleichsunternehmen, bzw. nach veröffentlichten Transaktionen vergleichbarer Unternehmen. Neben Vergleichskriterien wie vergleichbarer Größe, ähnlicher Produktplazierung (Commodity versus Premium Product), lokaler Umsatzverteilung etc. ist in vielen Fällen davon auszugehen, dass Bewertungsobjekt und Vergleichsunternehmen unterschiedlich diversifiziert sind. Dieses Problem ergibt sich regelmäßig bei der Bewertung kleinerer und mittelständischer Unternehmen, die in stark fragmentierten Märkten tätig sind. Börsennotierte Vergleichsunternehmen sind dann allenfalls mit einem Geschäftsfeld in diesem Markt vertreten. Transaktionen vergleichbarer kleiner oder mittelständischer Unternehmen werden oftmals nicht veröffentlicht.

1350   Besteht das Kerngeschäft eines zu bewertenden Unternehmens aus unterschiedlichen Geschäftsfeldern, so kann es sinnvoll sein, für ein Unternehmen verschiedene Peer Groups zu bilden. In diesem Falle könnte die Bewertung mittels geschäftsfeldbezogener Multiplikatoren aus den unterschiedlichen Peer Groups erfolgen. Mittels einzelner geschäftsfeldbezogener Multiplikatoren könnten die Werte der einzelnen Geschäftsfelder anschließend zu einem Unternehmenswert zusammengeführt werden.

1351   Da der Kapitalmarkt die Zukunftserwartungen bewertet, sollten die Multiplikatoren auf Basis zukünftiger Ergebnisgrößen der Vergleichsunternehmen berechnet werden. Dies setzt allerdings die Veröffentlichung entsprechender Plandaten oder Gewinnschätzungen voraus. Fehlen diese Informationen, so verbleibt

---

[60] Als Beispiel sei eine von *Wullenkord* dargestellte Bewertung der T-Online AG anhand von aus einer Peer-Group abgeleiteten Kundenmultiplikatoren genannt, aufgrund derer sich ein Marktwert des Eigenkapitals in Höhe von 37,1 Mrd. Euro (Stand Ende März/Anfang April 2000) ergibt. Die Marktkapitalisierung, berechnet zum Emissionszeitpunkt, betrug 32,4 Mrd. Euro. Die derzeitige Marktkapitalisierung beträgt 10,6 Mrd. Euro (Stand September 2001), vgl. *Wullenkord*, FB 2000, S. 526.

[61] Wobei dies allerdings eine Relativierung der modellimmanenten vollkommenen Kapitalmarkteffizienz darstellt.

nur das Heranziehen veröffentlichter Ist-Daten. In jedem Fall müssen die betrachteten Perioden beim Vergleichsunternehmen und dem Bewertungsobjekt übereinstimmen.

Durch den Rückgriff auf Unternehmenstransaktionen auf dem Markt für Mehrheitsbeteiligungen ist in Transaction Multiples i.d.R. eine so genannte Kontrollprämie implizit enthalten, die bei der Analyse des Unternehmenswertes im Vergleich zu Trading-Multiplikatoren zu berücksichtigen ist. **1352**

Multiplikatoren werden regelmäßig in Form von Zu- oder Abschlägen adjustiert. Man unterscheidet im Wesentlichen folgende Zu- oder Abschläge: **1353**
– Fungibilitätsabschläge
– Kontrollzuschläge

Fungibilitätsabschläge werden oftmals verwendet, wenn ein nicht börsennotiertes Unternehmen anhand einer Vergleichsgruppe börsennotierter Unternehmen bewertet wird. Der Abschlag begründet sich aus der vergleichsweise eingeschränkten Fungibilität nicht börsennotierter Anteile. Deren Höhe soll zwischen 25 und 50 %[62] liegen. **1354**

Kontrollzuschläge sind im Zusammenhang mit der Mehrheitsübernahme von Anteilen an börsennotierten Unternehmen zu sehen. Kontrollzuschläge werden damit begründet, dass die Übernahme von Mehrheiten bzw. der Kontrolle über ein Unternehmen dem Käufer zusätzliche Handlungsalternativen ermöglicht, die sich im Börsenkurs (als dem Preis für Minderheitsanteile) nicht widerspiegeln. **1355**

4. Zusammenfassung

Multiplikatoren können als vereinfachte Preisfindungsverfahren zum Beispiel im Vorfeld von Akquisitionsprozessen bei vergleichsweise eingeschränkter Verfügbarkeit von Daten erste Anhaltspunkte liefern. Durch den marktseitigen Ansatz wird das Ermessen des Bewerters teilweise eingeschränkt. Die Komplexitätsreduktion des Marktwertansatzes beinhaltet jedoch gleichzeitig dessen Nachteile. Eine einperiodige Kennzahl soll sämtliche wertrelevanten Aspekte vereinen. Die zugrunde liegenden Annahmen (wie immanente Wachstumsannahmen) werden dadurch intransparent, was bei unkritischer Übernahme der errechneten Multiplikatoren schnell zu Fehlurteilen führen kann. Ihre Berechtigung haben marktorientierte Unternehmensbewertungsverfahren sicherlich in der Ergänzung und Plausibilisierung fundamentaler Ansätze wie der Ertragswert- und DCF-Methoden. **1356**

---

[62] Vgl. Barthel, DB 1996, Fn 26. Barthel hält die Bandbreite als „Discount for Lack of Marketability" in einer Höhe zwischen 25 % und 50 % für möglich, Böcking/Nowak halten einen Abschlag aufgrund „mangelnder Marktfähigkeit" durch mehrere Untersuchungen in Höhe von ca. 29 % für bestätigt. Vgl. Böcking/Nowak, FB 1999, S. 174.

Q. Stock-Option-Pläne bei Start Ups bzw. in der Pre-IPO-Phase

I. Stock-Option-Pläne bei Start Ups

1. Einführung

1357 Stock Options haben in den letzten Jahren auch für Start Ups jeder Rechtsform an Attraktivität und Bedeutung gewonnen. So bieten sich auch für Unternehmen in der Gesellschaftsform der GmbH oder Personengesellschaft vielfältige Möglichkeiten, Führungskräfte und andere Mitarbeiter an der Unternehmenswertentwicklung gerade in der Phase teilhaben zu lassen, in der geschäftliches Engagement und Kreativität am meisten gefragt sind. Sie können in dieser Frühphase des Unternehmens darüber hinaus vor allem auch als Finanzierungs- und Beteiligungsinstrument für Dritte dem Aufbau und der Absicherung der Unternehmensfinanzierung dienen. Dies hat sich besonders bei jungen Unternehmen in der forschungs- und entwicklungsintensiven Informations- und Technologiebranche bewährt.

Im Folgenden beschränkt sich die Darstellung auf die rechtlichen Aspekte bei Kapitalgesellschaften, insb. in der Rechtsform der GmbH.

2. Möglichkeiten der Implementierung von Stock-Option-Plänen bei Start Ups

1358 Bei Start Ups in der Rechtsform der GmbH findet sich eine Vielzahl von Gestaltungsformen von Stock-Option-Plänen, die sich jeweils an der Funktion als Finanzierungs-, Vergütungs- oder Beteiligungsinstrument ausrichten. Dabei lassen sich die für die Aktiengesellschaft diskutierten verschiedenen Formen vom Grundsatz her auch auf die GmbH übertragen. Allerdings ist für die GmbH stets zu beachten, dass die gesellschaftsrechtliche Stellung eines Aktionärs nicht der eines GmbH-Gesellschafters entspricht und die Übertragung der Grundsätze nicht ohne weiteres erfolgen kann.

Insbesondere im Hinblick auf eine Beteiligung von Mitarbeitern am Unternehmen sind verschiedene Varianten denkbar. Es kommt grundsätzlich eine Beteiligung am Gewinn oder am Vermögen der Gesellschaft in Betracht. Die verschiedenen Varianten führen dabei zu einer formalen oder zu einer informellen Beteiligung am Unternehmen. Im Unterschied zur formalen Beteiligung (am Stammkapital) finden sich bei der informellen Beteiligung sehr häufig Optionen für die Umwandlung der Beteiligung in Geschäftsanteile.

a) Formale Beteiligung am Unternehmen

1359 Eine unmittelbare Beteiligung am Unternehmen erfolgt im Wege der Übernahme von Gesellschaftsanteilen durch die Mitarbeiter. Insoweit bestehen zwei Möglichkeiten: Zum einen ist die Abtretung von (Teil-)Geschäftsanteilen durch die Altgesellschafter an die Mitarbeiter möglich. Zum anderen kann den Mitarbeitern im Rahmen einer Kapitalerhöhung die Übernahme von aus der Erhöhung hervorgegangenen Geschäftsanteilen angeboten werden. Für beide Möglichkeiten besteht gem. § 15 Abs. 3 GmbHG ein Beurkundungserfordernis. Dieses macht eine breit gestreute Mitarbeiterbeteiligung verhältnismäßig umständlich und kostspielig.[1] Alternativ kann hier die Gesellschaft treuhänderisch einzelne Geschäftsanteile für die Mitarbeiter verwalten. Dabei sind steuerlich die Anteile den Mitarbeitern zuzurechnen. Eine zweite Alternative stellt das so genannte GbR-Modell dar. Dabei wird der für die Mitarbeiterbeteiligung bestimmte Geschäftsanteil zunächst notariell auf eine Personengesellschaft (GbR) übertragen. An dieser Personengesellschaft können die Mitarbeiter formlos beteiligt werden. Dadurch entfällt das Erfordernis der notariellen Beurkundung. Wesentlicher Nachteil hierbei ist jedoch, dass die Beteiligung an der Personengesellschaft kaum marktgängig ist und eine Realisierung des in den Anteilen enthaltenen Wertes sich als schwierig gestaltet.

Durch die Übernahme eines Geschäftsanteils werden den Mitarbeitern die gleichen Mitgliedschafts- und Gewinnbezugsrechte wie den anderen Gesellschaftern eingeräumt. Da dies jedoch in der Regel nicht im Sinne der Altgesellschafter sein wird, ist an eine Beschränkung der Gesellschafterrechte der Mitarbeitergesellschafter zu denken. Dies ist grundsätzlich möglich, da das GmbH-Recht im Gegensatz zum Aktienrecht weitgehend disponibel ist. Eine Differenzierung zwischen den Mitarbeitergesellschaftern und den Altgesellschaftern ohne eine hinreichende Rechtfertigung ist allerdings unzulässig. Zulässig ist aber eine Begrenzung oder Ausgestaltung des Gewinnbezugsrechts.[2] Des Weiteren können die Informations- und Einsichtsrechte der Mitarbeitergesellschafter begrenzt werden. Dies ist jedoch praktisch kaum von Bedeutung, da hier meist nur leitende Angestellte aus der Geschäftsführung für eine solche Mitarbeiterbeteiligung in Frage kommen, die ohnehin Zugang zu diesen Informationen haben.[3] Zudem können die Stimmrechte begrenzt werden. Dies erfolgt häufig über die Bündelung der Stimmrechte, um die Einheitlichkeit der Stimmabgabe zu gewährleisten.[4] Auch kann durch eine entsprechende satzungsmäßige Regelung die Übertragbarkeit von Geschäftsanteilen an der GmbH begrenzt werden. Üblicherweise wird die Übertragbarkeit bei Mitarbeiterbeteiligungsmodellen von der Zustimmung der Altgesellschafter und aller anderen mit Stimmrechten ausgestatteten Gesellschafter abhängig gemacht.

b) Informelle Beteiligung am Unternehmen

Darüber hinaus finden sich bei der GmbH eine Reihe von Beteiligungsformen, bei denen die Mitarbeiter nicht am Stammkapital beteiligt werden. Hier ist zunächst an eine typisch oder atypisch stille Beteiligung zu denken. Bei der typisch stillen Beteiligung ist die Position des Beteiligten der eines Darlehensgebers angenähert. Der Beteiligte nimmt zwar am Unternehmensrisiko teil, hat aber keine Mitgliedschaftsrechte inne. Die Position des Beteiligten bei einer atypisch stillen Beteiligung entspricht hingegen weitgehend der eines Gesellschafters. Welche Form im konkreten Fall vorliegt, entscheidet sich auf Grundlage des Vertrages.[5] Des Weiteren kommt auch eine Beteiligung der Mitarbeiter

---

[1] Vgl. *Fox/Hüttche/Lechner*, GmbHR 2000, S. 528.
[2] Vgl. *Fox/Hüttche/Lechner*, GmbHR 2000, S. 529.
[3] Vgl. *Fox/Hüttche/Lechner*, GmbHR 2000, S. 530.
[4] Vgl. *Fox/Hüttche/Lechner*, GmbHR 2000, S. 530.
[5] Vgl. *Fox/Hüttche/Lechner*, GmbHR 2000, S. 530.

an einer Untergesellschaft in Betracht, die sich wiederum still am Unternehmen beteiligt. Im Gegensatz zu den anderen Beteiligungsformen entsteht bei der stillen Gesellschaft ein Gesellschafterverhältnis, das den gesetzlichen Regelungen der §§ 230 ff. HGB unterliegt. Für die Wahl der Form der stillen Gesellschaft ist die Struktur des Unternehmens bzw. sind die Motive der Gesellschafter entscheidend. Die atypisch stille Gesellschaft ist geeignet, um Mitarbeiter an eine spätere Gesellschafterstellung heranzuführen. So könnte eine atypisch stille Beteiligung mit einem Wandlungsrecht versehen sein und zu einem späteren Zeitpunkt in eine GmbH-Beteiligung umgewandelt werden. Soll hingegen die Beteiligung breiterer Schichten der Mitarbeiter vorgesehen sein, bietet sich eher die Form der typisch stillen Gesellschaft an.

1362 Eine wesentlich einfachere Form der Beteiligung von Mitarbeitern stellt das so genannte Mitarbeiterdarlehen dar. Dabei stellen die Mitarbeiter der GmbH ein Darlehen z.B. durch Lohnverzicht zur Verfügung. Als mögliche Motivation kommt hier die gewinnabhängig gestaltete Verzinsung des Darlehens, aber auch die Schonung der Liquidität in der Unternehmenskrise in Betracht. Aus steuerlicher Sicht wird ein Mitarbeiterdarlehen als Fremdkapital behandelt. Der Vorteil des Mitarbeiterdarlehens besteht in der einfachen und flexiblen Gestaltbarkeit. Zudem gewinnt die GmbH durch das Darlehen an Liquidität. Ähnlich wie bei den Tantiemen fehlt es aber an einer Beteiligung des Mitarbeiters an der Gesellschaftssubstanz. Allerdings hat der Mitarbeiter einen Zinsanspruch, der in der Regel vom Gewinn abhängig ist. Insoweit kann es sich nachteilig auswirken, dass vor allem junge Unternehmen in ihrer Anfangsphase keine Gewinne erwirtschaften und somit die Rendite für die Mitarbeiter wenig attraktiv ist.[6]

1363 Als weitere Möglichkeit kommt die Gewährung von Genussrechten in Betracht. An die Mitarbeiter werden hier gegen Entgelt bestimmte Genussrechte ausgegeben, die u.a. einen Anspruch auf Ergebnisbeteiligung gewähren können. Hinsichtlich der Genussrechtsbedingungen[7] besteht Gestaltungsfreiheit, so dass die dem Genussrechtsinhaber gewährten Ansprüche im Einzelnen sehr unterschiedlich sein können.

1364 Diese Formen der Mitarbeiterbeteiligung sind vielfach mit Wandlungsrechten verbunden, die den Mitarbeitern bei der Erfüllung vorab vereinbarter Voraussetzungen, wie dem Ablauf einer bestimmten Zeit und dem Erreichen bestimmter Ziele, ein Wandlungsrecht für ihre Beteiligung in Geschäftsanteile gewähren. Die Ausgestaltung der Wandlungsrechte kann dabei sehr verschieden sein.

c) Implementierung eines virtuellen Stock-Option-Plans bei einer GmbH am Beispiel eines Plans mit Ausgabe von Genussrechten

1365 Da insbesondere Genussrechte sich in der GmbH als sehr geeignetes Beteiligungs-, Finanzierungs- und Vergütungsinstrument bewährt haben, soll im Folgenden auf diese Form näher eingegangen werden. Anders als bei der Aktiengesellschaft handelt es sich insoweit bei der GmbH erst um eine neuere Entwicklung, die insbesondere bei jungen Unternehmen in der Informations- und Technologiebranche zu beobachten ist. Zur Erläuterung und Verdeutlichung der folgenden Ausführungen sind im Anlagenteil entsprechende Vertragsmuster ent-

---

[6] Vgl. *Fox/Hüttche/Lechner*, GmbHR 2000, S. 530.
[7] Siehe dazu Muster für Genussrechtsbedingungen in Anlage Nr. 5 b).

halten, mit denen Genussrechte mit Wandlungsrecht in der GmbH umgesetzt werden können. Dieses Muster ist speziell auf den Bereich von jungen Unternehmen der Informations- und Technologiebranche zugeschnitten. Die allgemeinen Grundsätze können aber auch über diesen Bereich hinaus als Vorlage und Orientierung genutzt werden.

aa) Begriffsbestimmung
Bisher hat der Gesetzgeber das Rechtsinstitut der Genussrechte nicht legal definiert. Dennoch sind ihm die Genussrechte nicht unbekannt. So gehen eine Reihe von gesetzlichen Regelungen von deren Existenz aus (vgl. §§ 221 Abs. 3, 4, 160 Abs. 1 Nr. 6 AktG, § 10 Abs. 5 KWG, § 2 Abs. 1b) Nr. 7 4. Vermögensbildungsgesetz, §§ 19a, 20 Abs. 1 Nr. 1, 43 Abs. 1 Nr. 2 EStG, § 8 Abs. 2 2 KStG). Doch findet in keiner der aufgezählten Regelungen eine nähere Bestimmung des Begriffs statt. Es ist somit Aufgabe von Literatur und Rechtsprechung, eine Begriffsbestimmung vorzunehmen. 1366

Die h.M. bezeichnet die Genussrechte als schuldrechtliche Ansprüche, die dem Inhaber der Genussrechte gegen den Emittenten zustehen.[8] Dabei gelangt der Inhaber der Genussrechte in eine ähnliche rechtliche Stellung wie der Aktionär bei der AG[9] bzw. der Gesellschafter bei der GmbH.[10] Man ist sich zudem darüber einig, dass ihm nur vermögensrechtliche Ansprüche zustehen. Der Bundesgerichtshof bezeichnet daher die Genussrechte zusammenfassend als „Forderungen gegen die Gesellschaft, die alle Vermögensrechte zum Gegenstand haben können, wie sie typischerweise Aktionären zustehen."[11] Genussrechte stellen schuldrechtliche, vermögensrechtliche Ansprüche des Inhabers gegen die Gesellschaft und damit mitgliedschaftsähnliche Vermögensrechte, jedoch noch keine Mitgliedschaft dar.[12] 1367

bb) Entstehung von Genussrechten
Genussrechte entstehen durch den Abschluss eines Begebungsvertrages zwischen dem Gesellschafter und dem zukünftigen Rechtsinhaber.[13] Voraussetzungen dafür sind auf Seiten der Gesellschaft, dass ein entsprechender Gesellschafterbeschluss[14] zur Gewährung von Genussrechten vorliegt bzw. eine entsprechende Regelung im Gesellschaftsvertrag[15] enthalten ist. Dies ist deswegen notwendig, da die Gewährung von Genussrechten einer Satzungsänderung im Sinne von § 53 Abs. 1 GmbHG gleichkommt. Der Gesellschafterbeschluss bestimmt die Gewährung von Genussrechten. Dabei handelt für die Gesellschaft die Geschäftsführung als gesetzliche Vertretung gem. § 35 Abs. 1 GmbHG. Der Begebungsvertrag regelt, in welchem Umfang dem zukünftigen Genussrechtsinhaber Rechte 1368

---

[8] Vgl. *Scheffler* in: Lutter/Scheffler/Schneider, Handbuch der Konzernfinanzierung, 1998, § 8 Rz. 8.48.
[9] Vgl. *Rid-Niebler*, 1989, S. 3; *Karollus*, G/H/E/K, AktG, 1994, § 221 Rz. 238.
[10] Vgl. *Sethe*, AG 1993, S. 297; *Hueck/Fastrich* in: Baumbach/Hueck, GmbHG, 17. Aufl. 2000, § 29 Rz. 88; *Kallmeyer* in: GmbH-Handbuch Bd. I, Rz. 411.
[11] Vgl. *BGH* ZIP 1992, S. 1543.
[12] Vgl. *BGH* ZIP 1992, S. 1543; *Scheffler* in: Lutter/Scheffler/Schneider, Handbuch der Konzernfinanzierung, 1998, § 8 Rz. 8.48.
[13] Vgl. *Hense/Jung/Schwaiger* in: Beck'sches Handbuch der GmbH, 1995, § 7 Rz. 222; *Fox/Hüttche/Lechner*, GmbHR 2000, S. 527.
[14] Siehe Musterbeispiel eines solchen Gesellschafterbeschlusses in Anlage Nr. 5a).
[15] Siehe Mustersatzung in Anlage Nr. 5e), § 5 - Genussrechtskapital.

zustehen sollen und welche dies im Einzelnen sind. Der Gesellschaftsvertrag kann ebenfalls Regelungen zur Gewährung von Genussrechten enthalten. Ist dies der Fall, ist die Geschäftsführung im Innenverhältnis an diese Regelungen gebunden. Aber im Genussrechtsverhältnis wirken diese Regelungen nicht unmittelbar, da dies den Anwendungsbereich des Gesellschaftsvertrages überschreitet. Daher gelten hier lediglich die vertraglichen Bestimmungen des Begebungsvertrages. Der Begebungsvertrag bestimmt, welche finanzielle Gegenleistung der zukünftige Genussrechtsinhaber zu leisten hat. Er gelangt im Wege des so genannten Übernahmevertrages zu dem Genussrecht. Ergänzend ist zu erwähnen, dass die Genussrechte in Genussscheinen[16] bzw. Partizipationsscheinen verbrieft werden können. Dies geschieht in der Regel meist, bevor die einzelnen Begebungsverträge abgeschlossen werden.

cc) Rechtsnatur und Inhalt der Genussrechte

1369 Die heute h.M. bestimmt Genussrechte als Gläubigerrechte schuldrechtlicher Art.[17] Auf wiederkehrende Leistungen gerichtet, begründet das Genussrecht ein Dauerschuldverhältnis.[18] Sowohl Rspr. als auch Literatur sind einig darüber, dass das Genussrecht kein Mitgliedschaftsrecht darstellt.[19] Diese Feststellung beruht zum einen darauf, dass der Inhaber des Genussrechtes Gläubiger der Gesellschaft ist und ihm somit kein Verwaltungsrecht bzw. Mitgliedschaftsrecht zustehen kann. Ihm kann jedoch vertraglich ein Recht auf Teilnahme an der Gesellschafterversammlung und auf Erteilung von Auskünften gewährt werden.[20] Zum anderen beruht sie darauf, dass die Beteiligung am Grund- bzw. Stammkapital ein entscheidendes Merkmal der mitgliedschaftlichen Stellung in einer Kapitalgesellschaft ist. Nach h.M. sind aber Inhaber von Genussrechten auch dann nicht am Grund- bzw. Stammkapital beteiligt, wenn das Genusskapital Eigenkapitalcharakter hat.[21] Die Einlage von Genusskapital führt nicht zu einer Erhöhung des gesellschaftlichen Grund- bzw. Stammkapitals. Dies ergibt sich aus den gesetzlichen Regelungen über die Aufbringung dieses Kapitals. Aus diesen folgt, dass dem Rechtsinhaber – außer bei anderweitigen vertraglichen Vereinbarungen – kein Stimmrecht sowie keine Informations- und Kontrollrechte zustehen.

1370 Genussrechte zeichnen sich aber dadurch aus, dass dem Genussrechtsinhaber alle Vermögensrechte eingeräumt werden können, die typischerweise auch den Gesellschaftern zustehen oder zustehen können.[22] Als typische Vermögensrechte kommen hierbei vor allem folgende in Frage:
– Recht auf Gewinnbeteiligung
– Recht auf Beteiligung am Liquidationserlös (wobei dies teilweise strittig ist)
– Bezugsrechte auf neue Aktien bzw. Genussrechte
– Benutzungs- und Umtauschrechte.

---

[16] Siehe Muster in Anlage Nr. 5 c)
[17] Vgl. *Rid-Niebler*, 1989, S. 11; *Dautel*, INF 1999, S. 686.
[18] Vgl. *Schilling*, GK-AktG, § 221 Rz. 11; *Rid-Niebler*, 1989, S. 11.
[19] Vgl. *BGH* BB 1993, S. 451 ff.; *Hense/Jung/Schwaiger* in: Beck'sches Handbuch der GmbH, 1995, § 7 Rz. 225; *Rid-Niebler*, 1989, S. 11; *Dross*, 1996, S. 39.
[20] Dazu *Dross*, 1996, S. 39 mit weiteren Literaturnachweisen.
[21] Vgl. *Rid-Niebler*, 1989, S. 11.
[22] Vgl. *Hense/Jung/Schwaiger* in: Beck'sches Handbuch der GmbH, 1995, § 7 Rz. 225; *Kallmeyer* in: GmbH-Handbuch Bd. I, Rz. 411 I; *Sethe*, AG 1993, S. 297; *Hueck* in: Baumbach/Hueck, GmbHG, 17. Aufl. 2000, § 29 Rz. 88.

I. Stock-Option-Pläne bei Start Ups

All diese eben genannten Rechte können in Kombination oder auch einzeln dem Genussrechtsinhaber aufgrund seines Genussrechts zustehen. Die Gestaltung des Genussrechts unterliegt insoweit der Vertragsfreiheit;[23] gesetzliche Vorgaben existieren nicht. Der konkrete Inhalt bestimmt sich nach den so genannten Genussrechtsbedingungen.[24] Diese werden von der Gesellschaft entweder im Zusammenhang mit den entsprechenden Regelungen über Genussrechte im Gesellschaftsvertrag oder dem Gesellschafterbeschluss über die Gewährung von Genussrechten aufgestellt. Genussrechtsbedingungen bedürfen dabei keiner bestimmten Form. In der Praxis werden sie regelmäßig schriftlich festgelegt.[25] 1371

dd) Genussrechtskapital als Eigenkapital

Die Ausgabe von Genussrechten dient der Erfüllung verschiedener Zwecke. Einer davon ist die so genannte Eigenkapitalbeschaffung. Dabei stellt sich die Frage, ob und unter welchen Voraussetzungen das, insbesondere von Dritten, zur Verfügung gestellte Kapital Eigenkapitalcharakter haben kann. 1372

(1) Begriff und Funktion des Eigenkapitals

Das Eigenkapital stellt den Kapitalbetrag dar, den die Gesellschafter dem Unternehmen für die gesamte unternehmerische Tätigkeit zugeführt oder in ihm belassen haben.[26] Darunter fallen das nominelle Eigenkapital, das Quasi-Eigenkapital und das so genannte stille Eigenkapital.[27] Das Eigenkapital ist vom Fremdkapital zu unterscheiden. Hierbei handelt es sich ebenfalls um Geldmittel, die der Gesellschaft als Kapital überlassen wurden. Eine eindeutige Trennung zwischen den beiden Formen Fremd- und Eigenkapital kann nicht vorgenommen werden.[28] Somit ist die Zuordnung der der Gesellschaft überlassenen Geldmittel nicht in allen Fällen zweifelsfrei möglich. Gerade bei der Qualifizierung von Genusskapital können erhebliche Schwierigkeiten auftreten. Als Grund hierfür ist vor allem die unterschiedliche Gestaltung der Genussrechte zu nennen. Unproblematisch kann hier lediglich solches Kapital als Eigenkapital betrachtet werden, das bilanziell als solches ausgewiesen ist.[29] 1373

Das Eigenkapital hat im Ganzen drei wichtige Funktionen zu erfüllen. Als entscheidendste Funktion wird im Allgemeinen die Voraushaftung des Eigenkapitals angesehen. Hierunter versteht man, dass das Eigenkapital vor dem Fremdkapital haftet, d.h. es wird von Verlusten vor dem Fremdkapital getroffen.[30] Dabei verbleibt dem Eigenkapitalgeber nur der jährliche Gewinn bzw. der Liquidationserlös. Im Insolvenzfall ist das Eigenkapital verloren. Als zweite Funktion ist die Pufferfunktion des Eigenkapitals zu nennen. Demnach können Unternehmensverluste umso weniger auf das Fremdkapital einwirken je mehr Eigenkapital vorhanden ist. Das Eigenkapital dient hier als schützender Puffer für das Fremdkapi- 1374

---

[23] Vgl. *Fox/Hüttche/Lechner*, GmbHR 2000, S. 528.
[24] Siehe entsprechendes Muster für Genussrechtsbedingungen in Anlage Nr. 5 b).
[25] Vgl. *Hense/Jung/Schwaiger* in: Beck'sches Handbuch der GmbH, 1995, § 7 Rz. 222 und 225.
[26] Vgl. *Winnefeld*, Bilanzhandbuch, 1997, Rz. 1645; *Crezelius* in: Scholz, GmbHG, 8. Aufl. 1995, Anh. zu § 42a Rz. 177.
[27] Vgl. *Winnefeld*, Bilanzhandbuch, 1997, Rz. 1645.
[28] Vgl. *Rid-Niebler*, 1989, S. 15 mit weiteren Verweisungen.
[29] Vgl. *Rid-Niebler*, 1989, S. 15; *K. Schmidt*, Gesellschaftsrecht, 3. Aufl. 1997, § 18 II 2.
[30] Vgl. *K. Schmidt*, Gesellschaftsrecht, 3. Aufl. 1997, § 18 II 2; *ders.*, JZ 1984, S. 771; *Rid-Niebler*, 1989, S. 16.

(2) Eigenkapitalcharakter bei Genusskapital

1375 Nach der HFA-Stellungnahme 1/1994[33] ist Genussrechtskapital bei Vorliegen der im Folgenden näher erläuterten Voraussetzungen als bilanzielles Eigenkapital auszuweisen. Ertragsmäßig qualifiziert sich das Genussrechtskapital dann als Eigenkapital, u.a. durch die Beteiligung am Gewinn und am Liquidationserlös.[34]

Die Voraussetzungen zur Qualifikation des Genussrechtskapitals als Eigenkapital lassen sich aus den oben genannten Funktionen des Eigenkapitals herleiten. Dass das Genussrecht keine mitgliedschaftsrechtliche Beteiligung begründet, führt dabei noch nicht zum Ausschluss der Qualifikation als Eigenkapital.[35] Das Vorliegen einer gläubigerrechtlichen Beteiligung lässt noch nicht notwendigerweise auf Fremdkapital schließen.

(a) Voraushaftung

1376 Wie bereits erwähnt, wird das Eigenkapital vor dem Fremdkapital von Verlusten aus Geschäftsrisiken betroffen. Dazu ist es notwendig, dass die Geldmittel der Gesellschaft unbefristet und unter Ausschluss der Kündbarkeit des zugrunde liegenden Rechtsverhältnisses zur Verfügung stehen.[36] Teile der Literatur sehen dies nur als gegeben an, wenn es sich um so genannte beteiligungsähnliche, ewige Genussrechte handelt.[37] Zu beachten ist hierbei das eventuelle Interesse dritter Kapitalgeber, die unter Umständen an einer vorzeitigen Rückzahlung des Kapitals interessiert sein könnten. Doch widersprechen so genannte Kündigungsklauseln zugunsten des Kapitalgebers noch nicht unbedingt dem Eigenkapitalcharakter. So können ordentliche Kündigungsrechte in der Satzung vereinbart werden, die sich aber bei der Gewährung einer Vielzahl von Genussrechten an ein breites Anlegerpublikum sicherlich als unpraktikabel erweisen. Eine umfassende Voraushaftung wäre hier nicht mehr unbedingt gewährleistet.[38]

Entsprechend der Stellungnahme der HFA des IdW handelt es sich bei Genussrechtkapital um bilanzielles Eigenkapital, wenn zudem die folgenden Kriterien kumulativ erfüllt sind:

(b) Nachrangigkeit

1377 Der Rückzahlungsanspruch der Genussrechtsinhaber kann im Insolvenz- oder Liquidationsfall erst nach Befriedigung aller anderen Gläubiger geltend gemacht werden. Der Genussrechtsvertrag muss hierzu eine entsprechende Formulierung enthalten.[39]

---

[31] Vgl. *K. Schmidt*, Gesellschaftsrecht, 3. Aufl. 1997, § 18 II 2; *Rid-Niebler*, 1989, S. 16.
[32] Vgl. *Rid-Niebler*, 1989, S. 16.
[33] Vgl. *HFA*-Stellungnahme 1/1994, WPg 1994, S. 419 ff.
[34] Vgl. *Dautel*, INF 1999, S. 686.
[35] Vgl. *Kallmeyer* in: GmbH-Handbuch Bd. I, Rz. 419; *Vollmer*, ZGR 1983, S. 451.
[36] Vgl. *Rid-Niebler*, 1989, S. 19; *Kallmeyer* in: GmbH-Handbuch Bd. I, Rz. 420; sowie nahezu die gesamte Literatur zur Genusskapitalbeschaffung.
[37] *Kallmeyer* in: GmbH-Handbuch Bd. I, Rz. 420.
[38] *Rid-Niebler*, 1989, S. 19.
[39] Vgl. *Kallmeyer* in: GmbH-Handbuch Bd. I, Rz. 422.

(c) Verlustbeteiligung

Gemäß der Stellungnahme des HFA muss das Genussrechtskapital an den aufgelaufenen Verlusten teilnehmen, und zwar in dem Umfang, in dem diese Verluste sonst zu Lasten des Stammkapitals der GmbH gehen würden.[40] Das Genussrechtskapital ist maximal bis zur vollen Höhe zur Verrechnung mit den Verlusten heranzuziehen. **1378**

(d) Erfolgsabhängigkeit der Vergütung

Eine weitere Voraussetzung des Eigenkapitalcharakters besteht darin, dass die Vergütung nur aus nicht gebundenen Eigenkapitalbestandteilen geleistet wird. Bei der GmbH sind das demnach die Kapitalrücklage, Gewinnrücklagen oder vor Vergütung der Genussrechtsinhaber sich ergebende Jahresüberschüsse (abzüglich Verlustvorträge).[41] **1379**

(e) Längerfristigkeit der Kapitalüberlassung

Letztendlich setzt der HFA voraus, dass das Genussrechtskapital, wie bereits erwähnt, der Gesellschaft längerfristig überlassen wird. Dabei muss sowohl für die GmbH als auch für den Genussrechtsinhaber für die Zeit der Überlassung eine Rückzahlung ausgeschlossen sein. Es muss sich hierbei nicht notwendigerweise um ein unkündbares ewiges Genussrecht handeln.[42] **1380**

Erfüllt das betreffende Genussrechtskapital alle genannten Voraussetzungen, kann der Eigenkapitalcharakter bejaht werden.

d) Umsetzung von Wandlungsrechten in der GmbH

Wandlungsrechte sind vor allem im Rahmen von Aktiengesellschaften entwickelt und verbreitet worden. Aufgrund der Regelungen des Aktiengesetzes (§§ 192, 194 AktG), die bedingte Kapitalerhöhungen zulassen, besteht für Aktiengesellschaften die Möglichkeit einer flexiblen Kapitalerhöhung. So können ohne Schwierigkeiten je nach Bedürfnislage und jederzeit bei Ausübung der Wandlungsrechte durch die Berechtigten die erforderlichen Aktien geschaffen und ausgegeben werden. Das Kapital kann durch Beschluss gerade soweit erhöht werden, wie es nötig ist, um diejenigen zu befriedigen, die von ihrem Wandlungsrecht Gebrauch gemacht haben. Die Durchführung dieses Beschlusses ist durch die Ausübung des Wandlungsrechts aufschiebend bedingt. **1381**

Die Möglichkeit der bedingten Kapitalerhöhung besteht im GmbH-Recht hingegen nicht. Eine analoge Anwendung der Vorschriften des Aktiengesetzes scheidet aufgrund des abschließenden Charakters der Regelungen des GmbH-Gesetzes zur Kapitalerhöhung aus. Dennoch steht auch der GmbH, ohne gleich einen Formwechsel der Gesellschaft in Betracht ziehen zu müssen, das Finanzierungs- und Beteiligungsinstrument der Wandelanleihe bzw. des Wandelgenussrechts offen. Gegen die allgemeine Zulässigkeit von Wandlungsrechten im GmbH-Recht bestehen keine Bedenken.[43] **1382**

---

[40] Vgl. *Kallmeyer* in: GmbH-Handbuch Bd. I, Rz. 423.
[41] Vgl. *Kallmeyer* in: GmbH-Handbuch Bd. I, Rz. 424.
[42] Vgl. *Kallmeyer* in: GmbH-Handbuch Bd. I, Rz. 425.
[43] Vgl. *Fox/Hüttche/Lechner*, GmbHR 2000, S. 533 mit entsprechenden Nachweisen.

aa) Wandlungsrechte für bestehende Geschäftsanteile

1383 Dabei ist zunächst festzuhalten, dass in der GmbH trotz der fehlenden gesetzlichen Regelungen der Fall des Wandlungsrechts keine Schwierigkeiten bereitet, indem es im Hinblick auf bereits vorhandene Geschäftsanteile gewährt wird. Hier wird in der Regel zwischen Gesellschafter und Mitarbeiter eine schuldrechtliche Vereinbarung getroffen, mit der der Gesellschafter für den Fall der Ausübung des Wandlungsrechts einen Teil der von ihm gehaltenen Anteile an den entsprechenden Mitarbeiter abtritt. Eine solche Vereinbarung von Gesellschafter und Mitarbeiter und die spätere Abtretung bedürfen der notariellen Form (§ 15 Abs. 3, 4 GmbHG). Diese Variante der Umsetzung von Wandlungsrechten in der GmbH ist angesichts der beschränkten Anzahl vorhandener Geschäftsanteile immer nur begrenzt möglich. Sie führt darüber hinaus zu unnötiger Kapitalbindung. Für Stock-Option-Pläne, bei denen für eine Vielzahl von Personen Wandelschuldverschreibungen oder Wandelgenussrechte ausgegeben werden, ist diese Variante der Umsetzung daher unzweckmäßig und dürfte nur ganz vereinzelt in Betracht kommen.[44]

bb) Wandlungsrechte für noch zu schaffende Geschäftsanteile

1384 Für Stock-Option-Pläne, die eine Vielzahl von Wandlungsrechten vorsehen, empfiehlt sich eine Wandelanleihe oder ein Wandelgenusskapital auf der Basis noch zu schaffender Geschäftsanteile. Aufgrund der fehlenden gesetzlichen Regelungen kann diese in der GmbH allerdings nicht im Wege der bedingten Kapitalerhöhung, sondern muss auf andere Weise umgesetzt werden. Bei der Umsetzung kommt es darauf an sicherzustellen, dass im Falle der Ausübung der Wandlungsrechte die für die Schaffung der erforderlichen Geschäftsanteile notwendigen Kapitalerhöhungsbeschlüsse gefasst werden, damit die Ansprüche der Inhaber der Wandlungsrechte erfüllt werden können. Diese Sicherstellung kann auf dem mittlerweile als gesichert zulässig geltenden Wege einer so genannten Stimmrechtsbindung erfolgen.[45] Eine solche Stimmrechtsvereinbarung kann wiederum auf zwei verschiedenen Wegen herbeigeführt werden.

(1) Stimmrechtsvereinbarung zwischen den Gesellschaftern

1385 Die Stimmrechtsbindung kann zunächst durch Vereinbarung zwischen den Gesellschaftern erzeugt werden. In dieser Vereinbarung müssen sich die Gesellschafter verpflichten, bei Optionsausübung den im Rahmen einer Kapitalerhöhung zu fassenden Beschlüssen zuzustimmen. Diese Vereinbarung kann als gesonderter Vertrag oder in einer Satzungsregelung[46] getroffen werden, wobei Letzteres aus Rechtssicherheitsgründen vorzugswürdig ist. Die Vereinbarungsklausel wird zum materiellen Satzungsbestandteil, wenn sie den Vorschriften der Satzung und ihrer Änderung unterstellt wird. Soweit sie materieller Satzungsbestandteil ist, bleibt eine ihr widersprechende Stimmabgabe unbeachtlich. Eine Abstimmungspflicht ergibt sich für die Gesellschafter dabei allerdings grundsätzlich bereits aus ihrer gesellschafterlichen Treuepflicht, denn der Kapitalerhöhungsbeschluss ist in diesen Fällen immer im Gesellschaftsinteresse geboten. Darüber hinaus ist durch die Aufnahme in die Satzung auch jeder Dritte, der die

---

[44] Vgl. *Fox/Hüttche/Lechner*, GmbHR 2000, S. 533.
[45] Vgl. *Fox/Hüttche/Lechner*, GmbHR 2000, S. 533; *Boesebeck*, GmbHR 1962, S. 4 f.
[46] Ein Beispiel für eine entsprechende Satzungsregelung findet sich in der Mustersatzung in Anlage Nr. 5e), § 5 – Genussrechtskapital.

betreffenden Geschäftsanteile erwirbt, gebunden. Des Weiteren sollte zusätzlich in die Satzung noch eine Regelung aufgenommen werden, nach der auch die neu geschaffenen Anteile der Stimmrechtsbindung unterliegen.

Eine solche Stimmrechtsvereinbarung zwischen den Gesellschaftern ist rechtlich zulässig. Es handelt sich nicht um eine als möglicherweise unzulässig anzusehende Bindung gegenüber Dritten. Die Alleinzuständigkeit der Gesellschafterversammlung für die Fassung von Kapitalerhöhungsbeschlüssen ist nicht beeinträchtigt. Die Bindung besteht nur zwischen den Partnern der Vereinbarung, den Gesellschaftern, und wirkt allenfalls begünstigend für Dritte.[47] **1386**

(2) Vereinbarung zwischen Gesellschaftern und den Inhabern der Wandlungsrechte

Die Stimmbindung kann auch im Wege einer schuldrechtlichen Vereinbarung zwischen den Gesellschaftern und den Inhabern von Wandlungsrechten erfolgen. Eine solche Vereinbarung gewährt dann allerdings auch nur schuldrechtliche Ansprüche und wirkt nicht gegenüber Dritten bzw. Rechtsnachfolgern. Aus Gründen der Rechtsklarheit sollte diese Vereinbarung zumindest auch deklaratorisch in die Satzung mit aufgenommen werden. Darüber hinaus sollte wegen der fehlenden Bindung gegenüber Dritten bzw. Rechtsnachfolgern eine Klausel in die Satzung aufgenommen werden, die festschreibt, dass eine Abtretung der Anteile nur erfolgen kann, wenn der Erwerber in die Stimmrechtsvereinbarung eintritt. **1387**

Auch eine solche Stimmrechtsvereinbarung mit den Inhabern von Wandlungsrechten ist nach überwiegender Ansicht zulässig. Zwar dürfen die Gesellschafter grundsätzlich gegenüber Dritten keine Verpflichtung zu einer Satzungsänderung, die ein Kapitalerhöhungsbeschluss stets beinhaltet, eingehen. Dies ist mit der ausschließlichen Gesellschafterzuständigkeit unvereinbar. Eine solche Vereinbarung soll aber dann ausnahmsweise zulässig sein, wenn sie für einen konkreten Einzelfall und auf eine bestimmte Satzungsänderung beschränkt ist.[48] Dies ist bei den Vereinbarungen zwischen den Gesellschaftern und den Inhabern der Wandlungsrechte der Fall. **1388**

cc) Ausübung der Wandlungsrechte

Die Umwandlung z.B. von Genussrechten in Stammkapital wird u.E. auch in der GmbH in der Regel als Bareinlage zu qualifizieren sein. Damit ist die für den Fall der Ausübung der Wandlungsrechte notwendige Kapitalerhöhung auch in der GmbH als Barkapitalerhöhung zu qualifizieren und unterliegt nicht den besonderen Erfordernissen einer Sachkapitalerhöhung. Im Aktienrecht gilt gemäß § 194 AktG die Hingabe u.a. eines Genussscheins im Umtausch gegen Aktien nicht als Sacheinlage. Zur Begründung dafür wird angeführt: Mit der Ausübung des Wandlungsrechts verändere sich das Schuldverhältnis zwischen Wandlungsgläubiger und Gesellschaft. Der Gläubiger wolle nun keine Leistung von Geld mehr auf seine Obligation, sondern wolle Mitglied der Aktiengesellschaft sein. Durch Ausübung des rechtsgestaltenden Wandlungsrechtes ändere der Gläubiger den Charakter seiner eigenen früheren Leistung. Sie sei daher wie eine jetzt fällige Zuzahlung Bareinlage auf die begehrte Aktie.[49] **1389**

---

[47] Vgl. *Fox/Hüttche/Lechner*, GmbHR 2000, S. 533; *Schmidt* in: Scholz, GmbHG, 8. Aufl. 1995, § 47 Rz. 40.
[48] Vgl. *Priester* in: Scholz, GmbHG, 8. Aufl. 1995, § 53 Rd. 36; *Zöllner* in: Baumbach/Hueck, GmbHG, 17. Aufl. 2000, § 47 Rz. 77.
[49] Vgl. *Lutter*, Kölner Kommentar zum AktG, 2. Aufl. 1995, § 194 Rz. 3 f.

1390   Bei der Wandlung eines Genussrechts in einen Geschäftsanteil einer GmbH vollzieht sich derselbe Vorgang. Die frühere Zahlung auf das Genussrecht kann als Barzahlung auf die Stammeinlage betrachtet werden. Die Zahlung auf den Erwerb des Genussrechts wäre dementsprechend als eine Vorleistung auf die künftige Einlageverpflichtung anzusehen. Unabhängig davon, ob das Genussrechtskapital – je nach Gestaltung der Genussrechtsbedingungen – als Eigen- oder Fremdkapital auszuweisen ist, vollzieht sich in der Bilanz ein Passivtausch. Dabei vermindern sich die Verbindlichkeiten der Gesellschaft gegenüber dem Berechtigten und werden dem Stammkapital zugeschlagen.

1391   Etwas anderes gilt lediglich, wenn für die Inhaber der Wandelgenussrechte eine Verlustbeteiligung besteht. In diesem Fall wäre von einer Sacheinlage auszugehen.[50] Dies kann aber durch entsprechende Gestaltung der Genussrechtsbedingungen verhindert werden.

II. Stock-Option-Pläne in der Pre-IPO-Phase

1392   Grundsätzlich kann die Ausgestaltung eines Aktienoptionsplans in der Pre-IPO-Phase[51] einer Gesellschaft weitgehend solchen Plänen entsprechen, die nach einem oder im Rahmen eines erfolgten Börsengangs aufgelegt werden. Je nach Wahl der Bedienungsform, d.h. je nachdem, ob die Optionen über die Ausgabe junger Aktien auf der Grundlage eines bedingten Kapitals (Aktienoptionsplan nach § 192 Abs. 2 Nr. 3 AktG oder i.V.m. einer Wandelanleihe/Optionsanleihe) oder aber durch die Überlassung schon bestehender Anteile bedient werden sollen, gelten die jeweiligen rechtlichen, steuerlichen und bilanziellen Vorschriften. Es sind also auch hier die bereits dargestellten[52] allgemeinen Grundsätze zu beachten.

1393   Gesellschaftsrechtlich gelten für Aktienoptionspläne vor Börsennotierung im Grundsatz vollumfänglich die oben[53] dargestellten Maßgaben. Dementsprechend bestehen im Hinblick auf § 76 AktG regelmäßig keine Bedenken. Die §§ 86, 87 AktG binden den Aufsichtsrat, soweit die Begabe von Optionen an Mitglieder des Vorstands in Frage steht. Auch vor Börsennotierung können Optionen auf durch eine bedingte Kapitalerhöhung[54] oder den Rückerwerb[55] bereitgestellte Aktien begeben werden. Gleiches gilt für die Ausgabe von alternativen Instrumenten wie bspw. Wandelschuldverschreibungen. Dabei ist im Falle echter Eigenkapitalinstrumente (Deckung der Optionen bzw. Wandlungsrechte durch ein bedingtes Kapital oder eigene Aktien) die Hauptversammlung einzubinden. Einzugehen ist hier dementsprechend allein auf Besonderheiten, die sich aus der fehlenden Börsennotierung der Aktien der Gesellschaft ergeben.

1394   Besondere Fragestellungen ergeben sich, wenn ein Aktienoptionsplan im Rahmen eines geplanten Börsenganges aufgelegt werden soll. Da bis zum Tag der ers-

---

[50] Vgl. *Lutter*, Kölner Kommentar zum AktG, 2. Aufl. 1995, § 194 Rz. 7.
[51] Nachfolgend wird unter der Pre-IPO-Phase ein Zeitraum bis zu drei Jahren vor Börsengang verstanden. Häufig hat das Unternehmen in diesem Zeitraum vor Börsengang bereits die Rechtsform einer Aktiengesellschaft.
[52] Vgl. Rz. 114 ff.
[53] Vgl. insbesondere unter Rz. 124 ff.
[54] Vgl. oben, unter Rz. 114 ff.
[55] Vgl. oben, unter Rz. 545 ff.

II. Stock-Option-Pläne in der Pre-IPO-Phase

ten Börsennotierung für die Aktien des betreffenden Unternehmens kein Börsenkurs existiert, ist eine Bestimmung des Ausübungspreises ebenso problematisch wie die Festlegung eines gewünschten Zielkurses als Erfolgsziel. Für eine Zuteilung im Vorfeld des Börsenganges dürfte vor allem die Tatsache sprechen, dass sich im Zuge des Börsengangs die Aktionärsstruktur ändert und an die Stelle eines eher überschaubaren Aktionärskreises ein breites Publikum tritt. Die für den Beschluss über den Aktienoptionsplan erforderliche Mehrheit[56] ist daher vor Börsennotierung möglicherweise leichter zu gewinnen.

Grundgedanke von Stock-Option-Plänen ist die Leistungsbeurteilung und **1395** -vergütung anhand der Wertentwicklung der Aktie. Die Größe „Wert je Aktie" findet dabei im Rahmen des Aktienoptionsplans meist mehrfach Berücksichtigung. Zum einen wird regelmäßig der bei Optionsausübung zu zahlende Ausübungspreis anhand des Aktienkurses bei Gewährung der Option bestimmt. Weiterhin wird üblicherweise die Ausübung der Option unter das Erfolgsziel einer – häufig in Prozentwerten – vorgegebenen Steigerung des Wertes je Aktie gestellt. Fehlt mangels eines Marktes „Börse" ein ermittelter Wert je Aktie, ist auf andere Formen der Wertermittlung zurückzugreifen. Dazu bietet es sich an, auf Basis eines Unternehmenswertes, der im Wege anerkannter Grundsätze zur Durchführung von Unternehmensbewertungen[57] ermittelt wurde, den Wert je Aktie zu bestimmen (sog. Fundamentalbewertung, d.h. Bewertung des Unternehmens nach einem anerkannten Unternehmensbewertungsverfahren; vgl. die Darstellung unter Rz. 1267 ff.). Die Einschaltung eines Dritten wie bspw. eines Wirtschaftsprüfers zu Zwecken der Unternehmensbewertung erscheint dabei zur Vermeidung künftiger Streitigkeiten zwischen Gesellschaft und Begünstigten über die ermittelten Werte empfehlenswert. Will man die mit einer Fundamentalbewertung verbundenen Kosten vermeiden, erscheint es zulässig, auf sonstige „am Markt" gewonnene Werte zurückzugreifen. So kann der Betrag, der im Rahmen eines in zeitlicher Nähe zur Optionsbegabe vollzogenen Anteilskaufs je Aktie des Unternehmens gezahlt wurde, als hinreichend exakter Näherungswert zur Bestimmung des Ausübungspreises im Rahmen des Aktienoptionsplans dienen. Solche Anteilskäufe finden in der Pre-IPO-Phase in der Regel statt, um Investoren am Unternehmen zu beteiligen. Hierzu wird meist eine Kapitalerhöhung bei dem Unternehmen durchgeführt, im Rahmen derer die Einlage des jeweiligen Investors wertmäßig festgesetzt wird.[58] Für Zwecke des Aktienoptionsplans kann – entsprechende Regelungen in den Bedingungen des Aktienoptionsplans vorausgesetzt – davon ausgegangen werden, dass ein solchermaßen fremder Dritter einen Preis für die neuen Aktien zahlt, der annähernd ihrem Marktwert entspricht. Letzteres ist insbesondere dann von Bedeutung, wenn das Unternehmen mit Börsengang zur Bilanzierung nach US-amerikanischen Rechnungslegungsvorschriften übergeht und auf einen sog. Premium Priced Plan Wert legt, um Personalaufwand in seiner Gewinn- und Verlustrechnung zu vermeiden. Denn auch ein solcher Premium Priced Plan kann nur dann Personalaufwand vermeiden, wenn die Optionen bei Gewährung nicht im Geld sind (vgl. zum Premium Priced Plan Rz. 148 sowie zur Bilanzierungsproblematik nach US-GAAP Rz. 258 ff.).

---

[56] Vgl. zu den Beschlusserfordernissen insbesondere Rz. 133 ff.
[57] Siehe *IDW* S 1, WPg 2000, 825 ff.
[58] Vgl. *von Einem/Pajunk* in: Achleitner/Wollmert (Hrsg.), 2000, S. 100.

Q. Stock-Option-Pläne bei Start Ups bzw. in der Pre-IPO-Phase

1396 Dementsprechend könnte eine Ausübungspreisbestimmung im Rahmen eines solchen Pre-IPO-Plans wie folgt lauten:

Der Ausübungspreis entspricht dem höchsten Wert der Gegenleistung für die Ausgabe einer Aktie (Ausgabebetrag und geldwerte Nebenverpflichtungen), zu der sich einer der neuen Aktionäre im Rahmen der dieser Zuteilung zugrunde liegenden Finanzierungsrunde verpflichtet hat. (…)

1397 Problematisch bei der genannten Form der Ermittlung des Wertes je Aktie ist, dass dieser – anders als im Falle der Börsennotierung des Unternehmens – nicht zu beliebigen Zeitpunkten bestimmt werden kann. In der Praxis ergibt sich jedoch häufig die Notwendigkeit, mehrere Tranchen von Optionen auszugeben, oder bei Eintritt in die Ausübungsphase, falls eine solche vor Börsengang überhaupt vorgesehen werden soll, zu kontrollieren, ob das vereinbarte Erfolgsziel, z.B. eine Unternehmenswertsteigerung, erfüllt wurde. Liegt ein Premium Priced Plan vor, müssen in diesem Fall den Begünstigten Anhaltspunkte an die Hand gegeben werden, anhand derer sie beurteilen können, ob sich die Ausübung der Optionen lohnt. Soweit nicht ohnehin ein Aktienwert aufgrund einer zeitnah zu einem Optionsausgabe- oder -ausübungszeitpunkt stattfindenden Anteilsübertragung oder Kapitalerhöhung gefunden werden kann oder aber ohnehin eine Fundamentalbewertung gemacht wird, stellt sich die Frage, ob ein Wert je Aktie auch aufgrund der Anwendung vereinfachter Bewertungsmethoden ermittelbar ist. Diese Methoden werden regelmäßig nicht anerkannten Methoden der Unternehmensbewertung entsprechen. Wird indes eine bestimmte (vereinfachte) Wertermittlungsmethode zwischen Unternehmen und Begünstigten im Rahmen der Bedingungen des Aktienoptionsplans (schuldrechtlich) vereinbart, dürfte dies nicht zu beanstanden sein. Beide Parteien sind dann an diese Wertermittlungsmethode gebunden.

1398 Da sich vor Börsennotierung insbesondere in den Optionsausübungszeiträumen nur schwer feststellen lässt, ob ein gesetztes Erfolgsziel „Wertsteigerung je Aktie" erreicht wurde, wird in der Literatur teilweise befürwortet, im Hauptversammlungsbeschluss explizit auf ein Erfolgsziel zu verzichten.[59] Dies begegnet insbesondere bei Aktienoptionsplänen nach § 192 Abs. 3 Nr. 3 AktG rechtlichen Bedenken.[60] Ansatz einer Lösung kann hier eine solche vereinfachte Unternehmenswertermittlung sein, die Gegenstand der Ermächtigung der Hauptversammlung ist und zwischen Gesellschaft und Begünstigten bei Gewährung der Optionen als verbindlich vereinbart wird.

1399 Handelt es sich bei dem Aktienoptionsplan dagegen um einen sog. Premium Priced Plan (vgl. Rz. 148), bei dem statt eines rechtlichen Erfolgsziels lediglich ein wirtschaftliches Erfolgsziel vorgesehen ist, lässt sich zwar nicht das Erfordernis der Ermittlung des Ausübungspreises umgehen, jedoch ist ein vereinfachtes Handling des Bewertungsproblems in der Ausübungsphase der Optionen denkbar: Bei Premium-Priced-Plänen wird regelmäßig lediglich eine wirtschaftliche Hürde vorgesehen. Statt eine Ausübung der Option nur zu erlauben, wenn ein bestimmtes Erfolgsziel (bspw. Kurssteigerung um 20 %) erreicht wird, dürfen die Optionen nach Ablauf der Wartezeit ohne weitere Voraussetzung ausgeübt werden. Zu zahlen ist jedoch ein erhöhter Ausübungspreis. Dieser entspricht dem aktuellen Wert der Aktie zum Zeitpunkt der Optionsgewährung zuzüglich eines

---

[59] Vgl. *Vogel*, BB 2000, S. 938.
[60] Näher oben unter Rz. 149, 162.

II. Stock-Option-Pläne in der Pre-IPO-Phase

Aufschlages (von bspw. 20 %) als Erfolgsziel. Wirtschaftlich lohnend ist in diesem Fall die Optionsausübung für die Begünstigten nur, wenn der Wert je Aktie um zumindest 20 % gestiegen ist, da sie anderenfalls einen den Wert der Aktien übersteigenden Ausübungspreis zahlen. Für die Verwaltungsorgane besteht bei Ausübung einer solchen Option keine Rechtspflicht, die Zielerreichung zu überprüfen. Die Interessen von Gesellschaft und Altaktionären sind durch den erhöhten Ausübungspreis hinreichend gesichert. Jedoch ist diese Gestaltung vor Börsennotierung für die Begünstigten mit Risiken verbunden. Mangels Börsenkurs ist es den Begünstigten regelmäßig nicht möglich, dem zu zahlenden Ausübungspreis den aktuellen Wert je Aktie gegenüberzustellen. Um den ausübungswilligen Begünstigten gleichwohl die Entscheidung zu erleichtern, ob die Ausübung der Option wirtschaftlich sinnvoll erscheint, bietet es sich an, die Begünstigten über den aktuellen Wert je Aktie zu informieren. Dies mag wiederum durch eine vereinfachte und damit kostengünstigere indikative Unternehmenswertermittlung geschehen. Ein entsprechendes Informationsrecht der Begünstigten kann in den Optionsbedingungen eingeräumt werden:

> Sind die Aktien der **FIRMA** zu Beginn der Ausübbarkeit einer Option nicht börsennotiert, werden die Optionsinhaber auf Anfrage bei der für die Entgegennahme der Ausübungserklärung zuständigen Stelle von der **FIRMA** über den entsprechend dem diesen Bedingungen zum Stock-Option-Plan der **FIRMA** als Anlage beigefügten Berechnungsschema ermittelten Wert einer Aktie der **FIRMA** informiert. Die Mitteilung dieses Wertes erfolgt ohne Gewähr für die Richtigkeit und ausschließlich zur Information.

Zudem sollten auch die übrigen Eckdaten des Aktienoptionsplans dieser Problematik Rechnung tragen. Insbesondere erscheint es empfehlenswert, vor Börsennotierung die Anzahl der Ausübungszeiträume zu begrenzen. Eine entsprechende Notwendigkeit besteht insbesondere dann, wenn es bei Optionsausübung einer – wenn auch nur vereinfachten – Unternehmensbewertung bedarf; anderenfalls wäre die Planverwaltung mit nicht unbeträchtlichen zusätzlichen Kosten verbunden. **1400**

Im Regelfall besteht vor Börsennotierung nur ein kleiner, geschlossener Aktionärskreis. Dem sollte in den Optionsbedingungen Rechnung getragen werden. Aus Sicht der Altaktionäre ist häufig der Erhalt dieses Charakters wünschenswert. Dementsprechend können den Begünstigten nach Erwerb der Bezugsaktien schuldrechtliche Haltefristen[61] auferlegt werden, um das Hinzutreten „Unternehmensfremder" zu verhindern. Will man den Begünstigten eine Veräußerung nicht gänzlich untersagen, bietet sich die Vereinbarung eines Vorkaufsrechtes für die Gesellschaft an. Wahrgenommen werden kann dieses allerdings nur, soweit zuvor die Voraussetzungen für einen zulässigen Erwerb eigener Aktien geschaffen wurden.[62] **1401**

Auf der anderen Seite sind auch die Interessen der Begünstigten zu berücksichtigen. Diese werden im Falle nicht börsennotierter Aktien regelmäßig kaum in der Lage sein, ihre häufig nur geringe Beteiligung an Dritte zu veräußern. Für den potentiellen Erwerberkreis sind die mit solchen Aktienpaketen verbundenen Einflussmöglichkeiten regelmäßig unzureichend. Soll den Begünstigten dennoch ein „exit" vor Börsengang erlaubt sein, bietet es sich an, eine Verpflichtung der Gesellschaft zum Rückerwerb der Aktien bereits in die Optionsbedingungen **1402**

---

[61] Zur Zulässigkeit schuldrechtlicher Verfügungsbeschränkungen über Aktien näher *Barthelmeß/Yvonne Braun*, AG 2000, S. 172 ff.
[62] Vgl. oben, unter Rz. 545 ff.

1403 aufzunehmen. Auch hier gilt es jedoch zu beachten, dass vor Erwerb die aktienrechtlichen Voraussetzungen geschaffen werden müssen.

1403 Bei der Gestaltung entsprechender Rückkaufrechte und -verpflichtungen sind neben den aktienrechtlichen Maßgaben auch bilanzielle Vorschriften, insbesondere der US-GAAP, zu beachten. So kann eine entsprechende Erwerbsregelung im Falle unzureichender Ausgestaltung eine Einordnung des Stock-Option-Plans als virtuellen, auf eine Barauszahlung gerichteten Stock-Option-Plan begründen. Nach den US-GAAP wäre in diesem Fall mit ergebnismindernder Wirkung Personalaufwand in der Konzern-Gewinn- und Verlustrechnung zu berücksichtigen. Vor Rückerwerb bedarf dementsprechend neben der aktienrechtlichen auch die bilanzielle Behandlung hinreichender Prüfung. Die Optionsbedingungen sollten der Gesellschaft dabei Spielraum geben, entsprechende bilanzielle Vorgaben einzuhalten:

Solange die stimmberechtigten Aktien der **FIRMA** *nicht börsennotiert sind, steht der* **FIRMA** *im Falle der Veräußerung durch den Optionsinhaber ein Vorkaufsrecht hinsichtlich der aufgrund einer Option nach diesem Stock-Option-Plan der* **FIRMA** *erworbenen Aktien der* **FIRMA** *zu. Dabei wird die* **FIRMA** *die Vorgaben beachten, die sich für den Rückkauf von im Rahmen eines Aktienoptionsplans erworbenen Aktien nach den US-GAAP sowie nach dem Aktiengesetz ergeben.*

R. Besteuerung der Arbeitnehmer bei Sachverhalten mit Auslandsbezug

Die zunehmende Globalisierung führt bei international operierenden Konzernen zu einem verstärkten internationalen Mitarbeiteraustausch.[1] Gerade international tätige Personen sind nicht selten auch Empfänger von Stock Options. Damit stellt sich die Frage, wie Stock Options u. Ä. zu besteuern sind, die die Mitarbeiter bei ihren internationalen Einsätzen in irgendeiner Form „mit über die Grenzen" nehmen.   1404

Ein steuerlich möglicherweise relevanter Auslandsbezug entsteht insbesondere dann, wenn ein begünstigter Arbeitnehmer zwischen Einräumung der Stock Options und Verkauf der bezogenen Aktien seinen Tätigkeits- und/oder Wohnort wechselt.[2] Reibungen zwischen nationalen Steuersystemen können sich dann vor allem ergeben aus unterschiedlichen Besteuerungszeitpunkten, unterschiedlicher abkommensrechtlicher „Qualifikation" des Vorteils sowie Zurechnung des Vorteils zu unterschiedlichen Tätigkeitszeitpunkten. Im Hauptteil dieses Buches, dort Rz. 408 ff., ist die Thematik bereits zusammenfassend erwähnt[3]; im vorliegenden Kapitel wird sie näher beleuchtet.   1405

Bei der Bearbeitung eines Falles mit Auslandsbezug bietet sich an, beispielsweise – zumindest gedanklich – anhand folgender Schritte vorzugehen:[4]   1406
– steuerliche Behandlung in Deutschland;
– steuerliche Behandlung in allen Staaten, mit denen die Stock Options in Berührung stehen könnten;
– Internationales Steuerrecht (bilateral und unilateral);
– verbleibende steuerliche Konsequenzen in Deutschland;
– Gesichtspunkte der Steuerplanung und Gestaltung.

Diesen fünf Fragestellungen entspricht auch die nachstehende Darstellung.

I. Steuerliche Behandlung in Deutschland

Zunächst ist zu ermitteln, wie der konkrete Sachverhalt nach deutschem Recht zu behandeln ist. Einzelheiten der deutschen Besteuerung von Stock Options sind bereits im Hauptteil dieses Buches (Kapitel F bis L) ausführlich erläutert; auf sie wird hier daher Bezug genommen. Vereinfacht ist festzuhalten, dass Vorteile aus realen und virtuellen Stock Options grundsätzlich bei Ausgabe der Aktien bzw. Geldleistung als Arbeitslohn steuerlich zufließen, wobei für Stock Options mit entgeltlichem Drittbezug,[5] für Stock Options in Form von Wandelschuld-   1407

---

[1] Die längere Zeit im Ausland tätigen Mitarbeiter werden oft, ohne einheitliche Definition des Begriffes, auch als „Expatriates" bezeichnet.
[2] Vgl. *Portner*, FB 2001, S. 290.
[3] Siehe ergänzend auch die dortigen Nachweise in den Fußnoten. – Inzwischen auch: OECD-Diskussionspapier zu internationalen Steuerfragen bez. Stock Options.
[4] Ähnlich *Schelle*, 1997, S. 165 ff.
[5] Dazu oben Rz. 670 ff.

verschreibungen sowie für übertragbare Stock Options der Besteuerungszeitpunkt noch nicht geklärt ist.

1408 Bei grenzüberschreitenden Sachverhalten sind zudem die allgemeinen Regeln über die Einkommensteuerpflicht zu beachten. Für Personen, die gemäß § 1 Abs. 1 bis Abs. 3 EStG unbeschränkt einkommensteuerpflichtig sind, gilt das Welteinkommensprinzip. Sie müssen daher prinzipiell in Deutschland und nach deutschem Einkommensteuerrecht auch solche Vorteile aus Stock Options versteuern, die aus Sachverhalten mit Auslandsbezug resultieren. Besteht keine unbeschränkte Steuerpflicht nach diesen Vorschriften, so können die Vorteile v.a. aufgrund § 1 Abs. 4, § 49 Abs. 1 Nr. 4 und Nr. 8 EStG, § 2 AStG oder § 6 AStG der deutschen Einkommensbesteuerung unterliegen.

1409 Im Rahmen des genannten § 49 Abs. 1 Nr. 4 EStG ist namentlich zu prüfen, ob die dem Vorteil zugrunde liegende Tätigkeit in Deutschland ausgeübt wurde. Näher unten Rz. 1414 ff. Dabei kommt es auch darauf an, ob die Gewährung von Stock Options vergangene oder zukünftige Tätigkeit entgelten soll. Regelmäßig ist Letzteres anzunehmen.[6]

II. Steuerliche Behandlung in allen Staaten, mit denen die Stock Options in Berührung stehen könnten

1410 Im nächsten Schritt ist zunächst festzustellen, mit welchen Staaten im konkreten Fall eine Auslandsberührung zu Deutschland gegeben ist. Hierzu zählen jedenfalls sämtliche fremden Staaten, in denen der begünstigte Arbeitnehmer zwischen (jeweils einschließlich) Einräumung der Stock Options und Verkauf der bezogenen Aktien tätig oder ansässig war. Einzubeziehen sind aber auch Staaten, in denen der Arbeitnehmer vor Einräumung der Stock Options tätig oder ansässig war. Denn im Rahmen des Internationalen Steuerrechts kann bedeutsam sein, welchem Zeitraum die Vorteile aus den Stock Options wirtschaftlich zuzuordnen sind; dies könnte – anders als regelmäßig in Deutschland – auch die Zeit vor Einräumung der Stock Options sein.

1411 Anschließend ist für jeden identifizierten Staat – meist mit Hilfe örtlicher Berater – zu ermitteln, wie der konkrete Sachverhalt dort innerstaatlich steuerlich zu behandeln ist. Es würde den Rahmen dieses Buches weit überschreiten, die ausländische Stock-Option-Besteuerung mehr als nur oberflächlich darzustellen. Insoweit wird auf die einschlägige Fachliteratur verwiesen. Gerade die Steuergesetze sind erfahrungsgemäß zahlreichen Änderungen unterworfen. Außerdem ist die Besteuerung von Stock Options oftmals so differenziert geregelt, dass verkürzte Wiedergaben für die praktische Anwendung und Steuergestaltung wenig brauchbar sind. Die nachstehenden (bloßen) Zusammenfassungen mögen daher lediglich beispielhaft illustrieren, wie unterschiedlich die nationalen Lösungen und damit die Ergebnisse im konkreten Fall sein können:[7]

– Belgien sieht eine obligatorische Besteuerung bei Gewährung der Stock Options vor.[8]

---

[6] Siehe näher oben Rz. 360 f.

[7] Jüngere Übersicht bei *Mössner*, IFA Cahiers 85b (2000), S. 41 ff. sowie im Länderbericht jenes Bandes.

[8] Dazu: *Bernhardt*, FB 2001, S. 431; *Verdingh*, Intertax 1999, S. 460 ff. Eine englischsprachige,

II. Steuerliche Behandlung in allen Staaten

— In Frankreich wird der Ausübungsgewinn grundsätzlich erst bei Veräußerung der Aktien erfasst. Unter Einhaltung bestimmter Fristen unterliegt der Ausübungsgewinn einer ermäßigten Besteuerung.[9]

— In Großbritannien[10] hängt die Besteuerung von Aktienoptionen zunächst davon ab, ob der jeweilige Stock-Option-Plan (i.d.R.) steuerlich besonders genehmigt („approved") ist oder nicht. „Approved schemes" lösen die Besteuerung erst bei Verkauf der Bezugsaktien aus. Die Besteuerung anderer Pläne richtet sich nach dem Ansässigkeitsstatus und führt meist zur Besteuerung bei Ausübung.

— In den Niederlanden fließt der Vorteil grundsätzlich zu, wenn die mit den Stock Options verbundenen Sperren entfallen; der zu versteuernde Betrag errechnet sich nach einer speziellen Formel.[11] Seit 2001 besteht jedoch ein Wahlrecht, die Besteuerung auf den Ausübungszeitpunkt zu verschieben; dann ist der gesamte geldwerte Vorteil anzusetzen.

— Österreich differenziert zwischen drei verschiedenen Kategorien des Vorteils aus nicht-übertragbaren Stock Options:[12] der steuerbefreite Teil des steuerbegünstigten Vorteils ist steuerfrei, der nicht steuerbefreite Teil des steuerbegünstigten Vorteils ist voll, aber zu einem späteren Zeitpunkt (z.B. bei Veräußerung der Beteiligung) zu versteuern, der nicht steuerbegünstigte Vorteil ist bei Ausübung voll zu versteuern.

— In der Schweiz ist die Besteuerung von „Mitarbeiteroptionen" im wesentlichen durch ein Schreiben der Steuerverwaltung geregelt.[13] Grundsätzlich fließt dem Mitarbeiter demnach bereits mit dem Erwerb der Stock Options Einkommen aus unselbständiger Erwerbstätigkeit zu. Die Bewertung orientiert sich am Marktwert, etwaige Sperrfristen werden durch Bewertungsabschläge berücksichtigt. Soweit Stock Options als nicht bewertbar gelten, fließen sie erst im Zeitpunkt ihrer Ausübung zu. Derzeit diskutiert man eine Verschiebung des Besteuerungszeitpunktes z.B. in der New Economy sowie eine Präzisierung der Bewertungsvorschriften.[14]

— Das Steuerrecht der USA unterscheidet zwischen sog. „qualified" (Incentive Stock Options und Stock Options aus Employee Stock Purchase Plans) und sog. „non-qualified" Stock Options.[15] „Qualified" Stock Options werden erst

---

aktuelle Zusammenfassung zur Besteuerung von Stock Options findet sich auch auf der Internet-Seite des belgischen Finanzministeriums unter: http://minfin.fgov.be/uk.memento/101.html.

[9] Siehe zuletzt Gesetz Nr. 2001-420 vom 15. Mai 2001 (betrifft „nouvelles régulations économiques"). Näher *de Bourmont/Guillaume*, IStR 2001, Länderbericht Heft 18, S. 2f.

[10] Näher: *Bernhardt*, FB 2001, S. 430; *Vosen*, IStR 2000, S. 167ff. Eine in wesentlichen Teilen gute Darstellung bietet die britische Finanzverwaltung selbst, im Internet abrufbar unter: http://www.inlandrevenue.gov.uk/shareschemes/index.htm.

[11] Vgl. *Stevens/Lohuis*, IStR 2000, Länderbericht Heft 13, S. 2. Unter vorigem Recht *Spierts*, IStR 1999, S. 585ff.

[12] § 3 Abs. 1 Z 15 lit. c österr. EStG. Dazu näher: österr. LStR Rz. 90aff.; *Gahleitner/Moritz*, International Bureau of Fiscal Documentation Bulletin 2001, S. 147ff.; *Strnad/Schneider*, IStR 2001, S. 246ff.; *Zehetner/Wolf*, ecolex 2001, S. 24ff.

[13] Eidgenössische Steuerverwaltung, Direkte Bundessteuer, Steuerperiode 1997/1998, Kreisschreiben Nr. 5 vom 30. April 1997; siehe auch Verwaltungsgericht Zürich vom 4.7.1995. Zur vorherigen Rechtslage *Strunz*, RIW 1993, S. 399ff.

[14] Vgl. Eidgenössisches Finanzdepartment, Pressemitteilung vom 19. Dezember 2000.

[15] Dazu, und weiterführend: oben Rz. 85ff. sections 83, 421 – 424 des Internal Revenue Code; *Bernhardt*, FB 2001, S. 428f.; *Deutschmann*, 2000, S. 219ff.; *ders.*, IStR 2001, S. 385ff.; *Flick*, IStR

bei Verkauf der Aktien, als capital gains und zu einem ermäßigten Tarif, besteuert. Andere Stock Options sind i.d.R. bei Ausübung zu versteuern.

III. Internationales Steuerrecht

1412   Nachdem die innerstaatliche Besteuerung in Deutschland und in den jeweiligen ausländischen Staaten geklärt ist, sind die Ergebnisse rechtlich zueinander in Beziehung zu setzen. Dies ist eine Frage des sog. Internationalen Steuerrechts. Die nachfolgende Darstellung betrachtet zur Vereinfachung (a) nur solche Optionsempfänger, die die Stock Options nach § 19 EStG versteuern müssten, also nach deutschem Einkommensteuerverständnis Arbeitnehmer sind, und (b) für die Doppelbesteuerungsabkommen stellvertretend nur das OECD-Musterabkommen (MA).

1. Doppelbesteuerungsabkommen

1413   Hinsichtlich der Doppelbesteuerungsabkommen sind hier in erster Linie die Verteilungsnormen relevant, die die Veräußerungsgewinne – **Art. 13 Abs. 4 MA** – sowie die Einkünfte aus nichtselbständiger Arbeit - **Art. 15 MA** - betreffen.

a) Art. 15 Abs. 1 MA

1414   Gemäß Art. 15 Abs. 1 MA liegt das Besteuerungsrecht für Arbeitnehmervergütungen grundsätzlich dort, wo die Arbeit ausgeübt wurde. Die Zuordnung der Vergütung folgt also dem Ort ihrer Erwirtschaftung. Man spricht auch vom Ort der Erdienung bzw. dem „Erdienungsprinzip" oder „Arbeitsortprinzip".[16] Diese Grundregel erscheint einfach und sachgerecht. In der praktischen Anwendung auf Stock Option-Fälle tun sich indes gleich mehrere Problemfelder auf (siehe bereits oben Rz. 1400). Die wesentlichen Gesichtspunkte des Art. 15 Abs. 1 MA sind nachfolgend anhand seiner Tatbestandsmerkmale erläutert und anschließend durch eine Reihe von Beispielen veranschaulicht.

aa) „Beziehen" der Vergütungen

1415   Unter „Vergütungen" können auch Vorteile aus Stock Option-Plänen fallen.[17] Fraglich ist allerdings, wann der Begünstigte die Vergütung „bezieht". Dieses Tatbestandsmerkmal ist abkommensrechtlich nicht näher definiert. Seine unmittelbar abkommensrechtliche Auslegung[18] führt ebenfalls zu keinem klaren

---

1997, S. 525 f.; *Leuner/Radschinsky*, FB 2001, S. 362 ff.; *Scholz*, 2001, S. 161 ff. Informationen zur ersten Orientierung sind auch erhältlich auf der Homepage des US-Finanzverwaltung, unter: http://www.irs.gov/

[16] Näher unten Rz. 1414.

[17] Da hier i.d.R. kein Fall des Art. 18 MA vorliegt, ist gemäß Art. 3 Abs. 2 MA nach innerstaatlichem Rechts auszulegen. Das ist aus deutscher Sicht unproblematisch. Dazu nur: *Mössner*, IFA Cahiers 85b (2000), S. 55 ff.; *Portner*, DStR 1998, S. 1537; *Schieber* in: Debatin/Wassermeyer, DBA, Art. 15 MA Rz. 54 f. Dieses Auslegungsergebnis erscheint international kaum bestritten. Im Übrigen erfasst der Begriff nach dem Musterkommentar auch Sachzuwendungen, Art. 15 MA, Musterkommentar Nr. 2.

[18] Siehe vor allem Art. 3 Abs. 2 MA sowie Art. 31–33 WÜRV. Der Begriff der Qualifikation, der eigentlich dem IPR entstammt, ist für DBA u.E. entbehrlich. Denn das IPR enthält sowohl Kollisions- als auch Sachnormen. Das DBA stellt zudem eine zwischenstaatlich gemeinsame

Ergebnis (nicht anders als die deutsche Diskussion zum Besteuerungszeitpunkt).

Von daher ist gemäß Art. 3 Abs. 2 MA auf das jeweilige nationale Steuerrecht zu rekurrieren.[19] Wie oben bei Rz. 1406 beispielhaft aufgelistet, gehen die Steuerrechtsordnungen hier höchst unterschiedliche Wege. Der Begünstigte kann den Vorteil demnach insbesondere zu folgenden Zeitpunkten steuerlich beziehen: Einräumung, Ausübbarkeit oder Veräußerbarkeit, tatsächliche Ausübung oder Veräußerung des Bezugsrechtes, Ausgabe sowie Veräußerung der Bezugsaktien.[20] Es handelt sich um einen Auslegungskonflikt. Seine Folgen werden ggf. durch die Zuordnung des Vorteils zum Erdienungszeitraum entschärft, dazu Rz. 360 f. **1416**

bb) „aus unselbständiger Arbeit"

Der Bezug des Vorteils muss nicht notwendig unter die Arbeitnehmereinkünfte fallen. Alternativ oder additiv kommt die Verteilungsnorm des Art. 13 Abs. 4 MA in Betracht. Dazu unten Rz. 1424 f. **1417**

Ob der Ausübungs- oder Veräußerungsgewinn abkommensrechtlich unter Art. 13 Abs. 4 MA oder Art. 15 MA zu subsumieren ist, ist eine Auslegungsfrage. Sie bestimmt sich gemäß Art. 3 Abs. 2 MA ebenfalls nach dem jeweiligen nationalen Steuerrecht.[21] Ein etwaiger Auslegungskonflikt begründet hier gleichzeitig Normenkonkurrenz. Rangfolge der Normen ordnet das MA dazu nicht an. Insoweit kann es zunächst zur Mehrfach- oder Keinmalbesteuerung kommen. **1418**

cc) Ort der „Ausübung" der Arbeit

Schließlich fragt sich, wo die Arbeit „ausgeübt" wurde. Dabei geht es nach ganz h.M. um die Zuordnung der Vergütungen zum Ort ihrer tatsächlichen[22] Erdienung.[23] Dies ergibt sich auch aus der Formulierung „die dafür bezogenen Vergütungen" in Art. 15 Abs. 1 Satz 2 MA.[24] **1419**

– Nach einer Auffassung, so jetzt auch in Deutschland,[25] sind Stock Options im Regelfall Anreizlohn. Sie entgelten also Leistungen, die erst nach Einräumung der Option zu erbringen sind. Anschlussproblem kann sein, ob der Erdienungszeitraum bis zur Ausübungsreife oder bis zur tatsächlichen Ausübung reicht.

– Die Gegenansicht versteht Stock Options als grundsätzlich vergangenheitsorientiert, also als Lohn für bereits erbrachte Leistungen des Begünstigten. Anschlussproblem dort kann sein, wann genau der Erdienungszeitraum begonnen und geendet hat.

Rechtsquelle dar. Probleme bzw. Konflikte bei DBA ergeben sich (ggf.) aus den Auslegungsergebnissen. Wie hier i.E. *Kluge*, 4. Aufl. 2000, Teil R Rz. 65 ff. A.A.: *Schaumburg*, 2. Aufl. 1998, Rz. 16.81 ff.; *Wassermeyer* in: Debatin/Wassermeyer, DBA, Art. 1 MA Rz. 48; *Widmann*, DStJG 8 (1985), S. 236 ff.

[19] Vgl. *Portner*, FB 2001, S. 294.
[20] Vgl. oben Rz. 329.
[21] Ebenso: *Portner* in Harrer, 2000, Rz. 327; *dies.*, FB 2001, S. 294 f.; *Schieber* in: Debatin/Wassermeyer, DBA, Art. 15 MA Rz.63.
[22] Siehe nur Art. 15 MA, Musterkommentar Nr. 1. Vgl. auch LStR Abschnitt 125 Abs. 2 Satz 1.
[23] Siehe: BFH vom 24.1.2001 I R 100/98, BStBl. II 2001, S. 512; BFH vom 24.1.2001 I R 119/98, BStBl. II 2001, S. 516; BFH vom 20.6.2001 VI R 105/99, BFH/NV 2001, S. 1186; FG Köln vom 9.9.1998 11 K 5153/97, EFG 1998, S. 1635 f.; *Haas/Pötschan*, DStR 2000, S. 2021 f.; *Jakobs* in: Dörner/Menold/Pfitzer, 1999, S. 132 f.; *Kessler/Strnad*, StuB 2001, S. 656; *Kluge*, 4. Aufl. 2000, Rz. S 284; *Neyer*, BB 1999, S. 504 ff.; *Thomas*, KFR F. 6 EStG § 19, 2/01, S. 375; *Vosen*, IStR 2000, S. 167.
[24] *Portner* in: Harrer, 2000, Rz. 326.
[25] Siehe oben Rz. 361.

1420 Wegen der Anknüpfung an den Erdienungsort als Grund der Zahlung ist Art. 15 Abs. 1 MA so auszulegen, dass unbeachtlich ist, an welchem Ort die Stock Options gewährt, ausübbar oder tatsächlich ausgeübt werden.[26] Fraglich kann aber sein, was konkret als Gegenleistung des Arbeitnehmers anzusehen ist.

1421 Soweit der demnach (jeweils national) ermittelte Erdienungszeitraum auf mehrere Staaten entfällt, ist der zu besteuernde Vorteil zwischen den berechtigten Staaten aufzuteilen. Üblicherweise orientiert man sich an der anteiligen Tätigkeitsdauer in den jeweiligen Staaten.[27] Dies ist unproblematisch, wenn die Staaten den gesamten Erdienungszeitraum übereinstimmend ermitteln und seine den Staaten zuzuordnenden Teileinheiten sich nicht überschneiden. Andernfalls ist eine Lösung nur durch Abstimmung im Einzelfall möglich,[28] Art. 15 MA hilft nicht weiter. U.E. ist die zeitliche Zuordnung, abgesehen von etwaigen ausdrücklichen nationalen Vorschriften, ein zuvorderst tatsächliches Problem. Faktisch wird es aber meist als Rechts- und damit Auslegungsproblem behandelt.

dd) Fallbeispiele zu Art. 15 Abs. 1 MA[29]

1422 Einige Fallbeispiele mögen die vorgestellten Probleme veranschaulichen. Dabei handelt es sich nicht um lehrbuchhafte „pathologische" Fälle. Gerade solche Konstellationen sind in der Praxis häufig. Ihre Ausprägungen sind zudem so vielschichtig, dass hier nur eine kleine, vereinfachende Auswahl möglich war. In allen Fallbeispielen gilt daher: (a) stets ohne Berücksichtigung von Art. 15 Abs. 2 und Abs. 3 MA;[30] (b) X ist in den jeweiligen Staaten berufstätig; (c) stets Vergütungen i.S. Art. 15 MA, soweit nicht anders angegeben; (d) stets (beschränkte oder unbeschränkte) Steuerpflicht mit Erfassung der Arbeitseinkünfte; (e) zusätzlicher Art. 13 Abs. 4 MA bei Wegzug und Ausübung bleibt hier unberücksichtigt, ist in der Praxis aber stets abzuprüfen (siehe unten Rz. 1424 f.).

1423 Vereinfachter **Grundfall:**

X ist Arbeitnehmer. Er ist seit langem ansässig in Staat A. Am 1.1.01 erhält er in Staat A Stock Options in Gestalt von Aktienoptionen. Am 1.1.02 wird er nach Staat B versetzt. Ab 31.12.02 darf X die Aktienoptionen ausüben. Er übt in B sofort aus und erhält die Aktien.

A und B besteuern bei Ausübung und, vom Gewährungszeitpunkt aus, zukunftsbezogen.

Ergebnis: A besteuert für die Tätigkeit des X in A im Jahr 01, B für seine Tätigkeit im Jahr 02. A und B teilen den erzielten Vorteil, in der Regel hälftig, untereinander auf.

1424 **Abwandlung 1:**

A besteuert bei Ausübung und zukunftsbezogen. B besteuert bei Optionsgewährung und vergangenheitsbezogen.

---

[26] Vgl.: Nachweise in Fn. 797; *Portner*, FB 2001, S. 294 f. (U.E. liegt ein grenzüberschreitender Sachverhalt aber schon dann vor, wenn Erdienungsort [Arbeitsort] und Ort der erfolgten Besteuerung [teilweise] auseinander fallen); vgl. *Schieber* in: Debatin/Wassermeyer, DBA, Art. 15 MA Rz. 77 f. A.A. *Vogel*, DBA, Vor Art. 6–22 Rz. 6a.

[27] Siehe: BFH vom 24.1.2001 I R 100/98, BStBl. II 2001, S. 512; -sch-, DStR 2001, S. 939; näher *Schieber* in: Debatin/Wassermeyer, DBA, Art. 15 MA Rz. 81, 142 ff.

[28] Vgl.: *Borggräfe*, JbFSt 1998/1999, S. 626 f.; *Portner* in: Harrer, 2000, Rz. 329 f.; dies., DStR 2001, S. 1336; dies., FB 2001, S. 293 f.

[29] Siehe insbesondere auch die Fälle bei: *Jakobs* in: Dörner/Menold/Pfitzer, 1999, S. 132 ff.; *Mössner*, IFA Cahiers 85b (2000), S. 64 ff.

[30] Zum Arbeitgeberbegriff: *Runge*, IStR 2002, S. 37 ff.

III. Internationales Steuerrecht

Ergebnis: A besteuert wieder für das Jahr 01, B besteuert nicht, da X vor Optionsgewährung nicht in B tätig war. Eine Erdienung in 01 bleibt unberücksichtigt. Der Vorteil wird also teilweise nicht besteuert.

Abwandlung 2: 1425
Umkehrung der Besteuerung gegenüber Abwandlung 1: A besteuert bei Optionsgewährung und vergangenheitsbezogen. B besteuert bei Ausübung und zukunftsbezogen.
Ergebnis: A besteuert (voll) für die Tätigkeit in A vor 1.1.01, B besteuert für die Tätigkeit in B in 02. Eine Erdienung in 01 bleibt unberücksichtigt. Der Vorteil wird dem Grunde nach also teilweise doppelt besteuert. Der Umfang (die Höhe) der Doppelbesteuerung richtet sich v.a. nach der Bewertung des Vorteils und etwaigen Freibeträgen in A und B.

Abwandlung 3: 1426
Wie Abwandlung 1, jedoch erhält X die Aktienoptionen erst am 31.12.01.
Ergebnis: A besteuert nicht, da X nach Optionsgewährung dort nicht tätig war, B besteuert ebenfalls nicht. Der Vorteil ist vollständig steuerfrei.

Abwandlung 4: 1427
Wie Abwandlung 2, jedoch erhält X die Aktienoptionen erst am 31.12.01.
Ergebnis: A besteuert für die Tätigkeit in A vor 31.12.01, B besteuert für das Jahr 02. Der Vorteil wird dem Grunde nach vollständig doppelt besteuert.

Abwandlung 5 (mit Verkauf der Aktien): 1428
Wie Abwandlung 4, jedoch wird X am 1.1.03 nach Staat C versetzt; erst dort übt er die Aktienoptionen aus und verkauft die Aktien.
C besteuert den Vorteil erst bei Verkauf der Aktien, und zwar als Veräußerungsgewinneinkünfte (capital gains).
Ergebnis: A und B besteuern. Zusätzlich besteuert auch C, da Art. 13 Abs. 4 MA den Veräußerungsgewinn ohne Rücksicht auf die wirtschaftliche Zuordnung (Erdienung) C als neuem Ansässigkeitsstaat zuweist. Der Vorteil wird also dreifach besteuert.

b) Art. 13 Abs. 4 MA

Wie bereits erwähnt, kann auch Art. 13 Abs. 4 MA einschlägig sein. Das Besteuerungsrecht erhält dann ausschließlich der Ansässigkeitsstaat, ohne Rücksicht auf die Erdienung (Art. 15 MA). Für Stock Options kommt Art. 13 Abs. 4 MA in folgenden Situationen in Betracht: 1429
– Ausübung der Stock Options (Ausübungsgewinn): einige Staaten, die die Stock Options bei Einräumung versteuern, behandeln schon die Optionsausübung als Veräußerungsgeschäft;[31]
– Veräußerung der Stock Options;
– Veräußerung der nach Ausübung erhaltenen Aktien;
– Wegzug (Wertzuwachsbesteuerung), siehe z.B. § 6 AStG.[32]

Fraglich ist, ob bei Berechnung des Veräußerungsgewinnes i.S.d. Art. 13 Abs. 4 MA der nach Art. 15 MA verteilte (ggf. besteuerte) Betrag gewinnmindernd die 1430

---

[31] Siehe: *Jakobs* in: Dörner/Menold/Pfitzer, 1999, S. 133f.; *Mössner*, IFA Cahiers 85b (2000), S. 51, 58f., 64ff. Statt Art. 13 Abs. 4 MA könnte (so *Mössner*, a.a.O.) hierbei Art. 21 Abs. 1 MA vorzuziehen sein, führt aber zum selben Ergebnis.
[32] Dazu: *Göttsche*, 1997, S. 64f.; *Jakobs/Portner* in: Achleitner/Wollmert, 2000, S. 202; *Schaumburg*, 2. Aufl. 1998, Rz. 16.401; *Vogel*, DBA, Art. 13 Rz. 100f.

Anschaffungskosten erhöht.[33] Der Wortlaut des Art. 13 Abs. 4 verlangt dies nicht. Außerdem ist das Verhältnis von Art. 13 Abs. 4 MA zu Art. 15 MA nicht ausdrücklich geregelt; damit stehen beide Vorschriften gleichrangig nebeneinander. Mangels Subsidiaritätsklausel, wie z.B. in § 23 Abs. 2 EStG, erscheint auch die Möglichkeit einer einschränkenden Auslegung verwehrt. Folglich droht eine Mehrfachbesteuerung, soweit nicht im Einzelfall besondere Vereinbarungen oder nationales Steuerrecht abhelfen. Siehe auch oben Rz. 1413 sowie Fall-Abwandlung 5 Rz. 1423.

c) Rechtsfolgen kollidierender oder fehlender Besteuerung

1431 Für die Rechtsfolgen international kollidierender oder fehlender Besteuerung von Stock Options gelten die allgemeinen Regeln. Dies sind zunächst die Methoden zur Vermeidung der Doppelbesteuerung nach Art. 23A (Befreiung) bzw. Art. 23B MA (Anrechnung). Kann die Doppelbesteuerung danach nicht behoben werden, ist die Möglichkeit des Verständigungsverfahrens, Art. 25 MA, eröffnet. Dieser Weg ist indes schwerfällig, von ungesichertem Erfolg und daher möglichst zu vermeiden. Manche Doppelbesteuerungsabkommen bieten außerdem Schiedsverfahren oder weitere Sonderregeln zur Entlastung. Schließlich sieht Art. 25 Abs. 3 MA noch vom Einzelfall gelöste Konsultationsverfahren vor. Für Stock Options sei insbesondere auf die Probleme hingewiesen, die aus der Divergenz von Ansässigkeits- und Besteuerungszeitpunkt resultieren. Auf die einschlägige Fachliteratur wird im Übrigen verwiesen.

1432 National unterschiedliche Bewertungen desselben „wirtschaftlichen" Vorteils sind im Rahmen von Doppelbesteuerungsabkommen nicht relevant, sie rechtfertigen also auch kein Verständigungsverfahren. Siehe auch Fall-Abwandlung 2 Rz. 1420.

1433 Gänzliche Steuerfreiheit (sog. „weiße Einkünfte") tritt ein, wenn die anzuwendenden Verteilungsnormen keinem beteiligten Staat das Besteuerungsrecht zuweisen. Dazu müssen auch Ausübung der Stock Options und Verkauf der (ggf. Stock Options und) Bezugsaktien im Ergebnis steuerneutral sein, ansonsten handelt es sich um eine Steuerstundung.[34] Eine solche Freistellung ist keine Abkommensverletzung. Daher ist seine Behebung durch Verständigungsverfahren nicht vorgesehen. Zu beachten ist aber, dass Doppelbesteuerungsabkommen teilweise Vorschriften enthalten, die die Steuerfreistellung von einer tatsächlichen Besteuerung im anderen Staat abhängig machen (Besteuerungsvorbehalt, Rückfallklausel, „subject-to-tax"-Klausel) und/oder den Übergang von der Steuerfreistellung zur Steueranrechnung erlauben („switch-over"-Klausel).[35]

2. Unilaterale deutsche Vorschriften

1434 Hinsichtlich unilateraler deutscher Maßnahmen zur Vermeidung der Doppelbesteuerung gelten für Stock-Option-Fälle grundsätzlich die allgemeinen Regeln. Anwendbar sind daher insbesondere §§ 34c, 34d, 50 Abs. 6 EStG, §§ 68a, 68b EStDV sowie die ergangenen Verwaltungsvorschriften.

---

[33] Dazu auch: *Jakobs* in: Dörner/Menold/Pfitzer, 1999, S. 130 f.
[34] Dazu z.B.: *Kanzler*, FR 2001, S. 742; *Mössner*, IFA Cahiers 85b (2000), S. 46; *-sch-*, DStR 2001, S. 940. Siehe auch oben Rz. 1412.
[35] Dazu: *Kluge*, 4. Aufl. 2000, Rz. R 129 ff., S 333 f.; vgl. *Wassermeyer* in: Debatin/Wassermeyer, DBA, Art. 15 MA Rz. 110; *Wilke*, 6. Aufl. 1997, Rz. 293 ff. Bzgl. USA das Fallbeispiel bei *Borggräfe*, JbFSt 1998/1999, S. 625 ff. Zu den Nachteilen der Steueranrechnung treffend *Schieber* in: Debatin/Wassermeyer, DBA, Art. 15 MA Rz. 18.

Nicht gesichert ist für Stock Options bislang, ob die Steuerermäßigung nach **1435**
§ 34c EStG voraussetzt, dass die ausländische Steuer zu demselben Zeitpunkt erhoben bzw. veranlagt wird wie die „entsprechende" deutsche Besteuerung. Solche zeitlichen Differenzen können v.a. auf materiell und/oder formell unterschiedlichen Besteuerungszeitpunkten beruhen. U.E. ist, mit der wohl h.M., eine Periodenidentität nicht gefordert.[36] Eine ausdrückliche Aussage im Gesetzeswortlaut fehlt zwar. Jedoch verlangt der Text des § 34c Abs. 1 Satz 3 EStG nur die entsprechende Zurechnung, nicht aber die entsprechende Entstehung o.Ä. der ausländischen Steuer. Andernfalls könnte der Entlastungszweck des § 34c EStG in verfassungsrechtlich zweifelhafter Weise verfehlt werden; dann wäre u.E. ein Billigkeitserlass nach §§ 163, 227 AO geboten.

IV. Verbleibende steuerliche Konsequenzen in Deutschland

Die verbleibenden, wesentlichen steuerlichen Konsequenzen in Deutschland **1436**
sind aufgrund des Zusammenhanges bereits im Hauptteil dieses Buches dargestellt. Auf die dortigen Ausführungen, insbesondere bei Rz. 376 ff. (zum Lohnsteuereinbehalt der inländischen Tochtergesellschaft) sowie bei Rz. 408 ff. (zum Internationalen Besteuerungsrecht) wird daher verwiesen.

V. Gesichtspunkte der Steuerplanung und Gestaltung

Dieser Abschnitt stellt Gesichtspunkte zusammen, die erfahrungsgemäß bei **1437**
der Steueroptimierung von Auslandseinsätzen von Bedeutung sein können. Angesichts der Komplexität von Steuerplanungen, auch bei Stock-Option-Fällen, ist eine Auswahl und Eingrenzung der Aspekte unumgänglich.

1. Steueroptimierende Planung

Ziel der steuerlichen Gestaltung (und Beratung) ist es natürlich, die Gesamt- **1438**
Steuerlast zu minimieren und eine Besteuerung international möglichst gänzlich zu vermeiden. Dazu bedarf es vorausschauender steueroptimierender Planung, oft mit Unterstützung örtlicher Berater. Wie oben dargestellt, sollte die Planung hinsichtlich aller berührter Staaten z.B. folgende Aspekte berücksichtigen (in Klammern: wichtige Stichpunkte dazu):
- Ansässigkeitsvorschriften (doppelte?);
- Zeitliche Zuordnung des Vorteils (noch gestaltbar?[37]);
- Besteuerungszeitpunkt (Zins-, Liquiditäts-, Progressionseffekt);
- Bewertung (u.a. Bewertungsabschläge, Freibeträge, Berechnung bzw. besondere Berechnungsformeln);

---

[36] (Ähnlich) wie hier: vgl. *Handzik* in Littmann/Bitz/Pust, EStG, § 34c Rz. 47 ff.; *Kaminski/Strunk* in: Korn, EStG, § 34c Rz. 29; *Portner*, FB 2001, S. 295 f. m.w.N.; vgl. *Schaumburg*, 2. Aufl. 1998, Rz. 15.63 m.w.N.; vgl. *Wied* in: Blümich, EStG/KStG/GewStG, § 34c Rz. 40 f.; A.A. wohl: *Hagen*, FR 2001, S. 728; *Jakobs* in: Dörner/Menold/Pfitzer, 1999, S. 136; -sch-, DStR 2001, S. 939.

[37] In Deutschland nur noch sehr eingeschränkt möglich, zutreffend *Hagen*, FR 2001, S. 728.

- Steuertarife;
- mit einer Anfangsbesteuerung verbundenes Risiko der Definitivbelastung;
- DBA-„Einkunftsart" (Art. 13 Abs. 4 und/oder Art. 15 MA);
- Art. 15 Abs. 2, Abs. 3 MA;
- Besteuerung im Ansässigkeitsstaat der Ausübung und des Verkaufs (Art. 13 Abs. 4 MA; Besteuerung vermeidbar ?);
- ggf. zusätzliche Wegzugsbesteuerung;
- Entlastungsmethode des DBA (Freistellung oder Anrechnung; Progressionsvorbehalt; Besteuerungsklauseln);
- mögliche/erwartete Änderungen des bilateralen oder nationalen Steuerrechts;
- vorherige Abstimmung mit Finanzverwaltungen (ggf. verbindliche Entscheidungen).

2. Kommunikation

1439 Bereits im Vorfeld der Steuerplanung sollten die Beteiligten sich über folgende Umstände im Klaren sein oder aufgeklärt werden: Der Erfolg einer Steuerplanung hängt, wie so oft, davon ab, wann sie beginnt. Möglicherweise müssen z.B. Unternehmensleitung, Personalabteilung, Rechtsabteilung, Steuerabteilung und der Begünstigte selbst zusammenwirken. Die Einbindung unterschiedlicher Steuerrechtsordnungen in die Ausarbeitung und Implementierung eines Stock-Option-Plans erfordert ebenfalls ausreichenden zeitlichen Vorlauf. Etwaige individuelle Sub-Pläne für unterschiedliche Steuerrechtsordnungen, z.B. Großbritannien, sowie die oft erforderliche Mitwirkung lokaler Fachleute können zusätzliche Kosten für das Unternehmen verursachen.

1440 Am Ende der steuerlichen Planung sollte eine klare Handlungsempfehlung an Arbeitgeber und Arbeitnehmer stehen. Die Erfahrung zeigt, dass gerade der Mitarbeiter sehr sorgfältig über die steuerlichen Konsequenzen informiert werden sollte, die er aus der Teilnahme an dem Stock-Option-Plan zu gewärtigen hat. Bei ungesicherter Rechtslage kann dem Mitarbeiter ggf. zu empfehlen sein, in den betreffenden Staaten (nicht nur in Deutschland) seine Steuerveranlagung vorerst offen zu halten (in Deutschland §§ 164, 165 AO).

3. Tax Equalization

1441 Für Mitarbeiter, die ins Ausland entsandt werden sollen, ist die Frage ihrer dortigen persönlichen Besteuerung nicht selten ein Entscheidungsparameter. Bei drohender höherer Besteuerung wird der Mitarbeiter dazu tendieren, die Auslandstätigkeit abzulehnen. Eine geringere Steuerlast mag dagegen motivieren.

1442 Dies kann sich bei Unternehmen, die dringend Expatriates benötigen, auch in der Recruiting-Situation niederschlagen. Eine mögliche Lösung kann in sog. Tax Equalization Policy liegen. Dabei sagt der Arbeitgeber – das entsendende und/oder das aufnehmende Unternehmen – dem Mitarbeiter zu, eine durch den Auslandseinsatz bedingte Steuermehrbelastung auszugleichen.[38]

---

[38] Vgl. auch *Schieber* in: Debatin/Wassermeyer, DBA, Art. 15 MA Rz. 4.

Anlagen

	Seite
1. Einfacher Stock-Option-Plan	421
2. Komplexer Stock-Option-Plan	444
3. Wandelanleihen	462
4. Stock Appreciation Rights – Optionsbedingungen	478
5. Genussrechte	490

1. Einfacher Stock-Option-Plan

	Seite
a) Hauptversammlungsbeschluss	423
b) Zuteilungsbedingungen	427
c) Optionsbedingungen	431
d) Annahmeerklärung	441
e) Bezugserklärung	443

a) Hauptversammlungsbeschluss

Auszug aus der Einladung zur Hauptversammlung der *FIRMA*

Tagesordnungspunkt ___ : Beschlussfassung über die Ermächtigung zur Gewährung von Bezugsrechten an Mitglieder des Vorstandes und Arbeitnehmer der **FIRMA** im Rahmen eines Aktienoptionsplans und die Schaffung eines bedingten Kapitals

Vorstand und Aufsichtsrat schlagen vor, folgenden Beschluss zu fassen:

a) Ermächtigung zur Gewährung von Bezugsrechten

Der Vorstand wird ermächtigt, nach Maßgabe der nachfolgenden Bestimmungen einen Aktienoptionsplan der **FIRMA** aufzulegen und Optionen (Bezugsrechte) auf bis zu ___ *Stück*Aktien der **FIRMA** an die Bezugsberechtigten zu gewähren. Soweit Mitglieder des Vorstandes betroffen sind, wird der Aufsichtsrat entsprechend ermächtigt.

(1) Inhalt der Bezugsrechte

Jedes Bezugsrecht berechtigt zum Erwerb einer *Stück*Aktie der **FIRMA**.

(2) Bezugsberechtigte/Aufteilung der Bezugsrechte

Der Kreis der Bezugsberechtigten umfasst Mitglieder des Vorstandes und Arbeitnehmer der **FIRMA**. Das Gesamtvolumen der Bezugsrechte teilt sich auf die Berechtigten so auf, dass .... % auf Mitglieder des Vorstandes der **FIRMA** und .... % auf Arbeitnehmer der **FIRMA** entfallen.

(3) Ausübungspreis

Der Erwerb der *Stück*Aktien der **FIRMA** erfolgt zum Ausübungspreis. Der Ausübungspreis entspricht dem durchschnittlichen Schlusskurs der stimmberechtigten Aktien der **FIRMA** während der 10 Börsenhandelstage, die dem Zeitpunkt der Zuteilung des Bezugsrechts unmittelbar vorausgehen. Maßgebend für den Börsenkurs der Aktie der **FIRMA** ist die ___ Börse. § 9 AktG bleibt unberührt.

1. Einfacher Stock-Option-Plan

(4) Erwerbszeiträume

Bezugsrechte können den Bezugsberechtigten einmalig oder in mehreren Tranchen bis zum _____ *(Datum)* zum Erwerb angeboten werden. Der Erwerb kann nur innerhalb der ersten 20 Börsenhandelstage des ersten, zweiten, dritten sowie vierten Quartals des Geschäftsjahres der **FIRMA** erfolgen.

(5) Wartezeit/Ausübungs- und Sperrzeiträume

(5.1)
Ein Bezugsrecht berechtigt zum Bezug einer *Stück*Aktie, sobald die Wartezeit für die erstmalige Ausübungsmöglichkeit abgelaufen ist. Die Wartezeit für die erstmalige Ausübung beträgt zwei Jahre ab Zuteilung der Bezugsrechte.

(5.2)
Nach Ablauf dieser Wartezeit können die Bezugsrechte ganz oder teilweise während eines Zeitraums bis zum Ablauf von fünf Jahren ab Zuteilung der Bezugsrechte ausgeübt werden. Die Ausübung ist ausschließlich innerhalb von drei Ausübungszeiträumen im Geschäftsjahr gestattet. Jeder Ausübungszeitraum hat eine Dauer von 20 Börsenhandelstagen, beginnend jeweils mit dem sechsten Börsenhandelstag nach dem Tag der Veröffentlichung des Quartalsberichts der **FIRMA** für das 1., 2. und 3. Quartal des Geschäftsjahres. Fällt der Ablauf einer Wartezeit in einen Ausübungszeitraum, können Vorstand und Aufsichtsrat im Voraus unter Beachtung der Maßgaben des Verbots von Insidergeschäften Abweichendes festlegen.

(5.3)
Soweit der Ausübungszeitraum in einen Sperrzeitraum fällt, wird der Ausübungszeitraum verkürzt. Als Sperrzeitraum gelten folgende Zeiträume:

a) Der Zeitraum vom Ende des 7. Bankarbeitstages vor bis zum Ende des 3. Bankarbeitstages nach Durchführung einer Hauptversammlung der **FIRMA**; ist die Teilnahme an der Hauptversammlung an eine Hinterlegung der Aktien vor der Hauptversammlung i.S.v. § 123 Abs. 2 AktG geknüpft, so ist der Zeitraum zwischen dem Ende des letzten Hinterlegungstages für die Aktien und dem Ende des dritten Bankarbeitstages nach der Hauptversammlung maßgeblich,

b) ein Zeitraum von 15 Kalendertagen vor dem Ende des Geschäftsjahres der **FIRMA** sowie

c) der Zeitraum vom Beginn des Tages, an dem die **FIRMA** ein Angebot zum Bezug neuer Aktien (<u>gegebenenfalls</u>: oder Anleihen mit Wandlungs- oder Optionsrechten) in einem Börsenpflichtblatt einer Wertpapierbörse veröffentlicht, bis zum Ablauf des letzten Tages der Bezugsfrist.

(6) Erfolgsziele

(6.1)
Die Ausübung der Bezugsrechte ist nur möglich, wenn sich der Börsenkurs der Aktie der **FIRMA** im Referenzzeitraum um mehr als _____ Prozentpunkte besser entwickelt als der **VERGLEICHSINDEX**.

Maßgebend für den Vergleich der Entwicklung des **VERGLEICHSINDEX** und des Kurses der Aktie der **FIRMA** ist jeweils der Unterschiedsbetrag (in Prozentpunkten) zwischen dem Anfangswert und dem Schlusswert des betrachteten Referenzzeitraums.

Anfangswert (als 100 Prozent) für die Ermittlung der Entwicklung des **VERGLEICHSINDEX** ist der Wert des **VERGLEICHSINDEX** zum Ende des Tages,

a) Hauptversammlungsbeschluss

an dem die Bezugsrechte als zugeteilt gelten. Anfangswert (als 100 Prozent) für die Entwicklung des Kurses der Aktie der **FIRMA** ist der Schlusskurs der Aktie der **FIRMA** an dem Tag, an dem die Bezugsrechte als zugeteilt gelten.

Schlusswert (in Prozent vom Anfangswert) für die Ermittlung der Entwicklung des **VERGLEICHSINDEX** ist der arithmetische Mittelwert der Werte des **VERGLEICHSINDEX** zum Ende der letzten 20 Börsenhandelstage vor dem ersten Tag des jeweiligen Ausübungszeitraumes. Schlusswert (in Prozent vom Anfangswert) für die Entwicklung des Kurses der Aktie der **FIRMA** ist der arithmetische Mittelwert der Schlusskurse der Aktie der **FIRMA** an den letzten 20 Börsenhandelstagen vor dem ersten Tag des jeweiligen Ausübungszeitraumes.

(6.2)
Des Weiteren (kumulative Bedingung) dürfen Bezugsrechte nur ausgeübt werden, wenn zu einem Zeitpunkt vor Ausübung der Bezugsrechte eine Kurssteigerung der Aktie der **FIRMA** von mehr als ___ Prozentpunkten erreicht worden ist. Die Kurssteigerung bestimmt sich dabei als Unterschiedsbetrag zwischen dem erreichten Wert (in Prozent vom Schlusskurs der Aktie der **FIRMA** an dem Tag, an dem die Bezugsrechte als zugeteilt gelten) und dem Schlusskurs der Aktie der **FIRMA** (als 100 Prozent) an dem Tag, an dem die Bezugsrechte als zugeteilt gelten.

(6.3)
Maßgebend für den Börsenkurs der Aktie der **FIRMA** ist die ___ Börse.

(7) Anpassung bei Kapital-, Struktur- oder vergleichbaren Maßnahmen
(7.1)
Falls die Gesellschaft während der Laufzeit der Bezugsrechte ihr Grundkapital unter der Einräumung eines unmittelbaren oder mittelbaren Bezugsrechts an die Aktionäre erhöht, wird der Ausübungspreis nach Maßgabe der Optionsbedingungen ermäßigt. Eine Ermäßigung erfolgt nicht, wenn den Berechtigten ein unmittelbares oder mittelbares Bezugsrecht auf die neuen Aktien eingeräumt wird, das sie so stellt, als hätten sie die Bezugsrechte aus dem Aktienoptionsplan bereits ausgeübt.

(7.2)
Die Optionsbedingungen können für sonstige Fälle von Kapital-, Struktur- oder vergleichbaren Maßnahmen Anpassungsregeln vorsehen.

(7.3)
§ 9 AktG bleibt unberührt.

(8) Erfüllung der Bezugsrechte
Die Erfüllung der Bezugsrechte kann nach Wahl der **FIRMA** mit *Stück*Aktien unter Ausnutzung des nachstehend unter lit. b) zur Beschlussfassung vorgeschlagenen bedingten Kapitals oder mit eigenen *Stück*Aktien der **FIRMA** erfolgen.

(9) Einzelheiten
Der Vorstand wird ermächtigt, für die Arbeitnehmer der **FIRMA** die Einzelheiten bezüglich der Ausgabe der Aktien aus der bedingten Kapitalerhöhung und die weiteren Bedingungen des Aktienoptionsplans festzulegen. Soweit Mitglieder des Vorstandes der **FIRMA** betroffen sind, wird der Aufsichtsrat entsprechend ermächtigt.

1. Einfacher Stock-Option-Plan

Zu den Einzelheiten für die Ausgabe der Aktien aus der bedingten Kapitalerhöhung und den weiteren Bedingungen des Aktienoptionsplans gehören insbesondere Bestimmungen betreffend die Gewährung und Ausübung der Bezugsrechte, der Tag der Zuteilung der Bezugsrechte innerhalb des vorgegebenen Zeitraums sowie Regelungen über die Behandlung von Bezugsrechten bei Beendigung des Beschäftigungsverhältnisses des Berechtigten.

b) Bedingtes Kapital

Das Grundkapital der **FIRMA** wird um bis zu nominal Euro __ bedingt erhöht.

Die bedingte Kapitalerhöhung dient ausschließlich der Ausgabe von bis zu __ auf den Inhaber lautenden *Stück*Aktien mit Gewinnberechtigung ab Beginn des Geschäftsjahres ihrer Ausgabe zur Bedienung von Bezugsrechten auf *Stück*-Aktien der Gesellschaft, die im Rahmen des Aktienoptionsplans der **FIRMA** an Arbeitnehmer und Mitglieder des Vorstandes der **FIRMA** (Bezugsberechtigte) gewährt werden. Die bedingte Kapitalerhöhung wird nur insoweit durchgeführt, wie die Inhaber von Bezugsrechten aus dem Aktienoptionsplan der **FIRMA** von ihrem Recht zum Bezug von Aktien der **FIRMA** Gebrauch machen und die **FIRMA** zur Erfüllung der Bezugsrechte keine eigenen Aktien gewährt.

c) Änderung der Satzung

In die Satzung wird folgender neuer § __ eingefügt:

§ __

Das Grundkapital ist um bis zu Euro __ (in Worten: Euro __) durch Ausgabe von bis zu __ auf den Inhaber lautende *Stück*aktien bedingt erhöht (bedingtes Kapital). Die bedingte Kapitalerhöhung dient der Gewährung von Bezugsrechten an Mitglieder des Vorstandes und Arbeitnehmer der Gesellschaft aufgrund des Aktienoptionsplans nach Maßgabe des Beschlusses der Hauptversammlung vom __ . Die bedingte Kapitalerhöhung erfolgt in dem Umfang, wie von den Bezugsrechten Gebrauch gemacht wird und die **FIRMA** zur Erfüllung der Bezugsrechte keine eigenen Aktien gewährt.

Die neuen Aktien nehmen vom Beginn des Geschäftsjahres an, in dem sie infolge der Ausübung von Bezugsrechten entstehen, am Gewinn teil.

d) Ermächtigung des Aufsichtsrats zur Anpassung der Satzung

Der Aufsichtsrat wird ermächtigt, die Fassung des § .... ‚*Regelung zur Höhe des Grundkapitals*' der Satzung entsprechend der jeweiligen Inanspruchnahme des bedingten Kapitals anzupassen.

b) Zuteilungsbedingungen

Regeln zum Stock-Option-Plan der FIRMA

Vorbemerkung

Der Vorstand der **FIRMA** hat mit Zustimmung des Aufsichtsrats beschlossen, einen Stock-Option-Plan einzuführen, der die Gewährung von Optionen auf Aktien der **FIRMA** an die Arbeitnehmer und Mitglieder des Vorstandes der **FIRMA** (Stock-Option-Plan) nach Maßgabe der Bedingungen zum Stock-Option-Plan der **FIRMA** vorsieht.

Die Hauptversammlung hat zur Einführung des Stock-Option-Plans am _____ einen Beschluß über die Schaffung eines bedingten Kapitals I in Höhe von Euro _____ gefasst. (Gegebenenfalls: Die hiermit verbundene Änderung der Satzung der **FIRMA** wurde am _____ in das Handelsregister eingetragen.) Nach Wahl der **FIRMA** kann diese ihre infolge der Ausübung von Rechten aus dem Stock-Option-Plan entstehende Verpflichtung zur Ausgabe von Aktien auch durch eigene Aktien der **FIRMA** erfüllen.

Mit der Einführung des Stock-Option-Plans wird eine nachhaltige Verknüpfung der Interessen der Entscheidungsträger mit den Interessen der Aktionäre an der langfristigen Steigerung des Unternehmenswertes geschaffen und auf diese Weise dem Shareholder-Value-Gedanken Rechnung getragen. Gleichzeitig bietet die **FIRMA** den Mitarbeitern durch die Einführung des Stock-Option-Plans eine international wettbewerbsfähige Vergütungskomponente, wobei die langfristig angelegten Vergütungschancen in enger Anbindung an den Unternehmenserfolg im Rahmen eines transparenten und nachvollziehbaren Systems im Mittelpunkt stehen. Der Stock-Option-Plan stellt somit einen Anreiz dar, Entscheidungen auf die Erreichung anspruchsvoller, klar definierter Erfolgsziele für die **FIRMA** auszurichten, um an der positiven Entwicklung des Unternehmenswertes zu partizipieren.

Grundidee des Stock-Option-Plans der **FIRMA** ist die erfolgreiche Umsetzung der langfristigen Geschäftsplanung der **FIRMA**. Durch die gemeinsame Realisierung der sich hierbei ergebenden Chancen werden alle Beteiligten überproportional vom Erfolg der **FIRMA** profitieren.

1. Einfacher Stock-Option-Plan

STOCK-OPTION-PLAN

1. Inhalt der Optionen

Die im Rahmen des Stock-Option-Plans der **FIRMA** zugeteilten Optionen berechtigen den Inhaber der Optionen (Optionsinhaber) nach Maßgabe der Bedingungen zum Stock-Option-Plan der **FIRMA** (Anlage 1 zu diesen Regeln zum Stock-Option-Plan der **FIRMA**) zum Erwerb von Aktien der **FIRMA**.
Die einzelnen Optionen werden nicht verbrieft.

2. Bezugsberechtigte

Im Rahmen des Stock-Option-Plans sind nach näherer Maßgabe der Bedingungen zum Stock-Option-Plan bezugsberechtigt Mitglieder des Vorstandes und Arbeitnehmer der **FIRMA**, deren Anstellungs- bzw. Arbeitsverhältnis im jeweiligen Zuteilungszeitpunkt besteht und nach Maßgabe der Verhältnisse zum jeweiligen Zeitpunkt der Zuteilung der Optionen nicht mit Wirkung vor Ablauf von zwei Jahren ab dem jeweiligen Zeitpunkt der Zuteilung durch Kündigung, Aufhebungsvereinbarung oder Befristung beendet ist bzw. sein wird (Bezugsberechtigte). Eine Beendigung nach vorstehender Regelung liegt nicht vor, wenn es nach Maßgabe der Verhältnisse zum jeweiligen Zeitpunkt der Zuteilung der Optionen überwiegend wahrscheinlich erscheint, dass das Anstellungs- bzw. Arbeitsverhältnis fortgesetzt oder durch ein neues Anstellungs- bzw. Arbeitsverhältnis ersetzt werden soll.

3. Erwerb der Optionen durch Zuteilung

(1) Der Erwerb der Optionen erfolgt durch Zuteilung der Optionen nach Maßgabe dieser Regeln zum Stock-Option-Plan der **FIRMA** und der Bedingungen zum Stock-Option-Plan der **FIRMA**.

(2) Die Zuteilung erfolgt im Wege des Vertragsschlusses zwischen der **FIRMA** und dem Bezugsberechtigten.

(3) Auf Seiten der **FIRMA** obliegt der Vertragsschluss mit Mitgliedern des Vorstandes der **FIRMA** als Bezugsberechtigten dem Aufsichtsrat der **FIRMA**, mit den weiteren Bezugsberechtigten dem Vorstand der **FIRMA**.

(4) Die Abgabe des Zuteilungsangebots der **FIRMA** erfolgt, indem die **FIRMA** dem jeweiligen Bezugsberechtigten ein vorgefertigtes Muster einer Annahmeerklärung des Zuteilungsangebots durch den Bezugsberechtigten (Muster der Annahmeerklärung, Anlage 2 zu diesen Regeln zum Stock-Option-Plan der **FIRMA**) zur Verfügung stellt. Der Inhalt des Zuteilungsangebots ergibt sich aus diesem Muster der Annahmeerklärung.

(5) Das Zuteilungsangebot bedarf der schriftlichen Annahmeerklärung gegenüber der **FIRMA**. Die Annahme soll ausschließlich durch eine dem von der **FIRMA** zur Verfügung gestellten Muster entsprechende Annahmeerklärung erfolgen. Die Annahmeerklärung hat die Anzahl der jeweils zu erwerbenden Optionen, deren Ausübungspreis, den Zeitpunkt, zu dem die Optionen als zugeteilt gelten (Zeitpunkt der Zuteilung), sowie die jeweiligen Wartezeiten für die Ausübung der Optionen zu benennen.

b) Zuleitungsbedingungen

(6) Für Zwecke des Stock-Option-Plans gelten die Optionen abweichend von dem jeweiligen Zeitpunkt des Zugangs der Annahmeerklärung bei der **FIRMA** zu dem in Ziffer 4 dieser Regeln zum Stock-Option-Plan der **FIRMA** genannten Zeitpunkt der Zuteilung als zugeteilt.

(7) Die Zuteilung ist auflösend bedingt durch ein die Nichtigkeit des durch die Hauptversammlung zur Einführung des Stock-Option-Plans am ___ gefassten Beschlusses über die Schaffung eines bedingten Kapitals I in Höhe von Euro ___ rechtskräftig feststellendes oder erklärendes Urteil gemäß §§ 241 ff. AktG (gegebenenfalls: sowie aufschiebend bedingt durch die Eintragung dieses Beschlusses in das Handelsregister).

(8) Die Zuteilung der Optionen erfolgt unentgeltlich.

4. Bedingungen und Zeitpunkt der Zuteilung der Optionen

(1) Optionen können den Bezugsberechtigten einmalig oder in mehreren Tranchen bis zum ___ (Datum) zugeteilt werden.

(2) Die Zuteilung kann nur innerhalb der ersten 20 Börsenhandelstage des ersten, zweiten, dritten sowie vierten Quartals des Geschäftsjahres der **FIRMA** erfolgen.

(3) Als Zeitpunkt der Zuteilung gilt jeweils der letzte Börsenhandelstag der Zuteilungsfrist von 20 Börsenhandelstagen.

5. Anzahl der Optionen

(1) Insgesamt können im Rahmen des Stock-Option-Plans bis zu ___ Optionen auf jeweils eine stimmberechtigte Stückaktie/Aktie der **FIRMA** im Nennbetrag von Euro___ zugeteilt werden. Von den im Rahmen des Stock-Option-Plans insgesamt erfolgenden Zuteilungen dürfen auf die Mitglieder des Vorstandes der **FIRMA** bis zu ___ *(Angabe in % oder absolute Zahl)*___ Optionen, auf die Arbeitnehmer der **FIRMA** bis zu ___*(Angabe in % oder absolute Zahl)*___ Optionen entfallen.

(2) Die Entscheidung über die konkrete Anzahl der zur Zuteilung angebotenen Optionen sowie darüber, ob die Optionen einmalig oder in mehreren Tranchen zur Zuteilung angeboten werden sowie gegebenenfalls die Festlegung des Umfangs der einzelnen Tranchen obliegt dem Vorstand der **FIRMA**, soweit ein Mitglied des Vorstandes der **FIRMA** betroffen ist, dem Aufsichtsrat der **FIRMA**. Bei der Abgabe von Zuteilungsangeboten können der Aufsichtsrat der **FIRMA** und der Vorstand der **FIRMA** nach billigem Ermessen und unter Beachtung des Gleichbehandlungsgrundsatzes Differenzierungen vornehmen.

(3) Ein Anspruch auf Zuteilung von Optionen besteht nicht.

(4) Die Anzahl der dem jeweiligen Bezugsberechtigen zur Zuteilung angebotenen Optionen ergibt sich aus dem von der **FIRMA** zur Verfügung gestellten Muster der Annahmeerklärung.

6. Bedingungen für die Ausübung der Optionen

(1) Optionen dürfen nur ausgeübt werden, wenn sich der Börsenkurs der Aktie der **FIRMA** im Referenzzeitraum um mehr als ___ Prozentpunkte besser entwickelt als der **VERGLEICHSINDEX**. Maßgebend für den Vergleich der

1. Einfacher Stock-Option-Plan

Entwicklung des **VERGLEICHSINDEX** und des Kurses der Aktie der **FIRMA** ist jeweils der Unterschiedsbetrag (in Prozentpunkten) zwischen dem Anfangswert und dem Schlusswert des betrachteten Referenzzeitraums.

(2) Anfangswert (als 100 Prozent) für die Ermittlung der Entwicklung des **VERGLEICHSINDEX** ist der Wert des **VERGLEICHSINDEX** zum Ende des Tages, an dem die Optionen als zugeteilt gelten. Anfangswert (als 100 Prozent) für die Entwicklung des Kurses der Aktie der **FIRMA** ist der Schlusskurs der Aktie der **FIRMA** an dem Tag, an dem die Optionen als zugeteilt gelten.

(3) Schlusswert (in Prozent vom Anfangswert) für die Ermittlung der Entwicklung des **VERGLEICHSINDEX** ist der arithmetische Mittelwert der Werte des **VERGLEICHSINDEX** zum Ende der letzten 20 Börsenhandelstage vor dem ersten Tag des jeweiligen Ausübungszeitraumes. Schlusswert (in Prozent vom Anfangswert) für die Entwicklung des Kurses der Aktie der **FIRMA** ist der arithmetische Mittelwert der Schlusskurse der Aktie der **FIRMA** an den letzten 20 Börsenhandelstagen vor dem ersten Tag des jeweiligen Ausübungszeitraumes. Der jeweilige Ausübungszeitraum bestimmt sich nach Maßgabe der diesen Regeln zum Stock-Option-Plan der **FIRMA** als Anlage 1 beigefügten Bedingungen zum Stock-Option-Plan der **FIRMA**.

(4) Des Weiteren (kumulative Bedingung) dürfen Optionen nur ausgeübt werden, wenn zu einem Zeitpunkt vor Ausübung der Optionen eine Kurssteigerung der Aktie der **FIRMA** von mehr als ___ Prozentpunkten erreicht worden ist. Die Kurssteigerung bestimmt sich dabei als Unterschiedsbetrag zwischen dem erreichten Wert (in Prozent vom Schlusskurs der Aktie der **FIRMA** an dem Tag, an dem die Optionen als zugeteilt gelten) und dem Schlusskurs der Aktie der **FIRMA** (als 100 Prozent) an dem Tag, an dem die Optionen als zugeteilt gelten.

(5) Maßgebend für den Börsenkurs der Aktie der **FIRMA** ist die ___ Börse.

7. Ausübungspreis

(1) Bei Ausübung der Option ist von dem ausübenden Optionsinhaber der Ausübungspreis zu zahlen.

(2) Der Ausübungspreis entspricht dem durchschnittlichen Schlusskurs der stimmberechtigten Aktien der **FIRMA** während der 10 Börsenhandelstage, die dem Zeitpunkt der Zuteilung des Bezugsrechts unmittelbar vorausgehen. § 9 AktG bleibt unberührt. Maßgebend für den Börsenkurs der Aktie der **FIRMA** ist die ___ Börse.

8. Bedingungen zum Stock-Option-Plan

Den durch die **FIRMA** zur Verfügung gestellten Mustern der Annahmeerklärungen sind die Bedingungen zum Stock-Option-Plan der **FIRMA** (Anlage 1) beizufügen, die Regelungen zu weiteren Einzelheiten, insbesondere Maßgaben zur Ausübung der Optionen, enthalten.

c) Optionsbedingungen

Bedingungen zum Stock-Option-Plan der *FIRMA*

Vorbemerkung

Der Vorstand der *FIRMA* hat mit Zustimmung des Aufsichtsrats beschlossen, einen Stock-Option-Plan einzuführen, der die Gewährung von Optionen auf Aktien der *FIRMA* an Arbeitnehmer und Mitglieder des Vorstandes der *FIRMA* (Stock-Option-Plan) nach Maßgabe der nachfolgenden Bedingungen vorsieht.

Die Hauptversammlung hat zur Einführung des Stock-Option-Plans am _____ den Beschluss über die Schaffung eines bedingten Kapitals I in Höhe von Euro _____ gefasst. (Gegebenenfalls: Die hiermit verbundene Änderung der Satzung der *FIRMA* wurde am __ in das Handelsregister eingetragen.) Nach Wahl der *FIRMA* kann diese ihre infolge der Ausübung von Rechten aus dem Stock-Option-Plan entstehende Verpflichtung zur Ausgabe von Aktien auch durch eigene Aktien der *FIRMA* erfüllen.

Mit der Einführung des Stock-Option-Plans wird eine nachhaltige Verknüpfung der Interessen der Entscheidungsträger mit den Interessen der Aktionäre an der langfristigen Steigerung des Unternehmenswertes geschaffen und auf diese Weise dem Shareholder-Value-Gedanken Rechnung getragen. Gleichzeitig bietet die *FIRMA* den Mitarbeitern durch die Einführung des Stock-Option-Plans eine international wettbewerbsfähige Vergütungskomponente, wobei die langfristig angelegten Vergütungschancen in enger Anbindung an den Unternehmenserfolg im Rahmen eines transparenten und nachvollziehbaren Systems im Mittelpunkt stehen. Der Stock-Option-Plan stellt somit einen Anreiz dar, Entscheidungen auf die Erreichung anspruchsvoller, klar definierter Erfolgsziele für die *FIRMA* auszurichten, um an der positiven Entwicklung des Unternehmenswertes zu partizipieren.

Grundidee des Stock-Option-Plans der *FIRMA* ist die erfolgreiche Umsetzung der langfristigen Geschäftsplanung der *FIRMA*. Durch die gemeinsame Realisierung der sich hierbei ergebenden Chancen werden alle Beteiligten überproportional vom Erfolg der *FIRMA* profitieren.

1. Einfacher Stock-Option-Plan

Erwerb der Optionen

§ 1 Optionen

(1) Die im Rahmen des Stock-Option-Plans der **FIRMA** zugeteilten Optionen berechtigen den Inhaber der Optionen (Optionsinhaber) nach Maßgabe dieser Bedingungen zum Stock-Option-Plan der **FIRMA** zum Erwerb von Aktien der **FIRMA**.

(2) Die einzelnen Optionen werden nicht verbrieft.

§ 2 Erwerb der Optionen durch Zuteilung

(1) Der Erwerb der Optionen erfolgt durch Zuteilung der Optionen nach Maßgabe dieser Bedingungen zum Stock-Option-Plan der **FIRMA**. Die Zuteilung erfolgt im Wege des Vertragsschlusses zwischen der **FIRMA** und dem zum Erwerb der Optionen berechtigten Mitglied des Vorstandes bzw. Arbeitnehmer der **FIRMA**.

(2) Auf Seiten der **FIRMA** obliegt der Vertragsschluss mit Mitgliedern des Vorstandes der **FIRMA** dem Aufsichtsrat der **FIRMA**, mit den Arbeitnehmern dem Vorstand der **FIRMA**.

(3) Die Abgabe des Zuteilungsangebots der **FIRMA** erfolgt, indem die **FIRMA** dem jeweiligen Mitglied des Vorstandes der **FIRMA** oder Arbeitnehmer ein vorgefertigtes Muster einer Annahmeerklärung des Zuteilungsangebots durch diesen (Muster der Annahmeerklärung) zur Verfügung stellt. Der Inhalt des Zuteilungsangebots ergibt sich aus diesem Muster der Annahmeerklärung.

(4) Das Zuteilungsangebot bedarf der schriftlichen Annahmeerklärung gegenüber der **FIRMA**. Die Annahme soll ausschließlich durch eine dem von der **FIRMA** zur Verfügung gestellten Muster entsprechende Annahmeerklärung erfolgen. Die Annahmeerklärung hat die Anzahl der jeweils zu erwerbenden Optionen, deren Ausübungspreis, den Zeitpunkt, zu dem die Optionen als zugeteilt gelten (Zeitpunkt der Zuteilung), sowie die jeweiligen Wartezeiten für die Ausübung der Optionen zu benennen.

(5) Zu ihrer Wirksamkeit muss die Annahmeerklärung der **FIRMA** spätestens am letzten Börsenhandelstag der in dem Muster der Annahmeerklärung gesetzten Frist zugegangen sein. Eine mittels Telefax fristgerecht übermittelte Annahmeerklärung gilt als rechtzeitig erfolgt, wenn das Original alsbald danach, spätestens jedoch vor Ablauf von 5 Börsenhandelstagen nach Zugang des Telefax, der **FIRMA** zugeht. Die Erklärung der Annahme durch elektronische Datenübermittlung (insbesondere: E-Mail/Computerfax) ist ausgeschlossen.

(6) Für Zwecke des Stock-Option-Plans gelten die Optionen abweichend von dem jeweiligen Zeitpunkt des Zugangs der Annahmeerklärung bei der **FIRMA** zu dem in dem Muster der Annahmeerklärung benannten Zeitpunkt der Zuteilung als zugeteilt.

(7) Die Zuteilung ist auflösend bedingt durch ein die Nichtigkeit des durch die Hauptversammlung zur Einführung des Stock-Option-Plans am _____ gefassten Beschlusses über die Schaffung eines bedingten Kapitals I in Höhe von Euro _____ rechtskräftig feststellendes oder erklärendes Urteil gemäß

c) Optionsbedingungen

§§ 241 ff. AktG (gegebenenfalls: sowie aufschiebend bedingt durch die Eintragung dieses Beschlusses in das Handelsregister).

(8) Die Zuteilung der Optionen erfolgt unentgeltlich.

Ausübung der Optionen

§ 3 Grundsatz

(1) Jede Option berechtigt zum Erwerb einer stimmberechtigten *Stück*Aktie/*Aktie* der **FIRMA** *im Nennbetrag von* __ *Euro* nach Maßgabe der nachfolgenden Bestimmungen.

(2) Optionen können ausschließlich während ihrer Laufzeit (§ 4) und nur nach Ablauf der Wartezeit (§ 5) ausgeübt werden. Die Ausübung ist nur innerhalb bestimmter Ausübungszeiträume (§ 6), bei Eintritt bestimmter Ausübungsbedingungen (§ 7), zum Ausübungspreis (§ 8) und unter Einhaltung von Formvorschriften (§ 9) möglich.

(3) Im Falle des Ausscheidens aus dem Kreis der für die Zuteilung in Frage kommenden Personen sowie bei Durchführung von Kapital- und Strukturmaßnahmen innerhalb der Laufzeit der Optionen gelten abweichende Regelungen (§§ 10, 11).

§ 4 Laufzeit der Optionen

(1) Die Laufzeit der Optionen beträgt fünf Jahre ab dem Zeitpunkt der Zuteilung.

(2) Optionen, die nicht bis zum Ende der Laufzeit ausgeübt wurden, erlöschen.

§ 5 Wartezeit für die Ausübung

Optionen dürfen nicht vor Ablauf von zwei Jahren ab dem Zeitpunkt der Zuteilung (Wartezeit) ausgeübt werden. Nach Ablauf der Wartezeit können die Optionen in jedem beliebigen Ausübungszeitraum innerhalb der Laufzeit der Optionen ausgeübt werden.

§ 6 Ausübungszeitraum

(1) Die Ausübung von Optionen ist ausschließlich innerhalb von drei Ausübungszeiträumen im Geschäftsjahr gestattet. Jeder Ausübungszeitraum hat eine Dauer von 20 Börsenhandelstagen, beginnend jeweils mit dem sechsten Börsenhandelstag nach dem Tag der Veröffentlichung des Quartalsberichts der **FIRMA** für das 1., 2. und 3. Quartal des Geschäftsjahres. Fällt der Ablauf einer Wartezeit (§ 5) in einen Ausübungszeitraum, endet dieser Ausübungszeitraum mit dem zwanzigsten Börsenhandelstag nach Ablauf der Wartezeit. Soweit der Ausübungszeitraum in einen Sperrzeitraum fällt, wird der Ausübungszeitraum verkürzt.

(2) Als Sperrzeitraum gelten folgende Zeiträume:
- Der Zeitraum vom Ende des 7. Bankarbeitstages vor bis zum Ende des 3. Bankarbeitstages nach Durchführung einer Hauptversammlung der **FIRMA**; ist die Teilnahme an der Hauptversammlung an eine Hinterlegung der Aktien vor der Hauptversammlung i.S.v. § 123 Abs. 2 AktG geknüpft, so ist der Zeit-

raum zwischen dem Ende des letzten Hinterlegungstages für die Aktien und dem Ende des dritten Bankarbeitstages nach der Hauptversammlung maßgeblich,
— ein Zeitraum von 15 Kalendertagen vor dem Ende des Geschäftsjahres der **FIRMA** sowie
— der Zeitraum vom Beginn des Tages, an dem die **FIRMA** ein Angebot zum Bezug neuer Aktien (gegebenenfalls: oder Anleihen mit Wandlungs- oder Optionsrechten) in einem Börsenpflichtblatt einer Wertpapierbörse veröffentlicht, bis zum Ablauf des letzten Tages der Bezugsfrist.

§ 7 Bedingungen für die Ausübung

(1) Optionen dürfen nur ausgeübt werden, wenn sich der Börsenkurs der Aktie der **FIRMA** im Referenzzeitraum um mehr als ____ Prozentpunkte besser entwickelt als der **VERGLEICHSINDEX**. Maßgebend für den Vergleich der Entwicklung des **VERGLEICHSINDEX** und des Kurses der Aktie der **FIRMA** ist jeweils der Unterschiedsbetrag (in Prozentpunkten) zwischen dem Anfangswert und dem Schlusswert des betrachteten Referenzzeitraums.

(2) Anfangswert (als 100 Prozent) für die Ermittlung der Entwicklung des **VERGLEICHSINDEX** ist der Wert des **VERGLEICHSINDEX** zum Ende des Tages, an dem die Optionen als zugeteilt gelten. Anfangswert (als 100 Prozent) für die Entwicklung des Kurses der Aktie der **FIRMA** ist der Schlusskurs der Aktie der **FIRMA** an dem Tag, an dem die Optionen als zugeteilt gelten.

(3) Schlusswert (in Prozent vom Anfangswert) für die Ermittlung der Entwicklung des **VERGLEICHSINDEX** ist der arithmetische Mittelwert der Werte des **VERGLEICHSINDEX** zum Ende der letzten 20 Börsenhandelstage vor dem ersten Tag des jeweiligen Ausübungszeitraumes. Schlusswert (in Prozent vom Anfangswert) für die Entwicklung des Kurses der Aktie der **FIRMA** ist der arithmetische Mittelwert der Schlusskurse der Aktie der **FIRMA** an den letzten 20 Börsenhandelstagen vor dem ersten Tag des jeweiligen Ausübungszeitraumes.

(4) Des weiteren (kumulative Bedingung) dürfen Optionen nur ausgeübt werden, wenn zu einem Zeitpunkt vor Ausübung der Optionen eine Kurssteigerung der Aktie der **FIRMA** von mehr als ..... Prozentpunkten erreicht worden ist. Die Kurssteigerung bestimmt sich dabei als Unterschiedsbetrag zwischen dem erreichten Wert (in Prozent vom Schlusskurs der Aktie der **FIRMA** an dem Tag, an dem die Optionen als zugeteilt gelten) und dem Schlusskurs der Aktie der **FIRMA** (als 100 Prozent) an dem Tag, an dem die Optionen als zugeteilt gelten.

(5) Maßgebend für den Börsenkurs der Aktie der **FIRMA** ist die ____ Börse.

§ 8 Ausübungspreis

(1) Bei Ausübung der Option ist von dem ausübenden Optionsinhaber der Ausübungspreis zu zahlen.

(2) Der Ausübungspreis entspricht dem durchschnittlichen Schlusskurs der stimmberechtigten Aktien der **FIRMA** während der 10 Börsenhandelstage, die dem Zeitpunkt der Zuteilung der Option unmittelbar vorausgehen. § 9 AktG bleibt unberührt. Maßgebend für den Börsenkurs der Aktie der **FIRMA** ist die ____ Börse.

c) Optionsbedingungen

§9 Erklärung der Ausübung, Bezugsvertrag

(1) Dem Erwerb der Aktien der **FIRMA** durch den Optionsinhaber liegt ein Bezugsvertrag zugrunde, der durch Ausübung der Option durch den Optionsinhaber im Wege der schriftlichen Bezugserklärung und Annahme durch die **FIRMA** zustande kommt. Der Optionsinhaber verzichtet auf den Zugang der Annahmeerklärung durch die **FIRMA**.

(2) Die Bezugserklärung hat einer von der **FIRMA** zu benennenden Stelle in doppelter Ausfertigung zuzugehen und soll ausschließlich unter Verwendung des von der **FIRMA** zur Verfügung gestellten Musters einer Bezugserklärung abgegeben werden.

(3) Über die Angaben nach § 198 AktG hinaus hat die Bezugserklärung die Anzahl der Optionen, welche der Optionsinhaber ausüben möchte, sowie die Angabe eines Wertpapierdepots des Optionsinhabers zur Einbuchung der Aktien der **FIRMA** zu enthalten.

(4) Die Abgabe der Bezugserklärung kann nur innerhalb eines Ausübungszeitraums erfolgen. Zu ihrer Wirksamkeit muss die Bezugserklärung der **FIRMA** spätestens am letzten Tag des Ausübungszeitraums zugegangen sein. Eine mittels Telefax fristgerecht übermittelte Bezugserklärung gilt als rechtzeitig zugegangen, wenn das Original alsbald danach, spätestens jedoch vor Ablauf von 5 Börsenhandelstagen nach Zugang des Telefaxes, der **FIRMA** zugeht. Die Abgabe der Bezugserklärung durch elektronische Datenübermittlung (insbesondere: E-Mail/Computerfax) ist ausgeschlossen.

(5) Mit Ausübung der Optionen ist der Ausübungspreis an die **FIRMA** zu zahlen. Der Optionsinhaber hat an die **FIRMA** ferner die von dieser ggf. für den Optionsinhaber aufgrund der Ausübung von Optionen abzuführenden Steuern, Sozialversicherungsabgaben (vgl. nachstehend § 15) und Bankspesen zu zahlen.

(6) Nach Zugang der Bezugserklärung wird die **FIRMA** dem Optionsinhaber unverzüglich die der ausgeübten Anzahl an Optionen entsprechende Anzahl von Aktien Zug-um-Zug gegen Zahlung des Ausübungspreises sowie der abgeführten Steuern, Sozialversicherungsabgaben und Bankspesen auf dem von ihm in der Bezugserklärung genannten Wertpapierdepot gutschreiben lassen.

(7) Die **FIRMA** erfüllt ihre Verpflichtung zur Übereignung von Aktien mit neuen Aktien unter Inanspruchnahme des bedingten Kapitals I. Ihr steht die Befugnis zu, die Ausgabe neuer Aktien durch Übereignung zurückerworbener eigener Aktien zu ersetzen. Der Optionsinhaber ist verpflichtet, die von der **FIRMA** angebotenen Aktien in Erfüllung seiner Optionen anzunehmen.

(8) Aus dem bedingten Kapital I bereitgestellte Aktien sind erstmals für das Geschäftsjahr dividendenberechtigt, in dem sie ausgegeben werden.

§ 10 Ausübung von Optionen bei Beendigung des Anstellungs- bzw. Arbeitsverhältnisses innerhalb der Laufzeit

(1) Im Falle des Ausscheidens aus dem Kreis der für die Zuteilung in Frage kommenden Personen (Anstellungs- bzw. Arbeitsverhältnis mit der **FIRMA**) innerhalb der Laufzeit der Optionen gelten ergänzend nachfolgende Regelungen:

(2) Vorbehaltlich nachfolgender abweichender Regelungen hat der Optionsinhaber das Recht, alle Optionen, für welche die Wartezeit abgelaufen ist, im ers-

1. Einfacher Stock-Option-Plan

ten Ausübungszeitraum, der nach der Beendigung seines Anstellungs- bzw. Arbeitsverhältnisses beginnt, auszuüben. In diesem Ausübungszeitraum nicht ausgeübte sowie diejenigen Optionen, für welche die Wartezeit (§ 5) noch nicht abgelaufen ist, erlöschen. Dies gilt auch im Falle eines (Teil-) Betriebsübergangs gem. § 613 a BGB.

(3) Im Falle der Kündigung gilt das Anstellungs- bzw. Arbeitsverhältnis für Zwecke des Stock-Option-Plans zu dem in der Kündigungserklärung genannten Termin, nicht jedoch vor Zugang der Kündigungserklärung, als wirksam beendet. Entsprechendes gilt für die Beendigung infolge Aufhebungsvertrag oder Befristung des Anstellungs- bzw. Arbeitsverhältnisses, soweit das Anstellungs- bzw. Arbeitsverhältnis nicht fortgesetzt oder durch ein neues Anstellungs- bzw. Arbeitsverhältnis ersetzt wurde.

(4) Kündigt die **FIRMA** das Anstellungs- bzw. Arbeitsverhältnis aus einem verhaltensbedingten oder sonst von dem betreffenden Optionsinhaber zu vertretenden wichtigen Grund, erlöschen alle zum Zeitpunkt der Erklärung der Kündigung noch nicht ausgeübten Optionen.

(5) Im Falle der Erwerbsunfähigkeit hat der Optionsinhaber das Recht, alle Optionen, für welche die Wartezeit zum Zeitpunkt des Zugangs eines anerkennenden Bescheides über eine Erwerbsunfähigkeit abgelaufen ist, im ersten darauf folgenden Ausübungszeitraum auszuüben. Ist die Wartezeit zum Zeitpunkt des Zugangs des anerkennenden Bescheides noch nicht abgelaufen, hat der Optionsinhaber das Recht, die Optionen im ersten Ausübungszeitraum nach Ablauf der Wartezeit auszuüben. Im ersten möglichen Ausübungszeitraum nicht ausgeübte Optionen erlöschen.

(6) Die Regelung für den Fall der Erwerbsunfähigkeit gilt entsprechend für den Fall des Todes des Optionsinhabers; in diesem Fall sind der Erbe/die Erben berechtigt, die Optionen auszuüben. Die Übertragung der Optionen durch den Optionsinhaber durch Testament oder gesetzliche Erbfolge ist für die **FIRMA** erst dann als verbindlich anzusehen, wenn dies der **FIRMA** schriftlich mitgeteilt sowie eine beglaubigte Kopie des Testaments (auszugsweise) oder eine ähnliche Bestätigung (z. B. Erbschein) vorgelegt wurde, um der **FIRMA** die Übertragung nachzuweisen, und der dadurch Berechtigte schriftlich sein Einverständnis mit den Regelungen zur Ausübung der Optionen erklärt hat.

(7) Der Eintritt des Optionsinhabers in den Ruhestand sowie eine auf einem Gesellschafterwechsel beruhende, nicht verhaltensbedingte Kündigung gilt für Zwecke der Ausübung von Optionen aus dem Stock-Option-Plan, für welche zum Zeitpunkt der Beendigung des Anstellungs- bzw. Arbeitsverhältnisses die Wartezeit von zwei Jahren ab dem Zeitpunkt der Zuteilung (gesetzliche Wartezeit) bereits abgelaufen ist, nicht als Beendigung des Anstellungs- bzw. Arbeitsverhältnisses. Als auf einem Gesellschafterwechsel beruhend gilt eine Kündigung des Anstellungs- bzw. Arbeitsverhältnisses, wenn diese binnen 6 Monaten nach unmittelbarem oder mittelbarem Erwerb von mehr als 50 % der stimmberechtigten Aktien der **FIRMA** durch ein konzernfremdes Unternehmen oder eine Person, die bislang nicht über die Mehrheit der stimmberechtigten Aktien verfügt hat, erklärt wird. Als konzernfremd gilt dabei ein Unternehmen, das zum Zeitpunkt der Beschlussfassung der Hauptversammlung über die Schaffung des bedingten Kapitals I nicht als mit der **FIRMA** verbundenes Unternehmen im Sinne der §§ 15 ff. AktG gilt.

c) Optionsbedingungen

(8) Im Falle der rechtsgeschäftlichen Beendigung des Anstellungs- bzw. Arbeitsverhältnisses innerhalb der Laufzeit der Optionen stehen dem Optionsinhaber Ersatzansprüche wegen des Erlöschens von Optionen nur zu, wenn das Anstellungs- bzw. Arbeitsverhältnis durch eine gegenüber dem Optionsinhaber willkürlich erklärte Kündigung als beendet gilt.

Sonstige Regelungen

§ 11 Kapital- und Strukturmaßnahmen

Führt die **FIRMA** innerhalb der Laufzeit der Optionen Kapital- und Strukturmaßnahmen durch, gelten die nachfolgenden Regelungen:

(1) Im Falle einer Kapitalerhöhung aus Gesellschaftsmitteln durch Ausgabe neuer Aktien erhöht sich die Anzahl der Aktien, die je Option bezogen werden können im gleichen Verhältnis wie das Grundkapital. Der Ausübungspreis je Aktie mindert sich entsprechend dem Verhältnis der Kapitalerhöhung. § 9 Abs. 1 AktG bleibt unberührt.

(2) Erhöht die Firma unter Einräumung eines unmittelbaren oder mittelbaren Bezugsrechts an ihre Aktionäre das Grundkapital gegen Leistung von Einlagen, ermäßigt sich der Ausübungspreis je Aktie für die Ausübung nach Beendigung des Bezugsrechtshandels je Aktie um den Betrag, der sich aus dem arithmetischen Mittel der Bezugsrechtskurse der den Aktionären aufgrund der Kapitalerhöhung zustehenden Bezugsrechte, bezogen auf eine Aktie, an allen Tagen ihres Handels im ___ an der Frankfurter Wertpapierbörse errechnet. Eine Ermäßigung des Ausübungspreises tritt nicht ein, wenn den Optionsinhabern aufgrund der Kapitalerhöhung ein mittelbares oder unmittelbares Bezugsrecht eingeräumt wird, das sie so stellt, als hätten sie ihre Optionen aus dem Stock-Option-Plan bereits ausgeübt. Soweit ein Bezugsrechtshandel nicht stattfindet, gilt § 216 Abs. 3 AktG entsprechend. § 9 Abs. 1 AktG bleibt unberührt.

(3) Im Falle einer Herabsetzung des Kapitals im Wege der Zusammenlegung oder Einziehung von Aktien vermindert sich die Anzahl von Aktien, die je Option bezogen werden können, in dem Verhältnis, das dem Verhältnis des Herabsetzungsbetrages des Grundkapitals zum Grundkapital der **FIRMA** vor der Kapitalherabsetzung entspricht. Der Ausübungspreis je Aktie wird bei einer nominellen Kapitalherabsetzung im Wege der Zusammenlegung von Aktien entsprechend dem Verhältnis der Kapitalherabsetzung erhöht. Wird das Kapital gegen Rückzahlung von Einlagen herabgesetzt oder werden erworbene eigene Aktien eingezogen, ändert sich der Ausübungspreis entsprechend dem vom Aufsichtsrat verbindlich festgestellten Ausmaß der Substanzveränderung pro Aktie.

(4) Wird die **FIRMA** auf eine nicht börsennotierte Aktiengesellschaft oder auf einen Rechtsträger anderer Rechtsform verschmolzen, können nicht mehr der Wartezeit unterliegende Optionen im gesamten Zeitraum vom Zeitpunkt der Zustimmung der Hauptversammlung der **FIRMA** zu dem Verschmelzungsvertrag bis zum letzten Börsenhandelstag der Aktien der **FIRMA** ausgeübt werden. Optionen, für die am letzten Börsenhandelstag der Aktien der **FIRMA** die Wartezeit noch nicht abgelaufen ist, erlöschen. Weder die **FIRMA** noch der übernehmende Rechtsträger sind verpflichtet, die Optionsinhaber für das Erlö-

schen von Optionen zu entschädigen, insbesondere besteht keine Verpflichtung des übernehmenden Rechtsträgers zur Auflage eines eigenen Aktienoptionsplans.

In Fällen der Auf- und Abspaltung auf eine börsennotierte Aktiengesellschaft, auf eine nicht börsennotierte Aktiengesellschaft oder auf einen Rechtsträger anderer Rechtsform unter Beteiligung der **FIRMA** als übertragendem Rechtsträger gelten diese Grundsätze entsprechend.

(5) Die Regelungen für die Kapitalerhöhung gegen Einlagen gelten sinngemäß, sollte die **FIRMA** Optionen, die nicht der Umsetzung dieses Stock-Option-Plans dienen, oder Wandelschuldverschreibungen oder Optionsanleihen begeben.

(6) Im Falle eines Aktiensplits ohne Änderung des Grundkapitals erhöht sich die Anzahl der auf eine Option zu beziehenden Aktien in dem Verhältnis, in dem eine alte Aktie gegen neue Aktien eingetauscht wird. Der Ausübungspreis je Aktie mindert sich entsprechend dem Verhältnis, in dem alte Aktien gegen neue Aktien eingetauscht werden. Entsprechend verringert sich die Anzahl der auf eine Option zu beziehenden Aktien im Falle der Zusammenlegung von Aktien. Der Ausübungspreis je Aktie wird entsprechend dem Verhältnis erhöht, in dem alte Aktien gegen neue Aktien eingetauscht werden.

(7) Bruchteile von Aktien werden nicht geliefert und nicht ausgeglichen. Bei Erklärung der Ausübung aus mehreren Optionen durch einen Optionsinhaber werden jedoch Bruchteile von Aktien zusammengelegt.

(8) Soweit ein vergleichbarer Vorgang nicht den in diesem Abschnitt (Kapital- und Strukturmaßnahmen) getroffenen Regelungen unterfällt, wird der Aufsichtsrat nach billigem Ermessen eine Regelung im Einzelfall treffen.

§ 12 Übertragbarkeit

Außer im Todesfall sind die dem Optionsinhaber nach diesem Stock-Option-Plan der **FIRMA** gewährten Optionen nicht übertragbar. Jegliche Verfügung über Optionen, wie z.B. die Gewährung einer Unterbeteiligung, die Verpfändung, die Einräumung eines Nießbrauchs oder die Errichtung einer Treuhand daran sind unzulässig. Gleiches gilt für sonstige Rechtsgeschäfte, die wirtschaftlich zu einer Veräußerung der Optionen führen. Ausgenommen ist eine Verpfändung der Optionen zum Zwecke der Finanzierung des Ausübungspreises gegenüber einer der deutschen Kreditaufsicht unterliegenden Bank oder Sparkasse.

§ 13 Umstellung des Stock-Option-Plans

Die **FIRMA** behält sich vor, den Stock-Option-Plan in der Zukunft auf Barzahlung umzustellen. In diesem Fall wird den Optionsinhabern bei Ausübung der Optionen ein Barbetrag ausgezahlt werden, der die Optionsinhaber wirtschaftlich so stellt, als ob der Stock-Option-Plan in seiner ursprünglichen Form durchgeführt worden wäre.

§ 14 Freiwilligkeitsvorbehalt, Ausschluss betrieblicher Übung

(1) Die Gewährung von Optionen im Rahmen des Stock-Option-Plans der **FIRMA** erfolgt freiwillig und begründet keinen Rechtsanspruch für die Zukunft, auch wenn im Einzelfall Optionen ohne ausdrücklichen Freiwilligkeitsvorbehalt gewährt werden sollten.

c) *Optionsbedingungen*

(2) Unabhängig von der Anzahl und Wiederholung der Zuteilung von Optionen durch die **FIRMA** und der Ausübung wird mit der Zuteilung und Ausübung der Optionen keine betriebliche Übung begründet. Das gilt auch dann, wenn Optionen in mehreren aufeinander folgenden Jahren gewährt werden.

§ 15 Steuern, Sozialversicherungsabgaben

(1) Die Gewährung der Optionen sowie deren Ausübung können zu steuerpflichtigen geldwerten Vorteilen bei den Optionsinhabern führen. Die **FIRMA** wird im Falle des Bestehens einer gesetzlichen Verpflichtung für Rechnung der Optionsinhaber die anfallenden Steuern an das zuständige Finanzamt sowie die anfallenden Sozialversicherungsabgaben an die zuständige Einzugsstelle abführen. Bis zu den Pfändungsfreigrenzen kann die **FIRMA** die von einem Optionsinhaber geschuldeten Steuern und Abgaben (Arbeitnehmeranteile zur Sozialversicherung) mit der Vergütung des Optionsinhabers verrechnen. Darüber hinaus gehende Beträge hat der Optionsinhaber der **FIRMA** zu erstatten.

(2) Soweit ein Optionsinhaber durch die spätere Veräußerung der Aktien, die durch die Ausübung von Optionen nach diesem Stock-Option-Plan der **FIRMA** erworben wurden, weitere Gewinne erzielt, sind derartige Gewinne aus der Veräußerung von Aktien gegebenenfalls selbständig durch den Optionsinhaber zu versteuern.

(3) Soweit ein ausländischer Staat das Besteuerungsrecht hat, ist der Optionsinhaber verpflichtet, für eine ordnungsgemäße Versteuerung in dem betreffenden Staat zu sorgen.

§ 16 Kosten

Die Konto- und Depotgebühren für die Verwaltung der Optionen und deren Ausübung, die Gebühren bei Verkauf der Aktien sowie ggf. anfallende Finanzierungszinsen sind von dem jeweiligen Optionsinhaber zu tragen.

§ 17 Erfüllungsort und Gerichtsstand

(1) Leistungs- und Erfüllungsort für alle Geldverbindlichkeiten im Zusammenhang mit diesem Stock-Option-Plan ist, soweit gesetzlich zulässig und in diesen Bedingungen zum Stock-Option-Plan nicht abweichend geregelt, der Sitz der **FIRMA**.

(2) Allgemeiner Gerichtsstand für alle Streitigkeiten eines Optionsinhabers gegen die **FIRMA** aus diesem Stock-Option-Plan ist der Sitz der **FIRMA**. Bei Ansprüchen der **FIRMA** gegen den Optionsinhaber gilt dessen inländischer Wohnsitz als Gerichtsstand. Hat der Optionsinhaber keinen allgemeinen Gerichtsstand im Inland, verlegt er seinen Wohnsitz oder gewöhnlichen Aufenthalt nach Vertragsschluss aus dem Geltungsbereich der Zivilprozessordnung, oder ist sein Wohnsitz oder gewöhnlicher Aufenthalt zum Zeitpunkt der Klageerhebung nicht bekannt, so gilt der Sitz der **FIRMA** als ausschließlicher Gerichtsstand für alle Streitigkeiten der **FIRMA** gegen den Optionsinhaber.

§ 18 Schriftform

Änderungen und Ergänzungen der Bedingungen dieses Stock-Option-Plan bedürfen der Schriftform.

1. Einfacher Stock-Option-Plan

§ 19 Anwendbares Recht, Übersetzungen

(1) Die Bedingungen zum Stock-Option-Plan unterliegen ausschließlich deutschem Recht.

(2) Maßgeblich für die durch den Stock-Option-Plan begründeten Rechte und Pflichten sind ausschließlich die in deutscher Sprache gefassten Bedingungen zum Stock-Option-Plan. Fassungen in anderen Sprachen dienen ausschließlich der Information.

§ 20 Salvatorische Klausel

Sollten sich einzelne Bestimmungen dieser Bedingungen zum Stock-Option-Plan oder Teile davon insbesondere durch gerichtliche Entscheidung als unwirksam oder undurchführbar erweisen, bleiben die übrigen hiervon unberührt. In diesem Fall ist die **FIRMA** verpflichtet, die unwirksame oder undurchführbare Bestimmung durch eine angemessene Regelung zu ersetzen, die dem wirtschaftlichen Gehalt der unwirksamen oder undurchführbaren Bestimmung im Rahmen des mit dem Stock-Option-Plan erkennbar verfolgten Zwecks am nächsten kommt, soweit nicht das Gesetz eine Regelung bereithält. Entsprechendes gilt für den Fall, dass eine Lücke vorliegt.

d) Annahmeerklärung

(zuständiges Organ)
(Briefkopf Gesellschaft)

Annahmeerklärung

(Name)

(Adresse)

– im Folgenden „Bezugsberechtigter" genannt –

Die **FIRMA** hat in der Hauptversammlung vom _____ den Beschluss über die Einführung eines bedingten Kapitals I in Höhe von Euro _____ gefasst und den Vorstand – soweit Vorstandsmitglieder betroffen sind, den Aufsichtsrat – ermächtigt, Vorstandsmitgliedern und Arbeitnehmern der **FIRMA** im Rahmen eines **Stock-Option-Plans Optionen auf Aktien der FIRMA** zum Erwerb anzubieten.

1. Die **FIRMA** bietet dem Bezugsberechtigten hiermit im Rahmen des Stock-Option-Plans unentgeltlich ___ Optionen zum Erwerb an. Der Erwerb vollzieht sich nach Maßgabe der Bedingungen zum Stock-Option-Plan der **FIRMA** auf Grundlage eines Vertrages zwischen der **FIRMA** und dem Bezugsberechtigten, der durch eine schriftliche, diesem Muster entsprechende Annahmeerklärung des Bezugsberechtigten zustande kommt. Jedes Bezugsrecht berechtigt den Inhaber nach Ausübung des Bezugsrechts zum Bezug einer auf den Inhaber lautenden *Stück*Aktie/Aktie der **FIRMA** *im Nennbetrag von Euro* _____.

2. Als Zeitpunkt der Zuteilung gilt der letzte Börsenhandelstag der Zuteilungsfrist. Die Zuteilungsfrist endet am _____, als Zeitpunkt der Zuteilung gilt also der _____.

3. Der Ausübungspreis entspricht dem durchschnittlichen Schlusskurs der stimmberechtigten Aktien der FIRMA während der 10 Börsenhandelstage, die dem Zeitpunkt der Zuteilung des Bezugsrechts unmittelbar vorausgehen. § 9 AktG bleibt unberührt. Maßgebend für den Börsenkurs der Aktie der FIRMA ist die ___ Börse.

4. Die Wartezeit für die Ausübung der Optionen endet nach Ablauf von zwei Jahren ab dem Zeitpunkt der Zuteilung, also am _____.

5. Die Optionen erlöschen, soweit sie nicht ausgeübt wurden, spätestens fünf Jahre ab dem Zeitpunkt der Zuteilung, also am _____.

Die beigefügten Bedingungen zum Stock-Option-Plan enthalten weitere Regelungen zum Erlöschen der Optionen im Falle der Beendigung des Anstellungs- bzw. Arbeitsverhältnisses.

6. Die Zuteilung ist auflösend bedingt durch ein die Nichtigkeit des durch die Hauptversammlung zur Einführung des Stock-Option-Plans am ___ gefassten Beschlusses über die Schaffung eines bedingten Kapitals I in Höhe von

1. Einfacher Stock-Option-Plan

Euro ____ rechtskräftig feststellendes oder erklärendes Urteil gemäß §§ 241 ff. AktG (<u>gegebenenfalls</u>: sowie aufschiebend bedingt durch die Eintragung dieses Beschlusses in das Handelsregister).

7. Die Zuteilung der Optionen erfolgt freiwillig und begründet keine Rechtspflicht der **FIRMA**, künftig weitere Optionen zu gewähren. Die **FIRMA** behält sich ausdrücklich vor, von der Ausgabe weiterer Optionen in Zukunft Abstand zu nehmen.

8. Die Rechte und Pflichten der **FIRMA** sowie des Bezugsberechtigten im Zusammenhang mit den zugeteilten Optionen ergeben sich aus dieser Annahmeerklärung sowie aus den dieser Annahmeerklärung als Anlage beigefügten Bedingungen zum Stock-Option-Plan der **FIRMA**, die Bestandteil dieses Schreibens sind.

Wir dürfen Sie bitten, zum Zeichen der Entgegennahme der Optionen sowie Ihres Einverständnisses mit den erhaltenen Bedingungen zum Stock-Option-Plan der **FIRMA** eine Kopie dieses Schreibens zu unterzeichnen und uns bis zum ____ (Datum) zuzuleiten.

(Ort, Datum) _____

_____
(Bezugsberechtigter)

e) Bezugserklärung

_____, 20__

An die
FIRMA
....
Vorstand

Sehr geehrte Damen und Herren,

Ihre Gesellschaft, die **FIRMA**, hat aufgrund der Ermächtigung durch Beschluss der Hauptversammlung vom ___ einen Aktienoptionsplan aufgelegt und bis zu ___ Optionen (Bezugsrechte) an die Mitglieder des Vorstandes der Gesellschaft und die Arbeitnehmer der Gesellschaft ausgegeben.
Zum Zwecke der Bedienung dieser Bezugsrechte ist in derselben Hauptversammlung eine bedingte Kapitalerhöhung um bis zu Euro ___ durch Ausgabe von bis zu ___ *Stück*Aktien der **FIRMA** (bedingtes Kapital I) beschlossen worden.
Der Aktienoptionsplan der **FIRMA** wurde entsprechend den nachfolgenden Feststellungen des oben genannten Beschlusses der Hauptversammlung aufgelegt:

1. Bezugsberechtigte/Aufteilung der Bezugsrechte
Der Kreis der Bezugsberechtigten umfasst Mitglieder des Vorstandes und Arbeitnehmer der **FIRMA**. Das Gesamtvolumen der Bezugsrechte teilt sich auf die Berechtigten so auf, dass .... % auf Mitglieder des Vorstandes der **FIRMA** und .... % auf Arbeitnehmer der **FIRMA** entfallen.

2. Erwerbszeiträume
Bezugsrechte können den Bezugsberechtigten einmalig oder in mehreren Tranchen bis zum _____ *(Datum)* zum Erwerb angeboten werden. Der Erwerb kann nur innerhalb der ersten 20 Börsenhandelstage des ersten, zweiten, dritten sowie vierten Quartals des Geschäftsjahres der **FIRMA** erfolgen.

3. Wartezeit/Ausübungs- und Sperrzeiträume
Ein Bezugsrecht berechtigt zum Bezug einer *Stück*Aktie der **FIRMA**, sobald die Wartezeit für die erstmalige Ausübung abgelaufen ist. Die Wartezeit für die erstmalige Ausübung beträgt zwei Jahre ab Zuteilung der Bezugsrechte.
Nach Ablauf dieser Wartezeit können die Bezugsrechte ganz oder teilweise während eines Zeitraums bis zum Ablauf von fünf Jahren ab Zuteilung der Bezugsrechte ausgeübt werden. Die Ausübung ist ausschließlich innerhalb von drei Ausübungszeiträumen im Geschäftsjahr gestattet. Jeder Ausübungszeitraum hat eine Dauer von 20 Börsenhandelstagen, beginnend jeweils mit dem sechsten Börsenhandelstag nach dem Tag der Veröffentlichung des Quartalsberichts der **FIRMA** für das 1., 2. und 3. Quartal des Geschäftsjahres. Fällt der Ablauf einer

1. Einfacher Stock-Option-Plan

Wartezeit in einen Ausübungszeitraum, können Vorstand und Aufsichtsrat im Voraus unter Beachtung der Maßgaben des Verbots von Insidergeschäften Abweichendes festlegen.

Soweit der Ausübungszeitraum in einen Sperrzeitraum fällt, wird der Ausübungszeitraum verkürzt. Als Sperrzeitraum gelten folgende Zeiträume:

a) Der Zeitraum vom Ende des 7. Bankarbeitstages vor bis zum Ende des 3. Bankarbeitstages nach Durchführung einer Hauptversammlung der **FIRMA**; ist die Teilnahme an der Hauptversammlung an eine Hinterlegung der Aktien vor der Hauptversammlung i.S.v. § 123 Abs. 2 AktG geknüpft, so ist der Zeitraum zwischen dem Ende des letzten Hinterlegungstages für die Aktien und dem Ende des dritten Bankarbeitstages nach der Hauptversammlung maßgeblich,

b) ein Zeitraum von 15 Kalendertagen vor dem Ende des Geschäftsjahres der **FIRMA** sowie

c) der Zeitraum vom Beginn des Tages, an dem die **FIRMA** ein Angebot zum Bezug neuer Aktien (gegebenenfalls: oder Anleihen mit Wandlungs- oder Optionsrechten) in einem Börsenpflichtblatt einer Wertpapierbörse veröffentlicht, bis zum Ablauf des letzten Tages der Bezugsfrist.

4. Erfolgsziele

Die Ausübung der Bezugsrechte ist nur möglich, wenn sich der Börsenkurs der Aktie der **FIRMA** im Referenzzeitraum um mehr als ____ Prozentpunkte besser entwickelt als der **VERGLEICHSINDEX**.

Maßgebend für den Vergleich der Entwicklung des **VERGLEICHSINDEX** und des Kurses der Aktie der **FIRMA** ist jeweils der Unterschiedsbetrag (in Prozentpunkten) zwischen dem Anfangswert und dem Schlusswert des betrachteten Referenzzeitraums.

Anfangswert (als 100 Prozent) für die Ermittlung der Entwicklung des **VERGLEICHSINDEX** ist der Wert des **VERGLEICHSINDEX** zum Ende des Tages, an dem die Bezugsrechte als zugeteilt gelten. Anfangswert (als 100 Prozent) für die Entwicklung des Kurses der Aktie der **FIRMA** ist der Schlusskurs der Aktie der **FIRMA** an dem Tag, an dem die Bezugsrechte als zugeteilt gelten.

Schlusswert (in Prozent vom Anfangswert) für die Ermittlung der Entwicklung des **VERGLEICHSINDEX** ist der arithmetische Mittelwert der Werte des **VERGLEICHSINDEX** zum Ende der letzten 20 Börsenhandelstage vor dem ersten Tag des jeweiligen Ausübungszeitraumes. Schlusswert (in Prozent vom Anfangswert) für die Entwicklung des Kurses der Aktie der **FIRMA** ist der arithmetische Mittelwert der Schlusskurse der Aktie der **FIRMA** an den letzten 20 Börsenhandelstagen vor dem ersten Tag des jeweiligen Ausübungszeitraumes.

Des Weiteren (kumulative Bedingung) dürfen Bezugsrechte nur ausgeübt werden, wenn zu einem Zeitpunkt vor Ausübung der Bezugsrechte eine Kurssteigerung der Aktie der **FIRMA** von mehr als _ Prozentpunkten erreicht worden ist. Die Kurssteigerung bestimmt sich dabei als Unterschiedsbetrag zwischen dem erreichten Wert (in Prozent vom Schlusskurs der Aktie der **FIRMA** an dem Tag, an dem die Bezugsrechte als zugeteilt gelten) und dem Schlusskurs der Aktie der **FIRMA** (als 100 Prozent) an dem Tag, an dem die Bezugsrechte als zugeteilt gelten.

Maßgebend für den Börsenkurs der Aktie der **FIRMA** ist die ____ Börse.

e) Bezugserklärung

5. Ausübungspreis

Der Erwerb der *Stück*Aktien der **FIRMA** erfolgt zum Ausübungspreis. Der Ausübungspreis entspricht dem durchschnittlichen Schlusskurs der stimmberechtigten Aktien der **FIRMA** während der 10 Börsenhandelstage, die dem Zeitpunkt der Zuteilung des Bezugsrechts unmittelbar vorausgehen. Maßgebend für den Börsenkurs der Aktie der **FIRMA** ist die ___ Börse. § 9 AktG bleibt unberührt.

Als Inhaber von ___ (*Anzahl der gewährten Bezugsrechte*) Bezugsrechten erkläre ich gemäß § 198 Abs. 1 AktG nach Maßgabe der Bedingungen zum Stock-Option-Plan der **FIRMA** die Ausübung von ___ (*Anzahl der auszuübenden Bezugsrechte*) Bezugsrechten auf ___ (*Anzahl der zu gewährenden Aktien*) *Stück*Aktien der **FIRMA** mit Gewinnberechtigung ab dem ___ (*Beginn des Geschäftsjahres der Ausgabe*). Der Ausgabebetrag beträgt entsprechend der vorstehenden Ausführungen Euro ___ (*Ausübungspreis, gegebenenfalls Anpassung infolge Verwässerungsschutzvorschriften*). Die Einbuchung der Aktien soll auf mein Wertpapierdepot ___ bei der ___ (*depotführende Stelle*) erfolgen.

Mit freundlichen Grüßen

....
(Bezugsberechtigter)

2. Komplexer Stock-Option-Plan

	Seite
a) Zuteilungsbedingungen	444
b) Optionsbedingungen	451

a) Zuteilungsbedingungen

Regeln zum Stock-Option-Plan der FIRMA

Vorbemerkung

Der Vorstand der **FIRMA** hat mit Zustimmung des Aufsichtsrats beschlossen, einen Stock-Option-Plan einzuführen, der die Gewährung von Optionen auf Aktien der **FIRMA** an bestimmte Führungskräfte der **FIRMA** sowie an bestimmte Führungskräfte der mit der **FIRMA** verbundenen Unternehmen (Stock-Option-Plan) nach Maßgabe der Bedingungen zum Stock-Option-Plan der **FIRMA** vorsieht.

Die Hauptversammlung hat zur Einführung des Stock-Option-Plans am _____ einen Beschluss über die Schaffung eines bedingten Kapitals I in Höhe von Euro _____ gefasst. (Gegebenenfalls: Die hiermit verbundene Änderung der Satzung der **FIRMA** wurde am _____ in das Handelsregister eingetragen.) Nach Wahl der **FIRMA** kann diese ihre infolge der Ausübung von Rechten aus dem Stock-Option-Plan entstehende Verpflichtung zur Ausgabe von Aktien auch durch eigene Aktien der **FIRMA** erfüllen.

Mit der Einführung des Stock-Option-Plans wird eine nachhaltige Verknüpfung der Interessen der Entscheidungsträger mit den Interessen der Aktionäre an der langfristigen Steigerung des Unternehmenswertes geschaffen und auf diese Weise dem Shareholder-Value-Gedanken Rechnung getragen. Gleichzeitig bietet die **FIRMA** den Mitarbeitern durch die Einführung des Stock-Option-Plans eine international wettbewerbsfähige Vergütungskomponente, wobei die langfristig angelegten Vergütungschancen in enger Anbindung an den Unternehmenserfolg im Rahmen eines transparenten und nachvollziehbaren Systems im Mittelpunkt stehen. Der Stock-Option-Plan stellt somit einen Anreiz dar, Entscheidungen auf die Erreichung anspruchsvoller, klar definierter Erfolgsziele für die **FIRMA** auszurichten, um an der positiven Entwicklung des Unternehmenswertes zu partizipieren.

Grundidee des Stock-Option-Plans der **FIRMA** ist die erfolgreiche Umsetzung der langfristigen Geschäftsplanung der **FIRMA**. Durch die gemeinsame Realisierung der sich hierbei ergebenden Chancen werden alle Beteiligten überproportional vom Erfolg der **FIRMA** profitieren.

a) Zuteilungsbedingungen

STOCK-OPTION-PLAN

1. Inhalt der Optionen

Die im Rahmen des Stock-Option-Plans der **FIRMA** zugeteilten Optionen berechtigen den Inhaber der Optionen (Optionsinhaber) nach Maßgabe der Bedingungen zum Stock-Option-Plan der **FIRMA** (Anlage 1 zu diesen Regeln zum Stock-Option-Plan der **FIRMA**) zum Erwerb von Aktien der **FIRMA**.
Die einzelnen Optionen werden nicht verbrieft.

2. Bezugsberechtigte

(1) Im Rahmen des Stock-Option-Plans sind bezugsberechtigt alle Führungskräfte der Führungsebene I, der Führungsebene II und der Führungsebene III der **FIRMA** sowie der Führungsebene I, der Führungsebene II und der Führungsebene III der in der Anlage 2 zu diesen Bedingungen zum Stock-Option-Plan aufgeführten, mit der **FIRMA** gemäß §§ 15 ff. AktG verbundenen in- und ausländischen Unternehmen, deren Anstellungs- bzw. Arbeitsverhältnis im jeweiligen Zeitpunkt der Zuteilung besteht und nach Maßgabe der Verhältnisse zum jeweiligen Zeitpunkt der Zuteilung der Optionen nicht mit Wirkung vor Ablauf von zwei Jahren ab dem jeweiligen Zeitpunkt der Zuteilung durch Kündigung, Aufhebungsvereinbarung oder Befristung beendet sein wird (Bezugsberechtigte). Eine Beendigung nach vorstehender Regelung liegt nicht vor, wenn es nach Maßgabe der Verhältnisse zum jeweiligen Zeitpunkt der Zuteilung der Optionen überwiegend wahrscheinlich erscheint, dass das Anstellungs- bzw. Arbeitsverhältnis fortgesetzt oder durch ein neues Anstellungs- bzw. Arbeitsverhältnis ersetzt werden soll.

(2) Soweit seitens der **FIRMA** oder seitens eines mit der **FIRMA** verbundenen Unternehmens eine eindeutige Bestimmung der Führungsebenen I bis III oder eine eindeutige Zuordnung zu einer der Führungsebenen I bis III nicht vorliegt, wird der Vorstand der **FIRMA**, soweit ein Vorstandsmitglied der **FIRMA** betroffen ist der Aufsichtsrat der **FIRMA**, für Zwecke des Stock-Option-Plans unter Beachtung des Gleichbehandlungsgrundsatzes eine Bestimmung oder Zuordnung im Einzelfall vornehmen.

(3) Der Vorstand der **FIRMA** ist berechtigt, den Kreis der in Anlage 2 zu diesen Regeln zum Stock-Option-Plan aufgeführten, mit der **FIRMA** gemäß §§ 15 ff. AktG verbundenen Unternehmen, nach billigem Ermessen mit sofortiger Wirkung zu ändern. Bereits zugeteilte Optionen bleiben hiervon unberührt.

(4) Die Einbeziehung der Führungskräfte eines mit der **FIRMA** verbundenen Unternehmens in den Stock-Option-Plan ist aufschiebend bedingt durch die Einwilligung der zuständigen Organe dieses Unternehmens.

3. Erwerb der Optionen durch Zuteilung

(1) Der Erwerb der Optionen erfolgt durch Zuteilung der Optionen nach Maßgabe dieser Regeln zum Stock-Option-Plan der **FIRMA** und der Bedingungen zum Stock-Option-Plan der **FIRMA**.

(2) Die Zuteilung erfolgt im Wege des Vertragsschlusses zwischen der **FIRMA** und dem Bezugsberechtigten.

(3) Auf Seiten der **FIRMA** obliegt der Vertragsschluss mit Mitgliedern des Vorstandes der **FIRMA** als Bezugsberechtigten dem Aufsichtsrat der **FIRMA**, mit den weiteren Bezugsberechtigten dem Vorstand der **FIRMA**. Soweit bei einem mit der **FIRMA** verbundenen Unternehmen zwingende gesetzliche oder vertragliche Zuständigkeitsregelungen bezüglich der Vergütung des Bezugsberechtigten bestehen, ist die Wirksamkeit des Vertrages zwischen der **FIRMA** und dem Bezugsberechtigten des verbundenen Unternehmens aufschiebend bedingt durch die Zustimmung der zuständigen Organe dieses Unternehmens.

(4) Die Abgabe des Zuteilungsangebots der **FIRMA** erfolgt, indem die **FIRMA** dem jeweiligen Bezugsberechtigten ein vorgefertigtes Muster einer Annahmeerklärung des Zuteilungsangebots durch den Bezugsberechtigten (Muster der Annahmeerklärung, Anlage 3 zu diesen Regeln zum Stock-Option-Plan der **FIRMA**) zur Verfügung stellt. Der Inhalt des Zuteilungsangebots ergibt sich aus diesem Muster der Annahmeerklärung.

(5) Das Zuteilungsangebot bedarf der schriftlichen Annahmeerklärung gegenüber der **FIRMA**. Die Annahme soll ausschließlich durch eine dem von der **FIRMA** zur Verfügung gestellten Muster entsprechende Annahmeerklärung erfolgen. Die Annahmeerklärung hat die Anzahl der jeweils zu erwerbenden Optionen, die Grundlagen, nach denen sich der Ausübungspreis bestimmt, den Zeitpunkt, zu dem die Optionen als zugeteilt gelten (Zeitpunkt der Zuteilung), sowie die jeweiligen Wartezeiten für die Ausübung der Optionen zu benennen.

(6) Für Zwecke des Stock-Option-Plans gelten die Optionen abweichend von dem jeweiligen Zeitpunkt des Zugangs der Annahmeerklärung bei der **FIRMA** zu dem in Ziffer 4 dieser Regeln zum Stock-Option-Plan der **FIRMA** genannten Zeitpunkt der Zuteilung als zugeteilt.

(7) Die Zuteilung ist auflösend bedingt durch ein die Nichtigkeit des durch die Hauptversammlung zur Einführung des Stock-Option-Plans am _____ gefassten Beschlusses über die Schaffung eines bedingten Kapitals I in Höhe von Euro _____ rechtskräftig feststellendes oder erklärendes Urteil gemäß §§ 241 ff. AktG (*gegebenenfalls*: sowie durch die Nichteintragung dieses Beschlusses in das Handelsregister).

(8) Die Zuteilung der Optionen erfolgt unentgeltlich.

4. Bedingungen und Zeitpunkt der Zuteilung der Optionen

(1) Optionen werden erstmals im Geschäftsjahr .... zugeteilt (erstmalige Zuteilung). In den nachfolgenden Geschäftsjahren, letztmals im Geschäftsjahr ....., können den Bezugsberechtigten weitere Optionen zugeteilt werden (weitere Zuteilungen).

(2) Die erstmalige Zuteilung erfolgt innerhalb eines Monats nach der Hauptversammlung, die über die Schaffung des bedingten Kapitals beschließt. Die weiteren Zuteilungen erfolgen jeweils innerhalb eines Monats nach der Sitzung des Aufsichtsrats der **FIRMA**, in welcher der Konzernabschluss der **FIRMA** für das vorangegangene Geschäftsjahr dem Aufsichtsrat vorgelegt wird (Bilanzsitzung des Aufsichtsrats).

(3) Für Zwecke des Stock-Option-Plans gelten die Optionen für die erstmalige Zuteilung am letzten Börsenhandelstag vor Ablauf eines Monats nach Beschlussfassung der Hauptversammlung über die Schaffung eines bedingten Kapitals, für

a) Zuteilungsbedingungen

die weiteren Zuteilungen am letzten Börsenhandelstag vor Ablauf eines Monats nach der im Geschäftsjahr der jeweiligen Zuteilung stattfindenden Bilanzsitzung des Aufsichtsrats als zugeteilt.

5. Anzahl der Optionen

(1) Die Anzahl der für das jeweilige Geschäftsjahr auf einen Bezugsberechtigten entfallenden Optionen bestimmt sich grundsätzlich in Abhängigkeit von der Zugehörigkeit zu einer bestimmten Gruppe, wobei die Eingruppierung in Abhängigkeit von der Führungsebene erfolgt, auf welcher der Bezugsberechtigte in der **FIRMA** oder in einem mit der **FIRMA** verbundenen Unternehmen tätig ist. Die erstmalige Zuteilung erfolgt allein in Abhängigkeit von der Zugehörigkeit zu einer dieser Gruppen, die weiteren Zuteilungen erfolgen in Abhängigkeit von der Zugehörigkeit zu einer bestimmten Gruppe und der Erreichung eines bestimmten Erfolgskriteriums.

(2) Erstmalige Zuteilung

Die Anzahl der im Rahmen der erstmaligen Zuteilung einem Bezugsberechtigten zuzuteilenden Optionen bestimmt sich in Abhängigkeit von der Zugehörigkeit zu einer bestimmten Gruppe nach folgender Übersicht:

Gruppe I (Führungsebene I der **FIRMA**):	... Optionen
Gruppe II (Führungsebene I der verbundenen Unternehmen):	... Optionen
Gruppe III (Führungsebene II der **FIRMA**):	... Optionen
Gruppe IV (Führungsebene II der verbundenen Unternehmen):	... Optionen
Gruppe V (Führungsebene III der **FIRMA**):	... Optionen
Gruppe VI (Führungsebene III der verbundenen Unternehmen):	... Optionen

(3) Weitere Zuteilungen:

Die Anzahl der im Rahmen einer weiteren Zuteilung einem Bezugsberechtigten zuzuteilenden Optionen bestimmt sich in Abhängigkeit von der Zugehörigkeit zu einer bestimmten Gruppe sowie in Abhängigkeit vom Erreichen eines bestimmten Erfolgskriteriums.

Maßgebendes Erfolgskriterium ist das entsprechend der Anlage 4 zu diesen Regeln zum Stock-Option-Plan der **FIRMA** nach dem Schema zur Ermittlung des Ergebnisses nach DVFA zu ermittelnde Ergebnis (DVFA-Ergebnis) pro Aktie der **FIRMA** in dem der jeweiligen Zuteilung vorangehenden Geschäftsjahr.

Die **FIRMA** wird den von der Hauptversammlung der **FIRMA** für dieses Geschäftsjahr gewählten Konzernabschlussprüfer beauftragen, die Ermittlung des DVFA-Ergebnisses pro Aktie zu prüfen und darüber bis spätestens zum Zeitpunkt der jeweiligen Bilanzsitzung des Aufsichtsrats eine Bestätigung abzugeben. Das bestätigte DVFA-Ergebnis pro Aktie ist – sofern nicht ein offensichtlicher Fehler vorliegt – für die **FIRMA** und die Bezugsberechtigten bindend.

2. Komplexer Stock-Option-Plan

Optionen werden nur bei Erreichen eines bestimmten DVFA-Ergebnisses pro Aktie zugeteilt (Mindestergebnis). Das Mindestergebnis beträgt für die erste der weiteren Zuteilungen Euro ....., im Übrigen .... % des tatsächlich erreichten DVFA-Ergebnisses pro Aktie des der jeweiligen Zuteilung um zwei Geschäftsjahre vorangehenden Geschäftsjahres, mindestens jedoch Euro ..... .

Bei Erreichen des Mindestergebnisses entfällt auf jeden Bezugsberechtigten eine feste Anzahl an Optionen nach Maßgabe folgender Übersicht:

Gruppe I ... Optionen
(Führungsebene I der **FIRMA**):
Gruppe II ... Optionen
(Führungsebene I der verbundenen Unternehmen):
Gruppe III ... Optionen
(Führungsebene II der **FIRMA**):
Gruppe IV ... Optionen
(Führungsebene II der verbundenen Unternehmen):
Gruppe V ... Optionen
(Führungsebene III der **FIRMA**):
Gruppe VI ... Optionen
(Führungsebene III der verbundenen Unternehmen):

Darüber hinaus werden jedem Bezugsberechtigten für jeweils volle Euro ....., um die das DVFA-Ergebnis pro Aktie das Mindestergebnis übersteigt, nach Maßgabe folgender Übersicht Optionen als Bonus gewährt:

Gruppe I ... Optionen
(Führungsebene I der **FIRMA**):
Gruppe II ... Optionen
(Führungsebene I der verbundenen Unternehmen):
Gruppe III ... Optionen
(Führungsebene II der **FIRMA**):
Gruppe IV ... Optionen
(Führungsebene II der verbundenen Unternehmen):
Gruppe V ... Optionen
(Führungsebene III der **FIRMA**):
Gruppe VI ... Optionen
(Führungsebene III der verbundenen Unternehmen):

(4) Die Anzahl der in einem Geschäftsjahr auf einen Bezugsberechtigten entfallenden Optionen darf die sich aus folgender Übersicht ergebende Höchstzahl nicht übersteigen:

Gruppe I ... Optionen
(Führungsebene I der **FIRMA**):
Gruppe II ... Optionen
(Führungsebene I der verbundenen Unternehmen):
Gruppe III ... Optionen
(Führungsebene II der **FIRMA**):
Gruppe IV ... Optionen
(Führungsebene II der verbundenen Unternehmen):

a) Zuteilungsbedingungen

Gruppe V ... Optionen
(Führungsebene III der **FIRMA**):
Gruppe VI ... Optionen
(Führungsebene III der verbundenen Unternehmen):

(5) Einem Bezugsberechtigten können in einem Geschäftsjahr nur einmal Optionen zugeteilt werden:

Einem Bezugsberechtigten, der Mitglied mehrerer Gruppen ist, stehen Optionen nur als Mitglied der höherrangigen Gruppe zu. Maßgeblich für den Rang einer Gruppe ist deren Benennungsziffer in den obigen Übersichten. Eine Gruppe mit niedrigerer Benennungsziffer gilt als höherrangig.

Einem Bezugsberechtigten, der aufgrund mehrerer Anstellungsverhältnisse zu verschiedenen mit der **FIRMA** verbundenen Unternehmen mehrmals derselben Gruppe zugerechnet werden kann, stehen Optionen nur einmal zu.

Soweit die im Beschluss der Hauptversammlung vom .... über die Schaffung eines bedingten Kapitals festgestellte Anzahl von auf eine Führungsebene entfallenden Optionen zur Bedienung aller Bezugsberechtigten dieser Führungsebene nach obiger Maßgabe nicht ausreicht, mindert sich die Anzahl der auf einen Bezugsberechtigten entfallenden Optionen anteilig. Die sich hierbei ergebende Anzahl wird auf den nächsten durch ___ teilbaren Betrag abgerundet.

(6) Ein Anspruch auf Zuteilung von Optionen besteht nicht.

(7) Die Anzahl der jeweils zur Zuteilung angebotenen Optionen ergibt sich aus dem von der **FIRMA** zur Verfügung gestellten Muster der Annahmeerklärung.

6. Bedingungen für die Ausübung der Optionen

(1) Optionen dürfen nur ausgeübt werden, wenn (1) sich der Kurs der Aktie der **FIRMA** im Referenzzeitraum positiv entwickelt und (2) die Entwicklung des Kurses der Aktie der **FIRMA** um nicht mehr als drei Prozentpunkte hinter der Entwicklung des **VERGLEICHSINDEX** zurückbleibt.

(2) Maßgebend für die Entwicklung des Kurses der Aktie der **FIRMA** sowie für den Vergleich der Entwicklung des Kurses der Aktie der **FIRMA** und des **VERGLEICHSINDEX** ist jeweils der Unterschiedsbetrag (in Prozentpunkten) zwischen dem Anfangswert und dem Schlusswert des betrachteten Referenzzeitraums.

(3) Anfangswert (als 100 Prozent) für die Ermittlung der Entwicklung des **VERGLEICHSINDEX** ist der Wert des **VERGLEICHSINDEX** zum Ende des Tages, an dem die Optionen als zugeteilt gelten. Anfangswert (als 100 Prozent) für die Entwicklung des Kurses der Aktie der **FIRMA** ist der Schlusskurs der Aktie der **FIRMA** an dem Tag, an dem die Optionen als zugeteilt gelten.

(4) Schlusswert (in Prozent vom Anfangswert) für die Ermittlung der Entwicklung des **VERGLEICHSINDEX** ist der arithmetische Mittelwert der Werte des **VERGLEICHSINDEX** zum Ende der letzten 20 Börsenhandelstage vor dem ersten Tag des jeweiligen Ausübungszeitraumes. Schlusswert (in Prozent vom Anfangswert) für die Entwicklung des Kurses der Aktie der **FIRMA** ist der arithmetische Mittelwert der Schlusskurse der Aktie der **FIRMA** an den letzten 20 Börsenhandelstagen vor dem ersten Tag des jeweiligen Ausübungszeitraumes.

(5) Maßgebend für die Ermittlung des Kurses der Aktie der **FIRMA** sind die im ....-Handelssystem oder deren Nachfolgesysteme ermittelten Werte.

2. Komplexer Stock-Option-Plan

7. Ausübungspreis

(1) Bei Ausübung der Optionen ist von dem ausübenden Optionsinhaber der Ausübungspreis zu zahlen.

(2) Der Ausübungspreis bestimmt sich ausgehend vom vorläufigen Ausübungspreis in Abhängigkeit vom Vergleich der Entwicklung des Kurses der Aktie der **FIRMA** und der Entwicklung des **VERGLEICHSINDEX** im Referenzzeitraum. Maßgebend für den Vergleich der Entwicklung des Kurses der Aktie der **FIRMA** und des **VERGLEICHSINDEX** im Referenzzeitraum ist der nach Maßgabe der Regelungen in Nr. 6 dieser Regeln zum Stock-Option-Plan der **FIRMA** zu ermittelnde Unterschiedsbetrag (in Prozentpunkten).

(3) Vorläufiger Ausübungspreis ist der Schlusskurs der Aktie der **FIRMA** an dem Tag, an dem die Optionen als zugeteilt gelten.

(4) Soweit sich die gesamte Vergütung eines Optionsinhabers zum Zeitpunkt der jeweiligen erstmaligen Ausübbarkeit der Optionen im Hinblick auf etwaig bestehende gesetzliche Regelungen zur Vergütung als unangemessen erweisen sollte, ist der Aufsichtsrat der **FIRMA** berechtigt, den vorläufigen Ausübungspreis für den betroffenen Optionsinhaber anzupassen. Der Aufsichtsrat kann bestimmen, dass die Anpassung des vorläufigen Ausübungspreises für die zu diesem Zeitpunkt erstmalig ausübbaren Optionen aller Optionsinhaber gilt.

(5) Der Ausübungspreis ermittelt sich sodann nach Maßgabe folgender Übersicht:

Negative Abweichung der Entwicklung des Kurses der Aktie der **FIRMA** im Vergleich zur Entwicklung des **VERGLEICHSINDEX** kleiner oder gleich 3 Prozentpunkte:	der Ausübungspreis errechnet sich aus dem für jeden vollen Prozentpunkt der Abweichung um ... Prozent erhöhten vorläufigen Ausübungspreis
Keine Abweichung der Entwicklung des Kurses der Aktie der **FIRMA** im Vergleich zur Entwicklung des **VERGLEICHSINDEX**:	der Ausübungspreis entspricht dem vorläufigen Ausübungspreis
Positive Abweichung der Entwicklung des Kurses der Aktie der **FIRMA** im Vergleich zur Entwicklung des **VERGLEICHSINDEX**:	der Ausübungspreis errechnet sich aus dem für jeden vollen Prozentpunkt der Abweichung um ... Prozent verminderten vorläufigen Ausübungspreis; der Ausübungspreis beträgt jedoch mindestens .... % des vorläufigen Ausübungspreises. § 9 AktG bleibt unberührt.

(6) Die Optionsinhaber werden von der **FIRMA** auf Anfrage bei der von der **FIRMA** zu benennenden zuständigen Stelle über die Höhe des Ausübungspreises informiert.

8. Bedingungen zum Stock-Option-Plan

Den durch die **FIRMA** zur Verfügung gestellten Mustern der Annahmeerklärungen sind die Bedingungen zum Stock-Option-Plan der **FIRMA** (Anlage 1) beizufügen, die Regelungen zu den weiteren Einzelheiten, insbesondere Maßgaben zur Ausübung der Optionen, enthalten.

b) Optionsbedingungen

Bedingungen zum Stock-Option-Plan der *FIRMA*

Vorbemerkung

Der Vorstand der *FIRMA* hat mit Zustimmung des Aufsichtsrats beschlossen, einen Stock-Option-Plan einzuführen, der die Gewährung von Optionen auf Aktien der *FIRMA* an bestimmte Führungskräfte der *FIRMA* sowie an bestimmte Führungskräfte der mit der *FIRMA* verbundenen Unternehmen (Stock-Option-Plan) nach Maßgabe der nachfolgenden Bedingungen vorsieht.

Die Hauptversammlung hat zur Einführung des Stock-Option-Plan am _____ einen Beschluss über die Schaffung eines bedingten Kapitals I in Höhe von Euro _____ gefasst. (Gegebenenfalls: Die hiermit verbundene Änderung der Satzung der *FIRMA* wurde am __ in das Handelsregister eingetragen.) Nach Wahl der *FIRMA* kann diese ihre infolge der Ausübung von Rechten aus dem Stock-Option-Plan entstehende Verpflichtung zur Ausgabe von Aktien auch durch eigene Aktien der *FIRMA* erfüllen.

Mit der Einführung des Stock-Option-Plan wird eine nachhaltige Verknüpfung der Interessen der Entscheidungsträger mit den Interessen der Aktionäre an der langfristigen Steigerung des Unternehmenswertes geschaffen und auf diese Weise dem Shareholder-Value-Gedanken Rechnung getragen. Gleichzeitig bietet die *FIRMA* den Mitarbeitern durch die Einführung des Stock-Option-Plan eine international wettbewerbsfähige Vergütungskomponente, wobei die langfristig angelegten Vergütungschancen in enger Anbindung an den Unternehmenserfolg im Rahmen eines transparenten und nachvollziehbaren Systems im Mittelpunkt stehen. Der Stock-Option-Plan stellt somit einen Anreiz dar, Entscheidungen auf die Erreichung anspruchsvoller, klar definierter Erfolgsziele für die *FIRMA* auszurichten, um an der positiven Entwicklung des Unternehmenswertes zu partizipieren.

Grundidee des Stock-Option-Plan der *FIRMA* ist die erfolgreiche Umsetzung der langfristigen Geschäftsplanung der *FIRMA*. Durch die gemeinsame Realisierung der sich hierbei ergebenden Chancen werden alle Beteiligten überproportional vom Erfolg der *FIRMA* profitieren.

2. Komplexer Stock-Option-Plan

Erwerb der Optionen

§ 1 Optionen

(1) Die im Rahmen des Stock-Option-Plans der **FIRMA** zugeteilten Optionen berechtigen den Inhaber der Optionen (Optionsinhaber) nach Maßgabe dieser Bedingungen zum Stock-Option-Plan der **FIRMA** zum Erwerb von Aktien der **FIRMA**.

(2) Die einzelnen Optionen werden nicht verbrieft.

§ 2 Erwerb der Optionen durch Zuteilung

(1) Der Erwerb der Optionen erfolgt durch Zuteilung der Optionen nach Maßgabe dieser Bedingungen zum Stock-Option-Plan der **FIRMA**.

(2) Die Zuteilung erfolgt im Wege des Vertragsschlusses zwischen der **FIRMA** und der zum Erwerb der Option berechtigten Führungskraft der **FIRMA** oder des mit ihr verbundenen Unternehmens.

(3) Auf Seiten der **FIRMA** obliegt der Vertragsschluss mit Mitgliedern des Vorstandes der **FIRMA** dem Aufsichtsrat der **FIRMA**, mit den weiteren Führungskräften dem Vorstand der **FIRMA**. Soweit bei einem mit der **FIRMA** verbundenen Unternehmen zwingende gesetzliche oder vertragliche Zuständigkeitsregelungen bezüglich der Vergütung der Führungskraft bestehen, ist die Wirksamkeit des Vertrags zwischen der **FIRMA** und der Führungskraft des verbundenen Unternehmens aufschiebend bedingt durch die Zustimmung der zuständigen Organe dieses Unternehmens.

(4) Die Abgabe des Zuteilungsangebots der **FIRMA** erfolgt, indem die **FIRMA** der jeweiligen Führungskraft ein vorgefertigtes Muster einer Annahmeerklärung des Zuteilungsangebots durch die Führungskraft (Muster der Annahmeerklärung) zur Verfügung stellt. Der Inhalt des Zuteilungsangebots ergibt sich aus diesem Muster der Annahmeerklärung.

(5) Das Zuteilungsangebot bedarf der schriftlichen Annahmeerklärung gegenüber der **FIRMA**. Die Annahme soll ausschließlich durch eine dem von der **FIRMA** zur Verfügung gestellten Muster entsprechende Annahmeerklärung erfolgen. Die Annahmeerklärung hat die Anzahl der jeweils zu erwerbenden Optionen, die Grundlagen, nach denen sich der Ausübungspreis bestimmt, den Zeitpunkt, zu dem die Optionen als zugeteilt gelten (Zeitpunkt der Zuteilung), sowie die jeweiligen Wartezeiten für die Ausübung der Optionen zu benennen.

(6) Zu ihrer Wirksamkeit muss die Annahmeerklärung der **FIRMA** spätestens am letzten Börsenhandelstag der in dem Muster der Annahmeerklärung gesetzten Frist zugegangen sein. Eine mittels Telefax fristgerecht übermittelte Annahmeerklärung gilt als rechtzeitig erfolgt, wenn das Original alsbald danach, spätestens jedoch vor Ablauf von 5 Börsenhandelstagen nach Zugang des Telefax, der **FIRMA** zugeht. Die Erklärung der Annahme durch elektronische Datenübermittlung (insbesondere: eMail/Computerfax) ist ausgeschlossen.

(7) Für Zwecke des Stock-Option-Plan gelten die Optionen abweichend von dem jeweiligen Zeitpunkt des Zugangs der Annahmeerklärung bei der **FIRMA** zu dem in dem Muster der Annahmeerklärung benannten Zeitpunkt der Zuteilung als zugeteilt.

b) Optionsbedingungen

(8) Die Zuteilung ist auflösend bedingt durch ein die Nichtigkeit des durch die Hauptversammlung zur Einführung des Stock-Option-Plan am ___ gefassten Beschlusses über die Schaffung eines bedingten Kapitals I in Höhe von Euro ___ rechtskräftig feststellendes oder erklärendes Urteil gemäß §§ 241 ff. AktG (gegebenenfalls: sowie aufschiebend bedingt durch die Eintragung dieses Beschlusses in das Handelsregister).

(9) Die Zuteilung der Optionen erfolgt unentgeltlich.

Ausübung der Optionen

§ 3 Grundsatz

(1) Jede Option berechtigt zum Erwerb einer stimmberechtigten Stückaktie/ Aktie der **FIRMA** im Nennbetrag von ___ Euro.

(2) Optionen können ausschließlich während ihrer Laufzeit (§ 4) und nur nach Ablauf der Wartezeit (§ 5) ausgeübt werden. Die Ausübung ist nur innerhalb bestimmter Ausübungszeiträume (§ 6), bei Eintritt bestimmter Ausübungsbedingungen (§ 7), zum Ausübungspreis (§ 8) und unter Einhaltung von Formvorschriften (§ 9) möglich.

(3) Im Falle des Ausscheidens aus dem Kreis der für die Zuteilung in Frage kommenden Personen sowie bei Durchführung von Kapital- und Strukturmaßnahmen innerhalb der Laufzeit der Optionen gelten abweichende Regelungen (§§ 11, 12).

§ 4 Laufzeit der Optionen

(1) Die Laufzeit der Optionen beträgt jeweils sechs Jahre ab dem Zeitpunkt der Zuteilung.

(2) Optionen, die nicht bis zum Ende der Laufzeit ausgeübt wurden, erlöschen.

§ 5 Wartezeiten für die Ausübung

(1) Optionen dürfen nicht vor Ablauf der Wartezeit ausgeübt werden. Nach Ablauf der Wartezeit können die Optionen in jedem beliebigen Ausübungszeitraum innerhalb der Laufzeit der Optionen ausgeübt werden.

(2) Die Wartezeit für die erstmalige Ausübung beträgt zwei Jahre ab dem Zeitpunkt der Zuteilung. Nach Ablauf dieser Wartezeit sind maximal $1/2$ der zu diesem Zeitpunkt der Zuteilung einem Optionsinhaber zugeteilten Optionen ausübbar. Die Wartezeit für die verbleibenden $1/2$ der zu diesem Zeitpunkt der Zuteilung einem Optionsinhaber zugeteilten Optionen beträgt drei Jahre ab dem Zeitpunkt der Zuteilung.

§ 6 Ausübungszeitraum

(1) Die Ausübung von Optionen ist ausschließlich innerhalb von vier Ausübungszeiträumen im Kalenderjahr gestattet. Jeder Ausübungszeitraum hat eine Dauer von 10 Börsenhandelstagen, beginnend jeweils mit dem sechsten Börsenhandelstag nach dem Tag der Veröffentlichung des Quartalsberichts der **FIRMA**. Fällt der Ablauf einer Wartezeit (§ 5) in einen Ausübungszeitraum, endet dieser

2. Komplexer Stock-Option-Plan

Ausübungszeitraum mit dem zehnten Börsenhandelstag nach Ablauf der Wartezeit. Soweit der Ausübungszeitraum in einen Sperrzeitraum fällt, wird der Ausübungszeitraum verkürzt.

(2) Als Sperrzeitraum gelten folgende Zeiträume:
- Der Zeitraum vom Ende des 7. Bankarbeitstages vor bis zum Ende des 3. Bankarbeitstages nach Durchführung einer Hauptversammlung der **FIRMA**; ist die Teilnahme an der Hauptversammlung an eine Hinterlegung der Aktien vor der Hauptversammlung i.S.v. § 123 Abs. 2 AktG geknüpft, so ist der Zeitraum zwischen dem Ende des letzten Hinterlegungstages für die Aktien und dem Ende des dritten Bankarbeitstages nach der Hauptversammlung maßgeblich,
- ein Zeitraum von 15 Kalendertagen vor dem Ende des Geschäftsjahres der **FIRMA** sowie
- der Zeitraum vom Beginn des Tages, an dem die **FIRMA** ein Angebot zum Bezug neuer Aktien (gegebenenfalls: oder Anleihen mit Wandlungs- oder Optionsrechten) in einem Börsenpflichtblatt der Frankfurter Wertpapierbörse veröffentlicht, bis zum Ablauf des letzten Tages der Bezugsfrist.

(3) Die Optionsinhaber werden von der **FIRMA** auf Anfrage jeweils über den Beginn und das Ende eines Ausübungszeitraumes durch ..... informiert.

§ 7 Bedingungen für die Ausübung

(1) Optionen dürfen nur ausgeübt werden, wenn (1) sich der Kurs der Aktie der **FIRMA** im Referenzzeitraum positiv entwickelt und (2) die Entwicklung des Kurses der Aktie der **FIRMA** um nicht mehr als drei Prozentpunkte hinter der Entwicklung des **VERGLEICHSINDEX** zurückbleibt.

(2) Maßgebend für die Entwicklung des Kurses der Aktie der **FIRMA** sowie für den Vergleich der Entwicklung des Kurses der Aktie der **FIRMA** und des **VERGLEICHSINDEX** ist jeweils der Unterschiedsbetrag (in Prozentpunkten) zwischen dem Anfangswert und dem Schlusswert des betrachteten Referenzzeitraums.

(3) Anfangswert (als 100 Prozent) für die Ermittlung der Entwicklung des **VERGLEICHSINDEX** ist der Wert des **VERGLEICHSINDEX** zum Ende des Tages, an dem die Optionen als zugeteilt gelten. Anfangswert (als 100 Prozent) für die Entwicklung des Kurses der Aktie der **FIRMA** ist der Schlusskurs der Aktie der **FIRMA** an dem Tag, an dem die Optionen als zugeteilt gelten.

(4) Schlusswert (in Prozent vom Anfangswert) für die Ermittlung der Entwicklung des **VERGLEICHSINDEX** ist der arithmetische Mittelwert der Werte des **VERGLEICHSINDEX** zum Ende der letzten 20 Börsenhandelstage vor dem ersten Tag des jeweiligen Ausübungszeitraumes. Schlusswert (in Prozent vom Anfangswert) für die Entwicklung des Kurses der Aktie der **FIRMA** ist der arithmetische Mittelwert der Schlusskurse der Aktie der **FIRMA** an den letzten 20 Börsenhandelstagen vor dem ersten Tag des jeweiligen Ausübungszeitraumes.

(5) Maßgebend für die Ermittlung des Kurses der Aktie der **FIRMA** sind die im ___-Handelssystem oder deren Nachfolgesystem ermittelten Werte.

§ 8 Ausübungspreis

(1) Bei Ausübung der Option ist von dem ausübenden Optionsinhaber der Ausübungspreis zu zahlen.

b) Optionsbedingungen

(2) Der Ausübungspreis bestimmt sich ausgehend vom vorläufigen Ausübungspreis in Abhängigkeit vom Vergleich der Entwicklung des Kurses der Aktie der **FIRMA** und der Entwicklung des **VERGLEICHSINDEX** im Referenzzeitraum. Maßgebend für den Vergleich der Entwicklung des Kurses der Aktie der **FIRMA** und des **VERGLEICHSINDEX** im Referenzzeitraum ist der nach Maßgabe der Regelungen in § 7 zu ermittelnde Unterschiedsbetrag (in Prozentpunkten).

(3) Vorläufiger Ausübungspreis ist der Schlusskurs der Aktie der **FIRMA** an dem Tag, an dem die Optionen als zugeteilt gelten.

(4) Soweit sich die gesamte Vergütung eines Optionsinhabers zum Zeitpunkt der jeweiligen erstmaligen Ausübbarkeit der Optionen im Hinblick auf etwaig bestehende gesetzliche Regelungen zur Vergütung als unangemessen erweisen würde, ist der Aufsichtsrat der **FIRMA** berechtigt, den vorläufigen Ausübungspreis für den betroffenen Optionsinhaber anzupassen. Der Aufsichtsrat kann bestimmen, dass die Anpassung des vorläufigen Ausübungspreises für die zu diesem Zeitpunkt erstmalig ausübbaren Optionen aller Optionsinhaber gilt.

(5) Der Ausübungspreis ermittelt sich sodann nach Maßgabe folgender Übersicht:

Negative Abweichung der Entwicklung des Kurses der Aktie der **FIRMA** im Vergleich zur Entwicklung des **VERGLEICHSINDEX** kleiner oder gleich 3 Prozentpunkte:	Der Ausübungspreis errechnet sich aus dem für jeden vollen Prozentpunkt der Abweichung um … Prozent erhöhten vorläufigen Ausübungspreis
Keine Abweichung der Entwicklung des Kurses der Aktie der **FIRMA** im Vergleich zur Entwicklung des **VERGLEICHSINDEX**:	Der Ausübungspreis entspricht dem vorläufigen Ausübungspreis
Positive Abweichung der Entwicklung des Kurses der Aktie der **FIRMA** im Vergleich zur Entwicklung des **VERGLEICHSINDEX**:	Der Ausübungspreis errechnet sich aus dem für jeden vollen Prozentpunkt der Abweichung um … Prozent verminderten vorläufigen Ausübungspreis; der Ausübungspreis beträgt jedoch mindestens …. % des vorläufigen Ausübungspreises. § 9 AktG bleibt unberührt.

(6) Die Optionsinhaber werden von der **FIRMA** auf Anfrage bei der von der **FIRMA** zu benennenden zuständigen Stelle über die Höhe des Ausübungspreises informiert.

§ 9 Erklärung der Ausübung, Bezugsvertrag

(1) Dem Erwerb der Aktien der **FIRMA** durch den Optionsinhaber liegt ein Bezugsvertrag zugrunde, der durch Ausübung der Option durch den Optionsinhaber im Wege der schriftlichen Bezugserklärung und Annahme durch die **FIRMA** zustande kommt. Der Optionsinhaber verzichtet auf den Zugang der Annahmeerklärung durch die **FIRMA**.

(2) Die Bezugserklärung hat einer von der **FIRMA** zu benennenden Stelle in doppelter Ausfertigung zuzugehen und soll ausschließlich unter Verwendung des von der **FIRMA** zur Verfügung gestellten Musters einer Bezugserklärung abgegeben werden.

(3) Über die Angaben nach § 198 AktG hinaus hat die Bezugserklärung die Anzahl der Optionen, welche der Optionsinhaber ausüben möchte, sowie die Angabe eines Wertpapierdepots des Optionsinhabers zur Einbuchung der Aktien der **FIRMA** zu enthalten.

(4) Die Abgabe der Bezugserklärung kann nur innerhalb eines Ausübungszeitraums erfolgen. Zu ihrer Wirksamkeit muss die Bezugserklärung der **FIRMA** spätestens am letzten Tag des Ausübungszeitraums zugegangen sein. Eine mittels Telefax fristgerecht übermittelte Bezugserklärung gilt als rechtzeitig zugegangen, wenn das Original alsbald danach, spätestens jedoch vor Ablauf von 5 Börsenhandelstagen nach Zugang des Telefaxes, der **FIRMA** zugeht. Die Abgabe der Bezugserklärung durch elektronische Datenübermittlung (insbesondere: E-Mail/Computerfax) ist ausgeschlossen.

(5) Mit Ausübung der Optionen ist der Ausübungspreis an die **FIRMA** zu zahlen. Der Optionsinhaber hat an die **FIRMA** ferner die von dieser ggf. für den Optionsinhaber aufgrund der Ausübung von Optionen abzuführenden Steuern, Sozialversicherungsabgaben (vgl. nachstehend § 16) und Bankspesen zu zahlen.

(6) Nach Zugang der Bezugserklärung wird die **FIRMA** dem Optionsinhaber unverzüglich die der ausgeübten Anzahl an Optionen entsprechende Anzahl von Aktien Zug-um-Zug gegen Zahlung des Ausübungspreises sowie der abgeführten Steuern, Sozialversicherungsabgaben und Bankspesen auf dem von ihm in der Bezugserklärung genannten Wertpapierdepot gutschreiben lassen.

(7) Die **FIRMA** erfüllt ihre Verpflichtung zur Übereignung von Aktien mit neuen Aktien unter Inanspruchnahme des bedingten Kapitals I. Ihr steht die Befugnis zu, die Ausgabe neuer Aktien durch Übereignung zurückerworbener eigener Aktien zu ersetzen. Der Optionsinhaber ist verpflichtet, die von der **FIRMA** angebotenen Aktien in Erfüllung seiner Optionen anzunehmen.

(8) Aus dem bedingten Kapital I bereitgestellte Aktien sind erstmals für das Geschäftsjahr dividendenberechtigt, in dem sie ausgegeben werden.

§ 10 Ausübung von Optionen bei Beendigung des Anstellungs- bzw. Arbeitsverhältnisses innerhalb der Laufzeit

(1) Im Falle des Ausscheidens aus dem Kreis der für die Zuteilung in Frage kommenden Personen (Anstellungs- bzw. Arbeitsverhältnis mit der **FIRMA**, Anstellungs- bzw. Arbeitsverhältnis mit einem verbundenen Unternehmen) innerhalb der Laufzeit der Optionen gelten ergänzend nachfolgende Regelungen:

(2) Vorbehaltlich nachfolgender abweichender Regelungen hat der Optionsinhaber das Recht, alle Optionen, für welche die jeweilige Wartezeit abgelaufen ist und die Ausübungsbedingungen erreicht sind, im ersten Ausübungszeitraum, der nach der Beendigung seines Anstellungs- bzw. Arbeitsverhältnisses beginnt, auszuüben. In diesem Ausübungszeitraum nicht ausgeübte, sowie diejenigen Optionen, für welche die Wartezeit (§ 6) noch nicht abgelaufen ist, erlöschen. Dies gilt auch im Fall eines (Teil-) Betriebsübergang gem. § 613 a BGB.

(3) Im Falle der Kündigung gilt das Anstellungs- bzw. Arbeitsverhältnis für Zwecke des Stock-Option-Plans zu dem in der Kündigungserklärung genannten Termin, nicht jedoch vor Zugang der Kündigungserklärung, als wirksam beendet. Entsprechendes gilt für die Beendigung infolge Aufhebungsvertrag oder Befristung des Anstellungs- bzw. Arbeitsverhältnisses, soweit das Anstellungs- bzw.

b) Optionsbedingungen

Arbeitsverhältnis nicht fortgesetzt oder durch ein neues Anstellungs- bzw. Arbeitsverhältnis ersetzt wurde.

(4) Kündigt die **FIRMA** das Anstellungs- bzw. Arbeitsverhältnis aus einem verhaltensbedingten oder sonst von dem Optionsinhaber zu vertretenden wichtigen Grund, erlöschen alle zum Zeitpunkt der Erklärung der Kündigung noch nicht ausgeübten Optionen.

(5) Im Falle der Erwerbsunfähigkeit hat der Optionsinhaber das Recht, alle Optionen, für welche die Wartezeit zum Zeitpunkt des Zugangs eines anerkennenden Bescheides über eine Erwerbsunfähigkeit abgelaufen ist und die Ausübungsbedingungen erreicht sind, im ersten darauf folgenden Ausübungszeitraum auszuüben. Ist die Wartezeit zum Zeitpunkt des Zugangs eines anerkennenden Bescheids noch nicht abgelaufen, hat der Optionsinhaber das Recht, die Optionen im ersten Ausübungszeitraum nach Ablauf der Wartezeit auszuüben. Im ersten möglichen Ausübungszeitraum nicht ausgeübte Optionen erlöschen.

(6) Die Regelung für den Fall der Erwerbsunfähigkeit gilt entsprechend für den Fall des Todes des Optionsinhabers; in diesem Fall sind der Erbe/die Erben berechtigt, die Optionen auszuüben. Die Übertragung der Optionen durch den Optionsinhaber durch Testament oder gesetzliche Erbfolge ist erst dann für die **FIRMA** als verbindlich anzusehen, wenn dies der **FIRMA** schriftlich mitgeteilt sowie eine beglaubigte Kopie des Testaments (auszugsweise) oder eine ähnliche Bestätigung (bspw. Erbschein) vorgelegt wurde, um der **FIRMA** die Rechtmäßigkeit der Übertragung nachzuweisen, und der dadurch Berechtigte schriftlich sein Einverständnis mit den Regelungen zur Ausübung der Optionen erklärt hat.

(7) Der Eintritt des Optionsinhabers in den Ruhestand gilt für Zwecke der Ausübung von Optionen aus dem Stock-Option-Plan, für welche zum Zeitpunkt der Beendigung des Anstellungs- bzw. Arbeitsverhältnisses eine Wartezeit von zwei Jahren ab dem Zeitpunkt der Zuteilung (gesetzliche Wartezeit) bereits abgelaufen ist, nicht als Beendigung seines Anstellungs- bzw. Arbeitsverhältnisses.

(8) Im Falle der rechtsgeschäftlichen Beendigung des Anstellungs- bzw. Arbeitsverhältnisses innerhalb der Laufzeit der Optionen stehen dem Optionsinhaber Ersatzansprüche wegen des Erlöschens von Optionen nur zu, wenn das Anstellungs- bzw. Arbeitsverhältnis durch eine gegenüber dem Optionsinhaber willkürlich erklärte Kündigung als beendet gilt.

§ 11 Ausscheiden von Unternehmen aus dem Unternehmensverbund

(1) Im Falle des Ausscheidens eines Unternehmens aus dem Kreis der mit der **FIRMA** gemäß §§ 15 ff. AktG verbundenen Unternehmen innerhalb der Laufzeit der Optionen gilt, beginnend mit dem Ausscheiden, nachfolgende Regelung:

(2) Die Optionsinhaber dieses Unternehmens haben das Recht, alle Optionen, für welche die jeweilige Wartezeit abgelaufen ist und die Ausübungsbedingungen erreicht sind, im ersten Ausübungszeitraum, der nach dem Ausscheiden des Unternehmens beginnt, auszuüben. In diesem Ausübungszeitraum nicht ausgeübte sowie diejenigen Optionen, für welche die Wartezeit noch nicht abgelaufen ist, erlöschen.

(3) Als Zeitpunkt des Ausscheidens gilt dabei der Zeitpunkt, zu dem die in- oder ausländische Gesellschaft nicht mehr die Voraussetzungen eines mit der **FIRMA** gemäß §§ 15 ff. AktG verbundenen Unternehmens erfüllt.

2. Komplexer Stock-Option-Plan

§ 12 Kapital- und Strukturmaßnahmen

Führt die **FIRMA** innerhalb der Laufzeit der Optionen Kapital- und Strukturmaßnahmen durch, gelten die folgenden Regelungen:

(1) Im Falle einer Kapitalerhöhung aus Gesellschaftsmitteln durch Ausgabe neuer Aktien erhöht sich die Anzahl der Aktien, die je Option bezogen werden können, im gleichen Verhältnis wie das Grundkapital. Der Ausübungspreis je Aktie mindert sich entsprechend dem Verhältnis der Kapitalerhöhung. § 9 Abs. 1 AktG bleibt unberührt.

(2) Erhöht die **FIRMA** unter Einräumung eines unmittelbaren oder mittelbaren Bezugsrechts an ihre Aktionäre das Grundkapital gegen Leistung von Einlagen, ermäßigt sich der Ausübungspreis je Aktie für die Ausübung nach Beendigung des Bezugsrechtshandels um den Betrag, der sich aus dem arithmetischen Mittel der Bezugsrechtskurse der den Aktionären auf Grund der Kapitalerhöhung zustehenden Bezugsrechte, bezogen auf eine Aktie, an allen Tagen ihres Handels im ... an der Frankfurter Wertpapierbörse errechnet. Eine Ermäßigung des Ausübungspreises tritt nicht ein, wenn den Optionsinhabern auf Grund der Kapitalerhöhung ein mittelbares oder unmittelbares Bezugsrecht eingeräumt wird, das sie so stellt, als hätten sie ihre Optionen aus dem Stock-Option-Plan bereits ausgeübt. Soweit ein Bezugsrechtshandel nicht stattfindet, gilt § 216 Abs. 3 AktG entsprechend. § 9 Abs. 1 AktG bleibt unberührt.

(3) Im Falle einer Herabsetzung des Kapitals im Wege der Zusammenlegung oder Einziehung von Aktien vermindert sich die Anzahl von Aktien, die je Option bezogen werden können, in dem Verhältnis, das dem Verhältnis des Herabsetzungsbetrages des Grundkapitals zum Grundkapital der **FIRMA** vor der Kapitalherabsetzung entspricht. Der Ausübungspreis je Aktie wird bei einer nominellen Kapitalherabsetzung im Wege der Zusammenlegung von Aktien entsprechend dem Verhältnis der Kapitalherabsetzung erhöht. Wird das Kapital gegen Rückzahlung von Einlagen herabgesetzt oder erworbene eigene Aktien eingezogen, ändert sich der Ausübungspreis entsprechend dem vom Aufsichtsrat verbindlich festgestellten Ausmaß der Substanzveränderung pro Aktie.

(4) Wird die **FIRMA** auf eine nicht börsennotierte Aktiengesellschaft oder auf einen Rechtsträger anderer Rechtsform verschmolzen, können nicht mehr der Wartezeit unterliegende Optionen im gesamten Zeitraum vom Zeitpunkt der Zustimmung der Hauptversammlung der **FIRMA** zu dem Verschmelzungsvertrag bis zum letzten Börsenhandelstag der Aktien der **FIRMA** ausgeübt werden. Optionen, für die am letzten Börsenhandelstag der Aktien der **FIRMA** die Wartezeit noch nicht abgelaufen ist, erlöschen. Weder die **FIRMA** noch der übernehmende Rechtsträger sind verpflichtet, die Optionsinhaber für das Erlöschen von Optionen zu entschädigen, insbesondere besteht keine Verpflichtung des übernehmenden Rechtsträgers zur Auflage eines eigenen Aktienoptionsplans.

In Fällen der Auf- und Abspaltung auf eine börsennotierte Aktiengesellschaft, auf eine nicht börsennotierte Aktiengesellschaft oder auf einen Rechtsträger anderer Rechtsform unter Beteiligung der **FIRMA** als übertragender Rechtsträger gelten diese Grundsätze entsprechend.

(5) Die Regelungen für die Kapitalerhöhung gegen Einlagen gelten sinngemäß, sollte die **FIRMA** Optionen, die nicht der Umsetzung dieses Stock-Option-Plans dienen, Wandelschuldverschreibungen oder Optionsanleihen begeben.

b) Optionsbedingungen

(6) Im Falle eines Aktiensplits ohne Änderung des Grundkapitals erhöht sich die Anzahl der Aktien, die je Option bezogen werden können, in dem Verhältnis, in dem eine alte Aktie gegen neue Aktien eingetauscht wird. Der Ausübungspreis je Aktie mindert sich entsprechend dem Verhältnis, in dem alte Aktien gegen neue Aktien eingetauscht werden. Entsprechend verringert sich die Anzahl der Aktien, die je Option bezogen werden können, im Falle der Zusammenlegung von Aktien. Der Ausübungspreis je Aktie wird in dem Verhältnis erhöht, in dem alte Aktien gegen neue Aktien eingetauscht werden.

(7) Bruchteile von Aktien werden nicht geliefert und nicht ausgeglichen. Bei Erklärung der Ausübung mehrerer Optionen durch einen Optionsinhaber werden jedoch Bruchteile von Aktien zusammengelegt.

(8) Der Aufsichtsrat wird im Rahmen der jeweiligen Kapital- und Strukturmaßnahme die Ausübungsbedingungen (§ 7 der Bedingungen zum Stock-Option-Plan) sowie die Vorgaben hinsichtlich der für die Ermittlung des Ausübungspreises maßgebenden relativen Kursentwicklung der Aktie der **FIRMA** (§ 8 der Bedingungen zum Stock-Option-Plan) im Einzelfall nach billigem Ermessen anpassen. Dabei wird er den Maßgaben des Hauptversammlungsbeschlusses zur Schaffung eines bedingten Kapitals vom .... und dem Schutz sowohl der Optionsinhaber als auch der Aktionäre vor der Verminderung („Verwässerung") ihrer Rechte Rechnung tragen.

(9) Soweit ein vergleichbarer Vorgang nicht den in diesem Abschnitt (Kapital- und Strukturmaßnahmen) getroffenen Regelungen unterfällt, wird der Aufsichtsrat nach billigem Ermessen eine Regelung im Einzelfall treffen.

Sonstige Regelungen

§ 13 Übertragbarkeit

Außer im Todesfall sind die dem Optionsinhaber nach diesem Stock-Option-Plan gewährten Optionen nicht übertragbar. Jegliche Verfügungen über Optionen, wie z.B. die Gewährung einer Unterbeteiligung, die Verpfändung, die Einräumung eines Nießbrauchs oder die Errichtung einer Treuhand daran, sind unzulässig. Gleiches gilt für Rechtsgeschäfte, die wirtschaftlich zu einer Veräußerung der Optionen führen.

§ 14 Umstellung des Stock-Option-Plans

Die **FIRMA** behält sich vor, den Stock-Option-Plan in der Zukunft auf Barzahlung umzustellen. In diesem Fall wird den Optionsinhabern bei Ausübung der Optionen ein Barbetrag ausgezahlt werden, der die Optionsinhaber wirtschaftlich so stellt, als ob der Stock-Option-Plan in seiner ursprünglichen Form durchgeführt worden wäre.

§ 15 Freiwilligkeitsvorbehalt, Ausschluss betrieblicher Übung

(1) Die Gewährung von Optionen im Rahmen des Stock-Option-Plan der **FIRMA** erfolgt freiwillig und begründet keinen Rechtsanspruch für die Zukunft, auch wenn im Einzelfall Optionen ohne ausdrücklichen Freiwilligkeitsvorbehalt gewährt werden sollten.

(2) Unabhängig von der Anzahl und Wiederholung der Zuteilung von Optionen durch die **FIRMA** und der Ausübung wird mit der Zuteilung und Ausübung der Optionen keine betriebliche Übung begründet. Das gilt auch dann, wenn Optionen in mehreren aufeinander folgenden Jahren gewährt werden.

§ 16 Steuern, Sozialversicherungsabgaben

(1) Die Gewährung der Optionen an den Optionsinhaber sowie deren Ausübung können zu steuerpflichtigen geldwerten Vorteilen bei den Optionsinhabern führen. Die **FIRMA** bzw. die mit der **FIRMA** verbundenen Unternehmen werden im Falle des Bestehens einer gesetzlichen Verpflichtung für Rechnung des Optionsinhabers die anfallenden Steuern (z.B. Lohnsteuer einschließlich Kirchensteuer und Solidaritätszuschlag bzw. entsprechende Steuern) an das zuständige Finanzamt sowie die anfallenden Sozialversicherungsabgaben an die zuständige Einzugsstelle abführen. Bis zu den Pfändungsfreigrenzen können die Unternehmen von dem Optionsinhaber geschuldete Steuern und Abgaben (Arbeitnehmeranteile zur Sozialversicherung) mit der Vergütung der Führungskraft verrechnen. Darüber hinaus gehende Beträge hat die Führungskraft dem jeweiligen Unternehmen zu erstatten.

(2) Soweit der Optionsinhaber durch die spätere Veräußerung der Aktien, die er durch die Ausübung von Optionen erworben hat, im Falle einer positiven Kursentwicklung weitere Gewinne erzielt, sind diese durch den Optionsinhaber zu versteuern.

(3) Soweit ein ausländischer Staat das Besteuerungsrecht hat, ist der Optionsinhaber verpflichtet, für eine ordnungsgemäße Versteuerung in dem betreffenden Staat zu sorgen.

§ 17 Kosten

Die Konto- und Depotgebühren für die Verwaltung der Optionen und deren Ausübung, die Gebühren bei Verkauf der Aktien sowie ggf. anfallende Finanzierungszinsen sind von dem jeweiligen Optionsinhaber zu tragen.

§ 18 Erfüllungsort und Gerichtsstand

(1) Leistungs- und Erfüllungsort für alle Geldverbindlichkeiten im Zusammenhang mit diesem Stock-Option-Plan ist, soweit gesetzlich zulässig und in diesen Bedingungen zum Stock-Option-Plan nicht abweichend geregelt, der Sitz der **FIRMA**.

(2) Allgemeiner Gerichtsstand für alle Streitigkeiten eines Optionsinhabers gegen die **FIRMA** aus diesem Stock-Option-Plan ist der Sitz der **FIRMA**. Bei Ansprüchen der **FIRMA** gegen den Optionsinhaber gilt dessen inländischer Wohnsitz als Gerichtsstand. Hat der Optionsinhaber keinen allgemeinen Gerichtsstand im Inland, verlegt er seinen Wohnsitz oder gewöhnlichen Aufenthalt nach Vertragsschluss aus dem Geltungsbereich der Zivilprozeßordnung, oder ist sein Wohnsitz oder gewöhnlicher Aufenthalt zum Zeitpunkt der Klageerhebung nicht bekannt, so gilt der Sitz der **FIRMA** als ausschließlicher Gerichtsstand für alle Streitigkeiten der **FIRMA** gegen den Optionsinhaber.

b) Optionsbedingungen

§ 19 Schriftform

Änderungen und Ergänzungen der Bedingungen dieses Stock-Option-Plans bedürfen der Schriftform.

§ 20 Anwendbares Recht, Übersetzungen

(1) Die Bedingungen zum Stock-Option-Plan unterliegen ausschließlich deutschem Recht.

(2) Maßgeblich für die durch diesen Stock-Option-Plan begründeten Rechte und Pflichten sind ausschließlich die in deutscher Sprache gefassten Bedingungen zum Stock-Option-Plan. Fassungen in anderen Sprachen dienen ausschließlich der Information.

§ 21 Salvatorische Klausel

Soweit sich einzelne Bestimmungen dieses Stock-Option-Plan oder Teile davon insbesondere durch gerichtliche Entscheidung als unwirksam oder undurchführbar erweisen, bleiben die übrigen hiervon unberührt. In diesem Fall ist die **FIRMA** verpflichtet, die unwirksame oder undurchführbare Bestimmung durch eine angemessene Regelung zu ersetzen, die dem wirtschaftlichen Gehalt der unwirksamen oder undurchführbaren Bestimmung im Rahmen des mit dem Stock-Option-Plan erkennbar verfolgten Zwecks am nächsten kommt, soweit nicht das Gesetz eine Regelung bereithält. Entsprechendes gilt für den Fall, dass eine Lücke vorliegt.

3. Wandelanleihen

	Seite
a) **Zuteilungsregeln**	462
b) **Bedingungen**	467

a) Zuteilungsregeln

Regeln zur Wandelanleihe der *FIRMA*

Vorbemerkung

Der Vorstand der *FIRMA* hat mit Zustimmung des Aufsichtsrats beschlossen, Arbeitnehmern und Mitgliedern des Vorstandes der *FIRMA* ein Angebot zur Zeichnung von Wandelschuldverschreibungen zu unterbreiten (Wandelanleihe).

Die Hauptversammlung hat zur Einführung der Wandelanleihe am _____ den Beschluss über die Schaffung eines bedingten Kapitals I in Höhe von Euro _____ gefasst. (Gegebenenfalls: Die hiermit verbundene Änderung der Satzung der *FIRMA* wurde am _____ in das Handelsregister eingetragen.) Nach Wahl der *FIRMA* kann diese ihre infolge der Ausübung von Rechten aus Wandelschuldverschreibungen entstehende Verpflichtung zur Ausgabe von Aktien auch durch eigene Aktien der *FIRMA* erfüllen.

Mit der Einführung der Wandelanleihe wird eine nachhaltige Verknüpfung der Interessen der Entscheidungsträger mit den Interessen der Aktionäre an der langfristigen Steigerung des Unternehmenswertes geschaffen und auf diese Weise dem Shareholder-Value-Gedanken Rechnung getragen. Gleichzeitig bietet die *FIRMA* den Mitarbeitern durch die Einführung der Wandelanleihe eine international wettbewerbsfähige Vergütungskomponente, wobei die langfristig angelegten Vergütungschancen in enger Anbindung an den Unternehmenserfolg im Rahmen eines transparenten und nachvollziehbaren Systems im Mittelpunkt stehen. Die Wandelanleihe stellt somit einen Anreiz dar, Entscheidungen auf die Erreichung anspruchsvoller, klar definierter Erfolgsziele auszurichten, um an der positiven Entwicklung des Unternehmenswertes zu partizipieren.

Grundidee der Wandelanleihe der *FIRMA* ist die erfolgreiche Umsetzung der langfristigen Geschäftsplanung der *FIRMA*. Durch die gemeinsame Realisierung der sich hierbei ergebenden Chancen werden alle Beteiligten überproportional vom Erfolg der *FIRMA* profitieren.

a) Zuteilungsregeln

WANDELANLEIHE

1. Wandelschuldverschreibungen

(1) Die Wandelanleihe hat einen Gesamtnennbetrag von EURO _____. Sie ist eingeteilt in _____ untereinander gleichberechtigte, auf den Inhaber lautende Wandelschuldverschreibungen im Nennbetrag von je EURO ___. Die Wandelschuldverschreibungen berechtigen deren Inhaber zum Erwerb von Aktien der **FIRMA** im Wege der Ausübung des Wandlungsrechts nach Maßgabe der Bedingungen zur Wandelanleihe der **FIRMA** (Anlage 1 zu diesen Regeln zur Wandelanleihe der **FIRMA**).

(2) Die Wandelschuldverschreibungen sind in einer Globalurkunde verbrieft; Einzelurkunden werden nicht ausgegeben. Die Globalurkunde trägt die Unterschrift von zwei Mitgliedern des Vorstandes der **FIRMA**. Der Globalurkunde ist ein Global-Zinsschein beigefügt.

2. Zeichnungsberechtigung

(1) Im Rahmen der Wandelanleihe sind zeichnungsberechtigt Arbeitnehmer und Mitglieder des Vorstandes der **FIRMA** (Zeichnungsberechtigte).

(2) Ein Angebot zur Zeichnung von Wandelschuldverschreibungen durch die **FIRMA** an einen Zeichnungsberechtigten soll nur erfolgen, wenn das Anstellungs- oder Arbeitsverhältnis zwischen der **FIRMA** und dem Zeichnungsberechtigten zum jeweiligen Zeitpunkt des Angebots zur Zeichnung besteht und nach Maßgabe der Verhältnisse zum jeweiligen Zeitpunkt der Zeichnung der Wandelschuldverschreibung nicht mit Wirkung vor Ablauf von zwei Jahren ab dem jeweiligen Zeitpunkt der Zeichnung durch Kündigung, Aufhebungsvereinbarung oder Befristung beendet ist bzw. sein wird. Eine Beendigung nach vorstehender Regelung liegt nicht vor, wenn es nach Maßgabe der Verhältnisse zum jeweiligen Zeitpunkt der Zeichnung der Wandelschuldverschreibung überwiegend wahrscheinlich erscheint, dass das Anstellungs- bzw. Arbeitsverhältnis fortgesetzt oder durch ein neues Anstellungs- bzw. Arbeitsverhältnis ersetzt werden soll.

3. Zeichnung der Wandelschuldverschreibungen

(1) Der Erwerb einer Wandelschuldverschreibung erfolgt auf Grundlage eines Zeichnungsvertrages zwischen der **FIRMA** und dem Zeichnungsberechtigten.

(2) Auf Seiten der **FIRMA** obliegt der Vertragsschluss mit Mitgliedern des Vorstandes der **FIRMA** als Zeichnungsberechtigten dem Aufsichtsrat der **FIRMA**, mit den weiteren Zeichnungsberechtigten dem Vorstand der **FIRMA**.

(3) Die Abgabe des Zeichnungsangebots erfolgt, indem die **FIRMA** dem jeweiligen Zeichnungsberechtigten ein vorgefertigtes Muster einer Annahmeerklärung des Zeichnungsangebots durch den Zeichnungsberechtigten (Muster der Annahmeerklärung, Anlage 2 zu diesen Regeln zur Wandelanleihe der **FIRMA**) zur Verfügung stellt. Der Inhalt des Zeichnungsangebots ergibt sich aus diesem Muster der Annahmeerklärung.

(4) Das Zeichnungsangebot bedarf der schriftlichen Annahmeerklärung gegenüber der **FIRMA**. Die Annahme soll ausschließlich durch eine dem von

der **FIRMA** zur Verfügung gestellten Muster entsprechende Annahmeerklärung erfolgen. Die Annahmeerklärung hat die Anzahl der jeweils zu zeichnenden Wandelschuldverschreibungen, den Zeichnungsbetrag je Wandelschuldverschreibung, den Zeitpunkt, zu dem die Wandelschuldverschreibungen nach Maßgabe dieser Regeln zur Wandelanleihe der **FIRMA** als gezeichnet gelten, die jeweiligen Wartezeiten für die Ausübung der Wandlungsrechte sowie bei Zeichnung im Rahmen einer Finanzierungsrunde den Wandlungspreis, im Übrigen die Grundlagen, nach denen der Wandlungspreis ermittelt wird, zu benennen.

(5) Für Zwecke der Wandelanleihe der **FIRMA** gelten die Wandelschuldverschreibungen abweichend von dem Zeitpunkt des Abschlusses des Zeichnungsvertrages zu dem in Ziffer 4 dieser Regeln zur Wandelanleihe der **FIRMA** festgelegten Zeitpunkt (Zeitpunkt der Zeichnung) als gezeichnet.

(6) Die Wirksamkeit des Zeichnungsvertrages ist aufschiebend bedingt durch die Eintragung des durch die Hauptversammlung zur Einführung der Wandelanleihe am _____ gefassten Beschlusses über die Schaffung eines bedingten Kapitals I in Höhe von Euro _____ in das Handelsregister
sowie auflösend bedingt durch

(a) die nicht entsprechend den Maßgaben der Bedingungen zur Wandelanleihe der **FIRMA** rechtzeitig erfolgende vollständige Zahlung des Zeichnungsbetrages der gesamten vom jeweiligen Zeichnungsberechtigten zum jeweiligen Zeitpunkt der Zeichnung gezeichneten Wandelschuldverschreibungen,

(b) ein die Nichtigkeit des durch die Hauptversammlung zur Einführung der Wandelanleihe am _____ gefassten Beschlusses über die Schaffung eines bedingten Kapitals I in Höhe von Euro _____ rechtskräftig feststellendes oder erklärendes Urteil gemäß §§ 241 ff. AktG sowie

(c) den Nichteintritt einer wirksamen Kapitalerhöhung in bestimmten Fällen nach Maßgabe der Bestimmungen in Ziffer 4 dieser Regeln zur Wandelanleihe der **FIRMA**.

4. Bedingungen und Zeitpunkt der Zeichnung

(1) Wandelschuldverschreibungen können den Zeichnungsberechtigten einmalig oder in mehreren Tranchen bis zum _____ [Datum (maximal fünf Jahre nach Hauptversammlungsbeschluss)] zur Zeichnung angeboten werden.

(2) Solange die stimmberechtigten Aktien der **FIRMA** nicht börsennotiert sind, kann ein Zeichnungsangebot nur erfolgen:

(a) Innerhalb einer Frist von zwanzig Bankarbeitstagen nach Durchführung einer Finanzierungsrunde (Zeichnung im Rahmen einer Finanzierungsrunde).

Als Finanzierungsrunde gilt ausschließlich die im Rahmen einer auf einer einheitlichen Beschlußfassung beruhenden Kapitalerhöhung gegen Einlagen (§§ 182 bis 191 AktG bzw. §§ 202 bis 206 AktG) erfolgende Zeichnung (§ 185 AktG) von neuen, stimmberechtigten Aktien der **FIRMA** durch einen oder mehrere neue Aktionäre auf dessen bzw. deren eigene Rechnung. Der Umfang dieser Zeichnung muss mindestens 10 % des vor der Beschlussfassung über diese Kapitalerhöhung vorhandenen Grundkapitals der **FIRMA** betragen. Die Finanzierungsrunde gilt mit der Anmeldung der Durchführung der Erhöhung des Grundkapitals gemäß § 188 AktG als durchgeführt.

a) Zuteilungsregeln

Als Zeitpunkt der Zeichnung gilt im Falle der Zeichnung im Rahmen einer Finanzierungsrunde der letzte Tag vor Ablauf einer Frist von zwanzig Bankarbeitstagen nach Durchführung der betreffenden Finanzierungsrunde.

(b) Innerhalb einer Frist von zehn Bankarbeitstagen nach der öffentlichen Bekanntmachung der Zeichnungsspanne im Rahmen des IPO, jedoch nicht mehr nach dem dritten Tag der Zeichnungsfrist im Rahmen des IPO (Zeichnung im Rahmen des IPO).

Als IPO gilt ausschließlich die erstmalige Zulassung der stimmberechtigten Aktien der **FIRMA** zum Handel an einer Wertpapierbörse.

Als Zeitpunkt der Zeichnung gilt im Falle der Zeichnung im Rahmen des IPO der dritte Tag der Zeichnungsfrist im Rahmen des IPO.

Erfüllt die Zeichnung von Wandelschuldverschreibungen gleichzeitig ganz oder teilweise sowohl die Voraussetzungen einer Zeichnung im Rahmen einer Finanzierungsrunde als auch die Voraussetzungen einer Zeichnung im Rahmen des IPO, so gilt die gesamte Zeichnung als im Rahmen des IPO erfolgt.

Die Wirksamkeit sowohl von im Rahmen einer Finanzierungsrunde als auch von im Rahmen des IPO geschlossenen Zeichnungsverträgen ist auflösend bedingt durch den Nichteintritt einer wirksamen Erhöhung des Grundkapitals der **FIRMA** infolge der Finanzierungsrunde bzw. des IPO innerhalb einer Frist von sechs Monaten ab Durchführung der Finanzierungsrunde bzw. ab Erstnotiz im Rahmen des IPO.

(3) Sind die stimmberechtigten Aktien der **FIRMA** börsennotiert, können Wandelschuldverschreibungen jeweils nur gezeichnet werden innerhalb der letzten beiden Wochen des ersten, zweiten, dritten sowie vierten Quartals des Geschäftsjahres der **FIRMA** (Zeichnung bei Börsennotierung).

Als Zeitpunkt der Zeichnung gilt in diesem Falle jeweils der letzte Börsenhandelstag des Quartals, in dem die Zeichnung erfolgt ist.

5. Anzahl der Wandelschuldverschreibungen

(1) Insgesamt können im Rahmen der Wandelanleihe bis zu _____ Wandelschuldverschreibungen zur Zeichnung angeboten werden.

(2) Die Entscheidung über die konkrete Anzahl der Wandelschuldverschreibungen, die einem Zeichnungsberechtigten zur Zeichnung angeboten werden, obliegt dem Vorstand der **FIRMA**, soweit ein Mitglied des Vorstandes der **FIRMA** betroffen ist, dem Aufsichtsrat der **FIRMA**. Bei der Abgabe von Zeichnungsangeboten können der Vorstand der **FIRMA** bzw. der Aufsichtsrat der **FIRMA** nach billigem Ermessen und unter Beachtung des Gleichbehandlungsgrundsatzes Differenzierungen vornehmen.

(3) Ein Anspruch der Zeichnungsberechtigten auf ein Angebot zur Zeichnung von Wandelschuldverschreibungen besteht nicht.

(4) Die Anzahl der einem Zeichnungsberechtigten zur Zeichnung angebotenen Wandelschuldverschreibungen ergibt sich aus dem von der **FIRMA** zur Verfügung gestellten Muster der Annahmeerklärung.

6. Aufgeld, Wandlungspreis, Erfolgsziel

(1) Bei Ausübung des Wandlungsrechts ist von dem ausübenden Inhaber der Wandelschuldverschreibung die Differenz zwischen dem Nennbetrag der hinge-

3. Wandelanleihen

gebenen Wandelschuldverschreibung und dem Wandlungspreis zu zahlen (Aufgeld).

(2) Im Falle der Zeichnung im Rahmen einer Finanzierungsrunde entspricht der Wandlungspreis dem Wert der höchsten Gegenleistung für die Ausgabe einer Aktie (Ausgabebetrag und geldwerte Nebenverpflichtungen), zu der sich einer der neuen Aktionäre im Rahmen der dieser Zeichnung zugrunde liegenden Finanzierungsrunde verpflichtet hat, zuzüglich eines Aufschlages auf diesen Wert der Gegenleistung in Höhe von 35% als Erfolgsziel. § 9 AktG bleibt unberührt.

(3) Im Falle der Zeichnung im Rahmen des IPO entspricht der Wandlungspreis dem Emissionskurs im Rahmen des IPO zuzüglich eines Aufschlages auf diesen Emissionskurs in Höhe von 35% als Erfolgsziel. § 9 AktG bleibt unberührt.

(4) Im Falle der Zeichnung bei Börsennotierung entspricht der Wandlungspreis dem durchschnittlichen Schlusskurs der stimmberechtigten Aktien der **FIRMA** während der letzten 10 Börsenhandelstage des Quartals, in dem die Wandelschuldverschreibungen als gezeichnet gelten, mindestens jedoch dem Schlusskurs der stimmberechtigten Aktien der **FIRMA** am letzten Börsenhandelstag dieses Quartals, jeweils zuzüglich eines Aufschlages auf den maßgeblichen Kurs in Höhe von 25 % als Erfolgsziel. § 9 AktG bleibt unberührt.

Maßgeblich ist diejenige deutsche Wertpapierbörse, an der im letzten dem Zeitpunkt dieser Zeichnung vorangehenden vollen Monat die meisten stimmberechtigten Aktien der **FIRMA** gehandelt worden sind.

7. Bedingungen zur Wandelanleihe

Den Mustern der Annahmeerklärung sind die Bedingungen zur Wandelanleihe der **FIRMA** (Anlage 1 zu diesen Regeln zur Wandelanleihe der **FIRMA**) beizufügen, die Regelungen zu den weiteren Einzelheiten, insbesondere Maßgaben zur Ausübung der Wandlungsrechte, enthalten. Die Bedingungen sind anzupassen, soweit dies im Hinblick auf den jeweiligen Zeitpunkt der Zeichnung erforderlich erscheint.

b) Bedingungen

Bedingungen zur Wandelanleihe der FIRMA

(Finanzierungsrunde)

Vorbemerkung

Der Vorstand der **FIRMA** hat mit Zustimmung des Aufsichtsrats beschlossen, Arbeitnehmern und Mitgliedern des Vorstandes der **FIRMA** nach Maßgabe der nachfolgenden Bedingungen zur Wandelanleihe der **FIRMA** ein Angebot zur Zeichnung von Wandelschuldverschreibungen zu unterbreiten (Wandelanleihe).

Die Hauptversammlung hat zur Einführung der Wandelanleihe am _____ den Beschluss über die Schaffung eines bedingten Kapitals I in Höhe von Euro _____ gefasst. (Gegebenenfalls: Die hiermit verbundene Änderung der Satzung der **FIRMA** wurde am _____ in das Handelsregister eingetragen.) Nach Wahl der **FIRMA** kann diese ihre infolge der Ausübung von Rechten aus Wandelschuldverschreibungen entstehende Verpflichtung zur Ausgabe von Aktien auch durch eigene Aktien der **FIRMA** erfüllen.

Mit der Einführung der Wandelanleihe wird eine nachhaltige Verknüpfung der Interessen der Entscheidungsträger mit den Interessen der Aktionäre an der langfristigen Steigerung des Unternehmenswertes geschaffen und auf diese Weise dem Shareholder-Value-Gedanken Rechnung getragen. Gleichzeitig bietet die **FIRMA** den Mitarbeitern durch die Einführung der Wandelanleihe eine international wettbewerbsfähige Vergütungskomponente, wobei die langfristig angelegten Vergütungschancen in enger Anbindung an den Unternehmenserfolg im Rahmen eines transparenten und nachvollziehbaren Systems im Mittelpunkt stehen. Die Wandelanleihe stellt somit einen Anreiz dar, Entscheidungen auf die Erreichung anspruchsvoller, klar definierter Erfolgsziele auszurichten, um an der positiven Entwicklung des Unternehmenswertes zu partizipieren.

Grundidee der Wandelanleihe der **FIRMA** ist die erfolgreiche Umsetzung der langfristigen Geschäftsplanung der **FIRMA**. Durch die gemeinsame Realisierung der sich hierbei ergebenden Chancen werden alle Beteiligten überproportional vom Erfolg der **FIRMA** profitieren.

3. Wandelanleihen

Zeichnung der Wandelschuldverschreibungen

§ 1 Wandelschuldverschreibungen

(1) Die Wandelanleihe hat einen Gesamtnennbetrag von EURO ____. Sie ist eingeteilt in ____ untereinander gleichberechtigte, auf den Inhaber lautende Wandelschuldverschreibungen im Nennbetrag von je EURO __. Die Wandelschuldverschreibungen berechtigen deren Inhaber nach Maßgabe dieser Bedingungen zur Wandelanleihe der **FIRMA** zum Erwerb von Aktien der **FIRMA**.

(2) Die Wandelschuldverschreibungen sind in einer Globalurkunde verbrieft; Einzelurkunden werden nicht ausgegeben. Die Globalurkunde trägt die Unterschrift von zwei Mitgliedern des Vorstandes der **FIRMA**. Der Globalurkunde ist ein Global-Zinsschein beigefügt.

§ 2 Zeichnung der Wandelschuldverschreibungen

(1) Der Erwerb einer Wandelschuldverschreibung erfolgt auf Grundlage eines Zeichnungsvertrages zwischen der **FIRMA** und dem zur Zeichnung der Wandelanleihe berechtigten Mitglied des Vorstandes bzw. Arbeitnehmer der **FIRMA** nach Maßgabe dieser Bedingungen zur Wandelanleihe der **FIRMA**.

(2) Auf Seiten der **FIRMA** obliegt der Vertragsschluss mit Mitgliedern des Vorstandes der **FIRMA** dem Aufsichtsrat der **FIRMA**, mit den Arbeitnehmern dem Vorstand der **FIRMA**.

(3) Die Abgabe des Zeichnungsangebots erfolgt, indem die **FIRMA** dem jeweiligen Mitglied des Vorstandes oder Arbeitnehmer ein vorgefertigtes Muster einer Annahmeerklärung des Zeichnungsangebots durch diesen (Muster der Annahmeerklärung) zur Verfügung stellt. Der Inhalt des Zeichnungsangebots ergibt sich aus diesem Muster der Annahmeerklärung.

(4) Das Zeichnungsangebot bedarf der schriftlichen Annahmeerklärung gegenüber der **FIRMA**. Die Annahme soll ausschließlich durch eine dem von der **FIRMA** zur Verfügung gestellten Muster entsprechende Annahmeerklärung erfolgen. Die Annahmeerklärung hat die Anzahl der jeweils zu zeichnenden Wandelschuldverschreibungen, den Zeichnungsbetrag je Wandelschuldverschreibung, den Zeitpunkt, zu dem die Wandelschuldverschreibungen als gezeichnet gelten (Zeitpunkt der Zeichnung), die jeweiligen Wartezeiten für die Ausübung der Wandlungsrechte sowie den Wandlungspreis zu benennen.

(5) Zu ihrer Wirksamkeit muss die Annahmeerklärung der **FIRMA** spätestens am letzten Bankarbeitstag der in dem Muster der Annahmeerklärung gesetzten Frist zugegangen sein. Eine mittels Telefax fristgerecht übermittelte Annahmeerklärung gilt als rechtzeitig erfolgt, wenn das Original alsbald danach, spätestens jedoch vor Ablauf von 5 Bankarbeitstagen nach Zugang des Telefax, der **FIRMA** zugeht. Die Erklärung der Annahme durch elektronische Datenübermittlung (insbesondere: E-Mail/Computerfax) ist ausgeschlossen.

(6) Für Zwecke der Wandelanleihe der **FIRMA** gelten die Wandelschuldverschreibungen abweichend von dem Zeitpunkt des Abschlusses des Zeichnungsvertrages zu dem in dem Muster der Annahmeerklärung benannten Zeitpunkt der Zeichnung als gezeichnet.

b) Bedingungen

(7) Die Wirksamkeit des Zeichnungsvertrages ist aufschiebend bedingt durch die Eintragung des durch die Hauptversammlung zur Einführung der Wandelanleihe am ____ gefassten Beschlusses über die Schaffung eines bedingten Kapitals I in Höhe von Euro ____ in das Handelsregister

sowie auflösend bedingt durch

(a) die nicht entsprechend der Maßgabe des § 2 Abs. 8 rechtzeitig erfolgende vollständige Zahlung des Zeichnungsbetrages der gesamten vom jeweiligen zeichnenden Mitglied des Vorstandes oder Arbeitnehmer zum jeweiligen Zeitpunkt der Zeichnung gezeichneten Wandelschuldverschreibungen,

(b) ein die Nichtigkeit des durch die Hauptversammlung zur Einführung der Wandelanleihe am ____ gefassten Beschlusses über die Schaffung eines bedingten Kapitals I in Höhe von Euro ____ rechtskräftig feststellendes oder erklärendes Urteil gemäß §§ 241 ff. AktG sowie

(c) den Nichteintritt einer wirksamen Erhöhung des Grundkapitals der **FIRMA** innerhalb von sechs Monaten nach Durchführung der der Zeichnung zugrunde liegenden Finanzierungsrunde. Als Finanzierungsrunde gilt ausschließlich die im Rahmen einer auf einer einheitlichen Beschlussfassung beruhenden Kapitalerhöhung gegen Einlagen (§§ 182 bis 191 AktG bzw. §§ 202 bis 206 AktG) erfolgende Zeichnung (§ 185 AktG) von neuen, stimmberechtigten Aktien der **FIRMA** durch einen oder mehrere neue Aktionäre auf dessen bzw. deren eigene Rechnung. Der Umfang dieser Zeichnung muss mindestens 10 % des vor der Beschlussfassung über diese Kapitalerhöhung vorhandenen Grundkapitals der **FIRMA** betragen. Die Finanzierungsrunde gilt mit der Anmeldung der Durchführung der Erhöhung des Grundkapitals gemäß § 188 AktG als durchgeführt.

(8) Der gezeichnete Betrag ist spätestens 20 Bankarbeitstage nach dem Zeitpunkt der Zeichnung der Wandelschuldverschreibung zur Zahlung auf ein von der **FIRMA** zu benennendes Konto fällig.

§ 3 Rückzahlung und Verzinsung der Wandelschuldverschreibung

(1) Die gezeichneten Wandelschuldverschreibungen werden vorbehaltlich einer vorzeitigen Kündigung (§ _) nach Ablauf einer Frist von fünf Jahren zum Nennbetrag zurückgezahlt, soweit der Inhaber der Wandelschuldverschreibung sein Wandlungsrecht nach § 4 nicht ausübt. Die Frist beginnt mit dem jeweiligen Zeitpunkt der Zeichnung der Wandelschuldverschreibung.

(2) Den Inhabern der Wandelschuldverschreibungen sowie der **FIRMA** steht, unbeschadet der Rechte aus § 15, ein Recht zur ordentlichen Kündigung einer Wandelschuldverschreibung nicht zu.

(3) Die Wandelschuldverschreibung wird mit jährlich 5% verzinst. Der Zinslauf der Wandelschuldverschreibung beginnt mit dem Zeitpunkt der Zeichnung der Wandelschuldverschreibung und endet an dem Tag, an dem die Wandelschuldverschreibung zur Rückzahlung fällig wird. Sind Zinsen für einen Zeitraum von weniger als einem Jahr zu berechnen, erfolgt die Berechnung auf Basis der tatsächlich verstrichenen Tage geteilt durch 360. Die Zinsen sind jeweils nachträglich jährlich am 31. Dezember bzw. am Rückzahlungstag zur Zahlung fällig. Fällige Zinsen werden dem Inhaber der Wandelschuldverschreibung auf ein von ihm zu benennendes Konto überwiesen.

(4) Die in § 801 Abs. 1 S. 1 BGB festgesetzte Vorlegungsfrist wird für die Wandelschuldverschreibungen auf 10 Jahre abgekürzt. Der Anspruch gemäß

§ 804 Abs. 1 S. 1 BGB wegen des Verlustes oder der Vernichtung von Zinsscheinen ist ausgeschlossen (§ 804 Abs. 2 BGB).

Ausübung des Wandlungsrechtes

§ 4 Grundsatz
(1) Der Inhaber einer Wandelschuldverschreibung hat das Recht, die von ihm gezeichnete Wandelschuldverschreibung unter Zuzahlung der Differenz zwischen dem Nennbetrag der Wandelschuldverschreibung und dem jeweiligen Wandlungspreis nach Maßgabe der nachfolgenden Regelungen über die Ausübung des Wandlungsrechts (§§ 5 bis 10) im Umtausch gegen eine stimmberechtigte Aktie der **FIRMA** im Nennbetrag von Euro __ hinzugeben (Wandlungsrecht).

(2) Das Wandlungsrecht kann ausschließlich während seiner Laufzeit (§ 5) und nur nach Ablauf der Wartezeit (§ 6) ausgeübt werden. Die Ausübung ist nur innerhalb bestimmter Ausübungszeiträume (§ 7) zum Ausübungspreis (§ 8) und unter Einhaltung von Formvorschriften (§ 9) möglich.

(3) Im Falle des Ausscheidens aus dem Kreis der für die Zeichnung in Frage kommenden Personen sowie bei Durchführung von Kapital- und Strukturmaßnahmen innerhalb der Laufzeit der Wandlungsrechte gelten abweichende Regelungen (§§ 10, 11).

§ 5 Laufzeit
(1) Die Laufzeit der Wandlungsrechte beträgt fünf Jahre ab dem Zeitpunkt der Zeichnung.

(2) Wandlungsrechte, die nicht bis zum Ende der Laufzeit ausgeübt wurden, erlöschen.

§ 6 Wartezeiten für die Ausübung
(1) Wandlungsrechte dürfen nicht vor Ablauf der Wartezeit ausgeübt werden. Nach Ablauf der Wartezeit können die Wandlungsrechte in jedem beliebigen Ausübungszeitraum innerhalb der Laufzeit der Wandlungsrechte ausgeübt werden.

(2) Die Wartezeit für die erstmalige Ausübung beträgt zwei Jahre ab dem Zeitpunkt der Zeichnung. Nach Ablauf dieser Wartezeit sind maximal $1/_2$ der zu diesem Zeitpunkt der Zeichnung von dem Inhaber der Wandelschuldverschreibungen gezeichneten Wandelschuldverschreibungen ausübbar. Die Wartezeit für die verbleibenden 1/2 der zu diesem Zeitpunkt der Zeichnung von dem Inhaber der Wandelschuldverschreibungen gezeichneten Wandelschuldverschreibungen beträgt drei Jahre ab dem Zeitpunkt der Zeichnung.

§ 7 Ausübungszeitraum
(1) Die Ausübung von Wandlungsrechten ist ausschließlich innerhalb von drei Ausübungszeiträumen im Geschäftsjahr gestattet. Jeder Ausübungszeitraum hat eine Dauer von 20 Börsenhandelstagen, beginnend jeweils mit dem sechsten Börsenhandelstag nach dem Tag der Veröffentlichung des Quartalsberichts der

b) Bedingungen

FIRMA für das 1., 2. und 3. Quartal des Geschäftsjahres. Sind die Aktien der **FIRMA** zum Zeitpunkt der Ausübung noch nicht an einer Börse notiert, hat jeder Ausübungszeitraum eine Dauer von zwanzig Bankarbeitstagen, beginnend jeweils mit dem ersten Bankarbeitstag des 2., 3. und 4. Quartals des Geschäftsjahres. Fällt der Ablauf einer Wartezeit (§ 6) in einen Ausübungszeitraum, endet dieser Ausübungszeitraum im Falle der Börsennotierung mit dem zwanzigsten Börsenhandelstag, im Übrigen nach Ablauf einer Frist von zwanzig Bankarbeitstagen nach Ablauf der Wartezeit. Soweit der Ausübungszeitraum in einen Sperrzeitraum fällt, wird der Ausübungszeitraum verkürzt.

(2) Als Sperrzeitraum gelten folgende Zeiträume:
– Der Zeitraum vom Ende des 7. Bankarbeitstages vor bis zum Ende des 3. Bankarbeitstages nach Durchführung einer Hauptversammlung der **FIRMA**; ist die Teilnahme an der Hauptversammlung an eine Hinterlegung der Aktien vor der Hauptversammlung i.S.v. § 123 Abs. 2 AktG geknüpft, so ist der Zeitraum zwischen dem Ende des letzten Hinterlegungstages für die Aktien und dem Ende des dritten Bankarbeitstages nach der Hauptversammlung maßgeblich,
– ein Zeitraum von 15 Kalendertagen vor dem Ende des Geschäftsjahres der **FIRMA** sowie
– der Zeitraum von dem Tag an, an dem die **FIRMA** ein Angebot zum Bezug neuer Aktien oder Anleihen mit Wandlungs- oder Optionsrechten in einem Börsenpflichtblatt einer Wertpapierbörse veröffentlicht, bis zum Ablauf des letzten Tages der Bezugsfrist.

§ 8 Aufgeld, Wandlungspreis, Erfolgsziel

Bei Ausübung des Bezugsrechts ist von dem ausübenden Inhaber der Wandelschuldverschreibung die Differenz zwischen dem Nennbetrag der hingegebenen Wandelschuldverschreibung und dem Wandlungspreis (Aufgeld) zu zahlen. Der Wandlungspreis beträgt Euro ___ zuzüglich eines Aufschlages auf diesen Betrag in Höhe von 35% als Erfolgsziel, d.h. Euro ___. § 9 AktG bleibt unberührt.

§ 9 Erklärung der Wandlung, Bezugsvertrag

(1) Dem Erwerb der Aktien der **FIRMA** durch den Inhaber der Wandelschuldverschreibung liegt ein Bezugsvertrag zugrunde, der durch Ausübung des Wandlungsrechts durch den Inhaber der Wandelschuldverschreibung im Wege der schriftlichen Erklärung der Wandlung (Wandlungserklärung) und der Annahme durch die **FIRMA** zustande kommt. Der Inhaber der Wandelschuldverschreibung verzichtet auf den Zugang der Annahmeerklärung durch die **FIRMA**.

(2) Die Wandlungserklärung hat einer von der **FIRMA** zu benennenden Stelle in doppelter Ausfertigung zuzugehen und soll ausschließlich unter Verwendung des von der **FIRMA** zur Verfügung gestellten Musters einer Wandlungserklärung abgegeben werden.

(3) Über die Angaben nach § 198 AktG hinaus hat die Wandlungserklärung die Anzahl der Wandlungsrechte, die der Inhaber der Wandelschuldverschreibungen ausüben möchte, sowie die Angabe eines Wertpapierdepots des Inhabers der Wandelschuldverschreibungen zur Einbuchung der Aktien der **FIRMA** zu enthalten.

(4) Die Abgabe der Wandlungserklärung kann nur innerhalb eines Ausübungszeitraums erfolgen. Zu ihrer Wirksamkeit muss die Wandlungserklärung der **FIRMA** spätestens am letzten Tag des Ausübungszeitraums zugegangen sein. Eine mittels Telefax fristgerecht übermittelte Wandlungserklärung gilt als rechtzeitig zugegangen, wenn das Original alsbald danach, spätestens jedoch vor Ablauf von fünf Bankarbeitstagen nach Zugang des Telefax, der **FIRMA** zugeht. Die Abgabe der Wandlungserklärung durch elektronische Datenübermittlung (insbesondere: E-Mail/Computerfax) ist ausgeschlossen.

(5) Mit Ausübung des Wandlungsrechts ist das Aufgeld an die **FIRMA** zu zahlen. Der Inhaber der Wandelschuldverschreibung hat an die **FIRMA** ferner die von dieser ggf. für ihn aufgrund der Ausübung von Wandlungsrechten abzuführenden Steuern, Sozialversicherungsabgaben (vgl. nachstehend § 17) und Bankspesen zu zahlen.

(6) Nach Zugang der Wandlungserklärung wird die **FIRMA** dem Inhaber der Wandelschuldverschreibungen unverzüglich die der ausgeübten Anzahl an Wandlungsrechten entsprechende Anzahl von Aktien Zug-um-Zug gegen Zahlung des Aufgelds sowie der abgeführten Steuern, Sozialversicherungsabgaben und Bankspesen auf dem von ihm in der Wandlungserklärung genannten Wertpapierdepot gutschreiben lassen.

(7) Die **FIRMA** erfüllt ihre Verpflichtung zur Übereignung von Aktien mit neuen Aktien unter Inanspruchnahme des bedingten Kapitals I. Ihr steht die Befugnis zu, die Ausgabe neuer Aktien durch Übereignung zurückerworbener eigener Aktien zu ersetzen. Der Inhaber der Wandelschuldverschreibung ist verpflichtet, die nach Wahl der **FIRMA** angebotenen Aktien in Erfüllung seines Wandlungsrechts anzunehmen.

(8) Aus dem bedingten Kapital I bereitgestellte Aktien sind erstmals für das Geschäftsjahr dividendenberechtigt, in dem sie ausgegeben werden.

(9) Mit Abschluss des Bezugsvertrages erlöschen die Rechte des Inhabers der Wandelschuldverschreibung aus § 3.

§ 10 Ausübung von Wandlungsrechten in besonderen Fällen

(1) Im Falle des Ausscheidens aus dem Kreis der für die Zeichnung in Frage kommenden Personen (Anstellungs- bzw. Arbeitsverhältnis mit der **FIRMA**) innerhalb der Laufzeit der Wandlungsrechte gelten ergänzend nachfolgende Regelungen:

(2) Vorbehaltlich nachfolgender abweichender Regelungen hat der Inhaber der Wandelschuldverschreibungen das Recht, alle Wandlungsrechte, für welche die Wartezeit abgelaufen ist, im ersten Ausübungszeitraum, der nach der Beendigung seines Anstellungs- bzw. Arbeitsverhältnisses beginnt, auszuüben. In diesem Ausübungszeitraum nicht ausgeübte sowie diejenigen Wandlungsrechte, für welche die Wartezeit (§ 6) noch nicht abgelaufen ist, erlöschen. Dies gilt auch im Fall eines (Teil-) Betriebsübergangs gem. § 613 a BGB.

(3) Im Falle der Kündigung gilt das Anstellungs- bzw. Arbeitsverhältnis für Zwecke der Wandelanleihe zu dem in der Kündigungserklärung genannten Termin, nicht jedoch vor Zugang der Kündigungserklärung, als wirksam beendet. Entsprechendes gilt für die Beendigung infolge Aufhebungsvertrag oder Befristung des Anstellungs- bzw. Arbeitsverhältnisses, soweit das Anstellungs- bzw.

b) Bedingungen

Arbeitsverhältnis nicht fortgesetzt oder durch ein neues Anstellungs- bzw. Arbeitsverhältnis ersetzt wurde.

(4) Kündigt die **FIRMA** das Anstellungs- bzw. Arbeitsverhältnis aus einem verhaltensbedingten oder sonst von dem betreffenden Inhaber der Wandelschuldverschreibungen zu vertretenden wichtigen Grund, erlöschen alle zum Zeitpunkt der Erklärung der Kündigung noch nicht ausgeübten Wandlungsrechte.

(5) Im Falle der Erwerbsunfähigkeit hat der Inhaber der Wandelschuldverschreibungen das Recht, alle Wandlungsrechte, für welche die Wartezeit zum Zeitpunkt des Zugangs eines anerkennenden Bescheides über eine Erwerbsunfähigkeit abgelaufen ist, im ersten darauf folgenden Ausübungszeitraum auszuüben. Ist die Wartezeit zum Zeitpunkt des Zugangs des anerkennenden Bescheides noch nicht abgelaufen, hat der Inhaber der Wandelschuldverschreibungen das Recht, die Wandlungsrechte im ersten Ausübungszeitraum nach Ablauf der Wartezeit auszuüben. Im ersten möglichen Ausübungszeitraum nicht ausgeübte Wandlungsrechte erlöschen.

(6) Die Regelung für den Fall der Erwerbsunfähigkeit gilt entsprechend für den Fall des Todes des Inhabers der Wandelschuldverschreibungen; in diesem Fall sind der Erbe/die Erben berechtigt, die Wandlungsrechte auszuüben. Die Übertragung der Wandelschuldverschreibungen durch den Inhaber der Wandelschuldverschreibungen durch Testament oder gesetzliche Erbfolge ist für die **FIRMA** erst dann als verbindlich anzusehen, wenn dies der **FIRMA** schriftlich mitgeteilt sowie eine beglaubigte Kopie des Testaments (auszugsweise) oder eine ähnliche Bestätigung (z.B. Erbschein) vorgelegt wurde, um der **FIRMA** die Rechtmäßigkeit der Übertragung nachzuweisen und der Erbe schriftlich sein Einverständnis mit den Regelungen zur Ausübung der Wandlungsrechte erklärt hat.

(7) Der Eintritt des Inhabers der Wandelschuldverschreibungen in den Ruhestand gilt für Zwecke der Ausübung von Wandlungsrechten aus der Wandelanleihe, für welche zu diesem Zeitpunkt die Wartezeit (§ 6) abgelaufen ist, nicht als Beendigung des Anstellungs- bzw. Arbeitsverhältnisses.

(8) Im Falle der rechtsgeschäftlichen Beendigung des Anstellungs- bzw. Arbeitsverhältnisses innerhalb der Laufzeit der Wandlungsrechte stehen dem Inhaber der Wandelschuldverschreibungen Ersatzansprüche wegen des Erlöschens von Wandlungsrechten nur zu, wenn das Anstellungs- bzw. Arbeitsverhältnis durch eine dem Inhaber der Wandelschuldverschreibung willkürlich erklärte Kündigung als beendet gilt.

Sonstige Regelungen

§ 11 Kapital- und Strukturmaßnahmen, Anpassungsrecht

(1) Die Bedingungen zur Wandelanleihe werden für die gezeichneten Wandelschuldverschreibungen nach Maßgabe der nachfolgenden Bestimmungen angepasst, wenn die **FIRMA** innerhalb der Laufzeit der Wandlungsrechte das Grundkapital gegen Einlagen oder aus Gesellschaftsmitteln erhöht, das Grundkapital herabsetzt, das Grundkapital neu einteilt, außerhalb dieser Wandelanleihe Wandelschuldverschreibungen, Optionsanleihen oder Bezugsrechte begibt, eine Maßnahme nach dem Umwandlungsgesetz oder eine sonstige vergleichbare

3. Wandelanleihen

Maßnahme (Kapital- und Strukturmaßnahme) durchführt. Eine Anpassung erfolgt nicht im Falle der Ausgabe von Aktien im Rahmen des zur Einführung der Wandelanleihe der *FIRMA* am ____ beschlossenen bedingten Kapitals.

(2) Im Falle einer Kapitalerhöhung gegen Einlagen unter Einräumung eines unmittelbaren oder mittelbaren Bezugsrechts an die Aktionäre ist der Aufsichtsrat der *FIRMA* verpflichtet, den Wandlungspreis um den Betrag zu ermäßigen, der dem Wert des einem Aktionär infolge der Kapitalerhöhung gegen Einlagen zustehenden Bezugsrechts, bezogen auf eine Aktie der *FIRMA*, entspricht. Eine Ermäßigung erfolgt nicht, wenn dem Inhaber der Wandelschuldverschreibung ein unmittelbares oder mittelbares Bezugsrecht auf die neuen Aktien eingeräumt wird, das ihn so stellt, als hätte er die im Rahmen der Wandelanleihe erworbenen Wandlungsrechte bereits ausgeübt. Vorstehende Regelung gilt nicht, soweit eine Anpassung des Wandlungspreises zum gewinnmindernden Ausweis von Personalaufwand in der Konzerngewinn- und Verlustrechnung nach US-amerikanischen Rechnungslegungsvorschriften (US-GAAP) führen würde. Im Falle einer Kapitalerhöhung aus Gesellschaftsmitteln gilt § 218 AktG.

(3) Im Übrigen ist der Aufsichtsrat der *FIRMA* berechtigt, jedoch nicht verpflichtet, im Rahmen der jeweiligen Kapital- und Strukturmaßnahme im Einzelfall nach billigem Ermessen die Bedingungen dieser Wandelanleihe der *FIRMA* anzupassen. Dabei hat er sowohl hinsichtlich der Entscheidung über das „Ob" als auch hinsichtlich der Entscheidung über das „Wie" der Anpassung den Maßgaben des Hauptversammlungsbeschlusses zur Schaffung eines bedingten Kapitals vom ____, dem Schutz sowohl der Inhaber der Wandelschuldverschreibungen als auch der Aktionäre vor der Verminderung („Verwässerung") ihrer Rechte, jedoch vorrangig der Vermeidung eines gewinnmindernden Ausweises von Personalaufwand in der Konzerngewinn- und Verlustrechnung nach US-amerikanischen Rechnungslegungsvorschriften (US-GAAP) Rechnung zu tragen.

§ 12 Übertragbarkeit

Außer im Todesfall sind die von dem Inhaber der Wandelschuldverschreibung gezeichneten Wandelschuldverschreibungen nicht übertragbar. Jegliche Verfügung über die Wandelschuldverschreibung oder Rechte aus der Wandelschuldverschreibung, insbesondere Veräußerungen oder Verpfändungen sind unzulässig. Gleiches gilt für sonstige Rechtsgeschäfte, die wirtschaftlich zu einer Veräußerung der Wandelschuldverschreibung führen.

§ 13 Vorkaufsrecht

Solange die stimmberechtigten Aktien der *FIRMA* nicht börsennotiert sind, steht der *FIRMA* im Falle der Veräußerung ein Vorkaufsrecht hinsichtlich der auf Grund eines Wandlungsrechts nach dieser Wandelanleihe der *FIRMA* erworbenen Aktien der *FIRMA* zu. Dabei wird die *FIRMA* die Vorgaben beachten, die sich für den Rückkauf von im Rahmen eines Aktienbezugsrechtsprogramms erworbenen Aktien nach dem Aktiengesetz sowie nach US-GAAP ergeben.

§ 14 Umstellung der Wandelanleihe

Die *FIRMA* behält sich vor, die Wandelanleihe in der Zukunft auf Barzahlung umzustellen. In diesem Fall wird den Inhabern der Wandelschuldverschreibun-

b) Bedingungen

gen bei Ausübung der Wandlungsrechte ein Barbetrag ausgezahlt werden, der die Inhaber der Wandlungsrechte wirtschaftlich so stellt, als ob die Wandelanleihe in ihrer ursprünglichen Form durchgeführt worden wäre.

§ 15 Vorzeitige Kündigung einer Wandelschuldverschreibung

(1) Die Inhaber der Wandelschuldverschreibungen sind einzeln für sich berechtigt, mittels Kündigung die sofortige Rückzahlung ihrer gezeichneten Wandelschuldverschreibungen zum Nennbetrag zuzüglich aufgelaufener Zinsen zu verlangen, falls
– und soweit aus den in § 10 genannten Gründen das Wandlungsrecht erloschen ist;
– bei der **FIRMA** eine nachträgliche und mit einem wesentlichen wirtschaftlichen Nachteil für den Inhaber der Wandelschuldverschreibungen verbundene Kapital- oder Strukturmaßnahme durchgeführt wurde;
– die **FIRMA** mit der Zahlung fälliger Zinsbeträge länger als drei Monate in Verzug gerät oder ihre sonstigen fälligen Verpflichtungen aus den Wandelschuldverschreibungen nicht innerhalb von vier Wochen nach schriftlicher Mahnung erfüllt;
– die **FIRMA** ihre Zahlungen einstellt;
– die **FIRMA** aufgelöst wird, es sei denn, dass eine solche Auflösung im Zusammenhang mit der Verschmelzung oder einer anderen Form des Zusammenschlusses mit einer anderen Gesellschaft vorgenommen wird und diese Gesellschaft alle Verpflichtungen aus den Wandelschuldverschreibungen übernimmt;
– ein Insolvenzverfahren über das Vermögen der **FIRMA** eröffnet wird, wenn die **FIRMA** die Eröffnung eines Insolvenzverfahrens über ihr Vermögen beantragt oder wenn die **FIRMA** einen außergerichtlichen Vergleich zur Abwendung eines Insolvenzverfahrens anbietet.

(2) Die vorzeitige Kündigung einer Wandelschuldverschreibung wird mit Zugang der Erklärung mittels eingeschriebenem Brief wirksam. Sie muss binnen drei Monaten nach Eintritt des zur Kündigung berechtigenden Ereignisses erklärt werden.

§ 16 Freiwilligkeitsvorbehalt, Ausschluss betrieblicher Übung

(1) Das Angebot zur Zeichnung von Wandelschuldverschreibungen im Rahmen der Wandelanleihe der **FIRMA** erfolgt freiwillig und begründet keinen Rechtsanspruch für die Zukunft, auch wenn im Einzelfall ein Angebot zur Zeichnung ohne ausdrücklichen Freiwilligkeitsvorbehalt erfolgen sollte.

(2) Unabhängig von der Anzahl und Wiederholung des Angebots zur Zeichnung von Wandelschuldverschreibungen durch die **FIRMA** und der Ausübung von Wandlungsrechten wird mit dem Angebot zur Zeichnung der Wandelschuldverschreibungen und der Ausübung der Wandlungsrechte keine betriebliche Übung begründet. Das gilt auch dann, wenn Wandelschuldverschreibungen in mehreren aufeinander folgenden Jahren zur Zeichnung angeboten werden.

§ 17 Steuern, Sozialversicherungsabgaben

(1) Die Zeichnung der Wandelschuldverschreibungen sowie die Ausübung der Wandlungsrechte können zu steuerpflichtigen geldwerten Vorteilen bei den

Inhabern der Wandelschuldverschreibungen führen. Die **FIRMA** wird im Falle des Bestehens einer gesetzlichen Verpflichtung für Rechnung der Inhaber der Wandelschuldverschreibungen die anfallenden Steuern (z.B. Lohnsteuer einschl. Kirchensteuer und Solidaritätszuschlag bzw. entsprechende Steuern) an das zuständige Finanzamt sowie die anfallenden Sozialversicherungsabgaben an die zuständige Einzugsstelle abführen. Bis zu den Pfändungsfreigrenzen kann die **FIRMA** die von dem Inhaber einer Wandelschuldverschreibung geschuldeten Steuern und Abgaben (Arbeitnehmeranteile zur Sozialversicherung) mit einer durch die **FIRMA** zu zahlenden Vergütung des Inhabers der Wandelschuldverschreibung verrechnen. Darüber hinausgehende Beträge hat der Inhaber der Wandelschuldverschreibung der **FIRMA** zu zahlen.

(2) Soweit ein Inhaber von Wandelschuldverschreibungen durch die spätere Veräußerung von Aktien, die durch Ausübung der Wandlung dieser Wandelanleihe der **FIRMA** erworben wurden, weitere Gewinne erzielt, sind derartige Gewinne aus der Veräußerung von Aktien gegebenenfalls selbständig durch den Inhaber der Wandelschuldverschreibung zu versteuern.

(3) Soweit ein ausländischer Staat das Besteuerungsrecht hat, ist der Inhaber der Wandelschuldverschreibung verpflichtet, für eine ordnungsgemäße Versteuerung in dem betreffenden Staat zu sorgen.

§ 18 Kosten

Die Konto- und Depotgebühren für die Verwaltung der Wandelschuldverschreibungen und die Ausübung der Wandlungsrechte, die Gebühren bei Verkauf der Aktien sowie ggf. anfallende Finanzierungszinsen sind von dem jeweigen Inhaber der Wandelschuldverschreibungen zu tragen.

§ 19 Erfüllungsort und Gerichtsstand

(1) Leistungs- und Erfüllungsort für alle Geldverbindlichkeiten im Zusammenhang mit dieser Wandelanleihe ist, soweit gesetzlich zulässig und in diesen Bedingungen zur Wandelanleihe nicht abweichend geregelt, der Sitz der **FIRMA**.

(2) Allgemeiner Gerichtsstand für alle Streitigkeiten des Inhabers einer Wandelschuldverschreibung gegen die **FIRMA** aus dieser Wandelanleihe ist der Sitz der **FIRMA**. Bei Ansprüchen der **FIRMA** gegen den Inhaber einer Wandelschuldverschreibung gilt dessen inländischer Wohnsitz als Gerichtsstand. Hat der Inhaber der Wandelschuldverschreibung keinen allgemeinen Gerichtsstand im Inland, verlegt er seinen Wohnsitz oder gewöhnlichen Aufenthalt nach Vertragsschluss aus dem Geltungsbereich der Zivilprozessordnung, oder ist sein Wohnsitz oder gewöhnlicher Aufenthalt zum Zeitpunkt der Klageerhebung nicht bekannt, so gilt der Sitz der **FIRMA** als ausschließlicher Gerichtsstand für alle Streitigkeiten der **FIRMA** gegen den Inhaber der Wandelschuldverschreibung.

§ 20 Schriftform

Änderungen und Ergänzungen der Bedingungen dieser Wandelanleihe bedürfen der Schriftform.

§ 21 Anwendbares Recht, Übersetzungen

(1) Die Bedingungen zur Wandelanleihe unterliegen ausschließlich deutschem Recht.

b) Bedingungen

(2) Maßgeblich für die durch die Wandelanleihe begründeten Rechte und Pflichten sind ausschließlich die in deutscher Sprache gefassten Bedingungen zur Wandelanleihe. Fassungen in anderen Sprachen dienen ausschließlich der Information.

§ 22 Salvatorische Klausel

Sollten sich einzelne Bestimmungen dieser Bedingungen zur Wandelanleihe oder Teile davon insbesondere durch gerichtliche Entscheidung als unwirksam oder undurchführbar erweisen, bleiben die übrigen hiervon unberührt. In diesem Fall ist die **FIRMA** verpflichtet, die unwirksame oder undurchführbare Bestimmung durch eine angemessene Regelung zu ersetzen, die dem wirtschaftlichen Gehalt der unwirksamen oder undurchführbaren Bestimmung im Rahmen des mit der Wandelanleihe erkennbar verfolgten Zwecks am nächsten kommt, soweit nicht das Gesetz eine Regelung bereithält. Entsprechendes gilt für den Fall, dass eine Lücke vorliegt.

4. Stock Appreciation Rights – Optionsbedingungen

Bedingungen zum virtuellen Aktienoptionsplan der *FIRMA*

Präambel

Der Vorstand der ***FIRMA*** hat mit Zustimmung des Aufsichtsrats beschlossen, einen virtuellen Aktienoptionsplan einzuführen, der die Gewährung von Stock Appreciation Rights (SAR) an bestimmte Führungskräfte vorsieht. Die Ausübung der SAR begründet jeweils einen Anspruch gegen die ***FIRMA*** auf Zahlung eines Barbetrages nach näherer Maßgabe der nachfolgenden Bedingungen.

Mit der Einführung eines solchen Plans wird eine nachhaltige Verknüpfung der Interessen der Entscheidungsträger mit den Interessen der Aktionäre an der langfristigen Steigerung des Unternehmenswertes geschaffen und auf diese Weise dem Shareholder-Value-Gedanken Rechnung getragen. Gleichzeitig bietet die ***FIRMA*** ihren Führungskräften durch die Einführung des virtuellen Aktienoptionsplans eine international wettbewerbsfähige Vergütungskomponente, wobei die langfristig angelegten Vergütungschancen in enger Anbindung an den Unternehmenserfolg im Rahmen eines transparenten und nachvollziehbaren Systems im Mittelpunkt stehen. Der virtuelle Aktienoptionsplan stellt somit einen Anreiz dar, Entscheidungen auf die Erreichung anspruchsvoller, klar definierter Erfolgsziele auszurichten, um an der positiven Entwicklung des Unternehmenswertes zu partizipieren. Nur eine im Vergleich zum Durchschnitt seiner Wettbewerber profitablere Entwicklung versetzt das Unternehmen in die Lage, seine Marktposition zukünftig weiter auszubauen und attraktive Arbeitsplätze anzubieten.

Zuteilung

§ 1 Zuteilungsberechtigung

(1) Im Rahmen des virtuellen Aktienoptionsplans sind zuteilungsberechtigt alle Führungskräfte der Führungsebene I, der Führungsebene II und der Führungsebene III der ***FIRMA*** sowie der Führungsebene I, der Führungsebene II und der Führungsebene III der in Anlage 1 zu diesen Bedingungen des virtuellen Aktienoptionsplans aufgeführten mit der ***FIRMA*** gemäß §§ 15 ff. AktG verbundenen in- und ausländischen Unternehmen, deren Anstellungsverhältnis im jeweiligen Zeitpunkt der Zuteilung der SAR besteht sowie nach Maßgabe der Verhältnisse zum jeweiligen Zeitpunkt der Zuteilung der SAR nicht mit Wirkung vor Ablauf der Wartezeit (§ 7) durch Kündigung, Aufhebungsvereinbarung oder Befristung beendet ist (Planberechtigte). Eine Beendigung nach vorstehender Regelung liegt nicht vor, wenn es nach Maßgabe der Verhältnisse zum jeweiligen Zeitpunkt der Zuteilung der SAR überwiegend wahrscheinlich erscheint, dass das Anstellungsverhältnis fortgesetzt oder durch ein neues Anstellungsverhältnis ersetzt werden soll.

(2) Soweit seitens der **FIRMA** oder seitens eines mit der **FIRMA** verbundenen Unternehmens eine eindeutige Bestimmung der Führungsebenen I bis III oder eine eindeutige Zuordnung zu einer der Führungsebenen I bis III nicht vorliegt, wird der Vorstand der **FIRMA**, soweit ein Vorstandsmitglied der **FIRMA** betroffen ist der Aufsichtsrat der **FIRMA**, für Zwecke des virtuellen Aktienoptionsplans unter Beachtung des Gleichbehandlungsgrundsatzes eine Bestimmung oder Zuordnung im Einzelfall vornehmen.

(3) Der Vorstand der **FIRMA** ist berechtigt, den Kreis der in Anlage 1 zu diesen Bedingungen des virtuellen Aktienoptionsplans aufgeführten, mit der **FIRMA** gemäß §§ 15 ff. AktG verbundenen Unternehmen (Tochterunternehmen) nach billigem Ermessen mit sofortiger Wirkung zu ändern. Bereits zugeteilte SAR bleiben vorbehaltlich der Bestimmungen des § 13 hiervon unberührt.

(4) Die Einbeziehung der Planberechtigten eines Tochterunternehmens in den virtuellen Aktienoptionsplan ist aufschiebend bedingt durch die Einwilligung der zuständigen Organe dieses Unternehmens.

§ 2 Erwerb der SAR durch Zuteilung

(1) Der Erwerb der SAR erfolgt durch Zuteilung der SAR nach Maßgabe dieser Bedingungen zum virtuellen Aktienoptionsplan der **FIRMA** im Wege des Vertragsschlusses zwischen der **FIRMA** und dem Planberechtigten.

(2) Auf Seiten der **FIRMA** obliegt der Vertragsschluss mit Mitgliedern des Vorstandes der **FIRMA** als Planberechtigten dem Aufsichtsrat der **FIRMA**, mit den weiteren Planberechtigten dem Vorstand der **FIRMA**. Soweit bei einem mit der **FIRMA** verbundenen Unternehmen zwingende gesetzliche oder vertragliche Zuständigkeitsregelungen bezüglich der Vergütung des Planberechtigten bestehen, ist die Wirksamkeit des Vertrages zwischen der **FIRMA** und dem Planberechtigten des verbundenen Unternehmens aufschiebend bedingt durch die Zustimmung der zuständigen Organe dieses Unternehmens.

(3) Die Abgabe des Zuteilungsangebots der **FIRMA** erfolgt, indem die **FIRMA** dem jeweiligen Planberechtigten ein vorgefertigtes Muster einer Annahmeerklärung des Zuteilungsangebots durch den Planberechtigten (Muster der Annahmeerklärung) zur Verfügung stellt. Der Inhalt des Zuteilungsangebots ergibt sich aus diesem Muster der Annahmeerklärung.

(4) Das Zuteilungsangebot bedarf der schriftlichen Annahmeerklärung gegenüber der **FIRMA**. Die Annahme soll ausschließlich durch eine dem von der **FIRMA** zur Verfügung gestellten Muster entsprechende Annahmeerklärung erfolgen. Die Annahmeerklärung hat jeweils die Anzahl der zu erwerbenden SAR, die Wartezeit für die Ausübung sowie die Laufzeit der SAR zu benennen.

(5) Zu ihrer Wirksamkeit muss die Annahmeerklärung der **FIRMA** spätestens am letzten Werktag der in dem Muster der Annahmeerklärung gesetzten Frist zugegangen sein. Eine mittels Telefax fristgerecht übermittelte Annahmeerklärung gilt als rechtzeitig erfolgt, wenn das Original alsbald danach, spätestens jedoch vor Ablauf von 5 Werktagen nach Zugang des Telefax, der **FIRMA** zugeht. Die Erklärung der Annahme durch elektronische Datenübermittlung (insbesondere: E-Mail/Computerfax) ist ausgeschlossen.

(6) Die Zuteilung der SAR erfolgt unentgeltlich.

(7) Ein Anspruch auf Zuteilung von SAR besteht nicht.

4. Stock Appreciation Rights

§ 3 Zuteilungsjahr, Zeitpunkt der Zuteilung

(1) SAR werden erstmals für das Geschäftsjahr .... und dann jeweils für jedes nachfolgende Geschäftsjahr (Zuteilungsjahr) gesondert zugeteilt.

(2) Die Zuteilung für jedes Zuteilungsjahr erfolgt jeweils nach Abschluss des Zuteilungsjahres binnen einer Frist von 20 Börsenhandelstagen, beginnend mit dem ersten Börsenhandelstag nach der Sitzung des Aufsichtsrats der **FIRMA**, in welcher der Konzernabschluss der **FIRMA** für das jeweilige Zuteilungsjahr dem Aufsichtsrat vorgelegt wird (Bilanzaufsichtsratssitzung).

§ 4 Anzahl der SAR

(1) Die Anzahl der für das jeweilige Zuteilungsjahr auf einen Planberechtigten entfallenden SAR bestimmt sich in Abhängigkeit von der Führungsebene, auf welcher der Planberechtigte in der **FIRMA** oder in einem mit der **FIRMA** verbundenen Unternehmen tätig ist, sowie in Abhängigkeit von dem Erreichen bestimmter Erfolgskriterien (internes und externes Erfolgskriterium).

SAR in Abhängigkeit vom internen Erfolgskriterium und SAR in Abhängigkeit vom externen Erfolgskriterium werden unabhängig voneinander gewährt.

(2) SAR in Abhängigkcit vom internen Erfolgskriterium:

Maßgebendes internes Erfolgskriterium sind die nach Maßgabe US-amerikanischer Rechnungslegungsvorschriften auf Basis des testierten Konzernabschlusses ermittelten und auf das net income bezogenen „diluted earnings per share" der **FIRMA** (earnings per share) des jeweiligen Zuteilungsjahres. Die **FIRMA** wird den von der Hauptversammlung für das entsprechende Geschäftsjahr gewählten Konzernabschlussprüfer beauftragen, die Ermittlung der earnings per share zu prüfen und darüber bis spätestens zum Zeitpunkt der jeweiligen Bilanzaufsichtsratssitzung eine Bestätigung abzugeben. Die bestätigten earnings per share sind – sofern nicht ein offensichtlicher Fehler vorliegt – für die **FIRMA** und die mit der **FIRMA** verbundenen Unternehmen sowie den Planberechtigten bindend.

SAR werden in Abhängigkeit von einer bestimmten Höhe der earnings per share zugeteilt (Zielergebnis). Das Zielergebnis beträgt für das erste Zuteilungsjahr Euro ___. Für die nachfolgenden Zuteilungsjahre wird das Zielergebnis jeweils vor Beginn des Zuteilungsjahres vom Aufsichtsrat der **FIRMA** auf Vorschlag des Vorstands der **FIRMA** in der Aufsichtsratssitzung festgelegt, in der die Planung für das Zuteilungsjahr dem Aufsichtsrat der **FIRMA** vorgelegt wird.

Bei Erreichen des Zielergebnisses entfällt auf jeden Planberechtigten eine feste Anzahl an SAR (Basisanzahl) nach Maßgabe folgender Übersicht:

Führungsebene I der **FIRMA**:	___ SAR
Führungsebene II der **FIRMA**:	___ SAR
Führungsebene III der **FIRMA**:	___ SAR
Führungsebene I der Tochterunternehmen:	___ SAR
Führungsebene II der Tochterunternehmen:	___ SAR
Führungsebene III der Tochterunternehmen:	___ SAR

Darüber hinaus werden jedem Planberechtigten für jeweils volle 10 Cent, um welche der Betrag der earnings per share das Zielergebnis übersteigt, nach Maßgabe folgender Übersicht SAR als Bonus gewährt:

Führungsebene I der **FIRMA**:	___ SAR
Führungsebene II der **FIRMA**:	___ SAR

Führungsebene III der **FIRMA**:	__ SAR
Führungsebene I der Tochterunternehmen:	__ SAR
Führungsebene II der Tochterunternehmen:	__ SAR
Führungsebene III der Tochterunternehmen:	__ SAR

Die Anzahl der für ein Zuteilungsjahr in Abhängigkeit vom internen Erfolgskriterium auf einen Planberechtigten entfallenden SAR darf die sich aus folgender Übersicht ergebende Höchstzahl nicht übersteigen:

Führungsebene I der **FIRMA**:	__ SAR
Führungsebene II der **FIRMA**:	__ SAR
Führungsebene III der **FIRMA**:	__ SAR
Führungsebene I der Tochterunternehmen:	__ SAR
Führungsebene II der Tochterunternehmen:	__ SAR
Führungsebene III der Tochterunternehmen:	__ SAR

Wird das Zielergebnis für das Zuteilungsjahr verfehlt, erfolgt eine Kürzung der Basisanzahl der SAR für dieses Zuteilungsjahr. Für jeweils angefangene 10 Cent, um welche der Betrag der earnings per share hinter dem Zielergebnis zurückbleibt, mindert sich die Anzahl der jedem Planberechtigten zuzuteilenden SAR nach Maßgabe folgender Übersicht:

Führungsebene I der **FIRMA**:	__ SAR
Führungsebene II der **FIRMA**:	__ SAR
Führungsebene III der **FIRMA**:	__ SAR
Führungsebene I der Tochterunternehmen:	__ SAR
Führungsebene II der Tochterunternehmen:	__ SAR
Führungsebene III der Tochterunternehmen:	__ SAR

(3) SAR in Abhängigkeit vom externen Erfolgskriterium:

Externes Erfolgskriterium ist der Betrag (in Prozentpunkten), um den die positive Entwicklung des Börsenkurses der Aktie der **FIRMA** im Zuteilungsjahr die Entwicklung des **VERGLEICHSINDEX** oder eines Index, der an dessen Stelle tritt, übersteigt. Maßgebend für den Vergleich der Entwicklung des Kurses der Aktie der **FIRMA** und des **VERGLEICHSINDEX** ist jeweils der Unterschiedsbetrag (in Prozentpunkten) zwischen dem Anfangswert und dem Schlusswert des betrachteten Zuteilungsjahrs.

Anfangswert (als 100 Prozent) für die Ermittlung der Entwicklung des **VERGLEICHSINDEX** ist der Wert des **VERGLEICHSINDEX** zum Ende des ersten Börsenhandelstages des betrachteten Zuteilungsjahrs. Anfangswert (als 100 Prozent) für die Entwicklung des Kurses der Aktie der **FIRMA** ist der arithmetische Mittelwert der Schlusskurse der Aktie der **FIRMA** an sämtlichen Börsenhandelstagen des ersten vollen Kalendermonats des betrachteten Zuteilungsjahrs.

Schlusswert (in Prozent vom Anfangswert) für die Ermittlung der Entwicklung des **VERGLEICHSINDEX** ist der Wert des **VERGLEICHSINDEX** zum Ende des letzten Börsenhandelstages im betrachteten Zuteilungsjahr. Schlusswert (in Prozent vom Anfangswert) für die Entwicklung des Kurses der Aktie der **FIRMA** ist der arithmetische Mittelwert der Schlusskurse der Aktie der **FIRMA** an sämtlichen Börsenhandelstagen des letzten vollen Kalendermonats im betrachteten Zuteilungsjahr.

Maßgebend für die Ermittlung des Kurses der Aktie der **FIRMA** sind die im __ Handelssystem oder dessen Nachfolgesystem ermittelten Werte.

4. Stock Appreciation Rights

Für jeden vollen Prozentpunkt, um welche die Entwicklung des Börsenkurses der Aktie der **FIRMA** im jeweiligen Zuteilungsjahr die Entwicklung des Vergleichsindex übersteigt, werden jedem Planberechtigten eine bestimmte Anzahl an SAR nach Maßgabe folgender Übersicht gewährt:

Führungsebene I der **FIRMA**: ___ SAR
Führungsebene II der **FIRMA**: ___ SAR
Führungsebene III der **FIRMA**: ___ SAR
Führungsebene I der Tochterunternehmen: ___ SAR
Führungsebene II der Tochterunternehmen: ___ SAR
Führungsebene III der Tochterunternehmen: ___ SAR

Die Anzahl der gesamten in Abhängigkeit vom externen Erfolgskriterium auf einen Planberechtigten entfallenden SAR darf die sich aus folgender Übersicht ergebende Höchstzahl nicht übersteigen:

Führungsebene I der **FIRMA**: ___ SAR
Führungsebene II der **FIRMA**: ___ SAR
Führungsebene III der **FIRMA**: ___ SAR
Führungsebene I der Tochterunternehmen: ___ SAR
Führungsebene II der Tochterunternehmen: ___ SAR
Führungsebene III der Tochterunternehmen: ___ SAR

(4) Keine Mehrfachzuteilung

Einem Planberechtigten können für ein Zuteilungsjahr nur einmal SAR zugeteilt werden. Ist ein Planberechtigter Mitglied einer der Führungsebenen I bis III sowohl bei der **FIRMA** als auch bei einem Tochterunternehmen, stehen ihm SAR nur als Mitglied der höherrangigen Führungsebene zu. Maßgeblich für den Rang einer Führungsebene ist deren Benennungsziffer (I bis III) in den obigen Übersichten. Eine Führungsebene mit niedrigerer Benennungsziffer gilt als höherrangig. Bei gleicher Benennungsziffer gilt die Zugehörigkeit zur Führungsebene der **FIRMA** als höherrangig. Einem Planberechtigten, der aufgrund mehrerer Anstellungsverhältnisse zu verschiedenen Tochterunternehmen mehrmals derselben Führungsebene zugerechnet werden kann, stehen SAR nur einmal zu.

Ausübung der Stock Appreciation Rights

§ 5 Grundsatz

(1) Jedes SAR gewährt einen Anspruch des Planberechtigten gegen die **FIRMA** auf Zahlung des Werts des SAR. Ein Anspruch des Planberechtigten auf Lieferung von Aktien besteht nicht.

(2) Bei Ausübung des SAR ist der Wert des SAR (§ 11) in Höhe des Differenzbetrages zwischen dem Basispreis und dem aktuellen Börsenkurs der Aktie der **FIRMA** zum Zeitpunkt der Ausübung, bezogen jeweils auf eine Aktie der **FIRMA**, zu zahlen.

(3) SAR können ausschließlich während ihrer Laufzeit (§ 6) und nur nach Ablauf der jeweiligen Wartezeiten (§ 7) ausgeübt werden. Die Ausübung ist nur innerhalb bestimmter Ausübungszeiträume (§ 8), bei Eintritt bestimmter Ausübungsbedingungen (§ 9) und unter Einhaltung von Formvorschriften (§ 10) möglich.

(4) Im Falle der Beendigung des Anstellungsverhältnisses innerhalb der Laufzeit der SAR gelten für die Ausübung von SAR in bestimmtem Umfang abweichende Regelungen (§ 12).

§ 6 Laufzeit der SAR

(1) Die Laufzeit der SAR beträgt jeweils sechs Jahre, beginnend mit dem Ablauf des betreffenden Zuteilungsjahres.

(2) SAR, die nicht bis zum Ende der jeweiligen Laufzeit ausgeübt wurden, erlöschen.

§ 7 Wartezeiten für die Ausübung

(1) SAR dürfen nicht vor Ablauf der jeweiligen Wartezeit ausgeübt werden. Nach Ablauf der jeweiligen Wartezeit können die SAR in jedem beliebigen Ausübungszeitraum innerhalb der Laufzeit der SAR ausgeübt werden.

(2) Die Wartezeit für die erstmalige Ausübung beträgt zwei Jahre, beginnend mit dem Ablauf des jeweiligen Zuteilungsjahres. Nach Ablauf dieser Wartezeit sind maximal 34 Prozent der für dieses Zuteilungsjahr einem Planberechtigten zugeteilten SAR ausübbar. Die Wartezeit für jeweils weitere 33 Prozent der für dieses Zuteilungsjahr einem Planberechtigten zugeteilten SAR beträgt jeweils ein weiteres Jahr.

§ 8 Ausübungszeitraum

(1) Die Ausübung von SAR ist ausschließlich innerhalb von vier Ausübungszeiträumen im Kalenderjahr gestattet. Jeder Ausübungszeitraum hat eine Dauer von 10 Börsenhandelstagen, beginnend jeweils mit dem sechsten Börsenhandelstag nach dem Tag der Veröffentlichung des Quartalsberichts der **FIRMA**.

(2) Die Planberechtigten werden von der **FIRMA** auf Anfrage bei der zuständigen Personalabteilung der **FIRMA** jeweils über den Beginn und das Ende eines Ausübungszeitraumes informiert.

§ 9 Bedingungen für die Ausübung (Ausübungsbedingungen)

(1) SAR dürfen nur ausgeübt werden, wenn die Aktie der **FIRMA** nach Maßgabe folgender Bestimmungen eine Kurssteigerung von zumindest 10 Prozent erzielt hat.

(2) Maßgebend für die Entwicklung des Kurses der Aktie der **FIRMA** ist der Unterschiedsbetrag (in Prozentpunkten) zwischen dem Anfangswert und dem Schlusswert des betrachteten Referenzzeitraums. Anfangswert (als 100 Prozent) für die Entwicklung des Kurses der Aktie der **FIRMA** ist der nach Maßgabe der Bestimmungen des § 11 zu ermittelnde Basispreis. Schlusswert (in Prozent vom Anfangswert) für die Entwicklung des Kurses der Aktie der **FIRMA** ist der nach Maßgabe der Bestimmungen des § 11 zu ermittelnde aktuelle Börsenkurs der Aktie der **FIRMA**.

§ 10 Erklärung der Ausübung

(1) Eine Ausübung von SAR kann ausschließlich durch eine innerhalb eines Ausübungszeitraums bei der zuständigen Personalabteilung der **FIRMA** eingehende, dem den Bedingungen als Anlage 2 beigefügten Muster entsprechende, schriftliche Ausübungserklärung des Planberechtigten erfolgen. Die Ausübungs-

erklärung hat die Anzahl der SAR, welche der Planberechtigte ausüben möchte, zu enthalten.

(2) Die Abgabe der Ausübungserklärung kann nur innerhalb eines Ausübungszeitraums erfolgen. Zu ihrer Wirksamkeit muss die Ausübungserklärung der **FIRMA** spätestens am letzten Tag des Ausübungszeitraums zugegangen sein. Eine mittels Telefax fristgerecht übermittelte Ausübungserklärung gilt als rechtzeitig zugegangen, wenn das Original spätestens vor Ablauf von 5 Börsenhandelstagen nach Zugang des Telefax, der **FIRMA** zugeht. Die Abgabe der Ausübungserklärung durch elektronische Datenübermittlung (insbesondere: E-Mail/Computerfax) ist ausgeschlossen.

(3) Mit Ausübung der SAR ist dem Planberechtigten ein Betrag zu zahlen, welcher der Summe der Werte der ausgeübten SAR entspricht. Der Betrag wird durch die **FIRMA** ggf. zusammen mit dem nächsten Gehalt überwiesen. Die abgeführten Steuern und Sozialversicherungsabgaben (vgl. nachstehend § 18) werden dabei in Abzug gebracht.

§ 11 Wert des SAR

(1) Übt der Planberechtigte SAR aus, ist die **FIRMA** verpflichtet, einen Betrag in Höhe der Summe der Werte der ausgeübten SAR an den Planberechtigten auszuzahlen.

(2) Der Wert eines SAR entspricht dem Differenzbetrag, bezogen auf eine Aktie, zwischen dem Basispreis und dem aktuellen Börsenkurs der Aktie der **FIRMA** zum Zeitpunkt der Ausübung der SAR.

(3) Der Basispreis entspricht dabei dem arithmetischen Mittelwert der Schlusskurse der Aktie der **FIRMA** an allen Börsenhandelstagen des ersten vollen Kalendermonats des jeweiligen Zuteilungsjahres. Maßgebend für den aktuellen Börsenkurs der Aktie der **FIRMA** zum Zeitpunkt der Ausübung der SAR ist der arithmetische Mittelwert der Schlusskurse der Aktie der **FIRMA** an den letzten 20 Börsenhandelstagen vor dem ersten Tag des jeweiligen Ausübungszeitraumes.

Für die Ermittlung des Kurses der Aktie der **FIRMA** sind die im ___ Handelssystem oder dessen Nachfolgesystem ermittelten Werte maßgebend.

(4) Der Wert eines SAR ist begrenzt auf einen Maximalbetrag. Dieser Maximalbetrag ($M_{(Zuteilungsjahr)}$) ermittelt sich für alle für ein Zuteilungsjahr zugeteilten SAR in Abhängigkeit von dem für das Zuteilungsjahr insgesamt zu gewährenden Vergütungsvolumen ($V_{(Zuteilungsjahr)}$) jeweils gesondert als:

$$M_{(Zuteilungsjahr)} = \frac{V_{(Zuteilungsjahr)}}{[\text{Gesamtzahl der für ein Zuteilungsjahr allen Führungskräften zugeteilten SAR}]}$$

Dabei beträgt das insgesamt zu gewährende Vergütungsvolumen ($V_{(Zuteilungsjahr)}$) für das erste Zuteilungsjahr Euro ___. Für die nachfolgenden Zuteilungsjahre wird das insgesamt zu gewährende Vergütungsvolumen ($V_{(Zuteilungsjahr)}$) jeweils vor Beginn des Zuteilungsjahres vom Aufsichtsrat der **FIRMA** auf Vorschlag des Vorstands der **FIRMA** in der Aufsichtsratssitzung festgelegt, in der die Planung für das Zuteilungsjahr dem Aufsichtsrat der **FIRMA** vorgelegt wird.

Der Maximalbetrag ($M_{(Zuteilungsjahr)}$) wird durch den Vorstand der **FIRMA** jeweils bekannt gemacht.

§ 12 Ausübung von SAR bei Beendigung des Anstellungsverhältnisses innerhalb der Laufzeit

(1) Im Falle des Ausscheidens aus dem Kreis der für die Zuteilung in Frage kommenden Personen (Anstellungs- bzw. Arbeitsverhältnis mit der **FIRMA**, Anstellungs- bzw. Arbeitsverhältnis mit einem verbundenen Unternehmen) innerhalb der Laufzeit der SAR gelten ergänzend nachfolgende Regelungen:

(2) Vorbehaltlich nachfolgender abweichender Regelungen hat der Planberechtigte das Recht, alle SAR, für welche die jeweilige Wartezeit (§ 7) abgelaufen und die Ausübungsbedingung erreicht ist, im ersten Ausübungszeitraum, der nach der Beendigung seines Anstellungs- bzw. Arbeitsverhältnisses beginnt, auszuüben. In diesem Ausübungszeitraum nicht ausgeübte sowie diejenigen SAR, für welche die Wartezeit noch nicht abgelaufen ist, erlöschen. Dies gilt auch im Falle eines (Teil-) Betriebsübergangs gem. § 613 a BGB.

(3) Im Falle der Kündigung gilt das Anstellungsverhältnis für Zwecke des virtuellen Aktienoptionsplans zu dem in der Kündigungserklärung genannten Termin, nicht jedoch vor Zugang der Kündigungserklärung, als wirksam beendet. Entsprechendes gilt für die Beendigung infolge Aufhebungsvertrag oder Befristung des Anstellungs- bzw. Arbeitsverhältnisses, soweit das Anstellungs- bzw. Arbeitsverhältnis nicht fortgesetzt oder durch ein neues Anstellungs- bzw. Arbeitsverhältnis ersetzt wurde.

(4) Kündigt die **FIRMA** das Anstellungs- bzw. Arbeitsverhältnis aus einem verhaltensbedingten oder sonst von dem Planberechtigten zu vertretenden wichtigen Grund, erlöschen alle zum Zeitpunkt der Erklärung der Kündigung noch nicht ausgeübten SAR.

(5) Im Falle der Erwerbsunfähigkeit hat der Planberechtigte das Recht, alle SAR, für welche die Wartezeit zum Zeitpunkt des Zugangs eines anerkennenden Bescheides über eine Erwerbsunfähigkeit abgelaufen und die Ausübungsbedingung erreicht ist, im ersten darauf folgenden Ausübungszeitraum auszuüben. Ist die Wartezeit zum Zeitpunkt des Zugangs eines anerkennenden Bescheids noch nicht abgelaufen, ist der Planberechtigte berechtigt, diese SAR im ersten Ausübungszeitraum nach Ablauf der Wartezeit auszuüben. Nicht im ersten möglichen Ausübungszeitraum ausgeübte SAR erlöschen.

(6) Die Regelung für den Fall der Erwerbsunfähigkeit gilt entsprechend für den Fall des Todes des Planberechtigten; in diesem Fall sind der Erbe/die Erben berechtigt, die SAR auszuüben. Die Übertragung der SAR durch den Planberechtigten durch Testament oder gesetzliche Erbfolge ist erst dann für die **FIRMA** als verbindlich anzusehen, wenn dies der **FIRMA** schriftlich mitgeteilt sowie eine beglaubigte Kopie des Testaments (auszugsweise) oder eine ähnliche Bestätigung (bspw. Erbschein) vorgelegt wurde, um der **FIRMA** die Rechtmäßigkeit der Übertragung nachzuweisen, und der dadurch Planberechtigte schriftlich sein Einverständnis mit den Regelungen zur Ausübung der SAR erklärt hat.

(7) Der Eintritt des Planberechtigten in den Ruhestand gilt für Zwecke der Ausübung von SAR aus dem virtuellen Aktienoptionsplan, für welche zum Zeitpunkt der Beendigung des Anstellungs- bzw. Arbeitsverhältnisses die Wartezeit bereits abgelaufen ist, nicht als Beendigung seines Anstellungs- bzw. Arbeitsverhältnisses.

4. Stock Appreciation Rights

(8) Im Falle der rechtsgeschäftlichen Beendigung des Anstellungs- bzw. Arbeitsverhältnisses innerhalb der Laufzeit der SAR stehen dem Planberechtigten Ersatzansprüche wegen des Erlöschens von SAR nur zu, wenn das Anstellungs- bzw. Arbeitsverhältnis durch eine gegenüber dem Planberechtigten willkürlich erklärte Kündigung als beendet gilt.

§ 13 Ausscheiden von Unternehmen aus dem Unternehmensverbund

(1) Im Falle des Ausscheidens eines Unternehmens aus dem Kreis der für Zwecke dieses virtuellen Aktienoptionsplans als Tochterunternehmen geltenden Unternehmen innerhalb der Laufzeit der SAR gilt, beginnend mit dem Ausscheiden, nachfolgende Regelung:

(2) Die Planberechtigten dieses Unternehmens haben das Recht, alle SAR, für welche die jeweilige Wartezeit (§ 7) abgelaufen und die Ausübungsbedingungen erreicht sind, im ersten Ausübungszeitraum, der nach dem Ausscheiden des Unternehmens beginnt, auszuüben. In diesem Ausübungszeitraum nicht ausgeübte sowie diejenigen SAR, für welche die Wartezeit noch nicht abgelaufen ist, erlöschen.

(3) Als Zeitpunkt des Ausscheidens gilt dabei der Zeitpunkt, in dem das Ausscheiden des Unternehmens aus dem Kreis der für Zwecke dieses virtuellen Aktienoptionsplans als Tochterunternehmen geltenden Unternehmen der Führungskraft bekannt gemacht wird.

§ 14 Kapital- und Strukturmaßnahmen

Führt die **FIRMA** innerhalb der Laufzeit der SAR Kapital- und Strukturmaßnahmen durch, gelten die nachfolgenden Regelungen:

(1) Im Falle einer Kapitalerhöhung aus Gesellschaftsmitteln durch Ausgabe neuer Aktien erhöht sich die Anzahl der SAR im gleichen Verhältnis wie das Grundkapital. Etwaige Spitzen sind nicht auszugleichen. Der Basispreis wird im gleichen Verhältnis herabgesetzt, in dem das Grundkapital erhöht wird.

(2) Erhöht die Firma unter Einräumung eines unmittelbaren oder mittelbaren Bezugsrechts an ihre Aktionäre das Grundkapital gegen Leistung von Einlagen, ermäßigt sich der Basispreis je SAR für die Ausübung nach Beendigung des Bezugsrechtshandels je SAR um den Betrag, der sich aus dem arithmetischen Mittel der Bezugsrechtskurse der den Aktionären auf Grund der Kapitalerhöhung zustehenden Bezugsrechte, bezogen auf eine Aktie, an allen Tagen ihres Handels im ___ an der Frankfurter Wertpapierbörse errechnet. Soweit ein Bezugsrechtshandel nicht stattfindet, gilt § 216 Abs. 3 AktG entsprechend.

(3) Im Falle einer Herabsetzung des Kapitals im Wege der Zusammenlegung oder Einziehung von Aktien vermindert sich die Anzahl von SAR in dem Verhältnis, das dem Verhältnis des Herabsetzungsbetrages des Grundkapitals zum Grundkapital der **FIRMA** vor der Kapitalherabsetzung entspricht. Der Basispreis je SAR wird bei einer nominellen Kapitalherabsetzung im Wege der Zusammenlegung oder Einziehung von Aktien entsprechend dem Verhältnis der Kapitalherabsetzung erhöht. Wird das Kapital gegen Rückzahlung von Einlagen herabgesetzt oder erworbene eigene Aktien eingezogen, ändert sich der Basispreis entsprechend dem vom Aufsichtsrat verbindlich festgestellten Ausmaß der Substanzveränderung pro Aktie.

(4) Die Regelungen für die Kapitalerhöhung gegen Einlagen gelten sinngemäß, sollte die **FIRMA** Bezugsrechte im Rahmen eines Aktienbezugsrechtsplans, Aktienoptionen, Wandelschuldverschreibungen oder Optionsanleihen begeben.

(5) Der Aufsichtsrat wird auf Vorschlag des Vorstands im Rahmen der jeweiligen Kapital- und Strukturmaßnahme die Vorgaben hinsichtlich des für die Zuteilung der SAR maßgebenden earnings per share (§ 4 der Bedingungen zum virtuellen Aktienoptionsplan), die Vorgaben hinsichtlich der für die Ermittlung des Basispreises maßgebenden relativen Kursentwicklung der Aktie der **FIRMA** (§ 4 der Bedingungen zum virtuellen Aktienoptionsplan), die Ausübungsbedingung (§ 9 der Bedingungen zum virtuellen Aktienoptionsplan) sowie den Maximalbetrag M $_{\text{(Zuteilungsjahr)}}$ (§ 11 der Bedingungen zum virtuellen Aktienoptionsplan) im Einzelfall nach billigem Ermessen anpassen. Dabei wird er dem Schutz sowohl der Führungskräfte als auch der Aktionäre vor der Verminderung („Verwässerung") ihrer Rechte Rechnung tragen.

(6) Soweit ein vergleichbarer Vorgang nicht den in diesem Abschnitt (Kapital- und Strukturmaßnahmen) getroffenen Regelungen unterfällt, wird der Aufsichtsrat nach billigem Ermessen eine Regelung im Einzelfall treffen.

Sonstige Regelungen

§ 15 Übertragbarkeit

Außer im Todesfall sind die dem Planberechtigten nach diesem virtuellen Aktienoptionsplan gewährten SAR nicht übertragbar. Jegliche Verfügung über SAR, die Verpfändung oder die Errichtung einer Treuhand daran sind unzulässig. Gleiches gilt für Rechtsgeschäfte, die wirtschaftlich zu einer Veräußerung der SAR führen.

§ 16 Freiwilligkeitsvorbehalt, Ausschluß betrieblicher Übung

(1) Die Gewährung von SAR im Rahmen des virtuellen Aktienoptionsplans der **FIRMA** erfolgt freiwillig und begründet keinen Rechtsanspruch für die Zukunft, auch wenn im Einzelfall SAR ohne ausdrücklichen Freiwilligkeitsvorbehalt gewährt werden sollten.

(2) Unabhängig von der Anzahl und Wiederholung der Zuteilung von SAR durch die **FIRMA** und deren Ausübung wird mit der Zuteilung und Ausübung der SAR keine betriebliche Übung begründet. Das gilt auch dann, wenn SAR in mehreren aufeinander folgenden Jahren gewährt werden.

§ 17 Kündigung des virtuellen Aktienoptionsplans

Der Vorstand der **FIRMA**, soweit der Vorstand der **FIRMA** betroffen ist der Aufsichtsrat der **FIRMA**, ist berechtigt, den virtuellen Aktienoptionsplan durch Kündigung zu beenden. Die Kündigung kann jeweils bis zum Ende des Geschäftsjahres mit Wirkung für das nachfolgende Zuteilungsjahr, frühestens jedoch im Geschäftsjahr ___ mit Wirkung für das Zuteilungsjahr ___, erklärt werden.

4. Stock Appreciation Rights

§ 18 Steuern, Sozialversicherungsabgaben

(1) Die Gewährung der SAR an den Planberechtigten sowie deren Ausübung können zu steuerpflichtigen geldwerten Vorteilen bei den Planberechtigten führen. Die **FIRMA** bzw. die Tochterunternehmen werden im Falle des Bestehens einer gesetzlichen Verpflichtung für Rechnung des Planberechtigten die anfallenden Steuern (z.B. Lohnsteuer einschließlich Kirchensteuer und Solidaritätszuschlag bzw. entsprechende Steuern) an das zuständige Finanzamt sowie die anfallenden Sozialversicherungsabgaben an die zuständige Einzugsstelle abführen.

(2) Soweit ein ausländischer Staat das Besteuerungsrecht hat, ist der Planberechtigte verpflichtet, für eine ordnungsgemäße Versteuerung in dem betreffenden Staat zu sorgen.

§ 19 Erfüllungsort und Gerichtsstand

(1) Leistungs- und Erfüllungsort für alle Geldverbindlichkeiten im Zusammenhang mit diesem virtuellen Aktienoptionsplan ist, soweit gesetzlich zulässig und in diesen Bedingungen zum virtuellen Aktienoptionsplan nicht abweichend geregelt, der Sitz der **FIRMA**.

(2) Allgemeiner Gerichtsstand für alle Streitigkeiten des Planberechtigten gegen die **FIRMA** aus diesem virtuellen Aktienoptionsplan ist der Sitz der **FIRMA**. Bei Ansprüchen der **FIRMA** gegen den Planberechtigten gilt dessen inländischer Wohnsitz als Gerichtsstand. Hat der Planberechtigte keinen allgemeinen Gerichtsstand im Inland, verlegt er seinen Wohnsitz oder gewöhnlichen Aufenthalt nach Vertragsschluss aus dem Geltungsbereich der Zivilprozessordnung, oder ist sein Wohnsitz oder gewöhnlicher Aufenthalt zum Zeitpunkt der Klageerhebung nicht bekannt, so gilt der Sitz der **FIRMA** als ausschließlicher Gerichtsstand für alle Streitigkeiten der **FIRMA** gegen den Planberechtigten.

§ 20 Schriftform

Änderungen und Ergänzungen der Bedingungen dieses virtuellen Aktienoptionsplans bedürfen der Schriftform.

§ 21 Anwendbares Recht, Übersetzungen

(1) Die Bedingungen zum virtuellen Aktienoptionsplan unterliegen ausschließlich deutschem Recht.

(2) Maßgeblich für die durch diesen virtuellen Aktienoptionsplan begründeten Rechte und Pflichten sind ausschließlich die in deutscher Sprache gefassten Bedingungen zum virtuellen Aktienoptionsplan. Fassungen in anderen Sprachen dienen ausschließlich der Information.

§ 22 Salvatorische Klausel

Sollten sich einzelne Bestimmungen dieses virtuellen Aktienoptionsplans oder Teile davon insbesondere durch gerichtliche Entscheidung als unwirksam oder undurchführbar erweisen, bleiben die übrigen hiervon unberührt. In diesem Fall ist die **FIRMA** verpflichtet, die unwirksame oder undurchführbare Bestimmung durch eine angemessene Regelung zu ersetzen, die dem wirtschaftlichen Gehalt der unwirksamen oder undurchführbaren Bestimmung im Rahmen des mit dem virtuellen Aktienoptionsplan erkennbar verfolgten Zwecks am nächsten kommt, soweit nicht das Gesetz eine Regelung bereithält. Entsprechendes gilt für den Fall, dass eine Lücke vorliegt.

5. Genussrechte

		Seite
a)	Gesellschafterbeschluss	490
b)	Genussrechtsbedingungen	491
c)	Genussschein	501
d)	Beteiligungsvertrag und Gesellschaftervereinbarung	502
e)	GmbH-Satzung mit Erläuterungen	511

a) Gesellschafterbeschluss

Beschluss der Gesellschafterversammlung über die Bildung von Genussrechtskapital

Wir, die unterzeichnenden Gesellschafter der **FIRMA**, sind deren alleinige Gesellschafter. Unter Verzicht auf alle Formen und Fristen der Einberufung gemäß § 12 Nr. 2 bis 4 der Satzung halten wir eine außerordentliche Gesellschafterversammlung ab und beschließen gemäß § 5 der Satzung folgendes:

    Die **FIRMA** bildet Genussrechtskapital in Höhe von EUR .... (in Worten: EURO ....)

In Bezug auf das neugebildete Genussrechtskapital werden auf den Namen der Bezugsberechtigten lautende Genussscheine ausgegeben:

    Betreuungsinvestor ...., in Höhe von EUR .... (in Worten: EURO .....)

    Herr/Frau ...., in Höhe von EUR ....(in Worten: EURO ....)

Ort, Datum

Namen der Gesellschafter

b) Genussrechtsbedingungen

für Genussscheine

der **FIRMA**

§ 1 Ausgabe

Die **FIRMA** hat mit Beschluss der Gesellschafterversammlung vom ....
auf der Grundlage von § 5[1] der Satzung die Ausgabe von EUR .... Genussrechtskapital mit Wandlungsoption in Geschäftsanteile beschlossen. Das Genussrechtskapital ist in .... Stück auf den Namen lautende Genussrechte im Nennwert von je EUR 100 aufgeteilt.[2] Die Ausgabe der Genussrechte erfolgt zum Nennwert zuzüglich eines Aufgeldes in Höhe von ....[3] Die Genussrechte werden in Einzelurkunden für jeden Berechtigten verbrieft (Genussscheine). Die Genussscheine werden in ein Register eingetragen.[4] Genussscheine sind nur mit Zustimmung der **FIRMA** übertragbar.[5] Die Genussscheine nehmen am Ergebnis der **FIRMA** und am Liquidationserlös nach Maßgabe folgender Bestimmungen teil.

§ 2 Information und Repräsentation

Der Inhaber des Genussscheins ist nicht Gesellschafter des Unternehmens. Er ist jedoch berechtigt, folgende Rechte in gleicher bzw. ähnlicher Weise wie ein Gesellschafter auszuüben:

1. Teilnahme an Gesellschafterversammlung

Der Genussscheininhaber wird in gleicher Weise wie ein Gesellschafter zu den Gesellschafterversammlungen bzw. zur Hauptversammlung eingeladen. Er hat das höchstpersönliche Recht zur Teilnahme an diesen Versammlungen und ist in gleicher Weise wie die Gesellschafter berechtigt, Auskunft über die Belange der **FIRMA** zu verlangen. Von der Stimmabgabe ist er ausgeschlossen. Ein Recht zur Anfechtung von Beschlüssen der Versammlung steht ihm nicht zu.[6]

---

[1] Bezugnahme auf die GmbH-Satzung.
[2] Da das Genussrecht auch einen Anspruch auf Gewinnanteile einräumt, ist die Zustimmung der Gesellschafterversammlung bzw. der Hauptversammlung notwendig.
[3] Das Aufgeld wird in der Bilanz gesondert ausgewiesen in einem zu bildenden Posten „Sonderposten für Rücklagen aus Aufgeld aus Genussrechten".
Die aktuelle Unternehmensbewertung bestimmt die Höhe des Aufgeldes. Bei dieser Variante wird das Wandlungsverhältnis von Genussrechts- in Stamm-/Grundkapital mit 1:1 gewählt.
Alternativ könnte auch das Wandlungsverhältnis der Genussrechte in Geschäftsanteile bzw. Aktien die Unternehmensbewertung ausdrücken. Dies würde allerdings, bei Begebung mehrerer Genussscheinserien zu unterschiedlichen Unternehmensbewertungen, zu praktischen Schwierigkeiten bei der Handelbarkeit der Genussscheine führen, da diese sehr schwierig miteinander vergleichbar wären.
[4] Genussscheine sind Wertpapiere. Bei der Ausgabe über Stückeverzeichnisse müssen gesonderte Vereinbarungen mit dem Inhaber des Stückeverzeichnisses getroffen werden.
[5] Hierdurch behält die Gesellschaft den Einfluss auf die Zusammensetzung des Gesellschafterkreises. Auch wird faktisch sichergestellt, dass der Betreuungsinvestor den Genussschein erst nach Erbringung eines von ihm ggf. individuell erwarteten Beitrages zur Unternehmensentwicklung übertragen kann.
[6] Vgl. § 8 der GmbH-Satzung.

2. Informationsrechte[7]

Der Genussscheininhaber erhält Informationen über die Lage des Unternehmens in mindestens gleicher Weise wie die Gesellschafter.[8] Er hat insbesondere Anspruch auf

a) Einsichtnahme in den Jahresabschluss und den Erläuterungsbericht
b) Übermittlung aller Informationen über den allgemeinen Geschäftsgang in gleicher Weise wie ein Gesellschafter, insbesondere bezogen auf solche Umstände, die gemäß § 8 dieser Genussscheinbedingungen als wichtiger Grund für eine außerordentliche Kündigung des Inhabers des Genussscheins gelten.

3. Entsendungsrecht in den Beirat[9]

Den Inhabern von Genussscheinen steht ein gemeinschaftliches Sonderrecht zur Entsendung eines Vertreters in den Beirat der **FIRMA** auf der Grundlage der Satzung der **FIRMA** und der Beiratssatzung zu.

Die Inhaber von Genussrechten/Genussscheinen erteilen dem in den Beirat entsandten Vertreter Vollmacht, die Interessen der Genussscheininhaber zu vertreten.

§ 3 Ergebnisbeteiligung

Die Ergebnisbeteiligung der Inhaber von Genussscheinen bemisst sich wie folgt:

1. Gewinnbeteiligung

Das Genussrechtskapital ist in gleicher Weise am Gewinn des Unternehmens beteiligt wie das Stammkapital.[10]

Der Gewinnanteil pro Genussschein beträgt ein (Stückzahl ausgegebener Genussscheine)-stel des auf das Genussrechtskapital entfallenden Anteils am maßgeblichen Jahresergebnis. Der Anteil des Genussrechtskapitals am maßgeblichen Jahresergebnis berechnet sich nach dem Verhältnis von Genussrechtskapital zum Stammkapital[11] zu Beginn des Geschäftsjahres unter Berücksichtigung des für das Genussrechtskapital geltenden Wandlungsverhältnisses.[12] Maßgebliches Jahreser-

---

[7] Vgl. § 8 der GmbH-Satzung.
[8] In der Praxis wird z.T. eine wesentlich intensivere Information und Einbindung insbesondere des Betreuungsinvestors oder von Business-Angeln stattfinden.
[9] Vgl. § 14 der GmbH-Satzung.
[10] Vgl. § 10 der GmbH-Satzung. Diese Gestaltung geht von einer Gleichbehandlung von Gesellschaftern und Genussscheininhabern aus. Abweichende Regelungen sind denkbar, z.B. garantierte Mindestausschüttung auf die Genussscheine, die beim Emittenten u.U. als Betriebsausgabe gewinnmindernd berücksichtigt werden kann (vgl. § 8 Abs. 3 KStG).
[11] Hier können je nach Ausgangssituation abweichende Kapitaldefinitionen gewählt werden, z.B. Stammkapital (gezeichnetes Kapital, ggf. abzüglich ausstehender Einlagen, + Kapitalrücklagen, + Gewinnrücklagen, + Bilanzgewinn/ - Bilanzverlust, ggf. + Gesellschafterdarlehen).
[12] Das Wandlungsverhältnis beträgt aus praktischen Gründen 1:1. Eine über dem Nennwert liegende Unternehmensbewertung wird durch ein bei Erwerb des Genussscheines zu zahlendes Aufgeld ausgedrückt.
Falls das Wandlungsverhältnis nicht 1:1 beträgt, könnte formuliert werden wie folgt:

b) Genussrechtsbedingungen

gebnis im Sinne der Genussscheinbedingungen ist der Bilanzgewinn nach Steuern abzüglich beschlossener Zuführungen zu den Rücklagen. Die Zahlung des Gewinnanteils erfolgt an den im Genussscheinregister zum Zeitpunkt der Fälligkeit eingetragenen Inhaber. Für die Gewinnberechtigung sind die Verhältnisse zum Fälligkeitszeitpunkt gemäß Nr. 3 maßgebend. Für den Umfang der Gewinnberechtigung kommt es nicht darauf an, wie lange die Voraussetzungen für die Gewinnberechtigung am Fälligkeitstag bestanden haben.

2. Teilnahme an laufenden Verlusten

Soweit die **FIRMA** keinen Bilanzgewinn ausweist, findet eine Ausschüttung auf das Genussrechtskapital nicht statt. Der in entsprechender Anwendung vorstehender Regelungen über die Gewinnbeteiligung anteilig auf das Genussrechtskapital entfallende Verlust wird auf einem gesonderten Verlustvortragskonto ausgewiesen. Ausschüttungen auf das Genussrechtskapital dürfen in den folgenden Geschäftsjahren erst wieder erfolgen, wenn der gesondert vorgetragene Verlust aus den auf das Genussrechtskapital entfallenden Gewinnanteilen der Folgejahre getilgt worden ist.[13]

3. Erhaltung des Genussrechtskapitals

Ist infolge der Teilnahme an laufenden Verlusten eine Minderung des Genussrechtskapitals eingetreten, so ist dieses aus den Gewinnen nachfolgender Geschäftsjahre vorrangig vor anderen Gewinnverwendungen, mit Ausnahme von Zuführungen zu etwaigen gesetzlichen Rückstellungs- oder Rücklageverpflichtungen, wieder aufzufüllen. Der auf die Genussscheine entfallende Gewinnanteil ist gleichzeitig mit der Gewinnausschüttung auf das Stammkapital fällig, spätestens zum 30. 6. des auf das der Ausschüttung zugrunde liegende Geschäftsjahr folgenden Kalenderjahres.[14]

„Als Bemessungsgrundlage für die Ermittlung des auf das Genussrechtskapital entfallenden Gewinnanteiles wird ein fiktiver, zusätzlicher Geschäftsanteil gebildet, dessen Höhe sich nach dem Verhältnis des Nennwertes des ausgegebenen Genussrechtskapitals zum Stammkapital, unter Berücksichtigung des Wandlungsverhältnisses für das Genussrechtskapital ergibt.
Die Gewinnbeteiligung stellt sich somit beispielhaft wie folgt dar:

Position	Betrag (EUR)
Gesellschaftskapital (Stammkapital)	100.000,00
Genussrechtskapital	100.000,00
Wandlungsverhältnis	1/10
Gewinn	50.000,00
Gewinnanteil Stammkapital	45.454,55
Gewinnanteil Genussrechtskapital	4.545,45

[13] Auf diese Weise wird sichergestellt, dass die Genussscheininhaber nicht besser gestellt werden als die übrigen Gesellschafter.
Alternative: feste oder Mindestzinsen bedeuten insoweit Ausschluss der Verlustbeteiligung; Ausschüttungen hierauf mindern den steuerpflichtigen Gewinn der Gesellschaft.

[14] Ist bei einem vom Kalenderjahr abweichenden Geschäftsjahr entsprechend zu modifizieren.

5. Genussrechte

§ 4 Rang

Die Gewinnansprüche des Genussrechtskapitals sind gleichrangig zu denen des Stammkapitals.[15]

§ 5 Kapitalveränderungen

1. Kapitalerhöhung

Kapitalerhöhungen dürfen nur zu dem aktuellen Unternehmenswert angemessenen Bedingungen unter Zuführung eines etwaigen Aufgeldes zu den freien Rücklagen erfolgen.[16]

Erhöht die **FIRMA** das Stammkapital, so ist das Genussrechtskapital auf Verlangen der Inhaber von Genussrechten/Genussscheinen im selben Verhältnis zu erhöhen.[17] Die Inhaber von Genussscheinen haben in Ansehung der neu gebildeten Genussrechte ein Bezugsrecht entsprechend ihrem Anteil am Genussrechtskapital vor allen anderen Berechtigten.

Gleiches gilt bei der Ausgabe von Schuldverschreibungen, die mit einem Wandlungsrecht ausgestattet sind, und bei der Ausgabe von zusätzlichem Genussrechtskapital.

2. Kapitalherabsetzung

Wird das Stammkapital der **FIRMA** nach völliger Auflösung der freien Rücklagen und der gesetzlichen Rücklage herabgesetzt, um eingetretene Wertminderungen auszugleichen oder sonstige, auch drohende, Verluste zu decken, so vermindert sich der Nennwert des Genussrechtskapitals im gleichen Verhältnis. Treten Verluste, wegen deren befürchtetem Eintritt Rückstellungen in der Bilanz gebildet wurden, nicht ein, so lebt das Genussrechtskapital im gleichen Verhältnis wieder auf, wie die für die drohenden Verluste gebildeten Rückstellungen in der Bilanz wieder aufgelöst werden. Maßgeblicher Zeitpunkt ist der Stichtag der Auflösung der Rückstellungen.[18]

---

[15] Ein Vorrang des Genussrechtskapitals käme z.B. bei Vereinbarung einer garantierten Mindestausschüttung in Betracht.

[16] Aus Bestimmtheitsgründen sollte die Methode der Unternehmensbewertung hier vorgegeben werden (z.B. Discounted Cash Flow Methode mit Definition der zugrunde zu legenden Parameter).

[17] Diese Regelung ist koordiniert mit § 5 Nr. 6 der GmbH-Satzung.
Alternativ könnte das gleiche wirtschaftliche Ergebnis auch auf folgendem Weg erreicht werden:
Wird das Kapital erhöht, so ist das Unternehmen verpflichtet, Kapitalerhöhungen nur gegen Zufuhr eines Aufgeldes zu den Rücklagen zuzulassen. Die Höhe des Aufgeldes ist zu gestalten in Abhängigkeit vom aktuellen Unternehmenswert im Zeitpunkt der Kapitalerhöhung. Maßgeblicher Zeitpunkt ist der Beginn des ersten Tages der Bezugsfrist. Der aktuelle Unternehmenswert errechnet sich aus den künftigen Ertragswerten auf der Basis des aktuellen Businessplans nach folgender Formel: (z.B. DCF-Methode zur Unternehmensbewertung mit Vorgabe der entscheidenden Parameter). Wenn eine Kapitalerhöhung durchgeführt werden soll, bei der dieser Wert nicht mindestens zugrundegelegt wird, so ist zur Zulässigkeit und Wirksamkeit einer solchen Kapitalerhöhung die Zustimmung aller Genussscheininhaber erforderlich.

[18] Die Gesellschaft ist verpflichtet, vertragswidrige Beeinträchtigungen des Genussrechtskapitals zu unterlassen bzw. zu unterbinden. Verletzt sie diese Pflicht schuldhaft, so ist sie zum Ersatz des daraus entstehenden unmittelbaren Schadens des Genussscheininhabers verpflichtet.

b) Genussrechtsbedingungen

§ 6 Beteiligung am Liquidationsergebnis[19]

Im Falle der Auflösung der **FIRMA** und der Liquidation des Vermögens endet die Laufzeit des Genussrechts. Die Rückzahlungsansprüche der Inhaber von Genussscheinen zum Nennwert sind im Range vor sämtlichen Forderungen der Gesellschafter aus dem Liquidationserlös zu befriedigen.[20] Reicht der Liquidationserlös zur Befriedigung sämtlicher Rückzahlungsansprüche der Inhaber von Genussscheinen nicht aus, so erfolgt die Rückzahlung anteilig im Verhältnis zum jeweiligen Anteil am Genussrechtskapital.

Übersteigt der Liquidationserlös nach Befriedigung aller Verbindlichkeiten die Summe der auf das Stammkapital geleisteten Einlagen und des Genussrechtskapitals, so nimmt der Inhaber von Genussrechten/Genussscheinen nach Rückzahlung des Genussrechtskapitals zum Nennwert und der Einlagen auf das Stammkapital an der Verteilung des Überschusses in derselben Weise teil wie ein Gesellschafter. Sein Anteil am Überschuss bemisst sich in gleicher Weise wie sein Anteil am Gewinn.

§ 7 Laufzeit

Die Laufzeit[21] der Genussscheine beträgt sieben Jahre.[22] Sie endet, ohne dass es einer Kündigung bedarf, am .... Die Laufzeit des Genussscheines endet außerdem im Falle der Auflösung der **FIRMA** und der Liquidation des Vermögens gem. § 5 Nr. 10 der Satzung der **FIRMA**.

Die Laufzeit kann durch schriftliche Erklärung des Inhabers von Genussscheinen gegenüber der **FIRMA** um bis zu drei Jahre verlängert werden (Option).

Der Inhaber eines Genussscheines hat in diesem Fall das Recht, gegen Rückgabe des abgelaufenen Genussscheins die Ausstellung eines neuen Genussscheins mit der neuen Laufzeit zu verlangen.[23]

§ 8 Kündigung

Während der Laufzeit ist die ordentliche Kündigung für beide Teile ausgeschlossen.

---

[19] Vgl. § 5 der GmbH-Satzung; die Beteiligung an einem Liquidationserlös und damit die Beteiligung an der Wertsteigerung des Unternehmens ist in der Regel das Primärziel eines Betreuungsinvestors.

[20] Hier erfolgt eine strukturelle Besserstellung der Genussscheininhaber gegenüber den Gründern und sonstigen Gesellschaftern.

[21] Wegen der bilanziellen Berücksichtigung als Eigenkapital sollte die Laufzeit nach der entsprechenden Stellungnahme des IdW (HFA 1/1994, WPg 1994, 419) „längerfristig" sein.

[22] Die Laufzeit sollte abgestimmt sein auf den Businessplan, insbesondere den Finanzierungsplan, und den Zeitraum bis mindestens nach der ersten geplanten Ausstiegsmöglichkeit für den Betreuungsinvestor umfassen.

[23] Diese Regelung ist sinnvoll, wenn sich die Verhältnisse seit Beteiligungsbeginn nicht so entwickelt haben, wie ursprünglich von den Parteien erwartet. Dann haben sie weiterhin die freie Entscheidung, ob sie das Engagement wie bisher fortsetzen oder in einer der vorgeschlagenen Weisen „abwickeln" wollen.

5. Genussrechte

Als wichtiger Grund für eine außerordentliche Kündigung des Inhabers des Genussscheins gelten:
a) Formwandelnde Umwandlung der **FIRMA** in eine Personengesellschaft
b) Verschmelzung der **FIRMA** mit einer anderen Gesellschaft
c) Abschluss von Unternehmensverträgen mit einem herrschenden Unternehmen
d) Übernahme von mehr als 75% der Geschäftsanteile durch einen Gesellschafter[24]
e) Kündigung der **FIRMA** durch den/die Gesellschafter (Name/n) oder dessen Ausscheiden in sonstiger Weise[25]
f) Kündigung der **FIRMA** durch einen Gesellschafter, der mehr als 25% des Stammkapitals auf sich vereinigt, oder dessen Ausscheiden aus der **FIRMA** in sonstiger Weise[26]
g) Versagung der Zustimmung gemäß § 15 Nr. 1 der Satzung.

Eine Kündigung durch den Genussscheininhaber kann nur innerhalb eines Monats[27] nach dem Zeitpunkt erklärt werden, in dem die **FIRMA** den Genussscheininhaber über eine Maßnahme unterrichtet hat, welche die Kündigung rechtfertigt. Sie wird wirksam zum Ende des laufenden Geschäftsjahres.

Die **FIRMA** ist berechtigt, diesen Vertrag aus wichtigem Grunde mit Wirkung zum nächsten Bilanzstichtag zu kündigen. Wichtiger Grund für eine außerordentliche Kündigung ist insbesondere ein grober Verstoß gegen die Interessen der **FIRMA** durch den Inhaber des Genussscheins.

§ 9 Rechtsfolgen der Beendigung des Genussrechtsverhältnisses

Am Ende der Laufzeit ist der Wert des Genussscheins mit Wirkung zum nächsten Bilanzstichtag auszubezahlen. Der Wert bemisst sich nach einer zum Ende der Laufzeit gegebenen aktuellen Marktbewertung. In Ermangelung einer solchen wird der Wert nach der Discounted Cash Flow Methode unter Zugrundelegung der prospektierten Unternehmensbewertung der auf das Jahr des Ausscheidens folgenden drei vollen Geschäftsjahre, einer ewigen Rente aus dem Ergebnis des Jahres drei sowie eines Abzinsungszinssatzes von 20% p.a. ermittelt.[28] Die Wertermittlung wird von einem von der Industrie- und Handelskammer in .... zu benennenden Wirtschaftsprüfer durchgeführt. Die Kosten der Wertermittlung trägt die **FIRMA**.

Die **FIRMA** hat das Recht, statt Auszahlung des Wertes, den Genussschein in einen Geschäftsanteil gemäß § 10 der Genussrechtsbedingungen zu wandeln.[29]

---

[24] Hierdurch können sich die Machtverhältnisse erheblich ändern.
[25] Bei einer besonderen Abhängigkeit des Unternehmenserfolges von bestimmten Personen u.U. sinnvoll.
[26] In diesem Falle treten völlig neue Machtverhältnisse ein, die die „Geschäftsgrundlage" für den Genussscheininhaber verändern können.
[27] Kurze Frist ist im Interesse der Rechtssicherheit für die Gesellschaft sinnvoll.
[28] Hier sollte jedenfalls eine konkrete Bewertungsmethodik mit konkreten Bewertungsparametern vorgegeben werden, die sich z.B. an der für die Gewährung des Genussscheinkapitals zugrunde gelegten Methode orientiert. Eine solche Bewertung kann jedoch zum Aufdecken stiller Reserven bei der Gesellschaft und damit zu negativen steuerlichen Folgen für die Gesellschaft führen.
[29] Diese Regelung dient dem Schutz der Gesellschaft vor einem nicht vorhersehbaren Liquiditätsabfluss zur Unzeit bei Kündigung des Genussscheininhabers.

b) Genussrechtsbedingungen

Der Inhaber des Genussscheins kann die Wandlung ablehnen und stattdessen Auszahlung des Genussscheins zum bilanziellen Wert (Nennwert zuzüglich des bei Erwerb des Genussscheins bezahlten Aufgeldes, soweit dieses in der Bilanz noch ausgewiesen ist), zuzüglich einer Mindestausschüttung in Höhe von 4% p.a. seit Beginn des Laufzeit, verlangen. Auf das Genussrecht während der Laufzeit erfolgte Gewinnausschüttungen sind auf diesen Anspruch in vollem Umfang anzurechnen.[30]

Bei einer Kündigung des Inhabers des Genussscheins gemäß § 8 a)–g) der Genussrechtsbedingungen ist der dem anteiligen Unternehmenswert entsprechende Wert des Genussscheins an den Inhaber des Genussscheins auszubezahlen.

Der Inhaber des Genussscheins kann stattdessen die Wandlung in einen Geschäftsanteil zu den gleichen Bedingungen wie bei Ausübung des Wandlungsrechtes nach § 10 der Genussrechtsbedingungen verlangen.

Bei einer Kündigung des Genussscheins durch die **FIRMA** aus wichtigem Grund erfolgt die Rückzahlung zum bilanziell ausgewiesenen Wert des Genussrechtskapitals (Nennwert zuzüglich des bei Erwerb des Genussscheins bezahlten Aufgeldes, soweit dieses in der Bilanz noch ausgewiesen ist) zuzüglich einer Mindestausschüttung in Höhe von 4% p.a. seit Beginn der Laufzeit. Auf das Genussrecht während der Laufzeit erfolgte Gewinnausschüttungen sind auf diesen Anspruch in vollem Umfang anzurechnen.[31]

§ 10 Wandlungsrecht bei IPO

Der Genussscheininhaber ist berechtigt, seinen Genussschein in einen Anteil am Stammkapital der **FIRMA** zu tauschen, wenn die Aktien der aus einer Umwandlung oder Verschmelzung der **FIRMA** hervorgegangenen Aktiengesellschaft zum Handel an einer Börse zugelassen werden sollen. Für die Ausübung des Wandlungsrechts gilt Folgendes:

1. Wandlungsverhältnis

Das Wandlungsverhältnis beträgt 1:1. Dabei gilt die Zahlung des Genussscheininhabers auf den Genussschein als Barzahlung auf die übernommene Stammeinlage oder Aktie. Eine eventuelle Differenz zwischen der Barzahlung und dem Wert der übernommenen Stammeinlage oder Aktie ist durch Barzahlung auszugleichen. Wenn über die Höhe der Differenz eine Einigung der Vertragspartner nicht zustande kommt, ist die Differenz durch das Gutachten eines Wirtschaftsprüfers zu ermitteln.

---

[30] Diese Bestimmung dient dem Schutz des Genussscheininhabers vor einem zwangsweisen Verbleib in einer gesellschaftsrechtlichen Bindung. Der Genussscheininhaber kann statt der Wandlung seines Genussscheines in einen Geschäftsanteil verlangen, nachträglich wie ein Fremdkapitalgeber gestellt zu werden.

[31] Als Sanktion gegenüber einem treuwidrigen Genussscheininhaber erfolgt in diesen Fällen keine Beteiligung an einer zwischenzeitlich möglicherweise eingetretenen Unternehmenswertsteigerung.

2. Beschluss der GmbH über Börsengang

Beschließt die Gesellschafterversammlung der GmbH einen Börsengang und wird die **FIRMA** im Wege der formwandelnden Umwandlung, der Verschmelzung oder in sonstiger Weise in eine Aktiengesellschaft umgewandelt, so werden die Genussscheine mit dem Zeitpunkt der Umwandlung in Stammaktien umgewandelt. Das Wandlungsverhältnis beträgt bei einer unmittelbaren Umwandlung 1 : 1.[32] Erfolgt die Umwandlung im Wege der Verschmelzung, so bemisst sich das Wandlungsverhältnis unter Anwendung des vorgenannten Verhältnisses entsprechend den für die Verschmelzung zugrunde gelegten Wertverhältnissen der zu verschmelzenden Gesellschaften.[33]

Der Beschluss der Gesellschafterversammlung über den Börsengang ist dem Genussscheininhaber durch eingeschriebenen Brief mitzuteilen. Der Genussscheininhaber kann der Wandlung der Genussscheine in Aktien mit einer Frist von zwei Wochen ab dem Zugang der Mitteilung widersprechen.

3. Beschluss der AG über Börsengang

Wird der Börsengang nach Umwandlung der **FIRMA** in eine Aktiengesellschaft beschlossen, so erfolgt die Wandlung der Genussscheine in Stammaktien mit Wirkung von vier Wochen nach dem Zeitpunkt der Beschlussfassung.

Der Beschluss des Vorstands über den Börsengang ist dem Genussscheininhaber durch eingeschriebenen Brief mitzuteilen. Der Genussscheininhaber kann der Wandlung der Genussscheine in Aktien mit einer Frist von zwei Wochen ab dem Zugang der Mitteilung widersprechen.

4. Wirkung des Widerspruchs

Widerspricht der Genussscheininhaber der Wandlung, so ist diese für die gesamte Dauer bis zum Ablauf der für den Börsengang zu vereinbarenden längsten Haltefrist für einen Aktionär ausgeschlossen.

5. Wandlungsrecht bei Fehlschlagen eines Börsenganges

Wird ein beschlossener Börsengang nicht durchgeführt, so ist der Genussscheininhaber zur Wandlung des Genussscheins in einen Geschäftsanteil bzw. in Stammaktien berechtigt.

§ 11 Pflichten der Gesellschafter und der Gesellschaft

Die Gesellschafter verpflichten sich, gemäß § 5 der Satzung, die Ausgabe von Genussrechten/Genussscheinen mit Wandlungsrecht/Optionen auf den Erwerb von Genussrechten/Genussscheinen im Nennwert von EUR .... (in Worten: EURO ......) zu beschließen und dem Betreuungsinvestor sowie den anderen bevorzugt Bezugsberechtigten .... Stück zum Bezug anzubieten.

---

[32] Das Wandlungsverhältnis drückt ggf. die bei der Ausgabe der Genussscheine zugrunde gelegte Unternehmensbewertung aus. Hier wurde davon ausgegangen, dass die Unternehmensbewertung sich in einem bei Erwerb des Genussscheines bezahlten Aufgeld widerspiegelte.

[33] Die Gesellschaft muss im Falle der Verschmelzung bzw. Umwandlung entsprechendes bedingtes Kapital schaffen.

b) Genussrechtsbedingungen

Die Gesellschafter verpflichten sich ferner, für den Fall der Kapitalerhöhung auf Verlangen des Betreuungsinvestors das Genussrechtskapital im selben Verhältnis zu erhöhen sowie dem Betreuungsinvestor im Verhältnis seiner bisherigen Beteiligung am Genussrechtskapital zum Bezug anzubieten.

Übt der Betreuungsinvestor sein Wandlungsrecht gemäß § 10 der Genussrechtsbedingungen aus, so sind die Gesellschafter verpflichtet, das Stammkapital dementsprechend zu erhöhen und die neu gebildeten Geschäftsanteile den Genussscheininhabern im Verhältnis ihrer Beteiligung am Genussrechtskapital zum Bezug anzubieten.

Die Gesellschafter verpflichten sich, den Betreuungsinvestor über alle Maßnahmen der Gesellschafterversammlung, die für die **FIRMA** und/oder den Betreuungsinvestor von besonderer Bedeutung sind, vorher zu unterrichten und ihm Gelegenheit zur Stellungnahme zu geben. Dazu zählen insbesondere satzungsändernde Beschlüsse, Maßnahmen und Richtlinien der Geschäftspolitik, Veränderung der Gesellschafterverhältnisse und Veröffentlichungen über die **FIRMA**.

Unbeschadet des Informationsrechts des Betreuungsinvestors gemäß § 8 Nr. 1 der Satzung sind die Gesellschafter verpflichtet, dem Betreuungsinvestor auf Verlangen Auskunft über alle Angelegenheiten der **FIRMA** zu erteilen, insbesondere regelmäßig zu berichten über die Erfüllung des Businessplanes und/oder Änderungen der Unternehmensplanung. Auch ohne Aufforderung sind die Gesellschafter verpflichtet, den Betreuungsinvestor unverzüglich über solche Ereignisse und Umstände zu unterrichten, die als wichtige Gründe für eine außerordentliche Kündigung im Sinne des § 8 der Genussrechtsbedingungen gelten.

Die **FIRMA** steht dafür ein, dass die Beschlüsse der Gesellschafterversammlung gemäß Absatz 1 bis 3 dieses Paragraphen zustande kommen, vollzogen und die Verpflichtungen der Gesellschafter im Übrigen erfüllt werden.

§ 12 Mediationsklausel[34]

Sollten aus diesem Vertragsverhältnis Meinungsverschiedenheiten entstehen, so werden die Parteien diese möglichst einvernehmlich selbst beilegen.

Für den Fall des Scheiterns einer gütlichen Einigung vereinbaren die Parteien bereits heute die Durchführung eines Mediationsverfahrens vor Beginn etwaiger gerichtlicher Streitigkeiten. Das Verfahren wird durchgeführt nach den Regeln der Gesellschaft für Wirtschaftsmediation und Konfliktmanagement e.V. (gwmk), München. Es beginnt mit dem Antrag einer Partei an die gwmk zur Benennung eines geeigneten Mediators.

Die Kosten des Verfahrens tragen die Parteien je zur Hälfte, wenn nicht vor Beginn eine andere Kostenregelung getroffen wird.

Das Verfahren gilt als gescheitert, wenn nicht innerhalb von zwei Monaten nach dem Antrag an die gwmk eine Mediationsverhandlung durchgeführt wurde oder nach einer Mediationsverhandlung eine der Parteien das Scheitern der Verhandlungen erklärt hat.

Nach Scheitern ist ein Antrag auf gerichtliche Entscheidung zulässig.

---

[34] Wirtschaftsmediation ist eine relativ neue Methode zur außergerichtlichen Konfliktregelung, die gerade in einer lang andauernden, persönlichen Verbindung wie einer Gesellschaft vor dem Gang vor die Gerichte genutzt werden sollte.

5. Genussrechte

§ 13 Allgemeines

Für den Fall einer an ein gescheitertes Mediationsverfahren anschließenden gerichtlichen Auseinandersetzung wird das Landgericht in .... als zuständig vereinbart.[35]

Sollten einzelne Bestimmungen dieses Vertrags unwirksam oder undurchführbar sein oder werden oder sollte sich in dem Vertrag eine Lücke herausstellen, so wird hierdurch die Wirksamkeit der übrigen Bestimmungen nicht beeinträchtigt. Die Parteien werden sich in einem derartigen Fall über eine wirksame oder durchführbare Bestimmung zur Ausfüllung der Lücke so einigen, dass – im Rahmen des rechtlich Möglichen – der beabsichtigte wirtschaftliche Zweck erreicht wird.

Änderungen dieser Bedingungen, einschließlich des Schriftformerfordernisses, bedürfen der Schriftform.

Das Recht der Bundesrepublik Deutschland ist auf dieses Vertragsverhältnis ausschließlich anwendbar.

....
Ort, Datum ***FIRMA*** / Geschäftsführung

Mit meiner Unterschrift erkenne ich die vorstehenden Bedingungen an:

....
Ort, Datum Erwerber

---

[35] Gerichtsstandsvereinbarung ist nur gültig gegenüber Kaufleuten.

c) Genussschein

c) Genussschein

für

Beteiligungsinvestor/
Firma /
Herrn .../
Frau ...

Dieser Genussschein verbrieft Genussrechte im Nennwert von

EUR ....

(in Worten: Euro ....)

am Genussrechtskapital der

FIRMA

gemäß den anliegenden Genussscheinbedingungen.

Ort, Datum

Name

Geschäftsführer

d) Beteiligungsvertrag und Gesellschaftervereinbarung

Zwischen

1. **FIRMA**, Sitz, vertreten durch ....
   (im Folgenden benannt als „**FIRMA**")[36]

   Name, Anschrift
   Name, Anschrift
   Name, Anschrift
   (im Folgenden gemeinschaftlich benannt als „Gesellschafter")

und

2. der **FIRMA**, vertreten durch ....
   Anschrift
   (im Folgenden benannt als „Betreuungsinvestor")

sowie

3. möglichen weiteren **FIRMEN** ....

wird folgender Beteiligungsvertrag geschlossen:

---

[36] Die Firma/Gesellschaft wird nur beteiligt, sofern sie schon besteht.

d) Beteiligungsvertrag und Gesellschaftervereinbarung

Vorbemerkung

Die **FIRMA** ist mit Gesellschaftsvertrag vom .... (UR-Nr. des Notars ..... in ....) gegründet[37] in Form einer GmbH mit einem Stammkapital in Höhe von EUR .... (in Worten: EURO ....).

Die Satzung der **FIRMA** liegt diesem Beteiligungsvertrag an als

Anlage 1 (Gesellschaftssatzung)
sowie Anlage 2 (Gesellschafterliste)

Die **FIRMA** plant ihre Geschäftätigkeit zu entwickeln im Bereich (........Branche).

Der Businessplan hierfür ist noch zu erstellen.[38]

Die **FIRMA** hat mit Beteiligungsantrag vom .... in

Anlage 3 (Beteiligungsantrag)

die Beteiligung des Betreuungsinvestors am Genussrechtskapital der **FIRMA** als Frühphasenfinanzierung beantragt, insbesondere für die Erstellung eines detaillierten Businessplans sowie für die Suche nach weiteren Investoren. Die detaillierte Mittelverwendung ergibt sich aus dem Investitions- und Finanzierungsplan in

Anlage 4 (Investitions- und Finanzierungsplan).

Die Beteiligung des Betreuungsinvestors dient der Finanzierung der sog. Frühphase. Sie ist beschränkt auf eine Laufzeit von sechs Monaten, analog der Investitions- und Finanzierungsplanung.

Die Gesellschafterversammlung hat auf der Grundlage von § 5[39] der Satzung am ..... die Schaffung von in Genussscheinen verbrieftem Genussrechtskapital mit Wandlungsoption im Nennwert von EUR ..... (in Worten: EURO .....) gemäß den Genussscheinbedingungen in

Anlage 5 (Genussrechtsbedingungen)

beschlossen.[40]

Der Betreuungsinvestor wird sich im Rahmen der Beteiligungsgrundsätze für das Programm „Beteiligungskapital für kleine Technologieunternehmen – Frühphase (BTU)" an dem von der **FIRMA** ausgegebenen Genussrechtskapital beteiligen mit einem Kapital in Höhe von EUR ....

Der Betreuungsinvestor erhält hierfür einen Genussschein im Nennwert von EUR ..... (in Worten: EURO ....), der nach Ausübung der Wandlungsoption einen Geschäftsanteil von ......% am derzeitigen Eigenkapital (Stammkapital zuzüglich Genussrechtskapital) darstellen würde.

---

[37] Der Abschluss der Beteiligungsvereinbarung kann grundsätzlich auch schon vor Gründung einer Kapitalgesellschaft erfolgen, ist jedoch aufschiebend zu bedingen mit der wirksamen Gründung der Kapitalgesellschaft in der mit dem Satzungsmuster vorgegebenen gesellschaftsrechtlichen Ausgestaltung. Die Ausgabe von Genussrechten setzt voraus, dass das Genussrechtskapital in der Unternehmensbilanz ausgewiesen werden kann.

[38] Die Mitwirkung bei der Erstellung eines Businessplans ist in der Gründungsphase eine typische, erste Aufgabenstellung für einen Betreuungsinvestor.

[39] Bezugnahme auf die GmbH-Satzung.

[40] Da das Genussrecht auch einen Anspruch auf Gewinnanteile einräumt, ist die Zustimmung der Gesellschafterversammlung notwendig.

5. Genussrechte

Die Finanzierung der Frühphase entspricht mit dem Abschluss dieses Vertrags einer de-minimis-Beihilfe in Höhe von ..... EUR. Der Subventionswert aller de-minimis-Beihilfen, die die **FIRMA** innerhalb von drei Jahren ab dem Zeitpunkt der ersten de-minimis-Beihilfe erhält, darf EUR 100.000 nicht überschreiten. Dies berührt nicht die Möglichkeit, dass die **FIRMA** unabhängig von de-minimis-Beihilfen Mittel aus durch die Europäische Kommission notifizierten Beihilfeprogrammen erhält. Die **FIRMA** ist dazu verpflichtet, diesen Vertrag zehn Jahre aufzubewahren und auf Anforderung der Europäischen Kommission oder der Bundesregierung (Landesverwaltung, Bewilligungsbehörde) innerhalb von einer Woche vorzulegen. Widrigenfalls entfällt rückwirkend die Bewilligungsvoraussetzung mit der Folge der sofortigen Rückzahlungsverpflichtung der Beihilfe zuzüglich Zinsen.

Nach erfolgreichem Abschluss der Frühphase ist beabsichtigt, notwendige weitere Finanzierungen im Rahmen des Programms „Beteiligungskapital für kleine Technologieunternehmen (BTU)" durchzuführen.

Alternativ:
Der Betreuungsinvestor wird sich zusätzlich unmittelbar an der **FIRMA** *durch Erwerb eines neu zu bildenden Geschäftsanteils in Höhe von EUR .... zum Nennwert/zum Nennwert zuzüglich eines Aufgeldes in Höhe von EUR .... beteiligen.*

§ 1 Pflichten der Gesellschafter

1. Die Gesellschafter verpflichten sich gemäß § 5 der Satzung, die Ausgabe von Genussrechten/Genussscheinen mit Wandlungsrecht/Optionen auf den Erwerb von Genussrechten/Genussscheinen im Nennwert von EUR .... (in Worten: EURO ......) zu beschließen und dem Betreuungsinvestor Genussscheine im Nennwert von EUR .... zum Bezug anzubieten.
2. Die Gesellschafter verpflichten sich ferner, für den Fall der Kapitalerhöhung auf Verlangen des Betreuungsinvestors das Genussrechtskapital im selben Verhältnis zu erhöhen sowie dem Betreuungsinvestor im Verhältnis seiner bisherigen Beteiligung Genussrechtskapital zum Bezug anzubieten.
3. Übt der Betreuungsinvestor sein Wandlungsrecht gemäß § 10 der Genussrechtsbedingungen aus, so sind die Gesellschafter verpflichtet, das Stammkapital dementsprechend zu erhöhen und die neu gebildeten Geschäftsanteile den Genussscheininhabern im Verhältnis ihrer Beteiligung am Genussrechtskapital zum Bezug anzubieten.
4. Die Gesellschafter verpflichten sich, den Betreuungsinvestor über alle Maßnahmen der Gesellschafterversammlung, die für die **FIRMA** und/oder den Betreuungsinvestor von besonderer Bedeutung sind, vorher zu unterrichten und ihnen Gelegenheit zur Stellungnahme zu geben. Dazu zählen insbesondere satzungsändernde Beschlüsse, Maßnahmen und Richtlinien der Geschäftspolitik, Veränderung der Gesellschafterverhältnisse und Veröffentlichungen über die **FIRMA**.
5. Unbeschadet des Informationsrechts des Betreuungsinvestors gemäß § 8 Nr. 1 der Satzung sind die Gesellschafter verpflichtet, dem Betreuungsinvestor auf Verlangen Auskunft über alle Angelegenheiten der **FIRMA** zu erteilen, insbe-

d) Beteiligungsvertrag und Gesellschaftervereinbarung

sondere regelmäßig zu berichten über die Erfüllung des Businessplanes und/oder Änderungen der Unternehmensplanung. Auch ohne Aufforderung sind die Gesellschafter verpflichtet, den Betreuungsinvestor unverzüglich über solche Ereignisse und Umstände zu unterrichten, die als wichtige Gründe für eine außerordentliche Kündigung im Sinne des § 8 der Genussscheinbedingungen gelten.

6. Die **FIRMA** steht dafür ein, dass die Beschlüsse der Gesellschafterversammlung gemäß Absatz 1 bis 3 dieses Paragraphen zustande kommen, vollzogen und die Verpflichtungen der Gesellschafter im Übrigen erfüllt werden.
7. Die **FIRMA** verpflichtet sich, dem Betreuungsinvestor spätestens nach Ablauf von drei Monaten nach Vertragsende (siehe § 11 dieses Vertrages) einen aussagekräftigen Nachweis über die dem Investitions- und Finanzierungsplan (**Anlage 4** dieses Vertrags) entsprechende Verwendung der Mittel vorzulegen.

§ 2 Beteiligung und Leistungen an die FIRMA

Nach der Beschlussfassung über die Änderung der Satzung der **FIRMA** und die Begebung von Genussrechtskapital in den in den **Anlagen 1 und 5** zu diesem Vertrag bezeichneten Fassungen übernimmt der Betreuungsinvestor Genussscheine im Nennwert von insgesamt EUR .... gegen Zahlung von insgesamt EUR ....

Den den Nennwert der Genussscheine übersteigenden Betrag von EUR .... wird die **FIRMA** in der Bilanz gesondert ausweisen in einem zu bildenden Posten „Sonderposten Rücklagen aus Aufgeld aus Genussrechten".

Alternativ:

Der Betreuungsinvestor
– *übernimmt einen Geschäftsanteil der* **FIRMA** *in Höhe von EUR* .... *gegen Zahlung von EUR* ....[41] *bzw.*
– *übernimmt einen Anteil am Genussrechtskapital in Höhe von EUR* .... *gegen Zahlung von EUR* ....

Für den Erwerb und die Ausgestaltung des Genussrechtskapitals gelten die Genussrechtsbedingungen vom .... in der Fassung[42] gemäß **Anlage 5**.

Alternativ:

Die Beteiligung des Betreuungsinvestors am Genussrechtskapital erfolgt unter der aufschiebenden Bedingung, dass die Satzung entsprechend **Anlage 1** *wirksam geändert wird.*[43]

Die durch die Übernahme der Genussrechtsanteile *bzw.* Geschäftsanteile entstandenen Zahlungsverpflichtungen von insgesamt EUR .... für den Betreuungsinvestor sind fällig zur Zahlung auf das Konto der **FIRMA** Nr. .... bei .... BLZ .... bis zum .... (Stichtag), frühestens aber 14 Tage nach Wirksamwerden dieser Vereinbarung.

---

[41] Dieser Vorgang müsste zur Wirksamkeit gesondert notariell beurkundet werden.
[42] U.U. sind die Genussrechtsbedingungen für die Berechtigten unterschiedlich, z.B. wegen unterschiedlicher Options-/Wandlungsmodelle.
[43] Durch die aufschiebende Bedingung der Satzungsänderung ist sichergestellt, dass sämtliche gesellschaftsrechtlichen Regelungen, die der Betreuungsinvestor zu seiner Sicherheit fordert, vor Auszahlung der Beteiligung auch umgesetzt sind (z.B. entsprechende Beiratsregelung, Erbfolgeregelung etc.).

5. Genussrechte

§ 3 Pflichten des Betreuungsinvestors[44]

Der Betreuungsinvestor verpflichtet sich, seine Kenntnisse, Erfahrungen und Kontakte der **FIRMA** zur Verfügung zu stellen.

Zusätzlich:
Eine Übertragung oder Abtretung der Rechte aus den Genussscheinen des Betreuungsinvestors ist ausgeschlossen vor dem Ende der Frühphase.[45]

§ 4 Know-how-Sicherung

1. Schutzrechtsverträge der Know-How-Träger mit der FIRMA

Die Gesellschafter .... werden die in

Anlage 6 (Vereinbarung über Technologietransfer und die Übertragung von Schutzrechten)

beigefügten Schutzrechtsverträge zur Sicherung der langfristigen Nutzbarkeit persönlichen Know-hows und etwaiger Schutzrechte bis zum .... mit der **FIRMA** abschließen.

2. Verschwiegenheitspflicht

Die Genussrechtskapitalgeber und der Betreuungsinvestor sind auch nach Beendigung dieses Vertragsverhältnisses verpflichtet, über sämtliche ihnen zur Kenntnis gebrachten oder gelangenden Unterlagen, Dateien oder sonstige Informationen, die die **FIRMA** betreffen, Stillschweigen zu bewahren und diese Dritten in keiner Form zugänglich zu machen.[46]

§ 5 Gewährleistungen

1. Gewährleistung der Gesellschafter

Die Gesellschafter versichern und garantieren hiermit ohne Rücksicht auf Verschulden, dass
a) die **FIRMA** rechtswirksam gegründet ist und rechtswirksam besteht,

---

[44] In Anbetracht der Zielsetzung der Unternehmensgründer und des Betreuungsinvestors, unternehmerische Erfahrung und entsprechende Kontaktfelder erschließen zu wollen, ist hier une keine konkrete Regelung sinnvoll. Durchsetzbar sind diese Pflichten allerdings nur, wenn sie mit bestimmten Sanktionen bei ihrer Verletzung verknüpft sind, z.B. Vertragsstrafen, Ausschluss eines evtl. Wandlungsrechtes o.Ä.

[45] Die Leistungsverpflichtung des Betreuungsinvestors setzt sinnvollerweise auch eine Sperrfrist voraus, innerhalb derer – im Falle ansonsten freier Übertragbarkeit – der Genussschein nicht an Dritte übertragen werden darf. Diese „vesting period" soll sicherstellen, dass sich der Betreuungsinvestor in der von den Parteien angestrebten Weise für die Gesellschaft engagiert. Überträgt er das Genussrecht, so entfällt für ihn der Anreiz, im Rahmen seiner Möglichkeiten zur Wertsteigerung der Gesellschaft beizutragen. Deshalb wird diese auch individuell vereinbart.
Die „vesting period" ist entsprechend in die Genussrechtsbedingungen für den Betreuungsinvestor zu übernehmen.

[46] Vgl. auch § 8 der GmbH-Satzung.

d) Beteiligungsvertrag und Gesellschaftervereinbarung

b) die Einlagen einschließlich evtl. Agio in voller Höhe eingezahlt, erbracht und nicht zurückgewährt sind und

c) die im Beteiligungsantrag vom .... **(Anlage 3)** sowie in den im folgenden aufgeführten und diesem Vertrag beigefügten Unterlagen ....[47] enthaltenen Angaben wahr, richtig und vollständig sind sowie

d) seit Erstellung dieser Unterlagen keine wesentlichen Änderungen bezüglich der darin abgegebenen Angaben eingetreten sind, ohne dass der Betreuungsinvestor darauf schriftlich hingewiesen wurde.

[falls notwendig]
*Die Gesellschafter versichern und garantieren hiermit ferner ohne Rücksicht auf Verschulden, dass der Abschluss der **FIRMA** für das Rumpfgeschäftsjahr ___, als **Anlage** .... ___ zu diesem Vertrag beigefügt, mit den Büchern und Geschäftspapieren der **FIRMA** übereinstimmt und – soweit gesetzlich vorgeschrieben – unter Beachtung des gesetzlichen Bilanzrechts sowie unter Anwendung der allgemein anerkannten Grundsätze ordnungsgemäßer Buchführung und Bilanzierung unter Wahrung der Bilanzkontinuität richtig und vollständig erstellt wurde.*

2. Haftungsumfang

Bei jeder negativen Abweichung von den in Absatz 1 garantierten Eigenschaften und Umständen stellen die Gesellschafter als Gesamtschuldner den Betreuungsinvestor oder auf Verlangen des Betreuungsinvestors die **FIRMA** so, wie der Betreuungsinvestor oder die **FIRMA** wirtschaftlich stünden, wenn die in Nr. 1 garantierten und zugesicherten Eigenschaften und Umstände zuträfen. Der Rücktritt ist ausgeschlossen.

3. Verjährung

Etwaige Gewährleistungsansprüche des Betreuungsinvestors gegen die Gesellschafter verjähren 12 Monate nach dem Abschluss dieser Vereinbarung und können nur bis zu diesem Zeitpunkt geltend gemacht werden, falls die Frist nicht vorher unterbrochen oder gehemmt wird. Die Verjährung wird durch schriftliche Geltendmachung unterbrochen. Die Gesellschafter werden dem Betreuungsinvestor unverzüglich Mitteilung über Umstände machen, die für ihn Anlass zur Geltendmachung von Gewährleistungsansprüchen geben könnten.

§ 6 Vesting Period

Laufzeit, Kündigungsmöglichkeiten und sonstige Regelungen hinsichtlich des Genussscheines richten sich nach den Genussrechtsbedingungen.

Eine Veräußerung der von dem Betreuungsinvestor zu übernehmenden Genussscheine vor Beendigung dieses Vertrages ist ausgeschlossen.

§ 7 Vertragsbeitritt

Geschäftsanteile dürfen mit oder ohne Gegenleistung im Wege der Einzelrechtsnachfolge nur übertragen werden, wenn der Erwerber zuvor diesem(r) Beteiligungsvertrag/Gesellschaftervereinbarung beigetreten ist.

---

[47] Unterlagen genau spezifizieren, z.B. Produktbeschreibungen, Kataloge, Marken- bzw. sonstige Schutzrechte etc.

5. Genussrechte

§ 8 Erbfolge

Im Falle des Todes eines Gesellschafters gehen die Rechte und Pflichten aus diesem(r) Beteiligungsvertrag/Gesellschaftervereinbarung auf dessen Erben über.

§ 9 Zustimmung zur Anteilsverfügung

Ist in der Satzung der **FIRMA** eine Zustimmungspflicht der Gesellschafter zu einer Verfügung über Anteile der **FIRMA** vorgesehen, verpflichten sich bereits jetzt alle Gesellschafter einer Abtretung der Geschäftsanteile des Betreuungsinvestors bzw. Anteile des Betreuungsinvestors am Genussrechtskapital der **FIRMA** zugunsten eines von ihm verwalteten oder beratenen Beteiligungsfonds [Fondsberatungsgesellschaft des Betreuungsinvestors] zuzustimmen.

§ 10 Informations- und Kontrollrechte

Die **FIRMA** ist verpflichtet, dem Betreuungsinvestor kontinuierlich Bericht über den Projektfortgang zu erstatten, unmittelbar nach Bekanntwerden sämtliche wesentlichen Tatbestände und Geschehnisse mitzuteilen und alle von dem Betreuungsinvestor angeforderten Informationen zu erteilen. Die Informationspflicht der **FIRMA** erstreckt sich insbesondere auf alle Maßnahmen gemäss § 1 Nr. 4 dieses Beteiligungsvertrags und § 8 der Genussrechtsbedingungen.

Die **FIRMA** räumt dem Bundesministerium für Wirtschaft und Technologie (BMWi) und einem von ihm beauftragten Institut Vorlage-, Auskunfts- und Prüfungsrechte im gleichen Umfang wie dem Betreuungsinvestor ein. Die **FIRMA** erklärt sich damit einverstanden, dass der Betreuungsinvestor die über ihr Unternehmen und das geförderte Vorhaben erlangten Daten zur wissenschaftlichen Auswertung des diesem Vertrage zugrunde liegenden Programms an das BMWi oder ein von ihm beauftragtes Institut weiterleitet. Sie erklärt sich darüber hinaus bereit, auch dem BMWi und einem von ihm beauftragen Institut unmittelbar die zur wissenschaftlichen Auswertung des Programms erforderlichen Auskünfte, ggf. auch nach Beendigung dieses Vertrags, zu erteilen. Das BMWi ist berechtigt, die ihm bekannt gegebenen Daten an die EU-Kommission zur Wahrnehmung von Aufsichts- und Kontrollbefugnissen weiterzugeben. Bei der Ausarbeitung und ggf. bei der Veröffentlichung von Daten über das Programm wird sichergestellt, dass der **FIRMA** kein Schaden entsteht.

Dem Bundesrechnungshof steht gegenüber der **FIRMA** ein Prüfungsrecht nach § 91 BHO zu. Die **FIRMA** wird dem Bundesrechnungshof und dem Betreuungsinvestor zu Prüfzwecken alle Unterlagen zur Verfügung stellen, die der Bundesrechnungshof für erforderlich hält und entsprechende Auskünfte erteilen.

§ 11 Dauer der Vereinbarung

Diese Vereinbarung tritt mit Unterzeichnung durch die Vertragsparteien in Kraft und endet, ohne dass es einer Kündigung bedarf, nach sechs Monaten. Sie gilt für alle von den Parteien dieses Vertrags gegenwärtig und künftig gehaltenen Geschäftsanteile oder Genussscheine/Genussrechtsanteile der **FIRMA**. Vor dem Ablauf von sechs Monaten kann dieser Vertrag nur aus wichtigem Grund gekün-

d) Beteiligungsvertrag und Gesellschaftervereinbarung

digt werden. Als wichtige Gründe gelten insbesondere die im § 8 der Genussrechtsbedingungen genannten Gründe.

Diese Vereinbarung gilt auch für Gesellschafter, die dieser Gesellschaftervereinbarung beigetreten sind.

§ 12 Allgemeines

1. Die **FIRMA** wird auf das Leben von Herrn/Frau .... eine Risikolebensversicherung in Höhe von EUR 250.000,00 („key man insurance"). Begünstigte dieser Versicherung ist die **FIRMA**.
2. Die **FIRMA** trägt die Kosten des Notars im Zusammenhang mit der Kapitalerhöhung und der Gesellschafterversammlung der **FIRMA**.
3. Sollte eine Bestimmung dieses Vertrags unwirksam sein oder werden, oder sollte dieser Vertrag eine Lücke enthalten, wird dadurch die Rechtswirksamkeit des Vertrags im Übrigen nicht berührt. Die Parteien sind verpflichtet, eine unwirksame Bestimmung durch eine wirksame zu ersetzen bzw. der Aufnahme einer lückenausfüllenden Bestimmung zuzustimmen, die dem wirtschaftlichen Sinn und Zweck der unwirksamen bzw. fehlenden Bestimmung am nächsten kommt.
4. Die **FIRMA** und der Betreuungsinvestor werden sich über den Inhalt und die Form der Pressemitteilung über die Beteiligung nach diesem Vertrag verständigen.
5. Gerichtsstand und Erfüllungsort ist ...., soweit dies rechtlich zulässig ist.
6. Auf diesen Vertrag findet das Recht der Bundesrepublik Deutschland Anwendung.
7. Änderungen und Ergänzungen dieses Vertrags, einschließlich der Aufhebung des Schriftformerfordernisses, bedürfen zu ihrer Wirksamkeit der Schriftform.

Anlagen

_____

Ort, Datum

_____

Unterschriften Gesellschafter

_____

Unterschriften Betreuungsinvestor

Verzeichnis der Anlagen zum Beteiligungsvertrag/Gesellschaftervereinbarung

Anlage 1	Satzung
Anlage 2	Gesellschafterliste
Anlage 3	Beteiligungsantrag
Anlage 4	Investitions- und Finanzierungsplan
Anlage 5	Genussrechtsbedingungen
Anlage 6	Vereinbarung über Technologietransfer und die Übertragung von Schutzrechten

e) GmbH-Satzung mit Erläuterungen

SATZUNG

der FIRMA

§ 1 Firma und Sitz

Die Firma[48] lautet:

.... GmbH[49]

2. Sitz[50] der **FIRMA** ist ....

§ 2 Gegenstand des Unternehmens[51]

1. Gegenstand des Unternehmens ist ....sowie sämtliche damit zusammenhängenden und den Gesellschaftszweck fördernden Geschäfte.
2. Die **FIRMA** darf andere Unternehmen gleicher oder ähnlicher Art übernehmen, sich an ihnen beteiligen und ihre Geschäfte führen. Sie ist zur Errichtung von Zweigniederlassungen befugt.
3. Die **FIRMA** ist ferner berechtigt, Unternehmensverträge im Sinne von §§ 291, 292 AktG, insbesondere Gewinnabführungs- und Beherrschungsverträge, abzuschließen und Interessengemeinschaften einzugehen.[52]

§ 3 Dauer der FIRMA, Geschäftsjahr

1. Dieser Gesellschaftsvertrag ist auf unbestimmte Zeit abgeschlossen.
2. Das Geschäftsjahr ist das Kalenderjahr.[53] Das erste Geschäftsjahr ist ein Rumpfgeschäftsjahr, das mit der Aufnahme der Geschäftstätigkeit beginnt und am folgenden 31. Dezember endet.

---

[48] Die gesetzliche Grundlage ist § 3 Abs. 1 Nr. 1, § 4 GmbHG. Vor der Firmenwahl ist eine Anfrage bei der IHK zu empfehlen, um Verwechslungsgefahr zu vermeiden.

[49] Als alternative Rechtsform kommt die sogenannte kleine Aktiengesellschaft in Betracht. Nach § 2 AktG ist ebenso wie bei der GmbH die Gründung und Fortführung der Ein-Mann-AG möglich. Das macht den beim angestrebten Börsengang erforderlichen Formwechsel der GmbH in eine Aktiengesellschaft entbehrlich. Allerdings wird dem Vorstand einer Aktiengesellschaft vom Gesetz eine stärkere Position eingeräumt als dem Geschäftsführer einer GmbH. Auch sind die Machtverhältnisse in der Organstruktur der Aktiengesellschaft nicht im selben Maße gestaltbar wie in der Organstruktur einer GmbH.

[50] Es besteht weitgehende Freiheit bei der Sitzwahl. Die Beschränkung des § 5 Abs. 2 AktG (regelmäßig am Ort der Geschäftsleitung) gilt nicht für die GmbH. Die Verlegung des statuarischen Sitzes erfordert eine Satzungsänderung.

[51] Gesetzliche Grundlage sind die §§ 1 und 3 Abs. 1 Nr. 1 GmbHG.

[52] Unternehmensverträge i.S.v. §§ 291, 292 AktG sind im GmbH-Recht nicht geregelt, aber nach heute allgemeiner Ansicht zulässig.

[53] Das Geschäftsjahr kann abweichend vom Kalenderjahr festgesetzt werden. Das sollte nach Möglichkeit bei der Gründung geschehen. Die nachträgliche Festlegung eines vom Kalenderjahr abweichenden Wirtschaftsjahres ist nur mit Zustimmung des Finanzamtes möglich (§ 4 a Abs. 1 Nr. 2 Satz 2 EStG).

5. Genussrechte

§ 4 Stammkapital, Stammeinlagen

1. Das Stammkapital der **FIRMA** beträgt EUR[54] .... (in Worten: .... EURO).
2. Vom Stammkapital übernehmen
   Herr/Frau .... eine Stammeinlage von EUR .... nominal
   (in Worten: EURO ....).
   Herr/Frau .... eine Stammeinlage von EUR .... nominal
   (in Worten: EURO ....).
   Herr/Frau .... eine Stammeinlage von EUR .... nominal
   (in Worten: EURO ....).
   Herr/Frau .... eine Stammeinlage von EUR .... nominal
   (in Worten: EURO ....).
   Gesamt: EUR .... nominal
3. Die Gesellschafter leisten ihre Stammeinlage in Geld.[55] Davon sind 25 % vor Anmeldung der **FIRMA** zum Handelsregister zu zahlen. Der Rest wird aufgrund eines entsprechenden Gesellschafterbeschlusses fällig.

§ 5 Genussrechtskapital

1. Die **FIRMA** kann Genussrechtskapital bilden bis zur Höhe des Stammkapitals und Genussrechte/Genussscheine oder Optionen auf den Erwerb von Genussrechten/Genussscheinen an Berechtigte ausgeben.[56] Die Genussrechte können mit Wandlungsrechten in Geschäftsanteile oder mit Optionsrechten auf den Erwerb von Geschäftsanteilen ausgestattet sein. Die Ausgabe der Genussrechte/Genussscheine kann gegen Aufgeld erfolgen. Das Aufgeld ist einem zu bildenden Sonderposten „Aufgeld aus der Begebung von Genussrechten" zuzuführen. Die Ausgabe erfolgt nach den Bedingungen für Genussrechte.
2. Die Summe der für den Fall der Wandlung aller Genussrechte mit Wandlungsoption in Geschäftsanteile bzw. für den Fall der Ausübung aller mit Genussrechten verbundenen Optionen auf den Erwerb von Geschäftsanteilen zu bildenden Geschäftsanteile darf insgesamt die Summe des Stammkapitals nicht übersteigen.
3. Zum Erwerb von Genussrechten/Genussscheinen berechtigt sind juristische und natürliche Personen, die den Gesellschaftszweck gemäß § 2 dieser Satzung

---

[54] Seit der Neufassung des § 5 Abs. 1 und 3 GmbHG durch Art. 3 § 3 EG vom 9. Juni 1998 (BGBl. I S. 1242) mit Wirkung zum 1. Januar 1999 muss das Stammkapital mindestens 25.000 EUR, die Stammeinlage jedes Gesellschafters mindestens 100 EUR betragen.

[55] Die vorgeschlagene Formulierung soll der Klarstellung dienen; sie ist an sich nicht erforderlich, weil mangels ordnungsgemäßer Festsetzung der Sacheinlage gemäß § 5 Abs. 4 Satz 1 GmbHG Stammeinlagen in Geld zu leisten sind.

[56] Die Ausgabe von Genussrechten ist auch außerhalb der Aktiengesellschaft zulässig. Allerdings fehlt im GmbHG eine dem § 221 Abs. 3 AktG entsprechende Bestimmung. Deshalb empfiehlt es sich, eine Ermächtigungsgrundlage für die Ausgabe von Genussrechten in die Satzung aufzunehmen. Das Genussrechtskapital wird als Eigenkapital bis zur Höhe von 100 % des Kernkapitals, bestehend aus Grund- bzw. Stammkapital, Rücklagen und beschlossenen Gewinnzuweisungen zu den Rücklagen anerkannt. Die Höchstgrenze wird durch das Kreditwesengesetz und die EU-Eigenmittelrichtlinie gezogen. Bei einem höheren Genussrechtskapital können sich steuerliche Konsequenzen ergeben.

e) GmbH-Satzung mit Erläuterungen

fördern wollen. Die **FIRMA** XY/Herr/Frau .... sowie der Betreuungsinvestor sind bevorzugt bezugsberechtigt.[57]

4. Die Genussrechte werden verbrieft (Genussscheine). Genussscheine lauten jeweils auf EUR 100 (in Worten: EURO einhundert) oder ein Vielfaches davon. Sie lauten auf den Namen des Berechtigten. Ihre Übertragung bedarf der Zustimmung der **FIRMA**.
5. Über die Ausgabe von Genussrechten/Genussscheinen und Optionen auf den Erwerb von Genussrechten/Genussscheinen sowie über die Bedingungen des Erwerbs von Genussrechten/Genussscheinen entscheidet die Gesellschafterversammlung mit $^3/_4$-Mehrheit und mit Zustimmung des Beirates.
6. Erhöht die **FIRMA** das Stammkapital, so ist das Genussrechtskapital auf Verlangen der Inhaber von Genussrechten/Genussscheinen im selben Verhältnis zu erhöhen. Die Inhaber von Genussrechten/Genussscheinen haben in Ansehung der neu gebildeten Geschäftsanteile und Genussrechte ein Bezugsrecht entsprechend ihrem Anteil am Genussrechtskapital vor allen anderen Berechtigten.[58]
7. Übt der Inhaber eines Genussrechtes/Genussscheines mit Wandlungsrecht dieses gemäß den Genussrechts-/Genussscheinbedingungen aus, so ist ein entsprechender Geschäftsanteil im Wege der Erhöhung des Stammkapitals zu bilden[59] und dem Genussrechtsinhaber das Bezugsrecht in Ansehung des neuen Geschäftsanteils einzuräumen.
8. Wird das Stammkapital der **FIRMA** nach völliger Auflösung der freien und gesetzlichen Rücklagen herabgesetzt, so vermindert sich der Nennwert der ausgegebenen Genussscheine im selben Verhältnis. Die Herabsetzung des Genussrechtskapitals ist gemäß § 21 der Satzung bekannt zu geben.[60]
9. Einzahlungen auf das Genussrechtskapital sind in Geld zu leisten.[61]

---

[57] Die Bedingungen für die Ausgabe von Genussrechten/Genussscheinen können unterschiedlich gestaltet werden, und zwar je nach den Bedürfnissen des Bezugsberechtigten. Wenn Genussscheine als Wertpapiere gehandelt werden sollen, müssen die Bedingungen identisch sein.

[58] Mit dieser Regelung soll die Gleichstellung der Inhaber von Genussrechten/Genussscheinen mit den Gesellschaftern und der Schutz vor Verwässerung der Genussrechte/Genussscheine angestrebt werden. Soweit Gleichstellung nicht bezweckt wird, entfällt die Regelung.

[59] Die Regelung begründet eine Verpflichtung der Gesellschafter, das Stammkapital durch einen entsprechenden Beschluss der Gesellschafterversammlung zu erhöhen und einen Geschäftsanteil im Wege der Kapitalerhöhung zu bilden. Eine korrespondierende Regelung findet sich in den Genussrechtsbedingungen, § 11.

[60] Die Herabsetzung des Genussrechtskapitals ist zur Eintragung in das Handelsregister nicht anzumelden. Wegen des angestrebten Eigenkapitalcharakters des Genussrechtskapitals erscheint die satzungsgemäße Publikation jedoch erforderlich.

[61] Dienstleistungen sind als Sacheinlage auf das Stammkapital einer GmbH nicht zulässig (a.M. *Lutter*, Kölner Kommentar zum AktG, 2. Aufl., Rn. 237 zu § 221 AktG). Der Eigenkapitalcharakter des Genussrechtskapitals könnte es daher nahe legen, die Zulässigkeit von Dienstleistungen als Sacheinlage auf das Genussrechtskapital ebenfalls zu verneinen. Ob die Frage anders zu beurteilen ist, wenn Genussrechtskapital mit Fremdkapitalcharakter ausgegeben wird, kann hier dahinstehen. Das Problem könnte allerdings durch Begründung einer Forderung des Betreuungsinvestors als Entgelt für die Dienstleistungen des Betreuungsinvestors in der folgenden Weise gelöst werden: Der Betreuungsinvestor berechnet seine Dienstleistung in der Regel nach Maßgabe eines gesonderten Vertrages (z.B. Genussrechtsvertrages) und stellt eine entsprechende Rechnung. Die Honorarforderung des Betreuungsinvestors wird bilanziert als Verbindlichkeit des Unternehmens gegenüber Lieferanten. Die Verbindlichkeit könnte durch Ausgabe eines Genussscheins an Erfüllung Statt beglichen werden.

5. Genussrechte

10. Im Falle der Auflösung der **FIRMA** und der Liquidation des Vermögens endet die Laufzeit des Genussrechtes.
11. Die Rückzahlungsansprüche der Inhaber von Genussrechten/Genussscheinen sind im Range vor sämtlichen Forderungen der Gesellschafter aus dem Liquidationserlös zu befriedigen. Reicht der Liquidationserlös zur Befriedigung sämtlicher Rückzahlungsansprüche der Inhaber von Genussrechten/Genussscheinen nicht aus, so erfolgt die Rückzahlung anteilig entsprechend dem jeweiligen Anteil am Genussrechtskapital. Übersteigt der Liquidationserlös die Summe der auf das Stammkapital geleisteten Einlagen und der Einzahlungen auf das Genussrechtskapital, so sind zunächst die Einlagen und die Einzahlungen zurückzuzahlen. An der Verteilung des Überschusses nehmen die Inhaber von Genussrechten/Genussscheinen mit Wandlungsrecht in derselben Weise teil wie ein Gesellschafter. Sie werden bei der Verteilung so behandelt, als hätten sie das Wandelungsrecht bereits ausgeübt. Der Anteil am Überschuss bemisst sich in gleicher Weise wie der Anteil am Gewinn (§ 10 Nr. 3 der Satzung).[62]

§ 6 Nachschüsse

1. Die Gesellschafter können die Einforderung von Nachschüssen im Verhältnis der Geschäftsanteile beschließen.[63] Voraussetzung dafür ist, dass alle Stammeinlagen voll eingezahlt sind.
2. Die Nachschüsse dürfen jedoch im Einzelfall 10 % und insgesamt 100 % der Nennbeträge der Geschäftsanteile nicht überschreiten.[64]

§ 7 Nebenleistungspflichten, Sonderrechte

1. Den Gesellschaftern, den Beiratsmitgliedern und den Geschäftsführern ist es untersagt, sich ohne Zustimmung der Gesellschafterversammlung und des Beirates im Geschäftszweig der **FIRMA** unmittelbar oder mittelbar, gewerbsmäßig oder gelegentlich, für eigene oder fremde Rechnung zu betätigen.[65] Das gilt nicht für den Betreuungsinvestor oder Beiratsmitglieder, die kraft Sonderrechts des Betreuungsinvestors oder anderer Inhaber von Genussrechten/Ge-

---

[62] Die Satzungsbestimmung korrespondiert mit den Genussrechtsbedingungen, § 6.
[63] Gesetzliche Grundlage: §§ 26 bis 28 GmbHG; Nachschüsse bilden flexibles Eigenkapital, da sie nicht den strengen Regeln des Stammkapitals unterliegen und die Formalitäten bei der Kapitalerhöhung und -herabsetzung nicht zu beachten sind. Nachschüsse kommen auch als Instrument zur Realisierung des Ausschüttungs-Rückholverfahrens in Betracht. Durch eine Nachschussverpflichtung der Gesellschafter erfolgt keine wirtschaftliche Besserstellung der nicht nachschusspflichtigen Inhaber von Genussrechten/Genussscheinen, deren nominaler Anteil am Genussrechtskapital vor einem Beschluss der Gesellschafterversammlung über die Nachschussverpflichtung in der Regel bereits durch die aufgelaufenen Verluste entwertet worden ist.
Der auf das Genussrecht entfallende Verlustanteil wird nach Maßgabe der Genussrechtsbedingungen auf einem Kapitalkonto als Verlustvortrag gesondert ausgewiesen. Ausschüttungen auf das Genussrecht erfolgen erst, wenn der vorgetragene Verlust durch Gutschriften aus Gewinnanteilen kompensiert worden ist.
[64] Die Beschränkung der Nachschusspflicht entspricht § 28 GmbHG; die unbeschränkte Nachschusspflicht kann gemäß § 27 GmbHG bzw. die gemischte gemäß § 27 Abs. 4 GmbHG in der Satzung festgelegt werden.
[65] Gesetzliche Grundlage: § 3 Abs. 2 GmbHG; derartige Unterlassungspflichten sind bei der personenbezogenen GmbH in Anlehnung an §§ 112, 113 HGB zulässig. Aus §§ 138, 242 BGB ergeben sich zeitliche, örtliche und gegenständliche Schranken des Wettbewerbsverbots.

e) GmbH-Satzung mit Erläuterungen

nussscheinen dem Beirat angehören. Diese schulden kein Entgelt für die Befreiung vom Wettbewerbsverbot.
2. Dienstleistungen eines tätigen Gesellschafters oder Beiratsmitgliedes werden in einem besonderen Dienst- bzw. Genussrechtsvertrag geregelt.[66]
3. Dem Betreuungsinvestor und den Inhabern von Genussrechten/Genussscheinen – diesen in gemeinschaftlicher Ausübung des Sonderrechts – steht das Sonderrecht zur Entsendung jeweils eines für das Amt geeigneten Beiratsmitgliedes zu.[67]

§ 8 Informationsrecht, Verschwiegenheitspflicht

1. Jeder Gesellschafter und jeder Inhaber von Genussrechten/Genussscheinen kann von der Geschäftsführung verlangen, dass ihm in angemessener Frist Auskunft über die Angelegenheiten der **FIRMA** erteilt und die Einsicht in die Bücher und Schriften gestattet wird.[68] Er kann zur Einsichtnahme einen zur Berufsverschwiegenheit verpflichteten Dritten hinzuziehen oder ihn damit beauftragen.[69]
2. Alle Gesellschafter und Inhaber von Genussrechten/Genussscheinen haben in Angelegenheiten der **FIRMA** auch nach ihrem Ausscheiden aus der **FIRMA** oder der Aufgabe von Genussrechten/Genussscheinen Stillschweigen zu bewahren.[70]

§ 9 Jahresabschluss, Lagebericht

1. Der Jahresabschluss (Bilanz, Gewinn- und Verlustrechnung, Anhang) und der Lagebericht sind von der Geschäftsführung innerhalb der gesetzlichen Frist nach Abschluss eines Geschäftsjahres aufzustellen und zu unterzeichnen.[71] Dabei sind die handelsrechtlichen Vorschriften zu befolgen und steuerliche Vorschriften sowie Zweckmäßigkeitsgesichtspunkte zu berücksichtigen.[72]

---

[66] Der Gesellschaftsvertrag muss mindestens einen festen Rahmen für die Nebenleistungspflicht abstecken und darf nicht lediglich auf anderweit getroffene Regelungen verweisen. Bei der sogenannten Partner-GmbH (eine im Innenverhältnis der OHG entsprechende Arbeitsgemeinschaft der GmbH-Gesellschafter), die bei jungen technologieorientierten Unternehmen (JTU) häufig anzutreffen ist, könnte man daran denken, eine Bestimmung in die Satzung aufzunehmen, die den Gesellschafter verpflichtet, der Gesellschaft seine Arbeitskraft zu widmen.

[67] Sonderrechte sind im GmbH-Gesetz nicht geregelt, aber zulässig. Ihre Bedeutung liegt darin, dass sie dem Berechtigten grundsätzlich ohne dessen Zustimmung nicht entzogen werden können. Sie eignen sich deshalb gut als Instrument des Minderheitenschutzes. In JTU können mit einem satzungsgemäßen Sonderrecht des Gründers dessen besondere Bedeutung für das Unternehmen und seine besondere Verantwortung zum Ausdruck gebracht werden. Nichts anderes gilt für Betreuungsinvestoren.

[68] Das Auskunftsrecht des Gesellschafters gemäß § 51a GmbHG soll auch dem Inhaber von Genussrechten/Genussscheinen eingeräumt werden, und zwar ungeachtet seines Sonderrechts gemäß § 7 Nr. 3, das nur gemeinschaftlich über das Beiratsamt wahrgenommen werden kann.

[69] Diese Regelung wird von der Rechtsprechung allgemein als zulässig anerkannt. Streitig ist lediglich, ob die Satzung vorsehen darf, dass das Einsichtsrecht allein durch Sachverständige ausgeübt werden kann.

[70] Die Verschwiegenheitspflicht bildet einen Ausgleich für umfassende Informations- und Einsichtsrechte. Sie findet ihre gesetzliche Grundlage ebenfalls in § 51 a GmbHG.

[71] Gesetzliche Grundlage sind die §§ 41 bis 42 a, 46 Nr. 1 GmbHG. Der Jahresabschluss ist von allen Geschäftsführern zu unterzeichnen. Die Unterzeichnung ist erst nach Feststellung erforderlich.

[72] Seit dem Inkrafttreten des Bilanzrichtliniengesetzes vom 19. Dezember 1985 sind in den

5. Genussrechte

2. Der Jahresabschluss ist ohne Rücksicht auf die gesetzlichen Voraussetzungen der Prüfungspflicht durch einen Wirtschaftsprüfer zu prüfen. Der Abschlussprüfer wird vom Beirat gewählt.[73]
3. Die Feststellung des Jahresabschlusses obliegt der Gesellschafterversammlung. Der Jahresabschluss darf nur mit Zustimmung des Beirates festgestellt werden.[74]

§ 10 Ergebnisverwendung

1. Die Gesellschafterversammlung beschließt nach Anhörung des Beirates über die Ergebnisverwendung, also darüber, inwieweit der Jahresüberschuss zuzüglich eines Gewinnvortrages und abzüglich eines etwaigen Verlustvortrages in Gewinnrücklagen eingestellt, als Gewinn vorgetragen oder an die Gesellschafter und die Inhaber von Genussrechten/Genussscheinen ausgeschüttet wird.[75]
2. In den ersten fünf Geschäftsjahren nach Aufnahme der Geschäftstätigkeit dürfen Rücklagen zum Zwecke der Gewinnausschüttung nicht aufgelöst werden.[76]
3. Die Gesellschafter und die Inhaber von Genussrechten/Genussscheinen nehmen am Gewinn entsprechend ihrer Beteiligung am Stammkapital bzw. am Genussrechtskapital teil.[77]

---

§§ 264 ff. HGB für Kapitalgesellschaften detaillierte und weitgehend zwingende handelsrechtliche Rechnungslegungsvorschriften vorgesehen.

[73] Das Gesetz sieht mit § 316 Abs. 1 Satz 1 HGB eine obligatorische Abschlussprüfung nur für mittelgroße und große Kapitalgesellschaften (§ 267 Abs. 2 und 3 HGB) vor. Kleinen Gesellschaften (§ 267 Abs. 1 HGB) ist es aber unbenommen, freiwillige Abschlussprüfungen vorzunehmen. Die Entscheidung darüber liegt beim Beirat, nicht bei den Geschäftsführern, was mit der Satzung klarzustellen ist. Dabei nimmt der Beirat Gesellschafterrechte wahr. Die Abschlussprüfung erscheint im Hinblick auf die Ausgabe von Genussrechtskapital einerseits und die Beschränkung der Mitgliedschaftsrechte der Inhaber von Genussrechten/Genussscheinen andererseits erforderlich.

[74] Die Feststellung des Jahresabschlusses bedeutet seine Verbindlichkeitserklärung durch das dazu berufene Gesellschaftsorgan. Im Rahmen der zwingenden Bilanzierungsvorschriften kann das Feststellungsorgan bilanzpolitische Entscheidungen anders treffen als die aufstellenden Geschäftsführer. In den Entscheidungsprozeß sollte der Beirat und damit der Betreuungsinvestor sowie die anderen Inhaber von Genussrechten/Genussscheinen einbezogen werden. Man könnte auch daran denken, die Feststellungsbefugnis dem Beirat zu übertragen.

[75] Gesetzliche Grundlage: §§ 29, 46 Nr. 1 GmbHG. Im Interesse der Inhaber von Genussrechten/Genussscheinen empfiehlt es sich, die Ergebnisverwendung in der Satzung vorzustrukturieren. Wer hingegen den Gesellschaftern den gesetzlichen Spielraum gewähren will, kann die folgende Formulierung verwenden: „10.1. In den ersten fünf Jahren nach der Aufnahme der Geschäftstätigkeit sind vom Jahresüberschuss zuzüglich des Gewinnvortrages ...% in die Gewinnrücklage einzustellen. Über die Verwendung des Restbetrages beschließt die Gesellschafterversammlung mit Zustimmung des Beirates."

[76] Die Inhaber von Genussrechten/Genussscheinen eines JTU sind in erster Linie an einer Wertsteigerung des Unternehmens interessiert. Dem entspricht das satzungsgemäße, befristete Verbot, Rücklagen zum Zwecke der Gewinnausschüttung aufzulösen.

[77] Der Grundsatz der Gleichbehandlung der Gesellschafter und der Inhaber von Genussrechten/Genussscheinen ist in § 5 (Aufteilung des Liquidationserlöses) zugunsten der Inhaber von Genussrechten/Genussscheinen bereits durchbrochen worden. Wenn diese bei der Gewinnausschüttung bevorzugt werden sollen, könnte die Regelung wie folgt lauten: „10.3. Der Gewinnausschüttungsanspruch der Inhaber von Genussrechten/Genussscheinen geht dem Ausschüttungsanspruch der Gesellschafter vor."
oder:
„Der Gewinnausschüttungsanspruch der Inhaber von Genussrechten/Genussscheinen geht in

e) GmbH-Satzung mit Erläuterungen

4. Vorabausschüttungen auf den zu erwartenden Gewinn eines Geschäftsjahres sind nicht zulässig.[78]
5. Die **FIRMA** ist nicht befugt, einem Gesellschafter außerhalb satzungsmäßiger Gewinnausschüttungsbeschlüsse Vorteile zu gewähren, die einem Dritten bei ordnungsgemäßer Geschäftsführung nicht gewährt würden. Wird hiergegen verstoßen, so hat der begünstigte Gesellschafter den Vorteil an die **FIRMA** zurückzuerstatten. Das gilt insbesondere dann, wenn von der Finanzverwaltung rechtskräftig eine verdeckte Gewinnausschüttung angenommen wird. Der Anspruch entsteht bereits zum Zeitpunkt der Vorteilsgewährung. Zurückliegende Bilanzen sind entsprechend zu berichtigen.[79]

§ 11 Geschäftsführung, Vertretung

1. Die **FIRMA** hat einen oder mehrere Geschäftsführer.[80] Sind mehrere Geschäftsführer bestellt, so wird die **FIRMA** durch jeweils zwei von ihnen gemeinschaftlich oder durch einen von ihnen in Gemeinschaft mit einem Prokuristen vertreten. Ist nur ein Geschäftsführer vorhanden, so vertritt dieser die **FIRMA** allein.
2. Die Geschäftsführer und die Prokuristen werden vom Beirat bestellt und abberufen. Der Beirat kann allen oder einzelnen Geschäftsführern Einzelvertretungsbefugnis und die Befreiung von den Beschränkungen des § 181 BGB erteilen, Letzteres auch für den Fall, dass die **FIRMA** zur Ein-Mann-GmbH wird.[81]
3. Die Rechte und Pflichten der Geschäftsführer ergeben sich aus dem Gesetz, dieser Satzung, der Beiratssatzung, der Geschäftsführungsordnung, dem Anstellungsvertrag und den vom Beirat gegebenen Anweisungen.[82] Der Beirat kann mit einfacher Mehrheit eine Geschäftsordnung für die Geschäftsführer (Geschäftsführungsordnung) beschließen (Beiratssatzung).[83]

Höhe der vereinbarten Mindestverzinsung dem Ausschüttungsanspruch der Gesellschafter vor." Die Vorzugsdividende der Inhaber von Genussrechten/Genussscheinen ist in den Genussrechtsbedingungen zu vereinbaren.

[78] Die Zulässigkeit von Vorabausschüttungen ist heute unbestritten. Dementsprechend ist die Zulässigkeit gegeben, wenn in der Satzung nichts anderes gesagt wird. Im Interesse der Inhaber von Genussrechten/Genussscheinen erscheint der Ausschluss von Vorabausschüttungen jedoch geboten.

[79] Diese Satzungsbestimmung ist als sogenannte „große" Steuerklausel bekannt. Sie dient dem Versuch, eine verdeckte Gewinnausschüttung im Hinblick auf negative Steuerfolgen rückgängig zu machen. Ob eine solche Rückgängigmachung steuerlich gelingt, ist allerdings im Einzelfall fraglich.

[80] Die Geschäftsführer müssen unbeschränkt geschäftsfähige natürliche Personen sein; § 6 Abs. 2 Satz 1 GmbHG. Ihrer Bestellung stehen konkursrechtliche Vorstrafen oder brancheneinschlägige Berufsverbote gemäß § 6 Abs. 2 Satz 2 und 3 GmbHG entgegen.

[81] Die generelle Befreiung eines Geschäftsführers von den Beschränkungen des § 181 BGB (Verbot des Insichgeschäfts) bedarf einer satzungsmäßigen Grundlage, da sie die gesetzliche Vertretungsbefugnis ändert. Die Befreiung selbst kann durch einfachen Gesellschafterbeschluss erfolgen. Sie ist in das Handelsregister einzutragen.

[82] Im Gegensatz zur Hauptversammlung der Aktiengesellschaft besitzt die Gesellschafterversammlung der GmbH ein Weisungsrecht gegenüber den Geschäftsführern, das allerdings mit der vorliegenden Satzung dem Beirat zur Ausübung übertragen wird (§ 14).

[83] Die Geschäftsführungsordnung regelt insbesondere die Aufgabenverteilung unter den Geschäftsführern, den Umfang der zustimmungsbedürftigen Geschäfte und die Berichterstattung (Problem des weisungsfreien Bereiches der Geschäftsführung).

5. Genussrechte

4. Die Vertretungsbefugnis der Geschäftsführer (im Außenverhältnis) ist unbeschränkt. Geschäftsführungsmaßnahmen, die über den gewöhnlichen Geschäftsverkehr hinausgehen und solche, welche die Geschäftsführungsordnung bestimmt, bedürfen jedoch (im Innenverhältnis) der vorherigen Zustimmung des Beirates (Geschäftsführungsordnung).[84]

§ 12 Gesellschafterversammlung

1. Eine ordentliche Gesellschafterversammlung findet jährlich einmal innerhalb von zwei Monaten nach Aufstellung des Jahresabschlusses durch die Geschäftsführung statt. Darüber hinaus sind außerordentliche Versammlungen einzuberufen, wenn dies im Interesse der **FIRMA** erforderlich ist oder von Gesellschaftern, die zusammen mindestens 10% des Stammkapitals innehaben, oder vom Beirat (§ 14 Nr. 5 Satz 3 der Satzung) verlangt wird.[85] Die Mitglieder des Beirates nehmen an den Gesellschafterversammlungen – soweit sie nicht Gesellschafter sind – ohne Stimmrecht teil (§ 14 Nr. 5 der Satzung).
2. Die Einberufung erfolgt durch die Geschäftsführung mittels eingeschriebenen Briefes unter Mitteilung der Tagesordnung.[86] Der Einladung zur ordentlichen Gesellschafterversammlung sind der Jahresabschluss, der Lagebericht und ein etwaiger Prüfungsbericht des Abschlussprüfers beizufügen. Sonstige Vorlagen zu den Gegenständen der Tagesordnung sollen den Teilnehmern nach Möglichkeit spätestens eine Woche vor der Sitzung zugeleitet werden. Die Ladungsfrist beträgt bei ordentlichen Gesellschafterversammlungen vier Wochen, bei außerordentlichen Gesellschafterversammlungen zwei Wochen und beginnt mit der Aufgabe der Einladung zur Post, wobei der Tag der Absendung und der Tag der Versammlung nicht mitgerechnet werden.[87]
3. Gesellschafterversammlungen finden am Sitz der **FIRMA** statt. Den Vorsitz führt der Gesellschafter mit dem größten Anteil am Stammkapital. Die Versammlung kann mit einfacher Mehrheit einen anderen Vorsitzenden wählen.[88]

---

[84] Der Katalog der zustimmungspflichtigen Geschäfte gemäß der Geschäftsführungsordnung ist weitgefasst und kann nach den individuellen Bedürfnissen der Gesellschaft ggf. eingeschränkt gestaltet werden. Alternativ können die Befugnisse des Beirates entsprechend erweitert werden. Die Satzungsbestimmung ist an sich überflüssig, soll aber die Gesellschafter auf die zwingende Bestimmung des § 38 Abs. 2 GmbHG hinweisen. Danach hat die Beschränkung der Befugnis der Geschäftsführer gegenüber Dritten keine rechtliche Wirkung. Die Geschäftsführungsbefugnis ist von der Vertretung der Gesellschaft zu unterscheiden. Sie bestimmt, in welchem Umfang Maßnahmen zur Realisierung des Unternehmenszwecks den Gesellschaftern gegenüber zulässig sind (Innenverhältnis). Außergewöhnliche Geschäfte bedürfen auch ohne entsprechende Satzungsbestimmung der Zustimmung des insoweit zuständigen Organs. Jedenfalls ist die Bestimmung der Unternehmenspolitik immer Sache der Gesellschafter, die ihre Befugnis insoweit dem Beirat übertragen können. Einzelheiten ergeben sich aus der Beiratssatzung.

[85] Gesetzliche Grundlage: §§ 48 bis 51 GmbHG; § 50 Abs. 1 GmbHG wird heute von der h.M. als zwingend angesehen. Deshalb darf für das Einberufungsrecht keine größere Beteiligung als 10 % verlangt werden.

[86] Jeder einzelne Geschäftsführer ist auch dann für die Einberufung zuständig, wenn er nur gesamtvertretungsberechtigt ist. Die Satzung kann Abweichendes bestimmen. Die Form ist gerade für die Minderheit von großer Bedeutung.

[87] Die gesetzliche Ladungsfrist beginnt nicht bereits mit der Aufgabe zur Post, sondern mit dem Zeitpunkt, an dem mit einem Zugang des Schreibens bei dem letzten Adressaten normalerweise zu rechnen ist.

[88] Mit Zustimmung aller Gesellschafter kann die Gesellschafterversammlung auch an einem anderen Ort als dem Sitz der Gesellschaft einberufen werden.

e) GmbH-Satzung mit Erläuterungen

4. Die Gesellschafterversammlung ist beschlussfähig, wenn mindestens ³/₄ des gesamten Stammkapitals vertreten sind.[89] Ist das nicht der Fall, so ist unverzüglich gemäß Nr. 2 eine neue Gesellschafterversammlung zu berufen, die dann ohne Rücksicht auf das vertretene Stammkapital beschließen kann. Darauf ist in der Ladung besonders hinzuweisen.[90]

5. Jeder Gesellschafter kann sich in der Gesellschafterversammlung durch einen Mitgesellschafter oder einen zur Berufsverschwiegenheit verpflichteten Dritten vertreten lassen. Mehrere Erben und Vermächtnisnehmer sind verpflichtet, sich von einem von ihnen benannten Gesellschafter oder von einem von ihnen benannten, zur Berufsverschwiegenheit verpflichteten Dritten in den Gesellschafterversammlungen vertreten zu lassen. Solange dieser Vertreter nicht bestimmt ist, ruht das Stimmrecht aus den auf Erben und Vermächtnisnehmer übergegangenen Geschäftsanteilen. Die Vollmacht bedarf der Schriftform.[91]

6. Mit Zustimmung aller Gesellschafter können Beschlüsse auch ohne Einhaltung von Nr. 2 und darüber hinaus auch schriftlich oder fernmündlich herbeigeführt werden.[92] Die Nichtbeantwortung der Aufforderung zur schriftlichen Stimmabgabe innerhalb der gesetzten Frist, die zwei Wochen nicht unterschreiten darf, gilt als Ablehnung.[93]

7. Über sämtliche Gesellschafterbeschlüsse ist – soweit nicht eine notarielle Beurkundung stattzufinden hat – ein schriftliches Protokoll unter Angabe der Beschlussumstände zu fertigen und dieses von den Geschäftsführern zu unterzeichnen. Die Gesellschafter erhalten Abschriften mittels eingeschriebenen Briefes.[94]

8. Die Gesellschafterversammlung beschließt die Beiratssatzung mit einer Mehrheit von ³/₄ des gesamten Stammkapitals.[95]

§ 13 Gesellschafterbeschlüsse

1. Gesellschafterbeschlüsse werden mit einfacher Mehrheit der abgegebenen Stimmen gefasst, soweit nicht das Gesetz oder dieser Vertrag eine andere Mehrheit vorschreiben.[96]
2. Abgestimmt wird nach Geschäftsanteilen. Je EUR 100,00 des Geschäftsanteils gewähren eine Stimme.[97]

---

[89] Die Stimmrechtsausübung ist in der GmbH – anders als bei den Personengesellschaften – nicht höchstpersönlich, eine rechtsgeschäftliche Vertretung ist also zulässig. Das Quorum ist zur Vermeidung zufälliger Mehrheiten empfehlenswert.

[90] Die Regelung dient der beschleunigten Beschlussfassung. Der Hinweis in der Ladung ist notwendig.

[91] Die Satzungsbestimmung entspricht § 47 Abs. 3 GmbHG. Die Schriftform dient aber nur der Legitimation gegenüber den Mitgesellschaftern. Sie ist nicht Wirksamkeitsvoraussetzung der Vollmacht.

[92] Zum schriftlichen Verfahren vgl. § 48 Abs. 2 GmbHG. Es bedarf auch der Zustimmung der nichtstimmberechtigten oder vom Stimmrecht ausgeschlossenen Gesellschafter.

[93] Die Bestimmung dient der Vermeidung von Auslegungsstreitigkeiten.

[94] Das Protokoll hat reine Beweisfunktion und ist nicht Wirksamkeitsvoraussetzung.

[95] Vgl. § 14 der Satzung.

[96] Gesetzliche Grundlage: §§ 46, 47 GmbHG; Stimmenthaltungen gelten als nicht abgegebene Stimmen. Eine ³/₄-Mehrheit verlangt § 53 Abs. 2 GmbHG zwingend für Satzungsänderungen.

[97] Die Abstimmung nach Geschäftsanteilen entspricht der kapitalistischen Struktur der GmbH. Bei der „Partner-GmbH" käme auch eine Abstimmung nach Köpfen in Betracht.

3. Die Anfechtung von Gesellschafterbeschlüssen durch Klageerhebung ist nur innerhalb einer Frist von einem Monat nach Absendung des Beschlussprotokolls zulässig.[98]

§ 14 Beirat

Die Gesellschafterversammlung kann mit $^3/_4$ der vorhandenen Stimmen einen Beirat einrichten. Für den Beirat gilt:
1. Der Beirat besteht aus mindestens drei Personen. Die Zahl der Beiratsmitglieder kann nur auf ein Vielfaches von drei erhöht werden. In diesem Fall erhöhen sich die Sonderrechte gemäß § 7 Nr. 3 entsprechend.
2. Die Mitglieder des Beirates werden zunächst für die Dauer von sechs Monaten (so genannte Frühphase) entsandt bzw. gewählt. § 7 Nr. 3 gilt entsprechend. Die Gesellschafter und der Betreuungsinvestor – bei Personenmehrheiten jeweils in gemeinschaftlicher Ausübung dieses Sonderrechts – können jeweils ein Mitglied in den Beirat entsenden. Danach beträgt die Amtsdauer für ein Beiratsmitglied drei Jahre. Wiederbestellung ist zulässig. Die Abberufung ist nur aus wichtigem Grund zulässig.
3. Der Beirat beruft die Mitglieder der Geschäftsführung und erteilt Prokura. Ebenso ist er zuständig für den Widerruf der Bestellung eines Geschäftsführers und der Erteilung von Prokura. Der Beirat gibt der Geschäftsführung eine Geschäftsführungsordnung. Er berät und überwacht die Geschäftsführung. Zu diesem Zweck kann er von der Geschäftsführung jederzeit Auskunft über alle Angelegenheiten der **FIRMA** verlangen und sich auch selbst darüber informieren. Er kann insbesondere die Bücher der **FIRMA** sowie deren Vermögensgegenstände einsehen und prüfen. Er kann mit dieser Prüfung auch besondere Sachverständige auf Kosten der **FIRMA** beauftragen. Die Geschäftsführung ist verpflichtet, dem Beirat den Jahresabschluss (Bilanz/Gewinn- und Verlustrechnung) zur Prüfung vorzulegen und jede gewünschte Auskunft über alle geschäftlichen Verhältnisse zu erteilen, die dem Jahresabschluss zugrunde liegen. Die Mitglieder der Geschäftsführung sind verpflichtet, den Einladungen des Beirates zu den Beiratssitzungen zu folgen und den Beirat über alle Sachverhalte, die für seine Entscheidungen von Bedeutung sein können, zu unterrichten.[99]
4. Der Beirat ist zur Schlichtung von Meinungsverschiedenheiten zwischen der Geschäftsführung und der Gesellschafterversammlung berufen und kann zu diesem Zweck von jedem Mitglied der Geschäftsführung und der Gesellschafterversammlung angerufen werden.[100]

---

[98] Die Anfechtung von Gesellschafterbeschlüssen ist im GmbHG nicht geregelt. Die Rechtsprechung wendet die aktienrechtlichen Bestimmungen entsprechend an, lässt aber eine angemessene Frist (von einem Monat) genügen. Deshalb wird in dieser Satzung eine Frist bestimmt. Außerdem wird auf die Notwendigkeit der Klageerhebung hingewiesen. Anfechtbare Beschlüsse bleiben wirksam, wenn sie nicht fristgerecht im Wege der Klageerhebung angefochten werden.

[99] Der Beirat ist hier mit weitgehenden Befugnissen ausgestattet. Er nimmt die Aufgaben eines Aufsichtsrates wahr. Eine andere Aufgabenzuweisung kann in der Satzung bestimmt werden. Zu beachten sind die Grenzen des Fremdeinflusses durch die Beteiligung von Nichtgesellschaftern. Ein Beiratsmitglied, das Fremdinteressen wahrnimmt, die dem Interesse der eigenen Gesellschaft zuwiderlaufen, kann aus wichtigem Grund abberufen werden. Wegen der inneren Ordnung vergleiche die Beiratssatzung.

[100] Dem Beirat können verschiedene Schiedsfunktionen übertragen werden. Er kann als Schiedsgutachter im Sinne der §§ 317 ff. BGB fungieren, als Schlichtungsstelle oder gar als

e) GmbH-Satzung mit Erläuterungen

5. Der Beirat hat jährlich in der ordentlichen Gesellschafterversammlung (§ 12 Nr. 1 Satz 1 der Satzung) über seine Tätigkeit im abgelaufenen Geschäftsjahr zu berichten. Die Mitglieder des Beirates haben das Recht, an den Gesellschafterversammlungen teilzunehmen, auch wenn sie nicht Gesellschafter sind. Auf Verlangen des Beirates hat die Geschäftsführung eine Gesellschafterversammlung einzuberufen. Das Nähere regelt die Beiratssatzung.[101]
6. Die Änderung dieses Paragraphen sowie die Änderung der Beiratssatzung unterliegen dem Zustimmungsvorbehalt des Betreuungsinvestors,[102] im Übrigen ist der Beirat anzuhören.
7. Die Beiratsmitglieder, die nicht Gesellschafter sind, erhalten für ihre Tätigkeit eine jährliche Vergütung, deren Höhe die Gesellschafterversammlung jährlich im Voraus festlegt.[103]

§ 15 Veräußerung und Belastung von Geschäftsanteilen

1. Zur Veräußerung oder Belastung (insbesondere Nießbrauchbestellung oder Verpfändung) von Geschäftsanteilen sowie für sonstige Verfügungen über Geschäftsanteile ist die Zustimmung der Gesellschafterversammlung und des Beirates erforderlich. Das gilt auch bei Erbauseinandersetzungen. Die Vorschrift des § 17 GmbHG bleibt unberührt.[104]
2. Den übrigen Gesellschaftern steht im Verhältnis ihrer Beteiligung ein Vorkaufsrecht an dem Anteil zu.[105] Macht ein Gesellschafter davon nicht innerhalb eines Monats nach Mitteilung der Verfügung gemäß Nr. 1 durch schriftliche Erklärung Gebrauch, geht das Recht wiederum anteilig auf die verbleibenden Gesellschafter und schließlich auf die **FIRMA** über. Etwaige unverteilte Spitzenbeträge stehen dem Gesellschafter mit der größten Beteiligung zu. Der Erwerb durch Vorkaufsberechtigte bedarf nicht der Zustimmung nach Nr. 1.[106]
3. Die Zustimmungsbedürftigkeit gemäß Nr. 1 gilt auch bei Abtretung oder Belastung von Ansprüchen aus dem Geschäftsanteil oder dem Gewinnrecht, insbesondere auf Gewinnauszahlung.[107]

Schiedsgericht. Die Zulässigkeit und die Stellung von echten Schiedsgerichten richtet sich vor allem nach den Vorschriften der §§ 1025 ff. ZPO.
[101] Die Beiratssatzung wird von der Gesellschafterversammlung mit qualifizierter Mehrheit beschlossen; vgl. § 12 Nr. 8.
[102] Diese Bestimmung schützt gegen Aufhebung des „lästigen" Organs durch Gesellschafterbeschluss.
[103] Der Aufwand der Beiratsmitglieder ist angesichts der umfassenden Kompetenzen nicht gering. Es sollte eine Pauschalvergütung angestrebt werden, die den Aufwand für die Beiratstätigkeit, unabhängig davon, ob sie innerhalb oder außerhalb von Sitzungen anfällt, abdeckt.
[104] Gesetzliche Grundlage: §§ 15 bis 17 GmbHG; die satzungsgemäße Verfügungsbeschränkung wird als Vinkulierung bezeichnet. Sie ist zumindest bei der personalistischen GmbH von Bedeutung und schützt die Mitglieder vor dem Eindringen unliebsamer Dritter.
[105] Diese Bestimmung ergänzt den mit der Vinkulierung verfolgten Zweck. Als Alternative kommen korrespondierende Andienungspflichten des veräußerungswilligen Gesellschafters und Ankaufsrechte der übrigen Gesellschafter in Betracht.
[106] Der durch diese Bestimmung blockierte verkaufswillige Gesellschafter wird auf das Kündigungsrecht aus § 19 der Satzung verwiesen. Alternative: Zustimmungspflicht der Mitgesellschafter bei nicht fristgerechter Ausübung des Vorkaufsrechts, soweit nicht wichtige Gründe in der Person des Erwerbers eine Ablehnung rechtfertigen.
[107] Es handelt sich insoweit um eine flankierende Maßnahme zur Abwehr von Einflüssen gesellschaftsfremder Personen im Gesellschafterbereich. Es gibt freilich auch gute Gründe für die gegenteilige Lösung.

4. Bei Teilung von Geschäftsanteilen müssen die neu gebildeten Geschäftsanteile durch EUR 100,00 teilbar sein.[108]

§ 16 Einziehung

1. Die Einziehung von Geschäftsanteilen ist zulässig. Sie wird mit Zugang des Einziehungsbeschlusses an den betreffenden Gesellschafter wirksam.[109]
2. Die Zwangseinziehung von Geschäftsanteilen ist statthaft, wenn ein wichtiger Grund vorliegt. Als ein wichtiger Grund sind insbesondere grobe Verletzungen der Gesellschafterpflichten durch einen Gesellschafter sowie der Umstand anzusehen, dass ein Geschäftsanteil aufgrund eines nicht nur vorläufig vollstreckbaren Titels gepfändet und die Pfändung nicht innerhalb von drei Monaten wieder aufgehoben wird oder dass über das Vermögen eines Gesellschafters das Insolvenzverfahren eröffnet oder mangels Masse abgelehnt wird. Steht der Anteil mehreren Berechtigten zu, genügt es, wenn diese Voraussetzungen nur bei einem von ihnen vorliegen.[110]
3. Die Einziehung erfolgt durch Beschluss der Gesellschafterversammlung. Bei Beschlüssen über die Zwangseinziehung eines Geschäftsanteils hat der betroffene Gesellschafter kein Stimmrecht.[111]
4. Statt der Einziehung kann die **FIRMA** bei Vorliegen eines wichtigen Grundes verlangen, dass der Geschäftsanteil auf die übrigen Gesellschafter im Verhältnis ihrer Beteiligung oder – nach Wahl der **FIRMA** – auf diese selbst übertragen wird. Soweit von diesem Recht kein Gebrauch gemacht wird, kann die Übertragung an von der **FIRMA** zu benennende Dritte verlangt werden.[112]
5. Auf das Entgelt für den Anteil findet § 18 der Satzung Anwendung.
6. Die Einziehung wird durch den Vorsitzenden des Beirates erklärt.

---

[108] Wenn eine entsprechende Bestimmung in der Satzung fehlt, ist eine Teilung erst aufgrund einer Satzungsänderung möglich. Durch die Satzung kann die Teilung ausgeschlossen oder von der Zustimmung der Gesellschafter abhängig gemacht werden. Die hier gewählte Einschränkung auf Mindestnennbeträge der neuen Geschäftsanteile ist zulässig. Unzulässig ist eine Satzungsbestimmung, wonach eine Teilung auf Vorrat möglich sein soll.

[109] Gesetzliche Grundlage: § 34 GmbHG; ohne eine entsprechende Satzungsklausel ist die Einziehung nicht möglich. Zuständig ist die Gesellschafterversammlung. Die Satzung kann die Kompetenz einem anderen Gesellschaftsorgan, z.B. dem Beirat, zuweisen.

[110] Die Voraussetzungen der Zwangseinziehung müssen in der Satzung geregelt werden. Der hier verwandte unbestimmte Rechtsbegriff „wichtiger Grund" ist jedoch ausreichend. Die Einziehung wird hier als Instrument zum Ausschluss benutzt, der im Gesetz nicht geregelt und aufgrund der Rechtsprechung mangels Satzungsbestimmung nur im Klagewege möglich ist. Eine Hinauskündigung nach freiem Ermessen der Gesellschafter ist nicht zulässig. Es ist nach der Rechtsprechung unklar, ob sich ein derartiges Verbot generell schon aus dem Gesetz ergibt. Deshalb empfiehlt sich die satzungsmäßige Regelung.

[111] Es ist nach der Rechtsprechung nicht eindeutig, ob sich ein derartiges Verbot aus dem Gesetz ergibt. Deshalb empfiehlt sich eine solche Regelung in der Satzung.

[112] Der Ausschluss des Gesellschafters soll nicht allein durch Vernichtung des Anteils, sondern auch dadurch möglich sein, dass der Anteil auf einen anderen übergeht. Dabei sollen aber die Mitgesellschafter einen Erwerbsvorrang haben, damit ihre Beteiligungsquote gewahrt bleibt.

e) GmbH-Satzung mit Erläuterungen

§ 17 Erbfolge

1. Im Falle des Todes eines Gesellschafters wird die **FIRMA** mit seinen Erben oder den anderweitig durch Verfügung von Todes wegen Begünstigten fortgesetzt.[113]

2. Mehrere Rechtsnachfolger haben ihre Rechte und Pflichten der **FIRMA** gegenüber durch einen gemeinschaftlichen Vertreter oder durch einen Testamentsvollstrecker erfüllen zu lassen. Solange der Bevollmächtigte nicht bestellt ist, ruhen die Gesellschafterrechte mit Ausnahme des Gewinnbezugsrechts.[114]

3. Für den Fall, dass andere Personen als der überlebende Ehegatte oder Kinder den Geschäftsanteil von Todes wegen erwerben, kann die **FIRMA** seine Übertragung entsprechend § 16 Nr. 4 der Satzung verlangen. Kommen die Erben dem nicht innerhalb von sechs Monaten nach, kann der Anteil eingezogen werden. Für die Bewertung gilt § 18 der Satzung.[115]

§ 18 Bewertung, Auszahlung

1. Soweit nach diesem Gesellschaftsvertrag eine Bewertung von Geschäftsanteilen stattzufinden hat, ist der Wert anzusetzen, der sich im Zeitpunkt des Ausscheidens des betreffenden Gesellschafters unter Anwendung der steuerrechtlichen Vorschriften zur Ermittlung des gemeinen Wertes von Geschäftsanteilen mangels Ableitbarkeit aus Verkäufen ergibt.[116]

2. In den Fällen der §§ 16 und 17 der Satzung ist der Buchwert des Anteils (Nennbetrag zuzüglich Anteil an offenen Rücklagen und Gewinnvortrag abzüglich eventuellen Verlustvortrags) maßgebend.[117] Stichtag ist der letzte, dem Zeitpunkt des Ausscheidens des Gesellschafters vorangegangene Bilanzstichtag. Soweit gesetzlich ein höherer Wert vorgesehen ist, wird dieser geschuldet.

---

[113] Gesetzliche Grundlage: § 15 Abs. 1 GmbHG; GmbH-Geschäftsanteile sind vererblich. Ob eine Nichtvererblichkeit durch automatische Einziehung kraft Satzung erreicht werden kann, ist umstritten.

[114] Die Bestimmung soll die Bestellung eines gemeinsamen Vertreters beschleunigen. Bei einer solchen Vertreterklausel ergibt sich freilich das Problem der internen Willensbildung unter den Mitberechtigten.

[115] Es handelt sich hier um die gesellschaftsvertragliche Steuerung der Nachfolge von Todes wegen. Die erbrechtliche Automatik soll vermieden werden. Es besteht also in erster Linie eine Übertragungspflicht der Erben. Die Einziehungsmöglichkeit ist nur hilfsweise Druckmittel seitens der Gesellschaft. Das hat Bedeutung für die Fälligkeit des Entgeltes und die Zug-um-Zug-Leistung des ausscheidenden Gesellschafters. Der Buchwert als Mindestentgelt ist auch in erbrechtlicher Hinsicht unproblematisch.

[116] Für die Bestimmung des gemeinen Wertes von nichtnotierten Anteilen an Kapitalgesellschaften sind die Preise maßgeblich, die bei geschäftsgewöhnlichen Anteilsverkäufen in dem vor dem Bewertungsstichtag liegenden Jahr erzielt werden konnten. Lässt sich der gemeine Wert nicht aus Verkäufen ableiten, muss er unter Berücksichtigung des Gesamtvermögens und der Ertragsaussichten der Kapitalgesellschaft im Schätzungswege ermittelt werden. Hier könnte ein konkretes Bewertungsverfahren festgelegt werden, das z.B. für die Aufnahme zusätzlicher Gesellschafter oder die Übernahme von Genussrechtskapital angewendet wurde (z.B. Discounted Cash Flow Methode), auch im Sinne der Gleichbehandlung der Gesellschafter mit den Genussrechtsinhabern.

[117] Das Einziehungsentgelt in Höhe des Buchwertes ist umstritten. Deshalb wird eine „Angstklausel" mit dem folgenden Wortlaut beifügt: „Soweit gesetzlich ein höherer Wert vorgeschrieben wird, wird dieser geschuldet."

5. Genussrechte

3. Wird der Geschäftsanteil eingezogen, ist der nach Nr. 1 oder 2 ermittelte Wert dem ausscheidenden Gesellschafter längstens in drei gleichen Halbjahresraten auszuzahlen, die erste ein halbes Jahr nach dem Zeitpunkt des Ausscheidens. Ist der Anteilswert am ersten Zahlungsstichtag noch nicht ermittelt, sind den Gesellschaftern im Falle der Nr. 1 zunächst 60% und im Falle der Nr. 2 40% des Anteilsnennbetrages auszukehren. Der jeweils ausstehende Betrag ist mit …% zu verzinsen.[118]

§ 19 Kündigung

1. Jeder Gesellschafter kann das Gesellschaftsverhältnis mit einer Frist von sechs Monaten zum Ende des Geschäftsjahres mittels eingeschriebenen Briefes an die **FIRMA** kündigen, erstmals zum 31. Dezember des fünften Jahres, das auf den Beginn der Geschäftstätigkeit folgt.[119]
2. Durch die Kündigung wird die **FIRMA** vorbehaltlich Nr. 4 nicht aufgelöst, vielmehr scheidet der Gesellschafter am Ende des betreffenden Geschäftsjahres aus der **FIRMA** aus. Von da an ruhen alle Gesellschafterrechte des ausscheidenden Gesellschafters.[120]
3. Der ausgeschiedene Gesellschafter ist verpflichtet, seinen Geschäftsanteil den übrigen Gesellschaftern und den Inhabern von Genussrechten/Genussscheinen gemäß § 15 Nr. 2 der Satzung anzudienen.[121] Hinsichtlich des Entgeltes für den Anteil gilt § 18 der Satzung.
4. Ist der Anteil des ausscheidenden Gesellschafters innerhalb von sechs Monaten nach dem Ausscheiden des Gesellschafters trotz ordnungsgemäßen Angebots von den anderen Gesellschaftern nicht vollständig übernommen worden, so sind die Inhaber von Genussrechten/Genussscheinen berechtigt, das Angebot in entsprechender Anwendung von § 15 Nr. 2 der Satzung anzunehmen.[122]

§ 20 Auflösung, Abwicklung

1. Die Auflösung der **FIRMA** kann nur mit einer Mehrheit von ¾ der abgegebenen Stimmen beschlossen werden.[123]

---

[118] Die Verzinsung des Abfindungsguthabens ist nicht zwingend geboten.

[119] Die Kündigung ist im GmbHG nicht geregelt. Der Gesellschafter löst sein Engagement durch Übertragung des Anteils (§ 15 Abs. 1 GmbHG). Die Satzung kann allerdings die Kündigung als einen weiteren Auflösungsgrund im Sinne von § 60 Abs. 2 GmbHG vorsehen. Die hier vorgeschlagene Regelung soll eine zeitliche Mindestbindung herbeiführen, die der Laufzeit der Genussrechte/Genussscheine entsprechen sollte.

[120] Die Kündigung wird hier als Austrittserklärung des betreffenden Gesellschafters gestaltet. Der Gesellschafter soll die Möglichkeit haben, seine Mitgliedschaft zu beenden, ohne dass die Gesellschaft aufgelöst wird und abgewickelt werden muss. Ohne eine solche Satzungsbestimmung steht dem Gesellschafter ein gesetzliches Austrittsrecht nach herrschender Meinung nur aus wichtigem Grund zu.

[121] Diese Bestimmung ist von großer Bedeutung, da der Anteil des ausscheidenden Gesellschafters den übrigen Gesellschaftern nicht, wie im Recht der Personenhandelsgesellschaft, anteilig anwächst.

[122] Es handelt sich um eine Vorkehrung für den Fall, dass der Gesellschafter seinen Anteil nach Ausscheiden nicht „los" wird. Als alternative Regelung käme eine Erwerbspflicht der bleibenden Gesellschafter in Betracht.

[123] Gesetzliche Grundlage: §§ 60 bis 74 GmbHG; es könnte statuarisch eine geringere Mehrheit vorgesehen werden. Das erscheint aber der Bedeutung des Beschlusses nicht angemessen.

e) GmbH-Satzung mit Erläuterungen

2. Mit der Auflösung gilt der Beirat als abberufen. Nach der Auflösung ist das Vermögen der **FIRMA** zu liquidieren.[124]
3. Liquidatoren sind die Geschäftsführer, soweit die Gesellschafterversammlung keine anderen bestellt.[125]
4. Das nach Befriedigung der Gläubiger verbleibende Vermögen der **FIRMA** ist nach Befriedigung der Rückzahlungsansprüche der Inhaber von Genussrechten/Genussscheinen gemäß § 5 Nr. 11 der Satzung im Verhältnis der Geschäftsanteile unter die Gesellschafter zu verteilen.[126]

§ 21 Bekanntmachungen

Bekanntmachungen der **FIRMA** erfolgen nur im Bundesanzeiger.[127]

§ 22 Schlussbestimmungen

1. Soweit dieser Vertrag keine abweichenden Regelungen enthält, findet das GmbH-Gesetz Anwendung.[128]
2. Sollten einzelne Bestimmungen dieses Vertrages unwirksam sein oder werden, so wird die Rechtswirksamkeit der übrigen Bestimmungen dadurch nicht berührt. Die betreffende Bestimmung ist durch eine wirksame zu ersetzen, die den angestrebten wirtschaftlichen Zwecken möglichst nahe kommt.[129]
3. Die Kosten dieses Vertrages und seiner Durchführung sowie die Gesellschaftssteuer trägt die **FIRMA** bis zu einem Betrag von EUR 5.000,00.[130]

---

[124] Es besteht die Möglichkeit eines Fortsetzungsbeschlusses. Dieser kann allerdings nur solange gefasst werden, als mit der Verteilung des Vermögens unter die Gesellschafter noch nicht begonnen wurde.

[125] Die Bestimmung entspricht § 66 Abs. 1 GmbHG.

[126] Die Bestimmung entspricht § 72 Abs. 1 GmbHG. Die Rückzahlungsansprüche der Inhaber von Genussrechten/Genussscheinen gehen den Ansprüchen der Gesellschaftsgläubiger nach und den Ansprüchen der Gesellschafter vor; vgl. § 5 Nr. 10 der Satzung.

[127] Derartige Bekanntmachungen sind zwar nur für wenige Fälle vorgeschrieben; die satzungsgemäße Festlegung eines Veröffentlichungsblattes ist aber gleichwohl zweckmäßig, da sonst in allen für die Bekanntmachungen aus dem Handelsregister des für den Sitz der Gesellschaft zuständigen Amtsgerichts bestimmten Blättern zu veröffentlichen ist; § 30 Abs. 2 Satz 2 GmbHG.

[128] Die Bestimmung ist nicht unbedingt erforderlich, aber zweckmäßig: Die Gesellschafter werden auf das GmbHG hingewiesen.

[129] Typische salvatorische Klausel im Hinblick auf § 139 BGB (Teilnichtigkeit). Bedeutung hat auch der zweite Satz: Es wird vermieden, dass die – zumeist gerade nicht gewollte – gesetzliche Regelung an die Stelle der unwirksamen tritt.

[130] Eine dem § 25 AktG entsprechende Vorschrift ist im GmbHG nicht enthalten. Nach heute herrschender Meinung sind die Gründungskosten jedoch nur dann von der Gesellschaft und nicht von den Gründern zu tragen, wenn die Satzung dies vorsieht. Der Bestimmung kommt aber nicht alleine zivilrechtliche, sondern auch steuerliche Bedeutung zu, da sie die Annahme einer verdeckten Gewinnausschüttung vermeidet.

Anhang

**Entwurf Deutscher Rechnungslegungs Standard Nr. 11 (E-DRS 11)
Bilanzierung von Aktienoptionsplänen und ähnlichen Entgeltformen**
21. Juni 2001

Alle interessierten Personen und Organisationen sind zur Stellungnahme bis zum 15. Oktober 2001 aufgefordert. Die Stellungnahmen werden auf der Homepage des DRSC veröffentlicht, sofern das nicht ausdrücklich abgelehnt wird.

Die Stellungnahmen sind zu richten an:
Deutscher Standardisierungsrat
DRSC e.V., Charlottenstraße 59, 10117 Berlin
Tel.: +49 (0) 30 20 64 12-0
Fax: +49 (0) 30 20 64 12-15
E-Mail: info@drsc.de
Deutscher Standardisierungsrat (DSR)

Inhaltsverzeichnis

	Textziffer
Aufforderung zur Stellungnahme	
Vorbemerkung	
Abkürzungsverzeichnis	
Grundsätzliche Anmerkung	
Bilanzierung von Aktienoptionsplänen und ähnlichen Entgeltformen	
Gegenstand und Geltungsbereich	1–5
Definitionen	6
Regeln	7–39
Aktienoptionspläne nach § 192 Abs. 2 Nr. 3 AktG	7–22
Aktienoptionspläne in Verbindung mit Wandel- und Optionsanleihen	23–24
Bedienung von Aktienoptionsplänen durch eigene Anteile des Unternehmens	25–28
Belegschaftsaktienprogramme	29–30
Einschaltung von Dritten	31–32
Barvergütung	33–35
Kombinationen aus Aktienoptionsplänen und Barvergütung	36–39
Angaben im Konzernanhang	40–44
Inkrafttreten und Übergangsvorschriften	45–47
Anhang A: Empfehlungen de lege ferenda	A1–A4
Anhang B: Begründung des Entwurfs	
Gegenstand und Geltungsbereich	B1 – B3
Grundlegende Annahmen	B4
Aktienoptionspläne nach § 192 Abs. 2 Nr. 3 AktG	B5 – B16
Aktienoptionspläne in Verbindung mit Wandel- und Optionsanleihen	B17 – B18
Bedienung aus eigenen Aktien	B19 – B20
Belegschaftsaktienprogramme	B21 – B23
Einschaltung von Dritten	B24
Barvergütung	B25 – B28
Kombinationen aus Aktienoptionsplänen und Barvergütung	B29 – B30
Anhang C: Kompatibilität mit dem Gesetz und früheren Standards des DSR	
Grundsatz	C1
Konflikte mit bestehendem Recht	C2
Erweiterung bzw. Konkretisierung bisheriger Regelungen	C3
Vereinbarkeit mit früheren Standards des DSR	C4
Anhang D: Vergleich mit US GAAP, IAS und dem G4+1- Positionspapier	
Regelung nach US GAAP	D1 – D8
Regelung nach IAS	D9 – D11
G4+1 Positionspapier „Accounting for Share-based Payment"	D12 – D16
Anhang E: Illustrierende Zahlenbeispiele	
Beispiel 1: Aktienoptionen auf Basis von § 192 Abs 2 Nr. 3 AktG	
Beispiel 2: Aktienoptionen in Verbindung mit einer Optionsanleihe	
Beispiel 3: Aktienoptionen auf Basis von eigenen Anteilen	
Beispiel 4: Barvergütung (Stock Appreciation Rights)	
Beispiel 5: Kombination aus Aktienoptionen und Barvergütung	

Anhang

Aufforderung zur Stellungnahme

Der DSR fordert alle interessierten Personen und Organisationen zur Stellungnahme bis zum 15. Oktober 2001 auf. Stellungnahmen sind zu jedem in diesem Standardentwurf geregelten Sachverhalt erbeten. Insbesondere erwünscht sind Antworten auf die nachfolgend aufgeführten Fragen zu einzelnen Textziffern des Entwurfs.

Aktienoptionspläne nach § 192 Abs. 2 Nr. 3 AktG (Tz. 7 ff. und B 5 ff.)

Frage 1
Der Standardentwurf stellt fest, dass zum Zweck der Entlohnung gewährte Aktienoptionen zum Entstehen eines Personalaufwands führen. Die korrespondierende Erfassung des Optionswerts erfolgt in der Kapitalrücklage (Tz. 7).
a) Stimmen Sie dieser Auslegung zu?
b) Aus welchen Gründen befürworten Sie ggf. eine von den Regeln des Standardentwurfs abweichende Vorgehensweise?

Frage 2
Der Standardentwurf sieht vor, dass die Höhe des Personalaufwands bzw. der Zuführung zur Kapitalrücklage durch den Gesamtwert der Aktienoptionen, d.h. die Summe aus innerem Wert und Zeitwert, zum Zeitpunkt der Gewährung zu bestimmen ist (Tz. 10). Spätere Wertänderungen aufgrund von Veränderungen von Bewertungsparametern – außer der Neufestsetzung des Bezugskurses (vgl. hierzu Frage 6) – sollen dabei nicht berücksichtigt werden (Tz. 12).
a) Befürworten Sie die Bewertung zum Gesamtwert?
b) Aus welchen Gründen befürworten Sie ggf. einen anderen Wertansatz?
c) Halten Sie es für notwendig, die zur Optionsbewertung einzusetzenden Verfahren über die in Tz. 11 genannten Kriterien hinaus genauer zu spezifizieren?
d) Befürworten Sie die endgültige Bewertung zum Zeitpunkt der Gewährung?
e) Aus welchen Gründen befürworten Sie ggf. einen anderen (späteren) Bewertungszeitpunkt?
f) Wie könnte eine Bewertung zu einem späteren Zeitpunkt angesichts der zu erwartenden zwischenzeitlichen Wertschwankungen mit der Dotierung der Kapitalrücklage gem. Tz. 7 in Einklang gebracht werden?

Frage 3
Im Standardentwurf werden Aktienoptionen grundsätzlich als Entgelt für Arbeitsleistungen künftiger Perioden gesehen. Von einem Entgelt bereits erbrachter Arbeitsleistungen kann nur unter bestimmten Voraussetzungen ausgegangen werden (Tz. 14).
a) Halten Sie die getroffene Abgrenzung für sinnvoll?
b) Welche Kriterien könnten ggf. zu einer verbesserten Abgrenzung führen?

Frage 4
Für den Regelfall, dass Aktienoptionen als Entgelt für Arbeitsleistungen künftiger Perioden gewährt werden, sieht der Standardentwurf vor, dass die Dotie-

rung der Kapitalrücklage ratierlich über den Leistungszeitraum zu verteilen ist (Tz. 15 f.).
a) Befürworten Sie diese Regelung?
b) Halten Sie ggf. eine Periodisierung durch Bildung eines aktiven Rechnungsabgrenzungspostens unter Berücksichtigung aktienrechtlicher Vorschriften zur Kapitalaufbringung vertretbar und mit den Grundsätzen ordnungsmäßiger Buchführung vereinbar?

Frage 5

Für den Fall, dass ein Berechtigter während des Leistungszeitraums aus dem Unternehmen ausscheidet, sieht der Standardentwurf vor, dass die bereits zugeführten Beträge in der Kapitalrücklage verbleiben. Noch ausstehende Zuführungen sind hingegen auszusetzen (Tz. 17).
a) Befürworten Sie diese Regelung?
b) Welcher alternativen Möglichkeit zur Berücksichtigung von Fluktuationen und Sterbefällen würden Sie – unter Angabe von Gründen – ggf. den Vorzug geben?

Frage 6

Für den Fall einer Neufestsetzung des Bezugskurses (*Repricing*) von Aktienoptionen sieht der Standardentwurf vor, dass die daraus resultierende Wertveränderung der Aktienoptionen, gemessen durch die Veränderung des Gesamtwerts am Tag der Neufestsetzung, als zusätzlicher Betrag der Kapitalrücklage zuzuführen ist. Erfolgt die Neufestsetzung während des Leistungszeitraums, ist der Betrag über den verbleibenden Teil des Leistungszeitraums zu verteilen (Tz. 20).
a) Befürworten Sie diese Regelung?
b) Welcher alternativen Methode zur Berücksichtigung einer Neufestsetzung des Bezugskurses würden Sie – unter Angabe von Gründen – ggf. den Vorzug geben?

Bedienung von Aktienoptionsplänen durch eigene Anteile des Unternehmens (Tz. 25 ff., A2 ff. und B19 f.)

Frage 7

Der Standardentwurf sieht entsprechend geltendem deutschen Recht vor, dass der bei der Bedienung von Aktienoptionen mit eigenen Aktien entstehende Aufwand durch die Differenz zwischen dem Buchwert der eigenen Aktien und dem Bezugskurs bemessen wird. In Anhang A wird jedoch *de lege ferenda* vorgeschlagen, eigene Anteile, die zur Bedienung von Mitarbeiterbeteiligungen erworben werden, vom Eigenkapital abzusetzen und die spätere Wiederausgabe entsprechend als Kapitalerhöhung zu buchen. Aktienoptionen auf zurückerworbene eigene Aktien wären dann in gleicher Weise wie Aktienoptionen auf junge Aktien zu bilanzieren.
a) Befürworten Sie den Vorschlag *de lege ferenda*?
b) Welche Gründe sprechen ggf. gegen den Vorschlag *de lege ferenda*?

Barvergütung (Tz. 33 ff. und B25 ff.)

Frage 8
Der Standardentwurf sieht vor, dass für aktienkursorientierte Barvergütungen eine Rückstellung zu bilden ist. Während des Leistungszeitraums soll die Rückstellung nur zeitanteilig gebildet werden. Die Höhe der erwarteten späteren Zahlung soll anhand der gleichen Modelle geschätzt werden, die bei der Bewertung von Aktienoptionen zum Einsatz kommen.
a) Befürworten Sie diese Regelung?
b) Aus welchen Gründen befürworten Sie ggf. eine von den Regeln des Standardentwurfs abweichende Vorgehensweise?

Kombinationen aus Aktienoptionsplänen und Barvergütung (Tz. 36 ff. und B29 f.)

Frage 9
Der Standardentwurf sieht für „Kombinationspläne" vor, bis zum Zeitpunkt der Ausübung eine Rückstellung zu bilden, deren Höhe sich an der Alternative orientiert, deren Inanspruchnahme wahrscheinlich ist. Steht fest, welche Alternative tatsächlich in Anspruch genommen wurde, sollen Bilanz und Gewinn- und Verlustrechnung daran angepasst werden.
b) Befürworten Sie diese Regelung?
c) Aus welchen Gründen befürworten Sie ggf. eine von den Regeln des Standardentwurfs abweichende Vorgehensweise?

Anhangangaben (Tz. 40 ff.)

Frage 10
a) Ist der Umfang der Angabepflichten im Anhang angemessen?
b) Welche Angabepflichten sind aus welchen Gründen ggf. zu ergänzen?
c) Welche Angabepflichten sind aus welchen Gründen ggf. zu eliminieren?

Weitere Anregungen zum Standard

Frage 11
a) Haben Sie über die in den vorhergehenden Fragen adressierten Sachverhalte hinausgehende Anregungen zu einzelnen Textziffern des Standardentwurfs?
b) Welche bislang ungeregelten Sachverhalte sollten – unter Angabe von Gründen – ggf. in den Standard aufgenommen werden?
c) Welche im Standardentwurf berücksichtigten Sachverhalte erachten Sie – unter Angabe von Gründen – ggf. nicht für regelungsbedürftig?

Vorbemerkung

Deutscher Standardisierungsrat
Der Deutsche Standardisierungsrat (DSR) hat den Auftrag, Grundsätze für eine ordnungsmäßige Konzernrechnungslegung zu entwickeln, den Gesetzgeber bei der Fortentwicklung der Rechnungslegung zu beraten und die Bundesrepu-

blik Deutschland in internationalen Rechnungslegungsgremien zu vertreten. Er hat sieben Mitglieder, die vom Verwaltungsrat des Deutschen Rechnungslegungs-Standards Committee e.V. (DRSC) als unabhängige und auf den Gebieten der nationalen und internationalen Rechnungslegung ausgewiesene Fachleute bestimmt werden.

Anwendungshinweis

Die Standards zur Konzernrechnungslegung werden vom Deutschen Standardisierungsrat nach sorgfältiger Prüfung aller maßgeblichen Umstände, insbesondere der Grundsätze ordnungsmäßiger Buchführung sowie der eingegangenen Stellungnahmen, nach Durchführung von Anhörungen in öffentlicher Sitzung beschlossen. Wenn die Standards in deutschsprachiger Fassung vom Bundesministerium der Justiz nach § 342 Abs. 2 HGB bekannt gemacht worden sind, haben sie die Vermutung für sich, Grundsätze ordnungsmäßiger Buchführung der Konzernrechnungslegung zu sein. Da Grundsätze ordnungsmäßiger Buchführung gewährleisten sollen, dass die Gesetze ihrem Sinn und Zweck entsprechend angewendet werden, unterliegen sie einem stetigen Wandel. Es ist daher jedem Anwender zu empfehlen, bei einer Anwendung der Standards sorgfältig zu prüfen, ob diese unter Berücksichtigung aller Besonderheiten im Einzelfall der jeweiligen gesetzlichen Zielsetzung entspricht.

Copyright

Das urheberrechtliche Nutzungsrecht an diesem Standard steht dem Deutschen Rechnungslegungs-Standards Committee e.V. zu. Der Standard ist einschließlich seines Layouts urheberrechtlich geschützt. Jede Verwertung einschließlich der Vervielfältigung und Verbreitung, der ganzen oder teilweisen Übersetzung sowie der ganzen oder teilweisen Speicherung, Verarbeitung, Vervielfältigung, Verbreitung oder sonstigen Nutzung für elektronische Speicher- und Verbreitungsmedien, die nicht durch das Urheberrecht gestattet ist, ist ohne ausdrückliche Zustimmung des DRSC e.V. unzulässig und strafbar. Werden Standards nach ihrer amtlichen Bekanntmachung wiedergegeben, dürfen diese inhaltlich nicht verändert werden. Außerdem ist unter Angabe der Quelle darauf hinzuweisen, dass es sich um den Deutschen Rechnungslegungs-Standard Nr. 11 (DRS 11) des Deutschen Standardisierungsrates (DSR) handelt. Jeder Anwender kann sich bei richtiger Anwendung auf die Beachtung des DRS 11 berufen. Das DRSC e.V. behält sich vor, dieses Recht Anwendern zu versagen, die nach Auffassung des DSR Standards fehlerhaft anwenden.

Herausgeber

Herausgeber ist das Deutsche Rechnungslegungs-Standards Committee e.V., Charlottenstraße 59, 10117 Berlin, Tel. 49 (0)30 206412-0, Fax +49 (0)30 206412-15, E-Mail: info@drsc.de. Verantwortlich im Sinne des Presserechts: Frau Liesel Knorr, Generalsekretärin, Charlottenstraße 59, 10117 Berlin, Tel. 49 (0)30 206412-11, Fax +49 (0)30 206412-15, E-Mail: Knorr@drsc.de.

Anhang

Abkürzungsverzeichnis

AktG	Aktiengesetz
APB	Accounting Principles Board
DRSC	Deutsches Rechnungslegungs Standards Committee e.V.
DSR	Deutscher Standardisierungsrat
FASB	Financial Accounting Standards Board
FIN	FASB Interpretation
HGB	Handelsgesetzbuch
IAS	International Accounting Standard(s)
Para.	Paragraph
SAR	Stock Appreciation Rights
SFAS	Statement of Financial Accounting Standards
SIC	Standing Interpretations Committee (des IASC)
Tz.	Textziffer
US GAAP	United States Generally Accepted Accounting Principles

Anhang

Grundsätzliche Anmerkung

Der DSR ist bei der Entwicklung von Rechnungslegungsstandards an geltendes Recht gebunden. Der vorliegende Standardentwurf enthält daher nur solche Regelungen, die mit den handelsrechtlichen Ansatz-, Bewertungs- und Ausweisvorschriften übereinstimmen. Für die Entwicklung von Konzernrechnungslegungsgrundsätzen, die den Informationswert des Konzernabschlusses verbessern und die internationalen Standards entsprechen, genügt es jedoch nicht, gesetzliche Regelungslücken zu schließen und Wahlrechte zu beseitigen. Es sind auch bestimmte Vorschriften des HGB zu modifizieren.

In Anhang A sind weitergehende Empfehlungen aufgeführt, deren Beachtung nach Auffassung des DSR wirtschaftlich sinnvoll und für eine Akzeptanz deutscher Konzernabschlüsse in den internationalen Kapitalmärkten unerlässlich ist und die daher Bestandteil des Standards sein sollten. Sie können jedoch erst nach einer Änderung des HGB in Kraft treten. Um Nachteile in Form überhöhter Kapitalkosten und vergleichsweise zu niedriger Kurse von den länderübergreifend tätigen deutschen Unternehmen abzuwenden, hält der DSR eine schnelle Änderung der jeweiligen gesetzlichen Vorschriften für geboten.

Anhang

Deutscher Rechnungslegungsstandard Nr. 11 (E-DRS 11) Bilanzierung von Aktienoptionsplänen und ähnlichen Entgeltformen

*Grundsätze sind **fettgedruckt**. Sie werden durch die nachfolgenden normal gedruckten Textstellen erläutert. Bei der Anwendung des Standards ist der Grundsatz der Wesentlichkeit zu beachten.*

Gegenstand und Geltungsbereich

**1.
Dieser Standard regelt die Bilanzierung von Aktienoptionsplänen und ähnlichen Entgeltformen im Konzernabschluss.**

2.
Aktienoptionspläne und ähnliche Entgeltformen treten in einer Vielzahl verschiedener Formen auf.
Grundsätzlich sind zu unterscheiden:
a) Verträge, die eine Gewährung von Aktien des Unternehmens vorsehen (vgl. hierzu näher Tz. 3);
b) Verträge, die eine an der Aktienkursentwicklung orientierte Barvergütung vorsehen;
c) Kombinationen aus a) und b); hierbei kann die Inanspruchnahme einer Alternative zum Erlöschen der anderen führen.

3.
Verträge, die eine Gewährung von Aktien des Unternehmens vorsehen, umfassen:
a) die Gewährung von Erwerbsrechten auf neue Aktien des Unternehmens aus einem bedingten Kapital gem. § 192 Abs. 2 Nr. 3 AktG („nackte Aktienoptionen");
b) die Gewährung von Erwerbsrechten auf neue Aktien des Unternehmens aus einem bedingten Kapital in Verbindung mit einer Options- oder Wandelanleihe gem. § 192 Abs. 2 Nr. 1 AktG;
c) die Gewährung neuer Aktien des Unternehmens aus einem nach § 202 Abs. 4 AktG genehmigten Kapital;
d) die Gewährung von Erwerbsrechten auf gem. § 71 Abs. 1 Nr. 2 AktG bzw. § 71 Abs. 1 Nr. 8 AktG zurückgekaufte eigene Anteile des Unternehmens;
e) die Gewährung von Erwerbsrechten auf Aktien des Unternehmens unter Einschaltung von Dritten, z. B. indem von Seiten eines Dritten Erwerbsrechte auf Aktien des Unternehmens ausgegeben werden.

4.
Die genannten Entgeltformen dienen vornehmlich der Entlohnung von Arbeitnehmern und Mitgliedern der Geschäftsführung. Soweit aktienrechtlich zulässig, können sie aber auch zur Vergütung des Aufsichtsrats oder als Entgelt für Liefe-

rungen und sonstige Dienstleistungen eingesetzt werden. Dieser Standard erstreckt sich auf alle Einsatzmöglichkeiten der genannten Entgeltformen.

5.
Nicht Gegenstand dieses Standards sind:
a) Bilanzierungsfragen der Berücksichtigung latenter Steuern im Zusammenhang mit der Bilanzierung der genannten Entgeltformen;
b) Fragen der Bestimmung des Gewinns je Aktie unter Berücksichtigung der genannten Entgeltformen;
c) Bilanzierungsfragen aufgrund von Geschäften, die zur Absicherung der Stillhalterposition aus Aktienoptionsplänen dienen.

Definitionen

6.
In diesem Standard werden die folgenden Begriffe mit den nachstehenden Bedeutungen verwendet:

Aktienoptionsplan: **Vereinbarung, die ein Entgelt durch die Gewährung von Optionen auf Aktien des Unternehmens vorsieht.**

Der Begriff Aktienoptionsplan wird als Oberbegriff verwendet. Er bezieht sich nicht auf eine spezielle Form der Durchführung solcher Vereinbarungen.

Ausübungszeitraum: **Zeitraum, innerhalb dessen Aktienoptionen ausgeübt werden können. Der Ausübungszeitraum beginnt mit dem Ende der Sperrfrist.**

Bezugskurs: **Betrag, den der Berechtigte bei der Ausübung einer Option an das Unternehmen entrichten muss, um eine Aktie zu erhalten.**

Erwerbsrecht: **Recht auf den Bezug von Aktien des Unternehmens.**

Die Begriff Erwerbsrecht wird als Oberbegriff verwendet. Er schließt sowohl die Begriffe „Aktienoption" und „Optionsrecht" als auch den im AktG zur Bezeichnung von Erwerbsrechten auf aus einer Kapitalerhöhung stammende neue Aktien verwendeten Begriff „Bezugsrecht" mit ein.

Gesamtwert (fair value): **Wert einer Aktienoption, der den Gegenwartswert des möglichen Ausübungsgewinns einer Option repräsentiert.**

Durch den Gesamtwert einer Aktienoption wird der Preis geschätzt, zu dem die Option am Kapitalmarkt erworben oder veräußert werden könnte. Der Gesamtwert setzt sich aus dem inneren Wert und dem Zeitwert zusammen.

Innerer Wert (intrinsic value): **Betrag, um den der aktuelle Aktienkurs den vereinbarten Bezugskurs einer Aktienoption übersteigt. Liegt der Aktienkurs unter dem vereinbarten Bezugskurs, ist der innere Wert Null.**

Der innere Wert drückt den Wert aus, den der Empfänger einer Aktienoption beimessen würde, wenn er sofort über die Ausübung zu entscheiden hätte. Am Ende der Laufzeit einer Aktienoption wird ihr Wert vollständig durch den inneren Wert bestimmt.

Laufzeit: Zeitraum von der Gewährung einer Aktienoption bis zum letzten Zeitpunkt, zu dem die Option ausgeübt werden kann. Die Laufzeit ist i.d.R. in eine Sperrfrist und einen Ausübungszeitraum unterteilt.

Leistungszeitraum (service period): Zeitraum, innerhalb dessen die Gegenleistung des Berechtigten erbracht wird. Als Leistungszeitraum soll generell der Zeitraum bis zur ersten Ausübungsmöglichkeit (Sperrfrist) angesehen werden.

Sperrfrist: Zeitraum, innerhalb dessen die Ausübung einer Aktienoption noch nicht erlaubt ist.

Stillhalter: **Partei, die bei Ausübung einer Aktienoption die Aktie zum vereinbarten Bezugskurs liefern muss.**

Im Rahmen eines Aktienoptionsplans nimmt i.d.R. das Unternehmen die Stillhalterposition ein. Sie kann aber auch von einem Dritten, z.B. einer vom Unternehmen beauftragten Bank, eingenommen werden.

Zeitpunkt der Ausübung (exercise date): **Zeitpunkt, zu dem der Berechtigte einer Aktienoption diese ausübt und für die Hingabe des vereinbarten Bezugskurses eine Aktie erhält.**

Zeitpunkt der Gewährung (grant date): **Zeitpunkt, zu dem das Unternehmen dem Empfangsberechtigten Aktienoptionen mit rechtlicher Bindungswirkung zuspricht.**

Zum Zeitpunkt der Gewährung werden i.d.R. auch die Konditionen des Aktienoptionsplans endgültig festgelegt.

Zeitwert: **Betrag, um den der Gesamtwert einer Option deren inneren Wert übersteigt.**

Der Zeitwert ergibt sich daraus, dass der Optionsinhaber zunächst den künftigen Aktienkursverlauf abwarten kann und die Aktienoption nur bei Eintritt einer positiven Entwicklung ausüben wird. Weiterhin enthält der Zeitwert eine Zinskomponente, die dadurch entsteht, dass der Bezugskurs erst zu einem späteren Zeitpunkt entrichtet werden muss.

Regeln

Aktienoptionspläne nach § 192 Abs. 2 Nr. 3 AktG

7.
Die Gewährung von Aktienoptionen nach § 192 Abs. 2 Nr. 3 AktG erfolgt als Gegenleistung für Arbeitsleistungen von Arbeitnehmern und Mitgliedern der Geschäftsführung. Der Wert der Aktienoptionen ist im Personalaufwand und in der Kapitalrücklage zu erfassen.

8.
Der Wert der erbrachten Arbeitsleistungen stellt einen Betrag dar, den das Unternehmen durch die Ausgabe der Optionen erzielt. Dieser ist in analoger Anwendung von § 272 Abs. 2 Nr. 2 HGB der Kapitalrücklage zuzuführen.

9.
Aktienoptionen sind Teil der Gesamtentlohnung, die dem Berechtigten für seine Arbeitsleistungen gewährt wird. Unter der Annahme, dass die Gesamtentlohnung insgesamt angemessen ist, steht jedem Teil der Entlohnung, dem ein Wert zugeordnet werden kann, jeweils auch ein entsprechender Teil der Arbeitsleistung gegenüber. Der Wert der als Gegenleistung für die Gewährung von Aktienoptionen erbrachten Arbeitsleistungen kann somit aus dem Wert der Aktienoptionen abgeleitet werden.

**10.
Aktienoptionen nach § 192 Abs. 2 Nr. 3 AktG werden mit dem Gesamtwert zum Zeitpunkt der Gewährung angesetzt. Existiert kein Marktpreis für vergleichbare Optionen, ist der Gesamtwert anhand anerkannter finanzwirtschaftlicher Optionsbewertungsmodelle zu ermitteln.**

11.
Finanzwirtschaftliche Optionsbewertungsmodelle ermitteln den Gesamtwert von Aktienoptionen anhand folgender Parameter: aktueller Aktienkurs, Bezugskurs, Laufzeit der Optionen, Volatilität der Aktienrendite, risikoloser Zinsfuß und Dividendenrendite. Bei der Bewertung von Aktienoptionen, die als Entgelt gewährt werden, sind darüber hinaus mögliche Besonderheiten zu berücksichtigen. Hierzu zählen insbesondere die eingeschränkte Handelbarkeit der Optionen, die Anbindung an einen Vergleichsindex und die Vereinbarung von Erfolgszielen.

**12.
Die Bewertung zum Zeitpunkt der Gewährung ist endgültig. Spätere Wertänderungen – außer durch die Neufestsetzung des Bezugskurses (vgl. Tz. 20 ff.) – ziehen keine Änderung des einmal in die Kapitalrücklage eingestellten Betrags nach sich. Dies gilt auch dann, wenn Aktienoptionen durch Ausscheiden während der Sperrfrist oder durch Nichtausübung bis zum Ende der Laufzeit verfallen.**

13.
Der Wert einer Aktienoption ändert sich nach der Gewährung insbesondere in Abhängigkeit von der tatsächlich eintretenden Aktienkursentwicklung sowie Veränderungen der Volatilität, der Dividendenrendite und des risikolosen Zinsfußes. Der spätere Ausübungsgewinn kann den ursprünglichen Wert der Aktienoptionen bei steigenden Kursen erheblich übersteigen, umgekehrt aber auch unter dem ursprünglichen Wert liegen. Wird der vereinbarte Bezugskurs innerhalb der Ausübungsfrist nicht erreicht oder werden Ausübungsbedingungen nicht erfüllt, kann eine Option am Ende der Laufzeit wertlos verfallen. Solche Wertänderungen sind bei analoger Anwendung von § 272 Abs. 2 Nr. 2 HGB nicht der Gesellschaftssphäre zuzurechnen und bei der Dotierung der Kapitalrücklage nicht zu berücksichtigen.

**14.
Aktienoptionspläne sind grundsätzlich als Entgelt für Arbeitsleistungen künftiger Perioden anzusehen. Von einem Entgelt für bereits erbrachte Arbeitsleistungen kann nur dann ausgegangen werden, wenn dies ver-**

traglich explizit geregelt ist und das Ausscheiden des Mitarbeiters aus dem Arbeitsverhältnis nicht zum Verfall der Aktienoptionen führt.

15.
Werden Aktienoptionen als Entgelt für Arbeitsleistungen künftiger Perioden gewährt, ist die Dotierung der Kapitalrücklage in Höhe des Werts der Aktienoptionen zeitanteilig über den Leistungszeitraum, i.d.R. die Sperrfrist, zu verteilen.

16.
Die Dotierung der Kapitalrücklage erfolgt nachträglich am Ende jeder Periode des Leistungszeitraums in Höhe des Werts, der den während der jeweiligen Periode erbrachten Arbeitsleistungen zugerechnet wird. Der zeitanteilige Wert der erbrachten Arbeitsleistungen wird bestimmt, indem der bei Gewährung ermittelte Wert der Aktienoptionen gleichmäßig auf die einzelnen Perioden des Leistungszeitraums verteilt wird.

17.
Scheidet ein Berechtigter aus dem Unternehmen aus, bevor die Kapitalrücklage vollständig in Höhe des Werts der ihm gewährten Aktienoptionen dotiert ist, werden keine weiteren Zuführungen zur Kapitalrücklage vorgenommen. Für bereits erbrachte Arbeitsleistungen zugeführte Beträge verbleiben in der Kapitalrücklage, auch wenn das Ausscheiden zum Erlöschen der Aktienoptionen führt.

18.
Werden Aktienoptionen als Entgelt für Arbeitsleistungen der Vergangenheit gewährt, ist ihr Wert zum Zeitpunkt der Gewährung vollständig im Personalaufwand und in der Kapitalrücklage zu erfassen.

19.
Bei der Ausübung einer Aktienoption fließt dem Unternehmen ein Betrag in Höhe des vereinbarten Bezugskurses zu. Dieser ist entsprechend der Aufteilung auf den geringsten Ausgabebetrag nach § 9 Abs. 1 AktG (Nennbetrag bzw. anteiliger Betrag des Grundkapitals) und das darüber hinaus erzielte Agio in das gezeichnete Kapital und die Kapitalrücklage nach § 272 Abs. 2 Nr. 1 HGB einzustellen.

20.
Werden die Konditionen eines bestehenden Aktienoptionsplans durch die Neufestsetzung des vereinbarten Bezugskurses geändert *(Repricing)*, schlägt sich dies in der Erhöhung des Gesamtwerts der Optionen nieder. Der durch die Änderung bedingte zusätzliche Wert, gemessen als Differenz zwischen dem Gesamtwert nach der Änderung und dem Gesamtwert unmittelbar vor der Änderung, ist der Kapitalrücklage zuzuführen. Erfolgt die Änderung, bevor der Wert der Aktienoptionen vollständig der Kapitalrücklage zugeführt wurde, sind die noch ausstehenden Zuführungsbeträge entsprechend zu erhöhen.

Anhang

21.

Die Neufestsetzung des Bezugskurses stellt, anders als die in Tz. 13 genannten Veränderungen (Kursentwicklung, Veränderung von Volatilität, Dividendenrendite, risikolosem Zinsfuß), einen Eingriff in die vertragliche Vereinbarung zwischen Unternehmen und Berechtigtem dar. Die daraus resultierende Erhöhung des Optionswerts ist deshalb in der Kapitalrücklage zu erfassen.

22.

Anpassungen des Bezugskurses aufgrund bereits bei Gewährung getroffener Vereinbarungen, z.B. in Abhängigkeit von der erreichten Überperformance gegenüber einem Vergleichsindex, stellen keine Neufestsetzung des Bezugskurses dar und führen nicht zu einer Anpassung der Kapitalrücklage.

Aktienoptionspläne in Verbindung mit Wandel- und Optionsanleihen

23.

Werden Aktienoptionen in Verbindung mit Wandel- und Optionsanleihen auf Grundlage von § 192 Abs. 2 Nr. 1 AktG ausgegeben, sind hinsichtlich der als Entgelt gewährten Erwerbsrechte die gleichen Bilanzierungsgrundsätze anzuwenden wie für Aktienoptionspläne nach § 192 Abs. 2 Nr. 3 AktG (vgl. Tz. 10 ff.).

24.

Neben dem Erwerbsrecht ist auch der Anleihebestandteil bilanziell zu erfassen. Hierbei finden die Grundsätze zur Bilanzierung von Wandel- und Optionsanleihen Anwendung.

Bedienung von Aktienoptionsplänen durch eigene Anteile des Unternehmens

25.

Der aus der Gewährung von Erwerbsrechten auf zurückerworbene eigene Anteile des Unternehmens entstehende ergebniswirksame Betrag entspricht der Differenz zwischen dem Buchwert der eigenen Anteile zum Zeitpunkt der Ausübung und dem vereinbarten Bezugskurs.

26.

Ein zum Zeitpunkt der Ausübung der Erwerbsrechte erwarteter Aufwand ist während der Laufzeit durch die Bildung einer Rückstellung zu antizipieren. Sind die Erwerbsrechte als Entgelt für Leistungen mehrerer Perioden gewährt worden, ist die Rückstellung während des Leistungszeitraums nur zeitanteilig zu bilden.

27.

Besitzt das Unternehmen die eigenen Anteile, ist die Höhe der Rückstellung nach der Differenz zwischen dem Buchwert der eigenen Anteile und dem Bezugskurs zu bemessen. Ist das Unternehmen hingegen nicht im Besitz der eigenen Anteile, ist die Höhe der Rückstellung nach dem

Anhang

Gesamtwert der Erwerbsrechte zu bemessen. Unabhängig davon, ob das Unternehmen die eigenen Anteile besitzt, sind bei der Ermittlung der Höhe der Rückstellung Abschläge für erwartete Fluktuations- und Sterbewahrscheinlichkeiten vorzunehmen.

28.
Die Ermittlung des Gesamtwerts soll grundsätzlich nach den gleichen Prinzipien erfolgen wie die Bewertung von Aktienoptionen nach § 192 Abs. 2 Nr. 3 AktG. Abweichend von Tz. 10 und 11 sind hier jedoch Abschläge für erwartete Fluktuations- und Sterbewahrscheinlichkeiten zu berücksichtigen, um den erwarteten Aufwand zu schätzen. Bei Aktienoptionen nach § 192 Abs. 2 Nr. 3 AktG ist dies aufgrund der Regelung in Tz. 17 nicht notwendig. Weiterhin ist die Bewertung hier abweichend von Tz. 13 zum Zeitpunkt der Gewährung nicht endgültig. Um den späteren Aufwand durch die Rückstellung zu antizipieren, ist auf den jeweils aktuellen Gesamtwert abzustellen, in dem sich die aktuellen Ausprägungen der Bewertungsparameter widerspiegeln.

Belegschaftsaktienprogramme

**29.
Die im Rahmen von Belegschaftsaktienprogrammen gewährten Erwerbsrechte auf Aktien des Unternehmens stellen Optionen auf Aktien des Unternehmens dar. Sie sind deshalb nach den gleichen Grundsätzen zu bilanzieren, die für Aktienoptionen entwickelt wurden.**

30.
Die Laufzeit der im Rahmen von Belegschaftsaktienprogrammen gewährten Erwerbsrechte ist im Vergleich mit als Entgelt gewährten Aktienoptionen sehr kurz. Ihr Wert wird deshalb i.d.R. weitgehend durch den inneren Wert bestimmt, so dass auf die Berücksichtigung der Zeitwertkomponente unter dem Gesichtspunkt der Wesentlichkeit häufig verzichtet werden kann.

Einschaltung von Dritten

**31.
Werden Aktienoptionspläne oder Belegschaftsaktienprogramme unter Einschaltung eines Dritten durchgeführt, der als Stillhalter gegenüber den Mitarbeitern auftritt, ist das dem Dritten für die erbrachte Dienstleistung und die übernommene Risikoposition gewährte Entgelt als Aufwand zu erfassen.**

**32.
Stellen die Erwerbsrechte Entgelt für Leistungen künftiger Perioden dar, ist der Aufwand zeitanteilig über den Leistungszeitraum zu verteilen. Wurden die Erwerbsrechte für bereits erbrachte Leistungen gewährt, ist der Aufwand vollständig bei Gewährung anzusetzen. Zur Differenzierung, ob Arbeitsleistungen künftiger oder vergangener Perioden entgolten werden, sind die in Tz. 14 genannten Kriterien heranzuziehen.**

Barvergütung

33.
Bei Verträgen, die eine an der Aktienkursentwicklung orientierte Barvergütung vorsehen („virtuelle" Aktienoptionspläne, „virtuelle" Aktien), geht das Unternehmen eine in ihrer Höhe unsichere Zahlungsverpflichtung gegenüber dem Berechtigten ein, für die eine Rückstellung zu bilden ist. Stellt die Barvergütung ein Entgelt für Leistungen mehrerer Perioden dar, ist die Rückstellung während des Leistungszeitraums nur zeitanteilig zu bilden.

34.
Enthält ein Vertrag, der eine aktienkursorientierte Barvergütung vorsieht, Charakteristika eines Optionsplans, ist die Rückstellung anhand anerkannter finanzwirtschaftlicher Optionsbewertungsmodelle zu bemessen. Bei der Berechnung sind Abschläge für erwartete Fluktuations- und Sterbewahrscheinlichkeiten vorzunehmen.

35.
Die Bewertung „virtueller" Aktienoptionen soll grundsätzlich nach den gleichen Prinzipien erfolgen wie die Bewertung echter Aktienoptionen. Abweichend von Tz. 10 und 11 sind hier aber Abschläge für erwartete Fluktuations- und Sterbewahrscheinlichkeiten zu berücksichtigen, um den erwarteten Zahlungsbetrag zu schätzen. Bei echten Aktienoptionen ist dies aufgrund der Regelung in Tz. 17 nicht notwendig. Weiterhin ist die Bewertung virtueller Aktienoptionen abweichend von Tz. 13 zum Zeitpunkt der Gewährung nicht endgültig. Um den späteren Zahlungsbetrag zu antizipieren, ist auf den jeweils aktuellen Gesamtwert der „virtuellen" Aktienoptionen abzustellen, in dem sich die aktuellen Ausprägungen der Bewertungsparameter widerspiegeln.

Kombinationen aus Aktienoptionsplänen und Barvergütung

36.
Werden Entgeltformen, die eine Gewährung von Aktien vorsehen, und solche, die eine aktienkursorientierte Barvergütung vorsehen, in einer Weise eingesetzt, die bei Inanspruchnahme einer Möglichkeit zum Erlöschen der anderen führt, ist der entstehende Aufwand zunächst unabhängig von der tatsächlich später beabsichtigten Inanspruchnahme in einer Rückstellung anzusammeln.

37.
Die Höhe der Rückstellung richtet sich nach der Möglichkeit, deren spätere Inanspruchnahme am wahrscheinlichsten ist. Die gewählte Behandlung ist in den Folgeperioden stetig beizubehalten.

38.
Wird die Bedienung durch Aktien für wahrscheinlich gehalten, ist die Rückstellung in Höhe des Gesamtwerts der Aktienoptionen bei Gewährung zu bilden.

Anhang

Werden Leistungen mehrerer Perioden entgolten, ist die Rückstellung während des Leistungszeitraums nur zeitanteilig zu bilden. Wird die Barvergütung für wahrscheinlich gehalten, ist die Rückstellung entsprechend Tz. 33 ff. zu bilden.

39.
Wird später eine Möglichkeit gewählt, die für sich betrachtet zu einer Einstellung in die Kapitalrücklage führt, ist der zurückgestellte Betrag erfolgsneutral in die Kapitalrücklage umzubuchen. Die Dotierung der Kapitalrücklage muss dem Gesamtwert der Aktienoptionen bei Gewährung entsprechen. Eine mögliche Unter- oder Überdeckung der Rückstellung ist erfolgswirksam zu korrigieren.

Angaben im Konzernanhang

40.
Für Aktienoptionspläne sind im Anhang folgende Angaben zu machen:
a) eine generelle Beschreibung der einzelnen Programme mit wichtigen Eckdaten. Dazu zählen insbesondere der Bezugskurs, ggf. Erfolgsziele, die Anzahl der Rechte, die Laufzeit, die Sperrfrist, ggf. Ausübungsbedingungen sowie der rechnerische Wert der Rechte bei Gewährung;
b) die Summe des insgesamt in der Periode aus den Programmen entstandenen Aufwands. Der auf Organmitglieder des Unternehmens bzw. des Mutterunternehmens entfallende Betrag ist hierbei gesondert anzugeben. Existieren mehrere Programme, ist der Aufwand für die einzelnen Programme getrennt anzugeben;
c) für jedes Programm die Anzahl der Optionsrechte und der durchschnittliche Bezugskurs getrennt für alle (1) zu Jahresbeginn ausstehenden, (2) innerhalb des Jahres gewährten, (3) ausgeübten, (4) aufgrund von Ausübungsbedingungen erloschenen und (5) am Ende der Laufzeit verfallenen sowie (6) am Jahresende ausstehenden und (7) am Jahresende ausübbaren Rechte;
d) der Gesamtwert (innerer Wert plus Zeitwert) aller innerhalb des Jahres als Entgelt gewährten Optionsrechte. Der Wert der Optionsrechte, die Organmitgliedern des Unternehmens bzw. des Mutterunternehmens gewährt wurden, ist hierbei gesondert anzugeben;
e) die Methode zur Bewertung der Optionsrechte sowie die dabei verwendeten Parameter. Insbesondere sind die Annahmen über die Volatilität, die Dividendenrendite und den risikolosen Zinsfuß anzugeben sowie die vorgenommenen Modifikationen zur Berücksichtigung der eingeschränkten Handelbarkeit und von Erfolgszielen offen zu legen;
f) die durch eine Neufestsetzung des Bezugskurses entstehende Werterhöhung von bereits gewährten Optionsrechten.

41.
Die Angabepflicht über die Organmitgliedern des Unternehmens bzw. des Mutterunternehmens gewährten Gesamtbezüge nach § 314 Abs. 1 Nr. 6a HGB wird für Aktienoptionspläne durch die in Tz. 40 genannten Angabepflichten erfüllt.

Anhang

42.
Aktienkursabhängige Barvergütungen sind nicht als Bezugsrechte, sondern als Gehälter angabepflichtig. Nach Sinn und Zweck der Angabepflicht sollten die in dem jeweiligen Geschäftsjahr zurückgestellten Beträge angegeben werden; dabei sind Auflösungen zuvor gebildeter Rückstellungen als negativer Vergütungsbestandteil zu berücksichtigen. Nach dem Wortlaut des Gesetzes ist aber auch eine Angabe im Jahr der Auszahlung möglich, dann allerdings als Bezug für eine mehrjährige Tätigkeit, der nicht in die Angabe der Gesamtbezüge einzubeziehen, sondern getrennt anzugeben ist.

43.
Bei Kombinationen aus Aktienoptionsplan und Barvergütung, bei der die Inanspruchnahme einer Möglichkeit zum Erlöschen der anderen führt, sind zusätzlich die Prämissen über die unterstellte Inanspruchnahme offen zu legen.

44.
Beträge, die aufgrund der Gewährung von Aktienoptionen in die Kapitalrücklage eingestellt wurden, sind im Eigenkapitalspiegel nach DRS 7 gesondert auszuweisen.

Inkrafttreten und Übergangsvorschriften

45.
Dieser Standard ist erstmals anzuwenden auf das nach dem 31. Dezember 2001 beginnende Geschäftsjahr.

46.
Die Regelungen zur Bilanzierung von Erwerbsrechten auf Aktien des Unternehmens brauchen nur auf im Geschäftsjahr der ersten Anwendung oder später gewährte Rechte angewendet zu werden. Entscheidend hierfür ist nicht das Datum der Beschlussfassung, sondern der Zeitpunkt der tatsächlichen Gewährung der Erwerbsrechte.

47.
Die Regelungen zu Anhangangaben sowie zur Bilanzierung für an der Aktienkursentwicklung orientierte Barvergütungen sind unabhängig vom Zeitpunkt der Gewährung bzw. des Vertragsschlusses für alle ausstehenden Erwerbsrechte bzw. Zahlungsverpflichtungen anzuwenden.

Anhang A: Empfehlungen de lege ferenda

A1.
Mit der Bekanntmachung eines Rechnungslegungsstandards des DSR durch das BMJ wird bei seiner Anwendung die Beachtung der die Konzernrechnungslegung betreffenden Grundsätze ordnungsmäßiger Buchführung vermutet (vgl. § 342 Abs. 2 HGB). Der DSR hat darauf verzichtet, Regelungen zu empfehlen, die zu geltenden Bilanzierungs- und Bewertungsvorschriften des HGB im Widerspruch stehen. Der vorliegende Standard entspricht deutschem Bilanzrecht.

A2.
Zur Verbesserung des Informationswerts der Konzernrechnungslegung und zur stärkeren Annäherung der deutschen Rechnungslegungsvorschriften an internationale Grundsätze schlägt der DSR die Neufassung eines Abschnitts des Standards vor. Diese kann jedoch erst in Kraft treten, sobald die entsprechende Vorschrift des HGB bzw. des AktG geändert worden ist. Die nachfolgende Fassung der betreffenden Textziffer stellt die Auffassung des DSR in Bezug auf eine Regelung des Sachverhalts im Sinne der genannten Zielsetzung dar.

A3.
Tz. 25–28 sind durch folgende neu gefasste Tz. zu ersetzen:

„Bedient ein Unternehmen einen Aktienoptionsplan durch zurückerworbene eigene Anteile, sind hinsichtlich der als Entgelt gewährten Erwerbsrechte die gleichen Bilanzierungsgrundsätze anzuwenden wie für Aktienoptionspläne nach § 192 Abs. 2 Nr. 3 AktG."

A4.
Durch die vorstehende Regelung wird die Bilanzierung von Erwerbsrechten auf Aktien des Unternehmens in ökonomisch sinnvoller Weise vereinheitlicht. Sie erfordert jedoch, dass zum Zweck der Bedienung von als Entgelt gewährten Erwerbsrechten auf Aktien des Unternehmens zurück erworbene eigene Anteile nicht als Aktivposten erfasst, sondern vom Eigenkapital abgesetzt werden. Dies ist nach deutschem Recht bislang nur vorgesehen, wenn Aktien zum Zweck der Einziehung erworben werden oder wenn ohne diese Zweckbestimmung die spätere Veräußerung nur mit Zustimmung der Hauptversammlung erfolgen kann (§ 71 Abs. 1 Nr. 6 und Nr. 8 AktG). Der DSR empfiehlt, eine vergleichbare Regelung auch für den Rückkauf von eigenen Aktien zum Zweck der Bedienung von als Entgelt gewährten Erwerbsrechten zu erlassen.

Anhang B: Begründung des Entwurfs

Gegenstand und Geltungsbereich

B1.
Die Aufzählung der durch den Standardentwurf abgedeckten Entgeltverträge ist weit gefasst. Neben Aktienoptionsplänen, die aus einer Kapitalerhöhung bedient werden, erstreckt sich der Standardentwurf insbesondere auch auf Aktienoptionspläne auf Basis von zurückgekauften eigenen Anteilen sowie die Möglichkeit einer Barvergütung anstelle der Ausgabe von Aktien. Weiterhin bezieht der Standardentwurf auch explizit die Möglichkeit einer Kombination der verschiedenen Entgeltformen ein. Ein solch umfassender Geltungsbereich erscheint angesichts der Vielfalt der in der Praxis zu beobachtenden Programmgestaltungen notwendig.

B2.
Der Standardentwurf erstreckt sich weiterhin auch auf Belegschaftsaktienprogramme. Das Recht zum Bezug von Belegschaftsaktien kann als Optionsrecht mit einer Laufzeit nahe Null interpretiert werden. Es erscheint somit konsequent, die für Aktienoptionspläne entwickelten Grundsätze auf die Bilanzierung von Belegschaftsaktienprogrammen zu übertragen.

B3.
Aufgrund der Aufgabenstellung des DSR ist der Geltungsbereich des Standardentwurfs grundsätzlich auf den Konzernabschluss beschränkt. Für die Bilanzierung von Aktienoptionsplänen und ähnlichen Entgeltformen existiert jedoch nach deutschem Recht auch im Einzelabschluss eine Regelungslücke. Die dem Standardentwurf zugrunde liegende Argumentation kann insofern auch als Leitlinie für die Bilanzierung im Einzelabschluss dienen.

Grundlegende Annahmen

B4.
Die Regelungen des Standardentwurfs basieren auf folgenden grundlegenden Annahmen:
a) Erwerbsrechte auf Aktien werden als Gegenleistung für Arbeits- bzw. sonstige Dienstleistungen des Empfängers gewährt. Der Wert der für das Unternehmen erbrachten bzw. zu erbringenden Leistungen entspricht dem Wert der Erwerbsrechte.
b) Der Wert eines Erwerbsrechts auf Aktien bzw. eines äquivalenten Zahlungsversprechens ist hinreichend verlässlich mit akzeptablem Aufwand messbar. Er setzt sich aus dem inneren Wert und dem Zeitwert zusammen.

Anhang

Aktienoptionspläne nach § 192 Abs. 2 Nr. 3 AktG

B5.
Der Standardentwurf konzentriert sich zunächst auf die Bilanzierung von Aktienoptionsplänen nach § 192 Abs. 2 Nr. 3 AktG, die sowohl hinsichtlich des Bilanzansatzes als auch der Bilanzbewertung kontrovers diskutiert wird. In einem zweiten Schritt werden Besonderheiten anderer Formen eines am Aktienkurs orientierten Entgelts angesprochen.

B6.
Die Frage der Bilanzierung von Aktienoptionen nach § 192 Abs. 2 Nr. 3 AktG wird bislang äußerst kontrovers diskutiert. Neben zahlreichen Literaturbeiträgen haben dies auch die Stellungnahmen zum Positionspapier der Arbeitsgruppe „Stock Options" des DSR gezeigt. Meinungsunterschiede konzentrieren sich dabei insbesondere auf die Frage, ob die Gewährung von Aktienoptionen als Entgelt für Arbeitsleistungen überhaupt zur Buchung eines Personalaufwands führen soll bzw. kann. Unter den Befürwortern einer aufwandswirksamen Lösung wird weiterhin diskutiert, mit welchem Wert (Gesamtwert vs. innerer Wert) Aktienoptionen bilanziell erfasst werden sollen und zu welchem Zeitpunkt der Wert zu ermitteln ist.

B7.
Der Standardentwurf sieht vor, dass die Ausgabe von Aktienoptionen als Entgelt für Arbeitsleistungen zur Buchung eines Personalaufwands in Höhe des Gesamtwerts der Aktienoptionen zum Zeitpunkt der Gewährung führt. Ein Betrag gleicher Höhe ist der Kapitalrücklage zuzuführen. Stellen die Aktienoptionen ein Entgelt für mehrere Perioden dar, ist die Dotierung der Kapitalrücklage und der Personalaufwand über den Leistungszeitraum zu verteilen. Buchungen sind erst dann anteilig vorzunehmen, wenn ein entsprechender Teil der Arbeitsleistungen erbracht wurde. Gegen diese Vorgehensweise sind sowohl in der Literatur als auch in den Stellungnahmen zum vorhergehenden Positionspapier eine Reihe von Einwänden erhoben worden, auf die im Folgenden eingegangen werden soll.

B8.
In einer Reihe von Beiträgen wird die Ansicht vertreten, die Ausgabe von Aktienoptionen als Entgelt für Arbeitsleistungen könne generell nicht zu einem Personalaufwand führen. Sie stellten ein Entgelt dar, das dem Empfänger ausschließlich von den Gesellschaftern eingeräumt werde und daher die Gesellschaftssphäre nicht berühre. Dem steht entgegen, dass die Arbeitsleistung der Berechtigten unmittelbar der Gesellschaft und nur mittelbar den Gesellschaftern zugute kommt. Sie wird in gleicher Weise wie eine bar oder mit Sachwerten vergütete Arbeitsleistung für die Gesellschaft aufgrund eines Anstellungsverhältnisses erbracht. Eine vertragliche Vereinbarung zwischen den Berechtigten und den Gesellschaftern besteht demgegenüber nicht. Nach Ansicht des DSR berührt deshalb ein in Form von Aktienoptionen gewährtes Entgelt die Gesellschaftssphäre und kann bilanzielle Konsequenzen nach sich ziehen.

9.
Gegen die Dotierung der Kapitalrücklage als Gegenposten zum Personalaufwand wird eingewandt, dass es an einem einlagefähigen Vermögensgegenstand mangele, durch den die Dotierung der Kapitalrücklage gerechtfertigt wird. Nach Ansicht des DSR ist die Ausgabe von Aktienoptionen jedoch in Analogie zur Bilanzierung bei der Ausgabe von Wandel- und Optionsanleihen zu beurteilen. Nach § 272 Abs. 2 Nr. 2 HGB ist der Betrag, der bei der Ausgabe von Wandel- und Optionsanleihen erzielt wird, der Kapitalrücklage zuzuführen. Da von einer Optionsanleihe abgetrennte Optionsscheine und „nackte" Aktienoptionen nach § 192 Abs. 2 Nr. 3 AktG wirtschaftlich gleichwertige Wertpapiere sind, erscheint es zwingend, einen Betrag, der bei der Ausgabe von Aktienoptionen erzielt wird, der Kapitalrücklage zuzuführen. Dabei ist es unerheblich, ob die Gegenleistung in bar oder auf andere Weise erbracht wird. So kommt der erzielte Betrag im Fall niedrig verzinslicher Optionsanleihen im Zinsverzicht zum Ausdruck. Nach Ansicht des DSR stellt der Wert der Arbeitsleistungen, die als Gegenleistung für die Gewährung der Optionen erbracht werden, in gleicher Weise einen Betrag dar, durch den das Vermögen des Unternehmens vermehrt wird.

B10.
Gegen die Sichtweise, der Wert der Arbeitsleistungen stelle einen von dem Unternehmen erzielten Betrag dar, der die Dotierung der Kapitalrücklage rechtfertige, wird weiterhin eingewandt, dass Verpflichtungen zu Dienstleistungen nach § 27 Abs. 2 AktG nicht einlagefähig sind. Dieser Einwand könnte jedoch nur dann zutreffen, wenn bereits zu Beginn des Leistungszeitraums der gesamte Wert der noch zu erbringenden Arbeitsleistungen eingebracht, aktiviert und durch Bildung eines Rechnungsabgrenzungspostens zeitlich verteilt würde. Der Standardentwurf sieht aber vor, dass jeweils nur der dem bereits erbrachten Teil der Arbeitsleistungen entsprechende Wert der Kapitalrücklage zuzuführen ist. Nach Ansicht des DSR steht § 27 Abs. 2 AktG dieser Regelung nicht entgegen.

B11.
Unter den Befürwortern einer aufwandswirksamen Erfassung bestehen erhebliche Meinungsunterschiede darüber, mit welchem Wert Aktienoptionen bilanziell erfasst werden sollen und zu welchem Zeitpunkt der Wert zu ermitteln ist. Mögliche Wertansätze sind der Gesamtwert und der innere Wert einer Aktienoption. Mögliche Bewertungszeitpunkte sind der Zeitpunkt der Gewährung (*grant date*), das Ende des Leistungszeitraums (*vesting date*) und der Zeitpunkt der Ausübung (*exercise date*).

B12.
Es ist heute herrschende Meinung, dass der Wert von Aktienoptionen dem Gesamtwert (*fair value*) entspricht. Dass dennoch über die Bewertung zum inneren Wert (*intrinsic value*) diskutiert wird, ist vor dem Hintergrund zu sehen, dass der innere Wert lange Zeit der alleinige Wertmaßstab für Aktienoptionen nach US GAAP war und auch nach der Neuregelung im Jahr 1995 ein Wahlrecht besteht, Aktienoptionen zum inneren Wert zu bewerten. Der innere Wert drückt jedoch nur einen Teil des mit einer Aktienoption transferierten Wertes aus. Erfolgt die Bewertung im Zeitpunkt der Gewährung und entspricht der Bezugskurs der

Optionen dem aktuellen Aktienkurs, werden Aktienoptionen bei einer Bewertung zum inneren Wert als wertlos angesehen. Aktienoptionen haben jedoch auch in diesem Fall bereits bei der Gewährung einen Wert, der über den inneren Wert hinaus geht. Nach Ansicht des DSR ist deshalb nur der Gesamtwert einer Aktienoption geeignet, den Wert der damit entgoltenen Arbeitsleistung zu bemessen. Dafür spricht auch, dass er den Wert darstellt, für den Dritte bereit wären, das Risiko aus dem Entgeltvertrag zu übernehmen. Ein an US GAAP angelehntes Wahlrecht ist deshalb im Standardentwurf nicht vorgesehen.

B13.
Die konkrete Auswahl einer Methode zur Ermittlung des Gesamtwerts ist nicht Inhalt des Standardentwurfs. Die Festlegung auf eine einzelne Methode könnte der Vielfalt der Aktienoptionspläne in der Praxis nicht gerecht werden. Besonderheiten einzelner Aktienoptionspläne sind durch Modifikation gängiger Bewertungsmodelle, z. B. dem Black/Scholes- oder dem Binomialmodell, zu berücksichtigen. Im Standardentwurf sind jedoch grundlegende Anforderungen an die zu wählenden Bewertungsmodelle formuliert, um den Spielraum bei der Festlegung eines geeigneten Bewertungsverfahrens möglichst weit einzuschränken.

B14.
Als mögliche Zeitpunkte der endgültigen Bewertung wurden in Deutschland bislang vor allem der Zeitpunkt der Gewährung (*grant date*) und der Zeitpunkt der Ausübung (*exercise date*) diskutiert. Die Bewertung zum Ende des Leistungszeitraums (*vesting date*) wird hingegen in einem Positionspapier der G4+1-Gruppe[1] erwogen und ist daran anknüpfend in mehreren Stellungnahmen zum Positionspapier der Arbeitsgruppe „Stock Options" vorgeschlagen worden. Entscheidend für die Auswahl des Bewertungszeitpunkts ist einerseits, bis zu welchem Zeitpunkt Wertänderungen der Aktienoptionen noch der Gesellschaftssphäre zugerechnet werden. Andererseits ist damit die Frage verbunden, ob ausstehende Aktienoptionen aus Sicht des Unternehmens dem Eigen- oder Fremdkapital zuzuordnen sind.

B15.
Eine Bewertung zum Zeitpunkt der Ausübung wäre vorzunehmen, wenn ausstehende Aktienoptionen dem Fremdkapital zugerechnet würden. Der Ausübungsgewinn der Berechtigten wäre durch eine Rückstellung zu antizipieren und nach Ausübung in die Kapitalrücklage umzubuchen. Vorteil einer Bewertung zum Ausübungszeitpunkt ist die einfache Bewertung, da der Wert einer Aktienoption bei Ausübung vollständig durch den inneren Wert determiniert wird. Gegen diese Vorgehensweise spricht jedoch, dass ausstehende Optionsrechte in vergleichbaren Fällen, insbesondere bei der Bilanzierung von Wandel- und Optionsanleihen, dem Eigenkapital zugerechnet werden. In das Eigenkapital wird dabei der Betrag eingestellt, der bei der Ausgabe der Optionsrechte von dem Unternehmen erzielt wird. Angesichts dessen hält der DSR eine endgültige Bewertung von Aktienoptionen zum Zeitpunkt der Ausübung für nicht vertretbar.

---

[1] G4+1 Position Paper, Accounting for Share-based Payment, Juli 2000.

B16.
Sowohl eine Bewertung zum Zeitpunkt der Gewährung als auch zum sog. *vesting date* zielen auf den Betrag bei Ausgabe der Aktienoptionen ab. Der Unterschied zwischen den beiden Zeitpunkten liegt an den Kriterien, nach denen eine Aktienoption als ausgegeben angesehen wird. Für eine Bewertung zum Zeitpunkt der Gewährung spricht, dass zu diesem Zeitpunkt das Entgelt für die Arbeitsleistung in beiderseitigem Einverständnis vereinbart wurde. Außerdem steht eine solche Bewertung im Einklang mit der Vorgehensweise bei vergleichbaren Transaktionen, z.B. bei Wandel- und Optionsanleihen, bei denen spätere Wertänderungen ebenfalls nicht zu einer Anpassung des bei Gewährung erzielten Betrags führen. Weiterhin könnten die Berechtigten die Optionsrechte bereits zum Zeitpunkt der Gewährung verwerten, indem sie ein Gegengeschäft am Kapitalmarkt abschließen. Befürworter einer Bewertung zum *vesting date* halten dem entgegen, dass der Berechtigte bei Gewährung den durch die Aktienoptionen verbrieften Anspruch noch nicht erdient hat. Dies sei erst der Fall, wenn die vereinbarte Gegenleistung vollständig erbracht ist. Nach Abwägung der genannten Argumente ist der DSR der Ansicht, dass der Wert von Aktienoptionen zutreffend zum Zeitpunkt der Gewährung zu bestimmen ist.

Aktienoptionspläne in Verbindung mit Wandel- und Optionsanleihen

B17.
Bei Aktienoptionsplänen in Verbindung mit Wandel- und Optionsanleihen auf Grundlage von § 192 Abs. 2 Nr. 1 AktG tritt neben das Optionsrecht ein Anleihebestandteil, der zusätzlich bilanziell erfasst werden muss. Dies wirft jedoch keine weitergehenden Probleme auf, da hierzu auf die Grundsätze zur Bilanzierung von Wandel- und Optionsanleihen zurückgegriffen werden kann.

B18.
Hinsichtlich der Bewertung des Optionsrechts ist die Ausgestaltung der Wandel- und Optionsanleihen zu beachten. Werden diese normal verzinslich, aber ohne Aufschlag für das enthaltene Optionsrecht ausgegeben, kann der Wert des Optionsrechts entsprechend der Vorgehensweise für nackte Aktienoptionen bestimmt werden. Ist die Anleihe jedoch niedrig verzinslich oder wird sie mit einem Aufschlag zum Nennwert ausgegeben, ist dieser Nachteil bei der Bestimmung des Aufwands mit dem Gesamtwert der Option zu verrechnen. Der Aufschlag bzw. der Nachteil aus der Niedrigverzinslichkeit ist entsprechend den Grundsätzen zur Bilanzierung von Wandel- und Optionsanleihen als Zinsaufwand zu berücksichtigen.

Bedienung aus eigenen Aktien

B19.
Die Bilanzierung von Aktienoptionen, die durch einen Rückkauf eigener Aktien nach § 71 Abs. 1 Nr. 2 oder 8 AktG bedient werden sollen, hängt entscheidend davon ab, wie der Rückkauf der eigenen Anteile bilanziell erfasst wird. Nach gel-

tendem Recht sind eigene Anteile als Teil des Umlaufvermögens in der Bilanz zu aktivieren und Wertänderungen erfolgswirksam zu behandeln. Der bilanzielle Wert der eigenen Anteile darf dabei den Rückkaufkurs nicht übersteigen. Vor diesem Hintergrund ist der durch Aktienoptionen bedingte ergebniswirksame Betrag durch die Differenz zwischen dem Buchwert der eigenen Anteile zum Zeitpunkt der Ausübung und dem Bezugskurs zu bestimmen.

B20.
Nach Ansicht des DSR stellt die aus der Behandlung von eigenen Anteilen nach geltendem Recht resultierende Behandlung von Aktienoptionen keine sinnvolle Lösung dar. Wirtschaftlich ist der Rückkauf eigener Anteile gleichbedeutend mit einer Kapitalrückzahlung an die Aktionäre, die spätere Wiederausgabe entspricht einer Kapitalerhöhung. Angesichts dessen wird in Anhang A vorgeschlagen, das HGB bzw. AktG dahingehend zu ändern, dass der Rückkauf von eigenen Anteilen zum Zweck der Mitarbeiterbeteiligung als Kapitalherabsetzung zu buchen ist. Die bilanziellen Konsequenzen der Gewährung von Aktienoptionen wären dann unabhängig davon, ob sie durch junge oder zurückerworbene Aktien des Unternehmens bedient werden sollen. Hierdurch würden nicht zuletzt Konsistenzprobleme vermieden, die entstehen können, wenn ein Unternehmen sich das Wahlrecht einräumen lässt, Aktienoptionen entweder durch junge oder durch zurückerworbene Aktien zu bedienen.

Belegschaftsaktienprogramme

B21.
Die Überlegungen zu Aktienoptionsplänen nach § 192 Abs. 2 Nr. 3 AktG bzw. auf Basis zurückgekaufter eigener Anteile umfassen auch Belegschaftsaktienprogramme und vergleichbare Beteiligungsprogramme (*restricted stock plans*), die aufgrund der gleichen Rechtsvorschriften durchgeführt werden. Der wesentliche Unterschied liegt in diesem Fall darin, dass die Laufzeit der Erwerbsrechte deutlich kürzer ist.

B22.
Die Überlegungen lassen sich auch auf Belegschaftsaktienprogramme auf Basis von § 202 Abs. 4 AktG übertragen. Auch hier erhalten die Empfänger einen finanziellen Vorteil als Gegenleistung für Arbeitsleistungen, der zur Verwässerung des Vermögens der Altaktionäre führt.

B23.
Aufgrund der kurzen Laufzeit von Erwerbsrechten auf Belegschaftsaktien ist eine Differenzierung in verschiedene Bewertungszeitpunkte nicht notwendig. Auch die Frage der Bewertungsmethode ist von geringer Bedeutung, da der Zeitwert sehr gering ausfällt und der innere Wert wertbestimmend ist.

Anhang

Einschaltung von Dritten

B24.
Das Einschalten von Dritten kann in unterschiedlichster Weise erfolgen. Unterschiede bestehen insbesondere hinsichtlich der Art der übernommenen Dienstleistung und der übernommenen Risikoposition. Die Vielfalt derartiger Gestaltungsmöglichkeiten lässt keine standardisierte Regelung zu. Bestehende Lücken sind im Sinne der entwickelten Grundsätze zu schließen.

Barvergütung

B25.
Häufig wird anstelle von Aktienoptionsplänen eine Vereinbarung getroffen, die eine an der Aktienkursentwicklung orientierte Barvergütung vorsieht („virtuelle" Aktienoptionspläne). Die Gesellschaftersphäre ist bei solchen Vereinbarungen nicht betroffen, so dass viele der Bilanzierungsprobleme von echten Aktienoptionsplänen entfallen.

B26.
Das Unternehmen geht mit einem „virtuellen" Aktienoptionsplan eine Zahlungsverpflichtung ein, die in mehrfacher Hinsicht unsicher ist. Für eine solche Verpflichtung ist entsprechend § 249 Abs. 1 HGB eine Rückstellung für ungewisse Verbindlichkeiten zu bilden.

B27.
Der insgesamt zu verrechnende Aufwand bei einem „virtuellen" Aktienoptionsplan wird durch die schlussendlich zu leistende Zahlung des Unternehmens an den Berechtigten bestimmt. Der endgültige Bewertungszeitpunkt ist hier also der Ausübungszeitpunkt (*exercise date*), da erst zu diesem Zeitpunkt der zu zahlende Betrag endgültig feststeht. Durch Bildung der Rückstellung ist bereits während der Laufzeit der später erwartete Aufwand periodengerecht zu antizipieren. Zur Bestimmung des Leistungszeitraums können die gleichen Kriterien wie bei Aktienoptionsplänen herangezogen werden.

B28.
In der Literatur wird diskutiert, ob für Bilanzstichtage während der Laufzeit der zeitanteilige Gesamtwert, der vollständige innere Wert oder der zeitanteilige innere Wert zur Berechnung der Rückstellung heranzuziehen ist. Für den inneren Wert spricht, dass er einfach zu berechnen ist. Er stellt aber nicht den bestmöglichen Schätzwert für den späteren Auszahlungsbetrag dar, sondern kann diesen deutlich unterschreiten. Diese Unterschreitung wird noch verstärkt, wenn der innere Wert über den Leistungszeitraum verteilt wird. Zur Bildung der Rückstellung ist deshalb der zeitanteilige Gesamtwert heranzuziehen. Um die erwartete Auszahlung zu schätzen, sind Abschläge für Fluktuations- und Sterbewahrscheinlichkeiten notwendig.

Kombinationen aus Aktienoptionsplänen und Barvergütung

B29.
Häufig behalten sich Unternehmen das Recht vor, den Anspruch des Empfängers entweder aus einer Kapitalerhöhung, durch die Hingabe eigener Anteile oder durch eine Barvergütung zu bedienen. Da die Inanspruchnahme einer Möglichkeit dazu führt, dass aus den anderen keine Belastung mehr entsteht, wäre es nicht sachgerecht, sämtliche Möglichkeiten kumulativ bilanziell zu erfassen. Zur Bemessung des Aufwands der Höhe nach sieht der Standardentwurf deshalb vor, dass nur eine der Möglichkeiten berücksichtigt wird. Hierzu ist auf die Möglichkeit abzustellen, die voraussichtlich von dem Unternehmen gewählt wird. Zur Bewertung ist folglich eine Annahme über die voraussichtliche Inanspruchnahme zu treffen. Um bilanzpolitische Spielräume einzuengen, darf diese Annahme entsprechend dem Gebot der Stetigkeit nur in Ausnahmefällen und mit besonderer Begründung geändert werden.

B30.
Da eine Zuführung zur Kapitalrücklage später nicht rückgängig gemacht werden kann, muss der Betrag solange einer Rückstellung zugeführt werden, bis die Barzahlung zu Lasten der Rückstellung geleistet wird oder endgültig feststeht, dass die Aktienoptionen durch junge Aktien bedient werden. Die endgültige Bemessung des Aufwands sollte sich nach der tatsächlich in Anspruch genommenen Alternative richten, so dass erfolgswirksame Korrekturbuchungen im Jahr der Inanspruchnahme notwendig sein können.

Anhang C: Kompatibilität mit dem Gesetz und früheren Standards des DSR

Grundsatz

C1.
Nach deutschem Recht bestehen bislang keine konkreten Regelungen zur Bilanzierung von Aktienoptionsplänen. Nach Ansicht des DSR stehen die Regelungen des Standardentwurfs im Einklang mit den gesellschaftsrechtlichen Vorgaben, den Grundsätzen ordnungsmäßiger Buchführung und den Zielsetzungen des Konzernabschlusses.

Konflikte mit bestehendem Recht

C2.
Die in Anhang A des Standardentwurfs vorgesehene Bilanzierung von Aktienoptionsplänen und ähnlichen Entgeltverträgen auf der Grundlage von zurückgekauften eigenen Aktien steht in Konflikt mit den bestehenden handelsrechtlichen Grundsätzen für die Bilanzierung eigener Anteile. Nach §§ 266 Abs. 2 B.III.2., Abs. 3 A.III.2, 272 Abs. 4 S. 1 HGB sind eigene Anteile im Regelfall im Umlaufvermögen zu aktivieren. Gleichzeitig ist eine Rücklage für eigene Anteile zu bilden. Lediglich nach § 71 Abs. 1 Nr. 6 oder 8 AktG zur Einziehung erworbene eigene Anteile und solche Anteile, deren spätere Veräußerung von einem erneuten Beschluss der Hauptversammlung abhängig gemacht worden ist, sind nach § 272 Abs. 1 Satz 4 bis 6 HGB als Kapitalrückzahlung offen vom gezeichneten Kapital abzusetzen (Nennbetrag) bzw. mit den Gewinnrücklagen zu verrechnen (Unterschiedsbetrag zwischen Rückkaufpreis und Nennbetrag). Der DSR empfiehlt eine vergleichbare Vorgehensweise auch für zur Bedienung von Aktienoptionsplänen erworbene eigene Anteile.

Erweiterung bzw. Konkretisierung bisheriger Regelungen

C3.
Der Argumentation des Standardentwurfs folgend wäre es konsequent, § 272 Abs. 2 Nr. 2 HGB dahingehend zu erweitern, dass auch durch die Ausgabe von Aktienoptionen erzielte Beträge unter diese Vorschrift fallen. Dabei könnte ausdrücklich geregelt werden, dass dies auch dann gilt, wenn der erzielte Betrag im Wert bereits erbrachter Dienstleistungen zum Ausdruck kommt.

Vereinbarkeit mit früheren Standards des DSR

C4.
Der Standardentwurf verstößt nicht gegen Regelungen in bislang verabschiedeten Standards des DSR.

Anhang D: Vergleich mit US GAAP, IAS und dem G4+1-Positionspapier

Regelung nach US GAAP

D1.
Für die Bilanzierung von Aktienoptionsplänen und ähnlichen Entgeltformen nach US GAAP anzuwendende Verlautbarungen sind die 1972 veröffentlichte APB Opinion No. 25 „Accounting for Stock Issued to Employees" (APB 25), der 1995 veröffentlichte SFAS No. 123 „Accounting for Stock-based Compensation" (SFAS 123) sowie die 1978 veröffentlichte FASB Interpretation No. 28 „Accounting for Stock Appreciation Rights and Other Variable Stock Option and Award Plans" (FIN 28).

D2.
Für Verträge, die eine Gewährung von Aktien des Unternehmens vorsehen (Aktienoptionspläne, Belegschaftsaktienprogramme), hat SFAS 123 grundsätzlich APB 25 ersetzt. SFAS 123 gewährt jedoch hinsichtlich der Bewertung ein Wahlrecht, dass es den Unternehmen erlaubt, auch weiterhin die Bewertungsmethodik nach APB 25 anzuwenden. In diesem Fall sind weitergehende Anhangangaben zu machen. Für Verträge, die eine an der Aktienkursentwicklung orientierte Barvergütung vorsehen („virtuelle" Aktienoptionspläne, „virtuelle" Aktien), bleibt FIN 28 in Kraft.

D3.
Werden Aktien bzw. Aktienoptionen des Unternehmens als Entgelt gewährt, ist unabhängig von der Durchführungsform (Kapitalerhöhung, Bedienung mit eigenen Anteilen) in Höhe des den Erwerbsrechten zugemessenen Wertes ein Aufwand gegen die Kapitalrücklage (*paid-in capital*) zu buchen. Werden Leistungen mehrerer Perioden entgolten, ist der Aufwand durch eine ratierliche Erhöhung der Kapitalrücklage über den Leistungszeitraum zu verteilen. Als Leistungszeitraum wird hierbei grundsätzlich die sog. *vesting period* verstanden. Die *vesting period* endet mit der Ausgabe der Erwerbsrechte. Dabei gilt eine Aktienoption als ausgegeben (*vested, issued*), sobald die Möglichkeit zu deren Ausübung nur noch vom Erreichen des Ausübungspreises abhängt. I.d.R. wird eine Aktienoption am Ende der Sperrfrist als ausgegeben angesehen.

D4.
Nach SFAS 123 sind Aktienoptionen und sonstige Erwerbsrechte grundsätzlich mit ihrem Gesamtwert zu bewerten (*fair value based method*). Dieser ist zum Zeitpunkt der Gewährung (*grant date*) anhand von Optionsbewertungsmodellen zu ermitteln. Die Bewertung stellt nur auf die ausgegebenen (*vested*), nicht auf die insgesamt gewährten (*granted*) Optionsrechte ab. Bei der Bewertung zum Zeitpunkt der Gewährung ist die Ausfallrate aufgrund von nicht erfüllten Ausgabebedingungen zu schätzen. Weicht die tatsächliche von der geschätzten Ausfallrate ab, ist der ursprünglich berechnete Wert an die Zahl der tatsächlich ausgegebenen Optionen anzupassen. Übliche Bewertungsmodelle sind darüber hinaus dahin-

gehend zu modifizieren, dass die Laufzeit der Optionen durch die erwartete Haltedauer der Optionen ersetzt wird.

D5.
Alternativ kann die Bewertung nach wie vor auch entsprechend der in APB 25 vorgeschriebenen Methode erfolgen. Hiernach ist eine Bewertung zum inneren Wert vorgesehen *(intrinsic value based method)*. Der Wert einer Aktienoption ist nach APB 25 zu dem Zeitpunkt zu bestimmen, an dem erstmalig der genaue Bezugskurs und die genaue Anzahl der beziehbaren Aktien feststeht. Bei sog. *fixed plans*, bei denen der Bezugskurs bereits bei der Gewährung feststeht, ist dies i.d.R. der Zeitpunkt der Gewährung. Bei sog. *performance awards*, worunter z.B. indexierte Aktienoptionen fallen, ist dies i.d.R. erst der Zeitpunkt der Ausübung. Wählt ein Unternehmen die Bewertung nach APB 25, sind im Anhang Angaben über Auswirkungen einer Bewertung nach SFAS 123 auf den Gewinn *(net income)* und den Gewinn je Aktie *(earnings per share)* zu machen *(pro forma disclosure)*.

D6.
Für Verträge, die eine an der Aktienkursentwicklung orientierte Barvergütung vorsehen, ist eine Rückstellung zu bilden. SFAS 123 verweist diesbezüglich auf FIN 28. Hierin wird eine Bemessung zum zeitanteiligen inneren Wert der virtuellen Optionsrechte vorgesehen. Als Leistungszeitraum, über den der Wert zu verteilen ist, gilt nach FIN 28 ebenfalls der Zeitraum ab Gewährung bis zur freien Ausübbarkeit des bedingten Zahlungsanspruchs.

D7.
Die Bilanzierung von Aktienoptionen und ähnlichen Entgeltformen ist durch weitreichende Anhangangaben zu ergänzen. Neben einer generellen Beschreibung von Aktienoptionsplänen unter Einbeziehung wichtiger Eckdaten zählen hierzu nach SFAS 123, Para. 46 ff. insbesondere:
a) die Anzahl und der gewichtete durchschnittliche Bezugskurs von Aktienoptionen getrennt nach folgenden Gruppen: (1) ausstehende Aktienoptionen zu Beginn des Geschäftsjahres, (2) ausstehende Aktienoptionen am Ende des Geschäftsjahres, (3) am Ende des Jahres ausübbare Aktienoptionen und solche Aktienoptionen, die während des Geschäftsjahres (4) gewährt wurden, (5) ausgeübt wurden oder (6) aufgrund nicht erfüllter Ausübungsbedingungen erloschen bzw. (7) am Ende der Laufzeit verfallen sind;
b) der gewichtete durchschnittliche Gesamtwert am Tag der Gewährung aller im Geschäftsjahr gewährten Aktienoptionen. Weichen die Bezugskurse einiger Aktienoptionen vom Marktpreis der zugrunde liegenden Aktie am Tag der Gewährung ab, sind die gewichteten durchschnittlichen Bezugskurse und gewichteten durchschnittlichen Gesamtwerte getrennt für solche Aktienoptionen anzugeben, deren Bezugskurs (1) gleich dem, (2) größer als der, (3) kleiner als der Marktpreis der Aktie am Tag der Gewährung ist;
c) die Anzahl anderer im Geschäftsjahr gewährter Eigenkapitalinstrumente sowie deren gewichteter durchschnittlicher Wert am Tag der Gewährung;
d) eine Beschreibung der zur Bewertung der im Geschäftsjahr gewährten Aktienoptionen herangezogenen Methode und dabei getroffener wichtiger Annah-

men, insbesondere (1) die risikolose Verzinsung, (2) die erwartete Haltedauer, (3) die erwartete Volatilität und (4) die erwarteten Dividenden;

e) der gesamte in der Gewinn- und Verlustrechnung angesetzte Aufwand, der aus Aktienoptionsplänen und ähnlichen Entgeltformen resultiert;

f) wichtige Änderungen bestehender Aktienoptionspläne;

g) für die am Ende des Geschäftsjahres ausstehenden Aktienoptionen die Bandbreite der Bezugskurse, die durchschnittlich noch verbleibende Laufzeit, die Anzahl und der gewichtete durchschnittliche Bezugskurs. Bei einer breiten Streuung der Bezugskurse sind diese Angaben für sinnvolle Teilbandbreiten zu machen. Für jede Teilbandbreite sind weiterhin die Anzahl und der durchschnittliche Bezugskurs der ausübbaren Aktienoptionen getrennt anzugeben.

Die Angaben sind weiter zu differenzieren, wenn ein Unternehmen über verschiedene Aktienoptionspläne verfügt, die sich so stark unterscheiden, dass eine getrennte Angabe wichtig erscheint (z.B. ein Plan mit festem und ein weiterer mit einem indexgebundenen Bezugskurs).

D8.
Der Standardentwurf stimmt weitgehend mit den Regelungen nach US GAAP überein. Es bestehen jedoch auch einige wichtige Unterschiede. In folgenden Punkten weicht der Standardentwurf von den Regelungen nach US GAAP ab:

a) Als Bewertungsmethode für Aktienoptionen wird im Standardentwurf einzig die Bewertung zum Gesamtwert zugelassen. Das als politischer Kompromiss zu wertende Wahlrecht nach US GAAP, dass die alternative Bewertung zum inneren Wert bei gleichzeitiger *pro forma disc-losure* der Auswirkungen einer Bewertung zum Gesamtwert zulässt, wird nicht gewährt.

b) Für Verträge, die eine an der Aktienkursentwicklung orientierte Barvergütung vorsehen und Optionscharakter aufweisen („virtuelle" Aktienoptionen), ist nach dem Standardentwurf eine Rückstellung in Höhe des zeitanteiligen Gesamtwerts des bedingten Zahlungsanspruchs anzusetzen. FIN 28 sieht hingegen eine Bewertung zum zeitanteiligen inneren Wert des bedingten Zahlungsanspruchs vor, obwohl eine Bewertung zum Gesamtwert als konzeptionell richtig angesehen wird (SFAS 123, Para. 338).

c) SFAS 123 lässt eine nachträgliche Korrektur der zum Gewährungszeitpunkt erfolgten Bewertung zu, falls die Anzahl der später ausgegebenen Aktienoptionen von der geschätzten Ausfallrate abweicht. Nach dem Standardentwurf ist eine solche Korrektur nicht möglich. Nach der dem Standardentwurf zugrunde liegenden Sichtweise kann ein Betrag, der einmal in die Kapitalrücklage eingestellt wurde, nachträglich nicht mehr korrigiert werden. Die Vorgehensweise im Standardentwurf ist deshalb wie folgt: Bei der ursprünglichen Bewertung werden keine Abschläge für mögliche Ausfälle gemacht. Tatsächliche Ausfälle, insbesondere durch Ausscheiden von Mitarbeiten, werden berücksichtigt, indem noch ausstehende Zuführungen zur Kapitalrücklage ausgesetzt werden. Die Zuführungen für die Jahre, in denen tatsächlich Arbeitsleistungen erbracht wurden, verbleiben in der Kapitalrücklage.

d) SFAS 123 sieht vor, dass bei der Anwendung von finanzwirtschaftlichen Optionsbewertungsmodellen die Laufzeit der Optionen durch die erwartete Haltedauer ersetzt wird. Eine derart konkrete Regelung zur Bewertungsmethode findet sich im Standardentwurf nicht. Dies erscheint insbesondere deshalb sinnvoll, da die FASB-Methode auch nach Verabschiedung von SFAS 123 noch umstritten ist.[2]

e) Nach SFAS 123 können Verträge, die eine Ausgabe von Aktien vorsehen, unter bestimmten Voraussetzungen als *non-compensatory* eingestuft werden. Sie führen in diesem Fall nicht zur Buchung eines Aufwands. Wesentliche Kriterien sind, dass der Vertrag keinen Optionscharakter hat und dass eine Wesentlichkeitsgrenze hinsichtlich des Abschlags vom Marktpreis der Aktien (max. 5 %) nicht überschritten wird. Eine vergleichbare Einschränkung sieht der Standardentwurf nicht vor.

f) Die Regelung des Standardentwurfs zur Bilanzierung von Erwerbsrechten auf zurückgekaufte eigene Aktien steht im Konflikt mit den entsprechenden Vorschriften nach US GAAP. In Einklang mit den Vorschriften nach US GAAP steht hingegen die in Anhang A vorgeschlagene Neufassung der Regelung. Dafür ist jedoch eine Änderung des HGB erforderlich.

g) Hinsichtlich der geforderten Anhangangaben unterscheidet sich der Standardentwurf in einigen Punkten von US GAAP. Insbesondere betrifft dies:

  aa) den Detaillierungsgrad bei der Angabe des Gesamtwertes am Tag der Gewährung der im Geschäftsjahr gewährten Aktienoptionen. Die nach US GAAP vorgesehene verpflichtende Trennung in drei Gruppen, die nach dem Verhältnis des Bezugskurses bzw. des Ausübungspreises zum Marktpreis der Aktie am Tag der Gewährung abgestuft sind, wurde nicht übernommen;

  bb) die Angabe der Bandbreite von Bezugskursen bzw. kleinerer Teilbandbreiten zuzüglich weitergehender Informationen für diese Gruppen von Aktienoptionen ist im Standardentwurf nicht vorgesehen.

Regelung nach IAS

D9.
Die IAS beinhalten bislang keine umfassenden Regelungen zur Bilanzierung von Aktienoptionsplänen und ähnlichen Entgeltformen. Der 1998 überarbeitete IAS 19 „Employee Benefits" definiert zwar sog. *equity compensation benefits*, die sowohl die Ausgabe von Aktien und Aktienoptionen als auch am Aktienkurs orientierte Barvergütungen umfassen (IAS 19, Para. 144), sieht aber explizit keine Ansatz- und Bewertungsvorschriften für diese vor (IAS 19, Para. 145).

D10.
Gem. IAS 19, Para. 146 ff. werden aber umfangreiche Anhangangaben verlangt. Unter anderem sind folgende Angaben zu machen:
a) eine Beschreibung von *equity compensation benefits* (Aktienoptionspläne und ähnliche Entgeltformen) unter Angabe wichtiger Eckpunkte;
b) die angewandten Bilanzierungsvorschriften für Aktienoptionspläne und ähnliche Entgeltformen;

---

[2] Zur kritischen Analyse der FASB-Methode vgl. u. a. *Carpenter*, Journal of Financial Economics 1998, S. 127 ff.; *Hemmer/Matsunaga/Shevlin*, Accounting Horizons, Dez. 1994, S. 23 ff.; *Kulatilaka/Marcus*, Financial Analysts Journal, Nov./Dez. 1994, S. 46 ff.

c) die Höhe des im Geschäftsjahr angesetzten Aufwands für Aktienoptionspläne und ähnliche Entgeltformen;
d) die Anzahl und Eigenschaften von zu Beginn bzw. am Ende des Jahres ausstehenden Eigenkapitalinstrumenten;
e) die Anzahl, Ausübungszeitpunkte und Bezugskurse von Aktienoptionen, die während des Geschäftsjahres ausgeübt worden sind;
f) die Anzahl an Aktienoptionen, die während des Geschäftsjahres erloschen bzw. verfallen sind.

Nicht gefordert wird die Angabe des Gesamtwerts von Aktienoptionen. Das IASC begründet dies mit der fehlenden internationalen Übereinkunft über die Bewertung von Aktienoptionen (IAS 19, Basis for Conclusion, Para. 94b).

D11.
Die Regelungen des Standardentwurfs führen nach Ansicht des DSR zur Vermittlung eines *true and fair view* über die Vermögens-, Finanz- und Ertragslage und stimmen somit mit der Zielsetzung der IAS überein. Die Angabepflichten gem. IAS 19 werden durch die im Standardentwurf geforderten Angaben erfüllt. Lediglich Angaben zur gewählten Bilanzierungsmethode sind im Standardentwurf nicht vorgesehen. Aufgrund der im Standardentwurf niedergelegten eindeutigen Regelungen zu Ansatz und Bewertung sind sie jedoch auch nicht notwendig.

G4+1 Positionspapier „Accounting for Share-based Payment"

D12.
Im Juli 2000 hat die G4+1-Gruppe ein Positionspapier zur Bilanzierung von Aktienoptionsplänen und ähnlichen Entgeltformen (*share-based payment*) vorgelegt. Die G4+1-Gruppe besteht aus den Standard-Settern Australiens, Kanadas, Neuseelands, Großbritanniens und der USA. Abgeordnete des IASC wohnen den Treffen als Beobachter bei. Es erscheint wahrscheinlich, dass das G4+1-Papier und die dazu eingegangenen Stellungnahmen Grundlage weiterer Überlegungen der Mitgliedsorganisationen sein werden.

D13.
Nach Ansicht der G4+1-Gruppe wird ein in Form von Aktienoptionen gewährtes Entgelt am zutreffendsten durch eine Aufwandsbuchung in Höhe des Gesamtwerts der Optionen am sog. *vesting date* bilanziell erfasst. Dieser Wert ist zuvor zu schätzen und der Kapitalrücklage gutzuschreiben. Werden Aktienoptionen als Entgelt für mehrere Perioden gewährt, soll der Betrag über den Leistungszeitraum (*service period*) angesammelt werden, wobei als Leistungszeitraum die Sperrfrist anzunehmen ist.

D14.
Entgelte in der Form von aktienkursabhängigen Zahlungen führen nach Ansicht der G4+1-Gruppe zur Bildung einer Rückstellung. Die Höhe der Rückstellung soll dabei durch den inneren Wert der „virtuellen" Aktienoptionen bemessen werden. Stellt die aktienkursabhängige Zahlung ein Entgelt für mehrere Perioden dar, ist der innere Wert über den Leistungszeitraum zu verteilen.

Anhang

D15.
Die Frage, welche Anhangangaben sinnvollerweise zu machen sind, werden von der G4+1-Gruppe nicht thematisiert.

D16.
Der Vorschlag der G4+1-Gruppe stimmt mit dem Standardentwurf dahingehend überein, dass Aktienoptionspläne und ähnliche Entgeltformen zu einem Aufwand in Höhe des Gesamtwerts führen sollen. Wesentliche Unterschiede liegen in der Wahl des Bewertungszeitpunkts (*grant date* vs. *vesting date*) und der Methode zur Bildung einer Rückstellung bei „virtuellen" Aktienoptionen.

Anhang

Anhang E: Illustrierende Zahlenbeispiele

Beispiel 1: Aktienoptionen auf Basis von § 192 Abs. 2 Nr. 3 AktG

Ein Unternehmen entlohnt seine Mitarbeiter mit Aktienoptionen auf Grundlage von § 192 Abs. 2 Nr. 3 AktG. Der aktuelle Aktienkurs beträgt 100 €, der Bezugskurs ebenfalls 100 €, die Laufzeit der Optionsrechte 10 Jahre und die Sperrfrist 3 Jahre. Der Gesamtwert eines Optionsrechts beträgt bei der Gewährung 24 €. Es werden 500.000 Optionen im Wert von insgesamt 12 Mio. € ausgegeben.

Entsprechend dem Standardentwurf ist der Geschäftsvorfall wie folgt zu buchen:

a) Bei Gewährung liegt ein schwebendes Geschäft vor. Es erfolgt keine Buchung.
b) Nach einem Jahr ist ein Drittel der Sperrfrist verstrichen, die als Leistungszeitraum anzusehen ist. Dementsprechend wird ein Drittel des gesamten Optionswerts, also 4 Mio. €, wie folgt gebucht:
Aufwand 4 Mio. € an Kapitalrücklage 4 Mio. €
c) Am Ende des zweiten und des dritten Jahres wird grundsätzlich in gleicher Weise verfahren. Angenommen jedoch, im dritten Jahr scheiden Mitarbeiter aus dem Unternehmen aus, die insgesamt 10 % der gewährten Aktienoptionen halten. In diesem Fall lautet die Buchung im dritten Jahr:
Aufwand 3,6 Mio. € an Kapitalrücklage 3,6 Mio. €
Eine Korrekturbuchung für die Vorjahre, in denen die Mitarbeiter Arbeitsleistungen für das Unternehmen erbracht haben, erfolgt nicht.
d) Angenommen, 100.000 Aktienoptionen werden nach sechs Jahren bei einem Aktienkurs von 140 € ausgeübt. Der Nennwert der Aktien beträgt 5 €. Das Unternehmen erhält pro Aktie den vereinbarten Bezugskurs von 100 €. Die entsprechende Buchung lautet:
Kasse 10 Mio. € an Gezeichnetes Kapital 0,5 Mio. € und Kapitalrücklage 9,5 Mio. €

Beispiel 2: Aktienoptionen in Verbindung mit einer Optionsanleihe

Ein Unternehmen entlohnt seine Mitarbeiter mit Aktienoptionen in Verbindung mit einer Optionsanleihe auf Grundlage von § 192 Abs. 2 Nr. 1 AktG. Die Anleihe ist normal verzinst und wird zum Nennwert an die Mitarbeiter ausgegeben. Jede Teilschuldverschreibung zum Nennwert von 100 € ist mit einem Optionsschein im rechnerischen Wert von 24 € ausgestattet, für den kein zusätzliches Entgelt (Aufschlag) erhoben wird. Die Laufzeit der Anleihe und der Optionsscheine beträgt 10 Jahre. Der Optionsschein hat eine Sperrfrist von 3 Jahren. Der Bezugskurs entspricht dem aktuellen Aktienkurs von 100 €. Insgesamt werden 500.000 Teilschuldverschreibungen ausgegeben, so dass der Wert der insgesamt ausgegebenen Optionsscheine 12 Mio. € beträgt.

Entsprechend dem Standardentwurf ist der Geschäftsvorfall wie folgt zu buchen:

a) Bei Gewährung liegt hinsichtlich der als Entgelt gewährten Optionsrechte ein schwebendes Geschäft vor. Jedoch ist die Ausgabe der Anleihe zu buchen:
Kasse 50 Mio. € an Verbindlichkeiten 50 Mio. €

Anhang

b) Nach einem Jahr ist ein Drittel der Sperrfrist verstrichen, die als Leistungszeitraum anzusehen ist. Dementsprechend wird ein Drittel des Optionswerts, also 4 Mio. €, wie folgt gebucht:
Aufwand 4 Mio. € an Kapitalrücklage 4 Mio. €
Fallen keine Optionen während der Sperrfrist aus, ist in den beiden Folgejahren genauso zu buchen.

c) Zusätzlich sind während der gesamten Laufzeit der Anleihe die Zinszahlungen als Zinsaufwand zu erfassen.

d) Angenommen, 100.000 Aktienoptionen werden nach sechs Jahren bei einem Aktienkurs von 140 € ausgeübt. Der Nennwert der Aktien beträgt 5 €. Das Unternehmen erhält pro Aktie den vereinbarten Bezugskurs von 100 €. Die entsprechende Buchung lautet:
Kasse 10 Mio. € an Gezeichnetes Kapital 0,5 Mio. € und Kapitalrücklage 9,5 Mio. €

e) Bei Fälligkeit der Anleihe ist die Rückzahlung wie folgt zu buchen:
Verbindlichkeiten 50 Mio. € an Kasse 50 Mio. €

Beispiel 3: Aktienoptionen auf Basis von eigenen Anteilen

Ein Unternehmen gewährt seinen Mitarbeitern Aktienoptionen, die mit eigenen Anteilen bedient werden sollen. Der Bezugskurs entspricht dem aktuellen Aktienkurs von 100 €. Die Laufzeit der Aktienoptionen beträgt 10 Jahre, die Sperrfrist 3 Jahre. Der Gesamtwert jeder Aktienoption beträgt 24 €. Es werden insgesamt 500.000 Aktienoptionen gewährt. Zur Bedienung der Aktienoptionen sollen 500.000 eigene Anteile verwendet werden, die bei Gewährung zu 100 € das Stück zurückgekauft wurden. Der Nennwert der Aktien beträgt 5 €. Entsprechend dem Standardentwurf ist der Geschäftsvorfall wie folgt zu buchen:

a) Die eigenen Anteile sind im Umlaufvermögen mit ihrem Buchwert, hier 100 € pro Stück, auszuweisen.

b) Für die Aktienoptionen wäre gegebenenfalls eine Rückstellung für drohende Verluste zu bilden. Da hier der vereinbarte Bezugskurs dem fortgeschriebenen Buchwert der eigenen Anteile entspricht, ist dies nicht notwendig.

c) Bei Ausübung von z. B. 100.000 Aktienoptionen ist wie folgt zu buchen:
Kasse 10 Mio. € an eigene Anteile 10 Mio. €

d) Es entsteht in diesem Fall also kein Aufwand. Anders sähe dies aus, wenn die eigenen Anteile erst bei der Ausübung zu 140 € zurückgekauft worden wären. Es entstünde ein Aufwand von 4 Mio. €. Wäre andererseits zwischenzeitlich zu einem Kurs von 80 € zurückgekauft worden, entstünde durch die Ausübung der Aktienoptionen ein sonstiger betrieblicher Ertrag von 2 Mio. €.

Entsprechend der in Anhang A dargelegten Neufassung der Regelung, die erst nach entsprechender Änderung des HGB bzw. AktG angewendet werden kann, ist wie folgt zu buchen:

a) Der Erwerb der für die Bedienung des Aktienoptionsplans bestimmten eigenen Anteile ist als Kapitalherabsetzung gegen Gezeichnetes Kapital und Gewinnrücklagen zu buchen.
Gez. Kapital 2,5 Mio. € und Gewinnrücklage 47,5 Mio. € an Kasse 50 Mio. €

b) Bei Gewährung liegt hinsichtlich der Aktienoptionen ein schwebendes Geschäft vor. Es erfolgt hierfür keine Buchung.

c) Nach einem Jahr ist ein Drittel des gleich der Sperrfrist angenommenen Leistungszeitraums verstrichen. Dementsprechend wird ein Drittel des Optionswerts, 4 Mio. €, wie folgt gebucht:
Aufwand 4 Mio. € an Kapitalrücklage 4 Mio. €
Fallen keine Optionen während der Sperrfrist aus, ist in den beiden Folgejahren genauso zu buchen.

d) Angenommen, 100.000 Aktienoptionen werden nach sechs Jahren bei einem Aktienkurs von 140 € ausgeübt. Das Unternehmen erhält pro wieder auflebender Aktie den vereinbarten Bezugskurs von 100 €. Die entsprechende Buchung lautet:
Kasse 10 Mio. € an Gezeichnetes Kapital 0,5 Mio. € und Kapitalrücklage 9,5 Mio. €

Beispiel 4: Barvergütung (Stock Appreciation Rights)

Ein Unternehmen gewährt seinen Mitarbeitern „virtuelle" Aktienoptionen bzw. Stock Appreciation Rights (SAR). Nach einem Zeitraum von 3 Jahren wird den Mitarbeitern die Differenz zwischen dem jeweils aktuellen Aktienkurs und dem Aktienkurs bei Gewährung von 100 € auf Abruf ausbezahlt. Der rechnerische Gesamtwert eines solchen bedingten Zahlungsanspruchs (einer „virtuellen" Aktienoption) beträgt 24 €. Es werden insgesamt 500.000 virtuelle Aktienoptionen gewährt. Aufgrund der Aktienkursentwicklung entwickelt sich der rechnerische Gesamtwert über die Jahre der Sperrfrist wie folgt:

Zeitpunkt	01.01.00	31.12.00	31.12.01	31.12.02
Gesamtwert pro SAR	24	30	33	40
Wert aller SAR	12 Mio.	15 Mio.	16,5 Mio.	20 Mio.

Entsprechend dem Standardentwurf ist der Geschäftsvorfall wie folgt zu buchen:
a) Bei Gewährung liegt ein schwebendes Geschäft vor. Es erfolgt keine Buchung.
b) Nach einem Jahr ist ein Drittel der Sperrfrist verstrichen, die als Leistungszeitraum anzusehen ist. Dementsprechend ist ein Drittel des aktuellen Gesamtwerts, also 5 Mio. €, zurückzustellen:
Aufwand 5 Mio. € an Rückstellung 5 Mio. €
c) Nach dem zweiten Jahr ist die Rückstellung auf ²/₃ von 16,5 Mio. €, also auf 11 Mio. €, zu erhöhen. Die Zuführung von 6 Mio. € beinhaltet eine anteilige Zuführung für das aktuelle Jahr von 5,5 Mio. € und eine Korrektur des Vorjahresaufwands von 0,5 Mio. €.
Aufwand 6 Mio. € an Rückstellung 6 Mio. €
d) Im dritten Jahr ist entsprechend zu verfahren. Die Rückstellung entspricht nun dem vollen Gesamtwert von 20 Mio. €.
Aufwand 9 Mio. € an Rückstellung 9 Mio. €
e) In Folgejahren ist die Rückstellung entsprechend der Inanspruchnahme aufzulösen. Der verbleibende Bestand ist jährlich an den aktuellen Gesamtwert anzupassen. Werden im vierten Jahr 100.000 „virtuelle" Aktienoptionen bei einem Aktienkurs von 125 € ausgeübt, ist zunächst wie folgt zu buchen:
Rückstellung 4 Mio. € an Kasse 2,5 Mio. € und sonst. betriebl. Ertrag 1,5 Mio. €

Darüber hinaus ist die Rückstellung für die verbleibenden 400.000 Zahlungsansprüche erfolgswirksam an den aktuellen Gesamtwert anzupassen.

Beispiel 5: Kombination aus Aktienoptionen und Barvergütung

Ein Unternehmen gewährt seinen Mitarbeitern Aktienoptionen, behält sich jedoch das Recht vor, den Mitarbeitern nach Ausübung der Optionen anstatt verbilligte Aktien zu liefern, den Differenzbetrag zwischen dem bei Ausübung geltenden Marktpreis der Aktie und dem Bezugskurs von 100 € in bar zu zahlen. Die Laufzeit der Aktienoptionen beträgt 10 Jahre, die Sperrfrist 3 Jahre. Der Gesamtwert pro Aktienoption beträgt 24 € und es werden insgesamt 500.000 Aktienoptionen gewährt. Das Unternehmen beabsichtigt, die Aktienoptionen durch Lieferung von verbilligten Aktien zu bedienen.

Entsprechend dem Standardentwurf ist der Geschäftsvorfall wie folgt zu buchen:

a) Bei Gewährung liegt ein schwebendes Geschäft vor. Es erfolgt keine Buchung.
b) Nach einem Jahr ist ein Drittel der Sperrfrist verstrichen, die als Leistungszeitraum anzusehen ist. Dementsprechend ist ein Drittel des Optionswerts bei Gewährung, also 4 Mio. €, als Aufwand zu buchen. Da zwar beabsichtigt ist, die Aktienoptionen durch verbilligte Aktien zu bedienen, dies aber nicht endgültig feststeht, wird zunächst eine Rückstellung gebildet.
Aufwand 4 Mio. € an Rückstellung 4 Mio. €
c) Am Ende des zweiten und des dritten Jahres wird grundsätzlich genauso verfahren, es sei denn, die Annahme über die Bedienung der Aktienoptionen ist trotz des Gebots der Stetigkeit zu ändern.
d) Werden die Aktienoptionen später tatsächlich durch verbilligte Aktien bedient, ist die angesammelte Rückstellung in die Kapitalrücklage umzubuchen.
Rückstellung 12 Mio. € an Kapitalrücklage 12 Mio. €
e) Werden die Aktienoptionen jedoch später entgegen der vorher getroffenen Annahme durch eine Barvergütung abgegolten, weicht die fällige Zahlung i.d.R. von der Höhe der Rückstellung ab. Angenommen, sämtliche Optionen würden bei einem Aktienkurs von 140 € ausgeübt und durch Barvergütung bedient. Da die fällige Auszahlung von 20 Mio. € nur zum Teil durch die Rückstellung von 12 Mio. € gedeckt ist, wäre ein zusätzlicher Aufwand von 8 Mio. € zu buchen.
Rückstellung 12 Mio. € und Aufwand 8 Mio. € an Kasse 20 Mio. €

Sachverzeichnis

Die Zahlen verweisen auf die Randnummern

Abfindung 358, 367
Abzinsung, während der Sperrfrist 701
accelerated vesting model 260, 262
ad-hoc-Publizität 848 ff., 851 ff.
   allgemein 848 ff.
   Umfang 851 ff.
   Zeitpunkt 851 ff.
Agency-Kosten 16
Agency-Theorie s. Principal-Agent-Theorie
Agent s. Principal-Agent-Theorie
Aktien, eigene 448, 804 ff., 841, 855
   als Sicherungsinstrument 609 ff., 723 ff.
   Anhangangaben 595 ff.
   Arbeitnehmerbesteuerung 651 ff.
   Bilanzierung 569 ff.
   Erwerb, allgemein 545 ff., 609 f.
   Erwerb, Ziele 547
   G4+1 Positionspapier 624
   gerichtliche Kontrolle 561 ff.
   „Hamburger Modell" 568
   Hauptversammlungsbeschluss 551 ff.
      Befristung 551, 555
      Bezugsrechtsausschluss 557, 563
      formeller Beschluss 556
      Inhalt 551, 558
      kein Beschluss 566 ff.
   IAS 620 ff.
   Kaufoption 613 f.
   Lagebericht 606
   Organhaftung 564 f.
   Organzuständigkeit 554
   Sicherungsgeschäft 607 ff.
   Steuerrecht 625 ff.
   Unternehmenssteuern 625 ff.
   US-GAAP 615 ff.
   Volumenbegrenzung 559 ff.
   Vostandspflichten 552 f.
Aktienkurs 42 ff.
   Performance-Messung 42 ff.
   Indexanbindung 46 ff.
Aktienoptionsplan 114 ff.
   Optionsausübung 159 ff.
   Organzuständigkeit 132 ff., 156, 157 f., 421, 554, 657, 686, 783
   Planlaufzeit 131, 152 f.
   Vergütungshöhe 126 ff., 172, 420, 553, 656, 685, 783
   Vorstandspflichten 125, 172 f., 420, 552 f., 656, 685, 783

Aktienrückkauf 545 ff.
   Besteuerung 625 ff.
   G4+1 Positionspapier 624
   IAS 620 ff.
   US-GAAP 615 ff.
Aktienveräußerung 840
Allgemeine Geschäftsbedingung 1177 ff.
Altgesellschafter, Optionseinräumung 676 ff.
Änderungskündigung 993 ff.
Anfangsbesteuerung 76 ff., 328 ff., 344 ff., 351, 533, 540 ff., 670 f., 773
Angestellte, leitende 894, 1110, 1160 ff.
Anhangangaben 207 ff.
   aktienrechtliche 223, 472 f., 601 f.
   IAS 207 ff., 462 ff., 595 ff., 713 ff., 801
   nach HGB 272 f., 502 f.
   US-GAAP 265 ff., 489 ff., 755
Anleihe s. Wandelanleihe
Anpassung 972 ff.
Anrechnungsverfahren 312
Anreizsysteme, wertorientierte 19 ff.
APB 25 237 ff., 242 ff., 477 ff., 736 ff., 809 ff.
APV-Methode 1327 ff., 1330
Arbeitsgericht 1173 ff.
Arbeitsrecht 883 ff.
   betriebliche Übung 896 ff., 1009 ff.
   Betriebsvereinbarung 892 ff., 1016 ff.
   Bindungsklausel 937 ff., 953 ff.
   Einzelvertrag 889 f.
   Gesamtzusage 891, 1015
   Gleichbehandlungsgrundsatz 902 ff.
   Tarifvertrag 895
   Verfallklausel 937 ff., 948 ff., 968 ff.
   Wettbewerbsverbot 1029 ff.
Arbeitsvertrag 889 f., 1195 ff.
Aufgeld 305 f., 520 ff., 528
   Ausgabe 438, 440, 457 f.
   Einlage 520 ff.
   offenes 517 ff., 529
   verdecktes 517 ff., 529
Aufsichtsrat 41, 674 f.
Aufwandsrückstellung 205
Aufwandswirksame Buchungen 178 ff.
Ausgabeaufgeld 438, 440, 457 f.
Ausgeglichenheitsvermutung 288
Ausland 373, 385, 408 ff., 1404 ff., 1438 ff.
   -saufenthalt 373, 385, 408 ff., 1404 ff., 1438 ff.
   -sbesteuerung 1404 ff.

Ausscheiden 326, 374, 395 ff., 402 f.
Ausübungsfiktion s. Ausübungshypothese
Ausübungshypothese 583, 587
Ausübungspreis 43 ff., 46 ff.
   Festlegung 43 ff.
   Indexanbindung 46 ff.
Ausübungszeitraum 844 f., 861 f.
Auswirkungen, auf Managerverhalten 23 ff.

Bareinlage, Umwandlung aus Genussrechten 1389 ff.
Barwert, des Zinsverzichts 461
Befristung 987 ff.
Belegschaftsaktien 402 f.
Belgien 76, 1411
Berater 674 f.
Besteuerungszeitpunkt 76 ff., 328 ff., 340 ff., 370, 402, 532 ff.
Betafaktor 1292, 1301 ff.
Beteiligung 1359 ff. Nr. 5 d)
   atypische 1361
   Formen 1359 ff.
   -skapital Nr. 5 d)
   typische 1361
Betreuungsinvestor Nr. 5 d)
Betriebliche Übung 896 f., 1009 ff.
Betriebsausgabe 280 ff., 294 ff., 307 ff., 317, 625 ff., 642, 665
Betriebsrat, Mitbestimmung 1104 ff.
Betriebstreue 939, 953 ff.
Betriebsübergang 1052 ff.
   vertragliche Vereinbarungen 1063 ff.
   Vertragsauslegung 1071 ff.
Betriebsvereinbarung 892 ff., 1016 ff., 1021 ff., 1128, 1193 f.
Betriebsverfassungsgesetz 1104 ff.
Bewertung 352 ff., 389, 398, 535 f., 1432
Bewertungseinheit 607
Bezugsberechtigte 40 ff.
Bezugsrecht 291, 513 ff.
   -sausschluss 193
   -sverzicht 194
Bindungsklausel 937 ff. 953 ff.
Binominalmodell 251
Black/Scholes-Modell 76, 251, 461, 585, 587
Börsen 858 ff., 871 ff.,
   -gesetz 859 ff.
   -handel 823, 825, 861 f.
   -kurs 1333 ff.
   -termingeschäft 874 ff.
   -zulassung 858 ff., 871 ff.
      Unternehmenshaftung 880 ff.
   -sverordnung 476

CAPM 1287 ff., 1308, 1313
cash flow 4 f., 21, 753
   - free 4 f.

   -hedge 753
   Return on Investment 21
cash settlement 392 ff.
cash value added 21
CFROI s. cash flow Return on Investment
Combination Plan, Besteuerung 769
compensatory plan 239 ff.
convertible bonds 436 ff.
cost method 617, 619, 751
CVA s. cash value added

Darlehenszinsen 537, 539 f.
DBA s. Doppelbesteuerungsabkommen
DCF-Verfahren 1315 ff., s. Discounted cash flow
Director's Dealing 869
Disclosures s. Anhangangaben
Discounted cash flow 4 Nr. 5 d), e)
   Verfahren 1269 ff., 1277 ff., 1309 ff.
Doppelbesteuerungsabkommen 1413 ff.
Drittaufwand 649 ff.
Drohverlustrückstellung 589 ff.

earnings per share 491
economic value added 21
E-DRS 11 179 ff., 204 ff., 220 ff., 585, 704 f., 717 f., 800
Eigeninvestment 876
Eigenkapital, Marktwert des 4 f., 27
Einkunftsart 74 f., 322 ff., 674, 677
Einkünfte, außerordentliche 360 ff., 371
Einlage 191 ff., 316 f., 513 ff.
   durch Altaktionäre 191 ff.
   -fähigkeit 195, 642 ff.
      von Bezugsrechten 195
      von Wirtschaftsgütern 291, 515, 642, 648
   verdeckte 290 f., 294, 296, 310, 316 f., 513 ff., 648
   von Bezugsrechten 191 ff.
   von Dienstleistungen 197 ff.
Einzelbewertungsverfahren 1269 ff. 1271, 1275
Einzelvertrag 889 f.
Emissionsgeschäft 863 ff.
Endbesteuerung 81 f., 328 ff., 356, 532
Entgelt 939, 940 ff.
entgeltliche Optionen 404 ff.
Entity-Methode 1321 ff., 1330
Equity-Methode 1315 ff., 1330
Erdienungszeitraum 360 ff., 408, 1409, 1419 ff.
Erfüllungsrückstand 175 ff., 579 f., 696 ff.
Ertragswert 1269 ff., 1277 ff., 1309 ff.
   -verfahren 1284, 1310 ff.
EVA s- Economic value added

fair value 250 ff., 276
fair value based method 238, 265, 267, 491

FIN 28 246, 738, 764
FIN 44 268 f.
fixed plan 243 ff., 258 ff.
Flächentarifvertrag 1082 ff.
Fluktuationsabschlag 185, 587, 593, 701, 796, 816
Frankreich 1411
Free cash flow 4 f.
Free-Rider-Verhalten 37 ff.
Freibeträge 358 f., 390, 535
Freiwilligkeitsvorbehalt 975 ff.
Fremdkapital, Marktwert des 4 f.

G4+1 Positionspapier 275 ff., 507 ff., 624, 761 ff., 816
Gehalt 216 f.
geldwerter Vorteil 73, 76 ff., 329, 352 ff., 389, 535 f., 538 f.
Genussrecht 821, 1366 ff., Nr. 5 b)
  bei GmbH 1365 ff.
  -skapital 1372 ff., Nr. 5 b)
Genussschein 1365 ff., Nr. 5 b)
Gerichtsstand 1266 ff.
Gesamtbewertungsverfahren 1269 ff., 1275, 1332
Gesamtwert 185, 209 ff., 230, 456, 582, 592 f., 698
Gesamtzusage 891, 1015
Geschäft, schwebend 574
Gesellschafterbeschluss, bei GmbH Nr. 5 a)
Gesetz zur Kontrolle und Tranparenz (KonTraG) 1, 41
Gestaltungsparameter 40 ff.
Gewinnausschüttung, verdeckte 286, 299 f., 304, 311, 514
Glattstellung 333, 343, 350
Gleichbehandlung 902 ff.
GmbH 1365 ff.
  Kapitalerhöhung 1381 ff.
grant date 243 ff., 250, 253, 263, 698
Großbritannien 1411

Halbeinkünfteverfahren 296, 311 f.
Handelbarkeit 78, 330 ff., 335 ff., 341 ff., 672
Handelsfenster s. Trading window
Haustarifvertrag 1089 ff.
Hedging 51
hidden action 14
hidden information 14

IAS 492 ff., 620 ff., 765 ff., 815
  IAS 19 270, 272 ff., 502 ff.
  IAS 32 493 ff.
  IAS 37 756 ff.
  Ansatz 270 f.
  Bewertung 270 f.
  Bilanzierung nach 270 ff., 492 ff., 620 ff., 662, 756 ff., 815

Incentive Stock Option Pläne s. Qualified Stock Otion Pläne
Informationspflichten 880 f.
Informationsverteilung, asymetrische 13
Initial Public Offering 863, 865 ff.
  Lock-up-Verpflichtung 865 ff.
innerer Wert 213, 242, 250, 582 ff., 698
Insidergeschäft s. Insiderhandel
Insiderhandel 822 ff., 840 ff.
  Aktienveräußerung 840 ff.
  Begünstigtenvereinbarung 830 ff.
  Beschlussfassung 827 ff.,
  Erwerb eigener Aktien 841 ff.
  Optionsausübung 837 ff.
  Optionszuteilung 833 ff.
  Verbot 822 ff.
  Vermeidung 843 ff.
  virtuelle Optionen 847
Insiderpapiere 823, 826
Insidertatsachen 822 ff., 829
interest rate 252
internationale Besteuerung 385, 408 ff., 1404 ff.
intrinsic value based method 238, 256, 265, 491
IPO s. Initial Public Offering

Kapitalerhöhung 318 ff., 511 1381 ff.
  bedingte 318 ff., 511
  bei GmbH 1381 ff.
Kapitalisierungszinssatz 1286 ff., 1293 ff., 1300 ff.
Kapitalkosten 1288, 1299 ff., 1308, 1313
  durchschnittliche s. Weighted Average Cost of Capital
Kapitalmarktrecht 822 ff.
Kapitalrücklage 178 ff.
Kapitalverwässerungseffekt 54 f., 193
Karenzentschädigung 1040 ff.
Kaufoption, als Sicherungsgeschäft 613 f., 726 f., 752, 807 f.
Kollektivarbeitsrecht 1021 ff.
Konkurrenztätigkeit 1046 ff.
Konsolidierung 234
KonTraG s. Gesetz zur Kontrolle und Transparenz
Konzern 1245 ff.
  -abschluss 214, 234
  Aktienoptionsplan im 232 ff., 268, 324 f., 330, 376 ff., 671, 730 ff.
  -rechnungslegung 180
Korrespondenzprinzip 300
Kostenerstattung, -svertrag 299 301 ff., 313, 642 ff.
Kostenweiterbelastung, -svertrag 671
Kursbeeinflussung 835, 842, 849

Lagebericht 224 f., 474, 606, 721, 802
Laufzeiten 49 ff.
Leistungsanreiz 15
Leistungsfähigkeitsprinzip 296
leitende Angestellte 894, 1110, 1160 ff.
liability 493, 743
Liquidationswert 1269 ff., 1272
lock-up-Verpflichtung 865 ff.
Lohn 216 f.
   -steuer 369 ff.
      -einbehalt 369 ff., 376 ff., 678
      -haftung 369, 372 ff. 678

Marktkapitalisierung 1333
Marktorientierte Verfahren 1269 ff., 1332 ff.
Marktrisikoprämie s. Risikoprämie
Maßgeblichkeitsprinzip 281, 291, 293 ff., 629
measurement date 242 ff., 263
Meldepflicht 856 ff., 869
Mitbestimmungsrecht 1104 ff., 1130 ff., 1160
   Schranken 1149 ff.
   Sprecherausschuss 1160
   Verstoß gegen 1130 ff.
Micro-Bewertungseinheit s. Bewertungseinheit
Mischcharakter 966 ff.
Mischverfahren 1269 ff.
Mitarbeiterdarlehen 1369 ff.
Mitarbeiterdifferenzierung 907 ff.
Mitbestimmung s. Mitbestimmungsrecht
moral hazard 15
Münchener Modell 335
Multiplikator 1270, 1332 ff.
Muttergesellschaft 232

nachvertragliches Wettbewerbsverbot 1029 ff.
nackte Optionen 114 ff.
   allgemein 114 ff.
   Bilanzierung 174 ff.
   Gesellschaftsrecht 124 ff.
   Hauptversammlungsbeschluss 133 ff., 137 ff., 144 ff., 150 f., 162 f.
      allgemein 133 ff.
      Beschlussinhalt bedingte Kapitalerhöhung 140 ff., 428 ff.
      Bezugsrechtsaufteilung 143
      Begünstigte 135 f.
      Erfolgsziele 144 ff.
      gerichtliche Kontrolle 161 ff.
      Rechtsfolgen 166, 169
   Konzern 170 ff.
   Organhaftung 167 ff.
   verbundene Unternehmen 170
Niederlande 1411
non compensatory plan 239 ff.
non qualified Stock Option Pläne 90 ff.
Nutzenpräferenzproblem 15

Opportunitätsprinzip 1280
Option s. nackte Optionen
Options 833 ff., 1230 ff.
   -anleihe 436, 544, s. Wandelanleihe
   -ausübung 837 ff.
   -bedingung 1230 ff.
   -gewährung 831
   -zuteilung 833 ff.
Österreich 81, 322, 674, 1411

paid-in capital Stock Options 248
par value method 617, 619, 751
Passivierung 175 ff.
peer group 1349
Performance 100 ff.
   award 245, 259
   shares 108 ff.
   units 100 ff.
Personalaufwand 178 ff., 184 f., 282, 294, 630
Phantom Stocks 104 ff., 786 ff., 821
   Angabepflichten 801
   Arbeitnehmerbesteuerung 821
   Besteuerung 817 ff.
   Bilanzierung 786 ff.
   G4+1 Positionspapier 816
   Gesellschaftsrecht 782 ff.
   IAS 815
   Lagebericht 802
   nicht börsennotierte Unternehmen 784 f.
   Organkompetenzen 783
   Sicherungsgeschäft 803 ff.
   Steuerrecht s. Besteuerung
   Unternehmensbesteuerung s. Besteuerung
   US-GAAP 809 ff.
   Vergütungshöhe 783
   Vorstandspflichten 783
Phasenmethode 1279
Prämie 939, 962 ff.
Pre-IPO 1357 ff., 1392 ff.
premium model 260 f.
Principal-agent-Theorie 11 f.
pro forma net income 491
Programmkauf 655 ff.
   Arbeitnehmerbesteuerung 668 ff.
   Aufsichtsrat 658
   Besteuerung 664 ff., 668 ff.
   Bilanzierung 659 ff.
   Gesellschaftsrecht 655 ff.
   Organkompetenzen 657
   Unternehmensbesteuerung 664 ff.
   US-GAAP 662 ff.
   Vergütungshöhe 656
   Vorstandspflichten 656
Prospektpflicht 859 f., 872 f.

Qualified Stock Option Pläne 86 ff., 1411

Sachverzeichnis

Rechtsweg 1173 ff.
Rekonstruktionswert s. Substanzwert
Repricing 34 ff., s. Underwater Pricing
Restricted Stock Plan 95 ff., 402 f.
Risiko, unsystematisches 15
risikofreie Rendite 1288 f.
Risikopräferenzproblem 15
Risikoprämie 1290 ff.
Rückfall 402 f.
Rückkauf, eigener Anteile s. Aktienrückkauf
Rückstellung 569 ff., 687 ff.
  für Drohverluste 570 ff., 589 ff., 691 ff.
  für ungewisse Verbindlichkeiten 175 ff., 631 ff., 689 ff., 766 f., 819 f.

Sacheinlage, bei GmbH 1389 ff.
SAR 111 ff., 393, 687 ff., 772 ff.
  Anhangangaben 713 ff.
  Arbeitnehmerbesteuerung 772 ff.
  Besteuerung 766 ff.
  Bilanzierung 687 ff.
  G4+1 Positionspapier 761 ff.
  Gesellschaftsrecht 684 ff.
  Hauptversammlungsbeschluss 682, 686
  IAS 756 ff.
  Konzern 730 ff.
  Lagebericht 721
  Muttergesellschaft s. Konzern
  Organkompetenzen 686
  Sicherungsgeschäft 722 ff.
  Steuerrecht s. Besteuerung
  Tochtergesellschaft 733 f., s. Konzern
  Unternehmensbesteuerung s. Besteuerung
  US-GAAP 736 ff.
  Vergütungshöhe 685
  Vorstandspflichten 685
Satzung, bei GmbH Nr. 5 e)
Schuldrecht 1176 ff.
schwebendes Geschäft s. Geschäft, schwebend
Schweiz 1411
service period 246 ff., 253, 276
SFAS 123 237 ff., 249 ff., 477, 479 ff., 743 ff., 809 ff.
Shareholder value 3 ff.
SIC-5 495
Sicherungsgeschäft 607 ff., 722 ff., 751 ff., 803, 1231 ff.
Sockelbetrag 789, 795
Soziale Angelegenheit 1104 ff.
Sperrfrist 49 ff., 65, 184, 246, 844, 861 ff.
Sprecherausschuss 894, 1160 ff.
Staffelmodell, belgisches 76
Stakeholder 10
Start-up 1357 ff.
Statistik 58 ff.
  Ausgestaltung von Plänen 62

Berechtigte 64
Finanzierung 63
Fristen 65 f.
Tendenzen 70 f.
Steuerbilanz 292 ff., 640
Steuerermäßigung 360 ff., 371, 410, 675, 772, 821
Steuergesetzgebung 72 ff.
Steuergestaltung 1473 ff.
Steuern, Ausland 1404 ff.
Steuerrecht 321 ff., 531 ff., 625 ff., 664 ff., 766 ff., 817 ff., 1412 ff., 1437 ff.
  Arbeitnehmerbesteuerung 321 ff., 531 ff., 625 ff., 664 ff., 766 ff., 821
  -sgestaltung 1437 ff.
  internationales 1412 ff.
  -splanung s. Gestaltung
  Unternehmensbesteuerung 280 ff., 511 ff., 625 ff., 664 ff., 766 ff., 817 ff.
Steuertarifermäßigung 360
Stichtags-Regelung 920 ff.
Stillhaltepflicht 578
Stimmrechtsvereinbarung, bei GmbH 1385 f.
Stock Appreciation Rights s. SAR
Strukturmaßnahme 1251 ff.
Substanzwert 1269 ff. 1273

tandem plan 111, 202 ff., 392 ff., 706 ff., 747 ff., 813 f.
  Besteuerung 769
Tantieme 684, 782
  Phantom Stocks 782
  SAR 684
Tarifvertrag 895, 1080 ff., 1193 ff.
  Flächen- 1082 ff.
  Haus- 1089 ff.
  Verbands- 1088
Tarifvorrang 1152
Tax Equalization 1441 f.
Tax Shield 15
Teilunwirksamkeit, nach BGB 1264 ff.
Teilzeit 911 ff.
Tochterunternehmen 233, 733 ff.
Trading Window 53, 845 f., 861 f., 882
TransPubG 226 ff.
Treasury Stocks 615
Trennungsprinzip 189 f.

Überinvestition 15
Überschuss 1282 ff.
Umsatzsteuer 318 ff.
  Vorsteuerabzug 318 ff.
Umwandlung, von Genussrechten 1389 f.
Underwater Repricing 34 ff., s. Repricing
Unilaterale Vorschriften 1434 ff.
Unternehmenswert 3 ff., 1267 ff.
  Bewertungsmethode 1269 ff.

up-front-Besteuerung s. Anfangsbesteuerung
USA 85 ff., 1411
  Aktienoptionsplan 85 ff.
  Besteuerung 1411
US-GAAP 237 ff., 477 ff., 615 ff., 662 ff., 736 ff., 809 ff.

variable plan 243 ff., 259, 263
Veränderungsbetrag 788, 793 f.
Veranlassungsprinzip 296
Veräußerung 386 ff., 542
  Schranken 1258 ff.
Verbandstarifvertrag 1088
Verfall 395 ff., 937 ff.
  -sklausel 937 ff., 947 ff., 968 ff.
  -sfrist 968 ff.
Vertragsauslegung 1071 ff.
Verwässerungseffekt 289, 296
Verzicht 399 ff.
vesting date 276
vesting period 246, 250, 254
virtuelle Dividende 787, 790 ff.
Virtueller Stock Option Plan 847
Volatilität 252, 461

WACC s. Weighted Average Cost of Capital
Wandelanleihe 260, 436 ff., 531 ff.
  allgemein 412 ff.
  Aufgeld 517 ff.
  bedingte Kapitalerhöhung 428 ff.
  Besteuerung 511 ff.
  Bezugsrechtsausschluss 425 ff.
  Bilanzangaben 462 ff.
  Bilanzierung 436 ff., 449 ff., 492 ff.
  G4+1 Positionspapier 507 ff.
  gerichtliche Kontrolle 431 ff.
  Hauptversammlungsbeschluss 422 ff.
  IAS 492 ff.
  Niedrigverzinslichkeit 438
  Organhaftung 434 f.
  Steuerrecht s. Besteuerung
  Unterverzinslichkeit 438, 441
  US-GAAP 477 ff.
  Verwässerungseffekt 426
  Verzinsung einer 438
Wandelgenussrecht, bei GmbH 1381 ff.
Wandeloption, bei GmbH 1381 ff. Nr. 5 a)
Wandelschuldverschreibung s. Wandelanleihe
Wandlungsrecht, Bedienung 446 ff.
Wandlungsverhältnis Nr. 5 b)
warrent bond 436
Weighted Average Cost of Capital 5 ff.
Werbungskosten 406 f.
Wertgenerator 8, 10
Wertsteigerungsrechte s. SAR
Werttreiber s. Wertgenerator
Wettbewerbsenthaltung 1049
Wettbewerbsverbot 1029 ff.
Widerrufsvorbehalt 979 ff.
windfall losses 46
  profits 46, 693
wirtschaftliches Eigentum 330, 345, 402

Zeitpräferenzproblem 15
Zielsetzungen 1 ff.
Zinsen, Gewerbesteuer 526
Zinsverzicht, bei Wandelanleihe 182, 438, 441, 456 ff.
Zufluss 328 ff., 370, 402, 532 ff.
  -zeitpunkt 328 ff.